インデックスシール ①（憲法・行政法）

第2章	第2章	第1章	第1章	第2章	第2章	第1章	第1章
届出	届出	行政法総論	行政法総論	受益権	受益権	憲法の意味	憲法の意味

第2章	第2章	第1章	第1章	第3章	第3章	第1章	第1章
命令等制定手続	命令等制定手続	行政組織法	行政組織法	国会	国会	天皇	天皇

第3章	第3章	第1章	第1章	第3章	第3章	第2章	第2章
行政不服審査法総則	行政不服審査法総則	行政作用の類型	行政作用の類型	内閣	内閣	人権総論	人権総論

第3章	第3章	第1章	第1章	第3章	第3章	第2章	第2章
審査請求の要件	審査請求の要件	行政調査	行政調査	裁判所	裁判所	幸福追求権及び法の下の平等	幸福追求権及び法の下の平等

第3章	第3章	第1章	第1章	第3章	第3章	第2章	第2章
審査請求の審理手続	審査請求の審理手続	行政上の強制措置	行政上の強制措置	財政	財政	精神的自由権	精神的自由権

第3章	第3章	第2章	第2章	第3章	第3章	第2章	第2章
審査請求の終了	審査請求の終了	行政手続法総則	行政手続法総則	地方自治	地方自治	経済的自由権	経済的自由権

第3章	第3章	第2章	第2章	第3章	第3章	第2章	第2章
執行停止	執行停止	申請に対する処分	申請に対する処分	憲法改正	憲法改正	人身の自由	人身の自由

		第2章	第2章			第2章	第2章
		不利益処分	不利益処分			社会権	社会権

		第2章	第2章			第2章	第2章
		行政指導	行政指導			参政権	参政権

何も書かれていないインデックスシールは苦手論点などに貼って目印にしましょう！

シール活用のPOINT

インデックスシール ②（行政法・民法）

第1章 条件・期限	第1章 条件・期限	第6章 住民の権利	第6章 住民の権利	第4章 仮の救済	第4章 仮の救済	第3章 教示	第3章 教示
第1章 時効	第1章 時効	第6章 関与	第6章 関与	第4章 教示	第4章 教示	第4章 行政事件訴訟の類型	第4章 行政事件訴訟の類型
第2章 物権総論	第2章 物権総論			第5章 国家賠償法	第5章 国家賠償法	第4章 取消訴訟	第4章 取消訴訟
第2章 占有権	第2章 占有権			第5章 損失補償	第5章 損失補償	第4章 無効等確認訴訟	第4章 無効等確認訴訟
第2章 所有権	第2章 所有権			第6章 地方公共団体の種類	第6章 地方公共団体の種類	第4章 不作為の違法確認訴訟	第4章 不作為の違法確認訴訟
第2章 用益物権	第2章 用益物権	第1章 権利の主体・客体	第1章 権利の主体・客体	第6章 地方公共団体の事務	第6章 地方公共団体の事務	第4章 義務付け訴訟	第4章 義務付け訴訟
第2章 担保物権	第2章 担保物権	第1章 意思表示	第1章 意思表示	第6章 地方公共団体の機関	第6章 地方公共団体の機関	第4章 差止め訴訟	第4章 差止め訴訟
第3章 債権の目的	第3章 債権の目的	第1章 代理	第1章 代理	第6章 地方公共団体の立法	第6章 地方公共団体の立法	第4章 当事者訴訟	第4章 当事者訴訟
第3章 債務不履行	第3章 債務不履行	第1章 無効・取消し	第1章 無効・取消し	第6章 地方公共団体の財務	第6章 地方公共団体の財務	第4章 民衆訴訟・機関訴訟	第4章 民衆訴訟・機関訴訟

インデックスシール ③（民法・商法・基礎法学）

第2章 機関	第2章 機関	第5章 配偶者居住権・特別の寄与	第5章 配偶者居住権・特別の寄与	第4章 夫婦	第4章 夫婦	第3章 責任財産の保全	第3章 責任財産の保全
第2章 計算	第2章 計算			第4章 親子	第4章 親子	第3章 多数当事者の債権・債務	第3章 多数当事者の債権・債務
第2章 持分会社	第2章 持分会社			第4章 親権	第4章 親権	第3章 債権譲渡・債務引受	第3章 債権譲渡・債務引受
第2章 組織再編	第2章 組織再編			第4章 後見・扶養	第4章 後見・扶養	第3章 債権の消滅	第3章 債権の消滅
		第1章 商法総則	第1章 商法総則	第5章 相続人	第5章 相続人	第3章 契約総論	第3章 契約総論
		第1章 商行為	第1章 商行為	第5章 相続の効力	第5章 相続の効力	第3章 権利移転型契約	第3章 権利移転型契約
第1章 法とは何か	第1章 法とは何か	第2章 会社法総論	第2章 会社法総論	第5章 相続の承認・放棄	第5章 相続の承認・放棄	第3章 貸借型契約	第3章 貸借型契約
第1章 法の効力	第1章 法の効力	第2章 設立	第2章 設立	第5章 遺言	第5章 遺言	第3章 役務提供型契約	第3章 役務提供型契約
第1章 法の解釈	第1章 法の解釈	第2章 株式	第2章 株式	第5章 遺留分	第5章 遺留分	第3章 契約以外の債権発生原因	第3章 契約以外の債権発生原因

六法	六法	第4章	第4章	第2章	第2章	第1章	第1章
行政代執行法	行政代執行法	情報通信関連法	情報通信関連法	日本の経済	日本の経済	法律用語	法律用語

六法	六法	第5章	第5章	第2章	第2章	第2章	第2章
行政手続法	行政手続法	個人情報保護法	個人情報保護法	日本の財政	日本の財政	裁判制度	裁判制度

六法	六法	第5章	第5章	第2章	第2章	第2章	第2章
行政不服審査法	行政不服審査法	情報公開法	情報公開法	国際経済	国際経済	裁判外紛争解決手続	裁判外紛争解決手続

六法	六法	第6章	第6章	第3章	第3章		
行政事件訴訟法	行政事件訴訟法	内容把握問題	内容把握問題	環境問題	環境問題		

六法	六法	第6章	第6章	第3章	第3章	第1章	第1章
国家賠償法	国家賠償法	空欄補充問題	空欄補充問題	社会保障問題	社会保障問題	政治の基本原理	政治の基本原理

六法	六法	第6章	第6章	第3章	第3章	第1章	第1章
地方自治法	地方自治法	並べ替え問題	並べ替え問題	労働問題	労働問題	日本の政治	日本の政治

六法	六法			第3章	第3章	第1章	第1章
民法	民法			消費者問題	消費者問題	日本の行政	日本の行政

六法	六法			第4章	第4章	第1章	第1章
個人情報保護法	個人情報保護法			情報化社会	情報化社会	国際政治	国際政治

六法	六法	六法	六法	第4章	第4章	第2章	第2章
情報公開法	情報公開法	日本国憲法	日本国憲法	情報通信用語	情報通信用語	経済の基本原理	経済の基本原理

2022年度版

行政書士

基本テキスト

行政書士試験研究会

早稲田経営出版
TAC PUBLISHING Group

本書における法令基準日および法改正情報

　本書は、令和３年11月15日現在の施行法令および令和３年11月15日現在において令和４年４月１日までに施行される法令に基づいて作成しております。

　なお、本書刊行後、令和４年４月１日施行の改正法令が成立、または判例変更があった場合は、下記ホームページの早稲田経営出版・行政書士「法改正情報」コーナーに、法改正情報を適宜掲載いたします。

TAC出版書籍販売サイト・サイバーブックストア

https://bookstore.tac-school.co.jp/

はじめに

　「最近の行政書士試験は難しくなったから、独学では合格できない」といった声をよく耳にします。「最近の行政書士試験は難しくなった」というのは事実です。平成18年に試験制度が変更されて以来、行政書士試験は、合格率がおおむね10%くらいの難関資格となっています。

　それでは、「独学では合格できない」というのは本当でしょうか？　確かに、従前の行政書士試験関連の書籍では、最近の難化傾向に対応しておらず、合格レベルに達するには厳しいと言わざるを得ないものが多く見られました。しかし、「資格学校に通う時間やお金は確保できないけれど、絶対に行政書士になりたい！」という夢を実現していただきたいとの思いから、私ども行政書士試験研究会では、独学での合格を可能にするため、日々行政書士試験の分析・研究を続けてまいりました。

　その結果、真に独学での合格を可能とする書籍として完成したのが、この「合格革命シリーズ」です。本シリーズは、①インプット用書籍（テキスト）については、見やすさを追求して全ページカラーにし、②アウトプット用書籍（問題集）については、『基本テキスト』の参照ページを付けて復習の便宜を図った上で、③シリーズすべての項目立てを統一することにより、相互のリンクを徹底しました。このように、本シリーズは、今までの書籍には無かった「革命的」に使いやすいものとなっています。

　本書は、行政書士試験合格に必要な知識を厳選した上で、その知識を豊富な図表を使って整理していますので、これ1冊で行政書士試験合格に必要な知識がインプットできます。また、「具体例をイメージ」「よくある質問」「引っかけ注意！」「受験テクニック」「記述対策」といった側注も充実しており、読んでいて飽きない工夫が満載です。このように、本書は、「十分な知識量」と「読みやすさ」を兼ね備えた最強のテキストであり、本試験当日まで使える本シリーズの核となる1冊です。

　本書がこれから「合格革命」を起こす受験生のみなさんの良き同志となることを心から願ってやみません。

2021年11月

行政書士試験研究会

目 次

※は『スタートダッシュ』掲載テーマです。

本書の特長と使い方 …………………………………………………… 9
合格革命シリーズの紹介と合格への道のり …………………………… 14
試験概要 ………………………………………………………………… 16

第1部 憲法

▶科目別ガイダンス ……………………………………………………… 22
第1章 総論 …………………………………………………………… 26
　第1節　憲法の意味 ………………………………………………… 26
　第2節　天皇 ………………………………………………………… 30
第2章 人権 …………………………………………………………… 34
　第1節　人権総論　※ ……………………………………………… 34
　第2節　幸福追求権及び法の下の平等　※ ……………………… 46
　第3節　精神的自由権　※ ………………………………………… 59
　第4節　経済的自由権 ……………………………………………… 78
　第5節　人身の自由 ………………………………………………… 84
　第6節　社会権 ……………………………………………………… 90
　第7節　参政権 ……………………………………………………… 97
　第8節　受益権 ……………………………………………………… 99
第3章 統治 …………………………………………………………… 101
　第1節　国会　※ …………………………………………………… 101
　第2節　内閣　※ …………………………………………………… 111
　第3節　裁判所　※ ………………………………………………… 117
　第4節　財政 ………………………………………………………… 129
　第5節　地方自治 …………………………………………………… 133
　第6節　憲法改正 …………………………………………………… 135

第2部 行政法

▶科目別ガイダンス ……………………………………………………… 138
第1章 行政法の一般的な法理論 …………………………………… 143
　第1節　行政法総論　※ …………………………………………… 143
　第2節　行政組織法　※ …………………………………………… 149
　第3節　行政作用の類型　※ ……………………………………… 164
　第4節　行政調査 …………………………………………………… 187
　第5節　行政上の強制措置　※ …………………………………… 190

第2章　行政手続法 ································ 196
第1節　行政手続法総則　※ ···························· 196
第2節　申請に対する処分　※ ························· 201
第3節　不利益処分　※ ································· 206
第4節　行政指導 ····································· 214
第5節　届出 ··· 218
第6節　命令等制定手続 ······························· 220

第3章　行政不服審査法 ···························· 223
第1節　行政不服審査法総則　※ ······················ 223
第2節　審査請求の要件 ······························· 229
第3節　審査請求の審理手続 ··························· 234
第4節　審査請求の終了 ······························· 238
第5節　執行停止 ····································· 242
第6節　教示 ··· 245

第4章　行政事件訴訟法 ···························· 248
第1節　行政事件訴訟の類型 ··························· 248
第2節　取消訴訟　※ ································· 251
第3節　無効等確認訴訟 ······························· 268
第4節　不作為の違法確認訴訟 ························· 270
第5節　義務付け訴訟 ································· 272
第6節　差止め訴訟 ··································· 275
第7節　当事者訴訟 ··································· 279
第8節　民衆訴訟・機関訴訟 ··························· 283
第9節　仮の救済 ····································· 285
第10節　教示 ··· 289

第5章　国家賠償法・損失補償 ···················· 291
第1節　国家賠償法　※ ······························· 291
第2節　損失補償 ····································· 303

第6章　地方自治法 ································ 306
第1節　地方公共団体の種類　※ ······················ 306
第2節　地方公共団体の事務 ··························· 310
第3節　地方公共団体の機関　※ ······················ 313
第4節　地方公共団体の立法 ··························· 325
第5節　地方公共団体の財務 ··························· 328
第6節　住民の権利　※ ······························· 333
第7節　関与 ··· 340

5

第3部　民法

▶科目別ガイダンス ………………………………………………… 346

第1章　総則 …………………………………………………………… 352
　第1節　権利の主体・客体　※ …………………………………… 352
　第2節　意思表示　※ ……………………………………………… 364
　第3節　代理　※ …………………………………………………… 373
　第4節　無効・取消し ……………………………………………… 384
　第5節　条件・期限 ………………………………………………… 387
　第6節　時効　※ …………………………………………………… 390

第2章　物権 …………………………………………………………… 397
　第1節　物権総論　※ ……………………………………………… 397
　第2節　占有権 ……………………………………………………… 415
　第3節　所有権 ……………………………………………………… 420
　第4節　用益物権 …………………………………………………… 427
　第5節　担保物権　※ ……………………………………………… 430

第3章　債権 …………………………………………………………… 453
　第1節　債権の目的 ………………………………………………… 453
　第2節　債務不履行 ………………………………………………… 456
　第3節　責任財産の保全 …………………………………………… 461
　第4節　多数当事者の債権・債務　※ …………………………… 469
　第5節　債権譲渡・債務引受 ……………………………………… 481
　第6節　債権の消滅 ………………………………………………… 487
　第7節　契約総論 …………………………………………………… 495
　第8節　権利移転型契約　※ ……………………………………… 503
　第9節　貸借型契約　※ …………………………………………… 510
　第10節　役務提供型契約 …………………………………………… 519
　第11節　契約以外の債権発生原因　※ …………………………… 527

第4章　親族 …………………………………………………………… 543
　第1節　夫婦 ………………………………………………………… 543
　第2節　親子 ………………………………………………………… 548
　第3節　親権 ………………………………………………………… 553
　第4節　後見・扶養 ………………………………………………… 556

第5章　相続 …………………………………………………………… 559
　第1節　相続人 ……………………………………………………… 559
　第2節　相続の効力 ………………………………………………… 564

第3節　相続の承認・放棄 ………………………………………………… 567
第4節　遺言 ………………………………………………………………… 570
第5節　遺留分 ……………………………………………………………… 576
第6節　配偶者居住権・特別の寄与 ……………………………………… 578

第4部　商法

▶科目別ガイダンス ………………………………………………………… 582
第1章　商法 ……………………………………………………………… 585
第1節　商法総則　※ ……………………………………………………… 585
第2節　商行為　※ ………………………………………………………… 596
第2章　会社法 …………………………………………………………… 609
第1節　会社法総論 ………………………………………………………… 609
第2節　設立　※ …………………………………………………………… 613
第3節　株式　※ …………………………………………………………… 621
第4節　機関　※ …………………………………………………………… 634
第5節　計算 ………………………………………………………………… 659
第6節　持分会社 …………………………………………………………… 664
第7節　組織再編 …………………………………………………………… 667

第5部　基礎法学

▶科目別ガイダンス ………………………………………………………… 678
第1章　法学概論 ………………………………………………………… 680
第1節　法とは何か　※ …………………………………………………… 680
第2節　法の効力 …………………………………………………………… 685
第3節　法の解釈 …………………………………………………………… 688
第4節　法律用語　※ ……………………………………………………… 690
第2章　紛争解決制度 …………………………………………………… 694
第1節　裁判制度　※ ……………………………………………………… 694
第2節　裁判外紛争解決手続 ……………………………………………… 703

第6部　一般知識

▶科目別ガイダンス	708
第1章　政治　※	712
第1節　政治の基本原理	712
第2節　日本の政治	720
第3節　日本の行政	725
第4節　国際政治	729
第2章　経済　※	732
第1節　経済の基本原理	732
第2節　日本の経済	735
第3節　日本の財政	744
第4節　国際経済	751
第3章　社会　※	756
第1節　環境問題	756
第2節　社会保障問題	761
第3節　労働問題	767
第4節　消費者問題	772
第4章　情報通信　※	777
第1節　情報化社会	777
第2節　情報通信用語	781
第3節　情報通信関連法	790
第5章　個人情報保護　※	797
第1節　個人情報保護法	797
第2節　情報公開法	812
第6章　文章理解	818
第1節　内容把握問題	818
第2節　空欄補充問題	823
第3節　並べ替え問題	828

用語索引	834
判例索引	846
別冊六法	別冊

本書の特長と使い方

本書は、受験生のみなさんが行政書士試験合格に必要な知識をスムーズに習得できるように、様々な要素を盛り込んでいます。以下では、これらの要素について説明しつつ、本書の効果的な学習法を紹介します。

1. 科目別ガイダンスで科目の概要・出題傾向を把握しよう！

科目別ガイダンス

1 憲法とは何か

（1）憲法の役割

　憲法（正式名称は「日本国憲法」）とは、日本における法（ルール）の中で最上位に位置づけられる根本的な法のことです。したがって、国家権力は、憲法に違反する法律を作ったり、憲法に違反する政治を行ったりすることはできません。

> **1** 科目の概要を説明しています。本格的な学習に入る前に科目の概要を理解しておくと、以後の学習がスムーズになります。

2 出題傾向表

　10年間（平成24年度～令和3年度）分の本試験の出題傾向を表にまとめました。

（1）総論

	24	25	26	27	28	29	30	元	2	3
憲法の意味						○				
天皇							△		△	

○：そのテーマから出題、△：肢の1つとして出題

憲法

行政法

> **2** 本試験の出題傾向が一目でわかるように、過去10年間の本試験で出題されたテーマを一覧表にしています。

本書の特長と使い方　9

3 分析と対策

(1) 学習指針

行政書士試験の憲法は、ほとんどが「人権」と「統治」から出題され、「総論」から出題されることは稀です。そこで、まずは「人権」と「統治」をしっかり学習し、余裕があれば「総論」も学習するといった順序が効率的です。

(2) 学習内容

① 人権

「人権」では、「精神的自由権」の出題頻度が高いので、「精神的自由権」に

> 3 出題傾向を踏まえた上で、学習すべき内容やテーマを示しています。これにより、効果的な学習が可能になります。

2. テーマの重要度、学習のポイントを確認しよう！

> 1 本試験での出題可能性の高いテーマから順にA〜Cのランクを付けています。まずはAランクのテーマを重点的に学習しましょう。

第3節 精神的自由権　　重要度 A

学習のPOINT

精神的自由権には、①思想及び良心の自由、②信教の自由、③表現の自由、④学問の自由の4種類があります。特に、③表現の自由は頻出ですので、重点的に学習しましょう。

> 2 講師が各テーマの全体像や学習指針についてアドバイスしています。本文を学習する際には、常に意識しておきましょう。

3. 本文を学習しよう！

1 難しい言回しを避け、できる限りわかりやすく解説しています。くり返し読んで、理解していきましょう。

2 重要語句は赤シートで消えるようになっています。赤シートを重ねた状態で重要語句を埋められるようにトレーニングしましょう。

1 生存権

生存権とは、憲法25条１項の定める「健康で文化的な最低限度の生活を営む権利」のことです。これは、福祉国家の理想に基づき、社会的・経済的弱者を保護するために保障されています。

生存権については、以下のような判例があります。※1

最重要判例	● **朝日訴訟**（最大判昭42.5.24）
事案	朝日氏が受領していた生活扶助が健康で文化的な最低限度の生活水準を維持するに足りるかどうかが争われた。
結論	訴え却下 ※2 ※3
判旨	①生存権の法的性格 　25条の規定は、すべての国民が健康で文化的な最低限度の生活を営み得るように国政を運営すべきことを国の責務として宣言したにとどまり、直接個々の国民に対して具体的権利を賦与したものではない。 ②健康で文化的な最低限度の生活の認定判断 　健康で文化的な最低限度の生活は、抽象的な相対的概念であり、その具体的内容は、文化の発達・国民経済の進展に伴って向上するのはもとより、多数の不確定要素を総合考量して初めて決定できる。したがって、何が健康で文化的な最低限度の生活であるかの認定判断は、厚生大臣（現厚生労働大臣）の合目的的な裁量に委ねられており、その判断は、当不当の問題として政府の政治責任が問われることはあっても、直ちに違法の問題を生じることはない。圀30-5-1

3 判例の中でも特に重要な判例を表の形で掲載しています。事案も掲載していますので、判例を具体的に理解することができます。

5 判旨の中で重要な部分を赤字にしていますので、メリハリをつけて押さえることができます。なお、最重要判例の赤字は赤シートで消えません。

4 長文の判例は分割して小見出しを付けていますので、長文の判例もスムーズに理解することができます。

6 過去の本試験で出題された知識については、出題年度・問題番号・肢番号を付けていますので、重要部分が一目でわかるようになっています。なお、一番左の数字で、18〜30は平成を、元〜３は令和を表しています。圀30-5-1とは、平成30年度問題５肢１を意味しています。

本書の特長と使い方　11

4. 側注を上手に利用しよう！

1 本文をより理解しやすくするため、充実した側注を付けています。本文を読んでいて※が付いている部分が出て来たら、同じ番号の側注を確認しましょう。側注は、基本的な事項（赤色）と応用的な事項（青色）に分けてありますので、初学者の人は、まずは赤色の側注のみ読んでいくとよいでしょう（２回目以降は青色の側注も読んでみてください）。なお、側注の具体的な内容については、以下の表のとおりです。

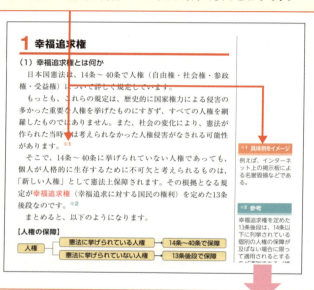

【基本的な事項（赤色）】

※用語	わかりにくい法律用語・専門用語の意味を説明しています。
※具体例をイメージ	本文中の内容をイメージできるような具体例を挙げています。
※重要判例	本試験で出題が予想される重要な判例を掲載しています。
※よくある質問	講師が受験生からよく受ける質問を掲載し、その質問にわかりやすく回答しています。

【応用的な事項（青色）】

※参考	本文の内容に関連する発展的な事項を掲載しています。
※過去問チェック	本文の内容が実際に出題された過去問を掲載しています。なお、正誤判断のポイントには下線を付けています。
※引っかけ注意！	講師が答案を採点していて気付いた受験生の間違いやすいポイントを指摘しています。
※受験テクニック	講師が覚え方・考え方のコツなど秘伝のテクニックを伝授しています。
※記述対策	記述式で出題が予想される部分や、誤字に注意すべき漢字などについて指摘しています。
※法改正情報	近時、法改正があった点について説明しています。

5. 確認テストを解こう！

> **1** テーマごとに1問1答○×式の確認テストを用意していますので、そのテーマの知識が定着しているかをすぐに確認することができます。

> **2** ○×の解答のみならず、その根拠となる部分について簡潔な解説を掲載しています。○×は赤シートで消えるようになっています。

確認テスト

□□□ **1** 憲法は、法律などの他のルールよりも上位に位置づけられている国の最高法規である。

□□□ **2** 天皇又は摂政及び国務大臣、国会議員、裁判官その他の一般国民は、憲法を尊重し擁護する義務を負う。

□□□ **3** 「天皇は、日本国の象徴であり日本国民統合の象徴であつて、この地位は、主権の存する日本国民の総意に基く」とする憲法1条の「主権」は、国家権力の属性としての最高独立性の意味である。

解答 **1**○（98条1項） **2**✕天皇又は摂政及び国務大臣、国会議員、裁判官その他の公務員は、憲法を尊重し擁護する義務を負うが（99条）、一般国民はこのような義務を負わない。 **3**✕国政についての最高の決定権の意味である。

---

6. くり返し読み込もう！

あとは、**1.**～**5.**をくり返して、行政書士試験合格に必要な知識をどんどん定着させていきましょう！　1回で理解できなかったとしても、何度も読み込むうちに理解できるようになるので、まったく気にする必要はありません。むしろ、知識の定着のためには、1回ですべてをマスターしようとするのではなく、何回もくり返し学習することが重要です。

7. 別冊六法で条文を確認しよう！

行政書士試験の学習において重要な法令をピックアップした別冊六法が付いています。取り外し可能となっていますので、持ち運びにも便利です。また、重要語句は赤文字になっており、付属の赤シートで隠しながら条文の文言を確認することができます。

本書の特長と使い方　13

合格革命シリーズの紹介と合格への道のり

以下では、「合格革命シリーズ」の内容とその効果的な使い方を紹介します（なお、書名と刊行時期は変更される場合があります）。各書籍の特長をよく理解して、効果的な学習をしてください。

2 『基本テキスト』

行政書士試験合格に必要な知識を厳選した上で、その知識を豊富な図表を使って整理していますので、これ1冊で行政書士試験合格に必要な知識がインプットできます。全ページカラーですから見やすいのはもちろん、「よくある質問」「引っかけ注意！」「受験テクニック」「記述対策」といった側注も充実しており、読んでいて飽きない工夫が満載です。

1 『スタートダッシュ』

行政書士試験合格のための「初めの一歩」として、行政書士の試験制度や頻出テーマの概要を押さえることで、今後の学習をスムーズにすることができます。また、法律学習の最も基本である条文の読み方についても、この1冊でマスターすることができます。

3 『基本問題集』 (2021年12月刊行)

絶対に押さえておくべき重要過去問を中心に出題しつつ、過去問では不十分なテーマについてはオリジナル問題で補充することで、出題範囲を網羅的に問題演習することができます。また、1つの選択肢ごとに『基本テキスト』の参照ページを付けていますので、簡単に復習することができ、『基本テキスト』の知識を定着させるのに最適です。

入門期　概要をマスター！　　実力養成期　必要な知識を定着！

4 『肢別過去問集』
(2021年12月刊行)

法令科目と情報通信・個人情報保護の過去問を1肢ごとに分解して、詳細な解説を掲載した、1問1答○×式の問題集です。過去問学習による知識の確認・定着に最適です。

5 『一問一答式出るとこ千問ノック』
(2022年1月刊行)

『基本テキスト』の本文部分と基本事項の側注（赤色部分）を素材として、1問1答○×式のオリジナル問題1000問を出題しています。コンパクトサイズで、いつでもどこでも択一式対策を進めることができます。また、全問オリジナル問題ですから、過去問だけでは物足りない、不安だという人にもお勧めです。

6 『40字記述式・多肢選択式問題集』
(2022年2月刊行)

条文・判例の穴埋め問題で記述式問題の素材となる条文・判例の文言を押さえていく＜基礎編＞から、本試験と同様に事例形式のオリジナル問題を出題している＜応用編＞へと進むようになっており、無理なく記述式対策が進められます。また、多肢選択式問題も掲載されていますから、多肢選択式対策もこの1冊で万全です。

7 『法改正と直前予想模試』
(2022年4月刊行)

3時間で60問という本試験と同様の実戦演習を3回分行うことができます。もちろん、ヤマ当ても十分に期待できます。また、行政書士試験はその年の4月1日現在施行されている法律に基づいて実施されますので、その時点で判明している法改正情報も掲載します。

合格

― 弱点克服期 ―
苦手分野を克服！

― 総仕上げ期 ―
実力を最終チェック！

合格革命シリーズの紹介と合格への道のり　15

試験概要

1 受験資格

　行政書士試験は、年齢・学歴・国籍等に関係なく、どなたでも受験することができます。したがって、行政書士試験は、日本で最も公平な資格試験であるといえます。

　なお、受験申込みは、例年、7月下旬から8月下旬の間に行うこととされています（変更される可能性もありますので、詳細は行政書士試験研究センターのホームページでご確認ください）。

2 試験日・試験時間

　行政書士試験は、例年、11月第2日曜日の午後1時～午後4時に実施されます。この日までに合格に必要な実力が身に付くよう、計画的に学習を進めていきましょう。

3 試験科目

　行政書士試験の試験科目には、法律の知識などが出題される法令科目と、一般教養や時事問題・国語（現代文）などが出題される一般知識科目があります。

　行政書士は「街の法律家」として独立開業をすることができる資格ですから、法令科目が設けられているのは当然のことといえますが、それのみならず一般知識科目も設けられていることは、行政書士試験の特徴といえるでしょう。

　なお、行政書士試験の試験科目の詳細は、以下のとおりです。

【令和3年度行政書士試験の試験科目】

試験科目	内容等
行政書士の業務に関し必要な法令等（出題数46題）	憲法、行政法（行政法の一般的な法理論、行政手続法、行政不服審査法、行政事件訴訟法、国家賠償法及び地方自治法を中心とする。）、民法、商法及び基礎法学の中からそれぞれ出題し、法令については、令和3年4月1日現在施行されている法令に関して出題します。
行政書士の業務に関連する一般知識等（出題数14題）	政治・経済・社会、情報通信・個人情報保護、文章理解

行政書士試験研究センター「令和3年度行政書士試験のご案内」より

4 出題形式

行政書士試験は、マークシートを使用した筆記試験によって行われます。

出題形式は、①5つの選択肢の中から解答を選ぶ**5肢択一式**、②文章の空欄に入る語句を20個の選択肢の中から選ぶ**多肢選択式**、③解答を40字程度で記述する**記述式**の3つがあります。

【5肢択一式】

問題1　日本の首都は、次のうちどれか。
　　　1　札幌
　　㊁　東京
　　　3　名古屋
　　　4　京都
　　　5　大阪

【多肢選択式】

問題2　次の文章の空欄 ア ～ エ に当てはまる語句を、枠内の選択肢（1～20）から選びなさい。

・・・・・ ア ・・・・・・・・・・ イ ・・・・・
・・・・・ ウ ・・・・・・・・・・ エ ・・・・・

1・・・	2・・・	3・・・	4・・・	5・・・
6・・・	7・・・	8・・・	9・・・	10・・・
11・・・	12・・・	13・・・	14・・・	15・・・
16・・・	17・・・	18・・・	19・・・	20・・・

【記述式】

問題3　・・・・・・。日本の首都はどこであり、それは何と呼ばれる地方に存在するか。40字程度で記述しなさい。

5 合格基準

　行政書士試験は、以下の基準をすべて満たした人が合格となります（問題の難易度によって、補正的措置が加えられることがあります。）。

【行政書士試験の合格基準】

1	法令科目の得点が、満点の50％以上であること
2	一般知識科目の得点が、満点の40％以上であること
3	試験全体の得点が、満点の60％以上であること

　まず、満点を取る必要はなく、60％で良いという意識を強く持ってください。満点を目指すあまりすべてを完璧にしようとすると、勉強が辛くなってしまいます。逆に、40％は正解できなくても良いのだと気楽な気持ちで勉強しましょう。

　次に、法令科目・一般知識科目それぞれに基準点があることに注意してください。つまり、たとえ法令科目で満点を取ったとしても、一般知識科目の基準点をクリアしなければ、合格できないのです。したがって、法令科目と一般知識科目のバランスをとった学習をすることが必要となります。

6 得点戦略

　上記のような合格基準を効率よく満たすためには、行政書士試験の出題傾向を分析した上で、得点戦略を練る必要があります。

　行政書士試験は、平成18年度に試験内容が大きく変更され、令和３年度は以下のような出題傾向となっています。

【行政書士試験の出題傾向】

	科目名	5肢択一式 （1問4点）	多肢選択式 （1問8点）	記述式 （1問20点）	配点
法令	憲　法	5問	1問	－	28点
	行政法	19問	2問	1問	112点
	民　法	9問	－	2問	76点
	商　法	5問	－	－	20点
	基礎法学	2問	－	－	8点
一般 知識	政治・経済・社会	8問	－	－	32点
	情報通信・個人情報保護	3問	－	－	12点
	文章理解	3問	－	－	12点
合計		54問	3問	3問	300点

行政書士試験の配点は、法令科目が244点、一般知識科目が56点ですから、圧倒的に法令科目の配点が高くなっています。そこで、**学習の重点も法令科目に置く**ことになります。

　法令科目の内訳を見ますと、行政法・民法だけで合格基準（300点満点の60％＝180点）を超えていることがわかります。しかも、行政法・民法では1問20点と配点の高い記述式が出題されています。したがって、**法令科目の学習時間の大半は、行政法・民法の2科目に費やす**ことになります。

　これに対して、憲法・商法・基礎法学の3科目は、全部合わせても56点と20％にも満たない配点ですから、基本的な問題を取りこぼさないようにしておけば十分です。むしろ、**憲法・商法・基礎法学の3科目に深入りしすぎて、行政法・民法の学習時間が無くなるといった事態に陥らないよう注意が必要**です。

　次に、一般知識科目についてですが、56点分しか出題されない上に、出題範囲が膨大ですので、あまり力を入れるべきではない科目といえます。しかし、満点の40％以上得点しなければいけないので、基準点をクリアできる程度には学習しておく必要があります。そこで、ギリギリ満点の40％以上、すなわち**14問中6問正解**を目指していきます。

得点戦略のまとめ

1．一般知識科目より法令科目に重点を置こう！
2．法令科目は行政法・民法に重点を置こう！
3．一般知識科目は最低限の6問正解を目指そう！

7 過去の合格率データ

行政書士試験の過去10年間の合格率の推移は、以下の表のとおりです。

【行政書士試験の合格率の推移】

	受験者数	合格者数	合格率
平成23年度	66,297人	5,337人	8.1%
平成24年度	59,948人	5,508人	9.2%
平成25年度	55,436人	5,597人	10.1%
平成26年度	48,869人	4,043人	8.3%
平成27年度	44,366人	5,820人	13.1%
平成28年度	41,053人	4,084人	10.0%
平成29年度	40,449人	6,360人	15.7%
平成30年度	39,105人	4,968人	12.7%
令和元年度	39,821人	4,571人	11.5%
令和２年度	41,681人	4,470人	10.7%

行政書士試験の合格率は、近時は年度ごとにバラつきがありますが、おおむね10％くらいです。このように、行政書士試験の合格率は決して高いものではありません。

しかし、受験生の大半はしっかりとした試験対策を講じないまま本試験を迎えてしまった人ですから、実質的な難易度は見た目ほど高いものではありません。本シリーズで得点戦略に基づいた試験対策を講じ、無理なく学習を継続していけば、十分合格することができる試験です。今年度の行政書士試験の合格目指して一緒に頑張っていきましょう！

第 1 部

憲法

▶ 科目別ガイダンス ················· 22

第1章 総論 ······························ 26
第1節 憲法の意味 ······················· 26
第2節 天皇 ································ 30

第2章 人権 ······························ 34
第1節 人権総論 ※ ······················ 34
第2節 幸福追求権及び
　　　 法の下の平等 ※ ·················· 46
第3節 精神的自由権 ※ ·················· 59
第4節 経済的自由権 ····················· 78
第5節 人身の自由 ······················· 84
第6節 社会権 ··························· 90
第7節 参政権 ··························· 97
第8節 受益権 ··························· 99

第3章 統治 ···························· 101
第1節 国会 ※ ························· 101
第2節 内閣 ※ ························· 111
第3節 裁判所 ※ ······················ 117
第4節 財政 ··························· 129
第5節 地方自治 ······················· 133
第6節 憲法改正 ······················· 135

※は『スタートダッシュ』掲載テーマです。

科目別ガイダンス

1 憲法とは何か

(1) 憲法の役割

　憲法（正式名称は「日本国憲法」）とは、日本における法（ルール）の中で**最上位に位置づけられる根本的な法**のことです。したがって、国家権力は、憲法に違反する法律を作ったり、憲法に違反する政治を行ったりすることはできません。

　例えば、国家権力が自分に都合のいいように法律を作って国民の財産を奪ったり逮捕してしまったら、国民は安心して暮らすことができません。そこで、憲法は、**国家権力に対して歯止めをかけ、国民の暮らしを守る役割**を果たしているのです。

【憲法と国家権力】

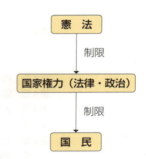

(2) 憲法の全体構造

　憲法は、全体に共通する基本原理について定めた「**総論**」、国民の権利について定めた「**人権**」、国の政治の仕組みについて定めた「**統治**」の3つに分けることができます。

　なお、「人権」と「統治」はまったく別物というわけではなく、**「統治」の規定は「人権」を守るための手段**として存在していることを押さえておきましょう。

　以上をまとめると、次の図のようになります。

【憲法の全体構造】

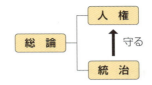

2 出題傾向表

10年間（平成24年度～令和3年度）分の本試験の出題傾向を表にまとめました。

(1) 総論

	24	25	26	27	28	29	30	元	2	3
憲法の意味						○				
天皇								△	△	

○：そのテーマから出題、△：肢の1つとして出題

(2) 人権

	24	25	26	27	28	29	30	元	2	3
人権総論		○	○	○	○	○		○		
幸福追求権及び法の下の平等	○	○	○		○			○		○
精神的自由権		○		○	○	○	○	○	○	
経済的自由権			○			○				
人身の自由	△		△		○				○	
社会権	○			○			○		○	
参政権							○	○		
受益権										

○：そのテーマから出題、△：肢の1つとして出題

(3) 統治

	24	25	26	27	28	29	30	元	2	3
国会	△	○	△	○			○	○	○	○
内閣	○		○		△	○	△		△	
裁判所	△		○	○	○			○	△	○
財政	○			○	○					
地方自治										△
憲法改正										

○：そのテーマから出題、△：肢の1つとして出題

3 分析と対策

（1）学習指針

　行政書士試験の憲法は、ほとんどが「人権」と「統治」から出題され、「総論」から出題されることは稀です。そこで、まずは「人権」と「統治」をしっかり学習し、余裕があれば「総論」も学習するといった順序が効率的です。

（2）学習内容

①　人権

　「人権」では、「精神的自由権」の出題頻度が高いので、「精神的自由権」については今年度も出題されるものと思って十分な学習をしておきましょう。また、「人権総論」や「幸福追求権及び法の下の平等」もよく出題されていますので、注意が必要です。

　そして、「人権」では、最高裁判所の判例（ある事件について最高裁判所が示した判断）が出題されることが多いので、学習していて最高裁判所の判例が出てきたら、その都度読み込んでいくようにしましょう。なお、最高裁判所の判例は、合憲（憲法に違反しない）か違憲（憲法に違反する）かという結論のみならず、そこに至るまでの理由付け（判旨）についても出題されますので、理由付け（判旨）についてもしっかり押さえるようにしましょう。

②　統治

　「統治」では、ほとんどが「国会」「内閣」「裁判所」のいずれかからの出題であり、その他のテーマからの出題は稀ですから、「国会」「内閣」「裁判所」を重点的に学習しましょう。

　そして、「統治」では、最高裁判所の判例に加えて、条文知識を問う問題もよく出題されますので、最高裁判所の判例のみならず条文も読み込んでおきましょう。

（3）近時の出題傾向

　近時の行政書士試験の憲法では、簡単な問題（基本的な条文や最高裁判所の判例の知識を問う問題）と難しい問題（聞いたことのないような学者の説を問う問題や、試験の現場でじっくり考えないと解けないような問題）の差が激しいという傾向があります。そこで、憲法では、簡単な問題は取りこぼしのないよう学習し、難しい問題は潔く捨てるといった姿勢が重要となります。

　行政書士試験において、憲法は、300点中わずか28点分しか出題されません。それにもかかわらず、憲法は最初に学習することが多い科目であるためか、つ

いつい学習しすぎてしまい、後半の科目に手が回らないという人が多いようですので、注意しましょう。

（4）得点目標

憲法では、**6割正解**できれば十分といえるでしょう（例年、簡単な問題が6割程度、難しい問題が4割程度出題されます）。

【憲法の得点目標】

出題形式	出題数	得点目標
5肢択一式	5問（20点）	3問（12点）
多肢選択式	1問（8点満点）	6点

憲法

行政法

民法

商法

基礎法学

一般知識

科目別ガイダンス　25

第1部 憲法

第1章 総論

第1節 憲法の意味

学習のPOINT
ここでは、憲法の特色や基本原理について見ていきます。試験で直接出ることは少ないですが、後の学習の前提となるところですので、一読しておきましょう。

1 憲法の特色

憲法は、①自由の基礎法、②制限規範、③最高法規という3つの特色を備えています。

（1）自由の基礎法

憲法は、人権を保障する規定を多く置いており、その規定の多くが「〇〇の自由」という名称であることから、自由を基礎づける法であるとされています。

（2）制限規範

憲法で自由が定められているということは、同時に、国家権力に対してこのような自由を妨げてはならないと宣言しているということです。このことから、憲法は、国家権力を制限する規範であるといえます。※1

（3）最高法規

① 意義

憲法は、法律などの他のルールよりも上位に位置づけられている国の最高法規です（98条1項）。

② 憲法尊重擁護義務

憲法の最高法規性は、法律などの下位のルールや国家権力の行使によって危険にさらされる場合があります。

そこで、憲法を危険にさらすような政治活動を事前に防止す

※1 引っかけ注意!

制限規範とは、国家権力を制限する規範という意味であり、国民を制限する規範という意味ではありません（むしろ国民の暮らしを守る規範です）。

るため、天皇・摂政や、国務大臣・国会議員・裁判官などの公務員に対して、憲法を尊重し擁護する義務（これを憲法尊重擁護義務といいます）が課されています（99条）。※2 週29-7-3

2 憲法の基本原理

憲法の基本原理には、①国民主権、②基本的人権の尊重、③平和主義の３つがあります。

（1）国民主権

国民主権とは、国の政治のあり方を最終的に決定する力又は権威が国民にあるとする原理のことです。

なお、主権の概念は、一般に、①国家の統治権、②国家権力の属性としての最高独立性、③国政についての最高の決定権、という３つの意味で用いられています。

【主権概念】

	意味	具体例
国家の統治権	国土と国民を支配する権利のこと	「日本国ノ主権ハ本州、北海道、九州及四国並ニ吾等ノ決定スル諸小島ニ局限セラルベシ」とするポツダム宣言８項の「主権」
国家権力の属性としての最高独立性	国内においては最高、国外に対しては独立であること	「政治道徳の法則は、普遍的なものであり、この法則に従ふことは、自国の主権を維持し、他国と対等関係に立たうとする各国の責務であると信ずる」とする憲法前文３項の「主権」
国政についての最高決定権	国の政治のあり方を最終的に決定する力又は権威のこと	①「ここに主権が国民に存することを宣言し、この憲法を確定する」とする憲法前文１項の「主権」 ②「天皇は、日本国の象徴であり日本国民統合の象徴であつて、この地位は、主権の存する日本国民の総意に基く」とする憲法１条の「主権」

※2 引っかけ注意!

憲法尊重擁護義務が課せられているのはあくまで公務員であり、一般国民には憲法尊重擁護義務が課せられていません。

(2) 基本的人権の尊重

　基本的人権とは、人間が生まれながらにして当然に持っている権利のことです。

　基本的人権は、①固有性、②不可侵性、③普遍性という3つの性質をもっています。

【基本的人権の性質】

固有性	人間であることにより当然に認められること
不可侵性	国家権力によって侵害されないこと
普遍性	人種・性別などに関係なく誰にでも認められること

(3) 平和主義

　日本国憲法は、戦争に対する深い反省から、平和主義の原理を採用し、戦争と戦力の放棄を宣言しています（9条）。

最重要判例　● **砂川事件**（最大判昭34.12.16）※1

事案　国が米軍飛行場拡張のため東京都砂川町の測量を開始し、これに反対した地元住民らが基地内に立ち入った行為が、旧日米安全保障条約に基づく刑事特別法違反に問われたため、日米安全保障条約の合憲性が争われた。

結論　合憲・違憲の判断をしなかった。

判旨　①戦力の意義
　　9条2項がその保持を禁止した戦力とは、我が国がその主体となってこれに指揮権・管理権を行使しうる戦力をいい、外国の軍隊は、たとえ我が国に駐留するとしても、ここにいう戦力に該当しない。
②自衛権の保障の可否
　　我が国が自国の平和と安全を維持しその存立を全うするために必要な自衛のための措置をとりうることは、国家固有の権能の行使として当然であるから、9条により我が国が主権国として持つ固有の自衛権は何ら否定されたものではなく、憲法の平和主義は決して無防備・無抵抗を定めたものではない。

※1 よくある質問

Q 憲法の判例には「砂川事件」のように事件名が書かれているものがありますが、憲法の判例は事件名まで覚える必要があるんですか？

A 事件名は単なる通称にすぎず、最高裁判所が名付けた正式なものではありませんし、事件名を知らなければ正解できないような問題は出題されませんから、事件名まで覚える必要はありません。

28

確認テスト

□□□ **1** 憲法は、法律などの他のルールよりも上位に位置づけられている国の最高法規である。

□□□ **2** 天皇又は摂政及び国務大臣、国会議員、裁判官その他の一般国民は、憲法を尊重し擁護する義務を負う。

□□□ **3** 「天皇は、日本国の象徴であり日本国民統合の象徴であつて、この地位は、主権の存する日本国民の総意に基く」とする憲法1条の「主権」は、国家権力の属性としての最高独立性の意味である。

解答 **1** ○（98条1項）　**2** ✕天皇又は摂政及び国務大臣、国会議員、裁判官その他の公務員は、憲法を尊重し擁護する義務を負うが（99条）、一般国民はこのような義務を負わない。　**3** ✕国政についての最高の決定権の意味である。

第2節 天皇

重要度 B

学習のPOINT

天皇については、条文からの出題がほとんどですので、条文をくり返し読んでおきましょう。特に、天皇の国事行為（6条、7条）は覚えておきましょう。

1 天皇の地位

大日本帝国憲法※1では、天皇は国政に関する最終的な決定権限を有する主権者とされていました。したがって、大日本帝国憲法の下では、天皇が一番偉かったといえます（天皇主権）。

しかし、日本国憲法は、国民を主権者とし、天皇は**象徴**※2としての地位にとどまるものとしました（1条）。したがって、日本国憲法の下では、一番偉いのは国民であり、天皇ではありません（国民主権）。※3

2 皇位継承

世襲制は、国民の意思とかかわりなく天皇の血縁者に皇位を継承させる制度ですから、民主主義の理念及び平等原則に反するものといえます。

しかし、日本国憲法は、天皇制を存続させるために必要と考え、例外的に皇位は**世襲**のものと規定しています（2条）。※4

3 天皇の権能※5

(1) 範囲

天皇は、憲法の定める国事に関する行為（これを**国事行為**といいます）のみを行い、国政に関する権能を有しません（4条1項）。国事行為は、いずれも形式的・儀礼的な行為です。

国事行為の具体例としては、**内閣総理大臣**と**最高裁判所の長たる裁判官**の任命があります（6条1項・2項）。つまり、行政の長と司法の長といった偉い人たちについては、天皇が直々

※1 用語

大日本帝国憲法：現在の日本国憲法ができる前の憲法のこと。明治憲法とも呼ばれる。

※2 用語

象徴：抽象的で形のないものを表すための具体的で形のあるもののこと。

※3 重要判例

天皇は日本国の象徴であるから、天皇には民事裁判権が及ばない（最判平1.11.20）。過29-3-4

※4 参考

憲法上、皇位の継承については世襲制が規定されているのみであり、女子の天皇即位は禁止されていない。もっとも、皇室典範によって、女子の天皇即位は禁止されている。

※5 用語

権能：ある事柄について権利を主張し行使できる能力のこと。

に任命するのです。過18-4-ア

【国家機関の指名・任命】※6

	指名	任命
内閣総理大臣	国会 （6条1項）	天皇 （6条1項）
国務大臣	────	内閣総理大臣 （68条1項）
最高裁判所長官	内閣 （6条2項）	天皇 （6条2項）
長官以外の 最高裁判所裁判官	────	内閣 （79条1項）
下級裁判所裁判官	最高裁判所 （80条1項前段）	内閣 （80条1項前段）

また、天皇は、内閣の助言と承認により、以下のような国事行為を行います（7条）。

① **憲法改正・法律・政令**※7**・条約**※8**の公布（1号）**
　過18-4-イ、27-7-4
　公布とは、成立したルールを公表して一般国民が知り得る状態におくことです。
② **国会の召集（2号）**※9
　召集とは、期日や場所を指定して国会議員に集合を命ずる行為のことです
③ **衆議院の解散（3号）**　過18-4-オ
　衆議院の解散とは、衆議院議員の任期満了前に衆議院議員全員の資格を失わせることです。
④ **国会議員の総選挙の施行の公示（4号）**
　総選挙の施行の公示とは、総選挙の期日を国民に知らせることです。
⑤ **国務大臣**※10**その他の官吏**※11**の任免の認証（5号）**
　過18-4-ウ、26-6-2
　認証とは、ある行為が権限のある機関によってなされたことを外部に証明することです。なお、任免とは、任命と罷免の略で、選任したり辞めさせたりすることです。

※6 **よくある質問**

Q指名と任命の違いは何ですか？
A指名とは、誰をその地位につけるかを選ぶ行為にすぎず、指名の時点ではまだその地位についているわけではありません。これに対して、任命とは、その地位についたこととなる効力を発生させる行為のことです。

※7 **用語**
政令：内閣が制定するルールのこと。

※8 **用語**
条約：国家と国家の間の文書による合意のこと。

※9 **引っかけ注意！**

国会の「召集」であり、「招集」ではありません。多肢選択式で「招集」を選ばないように注意しましょう。

※10 **用語**
国務大臣：内閣の構成員である大臣のこと。

※11 **用語**
官吏：国家公務員のこと。

⑥ 恩赦の認証（6号） 過18-4-エ、30-7-イ・ウ

大赦・特赦・減刑・刑の執行の免除・復権をまとめて恩赦と呼びます。要するに、政治的理由により刑罰を免除することです。

⑦ 栄典の授与（7号）

栄典とは、特定の人に対してその栄誉を表彰するために認められる特別な地位のことです。

⑧ 批准書その他の外交文書の認証（8号）

批准書とは、国家が条約の内容を審査し、確定的な同意を与えた書面のことです。

⑨ 外国の大使・公使の接受（9号）

接受とは、外国の大使・公使と儀礼的に面会することです。

⑩ 儀式を行うこと（10号）

「儀式を行うこと」とは、天皇が主宰して儀式を行うことを意味します。※1

(2) 要件

天皇が国事行為をするためには、内閣の助言と承認が必要であり（3条）、天皇はこの助言を拒否することはできません。

(3) 代行

① 摂政

天皇が成年に達しないときや、精神・身体の重患又は重大な事故により自ら国事行為を行うことができないときは、天皇の権能は、摂政が代行します（皇室典範16条）。

この場合、摂政は、天皇の名で国事行為を行います（5条）。

② 国事行為の委任

摂政を置くほどではないものの、天皇が一時的に国事行為を行うことができないときは、天皇は、国事行為を他の人に委任することができます（4条2項）。※2

4 皇室の財産授受の議決

皇室へ財産が集中することや、皇室が特定の個人や団体と特別な関係を結ぶことで不当な支配力を持つことを防ぐため、皇室の財産授受については国会の議決が必要とされています（8条）。※3

※1 参考

天皇が全国植樹祭に参列することは、「儀式を行うこと」に当たらない。

※2 具体例をイメージ

例えば、海外旅行や病気の場合などである。

※3 引っかけ注意！

皇室の財産授受に関する国会の議決（8条）には衆議院の優越は認められませんが、皇室の費用に関する国会の議決（88条）には衆議院の優越が認められます。両者をしっかり区別して覚えておきましょう。

確認テスト

□□□ **1** 皇位は、世襲のものであって、国会の議決した皇室典範の定めるところにより、これを継承する。

□□□ **2** 内閣総理大臣の指名は、天皇の国事行為である。

□□□ **3** 天皇の国事に関するすべての行為には、国会の助言と承認を必要とし、国会が、その責任を負う。

□□□ **4** 皇室に財産を譲り渡し、又は皇室が、財産を譲り受け、若しくは賜与することは、国会の議決に基づかなければならない。

解答 **1** ○（2条） **2** ✕内閣総理大臣の指名は、国会の機能である（67条1項前段）。なお、天皇の国事行為は、内閣総理大臣の任命である（6条1項）。 **3** ✕天皇の国事に関するすべての行為には、内閣の助言と承認を必要とし、内閣が、その責任を負う（3条）。 **4** ○（8条）

憲法

行政法

民法

商法

基礎法学

一般知識

第1章 ― 総論　第2節 ― 天皇　33

第1部 憲法

第2章 人権

第1節 人権総論

重要度 A

学習のPOINT

人権総論では、各種の人権に共通して問題となる事柄、すなわち、①人権の分類、②人権の享有主体、③人権の限界、④人権の私人間効力の4つを学習します。

1 人権の分類

　人権とは、人間が生まれながらにして当然にもっている権利のことです。人権は、その性質に応じて、①**自由権**、②**社会権**、③**参政権**、④**受益権**の4種類に分類することができます。※1

【人権の分類】

自由権	国家が国民に対して強制的に介入することを排除して個人の自由な活動を保障する権利
社会権	社会的弱者が人間に値する生活を送れるよう国家に一定の配慮を求める権利
参政権	国民が自己の属する国の政治に参加する権利
受益権 ※2	人権の保障を確実なものとするため、国に対して一定の行為を求める権利

　自由権は、さらに①**精神的自由権**、②**経済的自由権**、③**人身の自由**の3種類に分類することができます。

【自由権の分類】

精神的自由権	学問・表現などの精神的活動を行う自由
経済的自由権	職業選択などの経済的活動を行う自由
人身の自由	国家から不当に身体を拘束されない自由

※1 参考

自由権は「国家からの自由」とも呼ばれる。なお、社会権は「国家による自由」、参政権は「国家への自由」と呼ばれる。

※2 参考

受益権は、国務請求権とも呼ばれる。

34

これらをまとめると、以下のような図で表すことができます。

【人権の分類のまとめ】

2 人権の享有主体

人権の享有主体とは、人権が保障されている人のことです。ここでは、法人※3や外国人※4が人権の享有主体となるかが問題となります。

(1) 法人の人権

人権とは人間が生まれながらにして当然にもっている権利のことですから、本来、自然人※5でなければ人権は保障されないはずです。しかし、法人も、社会においては重要な存在です。

そこで、最高裁判所の判例は、法人についても、**権利の性質上可能な限り**人権が保障されるとしています（八幡製鉄事件：最大判昭45.6.24）。※6

法人に保障される人権と保障されない人権をまとめると、以下のようになります。

【法人の人権】

法人に保障される人権	法人に保障されない人権
①精神的自由権 ②経済的自由権 ③受益権	①人身の自由 ②社会権 ③参政権

法人の人権については、以下のような判例があります。

※3 用語
法人：法律の規定により権利をもつことが認められている会社などの団体のこと。

※4 用語
外国人：日本国籍を取得していない人のこと。

※5 用語
自然人：生身の人間のこと。

※6 具体例をイメージ
「権利の性質上可能な限り」というのは、例えば、法人は自然人と違って体をもっていないので、法人には人身の自由が保障されないというような場合である。

第2章 ― 人権　第1節 ― 人権総論　35

最重要判例 ● **八幡製鉄事件**（最大判昭45.6.24）

事案 八幡製鉄の代表取締役が特定の政党[※1]に対して政治献金をしたため、同社の株主がその行為の責任を追及する訴訟を提起し、この政治献金が会社の目的の範囲外の行為であり無効ではないかが争われた。[※2]

結論 有効である。

判旨 ①法人の人権
　憲法第3章に定める国民の権利及び義務の各条項は、**性質上可能な限り、内国の法人にも適用される。**
②会社の政治的行為の自由
　会社は、自然人たる国民と同様、**国や政党の特定の政策を支持・推進し又は反対するなどの政治的行為をなす自由を有する。** 過29-3-2

最重要判例 ● **南九州税理士会政治献金事件**（最判平8.3.19）

事案 強制加入団体である税理士会が、会の決議に基づいて、税理士法を業界に有利な方向に改正するための工作資金として会員から特別会費を徴収し、それを特定の政治団体に寄付した行為が、税理士会の目的の範囲外の行為であり無効ではないかが争われた。

結論 無効である。[※3]

判旨 税理士法が税理士会を強制加入の法人としている以上、その構成員である会員には、様々な思想・信条及び主義・主張を有する者が存在することが当然に予定されているから、税理士会が決定した意思に基づいてする活動にも、そのために会員に要請される協力義務にも、おのずから限界がある。したがって、**税理士会が政党など政治資金規正法上の政治団体に金員の寄付をすることは、たとえ税理士に係る法令の制定改廃に関する政治的要求を実現するためのものであっても、税理士会の目的の範囲外の行為である。**

（2）外国人の人権

　憲法第3章は「国民の権利及び義務」というタイトルで人権について規定していますから、本来、日本国民でなければ人権は保障されないはずです。しかし、人権は人間が生まれながらにして当然にもっている権利である以上、日本国民と外国人を区別するのは妥当ではありません。

[※1] **用語**

政党： 政治上の主義・施策を推進・反対するために結成された団体のこと。

[※2] **参考**

民法34条は、「法人は、法令の規定に従い、定款その他の基本約款で定められた目的の範囲内において、権利を有し、義務を負う。」と規定し、法人の目的の範囲外の行為は無効であるとしている。

[※3] **重要判例**

阪神・淡路大震災により被災した兵庫県司法書士会（強制加入団体）に3000万円の復興支援拠出金を寄付することは、群馬司法書士会の目的の範囲内の行為であり、そのために登記申請事件1件当たり50円の復興支援特別負担金を徴収する旨の同会の総会決議は、有効である（群馬司法書士会事件：最判平14.4.25）。

そこで、最高裁判所の判例は、外国人についても、**権利の性質上日本国民のみを対象としている場合**を除いて人権が保障されるとしています（マクリーン事件：最大判昭53.10.4）。※4

最重要判例	● **マクリーン事件**（最大判昭53.10.4）

事案	アメリカ人のマクリーン氏が日本に入国し、1年後に在留期間更新の申請をしたところ、法務大臣は、マクリーン氏が在留中に政治活動を行ったことを理由に更新を拒否した。そこで、この更新拒否処分が政治活動の自由を侵害して違法ではないかが争われた。
結論	適法
判旨	①外国人の人権 　憲法第3章の諸規定による基本的人権の保障は、**権利の性質上日本国民のみをその対象としていると解されるものを除き、我が国に在留する外国人にも等しく及ぶ**。過18-6-1 ※5、23-4-3 ②外国人の政治活動の自由 　政治活動の自由は、**我が国の政治的意思決定又はその実施に影響を及ぼす活動等外国人の地位にかんがみこれを認めることが相当でないものを除き、その保障が及ぶ**。過23-4-3、27-3-3、29-3-1 ③外国人の在留 ※6 の権利 　憲法22条1項は、日本国内における居住・移転の自由を保障する旨を規定するにとどまり、憲法上、外国人は、**我が国に入国する自由を保障されているものでないことはもちろん、在留の権利ないし引き続き在留することを要求しうる権利を保障されているものでもない。**

外国人に保障される人権と保障されない人権をまとめると、以下のようになります。

【外国人の人権】

外国人に保障される人権	外国人に保障されない人権
①自由権 ②受益権	①入国・再入国の自由 ②社会権 ③参政権

① 入国の自由

入国の自由は、外国人には保障されません（最大判昭32.6.19）。これは、国際法上、国家が自己に危害を及ぼすおそ

※4 具体例をイメージ

「権利の性質上日本国民のみを対象としている場合を除いて」というのは、例えば、参政権は国民が自己の属する国の政治に参加する権利であり、その性質上日本国民のみを対象としている権利であるから、外国人には参政権が保障されないというような場合である。

※5 過去問チェック

憲法13条以下で保障される諸権利のなかで、明示的に「国民」を主語としている権利については、日本に在留する外国人に対して保障が及ばないとするのが、判例である。→×（18-6-1）

※6 用語

在留：入国した後、日本にとどまること。

憲法

行政法

民法

商法

基礎法学

一般知識

れのある外国人の入国を拒否することは、その国家の権限に属するとされているからです。※1

最重要判例　● 森川キャサリーン事件（最判平4.11.16）

事案	日本に入国して定住しているアメリカ人の森川キャサリーン氏が、韓国へ旅行するため再入国許可の申請をしたところ、不許可とされた。そこで、この不許可処分が再入国の自由を侵害して違法ではないかが争われた。
結論	適法
判旨	我が国に在留する外国人は、憲法上、**外国へ一時旅行する自由を保障されているものではなく、再入国の自由も保障されない。**　19-6-5 ※2、27-3-2

② 社会権

社会権は、各人の所属する国が保障すべき権利ですから、外国人には保障されません。

最重要判例　● 塩見訴訟（最判平1.3.2）

事案	外国人が知事に対して（旧）障害福祉年金の請求を行ったところ、この請求が却下された。そこで、当該却下処分が憲法14条、25条に違反しないかが争われた。
結論	合憲
判旨	社会保障上の施策において在留外国人をどのように処遇するかについては、国は、特別の条約の存しない限り、その政治的判断によりこれを決定することができるのであり、**その限られた財源の下で福祉的給付を行うに当たり、自国民を在留外国人より優先的に扱うことも許される。**　19-6-4、27-3-5

③ 参政権

参政権は、国民が自己の属する国の政治に参加する権利ですから、外国人には保障されません。

最重要判例　● 外国人の地方選挙権（最判平7.2.28）

事案	外国人が地方公共団体 ※3 の選挙人名簿に登録されていないことを不服として選挙管理委員会に対して異議の申出をした。そこで、外国人にも地方選挙権が保障されるかが争われた。

※1 重要判例

憲法上、外国移住の自由が保障されていることから（22条2項）、外国人の出国の自由は保障される（最大判昭32.12.25）。

※2 過去問チェック

外国人は、憲法上日本に入国する自由を保障されてはいないが、憲法22条1項は、居住・移転の自由の一部として海外渡航の自由も保障していると解されるため、日本に在留する外国人が一時的に海外旅行のため出国し再入国する自由も認められる。→ ✕（19-6-5）

※3 用語

地方公共団体：市町村や都道府県のこと。

| 結論 | 外国人には地方選挙権が保障されない。※4 |

| 判旨 | ①憲法93条２項の「住民」の意味
憲法93条２項で地方公共団体の長や議会の議員などを選挙することとされた「住民」とは、地方公共団体の区域内に住所を有する日本国民を意味する。過23-4-4
②外国人の地方選挙権の許容
我が国に在留する外国人のうちでも永住者等であってその居住する区域の地方公共団体と特段に緊密な関係を持つに至ったと認められるものについて、法律をもって、地方公共団体の長・議会の議員等に対する選挙権を付与する措置を講ずることは、憲法上禁止されているものではない。しかしながら、このような措置を講ずるか否かは、専ら国の立法政策にかかわる事柄であって、このような措置を講じないからといって違憲の問題を生ずるものではない。過18-2-ウ、19-6-2、23-4-5 |

最重要判例 ● **外国人の公務就任権** ※5 （最大判平17.1.26）

| 事案 | 外国人である東京都の職員が管理職選考試験を受験しようとしたところ、日本国籍を有していないことを理由に拒否された。そこで、この拒否処分が法の下の平等を定めた憲法14条１項に反するのではないかが争われた。 |

| 結論 | 合憲 |

| 判旨 | 地方公共団体が、日本国民である職員に限って管理職に昇任することができることとする措置を執ることは、合理的な理由に基づいて日本国民である職員と在留外国人である職員とを区別するものであり、このような措置は、憲法14条１項に違反するものではない。※6 過19-6-3 |

3 人権の限界

（1）公共の福祉による人権制限

　憲法は、人権を「侵すことのできない永久の権利」（11条）であるとしていますから、国家権力は、人権を制限することができないのが原則です。しかし、ある人の人権を保障することが、他の人の人権を侵害することになる場合があります。※7

　そこで、憲法は、人権を「公共の福祉に反しない限り」（13条）認めることとして、ある人の行為が他の人の人権を侵害す

※4 重要判例

外国人には国政選挙権も保障されていない（最判平5.2.26）。

※5 用語

公務就任権：公務員に就任する権利のこと。

※6 参考

この判例は、理由付けとして、国の統治のあり方については国民が最終的な責任を負うべきものである以上、外国人が公権力の行使等を行う地方公務員に就任することはわが国の法体系の想定するところではないという点を挙げている。過27-3-4

※7 具体例をイメージ

例えば、週刊誌の記者が政治家Ａに恨みを抱いていたため、そのような事実もないのに「Ａはワイロをもらってばかりの汚職政治家だ！」といった記事を週刊誌に掲載した場合、記者には表現の自由（21条１項）が保障されているから、本来、このような記事を掲載することも自由なはずである。しかし、これを認めると、政治家Ａの名誉を侵害することになる。

る場合には、その行為は制限されるものとしています。

このように、ある人の人権と他の人の人権が衝突した場合に、これを調整するために一方の人権を制限することを、公共の福祉による人権制限といいます。

【公共の福祉による人権制限】

公共の福祉による人権制限

(2) 特別な法律関係に基づく人権制限

公務員や在監者※1のように、国家権力と特別な関係にある人については、一般国民にはない特別の人権制限が許されると考えられています。

① 公務員の人権

公務員は、政治的に中立であることが要求され、政治的目的をもって政治的行為を行うことが禁止されています。※2

最重要判例	猿払事件（最大判昭49.11.6）
事案	郵便局に勤務する現業※3 国家公務員が、特定の政党を支持する目的でポスターの掲示や配布をした行為が、国家公務員法102条1項及び人事院規則14-7に違反するとして起訴された。そこで、国家公務員法及び人事院規則の合憲性が争われた。
結論	合憲
判旨	①政治的行為の保障 　国家公務員法102条1項及び人事院規則によって公務員に禁止されている政治的行為も多かれ少なかれ政治的意見の表明を内包する行為であるから、**もしそのような行為が国民一般に対して禁止されるのであれば、憲法違反の問題が生ずることはいうまでもない。** 過18-5-1 ②公務員の政治的行為の自由 　公務員の政治的中立性を損なうおそれのある公務員の政治的行為を禁止することは、**それが合理的で必要やむを得ない限度にとどまるものである限り、憲法の許容するところである。** ③公務員の政治的行為の禁止の合憲性判定基準※4 　公務員の政治的行為を禁止することができるかの判断に当

※1 用語
在監者：刑務所などに強制的に収容されている者のこと。

※2 具体例をイメージ
例えば、ある公務員がA党の熱狂的な支持者であり、A党に有利なようにしか公務を行わないとしたら、A党を支持しない国民は公務を信頼しなくなってしまうことから、公務員には政治的中立性が要求されている。

※3 用語
現業：企業経営などの非権力的な行政事務のこと。

※4 参考
猿払事件判決の示した合憲性判定基準を合理的関連性の基準という。

判旨 たっては、**禁止の目的、禁止の目的と禁止される政治的行為との関連性、政治的行為を禁止することにより得られる利益と禁止することにより失われる利益との均衡の３点から検討することが必要である。**※5 過18-5-2

最重要判例 ● 堀越事件（最判平24.12.7）

事案 当時の社会保険庁に勤務していた国家公務員が、特定の政党を支持する目的で政党機関誌を配布した行為が、国家公務員法110条１項19号・102条１項、人事院規則14-7に違反するとして起訴された。そこで、国家公務員法及び人事院規則の罰則規定の合憲性が争われた。

結論 国家公務員法及び人事院規則の罰則規定は合憲だが、本件配布行為は当該罰則規定の構成要件※6 に該当しない。

判旨 ①国家公務員法102条１項の「政治的行為」の意味
国家公務員法102条１項にいう「政治的行為」とは、**公務員の職務の遂行の政治的中立性を損なうおそれが観念的なものにとどまらず、現実的に起こり得るものとして実質的に認められるものを指す。**過29-3-3、30-41-ア・イ
②本件配布行為の構成要件該当性
本件配布行為は、管理職的地位になく、その職務の内容や権限に裁量の余地のない公務員によって、職務と全く無関係に、公務員により組織される団体の活動としての性格もなく行われたものであり、公務員による行為と認識し得る態様で行われたものでもないから、**公務員の職務の遂行の政治的中立性を損なうおそれが実質的に認められるものとはいえず、本件配布行為は当該罰則規定の構成要件に該当しない。**過30-41-ウ・エ

② 在監者の人権

在監者については、逃亡や証拠隠滅などを防止するため、刑事施設に強制的に収容するという身体の拘束が認められています。

最重要判例 ● 在監者の喫煙の自由（最大判昭45.9.16）

事案 在監者に対して喫煙を禁止していた旧監獄法施行規則が憲法13条に違反しないかが争われた。

結論 合憲

※5 重要判例

裁判官に対し「積極的に政治運動をすること」を禁止することは、その目的が正当であって、その目的と禁止との間に合理的関連性があり、禁止により得られる利益と失われる利益との均衡を失するものではないから、憲法21条１項に違反しない（寺西裁判官事件：最大決平10.12.1）。過元-7-4

※6 用語

構成要件：法律により犯罪として定められた行為の類型のこと。

第2章 ― 人権　第1節 ― 人権総論　41

| 判旨 | ①喫煙の自由の保障
　喫煙の自由は、憲法13条の保障する基本的人権の一つに含まれるとしても、あらゆる時・所において保障されなければならないものではない。
②在監者の喫煙の禁止の合憲性
　在監者の喫煙を禁止することは、必要かつ合理的な規制である。 |

最重要判例　● よど号ハイジャック記事抹消事件（最大判昭58.6.22）

事案	在監者が新聞を定期購読していたところ、拘置所※1長がよど号ハイジャック事件に関する新聞記事を全面的に抹消した。そこで、その抹消処分が在監者の閲読の自由を侵害して違憲ではないかが争われた。
結論	合憲
判旨	①閲読の自由の保障 　新聞紙・図書等の閲読の自由が憲法上保障されるべきことは、思想及び良心の自由の不可侵を定めた憲法19条の規定や、表現の自由を保障した憲法21条の規定の趣旨・目的から、その派生原理として当然に導かれる。過18-6-2 ※2 ②在監者の閲読の自由に対する制限 　在監者の閲読の自由に対する制限が許されるためには、当該閲読を許すことにより監獄内の規律及び秩序が害される一般的・抽象的なおそれがあるだけでは足りず、その閲読を許すことにより、監獄内の規律及び秩序の維持上放置することのできない程度の障害が生ずる相当の蓋然性※3があると認められることが必要である。※4 過2-3

4 人権の私人間効力

（1）人権の私人間効力とは何か

　従来、憲法の人権規定は、国家権力による国民の人権の侵害を排除するものであり、国家権力と国民の間でのみ適用されるものであるとされてきました。しかし、資本主義の発展により社会の中に強い力をもった大企業のような私的団体が生まれ、国家権力のみならず、私的団体によっても国民の人権が侵害されるようになってきました。

　そこで、憲法の人権規定を適用することにより、私的団体による人権侵害を排除する必要があるのではないかが問題となり

※1 用語

拘置所：主に刑が確定していない刑事被告人を収容しておく場所のこと。

※2 過去問チェック

国家権力の統制下にある在監者に対しては、新聞、書籍を閲読する自由は、憲法上保障されるべきではないとするのが、判例である。→ ✕ (18-6-2)

※3 用語

蓋然性：可能性が高いこと。

※4 引っかけ注意!

よど号ハイジャック記事抹消事件判決は、在監者の閲読の自由に対する制約の合憲性を「相当の蓋然性」の有無で判断しています。「明白かつ現在の危険」があることまでは要求していません。

ます。このように、憲法の人権規定が私人と私人の間でも適用されるかといった問題のことを人権の私人間効力の問題といいます。

(2) 間接適用説

人権の私人間効力の問題については、考え方が分かれています。まず、憲法の人権規定が私人と私人の間でも直接適用されるとする考え方があります（これを直接適用説といいます）。しかし、この考え方によると、私人相互の関係に対して憲法が大きく介入することになり、私的自治の原則 ※5 に反することになってしまいます。

そこで、最高裁判所の判例は、憲法の人権規定は、民法などの私法 ※6 を通して、間接的に適用されるとしています（三菱樹脂事件：最大判昭48.12.12）。これを間接適用説といいます。 ※7

例えば、女性であることを理由に会社で雇ってもらえなかった場合、憲法14条1項が性別による差別を禁止している以上、このような憲法に反する措置は公の秩序に反するとして、民法90条 ※8 により無効であると判断するのです（憲法14条1項違反により無効であると判断するわけではありません）。

以上をまとめると、次のような図になります。

【間接適用説】

※5 用語

私的自治の原則：私人相互の関係はその当事者の意思に委ねるべきとする原則のこと。

※6 用語

私法：私人相互の関係について規定した法律のこと。

※7 参考

間接適用説に立ったとしても、①投票の秘密（15条4項）、②奴隷的拘束からの自由（18条）、③労働基本権（28条）は、私人間に直接適用される。

※8 参考

民法90条は、「公の秩序又は善良の風俗に反する事項を目的とする法律行為は、無効とする。」と規定している。

| 最重要判例 | ● **三菱樹脂事件**（最大判昭48.12.12） |

事案
大学卒業後、三菱樹脂株式会社に採用された者が、在学中の学生運動歴について入社試験の際に虚偽の申告をしたという理由で、試用期間終了時に本採用を拒否された。そこで、特定の思想を有することを理由に本採用を拒否することが憲法に違反しないかが争われた。

結論
違反しない（間接適用説）。

判旨
①人権規定の私人間への適用
　憲法の自由権的基本権の保障規定は、専ら国又は公共団体と個人との関係を規律するものであり、私人相互の関係を直接規律することを予定するものではない。私人間の関係においても、相互の社会的力関係の相違から、一方が他方に優越し、事実上後者が前者の意思に服従せざるを得ない場合があるが、このような場合でも、憲法の基本権保障規定の適用ないし類推適用 ※1 を認めるべきではない。※2 過25-4-1
②思想・信条の調査の可否
　企業者が、労働者の採否決定に当たり、労働者の思想・信条を調査し、そのためその者からこれに関連する事項についての申告を求めることも違法ではない。
③思想・信条を理由とする雇用の拒否
　企業者が特定の思想・信条を有する者をそれを理由として雇い入れることを拒んでも、それを当然に違法としたり、直ちに民法上の不法行為 ※3 とすることはできない。過18-3-2、25-4-5

| 最重要判例 | ● **昭和女子大事件**（最判昭49.7.19） |

事案
無届で法案反対の署名活動を行ったり、許可を得ないで学外の政治団体に加入したりした行為が、学則の具体的な細則である生活要録の規定に違反するとして、学生が退学処分を受けた。そこで、この学生が、退学処分が憲法19条に違反することを理由に学生たる地位の確認を求めて争った。

結論
退学処分は憲法19条に違反しない（間接適用説）。

判旨
①人権規定の私人間への適用
　憲法19条、21条、23条等のいわゆる自由権的基本権の保障規定は、国又は公共団体の統治行動に対して個人の基本的な自由と平等を保障することを目的とした規定であって、専ら国又は公共団体と個人との関係を規律するものであり、私人相互間の関係について当然に適用ないし類推適用されるものではない。過18-3-5

※1 用語

類推適用：ある事項を直接に規定した法規がない場合に、それに類似した事項を規定した法規を適用すること。

※2 重要判例

国が行政の主体としてでなく私人と対等の立場に立って、私人との間で個々的に締結する私法上の契約は、当該契約がその成立の経緯及び内容において実質的にみて公権力の発動たる行為と何ら変わりがないといえるような特段の事情のない限り、憲法9条の直接適用を受けない（百里基地訴訟：最判 平1.6.20）。過25-4-4

※3 用語

不法行為：故意又は過失によって他人の権利又は法律上保護される利益を侵害し、これによって損害を生じさせること（民法709条）。

判旨 ②退学処分の合憲性

私立学校は、建学の精神に基づく独自の教育方針を立て、学則を制定することができ、学生の政治活動を理由に退学処分を行うことは、**懲戒権者に認められた裁量権の範囲内にある。** 過25-4-2

最重要判例 ● **日産自動車事件**（最判昭56.3.24）

事案 企業における定年年齢を男子60歳、女子55歳とした男女別定年制が、法の下の平等に反しないかが争われた。

結論 法の下の平等に反する（間接適用説）。

判旨 就業規則 ※4 中、女子の定年年齢を男子より低く定めた部分は、専ら女子であることのみを理由として差別したことに帰着するものであり、**性別のみによる不合理な差別を定めたものとして民法90条の規定により無効である。** 過25-4-3、30-27-5

※4 用語
就業規則：使用者が事業場における労働条件などを定めたもののこと。

確認テスト

☐☐☐ **1** 憲法第3章に定める国民の権利及び義務の各条項は、性質上可能な限り、内国の法人にも適用される。

☐☐☐ **2** 憲法第3章の諸規定による基本的人権の保障は、政治活動の自由のように権利の性質上日本国民のみをその対象としていると解されるものを除き、我が国に在留する外国人にも等しく及ぶ。

☐☐☐ **3** 公務員の政治的中立性を損なうおそれのある公務員の政治的行為を禁止することは、それが合理的で必要やむを得ない限度にとどまるものである限り、憲法の許容するところである。

☐☐☐ **4** 憲法の自由権的基本権の保障規定は、私人相互の関係を直接規律することを予定するものである。

解答 **1** ○（八幡製鉄事件：最大判昭45.6.24） **2** ✕ 政治活動の自由についても、我が国の政治的意思決定又はその実施に影響を及ぼす活動等外国人の地位にかんがみこれを認めることが相当でないものを除き、その保障が及ぶ（マクリーン事件：最大判昭53.10.4）。 **3** ○（猿払事件：最大判昭49.11.6） **4** ✕ 私人相互の関係を直接規律することを予定するものではない（三菱樹脂事件：最大判昭48.12.12）。

憲法

行政法

民法

商法

基礎法学

一般知識

第2章 — 人権　第1節 — 人権総論　45

第2節 幸福追求権及び法の下の平等

学習のPOINT

ここでは、自由権・社会権・参政権・受益権のいずれにも分類されない人権について見ていきます。判例からの出題がほとんどですので、判例をくり返し読んでおきましょう。

1 幸福追求権

（1）幸福追求権とは何か

　日本国憲法は、14条～40条で人権（自由権・社会権・参政権・受益権）について詳しく規定しています。

　もっとも、これらの規定は、歴史的に国家権力による侵害の多かった重要な人権を挙げたものにすぎず、すべての人権を網羅したものではありません。また、社会の変化により、憲法が作られた当時では考えられなかった人権侵害がなされる可能性があります。※1

　そこで、14条～40条に挙げられていない人権であっても、個人が人格的に生存するために不可欠と考えられるものは、「新しい人権」として憲法上保障されます。その根拠となる規定が**幸福追求権**（幸福追求に対する国民の権利）を定めた13条後段なのです。※2

　まとめると、以下のようになります。

【人権の保障】

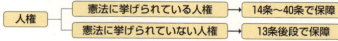

（2）新しい人権

　幸福追求権を根拠として認められた「新しい人権」としては、肖像権、プライバシー権、自己決定権などがあります。※3

① **肖像権**

　肖像権とは、許可なく容貌・姿態を撮影されない権利のこと

※1 **具体例をイメージ**
例えば、インターネット上の掲示板による名誉毀損などである。

※2 **参考**
幸福追求権を定めた13条後段は、14条以下に列挙されている個別の人権の保障が及ばない場合に限って適用されるとするのが通説である（補充的保障説）。

※3 **参考**
環境権（良好な環境を享受する権利）や嫌煙権は、「新しい人権」として認められていない。

46

です。最高裁判所の判例は、憲法13条を根拠に実質的な肖像権を認めています（肖像権を認めると明言したわけではありません）。※4 ※5

| 最重要判例 | ● 京都府学連事件（最大判昭44.12.24） |

| 事案 | デモ行進に際し警察官が犯罪捜査のために行った写真撮影が、憲法13条に違反しないかが争われた。 |

| 結論 | 合憲 |

| 判旨 | ①容ぼう等を撮影されない自由
何人も、その承諾なしに、みだりにその容ぼう等（容ぼう・姿態）を撮影されない自由を有するから、警察官が、正当な理由もないのに、個人の容ぼう等を撮影することは、**憲法13条の趣旨に反し許されない**。過23-3-1、3-4-1
②撮影が許容される場合
犯罪を捜査することは公共の福祉のため警察に与えられた国家作用の1つであり、警察にはこれを遂行すべき責務があるため、警察官が犯罪捜査の必要上写真を撮影する際、**その対象の中に犯人のみならず第三者である個人の容ぼう等が含まれていても、これが許容される場合がありうる**。具体的には、現に犯罪が行われ若しくは行われた後間がないと認められる場合であって、証拠保全の必要性及び緊急性があり、**その撮影が一般的に許容される限度を超えない相当な方法をもって行われるときは**、例外的に撮影が許される。過23-3-1 |

② プライバシー権

プライバシー権とは、従来、「私生活をみだりに公開されない権利」と定義されていました。しかし、情報化社会の進展に伴い公権力や大企業等によって個人情報が保有されるようになったことから、人格的な生存を実現するためには、単に私生活を公開されないだけでなく、自分の情報を自分でコントロールできるようにする必要が生じました。そこで、現在では、プライバシー権とは、自己に関する情報をコントロールする権利と定義されています。※6 過26-3-3

| 最重要判例 | ● 前科照会事件（最判昭56.4.14） |

| 事案 | 弁護士が区役所に対して前科及び犯罪経歴を照会し、区役所がこれに応じたため、前科及び犯罪経歴を公開された者が、プライバシー侵害を理由に損害賠償を求めて争った。 |

※4 重要判例

自動速度監視装置（オービス）による運転者の容ぼうの写真撮影は、現に犯罪が行われ、かつ緊急に証拠を保全する必要があり、方法も相当である場合には、許容される（最判昭61.2.14）。

※5 重要判例

写真週刊誌のカメラマンが、法廷において、手錠をされ腰縄を付けられた状態の被疑者の容ぼう・姿態をその承諾なく撮影した行為は、不法行為法上違法である（最判平17.11.10）。もっとも、法廷において訴訟関係人から資料を見せられている状態や手振りを交えて話しているような状態の容ぼう・姿態を描いたイラスト画を写真週刊誌に掲載して公表した行為は、不法行為法上違法であるとはいえない（同判例）。

※6 重要判例

犯罪を犯した少年を特定することが可能な記事を掲載した場合、この記事の掲載によって不法行為が成立するか否かは、被侵害利益ごとに違法性阻却事由の有無等を審理し、個別具体的に判断すべきである（最判平15.3.14）。過23-3-4

憲法

行政法

民法

商法

基礎法学

一般知識

第2章 ― 人権　第2節 ― 幸福追求権及び法の下の平等　47

結論	損害賠償請求は認められる。
判旨	前科等（前科・犯罪経歴）は、人の名誉・信用に直接かかわる事項であり、前科等のある者であっても、これをみだりに公開されないという**法律上の保護に値する利益を有する**。したがって、市区町村長が漫然と※1 弁護士会の照会に応じ、**犯罪の種類・軽重を問わず**、前科等のすべてを報告することは、公権力の違法な行使に当たる。※2

最重要判例　● ノンフィクション「逆転」事件（最判平6.2.8）

事案	ノンフィクション小説「逆転」で実名を掲載され前科を公表された者が、その作者に対して、プライバシー侵害を理由に損害賠償を求めて争った。
結論	損害賠償請求は認められる。
判旨	①実名掲載の可否 　ある者の前科等にかかわる事実は、刑事事件・刑事裁判という社会一般の関心・批判の対象となるべき事項にかかわるものであるから、事件それ自体を公表することに歴史的・社会的な意義が認められるような場合には、**事件の当事者についても、その実名を明らかにすることが許されないとはいえない**。過23-3-2 ※3 ②損害賠償請求の可否 　ある者の前科等にかかわる事実を実名を使用して著作物で公表した場合、**公表する理由よりも公表されない法的利益が優越するときには、公表された者は、その公表によって被った精神的苦痛の賠償を求めることができる**。

最重要判例　● 指紋押捺拒否事件（最判平7.12.15）

事案	外国人登録法により外国人登録原票などへの指紋押捺を義務付けられたことが、憲法13条に違反しないかが争われた。※4
結論	合憲
判旨	①指紋とプライバシー 　指紋は、性質上万人不同性、終生不変性をもつので、採取された指紋の利用方法次第では**個人の私生活あるいはプライバシーが侵害される危険性がある**。過23-3-3 ②外国人の指紋押捺を強制されない自由 　国家機関が国民に対して正当な理由なく指紋の押捺を強制することは、憲法13条の趣旨に反して許されず、**この自由の保障は、我が国に在留する外国人にも等しく及ぶ**。過19-6-1、27-3-1

※1 **用語**

漫然と：考えもなく、惰性でということ。

※2 **引っかけ注意！**

前科照会事件判決は、「プライバシー権」という用語を明示しているわけではありません。

※3 **過去問チェック**

前科は、個人の名誉や信用に直接関わる事項であるから、事件それ自体を公表することに歴史的または社会的な意義が認められるような場合であっても、事件当事者の実名を明らかにすることは許されない。→ ✕（23-3-2）

※4 **参考**

外国人指紋押捺制度は、1999年の外国人登録法改正により廃止され、2012年には外国人登録法自体も廃止されている。

判旨 ③外国人登録法が定めていた指紋押捺制度の合憲性

外国人登録法が定めていた在留外国人についての指紋押捺制度は、その立法目的に十分な合理性があり、かつ、必要性も肯定できるものであり、**方法としても一般的に許容される限度を超えない相当なものであったと認められる。**

最重要判例　● 早稲田大学講演会参加者名簿提出事件 （最判平15.9.12）

事案 早稲田大学が、外国国家主席の講演会を開催するに先立ち、参加者の学籍番号・氏名・住所・電話番号を記入した名簿の写しを警察に提出したため、参加者がプライバシー侵害を理由に損害賠償請求訴訟を提起した。

結論 損害賠償請求は認められる。

判旨 ①講演会の参加申込者の学籍番号等の性質

大学が講演会の主催者として学生から参加者を募る際に収集した参加申込者の学籍番号・氏名・住所・電話番号は、大学が個人識別等を行うための単純な情報であって、その限りにおいては、**秘匿されるべき必要性が必ずしも高いものではない。**
②法的保護の有無

しかし、このような情報についても、本人が、自己が欲しない他者にはみだりにこれを開示されたくないと考えることは自然なことであり、そのことへの期待は保護されるべきであるから、**プライバシーに係る情報として法的保護の対象となる。**

最重要判例　● 住基ネット訴訟 （最判平20.3.6）

事案 行政機関が住民基本台帳ネットワークシステム（住基ネット）により個人情報を収集・管理・利用することは、憲法13条の保障するプライバシー権その他の人格権を違法に侵害するものではないかが争われた。※5

結論 合憲

判旨 ①個人情報を開示・公表されない自由

憲法13条は、国民の私生活上の自由が公権力の行使に対しても保護されるべきことを規定しており、**何人も個人に関する情報をみだりに第三者に開示または公表されない自由を有する。** 過28-4-1
②本人確認情報の性質

いわゆる住基ネットによって管理・利用等される氏名・生年月日・性別・住所からなる本人確認情報は、社会生活上は

※5 参考

住基ネット訴訟の最高裁判所判決は、自己に関する情報をコントロールする個人の憲法上の権利（プライバシー権）の性質について、判示したわけではない。
過28-4-2

憲法

行政法

民法

商法

基礎法学

一般知識

第2章 — 人権　第2節 — 幸福追求権及び法の下の平等　49

| 判旨 | 一定の範囲の他者には当然開示されることが想定され、**個人の内面にかかわるような秘匿性の高い情報とはいえない。** 過23-3-5、28-4-3 |

③住基ネットの適法性

住基ネットによる本人確認情報の管理、利用等は、法令等の根拠に基づき、**住民サービスの向上および行政事務の効率化という正当な行政目的の範囲内で行われているもの**ということができる。過28-4-4

また、住基ネットにおけるシステム技術上・法制度上の不備のために、**本人確認情報が法令等の根拠に基づかずにまたは正当な行政目的の範囲を逸脱して第三者に開示・公表される具体的な危険が生じているということはできない。** 過28-4-5

④権利侵害の有無

いわゆる住基ネットにより行政機関が住民の本人確認情報を収集・管理・利用する行為は、当該住民がこれに同意していないとしても、**憲法13条の保障する個人に関する情報をみだりに第三者に開示又は公表されない自由を侵害するものではない。**

③　自己決定権

自己決定権とは、個人の人格的生存にかかわる重要な事柄を国家権力の干渉なしに各自が決定することができる権利のことです。※1

最重要判例	● **エホバの証人輸血拒否事件**（最判平12.2.29）
事案	エホバの証人の信者が自己の意思に反して輸血をされたため、輸血をした医師に対して、自己決定権の侵害を理由に損害賠償を求めて争った。
結論	損害賠償請求は認められる。
判旨	患者が、輸血を受けることは自己の宗教上の信念に反するとして、輸血を伴う医療行為を拒否するとの明確な意思を有している場合、このような意思決定をする権利は、**人格権**※2**の一内容として尊重されなければならない。**※3 過29-34-3

2　法の下の平等

憲法は、法の下の平等を規定しています（14条1項）。さらに個別的に、**貴族制度**の廃止（14条2項）・**栄典**に伴う特権の

※1 **具体例をイメージ**

例えば、家族のあり方を決める自由（避妊・中絶など）、ライフスタイルを決める自由（服装・髪型など）、生命の処分を決める自由（医療拒否・尊厳死など）がある。

※2 **用語**

人格権：個人の人格価値を侵害されない権利のこと。

※3 **引っかけ注意！**

エホバの証人輸血拒否事件判決は、「自己決定権」という用語を明示しているわけではありません。

※4 **引っかけ注意！**

栄典に伴う特権が禁止されているにすぎず、栄典自体が禁止されているわけではありません。

禁止（14条3項）といった規定を設けて、平等原則の徹底化を図っています。※4 週18-7-ウ

（1）法の下の平等の意味

まず、「法の下」の意味ですが、法を平等に適用しなければならないこと（法適用の平等）のみならず、法の内容自体も平等でなければならないこと（法内容の平等）も含まれます。なぜなら、不平等な内容の法を平等に適用したとしても、不平等は解消されないからです。※5

次に、「平等」の意味ですが、事実上の違いを無視して機械的に平等に取り扱うこと（絶対的平等）ではなく、事実上の違いを前提に結果として平等になるように取り扱うこと（相対的平等）を意味します。なぜなら、事実上の違いを無視して機械的に平等に取り扱うと、かえって不平等な結果となる場合があるからです。※6

このように、憲法14条1項は、国民に対し絶対的な平等を保障したものではなく、差別すべき合理的な理由なくして差別することを禁止している趣旨ですから、事柄の性質に即応して合理的と認められる差別的取扱いをすることは、憲法14条1項に反するものではありません（最大判昭39.5.27）。週22-4-イ・ウ・エ

【法の下の平等】

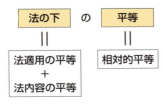

（2）法の下の平等が及ぶ範囲

憲法14条1項は人種・信条・性別・社会的身分・門地を列挙していますが、これらの事由は例示的なものであって、これ以外の事由についても法の下の平等の保障は及びます（最大判昭39.5.27）。※7 週22-4-ア

① 人種

人種とは、皮膚・毛髪・目・体型等の身体的特徴によって区別される人類学上の種類のことです。

※5 具体例をイメージ

例えば、「男性は税金1万円、女性は税金100万円を支払わなければならない」といった法律を国民全員に平等に適用したとしても、女性が男性の100倍の税金を支払う義務を負うという男女間の不平等は解消されないので、このような法律は法の下の平等に反することになる。

※6 具体例をイメージ

例えば、「全国民は税金100万円を支払わなければならない」といった法律は、全国民を機械的に平等に取り扱うものであるが、これでは年収100万円の人は手元に1銭も残らないことになり生活が成り立たないのに対し、年収1億円の人はほとんど収入が減らず悠々自適な生活ができることになり、不平等な結果となってしまうので、法の下の平等に反することになる。

※7 重要判例

選挙制度を政党本位のものにすることも国会の裁量に含まれるので、衆議院選挙において小選挙区選挙と比例代表選挙に重複立候補できる者を、一定要件を満たした政党等に所属するものに限ることは、憲法に違反しない（最大判平11.11.10）。週28-7-2

② 信条

信条とは、宗教上の信仰のみならず、思想上・政治上の主義を含みます（最判昭30.11.22）。

③ 性別

性別による差別が問題となった判例には、以下のようなものがあります。

最重要判例 ● **女性の再婚禁止期間**（最大判平27.12.16）[1]

事案	女性について6か月の再婚禁止期間を設けている民法733条1項の規定が憲法14条1項に違反しないかが争われた。
結論	民法733条1項の規定のうち、**100日の再婚禁止期間を設ける部分は合憲、100日を超えて再婚禁止期間を設ける部分は違憲。**
判旨	①100日の再婚禁止期間を設ける部分について 　民法733条1項の立法目的は、**父性の推定の重複を回避し、もって父子関係をめぐる紛争の発生を未然に防ぐことにある**と解されるところ、女性の再婚後に生まれる子については、計算上100日の再婚禁止期間を設けることによって、父性の推定の重複が回避されることになる。夫婦間の子が嫡出子となることは婚姻による重要な効果であるところ、嫡出子について出産の時期を起点とする明確で画一的な基準から父性を推定し、父子関係を早期に定めて子の身分関係の法的安定を図る仕組みが設けられた趣旨に鑑みれば、**父性の推定の重複を避けるため100日について一律に女性の再婚を制約することは、婚姻及び家族に関する事項について国会に認められる合理的な立法裁量の範囲を超えるものではなく、立法目的との関連において合理性を有する。** ②100日を超えて再婚禁止期間を設ける部分について 　婚姻をするについての自由が憲法24条1項の規定の趣旨に照らし十分尊重されるべきものであることや妻が婚姻前から懐胎していた子を産むことは再婚の場合に限られないことを考慮すれば、再婚の場合に限って、前夫の子が生まれる可能性をできるだけ少なくして家庭の不和を避けるという観点や、婚姻後に生まれる子の父子関係が争われる事態を減らすことによって、父性の判定を誤り血統に混乱が生ずることを避けるという観点から、**厳密に父性の推定が重複することを回避するための期間を超えて婚姻を禁止する期間を設けることを正当化することは困難である。**他にこれを正当化し得る根拠を見出すこともできないことからすれば、**民法733条1項のうち100日超過部分は、合理性を欠いた過剰な制約を課すものとなっている。** 週28-7-5、元-4-4

※1 法改正情報

この判例が出されたことにより、民法733条1項が改正され、再婚禁止期間が6か月から100日に短縮された。

④ 社会的身分

社会的身分とは、人が社会において占める継続的な地位のことです（最大判昭39.5.27）。※2

社会的身分による差別が問題となった判例には、以下のようなものがあります。

最重要判例 ● **尊属殺重罰規定違憲判決**（最大判昭48.4.4）

事案 刑法200条（平成7年の刑法改正により削除された）が普通殺人に比べて尊属殺※3に対して重罰を科していたことが、憲法14条1項に違反しないかが争われた。

結論 違憲 ※4

判旨 ①立法目的の合理性
被害者が尊属であることを犯情の1つとして具体的事件の量刑上重視することは許されるものであるのみならず、さらに進んでこのことを類型化し、法律上、刑の加重要件とする規定を設けても、**かかる差別的取扱いをもって直ちに合理的な根拠を欠くものと断ずることはできない。** 過28-7-4
②立法目的達成手段の合理性
刑法200条は、尊属殺の法定刑を死刑又は無期懲役刑のみに限っている点において、その立法目的達成のために必要な限度をはるかに超え、普通殺人に関する刑法199条の法定刑に比し著しく不合理な差別的取扱いをするものと認められ、**憲法14条1項に違反して無効である。**

最重要判例 ● **婚外子国籍訴訟**（最大判平20.6.4）

事案 日本国民である父と外国人である母の間に生まれた非嫡出子※5について、父母の婚姻により嫡出子※6たる身分を取得した者に限り日本国籍の取得を認めることは、憲法14条1項に違反しないかが争われた。

結論 違憲

判旨 ①国籍取得の際の取扱いの区別が憲法14条1項に違反するか否かの審査の考え方
日本国籍は、我が国の構成員としての資格であるとともに、我が国において基本的人権の保障、公的資格の付与、公的給付等を受ける上で意味を持つ重要な法的地位でもある。一方、父母の婚姻により嫡出子たる身分を取得するか否かということは、子にとっては自らの意思や努力によっては変えることのできない父母の身分行為に係る事柄である。したがって、**このような事柄をもって日本国籍取得の要件に関して**

※2 **具体例をイメージ**
例えば、親子関係などである。

※3 **用語**
尊属殺：血縁者のうち自分より世代が上の者（父母・祖父母など）に対する殺人罪のこと。

※4 **受験テクニック**

違憲判決はほとんどありませんので、違憲判決のほうをしっかり覚えておいて、それ以外のものは合憲と覚えておきましょう。

※5 **用語**
非嫡出子：婚姻関係にない男女から生まれた子のこと。

※6 **用語**
嫡出子：婚姻関係にある男女から生まれた子のこと。

判旨 区別を生じさせることに合理的な理由があるか否かについては、慎重に検討することが必要である。過24-6
②国籍取得の際の取扱いの区別の合憲性
　（旧）国籍法3条1項が、日本国民である父と日本国民でない母との間に出生した後に父から認知された子について、父母の婚姻により嫡出子たる身分を取得した場合に限り届出による日本国籍の取得を認めていることによって、認知されたにとどまる子と準正※1のあった子との間に日本国籍の取得に関する区別を生じさせていることは、憲法14条1項に違反する。

※1 用語
準正：認知後に婚姻することによって、非嫡出子に嫡出子としての地位を与えること。

【婚外子国籍訴訟の結論】

 のみ　➡　日本国籍　✗　 違憲

 ＋ 準正　➡　日本国籍　○　

最重要判例　● 非嫡出子の相続分（最大決平25.9.4）

事案　非嫡出子の法定相続分を嫡出子の2分の1とする（旧）民法900条4号ただし書前段は、憲法14条1項に違反しないかが争われた。

結論　違憲

判旨　①嫡出子と非嫡出子の法定相続分を区別することの合理性
　法律婚という制度自体は我が国に定着しているとしても、その制度の下で父母が婚姻関係になかったという、子にとっては自ら選択ないし修正する余地のない事柄を理由としてその子に不利益を及ぼすことは許されず、子を個人として尊重し、その権利を保障すべきであるという考えが確立されてきている。したがって、**遅くとも本件の相続が開始した平成13年7月当時においては、立法府の裁量権を考慮しても、嫡出子と非嫡出子の法定相続分を区別する合理的な根拠は失われており、民法900条4号ただし書前段は憲法14条1項に違反していたものというべきである**。過28-7-3、元-4-1
②本決定以前に確定的なものとなった法律関係への影響
　本決定の違憲判断は、平成13年7月から本決定までの間に開始された相続につき、非嫡出子の相続分を嫡出子の相続分の2分の1とする民法900条4号ただし書前段を前提としてされた遺産の分割の審判その他の審判、遺産の分割の協議その他の合意等により**確定的なものとなった法律関係に影響を及ぼすものではない**。

⑤ 門地

門地とは、家柄のことです。

(3) 議員定数不均衡

議員定数不均衡とは、選挙において、各選挙区の議員定数の配分に不均衡があり、人口数との比率において、選挙人の投票価値に不平等が生じていることです。つまり、1票の重みが違うということです。※2

【議員定数不均衡】

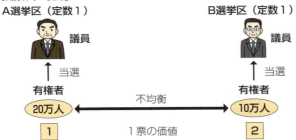

※2 具体例をイメージ

例えば、定数1のA選挙区では有権者が20万人いるのに対し、同じく定数1のB選挙区では有権者が10万人しかいない場合、同じ1人1票であったとしても、B選挙区の1票の重みはA選挙区の2倍となる。

① 衆議院の場合

最重要判例　衆議院議員定数不均衡訴訟（最大判昭51.4.14）

事案　昭和47年12月10日に行われた衆議院議員選挙について、千葉県第1区の選挙人らが、1票の較差が最大4.99対1に及んでいることが投票価値の平等に反するとして、選挙無効の訴えを提起した。

結論　違憲だが選挙は有効である。過21-47-オ

判旨　①投票価値の平等

選挙権の平等は、各選挙人の投票の価値、すなわち各投票が選挙の結果に及ぼす影響力においても平等であることを含む。形式的に1人1票の原則が貫かれていても、各選挙区における選挙人の数と選挙される議員の数との比率上、各選挙人が自己の選ぶ候補者に投じた1票がその者を議員として当選させるために寄与する効果に大小が生ずる場合には、投票価値が平等であるとはいえない。

投票価値の平等は、選挙制度の決定について国会が考慮すべき唯一絶対の基準ではなく、国会は、衆議院及び参議院それぞれについて他に考慮することのできる事項をも考慮し

| 判旨 | て、公正かつ効果的な代表という目標を実現するために適切な選挙制度を具体的に決定することができる。週26-5-3 |

投票価値の平等は、原則として、**国会が正当に考慮することのできる他の政策的目的ないし理由との関連において調和的に実現されるべきものではある**が、単に国会の裁量権の行使の際における考慮事項の1つにとどまるものではない。

②議員定数配分規定の合憲性

議員定数配分規定は、その性質上不可分の一体をなすものと解すべきであり、単に憲法に違反する不平等を招来している部分のみでなく、**全体として違憲の瑕疵**[※1]がある。週26-5-1

③選挙の有効性

行政事件訴訟法31条1項の基礎に含まれている一般的な法の基本原則に従い、**選挙を無効とする旨の判決を求める請求を棄却**[※2]するとともに、**本件選挙が違法である旨を主文**[※3]で宣言すべきである。

※1 用語

瑕疵：法律上何らかの欠点・欠陥があること。

※2 用語

棄却：請求に理由がないとしてこれを退けること。

※3 用語

主文：判決の結論部分のこと。

| 最重要判例 | ● **衆議院議員定数不均衡訴訟**（最大判昭60.7.17） |

| 事案 | 昭和58年12月18日に行われた衆議院議員選挙について、1票の較差が最大4.40対1に及んでいることが投票価値の平等に反するとして、選挙無効の訴えが提起された。 |

| 結論 | **違憲**だが選挙は**有効**である。週21-47-オ |

| 判旨 | 制定又は改正の当時合憲であった議員定数配分規定の下における選挙区間の議員1人当たりの選挙人数又は人口[※4]（この両者はおおむね比例するものとみて妨げない。）の較差がその後の人口の異動によって拡大し、憲法の選挙権の平等の要求に反する程度に至った場合には、そのことによって直ちに当該議員定数配分規定が憲法に違反するとすべきものではなく、**憲法上要求される合理的期間内の是正が行われないとき初めてその規定が憲法に違反するものというべきである。**週19-41、26-5-2 |

※4 参考

選挙区の人口の数に比例して議員定数を設定すべきとする原則のことを人口比例主義という。

| 最重要判例 | ● **衆議院議員定数不均衡訴訟**（最大判平23.3.23） |

| 事案 | 平成21年8月30日に行われた衆議院議員選挙について、1人別枠方式[※5]を採用している選挙区割規定の下において、1票の較差が最大2.30対1に及んでいることが投票価値の平等に反するとして、選挙無効の訴えが提起された。 |

| 結論 | 合憲（違憲状態ではある） |

※5 用語

1人別枠方式：衆議院小選挙区300議席のうち、47都道府県にまず1議席ずつ割り振ってから残り253議席を人口比で配分する方式のこと。

判旨	本件選挙時において、本件区割基準規定の定める本件区割基準のうち**1人別枠方式に係る部分は、憲法の投票価値の平等の要求に反する**に至っており、同基準に従って改定された本件区割規定の定める本件選挙区割りも、憲法の投票価値の平等の要求に反するに至っていたものではあるが、いずれも**憲法上要求される合理的期間内における是正がされなかったとはいえず**、本件区割基準規定及び本件区割基準が憲法14条1項等の憲法の規定に違反するものということはできない。

② 参議院の場合

最重要判例 ● **参議院議員定数不均衡訴訟** （最大判平24.10.17）※6

事案	平成22年7月11日に実施された参議院議員通常選挙について、1票の較差が最大5.00対1に及んでいることが投票価値の平等に反するとして、選挙無効の訴えが提起された。
結論	合憲（違憲状態ではある）
判旨	参議院は衆議院とともに国権の最高機関として適切に民意を国政に反映する責務を負っていることは明らかであって、**参議院議員選挙であること自体から、直ちに投票価値の平等の要請が後退してよいと解すべき理由は見出し難い。** 過26-5-4

③ 地方議会の場合

最重要判例 ● **地方議会と議員定数不均衡** （最判昭59.5.17）

事案	昭和56年7月5日に行われた東京都議会議員選挙について、1票の較差が最大7.45対1に及んでいることが投票価値の平等に反するとして、選挙無効の訴えが提起された。
結論	**違法**だが選挙は**有効**である。
判旨	公職選挙法の規定は、憲法の投票価値の平等の要請を受け、地方公共団体の議会の議員の定数配分につき、**人口比例を最も重要かつ基本的な基準とし、各選挙人の投票価値が平等であるべきことを強く要求している。** 過26-5-5

※6 **参考**

従来の判例（最大判昭58.4.27）は、参議院議員選挙区選挙が、参議院に第二院としての独自性を発揮させることを期待して、参議院議員に都道府県代表としての地位を付与したものであることを理由に、投票価値の平等の要請は後退するものと解していた。

確認テスト

□□□ **1** 警察官が、正当な理由もないのに、個人の容ぼう等を撮影することは、憲法13条の趣旨に反し許されない。

□□□ **2** 市区町村長が漫然と弁護士会の照会に応じ、前科等のすべてを報告したとしても、犯罪が重大な場合であれば、公権力の違法な行使に当たることはない。

□□□ **3** 尊属殺の法定刑を死刑又は無期懲役刑のみに限っていたとしても、著しく不合理な差別的取扱いをするものとはいえず、14条1項に違反しない。

□□□ **4** 選挙権の平等は、各選挙人の投票の価値、すなわち各投票が選挙の結果に及ぼす影響力においても平等であることを含む。

解答 **1** ○ 京都府学連事件（最大判昭44.12.24）　**2** × 市区町村長が漫然と弁護士会の照会に応じ、犯罪の種類・軽重を問わず、前科等のすべてを報告することは、公権力の違法な行使に当たる（前科照会事件：最判昭56.4.14）。　**3** × 14条1項に違反する（尊属殺重罰規定違憲判決：最大判昭48.4.4）。　**4** ○ （衆議院議員定数不均衡訴訟：最大判昭51.4.14）

第3節 精神的自由権　重要度 A

学習のPOINT

精神的自由権には、①思想及び良心の自由、②信教の自由、③表現の自由、④学問の自由の4種類があります。特に、③表現の自由は頻出ですので、重点的に学習しましょう。

1 思想及び良心の自由

　外国の憲法には、信教の自由や表現の自由とは別に思想及び良心の自由を明文で保障しているものはほとんどありません。しかし、日本では、大日本帝国憲法下において、特定の思想を反国家的なものとして弾圧するという思想の自由そのものが侵害される事例が多かったため、日本国憲法は、思想及び良心の自由を明文で保障しています（19条）。※1

　思想及び良心の自由の保障には、以下の3つの意味があります。

【思想及び良心の自由の保障の意味】

内心の自由の絶対性	国民がどのような世界観・人生観をもっていたとしても、それを心の中で思っている分には、絶対的に自由であるという意味 ※2
沈黙の自由	国民がどのような思想をもっているかについて、国家権力が申告を求めたりすることは許されないという意味 ※3
思想を理由とする不利益取扱いの禁止	特定の思想をもっていることを理由に不利益な取扱いをすることは許されないという意味

　思想及び良心の自由について、以下のような判例があります。

最重要判例　● 謝罪広告強制事件（最大判昭31.7.4）

事案　衆議院議員総選挙に際して他の候補者の名誉を毀損した候補者が、裁判所から謝罪広告を新聞紙上に掲載することを命ずる判決を受けた。そこで、その候補者が、謝罪を強制することは思想及び良心の自由の保障に反するとして争った。

※1 **参考**
思想及び良心の自由によって保護されるのは、信教の自由（20条1項）と異なり、固有の組織と教義体系を持つ思想・世界観に限られない。過21-5-1

※2 **参考**
世界観・人生観を行動として示した場合は、他人の人権と衝突するおそれがあるので、絶対的に自由であるとはいえない。

※3 **具体例をイメージ**
例えば、江戸時代の絵踏みのようなことをするのは許されないということである。

第2章 — 人権　第3節 — 精神的自由権　59

結論	合憲

判旨	民法723条にいう被害者の名誉を回復するのに適当な処分として謝罪広告を新聞紙等に掲載すべきことを加害者に命ずることは、**それが単に事態の真相を告白し陳謝の意を表明するにとどまる程度のものであれば**、代替執行[※1]の手続によって強制執行しても、**加害者の倫理的な意思・良心の自由を侵害するものではない。** 週21-5-2

※1 用語

代替執行：義務を負っている者に代わって第三者が義務の内容を実現し、その費用を徴収する方法のこと。

最重要判例 ● **麹町中学内申書事件**（最判昭63.7.15）

事案	高校進学希望の生徒が、その内申書に政治活動を行った旨の記載があったことなどが理由で、受験したすべての入試に不合格となったとして、内申書の記載が憲法19条に違反すると争った。

結論	合憲

判旨	内申書の記載は、生徒の思想・信条そのものを記載したものでないことは明らかであり、この記載に係る外部的行為によっては生徒の思想・信条を了知しうるものではないし、また、**生徒の思想・信条自体を高等学校の入学者選抜の資料に供したものとは到底解することができない。**

最重要判例 ● **国歌起立斉唱行為の拒否**（最判平23.5.30）[※2]

事案	都立高等学校の教諭が、卒業式において国旗に向かって起立し国歌を斉唱することを命ずる旨の校長の職務命令に従わなかったところ、これが職務命令違反に当たることを理由に、定年退職後の非常勤職員の採用選考において不合格とされた。そこで、このような職務命令は憲法19条に違反するのではないかが争われた。

結論	合憲

判旨	職務命令においてある行為を求められることが、個人の歴史観ないし世界観に由来する行動と異なる外部的行為を求められることとなり、その限りにおいて、当該職務命令が個人の思想及び良心の自由についての間接的な制約となる面があると判断される場合にも、職務命令の目的及び内容には種々のものが想定され、また、上記の制限を介して生ずる制約の態様等も、職務命令の対象となる行為の内容及び性質並びにこれが個人の内心に及ぼす影響その他の諸事情に応じて様々であるといえる。したがって、**このような間接的な制約が許容されるか否かは、職務命令の目的及び内容並びに上記の制限**

※2 重要判例

市立小学校の校長が教諭に対し入学式における国歌斉唱の際にピアノ伴奏をすることを命ずる旨の職務命令は、当該教諭の思想及び良心の自由を侵すものとして憲法19条に違反するということはできない（最判平19.2.27）。

判旨 を介して生ずる制約の態様等を総合的に較量して、当該職務命令に上記の制約を許容し得る程度の必要性及び合理性が認められるか否かという観点から判断するのが相当である。

2 信教の自由

（1）信教の自由

① 信教の自由の内容

憲法は、信教の自由を保障しています（20条1項前段）。※3

信教の自由の内容としては、①信仰の自由、②宗教的行為の自由、③宗教的結社の自由の3つがあります。

【信教の自由の内容】

信仰の自由	宗教を信仰し又は信仰しないこと、信仰する宗教を選択・変更することについて、個人が自らの意思で決定する自由
宗教的行為の自由	宗教上の祝典・儀式・行事その他布教等を行う自由
宗教的結社の自由	宗教的行為を行うことを目的とする団体（例：宗教法人）を結成する自由

② 信教の自由の制約

上記の3つのうち、信仰の自由は内心にとどまるものですから、絶対的に保障されます。

これに対して、宗教的行為の自由・宗教的結社の自由は、外部的行為を伴うものですので、それが他者の権利・利益や社会に具体的害悪を及ぼす場合には、公共の福祉による制約を受けます。※4

最重要判例 ● **オウム真理教解散命令事件**（最決平8.1.30）

事案 宗教法人法81条にいう「法令に違反して、著しく公共の福祉を害すると明らかに認められる行為」及び「宗教団体の目的を著しく逸脱した行為」を行ったとして、宗教法人オウム真理教の解散命令が請求されたため、この解散命令が憲法20条1項に違反するのではないかが争われた。

結論 合憲

※3 参考

大日本帝国憲法も信教の自由を保障していたが（28条）、「安寧秩序ヲ妨ケス及臣民タルノ義務ニ背カサル限ニ於テ」という限定が付いていたため、法律や命令によって信教の自由を制約することも許されると考えられていた。

※4 重要判例

静謐な宗教的環境の下で信仰生活を送るべき利益は、直ちに法的利益として認めることができない性質のものである（自衛官合祀拒否訴訟：最大判昭63.6.1）。圖28-6-4

判旨 ①宗教法人に関する法的規制の合憲性判断基準
　解散命令などの宗教法人に関する法的規制が、信者の宗教上の行為を法的に制約する効果を伴わないとしてもそこに何らかの支障を生じさせるならば、信教の自由の重要性に配慮し、規制が憲法上許容されるか慎重に吟味しなければならない。※1 週28-6-5
②解散命令が宗教上の行為に及ぼす影響
　宗教法人法81条に規定する宗教法人の解散命令の制度は、専ら宗教法人の世俗的側面を対象とし、かつ、専ら世俗的目的によるものであって、宗教団体や信者の精神的・宗教的側面に容かい※2 する意図によるものではなく、その制度の目的も合理的であるということができる。解散命令によって宗教団体やその信者らが行う宗教上の行為に何らかの支障を生ずることが避けられないとしても、その支障は、解散命令に伴う間接的で事実上のものであるにとどまる。※3 週20-41

※1 参考
この判例は、すべての宗教に平等に適用される法律（宗教法人法）が違憲となる余地を認めている。週21-5-3

※2 用語
容かい：干渉すること。

※3 受験テクニック

オウム真理教解散命令事件決定は、多肢選択式で出題され、「世俗的」「宗教的」「間接的」という語句が空欄となっていました。このように、多肢選択式では「〜的」という語句が空欄として出題されることが多いので、判例を読む際には、「〜的」という語句に着目して読むとよいでしょう。

最重要判例　●剣道実技拒否事件（最判平8.3.8）

事案 信仰する宗教（エホバの証人）の教義に基づいて、必修科目の体育の剣道実技を拒否したため、原級留置・退学処分を受けた市立工業高等専門学校の学生が、当該処分は信教の自由を侵害するとし、その取消しを求めて争った。

結論 学校側の措置は、社会観念上著しく妥当を欠く処分であり、裁量権の範囲を超える違法なものである。

判旨 剣道実技の履修が必須のものとまではいいがたく、体育科目による教育目的の達成は、他の体育種目の履修などの代替的方法によっても性質上可能である。そして、他の学生に不公平感を生じさせないような適切な方法・態様による代替措置は、目的において宗教的意義を有し、特定の宗教を援助・助長・促進する効果を有するものということはできず、他の宗教者又は無宗教者に圧迫・干渉を加える効果があるともいえない。週21-5-5

（2）政教分離原則

　憲法は、個人の信教の自由を保障するだけでなく、国家と宗教を分離する政教分離原則を採用しています（20条1項後段・3項、89条前段）。なぜなら、国家が特定の宗教と強いかかわり合いをもつと、その宗教に有利な政治を行うおそれがあり、他の宗教の信者の権利が侵害されるおそれがあるからです。
　もっとも、政教分離原則は、国家と宗教のかかわり合いを一

切排除するものではありません。なぜなら、宗教団体に対しても他の団体と平等に給付を行わなければならない場合があるからです。※4 ※5

政教分離原則違反が問題となった判例には、以下のようなものがあります。※6

最重要判例　津地鎮祭事件（最大判昭52.7.13）

事案　三重県津市が、市体育館の建設に当たり、神式の地鎮祭を挙行し、それに公金を支出したことが、憲法20条、89条に違反しないかが争われた。

結論　合憲

判旨
①政教分離原則の法的性質
　政教分離規定は、いわゆる**制度的保障**※7 の規定であって、信教の自由そのものを直接保障するものではなく、国家と宗教の分離を制度として保障することにより、間接的に信教の自由の保障を確保しようとするものである。
②政教分離の程度
　国家と宗教との完全な分離を実現することは、実際上不可能に近いものであるから、政教分離原則は、**国家と宗教とのかかわり合いをもつことを全く許さないとするものではなく**、そのかかわり合いが相当とされる限度を超えるものと認められる場合にこれを許さないとするものである。
③政教分離原則違反の判断基準（目的効果基準）
　憲法20条3項により禁止される「宗教的活動」とは、行為の目的が宗教的意義をもち、その効果が宗教に対する援助・助長・促進又は圧迫・干渉等になるような行為をいう。過28-6-1

最重要判例　愛媛県玉串料事件（最大判平9.4.2）

事案　愛媛県が靖国神社等に対して玉串料等の名目で公金を支出したことが、憲法20条3項、89条に違反しないかが争われた。

結論　**違憲**　過21-5-4、28-6-3

判旨　県が玉串料等を靖国神社等に奉納したことは、その目的が宗教的意義を持つことを免れず、その効果が特定の宗教に対する援助・助長・促進になると認めるべきであり、これによりもたらされる県と靖国神社等とのかかわり合いがわが国の社会的・文化的諸条件に照らし相当とされる限度を超えるものであって、憲法20条3項の禁止する宗教的活動に当たる。

※4 具体例をイメージ
例えば、宗教団体が設置する私立学校に対して補助金を交付する場合などである。

※5 重要判例
憲法が公金の支出を禁じている宗教上の組織・団体とは、宗教と何らかのかかわり合いのある行為を行っている組織・団体のすべてを意味するものではなく、宗教活動を本来の目的とする組織・団体を指す（最判平5.2.16）。過28-6-2

※6 受験テクニック

政教分離原則違反とした最高裁判所の判例は、①愛媛県玉串料事件（最大判平9.4.2）、②空知太神社訴訟（最大判平22.1.20）、③孔子廟政教分離訴訟（最大判令3.2.24）の3つしかありませんので、他のものはすべて合憲と覚えておきましょう。

※7 用語
制度的保障：一定の制度に対して立法によってもその本質を侵害することができないという保護を与えて、制度それ自体を客観的に保障する方法のこと。

最重要判例	● 空知太神社訴訟（最大判平22.1.20）[※1]
事案	市が町内会に対してその所有する土地を神社施設の敷地として無償で使用させていたため、市の行為は憲法の定める政教分離原則に違反するのではないかが争われた。
結論	違憲
判旨	市が、町内会に対し、市有地を無償で神社施設の敷地としての利用に供している行為は、市と本件神社ないし神道とのかかわり合いが、我が国の社会的・文化的諸条件に照らし、信教の自由の保障の確保という制度の根本目的との関係で相当とされる限度を超えるものとして、憲法89条の禁止する公の財産の利用提供に当たり、ひいては憲法20条1項後段の禁止する宗教団体に対する特権の付与にも該当する。過3-5

最重要判例	● 孔子廟政教分離訴訟（最大判令3.2.24）
事案	市が管理する都市公園内に儒教の祖である孔子等を祀った施設の設置を許可した上、敷地の使用料の全額を免除した市長の行為は、憲法の定める政教分離原則に違反するのではないかが争われた。
結論	違憲
判旨	敷地の使用料の全額免除は、施設の観光資源としての意義や歴史的価値を考慮しても、一般人の目から見て、市が特定の宗教に対して特別の便益を提供し、これを援助していると評価されてもやむを得ないものといえ、社会通念に照らして総合的に判断すると、市と宗教との関わり合いが、我が国の社会的、文化的諸条件に照らし、信教の自由の保障の確保という制度の根本目的との関係で相当とされる限度を超えるものとして、憲法20条3項の禁止する宗教的活動に該当すると解するのが相当である。

[※1] よくある質問

Q 空知太神社訴訟（最大判平22.1.20）は、津地鎮祭事件（最大判昭52.7.13）のような目的効果基準は採用していないんですか？

A 津地鎮祭事件は、政教分離原則違反となる行為は、①宗教とのかかわり合いが我が国の社会的・文化的諸条件に照らし、信教の自由の保障の確保という制度の根本目的との関係で相当とされる限度を超えるものであるとした上で、②具体的には、行為の目的が宗教的意義をもち、その効果が宗教に対する援助・助長・促進または圧迫・干渉等になるような行為をいう（目的効果基準）としています。これに対して、空知太神社訴訟は、②の目的効果基準は使わずに、①の判断基準のみを引用しています。

3 表現の自由

（1）表現の自由の保障根拠

表現の自由（21条1項）とは、自分の思想や意見を外部に表明して他者に伝達する自由のことです。個人の内心における思想や意見は、外部に表明して他者に伝達することによって社会的に意味をなすものですから、表現の自由は、特に重要な権利であるといえます。

この表現の自由を支えるのは、①自己実現の価値、②自己統治の価値という2つの価値です。週22-5

【表現の自由の価値】

自己実現の価値	個人が言論活動を通じて自己の人格を発展させるという個人的な価値
自己統治の価値	言論活動によって国民が政治的意思決定に関与するという社会的な価値

（2）表現の自由の内容

① 知る権利

表現の自由は、本来、自分の思想や意見を外部に表明して他者に伝達する自由（情報の送り手の自由）のことでした。しかし、現代社会では、マスメディアから情報が一方的かつ大量に流され、国民の大半は情報の受け手となっています。

そこで、表現の自由には、「好きな本を読みたい」「自由にニュースを聞きたい」といった情報の受け手の自由も含まれると考えられています。この情報の受け手の自由のことを知る権利といいます。※2

② アクセス権

アクセス権とは、一般国民がマスメディアに対して自己の意見の発表の場を提供することを要求する権利のことです。※3 ※4

> **最重要判例** ● **サンケイ新聞事件**（最判昭62.4.24）
>
> **事案** 自民党がサンケイ新聞に掲載した意見広告が共産党の名誉を毀損したとして、共産党が同じスペースの反論文を無料かつ無修正で掲載することを要求した。
>
> **結論** 反論文掲載請求権は認められない。
>
> **判旨** 日刊全国紙による情報の提供が一般国民に対し強い影響力をもち、その記事が特定の者の名誉ないしプライバシーに重大な影響を及ぼすことがあるとしても、反論権の制度について具体的な成文法がないのに、反論権を認めるに等しい反論文掲載請求権をたやすく認めることはできない。

③ 報道・取材の自由

報道は、事実を知らせるものであり、特定の思想や意見を表明するものではありません。そこで、報道の自由や報道のため

※2 参考

個人は様々な事実や意見を知ることによって初めて政治に有効に参加することができるから、知る権利は、参政権的役割も有している。

※3 具体例をイメージ

例えば、意見広告や反論記事の掲載を請求することなどである。

※4 重要判例

放送法の規定は、放送事業者に対し、自律的に訂正放送等を行うことを国民全体に対する公法上の義務として定めたものであって、被害者に対して訂正放送等を求める私法上の請求権を付与するものではない（訂正放送請求事件：最判平16.11.25）。

第2章 ─ 人権　第3節 ─ 精神的自由権　65

の取材の自由が、憲法21条によって保障されるかが問題となります。

最重要判例	●博多駅事件（最大決昭44.11.26）※1
事案	米原子力空母寄港反対闘争に参加した学生と機動隊員とが博多駅付近で衝突し、機動隊側に過剰警備があったとして付審判請求※2がなされたため、裁判所がテレビ放送会社に衝突の様子を撮影したテレビフィルムを証拠として提出することを命じた。そこで、放送会社は、テレビフィルムの提出命令が報道・取材の自由を侵害するとして争った。
結論	合憲

①報道の自由
　報道機関の報道は、民主主義社会において、国民が国政に関与するにつき、重要な判断の資料を提供し、国民の知る権利に奉仕するものであるから、思想の表明の自由とならんで、**事実の報道の自由は、表現の自由を規定した憲法21条の保障の下にある。** 過18-5-4
②取材の自由
　報道機関の報道が正しい内容をもつためには、報道の自由とともに、**報道のための取材の自由も、憲法21条の精神に照らし、十分尊重に値するものといわなければならない。** ※3
③取材の自由の限界
　取材の自由といっても、何らの制約を受けないものではなく、例えば公正な裁判の実現というような憲法上の要請があるときは、**ある程度の制約を受けることのあることも否定することができない。**

　取材に対して情報を提供した人は、自分が情報を提供したことを秘密にしてほしいと思うのが通常ですから、情報提供者（取材源）の秘匿が守られなければ、以後の取材に支障が生じてしまいます。そこで、取材の自由には、**取材源秘匿の自由**も含まれると考えられています。

　他方、裁判における証人※4は、聞かれたことについて答える義務があります（これを**証言義務**といいます）。そこで、裁判における証人が取材源について聞かれた場合に、証言を拒絶することができるかが問題となります。

　最高裁判所の判例は、取材源秘匿の自由について、刑事裁判※5と民事裁判※6で異なる結論を述べています。

※1 参考
日本テレビが取材したビデオテープを検察官が押収したことの合憲性が争われた日本テレビ・ビデオテープ押収事件決定（最決平1.1.30）は、博多駅事件の判旨①②を引用している。

※2 用語
付審判請求：公務員の職権濫用罪等に関して検察が不起訴にした場合にその当否を審査する審判のこと。

※3 引っかけ注意！

取材の自由については、憲法21条の精神に照らし、十分尊重に値するとされているにすぎず、「保障する」よりも1ランク低い位置づけにとどめていることに注意が必要です。

※4 用語
証人：裁判所に対して自分の経験から知ることができた事実を供述する者のこと。

※5 用語
刑事裁判：犯罪行為を行った者の処罰を求める裁判のこと。

※6 用語
民事裁判：私人間の権利義務に関する紛争を解決する裁判のこと。

【取材源秘匿の自由】

刑事裁判	憲法21条は新聞記者に特殊の保障を与えたものではないため、医師その他に刑事訴訟法が保障する証言拒絶の権利は、新聞記者に対しては認められない（石井記者事件：最大判昭27.8.6）。
民事裁判	民事事件において証人となった報道関係者は、当該報道が公共の利益に関するものであって、その取材の手段・方法が一般の刑罰法令に触れるとか、取材源となった者が取材源の秘密の開示を承諾しているなどの事情がなく、しかも、当該民事事件が社会的意義や影響のある重大な民事事件であるため、当該取材源の秘密の社会的価値を考慮してもなお公正な裁判を実現すべき必要性が高く、そのために当該証言を得ることが必要不可欠であるといった事情が認められない場合には、民事訴訟法197条1項3号に基づき、原則として、当該取材源に係る証言を拒絶することができる（最決平18.10.3）。

　取材の自由と国家機密の関係については、以下のような判例があります。

最重要判例　●　外務省秘密電文漏洩事件（最決昭53.5.31）

事案	外務省の極秘電文を新聞記者が外務省の女性事務官から入手して横流ししたため、この新聞記者が秘密漏示そそのかし罪に問われた。[7]
結論	秘密漏示そそのかし罪が成立する。
判旨	報道機関が取材の目的で公務員に対し秘密を漏示するようにそそのかしたからといって、そのことだけで、直ちに当該行為の違法性が推定されるものと解するのは相当ではなく、報道機関が公務員に対し根気強く執拗に説得ないし要請を続けることは、**それが真に報道の目的から出たものであり、その手段・方法が法秩序全体の精神に照らし相当なものとして社会観念上是認されるものである限りは、実質的に違法性を欠き正当な業務行為というべきである。**しかしながら、取材の手段・方法が贈賄・脅迫・強要等の一般の刑罰法令に触れる行為を伴う場合はもちろん、その手段・方法が一般の刑罰法令に触れないものであっても、法秩序全体の精神に照らし社会観念上是認することのできない態様のものである場合には、正当な取材活動の範囲を逸脱し違法性を帯びる。

　また、法廷での取材の自由については、以下のような判例があります。[8]

※7　参考

国家公務員法は、公務員が職務上知ることができた秘密を漏らすことを禁止している（100条1項）。そして、公務員が秘密を漏らすことをそそのかした者を処罰している（111条、109条12号）。

※8　重要判例

たとえ公判廷の状況を一般に報道するための取材活動であっても、その活動が公判廷における審判の秩序を乱し被告人その他訴訟関係人の正当な利益を不当に害するときは許されない（北海タイムス事件：最大決昭33.2.17）。

| 最重要判例 | ● **レペタ事件**（最大判平1.3.8） |

事案 アメリカ人弁護士のレペタは、裁判を傍聴した際に、傍聴席でのメモ採取を希望し許可申請を行ったが認められなかったため、この措置は憲法21条及び憲法82条1項に違反するのではないかが争われた。

結論 合憲

判旨
①情報を摂取する自由
　憲法21条1項は表現の自由を保障しており、各人が自由に様々な意見・知識・情報に接し、これを摂取する機会をもつことは、個人の人格発展にも民主主義社会にとっても必要不可欠であるから、**情報を摂取する自由は、憲法21条1項の趣旨・目的から、いわばその派生原理として当然に導かれる。**過 25-7-3
②一般人の筆記行為の自由
　様々な意見・知識・情報に接し、これを摂取することを補助するものとしてなされる限り、筆記行為の自由は、21条1項の規定の精神に照らして**尊重されるべき**である。過18-5-3、25-7-4
③法廷でメモを取る自由
　傍聴人が法廷においてメモを取ることは、その見聞する裁判を認識・記憶するためになされるものである限り、**尊重に値し、故なく妨げられてはならない。**
④筆記行為の自由の合憲性判定基準
　筆記行為の自由は、21条1項の規定によって直接保障されている表現の自由そのものとは異なるものであるから、その自由の制限又は禁止には、**表現の自由に制限を加える場合に一般に必要とされる厳格な基準が要求されるものではない。**過 18-5-3、25-7-4
⑤法廷でメモを取る行為の合憲性判定基準
　傍聴人のメモを取る行為が公正かつ円滑な訴訟の運営を妨げるに至ることは、通常はあり得ないのであって、特段の事情のない限り、これを**傍聴人の自由に任せるべきであり、それが憲法21条1項の規定の精神に合致する。**過25-7-5
⑥司法記者クラブ[※1]所属の報道機関の記者に対するメモの許可
　報道の公共性、ひいては報道のための取材の自由に対する配慮に基づき、司法記者クラブ所属の報道機関の記者に対してのみ法廷においてメモを取ることを許可することも、**合理性を欠く措置ということはできない。**過18-5-5、25-7-1
⑦裁判の公開（82条1項）との関係
　憲法82条1項は、裁判の対審及び判決が公開の法廷で行わ

※1 用語

司法記者クラブ：公的機関・業界団体などを継続的に取材するため、大手のマスメディアによって構成された組織のこと。

※2 重要判例

「わいせつ」とは、いたずらに性欲を興奮又は刺激させ、普通人の正常な性的羞恥心を害し、善良な性的道義観念に反するものである（チャタレイ事件：最大判昭32.3.13）。

判旨 れるべきことを定めているが、その趣旨は、**裁判を一般に公開して裁判が公正に行われることを制度として保障し、ひいては裁判に対する国民の信頼を確保しようとすることにある。**週25-7-2

　同条項は、各人が裁判所に対して傍聴することを権利として認めたものではないし、また、傍聴人に対してメモを取ることを権利として保障しているものでもない。

④　性表現と名誉毀損的表現

　従来、性表現や名誉毀損的表現は、わいせつ文書頒布罪・名誉毀損罪などが刑法に定められていることから、憲法で保障されないものとされてきました。しかし、これでは何をもってわいせつ・名誉毀損とするかで本来保障されるべき表現まで保障されなくなってしまうおそれがあります。

　そこで、判例は、性表現や名誉毀損的表現も表現の自由に含まれるとしながら、その範囲を絞っていくという手段を採っています。※2 ※3

　なお、個人の名誉の保護と正当な表現の保障との調和を図るため、以下の3要件を満たした場合には、名誉毀損罪が成立しないものとされています（刑法230条の2第1項）。

【名誉毀損罪の成立を阻却する要件】

1	摘示された事実が公共の利害に関するものであること（事実の公共性）※4
2	摘示の目的が専ら公益を図るものであること（目的の公益性）
3	事実の真実性を証明できたこと（真実性の証明）※5

⑤　集会の自由

　集会とは、多数人が共通の目的をもって一定の場所に集まることです。また、集団行動も「動く集会」といえますから、集会の自由のみならず集団行動の自由も21条1項によって保障されます。

　集会や集団行動は、多数人が集合して、特定の場所を独占して使用したり行動を伴ったりする表現活動ですから、他者の権利と矛盾・衝突する可能性が高いものといえます。そこで、他

※3 重要判例

わいせつ性の有無の判断は、文書全体との関連において判断されなければならない（悪徳の栄え事件：最大判昭44.10.15）。

※4 重要判例

私人の私生活上の行状であっても、そのたずさわる社会的活動の性質およびこれを通じて社会に及ぼす影響力の程度等のいかんによっては、その社会的活動に対する批判ないし評価の一資料として、刑法230条の2第1項にいう「公共の利害に関する事実」にあたる場合がある（「月刊ペン」事件：最判昭56.4.16）。

※5 重要判例

事実が真実であることの証明がない場合でも、行為者がその事実を真実であると誤信し、その誤信したことについて、確実な資料・根拠に照らし相当の理由があるときは、犯罪の故意がなく、名誉毀損の罪は成立しない（「夕刊和歌山時事」事件：最大判昭44.6.25）。

第2章 ― 人権　第3節 ― 精神的自由権　69

者の権利との調整のため、集会の自由や集団行動の自由も、公共の福祉による制約を受けることがあります。

最重要判例　● 皇居前広場事件（最大判昭28.12.23）

事案　メーデー記念集会のため皇居前広場の使用を申請したところ、これを拒否されたため、この拒否処分の合憲性が争われた。

結論　合憲

判旨　公共用財産である皇居外苑の利用の不許可処分は、表現の自由又は団体行動権自体を制限することを目的としたものでないことは明らかであるから、公園管理権の運用を誤ったものとは認められず、憲法21条・28条に違反するものではない。※1

最重要判例　● 泉佐野市民会館事件（最判平7.3.7）

事案　市長が市民会館の使用許可の申請を市民会館条例の規定に基づき不許可処分としたため、この処分が集会の自由を侵害して違憲ではないかが争われた。

結論　合憲

判旨　①二重の基準の法理
　　集会の自由の制約は、基本的人権のうち精神的自由を制約するものであるから、経済的自由の制約における以上に厳格な基準の下にされなければならない。
②明白かつ現在の危険の法理
　　市民会館の使用を許可してはならない事由として市民会館条例が定める「公の秩序をみだすおそれがある場合」とは、市民会館における集会の自由を保障することの重要性よりも、市民会館で集会が開かれることによって、人の生命・身体又は財産が侵害され、公共の安全が損なわれる危険を回避し、防止することの必要性が優越する場合をいうものと限定して解すべきであり、その危険性の程度としては、単に危険な事態を生ずる蓋然性があるというだけでは足りず、明らかな差し迫った危険の発生が具体的に予見されることが必要である。※2

最重要判例　● 東京都公安条例事件（最大判昭35.7.20）

事案　東京都公安委員会の許可を受けずに集団行進を指導した者が、東京都公安条例違反で起訴されたため、この公安条例※3の合憲性が争われた。

※1 参考

この不許可処分は、皇居前広場の使用を制限するものであり、表現物を対象とするものではないから、検閲に当たらない。

※2 参考

この判決は、「公の秩序をみだすおそれがある場合」を限定して解釈している。このように、文字通りに解釈すると違憲になるかもしれない広い法文の意味を限定し、違憲となる可能性を排除することによって法令の効力を救済する解釈を合憲限定解釈という。

※3 用語

公安条例：公共の秩序の維持のために国民の集会や集団行進を規制する条例のこと。

| 結論 | 合憲 |

| 判旨 | 地方公共団体が、純粋な意味における表現といえる出版等についての事前規制である検閲が21条2項によって禁止されているにもかかわらず、いわゆる「公安条例」をもって、地方的情況その他諸般の事情を十分考慮に入れ、不測の事態に備え、**法と秩序を維持するために必要かつ最小限度の措置を事前に講ずることは、やむを得ない。** |

（3）表現の自由の規制

　表現の自由も公共の福祉などを理由に制限されることがありますが、表現の自由は自己実現の価値・自己統治の価値をもつ重要な権利ですから、国家権力の思うままに制限することは許されません。

　そこで、表現の自由を規制する立法が合憲か違憲かを判定する基準を明らかにすることが重要とされます。この基準として通説が採用しているのが、精神的自由権に対する規制は経済的自由権に対する規制よりも厳格な基準で審査すべきとする二重の基準という考え方です。※4

　もっとも、表現の自由の規制の合憲性判定基準は二重の基準から直ちに導かれるものではなく、①事前抑制、②漠然不明確な規制、③表現内容規制、④表現内容中立規制といった規制の態様に応じて決定されるべきであるとされています。

① 事前抑制

　事前抑制とは、表現行為がなされる前に国家権力が表現を規制することです。

　この事前抑制は、原則として許されないと考えられています。なぜなら、表現行為がなされる前に表現が規制されてしまうと、表現をしようとする者が萎縮してしまい、表現の自由を大きく脅かすことになるからです。過23-5-3、2-4-4

　そして、事前抑制のうち、行政権が主体となって行う検閲は、絶対に禁止され、いかなる例外も認められません（21条2項前段）。※5

※4 参考

通説が二重の基準を採用する理由は、表現の自由のような精神的自由権が制限されると、不当な国家権力の行使を批判する表現ができなくなり、選挙においてこれを是正することもできなくなってしまうため、精神的自由権はできる限り尊重されるべきであるのに対し、経済的自由権が制限されても、このような事態は生じないため、一定の限度で制限されることもやむを得ないからである。

※5 具体例をイメージ

例えば、総務省で、出版前に書物を献本することを義務付け、内閣の結果、風俗を害すべき書物については、発行を禁止することなどである。

第2章 — 人権　第3節 — 精神的自由権　71

【事前抑制と検閲】

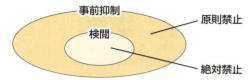

最重要判例 ● 税関検査事件（最大判昭59.12.12）

事案 税関当局が書籍等の輸入にあたってその内容を検査する税関検査の制度が検閲に当たり違憲ではないかが争われた。

結論 合憲

判旨
①検閲の意義
　憲法21条2項にいう「検閲」とは、**行政権**が主体となって、思想内容等の**表現物**を対象とし、その全部又は一部の**発表の禁止を目的**として、対象とされる一定の表現物につき**網羅的一般的**に、**発表前**にその内容を審査した上、不適当と認めるものの発表を禁止することを、その特質として備えるものを指す。週28-41-ウ・エ

②検閲禁止規定の趣旨
　憲法21条2項の検閲禁止規定を憲法が21条1項とは別に設けたのは、公共の福祉を理由とする例外の許容をも認めない趣旨を明らかにしたもので、**検閲の絶対的禁止を宣言したものである**。週22-3-エ ※1、28-41-イ、2-4-4

③税関検査が検閲に該当するか
　税関検査の場合、表現物は国外で発表済であり、輸入が禁止されても発表の機会が全面的に奪われるわけではない。また、税関検査は関税徴収手続の一環として行われるもので、思想内容等の網羅的審査・規制を目的としない。さらに、輸入禁止処分には司法審査の機会が与えられている。したがって、税関検査は、**検閲に当たらない**。

※1 過去問チェック

憲法21条2項前段は、「検閲は、これをしてはならない」と定めるが、最高裁判例はこれを一切の例外を許さない絶対的禁止とする立場を明らかにしている。
→○（22-3-エ）

最重要判例 ● 北方ジャーナル事件（最大判昭61.6.11）

事案 北海道知事選に立候補予定の者を批判・攻撃する記事を掲載した雑誌が、発売前に名誉毀損を理由に差し止められた。そこで、裁判所の仮処分 ※2 による事前差止めが、21条に違反しないかが争われた。

結論 合憲

※2 用語

仮処分：裁判所が当事者の権利を保全するために執る手段のこと。

| 判旨 | ①裁判所による事前差止めの検閲該当性
裁判所の仮処分による事前差止めは、検閲に当たらない。
②裁判所による事前差止めの許容性
差止めの対象が公務員又は公職選挙の候補者に対する評価・批判等の表現行為に関するものである場合には、そのこと自体から、一般にそれが公共の利害に関する事項であるということができ、その表現が私人の名誉権に優先する社会的価値を含み憲法上特に保護されるべきであることにかんがみると、当該表現行為に対する事前差止めは、原則として許されない。もっとも、その表現内容が真実でなく、又はそれが専ら公益を図る目的のものでないことが明白であって、かつ、被害者が重大にして著しく回復困難な損害を被るおそれがあるときは、例外的に事前差止めが許される。※3 過2-4-4 |

※3 引っかけ注意!

北方ジャーナル事件判決が事前差止めを認めた要件は、①表現内容が真実でなく、「又は」それが専ら公益を図る目的のものでないことが明白であって、「かつ」、②被害者が重大にして著しく回復困難な損害を被るおそれがあるときです。「又は」と「かつ」を入れ換える引っかけが出題されることがあります。

最重要判例　● 第1次家永教科書事件（最判平5.3.16）

事案	小・中・高等学校の教科書は、文部大臣（当時）の検定に合格しなければ教科書として使用できないとする教科書検定の制度が、事前抑制や検閲に当たり違憲ではないかが争われた。
結論	合憲
判旨	教科書検定は、一般図書としての発行を何ら妨げるものではなく、発表禁止目的や発表前の審査などの特質がないから、事前抑制にも検閲にも当たらない。過元-6-2

② 漠然不明確な規制・過度に広汎な規制

　漠然不明確な規制・過度に広汎な規制がなされると、どこまで表現が許されるかわからず、表現をする人が萎縮してしまいます。そこで、表現の自由を規制する立法は明確でなければならないとされています。これを明確性の理論といいます。※4 過2-4-5

　表現の自由との関係で法文の不明確性が争われた事件としては、徳島市公安条例事件があります。

最重要判例　● 徳島市公安条例事件（最大判昭50.9.10）

| 事案 | 徳島市公安条例の定める「交通秩序を維持すること」という許可条件は不明確であり31条に違反しないかが争われた。 |

※4 参考

判例によれば、法文の文言の射程を限定的に解釈し合憲とすることが許容される場合がある。過2-4-5

結論	合憲
判旨	ある刑罰法規があいまい不明確のゆえに憲法31条に違反するものと認めるべきかどうかは、**通常の判断能力を有する一般人の理解において、具体的場合に当該行為がその適用を受けるものかどうかの判断を可能ならしめるような基準が読みとれるかどうか**によってこれを決定すべきである。

③ 表現内容規制

表現内容規制とは、ある表現が伝達しようとするメッセージの内容を理由とした規制のことです。[※1] 過2-4-1

この表現内容規制については、厳格な合憲性判定基準によることが要求されます。[※2]

④ 表現内容中立規制

表現内容中立規制とは、表現が伝達しようとするメッセージの内容には直接関係なく行われる規制（時間・場所・手段に着目して行われる規制）のことです。[※3] 過2-4-3

この表現内容中立規制については、表現内容規制の場合よりも緩やかな合憲性判定基準が用いられるのが一般です。[※4]

最重要判例	●集合住宅でのビラ配布行為の可否 (最判平20.4.11)
事案	防衛庁（当時）の職員及びその家族が住む集合住宅に無断で立ち入り、「自衛隊のイラク派兵反対」などと書かれたビラを配布した者が、住居侵入罪で起訴された。そこで、ビラ配布行為について住居侵入罪で起訴することは、憲法21条1項に違反するのではないかが争われた。
結論	合憲
判旨	本件では、表現そのものを処罰することの憲法適合性が問われているのではなく、表現の手段すなわちビラの配布のために「人の看守する邸宅」に管理権者の承諾なく立ち入ったことを処罰することの憲法適合性が問われているところ、本件で被告人らが立ち入った場所は、防衛庁の職員及びその家族が私的生活を営む場所である集合住宅の共用部分及びその敷地であり、自衛隊・防衛庁当局がそのような場所として管理していたもので、一般に人が自由に出入りすることのできる場所ではない。**たとえ表現の自由の行使のためとはいっても、このような場所に管理権者の意思に反して立ち入ることは、管理権者の管理権を侵害するのみならず、そこで私的生**

[※1] **具体例をイメージ**

例えば、政府の転覆を煽動する文書の禁止、国家機密に属する情報の公表の禁止などである。過2-4-1

[※2] **参考**

表現の内容を理由とした規制であっても、高い価値の表現でないことを理由に通常の内容規制よりも緩やかに審査され、規制が許されるべきだとされる場合がある。例えば、営利を目的とした表現や、人種的憎悪をあおる表現などである。過2-4-2

[※3] **具体例をイメージ**

例えば、学校近くでの騒音の制限、一定の選挙運動の制限などである。過2-4-3

[※4] **重要判例**

みだりに他人の家屋その他の工作物にはり札をすることを禁止した軽犯罪法上の規制は、公共の福祉のため、表現の自由に対し許された必要かつ合理的な制限である（最大判昭45.6.17）。過22-3-ウ

判旨 活を営む者の私生活の平穏を侵害するものといわざるを得ない。過25-41

4 学問の自由

（1）学問の自由

　外国の憲法においては、学問の自由を独立の条項で保障する例はあまりありません。しかし、大日本帝国憲法の下で、滝川事件 ※5 や天皇機関説事件 ※6 など、学問の自由が国家権力によって直接侵害されてきた歴史を踏まえ、日本国憲法では、学問の自由が明文で保障されています（23条）。

　学問の自由の内容としては、①学問研究の自由、②研究結果発表の自由、③教授の自由の３つがあります。

【学問の自由の内容】

学問研究の自由	真理の発見・探求を目的として学問研究を行う自由 ※7
研究結果発表の自由	研究結果を発表する自由
教授の自由	研究結果を教授する自由 ※8

　なお、先端科学技術をめぐる研究であっても、罰則によって特定の種類の研究活動が規制されることがあります。例えば、ヒトに関するクローン技術等の規制に関する法律は、人クローン胚などを人又は動物の胎内に移植することを禁止し、これに違反した場合の罰則が規定されています。過30-4-2

（2）大学の自治

　大学の自治とは、大学の内部組織や運営に関しては大学の自主的な決定に任せ、大学内の問題に対する国家権力の干渉を排除しようとすることです。

　学問の自由には、大学の自治が含まれます。なぜなら、大学は学問をする典型的な場所であり、大学内の問題に対して国家権力の干渉を許してしまうと、学問の自由が脅かされるおそれが大きいからです。※9

　まとめると、以下の図のようになります。

※5 用語

滝川事件：京大の滝川教授の学説があまりに自由主義的であるという理由で休職を命じられた事件のこと。

※6 用語

天皇機関説事件：天皇は国家という法人の機関にすぎないとする天皇機関説を主張した美濃部達吉の著書を発禁処分にし公職から追放した事件のこと。

※7 参考

学説上は、学問研究を使命とする人や施設による研究は、真理探究のためのものであるとの推定が働くと考えられてきた。過30-4-1

※8 重要判例

知識の伝達と能力の開発を主とする普通教育の場においても、一定の範囲における教授の自由が保障されるが、普通教育における教師に完全な教授の自由を認めることは許されない（旭川学テ事件：最大判昭51.5.21）。過30-4-5

※9 参考

大学の自治は、大学における自治を保障することによって学問の自由を保障する制度的保障であるとするのが通説である。過18-6-4

憲法
行政法
民法
商法
基礎法学
一般知識

第2章 ― 人権　第3節 ― 精神的自由権　75

【学問の自由のまとめ】

最重要判例　●ポポロ事件（最大判昭38.5.22）

事案 東大の学生団体「ポポロ劇団」主催の演劇発表会の観客の中に私服警官がいることを学生が発見し、その警察官に対して暴行を加えたところ、暴力行為等処罰に関する法律違反で起訴された。そこで、私服警官の潜入が大学の自治に反するのではないかが争われた。

結論 合憲

判旨
①23条の意義
　23条の学問の自由は、学問的研究の自由とその研究結果の発表の自由とを含むものであって、一面において、広くすべての国民に対してそれらの自由を保障するとともに、他面において、大学が学術の中心として深く真理を探求することを本質とすることにかんがみて、**特に大学におけるそれらの自由を保障することを趣旨としたものである。**週21-6
②施設利用権と大学の自治
　大学の学生が学問の自由を享有し、また大学当局の自治的管理による施設を利用できるのは、**大学の本質に基づき、大学の教授その他の研究者の有する特別な学問の自由と自治の効果としてである。**週30-4-3
③学生の集会と大学の自治
　学生の集会が真に学問的な研究又はその結果の発表のためのものでなく、**実社会の政治的社会的活動に当たる行為をする場合には、大学の有する特別の学問の自由と自治は享有しない。**週30-4-4

確認テスト

□□□ **1** 謝罪広告を新聞紙等に掲載すべきことを加害者に命ずることは、加害者の倫理的な意思・良心の自由を侵害するものであり許されない。

□□□ **2** 20条3項により禁止される「宗教的活動」とは、行為の目的が宗教的意義をもち、その効果が宗教に対する援助・助長・促進又は圧迫・干渉等になるような行為をいう。

□□□ **3** 報道の自由及び取材の自由は、表現の自由を規定した21条の保障の下にある。

□□□ **4** 知識の伝達と能力の開発を主とする普通教育の場においては、教授の自由は保障されない。

解答 **1** ✕ 単に事態の真相を告白し陳謝の意を表明するにとどまる程度のものであれば許される（謝罪広告強制事件：最大判昭31.7.4）。　**2** ◯（津地鎮祭事件：最大判昭52.7.13）　**3** ✕ 報道のための取材の自由は、21条の精神に照らし、十分尊重に値するとされているにすぎない（博多駅事件：最大決昭44.11.26）。　**4** ✕ 普通教育の場においても、一定の範囲における教授の自由が保障される（旭川学テ事件：最大判昭51.5.21）。

憲法

行政法

民法

商法

基礎法学

一般知識

第2章 ― 人権　第3節 ― 精神的自由権　77

第4節 経済的自由権

 重要度 A

学習のPOINT

経済的自由権には、①職業選択の自由、②居住・移転の自由、③外国移住・国籍離脱の自由、④財産権の4種類があります。判例からの出題がほとんどですので、判例をくり返し読んでおきましょう。

1 職業選択の自由

職業選択の自由（22条1項）とは、自分の職業を自由に決定できる権利のことです。

職業選択の自由に対する規制には、国民の生命・健康に対する危険を防止・除去・緩和するために課せられる消極的・警察的規制と、福祉国家※1の理念に基づき経済の調和のとれた発展を確保し特に社会的・経済的弱者保護のために課せられる積極的・政策的規制があります。※2

職業選択の自由に対する規制については、以下のような判例があります。※3

最重要判例 ● **小売市場事件**（最大判昭47.11.22）

事案 小売商業調整特別措置法が、小売市場の開設を許可する条件として適正配置（既存の市場から一定の距離以上離れていることを要求するいわゆる距離制限）の規制を課していることは、憲法22条1項に違反するのではないかが争われた。

結論 合憲　過21-4-イ

判旨 ①営業の自由の保障
憲法22条1項は、国民の基本的人権の一つとして、職業選択の自由を保障しており、そこで職業選択の自由を保障するという中には、広く一般に、いわゆる営業の自由を保障する趣旨を包含しているものと解すべきであり、ひいては、憲法が、個人の自由な経済活動を基調とする経済体制を一応予定しているものといえる。過26-4-2
②公共の福祉による制約
しかし、憲法は、個人の経済活動につき、その絶対かつ無

※1 **用語**
福祉国家： 国民の福祉の実現を主要目標とする国家のこと。

※2 **具体例をイメージ**
消極的・警察的規制の例としては各種の営業許可制が、積極的・政策的規制の例としては電気・ガス等の公益事業の特許制、大型スーパーなどの巨大資本から中小企業を保護するための競争制限が挙げられる。

※3 **重要判例**
司法書士の業務独占については、登記制度が社会生活上の利益に重大な影響を及ぼすものであることなどを指摘して、合憲判決が出ている（最判平12.2.8）。過21-4-ウ

判旨 制限の自由を保障する趣旨ではなく、各人は、「公共の福祉に反しない限り」において、その自由を享有することができるにとどまり、公共の福祉の要請に基づき、その自由に制限が加えられることのあることは、憲法22条1項自体の明示するところである。過26-4-3

③福祉国家的理想による制約

　のみならず、憲法の他の条項をあわせ考察すると、憲法は、全体として、福祉国家的理想のもとに、社会経済の均衡のとれた調和的発展を企図しており、その見地から、すべての国民にいわゆる生存権を保障し、その一環として、国民の勤労権を保障する等、経済的劣位に立つ者に対する適切な保護政策を要請している。過26-4-4

④消極的規制と積極的規制

　憲法22条1項に基づく個人の経済活動に対する法的規制は、個人の自由な経済活動からもたらされる諸々の弊害が社会公共の安全と秩序の維持の見地から看過することができないような場合に、消極的に、このような弊害を除去ないし緩和するために必要かつ合理的な規制である限りにおいて許されるべきことはいうまでもない（消極的規制）。国は、積極的に、国民経済の健全な発達と国民生活の安定を期し、もって社会経済全体の均衡のとれた調和的発展を図るために、立法により、個人の経済活動に対し、一定の規制措置を講ずることも、それが目的達成のために必要かつ合理的な範囲にとどまる限り、許されるべきである（積極的規制）。過26-4-5 ※4

⑤小売市場の適正配置規制の合憲性

　小売市場の許可規制は、国が社会経済の調和的発展を企図するという観点から中小企業保護政策の一方策としてとった措置ということができ、その目的において、一応の合理性を認めることができないわけではなく、また、その規制の手段・態様においても、それが著しく不合理であることが明白とは認められない。

最重要判例 ● **薬局距離制限事件**（最大判昭50.4.30）

事案 （旧）薬事法 ※5 及び広島県条例が、薬局の開設を許可する条件として適正配置の規制を課していることは、憲法22条1項に違反するのではないかが争われた。

結論 違憲 ※6

判旨 ①職業選択の自由についての一般論

　一般に、国民生活上不可欠な役務の提供の中には、当該役務のもつ高度の公共性にかんがみ、その適正な提供の確保の

※4 過去問チェック

おもうに、右条項に基づく個人の経済活動に対する法的規制は、個人の自由な経済活動からもたらされる諸々の弊害が社会公共の安全と秩序の維持の見地から看過することができないような場合に、消極的に、かような弊害を除去ないし緩和するために必要かつ合理的な規制である限りにおいてのみ許されるべきである。
→✕（26-4-5）

※5 用語

薬事法：現在の薬機法（医薬品、医療機器等の品質、有効性及び安全性の確保等に関する法律）のことであり、平成26年に名称変更された。

※6 参考

この判例は、医薬品の供給を資格制にすることについては、公共の福祉に適合する目的のための必要かつ合理的措置であるとして、合憲としている。過21-4-ア

憲法

行政法

民法

商法

基礎法学

一般知識

第2章 － 人権　第4節 － 経済的自由権　79

判旨 ために、法令によって、提供すべき役務の内容及び対価等を厳格に規制するとともに、更に役務の提供自体を提供者に義務づける等の強い規制を施す反面、これとの均衡上、**役務提供者に対してある種の独占的地位を与え、その経営の安定をはかる措置がとられる場合がある。** 過26-4-1

②許可制自体の合憲性判定基準

一般に許可制は、単なる職業活動の内容及び態様に対する規制を超えて、狭義における職業の選択の自由そのものに制約を課するもので、職業の自由に対する強力な制限であるから、その合憲性を肯定しうるためには、原則として、重要な公共の利益のための必要かつ合理的な措置であることを要する。

③消極的規制の合憲性判定基準

職業の許可制の合憲性を肯定するためには、それが自由な職業活動が社会公共に対してもたらす弊害を防止するための**消極的・警察的措置である場合には、許可制に比べてより緩やかな規制によってはその目的を達成することができないと認められることを要する。**

④薬局の適正配置規制の合憲性

薬局等の偏在→競争激化→一部薬局等の経営の不安定→不良医薬品の供給の危険又は医薬品乱用の助長の弊害という事由は、適正配置規制の必要性と合理性を肯定するに足りない。したがって、**本件適正配置規制に関する立法府の判断は、その合理的裁量の範囲を超えるものであるといわなければならず、違憲である。**

最重要判例 ● **公衆浴場距離制限事件**（最判平1.1.20）

事案 公衆浴場開設許可の距離制限規定は、憲法22条1項に違反しないかが争われた。

結論 合憲 過21-4-エ ※1

判旨 公衆浴場業者が経営の困難から廃業や転業をすることを防止し、健全で安定した経営を行えるように種々の立法上の手段をとり、国民の保健福祉を維持することは、まさに公共の福祉に適合するところであり、この適正配置規制及び距離制限も、**その手段として十分の必要性と合理性を有している。**

最重要判例 ● **酒類販売免許制事件**（最判平4.12.15）※2

事案 酒類販売業の免許制が、憲法22条1項に違反しないかが争われた。

※1 過去問チェック

公衆浴場を開業する場合の適正配置規制については、健全で安定した浴場経営による国民の保健福祉の維持を理由として、合憲とされている。→○（21-4-エ）

※2 よくある質問

Q 酒類販売免許制は、許可制とは違うんですか？

A 酒類販売免許制は、許可制と同じ意味になります。酒類販売免許制が「免許制」と呼ばれているのは、単に酒税法が「免許」という単語を用いているからにすぎません。

結論	合憲 過21-4-オ
判旨	租税の適正かつ確実な賦課徴収を図るという国家の財政目的のための職業の許可制による規制については、著しく不合理なものでない限り、これを憲法22条1項の規定に違反するものということはできず、酒類販売業免許制度は、著しく不合理であるとまでは断定し難い。

2 居住・移転の自由

居住・移転の自由（22条1項）とは、自分の住所を自由に決定したり、自由に別の場所に移動できる権利のことです。

居住・移転の自由が確立した近代社会に移行して初めて資本主義経済の基礎が整うことになったという歴史的背景から、居住・移転の自由は経済的自由権の1つとされています。

3 外国移住・国籍離脱の自由

(1) 外国移住の自由

外国移住の自由（22条2項）とは、外国へ定住するための海外渡航をする自由のことです。※3

(2) 国籍離脱の自由

大日本帝国憲法時代の国籍法では、個人の自由意思で国籍を離脱することは認められていませんでしたが、日本国憲法は、国籍離脱の自由を認めています（22条2項）。※4

4 財産権

(1) 財産権とは何か

財産権とは、自分の財産を自由に使う権利のことです。※5

29条1項は「財産権は、これを侵してはならない」と規定していますが、これは私有財産制度を保障しているのみでなく、社会的経済的活動の基礎をなす国民の個々の財産権につきこれを基本的人権として保障したものとされています（森林法共有林事件：最大判昭62.4.22）。※6

※3 **重要判例**
外国旅行の自由は、22条2項の外国移住の自由に含まれるが、公共の福祉のためになされる合理的な制限に服する（帆足計事件：最大判昭33.9.10）。

※4 **参考**
国籍離脱の自由は、無国籍になる自由まで保障したものではない。

※5 **参考**
財産権には、物権・債権のほか、著作権などの知的財産権や水利権などの公法上の権利も含まれる。

※6 **よくある質問**

Q 29条1項は、①私有財産制度と②国民の個々の財産権を保障するものとされていますが、この2つは何が違うんですか？

A ①私有財産制度の保障とは、国が一括して財産を管理する国有財産制を採用せずに、国民（私人）が財産権を有することができるという「制度」を保障するものです。これに対して、②国民の個々の財産権の保障とは、国民1人1人が有している所有権・使用収益権のような「権利」を保障するものです。

(2) 財産権の制限

① 法律による制限

　財産権の内容は、公共の福祉に適合するように、法律でこれを定めることとされています（29条2項）。これは、財産権については法律による一般的な制約が許容されることを明らかにしたものです。

> **最重要判例** ● **森林法共有林事件** （最大判昭62.4.22）
>
> **事案** 持分[※1]価格2分の1以下の共有者からの分割請求を禁止した（旧）森林法の規定は、憲法29条2項に違反しないかが争われた。
>
> **結論** 違憲
>
> **判旨** 森林法による分割請求権の制限は、立法目的との関係において、合理性と必要性のいずれをも肯定することのできないことが明らかであって、この点に関する立法府の判断は、その合理的裁量の範囲を超えるものである。

② 条例による制限

　財産権の内容は「法律」で定めるものとされているので、条例により財産権を制限できるかが問題となります。[※2]

> **最重要判例** ● **奈良県ため池条例事件** （最大判昭38.6.26）
>
> **事案** 奈良県ではため池の破損・決壊等による災害を未然に防止するため、ため池の堤とうに農作物を植える行為等を禁止する条例が制定されたが、以前から堤とうを耕作してきた被告人が条例制定後も耕作を続けたため条例違反で起訴された。そこで、条例による財産権の制限が憲法29条2項に違反しないかが争われた。
>
> **結論** 合憲
>
> **判旨** ①ため池条例の合憲性
> 　堤とうを使用する権利を有する者の財産権行使がほとんど全面的に禁止されることとなるが、それは災害を未然に防止するという社会生活上のやむを得ない必要から来ることであって、堤とうを使用する財産上の権利を有する者は何人も、公共の福祉のため当然これを受忍しなければならないものであるから、ため池の破損・決壊の原因となる堤とうの使用行為は、憲法・民法の保障する財産権のらち外にあり、これらを条例で禁止・処罰しても、憲法及び法律に抵触も逸脱もし

※1 用語

持分：各共有者がその目的物について有する権利の割合のこと。

※2 参考

奈良県ため池条例事件の最高裁判所判決は、財産権の内容を条例で規制する場合とその行使を条例で規制する場合とで、区別しているわけではない。過29-4-5

判旨 **ない。**過18-22-2、29-4-1~3

②損失補償の必要性

　本条例も、災害を防止し公共の福祉を保持する上で社会生活上やむを得ないものであり、財産権を有する者が当然受忍しなければならない責務というべきものであって、**29条3項の損失補償はこれを必要としない。**

③ため池の保全を条例で定めることの可否

　事柄によっては、国において法律で一律に定めることが困難又は不適当なことがあり、その地方公共団体ごとに条例で定めることが容易かつ適切であり、ため池の保全の問題は、まさにこの場合に該当する。過29-4-4

（3）損失補償

　損失補償とは、適法な行政作用により生じた損失を金銭で穴埋めしてもらう制度です（29条3項）。※3

　損失補償については、行政法のところで詳しく学習します（☞第2部第5章第2節参照）。

> **※3 具体例をイメージ**
>
> 例えば、高速道路の建設予定地に住んでいる人が、立退きにかかった費用を国から支払ってもらう場合などである。

確認テスト

□□□ **1** 職業選択の自由の保障には、営業の自由を保障する趣旨も含まれている。

□□□ **2** 国民の生命・健康に対する危険を防止・除去・緩和するために課せられる規制を積極的・政策的規制という。

□□□ **3** 薬事法及び広島県条例が、薬局の開設を許可する条件として適正配置の規制を課していることは、憲法22条1項に違反する。

□□□ **4** 持分価格2分の1以下の共有者からの分割請求を禁止した森林法の規定は、憲法29条2項に違反しない。

解答 **1** ○（小売市場事件：最大判昭47.11.22）　**2** ✕ 消極的・警察的規制という。なお、積極的・政策的規制とは、福祉国家の理念に基づき経済の調和の取れた発展を確保し特に社会的・経済的弱者保護のために課せられる規制である。　**3** ○（薬局距離制限事件：最大判昭50.4.30）　**4** ✕ 憲法29条2項に違反する（森林法共有林事件：最大判昭62.4.22）。

第2章 ― 人権　第4節 ― 経済的自由権　83

第5節 人身の自由　重要度 B

学習のPOINT
人身の自由は、精神的自由権・経済的自由権と同様に自由権の一種です。人身の自由については、判例のみならず条文からも多数出題されていますので、条文もよく読んでおきましょう。

1 奴隷的拘束及び苦役(くえき)からの自由

(1) 奴隷的拘束

奴隷的拘束とは、自由な人格者であることと両立しない程度の身体の自由の拘束状態のことであり、監獄部屋がその例です。

奴隷的拘束は、絶対的に禁止されています（18条前段）。

(2) 意に反する苦役

意に反する苦役とは、本人の意思に反して強制される労役のことであり、徴兵制がその例です。

意に反する苦役は、奴隷的拘束と異なり、犯罪による処罰の場合は例外的に許されています（18条後段）。

2 法定手続の保障

(1) 31条の意義

31条は、「何人も、法律の定める手続によらなければ…刑罰を科せられない。」と規定しており、その文言上は、①手続の法定のみを要求しています。しかし、それに加えて、②法定された手続の適正、③実体規定の法定（罪刑法定主義※1）、④法定された実体規定の適正をも要求していると考えるのが通説的見解です。※2 ※3 週19-7-4

(2) 告知と聴聞(ちょうもん)

上記②の手続の適正の中でも特に重要とされるのが、告知と聴聞の手続です。

告知と聴聞の手続とは、公権力が国民に刑罰その他の不利益を科す場合、あらかじめ当事者に対してその内容を告知し、当

※1 用語

罪刑法定主義：犯罪と刑罰は、議会が定めた法律によってあらかじめ規定しておかなければ法的に成立しないということ。

※2 参考

日本国憲法は、31条とは別に罪刑法定主義の条文をもっているわけではない。週19-7-2

※3 参考

アメリカの学説である手続的デュープロセス論（due process of law）とは、手続を単に法律で定めるだけではなく、その内容も適正でなければならないとするものであり、31条は、手続的デュープロセス論と同様のことを述べたものといえる。週19-7-5

事者に弁解と防御の機会を与えるというものです。この手続を経ることで、不利益を受ける個人の権利を保護し、公権力による不利益処分が適正になされることになります。

最重要判例 ● 第三者所有物没収事件 （最大判昭37.11.28）

事案 貨物の密輸を企てた被告人が有罪判決を受けた際に、その付加刑 ※4 として密輸した貨物の没収判決を受けたが、この貨物には被告人以外の第三者の所有する貨物が交じっていた。そこで、所有者である第三者に事前に財産権擁護の機会を与えないで没収することが違憲ではないかが争われた。

結論 違憲

判旨 ①第三者所有物の没収の合憲性

第三者の所有物の没収は、被告人に対する付加刑として言い渡され、その刑事処分の効果が第三者に及ぶものであるから、所有物を没収される第三者についても、告知・弁解・防御の機会を与えることが必要であって、これなくして第三者の所有物を没収することは、適正な法律手続によらないで、財産権を侵害する制裁を科すことにほかならない。過2-7-ア・オ

②当事者適格 ※5

没収の言渡しを受けた被告人は、たとえ第三者の所有物に関する場合であっても、被告人に対する付加刑である以上、没収の裁判の違憲を理由として上告をなしうることは当然である。過2-7-イ

また、被告人としても、その物の占有権を剥奪され、これを使用・収益できない状態におかれ、所有権を剥奪された第三者から賠償請求権等を行使される危険に曝される等、利害関係を有することが明らかであるから、上告により救済を求めることができるものと解すべきである。過2-7-ウ・エ

（3）行政手続との関係

31条は、「刑罰を科せられない」と規定していることから、直接的には刑事手続に関する規定です。そのため、この規定が行政手続にも適用されるのかが問題となります。

最重要判例 ● 成田新法事件 （最大判平4.7.1）

事案 「多数の暴力主義的破壊活動者の集合の用に供され又は供されるおそれがある工作物」の使用を運輸大臣（現国土交通大臣）が禁止することができる旨を定める特別立法（いわゆる成田新法）の合憲性が争われた。

※4 用語

付加刑：独立して科すことができる主刑に対する用語で、主刑に付加してのみ科することができる刑罰のこと。

※5 用語

当事者適格：訴訟の当事者となることができる資格のこと。

憲法
行政法
民法
商法
基礎法学
一般知識

第2章 — 人権　第5節 — 人身の自由　85

結論	合憲

判旨	行政手続については、刑事手続ではないとの理由のみで、その全てが当然に31条の定める法定手続の保障の枠外にあると判断すべきではない。しかしながら、行政手続は、刑事手続とは性質上差異があり、また、行政目的に応じて多種多様であるので、行政処分の相手方に事前の告知・弁解・防御の機会を与えるかどうかは、行政処分により制限を受ける権利利益の内容・性質、制限の程度、行政処分により達成しようとする公益の内容・程度・緊急性等を総合較量して決定すべきである。過19-7-3、24-13-1、28-42-ア・ウ・エ

（4）条例による刑罰

　31条は、「法律」の定めるところによらなければ刑罰を科せられないと規定していることから、条例によって刑罰を科すことができるかが問題となります。

最重要判例　● **条例による刑罰**（最大判昭37.5.30）

事案	大阪市の「街路等における売春勧誘行為等の取締条例」に違反した者が、この条例は憲法31条に違反するとして争った。

結論	合憲

判旨	条例は、法律以下の法令といっても、公選の議員をもって組織する地方公共団体の議会の議決を経て制定される自治立法であって、行政府の制定する命令等とは性質を異にし、むしろ国民の公選した議員をもって組織する国会の議決を経て制定される法律に類するものであるから、条例によって刑罰を定める場合には、法律の授権が相当な程度に具体的であり、限定されていれば足りる。過19-7-1、26-7-1 ※1、3-23-2

3 被疑者・被告人の権利

（1）被疑者 ※2 の権利

① 不法な逮捕からの自由

　無実の者を不当に拘束することを阻止するため、逮捕をするためには司法官憲 ※3 が発する令状 ※4 が必要とされています（33条）。これを令状主義といいます。

　なお、現行犯逮捕 ※5 の場合には、真犯人であることが明確

※1 過去問チェック

刑罰の制定には法律の根拠が必要であるから、条例で罰則を定めるためには、その都度、法律による個別具体的な授権が必要である。→ ✕（26-7-1）

※2 用語

被疑者：犯罪の嫌疑を受け捜査の対象とされているものの、まだ公訴を提起されていない者のこと。

※3 用語

司法官憲：裁判官のこと。

※4 用語

令状：逮捕状など裁判官が発した書類のこと。

※5 用語

現行犯逮捕：犯行の現場で逮捕すること。

であり不当な拘束のおそれは少ないことから、例外的に令状は不要とされています。

② 抑留・拘禁からの自由

抑留とは一時的な身体の拘束のことであり、拘禁とは継続的な身体の拘束のことです。

何人も、理由を直ちに告げられ、かつ、直ちに弁護人に依頼する権利を与えられなければ、抑留又は拘禁されないと規定されています（34条前段）。

また、拘禁の場合は抑留の場合よりも人身の自由に対する制約が大きいので、捜査機関による不当な拘禁を防止するため、公開の法廷において理由を示すこととされています（34条後段）。 過18-7-エ

③ 住居の不可侵等

人の生活の中心である住居を不当な侵入等から守り、個人のプライバシーを保護するため、住居・書類・所持品について侵入・捜索・押収する場合には裁判官が発する令状が必要とされています（35条1項）。もっとも、逮捕に伴い侵入等がなされる場合には、逮捕の時点で令状が出されていますから、侵入等については令状が不要とされています。

(2) 被告人 ※6 の権利

① 残虐刑の禁止

大日本帝国憲法の時代に拷問や残虐な刑罰が行われていたことの反省から、これらを絶対に禁ずる旨の規定が置かれています（36条）。

② 公平な裁判所の迅速な公開裁判を受ける権利

憲法37条1項は、刑事被告人に対し、①公平な裁判所 ※7の、②迅速な、③公開裁判を受ける権利を保障しています。 ※8

③ 証人審問権・喚問権

被告人には、証人に対して質問する権利（証人審問権）や、証人を法廷に呼んでもらう権利（証人喚問権）が認められています（37条2項）。

④ 弁護人依頼権

刑事被告人は、いかなる場合にも、資格を有する弁護人を依

※6 用語

被告人：犯罪を犯したとして訴追されている者のこと。

※7 用語

公平な裁判所：構成その他において偏りのおそれのない裁判所のこと（最大判昭23.5.5）。

※8 重要判例

審理の著しい遅延の結果、迅速な裁判を受ける被告人の権利が害されたと認められる異常な事態が生じた場合には、これに対処すべき具体的規定がなくても、もはや当該被告人に対する手続の続行を許さず、その審理を打ち切るという非常救済手段が採られるべきである（高田事件：最大判昭47.12.20）。

頼することができ、被告人が自らこれを依頼することができないときは、国でこれを附することとされています（37条3項）。

なお、「国でこれを附する」とあるのは、いわゆる国選弁護人のことです。

⑤　黙秘権の保障

被告人には、自己に不利益な供述を強要されない権利、いわゆる黙秘権が保障されています（38条1項）。[※1]

なお、令状主義や黙秘権の保障が行政手続にも適用されるかが問題となった事件として、川崎民商事件があります。

最重要判例	● 川崎民商事件（最大判昭47.11.22）
事案	旧所得税法上の質問検査権[※2]に基づく調査を拒否して起訴された被告人が、質問検査は令状主義及び黙秘権の保障に反するとして争った。
結論	合憲
判旨	①令状主義 　憲法35条1項の規定は、本来、主として刑事責任追及の手続における強制について、それが司法権による事前の抑制の下におかれるべきことを保障した趣旨であるが、当該手続が刑事責任追及を目的とするものでないとの理由のみで、その手続における一切の強制が当然に右規定による保障の枠外にあると判断することは相当ではない。 ②黙秘権の保障 　憲法38条1項による保障は、純然たる刑事手続においてばかりではなく、それ以外の手続においても、実質上、刑事責任追及のための資料の取得収集に直接結びつく作用を一般的に有する手続には等しく及ぶ。[※3]

⑥　自白

38条2項は、強制・拷問・脅迫による自白又は不当に長く抑留・拘禁された後の自白は、証拠とすることができない旨を規定しています。これを自白法則といいます。[※4]

また、38条3項は、任意になされた自白であっても、これを補強する別の証拠が無ければ、有罪とされることはない旨を規定しています。これを補強法則といいます。

⑦　遡及処罰と二重処罰の禁止

39条前段は、何人も、実行の時に適法であった行為又は既に

※1 重要判例

氏名は不利益な供述に当たらないから、氏名の供述を強要しても38条1項には違反しない（最大判昭32.2.20）。

※2 用語

質問検査権：税務署職員が調査に当たり納税義務者等に質問したり帳簿等を調査したりする権限のこと。

※3 重要判例

国税犯則取締法上の質問調査の手続は、実質上刑事責任追及のための資料の取得収集に直接結び付く作用を一般的に有するものであるから、38条1項の規定による供述拒否権の保障が及ぶ（最判昭59.3.27）。もっとも、質問調査に当たり供述拒否権の告知をしなかった場合でも、38条1項に違反しない（同判例）。[過]24-13-4

※4 重要判例

不当に長い抑留・拘禁後の自白であっても、自白と抑留・拘禁との間に因果関係が存在しないことが明らかであれば、これを証拠とすることができる（最大判昭23.6.23）。

無罪とされた行為については、刑事上の責任を問われないとして、**遡及処罰（事後法）の禁止**と**一事不再理**を規定しています。

　また、39条後段は、同一の犯罪について、重ねて刑事上の責任を問われないとして、**二重処罰の禁止**を規定しています。

確認テスト

□□□ **1** 何人も、犯罪による処罰の場合を除いては、奴隷的拘束を受けない。

□□□ **2** 31条は刑事手続に関する規定であるから、この規定が行政手続について適用されることはない。

□□□ **3** 何人も、現行犯として逮捕される場合を除いては、権限を有する司法官憲が発し、かつ、理由となっている犯罪を明示する令状によらなければ、逮捕されない。

□□□ **4** 何人も、自己に不利益な唯一の証拠が本人の自白である場合には、有罪とされ、又は刑罰を科せられない。

解答 **1** ✕ いかなる奴隷的拘束も受けない（18条）。なお、意に反する苦役の場合は、「犯罪に因る処罰の場合を除いては」という例外が認められている。　**2** ✕ 判例は、行政手続にも31条が適用される余地を認めている（成田新法事件：最大判平4.7.1）。　**3** ○（33条）　**4** ○（38条3項）

第2章 － 人権　第5節 － 人身の自由　89

第6節 社会権

学習のPOINT

社会権とは、社会的弱者が人間に値する生活を送れるよう国家に一定の配慮を求める権利のことです。社会権は、①生存権、②教育を受ける権利、③勤労の権利、④労働基本権の4種類があります。

1 生存権

生存権とは、憲法25条1項の定める「健康で文化的な最低限度の生活を営む権利」のことです。これは、福祉国家の理想に基づき、社会的・経済的弱者を保護するために保障されています。

生存権については、以下のような判例があります。※1

最重要判例	● 朝日訴訟（最大判昭42.5.24）
事案	朝日氏が受領していた生活扶助が健康で文化的な最低限度の生活水準を維持するに足りるかどうかが争われた。
結論	訴え却下 ※2 ※3
判旨	①生存権の法的性格 25条の規定は、すべての国民が健康で文化的な最低限度の生活を営み得るように国政を運営すべきことを国の責務として宣言したにとどまり、直接個々の国民に対して具体的権利を賦与したものではない。 ②健康で文化的な最低限度の生活の認定判断 健康で文化的な最低限度の生活は、抽象的な相対的概念であり、その具体的内容は、文化の発達・国民経済の進展に伴って向上するのはもとより、多数の不確定要素を総合考量して初めて決定できる。したがって、何が健康で文化的な最低限度の生活であるかの認定判断は、厚生大臣（現厚生労働大臣）の合目的的な裁量に委ねられており、その判断は、当不当の問題として政府の政治責任が問われることはあっても、直ちに違法の問題を生じることはない。過30-5-1

※1 **重要判例**
個々の国民の具体的・現実的な生活権は、社会的立法及び社会的施設の創造拡充に従って設定充実される（食糧管理法事件：最大判昭23.9.29）。

※2 **用語**
却下：訴訟が不適法であるとして、審理を拒絶すること。

※3 **参考**
朝日訴訟は、訴訟を提起した朝日氏が上告中に死亡したため、訴え却下となったが、「なお、念のために」として傍論で判示がなされた。

最重要判例	● **堀木訴訟**（最大判昭57.7.7）※4
事案	（旧）障害福祉年金と児童扶養手当との併給を禁止することが違憲ではないかが争われた。
結論	合憲
判旨	25条の規定の趣旨にこたえて具体的にどのような立法措置を講ずるかの選択決定は、立法府の広い裁量に委ねられており、それが著しく合理性を欠き明らかに裁量の逸脱・濫用と見ざるを得ないような場合を除き、裁判所が審査判断するのに適しない。週20-4-1 ※5

2 教育を受ける権利

（1）教育を受ける権利

　教育は、個人が人格を形成するために、また、社会生活を向上させるために不可欠の前提をなすものですから、憲法は、教育を受ける権利を保障しています（26条1項）。※6 ※7

　子どもの教育の内容を決定する権能が誰に帰属するか（教育権の所在）については、①法律は、当然に、公教育における教育の内容及び方法を包括的に定めることができるとする国家教育権説と、②国の子どもの教育に対するかかわり合いは、国民の教育義務の遂行を側面から助成するための諸条件の整備に限られ、教育の内容及び方法は教育の実施に当たる教師が教育専門家としての立場から決定すべきとする国民教育権説が対立しています。しかし、旭川学テ事件判決（最大判昭51.5.21）は、①②の見解はいずれも極端かつ一方的であるとし、折衷的な見解に立っています。週24-41

最重要判例	● **旭川学テ事件**（最大判昭51.5.21）
事案	文部省（現文部科学省）の実施した全国一斉学力テスト（学テ）に反対する教師が、学テの実施を阻止しようとして公務執行妨害罪等で起訴され、裁判の過程で、文部省による学テの実施が憲法26条に反しないかが争われた。
結論	合憲

※4 **参考**

堀木訴訟控訴審判決は、25条2項は国の事前の積極的防貧施策をなすべき努力義務があることを、1項は2項の防貧施策にもかかわらずなお落ちこぼれた者に対し国が事後的・補足的かつ個別的な救貧施策をなすべき責務のあることを宣言したものであるとし（大阪高判昭50.11.10）、1項・2項を峻別する解釈をしている。もっとも、最高裁判所の判例は、このような解釈をしていない。

※5 **過去問チェック**

憲法25条の規定の趣旨にこたえて具体的にどのような立法措置を講じるかの選択決定は、立法府の広い裁量にゆだねられている。→○（20-4-1）

※6 **参考**

教育を受ける権利は、義務教育を受ける権利に限られるものではない。

※7 **重要判例**

少年を少年院に送致した結果、高等学校教育を受ける機会が失われたとしても、26条1項に違反することにはならない（最決昭32.4.5）。

第2章 − 人権　第6節 − 社会権　91

判旨 ①子どもの学習権

26条の規定の背後には、自ら学習することのできない子どもは、その学習要求を充足するための教育を自己に施すことを大人一般に対して要求する権利を有するとの観念が存在している。圏29-3-5

②教育権の所在

国は、国政の一部として広く適切な教育政策を樹立・実施すべく、また、しうる者として、憲法上は、子ども自身の利益の擁護のため、あるいは子どもの成長に対する社会公共の利益と関心にこたえるため、**必要かつ相当と認められる範囲において、教育内容についてもこれを決定する権能を有する。**圏20-4-2 ※1、元-6-1

（2）義務教育

一般に義務教育と呼ばれていますので、国民に普通教育※2を受ける義務があるように錯覚しがちですが、憲法上規定されているのは保護する子女に**普通教育**を受けさせる義務です（26条2項前段）。つまり、教育の義務を負っているのは子どもではなく親なのです。

また、義務教育は**無償**とすると規定されているところ（26条2項後段）、この無償の意義が争われましたが、最高裁判所の判例は、授業料の他に教科書・学用品その他一切の費用まで無償としなければならないことを定めたものではないとし、「無償」とは**授業料不徴収**の意味であるとしています（最大判昭39.2.26）。※3 圏20-4-5

3 勤労の権利

国民各自の生存は、第一次的には国民の勤労によって確保されるべきです。そこで、勤労の自由や適切な労働条件の下で労働する機会を確保するために勤労の権利が規定されました（27条1項）。

なお、27条1項は、働く能力のある者は自らの勤労によってその生活を維持すべきであるという勤労の義務をも規定しています。※4

※1 過去問チェック

国は、子ども自身の利益のため、あるいは子どもの成長に対する社会公共の利益と関心にこたえるために、必要かつ相当な範囲で教育の内容について決定する権能を有する。→○（20-4-2）

※2 用語

普通教育：小・中学校の9年間の教育のこと。

※3 参考

法律により、教科書は無償給付とされている。

※4 参考

憲法で規定された国民の義務は、①保護する子女に普通教育を受けさせる義務（26条2項）、②勤労の義務（27条1項）、③納税の義務（30条）の3つである。

4 労働基本権

（1）労働基本権とは何か

使用者に対して劣位にある労働者を使用者と対等の立場に立たせて労働者を保護するため、労働基本権が認められています。労働基本権には、①**団結権**、②**団体交渉権**、③**団体行動権**（**争議権**）の３つがあります（28条）。※5

【労働基本権の内容】

団結権	労働条件の維持・改善のために使用者と対等に交渉する団体を結成したり、それに参加したりする権利
団体交渉権	労働者の団体がその代表を通じて、労働条件について使用者と交渉する権利
団体行動権（争議権）	ストライキその他の争議行為を行う権利 ※6

最重要判例 ● **三井美唄事件**（最大判昭43.12.4）

事案 労働組合は、市議会議員選挙において、統一候補を擁立することを決定し、これに対抗して立候補しようとした組合員に対して立候補を断念するよう説得したが、この組合員がこれに応じなかったため、組合員としての権利を1年間停止する処分をした。そこで、この組合員は、当該処分が28条の保障する労働組合の統制権を超えるものであり違法であるとして争った。

結論 違法

判旨 ①労働組合の統制権と憲法28条
　　憲法28条による労働者の団結権保障の効果として、労働組合は、その目的を達成するために必要であり、かつ、合理的な範囲内において、その組合員に対する統制権を有する。
②労働組合の統制権と組合員の立候補の自由
　　労働組合は、統一候補以外の組合員で立候補しようとする者に対し、立候補を思いとどまるよう**勧告又は説得をすることはできる**。しかし、勧告又は説得の域を超え、立候補を取りやめることを要求し、これに従わないことを理由に当該組合員を**統制違反者として処分することは、労働組合の統制権の限界を超えるものとして違法となる。** 過24-7-1、2-41

※5 重要判例

勤労者の団結権・団体交渉権・争議権等の労働基本権は、すべての勤労者に通じ、その生存権保障の理念に基づいて憲法28条の保障するところであるとされており（全逓東京中郵事件：最大判昭41.10.26）、労働基本権に関する憲法上の規定は、個々の国民に直接に具体的権利を付与したものといえる。 過20-4-3

※6 参考

正当な争議行為については、刑事責任を問われないし、民事上の債務不履行責任や不法行為責任も免除される。

第2章 ― 人権　第6節 ― 社会権　**93**

| 最重要判例 | ● **国労広島地本事件**（こくろうひろしまちほん）（最判昭50.11.28） |

| 事案 | 労働組合は、脱退した旧組合員らに対し、未納の臨時組合費の支払いを請求した。そこで、旧組合員らは、この臨時組合費には、安保反対闘争に参加して処分を受けた組合員の救援資金が含まれており、労働組合の政治的活動に関係するものであるから、納付義務は認められないとして争った。 |

| 結論 | 旧組合員らの納付義務は認められる。 |

| 判旨 | ①労働者の権利利益に直接関係する活動に関する費用負担の可否
　労働者の権利利益に直接関係する立法や行政措置を促進し、又はこれに反対する活動は、政治活動としての一面をもち、組合員の政治的思想・見解等とも無関係ではないが、労働組合の目的の範囲内の活動とみることができるので、組合員に費用負担などを求めることも許される。過24-7-2
②安保反対闘争に関する費用負担の可否
　安保反対といった政治的要求への賛否は、本来、各人が国民の1人として決定すべきことであるから、安保反対闘争のため組合員に費用負担を求めることは許されない。しかし、安保反対闘争に参加して不利益処分を受けた組合員の生活等の経済的援助・救援は、組合員に対する共済活動として当然に許されるのであって、そのための費用の拠出を強制しても、直ちに処分の原因たる政治的活動に積極的に協力することになるわけではないから、費用負担を求めることも許される。 |

（2）公務員の労働基本権

公務員の労働基本権を無制限に認めると、国民の生活に大きな不利益を生じます。※1

そこで、①警察職員・消防職員・自衛隊員・海上保安庁又は刑事施設に勤務する職員は団結権・団体交渉権・団体行動権のすべてが、②非現業※2の一般の公務員は団体交渉権・団体行動権が、③現業の公務員は団体行動権が否定されています。過24-53-5

※1 具体例をイメージ

例えば、消防職員がストライキ中だからといって消火活動をしなかったら、火災によって国民の生活に大きな不利益が生じる。

※2 用語

非現業：権力的な行政事務のこと。

【公務員の労働基本権】

	団結権	団体交渉権	団体行動権
警察職員・消防職員・自衛隊員・海上保安庁又は刑事施設に勤務する職員	×	×	×
非現業の一般の公務員	○	×	×
現業の公務員	○	○	×

○：保障される、×：保障されない

公務員の労働基本権については、判例が多数出ています。[※3][※4]その中でも、以下の全農林警職法[※5]事件の最高裁判所判決が重要です。

最重要判例 ● **全農林警職法事件**（最大判昭48.4.25）

事案　争議行為を禁止し、そのあおり行為を処罰の対象としている国家公務員法の合憲性が争われた。

結論　合憲

判旨　①公務員の労働基本権の制限
　　憲法28条の労働基本権の保障は公務員に対しても及ぶが、**この労働基本権は、勤労者をも含めた国民全体の共同利益の保障という見地からする制約を免れない。**公務員の地位の特殊性と職務の公共性から、その労働基本権に対し必要やむを得ない限度の制限を加えることは、十分合理的な理由がある。過20-4-4
　　②政治的目的と争議行為の禁止
　　使用者に対する経済的地位の向上と直接関係があるとはいえない政治的目的のために争議行為を行うことは、**私企業の労働者であるか公務員であるかを問わず憲法28条の保障を受けないから、これを規制することも許される。**過24-7-4
　　③公務員の争議行為の禁止
　　公務員の従事する職務には公共性がある一方、法律により その主要な勤務条件が定められ身分が保障されているほか、適切な代償措置が講じられているのであるから、**国家公務員法が公務員の争議行為及びそのあおり行為等を禁止することは、勤労者をも含めた国民全体の共同利益の見地からするやむを得ない制約であって、憲法28条に違反するものではない。**

※3 重要判例

東京都教組事件判決（最大判昭44.4.2）は、公務員の争議行為をあおる行為の処罰が憲法上許されるのは、違法性が強い争議行為に対し、争議行為に通常随伴しない態様で行われる場合に限られるとしていた（二重のしぼり論）。しかし、岩手教組学テ事件判決（最大判昭51.5.21）は、判例を変更し、このような解釈は妥当でないとした。過24-7-3

※4 重要判例

人事院勧告は公務員の争議行為禁止の代償措置であるが、この実施が凍結されたとしても、国家公務員の労働基本権の制約に対する代償措置がその本来の機能を果たしていなかったということはできず、勧告に従った給与改定が行われない場合に、それに抗議して争議行為を行った公務員に対し懲戒処分を行うことも許される（最判平12.3.17）。過24-7-5

※5 用語

警職法：警察官職務執行法のこと。

憲法　行政法　民法　商法　基礎法学　一般知識

第2章 ― 人権　第6節 ― 社会権　95

確認テスト

□□□ **1** 25条1項の規定は、直接個々の国民に対して具体的権利を付与したものである。

□□□ **2** 国は、必要かつ相当と認められる範囲において、教育内容についてもこれを決定する権能を有する。

□□□ **3** すべて国民は、法律の定めるところにより、普通教育を受ける義務を負う。

□□□ **4** 勤労者の団結する権利及び団体交渉その他の団体行動をする権利は、これを保障する。

解答 **1**×直接個々の国民に対して具体的権利を付与したものではない（朝日訴訟：最大判昭42.5.24）。 **2**○旭川学テ事件（最大判昭51.5.21） **3**×保護する子女に普通教育を受けさせる義務を負うのみである（26条2項前段）。 **4**○（28条）

第7節 参政権

重要度 B

学習のPOINT

参政権とは、国民が自己の属する国の政治に参加する権利のことです。参政権には、選挙権・被選挙権（立候補の自由）などがあります。

1 選挙権

選挙権とは、選挙人として選挙に参加することのできる資格・地位のことです。※1

選挙の基本原則として、①**普通選挙**、②**平等選挙**、③**秘密選挙**、④**直接選挙**、⑤**自由選挙**の5つがあります。

【選挙の基本原則】週30-6

	意義	憲法上の規定	反対概念
普通選挙	財力・教育・性別などを選挙権の要件としない制度	成年者による普通選挙が保障されている（15条3項）	制限選挙 ※2
平等選挙	選挙権の価値は平等、すなわち1人1票を原則とする制度	平等原則から導かれる（14条1項、44条）	複数選挙 等級選挙 ※3
秘密選挙	選挙人が誰に投票したかを第三者に知られない方法で行う制度	明文規定あり（15条4項）	公開選挙
直接選挙	選挙人が公務員を直接選挙する制度	地方公共団体の選挙についてのみ明文規定あり（93条2項）	間接選挙 ※4 複選制 ※5
自由選挙	棄権しても罰金・公民権停止・氏名の公表などの不利益を受けない制度	明文規定なし	強制投票

※1 **重要判例**

選挙犯罪の処刑者について、一般犯罪の処刑者に比し、特に、厳格に選挙権・被選挙権停止の処遇を規定しても、条理に反する差別待遇とはいえない（最大判昭30.2.9）。週22-3-イ

※2 **用語**

制限選挙：財力・教育・性別などを選挙権の要件とする制度のこと。

※3 **用語**

等級選挙：選挙人を等級ごとに分けて等級ごとに代表者を選出する制度のこと。

※4 **用語**

間接選挙：選挙人がまず選挙委員を選び、その選挙委員が公務員を選挙する制度のこと。

※5 **用語**

複選制：すでに選挙されて公職にある者が公務員を選挙する制度のこと。

第2章 ― 人権　第7節 ― 参政権　97

2 被選挙権

被選挙権とは、選挙人団によって選定されたときに、これを承諾して公務員となる資格のことです。簡単に言うと、立候補の自由のことです。

憲法15条1項は、立候補の自由について直接には規定しているわけではありません。

もっとも、最高裁判所の判例は、立候補の自由は、憲法15条1項の保障する重要な基本的人権の1つであるとしています（三井美唄事件：最大判昭43.12.4）。週元-5-2

確認テスト

□□□ **1** 財力・教育・性別などを選挙権の要件としない制度のことを、普通選挙という。

□□□ **2** 直接選挙については、国の選挙及び地方公共団体の選挙の両方において、明文規定が置かれている。

□□□ **3** 立候補の自由は、憲法上保障されていない。

解答　**1**〇普通選挙という。　**2**✕地方公共団体の選挙についてのみ明文規定が置かれている（93条2項）。　**3**✕立候補の自由は、憲法15条1項の保障する重要な基本的人権である（三井美唄事件：最大判昭43.12.4）。

第8節 受益権　重要度 B

学習のPOINT

受益権には、①請願権、②裁判を受ける権利、③国家賠償請求権、④刑事補償請求権の4種類があります。条文からの出題がほとんどですが、郵便法違憲判決は要注意です。

1 請願権

請願権（16条）とは、国及び地方公共団体の機関に対して、その職務に関する希望を述べる権利のことです。

請願権の保障は、請願を受理した機関にそれを誠実に処理する義務を負わせるにとどまり（請願法5条）、その機関に請願の内容を審理・判定させる法的拘束力を生じさせるものではありません。

2 裁判を受ける権利

裁判を受ける権利（32条）とは、政治権力から独立した公平な裁判所に対して、すべての個人が平等に権利・自由の救済を求め、かつ、そのような公平な裁判所以外の機関から裁判されることのない権利のことです。※1

※1 **重要判例**

裁判を受ける権利は、訴訟法で定める管轄権を有する具体的裁判所において裁判を受ける権利を保障したものではない（最大判昭24.3.23）。

3 国家賠償請求権

国家賠償請求権（17条）とは、公務員の不法行為により損害を受けた場合に、国民が国家に対して損害賠償を請求する権利のことです。

なお、17条の規定を受けて、国家賠償法（☞第2部第5章第1節参照）が制定されています。

最重要判例　● **郵便法違憲判決**（最大判平14.9.11）

事案 郵便法は、郵便物の亡失・毀損等についての損害賠償責任を制限・免除していたため、これが憲法17条に違反しないかが争われた。

第2章 — 人権　第8節 — 受益権　99

結論	違憲
判旨	①憲法17条と国会の裁量 　憲法17条は、国又は公共団体が公務員の行為による不法行為責任を負うことを原則とした上、公務員のどのような行為によりいかなる要件で損害賠償責任を負うかを立法府の政策判断に委ねたものであって、**立法府に無制限の裁量権を付与するといった法律に対する白紙委任を認めているものではない**。※1 ②書留郵便物について 　郵便法の規定のうち、書留郵便物について、郵便業務従事者の**故意又は重大な過失**による不法行為に基づき損害が生じた場合に、国家賠償法に基づく国の損害賠償責任を免除し、又は制限している部分は、憲法17条に違反し無効である。 ③特別送達郵便物について 　郵便法の規定のうち、特別送達郵便物について、郵便業務従事者の**軽過失**による不法行為に基づき損害が生じた場合に、国家賠償法に基づく国の損害賠償責任を免除し、又は制限している部分は、憲法17条に違反し無効である。

※1 参考
当時、郵政民営化はされていなかったため、郵便局員は公務員であり、国家賠償請求も可能であった。

※2 よくある質問

Q「賠償」と「補償」ってどう違うんですか？

A「賠償」は、違法な行為によって生じた損害を金銭で穴埋めするという意味であり、「補償」は、適法な行為によって生じた損失を金銭で穴埋めするという意味です。

4 刑事補償請求権

　刑事補償請求権（40条）とは、31条以下の刑事手続に関する諸権利の保障によってもなお生じる国民の不利益に対する補償を定めた権利のことです。※2

　刑事補償請求権は、国家賠償請求権と異なり、公務員の違法行為や故意・過失の有無にかかわらず請求できます。

確認テスト

- ☐☐☐ **1** 請願権の保障は、請願を受理した機関にそれを誠実に処理する義務を負わせるにとどまる。
- ☐☐☐ **2** 何人も、裁判所において裁判を受ける権利を奪われない。
- ☐☐☐ **3** 何人も、公務員の不法行為により、損害を受けたときは、法律の定めるところにより、国又は公共団体に、その補償を求めることができる。

解答 **1**〇（請願法5条）　**2**〇（32条）　**3**✕補償（40条）ではなく賠償（17条）である。

第1部 憲法

第3章 統治

第1節 国会

重要度 A

学習のPOINT

冒頭の権力分立のところでも述べますが、国会は、立法権を担当する機関です。国会については、条文からの出題がほとんどですので、条文をくり返し読んでおきましょう。

1 権力分立

権力分立とは、国家権力をその性質に応じて立法権・行政権・司法権の3つに区別し、それぞれを異なる機関に担当させ、相互に抑制し合うことでバランスを保たせようとする仕組みのことです。これは、国家権力を1つの機関に集中させると、その機関が自分勝手に権力を使って国民の権利を侵害するおそれがあることから認められた仕組みです。

憲法では、立法権[※3]は**国会**が、行政権[※4]は**内閣**が、司法権[※5]は**裁判所**がそれぞれ担当するものとされています（41条、65条、76条1項）。

【権力分立】

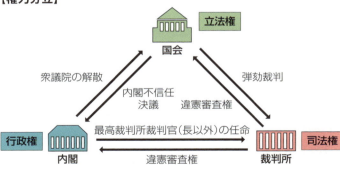

> ※3 用語
>
> **立法権**：法律を作る権限のこと。
>
> ※4 用語
>
> **行政権**：国家権力の中で「立法権」と「司法権」を除いた権限のこと。
>
> ※5 用語
>
> **司法権**：具体的な争訟について、法を適用し宣言することによって、これを解決する権限のこと。

2 国会の地位

憲法は、国会に対して、①国民の代表機関、②国権の最高機関、③唯一の立法機関という３つの地位を付与しています。

(1) 国民の代表機関

国会は、全国民を代表する選挙された議員で組織されますから（43条１項）、国民の代表機関であるといえます。[※1]

ここでいう「全国民を代表」とは、国民は代表者である国会議員を通じて行動し、国会議員が行った行為は、その国会議員を選挙で選んだ国民の意思を反映しているものと考えられるという意味であり（これを政治的意味の代表といいます）、法的に国民と代表者の政治的意思の一致が要求されているわけではありません。過23-6-2

この考え方によれば、議員は、自己の信念に基づいてのみ発言・表決し、選出母体である選挙区などの訓令には拘束されないという自由委任の原則が採用されることになります。過23-6-4 [※2] [※3]

(2) 国権の最高機関

国会は、国権の最高機関であるとされています（41条）。

ここでいう「最高機関」とは、国会が他の機関に優先する権力をもつという意味ではなく、国会議員が主権者である国民により直接選挙される点で国民と直結していることから、国会が政治の中心的地位を占める機関であることを強調したにすぎないと考えられています（これを政治的美称説といいます）。

(3) 唯一の立法機関

国会は国の唯一の立法機関であるとされ、国会が立法権を独占しています（41条）。

① 「立法」の意味

「立法」には、国法の一形式である「法律」の定立という形式的意味の立法と、「法規」という特定の内容の法規範の定立という実質的意味の立法の２つの意味があります。憲法41条の「立法」は、実質的意味の立法を意味します。

次に、「法規」の意味が問題となりますが、19世紀の立憲君

[※1] 参考

大日本帝国憲法では、国会は天皇の立法権に協賛する機関にすぎず、国民の意思を反映して行動する機関ではなかったことから、「全国民の代表」とはいえなかった。過23-6-1

[※2] 参考

国会議員は政党の一員として活動することにより全国民の代表としての任務を果たしうるから、議員が政党の党議拘束に服することも、自由委任の原則に反するものではなく、憲法上許される。過23-6-3

[※3] 参考

国会議員は、比例代表選出議員を除き、所属政党から離脱したとしても議員としての資格を失うわけではない（国会法109条の２、公職選挙法99条の２）。過23-6-5

主制の時代には、「国民の権利を直接に制限し、義務を課する法規範」と限定的に考えられていました。これに対して、民主主義の体制の下では、およそ一般的・抽象的法規範※4 であればすべて法規に含まれると考えられています。

② 「唯一」の意味

国会が「唯一」の立法機関であるとは、①国会中心立法の原則、②国会単独立法の原則の2つを意味します。

【「唯一」の立法機関】 過 3-6

	国会中心立法の原則	国会単独立法の原則
意味	国会以外の機関が立法を行うことは、憲法に特別の定めがある場合を除いて許されないという原則（立法権限の独占）	国会による立法は、国会以外の機関の関与を必要としないで成立するという原則（立法手続の独占）※5
例外	①議院規則（58条2項本文） ②最高裁判所規則（77条1項）	地方自治特別法についての住民投票（95条）

3 二院制

（1）二院制とは何か

国会は、衆議院と参議院の2つの院で構成されています（42条）。これを二院制といいます。※6

このような二院制が採用された理由は、①衆議院の誤りや軽率な行為を参議院にチェックさせること、②選挙区や任期の違う2つの院を設けることで、その場所・その時における国民の意思を忠実に反映することです。

（2）衆議院と参議院

① 任期

任期とは、国会議員が議員として在任することのできる一定の期間のことです。

衆議院は、議員の任期が4年であり、解散があります（45条）。これに対して、参議院は、議員の任期が6年であり（3年ごとに議員の半数が改選されます）、解散はありません（46条）。

※4 用語

一般的・抽象的法規範：不特定多数の人に対して不特定多数の事件に適用される法規範のこと。

憲法

行政法

※5 参考

内閣が法案の提出権を有していること（内閣法5条）は、国会が法律案を自由に修正・否決できることから、国会単独立法の原則に反しないとするのが通説である。

民法

商法

※6 参考

地方公共団体の議会は一院制である。

基礎法学

一般知識

第3章 － 統治　第1節 － 国会　103

【衆議院と参議院】

	衆議院	参議院
議員の任期	4年	6年 （3年ごとに半数改選）
解散	あり	なし

② 兼職の禁止

　憲法が二院制を採用している趣旨を害しないようにするため、何人も、同時に両議院の議員となることはできません（48条）。※1 ※2 週18-7-ア

(3) 衆議院の優越

　国会の議決は両議院で可決したときに成立しますが（59条1項）、衆議院と参議院の力関係を対等にすると、意見が対立した場合に何も決めることができなくなってしまいます。そこで、憲法は、衆議院が参議院に対して優越することとしています（これを衆議院の優越といいます）。なぜなら、衆議院の方が任期が短く解散もあるため、頻繁に選挙がなされることになり、その時々の国民の意思を強く反映しているといえるからです。

　衆議院の優越が認められる事項は、以下のとおりです。※3

【衆議院の優越】

衆議院のみがなしうる事項	衆議院の議決が参議院の議決に優越する事項
①予算の先議権（60条1項） ②内閣不信任決議権（69条）	①法律案の議決（59条2項～4項） ②予算の議決（60条2項） ③条約の承認（61条） ④内閣総理大臣の指名（67条2項）

① 法律案の議決※4

　法律案の議決については、以下のような流れになります（59条2項～4項）。週21-7-3、28-5-5

【法律案の議決の流れ】

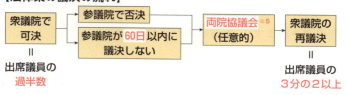

※1 過去問チェック
「何人も、同時に両議院の議員たることはできない。」は、日本国憲法に規定されている。→〇（18-7-ア）

※2 参考
国会議員は、国民の代表者として国政を託され、その職務に専念する義務を負うことから、法律により、他の公職との兼職も禁じられている。

※3 引っかけ注意！

憲法改正の発議については、衆議院の優越が認められていません。

※4 参考
法律案の提出については、憲法上、明文の規定はないが、法律上、国会議員及び内閣に法律案の提出権が認められている。週28-5-2

※5 用語
両院協議会：衆議院と参議院の意見が一致しない場合に、その意見調整のために設けられる機関のこと。

② 予算の議決

予算の議決については、以下のような流れになります（60条1項・2項）。21-7-1

【予算の議決の流れ】

③ 条約の承認

条約の承認については、予算の議決と同様の措置が執られています（61条、60条2項）。※6 21-7-4・5、26-7-2

④ 内閣総理大臣の指名

内閣総理大臣の指名については、以下のような流れになります（67条2項）。21-7-2

【内閣総理大臣の指名の流れ】

※6 引っかけ注意!

61条が準用しているのは60条2項だけですから、条約の承認については、予算の議決の場合（60条1項）と異なり、衆議院の先議権は認められません。

【衆議院の優越のまとめ】

	法律案の議決	予算の議決	条約の承認	内閣総理大臣の指名
衆議院の先議権	×	○	×	×
両院協議会	任意的	必要的		
参議院が議決しない期間	60日	30日		10日
衆議院の再議決	○	×		

4 国会の活動

(1) 会期

国会は、1年を通じて常に活動しているわけではなく、活動するのは一定の期間（これを会期といいます）に限られています。これは、国会が1年を通じて活動すると、政党間の争いの

激化、立法の過度な増加、議会での討論の長期化、行政能率の低下などの弊害が生じるからです。

そして、会期中に議決されなかった案件は、後会に継続しないのが原則です（国会法68条本文）。これを会期不継続の原則といいます。

なお、会期には、①常会、②臨時会、③特別会の3種類があります。

① 常会

常会とは、一般に通常国会とも呼ばれ、予算の議決等のために毎年1回召集される国会のことです（52条）。※1

② 臨時会 ※2

臨時会とは、臨時の必要に応じて召集される国会のことです。

内閣は、国会の臨時会の召集を決定することができますが、いずれかの議院の総議員の4分の1以上の要求があれば、内閣は、その召集を決定しなければなりません（53条）。

③ 特別会 ※2

特別会とは、衆議院の解散後に行われる総選挙の後に召集される国会のことです。

衆議院が解散されたときは、解散の日から40日以内に衆議院の総選挙を行い、その選挙の日から30日以内に国会（特別会）を召集しなければなりません（54条1項）。※3

(2) 参議院の緊急集会

衆議院が解散されたときは、参議院は同時に閉会となりますが、内閣は、国に緊急の必要があるときは、参議院の緊急集会を求めることができます（54条2項）。

参議院の緊急集会とは、衆議院が解散されて総選挙が施行され特別会が召集されるまでの間に緊急の事態が生じた場合に、参議院が国会の権能を代行する制度です。参議院の緊急集会で決定されるものとしては、自衛隊の防衛出動や災害緊急措置などがあります。

※1 参考
常会は、1月中に召集するのを常例とし（国会法2条）、会期は150日間である（国会法10条本文）。過25-6-ア

※2 参考
臨時会及び特別会の会期は、両議院一致の議決で、これを定めることとされている（国会法11条）。過25-6-ア

※3 受験テクニック

「40日」と「30日」を逆に覚えないよう注意しましょう。総選挙をするには準備に時間がかかるため、総選挙の方が期間が長いと覚えておきましょう。

(3) 会議の原則

① 定足数

定足数とは、議事・議決を行うために必要な最小限度の出席者数のことです。日本国憲法は、議事・議決の定足数を**総議員の3分の1以上**としています（56条1項）。※4 過28-5-4

② 表決数

表決数とは、意思決定を行うのに必要な賛成表決の数のことです。日本国憲法は、表決数を憲法に特別の定めのある場合を除いて**出席議員の過半数**としていますが、可否同数※5のときは、**議長**が決定権をもっています（56条2項）。過22-7

なお、「憲法に特別の定めのある場合」とは、以下のとおりです。

【表決数の例外】

出席議員の3分の2以上の多数が必要	①議員の資格争訟※6 の裁判により議員の議席を失わせる場合（55条但書） ②秘密会を開く場合（57条1項但書） ③議員を除名※7 する場合（58条2項但書） ④衆議院で法律案を再可決する場合（59条2項）
総議員の3分の2以上の多数が必要	憲法改正の発議※8（96条1項前段）

③ 会議の公開

衆参両議院の会議は、公開するのが原則です（57条1項本文）。これは、国民の知る権利を確保するためです。※9

ただし、**出席議員の3分の2以上**の多数で議決したときは、秘密会を開くことができます（57条1項但書）。

なお、**出席議員の5分の1以上**の要求があれば、各議員の表決は、これを会議録に記載しなければなりません（57条3項）。過28-5-1

5 国会議員の特権

憲法は、国会議員に対して、①**歳費**※10 **受領権**、②**不逮捕特権**、③**免責特権**の3つの特権を付与しています。

(1) 歳費受領権

国会議員には、相当額の歳費受領権が認められています（49

※4 受験テクニック

定足数は会議を開くための要件であり、出席する前の話であることから、「出席議員」ではなく「総議員」の3分の1以上と覚えておきましょう。

※5 用語

可否同数：賛成と反対が同じ数のこと。

※6 用語

資格争訟：資格の有無を争うこと。

※7 用語

除名：懲罰の一種であり、国会議員の資格を奪うこと。

※8 用語

発議：国民に提案するべき憲法改正案を国会が決定すること。

※9 参考

これまで本会議が秘密会とされたことはない。

※10 用語

歳費：国会議員の勤務に対する報酬のこと。

条)。※1

(2) 不逮捕特権

両議院の議員は、法律の定める場合を除いては、国会の会期中逮捕されず、会期前に逮捕された議員は、その議院の要求があれば、会期中これを釈放しなければなりません（50条）。これを不逮捕特権といいます。※2 週24-4-2、元-3-2

不逮捕特権が認められた理由は、①議院の審議権を確保することと、②国会議員の身体の自由を保障し、政府により国会議員の職務執行が妨げられないようにすることの2つにあります。

(3) 免責特権

両議院の議員は、議院で行った演説・討論・表決について、院外で責任を問われません（51条）。これを免責特権といいます。週24-4-4、28-5-3

免責特権が認められた理由は、国会議員が責任を問われることをおそれて萎縮することを防ぐことにあります。※3

最重要判例　●国会議員の発言と国家賠償責任（最判平9.9.9）

事案	国会議員の質疑等によって名誉を毀損された病院長が自殺したため、その妻が損害賠償を求めて争った。
結論	損害賠償請求は認められない。
判旨	国会議員が国会で行った質疑等において、個別の国民の名誉や信用を低下させる発言があったとしても、これによって当然に国家賠償法1条1項の規定にいう違法な行為があったものとして国の損害賠償責任が生ずるものではなく、この責任が肯定されるためには、当該国会議員が、その職務とはかかわりなく違法又は不当な目的をもって事実を摘示し、あるいは、虚偽であることを知りながらあえてその事実を摘示するなど、国会議員がその付与された権限の趣旨に明らかに背いてこれを行使したものと認め得るような特別の事情があることを必要とする。

6 国会と議院の権能

国会の権能は、衆参両議院の意見が一致しなければ行使することができないのに対し、議院の権能は、衆議院又は参議院のどちらか一方だけで行使することができます。

※1 引っかけ注意!

裁判官の報酬と異なり、国会議員の歳費については、減額が禁止されていません。

※2 参考

「法律の定める場合」とは、①院外における現行犯逮捕の場合、②議員の所属する議院の許諾がある場合の2つである（国会法33条、34条）。週元-3-2

※3 参考

「責任」とは、民事責任・刑事責任のほか、国会議員が公務員や弁護士を兼ねる場合の懲戒責任も含むが、政党の除名処分のような政治責任は含まない。

(1) 国会の権能
① 法律の制定
　法律案は、この憲法に特別の定めのある場合を除いて、両議院で可決したときに法律となりますから（59条1項）、法律の制定は国会の権能です。※4

② 条約の承認
　条約の締結は国民の権利義務に重大な影響を及ぼすことから、国民の代表機関である国会の承認が必要とされています（61条、73条3号但書）。

③ 弾劾裁判所の設置 ※5 週25-6-ウ
　国会は、罷免の訴追を受けた裁判官を裁判するため、両議院の議員で組織する弾劾裁判所を設けることとされています（64条1項）。

④ 内閣総理大臣の指名
　内閣総理大臣の指名については、第2節で学習します（☞P113参照）。

⑤ 憲法改正の発議
　憲法改正の発議については、第6節で詳しく学習します（☞P135〜参照）。

(2) 議院の権能
　議院の権能には、以下のようなものがあります。なお、①〜③をまとめて議院の自律権※6といいます。週2-5

① 議員の資格争訟の裁判権　週20-5-ウ、25-6-イ
　両議院は、各々その議員の資格に関する争訟を裁判しますが、議員の議席を失わせるには、出席議員の3分の2以上の多数による議決を必要とします（55条）。※7

　国会議員の資格争訟の裁判は、「裁判」という名称ですが、裁判所ではなく議院が行います。

　なお、国会議員の選挙の効力をめぐる裁判は、通常通り裁判所が行います（公職選挙法204条）。

② 役員の選任権
　両議院は、各々その議長その他の役員を選任することができます（58条1項）。

※4 参考
「この憲法に特別の定めがある場合」とは、法律案の衆議院の再議決（59条2項）や地方自治特別法の住民投票（95条）などである。

※5 よくある質問

Q 弾劾裁判所は、常に設置されているんですか？それとも問題があったときだけ設置されるんですか？

A 弾劾裁判所は、常設の機関であり、問題があったときだけ設置されるわけではありません。

※6 用語
議院の自律権：各議院が内閣や裁判所などの他の国家機関や他の議院から干渉や監督を受けずに、その内部組織・運営等を自主的に決定することができる権限のこと。

※7 参考
資格とは、議員としての地位を保持し得る要件のことであり、具体的には、①被選挙権を有すること（公職選挙法10条、11条）、②議員との兼職が禁じられている職務に就いていないこと（国会法39条）である。

③ **議院規則制定権・議員懲罰権** 過25-6-エ、26-7-5

両議院は、各々その会議その他の手続及び内部の規律に関する**規則**を定めることができ（58条2項本文）、これを**議院規則制定権**といいます。

また、両議院は、院内の秩序を乱した議員を**懲罰**することができ（58条2項本文）、これを**議員懲罰権**といいます。ただし、議員を除名するには、**出席議員の3分の2以上**の多数による議決を必要とします（58条2項但書）。

④ **国政調査権** 過25-6-オ

国政調査権とは、国政に関して調査を行う議院の権能のことです。※1

両議院は、各々国政に関する**調査**を行い、これに関して、証人の出頭・証言、記録の提出を求めることができます（62条）。

国政調査権は、各議院に与えられた権能を実効的に行使するために認められた**補助的な権能**であると考えられています。※2

> **※1 具体例をイメージ**
>
> 例えば、国会議員の証人喚問などである。

> **※2 参考**
>
> 国政調査権はあくまで補助的な権能であるから、捜索・押収・逮捕のような刑事手続上の強制力は認められない。

確認テスト

□□□ **1** 予算先議権と内閣不信任決議権は、衆議院に対してのみ認められている。

□□□ **2** 内閣は、国会の特別会の召集を決定することができ、いずれかの議院の総議員の4分の1以上の要求があれば、その召集を決定しなければならない。

□□□ **3** 両議院は、各々その総議員の過半数の出席がなければ、議事を開き議決することができない。

□□□ **4** 両議院の議員は、議院で行った演説、討論又は表決について、院外で責任を問われない。

解答 **1**○（60条1項、69条） **2**✕特別会（54条1項）ではなく臨時会（53条）である。 **3**✕定足数は3分の1以上である（56条1項）。 **4**○（51条）

第2節 内閣

重要度 A

学習のPOINT

第3章冒頭の権力分立のところで述べたとおり、内閣は、行政権を担当する機関です。内閣については、条文からの出題がほとんどですので、条文をくり返し読んでおきましょう。

1. 行政権と内閣

行政権とは、国家権力の中で「立法権」と「司法権」を除いたものと定義するのが一般的です（控除説と呼ばれています）。行政活動には税金の督促からゴミの収集まで様々なものがあり、積極的に定義することが事実上不可能であるため、このような消極的な定義がなされています。

行政権は、内閣に属するとされています（65条）。※3

【行政権】

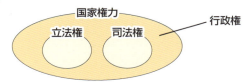

※3 参考

あらゆる行政権が内閣に属するというわけではなく、人事院や公正取引委員会など、内閣から独立して活動している独立行政委員会もある。

2 内閣の組織

(1) 内閣の構成

内閣は、首長たる内閣総理大臣とその他の国務大臣（外務大臣・財務大臣など）で組織されます（66条1項）。

内閣総理大臣は「首長」とされていますが、これはリーダーという意味です。※4

なお、内閣総理大臣その他の国務大臣は、文民※5 でなければならないとされています（66条2項）。これは、議会に対して責任を負う者によって軍事権をコントロールし、軍の独走を抑止するためです。

※4 参考

大日本帝国憲法では、内閣総理大臣は「同輩中の首席」とされ、他の国務大臣と同等の地位にあった。

※5 用語

文民：現役の職業軍人及び自衛官でない者のこと。

(2) 構成員の選任
① 内閣総理大臣
　内閣総理大臣は、国会議員の中から国会の議決で指名し（67条1項前段）、天皇が任命します（6条1項）。過26-6-1

② 国務大臣
　リーダーである内閣総理大臣は、内閣の一体性を確保するため、内閣の構成員である国務大臣を任命したり罷免したりすることができます（68条1項本文、2項）。

　ただし、国務大臣の過半数は、国会議員の中から選ばれなければならないとされています（68条1項但書）。過26-6-2、29-5-1

【内閣の構成員】

(3) 総辞職
　総辞職とは、内閣総理大臣及び国務大臣の全員が同時に辞職することです。

① 総辞職が必要な場合
　内閣は、自らの意思でいつでも総辞職をすることができます。ただし、以下の場合には、内閣の意思にかかわらず、総辞職をしなければなりません。過24-3-4

【総辞職が必要な場合】

1	衆議院で不信任決議案の可決又は信任決議案の否決から10日以内に衆議院が解散されなかった場合（69条）過26-6-3
2	内閣総理大臣が欠けた場合（70条）※1
3	衆議院議員総選挙後に初の国会が召集された場合(70条)過26-6-4

※1 具体例をイメージ

例えば、死亡・失踪・亡命の場合、国会議員となる資格を喪失した場合、辞職した場合などである。

② 総辞職に伴う法的効果

行政の空白を作らないようにするため、内閣は、総辞職をした場合でも、新たに内閣総理大臣が任命されるまで職務を継続することとされています（71条）。過26-6-5

【総辞職の流れ】

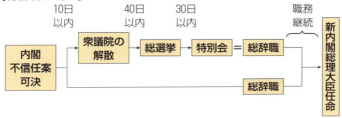

3 議院内閣制

議院内閣制とは、議会（立法権）と政府（行政権）が一応分立しており、政府が議会に対して連帯責任を負う政治体制のことです。※2

日本国憲法には、議院内閣制を採用すると書かれているわけではありません。しかし、日本国憲法には以下のような規定があることから、議院内閣制を採用しているものと考えられています。※3

(1) 内閣の連帯責任 ※4 ※5

内閣は、行政権の行使について、国会に対し連帯して責任を負います（66条3項）。過24-3-1、29-5-5

内閣の連帯責任は、損害賠償責任・刑事責任のような法的責任（法律上の義務）を意味するものではなく、国民からの政治的批判を受けるという政治責任を意味します。過24-3-5

(2) 内閣総理大臣の指名

内閣の長である内閣総理大臣は、国会議員の中から国会の議決で指名するものとされています（67条1項）。

(3) 国務大臣の任命

国務大臣の過半数は、国会議員から選ばれなければならないとされています（68条1項但書）。

※2 参考
議会と政府が完全に分立しており、政府が議会に対して責任を負わない政治体制のことを、大統領制という。

※3 受験テクニック

日本国憲法が議院内閣制を採用している根拠となる規定を問う出題が予想されます。この5つの規定はセットで押さえておきましょう。

※4 参考
大日本帝国憲法では、内閣という組織が存在しなかったため、各国務大臣が単独で天皇に対して責任を負うものとされていた。過24-3-3

※5 参考
特定の国務大臣が、個人的理由に基づき又はその所管事項について単独で責任を負うことは、憲法上否定されているわけではない。したがって、個別の国務大臣に対して不信任決議（問責決議）をすることも認められている（ただし、法的効力は生じない）。過24-3-2

(4) 内閣不信任決議権

内閣不信任決議がなされると、内閣は、総辞職するか衆議院を解散するかを選択しなければなりません（69条）。

(5) 国務大臣の議院出席

議院内閣制の下、行政権の行使につき国会に対して連帯責任を負う内閣の構成員である国務大臣には、議院に出席して発言する機会を与える必要があることから、国務大臣の議院出席が認められています（63条）。

4 内閣と内閣総理大臣の権能

憲法上、内閣の権能と内閣総理大臣の権能は区別されています。内閣の権能は、閣議※1 の決定を経なければ行使できないのに対し、内閣総理大臣の権能は、閣議の決定を経なくても内閣総理大臣が単独で行使できます。※2

(1) 内閣の権能

内閣は、行政権の担い手として、一般行政事務を行うほか、以下のような様々な権限を行使することができます（73条）。

① **法律の誠実な執行・国務の総理** ※3

法律の誠実な執行とは、たとえ内閣の賛成できない法律であっても、法律の目的にかなった執行をしなければならないという意味です。また、国務の総理とは、国の政治全体が調和を保って円滑に進行するよう配慮することです。

② **外交関係の処理**

外交関係の処理とは、外交交渉をしたり、外交文書を作成したりすることです。

③ **条約の締結**

機動性を有し、専門的な判断力に富んでいる内閣に条約締結権が与えられています。

ただし、事前に、時宜によっては事後に、国会の承認を得ることが必要です（73条3号但書）。

④ **官吏に関する事務の掌理** ※4

官吏とは、国家公務員のことであり、地方公務員はこれに含まれません。

※1 用語

閣議：内閣が自己の職務を行うに際し、その意思を決定するために開く会議のこと。

※2 参考

内閣法は、閣議により内閣が職務を行うべきことを定めている。また、閣議決定の方法については、憲法や法令に規定されておらず、慣行によって全員一致によるものとされている。過29-5-2

※3 引っかけ注意！

国務の「総理」だから内閣総理大臣の権能であると勘違いする受験生が多いですが、これは内閣の権能です。

※4 用語

掌理：処理すること。

⑤　予算 [5] の作成

　予算の作成には専門性・迅速性が要求されることから、内閣に予算の作成権が与えられています。

⑥　政令の制定　過20-5-ア

　政令とは、内閣が制定するルールのことです。政令は、憲法及び法律の規定を実施するために制定されます。

　ただし、政令には、特にその法律の委任がある場合を除いては、罰則を設けることができません（73条6号但書）。

⑦　恩赦の決定　過18-4-エ、30-7-ア

　内閣が恩赦を決定し、天皇がこれを認証することになります（7条6号）。

（2）内閣総理大臣の権能

①　国務大臣の任免権

　内閣総理大臣は、国務大臣を任命したり罷免したりすることができます（68条1項本文、2項）。

②　内閣を代表する権限

　内閣総理大臣は、内閣を代表して議案を国会に提出し、一般国務及び外交関係について国会に報告し、行政各部を指揮監督します（72条）。

　内閣がことあるごとに閣議を開いて行政を行っていては迅速な対応ができないことから、内閣総理大臣が内閣を代表して議案提出権や指揮監督権などを行使できるものとしました。

最重要判例	● ロッキード事件（最大判平7.2.22）
事案	当時の内閣総理大臣が、販売代理店商社である丸紅から、全日空にロッキード社製航空機の購入を奨励するように依頼を受けて5億円を授受したため、収賄罪で起訴された。
結論	航空機の購入を奨励した行為は、内閣総理大臣の職務権限に属するから、収賄罪が成立する。
判旨	内閣総理大臣が行政各部に対し指揮監督権を行使するためには、閣議にかけて決定した方針が存在することを要するが、閣議にかけて決定した方針が存在しない場合においても、内閣総理大臣の地位及び権限に照らすと、流動的で多様な行政需要に遅滞なく対応するため、内閣総理大臣は、少なくとも、内閣の明示の意思に反しない限り、行政各部に対し、随

※5 用語

予算：一会計年度における歳入と歳出の見積もりのこと。

憲法

行政法

民法

商法

基礎法学

一般知識

> **判旨** 時、その所掌事務について一定の方向で処理するよう指導、助言等の指示を与える権限を有するものと解するのが相当である。圖21-41

③ 法律・政令の連署

執行責任を明確にするため、**内閣総理大臣**は、法律・政令について、**主任の国務大臣**とともに署名（連署）します（74条）。※1 圖29-5-4

④ 国務大臣の訴追権

訴追※2 が慎重に行われるようにするとともに、内閣総理大臣の首長たる地位を確保するため、国務大臣を在任中に訴追するには、**内閣総理大臣**の同意が必要とされています（75条本文）。圖24-4-1、29-5-3

ただし、このために訴追の権利は、害されないとされています（75条但書）。「訴追の権利は、害されない」とは、訴追されないのはあくまで国務大臣の在任中でありその職を退けば訴追しうることになりますから、そのための準備として国務大臣の在任中でも証拠の保全等のために必要な措置を行うことができ、また、公訴時効※3 も停止するという意味です。

※1 参考

主任の国務大臣の署名や内閣総理大臣の連署を欠いた場合でも、法律・政令の効力が否定されるわけではない。

※2 用語

訴追：検察官が起訴すること。

※3 用語

公訴時効：一定の期間が経過するとその後の起訴が許されなくなること。なお、公訴時効の停止とは、国務大臣が在任している間、公訴時効の完成が猶予されることである。

確認テスト

□□□ **1** 内閣は、法律の定めるところにより、同輩中の首席たる内閣総理大臣及びその他の国務大臣でこれを組織する。

□□□ **2** 内閣総理大臣は、国務大臣を任命するが、その全員を国会議員の中から選ばなければならない。

□□□ **3** 内閣は、衆議院で不信任の決議案を可決し、又は信任の決議案を否決したときは、10日以内に衆議院が解散されない限り、総辞職をしなければならない。

□□□ **4** 内閣は、行政権の行使について、国会に対し連帯して責任を負う。

解答 **1**✕内閣総理大臣は、首長たる地位を有している（66条1項）。 **2**✕過半数を国会議員の中から選べば足りる（68条1項但書）。 **3**〇（69条） **4**〇（66条3項）

第3節 裁判所

重要度 A

学習のPOINT

第3章冒頭の権力分立のところで述べたとおり、裁判所は、司法権を担当する機関です。裁判所については、条文のみならず判例の出題も多いので、判例をくり返し読んでおきましょう。

1 司法権

(1) 司法権の範囲

すべて司法権は、最高裁判所及び法律の定めるところにより設置する下級裁判所に属します（76条1項）。

司法権とは、具体的な争訟について、法を適用し宣言することによって、これを解決する権限のことです。※4

そして、最高裁判所の判例は、「具体的な争訟」とは、裁判所法3条1項にいう「法律上の争訟」と同じ意味であり、法令を適用することによって解決すべき権利義務に関する当事者間の紛争をいうとしています（最判昭41.2.8）。※5

したがって、①国家試験の合格・不合格の判定のように、試験実施機関の最終的判断に委ねられ法令を適用することによって解決できないものや、②具体的な事件を離れて抽象的に法律の解釈を争うようなものは、「法律上の争訟」に当たらず司法権を行使できませんから、裁判の対象とはなりません。

最重要判例 ●「板まんだら」事件（最判昭56.4.7）

事案	創価学会の元会員が、正本堂建立資金のため寄付をなしたところ、正本堂に安置すべき本尊たる「板まんだら」は偽物であったことから、寄付行為には要素の錯誤※6があったことを理由に、寄付金の返還を求めた。
結論	訴え却下
判旨	訴訟が具体的な権利義務ないし法律関係に関する紛争の形式をとっている場合でも、信仰の対象の価値又は宗教上の教義に関する判断が訴訟の帰趨を左右する必要不可欠なものと認

※4 参考

日本国憲法は、行政事件の裁判も含めてすべての裁判作用を司法権とし、これを通常裁判所に属するものとしている。

※5 参考

裁判所法3条1項は、「裁判所は、日本国憲法に特別の定のある場合を除いて一切の法律上の争訟を裁判し、その他法律において特に定める権限を有する。」と規定している。

※6 用語

要素の錯誤：重要な部分につき内心と行為の間に食い違いがあるにもかかわらず、行為者がそれに気付かずにその行為をしてしまった場合のこと。

| 判旨 | められ、訴訟の争点及び当事者の主張立証の核心となっているときには、その訴訟は実質において法令の適用によっては終局的な解決の不可能なものであって、**法律上の争訟に当たらない。**過19-5-5、27-6-1 |

（2）司法権の限界

　裁判所は、「法律上の争訟」に当たる事件であれば、司法権を行使することができるのが原則です。

　しかし、衆参両議院が行う**議員の資格争訟の裁判**（55条）や、国会が設置する弾劾裁判所が行う**裁判官の弾劾裁判**（64条）のように、憲法によって裁判所以外の機関が司法権を行使することが認められている場合があります。このような場合、裁判所は、「法律上の争訟」に当たる事件であっても、司法権を行使することができません。

　また、以下のように、事柄の性質上裁判所の審査に適しないため、司法権を行使することができないものもあります。

① 自律権に属する行為

　自律権に属する行為とは、国会又は各議院の内部事項に関する行為のことです。自律権に属する行為は、国会や各議院の自主的な判断を尊重すべきであることから、裁判所は司法権を行使することができないとされています。[※1]過元-3-3

最重要判例	● **警察法改正無効事件**（最大判昭37.3.7）
事案	警察法の審理に当たり野党議員が強硬に反対し、議場が混乱したまま可決とされたため、その議決が無効ではないかが争われた。
結論	訴え却下
判旨	裁判所は、両院の自主性を尊重すべく、**警察法制定の議事手続に関する事実を審理してその有効無効を判断すべきでない。**過19-5-2 [※2]

② 統治行為

　統治行為とは、直接国家統治の基本に関する高度に政治性のある国家行為のことです。[※3]

　統治行為は、政府・国会等の政治部門の判断に委ねるべきで

※1 具体例をイメージ

例えば、議事手続や懲罰手続などである。

※2 過去問チェック

法律が、国会の両議院によって議決を経たものとされ、適法な手続によって公布されている場合、裁判所は両院の自主性を尊重して、法律制定の際の議事手続の瑕疵について審理しその有効無効を判断するべきではない。
→○（19-5-2）

※3 具体例をイメージ

例えば、衆議院の解散などである。

あることから、裁判所は司法権を行使することができないとされています。

最重要判例 ● **苫米地事件**（最大判昭35.6.8）

| 事案 | 衆議院の解散が憲法７条のみによってなされたこと、解散の決定過程において全閣僚の一致による助言と承認の２つの閣議がなかったことが、違憲であるかどうかが争われた。 |

| 結論 | 訴え却下 |

| 判旨 | ①統治行為の司法審査
　直接国家統治の基本に関する高度に政治性のある国家行為は、たとえそれが法律上の争訟となり、これに対する有効無効の判断が法律上可能である場合であっても、**裁判所の審査権の外にある。**
②衆議院の解散の司法審査
　衆議院の解散は、極めて政治性の高い国家統治の基本に関する行為であって、このような行為について、その法律上の有効無効を審査することは、**司法裁判所の権限の外にある。**過
19-5-4、27-6-3、2-6-2 |

---

③　団体の内部事項に関する行為

　大学・政党などの自主的な団体の内部紛争については、その内部規律の問題にとどまる限りその自治的措置に任せるべきであり、裁判所の司法審査が及ばないとされています。これを部分社会の法理といいます。

最重要判例 ● **富山大学事件**（最判昭52.3.15）

| 事案 | 国立の富山大学における単位不認定処分の効力が争われた。 |

| 結論 | 訴え却下 |

| 判旨 | ①部分社会の法理
　大学は、国公立か私立かを問わず、自律的な法規範を有する特殊な部分社会を形成しているから、大学における法律上の紛争は、**一般市民法秩序と直接の関係を有しない内部的な問題にとどまる限り**、その自主的・自律的解決に委ねられる。過19-5-1
②単位授与（認定）行為
　単位授与（認定）行為は、他にそれが一般市民法秩序と直接の関係を有するものであることを肯認するに足りる特段の |

第3章 ― 統治　第3節 ― 裁判所　119

| 判旨 | 事情のない限り、純然たる大学内部の問題として大学の自主的・自律的な判断に委ねられるべきものであって、裁判所の司法審査の対象にはならないものと解するのが、相当である。※1 週27-6-2 |

※1 参考

同判例は、専攻科修了の認定・不認定に関する争いは、司法審査の対象となると判断している。週元-26-エ

最重要判例　● 共産党袴田事件（最判昭63.12.20）

| 事案 | 政党が党員に対してなした除名処分の効力が争われた。 |

| 結論 | 除名処分は有効である。 |

| 判旨 | 政党は、国民がその政治的意思を国政に反映させ実現させるための最も有効な媒体であって、かつ、議会制民主主義※2を支える極めて重要な存在であるから、高度の自主性と自律性を与えて自主的に組織運営をなしうる自由を保障しなければならず、政党が党員に対してした処分が一般市民法秩序と直接の関係を有しない内部的な問題にとどまる限り、裁判所の審判権は及ばない。政党が党員に対してした処分が一般市民としての権利利益を侵害する場合であっても、当該処分の当否は、当該政党の自律的に定めた規範が公序良俗に反するなどの特段の事情のない限り当該規範に照らし、当該規範を有しないときは条理に基づき、適正な手続に則ってされたか否かによって決すべきであり、その審理もこの点に限られる。週19-5-3、27-6-4 |

※2 用語

議会制民主主義：国民が選挙した代表によって組織される議会があり、その議会において国家の最高の意思が決定される制度のこと。

なお、従来の最高裁判所の判例では、地方議会の議員に対する出席停止の懲罰についても、裁判所の司法審査が及ばないとされていましたが、最高裁判所の判例が変更され、司法審査が及ぶこととされました。※3

最重要判例　● 地方議会の議員に対する出席停止の懲罰（最大判令2.11.25）

| 事案 | 地方議会の議員に対する出席停止の懲罰の取消しを求める訴えの適法性が争われた。 |

| 結論 | 適法 |

| 判旨 | 出席停止の懲罰は、公選の議員に対し、議会がその権能において科する処分であり、これが科されると、当該議員はその期間、会議及び委員会への出席が停止され、議事に参与して議決に加わるなどの議員としての中核的な活動をすることができず、住民の負託を受けた議員としての責務を十分に果た |

※3 重要判例

地方議会の議員に対する除名処分も、司法審査の対象となるとされている（最大判昭35.10.19）。

| 判旨 | すことができなくなる。このような出席停止の懲罰の性質や議員活動に対する制約の程度に照らすと、これが議員の権利行使の一時的制限にすぎないものとして、その適否が専ら議会の自主的、自律的な解決に委ねられるべきであるということはできない。そうすると、出席停止の懲罰は、議会の自律的な権能に基づいてされたものとして、議会に一定の裁量が認められるべきであるものの、裁判所は、常にその適否を判断することができるというべきである。したがって、**普通地方公共団体の議会の議員に対する出席停止の懲罰の適否は、司法審査の対象となるというべきである。** 過27-6-5 |

（3）司法権の帰属

① 特別裁判所の禁止

特別裁判所とは、特別の人間又は事件について裁判するために、通常裁判所の系列から独立して設けられる裁判機関のことです。※4

法解釈の統一を図る必要があることから、特別裁判所の設置は禁止されています（76条2項前段）。※5 ※6

② 行政機関による終審裁判の禁止

行政機関は、終審として裁判を行うことができません（76条2項後段）。

76条2項後段の反対解釈から、前審としてならば、行政機関による裁判も認められます。※7

2 裁判所の組織と権能

裁判所は、最高裁判所と下級裁判所に大別されます。

（1）最高裁判所

① 構成

最高裁判所は、その長たる裁判官（長官）及び法律の定める員数※8のその他の裁判官で構成されます（79条1項）。

最高裁判所の長たる裁判官は、内閣の指名に基づき、天皇が任命します（6条2項）。これに対して、長たる裁判官以外の裁判官は、内閣が任命します（79条1項）。

② 国民審査

裁判官の選任に対して民主的コントロールを及ぼすため、最

憲法

行政法

民法

商法

基礎法学

一般知識

※4 具体例をイメージ

例えば、戦前の軍法会議などである。

※5 重要判例

家庭裁判所は、家庭事件や少年事件の審判などを行うために特に設けられた裁判機関であるが、一般的に司法権を行う通常裁判所の系列に属する下級裁判所として裁判所法により設置されたものであり、特別裁判所には当たらない（最大判昭31.5.30）。

※6 参考

弾劾裁判所は、特別裁判所に当たるが、憲法自身が認めた例外である。

※7 具体例をイメージ

例えば、国家公務員法に基づく人事院の裁定などである。

※8 用語

員数：人の数のこと。

高裁判所裁判官の国民審査の制度が設けられています。

すなわち、最高裁判所の裁判官の任命は、その任命後初めて行われる衆議院議員総選挙の際国民の審査に付し、その後<u>10年</u>を経過した後初めて行われる衆議院議員総選挙の際更に審査に付し、その後も同様とされます（79条2項）。※1 週27-48-4

そして、<u>投票者の多数</u>が裁判官の罷免を可とするときは、その裁判官は、罷免されます（79条3項）。※2

③ **定年** ※3

最高裁判所の裁判官は、<u>法律</u>の定める年齢に達した時に退官します（79条5項）。

(2) 下級裁判所

下級裁判所の裁判官は、<u>最高裁判所</u>の指名した者の名簿によって、<u>内閣</u>が任命します（80条1項前段）。

下級裁判所の裁判官は、任期が<u>10年</u>であり再任されることができますが、<u>法律</u>の定める年齢に達した時には退官します（80条1項後段）。

【最高裁判所の裁判官と下級裁判所の裁判官】 ※4

	最高裁判所の裁判官	下級裁判所の裁判官
指名	長たる裁判官のみ内閣（6条2項）	最高裁判所（80条1項前段）
任命	長たる裁判官→天皇（6条2項） その他の裁判官→内閣（79条1項）	内閣（80条1項前段）
任期	なし	10年（80条1項後段本文） ※再任可
定年	あり（79条5項、80条1項後段但書）	
罷免	裁判により心身の故障のために職務を執ることができないと決定された場合、又は公の弾劾による場合（78条前段）	
	国民審査（79条3項）	

3 司法権の独立

裁判が公正に行われ人権の保障が確保されるためには、裁判を担当する裁判官が、外部からの圧力や干渉を受けずに、公正

※1 **引っかけ注意！**

国民審査は、最高裁判所の裁判官についてのみ行われます。また、国民審査が行われるのは、衆議院議員総選挙の際であり、参議院議員通常選挙の際には行われません。

※2 **重要判例**

判例は、国民審査の制度は解職の制度であるとしている（最大判昭27.2.20）。週28-3

※3 **参考**

最高裁判所・簡易裁判所の裁判官の定年は70歳、高等裁判所・地方裁判所・家庭裁判所の裁判官の定年は65歳であり、これに達した時に退官する（裁判所法50条）。

※4 **受験テクニック**

最高裁判所の裁判官は、国民審査がある代わりに任期がない、下級裁判所の裁判官は、国民審査がない代わりに任期がある、と覚えておきましょう。

な立場で職務を行うことが必要とされます。そこで、憲法は、司法権の独立を要請しています。

司法権の独立には、①司法権が立法権・行政権から独立していること（司法府の独立）と、②個々の裁判官が他者の指示・命令を受けずに独立して裁判を行うこと（裁判官の職権の独立）の2つの意味があります。

このうち、②裁判官の職権の独立を確保するため、憲法上、裁判官の身分保障が認められています。

【司法権の独立】

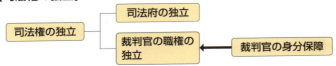

(1) 司法府の独立
① 規則制定権
最高裁判所は、訴訟に関する手続、弁護士、裁判所の内部規律及び司法事務処理に関する事項について、規則を定める権限を有します（77条1項）。過26-7-4 ※5

裁判所の自主性を確保し司法部内における最高裁判所の統制権と監督権を強化すること、実務に通じた裁判所の専門的判断を尊重することから、最高裁判所に規則制定権が認められています。

② 行政機関による裁判官の懲戒処分の禁止
裁判官に対する行政権の不当な干渉を防止し、裁判所の自主的な処理に委ねるため、行政機関による裁判官の懲戒処分は禁止されています（78条後段）。

(2) 裁判官の職権の独立（身分保障）
すべて裁判官は、その良心に従い独立してその職権を行い、この憲法及び法律にのみ拘束されることとされています（76条3項）。※6

① 罷免事由の限定
裁判官は、裁判により、心身の故障のために職務を執ることができないと決定された場合を除いては、公の弾劾によらなけ

※5 過去問チェック

最高裁判所は、裁判所の内部規律・司法事務処理に関し規則を制定することができるが、訴訟手続や弁護士に関する定めは法律事項であるから、規則で定めることはできない。→✕
（26-7-4）

※6 重要判例

「良心に従い」とは、裁判官が有形無形の外部の圧力や誘惑に屈しないで自己の内心の良識と道徳感に従うという意味である（最大判昭23.11.17）。

第3章 ― 統治　第3節 ― 裁判所　123

れば罷免されません（78条前段）。過24-4-5 ※1

　ここに掲げられた事由以外による裁判官の罷免を認めず、裁判官が安心して裁判に専念できるようにすることによって、職権の独立を確保しています。

② **報酬の保障** ※2

　経済的観点から裁判官が安心して裁判に専念できるようにすることによって、職権の独立を確保するため、裁判官はすべて定期に相当額の報酬を受けることができ、この報酬は在任中減額することができません（79条6項、80条2項）。過24-4-3 ※3

4 違憲審査権

（1）違憲審査権とは何か

　違憲審査権とは、法律・命令・規則・処分が憲法に適合するかしないかを決定する権限のことです。

　最高裁判所は、一切の法律、命令、規則又は処分が憲法に適合するかしないかを決定する権限を有する終審裁判所であるとされ（81条）、違憲審査権が認められています。※4 ※5

　裁判所に違憲審査権が認められている理由としては、憲法の最高法規性は、国家行為の合憲性を審査・決定する機関があってはじめて現実に確保されることと、憲法の保障する基本的人権が立法権・行政権によって侵害された場合に、それを救済する必要があることが挙げられます。

（2）違憲審査の方法

　裁判所による違憲審査の方法には、①付随的違憲審査制、②抽象的違憲審査制の2種類があります。日本では、①付随的違憲審査制が採用されていると考えられています。※6

【違憲審査の方法】

付随的違憲審査制	通常の裁判所が、具体的な争訟を裁判する際に、その争訟において問題となった点についてのみ違憲審査を行う方法
抽象的違憲審査制	特別に設けられた憲法裁判所が、具体的な争訟と関係なく、抽象的に違憲審査を行う方法

※1 過去問チェック

国務大臣は、裁判により、心身の故障のために職務を執ることができないと決定された場合を除いては、問責決議によらなければ罷免されない。→✕（24-4-5）

※2 参考

内閣総理大臣や官吏（国家公務員）については、報酬の保障を定めた規定はない。

※3 過去問チェック

両議院の議員は、すべて定期に相当額の報酬を受ける。この報酬は、在任中、これを減額することができない。→✕（24-4-3）

※4 重要判例

下級裁判所も最高裁判所と同様に司法権を行使できることから、下級裁判所にも違憲審査権が認められる（最大判昭25.2.1）。

※5 参考

法律のみならず、内閣の制定する政令や地方議会の制定する条例も、違憲審査の対象となる。過21-1-エ

※6 参考

①を採用しているのはアメリカ、②を採用しているのはドイツ・イタリア・オーストリアなどのヨーロッパ大陸諸国である。過18-41-エ

最重要判例	● **警察予備隊違憲訴訟**（最大判昭27.10.8）
事案	（旧）日本社会党の代表者が、自衛隊の前身である警察予備隊が違憲無効であることの確認を求めて出訴した。週18-41-ア
結論	訴え却下
判旨	日本の現行の制度の下においては、特定の者の具体的な法律関係につき紛争の存する場合においてのみ裁判所にその判断を求めることができるのであり、**裁判所がこのような具体的事件を離れて抽象的に法律命令等の合憲性を判断する権限を有するとの見解には、憲法上及び法令上何らの根拠も存在しない。**週18-41-イ・ウ

（3）対象

① 条約

　条約は81条の列挙事項に挙げられていませんが、最高裁判所の判例は、条約を違憲審査の対象とする余地を認めています。

最重要判例	● **砂川事件**（最大判昭34.12.16）
事案	国が米軍飛行場拡張のため東京都砂川町の測量を開始し、これに反対した地元住民らが基地内に立ち入った行為が、旧日米安全保障条約に基づく刑事特別法違反に問われたため、日米安全保障条約の合憲性が争われた。
結論	合憲・違憲の判断をしなかった。
判旨	日米安全保障条約は、主権国としての我が国の存立の基礎に極めて重大な関係を持つ高度の政治性を有するものというべきであって、その内容が違憲であるか否かの法的判断は、その条約を締結した内閣及びこれを承認した国会の政治的ないし自由裁量的判断と表裏をなす点が少なくない。したがって、純司法的機能をその使命とする司法裁判所の判断には原則としてなじまない性質のものであり、**一見極めて明白に違憲無効であると認められない限りは、裁判所の司法審査権の範囲外のものである。**週26-41

② 立法不作為 ※7

　立法不作為の違憲審査については、以下の２つの判例があります。

※7 用語

立法不作為：憲法上立法をなすべきことが要求されているにもかかわらず、相当の期間を経過してもなお立法がなされないこと。

憲法

行政法

民法

商法

基礎法学

一般知識

最重要判例　● 在宅投票制度廃止事件 （最判昭60.11.21）

事案　重度身障者の在宅投票制度を廃止したままその復活を怠った立法不作為の違憲を理由として、国家賠償請求がなされた。

結論　合憲―国家賠償請求は認められない。

判旨　国会議員は、立法に関しては、原則として、国民全体に対する関係で政治的責任を負うにとどまり、個別の国民の権利に対応した関係での法的義務を負うものではないというべきであって、国会議員の立法行為は、立法の内容が憲法の一義的な文言に違反しているにもかかわらず国会があえて当該立法を行うというごとき、容易に想定し難いような例外的な場合でない限り、国家賠償法１条１項の規定の適用上、違法の評価を受けない。

最重要判例　● 在外日本国民 ※1 の選挙権 （最大判平17.9.14）

事案　選挙権を行使するには選挙人名簿に登録されていなければならないところ、外国に長期滞在する者は登録されず選挙権を行使し得なかったことから、1998年に公職選挙法の改正を行い、新たに在外選挙人名簿を調製しこれに登録された者には選挙権の行使を認めることにした。しかし、対象となる選挙を当分の間は両議院の比例代表選挙に限ることとしたため、衆議院小選挙区選出議員の選挙及び参議院選挙区選出議員の選挙においては選挙権を行使できない状態が続いた。そこで、在外日本国民が、1996年に行われた衆議院議員選挙において投票し得なかったことにつき、立法不作為の違憲を理由として、国家賠償請求をなした。

結論　違憲―国家賠償請求は認められる。 過23-4-2 ※2

判旨　①選挙権の制限の合憲性
　国民の選挙権の制限は、そのような制限なしには選挙の公正を確保しつつ選挙権の行使を認めることが著しく困難であると認められる場合でない限り、憲法上許されず、これは立法の不作為による場合であっても同様である。 過23-4-1 ※3
②立法不作為の違法性
　立法の内容又は立法不作為が国民に憲法上保障されている権利を違法に侵害するものであることが明白な場合や、国民に憲法上保障されている権利行使の機会を確保するために所要の立法措置を執ることが必要不可欠であり、それが明白であるにもかかわらず、国会が正当な理由なく長期にわたってこれを怠る場合などには、例外的に、国会議員の立法行為又は立法不作為は、国家賠償法１条１項の規定の適用上、違法

※1 用語

在外日本国民：外国に長期滞在する日本国民のこと。

※2 過去問チェック

国が立法を怠ってきたことの違憲性を裁判所に認定してもらうために、国家賠償法による国への損害賠償請求が行われることがあるが、最高裁はこれまで立法不作為を理由とした国家賠償請求は認容されないという立場をとっている。→ ×
（23-4-2）

※3 過去問チェック

国民の選挙権の制限は、そのような制限なしには選挙の公正を確保しつつ選挙権の行使を認めることが著しく困難であると認められる場合でない限り、憲法上許されず、これは立法の不作為による場合であっても同様であると解されている。
→ ○（23-4-1）

> **判旨** の評価を受ける。※4

③ 裁判

立法行為や行政行為のみならず、司法行為（裁判）も、最高裁判所の違憲審査権に服します（最大判昭23.7.8）。

5 裁判の公開

裁判の対審※5及び判決は、自由に傍聴できる公開法廷で行うのが原則とされています（82条1項）。なぜなら、裁判の公正を確保するためには、対審や判決のような裁判の重要部分が公開される必要があるからです。

そして、公開が要求される「裁判」とは、当事者の意思にかかわらず終局的に事実を確定し当事者の主張する権利義務の存否を確定するような純然たる訴訟事件の裁判に限られます（最大決昭35.7.6）。

ここにいう「裁判」に当たるか否かについては、以下のとおりです。

【公開が要求される「裁判」】

「裁判」に当たるもの	「裁判」に当たらないもの
金銭債務臨時調停法の調停に代わる裁判（最大決昭35.7.6）	①家事審判法（現家事事件手続法）による夫婦同居の審判（最大決昭40.6.30） ②民事上の秩序罰としての過料を科する作用（最大決昭41.12.27） ③裁判官分限事件（寺西裁判官事件：最大決平10.12.1）

なお、裁判所が、裁判官の全員一致で、公の秩序又は善良の風俗を害するおそれがあると決した場合には、例外的に、対審は、公開しないで行うことができます（82条2項本文）。※6

ただし、①政治犯罪、②出版に関する犯罪、③憲法第3章で保障する国民の権利が問題となっている事件の対審は、常に公開しなければなりません（82条2項但書）。

※4 参考
国政選挙の有権者で、在外選挙人名簿に登録され在外選挙人証を有している者は、外国にいながら国政選挙で投票することができる。過 27-48-5

※5 用語
対審：訴訟当事者が裁判官の面前で口頭によりそれぞれの主張を述べること。

※6 引っかけ注意!

対審の場合と異なり、判決の公開には例外がありません。

【裁判の公開】

	対審		判決
原則	公開		常に公開
例外	裁判官の全員一致で、公の秩序又は善良の風俗を害するおそれがあると決した場合 →非公開		
例外の 例外	①政治犯罪、②出版に関する犯罪、③憲法第3章で保障する国民の権利が問題となっている事件 →公開		

確認テスト

☐☐☐ **1** 直接国家統治の基本に関する高度に政治性のある国家行為は、これに対する有効無効の判断が法律上可能である場合であっても、裁判所の審査権の外にある。

☐☐☐ **2** すべての裁判官の任命は、その任命後初めて行われる衆議院議員総選挙の際国民の審査に付される。

☐☐☐ **3** 日本では、具体的な争訟と関係なく抽象的に違憲審査を行う抽象的違憲審査制が採用されている。

☐☐☐ **4** 裁判所が、裁判官の全員一致で、公の秩序又は善良の風俗を害するおそれがあると決した場合には、対審及び判決は、公開しないで行うことができる。

解答 **1** ◯ （苫米地事件：最大判昭35.6.8）　**2** ✕ 国民審査に付されるのは最高裁判所の裁判官のみである（79条2項）。　**3** ✕ 日本では付随的違憲審査制が採用されている（警察予備隊違憲訴訟：最大判昭27.10.8）。　**4** ✕ 判決は公開しなければならない（82条1項・2項本文）。

第4節 財政

重要度 B

学習のPOINT
憲法は、国会・内閣・裁判所といった権力分立以外に、財政についても規定を置いています。条文と旭川市国民健康保険条例事件の判例を押さえておきましょう。

1 財政の基本原則

(1) 財政民主主義

国家が活動していくためには非常に多くの資金を必要としますが、その資金は国民の負担となります。そのため、財政の適正な運営は、国民生活に直結する国政の重大問題となります。

そこで、国の財政を処理する権限は、**国会の議決**に基づいて行使されなければならないとする**財政民主主義**が採用されています（83条）。

(2) 租税法律主義

租税※1は国民に対して直接負担を求めるものであるため、必ず国民の同意を得なければなりません。

そこで、租税を課し、又は現行の租税を変更するには、**法律又は法律の定める条件**によることを必要とする**租税法律主義**が採用されています（84条）。※2 ※3

> **最重要判例** ● 旭川市国民健康保険条例事件（最大判平18.3.1）
>
> **事案** 地方税法に基づく保険税の方式ではなく、国民健康保険法に基づく保険料の方式をとっている国民健康保険条例が、市長に対して保険料率の決定などを委任していたため、この条例が84条に違反しないかが争われた。
>
> **結論** 合憲
>
> **判旨** ①租税の意義
> 国又は地方公共団体が、課税権に基づき、その経費に充てるための資金を調達する目的をもって、特別の給付に対する反対給付としてではなく、一定の要件に該当するすべての者

※1 用語
租税：国又は地方公共団体が、課税権に基づき、その経費に充てるための資金を調達する目的をもって、一定の要件に該当するすべての者に対して強制的に無償で徴収する金銭のこと。

※2 重要判例
課税処分がたまたま通達をきっかけとして行われたものであっても、通達の内容が法の正しい解釈に合致するものである場合には、当該課税処分は適法である（最判昭33.3.28）。過 24-8-5

※3 参考
地方公共団体は、地方税について条例によりその税目・税率等を定めることができる。

判旨 に対して課する金銭給付は、**その形式のいかんにかかわらず、憲法84条に規定する租税に当たる。** 過22-6-ア

②国民健康保険料への84条の直接適用の有無

市町村が行う国民健康保険の保険料は、被保険者において保険給付を受け得ることに対する反対給付として徴収されるものである。したがって、**上記保険料に憲法84条の規定が直接に適用されることはない**（国民健康保険税は、目的税であって反対給付として徴収されるものであるが、形式が税である以上は憲法84条の規定が適用されることとなる。）。過22-6-イ・ウ

③国民健康保険料への84条の類推適用の有無

国、地方公共団体等が賦課徴収する租税以外の公課であっても、その性質に応じて、法律又は法律の範囲内で制定された条例によって適正な規律がされるべきものと解すべきであり、憲法84条に規定する租税ではないという理由だけから、そのすべてが当然に同条に現れた上記のような法原則のらち外にあると判断することは相当ではない。そして、**租税以外の公課であっても、賦課徴収の強制の度合い等の点において租税に類似する性質を有するものについては、憲法84条の趣旨が及ぶ。** 市町村が行う国民健康保険は、保険料を徴収する方式のものであっても、強制加入とされ、保険料が強制徴収され、賦課徴収の強制の度合いにおいては租税に類似する性質を有するものであるから、**これについても憲法84条の趣旨が及ぶ。** 過19-3、22-6-エ[※1]、28-24-4

（3）国費の支出及び国庫債務負担行為

国費を支出し、又は国が債務を負担するには、**国会の議決に**基づくことを必要とします（85条）。過24-5-1、27-7-1

国費の支出とは、国の各般の需要を充たすための現金の支払いのことです（財政法2条1項）。[※2]

また、「国が債務を負担する」とは、国が財政上の需要を充足するのに必要な経費を調達するために債務を負うことです。[※3]

（4）公金支出の禁止

公金その他の公の財産は、宗教上の組織若しくは団体の使用、便益若しくは維持のため、又は**公の支配に属しない**慈善、教育若しくは博愛の事業に対し、これを支出し、又はその利用に供してはならないとされています（89条）。

前段の趣旨は、宗教上の組織や団体への公金支出を禁止することで、政教分離原則を財政面から保障する点にあります。

※1 過去問チェック

市町村が行う国民健康保険の保険料は、租税以外の公課ではあるが、賦課徴収の強制の度合いにおいては租税に類似する性質を有するので、憲法84条の趣旨が及ぶ。→○（22-6-エ）

※2 参考

支払原因が法令の規定に基づくものであれ、私法上の契約に基づくものであれ、いずれも国費の支出とされる。

※3 参考

直接に金銭を支払う義務でなくても、債務の支払いの保証や損失補償の承認は、結局は国費の支出を伴う以上、これに含まれる。

また、後段の趣旨については、①私的な事業へ不当な公権力の支配が及ぶことを防止する点にあるとする見解と、②公金の濫費を防止する点にあるとする見解が対立しています。

2 財政監督の方式

(1) 予算

予算とは、収入と支出の見積もりのことです。

内閣は、毎会計年度の**予算**を作成し、国会に提出して、その審議を受け議決を経なければなりません（86条）。※4 過24-5-2、27-7-2

86条の趣旨は、国会による審議・議決を経ることで、国家財政に対する国会の監督を及ぼす点にあるとされています。※5 ※6

なお、予算は政府を拘束するのみで一般国民を拘束しないこと、予算の効力は一会計年度に限られ永続性がないこと、議決の手続が法律と異なることなどから、予算は、国会の議決を経て成立する国法の一形式ではあるが、法律とは異なるとするのが通説です（**予算法形式説**）。過29-6

(2) 予備費

予見し難い予算の不足に充てるため、**国会の議決**に基いて予備費を設け、**内閣の責任**でこれを支出することができます（87条1項）。※7 過24-5-4、27-7-3

また、すべて予備費の支出については、内閣は、**事後に**国会の承諾を得なければなりません（87条2項）。過27-7-3

ただし、国会の承諾が得られなくても、すでになされた予備費の支出の法的効果に影響はなく、内閣の政治責任の問題が生じるのみとされています。

(3) 皇室財産と皇室の費用

皇室財政の民主化を図るため、すべて皇室の財産は**国**に属するものとされ、また、すべて皇室の費用は、**予算**に計上して国会の議決を経なければならないとされました（88条）。過24-5-5 ※8

(4) 決算

決算とは、収入と支出の実績を示す確定的な数字のことです。

※4 参考
予算自体の提出権は内閣にのみ属するが、予算を伴う法律案の提出は、国会議員もすることができる。

※5 参考
予算に反する国の支出も、当然に無効となるわけではない。

※6 参考
国会は、予算の減額修正をすることができ、また、予算の同一性を損なわない限り増額修正をすることもできる。過27-7-2

※7 引っかけ注意!

予備費の設置は任意であり、義務ではありません。

※8 過去問チェック
すべて皇室の費用は、予算に計上することを要し、かつ、国会の議決を経なければならない。→○（24-5-5）

国の収入支出の決算は、すべて毎年**会計検査院** ※1 がこれを検査し、**内閣**は、次の年度に、その検査報告とともに、これを国会に提出しなければなりません（90条1項）。 過24-5-3、27-7-5

　「国会に提出」とは、国会が提出された決算を審議し、それを認めるか否か議決することを要するという意味です。もっとも、両議院一致の議決は必要でなく、また、各議院の議決は決算の効力に影響を及ぼすわけではありません。

（5）財政状況の報告

　内閣は、国会及び国民に対し、定期に、少なくとも**毎年1回**、国の財政状況について報告しなければなりません（91条）。

※1 用語
会計検査院： 国の収入支出の決算の検査を行うほか、常時会計検査を行うことを任務とする内閣から独立した合議制の機関のこと。

確認テスト

□□□ **1** あらたに租税を課し、又は現行の租税を変更するには、法律又は法律の定める条件によることを必要とする。

□□□ **2** 公金その他の公の財産は、公の支配に属する慈善、教育若しくは博愛の事業に対し、これを支出し、又はその利用に供してはならない。

□□□ **3** 内閣総理大臣は、毎会計年度の予算を作成し、国会に提出して、その審議を受け議決を経なければならない。

□□□ **4** すべて予備費の支出については、内閣は、事後に国会の承諾を得なければならない。

解答 **1**○（84条） **2**✕公の支配に属し**ない**事業に対して支出することが**できない**（89条後段）。 **3**✕予算を作成するのは内閣総理大臣ではなく**内閣**である（73条5号、86条）。 **4**○（87条2項）

第5節 地方自治

重要度 C

学習のPOINT

行政書士試験は地方自治法も試験科目なので、憲法の地方自治分野はあまり出題されませんが、地方自治法の学習の第一歩になりますので、一読しておくとよいでしょう。

1 地方自治とは何か

<u>地方自治</u>とは、国から独立した地方公共団体が、地方における政治を地域住民の意思に基づいて自主的に行うことです。

日本国憲法は、第8章において地方自治を憲法上の制度として保障しています。※2

2 地方自治の本旨（ほんし）

地方公共団体の組織及び運営に関する事項は、<u>地方自治の本旨</u>に基づいて、法律でこれを定めることとされています（92条）。

地方自治の本旨とは、①<u>住民自治</u>、②<u>団体自治</u>の2つを意味しています。

【地方自治の本旨】

住民自治	地方における政治が住民の意思に基づいて行われること
団体自治	地方における政治が国から独立した団体に委ねられ、団体自らの意思と責任の下で行われること

3 地方公共団体の機関

地方公共団体には議事機関として<u>議会</u>を設置し（93条1項）、長や議会の議員などは住民の<u>直接選挙</u>により選出しなければなりません（93条2項）。その趣旨は、地方自治の民主化を徹底しようとする点にあります。※3

なお、憲法上の「地方公共団体」とは、都道府県・市町村という標準的な二段階の地方公共団体を指します。※4 ※5

※2 参考
大日本帝国憲法では、地方自治に関する規定は設けられていなかった。

※3 参考
大日本帝国憲法の下では、市長は、天皇の上奏をもとに、内務大臣によって任命されており、町村長は、町村会の選挙によって選任されていた。過23-48-1

※4 重要判例
東京23区のような特別区は、93条2項の「地方公共団体」には当たらない（最大判昭38.3.27）。

※5 参考
第二次世界大戦中でも、市町村が廃止されたわけではない。また、町内会や系統農会は、第二次世界大戦前から組織されており、防空・配給や本土決戦のために組織されたものではない。過23-48-3

4 地方公共団体の権能

地方公共団体は、①財産の管理、②事務の処理、③行政の執行、④法律の範囲内での条例の制定といった4つの権能を有しています（94条）。

なお、条例については、行政法（地方自治法）のところで詳しく学習します（☞第2部第6章第4節参照）。

5 地方自治特別法

地方自治特別法とは、一の地方公共団体のみに適用される特別法のことです。※1

国の特別法による地方自治権の侵害を防止するため、地方自治特別法を制定するためには、その地方公共団体の住民投票における過半数の同意が必要とされています（95条）。圖3-23-1

※1 よくある質問

Q 95条にいう「一の地方公共団体」とは、1つの地方公共団体という意味ですか？

A 「一の地方公共団体」とは、実際にその法律が適用される地方公共団体が1つである必要はなく、「特定の」という意味にすぎません。例えば、95条が適用された法律の中に旧軍港市転換法というものがあり、これは、旧軍港のあった横須賀、呉、佐世保、舞鶴の4市（地方公共団体）に適用されるものでした。

確認テスト

☐☐☐ **1** 地方自治の本旨とは、地方政治が住民の意思に基づいて行われるべきであるという団体自治と、地方自治が国から独立した団体に委ねられ団体自らの意思と責任の下でなされるという住民自治を意味する。

☐☐☐ **2** 地方公共団体の長、その議会の議員及び法律の定めるその他の吏員は、その地方公共団体の住民が、直接これを選挙する。

☐☐☐ **3** 地方公共団体は、条例を制定することができ、この条例制定権は、法律による制約を受けない。

☐☐☐ **4** 一の地方公共団体のみに適用される特別法は、法律の定めるところにより、その地方公共団体の住民の投票において過半数の同意を得なければ、国会は、これを制定することができない。

解答 **1**✕住民自治と団体自治が反対である。 **2**◯（93条2項） **3**✕法律の範囲内で条例を制定する必要がある（94条）。 **4**◯（95条）

第6節 憲法改正

重要度 C

学習のPOINT

憲法改正は、最近ではあまり出題されていませんが、96条の条文は正確に覚えておきましょう。条文を知ってさえいれば解ける問題がほとんどです。

1 憲法改正とは何か

憲法は国家の基礎法・根本法ですから、高度の安定性が求められます。しかし、その反面、政治・経済・社会の動きに合わせて改変することも不可欠です。

そこで、日本国憲法は、憲法改正手続を規定すると同時に、その改正の要件を厳しくするという硬性憲法[※2]の技術を採用しています。

2 憲法改正の手続

憲法改正は、①国会の発議→②国民の承認→③天皇の公布といった流れで行われます。

(1) 国会の発議

憲法改正における発議は、通常の発議（原案の提出）とは異なり、国民に提案する憲法改正案を国会が決定することをいいます。憲法改正の発議は、各議院の総議員の3分の2以上の賛成を必要とします（96条1項前段）。[※3]

(2) 国民の承認

憲法改正の承認には、「特別の国民投票」又は「国会の定める選挙の際行われる投票」において、その過半数の賛成が必要です（96条1項後段）。[※4]

「国会の定める選挙」とは、全国規模で行われる選挙（衆議院議員総選挙又は参議院議員通常選挙）を指します。

(3) 天皇の公布

憲法改正について国民の承認を経たときは、天皇は、国民の

[※2] **用語**

硬性憲法：改正手続が法律制定手続よりも厳しい憲法のこと。

[※3] **受験テクニック**

憲法改正の発議は、「出席議員」ではなく「総議員」の3分の2以上の賛成が必要です。憲法改正は国の重大事項なので、要件が厳しくなっていると覚えておきましょう。

[※4] **参考**

「日本国憲法の改正手続に関する法律」によれば、「過半数」とは、有効投票総数（憲法改正案に対する賛成票の数と反対票の数を合計した数）の過半数をいう。

名で、憲法と一体を成すものとして、直ちにこれを公布します（96条2項）。

天皇の公布が「国民の名で」行われるのは、改正権者である国民の意思による改正であることを明らかにするためです。

3 憲法改正の限界

憲法改正には限界があり、憲法が保障する国民主権・基本的人権の尊重・平和主義などの基本原理を憲法改正手続によって削除することは、論理的に許されないとするのが通説です。過 18-6-5 ※1

> ※1 過去問チェック
>
> 憲法改正には限界があり、この憲法が保障する基本的人権を憲法改正手続によって削除することは、論理的に許されないとするのが、通説である。→○（18-6-5）

確認テスト

□□□ **1** 憲法の改正は、各議院の出席議員の3分の2以上の賛成で、国会が、これを発議し、国民に提案してその承認を経なければならない。

□□□ **2** 憲法改正の承認には、特別の国民投票又は国会の定める選挙の際行われる投票において、その過半数の賛成を必要とする。

□□□ **3** 憲法改正について国民の承認を経たときは、天皇は、自らの名で、この憲法と一体を成すものとして、直ちにこれを公布する。

□□□ **4** 憲法改正には限界がなく、憲法改正手続を経ていれば、国民主権・基本的人権の尊重・平和主義などの基本原理を削除することもできるとするのが通説である。

解答 **1** ✕ 総議員の3分の2以上の賛成が必要である（96条1項前段）。　**2** ○ （96条1項後段）　**3** ✕ 天皇は、自らの名ではなく、国民の名で憲法改正を公布する必要がある（96条2項）。　**4** ✕ 憲法改正には限界があるとするのが通説である。

第 2 部

行政法

▶ 科目別ガイダンス ·············· 138

第1章　行政法の一般的な法理論 ···143
第1節　行政法総論　※ ·············· 143
第2節　行政組織法　※ ·············· 149
第3節　行政作用の類型　※ ·········· 164
第4節　行政調査 ·············· 187
第5節　行政上の強制措置　※ ········ 190

第2章　行政手続法 ·············· 196
第1節　行政手続法総則　※ ·········· 196
第2節　申請に対する処分　※ ········ 201
第3節　不利益処分　※ ·············· 206
第4節　行政指導 ·············· 214
第5節　届出 ·············· 218
第6節　命令等制定手続 ·············· 220

第3章　行政不服審査法 ·············· 223
第1節　行政不服審査法総則　※ ······ 223
第2節　審査請求の要件 ·············· 229
第3節　審査請求の審理手続 ·········· 234
第4節　審査請求の終了 ·············· 238
第5節　執行停止 ·············· 242
第6節　教示 ·············· 245

第4章　行政事件訴訟法 ·············· 248
第1節　行政事件訴訟の類型 ·········· 248
第2節　取消訴訟　※ ·············· 251
第3節　無効等確認訴訟 ·············· 268
第4節　不作為の違法確認訴訟 ········ 270
第5節　義務付け訴訟 ·············· 272
第6節　差止め訴訟 ·············· 275
第7節　当事者訴訟 ·············· 279
第8節　民衆訴訟・機関訴訟 ·········· 283
第9節　仮の救済 ·············· 285
第10節　教示 ·············· 289

第5章　国家賠償法・損失補償 ······ 291
第1節　国家賠償法　※ ·············· 291
第2節　損失補償 ·············· 303

第6章　地方自治法 ·············· 306
第1節　地方公共団体の種類　※ ······ 306
第2節　地方公共団体の事務 ·········· 310
第3節　地方公共団体の機関　※ ······ 313
第4節　地方公共団体の立法 ·········· 325
第5節　地方公共団体の財務 ·········· 328
第6節　住民の権利　※ ·············· 333
第7節　関与 ·············· 340

※は『スタートダッシュ』掲載テーマです。

科目別ガイダンス

1 行政法とは何か

（1）行政法とは何か

　六法全書の目次を見ても、「行政法」というものが載っているわけではありません。つまり、憲法・民法・商法などとは違い、「行政法」という名前の法律が存在するわけではありません。

　行政法とは、国家権力（立法権・行政権・司法権）のうち、行政権に関係する法律を全部まとめたもののことです。行政権とは、国家権力の中で「立法権」と「司法権」を除いたものと定義するのが一般的ですから（控除説）、国や地方公共団体（＝都道府県・市町村など）の活動のほとんどは行政権に該当します（例：税金の督促、ゴミの収集）。したがって、日本の法律のほとんどは行政法に当たり、その数なんと1000種類以上とされています。

（2）行政法の分類

　行政法は、①行政組織法、②行政作用法、③行政救済法の３つのグループに分類されます。

【行政法の分類】

行政組織法	国や地方公共団体の内部の仕組みに関する法律 （例）国家行政組織法、地方自治法
行政作用法	国や地方公共団体の行政活動に関する法律 （例）行政代執行法、行政手続法
行政救済法	国や地方公共団体の行政活動により国民の権利が侵害された場合に、その救済を図る法律 （例）行政不服審査法、行政事件訴訟法、国家賠償法

　①行政組織法、②行政作用法、③行政救済法の３つのグループの関係を図にすると、次のようになります。

【行政法のグループの関係図】

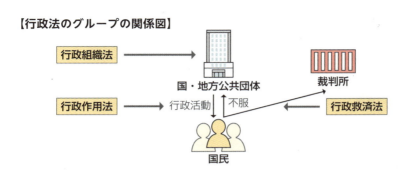

(3) 行政法の出題範囲

　行政書士試験の行政法では、①**行政法の一般的な法理論**、②**行政手続法**、③**行政不服審査法**、④**行政事件訴訟法**、⑤**国家賠償法**、⑥**地方自治法**が出題の中心とされています。このうち、②〜⑥は具体的な法律そのものであるのに対し、①行政法の一般的な法理論は、具体的な法律全部に共通するルールのことを指します。

　整理すると、以下のようになります（色塗り部分が行政書士試験の出題範囲です）。

【行政法の出題範囲】

2　出題傾向表

　10年間（平成24年度〜令和3年度）分の本試験の出題傾向を表にまとめました。

(1) 行政法の一般的な法理論

	24	25	26	27	28	29	30	元	2	3
行政法総論	○	○		○			△		○	○
行政組織法	○	○					△	○		
行政作用の類型	○	○	○	○	○	○		△	○	
行政調査			○							
行政上の強制措置	△	○	△	○						○

○：そのテーマから出題、△：肢の1つとして出題

(2) 行政手続法

	24	25	26	27	28	29	30	元	2	3
行政手続法総則			○	○		○			○	
申請に対する処分	○	○	○	○	○		○	△	○	△
不利益処分		○			△	○	○			△
行政指導				○	△		○	○	○	○
届出					△					
命令等制定手続	○			○	△		○			○

○：そのテーマから出題、△：肢の1つとして出題

(3) 行政不服審査法

	24	25	26	27	28	29	30	元	2	3
行政不服審査法総則	△	△				○	△	△		△
審査請求の要件	△	△		△		△	△		△	△
審査請求の審理手続	△	△		△	○		△	△	△	
審査請求の終了	○		△	○	○		△	○	△	
執行停止				△	△	○	△			○
教示			○			○				

○：そのテーマから出題、△：肢の1つとして出題

(4) 行政事件訴訟法

	24	25	26	27	28	29	30	元	2	3
行政事件訴訟の類型								○		
取消訴訟	○	○	○	○	○	○	○	△	○	○
無効等確認訴訟	○			△	△				○	△
不作為の違法確認訴訟			○	△	△				△	
義務付け訴訟	△	○				△	○	△	○	△
差止め訴訟	○			△			○		△	
当事者訴訟	○	○			△					
民衆訴訟・機関訴訟					△		○			
仮の救済	△	△	△	○		○		○		△
教示					△	○				

○：そのテーマから出題、△：肢の1つとして出題

(5) 国家賠償法・損失補償

	24	25	26	27	28	29	30	元	2	3
国家賠償法	○	○	○	○	○	○	○	○	○	○
損失補償			○		○		○	○		

○：そのテーマから出題、△：肢の1つとして出題

（6）地方自治法

	24	25	26	27	28	29	30	元	2	3
地方公共団体の種類		△		○	△		○			
地方公共団体の事務		△			△	△	○		△	
地方公共団体の機関	○		○		△	△	△	○		○
地方公共団体の立法		△	△	○	△		△			
地方公共団体の財務					○				○	
住民の権利		○	○	○	△	○	△	○	○	△
関与	○	△			△	△			△	

○：そのテーマから出題、△：肢の１つとして出題

3 分析と対策

（1）学習指針

　行政書士試験の行政法は、全体から満遍なく出題され、配点も300点満点中112点と３分の１以上を占めるため、「行政法を制する者は行政書士試験を制する」といえます。出題範囲は広いですが、穴を作らずじっくり時間をかけて学習していきましょう。

　また、行政法は、いずれの出題形式においても、過去問で問われた知識が繰り返し問われる傾向にあります。過去問はどの科目においても重要ですが、行政法は特に過去問の重要性が高いと覚えておきましょう。

（2）学習内容

①　行政法の一般的な法理論

　まず、行政法全部に共通するルールである「行政法の一般的な法理論」を学習します。ここでは、後の学習に備えて行政法の専門用語の意味と具体例を押さえていきます（具体例とセットで押さえることで、イメージがわいて学習しやすくなります）。また、最高裁判所の判例からの出題も多いので、最高裁判所の判例も読み込んでおく必要があります。これらは、５肢択一式のみならず、多肢選択式でもよく出題されますので、重点的に学習しておく必要があります。

　テーマとしては、「行政作用の類型」と「行政上の強制措置」がほぼ毎年出題されていますので、この２つのテーマに重点を置くとよいでしょう。

②　個別の法律

　次に、行政手続法・行政不服審査法・行政事件訴訟法・国家賠償法・地方自治法といった個別の法律の条文を押さえていきます。行政法は、条文をどれだ

け知っているかで勝負が決するといっても過言ではありません。また、行政事件訴訟法・国家賠償法（損失補償を含む）では、条文に加えて最高裁判所の判例もよく出題されますので、最高裁判所の判例も読み込んでおく必要があります。

　テーマとしては、行政手続法の「総則」「申請に対する処分」「不利益処分」、行政不服審査法の「総則」、行政事件訴訟法の「取消訴訟」、国家賠償法の出題が多いので、これらを重点的に学習しておきましょう。

　なお、地方自治法は、条文数が他の法律よりも格段に多い割に、出題数は他の法律と変わらず、得点効率の悪い分野といえます。そこで、学習時間をあまり取れない方は、地方自治法については、毎年のように出題されている「地方公共団体の機関」と「住民の権利」に絞って学習するのがよいでしょう。

（3）得点目標

　行政法では、8割正解を目指す必要があるでしょう（ただし、地方自治法は3問中1問正解で構いません）。

【行政法の得点目標】

出題形式	出題数	得点目標
5肢択一式	19問（76点）	15問（60点）
多肢選択式	2問（16点満点）	12点
記述式	1問（20点満点）	16点

第1章 行政法の一般的な法理論

第1節 行政法総論

重要度 A

学習のPOINT
「行政法総論」とは、行政法全体に共通するルールのことです。最高裁判所の判例からの出題がほとんどなので、最重要判例と重要判例をよく読んでおきましょう。

1 行政法の一般原則

(1) 法律による行政の原理

行政活動は国民の生活に密接にかかわるものであり、無秩序に行われると国民の権利が侵害されるおそれがあります。そこで、行政活動は、国民の代表機関である国会によって作られた法律に従って行われなければならないとされています。これを**法律による行政の原理**といいます。

法律による行政の原理には、①**法律の法規創造力の原則**、②**法律の優位の原則**、③**法律の留保の原則**といった3つの原則が含まれます。

【法律による行政の原理の内容】

法律の法規創造力の原則	法律によってのみ人の権利義務を左右する法規を創造できるとする原則
法律の優位の原則	法律の規定と行政活動が抵触する場合、法律が優位に立ち、行政活動は無効になるとする原則
法律の留保の原則 ※1	行政活動を行う場合には、事前に法律でその根拠が規定されていなければならないとする原則 ※2

(2) その他の一般原則

行政法については、法律による行政の原理のほかにも、以下のような原則が適用されます。

※1 **参考**
法律の留保が必要とされる範囲については争いがあるが、国民に義務を課したり国民の権利を制限したりする侵害的な行政作用については法律の根拠が必要であり、そうでないものには法律の根拠を要しないとする侵害留保説が通説である。

※2 **重要判例**
町長が緊急の事態に対処するためにやむを得ずヨット係留用の鉄杭を撤去したことは、法律の根拠がなかったとしても、違法とはいえない（最判平3.3.8）。

第1章 ― 行政法の一般的な法理論　第1節 ― 行政法総論　143

【行政法の一般原則】

信義誠実の原則	国や地方公共団体は、国民の信頼を裏切らないように誠意をもって行動すべきであるという原則
権利濫用禁止の原則	行政権の行使が正当な範囲を逸脱するような場合には、権利の濫用としてその効果が認められないという原則 ※1
比例原則	行政目的を達成するための必要最小限度を超えた制約を課すことは許されないとする原則
平等原則	国や地方公共団体が行政活動をするにあたり、国民を合理的な理由なく差別することを禁止する原則
説明責任の原則	国や地方公共団体には、自らの活動を各種の手段を通じて国民に説明する責任があるとする原則

　なお、信義誠実の原則については、以下のような判例があります。※2 ※3

最重要判例　● **宜野座村工場誘致事件**（最判昭56.1.27）

事案	沖縄県宜野座村の工場誘致施策が変更され、工場の建設・操業ができなくなったため、誘致の相手方である企業が、これにより損害を被ったとして、その賠償を求める民事訴訟を提起した。
結論	請求認容
判旨	①地方公共団体の施策変更の可否 　地方公共団体の施策を住民の意思に基づいて行うべきものとする住民自治の原則は、地方公共団体の組織及び運営に関する基本原則であり、地方公共団体のような行政主体が一定内容の将来にわたって継続すべき施策を決定した場合でも、その施策が社会情勢の変動等に伴って変更されることがあることは当然であって、地方公共団体は原則として当該決定に拘束されるものではない。過24-8-1、30-43-ア、3-8-1 ②施策変更によって生じた損害賠償請求の可否 　地方公共団体の施策が変更されることにより、その施策に適合する特定内容の活動に入った者がその信頼に反して所期の活動を妨げられ、社会観念上看過することのできない程度の積極的損害を被る場合に、地方公共団体においてその損害を補償するなどの代償的措置を講ずることなく施策を変更することは、それがやむをえない客観的事情によるのでない限り、当事者間に形成された信頼関係を不当に破壊するものとして違法性を帯び、地方公共団体の不法行為責任を生ぜしめるものといわなければならない。過30-43-イ・ウ・エ

※1 重要判例

個室付浴場業の開業を阻止することを主たる目的としてされた知事の児童遊園設置認可処分は、当該児童遊園がその設置基準に適合しているものであるとしても、行政権の著しい濫用によるものである（最判昭53.5.26）。過3-8-3

※2 重要判例

公務員として採用された者が有罪判決を受け、その時点で失職していたはずのところ、有罪判決の事実を秘匿して相当長期にわたり勤務し給与を受けていた場合、国が当該公務員の失職を主張したとしても、信義誠実の原則に反し又は権利の濫用に当たるとはいえない（最判平19.12.13）。過24-8-2

※3 重要判例

課税庁が課税上の取扱いを変更した場合において、それを通達の発出などにより納税者に周知する措置をとらなかったという事情は、過少申告加算税が課されない場合の要件として国税通則法に規定されている「正当な理由があると認められる」場合についての判断において考慮の対象となる（最判平18.10.24）。過24-8-4

最重要判例	● 租税関係と信義則（最判昭62.10.30）
事案	酒類販売業を営んでいた者が、税務署長の承認を得ないまま事業所得につき青色申告※4 を行い、税務署長から更正処分※5 を受けたため、これを不服として当該更正処分の取消訴訟を提起した。
結論	請求棄却
判旨	租税法規に適合する課税処分について、法の一般原理である信義則の法理の適用により、当該課税処分を違法なものとして取り消すことができる場合があるとしても、法律による行政の原理、とりわけ租税法律主義の原則が貫かれるべき租税法律関係においては、当該法理の適用については慎重でなければならず、租税法規の適用における納税者間の平等、公平という要請を犠牲にしてもなお、当該課税処分に係る課税を免れさせて納税者の信頼を保護しなければ正義に反するといえるような特別の事情が存する場合に限られる。過24-8-3、3-8-2

※4 用語
青色申告：税務署長の承認を得て青色の申告書で行う所得税・法人税の申告のこと。青色申告には、各種の租税特別措置の適用を受けることができるというメリットがある。

※5 用語
更正処分：納税者の申告した税額が異なる場合に、税務署長などが税額を変更する処分のこと。

2 行政上の法律関係

行政上の法律関係とは、国や地方公共団体と国民の間の権利義務関係のことです。

（1）公法と私法 ※6

行政上の法律関係については、国や地方公共団体と国民の間の関係を定めた公法（例：憲法・行政法）が適用されるのが原則です。※7

もっとも、国民と国民の間の法律関係を定めた私法（例：民法・商法）が適用される場合もあります。

【行政上の法律関係】

※6 受験テクニック
このテーマは、民法の規定の理解が前提となりますので、民法を学習したことがない人は、民法を学習した後で読むとよいでしょう。

※7 具体例をイメージ
例えば、国民が国に対して生活保護の支給を請求する権利については、生活保護法という行政法の一種が適用される。

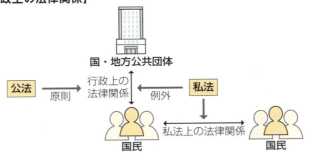

① 不動産と登記

　民法177条は、不動産に関する物権変動は、登記をしなければ、第三者に対抗することができないとしています。これは、物権変動があったことを登記により表示させることで、不動産取引を安全に行えるようにしたものです。

　行政上の法律関係に基づく物権変動について民法177条が適用されるかどうかは、以下のように結論が分かれています。

【民法177条の適用】

適用される	適用されない
租税滞納処分に基づく差押え（最判昭31.4.24）過22-10-4、30-9-3	旧自作農創設特別措置法に基づく農地買収処分（最大判昭28.2.18）※1 過22-10-1

② 消滅時効

　民法167条は、人の生命・身体の侵害による損害賠償請求権の消滅時効期間（客観的期間）を20年としているのに対し、会計法30条は、国に対する金銭債権の消滅時効期間（客観的期間）を5年としているため、どちらの規定が適用されるかが問題となります。

最重要判例

安全配慮義務 ※2 違反による損害賠償請求権 （最判昭50.2.25）

事案　自衛隊員が駐屯地の武器車両整備工場で車両を整備していたところ、同僚の自衛隊職員が運転する自動車に轢かれて即死したため、その親が国に対して損害賠償を請求する訴訟を提起した。

結論　損害賠償請求は認められる。

判旨　①安全配慮義務の内容
　　安全配慮義務は、ある法律関係に基づいて特別な社会的接触の関係に入った当事者間において、当該法律関係の付随義務として当事者の一方又は双方が相手方に対して信義則上負う義務として一般的に認められるべきものであって、国と公務員との間においても別異に解すべき論拠はない。過23-25-ウ・エ、27-9-1・2、3-8-5
　　②安全配慮義務違反による損害賠償請求権の消滅時効
　　国が義務者であっても、被害者に損害を賠償すべき関係は、公平の理念に基づき被害者に生じた損害の公正な填補を

※1 重要判例

農地買収処分によって、対象となった土地の所有権を国が取得した後においては、民法177条が適用される（最判昭41.12.23）。過22-10-5

※2 用語

安全配慮義務：国は、公務員に対し、国が公務遂行のために設置すべき場所・施設・器具等の設置管理又は公務員が国・上司の指示のもとに遂行する公務の管理にあたって、公務員の生命・健康等を危険から保護するよう配慮すべき義務のこと。

判旨 目的とする点において、私人相互間における損害賠償の関係とその目的性質を異にするものではないから、国に対する損害賠償請求権の消滅時効期間（客観的期間）は、会計法30条所定の５年と解すべきではなく、**民法167条により20年と解すべきである。**※3 ※4 週27-9-3・5

③ 境界線付近における建築物の建築

民法234条１項は、建物を築造するには境界線から50センチメートル以上の距離を保たなければならないとしているのに対し、建築基準法63条は、防火地域・準防火地域内にある外壁が耐火構造の建築物についてはその外壁を隣地境界線に接して設けることができるとしているため、どちらの規定が適用されるかが問題となります。

最高裁判所の判例は、建築基準法63条は、同条所定の建築物に限り、その建築については民法234条１項の規定の適用が排除される旨を定めたものであるとしています（最判平1.9.19）。週18-8-1、30-9-4

④ 公営住宅の使用関係

公営住宅の使用関係については、公営住宅法という公法の一種が適用されますので、民法及び借家法（現借地借家法）という私法の適用もあるのかどうかが問題となります。

最高裁判所の判例は、公営住宅の使用関係については、公営住宅法及びこれに基づく条例が優先して適用されるとしつつも、公営住宅法及びこれに基づく条例に特別の定めがない限り、民法及び借家法が適用され、その契約関係を規律するについては、**信頼関係の法理**※5 の適用があるとしています（最判昭59.12.13）。週20-10-3、22-10-2、25-10-4、30-9-1

(2) 行政上の権利

行政上の権利とは、国民が行政主体に対して有している権利のことです。※6

行政上の権利については、譲渡や相続※7 が否定されることがあります。※8

※3 参考

当時の民法167条によれば、損害賠償請求権の消滅時効期間（客観的期間）は一律で10年とされていた。

※4 重要判例

供託金取戻請求権の消滅時効期間（客観的期間）は、民法166条１項２号により10年となる（最大判昭45.7.15）。

※5 用語

信頼関係の法理：賃貸人に対する背信行為と認めるに足りない特段の事情があるときは、賃貸人は賃貸借契約を解除できないという法理のこと。

※6 具体例をイメージ

例えば、国民が国に対して生活保護の支給を請求する権利をもっている場合などである。

※7 用語

相続：人が死亡した場合に、その人の権利・義務を受け継ぐこと。

※8 重要判例

普通地方公共団体の議会の議員の報酬請求権は、公法上の権利であるが、当該普通地方公共団体の条例に譲渡禁止の規定がない限り、譲渡することができる（最判昭53.2.23）。

第1章 — 行政法の一般的な法理論　第1節 — 行政法総論　**147**

【行政上の権利の相続】

生活保護 受給権	生活保護法の規定に基づいて生活保護を受けることは、単なる反射的利益ではなく、保護受給権とも称すべき法的権利であるが、一身専属の権利であって相続の対象となり得ない（朝日訴訟：最大判昭42.5.24）
年金請求権	年金給付の受給権者が死亡した場合に、国民年金法の規定に基づいて一定の遺族が自己の名で未支給の年金の支給を請求することができる権利は、相続の対象とならない（最判平7.11.7）
公営住宅の 使用権	公営住宅の入居者が死亡した場合には、その相続人が当該公営住宅を使用する権利を当然に承継すると解する余地はない（最判平2.10.18）週18-8-4、30-9-5

（3）強行法規と取締法規

　行政法のうち、**強行法規**に違反する契約は当然に無効とされますが、**取締法規**に違反する契約は当然に無効とされるわけではありません。※1

> ### ※1 重要判例
>
> 食品衛生法は単なる取締法規にすぎないから、食品衛生法に基づく食肉販売の営業許可を受けない者が行った食肉の買入契約も、当然に無効であるとはいえない（最判昭35.3.18）。週30-9-2

確認テスト

□□□ **1** 法律の優位の原則とは、行政活動を行う場合には、事前に法律でその根拠が規定されていなければならないとする原則のことである。

□□□ **2** 民法177条の規定は、旧自作農創設特別措置法による農地買収処分には適用されない。

□□□ **3** 建築基準法63条は、同条所定の建築物に限り、その建築については民法234条1項の規定の適用が排除される旨を定めたものである。

□□□ **4** 公営住宅の使用関係については、民法及び借地借家法の適用はないから、その契約関係を規律するについては、信頼関係の法理の適用もない。

解答 **1**✕法律の留保の原則である。なお、法律の優位の原則とは、法律の規定と行政活動が抵触する場合、法律が優位に立ち、違法な行政活動は無効になるとする原則のことである。　**2**○（最大判昭28.2.18）　**3**○（最判平1.9.19）　**4**✕公営住宅法に規定がない事項については民法及び借家法（現借地借家法）が適用され、その契約関係を規律するについては、信頼関係の法理の適用がある（最判昭59.12.13）。

第2節　行政組織法

重要度 **A**

学習のPOINT

ここでは、行政組織に関する専門用語の意味と具体例について学習した上で、国家行政組織法・内閣法・内閣府設置法など国の行政組織について規定した法律の条文について学習します。

1 行政主体と行政機関

（1）行政主体

行政主体とは、行政活動を行う権利と義務を持ち、自己の名と責任において行政活動を行う法人のことです。

行政主体は、国又は地方公共団体（合わせて**統治団体**といいます）と、それ以外の行政主体に分類されます。統治団体以外の行政主体には、①**公共組合**、②**独立行政法人**、③**特殊法人**の３種類があります。

【統治団体以外の行政主体】

公共組合	構成員が強制的に法人への加入及び経費の支払いを義務付けられ、その設立及び解散に国の意思が介在し、かつ、国の監督の下で公権力の行使が認められた法人 ※2 週22-26-5
独立行政法人	公共上の見地から確実に実施されることが必要な事務等であって、国が直接に実施する必要のないもののうち、民間に委ねた場合には必ずしも実施されないおそれがあるものを効率的かつ効果的に行わせることを目的として設立される法人 ※3 ※4 週22-26-3
特殊法人	法律により直接設立される法人又は特別の法律により特別の設立行為をもって設立すべきものとされる法人であって、その新設・廃止等に関する審査が総務省によって行われるもの ※5 週22-26-2

統治団体とそれ以外の行政主体について整理すると、以下の図のようになります。

※2 具体例をイメージ

例えば、土地区画整理組合、健康保険組合などである。週2-44

※3 具体例をイメージ

例えば、国立科学博物館、国立公文書館、造幣局などである。週25-52-ウ・エ

※4 法改正情報

平成26年の独立行政法人通則法改正により、業務の特性に対応して法人のマネジメントを行うため、独立行政法人は、①中期目標管理法人、②国立研究開発法人、③行政執行法人の３つに分類されることとなった。

※5 具体例をイメージ

例えば、日本放送協会（NHK）などである。

第1章 ― 行政法の一般的な法理論　第2節 ― 行政組織法　149

【行政主体のまとめ】

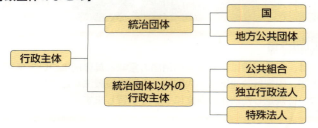

（2）行政機関

　行政主体は法人という肉体のない理論上の存在ですから、実際に頭を使ったり手足を動かしたりして活動することはできません。そこで、行政主体に代わって実際に活動する人間が必要となります。これを行政機関といいます。※1

　行政機関は、以下の6種類に分類されます。※2

① 行政庁

　行政庁とは、行政主体のために意思を決定し、それを外部に表示する機関のことです。週21-9-ア

　迅速な行政を可能にするとともに、責任の所在をハッキリさせるため、行政庁は、原則として、1人の人間が担当します。このように、行政機関が1人の人間で構成されることを独任制といいます。※3

　これに対して、中立な行政が要求される場合や、慎重な判断をする必要がある場合は、複数の人間で構成される行政庁が置かれることもあります。このように、行政機関が複数の人間で構成されることを合議制といいます。※4 週18-9-1、21-9-イ

【独任制と合議制】

② 諮問機関

　諮問機関とは、行政庁から諮問※5を受け、これに対して意見を述べる機関のことです。※6

※1 参考
行政機関がその権限の範囲内において行う行為の効果は、法律上専ら行政主体に帰属し、行政機関そのものには帰属しない。

※2 参考
行政組織法上の基礎概念である行政機関には、①行政主体とその外部との関係を基準として捉える作用法的行政機関概念と、②各々の行政機関が担当する事務を単位として捉える事務配分的行政機関概念の2つがある。ここでいう6分類は、①作用法的行政機関概念に基づくものである。週24-43-ア・イ

※3 具体例をイメージ
例えば、各省の大臣・都道府県知事・市町村長などである。

※4 具体例をイメージ
例えば、公正取引委員会・教育委員会などである。

※5 用語
諮問：所定の事項を示して意見を求めること。

※6 具体例をイメージ
例えば、法制審議会のような各種の審議会などである。

この諮問機関はあくまでアドバイザーにすぎませんから、行政庁は、諮問機関の意見に必ずしも従う必要はありません。※7
過18-9-3

③ 参与機関

参与機関とは、行政庁の意思を拘束する議決を行う機関のことです。※8

諮問機関の場合と異なり、行政庁は、参与機関の議決には従わなければならず、これに従わないでなされた行政庁の行為は、無効とされます。※9

④ 監査機関

監査機関とは、行政庁の事務や会計の処理が適正に行われているかをチェックする機関のことです。例えば、会計検査院や地方公共団体の監査委員などです。

⑤ 執行機関

執行機関とは、行政目的を実現するために実力を行使する機関のことです。例えば、警察官・消防職員・自衛官・海上保安官などです。過18-9-5

⑥ 補助機関

補助機関とは、行政庁やその他の行政機関の職務を補助するために、日常的な事務を遂行する機関のことです。例えば、事務次官・局長・課長やその他の一般職員などです。過18-9-5

2 行政機関の権限

（1）指揮監督権

行政活動が統一した意思の下で行われないと、行政機関によって言っていることが違うといったような事態に陥り、国民が混乱してしまいます。そこで、行政機関は、お互いに他の行政機関の行政活動を尊重しなければならず、これに矛盾した行為をすることは許されないのが原則です。

しかし、行政組織は、意思の統一を図るため、大臣などをトップとしたピラミッド構造を採用しています。そこで、上級行政機関は、下級行政機関に対して、指揮監督権を行使することができます。

※7 参考
法令上諮問機関への諮問が義務付けられている場合に、諮問を経ないで行った行政庁の行為も、常に無効となるわけではない。

※8 具体例をイメージ
例えば、電波監理審議会などである。

※9 引っかけ注意！

諮問機関の意見は行政庁を法的に拘束しないのに対し、参与機関の意見は行政庁を拘束します。違いに注意しましょう。

そして、上級行政機関は、指揮監督権に基づき、法律の特別の根拠がなくても、①下級行政機関の活動内容を指示すること（訓令権）、②下級行政機関の行った違法な行政活動の取消しを要求すること（取消権）、③下級行政機関の事務の執行を調査すること（監視権）ができます。※1 週21-9-ウ ※2

【指揮監督権】

（2）権限の代行

行政機関の権限は法律によって割り当てられていますから、行政機関は、その権限の範囲内でのみ行政活動をすることができるのが原則です。

しかし、行政機関も生身の人間ですからケガや病気をすることもあり、それが治るまで一切行政活動をしないというのでは国民が困ってしまいます。そこで、他の行政機関が本来の行政機関に代わってその権限を行使する権限の代行という制度が認められています。

権限の代行には、以下の3つの類型があります。

① 権限の委任

権限の委任とは、ある行政機関の権限の一部を、別の行政機関に移動して行使させることです。※3 ※4

そして、権限の委任は、法律で定められた権限が移動するため、法律の根拠が必要です。

権限の委任がなされた場合、委任した行政機関（委任機関）はその権限を失い、委任を受けた行政機関（受任機関）が自己の名と責任でその権限を行使します。※5 週21-9-エ

※1 参考
下級行政機関の権限を当該下級行政機関に代わって上級行政機関自らが行使すること（代執行）は、法律の特別の根拠がなければすることができない。

※2 過去問チェック
上級行政庁は下級行政庁に対して監視権や取消権などの指揮監督権を有するが、訓令権については認められていない。→ ✕（21-9-ウ）

※3 具体例をイメージ
例えば、「前三項の規定により保護を行うべき者（以下「保護の実施機関」という）は、保護の決定及び実施に関する事務の全部又は一部を、その管理に属する行政庁に限り、委任することができる。」とする生活保護法19条4項などである。

※4 参考
権限の委任は、通常、行政処分を行う行政庁がその権限に属する事務の一部をその補助機関である職員に委任して行う。週24-43-ウ・エ

※5 参考
権限の委任が上級行政機関から下級行政機関に対して行われた場合、委任をした上級行政機関の指揮監督権まで失われるわけではない。

【権限の委任】

② 権限の代理

権限の代理とは、ある行政機関の権限を、別の行政機関がその代理人として行使することです。※6

権限の代理がなされた場合、権限を代理する機関（代理機関）は、代理される機関（被代理機関）に代わってその権限を行使するだけであり、権限そのものが移動するわけではありません。

【権限の代理】

権限の代理は、本来の権限を有する行政機関が他の行政機関に対して代理権を授与することによって代理関係が生じる**授権代理**と、法律で定められた一定の事由が生じた場合に当然に代理関係が生じる**法定代理**の2つに分類されます。週21-9-オ ※7

そして、法定代理は、さらに本来の行政庁があらかじめ指定しておいた機関が代理権をもつ**指定代理**と、法律の定める機関が代理権を当然にもつこととなる**狭義の法定代理**の2つに分類されます。※8

授権代理は、法律の根拠は**不要**とされているのに対し、法定代理は、その性質上、当然に法律の根拠が**必要**とされています。

なお、権限の委任と代理の違いは、以下のとおりです。

※6 参考
権限の代理の場合、代理機関は、被代理機関の代理として権限を行使することを明らかにする必要がある（顕名が必要）。

※7 過去問チェック
法定の事実の発生に基づいて、法律上当然に行政機関の間に代理関係の生ずる場合を、授権代理という。→✗（21-9-オ）

※8 具体例をイメージ
指定代理の例としては、「内閣総理大臣に事故のあるとき、又は内閣総理大臣が欠けたときは、その予め指定する国務大臣が、臨時に、内閣総理大臣の職務を行う。」とする内閣法9条が、狭義の法定代理の例としては、「人事院総裁に事故のあるとき、又は人事院総裁が欠けたときは、先任の人事官が、その職務を代行する。」とする国家公務員法11条3項などがある。

第1章 ― 行政法の一般的な法理論　第2節 ― 行政組織法　153

【権限の委任と代理】

	権限の委任	権限の代理	
		授権代理	法定代理
権限の移転	○	×	×
権限の範囲	一部	一部	全部
法律の根拠	必要	不要	必要

③ 専決・代決

専決とは、法律によって権限を与えられた行政機関が、補助機関に対してその権限に関する事務の処理を委ねることです。また、代決とは、専決する人が不在の場合に、他の人が臨時にその権限に関する事務を処理することです。これらは、行政機関内部の問題であり、外部に対しては権限をもっている本来の行政機関の名で表示されます。※1

なお、専決・代決がなされても、外部に対しては権限をもっている本来の行政機関の名で表示される以上、本来の行政機関が責任を負うことになりますから、法律の根拠は不要です。過 18-9-4 ※2

※1 具体例をイメージ
例えば、市役所の職員が、市長の印を押して、戸籍謄本を発行する場合などである。

※2 過去問チェック
行政庁の権限を補助機関が専決する場合には、代決の場合とは異なり、処分権限は行政庁ではなく、補助機関に帰属することとなる。→ ×
(18-9-4)

【専決・代決】

権限の代行について整理すると、以下の図のようになります。

【権限の代行のまとめ】

3 国の行政組織

国の行政組織については、<u>国家行政組織法</u>という法律が規定しています。※3

国家行政組織法の目的は、内閣の統轄※4の下における行政機関で<u>内閣府及びデジタル庁以外のもの</u>の組織の基準を定め、もって国の行政事務の能率的な遂行のために必要な国家行政組織を整えることです（国家行政組織法1条）。週21-12-5、21-26-1

国の行政組織の全体像は、以下のとおりです。

【国の行政組織の全体像】

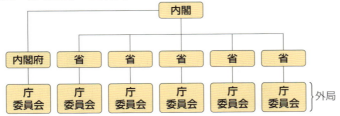

（1）内閣

内閣は、首長である<u>内閣総理大臣</u>と14人以内の<u>国務大臣</u>（臨時的に増やすことができます）で構成される合議制の機関です（内閣法2条1項・2項）。※5 ※6

行政権は内閣に属するとされているため（憲法65条）、内閣がすべての行政権を行使しなければならないようにも思えます。しかし、構成員が全部で十数名しかいない内閣がすべての行政権を行使することは、物理的に不可能といえます。そこで、実際には、内閣の統轄の下における行政機関が行政権を行使しています。

（2）内閣の統轄の下における行政機関

① 内閣府

内閣府は、内閣の統轄の下における行政機関ですが、国家行政組織法には規定されておらず、<u>内閣府設置法</u>によって規定されています。

内閣府は、<u>内閣</u>に置かれ（内閣府設置法2条）、内閣の重要

※3 参考
地方の行政組織については、地方自治法が規定しているので、地方自治法のところで詳しく説明する（☞第6章参照）。

※4 用語
統轄：上級行政機関が下級行政機関を統率すること。

※5 参考
各大臣は、主任の大臣として行政事務を分担管理するのが原則であるが、行政事務を分担管理しない大臣（無任所大臣）を設けることもできる（内閣法3条1項・2項）。週元-9-5

※6 参考
内閣総理大臣は、閣議にかけて決定した方針に基づいて、行政各部を指揮監督する(内閣法6条)。週元-9-5

第1章 ― 行政法の一般的な法理論　第2節 ― 行政組織法　155

政策に関する内閣の事務を助けることを任務とします（内閣府設置法3条1項）。※1 過21-26-2

② **デジタル庁**

デジタル庁は、令和3年9月1日施行の**デジタル庁設置法**によって新たに設置された行政機関です。

デジタル庁は、**内閣**に置かれ（デジタル庁設置法2条）、①デジタル社会の形成に関する内閣の事務を内閣官房と共に助けること、②デジタル社会の形成に関する行政事務の迅速かつ重点的な遂行を図ることを任務としています（デジタル庁設置法3条）。

③ **その他の行政機関**

内閣の統轄の下における行政機関としては、財務省・厚生労働省などの**省**が置かれています。※2

各省大臣は、国務大臣のうちから内閣総理大臣が命じますが、内閣総理大臣が自ら各省大臣に当たることもできます（国家行政組織法5条3項）。※3 ※4 過元-9-1

省には、専門的なノウハウが必要な事務や大量に処理しなければならない事務を処理するために**庁**が置かれたり、政治的な中立を確保する必要がある事務を処理するために**委員会**が置かれることがあります。

このように、省の特殊な事務を処理するために置かれる庁や委員会を合わせて**外局**（がいきょく）といいます。なお、内閣府にも外局を置くことができます。過21-26-3

【各省の外局（国家行政組織法別表第一）】 過28-49-ア・ウ・エ

	委員会	庁
総務省	公害等調整委員会	消防庁
法務省	公安審査委員会	出入国在留管理庁、公安調査庁
外務省		
財務省		国税庁
文部科学省		スポーツ庁、文化庁
厚生労働省	中央労働委員会	
農林水産省		林野庁、水産庁
経済産業省		資源エネルギー庁、特許庁、中小企業庁

※1 参考

内閣府の長は、内閣総理大臣である（内閣府設置法6条1項）。過21-26-2、23-9-3

※2 参考

各省及び内閣府には、必置の機関として副大臣・事務次官が置かれる（国家行政組織法16条1項・18条1項、内閣府設置法13条1項・15条1項）。過21-26-4

※3 参考

各省大臣は、その機関の事務を統括し、職員の服務について、これを統督する（国家行政組織法10条）。また、各省大臣は、その機関の所掌事務について、公示を必要とする場合には告示を発することができ、命令・示達をするため訓令・通達を発することもできる（国家行政組織法14条1項・2項）。過元-9-2

※4 参考

各省大臣は、主任の行政事務について、法律または政令の制定、改正または廃止を必要と認めるときは、案をそなえて、内閣総理大臣に提出して、閣議を求めなければならない（国家行政組織法11条）。過元-9-3

国土交通省	運輸安全委員会	観光庁、気象庁、海上保安庁
環境省	原子力規制委員会	
防衛省		防衛装備庁

【内閣府の外局（内閣府設置法64条）】 過28-49-オ

委員会・庁	根拠法
公正取引委員会	私的独占の禁止及び公正取引の確保に関する法律（独占禁止法）
国家公安委員会	警察法
個人情報保護委員会	個人情報の保護に関する法律
カジノ管理委員会	特定複合観光施設区域整備法
金融庁	金融庁設置法
消費者庁	消費者庁及び消費者委員会設置法

4 公務員

（1）公務員の種類

　公務員とは、国や地方公共団体などの公務を担当する人のことです。そして、国の公務を担当する人を国家公務員、地方公共団体の公務を担当する人を地方公務員といいます。※5

　公務員は、特別職とそれ以外の一般職に分類されます。一般職の公務員には、国家公務員法や地方公務員法などの一般的な公務員法が適用されます。これに対して、一般的な公務員法を適用するのにふさわしくない公務員は、特別職の公務員とされます。※6 ※7 過21-25-1、25-26-1

　特別職の公務員には、以下のようなものがあります。

【特別職の公務員】

国家公務員	地方公務員
①選挙で選ばれた者（国会議員など） ②議会の同意が必要な者（人事院の人事官など） ③政治的に任命された者（大臣など） ④立法府・司法府で仕事をする者（裁判官・裁判所職員など）	①選挙で選ばれた者（市長・市議会議員など） ②議会の同意が必要な者（副市長など）

※5 参考
独立行政法人の職員は、一般的には公務員に当たらないが、行政執行法人の職員は、国家公務員の身分が与えられている（独立行政法人通則法51条）。過21-25-2

※6 具体例をイメージ
例えば、一般的な公務員法には政治的行為の禁止が定められているが、国会議員が政治的行為をすることができなかったらもはや国会議員とはいえなくなってしまうので、国会議員は特別職の公務員とされている。

※7 参考
国家公務員法の目的は、国民に対し、公務の民主的かつ能率的な運営を保障することである（国家公務員法1条）。過21-12-5

（2）公務員の身分保障

　公務員は、法律などに定める場合を除き、本人の意思に反して辞めさせられたり休職させられたりすることはありません。

　国家公務員法や地方公務員法は、公務員の身分に関する処分として、①分限処分と②懲戒処分の２つを定めています。そして、これらの処分は、行政処分と解されており、審査請求の対象となります。※1 週21-25-4

① 分限処分

　分限処分とは、公務員が職責を十分に果たすことができない場合に、その身分に関してなされる処分のことです。※2

　分限処分には、以下の４種類があります。

【分限処分】

免職	公務員の身分を失わせること
降任	現在より下位の職を命じること
休職	公務員の身分を維持したまま、職務に就かせないこと
降給	給与を減額すること

② 懲戒処分

　懲戒処分とは、公務員が犯した義務違反に対する制裁として、その身分に関してなされる処分のことです。※3 ※4

　懲戒処分には、以下の４種類があります。週27-26-4

【懲戒処分】

免職	公務員の身分を失わせること
停職	公務員の身分を維持したまま、職務に就かせないこと 週22-25-5
減給	給与を減額すること
戒告	行為を戒め反省を促すこと

（3）公務員の人事行政

　公務員の人事行政に関する事務をつかさどるため、国の場合は人事院が、地方公共団体の場合はその規模に応じて人事委員会又は公平委員会※5 が設置されています。※6

　これらは、公務員の勤務条件の改善を求めたり、懲戒処分などについてなされた行政不服審査法による審査請求の審査を担当したりしています。週25-26-2

※1 参考

公務員の任命については、行政処分と解する説と雇用契約と解する説の争いがあるが、これについての明文規定はない。週20-10-2

※2 具体例をイメージ

例えば、心身の故障のため職務の遂行に支障がある場合や、定員の改廃等によって廃員や過員が生じた場合などである。週22-25-1・3

※3 具体例をイメージ

例えば、法令や職務上の義務に違反した場合や、全体の奉仕者としてふさわしくない非行があった場合などである。

※4 参考

懲戒に付せられるべき事件が、刑事裁判所に係属する間においても、人事院又は人事院の承認を経て任命権者は、同一事件について、適宜に、懲戒手続を進めることができる（国家公務員法85条前段）。週22-25-4、25-26-4

※5 用語

公平委員会：規模の小さい地方公共団体に設置される人事委員会を簡略化した組織のこと。

（4）公務員の給与・勤務条件

　国家公務員の給与は、**法律**によって定めることとされており（国家公務員法63条）、勤務条件に関し必要な事項は、**人事院規則**によって定めることができるとされています（国家公務員法106条１項）。他方、地方公務員の給与・勤務条件は、**条例**で定めることとされています（地方公務員法24条５項）。過26-24-4

5 公物
こうぶつ

（1）公物とは何か

　公物とは、国や地方公共団体などの行政主体が、直接に公共目的のために使用させている有体物[※7]のことです。

　公物は、様々な観点から分類することができます。

【利用目的による分類】

	意味	具体例
公用物	官公署に使用させている公物	庁舎、国公立学校の校舎
公共用物	一般国民に使用させている公物	道路、河川、公園

【設置態様による分類】

	意味	具体例
人工公物	人工的に設置された公物	道路、飛行場
自然公物	自然の状態で利用されてきた公物	河川、海浜

【所有権者による分類】

	意味	具体例
国有公物	国が所有権[※8]を有する公物	国立公園
公有公物	地方公共団体が所有権を有する公物	市立体育館
私有公物	私人が所有権を有する公物 過23-24-4	国立美術館に展示してある私人所有の絵画

（2）公物の成立と消滅

　公物の成立と消滅については、公用物であるか公共用物であるかによって、以下の表のような違いがあります。

※6 参考

人事院は、内閣の所轄の下に設置される（国家公務員法３条１項）。過21-25-5

※7 用語

有体物： 目に見える物のこと。

※8 用語

所有権： 自分のもっている物を自由に使用・収益・処分する権利のこと。

憲法

行政法

民法

商法

基礎法学

一般知識

【公物の成立と消滅】

	公用物	公共用物	
		人工公物	自然公物
成立要件	事実上の使用の開始	①物が一般公衆の利用に供しうべき形態を備えること ②行政主体の意思表示（公用開始行為）が存在すること ※1	公用開始という観念は成り立ち得ない 週23-24-1
消滅要件	事実上の使用の中止	物の形態が永久的に変化し原状回復が不可能な場合、又は、行政主体の意思表示（公用廃止行為）が存在する場合	物の形態が永久的に変化し原状回復が不可能な場合

（3）公物の法的性質

　公物は、直接に公共目的のために使用させる物であることから、公法による制約を受け、譲渡や相続が否定されることがあります。※2 ※3 なお、公物の取得時効 ※4 については、以下のような判例があります。

> **最重要判例** ● **公物の取得時効**（最判昭51.12.24）
>
> **事案** 国から土地の売渡しを受けた者が、その土地の一部が公図上は水路として表示されている国有地であったとしても、売渡しから10年が経過した時点で取得時効が成立したとして、所有権確認訴訟を提起した。
>
> **結論** 所有権は認められる。
>
> **判旨** 公共用財産が、長年の間事実上公の目的に供用されることなく放置され、公共用財産としての形態・機能を全く喪失し、その物の上に他人の平穏かつ公然の占有 ※5 が継続したが、そのため実際上公の目的が害されるようなこともなく、もはやその物を公共用財産として維持すべき理由がなくなった場合には、その公共用財産については、黙示的に公用が廃止されたものとして、これについて取得時効の成立を妨げない。
> 週20-23-1、23-24-3、30-25-2

※1 参考

公用開始行為は、行政行為の一種であるとされている。週23-24-2

※2 具体例をイメージ

例えば、河川の流水は、私権の目的となることができないとされている（河川法2条2項）。

※3 重要判例

私有の陸地が自然現象により海没した場合についても、当該海没地の所有権が当然に消滅する旨の立法は現行法上存在しないから、当該海没地は、人による支配利用が可能であり、かつ、他の海面と区別しての認識が可能である限り、所有権の客体たる土地としての性格を失わない（最判昭61.12.16）。週18-8-5

※4 用語

取得時効：一定の財産権について占有や権利行使という事実状態が一定期間継続した場合に、事実上権利者であるかのような状態を継続する者に権利を取得させる制度のこと。

※5 用語

占有：事実上の支配状態のこと。

（4）公物の使用

① 使用形態

　公物の使用形態には、①**一般使用**、②**許可使用**、③**特許使用**
の３種類があります。

【公物の使用形態】

	意味	具体例
一般使用	他人の共同使用を妨げない限度で自由に使用する使用形態	道路の通行、海での遊泳
許可使用	法律上の一般的禁止が申請によって解除されることにより認められる使用形態	道路でのデモ行進の許可、公園での露店の設営許可
特許使用	特定人に対し公物の独占的な使用権を認める使用形態	道路法上の占用許可、河川の流水占用権

　なお、一般使用に関しては、以下のような判例があります。

最重要判例 ● **道路の通行妨害の禁止を求める権利**
（最判平9.12.18）

事案 市長から道路位置指定 ※6 を受けた土地の所有者が、周辺住民に対して通行を禁止する旨のビラをまいたり、その土地に簡易ゲートを設置したりしたため、周辺住民が、土地の通行妨害の排除を求めて訴訟を提起した。

結論 妨害排除請求は認められる。

判旨 現実に開設されている道路を通行することについて日常生活上不可欠の利益を有する者は、道路の通行をその敷地の所有者によって妨害され、又は妨害されるおそれがあるときは、特段の事情のない限り、**敷地所有者に対して妨害の排除及び将来の妨害行為の禁止を求める権利（人格権的権利）を有する。** 過18-8-2

---

② 目的外使用

　目的外使用とは、本来の用途・目的を妨げずに利用する形態
のことです。 ※7

　行政財産の目的外使用の許可については、その財産の目的からして支障がない場合であっても、管理者の裁量により、その許可を拒否することができます。

※6 用語

道路位置指定： 道路のないところに新たに私道を設けて建築基準法で定められた道路とする場合に、行政庁から受けなければならない指定のこと。

※7 具体例をイメージ

例えば、国公立大学の構内に食堂を開いたり、庁舎の一部を銀行のキャッシュコーナーに利用する場合などである。

最重要判例	● **呉市学校施設使用不許可事件**

（最判平18.2.7）

事案 広島県の公立小中学校等に勤務する教職員によって組織された職員団体が、その主催する広島県教育研究集会の会場として、呉市立中学校の体育館等の学校施設の使用を申し出たところ、呉市教育委員会から使用不許可処分を受けたため、これが違法であると主張して国家賠償請求訴訟を提起した。

結論 国家賠償請求は認められる。

判旨 ①学校施設の目的外使用許可における裁量

学校施設の目的外使用を許可するか否かは、原則として、管理者の裁量に委ねられている。すなわち、学校教育上支障がないからといって当然に許可しなければならないものではなく、行政財産である学校施設の目的及び用途と目的外使用の目的・態様等との関係に配慮した合理的な裁量判断により、使用許可をしないこともできる。過20-23-2、24-26-4、3-9-オ

②裁量判断の際考慮される事情

管理者の裁量判断は、許可申請に係る使用の日時・場所・目的・態様、使用者の範囲、使用の必要性の程度、許可をするに当たっての支障又は許可をした場合の弊害若しくは影響の内容及び程度、代替施設確保の困難性など、許可をしないことによる申請者側の不都合又は影響の内容及び程度等の諸般の事情を総合考慮してされるものである。過24-26-4

③使用拒否処分の違法性

本件中学校及びその周辺の学校や地域に混乱を招き、児童生徒に教育上悪影響を与え、学校教育に支障を来すことが予想されるとの理由で行われた本件不許可処分は、重視すべきでない考慮要素を重視するなど、考慮した事項に対する評価が明らかに合理性を欠いており、他方、当然考慮すべき事項を十分考慮しておらず、その結果、社会通念に照らし著しく妥当性を欠いたものということができる。

確認テスト

□□□ **1** 行政庁とは、行政主体のために意思を決定し、それを外部に表示する機関のことである。

□□□ **2** 行政庁の権限が委任された場合でも、委任した行政庁は権限を失わず、委任を受けた機関は委任した行政庁の名でその権限を行使する。

□□□ **3** 国家行政組織法は、内閣の統轄の下における行政機関で内閣府以外のものについて規定している。

□□□ **4** 庁舎や国公立学校の校舎のように官公署の用に供される公物のことを公共用物、道路・河川・公園などのように公衆の用に供される公物のことを公用物という。

解答 **1** ○ **2** × 行政庁の権限が委任された場合、委任した行政庁はその権限を失い、委任を受けた機関が自己の名と責任でその権限を行使する。 **3** ○ （国家行政組織法1条） **4** × 公用物と公共用物の意味が反対である。

第1章 ― **行政法の一般的な法理論** 第2節 ― 行政組織法 163

第3節 行政作用の類型

学習のPOINT

行政作用の類型には様々なものがありますが、特に行政行為が頻出なので、まずは行政行為を重点的に学習し、その後、その他の行政作用について学習を進めていくとよいでしょう。

1 行政作用とは何か

行政作用とは、国や地方公共団体などの行政主体が、一定の行政目的を実現するため、国民に対して行う行為のことです。

行政作用には、特定の人を対象とするものと、不特定の人を対象とするものがあります。また、行政主体が上から目線で一方的に行う権力的なものと、行政主体が国民と対等な立場に立って行う非権力的なものがあります。

これらを整理すると、以下のようになります。※1

【行政作用】

	権力的	非権力的
特定の人を対象	行政行為	行政契約・行政指導
不特定の人を対象	行政立法・行政計画	行政計画

※1 参考

行政計画が権力的なものと非権力的なものの両方に入っているのは、行政計画には権力的なものと非権力的なものの双方があるからである。

2 行政行為

(1) 行政行為とは何か

行政行為とは、行政庁が、法律に基づき、一方的に働きかけることで、特定の国民の権利義務を変動させる行為のことです（処分と呼ばれることもあります）。

①法的効果が一般的・抽象的な行政立法と異なり、法的効果が特定個人の権利義務に及ぶこと、②事実行為である行政指導と異なり、特定個人の権利義務を具体的に決定すること、③相手方の同意を要する行政契約と異なり、行政庁の一方的判断によることが、行政行為の特徴です。

行政行為は、国民の権利義務に影響を与えますから、法律による行政の原理（法律の留保の原則）により、法律の根拠が**必要**とされます。

（2）行政行為の種類 ※2

行政行為は、効果の発生の仕方に応じて、**法律行為的行政行為**と**準法律行為的行政行為**に分類されます。

① 法律行為的行政行為

法律行為的行政行為とは、行政庁の意思表示※3のとおりの効果が発生する行政行為のことです。この法律行為的行政行為は、さらに**命令的行為**と**形成的行為**に分類されます。

命令的行為とは、国民が生まれながらにしてもっている活動の自由を制限して、一定の義務を課したり、その義務を解除したりする行為のことです。命令的行為には、**下命**、**禁止**、**許可**、**免除**の4種類があります。

【命令的行為】

	意味	具体例
下命	国民に対して一定の行為をする義務を課す行為	課税処分、違法建築物の除却命令
禁止	国民に対して一定の行為をしてはならない義務を課す行為	道路の通行禁止、営業の停止命令
許可	既に法令又は行政行為によって課されている一般的な禁止を、特定の場合に解除する行為 ※4 ※5	風俗営業の許可、飲食店の営業許可、火薬類輸入の許可、自動車の運転免許、医師の免許　過19-10-1、26-8-ウ、2-26-4
免除	既に法令又は行政行為によって課されている作為義務※6を、特定の場合に解除する行為	児童の就学義務の免除、納税義務の免除

次に、**形成的行為**とは、国民が本来もっていない特殊な権利や法律上の地位を与えたり奪ったりする行為のことです。形成的行為には、**特許**、**認可**、**代理**の3種類があります。

※2 記述対策

各種行政行為の名称とその意味は書けるようにしておきましょう。

※3 用語

意思表示：一定の効果の発生を望んでいることを外部に表示する行為のこと。

※4 参考

許可を受けないで行われた法律行為も有効である。

※5 参考

許可が被許可者の経歴・能力・性格など人的性質に着目して付与されたものであれば（対人許可）、その地位は行政庁の承認を得なければ譲渡・相続できないが、専ら物的施設等の性質に着目して付与されたものであれば（対物許可）、その地位は原則として譲渡・相続の対象となり得る。

※6 用語

作為義務：一定の行為をする義務のこと。

【形成的行為】

	意味	具体例
特許	人が生まれながらにはもっていない新たな権利や法律上の地位を特定の人に付与する行為 ※1	外国人の帰化の許可、河川や道路の占用許可、電気事業の許可、鉱業権設定の許可、公益法人設立の許可、公有水面の埋立免許　過19-8-ア、23-10-イ・オ、24-24-1
認可	私人の法律行為を補充して、その法律上の効果を完成させる行為 ※2 　過19-8	土地改良区設立の認可、公共料金値上げの認可、ガス供給約款の認可、銀行の合併の認可、農地の権利移転の許可、河川占用権の譲渡の承認　過19-8-イ・ウ・オ
代理	第三者のなすべき行為を行政主体が代わって行い、その第三者が自ら行ったのと同じ効果を生じさせる行為	土地の収用裁決

※1 参考

許可の場合は、本来自由であるはずの行為が法令により規制されているので、行政庁の裁量の幅は狭い。これに対して、特許の場合は、私人の本来的自由に関わるものではないので、行政庁の裁量の幅は広い。過23-10

※2 参考

認可の対象となる私人の法律行為に取消原因となる瑕疵があるときは、私人は、認可後も当該法律行為の取消しを主張することができる。

② 準法律行為的行政行為

準法律行為的行政行為とは、行政庁の意思表示ではなく、行政庁が単に判断したことや認識したことを表示した場合に、法律の規定によって一定の効果が発生することとなる行政行為のことです。

準法律行為的行政行為には、確認、公証、通知、受理の4種類があります。

【準法律行為的行政行為】

	意味	具体例
確認	特定の事実や法律関係の存否について判断する行為のうち、法律関係を確定する効果が認められるもの	当選人の決定、所得税額の決定、建築確認、審査請求の裁決、発明の特許 ※3　過19-8-エ
公証	特定の事実や法律関係の存在を公に証明する行為のうち、法律の規定により一定の効果が発生することとされているもの	選挙人名簿への登録、戸籍への記載

※3 引っかけ注意!

発明の特許は、行政法学上の「特許」に当たるわけではありません。このように、通常呼ばれている名称（条文の文言）と行政法学上の分類が異なるものが多数ありますので、注意しましょう。

通知	相手方に対して一定の事項を知らせる行為のうち、法律の規定により一定の効果が発生することとされているもの	納税の督促
受理	相手方の行為を有効なものとして受け付ける行為のうち、法律の規定により一定の効果が発生することとされているもの	各種申請・不服申立ての受理

行政行為の種類について整理すると、以下の図のようになります。

【行政行為の種類のまとめ】

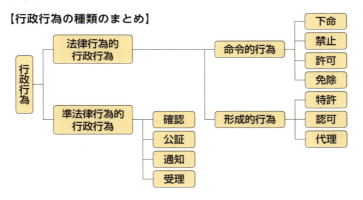

(3) 行政行為の効力 ※4

行政行為は、行政庁が国民に対して一方的に働きかける場合に法律で認められた特殊な行為形式ですから、私人間の行為と異なり、①**公定力**（こうていりょく）、②**不可争力**（ふかそうりょく）、③**執行力**、④**不可変更力**といった特別な効力が認められています。

【行政行為の効力】

公定力	行政行為が違法であっても直ちには無効とならず、それが取り消されない限り有効なものとして扱われる効力
不可争力	一定期間を経過すると、私人の側から行政行為の効力を争うことができなくなる効力 ※5
執行力	行政庁は行政行為の内容を自力で実現することができるという効力 ※6
不可変更力	行政庁は一度行った行政行為を自ら変更することができないという効力 ※7 ※8

※4 重要判例

行政行為の効力は、法令が特段の定めをしている場合を除き、相手方が現実にこれを了知し、又は相手方の了知すべき状態に置かれた時に発生する（最判昭29.8.24）。2-9-2

※5 引っかけ注意！

不可争力は、あくまで私人の側から争うことができないとする効力ですから、一定期間経過後に行政庁の側から行政行為を取り消すことは可能です。

※6 参考

私人が命令に従わない場合、行政権がこれを強制的に実現するには、命令を根拠づける規定のほかに、別途法律の根拠が必要である。

※7 参考

不可変更力は、審査請求に対する裁決のような、争訟裁断的性質を有する行政行為について認められる。

※8 重要判例

旧自作農創設特別措置法に基づく農地買収計画の決定に対してなされた訴願を認容する裁決は、他の一般的な処分とは異なり、裁決庁自らの判断で取り消すことはできない（最判昭29.1.21）。2-9-5

（4）行政行為の瑕疵
① 行政行為の瑕疵とは何か

行政行為の瑕疵とは、行政行為が法律に違反している場合（違法）や、行政行為が公益に反して不適切である場合（不当）のことです。

行政行為の瑕疵には、行政行為を当然に無効と扱うことが妥当なものと、取り消されるまでは有効と扱って差し支えない程度のものがあります。最高裁判所の判例は、行政行為の瑕疵が**重大かつ明白**である場合に、その行政行為が当然に無効となるとしています（最大判昭31.7.18）。※1 ※2

そして、無効な行政行為には**公定力**や**不可争力**が認められないので、相手方はこれに従う必要はなく、また、いつまででもその効力を争うことができます。※3

【行政行為の瑕疵】

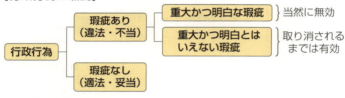

② 違法性の承継

違法性の承継とは、ある行政行為（先行行為）の瑕疵が、その行為を前提としてなされる別の行政行為（後行行為）の違法事由となることです。

行政行為によって形成される行政上の法律関係はできるだけ早期に確定し安定を維持すべきですから、行政行為の瑕疵はそれぞれ独立して判断すべきであり、違法性の承継は認められないのが原則です。

しかし、先行行為と後行行為が連続した一連の手続を構成し一定の法律効果の発生を目指しているような場合には、例外的に違法性の承継が認められます。※4

※1 **重要判例**
瑕疵が明白であるかどうかは、当該処分の外形上、客観的に誤認が一見看取し得るものであるかどうかにより決すべきである（最判昭36.3.7）。圏2-9-1

※2 **重要判例**
最高裁判所の判例は、瑕疵の明白性を必ず要求しているわけではなく、課税処分のように第三者の保護を考慮する必要のない処分は、明白な瑕疵を有していなくても、当然に無効となるとしている（最判昭48.4.26）。圏23-42、2-9-3

※3 **参考**
無資格者が正規の手続で公務員に選任され外観上公務員として行った行為は、理論上は無権限者の行為であるが、行政秩序の安定を守るため、行政法理論はこれを有効なものと扱っている（事実上の公務員の理論）。

※4 **具体例をイメージ**
例えば、農地買収計画に瑕疵があった場合、その後の農地買収処分に瑕疵がなかったとしても、違法性の承継が認められ、農地買収処分の違法性を争うことができる（最判昭25.9.15）。

最重要判例	● 安全認定 [※5] と違法性の承継

（最判平21.12.17）

事案 建設業者が、特別区の区長から安全認定を、建築主事から建築確認をそれぞれ受け、建物の建築を開始した。そこで、当該建物の周辺住民が、当該建築確認の取消訴訟を提起したが、この訴訟では、建築確認自体の違法性ではなく、安全認定の違法性が主張された。

結論 建築確認の取消訴訟において安全認定の違法性を主張することは許される。週30-25-5

判旨 ①安全認定と建築確認の関係

　建築確認における接道要件充足の有無の判断と、安全認定における安全上の支障の有無の判断は、避難又は通行の安全の確保という同一の目的を達成するために行われるものである。そして、安全認定は、建築主に対し建築確認申請手続における一定の地位を与えるものであり、建築確認と結合して初めてその効果を発揮するものである。

②安全認定を争おうとする者の手続的保障の有無

　安全認定があっても、これを申請者以外の者に通知することは予定されておらず、建築確認があるまでは工事が行われることもないから、周辺住民等これを争おうとする者がその存在を速やかに知ることができるとは限らない。そうすると、安全認定について、その適否を争うための手続的保障がこれを争おうとする者に十分に与えられているというのは困難である。

③ 瑕疵の治癒・違法行為の転換

　瑕疵の治癒とは、瑕疵ある行政行為がなされたものの、事後的にその瑕疵がなくなった場合のことです。[※6]

　これに対して、違法行為の転換とは、瑕疵ある行政行為を、別の行政行為として見直すことで適法な行政行為と扱いうる場合に、いったんなされた行政行為を維持することです。[※7]

　以下では、A・B 2つの条件を満たした場合に適法となる「行政行為①」、Aのみを満たした場合でも適法となる「行政行為②」があるものとして、Bという条件が欠けていたケースをモデルとして示しています。

[※5] 用語

安全認定：建築物の周囲の空き地の状況その他土地及び周囲の状況により安全上支障がないと認める処分のこと。

[※6] 重要判例

税務署長の更正処分における付記理由不備の瑕疵が、後日これに対する審査請求の裁決において明らかにされた場合でも、瑕疵の治癒は認められない（最判昭47.12.5）。週29-12-4

[※7] 参考

違法行為の転換は、必ずしも、訴訟を提起してこれを認める旨の裁判所の確定判決を得る必要はない。

第1章 ― 行政法の一般的な法理論　第3節 ― 行政作用の類型　169

【瑕疵の治癒】

【違法行為の転換】

（5）行政行為の取消しと撤回
① 取消し・撤回とは何か

　取消しとは、行政庁が、瑕疵ある行政行為の効力をその行為がなされた時点にさかのぼって失わせることです。※1

　これに対して、撤回とは、行政庁が、適法に成立した行政行為について、その後の事情の変化によりその行為を維持することが適当でなくなった場合に、その行為の効力を将来に向かって失わせることです。※2 ※3 ※4 過18-10-1、20-8、26-8-エ、28-8-ア・エ・オ、29-8

【取消し】

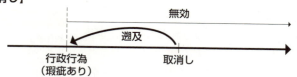

【撤回】

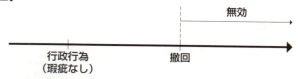

② 法律の根拠の要否

　取消しも撤回も瑕疵のない状態を回復させるものであり、国民に有利となるものですから、取消しや撤回をするためには、法律の根拠は不要です。過18-10-4

※1 具体例をイメージ
例えば、懲戒処分を受けるべき理由がないにもかかわらずなされた懲戒処分を取り消す場合などである。

※2 具体例をイメージ
例えば、自動車の運転免許を受けた者が、道路交通法に違反する行為をしたことを理由に、この者の運転免許を取り消す場合などである。

※3 参考
行政行為の撤回によって相手方に損失が生じた場合、行政庁は、その損失を補償しなければならない。過24-24-5

※4 受験テクニック

条文の文言では「取消し」となっていても、行政法学上は撤回に当たる場合があります。見分け方は、成立当初から行政行為に瑕疵があれば「取消し」、適法に成立した行政行為であれば「撤回」です。

もっとも、授益的行政行為※5の取消しや撤回は、相手方に事実上不利益を及ぼすことになるので、その取消しや撤回によって相手方が受ける不利益を上回るだけの必要性が認められる場合に限り、することができます。過18-10-5 ※6

最重要判例 ● **行政行為の撤回と法律の根拠**
（最判昭63.6.17）

事案 人工妊娠中絶を行い得る医師としての指定を受けていた産婦人科医が、実子あっせん行為を繰り返していたため、当該指定を撤回された。そこで、産婦人科医が、指定の撤回処分の取消しを求めて訴訟を提起した。

結論 指定の撤回は適法である。

判旨 指定医師の指定をした後に、産婦人科医が法秩序遵守等の面において指定医師としての適格性を欠くことが明らかとなり、指定を存続させることが公益に適合しない状態が生じたというべきであるところ、実子あっせん行為の持つ法的問題点、指定医師の指定の性質等に照らすと、指定医師の指定の撤回によって産婦人科医が被る不利益を考慮しても、なおそれを撤回すべき公益上の必要性が高いと認められるから、法令上その撤回について直接明文の規定がなくても、指定医師の指定を撤回することができる。過2-9-4

③ なしうる者

通説によれば、取消しは、処分庁のみならず、その上級行政庁もすることができます。これに対して、撤回は、処分庁のみがすることができます。

取消しと撤回についてまとめると、以下のようになります。

【取消しと撤回】

	取消し	撤回
原因	成立当初から行政行為に瑕疵があること	適法に成立した行政行為について、その後の事情の変化によりその行為を維持することが適当でなくなったこと
主体	処分庁及びその上級行政庁	処分庁のみ
効果	遡及的に無効	将来的に無効
法律の根拠	不要	

※5 **用語**

授益的行政行為： 国民に利益を与える行政行為のこと。例えば、補助金の交付や営業許可などである。

※6 **過去問チェック**

行政行為の職権取消は、行政活動の適法性ないし合目的性の回復を目的とするものであるが、私人の信頼保護の要請等との比較衡量により制限されることがある。→○ （18-10-5）

憲法

行政法

民法

商法

基礎法学

一般知識

第1章 ― 行政法の一般的な法理論 第3節 ― 行政作用の類型 **171**

（6）行政行為の附款（ふかん）

① 行政行為の附款とは何か

　行政行為の附款とは、行政行為の効果を制限するため、行政行為の主たる内容に付加された従たる意思表示のことです。※1

　行政行為の附款には、**条件、期限、負担、撤回権の留保、法律効果の一部除外**の5種類があります。

【行政行為の附款】

	意味	具体例
条件※2	行政行為の効果を発生するかどうかが不確実な将来の事実にかからせるもの　過24-10-ア・エ	道路工事が終了するまで通行止めとすること
期限	行政行為の効果を発生することが確実な将来の事実にかからせるもの	運転免許の「平成○年○月○日まで有効」といった有効期限　過19-10-3※3、26-8-ア、2-26-3
負担	許可・認可などの授益的行政行為に付けられるもので、相手方に特別の義務を命ずるもの※4	道路の占用許可に付された占用料の納付、運転免許に付された眼鏡使用の義務付け　過26-8-イ
撤回権の留保	行政行為をするにあたって、将来撤回することがある旨をあらかじめ確認しておくもの	飲食店の営業許可にあたって「食中毒を起こした場合は営業許可を撤回する」旨を確認すること
法律効果の一部除外	法律が認める効果の一部を行政庁の意思で排除するもの※5	公務員に出張を命じつつ、旅費を支給しないとすること

② 附款の限界

　行政行為の附款は、許可・認可などの**法律行為的行政行為**に限り付すことができます（確認・公証などの準法律行為的行政行為に付すことはできません）。

　そして、附款は、**法律**が附款を付すことができる旨を明示している場合のみならず、行政行為の内容の決定について行政庁に**裁量権**が認められている場合にも付すことができます。

　もっとも、以下の原則による制限を受けます。

※1　具体例をイメージ

例えば、「自動車の運転免許を付与すること」が行政行為の主たる内容であり、「眼鏡の使用を義務付けること」が従たる意思表示、すなわち行政行為の附款となる。

※2　参考

条件には、条件の成就により効果が発生する停止条件と、効果が消滅する解除条件がある。過24-10-イ・ウ

※3　過去問チェック

自動車の運転免許の期限として、免許証に記載されている「○年○月○日まで有効」という条件は、行政行為の付款理論でいうところの「期限」に該当する。→○（19-10-3）

※4　参考

負担が履行されなかったとしても、行政行為の効力が消滅するわけではない。過24-10-オ

※5　参考

法律効果の一部除外は、法律にこれを認める明文の根拠がある場合に限り、付すことができる。

【附款の限界】

目的拘束の原理	本体たる行政行為の目的以外の目的で附款を付すことは許されない
比例原則	附款によって法目的に照らし過大な義務を課すことは許されない
平等原則	行政行為の相手方を不平等に取り扱う内容の附款を付すことは許されない

③ 附款の瑕疵

附款が行政行為の本体と可分の関係（分けられる関係）にある場合、附款に不服のある者は、行政行為の一部の取消しを求める争訟を提起して附款のみの取消しを求めることができます。そして、判決で附款が取り消された場合、附款の付かない行政行為だけが残ることになります。

これに対して、附款が行政行為の本体と不可分一体の関係にある場合、附款の取消しは行政行為全体の取消しをもたらすことになりますから、附款のみの取消しを求めることは許されず、本体たる行政行為の取消訴訟を提起しなければなりません。

（7）行政裁量

① 行政裁量とは何か

法律による行政の原理（法律の留保の原則）からすると、法律の根拠が必要とされる行政行為については、法律にそのすべてを規定しておくことが望ましいといえます。

しかし、あらかじめ法律にすべてを規定しておこうとすると、国会が忙しくてパンクしてしまいますし、また、想定外の事態が生じた場合に迅速かつ臨機応変に対応することができなくなってしまいます。そこで、このような問題に柔軟に対応するため、法律が行政機関に自由な判断の余地を認めている場合があります。これを行政裁量といいます。

② 要件裁量と効果裁量

国家公務員法82条1項3号は、「国民全体の奉仕者たるにふさわしくない非行のあつた場合」には、「懲戒処分として、免職、停職、減給又は戒告の処分をすることができる」と規定し

第1章 — 行政法の一般的な法理論　第3節 — 行政作用の類型　173

ています。以下では、この規定を例にとって、要件裁量・効果裁量とは何かを説明していきます。

まず、懲戒処分をするためには「国民全体の奉仕者たるにふさわしくない非行のあつた場合」に当たることが必要ですが、具体的な国家公務員の行為がこれに当たるかどうかは、行政機関が決めることとされています。このように、条文を適用するにあたっての裁量のことを**要件裁量**といいます。※1 週21-43-ア

次に、具体的な国家公務員の行為が「国民全体の奉仕者たるにふさわしくない非行のあつた場合」に当たるとすると「懲戒処分として、免職、停職、減給又は戒告の処分をすることができる」こととされており、この4種類の懲戒処分のうちどれを選択するかは行政機関が決めることとされています。このように、どのような効果を発生させるかについての裁量のことを**効果裁量**といいます。週21-43-イ

要件裁量・効果裁量が認められるものと認められないものについては、以下の表のとおりです。

【要件裁量・効果裁量】

	認められるもの	認められないもの
要件裁量	①法務大臣による在留期間の更新事由の有無の判断（最大判昭53.10.4） ②高等学校用の教科用図書の検定における合否の判定等の判断（最判平5.3.16、最判平9.8.29）週3-9-ア	農地委員会による農地に関する賃借権の設定・承認の有無の判断（最判昭31.4.13）
効果裁量	国家公務員法に基づく懲戒処分の決定（最判昭52.12.20）	土地収用法による補償金の額の決定（最判平9.1.28）週26-20-1 ※2

最重要判例　● 神戸税関事件 （最判昭52.12.20）

事案　神戸税関の職員は、同僚職員に対する懲戒処分についての抗議行動や各種の組合活動において指導的役割を果たして業務の処理を妨げたとして、国家公務員法に基づき懲戒免職処分を受けたため、本件処分の無効確認訴訟及び取消訴訟を提起した。

結論　請求棄却

※1 重要判例

地方公務員の免職の場合における適格性の有無の判断は特に厳密・慎重であることが要求されるのに対し、降任の場合における適格性の有無の判断は、公務の能率の維持およびその適正な運営の確保の目的に照らして裁量的判断を加える余地を比較的広く認めてよい（最判昭48.9.14）。

※2 過去問チェック

土地収用に伴う損失補償は、「相当な補償」で足るものとされており、その額については、収用委員会の広範な裁量に委ねられている。→✗（26-20-1）

判旨 ①懲戒権者の裁量権の有無

　懲戒権者は、懲戒事由に該当すると認められる行為の原因・動機・性質・態様・結果・影響等のほか、当該公務員の行為の前後における態度、懲戒処分等の処分歴、選択する処分が他の公務員及び社会に与える影響等、諸般の事情を考慮した上で、**懲戒権者に委ねられた合理的な裁量に基づいて、処分を行うかどうか、そして処分を行う場合にいかなる種類・程度を選ぶかを判断することができる。** 過24-26-3

②懲戒処分の適否の判断基準

　裁判所が懲戒処分の適否を審査するにあたっては、懲戒権者と同一の立場に立って懲戒処分をすべきであったかどうか又はいかなる処分を選択すべきであったかについて判断し、その結果と懲戒処分とを比較してその軽重を論ずべきものではなく、**懲戒権者の裁量権の行使に基づく処分が社会観念上著しく妥当を欠き、裁量権を濫用したと認められる場合に限り違法であると判断すべきものである。** 過28-9-5、3-9-イ

最重要判例　● **再入国不許可処分と要件裁量**
（最判平10.4.10）

事案 協定永住資格を取得した外国人が、出入国管理及び難民認定法に基づく再入国許可申請をしたところ、指紋押捺を拒否したことを理由として法務大臣により不許可処分がなされたため、慰謝料の支払いを求める国家賠償請求訴訟を提起した。そこで、再入国不許可処分につき要件裁量が認められるかが争われた。

結論 要件裁量は認められる。

判旨 法務大臣は、本邦に在留する外国人から再入国の許可申請があったときは、わが国の国益を保持し出入国の公正な管理を図る観点から、申請者の在留状況、渡航目的、渡航の必要性、渡航先国とわが国との関係、内外の諸情勢等を総合的に勘案した上で、**法務大臣に委ねられた出入国管理上の合理的な裁量に基づいて、その許否を判断すべきである。** 過24-26-2

③　行政裁量に対する司法審査

　権力分立の観点から、行政裁量が認められる行政作用については、裁判所の司法審査が及ばないのが原則です。しかし、**裁量権の逸脱・濫用**があった場合には、裁判所がその行政作用を取り消すことができます（行政事件訴訟法30条）。

憲　法

行政法

民　法

商　法

基礎法学

一般知識

そこで、実際に行われた行政作用が裁量権の逸脱・濫用に当たるかどうかを審査する基準が必要となります。

裁量審査の基準としては、以下のようなものがあります。※1

【裁量審査の基準】

重大な事実誤認	行政作用は正しい事実認定を前提として行われるべきであり、重大な事実誤認があれば、その行政作用は違法となる
目的違反	法律の趣旨・目的と異なる目的に基づいて行政作用がなされた場合、その行政作用は違法となる
信義則違反	信義誠実の原則（信義則）に反する行政作用は違法となる
比例原則違反	比例原則に反する行政作用は違法となる ※2
平等原則違反	平等原則に反する行政作用は違法となる

判断過程審査とは、行政庁が行政作用をなすに至るまでの判断過程に着目し、その判断過程に合理性があるかという観点から裁量審査を行う方法のことです。週21-43-エ

判断過程審査の基準としては、以下のものがあります。

【判断過程審査の基準】

他事考慮（たじこうりょ）	行政作用をなすにあたり、考慮すべきでない事項を考慮した場合、その行政作用は違法となる
要考慮事項の考慮不尽（ようこうりょじこうのこうりょふじん）	行政作用をなすにあたり、考慮すべき事項を考慮しなかった場合、その行政作用は違法となる

近時の最高裁判所の判例は、この判断過程審査を行っているものが多くなっています。

最重要判例 ● **伊方原発訴訟**（いかた）（最判平4.10.29）

事案 伊方発電所原子炉設置許可申請に対し、内閣総理大臣がこれを許可したため、周辺住民が、原子炉設置許可処分は違法であるとして、取消訴訟を提起した。この訴訟において、原子炉設置許可処分につき行政裁量が認められるかが争われた。

結論 行政裁量は認められる。

判旨 原子炉施設の安全性に関する判断の適否が争われる原子炉設置許可処分の取消訴訟における裁判所の審理・判断は、**原子力委員会** ※3 **又は原子炉安全専門審査会** ※4 **の専門技術的な**

※1 参考

広い行政裁量が認められる行政計画であっても、裁量審査は、重大な事実誤認の有無の審査に限られるわけではない。週21-8-3

※2 具体例をイメージ

例えば、公務員の非行が極めて軽微なものにとどまるにもかかわらず、懲戒処分のうち免職処分を選択した場合などである。週21-43-ウ

※3 用語

原子力委員会：原子力に関する国の施策を計画的に遂行し、原子力行政の民主的な運営を図るため、原子力基本法によって設置された委員会のこと。

※4 用語

原子炉安全専門審査会：原子炉に係る安全性に関する事項を調査審議する審査会のことであり、原子力規制委員会に置かれている。

判旨 調査審議及び判断を基にしてされた被告行政庁の判断に不合理な点があるか否かという観点から行われるべきであって、現在の科学技術水準に照らし、当該調査審議において用いられた具体的審査基準に不合理な点があり、あるいは当該原子炉施設がその具体的審査基準に適合するとした原子力委員会又は原子炉安全専門審査会の調査審議及び判断の過程に看過し難い過誤・欠落があり、被告行政庁の判断がこれに依拠してされたと認められる場合には、被告行政庁の判断に不合理な点があるものとして、その判断に基づく原子炉設置許可処分は違法と解すべきである。過22-43、28-9-4

最重要判例 ● **剣道実技拒否事件**（最判平8.3.8）

事案 信仰する宗教（エホバの証人）の教義に基づいて、必修科目の体育の剣道実技を拒否したため、原級留置・退学処分を受けた市立工業高等専門学校の学生が、当該処分は信教の自由を侵害するとし、その取消しを求めて争った。

結論 学校側の措置は、社会観念上著しく妥当を欠く処分であり、**裁量権の範囲を超える違法なもの**である。過28-9-2

判旨 原級留置処分又は退学処分を行うかどうかの判断は、校長の合理的な教育的裁量に委ねられるべきものであり、裁判所がその処分の適否を審査するに当たっては、校長と同一の立場に立って当該処分をすべきであったかどうか等について判断し、その結果と当該処分とを比較してその適否・軽重等を論ずべきものではなく、**校長の裁量権の行使としての処分が、全く事実の基礎を欠くか又は社会観念上著しく妥当を欠き、裁量権の範囲を超え又は裁量権を濫用してされたと認められる場合に限り、違法であると判断すべきものである。**過24-26-5、元-26-ア、3-26-ア

最重要判例 ● **小田急高架訴訟本案判決**（最判平18.11.2）

事案 小田急小田原線の一定区間の連続立体交差化を内容とする都市計画事業認可がなされたため、事業地の周辺住民が、当該都市計画事業認可の取消訴訟を提起した。そこで、このような内容の都市計画事業認可をすることは、行政庁の裁量権の逸脱・濫用に当たるのではないかが争われた。

結論 裁量権の逸脱・濫用に当たらない。

判旨 ①都市計画事業認可に関する行政庁の裁量権の有無
　都市施設の規模・配置等に関する事項を定めるに当たっては、当該都市施設に関する諸般の事情を総合的に考慮した上

第1章 ― 行政法の一般的な法理論　第3節 ― 行政作用の類型　**177**

判旨 で、政策的・技術的な見地から判断することが不可欠であると言わざるを得ない。そうすると、**このような判断は、これを決定する行政庁の広範な裁量にゆだねられている**というべきである。

②裁量権の逸脱・濫用の判断基準

裁判所が都市施設に関する都市計画の決定又は変更の内容の適否を審査するに当たっては、当該決定又は変更が裁量権の行使としてされたことを前提として、**その基礎とされた重要な事実に誤認があること等により重要な事実の基礎を欠くこととなる場合、又は、事実に対する評価が明らかに合理性を欠くこと、判断の過程において考慮すべき事情を考慮しないこと等によりその内容が明らかに社会通念に照らし著しく妥当性を欠くものと認められる場合に限り、裁量権の範囲を逸脱し又はこれを濫用したものとして違法となる。**

3 行政立法

行政立法とは、行政機関が強制力のあるルールを設定することです。通常、立法は国会が行うものですが、細かい点についてまで国会で決めると時間がかかってしまいますし、また、行政機関のほうが実情に詳しいことから、行政立法が認められています。[※1] 過29-42-ア

行政立法は、国民の権利義務にかかわる**法規命令**と、行政内部で用いられるのみで国民の権利義務にかかわらない**行政規則**に分類されます。過19-42-ア、27-10-イ・ウ、29-42-イ・ウ

（1）法規命令

法規命令は、発する者が誰であるかによって、以下のような名称が付けられています。

【法規命令の名称】

政令	内閣が発する法規命令（憲法73条6号）過20-9-ア、21-26-5、23-9-1、27-24-オ
内閣府令	内閣総理大臣が発する法規命令（内閣府設置法7条3項）過20-9-イ、21-26-5、23-9-3、27-24-オ
省令	各省大臣が発する法規命令（国家行政組織法12条1項）過23-9-1、25-25-4、27-24-エ、元-9-4
規則	各庁の長や各委員会が発する法規命令（国家行政組織法13条1項）[※2] 過20-9-エ、27-24-エ、元-9-4

※1 参考

行政立法については、行政行為と異なり、公定力・不可争力などの効力は認められない。

※2 参考

各庁の長や委員会が規則を発するためには、それぞれの設置法などの法律に別の定めを要する。過23-9-2

これらの法規命令は、行政法学上、委任命令と執行命令の2種類に分類されます。

① 委任命令

委任命令とは、法律の委任により、新たに国民の権利義務の内容自体を定める法規命令のことです。委任命令を制定するためには、法律の根拠が必要です。※3

委任命令が法律の委任の範囲を逸脱して制定された場合は、無効となります。※4

② 執行命令

執行命令とは、法律があることを前提として、その法律を実施するための技術的細目を定める法規命令のことです。執行命令は、委任命令と異なり、新たに権利義務の内容を定めるものではありませんから、法律の根拠は不要です。過27-10-エ

（2）行政規則

行政規則は、以下のような名称が付けられています。

【行政規則の名称】

訓令	上級行政機関が下級行政機関の権限行使を指揮するために発する命令
通達	訓令が文書によってなされたもの
告示	行政機関が必要な事項を公示するもの ※5 過20-9-ウ、29-42-エ

これらの行政規則は、行政法学上、解釈基準、裁量基準、給付基準、行政指導指針（指導要綱と呼ばれることもあります）の4種類に分類されます。

【行政規則の分類】

解釈基準	法律の解釈をするための基準
裁量基準	行政裁量を行使するための基準 ※6
給付基準	補助金の交付や融資をするための基準
行政指導指針（指導要綱）	行政指導をするための基準

※3 参考

法律の委任があれば、行政立法で罰則を設けることもできる。これは、政令・省令のみならず、規則であっても同様である。過23-9-5

※4 重要判例

児童扶養手当法の委任を受けて、母が婚姻によらずに出産した児童のうち、父から認知された子を児童扶養手当の支給対象児童から除外した児童扶養手当施行令の規定は、法の委任の趣旨に反するものである（最判平14.1.31）。過26-9-ウ、3-10-4

※5 参考

告示は、法規命令としての性格を有することもある。例えば、文部科学大臣が告示する学習指導要領などである（最判平2.1.18）。過23-9-4、29-42-エ

※6 具体例をイメージ

例えば、地方公務員に対する懲戒処分について、「正当な理由なく10日以内の間勤務を欠いた職員は、減給又は戒告とする。」といった形の基準などである。過19-42-イ

第1章 — 行政法の一般的な法理論　第3節 — 行政作用の類型

なお、行政規則は、行政の内部的な定めにすぎず、国民の権利や義務に影響を及ぼしませんから、法律の根拠は不要ですし、公にすることも不要です。過22-9-1

　また、行政規則は裁判規範としての性格を有するものではないので、行政規則に違反する処分が行われたとしても、当該処分が直ちに違法とされるわけではありません。※1 過19-42-ウ

最重要判例 ● **通達の法的性質**（最判昭43.12.24）

事案	「墓地の管理者は、埋葬の求めを受けたときは、正当の理由がなければこれを拒んではならない」と定める墓地、埋葬等に関する法律13条について、他の宗教団体の信者であることのみを理由とする埋葬拒否は「正当の理由」によるものとは認められないと解釈した通達がなされたため、この解釈が誤っていると考えた寺院が、この通達の取消訴訟を提起した。
結論	訴え却下　過3-25-5
判旨	①通達違反の処分の効力 　通達は、原則として法規の性質を有するものではなく、行政組織内部における命令にすぎないため、通達に違反した処分がなされた場合でも、その処分は有効である。※2 過3-25-1・2 ②通達の裁判所に対する効力 　裁判所は通達に拘束されることのないことはもちろんで、裁判所は、法令の解釈適用にあたっては、通達に示された法令の解釈とは異なる独自の解釈をすることができ、通達に定める取扱いが法の趣旨に反するときは独自にその違法を判定することができる。過22-9-4 ※3、3-25-3 ③通達に対する取消訴訟 　取消訴訟を提起することができるのは、国民の権利義務・法律上の地位に直接具体的に法律上の影響を及ぼすような行政処分等であるところ、通達はこれに当たらないことから、通達に対する取消訴訟は認められない。過3-25-5

　行政立法の分類について整理すると、以下の図のようになります。

※1 参考

行政規則に違反する処分が行われた場合、当該行政規則の範囲内で処分が行われた者との間で不平等を生じ、平等原則に違反するものとして違法とされる余地がある。過19-42-エ、22-9-2

※2 参考

公務員は通達に服従すべき義務を負っているから、通達に違反した処分がなされた場合、職務上の義務違反となる。過22-9-5

※3 過去問チェック

通達によって示された法令解釈の違法性が訴訟において問題となったとき、裁判所は、行政庁の第一次的判断権の尊重の原則により、それが重大明白に誤りでない限り、<u>当該通達で示された法令解釈に拘束される</u>。→ ✕（22-9-4）

【行政立法のまとめ】

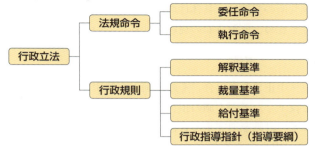

4 行政計画

(1) 行政計画とは何か

行政計画とは、行政機関が将来の一定期間内に到達すべき目標を設定し、そのために必要な手段を提示することです。要するに、プランを立てることです。※4

(2) 行政計画に対する規制

① 法律の根拠の要否

行政計画は単なるプランにすぎませんから、法律の根拠がなくても自由になしうるようにも思えますが、国民の行為を規制する効果を有する場合には、法律の根拠が必要であると考えられています。過21-8-1 ※5

② 計画策定手続

行政手続法には、計画策定手続についての規定は置かれておらず、計画策定手続に関する一般的な手続法上のルールは、日本では未確立です。過21-8-2

もっとも、個別の法律においては、計画策定手続について定めているものもあります。※6

(3) 行政計画に対する救済

① 取消訴訟の提起 ※7

取消訴訟を提起するためには、行政庁の行為に処分性(行政事件訴訟法3条2項)が認められることが必要ですが、行政計画は処分(行政行為)の前段階の行為にすぎず、処分性が認め

※4 具体例をイメージ
例えば、都市の健全な発達と秩序ある整備を図ることを目的とした都市計画などである。

※5 過去問チェック
土地利用を制限する用途地域などの都市計画の決定についても、侵害留保説によれば法律の根拠が必要である。→○ (21-8-1)

※6 具体例をイメージ
例えば、関係者の意見書の提出(都市計画法17条2項)や、諮問に基づく審議会の審議(国土利用計画法9条10項)などである。

※7 参考
多数の利害関係者に不利益をもたらしうる拘束的な計画についても、行政事件訴訟法において、それを争うための特別の訴訟類型が法定されているわけではない。過21-8-5

られないと考えられてきました。

しかし、近時の最高裁判所の判例は、具体性のある事業計画等にはできるだけ処分性を認め、取消訴訟の提起を許容しています（☞P253参照）。

② 計画担保責任

行政計画が途中で変更・中止された場合、その計画が存続することを信頼して資本を投下した者が不測の損害を被ることがありうるため、行政側は元の計画を遵守する責任又は代償措置を採った上で計画を変更・中止する責任があるとされています。これを計画担保責任といいます。

5 行政契約

（1）行政契約とは何か

行政契約とは、行政主体が行政目的を達成するために、国民と対等な立場で締結する契約のことです。[※1]

以下のように、行政の各分野において、行政契約が利用される度合いが異なっています。

① 準備行政[※2]における契約

準備行政の分野では、事務用品の購入契約や庁舎建設の請負契約など、行政契約が積極的に利用されています。

② 侵害行政[※3]における契約

従来は、侵害行政の分野における行為形式は行政行為に限られ、行政契約は認められないとされていました。

しかし、現在では、公害防止協定[※4]や、開発負担金・教育負担金など私人の寄付を要請する契約など、行政契約がまったく認められないわけではありません。

最重要判例 ● **公害防止協定の適法性**（最判平21.7.10）

事案 地方公共団体が、産業廃棄物処分業者との間で締結した公害防止協定に定められた産業廃棄物処理施設の使用期限を経過したとして、当該業者に対し、当該処理施設の使用の差止めを求める民事訴訟を提起した。そこで、当該業者は、知事がなした当該処理施設の設置許可の本質的部分にかかわる使用期限条項を公害防止協定に盛り込むことは、同協定の目的を

※1 具体例をイメージ

例えば、市役所が備品として使う文房具を業者から購入する売買契約などである。

※2 用語

準備行政：行政を遂行するのに必要な物を調達・整備する行政作用のこと。

※3 用語

侵害行政：国民の権利利益を侵害する行政作用のこと。

※4 用語

公害防止協定：公害の発生原因となりうる事業を営む事業者と地方公共団体との間で、地域の生活環境悪化を防止するためにかわされる取決めのこと。

事案	逸脱するものであり、法的拘束力が認められないとして争った。
結論	公害防止協定の法的拘束力は認められる。※5 過25-10-3
判旨	産業廃棄物処分業者が、公害防止協定において、協定の相手方に対し、その事業や処理施設を将来廃止する旨を約束することは、処分業者自身の自由な判断で行えることであり、その結果、廃棄物処理法に基づく知事の設置許可が効力を有する期間内に事業や処理施設が廃止されることがあったとしても、同法に何ら抵触するものではない。

③ 給付行政※6 における契約

給付行政の分野では法律の留保の原則が適用されないため、行政契約が積極的に利用されています。また、契約方式を採用する法律も多くなっています。※7

（2）行政契約に対する規制

① 法律の根拠の要否

行政契約は、その内容が国民に義務を課したり国民の権利を制限したりするものであっても、当事者の意思の合致によって成立するので、法律の根拠は不要です。過24-9-1

② 行政法の一般原則の適用

行政契約の場合は、それが売買契約や請負契約であっても、契約自由の原則がそのまま貫徹されるわけではありません。

行政契約も行政作用の一形態である以上、信義誠実の原則・比例原則・平等原則などの行政法の一般原則が適用されます。

③ 民法の適用

行政契約については、基本的に民法の契約に関する規定が適用されます。※8 過20-10-1

6 行政指導

（1）行政指導とは何か

行政指導とは、相手方の協力を前提として、一定の行為をすること又はしないことを求めることです（詳細な定義は行政手続法に規定されています）。要するに、お願いすることです。※9

行政指導には、①助成的行政指導、②調整的行政指導、③規

※5 参考

本件訴訟は、地方公共団体が、公害防止協定という法的拘束力の認められる契約に基づき、財産権の主体として自己の財産上の権利益の保護救済を求めるものであるから、法律上の争訟に該当し適法である。過24-9-5

※6 用語

給付行政：国民の権利利益にとって有利となる行政作用のこと。

※7 具体例をイメージ

例えば、水道法によれば、水道の供給は、水道事業者（市町村）と給水を受ける者の間で締結される契約によるものとされている。過20-10-5

※8 重要判例

地方公共団体の長が当該地方公共団体を代表して行う契約の締結については、双方代理の禁止を規定した民法108条1項が類推適用される（最判平16.7.13）。過22-10-3

※9 具体例をイメージ

例えば、市役所の職員が、近隣住民の日照権が問題となりそうな高層マンションを建設しようとしている人に対して、近隣住民と話合いがすむまでは建設工事を始めないよう指導する場合などである。

第1章 — 行政法の一般的な法理論　第3節 — 行政作用の類型　183

制的行政指導の３種類があります。

【行政指導の種類】

	意味	具体例
助成的 行政指導	国民への情報提供や技術援助を中心とした行政指導	農業上の作付指導、中小企業者への経営指導、税務相談
調整的 行政指導	住民や業界での利害の対立を調整し紛争の予防・解決を図るために、行政庁が仲介・あっせん等の形式で市民生活に介入する行政指導	建築主と付近住民の紛争に際し建築確認を留保して行う行政指導
規制的 行政指導	本来は行政行為によって規制すべきものを、勧告といった形式で国民に協力を求める行政指導	病院開設中止勧告

（2）行政指導に対する規制

① 法律の根拠の要否

行政指導は、相手方の協力を前提とするものであり、相手方に義務を課すものではありませんから、法律の根拠は不要です。

② 行政指導手続

行政指導手続については、行政手続法に規定がありますので、行政手続法で詳しく学習します（☞第２章第４節参照）。

（3）行政指導に対する救済

① 取消訴訟の提起

取消訴訟を提起するためには、行政庁の行為に処分性（行政事件訴訟法３条２項）が認められることが必要ですが、行政指導は処分（行政行為）と異なり相手方に義務を課すものではないことから、処分性が認められないと考えられてきました。

しかし、近時の最高裁判所の判例は、行政指導の一種である病院開設中止勧告に処分性を認め、取消訴訟の提起を許容しています。

最重要判例 ● **病院開設中止勧告の処分性**
（最判平17.7.15）

事案 病院開設の許可申請をした者が、都道府県知事から開設中止の勧告を受けたもののこれを拒否したため、開設許可処分とともに「中止勧告にもかかわらず病院を開設した場合には、保険医療機関の指定を拒否する」旨の通告がされたことから、当該勧告及び通告の取消訴訟を提起したところ、病院開設中止勧告の処分性が争われた。

結論 病院開設中止勧告の処分性は認められる。

判旨 医療法の規定に基づく病院開設中止の勧告は、医療法上は当該勧告を受けた者が任意にこれに従うことを期待してされる行政指導として定められているけれども、当該勧告を受けた者に対し、これに従わない場合には、相当程度の確実さをもって、病院を開設しても保険医療機関の指定を受けることができなくなるという結果をもたらすものということができる。そして、いわゆる国民皆保険制度 ※1 が採用されている我が国においては、健康保険・国民健康保険等を利用しないで病院で受診する者はほとんどなく、保険医療機関の指定を受けずに診療行為を行う病院がほとんど存在しないことは公知の事実であるから、保険医療機関の指定を受けることができない場合には、実際上病院の開設自体を断念せざるを得ないことになる。このような医療法の規定に基づく病院開設中止の勧告の保険医療機関の指定に及ぼす効果及び病院経営における保険医療機関の指定の持つ意義を併せ考えると、**この勧告は、行政事件訴訟法3条2項にいう「行政庁の処分その他公権力の行使に当たる行為」に当たる。** 過2-42-イ

> ※1 **用語**
> **国民皆保険制度：** 国民すべてが何らかの医療保険制度に加入し、病気やケガをした場合に医療給付が得られること。

② **国家賠償請求**

　違法な行政指導により損害を受けた者は、国家賠償請求をすることができます。

最重要判例 ● **指導要綱に基づく開発負担金**
（最判平5.2.18）

事案 武蔵野市が、3階建マンションの建設を行おうとしていた事業者に対して、開発指導要綱に基づく金銭負担を要求した。そこで、この事業者が、市の行為が違法であると主張し、国家賠償請求訴訟を提起した。

結論 国家賠償請求は認められる。

判旨 ①行政指導の違法性判断基準

行政指導として教育施設の充実に充てるために事業主に対して寄付金の納付を求めること自体は、強制にわたるなど**事業主の任意性を損うことがない限り、違法ということはできない。**週19-26、28-25-2、元-25-イ

②納付の強制の有無

市が事業主に対し指導要綱に基づいて教育施設負担金の納付を求めた行為は、事業主に対し、指導要綱所定の教育施設負担金を納付しなければ、水道の給水契約の締結及び下水道の使用を拒絶されると考えさせるに十分なものであって事業主に教育施設負担金の納付を事実上強制しようとしたものということができる。したがって、**この行為は、本来任意に寄付金の納付を求めるべき行政指導の限度を超えるものであり、違法な公権力の行使であるといわざるを得ない。**週19-26、元-25-イ

確認テスト

□□□ **1** 行政行為が違法な場合、それが取り消されなかったとしても、当然に無効なものとして扱われる。

□□□ **2** 行政裁量が認められる行政作用であっても、裁量権の逸脱・濫用があった場合には、裁判所がその行政作用を取り消すことができる。

□□□ **3** 行政立法は、国民の権利義務にかかわるルールである行政規則と、行政内部で用いられるのみで国民の権利義務にかかわらないルールである法規命令に分類される。

□□□ **4** 計画策定手続に関する一般的な手続法上のルールは、行政手続法によって定められている。

解答 **1**✕行政行為が違法であっても直ちには無効とならず、それが取り消されない限り有効なものとして扱われる（公定力）。 **2**〇（行政事件訴訟法30条） **3**✕法規命令と行政規則が反対である。 **4**✕行政手続法には、計画策定手続についての規定は置かれておらず、計画策定手続に関する一般的な手続法上のルールは、日本では未確立である。

第4節 行政調査

重要度 B

学習のPOINT
行政調査は、本試験であまり出題されたことがありませんので、本書に掲載されている最低限の事項（主に最高裁判所の判例）を押さえておけば十分です。

1 行政調査とは何か

行政調査とは、行政機関が行政目的を達成するために必要な情報を収集する活動のことです。行政作用を適正に行うためには情報収集を行う必要がありますから、行政調査は、行政作用を行うための前提行為としての性格をもっています。

行政調査は、強制の度合いに応じて、①**任意調査**、②**間接強制調査**、③**直接強制調査（犯則調査）** の3種類に分類することができます。

任意調査の場合、相手方の承諾を得て行う以上、相手方の権利を害しませんので、法律の根拠は**不要**ですが、間接強制調査や直接強制調査（犯則調査）の場合、相手方の権利を侵害するおそれがありますので、法律の根拠が**必要**です。

【行政調査の分類】

	意味	具体例
任意調査	相手方の承諾を受けて行う行政調査	警察官職務執行法に基づく職務質問 ※1 ※2
間接強制調査	刑罰等の制裁による間接的な強制力のみを伴う行政調査	食品衛生法に基づく保健所職員による立入検査 週23-8-3
直接強制調査（犯則調査）	直接的・物理的な強制力を行使し得る行政調査	国税犯則取締法に基づく捜索・差押え

※1 重要判例
警察官職務執行法に基づく職務質問に付随して行う所持品検査は、捜索に至らない程度の行為であれば、強制にわたらない限り、たとえ所持人の承諾がなくても、所持品検査の必要性・緊急性、これによって侵害される個人の法益と保護されるべき公共の利益との権衡などを考慮し、具体的状況のもとで相当と認められる限度において許容される（最判昭53.9.7）。週20-26-3、26-10-イ

※2 重要判例
自動車検問は、それが相手方の任意の協力を求める形で行われ、自動車の利用者の自由を不当に制約することにならない方法・態様で行われる限り、適法である（最決昭55.9.22）。週20-26-4

第1章 — 行政法の一般的な法理論　第4節 — 行政調査　187

2 行政調査と犯罪捜査

犯罪捜査とは、犯人を見つけ出して刑罰を科すために行われる活動のことであり、警察官や検察官によって行われます。犯罪捜査の場合、無理やり住居に立ち入ったり証拠物件を押収したりすることができますが、そのためには裁判官が発する令状が必要とされます（**令状主義**）。

これに対して、行政調査は、行政庁の職員によって行われるものであり、通常、令状は必要とされません。そのため、行政調査という手段が犯罪捜査のために使われると、本来令状が必要なことを令状なしで行うことになり、憲法の定める令状主義に反することになります。

そこで、犯罪捜査のために行政調査を行うことは許されないと考えられています。[※1] 過20-26-5

【行政調査・犯罪捜査と令状の要否】

	任意調査・間接強制調査	直接強制調査（犯則調査）	犯罪捜査
行う者	一般の行政庁の職員	特別な行政庁の職員 [※2]	警察官・検察官
令状の要否	不要	必要	必要

3 行政調査の手続

行政調査の一般的手続を規律する法律は存在せず、行政手続法も行政調査を適用除外としています（3条1項14号）。過20-26-1、26-10-ア

なお、行政調査の手続に関しては、以下のような判例があります。

> **最重要判例**　● **荒川民商事件**（最決昭48.7.10）
>
> **事案**　荒川税務署が、被告人の所得税について過少申告の疑いがあったため、質問検査のため調査員を派遣したところ、被告人が質問検査を拒んだため、所得税法に基づく不答弁罪及び検査拒否罪に当たるとして起訴された。そこで、このような質問検査は、法律に定めのない違法な手続であるかどうかが争われた。

※1 重要判例

法人税法に基づく質問又は検査の権限の行使に当たって、取得収集される証拠資料が後に犯則事件の証拠として利用されることが想定できたとしても、そのことによって直ちに、上記質問又は検査の権限が犯則事件の調査あるいは捜査のための手段として行使されたことにはならない（最決平16.1.20）。

※2 具体例をイメージ

例えば、国税査察官（マルサ）などである。

| 結論 | 適法 |

| 判旨 | 所得税法に基づく質問検査の範囲・程度・時期・場所など実定法上特段の定めのない実施の細目については、質問検査の必要があり、かつ、これと相手方の私的利益との衡量において社会通念上相当な限度にとどまる限り、**権限ある税務職員の合理的な選択に委ねられている。** 過20-26-2 |

確認テスト

☐☐☐ **1** 行政調査については、強制の度合いを問わず、すべて法律の根拠が必要である。

☐☐☐ **2** 行政調査と犯罪捜査は同一の目的を達成するためのものであるから、犯罪捜査のために行政調査を行うことも許される。

☐☐☐ **3** 行政調査の一般的手続を規律する法律は存在せず、行政手続法も行政調査を適用除外としている。

解答 **1** ✕ 任意調査の場合、法律の根拠は不要である。 **2** ✕ 犯罪捜査のために行政調査を行うことは許されない。 **3** ○ （行政手続法3条1項14号）

| 第5節 | 行政上の強制措置 | 重要度 |

学習のPOINT

行政上の強制措置については、まず、全体像を把握することが重要です。その後、専門用語の意味と具体例を押さえ、行政代執行法の条文を押さえていきましょう。

1 行政上の強制措置の全体像

　行政行為や行政立法などの行政作用によって国民に一定の義務が生じたとしても、国民がそれに従わなければ、行政目的を実現することはできません。そこで、行政機関が国民に対して強制力を加えることにより、行政目的を実現する手段が認められています。これを行政上の強制措置といいます。

　行政上の強制措置には、将来に向けて一定の状態を実現する行政強制と、過去の違反行為に対して制裁を科す行政罰があります。そして、行政強制には、国民が行政上の義務を履行※1しない場合になされる行政上の強制執行と、国民に行政上の義務の不履行がないにもかかわらずなされる即時強制があります。

　これらを整理すると、以下のようになります。

※1 用語

履行：義務を果たすこと。

【行政上の強制措置のまとめ】

2 行政上の強制執行

　行政上の強制執行とは、行政上の義務が履行されない場合に、行政機関が強制的に義務を履行させ又は履行があったのと同一の状態を実現する行為のことです。行政上の強制執行は、国民の権利義務に影響を及ぼすものですから、法律による行政の原理（法律の留保の原則）から、法律の根拠が必要です。

　なお、行政上の義務を履行させるためには、行政庁が自ら行政上の強制執行を行う必要があり、民事訴訟を提起して裁判所に強制執行してもらうことはできません。

最重要判例	● **宝塚市パチンコ店規制条例事件**（最判平14.7.9）

事案　宝塚市パチンコ店規制条例に違反してパチンコ店の建築工事に着手した者に対し、宝塚市長がパチンコ店の建築工事中止命令を発したにもかかわらず、これを無視して建築工事が続けられたため、宝塚市長が、工事の続行禁止を求める民事訴訟を提起した。

結論　訴え却下

判旨　国又は地方公共団体が提起した訴訟であって、財産権の主体として自己の財産上の権利利益の保護救済を求めるような場合には、法律上の争訟に当たるというべきであるが、国又は地方公共団体が専ら行政権の主体として国民に対して行政上の義務の履行を求める訴訟は、法規の適用の適正ないし一般公益の保護を目的とするものであって、自己の権利利益の保護救済を目的とするものということはできないから、法律上の争訟として当然に裁判所の審判の対象となるものではなく、法律に特別の規定がある場合に限り、提起することが許されるものと解される。そして、行政事件訴訟法その他の法律には、一般に国又は地方公共団体が国民に対して行政上の義務の履行を求める訴訟を提起することを認める特別の規定は存在しない。したがって、**国又は地方公共団体が専ら行政権の主体として国民に対して行政上の義務の履行を求める訴訟は、裁判所法3条1項にいう法律上の争訟に当たらず、これを認める特別の規定もないから、不適法というべきである。** 過23-8-2、27-8、29-44

　行政上の強制執行には、①**代執行**、②**執行罰**、③**直接強制**、④**行政上の強制徴収**の4種類があります。

第1章 ― 行政法の一般的な法理論　第5節 ― 行政上の強制措置　**191**

（1）代執行（行政代執行法）

① 代執行とは何か

　代執行とは、代替的作為義務※1を履行しない義務者に代わって、行政機関がその義務を履行し、又は第三者に履行させて、その費用を義務者から徴収することです。※2

　代執行を含めた行政上の義務の履行確保については、別に法律で定めるものを除いては、行政代執行法の定めるところによるとされています（1条）。※3 週23-8-1、30-8-ウ

② 代執行の要件

　代執行の要件は、以下の4つです（2条）。

1	代替的作為義務が履行されないこと 週18-43-ア、24-24-4
2	その義務が法律（条例を含む）又は法律に基づき行政庁により命ぜられたものであること 週21-10-1、元-8-3
3	他の手段によってはその履行を確保することが困難であること ※4
4	不履行を放置することが著しく公益に反すると認められること

③ 代執行の手続

　代執行の手続は、①戒告・通知→②代執行の実施→③費用の徴収という流れで行われます。※5

　代執行をするためには、まず、相当の履行期限を定め、その期限までに履行がなされなければ代執行をなすべき旨を文書で戒告し（3条1項）、それでも履行がなされない場合、代執行令書による通知を行います（3条2項）。週30-8-エ・オ

　代執行を実施する際には、執行責任者が証票を携帯しなければなりません（4条）。

　代執行に要した費用の徴収については、実際に要した費用の額及びその納期日を定め、義務者に対し、文書をもってその納付を命じなければならず（5条）、国税滞納処分の例により、これを徴収することができます（6条1項）。週30-8-ア

（2）執行罰

　執行罰とは、義務者に自ら義務を履行させるため、あらかじめ義務を履行しない場合には過料※6を科すことを予告し、それでも義務を履行しない場合にはそのつど過料を徴収すること

※1 用語

代替的作為義務：他人が代わってなすことができる行為を内容とする義務のこと。

※2 具体例をイメージ

例えば、違法なマンションが建っていた場合に、行政庁がこのマンションを取り壊し、マンションの持ち主に取壊しにかかった費用の支払いを請求する場合などである。

※3 参考

行政代執行法1条は条例を挙げていないことから、条例を根拠として行政上の強制執行を行うことはできない。週18-22-4、19-9-1、22-8-3・4、29-10-4

※4 参考

行政罰は直接的には義務の履行を確保する手段ではないから「他の手段」に当たらず、行政罰の規定があったとしても、代執行をすることができる。

※5 参考

行政代執行法所定の戒告・通知について、義務者が審査請求を行うことができる旨の規定は、行政代執行法には特に置かれていない。週30-8-イ

です。※7 過29-10-1

執行罰は、刑罰ではありませんので、反復して課しても二重処罰を禁止した憲法39条に違反しませんから、相手方が義務を履行するまで反復して課すことができます。過19-9-5、21-10-3、29-10-3

（3）直接強制

直接強制とは、義務者が義務を履行しない場合に、直接義務者の身体又は財産に有形力を行使して、義務の内容を実現することです。※8 過18-43-イ、21-10-2

直接強制は、即効的な執行方法であり行政上の義務の履行を確保するのに強力な力を発揮しますが、過酷な人権侵害を伴うおそれが強い手続であるため、現行法は一般的制度としてはこれを認めておらず、個別の法律の根拠を必要とします。過元-8-2

（4）行政上の強制徴収

行政上の強制徴収とは、義務者が金銭を支払う義務を履行しない場合に、直接義務者から金銭を徴収することです。

行政上の強制徴収は、国税徴収法の定めが基本となっていますが、この国税徴収法は、国税債権以外の行政上の金銭債権の徴収に当然に適用されるものではありません。そのため、国税債権以外の行政上の金銭債権に同法の定める強制徴収手続を適用するには、法律に当該債権の徴収は「国税滞納処分の例による」といった明文の規定が必要になります（行政代執行法6条1項等）。※9 過21-10-4

3 即時強制

即時強制とは、義務を命じる余裕がない場合に、直接相手方の身体又は財産に有形力を行使して、行政目的を実現することです。※10 過21-10-2、23-44、元-8-1

即時強制は、国民の身体・財産を制約するものですから、法律による行政の原理（法律の留保の原則）から、法律の根拠が必要です（地方公共団体の定める条例でもよいとされています）。過19-9-3

※6 用語

過料：ペナルティとして徴収される金銭のこと。

※7 参考

執行罰を規定した現行法は、砂防法36条しか存在しない。

※8 具体例をイメージ

例えば、いわゆる成田新法による建物の実力封鎖などである。過19-9-3

※9 重要判例

公法上の金銭債権について、法律で行政上の強制徴収の手段が認められている場合、裁判所に訴えを提起して当該債権の実現を図ることはできない（最大判昭41.2.23）。

※10 具体例をイメージ

例えば、火災が発生した建物の中に人が閉じ込められている場合、いちいち建物の持ち主に対してその壁を破壊する義務を命じる余裕はないことから、消防団員は、建物の持ち主に無断でその建物の壁を破壊することができる（破壊消防）。過23-44

なお、即時強制については、個別の法律にその手続等に関する規定が置かれているにすぎず、通則的な規定は存在しません。過21-10-5

4 行政罰

（1）行政罰とは何か

行政罰とは、行政上の義務違反に対し、一般統治権に基づいて、制裁として科せられる罰のことです。過21-42-ア、25-42-ア

行政罰も、国民の権利義務に影響を及ぼすものですから、法律による行政の原理（法律の留保の原則）から、法律の根拠が必要です（地方公共団体の定める条例でもよいとされています）。

（2）行政罰の分類

行政罰は、行政刑罰と秩序罰の2種類に分類されます。※1

① 行政刑罰

行政刑罰とは、行政上の義務に違反したことに対し、刑法典に刑名のある罰（死刑・懲役・禁錮・罰金・拘留・科料）を科すことです。※2 過3-42-イ・ウ

行政刑罰は、刑事訴訟法という法律に従い、刑事裁判によって科されます。過25-22-2

② 秩序罰

秩序罰とは、各種の届出義務違反など、直接的には国民の生活に悪影響を及ぼさない軽微な形式的違反行為に対し、過料を科すことです。※3 ※4 過21-42-イ・ウ、25-42-イ・ウ、28-44、29-10-5、3-42-エ

法律違反に対する秩序罰は、非訟事件手続法の定めるところにより、裁判所の決定によって科されます。過26-26-3、29-10-2、元-8-4

これに対して、条例違反に対する秩序罰は、地方自治法の定めるところにより、地方公共団体の長の処分によって科されます。過21-42-エ、25-42-エ、28-44

※1 重要判例

行政刑罰と秩序罰は、目的・要件及び実現の手続を異にし、必ずしも二者択一の関係にあるものではないから、両者を併科することもできる（最判昭39.6.5）。

※2 参考

行政刑罰については、違反行為者だけではなくその使用者及び事業主（法人等）をも罰する両罰規定を置くことができる。

※3 引っかけ注意!

行政刑罰により科されるのは「科料」であるのに対し、秩序罰により科されるのは「過料」です。

※4 よくある質問

Q 問題文に「過料」が出てきた場合、執行罰と秩序罰のどちらか区別がつかないんですが、どうやって見分ければいいんですか？

A 執行罰は、義務の履行を確保する（促す）ためになされるものであるのに対し、秩序罰は、義務に違反したことに対する制裁としてなされるものであるという点を押さえておきましょう。

【行政刑罰と秩序罰】※5

	行政刑罰	秩序罰
罰の種類	刑法上の刑罰（死刑・懲役・禁錮・罰金・拘留・科料）	刑罰以外の制裁（過料）
刑法総則の適用	あり（刑法8条）	なし
手続	刑事訴訟法の定める手続	①法律違反の場合 →非訟事件手続法の定める手続 ②条例違反の場合 →地方自治法の定める手続

※5 受験テクニック

行政「刑」罰なので、「刑」法の適用があるし、「刑」事訴訟法の定める手続に従って科されると覚えておきましょう。

確認テスト

☐☐☐ **1** 代執行とは、代替的作為義務や不作為義務について、これを履行しない義務者に代わって行政庁が行い、その費用を義務者から徴収する制度のことである。

☐☐☐ **2** 相手方が義務を履行するまで反復して執行罰を課すことは、二重処罰を禁止した憲法39条に違反して許されない。

☐☐☐ **3** 即時強制とは、義務者が義務を履行しない場合に、直接義務者の身体又は財産に有形力を行使して、義務の内容を実現することである。

☐☐☐ **4** 秩序罰とは、直接的には国民の生活に悪影響を及ぼさない軽微な形式的違反行為に対して科料を科すものである。

解答 **1**✕ 代執行の対象となるのは代替的作為義務のみである（行政代執行法2条）。 **2**✕ 相手方が義務を履行するまで反復して執行罰を課すことも許される。 **3**✕ 本問は直接強制の説明である。 **4**✕ 「科料」ではなく「過料」を科すものである。

第2部 行政法

第2章 行政手続法

第1節 行政手続法総則 重要度 A

学習のPOINT

「総則」とは、その法律全体に通ずる原則や基本事項が定められている部分です。ここでは、行政手続法の目的規定や、行政手続法の適用範囲を定めた適用除外規定について学習します。

1 行政手続法とは何か

　行政作用によって国民が不利益を受けた場合、行政不服審査法や行政事件訴訟法などの行政救済法に基づいて、事後的に不服を申し立てて争うことができます。もっとも、事後的に争ったのでは間に合わないような場合も想定されます。※1

　そこで、最初から行政作用を公正に行い、できる限り国民が不利益を受けないようにすることが重要といえます。行政手続法は、このような要請に応え、行政作用を行う際に執らなければならない手続について規定することで、事前に行政作用をチェックすることとした法律です。

※1 具体例をイメージ

例えば、飲食店の営業不許可処分がなされ、これを不服として争っている間に、近くに他の飲食店ができてお客さんを全部取られてしまったような場合などです。

【行政手続法の役割】

2 行政手続法の目的

　行政手続法の目的は、処分、行政指導及び届出に関する手続並びに命令等を定める手続に関し、共通する事項を定めることによって、行政運営における公正の確保と透明性の向上を図り、国民の権利利益の保護に資することです（1条1項）。

21-12-2、29-11、元-42-ア

なお、行政手続法は行政手続の一般法ですから、他の法律に特別の定めがある場合は、そちらが優先します（1条2項）。※2

過26-13-5

3 行政手続法の対象

行政手続法は、行政作用を行う際に執らなければならない手続について規定した法律ですが、すべての行政作用を対象としているわけではありません。

行政手続法の対象は、①**処分（行政行為）**、②**行政指導**、③**届出**、④**命令等**※3 **の制定（行政立法）**の4つの行為に限られています。したがって、行政計画や行政契約などについては、行政手続法が適用されません。

なお、①処分は、**申請に対する処分**（☞第2節参照）と**不利益処分**（☞第3節参照）に分けて規定されています。

まとめると、行政手続法の対象となる行為は、以下の図のようになります。※4 ※5

【行政手続法の対象のまとめ】

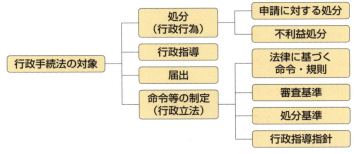

4 適用除外

(1) 行政手続法の適用になじまない行為の適用除外

行政手続法の対象となる①処分、②行政指導、③届出、④命令等の制定の4つの行為であっても、その性質上、行政手続法の適用になじまないものがあります。

そこで、性質上、行政手続法の適用になじまない行為につい

※2 具体例をイメージ

例えば、住民基本台帳法31条の2は、「この法律の規定により市町村長がする処分については、行政手続法第2章及び第3章の規定は、適用しない。」としている。

※3 用語

命令等：法律に基づく命令又は規則、審査基準、処分基準、行政指導指針のこと（2条8号）。

※4 受験テクニック

行政手続法の対象となる行為の定義（○○とは、～のことです、という部分）についてはよく出題されますので、それぞれの行為について学習する際に意識して覚えておきましょう。

※5 参考

行政手続法にいう「行政機関」の定義には、国の一定の機関およびその職員のみならず、地方公共団体の機関（議会を除く）も含まれる（2条5号）。過2-11-2

ては、行政手続法の対象から除外されます（3条1項）。これを適用除外といいます。

適用除外となる行為は、以下のようなものがあります。

【行政手続法の適用になじまない行為の適用除外】

慎重な審議を重ねた上でなされるものであり、さらに行政手続法の定める手続を執っても無駄であるもの	①国会の両院・一院又は議会の議決によってされる処分 ②裁判所・裁判官の裁判により、又は裁判の執行としてされる処分 ③国会の両院・一院又は議会の議決を経て、又はこれらの同意・承認を得た上でされるべき処分 ④検査官会議で決すべき処分及び会計検査の際にされる行政指導
行政手続法よりも慎重な手続で処理されるべきもの	①刑事事件に関する法令に基づき、検察官等がする処分・行政指導 ②国税・地方税の犯則事件に関する法令に基づき、国税庁長官等がする処分・行政指導 ③金融商品取引の犯則事件に関する法令に基づき、証券取引等監視委員会等がする処分・行政指導
処分の性質上、行政手続法の定める手続になじまないもの	①学校等において、教育等の目的を達成するために、学生等に対してされる処分・行政指導 ②刑務所等において、収容の目的を達成するためにされる処分・行政指導 ③公務員又は公務員であった者に対してその職務・身分に関してされる処分・行政指導　週25-26-5 ④外国人の出入国、難民の認定・帰化に関する処分・行政指導 ⑤専ら人の学識技能に関する試験・検定の結果についての処分 ⑥相反する利害を有する者の間の利害の調整を目的として法令の規定に基づいてされる裁定その他の処分（双方を名あて人とするものに限る）・行政指導 ⑦公益に関わる事象が発生し又は発生する可能性のある現場において、警察官等によってされる処分・行政指導 ⑧職務の遂行上必要な情報の収集を直接の目的としてされる処分・行政指導 ⑨審査請求・再調査の請求その他の不服申立てに対する行政庁の裁決・決定その他の処分　週23-13-1 ⑩意見陳述のための手続において、法令に基づいてされる処分・行政指導

（2）地方公共団体の機関の行為の適用除外

　地方公共団体の機関の行為も、行政手続法による全国一律の規制をかけるより、各地域の特性に応じた処理をする方が望ましいといえますので、適用除外とされる場合があります。※1

　具体的には、以下の表のとおりです。

【地方公共団体の機関の行為の適用除外（3条3項）】

	法律・政令に基づくもの	条例・規則に基づくもの
処分	○ 過19-13-3・5、24-11-1、27-13-2	× 過26-13-2
行政指導	× 過19-13-1、22-13-1、26-13-1 ※2、30-12-5、元-11-3、3-13-エ	
届出	○	× 過19-13-4
命令等の制定	× 過19-13-2、22-11-2、26-13-2、27-11-1	

　○：行政手続法の適用あり、×：行政手続法の適用なし（適用除外）

（3）国の機関等に対する行為の適用除外

　行政手続法は、国民の権利利益の保護を目的とするものですから、国民に対する行為を事前にチェックすれば足り、国の機関等に対する行為まで事前にチェックする必要はないといえます。もっとも、路線バス事業に対する営業許可処分のように、国の機関等が一般国民と同等の立場で処分の名あて人※3となる場合もあり、このような場合にまで行政手続法の対象から除外してしまうのは、妥当ではありません。

　そこで、国の機関等に対する処分は、当該国の機関等がその固有の資格※4においてその処分の名あて人となるものに限り、適用除外とされています（4条1項）。※5

※1 参考

地方公共団体は、適用除外とされた処分・行政指導・届出・命令等の制定に関する手続について、行政手続法の趣旨にのっとり、行政運営における公正の確保と透明性の向上を図るため必要な措置を講ずるよう努めなければならない（46条）。過27-11-1

※2 過去問チェック

行政手続法の行政指導に関する規定は、地方公共団体の機関がする行政指導については、それが国の法令の執行に関わるものであっても適用されず、国の機関がする行政指導のみに適用される。→○（26-13-1）

※3 用語

名あて人： 相手方のこと。

※4 用語

固有の資格： 一般国民と異なる立場のこと。

※5 具体例をイメージ

例えば、地方公共団体を名あて人とする地方公共団体の組合の設置許可処分（地方自治法284条2項・3項）などである（私人は地方公共団体の組合を設置することができないので、名あて人となり得ない）。

【国の機関等に対する行為の適用除外（4条1項）】

	一般国民と同等の立場で相手方となるもの	固有の資格において相手方となるもの
処分	○	×
行政指導	×	
届出	○	× 過20-13-エ

○：行政手続法の適用あり、×：行政手続法の適用なし（適用除外）

（4）特殊法人等に対する処分の適用除外

特殊法人・認可法人※1・指定法人※2 等に対する処分については、適用除外とされています（4条2項・3項）。

※1 用語

認可法人：民間の関係者が発起人となって自主的に設立する法人で、業務の公共性などの理由によって、設立については特別の法律に基づき主務大臣の認可が要件となっている法人のこと。過22-26-1

※2 用語

指定法人：特別の法律に基づき特定の行政事務を遂行するものとして行政庁により指定された民法上の法人であって、行政処分権限を付与されたもののこと。過22-26-4

確認テスト

□□□ **1** 行政手続法の目的は、行政運営における公正の確保と透明性の向上を図り、もって国民の権利利益の保護に資することである。

□□□ **2** 行政手続法の対象となる行政作用は、処分、行政指導、届出の3つである。

□□□ **3** 地方公共団体の機関が法律に基づいて行う行政指導は、行政手続法の対象となるが、条例に基づいて行う行政指導は、行政手続法の対象とならない。

□□□ **4** 国の機関等に対する処分は、当該国の機関等がその固有の資格においてその処分の名あて人となるものに限り、適用除外とされる。

解答 **1**○（1条1項） **2**×命令等の制定を加えた4つである（1条1項）。 **3**×地方公共団体の機関が行う行政指導は、一律に行政手続法の対象とならない（3条3項）。 **4**○（4条1項）

第2節 申請に対する処分

重要度 A

学習のPOINT
申請に対する処分については、行政庁の義務が法的義務と努力義務のどちらであるかがよく出題されますので、この点は押さえておきましょう。

1 申請に対する処分とは何か

申請とは、法令に基づき、行政庁の許可・認可・免許その他の自己に対し何らかの利益を付与する処分（許認可等）を求める行為であって、当該行為に対して行政庁が諾否の応答をすべきこととされているもののことです（2条3号）。※3 過27-12-ア・イ、2-11-4

そして、この申請に対して行政庁が行う処分のことを、**申請に対する処分**といいます。申請に対する処分は、以下のような流れで行われます。

※3 具体例をイメージ
例えば、レストランを経営したいと思っている人が、都道府県知事に対して飲食店の営業許可を求める場合などである。

【申請に対する処分】

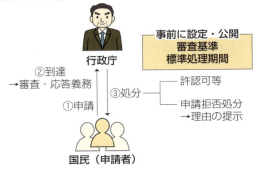

行政手続法は、申請を法に従って公正かつ迅速に処理するため、以下のような行政庁の手続上の義務を規定しています。

【申請に対する処分に関する行政庁の義務】

法的義務 ※1	努力義務 ※2
①審査基準の設定・公開（5条1項・3項） ②標準処理期間を定めたときの公開（6条） ③申請の到達後の遅滞なき審査の開始（7条） ④申請拒否処分をする場合の理由の提示（8条） ⑤複数の行政庁が関与する処分の遅延の禁止（11条1項）	①標準処理期間の設定（6条） ②申請に係る審査の進行状況及び当該申請に対する処分の時期の見通しの提供（9条1項） ③申請に必要な情報の提供（9条2項） ④公聴会の開催等により申請者以外の者の意見を聴く機会を設けること（10条） ⑤複数の行政庁が関与する処分の審査の促進（11条2項）

※1 用語

法的義務：「〜しなければならない」と規定されており、守らなければ違法となる義務のこと。

※2 用語

努力義務：「〜するよう努めなければならない」と規定されており、守らなかったとしても必ずしも違法となるわけではない義務のこと。

2 審査基準

　審査基準とは、申請により求められた許認可等をするかどうかをその法令の定めに従って判断するために必要とされる基準のことです（2条8号ロ）。週20-11-ア、23-13-5

　申請により求められた許認可等をするかどうかを行政庁の自由に委ねると、不公平な処分がなされるおそれがあります。そこで、行政庁は、審査基準を定めるものとされています（5条1項）。※3 週19-12-イ、20-11-ウ、27-13-1、30-11-1

　そして、行政庁は、審査基準を定めるに当たっては、許認可等の性質に照らしてできる限り具体的なものとしなければなりません（5条2項）。週27-13-1

　また、審査基準が公にされていないと、審査基準が適切なものかどうか、行政庁が審査基準にのっとって審査をしているかどうかをチェックすることができないため、審査基準は、行政上特別の支障がない限り、適当な方法により公にしておかなければならないとされています（5条3項）。※4 週26-12-2~5、27-13-1

※3 参考

設定した審査基準を変更することも可能である。週20-11-イ

※4 参考

「公にしておかなければならない」とは、秘密扱いをしないということであり、「公表」のように積極的に周知することまでは求められていない。

最重要判例 ● **個人タクシー免許事件**（最判昭46.10.28）

事案 個人タクシー営業免許の申請却下処分を受けた者が、陸運局側はあらかじめ審査基準を定めてその内容を申請人に告知することにより申請人に主張と証拠提出の機会を与えるべきであるにもかかわらず、それがなされないまま申請を却下したのは違法であると主張して、当該却下処分の取消訴訟を提起した。

結論 申請却下処分は違法である。

判旨 道路運送法は抽象的な免許基準を定めているにすぎないのであるから、内部的にせよ、さらに、その趣旨を具体化した審査基準を設定し、これを公正かつ合理的に適用すべく、特に、その基準の内容が微妙・高度の認定を要するようなものである等の場合には、その基準を適用するうえで必要とされる事項について、申請人に対し、その主張と証拠の提出の機会を与えなければならないというべきである。過28-9-3

3 標準処理期間

　標準処理期間とは、申請がその事務所に到達してから当該申請に対する処分をするまでに通常要すべき標準的な期間のことです。※5 ※6 ※7

　申請に対する処分がいつぐらいになされるかが不明だとすると、申請者は、いつまで待てばよいのか、また、今後どのように行動すればよいのかわからなくなってしまいます。そこで、行政庁は、標準処理期間を定めるよう努めるとともに、これを定めたときは、適当な方法によりこれを公にしておかなければならないとされています（6条）。※8 ※9 過22-12-1・4・5、27-13-3、28-12-1、30-11-4

4 申請に対する審査・応答

　国民に申請をする権利が認められていたとしても、いざ申請をしたところ窓口で申請の受取りを拒否されたというのでは、申請をする権利を認めた意味がなくなってしまいます。そこで、行政庁は、申請がその事務所に到達したときは、遅滞なく当該申請の審査を開始しなければならないとされています（7

※5 参考
標準処理期間には、申請に対する補正指導の期間は含まれず、その間は標準処理期間の進行は停止するというのが通例の扱いである。

※6 参考
標準処理期間には、行政庁が申請に際して行うことがある事前指導の期間は算入されない。

※7 参考
標準処理期間には、審査の進行状況や処分の状況の見通しについて申請者から問合せがあったときに、行政庁がその回答を準備する期間も含む。

※8 引っかけ注意!

標準処理期間を定めることは努力義務とされているのに対し、定めた標準処理期間を公にすることは法的義務とされていることに注意が必要です。

※9 参考
申請の処理が標準処理期間を徒過した場合に、徒過した理由を通知しなければならないとする規定は存在しない。過25-12-5

条)。

　また、申請の形式上の要件に適合しない申請についても、そのまま放置することは許されず、速やかに、申請をした者に対し相当の期間を定めて当該申請の補正※1を求めるか、又は、当該申請により求められた許認可等を拒否しなければなりません（7条)。※2 週19-44、24-11-5、25-12-1、27-13-4、28-13-1、2-13-ア・イ

5 理由の提示

　行政庁は、申請により求められた許認可等を拒否する処分（申請拒否処分）をする場合は、申請者に対し、同時に、当該処分の理由を示さなければならないとされています（8条1項本文）。これは、行政庁の判断を慎重にさせたり、申請者が後に申請拒否処分を不服として争う場合の情報を提供するためです。※3 ※4 週20-12-3、21-11-5、24-24-3、27-13-5、28-13-2、29-12-1、30-11-2、元-13-エ、3-12-1

　ただし、法令に定められた許認可等の要件又は公にされた審査基準が数量的指標その他の客観的指標により明確に定められている場合であって、当該申請がこれらに適合しないことが申請書の記載又は添付書類その他の申請の内容から明らかであるときは、申請者の求めがあったときにこれを示せば足ります（8条1項ただし書)。週3-12-2

　なお、申請拒否処分を書面でするときは、理由も書面で示さなければなりません（8条2項）。週23-11-1、27-13-5

6 その他の規定

(1) 情報の提供

　行政庁は、申請者の求めに応じ、当該申請に係る審査の進行状況及び当該申請に対する処分の時期の見通しを示すよう努めなければなりません（9条1項）。週25-12-3、28-13-3

　また、行政庁は、申請をしようとする者又は申請者の求めに応じ、申請書の記載及び添付書類に関する事項その他の申請に必要な情報の提供に努めなければなりません（9条2項）。週

※1 用語

補正：欠陥を補うこと。

※2 引っかけ注意!

行政手続法の場合は、補正をせずに直ちに許認可等を拒否することができますが、行政不服審査法の場合は、補正をせずに直ちに審査請求を却下することはできません。法律により扱いが異なっている点に注意しましょう。

※3 記述対策

申請拒否処分をする場合、「申請者に対し」「同時に」「理由を示す」義務がある点は書けるようにしておきましょう。

※4 重要判例

旅券（パスポート）発給拒否通知書に付記すべき理由としては、いかなる事実関係に基づきいかなる法規を適用して旅券の発給が拒否されたかを、申請者においてその記載自体から了知しうるものでなければならず、単に発給拒否の根拠規定を示すだけでは十分でない（最判昭60.1.22）。週3-12-5

25-12-4
(2) 公聴会 ※5 の開催等

　行政庁は、申請に対する処分であって、申請者以外の者の利害を考慮すべきことが当該法令において許認可等の要件とされているものを行う場合には、必要に応じ、**公聴会の開催**その他の適当な方法により当該申請者以外の者の**意見を聴く機会を設けるよう努めなければなりません**（10条）。※6 週25-12-2、26-12-1、28-12-2、30-11-5

　すべての案件について公聴会の開催等を義務付けるのは合理的でなく、行政庁の負担も大きくなることから、公聴会の開催等は努力義務にとどまっています。

(3) 複数の行政庁が関与する処分

　複数の行政庁が関与する処分については、行政庁の間で申請がたらい回しにされ放置されるおそれが強いといえます。そこで、行政手続法は、複数の行政庁が関与する処分の**遅延の禁止**（11条1項）や、行政庁間の協力による**審査の促進の努力義務**（11条2項）を規定しています。

> ※5 用語
>
> **公聴会：**国又は地方公共団体の機関が、その権限に属する一定の事項を決定するに当たり、広く利害関係人や学識経験者等の意見を聴く制度のこと。

> ※6 参考
>
> 申請に対する処分については、申請者以外の者の利害を考慮すべきことが当該処分の根拠法令において許認可等の要件とされているものであっても、聴聞を行う必要はない。週元-12-エ

憲法

行政法

民法

商法

基礎法学

一般知識

確認テスト

- ☐☐☐ **1** 行政庁は、標準処理期間を定め、かつ、これを公表しなければならない。

- ☐☐☐ **2** 申請の形式上の要件に適合しない申請については、速やかに、申請をした者に対し相当の期間を定めて当該申請の補正を求めなければならない。

- ☐☐☐ **3** 行政庁は、申請により求められた許認可等を拒否する処分をする場合は、申請者に対し、同時に、当該処分の理由を示さなければならないのが原則である。

- ☐☐☐ **4** 行政庁は、申請に対する処分であって、申請者以外の者の利害を考慮すべきことが当該法令において許認可等の要件とされているものを行う場合には、公聴会を開催しなければならない。

解答 **1**✕標準処理期間を定めるよう努めなければならないとされているにすぎない（6条）。 **2**✕当該申請により求められた許認可等を拒否することもできる（7条）。 **3**〇（8条1項） **4**✕公聴会の開催等は努力義務である（10条）。

第2章 ― 行政手続法　第2節 ― 申請に対する処分　205

第3節 不利益処分

重要度 A

学習のPOINT

不利益処分は、申請拒否処分との異同を意識しつつ学習すると記憶が定着しやすいです。また、意見陳述手続である聴聞と弁明の機会の付与の異同も押さえておきましょう。

1 不利益処分とは何か

不利益処分とは、行政庁が、法令に基づき、特定の者を名あて人として、直接に、これに義務を課し、又はその権利を制限する処分のことです（2条4号）。※1 週27-12-ウ、2-11-1

ただし、申請により求められた許認可等を拒否する処分（**申請拒否処分**）は、申請者の権利を制限する処分であるにもかかわらず、不利益処分に当たらないとされています（2条4号ロ）。なぜなら、申請拒否処分は、「申請に対する処分」の規定により処理されるからです。※2 週18-11-3、20-12-1、21-11-5、23-13-2、24-11-4、28-13-4、2-11-1、2-12-2

不利益処分は、以下のような流れで行われます。

【不利益処分】

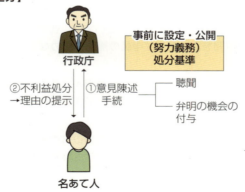

※1 **具体例をイメージ**

例えば、都道府県知事が、いったんなした飲食店の営業許可を取り消す処分をする場合などである。

※2 **参考**

行政代執行手続（文書による戒告手続、代執行令書による通知手続）のような事実上の行為も、不利益処分に当たらない。

2 処分基準

処分基準とは、不利益処分をするかどうか又はどのような不利益処分とするかについてその法令の定めに従って判断するために必要とされる基準のことです（2条8号ハ）。過元-42-イ、2-11-3

不利益処分をするかどうかを行政庁の自由に委ねると、不公平な処分がなされるおそれがありますから、審査基準の場合と同様に、処分基準を定め、これを公にしておく方が望ましいようにも思えます。

しかし、処分基準の場合、不利益処分がなされる違反事例が明らかになることで、反対に許される違反事例も明らかになってしまい、かえって違反行為を助長するおそれがあります。※3

そこで、行政庁は、処分基準を定め、かつ、これを公にしておくよう努めなければならないとされ（12条1項）、処分基準の設定・公開については、審査基準の場合と異なり、努力義務にとどめられています。過19-12-イ、23-12-4、26-11-1、28-12-3、30-11-1、元-13-ウ、元-42-ウ

なお、行政庁は、処分基準を定めるに当たっては、**不利益処分**の性質に照らしてできる限り具体的なものとしなければなりません（12条2項）。過23-12-1

【各種基準の設定・公開】

	設定	公開
審査基準	法的義務	法的義務
標準処理期間	努力義務	法的義務
処分基準	努力義務	努力義務

※3 **具体例をイメージ**

例えば、「1度目の違法行為は営業停止処分、2度目の違法行為は営業許可取消処分をする」といった処分基準が定められた場合、「営業停止処分ですむなら1度くらいは違法行為をしてしまおう」と考える人が出てくる場合などである。

3 理由の提示

行政庁は、不利益処分をする場合は、その名あて人に対し、同時に、当該処分の**理由を示さなければならない**※4 とされています（14条1項本文）。これは、行政庁の判断を慎重にさせるとともに、不利益処分の名あて人が後にその不利益処分を不

※4 **記述対策**

不利益処分をする場合、「名あて人に対し」「同時に」「理由を示す」義務がある点は書けるようにしておきましょう。

服として争う場合の情報を提供するためです。過26-11-2、29-12-3、30-11-2

　ただし、当該理由を示さないで処分をすべき差し迫った必要がある場合は、当該名あて人の所在が判明しなくなったときその他処分後において理由を示すことが困難な事情があるときを除き、**処分後相当の期間内**に、理由を示さなければなりません（14条1項ただし書、2項）。過3-12-3

　なお、不利益処分を書面でするときは、理由も書面により示さなければなりません（14条3項）。過23-11-1 ※1

最重要判例	● **不利益処分と理由の提示の程度**（最判平23.6.7）
事案	国土交通大臣から建築士法に基づき一級建築士免許取消処分を受けた者が、当該処分は理由の提示の要件を欠いた違法なものであると主張して、当該処分の取消訴訟を提起した。
結論	当該処分は違法である。過29-12-2
判旨	①理由の提示の違法性の判断基準 　行政手続法14条1項本文が、不利益処分をする場合に同時にその理由を名宛人に示さなければならないとしているのは、名宛人に直接に義務を課し又はその権利を制限するという不利益処分の性質に鑑み、行政庁の判断の慎重と合理性を担保してその恣意を抑制するとともに、処分の理由を名宛人に知らせて不服の申立てに便宜を与える趣旨に出たものと解される。そして、同項本文に基づいてどの程度の理由を提示すべきかは、上記のような同項本文の趣旨に照らし、当該処分の根拠法令の規定内容、当該処分に係る処分基準の存否及び内容並びに公表の有無、当該処分の性質及び内容、当該処分の原因となる事実関係の内容等を総合考慮してこれを決定すべきである。過25-13、3-43 ②本件理由の提示の違法性 　建築士に対する懲戒処分に際して同時に示されるべき理由としては、処分の原因となる事実及び処分の根拠法条に加えて、本件処分基準の適用関係が示されなければ、処分の名宛人において、上記事実及び根拠法条の提示によって処分要件の該当性に係る理由は知り得るとしても、いかなる理由に基づいてどのような処分基準の適用によって当該処分が選択されたのかを知ることは困難であるのが通例である。過3-43

※1 過去問チェック

行政庁は、申請に対する拒否処分及び不利益処分のいずれの場合においても、これを書面でするときは、当該処分の理由を書面で示さなければならない。→○（23-11-1）

4 意見陳述手続

申請拒否処分の場合、申請者には申請が認められないという消極的な不利益があるにすぎませんが、不利益処分の場合、名あて人は積極的な不利益を受けることになりますから、名あて人の言い分を聞き、防御の機会を与えることが必要であるといえます。そこで、行政庁は、不利益処分をしようとする場合には、当該不利益処分の名あて人について、意見陳述のための手続を執らなければならないとされています（13条1項）。※2 過18-11-3、25-11-1、26-13-4 ※3、2-12-2、2-13-ウ

意見陳述のための手続は、処分が与える不利益の程度に応じて、2つに分かれています。まず、不利益の程度が重い不利益処分をする場合、名あて人が期日に出頭して意見を述べるという裁判のような手厚い手続（聴聞）が執られます。これに対して、不利益の程度が軽い不利益処分をする場合、名あて人が書面に言い分を書いて提出し行政庁がこれに目を通すというシンプルな手続（弁明の機会の付与）が執られます。

【意見陳述手続】

具体的には、以下のように分けられます。過25-11-1

【聴聞と弁明の機会の付与】

聴聞 （13条1項1号）	①許認可等を取り消す不利益処分 ※4 過2-12-2 ②名あて人の資格・地位を直接にはく奪する不利益処分 ③名あて人が法人である場合におけるその役員の解任を命ずる不利益処分、名あて人の業務に従事する者の解任を命ずる不利益処分又は名あて人の会員である者の除名を命ずる不利益処分 過26-25-5 ④行政庁が相当と認める不利益処分
弁明の機会の付与 （13条1項2号）	上記以外の不利益処分 ※5 過2-13-ウ

※2 参考
公益上、緊急に不利益処分をする必要があるため、行政手続法に定める聴聞又は弁明の機会の付与の手続を執ることができないときは、これらの手続を執らないで不利益処分をすることができる（13条2項1号）。過25-11-5、26-25-2

※3 過去問チェック
行政庁が不利益処分をしようとする場合、処分の名あて人となるべき者でなくても、当該処分について法律上の利益を有する者に対しては、弁明の機会の付与の手続に関する規定が適用される。→×（26-13-4）

※4 参考
「許認可等を取り消す不利益処分」には、行政法学上の取消しと撤回の双方が含まれる。過21-11-2

※5 具体例をイメージ
例えば、業務の停止命令、事業改善命令、建築物の除却命令などである。過26-25-1

(1) 聴聞

聴聞の手続は、大まかに、①行政庁による通知→②主宰者※1の下での審理→③聴聞調書・報告書の作成・提出→④不利益処分の決定という流れで行われます。

以上の流れをまとめると、以下の図のようになります。

【聴聞の流れ】

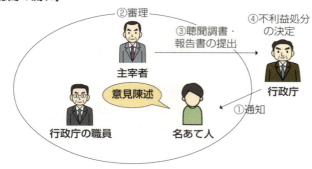

① 行政庁による通知

行政庁は、聴聞を行うに当たっては、聴聞を行うべき期日までに相当な期間をおいて、不利益処分の**名あて人**となるべき者に対し、予定される不利益処分の内容及び根拠となる法令の条項や、不利益処分の原因となる事実などを**書面により通知**しなければなりません（15条1項）。これは、名あて人が期日に出頭して意見を述べるための準備をさせるものです。※2 過23-11-2、25-11-2 ※3

聴聞の通知を受けた者を**当事者**といいます。当事者は、**代理人**を選任して聴聞手続を行わせることができます（16条1項）。過25-11-3、2-12-1

当事者以外の者で、不利益処分の根拠となる法令に照らして、その不利益処分について利害関係を有すると認められる者のことを**関係人**といいます。関係人は、主宰者の許可を得て聴聞手続に参加することができます（17条1項）。これを**参加人**といいます。過18-11-2、2-12-4

② 主宰者の下での審理

聴聞は、行政庁が指名する職員その他**政令**で定める者が主宰

※1 **用語**

主宰者：聴聞の運営を行う人のこと。

※2 **参考**

不利益処分の名あて人となるべき者の所在が判明しない場合には、行政庁は、公示送達（掲示）の方法により聴聞の通知をすることができるが、聴聞の通知を省略することはできない（15条3項）。過19-11-2

※3 **過去問チェック**

行政庁が、聴聞を行うに当たっては、不利益処分の名あて人となるべき者に対して、予定される不利益処分の内容及び根拠法令に加え、不利益処分の原因となる事実などを通知しなければならないが、聴聞を公正に実施することができないおそれがあると認めるときは、当該処分の原因となる事実を通知しないことができる。→✕（25-11-2）

します（19条1項）。過19-11-1、26-11-5、元-12-ア

通知を受けた名あて人は、期日に指定された場所に出頭して、主宰者の下で審理を受けます。主宰者は、裁判官のような役割を果たすことになります。※4

なお、聴聞を公正に行う必要があることから、当該聴聞の当事者又は参加人やこれらの配偶者・4親等内の親族・同居の親族などは、聴聞を主宰することができません（19条2項）。※5
過元-12-ア

聴聞手続においては、口頭審理主義が採られており、裁判と同様に、主宰者が行政庁と国民（名あて人）の意見を聞きながら、不利益処分が適法かどうかを判断します。過2-12-3

なお、プライバシーや企業秘密の保護、行政庁の事務負担を考慮し、聴聞の期日における審理は、行政庁が公開することを相当と認めるときを除き、公開しないとされています（20条6項）。過18-11-1

【当事者等の防御権】※6

文書等の閲覧請求権	聴聞の通知があった時から聴聞が終結する時までの間、行政庁に対し、当該事案についてした調査の結果に係る調書その他の当該不利益処分の原因となる事実を証する資料の閲覧を求めることができ、行政庁は、第三者の利益を害するおそれがあるときその他正当な理由があるときでなければ、その閲覧を拒むことができない（18条1項）過18-11-5、19-11-3、28-11-1、元-12-オ、2-12-5
聴聞期日における権利	①聴聞の期日に出頭して、意見を述べ、証拠書類等を提出し、主宰者の許可を得て質問を発することができる（20条2項） ②主宰者の許可を得て、補佐人とともに出頭することができる（20条3項）
陳述書・証拠書類等の提出権	聴聞の期日への出頭に代えて、主宰者に対し、聴聞の期日までに陳述書及び証拠書類等を提出することができる（21条1項）※7 過25-11-3

③　聴聞調書・報告書の作成・提出

審理が終わると、主宰者は、聴聞の審理の経過を記載した聴聞調書と、不利益処分の原因となる事実に対する当事者等の主

※4 記述対策

「主宰者」を「主催者」と書かないよう注意しましょう。

※5 参考

行政庁の職員のうち、当該不利益処分に係る事案の処理に直接関与した者であっても、主宰者となることができる。過元-12-ア

※6 受験テクニック

主宰者の許可を得なければならないものは、①行政庁の職員に対する質問権（20条2項）、②補佐人とともに出頭する権利（20条3項）の2つだけですので、覚えてしまいましょう。

※7 参考

主宰者は、当事者の全部又は一部が正当な理由なく聴聞の期日に出頭せず、かつ、陳述書または証拠書類等を提出しない場合、これらの者に対し改めて意見を述べ、及び証拠書類等を提出する機会を与えることなく、聴聞を終結することができる（23条1項）。過元-12-ウ

張に理由があるかどうかについての意見を記載した報告書を作成し、行政庁に提出しなければなりません（24条1項・3項）。※1 週29-13-1・2

当事者又は参加人は、聴聞調書と報告書の閲覧を求めることができます（24条4項）週29-13-3

④ 不利益処分の決定 ※2

行政庁は、この聴聞調書や報告書に記載されたことを十分に参酌して、不利益処分をするかどうかの決定をしなければなりません（26条）。週29-13-5

もっとも、必ず主宰者の意見を採用しなければならないというわけではありません。週19-11-4

⑤ 審査請求の制限

聴聞手続（の途中）における処分又は不作為については、審査請求をすることができません（27条）。※3 ※4 週21-11-4、25-11-4

（2）弁明の機会の付与

① 行政庁による通知

弁明の機会の付与においても、聴聞の場合と同様、行政庁は、不利益処分の名あて人に対して、予定される不利益処分の内容などを書面により通知しなければなりません（30条）。

② 書面による審理

弁明は、行政庁が口頭ですることを認めたときを除き、弁明を記載した書面（弁明書）を提出してするものとされています（29条1項）。そして、行政庁は、提出された弁明書を参考にしつつ、不利益処分をするかどうかの決定をします。週18-11-1、21-11-1、23-11-4、2-12-3

以上の流れをまとめると、以下の図のようになります。

【弁明の機会の付与の流れ】

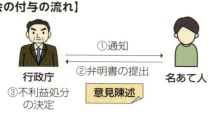

※1 参考

行政庁は、聴聞の終結後に生じた事情にかんがみ必要があると認めるときは、主宰者に対し、提出された報告書を返戻して聴聞の再開を命ずることができる（25条前段）。週29-13-4

※2 参考

聴聞の主宰者から当該聴聞に係る報告書の提出を受けてから、当該不利益処分を行うか否か決定するまでに通常要すべき標準的な期間（標準処理期間）を定める必要はない。週元-12-イ

※3 法改正情報

平成26年の行政手続法改正により、聴聞手続を経てなされた不利益処分に対する不服申立ての制限は撤廃された。週18-11-4、19-11-5

※4 具体例をイメージ

例えば、行政庁がなした文書閲覧不許可（18条1項）や主宰者がなした関係人の参加の不許可処分（17条1項）などである。週21-11-4、25-11-4

聴聞と弁明の違いをまとめると、以下の表のようになります。

【聴聞と弁明】 ※5

	聴聞	弁明
審理方式 過18-11-1、2-12-3	原則として口頭	原則として書面 （29条1項）
参加人の関与 過18-11-2、2-12-4	○ （17条1項）	×
文書等の閲覧請求権 過18-11-5、2-12-5	○ （18条1項前段）	×

> **※5 受験テクニック**
>
> 弁明の機会の付与について、聴聞の規定が準用される（31条）のは、①公示送達による通知（15条3項）、②代理人（16条）の2つだけですから、これ以外の制度は弁明の機会の付与については認められないことを覚えてしまいましょう。過2-12-1

確認テスト

□□□ **1** 不利益処分とは、行政庁が、法令に基づき、特定の者を名あて人として、直接に、これに義務を課し、またはその権利を制限する処分のことである。

□□□ **2** 行政庁は、処分基準を定め、かつ、これを公にしておかなければならない。

□□□ **3** 不利益処分をする際の意見陳述手続は、処分が与える不利益の程度に応じて、手厚い手続保障が与えられている弁明の機会の付与、略式手続である聴聞に分かれる。

□□□ **4** 聴聞手続及び弁明の機会の付与においては、書面審理主義が採られている。

解答 **1** ○ （2条4号） **2** × 処分基準の設定・公開は努力義務である（12条1項）。 **3** × 聴聞と弁明の機会の付与が反対である。 **4** × 聴聞手続においては、口頭審理主義が採られている。

第2章 ― **行政手続法** 第3節 ― 不利益処分 213

第4節 行政指導

重要度

学習のPOINT
行政指導については、行政作用法のところである程度学習しましたが、ここでは行政指導の手続について学習します。条文を読み込んでおきましょう。また、平成26年改正も要注意です。

1 行政指導の定義

行政手続法において、**行政指導**とは、行政機関がその任務又は所掌事務の範囲内において一定の行政目的を実現するため特定の者に一定の作為又は不作為を求める指導・勧告・助言その他の行為であって**処分に該当しないもの**と定義されています（2条6号）。過23-13-4、27-12-エ・オ、27-42-ア・イ、元-11-2、2-42-ア・イ、3-44

2 行政指導の手続

(1) 一般原則

行政指導は、国民の目が届かない水面下で行われることが多く、本来は処分（行政行為）として法律に基づいて行わなければならないことを、行政指導ということにして法律の根拠なく行うということがなされてきました。しかし、これでは行政手続法の目的である公正の確保と透明性の向上に反します。

そこで、行政指導にあっては、行政指導に携わる者は、いやしくも当該行政機関の**任務**又は**所掌事務**の範囲を逸脱してはならないこと及び行政指導の内容があくまでも相手方の**任意の協力**によってのみ実現されるものであることに留意しなければならないとされています（32条1項）。過22-13-2・3 ※1

(2) 申請に関連する行政指導

例えば、市役所の窓口で生活保護を申請した場合に、「親族に援助してもらってください」などと行政指導をした上で、申請書を受理しないということがなされますと、申請者の生活保

※1 **過去問チェック**

行政指導に携わる者は、行政主体への負担金の納付を求める行政指導に相手方が同意したにもかかわらず、納期限までに当該納付がなされないときは、その実効性を確保するために、国税または地方税の滞納処分と同様の徴収手続を執ることができる。→ ✕
（22-13-3）

護を受ける権利が害されることになります。

　そこで、申請の取下げ又は内容の変更を求める行政指導にあっては、行政指導に携わる者は、申請者が当該行政指導に従う意思がない旨を表明したにもかかわらず当該行政指導を継続すること等により当該申請者の**権利の行使を妨げる**ようなことをしてはならない旨が規定されました（33条）。[※2] 過22-13-4、2-13-エ

　なお、実際上は、行政指導自体の違法性が争われるのではなく、行政指導をしている間、申請によって求められた許認可等を留保したことの違法性が争われることが多くなっています。

最重要判例　● **品川マンション事件**（最判昭60.7.16）

事案	マンションの建築確認[※3]申請をなした者が、建築確認を留保されたまま付近住民との話合いをするよう行政指導を受けた。そこで、このような建築確認を留保したままの行政指導は違法であると主張して、国家賠償請求訴訟を提起した。
結論	国家賠償請求は認められる。
判旨	①建築確認の性質 　建築主事が建築確認申請について行う確認処分自体は基本的に**裁量の余地のない確認的行為の性格を有する**ものと解するのが相当であるから、審査の結果、適合又は不適合の確認が得られ、建築基準法所定の消防長等の同意も得られるなど処分要件を具備するに至った場合には、建築主事としては速やかに確認処分を行う義務があるものといわなければならない。過24-26-1 ②建築確認の留保の違法性 　建築主事の義務は、いかなる場合にも例外を許さない絶対的な義務であるとまでは解することができないというべきであって、建築主が確認処分の留保につき任意に同意をしているものと認められる場合のほか、必ずしも同意のあることが明確であるとはいえない場合であっても、諸般の事情から**直ちに確認処分をしないで応答を留保することが法の趣旨に照らし社会通念上合理的と認められるときは、その間確認申請に対する応答を留保することをもって、確認処分を違法に遅滞するものということはできない。**[※4]

（3）許認可等の権限に関連する行政指導

　従来、許認可等の権限を行使することができない、又は、行

※2 参考

申請書の記載事項の不備、必要な添付資料の不足等のような申請の形式上の要件に適合していないことからその補正を求めるものは、33条により禁止されているわけではない。

※3 用語

建築確認：建築工事を進めてもよいという効果を生じさせる処分のこと。

※4 参考

この事件においては、申請者が行政指導に従わない意思を真摯かつ明確に表明し、確認申請に対し直ちに応答すべきことを求めているものと認められ、行政指導を理由とする確認処分の留保は違法とされた。

憲法

行政法

民法

商法

基礎法学

一般知識

第2章 ― 行政手続法　第4節 ― 行政指導　215

使するつもりがないにもかかわらず、これをちらつかせて行政指導に従わせるということがなされてきました。

そこで、許認可等をする権限又は許認可等に基づく処分をする権限を有する行政機関が、当該権限を行使することができない場合又は行使する意思がない場合においてする行政指導にあっては、行政指導に携わる者は、当該権限を行使し得る旨を殊更に示すことにより相手方に当該行政指導に従うことを余儀なくさせるようなことをしてはならないとされました（34条）。
過20-12-5

（4）行政指導の方式
行政指導に携わる者は、その相手方に対して、当該行政指導の①趣旨・②内容・③責任者を明確に示す義務を負います（35条1項）。もっとも、必ずしも書面で示す必要はありません。※1
過18-12-1、28-12-4

しかし、行政指導が口頭でされた場合において、その相手方から行政指導の趣旨・内容・責任者を記載した書面の交付を求められたときは、当該行政指導に携わる者は、行政上特別の支障がない限り、これを交付しなければなりません（35条3項）。※2
過18-12-3・5、元-11-4、3-13-イ

ただし、すでに文書又は電磁的記録によりその相手方に通知されている事項と同一の内容を求める行政指導については、書面を交付する義務はありません（35条4項2号）。過18-12-4、30-12-2

（5）複数の者を対象とする行政指導
複数の者に対して公平に行政指導がなされるようにするため、同一の行政目的を実現するため一定の条件に該当する複数の者に対し行政指導をしようとするときは、行政機関は、あらかじめ、事案に応じ、行政指導指針※3 を定め、かつ、行政上特別の支障がない限り、これを公表しなければなりません（36条）。※4 過18-12-2、22-13-5、30-12-3、元-13-ア

（6）行政指導の中止等の求め※5
法令違反行為の是正を求める行政指導（その根拠規定が法律に置かれているものに限る）の相手方は、当該行政指導が当該

※1 法改正情報
平成26年の行政手続法改正により、行政指導に携わる者が許認可等をする権限を行使し得る旨等を示すときは、35条1項の定める趣旨・内容・責任者の他に、35条2項所定の事項を示さなければならないとされた。過3-13-イ

※2 参考
「行政上特別の支障」とは、行政指導の書面交付を行うことによって当該事務の執行に重大な支障が生じる固有の理由がある場合をいい、行政側の事務量の増大等の一般的な理由はこれにあたらない。

※3 用語
行政指導指針：同一の行政目的を実現するため一定の条件に該当する複数の者に対し行政指導をしようとするときにこれらの行政指導に共通してその内容となるべき事項のこと（2条8号ニ）。過2-42-ウ

※4 記述対策

複数の者を対象とする行政指導をしようとする場合、行政機関は、「行政指導指針を定め」「行政上特別の支障がない限り」「公表する」義務を負う点は書けるようにしておきましょう。

法律に規定する要件に適合しないと思料するときは、当該行政指導をした行政機関に対し、その旨を申し出て、当該行政指導の**中止**その他必要な措置をとることを求めることができます（36条の2第1項本文）。[※6] 圖27-42-エ、28-11-3、29-14-4、30-12-4、元-11-1、3-44

（7）処分等の求め [※7]

何人も、法令違反の事実がある場合において、その是正のためにされるべき処分・行政指導（その根拠規定が**法律**に置かれているものに限る）がされていないと思料するときは、当該処分・行政指導をする権限を有する行政庁・行政機関に対し、その旨を申し出て、当該処分・行政指導をすることを求めることができます（36条の3第1項）。圖28-11-4・5、元-44、2-14-ウ

そして、当該行政庁・行政機関は、この申出があったときは、必要な調査を行い、その結果に基づき必要があると認めるときは、当該処分・行政指導をしなければなりません（36条の3第3項）。圖元-44

> **※5 法改正情報**
> 平成26年の行政手続法改正により、国民の救済手段の充実・拡大のため、行政指導の中止等の求めの制度が新設された。

> **※6 具体例をイメージ**
> 行政指導に従わない場合に、その旨の公表がなされていれば、必要な措置として、公表の中止を求めることができる。
> 圖27-42-ウ

> **※7 法改正情報**
> 平成26年の行政手続法改正により、国民の救済手段の充実・拡大のため、処分等の求めの制度が新設された。

右側タブ：憲法　行政法　民法　商法　基礎法学　一般知識

確認テスト

□□□ **1** 行政指導に携わる者は、その相手方が行政指導に従わなかったことを理由として、不利益な取扱いをしてはならない。

□□□ **2** 行政指導に携わる者は、その相手方に対して、当該行政指導の趣旨及び内容並びに責任者を明確に示さなければならない。

□□□ **3** 同一の行政目的を実現するため一定の条件に該当する複数の者に対し行政指導をしようとするときは、行政機関は、あらかじめ、事案に応じ、行政指導指針を定めるよう努めなければならない。

□□□ **4** 法令に違反する行為の是正を求める行政指導の相手方は、その根拠となる規定が法律に置かれているものに限り、当該行政指導が当該法律に規定する要件に適合しないと思料するときは、当該行政指導の中止を求めることができる。

解答 **1** ○（32条2項）　**2** ○（35条1項）　**3** ×行政指導指針の設定は法的義務である（36条）。　**4** ○（36条の2第1項本文）

第2章 ー 行政手続法　第4節 ー 行政指導　217

第5節 届出

重要度 C

学習のPOINT

届出については、まず、その定義と、申請との違いを押さえておきましょう。あとは、37条の定める届出の効力発生時期について押さえておけば十分です。

1 届出とは何か

届出とは、行政庁に対し一定の事項の通知をする行為であって、法令により直接に当該通知が義務付けられているもののことです（2条7号）。届出は、国民が行政庁に事実を通知する一方的行為であり、行政庁に対して諾否の応答を求める申請とは異なります。週20-13-イ、22-12-2、23-13-3、2-11-5

したがって、個別の法令上「届出」という用語が使われていても、行政手続法上、申請と届出のどちらに該当するかは、個別の法解釈が必要になります。※1

2 届出の効力発生時期

届出が法令に定められた届出の形式上の要件に適合している場合は、当該届出が法令により当該届出の提出先とされている機関の事務所に**到達**したときに、当該届出をすべき手続上の義務が履行されたものとされます（37条）。週20-13-ウ ※2、28-13-5

行政側が届出の受理を拒み行政指導などによって干渉をする余地をなくすため、行政庁の受理という行為を必要とせず、到達という事実をもって直ちに届出の効果が生ずるものとされています。

※1 具体例をイメージ

例えば、婚姻届のように「届出」の用語が使われていたとしても、これに対する不受理が拒否処分として規定されている場合には、行政庁に諾否の応答を求める行為であるといえるので、行政手続法上は「申請」に該当することになる。週20-13-ア

※2 過去問チェック

届出書の記載事項に不備がある場合であっても、届出がなされた以上は届出義務は尽くされたことになる。→× （20-13-ウ）

確認テスト

□□□ **1** 届出とは、行政庁に対し一定の事項の通知をする行為であって、法令により直接に当該通知が義務付けられているもののことである。

□□□ **2** 届出が形式上の要件に適合している場合は、当該届出が法令により当該届出の提出先とされている機関の事務所に受理されたときに、当該届出をすべき手続上の義務が履行されたものとなる。

解答 **1** ◯（2条7号） **2** ✕ 届出の提出先とされている機関の事務所に「到達した」ときに、当該届出をすべき手続上の義務が履行されたものとなる（37条）。

第2章 ― **行政手続法** 第5節 ― 届出 219

第6節 命令等制定手続

重要度 B

学習のPOINT

命令等制定（行政立法）手続については、平成17年の行政手続法改正によって、意見公募手続が導入されましたので、この意見公募手続の条文を押さえることが重要です。

1 命令等を定める場合の一般原則

命令等制定機関は、命令等を定めるに当たっては、当該命令等がこれを定める根拠となる法令の趣旨に適合するものとなるようにしなければなりません（38条1項）。過23-12-3 ※1

また、命令等制定機関は、命令等を定めた後においても、当該命令等の規定の実施状況、社会経済情勢の変化等を勘案し、必要に応じ、当該命令等の内容について検討を加え、その適正を確保するよう努めなければなりません（38条2項）。過23-12-5 ※2

これらは、違法な行政活動は無効になるとする法律の優位の原則から、命令等について法的なしばりをかけようとするものです。

2 意見公募手続

命令等の内容は国民の生活に直接影響を及ぼすものですから、国民の権利利益を保障してより良い行政を目指すため、国民の意見を集めることが必要です。

そこで、行政立法の手続的統制の強化の要請から、平成17年（2005年）に行政手続法が改正され、命令等制定手続としての意見公募手続が法定されました。※3

意見公募手続は、①命令等の案・関連資料の公示→②意見の提出→③提出意見の考慮→④結果及びその理由の公示という流れで行われます。

※1 **過去問チェック**

行政機関が法律に基づく命令を定める場合には、当該命令がこれを定める根拠となる法令の趣旨に適合するものとなるようにしなければならない。→〇（23-12-3）

※2 **過去問チェック**

行政機関は法律に基づく命令を定めた後においても、当該命令の実施状況や社会経済情勢の変化等を勘案し、その内容について検討を加えるよう努めなければならない。→〇（23-12-5）

※3 **記述対策**

「意見公募手続」という名称は書けるようにしておきましょう。

(1) 命令等の案・関連資料の公示

① 原則

命令等制定機関は、命令等（法律に基づく命令・規則、審査基準、処分基準、行政指導指針）を定めようとする場合には、意見公募手続を執らなければならないのが原則です（39条1項）。過22-11-1・2、24-12-1、27-11-5、30-13-4・5、元-11-5、元-13-オ、2-42-エ

すなわち、命令等制定機関は、命令等を定めようとする場合には、当該命令等の案及びこれに関連する資料をあらかじめ公示し、意見の提出先及び意見提出期間を定めて広く一般の意見を求めなければなりません（39条1項）。過3-11-1

もっとも、一定の場合には、適用除外が定められています（3条2項、4条4項、39条4項）。※4

② 特例 ※5

意見公募手続の特例として、意見提出期間の短縮や意見公募手続の省略が認められています。

例えば、意見提出期間は、公示の日から起算して30日以上でなければならないのが原則ですが（39条3項）、30日以上の意見提出期間を定めることができないやむを得ない理由があるときは、30日を下回る意見提出期間を定めることができます（40条1項前段）。過18-13-1、22-11-4、24-12-2

また、命令等制定機関は、委員会等の議を経て命令等を定めようとする場合において、当該委員会等が意見公募手続に準じた手続を実施したときは、自ら意見公募手続を実施することを要しないとされています（40条2項）。過18-13-5、30-13-3

(2) 意見の提出

意見を提出できる者について特段の制限はなく、利害関係のない者や、外国人・法人であっても意見を提出することができます。過22-11-3、27-11-3

(3) 提出意見の考慮

命令等制定機関は、提出意見を十分に考慮しなければならないとされているにすぎず（42条）、必ずしも提出意見を採用する必要はありません。過27-11-4

※4 参考

他の行政機関が意見公募手続を実施して定めた命令等と実質的に同一の命令等を定めようとする場合、意見公募手続を省略することができる（39条4項5号）。過18-13-2、30-13-1、3-11-2

※5 よくある質問

Q 意見公募手続の「適用除外」（39条4項）と「特例」（40条2項）の違いはどこにあるんですか？

A 「適用除外」は、命令等の内容が国民の権利義務に直接関係しないため、そもそも意見公募手続をとる必要がないとされる場合のことです。これに対して、「特例」は、命令等の内容が国民の権利義務に関係するため適用除外とはならないものの、委員会等がすでに意見公募手続に準じた手続を実施しており重ねて意見公募手続をとるのは煩雑であることから、例外的に意見公募手続をとる必要がないとされる場合のことです。

（4）結果及びその理由の公示

　意見公募手続にかかわる公示は、電子情報処理組織を使用する方法その他の**情報通信の技術**を利用する方法により行うものとされています（45条１項）。※1

※1 具体例をイメージ

例えば、インターネット上で公示する場合などである。

【公示すべき事項】

意見公募手続を実施して命令等を定めた場合（43条１項）週3-11-4	意見公募手続を実施したにもかかわらず命令等を定めないこととした場合（43条４項）週18-13-4、24-12-4、3-11-4	意見公募手続を実施しないで命令等を定めた場合（43条５項）週3-11-5
①命令等の題名 ②命令等の案の公示の日 ③提出意見（提出意見がなかった場合はその旨）※2 週22-11-5、27-11-2 ④提出意見を考慮した結果及びその理由	①命令等を定めないこととした旨 ②命令等の題名 ③命令等の案の公示の日	①命令等の題名及び趣旨 ※3 ②意見公募手続を実施しなかった旨及びその理由

※2 参考

提出意見がなかった場合はその旨を公示すれば足り、再度の意見公募手続を行う必要はない。週18-13-3、24-12-5

※3 参考

命令等の趣旨は、39条４項１号～４号の適用除外事由に該当することが当該命令等自体から明らかであるときは、公示する必要がない。

確認テスト

□□□ **1** 命令等制定機関は、命令等を定めるに当たっては、当該命令等がこれを定める根拠となる法令の趣旨に適合するものとなるようにしなければならない。

□□□ **2** 命令等制定機関は、命令等の案及びこれに関連する資料をあらかじめ公示し、意見の提出先・意見提出期間を定めて専門家の意見を求めなければならない。

□□□ **3** 意見提出期間は、公示の日から起算して30日以上でなければならず、30日を下回る意見提出期間を定めることはできない。

□□□ **4** 命令等制定機関は、意見公募手続を実施して命令等を定める場合には、意見提出期間内に当該命令等制定機関に対し提出された当該命令等の案についての意見を十分に考慮しなければならない。

解答 **1** ○ （38条１項）　**2** × 広く一般の意見を求めなければならない（39条１項）　**3** × やむを得ない理由があるときは、30日を下回る意見提出期間を定めることができる（40条１項）。　**4** ○ （42条）

第2部 行政法

第3章 行政不服審査法

第1節 行政不服審査法総則　重要度 A

学習のPOINT

行政不服審査法では、第2節～第4節で手続の流れに沿った解説をしており、手続全体に共通する事項をこの第1節で解説しています。さらに、前提として行政救済法の全体像も解説しています。

1 行政救済法の全体像

　国や地方公共団体の行政作用により国民の権利が侵害された場合に、国民の救済を図る方法には、①行政作用それ自体について争い、その行政作用をなかったことにしてもらう争訟による救済と、②行政作用それ自体については争わないものの、行政作用によって生じた損害を金銭で穴埋めしてもらう金銭による救済の2つがあります。※4

(1) 争訟による救済

　争訟による救済には、行政機関自身に対して救済を求める**行政不服申立て**と、裁判所に対して救済を求める**行政事件訴訟**という2つの制度があります。そして、行政不服申立ての手続については**行政不服審査法**という法律が、行政事件訴訟の手続については**行政事件訴訟法**という法律がそれぞれ規定しています。※5

　この2つの制度は、法律に特別の規定がなければ、好きな方を選択することができます（**自由選択主義**）。なお、行政不服申立てと行政事件訴訟のメリット・デメリットは、以下のとおりです。

※4 **具体例をイメージ**

例えば、都道府県知事がいったんなした飲食店の営業許可を取り消す処分をした場合に、この処分をなかったことにして営業を続けられるようにしてもらうのが、①争訟による救済である。また、この処分に従って営業は止めるものの、営業できなくなったことにより生じた売上相当額の損害を金銭で穴埋めしてもらうのが、②金銭による救済である。

※5 **参考**

行政不服審査法に基づく不服申立ては、違法な処分のみならず不当な処分も対象となるのに対し、行政事件訴訟法に基づく取消訴訟は、違法な処分のみが対象となり、不当な処分は対象とならない。過 18-16-5

【行政不服申立てと行政事件訴訟】

	行政不服申立て	行政事件訴訟
メリット	スピーディーに解決できる	裁判所という中立な機関が判断するため、公正である
デメリット	行政機関が判断をするため、行政に有利な判断がされがちである	解決に時間がかかる

（2）金銭による救済

　金銭による救済には、違法な行政作用により生じた損害を金銭で穴埋めしてもらう**国家賠償**と、適法な行政作用により生じた損失を金銭で穴埋めしてもらう**損失補償**という2つの制度があります。※1

【行政救済法の全体像】

2 行政不服審査法の目的

　行政不服審査法の目的は、行政庁の**違法又は不当**な処分その他公権力の行使に当たる行為に関し、国民が**簡易迅速かつ公正**な手続の下で広く行政庁に対する不服申立てをすることができるための制度を定めることにより、**国民の権利利益**の救済を図るとともに、**行政の適正な運営**を確保することです（1条1項）。過21-12-3、21-14-2 ※2

　行政不服審査法は、行政不服申立てに関する一般法であり、他の法律に特別の定めがある場合には、そちらが優先して適用されます（1条2項）。過20-15-4、25-14-2

※1 参考

国家賠償については、国家賠償法という法律が規定しているが、損失補償については、損失補償法というものは存在せず、個別の法律（例：土地収用法、道路法など）で、どのような場合にどのような損失補償をするかについてそれぞれ規定している。

※2 過去問チェック

裁決においては、違法を理由として処分を取消すことはできるが、不当を理由として取消すことはできない。→✕（21-14-2）

※3 よくある質問

Q「処分」と「事実上の行為」の違いは何ですか？

A「処分」は、国民の権利義務に変動を及ぼす行為です。例えば、国民に対して課税処分がなされると、その国民に納税義務が発生します。これに対して、「事実上の行為」は、国民の権利義務に変動を及ぼさない行為です。例えば、不法入国した外国人にはもともと日本に滞在する権利がない以上、その外国人を収容しても外国人の権利が奪われるわけではありません。

3 不服申立ての類型

（1）審査請求

　行政不服審査法は、不服申立ての類型を原則として審査請求に一本化しています。

　審査請求には、①処分についての審査請求と、②不作為についての審査請求の２つがあります。

①　処分についての審査請求

　行政庁の処分に不服がある者は、審査請求をすることができます（２条）。

　「処分」とは、行政庁の処分その他公権力の行使に当たる行為のことであり（１条２項かっこ書）、不法入国者の退去強制に当たり収容する行為（出入国管理及び難民認定法39条１項）のような事実上の行為も含まれます。※3 週20-15-1

　行政不服審査法は、適用除外規定に該当する処分を除き、原則として全ての処分について審査請求をすることができるとする一般概括主義を採用しています。行政の領域が日々拡大していく情況のもとでは、不服申立ての対象とすべき処分を法律上列挙していくことは立法技術上困難だからです。週19-14-2、24-14-2、25-15-4、27-15-2、29-14-1、元-15-5

　そして、行政不服審査法で除外された事項（適用除外）には、以下のようなものがあります（７条１項）。※4 ※5 ※6 週27-15-2

慎重な手続によって行われた処分であり、審査請求を認めても無駄であるもの	①国会の両院・一院・議会の議決によってされる処分
	②裁判所・裁判官の裁判により又は裁判の執行としてされる処分
	③国会の両院・一院・議会の同意・承認を得てなされる処分
	④検査官会議で決すべきものとされている処分

※4 参考

行政手続法の場合（３条３項）と異なり、地方公共団体の機関が条例・規則に基づいてする処分も適用除外とはされていない。週20-15-3、29-14-2

※5 参考

国又は地方公共団体その他の公共団体若しくはその機関に対する処分で、これらの機関・団体がその固有の資格において当該処分の相手方となるもの及びその不作為については、行政不服審査法の規定は適用されない（７条２項）。週29-14-3

※6 参考

７条に挙げられ行政不服審査法の適用除外とされた処分又は不作為でも、他の法律で不服申立ての制度を設けることはできる（８条）。週20-15-5

行政不服審査法よりも慎重な手続で処理されるべきもの	①形式的当事者訴訟によるべきとされる処分 ②刑事事件に関する法令に基づいて検察官・検察事務官・司法警察職員がする処分 ③国税・地方税の犯則事件に関する法令に基づいて国税庁長官等がする処分及び金融商品取引の犯則事件に関する法令に基づいて証券取引等監視委員会等がする処分
処分の性質上、審査請求を認めるべきでないもの	①学校・講習所・訓練所・研修所において行われる処分 ②刑務所等において、収容の目的を達成するためにされる処分 週18-16-2 ③外国人の出入国・帰化に関する処分 週18-16-2 ④専ら人の学識技能に関する試験・検定の結果についての処分
手続の簡易迅速性の要請から、審査請求を認めるべきでないもの	①行政不服審査法に基づいて行われる処分 ※1

行政不服審査法は行政不服申立ての一般法ですから（1条2項）、他の法律により適用除外とされた場合は、行政不服審査法による審査請求をすることができません。※2

② 不作為についての審査請求

「不作為」とは、**法令に基づく申請**に対して何らの処分をもしないことです（3条かっこ書）。※3 週30-14-2

法令に基づき行政庁に対して処分についての**申請をした者**は、当該申請から**相当の期間**が経過したにもかかわらず、行政庁の不作為がある場合には、当該不作為についての**審査請求**をすることができます（3条）。※4 週30-14-1、2-14-ウ

③ 審査請求をすべき行政庁

審査請求は、法律（条例に基づく処分については、条例）に特別の定めがある場合を除くほか、以下の行政庁に対してするものとされています（4条）。

※1 具体例をイメージ

例えば、利害関係人の参加の不許可処分（13条1項）、物件の提出要求（33条）、審査請求人からの物件の閲覧・交付請求を拒否する処分（38条1項後段）などである。

※2 具体例をイメージ

例えば、行政庁・主宰者が聴聞手続についてなした処分（行政手続法27条）、労働委員会がなした処分（労働組合法27条の26）、公正取引委員会がなした処分（独占禁止法70条の12）などである。

※3 具体例をイメージ

例えば、病気で仕事に就くことができず生活に困っている人が市長に対して生活保護の支給を申請したにもかかわらず、1年経っても何の連絡もない場合などである。

※4 参考

不作為についての審査請求の審理中に申請拒否処分がなされた場合については、当該審査請求は、拒否処分に対する審査請求とみなされる旨の規定は存在しない。週30-14-4

【審査請求をすべき行政庁】

1	処分庁等に上級行政庁がない場合又は処分庁等が主任の大臣、宮内庁長官、内閣府設置法49条1項・2項又は国家行政組織法3条2項に規定する庁の長である場合	当該処分庁等　過29-15-2
2	宮内庁長官又は内閣府設置法49条1項・2項若しくは国家行政組織法3条2項に規定する庁の長が処分庁等の上級行政庁である場合	宮内庁長官又は当該庁の長
3	主任の大臣※5が処分庁等の上級行政庁である場合（1・2の場合を除く）	当該主任の大臣
4	1〜3以外の場合	当該処分庁等の最上級行政庁

(2) 再調査の請求 ※6

　行政庁の処分につき処分庁以外の行政庁に対して審査請求をすることができる場合において、法律に再調査の請求をすることができる旨の定めがあるときは、当該処分に不服がある者は、処分庁に対して**再調査の請求**をすることができます（5条1項本文）。これは、国税に関する処分など大量に行われる処分の認定の当否を処分庁自身が見直す必要が大きい類型について、例外的に認められたものです。過28-14-1・2、3-15-3

　再調査の請求をするかどうかは自由に選択することができますが、再調査の請求をしたときは、原則として、当該再調査の請求についての**決定**を経た後でなければ、審査請求をすることができません（5条2項本文）。過29-14-5、3-15-2

　ただし、①再調査の請求をした日の翌日から起算して**3か月**を経過しても、処分庁が当該再調査の請求につき決定をしない場合、②その他再調査の請求についての決定を経ないことにつき**正当な理由**がある場合には、再調査の請求についての決定を経なくても、審査請求をすることができます（5条2項ただし書）。

(3) 再審査請求

　行政庁の処分につき法律に再審査請求をすることができる旨の定めがある場合には、当該処分についての審査請求の裁決 ※7

※5 用語

主任の大臣：各省の長として一定の行政事務を分担・管理する者のこと。

※6 参考

再調査の請求は、処分庁が簡易な手続で事実関係の再調査を行うものであるから、審理員制度や行政不服審査会等への諮問制度は、準用されていない（61条）。過28-14-3、3-15-4

※7 用語

裁決：審査請求を受けた審庁がなした判断のこと。

第3章 ― 行政不服審査法　第1節 ― 行政不服審査法総則　**227**

に不服がある者は、再審査請求をすることができます（6条1項）。審査請求の裁決に不服がある場合、さらに行政上の不服申立てをするよりも、行政事件訴訟により裁判所に救済を求めた方が適切なので、再審査請求は、法律に特別の定めがある場合に限り、例外的に認められています。過2-15-1

再審査請求は、原裁決又は当該処分（原裁決等）を対象として、法律の定める行政庁に対してするものとされています（6条2項）。過2-15-3・4

【不服申立ての類型】

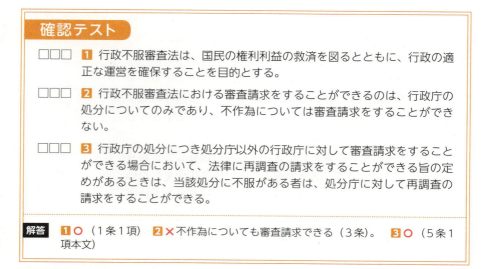

確認テスト

☐☐☐ **1** 行政不服審査法は、国民の権利利益の救済を図るとともに、行政の適正な運営を確保することを目的とする。

☐☐☐ **2** 行政不服審査法における審査請求をすることができるのは、行政庁の処分についてのみであり、不作為については審査請求をすることができない。

☐☐☐ **3** 行政庁の処分につき処分庁以外の行政庁に対して審査請求をすることができる場合において、法律に再調査の請求をすることができる旨の定めがあるときは、当該処分に不服がある者は、処分庁に対して再調査の請求をすることができる。

解答 **1**○（1条1項）　**2**×不作為についても審査請求できる（3条）。　**3**○（5条1項本文）

第2節 審査請求の要件　重要度 A

学習のPOINT
まずは、審査請求の流れを押さえましょう。次に、審査請求の要件は5つありますので、それを押さえた上で、各要件について問題となる条文を押さえておきましょう。

1 審査請求の流れ

審査請求がなされると、まず、審査請求の要件を満たしているかを調査します（要件を満たしていないときは、審理をしてもらえません）。

次に、審査請求を受けた行政庁が、その審査請求に理由があるかどうかを審理します。

最後に、審査請求を受けた行政庁が、裁決という形で判断の結果を示します。まとめると、以下の図のようになります。

【審査請求の流れ】

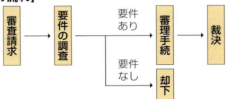

2 審査請求の要件

審査請求の要件は、以下の5つです。

【審査請求の要件】

1	処分又は不作為が存在すること
2	正当な当事者からなされること
3	権限を有する行政庁に対してなすこと
4	審査請求期間内になすこと
5	形式と手続を遵守すること

（1）処分又は不作為が存在すること 過22-14-5

処分が行われる前になされた処分についての審査請求や、申請をしないでなされた不作為についての審査請求は、不適法とされます。

（2）正当な当事者からなされること
① 不服申立適格

審査請求は、行政庁の処分又は不作為に対し不服のある者すべてに許されるものではありません。審査請求の正当な当事者となるには、不服申立適格を備えることが必要です。※1 過23-14-2

最重要判例 ● **主婦連ジュース事件**（最判昭53.3.14）

事案 公正取引委員会は、社団法人日本果汁協会の申請に基づき、飲料等の表示に関する公正競争規約を認定した。もっとも、主婦連合会は、それが適正な表示でないとして、不当景品類及び不当表示防止法（景表法）に基づいて不服申立てをしたが、却下審決がなされた。そこで、主婦連合会は、この審決の取消訴訟を提起した。

結論 訴え却下

判旨 ①不服申立適格が認められる者
「公正取引委員会の処分について不服があるもの」とは、当該処分について不服申立てをする法律上の利益がある者、すなわち、当該処分により自己の権利もしくは法律上保護された利益を侵害され又は必然的に侵害されるおそれのある者をいう。過22-14-4、24-14-3 ※2、25-14-3、27-15-3
②一般消費者の不服申立適格の有無
一般消費者が受ける利益は、景表法の適正な運用によって実現されるべき公益の結果として生ずる反射的な利益ないし事実上の利益であって、個人的な利益を保護することを目的とする法規により保障される法律上保護された利益とはいえない。したがって、単に一般消費者であるというだけでは、法律上の利益をもつ者であるということはできない。過3-19-3

---

② 総代

審理手続の迅速・円滑化を図るため、多数人が共同して審査請求をする場合、3人を超えない総代を互選して審査請求に関する行為を委任することができます（11条1項）。過2-14-オ

※1 参考
法人でない社団又は財団で代表者又は管理人の定めがあるものは、その名で審査請求をすることができる（10条）。過29-15-1

※2 過去問チェック
行政処分について審査請求の申立適格を有するのは、処分の相手方に限られ、それ以外の第三者は、他の法律に特別の定めがない限り、申立適格を有しない。→ × (24-14-3)

※3 参考
代理人による審査請求の要件や代理人の資格は、法定されていない。過22-14-2、23-14-3

※4 よくある質問

Q 「特別の委任を受けた場合」とはどのような場合ですか？

A 代理人が本人に無断で審査請求を取り下げてしまうと、せっかく審査請求をして争おうとした本人の意思が無視されてしまいます。そこで、審査請求の取下げは、本人が代理人に対して別途「審査請求を取り下げてください」と委任しない限り、することができないとされています。

総代は、各自、他の共同審査請求人のために、**審査請求の取下げ**を除き、当該審査請求に関する一切の行為をすることができます（11条3項）。圏29-15-5

③　代理人

　審査請求人の活動能力を補充し便宜を与えるため、**代理人**によって審査請求をすることができます（12条1項）。※3 圏22-14-2、30-15-ア

　代理人は、各自、審査請求人のために、当該審査請求に関する**一切の行為**をすることができますが、審査請求の取下げは、**特別の委任**を受けた場合に限り、することができます（12条2項）。※4 圏22-14-3、29-15-4、30-15-ア

（3）権限を有する行政庁に対してなすこと

　審査請求を処理する権限を有する行政庁に対して審査請求がなされることが必要です。※5

（4）審査請求期間内になすこと

①　処分についての審査請求

　処分についての審査請求においては、行政上の法律関係の早期安定の要請と国民の権利利益の実効的救済との調和の観点から、比較的短期の審査請求期間が法定されており、この期間を経過すると、審査請求をすることができなくなります。※6

【審査請求期間】

	主観的審査請求期間	客観的審査請求期間
原則	処分があったことを知った日の翌日から起算して**3か月**以内（18条1項本文）※7 ※8 圏30-16-ア、2-14-イ	処分があった日の翌日から起算して**1年**以内（18条2項本文）圏2-14-イ
例外	①正当な理由があるとき →審査請求期間を経過しても審査請求をすることができる（18条1項ただし書） ②当該処分について再調査の請求をしたとき →当該再調査の請求についての決定があったことを知った日の翌日から起算して**1か月**以内（18条1項本文かっこ書）	①正当な理由があるとき →審査請求期間を経過しても審査請求をすることができる（18条2項ただし書） ②当該処分について再調査の請求をしたとき →当該再調査の請求についての決定があった日の翌日から起算して**1年**以内（18条2項本文かっこ書）

※5 **参考**

審査請求は、処分庁等を経由してすることもでき（21条1項前段）、必ずしも審査庁に対して直接する必要はない。圏19-14-1、元-15-1

※6 **参考**

審査請求書を郵便で提出した場合における審査請求期間の計算については、送付に要した日数は算入しない（18条3項）。

※7 **重要判例**

「処分があったことを知った日」とは、処分がその名あて人に個別に通知される場合には、その者が処分のあったことを現実に知った日のことをいい、処分が個別の通知ではなく告示をもって多数の関係権利者等に画一的に告知される場合には、告示があった日のことをいう（最判平14.10.24）。圏23-15

※8 **法改正情報**

平成26年の行政不服審査法改正により、主観的審査請求期間が60日から3か月に延長された。

第3章 — 行政不服審査法　第2節 — 審査請求の要件　231

② 不作為についての審査請求

不作為についての審査請求には、審査請求期間の規定がありませんから、不作為状態が継続している限りすることができます。週30-14-3

(5) 形式と手続を遵守すること

① 審査請求書の提出

審査請求は、他の法律・条例に口頭ですることができる旨の定めがある場合を除き、審査請求書を提出してしなければなりません（19条1項）。これは、審査請求の存在や争点を明確にし、手続を慎重に進めるためです。週22-14-1、3-16-イ

② 審査請求書の記載事項

審査請求書には、以下の事項を記載する必要があります。

【審査請求書の記載事項】

処分 （19条 2項）	①審査請求人の氏名・名称及び住所・居所 ②審査請求に係る処分の内容 ③審査請求に係る処分（当該処分について再調査の請求についての決定を経たときは、当該決定）があったことを知った年月日 ④審査請求の趣旨及び理由 ⑤処分庁の教示の有無及びその内容 ⑥審査請求の年月日
不作為 （19条 3項）	①審査請求人の氏名・名称及び住所・居所 ②当該不作為に係る処分についての申請の内容及び年月日 ③審査請求の年月日

③ 審査請求書の補正

審査請求が不適法なものであるときは、本来、その審査請求は却下されるはずです。しかし、すぐに審査請求を却下するのでは、国民の権利救済の観点から行政不服審査制度を設けた意義が失われてしまいます。

そこで、審査請求書が19条の規定に違反する場合には、審査庁は、相当の期間を定め、その期間内に不備を補正すべきことを命じなければなりません（23条）。※1 週18-14-4

※1 引っかけ注意！
行政不服審査法の場合は、補正をせずに直ちに審査請求を却下することはできません。行政手続法では、補正をせずに直ちに許認可等を拒否することができるとされていることとの違いに注意しましょう。

確認テスト

□□□ **1** 審査請求は、代理人によってすることができる。

□□□ **2** 審査請求は、原則として、処分があったことを知った日の翌日から起算して60日以内にしなければならない。

□□□ **3** 審査請求は、他の法律・条例に口頭ですることができる旨の定めがある場合を除き、審査請求書を提出してしなければならない。

解答 **1 ○**（12条1項） **2 ✕** 3か月以内である（18条1項本文）。 **3 ○**（19条1項）

第3節 審査請求の審理手続

重要度 A

学習のPOINT

ここでは、審査請求の審理手続の流れについて学習します。また、手続の承継についても合わせて学習します。

1 審理手続の流れ

(1) 審理の主宰

審査請求の審理は、審査庁の職員のうち処分に関与しない者（**審理員**）が主宰します。処分に関与した者が審理を主宰すると、審査請求人と処分庁の主張を公正に審理することができないからです。※1 過28-15-1・2

審査庁は、原則として、その審理のために、その職員のうちから審理員を指名しなければならず（9条1項本文）、これは処分についての審査請求であっても、不作為についての審査請求であっても同様です。過30-14-5

(2) 審理の準備 ※2

審理員は、審査庁から指名されたときは、直ちに、審査請求書（書面による審査請求の場合）又は審査請求録取書の写し（口頭による審査請求の場合）を処分庁等に送付しなければならず（29条1項本文）、**相当の期間**を定めて、処分庁等に対し、**弁明書**の提出を求めるものとされています（29条2項）。審理員は、処分庁等から弁明書の提出があったときは、これを審査請求人に送付しなければなりません（29条5項）。

審査請求人は、送付された弁明書に記載された事項に対する反論を記載した書面（これを**反論書**といいます）を提出することができます（30条1項前段）。審理員は、審査請求人から反論書の提出があったときは、これを処分庁等に送付しなければなりません（30条3項）。過29-15-3

まとめると、以下の図のような流れになります。

※1 参考

審査庁となるべき行政庁は、審理員となるべき者の名簿を作成するよう努めるとともに、これを作成したときは、適当な方法により公にしておかなければならない（17条）。過28-15-2

※2 法改正情報

平成26年の行政不服審査法改正により、標準審理期間（審査請求が審査庁となるべき行政庁に到達してから当該審査請求に対する裁決をするまでに通常要すべき標準的な期間）を設定する努力義務及びこれを設定した場合に公にする法的義務が規定された（16条）。過30-15-イ

【審理の準備】

審査請求人 ①審査請求書の提出 → 審理員 ②審査請求書の送付・弁明書の提出要求 → 処分庁等
④弁明書の送付 ← ③弁明書の提出 ←
⑤反論書の提出 → ⑥反論書の送付 →

(3) 書面審理主義

裁判のように当事者から直接話を聞いていては時間がかかってしまいますから、審査請求の審理は書面により行われるのが原則です。 過18-14-2、19-16-4、20-14-5、24-14-4、25-15-5、27-15-1

もっとも、国民の権利利益を守るという側面も無視できませんから、審査請求人又は参加人の申立てがあったときは、審理員は、それが困難であると認められるときを除き、申立人に口頭で審査請求に係る事件に関する意見を述べる機会を与えなければなりません（31条1項）。※3 ※4 過18-14-2、27-15-1、30-15-ウ、元-15-4、2-14-エ、3-15-5

(4) 職権探知主義

審査請求は訴訟手続と比べて手続の簡易性と迅速性を必要とすることから、行政不服審査法によれば、審理員が職権で物件の提出要求（33条）、参考人の陳述及び鑑定※5の要求（34条）、検証※6（35条1項）、審理関係人への質問（36条）をすることができ、職権探知主義の特色を有します。

(5) 参加人制度

利害関係人は、審理員の許可を得て、審査請求に参加することができます（13条1項）。過25-14-4、30-15-オ、2-14-エ

また、参加は代理人によってもすることができ（13条3項）、代理人は審査請求への参加に関する一切の行為をすることができます（13条4項本文）。ただし、参加の取下げは、特別の委任が必要です（13条4項ただし書）。

2 審理手続の承継

相続・合併・分割といった包括承継※7の場合、審査庁の許可を得なくても、当然に審査請求人の地位が承継されます

※3 参考
口頭意見陳述において、申立人は、審理員の許可を得て、補佐人とともに出頭することができる（31条3項）。過23-14-4

※4 参考
口頭意見陳述の規定は、再調査の請求にも準用されている（61条）。過28-14-4、3-15-5

※5 用語
鑑定：特別な学識経験者に専門的知識又はそれを利用した判断の結果を報告させること。

※6 用語
検証：物・場所・人について、その存在や状態などを認識すること。

※7 用語
包括承継：すべての権利・義務を受け継ぐこと。

（15条1項・2項）。週19-14-5、30-15-エ

これに対して、審査請求の目的である処分に係る権利のみを譲り受けた特定承継※1の場合、審査庁の許可を得なければ、審査請求人の地位を承継することはできません（15条6項）。週2-14-ア

※1 用語
特定承継：ある特定の権利・義務を受け継ぐこと。

3 審理手続の終結

(1) 審理手続の終結
審理員は、必要な審理を終えたと認めるときは、審理手続を終結するものとされています（41条1項）。

(2) 審理員意見書
審理員は、審理手続を終結したときは、遅滞なく、審査庁がすべき裁決に関する意見書（これを審理員意見書といいます）を作成しなければならず（42条1項）、審理員意見書を作成したときは、速やかに、これを事件記録とともに、審査庁に提出しなければなりません（42条2項）。審査請求人と処分庁の主張を公正に審理するため審理員制度を導入した趣旨を全うさせるべく、審査庁の裁決が審理員の判断に基づいてなされるような仕組みが導入されています。週28-15-4

(3) 行政不服審査会等への諮問
審査庁は、審理員意見書の提出を受けたときは、原則として、行政不服審査会等に諮問しなければなりません（43条1項）。審査庁の裁決の内容の公正を図るため、原則として行政不服審査会等への諮問が義務付けられています。週28-15-5

【審理手続の終結】

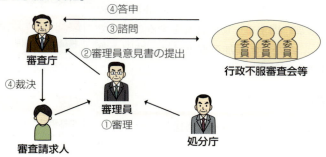

- □□□ **1** 審査請求の審理は、書面により行われるのが原則である。
- □□□ **2** 審理員は、審査請求人の申立てがなければ、参考人の陳述及び鑑定の要求等の証拠調べをすることができない。
- □□□ **3** 相続・合併・分割といった包括承継の場合、審査庁の許可を得なくても、当然に審査請求人の地位が承継される。

解答 **1** ○　**2** ✕ 審理員は職権でなしうる（33条〜36条）。　**3** ○（15条1項・2項）

第4節 審査請求の終了

学習のPOINT

審査請求手続は、審査請求人が審査請求を取り下げた場合などを除き、裁決によって終了することになります。

1 取下げ

審査請求人は、**裁決**があるまでは、いつでも審査請求を取り下げることができます（27条1項）。過22-15-1

もっとも、後に取下げの有無につき紛争が生じるのを防ぐため、審査請求の取下げは、**書面**によってしなければなりません（27条2項）。

2 裁決

（1）裁決とは何か

裁決とは、審査請求を受けた審査庁がなした判断のことです。

（2）裁決の種類

裁決には、①**却下裁決**、②**棄却裁決**、③**認容裁決**の3種類があります。※1

① 却下裁決

却下裁決とは、審査請求の要件が欠けており不適法であるとして、審理を拒絶する裁決のことです。過24-15-1、27-14-1、28-16-1・3、30-16-ウ・エ

② 棄却裁決

棄却裁決とは、審査請求に理由がない（処分・不作為が適法・妥当である）として、審査請求を退ける裁決のことです。過27-14-1、28-16-1、2-16-イ

なお、処分が違法・不当である場合、認容裁決がなされるのが通常ですが、処分を取り消すことにより公の利益に著しい障

※1 よくある質問

Q「却下裁決」と「棄却裁決」の違いは何ですか？

A「却下裁決」は、審査請求自体がその要件を欠き不適法である場合に、審査請求人の主張の当否を検討するまでもなく、審査請求を退ける裁決のことです。これに対して、「棄却裁決」は、審査請求自体はその要件を満たし適法であるが、審査請求人の主張の当否を検討した結果、その主張に理由がないと判断した場合に、審査請求を退ける裁決のことです。

害が生じるときは、一切の事情を考慮して棄却裁決をすることもできます（45条3項）。これを**事情裁決**といいます。過20-18-4、24-15-5、27-14-5、元-14-エ

③ 認容裁決

認容裁決とは、審査請求に理由がある（処分・不作為が違法・不当である）として、審査請求を認める裁決のことです。

【処分についての審査請求の認容裁決の効果】※2

	処分 （行政行為）		事実上の行為
審査庁が処分庁の上級行政庁	処分の全部又は一部を**取り消し又は変更する**（46条1項本文）※3 過22-15-3、28-16-2	事実上の行為が違法又は不当である旨を宣言する	処分庁に対し当該事実上の行為の全部又は一部を**撤廃し、又はこれを変更すべき旨を命ずる**（47条本文1号）※3 過22-15-2
審査庁が処分庁	処分の全部又は一部を**取り消し又は変更する**（46条1項本文）※3		当該事実上の行為の全部又は一部を**撤廃し、又はこれを変更する**（47条本文2号）※3
審査庁が処分庁の上級行政庁又は処分庁のいずれでもない	処分の全部又は一部を**取り消す**（46条1項ただし書）		処分庁に対し当該事実上の行為の全部又は一部を**撤廃すべき旨を命ずる**（47条ただし書）

【不作為についての審査請求の認容裁決の効果】

審査庁が不作為庁の上級行政庁	不作為が違法又は不当である旨を宣言する（49条3項前段）過2-16-ウ	不作為庁に対し、申請に対して処分をすべき旨を命ずる（49条3項後段1号）過22-15-4、28-16-5
審査庁が不作為庁		申請に対して処分をする（49条3項後段2号）

【審査請求の裁決】

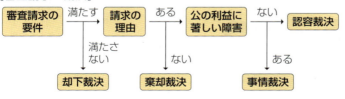

※2 参考
法令に基づく申請を却下し又は棄却する処分を取り消す場合において、当該申請に対して一定の処分をすべきものと認めるときは、処分庁の上級行政庁である審査庁は、当該処分庁に対して当該処分をすべき旨を命ずることができ、処分庁である審査庁は、自らその処分を行うことができる（46条2項）。過28-16-4

※3 参考
審査請求人の不利益に変更することはできない（48条）。過18-26-1、19-14-4、21-14-5、27-14-3、28-16-2、3-16-ウ

(3) 裁決の方式

　審査庁の判断を慎重にさせるとともに、審査請求人が後に裁決を不服として争う場合の情報を提供するため、裁決は、理由を記載し、審査庁が記名押印した裁決書によりしなければなりません（50条1項4号）。過18-14-5、21-14-1・3、24-14-5、26-14-3、28-16-1

(4) 裁決の効力

① 効力の種類

　裁決も行政行為の一種ですから、公定力・不可争力・執行力・不可変更力を有します。

　また、関係行政庁に対し、処分を違法・不当とした判断を尊重し、裁決の趣旨に従って行動することを義務付ける効力を有しています（52条1項）。これを裁決の拘束力といいます。※1
過22-15-5、元-14-イ

② 効力発生時期

　裁決は、審査請求人（当該審査請求が処分の相手方以外の者のしたものである場合における認容裁決にあっては、審査請求人及び処分の相手方）に送達された時に、その効力を生じます（51条1項）。

　裁決の送達は、送達を受けるべき者に裁決書の謄本※2 を送付することによって行います（51条2項本文）。※3

【裁決の送達】

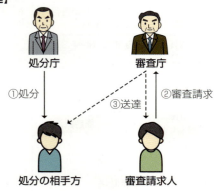

※1 重要判例

処分を適法と認めて審査請求を棄却する裁決があった場合、当該裁決は処分庁を拘束せず、処分庁は、原処分を取り消したり変更したりすることができる（最判昭49.7.19）。

※2 用語

謄本：原本の内容の全部を写したもので、原本の内容を証明するために作られる書面のこと。

※3 参考

送達を受けるべき者の所在が知れないとき、その他裁決書の謄本を送付することができないときは、公示の方法によってすることができる（51条2項ただし書）。この場合、その掲示を始めた日の翌日から起算して2週間を経過した時に裁決書の謄本の送付があったものとみなされる（51条3項後段）。

確認テスト

□□□ **1** 審査請求人は、裁決があるまでは、いつでも審査請求を取り下げることができる。

□□□ **2** 裁決とは、審査請求を受けた審査庁がなした判断のことである。

□□□ **3** 審査請求に理由があり処分が違法・不当であると判断した場合、その審査請求を棄却することはできない。

□□□ **4** 裁決は、審査庁が記名押印した裁決書によりしなければならない。

解答 **1** ○ （27条1項）　**2** ○　**3** ✕ 事情裁決の制度が設けられている（45条3項）。
4 ○ （50条1項）

第3章 — **行政不服審査法**　第4節 — 審査請求の終了　241

第5節 執行停止

重要度 A

学習のPOINT

執行停止については、行政事件訴訟法との対比が重要です。行政事件訴訟法の執行停止について学習する際には、このページに戻ってきて行政不服審査法の執行停止についても再度確認しましょう。

1 執行不停止の原則

　行政の円滑な運営に支障をきたすことを防止するため、審査請求がなされ審理中であったとしても、処分の効力・処分の執行・手続の続行は妨げられません（25条1項）。これを**執行不停止の原則**といいます。過19-15、27-15-4

2 執行停止

　執行不停止の原則を貫くと、審査請求の審理中に処分が執行され審査請求人に損害が生じ、後日審査請求が認容されても、もはや審査請求人の権利救済が実現できなくなる場合があります。

　そこで、審査請求人の権利を保全するため、処分の効力・処分の執行・手続の続行の全部又は一部の停止をすること（これを**執行停止**といいます）が認められています（25条2項～7項）。※1 ※2

【執行停止の内容】

	意味	具体例
処分の効力の停止	処分の効力を暫定的に停止し、処分がなかった状態を復元すること	懲戒免職処分の効力の停止
処分の執行の停止	処分により課された義務の履行を確保するための強制手段を停止すること	退去強制令書の発付処分における強制送還の停止
手続の続行の停止	処分の存在を前提としてなされる後続の手続（処分）を停止すること	事業認定後の収用裁決の停止

※1 参考

処分の効力の停止は、処分の執行又は手続の続行の停止によって目的を達することができる場合には、することができない（25条6項）。過27-17-4、29-16-5

※2 受験テクニック

行政不服審査法における執行停止は、行政機関である審査庁がするものですから、同じ行政機関である内閣総理大臣が異議を述べることは認められていないと覚えておきましょう。

242

行政不服審査法における執行停止には、執行停止をするか否かが審査庁の任意に委ねられている場合（任意的な執行停止）と、審査庁が必ず執行停止をしなければならない場合（義務的な執行停止）の２つがあります。

【行政不服審査法における執行停止】

任意的な執行停止	審査庁が処分庁の上級行政庁又は処分庁	審査請求人の申立て又は職権により、執行停止をすることができる（25条2項）※3 過18-15-5、19-15、3-14-5
	審査庁が処分庁の上級行政庁又は処分庁のいずれでもない	審査請求人の申立てにより、処分庁の意見を聴取した上で、執行停止をすることができる（25条3項）過19-15、29-16-1
義務的な執行停止	審査請求人の申立てがあった場合において、処分・処分の執行・手続の続行により生ずる重大な損害を避けるために緊急の必要があると認めるときは、審査庁は、執行停止をしなければならない（25条4項）過18-15-1 ※4、29-16-2 ※以下の場合は執行停止義務なし　過18-15-2 ※5 ①公共の福祉に重大な影響を及ぼすおそれがあるとき ②本案 ※6 について理由がないとみえるとき　過3-14-1	

　なお、審理員は、必要があると認める場合には、審査庁に対し、執行停止をすべき旨の意見書を提出することができます（40条）。しかし、意見書の提出があった場合でも、審査庁は、速やかに、執行停止をするかどうかを決定しなければならないとされているにすぎず（25条7項）、執行停止をする義務を負うわけではありません。過28-15-3、29-16-3、3-14-3

3 執行停止の取消し

　執行停止をした後において、執行停止が公共の福祉に重大な影響を及ぼすことが明らかとなったとき、その他事情が変更したときは、審査庁は、その執行停止を取り消すことができます（26条）。過29-16-4、30-16-イ、3-14-2

※3 参考

審査庁が処分庁の場合における執行停止の規定は、再調査の請求にも準用されている（61条）。過28-14-5、3-14-4

※4 過去問チェック

従来、執行停止の要件としては、「重大な損害」が必要とされていたが、平成16年の法改正により、「回復困難な損害」で足りることとされた。→✕（18-15-1）

※5 過去問チェック

審査庁は、「本案について理由がないとみえるとき」には、執行停止をしないことができる。→〇（18-15-2）

※6 用語

本案：付随的・派生的事項ではなく、その手続の主目的という意味の用語である。ここでは審査請求自体を意味する。

確認テスト

□□□ **1** 処分について審査請求がなされた場合、その処分の効力は停止するのが原則である。

□□□ **2** 審査庁が処分庁の上級行政庁又は処分庁である場合、審査請求人の申立て又は職権により、執行停止をすることができる。

□□□ **3** 執行停止をした後は、その執行停止を取り消すことはできない。

解答 **1** ✕ 処分の効力は妨げられないのが原則である（執行不停止の原則：25条1項）。
2 ◯ （25条2項） **3** ✕ 執行停止の取消しも認められている（26条）。

| 第6節 | 教示 | 重要度 B |

学習のPOINT

教示についても、行政事件訴訟法との対比が重要です。行政事件訴訟法の教示について学習する際には、このページに戻ってきて行政不服審査法の教示についても再度確認しましょう。

1 教示とは何か

教示とは、処分の相手方など国民に対して、不服申立てによる救済が受けられることを知らせる制度です。

行政上の不服申立制度は複雑であり一般国民にとってわかりづらいものであることから、権利救済を徹底させるため、処分の段階で不服申立てに関する情報を提供する教示制度が設けられたのです。

2 教示の種類

(1) 必要的教示

行政庁は、不服申立てをすることができる処分を書面でする場合、処分の相手方に対し、①当該処分につき不服申立てをすることができる旨、②不服申立てをすべき行政庁、③不服申立てをすることができる期間を**書面で**教示しなければなりません（82条1項本文）。週26-15-ア・エ、29-26-ウ

これに対して、口頭で処分をするときは、教示する必要がありません（82条1項ただし書）。なぜなら、口頭で行われる処分は、比較的軽いものが多いからです。

(2) 請求による教示

行政庁は、**利害関係人**から、①当該処分が不服申立てをすることができる処分であるかどうか、②当該処分が不服申立てをすることができるものである場合における不服申立てをすべき行政庁、③不服申立てをすることができる期間につき教示を求められたときは、当該事項を教示しなければなりません（82条

第3章 ― 行政不服審査法 第6節 ― 教示 **245**

2項）。過26-15-ウ

なお、書面による教示を求められたときは、書面で教示する必要があります（82条3項）。

3 教示に対する救済 ※1

（1）教示義務を怠った場合の救済

行政庁がなすべき教示をしなかったときは、当該処分に不服がある者は、当該処分庁に**不服申立書**を提出することができます（83条1項）。

（2）誤った教示をした場合の救済

① 不服申立先の行政庁を誤って教示した場合

審査請求をすることができる処分につき、処分庁が誤って審査請求をすべき行政庁でない行政庁を審査請求をすべき行政庁として教示した場合において、その教示された行政庁に書面で審査請求がされたときは、当該行政庁は、速やかに、**審査請求書**を処分庁又は審査請求をすべき行政庁に送付し、かつ、その旨を**審査請求人に通知**しなければなりません（22条1項）。処分庁に審査請求書が送付されたときは、処分庁は、速やかに、これを審査庁となるべき行政庁に送付し、かつ、その旨を審査請求人に通知しなければなりません（22条2項）。過26-15-イ ※2

【不服申立先の行政庁を誤って教示した場合】

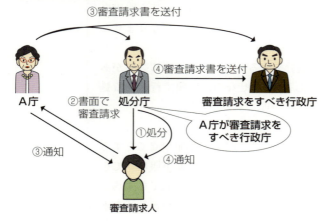

※1 参考

行政庁が、不服申立てをすることができる処分をする場合に、教示義務を怠ったり、誤った教示をしたとしても、その処分自体が当然に違法となるわけではない。過29-26-ア

※2 過去問チェック

処分庁が誤って審査請求すべき行政庁でない行政庁を教示し、当該行政庁に審査請求書が提出された場合、当該行政庁は処分庁または本来の審査請求すべき行政庁に審査請求書を送付しなければならない。→〇（26-15-イ）

② 再調査の請求ができると誤って教示した場合

処分庁が誤って再調査の請求をすることができる旨を教示した場合において、当該処分庁に再調査の請求がされたときは、処分庁は、速やかに、再調査の請求書を審査庁となるべき行政庁に送付し、かつ、その旨を再調査の請求人に通知しなければなりません（22条3項）。再調査の請求書が審査庁となるべき行政庁に送付されたときは、はじめから審査庁となるべき行政庁に審査請求がされたものとみなされます（22条5項）。

【再調査の請求ができると誤って教示した場合】

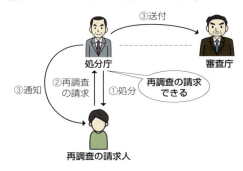

確認テスト

☐☐☐ **1** 行政庁は、不服申立てをすることができる処分を口頭でする場合、教示義務を負わない。

☐☐☐ **2** 行政庁は、利害関係人から、当該処分が不服申立てをすることができる処分であるかどうか等につき教示を求められたとしても、教示義務を負わない。

☐☐☐ **3** 行政庁がなすべき教示をしなかったときは、当該処分に不服がある者は、当該処分庁に不服申立書を提出することができる。

解答 **1** ○（82条1項ただし書）　**2** ✕ 教示義務を負う（82条2項）。　**3** ○（83条1項）

第2部 行政法

第4章 行政事件訴訟法

第1節 行政事件訴訟の類型　重要度 A

学習のPOINT
行政事件訴訟には、①抗告訴訟、②当事者訴訟、③民衆訴訟、④機関訴訟の4つの類型があることを押さえましょう。次に、①抗告訴訟にはどのような類型があるかを押さえましょう。

1 行政事件訴訟

(1) 行政事件訴訟とは何か

　行政事件訴訟とは、国や地方公共団体の違法な行政作用により国民の権利が侵害された場合に、裁判所に対してその行政作用の是正を求める制度のことです。この行政事件訴訟の手続について規定しているのが、**行政事件訴訟法**です。※1

(2) 行政事件訴訟の類型

　行政事件訴訟法は、行政事件訴訟として、①**抗告訴訟**、②**当事者訴訟**、③**民衆訴訟**、④**機関訴訟**の4種類を挙げています（2条）。週元-43-ア

　①抗告訴訟と②当事者訴訟は、国民の個人的な権利の保護を目的とする訴訟（**主観訴訟**）です。主観訴訟は、裁判所法3条1項にいう「**法律上の争訟**」に当たり、当然に裁判所の審査権が及びます。

　これに対して、③民衆訴訟と④機関訴訟は、国民の個人的な権利の保護ではなく、客観的な法秩序の適正を目的とする訴訟（**客観訴訟**）です。客観訴訟は、「法律上の争訟」に当たらず、当然に裁判所の審査権が及ぶわけではなく、法律において特に定めがある場合にのみ、提起することが許されます（42条）。
週18-42-イ

※1 **参考**
行政機関自身に対して行政作用の是正を求める制度は行政不服申立てであり、その手続について規定しているのが行政不服審査法である（☞第3章参照）。

【行政事件訴訟の類型】

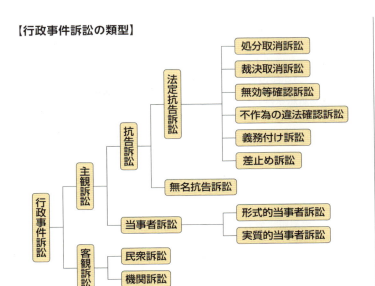

2 抗告訴訟

　抗告訴訟とは、行政庁の公権力の行使に関する不服の訴訟のことです（3条1項）。[※2]

　行政事件訴訟法は、抗告訴訟として、①**処分取消訴訟**（3条2項）、②**裁決取消訴訟**（3条3項）、③**無効等確認訴訟**（3条4項）、④**不作為の違法確認訴訟**（3条5項）、⑤**義務付け訴訟**（3条6項）、⑥**差止め訴訟**（3条7項）の6種類を挙げています。過20-16-3、26-16-4 [※3]

　もっとも、行政事件訴訟法は、抗告訴訟が上記の6種類に限定される趣旨を示していないため、これら以外の抗告訴訟（**無名抗告訴訟**）が認められないわけではありません。

3 争点訴訟

　争点訴訟とは、処分・裁決の存否又は効力の有無が争点となっている私法上の法律関係に関する訴訟のことです（45条）。[※4]
過18-42-ウ、元-43-ウ

　これは、行政事件訴訟ではなく、行政処分の効力を前提問題として争う**民事訴訟**[※5]です。過18-42-エ

※2 参考
行政事件訴訟法における「行政庁」とは、法律によって公権力を行使する権限を与えられている機関のことであるので、民法上の法人であっても、公権力を行使する権限を与えられているものであれば、「行政庁」に該当する。

※3 過去問チェック
不作為の違法確認の訴えは、公法上の当事者訴訟の一類型であるから、法令以外の行政内部の要綱等に基づく申請により、行政機関が申請者に対して何らかの利益を付与するか否かを決定することとしているものについても、その対象となりうる。→ × (26-16-4)

※4 具体例をイメージ
例えば、都道府県収用委員会による収用裁決の無効を前提とした所有権の確認を求める土地所有者の訴えなどである。
過22-16-ウ、23-16-2

※5 用語
民事訴訟：私人間の権利義務に関する紛争を解決する訴訟のこと。

確認テスト

□□□ **1** 行政事件訴訟法は、行政事件訴訟として、抗告訴訟、当事者訴訟、民衆訴訟及び刑事訴訟の4種類を挙げている。

□□□ **2** 民衆訴訟と機関訴訟を合わせて客観訴訟といい、法律において特に定めがある場合にのみ例外的に提起することが許される。

□□□ **3** 行政事件訴訟法は、同法に規定されている6種類以外の抗告訴訟を認めていない。

□□□ **4** 争点訴訟とは、処分・裁決の存否又は効力の有無を前提問題とする私法上の法律関係に関する訴訟のことであり、行政事件訴訟の一種である。

解答 **1** ✕ 刑事訴訟ではなく機関訴訟である（2条）。あとは正しい。 **2** 〇（42条）
3 ✕ 無名抗告訴訟として認めている。 **4** ✕ 争点訴訟は行政事件訴訟ではなく、行政処分の効力を前提問題として争う民事訴訟である。

第2節 取消訴訟　重要度 A

学習のPOINT
行政事件訴訟には様々なものがありますが、実際に提起される行政事件訴訟のほとんどがこの取消訴訟であり、本試験でも頻出です。他の訴訟類型よりも重点的に学習しましょう。

1 取消訴訟の種類

(1) 取消訴訟の種類

取消訴訟には、**処分取消訴訟**（3条2項）と**裁決取消訴訟**（3条3項）の2種類があります。

【取消訴訟】

処分取消訴訟	行政庁の処分その他公権力の行使に当たる行為の取消しを求める訴訟　過25-14-2
裁決取消訴訟	審査請求その他の不服申立てに対する行政庁の裁決・決定その他の行為の取消しを求める訴訟　過29-18-4

(2) 処分取消訴訟と裁決取消訴訟の関係
① 原処分主義

処分に不服がある者が審査請求をしたものの、これを認めない裁決がなされた場合、もともとの処分（原処分）の違法を主張して処分取消訴訟で争うことも、審査請求を認めない裁決の違法を主張して裁決取消訴訟で争うこともできます。過18-17-2 ※1、29-18-3

もっとも、原処分の違法を主張して裁決取消訴訟で争うことはできません（10条2項）。このような主張を認めると、裁判所が原処分と裁決のどちらについて審理・判断すればよいか混乱してしまうからです。そこで、原処分の違法を主張して争いたいのであれば、原処分の取消訴訟を提起しなければならないということになります。これを**原処分主義**といいます。※2 過26-14-2、27-44、30-42-ウ・エ

※1 過去問チェック
行政事件訴訟法は原処分主義を採用しているため、審査請求に対する棄却裁決を受けた場合には、元の処分に対して取消訴訟を提起して争うべきこととなり、裁決に対して取消訴訟を提起することは許されない。→✕（18-17-2）

※2 参考
原処分主義によると、裁決取消訴訟では、裁決固有の瑕疵（裁決権限のない行政庁が裁決を行ったことや、裁決の手続が違法であること）についてのみ主張することができる。過27-44

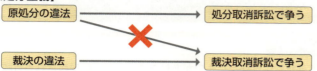

② 裁決主義

　行政事件訴訟法以外の個別の法律により、処分に不服がある者が審査請求をしたものの、これを認めない裁決がなされた場合には、裁決取消訴訟のみ提起することができるとされている場合があります。※1

　このような場合には、原処分の違法についても裁決取消訴訟で争うことになります。これを**裁決主義**といいます。週18-17-1 ※2

【裁決主義】

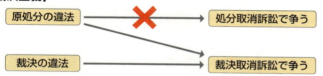

2 取消訴訟の訴訟要件

　取消訴訟の流れは、以下の図のようになります。

【取消訴訟の流れ】

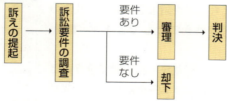

　取消訴訟が提起された場合、まず、訴訟要件※3を満たしているかを調査します。これは、違法な訴訟を排除することによって、裁判を開いたり相手方を裁判所に出頭させたりする時間と労力の無駄を省くためです。

　取消訴訟の訴訟要件は、以下の7つです。このうち1つでも欠けている場合は、取消訴訟を提起することができません。

※1 **具体例をイメージ**

例えば、公職選挙法203条2項は、「地方公共団体の議会の議員及び長の選挙の効力に関する訴訟は、…異議の申出又は審査の申立てに対する都道府県の選挙管理委員会の決定又は裁決に対してのみ提起することができる。」と規定している。

※2 **過去問チェック**

個別法が裁決主義を採用している場合においては、元の処分に対する取消訴訟は提起できず、裁決取消訴訟のみが提起でき、元の処分の違法についても、そこで主張すべきこととなる。→〇（18-17-1）

※3 **用語**

訴訟要件：訴訟を提起するために満たさなければならない条件のこと。

【取消訴訟の訴訟要件】

1	行政庁の処分又は裁決が存在すること（処分性）
2	訴訟を提起する資格を有していること（原告適格）
3	訴訟を提起する実益があること（訴えの利益）
4	相手方を間違えずに訴訟を提起していること（被告適格）
5	管轄※4する裁判所に対して訴訟を提起していること（裁判管轄）
6	法定の期間内に訴訟を提起していること（出訴期間）
7	法律によって審査請求に対する裁決を経た後でなければ訴訟を提起することができないとされている場合に、これを経ること（審査請求前置）

※4 用語
管轄：裁判所の間での裁判の分担の定めのこと。

（1）処分性

　取消訴訟の対象となる「処分」とは、公権力の主体たる国又は公共団体が行う行為のうち、その行為によって、**直接国民の権利義務を形成し又はその範囲を確定すること**が法律上認められているもののことです（最判昭39.10.29）。※5

　処分性が認められるためには、「公権力の主体たる」国又は公共団体が行う行為であることが要求されますから、私法上の行為については、処分性が否定されるのが通常です。

　また、処分性が認められるためには、「直接国民の権利義務を形成し又はその範囲を確定すること」が要求されますから、①行政機関の内部的行為、②一連の段階を経て行政作用が進行する場合の中間的行為、③単なる法律的見解の表示行為などの事実行為、④行政立法や条例の制定などの規範定立行為については、処分性が否定されるのが通常です。過30-26-3

　しかし、私法上の行為や、内部的行為・中間的行為・事実行為・規範定立行為であっても、処分性を認めた判例があります。

※5 記述対策

最高裁判所の判例が示した「処分」の定義は書けるようにしておきましょう。

最重要判例 ● **土地区画整理事業**※1 **の事業計画決定の処分性**（最大判平20.9.10）

事案 市が、土地区画整理事業の事業計画の決定をし、その公告をしたところ、その施行地区内に土地を所有している者が、本件事業計画は違法であると主張して、本件事業計画の決定の取消訴訟を提起した。そこで、本件事業計画の決定に処分性が認められるかが争われた。

結論 処分性が認められる。

判旨 市町村の施行に係る土地区画整理事業の事業計画の決定は、施行地区内の宅地所有者等の法的地位に変動をもたらすものであって、抗告訴訟の対象とするに足りる法的効果を有するものということができ、実効的な権利救済を図るという観点から見ても、これを対象とした抗告訴訟の提起を認めるのが合理的である。したがって、上記事業計画の決定は、行政事件訴訟法3条2項にいう「行政庁の処分その他公権力の行使に当たる行為」に当たると解するのが相当である。

最重要判例 ● **特定の保育所を廃止する条例の制定の処分性**（最判平21.11.26）

事案 市が設置する保育所を廃止する条例を制定したことについて、当該保育所で保育を受けていた児童の保護者が、当該条例の制定行為は保育所において保育を受ける権利を違法に侵害するものであると主張して、その取消訴訟を提起した。そこで、当該条例の制定行為に処分性が認められるかが争われた。

結論 処分性が認められる。過24-18-5、28-19-1

判旨 本件改正条例は、本件各保育所の廃止のみを内容とするものであって、他に行政庁の処分を待つことなく、その施行により各保育所廃止の効果を発生させ、当該保育所に現に入所中の児童及びその保護者という限られた特定の者らに対して、直接、当該保育所において保育を受けることを期待し得る法的地位を奪う結果を生じさせるものであるから、その制定行為は、行政庁の処分と実質的に同視し得るものということができる。過3-26-ウ

※1 用語

土地区画整理事業： 公共施設を整備するために土地を提供してもらい、土地の区画を整形した上で再配分する事業のこと。

【処分性に関する判例のまとめ】

	認められる	認められない
私法上の行為	①供託金取戻請求に対する供託官の却下（最大判昭45.7.15）過28-18-2 ②労働基準監督署長による労災就学援護費の支給決定（最判平15.9.4）	①国有財産法上の普通財産の払下げ（最判昭35.7.12） ②農地法に基づく農地の売払い（最大判昭46.1.20）
内部的行為	―	①建築許可に対する消防長の同意（最判昭34.1.29） ②通達（最判昭43.12.24）
中間的行為	①第二種市街地再開発事業計画※2の決定（最判平4.11.26） ②土地区画整理事業の事業計画の決定（最大判平20.9.10）過28-19-4	都市計画決定としてなされる用途地域の指定（最判昭57.4.22）過24-18-3、28-19-5
事実行為	①輸入禁制品該当の通知（最判昭54.12.25）過24-18-4 ②病院開設中止勧告（最判平17.7.15）過24-18-1、28-19-3	①反則金の納付通知（最判昭57.7.15）過元-8-5 ②開発許可に係る公共施設管理者の同意（最判平7.3.23）
規範定立行為	①建築基準法42条2項の道路指定が告示による一括指定の方法でされた場合（最判平14.1.17）過23-26-ウ※3、28-19-2、30-25-3 ②特定の保育所を廃止する条例の制定（最判平21.11.26）	簡易水道事業の水道料金を改定する条例の制定（最判平18.7.14）過24-18-2、28-25-4

（2）原告適格

① 原告適格とは何か

　原告適格とは、個別の事件において訴訟を提起する資格のことです。

　取消訴訟の原告適格は、処分・裁決の取消しを求めるにつき「法律上の利益を有する者」に限り認められます（9条1項）。※4
過18-44、22-42-ア、25-14-3、26-14-1

　そして、「法律上の利益を有する者」とは、その処分により自己の権利若しくは法律上保護された利益を侵害され又は必然

※2 用語

第二種市街地再開発事業計画：土地を買収してその土地に高層の再開発ビルを建築することで公共施設用地を生み出し、買収された土地の所有者に対して再開発ビルの床を与える事業計画のこと。

※3 過去問チェック

建築基準法42条2項によるいわゆる二項道路の指定が一括指定の方法でされた場合、これによって直ちに個別の土地について具体的な私権制限が生じるものでないから、当該指定は抗告訴訟の対象となる行政処分には当たらない。→✕（23-26-ウ）

※4 具体例をイメージ

例えば、申請拒否処分を受けた申請者や、不利益処分を受けた名あて人などである。

第4章 ― 行政事件訴訟法　第2節 ― 取消訴訟　255

的に侵害されるおそれのある者をいいます（最判平1.2.17）。※1

過22-42-イ、29-18-2

② 原告適格を判断する際の考慮事項

平成16年の行政事件訴訟法の改正により、9条2項が新設され、処分の相手方以外の者について「法律上の利益」を有するか否かを判断する際の考慮事項が明示されました。これは、「法律上の利益」の有無を判断する際の考慮事項を法定することにより、取消訴訟の原告適格を拡大しようとしたものです。

【9条2項の挙げる考慮事項】過24-17

当該処分・裁決の根拠法令の趣旨・目的	根拠法令の趣旨・目的を考慮するにあたっては、当該法令と目的を共通にする関係法令があるときは、その趣旨・目的をも参酌する
当該処分において考慮されるべき利益の内容・性質 過22-42-ウ	当該利益の内容・性質を考慮するにあたっては、当該処分・裁決が根拠法令に違反してなされた場合に害される利益の内容・性質、これが害される態様・程度をも勘案する

③ 判例の判断

判例は、原告適格について、以下のように判断しています。※2

最重要判例　●小田急高架訴訟（最大判平17.12.7）

事案　小田急小田原線の一定区間の連続立体交差化を内容とする都市計画事業認可がなされたため、事業地の周辺住民が、当該都市計画事業認可の取消訴訟を提起した。そこで、事業地の周辺住民について、取消訴訟の原告適格が認められるかが争われた。

結論　騒音・振動等による健康又は生活環境に係る著しい被害を直接的に受けるおそれのある者については、原告適格が認められる。

判旨　都市計画法は、都市の健全な発展と秩序ある整備を図るなどの公益的見地から都市計画施設の整備に関する事業を規制するとともに、騒音・振動等によって健康又は生活環境に係る著しい被害を直接的に受けるおそれのある個々の住民に対して、そのような被害を受けないという利益を個々人の個別的利益としても保護すべきものとする趣旨を含むと解するのが相当である。したがって、都市計画事業の事業地の周辺に居住する住民のうち当該事業が実施されることにより騒音・振

※1 記述対策

最高裁判所の判例が示した「法律上の利益を有する者」の定義は書けるようにしておきましょう。

※2 受験テクニック

判例は、文化財や鉄道のように利益を享受する者が国民全体であるような場合には、原告適格を認めることに消極的であるのに対し、生命・身体など個人の利益が侵害されている場合には、原告適格を認める傾向にあることを押さえておきましょう。

| 判旨 | 動等による健康又は生活環境に係る著しい被害を直接的に受けるおそれのある者は、当該事業の認可の取消しを求めるにつき法律上の利益を有する者として、その取消訴訟における原告適格を有するものといわなければならない。過 3-19-5 |

最重要判例 ● 場外車券発売施設設置許可と原告適格
（最判平21.10.15）

| 事案 | 経済産業大臣が自転車競技法に基づき場外車券発売施設の設置の許可をしたため、当該施設の周辺住民や医療施設開設者が、当該設置許可の取消訴訟を提起した。そこで、これらの者について、取消訴訟の原告適格が認められるかが争われた。 |

| 結論 | 当該施設から約120mから200m離れた場所に医療施設を開設する者については、原告適格が認められる。 |

| 判旨 | ①周辺住民の原告適格
　自転車競技法が保護しようとしているのは、第一次的に、心身共に健康な青少年の育成や公衆衛生の向上及び増進といった不特定多数者の利益であるところ、それは、性質上、一般的公益に属する利益であって、原告適格を基礎付けるには足りない。したがって、場外車券発売施設の周辺において居住し又は事業（文教施設又は医療施設に係る事業を除く。）を営む者や、周辺に所在する文教施設又は医療施設の利用者は、当該設置許可の取消訴訟の原告適格を有しない。
②医療施設等開設者の原告適格
　場外車券発売施設の設置、運営により保健衛生上著しい支障を来すおそれがあると位置的に認められる区域に文教施設又は医療施設を開設する者は、当該設置許可の取消訴訟の原告適格を有する。過26-17-エ ※3 |

【原告適格に関する判例のまとめ】

	対象	原告	適格の有無
営業上の利益	質屋の営業許可処分	既存の質屋営業者	× （最判昭34.8.18）
	公衆浴場の営業許可処分	既存の公衆浴場業者	○ （最判昭37.1.19）過26-17-ア ※4
文化的利益	史跡指定解除処分	学術研究者	× （最判平1.6.20）過3-19-2

※3 過去問チェック

自転車競技法に基づく場外車券発売施設の設置許可の処分要件として定められている位置基準は、用途の異なる建物の混在を防ぎ都市環境の秩序有る整備を図るという一般的公益を保護するにすぎないから、当該場外施設の設置・運営に伴い著しい業務上の支障が生ずるおそれがあると位置的に認められる区域に医療施設等を開設する者であっても、位置基準を根拠として当該設置許可の取消しを求める原告適格は認められない。→× （26-17-エ）

※4 過去問チェック

公衆浴場法の適正配置規定は、許可を受けた業者を濫立による経営の不合理化から守ろうとする意図まで有するものとはいえず、適正な許可制度の運用によって保護せらるべき業者の営業上の利益は単なる事実上の反射的利益にとどまるから、既存業者には、他業者への営業許可に対する取消訴訟の原告適格は認められない。→× （26-17-ア）

憲法

行政法

民法

商法

基礎法学

一般知識

第4章 ― 行政事件訴訟法　第2節 ― 取消訴訟　257

	対象	原告	適格の有無
消費者の利益	ジュースの表示規約の認定	一般消費者	×（最判昭53.3.14）
	特急料金認可	特別急行旅客列車の利用者	×（最判平1.4.13）過3-19-1
生命・身体の安全や健康上の利益	林地開発許可	生命・身体等に直接的な被害を受けることが予想される範囲の地域に居住する者	○（最判平13.3.13）
	総合設計許可 ※1	建築物の倒壊・炎上等により直接的な被害を受けることが予想される範囲の建築物の居住者	○（最判平14.1.22）
		建築物により日照を阻害される周辺の他の建築物の居住者	○（最判平14.3.28）
	定期航空運送事業免許	航空機の騒音によって社会通念上著しい障害を受けることとなる飛行場周辺住民	○（最判平1.2.17）過26-17-ウ、3-19-4
	都市計画事業認可	健康・生活環境に係る著しい被害を直接的に受けるおそれのある事業地の周辺住民	○（最大判平17.12.7）
善良な風俗等の居住環境上の利益	風俗営業許可	風俗営業制限地域に居住する者	×（最判平10.12.17）
	場外車券発売施設設置許可	当該施設の設置、運営により保健衛生上著しい支障を来すおそれがあると位置的に認められる区域内の医療施設開設者	○（最判平21.10.15）
		当該施設の周辺住民	×（同判例）

（3）訴えの利益

訴えの利益とは、訴訟を提起する実益のことです。つまり、原告の請求が認容された場合に、原告の具体的な権利が回復可能でなければならないといえます。過25-44

訴えの利益は、期間の経過、処分の効果の完了、原告の死亡、代替的措置、新たな事情の発生などにより処分の効果が失われた場合には、消滅するのが原則です。

もっとも、9条1項かっこ書は、処分の効果が失われた後でも、処分の取消しにより回復すべき法律上の利益を有する者について、訴えの利益を認めています。過28-17-ウ ※2

※1 用語

総合設計許可：建築基準法に基づき、都市計画で定められた制限よりも容積率、高さ制限などを緩和して建築を許可すること。

※2 過去問チェック

処分の取消訴訟は、処分の効果が期間の経過その他の理由によりなくなった後においても、なお、処分の取消しによって回復すべき法律上の利益を有する者であれば提起することができる。→○（28-17-ウ）

最重要判例 ● **運転免許更新処分と訴えの利益**
（最判平21.2.27）

事案 道路交通法所定の違反行為があったとして、優良運転者である旨の記載のない運転免許証を交付されて更新処分を受けた者が、違反行為を否認し、当該更新処分及び当該更新処分についての異議申立てに対する棄却決定の取消訴訟、優良運転者である旨の記載のある運転免許証を交付して行う更新処分の義務付け訴訟を提起した。そこで、更新処分を受けた者に訴えの利益が認められるかが争われた。

結論 訴えの利益は認められる。

判旨 道路交通法は、優良運転者に対し更新手続上の優遇措置を講じており、客観的に優良運転者の要件を満たす者に対しては優良運転者である旨の記載のある免許証を交付して更新処分を行うということを、単なる事実上の措置にとどめず、その者の法律上の地位として保障するとの立法政策を採用したものと解するのが相当である。したがって、一般運転者として扱われ、優良運転者である旨の記載のない免許証を交付されて更新処分を受けた者は、当該法律上の地位を否定されたことを理由として、これを回復するため、当該更新処分の取消しを求める訴えの利益を有する。

【訴えの利益に関する判例のまとめ】

	対象	処分後の事情	訴えの利益の有無
期間の経過	皇居外苑使用不許可処分	使用期日の経過	✕（最大判昭28.12.23）
	運転免許取消処分	免許証の有効期間の経過	◯（最判昭40.8.2）
	運転免許停止処分	無違反・無処分で停止処分の日から1年を経過	✕（最判昭55.11.25）
処分の効果の完了	建築確認 ※3	建築工事の完了	✕（最判昭59.10.26）過20-17-1、25-44、2-17-ウ
	土地改良事業 ※4 施行認可処分	工事が完了して原状回復が不可能	◯（最判平4.1.24）過27-16-5、2-17-イ

※3 参考
建築確認は、それを受けなければ建築等の工事をすることができないという法的効果を付与されているにすぎない。過25-44

※4 用語
土地改良事業：農業生産の基盤の整備・開発を図り、農業の生産性の向上・農業構造の改善等に資することを目的として行われる農用地の改良・開発・保全・集団化に関する事業のこと（土地改良法1条1項）。

憲法

行政法

民法

商法

基礎法学

一般知識

第4章 — 行政事件訴訟法 第2節 — 取消訴訟 **259**

	対象	処分後の事情	訴えの利益の有無
原告の死亡	生活保護変更決定	保護受給者たる原告の死亡	×（最大判昭42.5.24）過20-17-3 [1]
	公務員免職処分	原告公務員の死亡	○（最判昭49.12.10）
代替的措置	保安林指定解除処分	代替施設の設置	×（最判昭57.9.9）過20-17-2、2-17-ア
新たな事情の発生	再入国不許可処分	原告たる在留外国人が日本を出国	×（最判平10.4.10）過20-17-4
	公文書非公開決定	公文書が書証として提出	○（最判平14.2.28）過18-26-3、20-17-5、26-18-3、2-25-3
9条1項かっこ書の適用	公務員免職処分	原告公務員が公職へ立候補	○（最大判昭40.4.28）
	運転免許更新処分	優良運転者である旨の記載のない免許証を交付	○（最判平21.2.27）

（4）被告適格

取消訴訟の被告とすべきものは、以下のとおりです。[2]

【取消訴訟の被告適格】

処分・裁決をした行政庁が国又は公共団体に	所属する場合	被告は国又は公共団体（11条1項）過21-16-ア、24-25-2、27-44、29-26-イ、元-18-3、3-18-1
	所属しない場合	被告は当該行政庁（11条2項）[3] 過18-18-3、21-16-オ、 元-18-1、2-44、3-18-3

（5）裁判管轄

取消訴訟は、被告の普通裁判籍[4] の所在地を管轄する裁判所又は処分・裁決をした行政庁の所在地を管轄する裁判所の管轄に属します（12条1項）。過22-17-ア・イ、3-18-2

また、取消訴訟の内容によっては、以下のような裁判所にも

※1 過去問チェック

生活保護法に基づく保護変更決定の取消しを求める利益は、原告の死亡によって失われず、原告の相続人が当該訴訟を承継できる。→×（20-17-3）

※2 参考

原告が故意又は重大な過失によらないで被告とすべき者を誤ったときは、裁判所は、原告の申立てにより、決定をもって、被告を変更することを許すことができる（15条1項）。

※3 具体例をイメージ

例えば、弁護士に対して懲戒処分をなした弁護士会などである。

※4 用語

普通裁判籍：事件の内容や種類を問わずに認められる裁判籍（そこを管轄区域に含む裁判所に管轄を発生させるもの）のこと。

提起することができます。

【取消訴訟の管轄】

土地の収用・鉱業権の設定その他不動産又は特定の場所に係る処分・裁決についての取消訴訟	その不動産又は場所の所在地の裁判所（12条2項）過22-17-ウ
すべての取消訴訟	処分・裁決に関し事案の処理に当たった下級行政機関の所在地の裁判所（12条3項）過22-17-エ
国又は独立行政法人通則法2条1項に規定する独立行政法人若しくは別表に掲げる法人を被告とする取消訴訟	原告の普通裁判籍の所在地を管轄する高等裁判所の所在地を管轄する地方裁判所（特定管轄裁判所）（12条4項）過22-17-オ

(6) 出訴期間

　行政上の法律関係は早期に安定させておく必要があるため、取消訴訟については出訴期間が法定されています。そして、この期間を経過すると、不可争力が生じ、取消訴訟を提起することができなくなります。

【出訴期間】

	主観的出訴期間	客観的出訴期間
原則	処分・裁決があったことを知った日から6ヶ月以内（14条1項本文）	処分・裁決の日から1年以内（14条2項本文）過2-18-1
例外	①正当な理由があるとき →出訴期間を経過しても取消訴訟を提起できる（14条1項ただし書、2項ただし書）過29-26-エ ②処分・裁決につき審査請求できる場合又は行政庁が誤って審査請求できる旨を教示した場合において、審査請求されたとき →これに対する裁決があったことを知った日（主観的）又は裁決の日（客観的）が起算点となる（14条3項）過18-17-5、26-14-5、2-18-2	

(7) 取消訴訟と審査請求の関係（審査請求前置）

① 原則（自由選択主義）

　行政処分に対し行政不服審査法その他の法令により行政庁に対し審査請求をすることができる場合、国民は、審査請求をすることも、直ちに取消訴訟を提起することもできます（8条1項本文）。※5 過18-17-3、18-26-2、21-15-2、3-18-5

※5 参考

取消訴訟の対象となっている処分につき審査請求がされているときは、裁判所は、その審査請求に対する裁決があるまで、訴訟手続を中止することができる（8条3項）。

第4章 ― 行政事件訴訟法　第2節 ― 取消訴訟　261

② 例外（審査請求前置主義）

　法律によって審査請求に対する裁決を経た後でなければ取消訴訟を提起することができないとされている場合は、これを経なければなりません（8条1項ただし書）。※1 ※2

　もっとも、以下の場合には、直ちに取消訴訟を提起することができます（8条2項）。

1	審査請求をした日から3ヶ月を経過しても裁決がない場合　過18-17-3
2	処分・処分の執行・手続の続行により生ずる著しい損害を避けるため緊急の必要がある場合
3	裁決を経ないことにつき正当な理由がある場合

3 取消訴訟の審理

（1）審理の対象

　取消訴訟においては、処分の違法性のみが審理の対象となります。※3

　また、処分の違法性全般が審理の対象となるわけではなく、取消訴訟においては、自己の法律上の利益に関係のない違法を理由として取消しを求めることができないとされています（10条1項）。これに違反した場合、棄却判決がなされます。※4 過19-43-ア、25-14-5、28-17-ア、30-42-ア・イ、元-19-3

（2）審理手続

　取消訴訟の審理手続については、行政事件訴訟法に定めがない事項が多く、そのような事項については、民事訴訟の例による※5 こととされています（7条）。過26-42-ア、27-25-イ

① 訴訟の提起

　取消訴訟の提起は、訴状を裁判所に提出してしなければなりません（7条、民事訴訟法133条1項）。過25-18-1

② 訴訟代理人の資格

　取消訴訟においては、法令により裁判上の行為をすることができる代理人のほか、弁護士でなければ訴訟代理人となることができません（7条、民事訴訟法54条1項本文）。過25-18-3

※1 具体例をイメージ

例えば、国税通則法115条1項本文は、「国税に関する法律に基づく処分…で不服申立てをすることができるものの取消しを求める訴えは、審査請求についての裁決を経た後でなければ、提起することができない。」と規定している。

※2 参考

審査請求が不適法として却下された場合には、審査請求前置の要件を満たさない。もっとも、審査庁が誤って適法な審査請求を不適法として却下した場合には、審査請求前置の要件を満たす（最判昭36.7.21）。過18-17-4、26-14-4

※3 参考

行政不服申立てにおいては、処分の違法性のみならず、処分の不当性（処分が公益に適合しないものであるかどうか）も審理の対象となる。

③ **訴訟の審理**

取消訴訟の当事者は、訴訟について、裁判所において**口頭弁論**※6 をしなければならないのが原則です（7条、民事訴訟法87条1項本文）。過25-18-5

④ **事実・証拠の収集・提出**

取消訴訟においていかなる事実を主張するか、また、主張された事実についていかなる証拠を収集するかについては、当事者に任せるべきとされています。これを**弁論主義**といいます。

しかし、行政事件訴訟の結果は公益に影響する場合が多く、客観的な真実を究明して審理や裁判の適正を図る必要があることから、**職権証拠調べ**が認められています（24条本文）。ただし、その証拠調べの結果について、**当事者の意見**をきかなければなりません（24条ただし書）。過25-18-2、元-19-2

（3）関連請求の併合

関連請求とは、取消訴訟の対象である処分・裁決と以下のような関係にある請求のことです（13条）。

【関連請求】

1	当該処分・裁決に関連する原状回復又は損害賠償の請求
2	当該処分とともに1個の手続を構成する他の処分の取消しの請求
3	当該処分に係る裁決の取消しの請求
4	当該裁決に係る処分の取消しの請求
5	当該処分・裁決の取消しを求める他の請求
6	その他当該処分・裁決の取消しの請求と関連する請求

審理の重複を回避し、矛盾した裁判を避けるため、以下のような関連請求の併合が認められています。

① **請求の客観的併合**

請求の客観的併合とは、当初から1つの訴えで数個の請求をすることです。

16条は、取消訴訟に関連請求に係る訴訟を併合して提起することを認めています。※7

② **請求の追加的併合**

請求の追加的併合とは、1つの訴えが係属している間に他の

※4 **よくある質問**

Q 自己の法律上の利益に関係のない違法を理由として取消しを求めた場合、却下判決ではなく棄却判決がなされるのはなぜですか？

A 10条1項は、訴えを提起した者が法律上の利益を有すること（原告適格が認められること）を前提とする規定ですから、却下判決はなされないものの、審理においてなした主張が妥当でないことから、棄却判決がなされることになります。

※5 **用語**

例による：1つの法令のまとまりのある制度全体を他の事項に当てはめること。

※6 **用語**

口頭弁論：公開法廷において、当事者双方が対席し、裁判官の面前で、口頭で弁論や証拠調べをする審理方式のこと。

※7 **具体例をイメージ**

例えば、行政処分の取消しと併せて当該処分に係る事務の帰属する国又は公共団体に対する損害賠償請求（国家賠償請求）をする場合などである。過22-19-4

請求を追加することです。

18条は第三者による請求の追加的併合を、19条は原告による請求の追加的併合を認めています。

③ 共同訴訟

共同訴訟とは、1つの訴えで複数の原告が数個の請求をし、又は、複数の被告に対して数個の請求をする場合のことです。

17条は、取消訴訟と関連請求である場合に、共同訴訟を提起することを認めています。

(4) 訴えの変更

裁判所は、取消訴訟の目的たる請求を当該処分・裁決に係る事務の帰属する国又は公共団体に対する損害賠償その他の請求に変更することが相当であると認めるときは、請求の基礎に変更がない限り、口頭弁論の終結に至るまで、原告の申立てにより、決定をもって、訴えの変更を許すことができます（21条1項）。※1

訴訟資料をそのまま利用できるなど、原告の負担を軽減することになるため、訴えの変更が認められています。

(5) 訴訟参加

訴訟参加とは、係属中の訴訟に第三者が参加することです。

行政事件訴訟法は、第三者の訴訟参加と行政庁の訴訟参加について規定を置いています。

① 第三者の訴訟参加

訴訟の結果により権利を害される第三者に権利を防御する機会（手続保障）を与えるため、裁判所は、当事者・第三者の申立てにより又は職権で、このような第三者を訴訟に参加させることができます（22条1項）。週24-25-4、25-14-4、26-42-ウ、3-18-4

② 行政庁の訴訟参加

訴訟資料を豊富にし客観的に公正な事件の解決を図ることができるようにするため、裁判所は、当事者・行政庁の申立てにより又は職権で、処分・裁決をした行政庁以外の行政庁を訴訟に参加させることができます（23条1項）。週26-42-エ、27-18-エ、元-19-1

※1 記述対策

訴えの変更の要件は「請求の基礎に変更がなく」「口頭弁論の終結前であり」「原告の申立てがあること」の3つである点は書けるようにしておきましょう。

(6) 釈明処分の特則

民事訴訟では、訴訟の当事者が所持している物についてのみ釈明処分※2が認められていますから（民事訴訟法151条）、従来は、行政事件訴訟においても同様とされてきました。

しかし、平成16年の行政事件訴訟法の改正により、行政事件訴訟の審理を充実・促進させるという観点から、裁判所が必要と認めるときは、訴訟の当事者が所持しているものでなくても、被告である国や公共団体に所属する行政庁に対して、その保有する処分の理由を明らかにする資料を提出させる制度が新たに導入されました（23条の2）。これを釈明処分の特則といいます。※3

> ※2 用語
> 釈明処分：裁判所が訴訟の当事者に対して必要な資料の提出をさせる処分のこと。

> ※3 記述対策
>
> 「釈明処分の特則」という用語は書けるようにしておきましょう。

4 取消訴訟の判決

取消訴訟は、原告が訴えを取り下げた場合などを除き、裁判所がなした判決によって終了することになります。

(1) 判決の種類

取消訴訟の判決には、①却下判決、②認容判決、③棄却判決の3種類があります。なお、②認容判決と③棄却判決を合わせて本案判決といいます。

【判決の種類】

①却下判決	本案判決	
取消訴訟の訴訟要件が欠けており不適法であるとして、審理を拒絶する判決 過18-44、25-24	審理の結果を表明する判決	
	②認容判決	③棄却判決
	取消しを求める請求に理由がある（処分・裁決が違法である）として、処分・裁決を取り消す判決	取消しを求める請求に理由がない（処分・裁決が適法である）として、請求を退ける判決 過19-43-ア

処分・裁決が違法である場合、認容判決がなされるのが通常ですが、処分を取り消すことにより公の利益に著しい障害が生じるときは、棄却判決をすることもできます（31条1項前段）。これを事情判決といいます。この事情判決は、私人の利益の保護よりも、公共の福祉を実現する制度といえます。※4 ※5 過19-43-イ、20-18-1、22-44、元-19-4

> ※4 具体例をイメージ
> 例えば、高速道路の建設のために土地の収用裁決が行われたため、この収用裁決の取消訴訟が提起された場合において、審理の中でこの収用裁決が違法であることが判明したが、その時点で高速道路が完成してしまっていたときなどである。

> ※5 参考
> 事情判決がなされた場合、請求を棄却するという面では原告に不利であり、違法を宣言するという面では被告に不利であるから、原告・被告の双方が上訴することができる。

裁判所は、事情判決をする場合には、当該判決の主文において、処分・裁決が違法であることを宣言しなければなりません（31条1項後段）。※1 過20-18-2、22-44、27-16-1

取消訴訟の判決についてまとめると、以下のようになります。

【取消訴訟の判決】

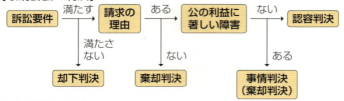

（2）判決の効力

取消訴訟の認容判決（取消判決）が確定すると、①既判力、②形成力、③拘束力といった3つの効力が生じます。

① 既判力

既判力とは、訴訟において判決が確定した場合に、当事者及び裁判所が、その訴訟の対象となった事項について、異なる主張・判断をすることができなくなるという効力のことです。※2 過19-43-ウ

② 形成力

形成力とは、処分・裁決の効力を処分・裁決がなされた当時にさかのぼって消滅させる効力のことです。過22-18-ア

取消判決の形成力は、原告と被告の間のみならず、第三者に対しても及ぶことになります（32条1項）。これを取消判決の第三者効といいます。※3 ※4 過30-17-1

③ 拘束力

拘束力とは、行政庁に対し、処分・裁決を違法とした判断を尊重し、取消判決の趣旨に従って行動することを義務付ける効力のことです（33条1項）。※5 ※6 過19-43-エ、21-44、22-18-ウ、27-18-イ、30-17-5

拘束力の内容としては、以下の2つがあります。

※1 参考
処分の違法を宣言するとともに、それを理由として被告に損害賠償や防止措置を命ずることはできない。過20-18-3、27-16-2

※2 記述対策

「既判力」という用語は書けるようにしておきましょう。

※3 参考
取消訴訟には第三者効が認められる以上、第三者にも取消訴訟の対象となっている処分・裁決について争う機会を保障する必要がある。行政事件訴訟法は、取消判決がなされる前であれば第三者の訴訟参加（22条）を、取消判決がなされた後であれば第三者の再審の訴え（34条）を認めている。

※4 受験テクニック

取消判決の第三者効の規定は、他の訴訟類型には一切準用されないと覚えておきましょう。

※5 参考
判決の拘束力が生じるのは主文に限られず、主文に含まれる判断を導くために不可欠な理由中の判断についても及ぶ。過22-18-エ

【拘束力の内容】

消極的効力 （反復禁止効）	行政庁は、取り消された行政処分と同一の事情の下で同一の理由に基づいて同一内容の処分をすることができなくなる　過22-18-イ、29-17-5
積極的効力	申請拒否処分又は審査請求の却下・棄却裁決の取消判決が確定した場合、その処分・裁決をした行政庁は、判決の趣旨に従って、改めて申請に対する処分又は審査請求に対する裁決をしなければならない（33条2項）　過21-44

（3）違法判断の基準時

違法判断の基準時とは、処分の違法性が審理される場合、その違法はどの時点を基準にして判断すべきかという問題のことです。

最高裁判所の判例は、処分時（行政処分が行われた時点）における法令や事実状態を基準にして判断すべきであるとしています（最判昭27.1.25）。なぜなら、取消訴訟はすでになされた処分の違法を事後的に争うものである以上、裁判所は処分の違法性の事後審査に留まるべきだからです。※7

※6 受験テクニック

取消判決の拘束力の規定は、他のすべての訴訟類型に準用されると覚えておきましょう。

※7 参考

不作為の違法確認訴訟・義務付け訴訟については、訴えの性質上、違法判断の基準時は判決時（口頭弁論終結時）となる。

確認テスト

☐☐☐ **1** 取消訴訟の原告適格は、「法律上の利益を有する者」に限り認められる。

☐☐☐ **2** 処分に対して審査請求をすることができる場合、国民は、審査請求を経てからでなければ、取消訴訟を提起することができないのが原則である。

☐☐☐ **3** 行政事件訴訟においては弁論主義が原則とされているから、職権証拠調べは認められない。

☐☐☐ **4** 取消判決の形成力は、当事者以外の第三者に対してもその効力を生じる。

解答 **1** ○（9条1項）　**2** ✕ 直ちに取消訴訟を提起することができるのが原則である（8条1項本文）。　**3** ✕ 職権証拠調べも認められる（24条本文）。　**4** ○（32条1項）

第4章 ― 行政事件訴訟法　第2節 ― 取消訴訟　267

第3節 無効等確認訴訟

学習のPOINT

無効等確認訴訟については、取消訴訟の規定が多数準用されていますので、ここでは、無効等確認訴訟に特有の規定や、取消訴訟の規定が準用されない点を押さえていきましょう。

1 無効等確認訴訟とは何か

無効等確認訴訟とは、処分・裁決の存否又はその効力の有無の確認を求める訴訟をいいます（3条4項）。過2-44

行政庁がなした行政作用が無効なものであったとしても、行政庁がそれに気付かずにさらに行政作用を続ける可能性があります。そこで、このような事態を防止するため、裁判所に行政作用の無効を確認してもらうことができるとしたのが、この無効等確認訴訟です。※1 ※2

2 無効等確認訴訟の訴訟要件

(1) 原告適格

無効等確認訴訟の原告適格は、①処分・裁決の無効等の確認を求めるにつき**法律上の利益**を有する者で、②その処分・裁決の存否又はその効力の有無を前提とする**現在の法律関係に関する訴え**（当事者訴訟・民事訴訟）によって目的を達することができないものについて認められます（36条）。過19-18-1、24-16-5 ※3、27-25-ウ・エ、28-17-イ、29-9-4、3-17-イ・ウ

(2) その他の訴訟要件

無効等確認訴訟についても、処分性の要件を満たす必要があります。また、被告適格（11条）、裁判管轄（12条）については、取消訴訟の規定が準用されます（38条1項）。過2-44

これに対して、出訴期間（14条）については取消訴訟の規定が準用されていませんので、いつでも無効等確認訴訟を提起することができます。過19-18-4、24-16-1、26-16-5

※1 具体例をイメージ

例えば、課税処分が無効であることから税金を払わないでいたところ、行政庁がそれに気付かずに滞納処分をしてくるおそれがあることから、課税処分の無効等確認訴訟を提起する場合などである。

※2 参考

無効原因のある処分・裁決については、無効等確認訴訟を提起しなくても、その無効を主張することができる。過19-18-2

※3 過去問チェック

無効確認訴訟は、取消訴訟の出訴期間経過後において、処分により重大な損害を生じた場合に限り提起することができる。→✕（24-16-5）

また、審査請求前置（8条）についても取消訴訟の規定が準用されていませんので、審査請求前置を遵守していなくても、無効等確認訴訟を提起することができます。週19-18-5 ※4、29-9-3

> ### ※4 過去問チェック
> 取消訴訟について不服申立ての前置が要件とされている処分については、<u>無効確認訴訟についても、それが要件となる。</u>
> →✕（19-18-5）

確認テスト

☐☐☐ **1** 無効等確認訴訟とは、処分・裁決の存否又はその効力の有無の確認を求める訴訟をいう。

☐☐☐ **2** 無効等確認訴訟は、当該処分・裁決に続く処分により損害を受けるおそれのある者その他当該処分・裁決の無効等の確認を求めるにつき法律上の利益を有する者で、当該処分・裁決の存否又はその効力の有無を前提とする現在の法律関係に関する訴えによって目的を達することができないものに限り、提起することができる。

☐☐☐ **3** 無効等確認訴訟は、処分又は裁決がされたことを知った日から6ヶ月以内に提起しなければならない。

解答 **1**〇（3条4項） **2**〇（36条） **3**✕いつでも無効等確認訴訟を提起することができる。

第4章 ― 行政事件訴訟法　第3節 ― 無効等確認訴訟　269

第4節 不作為の違法確認訴訟

学習のPOINT
不作為の違法確認訴訟についても、取消訴訟の規定が多数準用されていますので、不作為の違法確認訴訟に特有の規定や、取消訴訟の規定が準用されない点を押さえていきましょう。

1 不作為の違法確認訴訟とは何か

不作為の違法確認訴訟とは、行政庁が**法令に基づく申請**に対し、**相当の期間内**に何らかの処分・裁決をすべきであるにかかわらず、これをしないことについての違法の確認を求める訴訟をいいます（3条5項）。※1 過19-19-ウ、20-16-3、23-43-ア、26-16-1

不作為の違法確認訴訟は、国民の申請に対して行政庁が不相当に長期にわたり諾否の決定をせず放置している場合に、申請の握りつぶしという不作為状態の違法を確認することで、申請者の権利利益の保護及び行政の事務処理の促進を図るものです。※2

2 不作為の違法確認訴訟の訴訟要件

（1）原告適格

不作為の違法確認訴訟の原告適格が認められるのは、処分・裁決についての**申請をした者**です（37条）。※3 過20-16-1・4、27-18-ウ、28-17-エ

（2）その他の訴訟要件 ※4

被告適格（11条）、裁判管轄（12条）については、取消訴訟の規定が準用されます（38条1項）。過21-16-イ

これに対して、出訴期間（14条）については取消訴訟の規定が準用されていませんので、不作為状態が継続している間は、いつでも不作為の違法確認訴訟を提起することができます。過26-16-5、2-18-3

※1 参考
行政手続法の定める標準処理期間を経過した場合でも、直ちに「相当の期間」が経過したことにはならない。

※2 参考
不作為の違法確認訴訟は、単独で提起することができ、対象となる処分の義務付け訴訟を併合して提起する必要はない。
過20-16-2

※3 参考
「申請をした者」とは、現実に申請をした者であればよく、その申請が適法であるか不適法であるかは問われない。

※4 参考
不作為の違法確認訴訟の違法判断の基準時は口頭弁論終結時であるから、当該訴訟の係属中に行政庁が何らかの行為をすると、訴えの利益が消滅し、却下判決がなされる。過20-16-5

270

確認テスト

□□□ **1** 不作為の違法確認訴訟とは、行政庁が法令に基づく申請に対し、相当の期間内に何らかの処分又は裁決をすべきであるにかかわらず、これをしないことについての違法の確認を求める訴訟をいう。

□□□ **2** 不作為の違法確認訴訟は、処分又は裁決についての申請をした者に限り、提起することができる。

□□□ **3** 不作為の違法確認訴訟は、申請をした日から6ヶ月以内に提起しなければならないのが原則である。

解答 **1**○（3条5項）　**2**○（37条）　**3**✕不作為状態が継続している間は、いつでも不作為の違法確認訴訟を提起することができる。

第4章 ― **行政事件訴訟法**　第4節 ― 不作為の違法確認訴訟　271

第5節 義務付け訴訟

重要度 A

> **学習のPOINT**
> 義務付け訴訟には非申請型と申請型の2種類があり、申請型にはさらに不作為型と拒否処分型の2種類があります。種類に応じて要件が異なってきますので、区別しつつ押さえていきましょう。

1 義務付け訴訟とは何か

　不作為の違法確認訴訟は、申請に対して何らかの処分をすることを促すにとどまる消極的なものであり、救済手段としての効果は限定されたものでした。そこで、平成16年の行政事件訴訟法の改正によって、行政庁に対して一定の処分・裁決をすべき旨を命ずることを求める**義務付け訴訟**が法定されました。過 23-43-イ

　義務付け訴訟には、①法令に基づく申請を前提としない**非申請型**（3条6項1号）と、②法令に基づく申請がされたことを前提に、申請者がその申請を満足させる行政庁の応答を求める**申請型**（3条6項2号）があります。※1

【義務付け訴訟】

非申請型	行政庁が一定の処分をすべきであるにかかわらずこれがされないときに	行政庁がその処分・裁決をすべき旨を命ずることを求める訴訟
申請型	行政庁に対し一定の処分・裁決を求める旨の法令に基づく申請・審査請求がされた場合において、当該行政庁が処分・裁決をすべきであるにかかわらずこれがされないときに	

※1 **具体例をイメージ**

非申請型の例としては、違法建築物の除却を命ずる権限の行使を求めて周辺住民が義務付け訴訟を提起する場合が、申請型の例としては、年金給付を求める申請が拒否されたため申請者が給付決定を求めて義務付け訴訟を提起する場合がある。

2 義務付け訴訟の訴訟要件

義務付け訴訟の訴訟要件は、非申請型と申請型で以下のように異なっています。

【義務付け訴訟の訴訟要件】 ※2

	非申請型	申請型
要件	一定の処分がされないことにより重大な損害を生ずるおそれがあり、その損害を避けるため他に適当な方法がないこと（37条の2第1項）※3 週25-16-1・3、2-19-5、3-17-エ・オ	①法令に基づく申請・審査請求に対し、相当の期間内に何らの処分・裁決がなされないこと（不作為型：37条の3第1項1号） ②法令に基づく申請・審査請求を却下・棄却する旨の処分・裁決が取り消されるべきものであり、又は無効・不存在であること（拒否処分型：37条の3第1項2号）
原告適格	行政庁が一定の処分をすべき旨を命ずることを求めるにつき法律上の利益を有する者（37条の2第3項）週25-16-2	法令に基づく申請・審査請求をした者（37条の3第2項）週25-16-2
併合提起	不要	不作為型の場合は不作為の違法確認訴訟、拒否処分型の場合は取消訴訟又は無効等確認訴訟（37条の3第3項）※4 ※5 週19-17-3、20-44、26-16-2、29-17-1、30-44、元-19-5、2-19-1

なお、被告適格（11条）、裁判管轄（12条）については、取消訴訟の規定が準用されます（38条1項）。週20-44、21-16-ウ、24-25-2、30-44

これに対して、出訴期間（14条）については取消訴訟の規定が準用されていません（取消訴訟を併合提起した場合は、その取消訴訟が出訴期間の制限を受けます）。週2-18-4

3 義務付け訴訟の判決

行政庁がその処分をすべき旨を命ずる判決（義務付け判決）がなされるのは、①行政庁がその処分をすべきであることがそのの処分の根拠法令の規定から明らかであると認められるとき

※2 記述対策
義務付け訴訟の訴訟要件は、非申請型と申請型に分けて書けるようにしておきましょう。

※3 参考
「他に適当な方法」とは、①特別の権利救済手段が法律で設けられている場合、②不利益処分について取消訴訟による救済が可能な場合、③申請型義務付け訴訟の提起が可能な場合である。

※4 参考
申請型義務付け訴訟のみを単独で提起することはできないが、取消訴訟のみを単独で提起することはできる。週24-24-2、29-17-1

※5 参考
仮の義務付けを申し立てる場合に、執行停止の申立てを併合して提起しなければならないとする規定はない。週24-25-3

（処分につき行政裁量が認められない場合）又は②裁量権の逸脱・濫用となると認められるとき（処分につき行政裁量が認められる場合）です（37条の2第5項・37条の3第5項）。

なお、申請型義務付け訴訟の場合、併合提起された訴訟に係る請求に理由があると認められることも必要です（37条の3第5項）。週25-16-5

確認テスト

□□□ **1** 義務付け訴訟は、平成16年の行政事件訴訟法の改正によって、新たに法定された。

□□□ **2** 申請型義務付け訴訟の原告適格が認められるのは、行政庁が一定の処分をすべき旨を命ずることを求めるにつき法律上の利益を有する者である。

□□□ **3** 処分につき行政裁量が認められる場合、裁判所は、行政庁がその処分をすべき旨を命ずる判決をすることはできない。

□□□ **4** 申請型義務付け訴訟において義務付け判決をする場合、併合提起された訴訟に係る請求に理由があると認められることが必要である。

解答 **1**〇（3条6項）　**2**✕法令に基づく申請・審査請求をした者である（37条の3第2項）　**3**✕裁量権の逸脱・濫用となると認められるときは、することができる（37条の2第5項・37条の3第5項）。　**4**〇（37条の3第5項）

第6節 差止め訴訟

重要度 B

学習のPOINT
差止め訴訟は、訴訟要件や判決の要件が非申請型義務付け訴訟と類似していますので、非申請型義務付け訴訟とセットで学習するとよいでしょう。

1 差止め訴訟とは何か

差止め訴訟とは、行政庁が一定の処分・裁決をすべきでないにかかわらずこれがされようとしている場合において、行政庁がその処分・裁決をしてはならない旨を命ずることを求める訴訟をいいます（3条7項）。

差止め訴訟は、公権力の行使による国民の権利利益の侵害を未然に防ぐため、平成16年の行政事件訴訟法の改正によって法定されたものです。※1

2 差止め訴訟の訴訟要件

一定の処分・裁決がされることにより**重大な損害**を生ずるおそれがあるときは、原則として、差止め訴訟を提起することができます（37条の4第1項本文）。※2

しかし、その損害を避けるため**他に適当な方法**があるときは、差止め訴訟を提起することができなくなります（37条の4第1項ただし書）。※3

差止め訴訟を提起することができるのは、行政庁が一定の処分・裁決をしてはならない旨を命ずることを求めるにつき**法律上の利益**を有する者です（37条の4第3項）。※4

なお、被告適格（11条）、裁判管轄（12条）については、取消訴訟の規定が準用されます（38条1項）。過21-16-エ

これに対して、出訴期間（14条）については取消訴訟の規定が準用されていませんから、差止め訴訟は期間の制限なく提起することができます。過26-16-5、2-18-5

※1 参考
原子炉施設の運転の差止めを運転者に対して求める周辺住民の訴えは、原子炉施設の運転許可という処分ではなく、運転自体の差止めを求めるものであるから、抗告訴訟としての差止め訴訟ではなく、民事上の差止め訴訟に当たる。過22-16-エ

※2 記述対策

差止め訴訟の訴訟要件は書けるようにしておきましょう。

※3 参考
民事訴訟の提起が可能な場合であっても、直ちに損害を避けるため他に適当な方法があるとはいえず、差止め訴訟を提起する余地がある。

※4 参考
法律上の利益の有無の判断については、取消訴訟の原告適格の規定（9条）が準用される（37条の4第4項）。過22-42-エ

最重要判例 ● **懲戒処分差止訴訟と義務不存在確認訴訟**
（最判平24.2.9）

事案 教育委員会の教育長は、各校長宛てに、学校行事において教職員に国歌の起立斉唱等を義務付ける通達を発し、学校行事の都度、各校長は、当該通達を受けた職務命令を発し、教育長は、職務命令違反の教職員らを懲戒処分とした。そこで、教職員らは、国歌の起立斉唱等をする義務の不存在確認訴訟及びこれらの義務違反を理由とする懲戒処分の差止め訴訟を提起した。

結論 懲戒処分差止訴訟は不適法、義務不存在確認訴訟は適法

判旨 ①通達及び職務命令 ※1 の処分性
　本件通達をもって、本件職務命令と不可分一体のものとしてこれと同視することはできず、本件職務命令を受ける教職員に条件付きで懲戒処分を受けるという法的効果を生じさせるものとみることもできないから、処分性は認められない。また、本件職務命令も、職務の遂行の在り方に関する校長の上司としての職務上の指示を内容とするものであって、教職員個人の身分や勤務条件に係る権利義務に直接影響を及ぼすものではないから、処分性は認められない。圖24-42、元-26-ウ
②義務不存在確認訴訟の適法性
　本件通達を踏まえた本件職務命令に基づく公的義務の存在は、その違反が懲戒処分の処分事由との評価を受けることに伴い、勤務成績の評価を通じた昇給等に係る不利益という行政処分以外の処遇上の不利益が発生する危険の観点からも、教職員の法的地位に現実の危険を及ぼし得るものといえるので、このような行政処分以外の処遇上の不利益の予防を目的とする訴訟として構成する場合には、公法上の当事者訴訟の一類型である公法上の法律関係に関する確認の訴えと解される。

※1 用語

職務命令： 上司の公務員が部下の公務員に対し、その職務に関して発する命令のこと。公務員は、適法な職務命令については、忠実に従わなければならない（国家公務員法98条1項、地方公務員法32条）。

最重要判例 ● **差止め訴訟の要件**（最判平28.12.8）

事案 飛行場の周辺に居住する住民が、航空機の騒音により精神的・身体的被害を受けていると主張し、国に対して航空機の運航の差止め訴訟を提起した。

結論 請求棄却（ただし差止め訴訟の訴訟要件は満たす）

判旨 ①差止め訴訟の訴訟要件

処分がされることにより「重大な損害を生ずるおそれ」があると認められるためには、処分がされることにより生ずるおそれのある損害が、処分がされた後に取消訴訟等を提起して執行停止の決定を受けることなどにより容易に救済を受けることができるものではなく、処分がされる前に差止めを命ずる方法によるのでなければ救済を受けることが困難なものであることを要する。週30-19-A・B・C
②本件へのあてはめ

原告らは、本件飛行場に係る第一種区域内に居住しており、本件飛行場に離着陸する航空機の発する騒音により、睡眠妨害、聴取妨害及び精神的作業の妨害や、不快感、健康被害への不安等を始めとする精神的苦痛を反復継続的に受けており、その程度は軽視し難いものというべきであるところ、このような被害の発生に自衛隊機の運航が一定程度寄与していることは否定し難い。また、上記騒音は、本件飛行場において内外の情勢等に応じて配備され運航される航空機の離着陸が行われる度に発生するものであり、上記被害もそれに応じてその都度発生し、これを反復継続的に受けることにより蓄積していくおそれのあるものであるから、このような被害は、事後的にその違法性を争う取消訴訟等による救済になじまない性質のものということができる。週30-19-D

3 差止め訴訟の判決

行政庁がその処分・裁決をしてはならない旨を命ずる判決（差止め判決）がなされるのは、①行政庁がその処分・裁決をしてはならないことがその処分の根拠法令の規定から明らかであると認められるとき（処分につき行政裁量が認められない場合）又は②裁量権の逸脱・濫用となると認められるとき（処分につき行政裁量が認められる場合）です（37条の4第5項）。

第4章 ― 行政事件訴訟法　第6節 ― 差止め訴訟　277

確認テスト

□□□ **1** 差止め訴訟は、平成16年の行政事件訴訟法の改正によって、新たに法定された。

□□□ **2** 差止め訴訟の原告適格が認められるのは、行政庁が一定の処分・裁決をしてはならない旨を命ずることを求めるにつき法律上の利益を有する者である。

□□□ **3** 行政庁がその処分・裁決をしてはならない旨を命ずる判決がなされるのは、行政庁がその処分・裁決をしてはならないことがその処分の根拠法令の規定から明らかであると認められるときに限られる。

解答 **1** ○（3条7項） **2** ○（37条の4第3項） **3** ✕ 裁量権の逸脱・濫用となると認められるときも、差止め判決をなすことができる（37条の4第5項）。

第7節　当事者訴訟

重要度 A

学習のPOINT

当事者訴訟には、形式的当事者訴訟と実質的当事者訴訟の2種類がありますので、両者の違いを意識しながら学習していきましょう。

1 当事者訴訟とは何か

(1) 当事者訴訟とは何か

当事者訴訟とは、権利義務の主体が対等な立場で法律関係について争う訴訟のことです。

取消訴訟は、行政庁が上の立場から国民に対してなした処分・裁決という行為自体を直接に争う訴訟であるのに対し、当事者訴訟は、行政主体などと国民が対等な立場で法律関係について争う訴訟です。

(2) 当事者訴訟の種類

当事者訴訟には、形式的当事者訴訟と実質的当事者訴訟の2種類があります。

2 形式的当事者訴訟

(1) 形式的当事者訴訟とは何か

形式的当事者訴訟とは、当事者間の法律関係を確認し又は形成する処分・裁決に関する訴訟で、法令の規定によりその法律

関係の当事者の一方を被告とするもののことです（4条前段）。
過21-18-1

これは、処分・裁決の効力を争う点で実質的には抗告訴訟であるものの、立法政策上、当事者訴訟の形式をとるべきとされているものです。※1

(2) 形式的当事者訴訟の具体例

> **事例** A県収用委員会が、B市の申請に基づき、同市の市道の用地として、B市が2000万円の損失補償をすることによってX所有の土地を収用する旨の収用裁決をなした。しかし、Xは、収用裁決における2000万円という補償金額は不服であり、もっと増やしてほしいと考えていた。

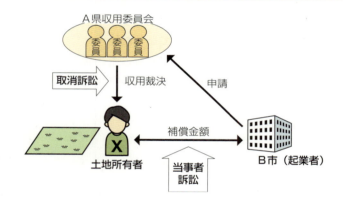

上の事例において、Xは、収用裁決に不服があるわけですから、本来ならば、収用裁決の取消訴訟を提起することになるはずです。

しかし、収用委員会の裁決のうち損失の補償に関する訴えは、これを提起した者が起業者※2であるときは土地所有者又は関係人を、土地所有者又は関係人であるときは起業者を、それぞれ被告としなければなりませんから（土地収用法133条3項）、Xは、2000万円という補償金額に不服がある場合には、**起業者であるB市**を被告として訴えを提起することになります。過24-44、26-20-3 ※3

このように、収用委員会の裁決のうち損失の補償に関する訴

※1 **参考**
形式的当事者訴訟が提起された場合、裁判所は、処分・裁決をした行政庁にその旨を通知することとされている（39条）。

※2 **用語**
起業者：土地収用法による収用が必要な事業を行う者のこと（土地収用法8条1項）。

※3 **過去問チェック**
収用委員会の収用裁決によって決定された補償額に起業者が不服のある場合には、土地所有者を被告として、その減額を求める訴訟を提起すべきこととされている。→○（26-20-3）

えは、実質的には収用裁決の取消訴訟であるものの、土地収用法という法律によって、補償金の支払いに関する当事者間（土地所有者・起業者間）で直接争うべきとされていますから、**形式的当事者訴訟**に当たります。週19-19-ア、22-16-イ、23-16-3・5、24-44、28-21-4、30-21-5

3 実質的当事者訴訟

（1）実質的当事者訴訟とは何か

実質的当事者訴訟とは、公法上の法律関係に関する確認の訴えその他の**公法上の法律関係**に関する訴訟のことです（4条後段）。

したがって、行政主体と一般国民との間における対等当事者としての法律関係に関する訴訟であっても、私法上の法律関係に関する訴訟は、実質的当事者訴訟ではなく民事訴訟となります。週23-18-1

（2）実質的当事者訴訟の具体例 ※4

実質的当事者訴訟の具体例としては、日本国籍を有することの確認の訴え（最大判平20.6.4）、在外日本国民の選挙権確認の訴え（最大判平17.9.14）などがあります。週19-19-オ、23-18-3

なお、土地収用法に基づく収用委員会の裁決のうち損失の補償に関する訴えのように、個別法の中に損失補償に関する規定がある場合は、**形式的当事者訴訟**となりますが、個別法の中に損失補償に関する規定がない場合に、憲法29条3項に基づいてなした損失補償請求の訴えは、**実質的当事者訴訟**となります。週23-18-2

> **※4 参考**
> 実質的当事者訴訟の例を請求上の内容に性質に照らして見ると、国籍確認を求める訴えのような確認訴訟のほか、公法上の法律関係に基づく金銭の支払を求める訴え（例：憲法29条3項に基づいてなした損失補償請求の訴え）のような給付訴訟もある。週元-43-イ

第4章 ― 行政事件訴訟法　第7節 ― 当事者訴訟　281

確認テスト

□□□ **1** 当事者訴訟には、形式的当事者訴訟と実質的当事者訴訟の2種類がある。

□□□ **2** 形式的当事者訴訟とは、公法上の法律関係に関する確認の訴えその他の公法上の法律関係に関する訴訟のことである。

解答 **1** ○（4条）　**2** ✕ 実質的当事者訴訟である。なお、形式的当事者訴訟とは、当事者間の法律関係を確認し又は形成する処分・裁決に関する訴訟で、法令の規定によりその法律関係の当事者の一方を被告とするもののことである。

282

第8節 民衆訴訟・機関訴訟

重要度 C

学習のPOINT

民衆訴訟と機関訴訟は、ここまで学習してきた訴訟類型とは異なり、客観訴訟に当たります。出題頻度は低いので、それぞれの意味と具体例を押さえておけば十分です。

1 民衆訴訟

民衆訴訟とは、国又は公共団体の機関の法規に適合しない行為の是正を求める訴訟で、選挙人たる資格その他自己の法律上の利益にかかわらない資格で提起するものをいいます（5条）。過28-17-オ、30-18-2

民衆訴訟の具体例としては、地方自治法上の住民訴訟（242条の2）、公職選挙法上の選挙・当選の効力に関する訴訟（203条、204条、207条、208条）などがあります。過18-42-ア、19-19-イ、21-18-2・5 ※1 ※2、27-21-エ、30-18-1・4、元-43-エ

2 機関訴訟

機関訴訟とは、国又は公共団体の機関相互間における権限の存否又はその行使に関する紛争についての訴訟をいいます（6条）。過21-18-3、28-17-オ、30-18-3・5

機関訴訟の具体例としては、地方自治法上の市町村の境界に係る都道府県知事の裁定に対して関係市町村が提起する訴え（9条8項）、議会の議決・選挙に関する訴訟（176条7項）、国や都道府県の関与に対して地方公共団体の機関が取消しを求める訴訟（251条の5、251条の6）などがあります。過19-19-エ

※1 過去問チェック

地方自治法の定める住民訴訟のうち、当該執行機関または職員に対する怠る事実の違法確認請求は、当事者訴訟である。→ ✕（21-18-2）

※2 過去問チェック

公職選挙法に定める選挙無効訴訟は、国民の選挙権に関する訴訟であるから、当事者訴訟である。→ ✕（21-18-5）

憲法

行政法

民法

商法

基礎法学

一般知識

第4章 － 行政事件訴訟法　第8節 － 民衆訴訟・機関訴訟　283

- □□□ **1** 民衆訴訟とは、国又は公共団体の機関の法規に適合しない行為の是正を求める訴訟で、選挙人たる資格その他自己の法律上の利益にかかわる資格で提起するものをいう。
- □□□ **2** 機関訴訟の具体例としては、地方自治法上の住民訴訟や、公職選挙法上の選挙・当選の効力に関する訴訟などがある。

解答 **1** × 自己の法律上の利益にかかわらない資格で提起するものである（5条）。 **2** × 民衆訴訟の具体例である。

| 第9節 | 仮の救済 | 重要度 **A** |

学習のPOINT

仮の救済には、取消訴訟が提起された場合になされる執行停止と、義務付け訴訟・差止め訴訟が提起された場合になされる仮の義務付け・仮の差止めがあります。

1 執行停止

（1）執行不停止の原則

　行政の円滑な運営に支障をきたすことを防止するため、取消訴訟がなされ審理中であったとしても、処分の効力・処分の執行・手続の続行は妨げられません（25条1項）。これを**執行不停止の原則**といいます。[※1]

（2）執行停止

① 執行停止とは何か

　執行不停止の原則を貫くと、取消訴訟の審理中に処分が執行され原告に損害が生じ、後日請求が認容されても、もはや原告の権利救済が実現できなくなる場合があります。

　また、行政庁の処分その他公権力の行使に当たる行為については、民事保全法に規定する**仮処分**[※2]をすることができないとされていますから（44条）、原告は、仮処分の方法により救済を求めることはできません。過21-17-1、26-42-イ

　そこで、原告の権利を保全するため、処分の効力・処分の執行・手続の続行の全部又は一部の停止をすること（これを**執行停止**といいます）が認められています。[※3]

　なお、執行停止の内容は、行政不服審査法におけるものと同様です（☞P242参照）。

② 執行停止の要件

　行政事件訴訟法における執行停止の要件は、以下のとおりです。

※1 参考

無効等確認訴訟においても、執行不停止の原則が採用されている（38条3項）。過19-18-3、24-16-3

※2 用語

仮処分：権利者が強制執行によって満足を得るまでの期間、義務者の財産を確保するための手段のこと。

※3 参考

執行停止の効果は、処分時にさかのぼらず、将来に向かってのみ生じる。

第4章 ― 行政事件訴訟法　第9節 ― 仮の救済　**285**

【執行停止の要件】

執行停止をするための要件（25条2項）過25-18-4、27-17-4、元-17-5	①取消訴訟が適法に提起されていること※1 過21-17-2、27-17-1 ②重大な損害を避けるため緊急の必要があること 過元-17-3、3-17-ア ③原告からの執行停止の申立てがあること※2 過27-17-3、元-17-2
執行停止ができない場合（25条4項）過元-17-4	①公共の福祉に重大な影響を及ぼすおそれがあること ②本案※3 について理由がないとみえること

③ 執行停止の手続

執行停止の決定は、口頭弁論を経ないですることができますが、あらかじめ、当事者の意見をきかなければなりません（25条6項）。過27-17-5、元-17-1

(3) 執行停止の取消し

執行停止の決定が確定した後に、その理由が消滅し、その他事情が変更したときは、裁判所は、相手方の申立てにより、決定をもって、執行停止の決定を取り消すことができます（26条1項）。

(4) 内閣総理大臣の異議

裁判所の権限濫用に基づく執行停止により行政が停滞することを回避するため、内閣総理大臣は、執行停止の申立てがあった場合や、執行停止の決定があった後に、裁判所に対して、異議を述べることができます（27条1項）。過23-17-1

内閣総理大臣の異議が述べられたときは、その理由の当否について裁判所に審査権限はなく、裁判所は、執行停止をすることができなくなり、すでに執行停止の決定をしているときは、これを取り消さなければなりません（27条4項）。過23-17-3 ※4

内閣総理大臣の異議は、執行停止の決定をした裁判所（その決定に対する抗告が抗告裁判所に係属しているときは、抗告裁判所）に対して述べなければなりません（27条5項）。過23-17-2

なお、内閣総理大臣は、やむをえない場合でなければ、異議を述べてはならず、また、異議を述べたときは、次の常会にお

※1 参考

執行停止の申立ては、必ずしも本案訴訟の提起と同時にする必要はなく、それ以後にすることも差し支えない。過27-17-2

※2 参考

申請拒否処分について執行停止をなしたとしても、申請拒否処分がなされる前の状態に戻るだけである。過21-17-3、29-17-2

※3 用語

本案：付随的・派生的な事項ではなく、その手続の主目的という意味の用語である。ここでは取消訴訟自体を意味する。

※4 過去問チェック

内閣総理大臣の異議が執行停止決定に対して述べられたときは、その理由の当否について裁判所に審査権限はなく、裁判所は、必ず決定を取り消さなければならない。→○（23-17-3）

いて国会にこれを報告しなければなりません（27条6項）。 **過**23-17-4

【行政不服審査法と行政事件訴訟法の執行停止】

	行政不服審査法		行政事件訴訟法
	審査庁が処分庁の上級行政庁又は処分庁	審査庁が処分庁の上級行政庁又は処分庁のいずれでもない	
職権による執行停止	○	×	×
処分庁の意見聴取	×	○	×
執行停止義務	○		×
なしうる措置	処分の効力・執行、手続の続行の停止以外の措置もなしうる ※5	処分の効力・執行、手続の続行の停止のみなしうる **過**29-16-1	
内閣総理大臣の異議	×		○

2 仮の義務付け・仮の差止め

　仮の義務付けとは、義務付け訴訟（申請型・非申請型のいずれも可）を提起したものの、その判決を待っていたのでは間に合わないような場合に、仮に行政庁がその処分・裁決をすべき旨を命ずることです。※6 **過**25-16-4

　また、**仮の差止め**とは、差止め訴訟を提起したものの、その判決を待っていたのでは間に合わないような場合に、仮に行政庁がその処分・裁決をしてはならない旨を命ずることです。※7

　仮の義務付け・仮の差止めと執行停止との違いについては、以下の表のとおりです。

※5 参考

「処分の効力・執行、手続の続行の停止以外の措置」とは、営業許可取消処分に代えて一定期間の営業停止処分に変更することなどである。

※6 具体例をイメージ

例えば、障害のある児童につき保育園への入園を承諾する処分を仮に義務付ける決定などである。

※7 具体例をイメージ

例えば、市立保育所を平成27年3月31日限り廃止する旨の処分をしてはならない旨の決定などである。

第4章 ― 行政事件訴訟法　第9節 ― 仮の救済　287

【仮の救済】

	執行停止	仮の義務付け・仮の差止め
するための要件	①取消訴訟の提起（25条2項）過21-17-2、30-26-1 ②**重大な損害**を避けるため緊急の必要があること（同条項） ③原告からの執行停止の申立てがあること（同条項）過21-17-5	①義務付け訴訟・差止め訴訟の提起（37条の5第1項・2項）過21-17-2、29-19-4、2-19-4 ②**償うことのできない損害**を避けるため緊急の必要があること（同条項）過23-43-ウ、25-16-4、29-19-3 ③原告からの仮の義務付け・仮の差止めの申立てがあること（同条項）過21-17-5、29-19-3 ④本案について**理由がある**とみえること（同条項）※1 過21-17-4
できない場合	①公共の福祉に重大な影響を及ぼすおそれがあるとき（25条4項） ②本案について**理由がない**とみえるとき（同条項）※1 過21-17-4	公共の福祉に重大な影響を及ぼすおそれがあるとき（37条の5第3項）過29-19-5
内閣総理大臣の異議	可能 過23-17-5、29-19-1 （27条、37条の5第4項）	

※1 よくある質問

Q 執行停止では「本案について理由がないとみえるとき」にはできないとされており、仮の義務付け・仮の差止めでは「本案について理由があるとみえること」がするための要件とされていますが、これって何が違うんですか？

A 執行停止の場合、行政側が「本案について理由がないとみえること」を疎明しない限り、認められます。これに対して、仮の義務付け・仮の差止めの場合、原告が自ら「本案について理由があるとみえること」を疎明しなければなりません。

確認テスト

☐☐☐ **1** 行政庁の処分その他公権力の行使に当たる行為については、民事保全法に規定する仮処分をすることができる。

☐☐☐ **2** 内閣総理大臣は、執行停止の決定があった後は、裁判所に対して異議を述べることができない。

☐☐☐ **3** 仮の義務付けや仮の差止めの要件として、重大な損害を避けるため緊急の必要があることが必要である。

解答 **1**✕仮処分をすることはできない（44条）。 **2**✕執行停止決定があった後においても、異議を述べることができる（27条1項後段）。 **3**✕償うことのできない損害を避けるため緊急の必要があることが要件とされている（37条の5第1項・2項）。

第10節 教示 重要度 B

学習のPOINT
教示については、行政不服審査法との対比が重要です。本節の最後にあるまとめの表を使い、両者の違いを押さえておきましょう。

1 教示とは何か

教示とは、処分の相手方など国民に対して、訴訟による救済が受けられることを知らせる制度です。

この教示制度は、行政事件訴訟をより利用しやすくわかりやすくするための制度として、平成16年の行政事件訴訟法の改正によって導入されたものです。過18-19-1 ※2

2 教示の内容

(1) 取消訴訟

行政庁は、取消訴訟を提起することができる処分・裁決を書面でする場合、①**被告とすべき者**、②**出訴期間**、③**審査請求前置主義**が採用されている場合はその旨、④**裁決主義**が採用されている場合はその旨を、**書面で**教示しなければなりません（46条1項本文、2項本文）。※3 過18-19-2・3、27-18-オ、29-26-ウ

もっとも、処分が口頭でされる場合には、教示義務を負いません（46条1項ただし書、2項ただし書）。なぜなら、口頭で行われる処分は、比較的軽いものが多いからです。

(2) 形式的当事者訴訟

行政庁は、形式的当事者訴訟を提起することができる処分・裁決を書面でする場合、①**被告とすべき者**、②**出訴期間**を、**書面で**教示しなければなりません（46条3項本文）。

もっとも、処分が口頭でされる場合には、教示義務を負いません（46条3項ただし書）。

※2 過去問チェック
行政事件訴訟法に教示の規定が設けられたことを契機として、行政不服審査法においても教示の規定が創設されることとなった。→ ✕ （18-19-1）

※3 参考
取消訴訟と併せて国家賠償法1条に基づいて国家賠償請求訴訟を提起することができる旨を教示する義務はない。過20-19-4

【行政不服審査法と行政事件訴訟法の教示】

	行政不服審査法	行政事件訴訟法
処分の相手方	教示義務あり ※口頭で処分をする場合は、教示義務なし	
利害関係人	教示を求められた場合、教示義務あり ※書面による教示を求められた場合、書面による教示が必要	教示義務なし 過18-19-4 ※1
誤った教示などの救済規定	あり	なし 過18-19-5 ※2

※1 過去問チェック

当該処分または裁決の相手方以外の利害関係人であっても、教示を求められた場合には、当該行政庁は教示をなすべき義務がある。→✕（18-19-4）

※2 過去問チェック

誤った教示をした場合、または教示をしなかった場合についての救済措置の規定がおかれている。→✕（18-19-5）

確認テスト

□□□ **1** 行政事件訴訟法における教示制度は、行政事件訴訟法成立当初から導入されていた。

□□□ **2** 処分が口頭でされる場合、行政庁は教示義務を負わない。

□□□ **3** 行政庁は、実質的当事者訴訟を提起することができる処分を書面でする場合、被告とすべき者や出訴期間を書面で教示しなければならない。

解答 **1**✕平成16年の行政事件訴訟法の改正によって導入されたものである。 **2**〇（46条1項〜3項ただし書）**3**✕形式的当事者訴訟を提起することができる処分を書面でする場合である（46条3項本文）。

第2部 行政法

第5章 国家賠償法・損失補償

第1節 国家賠償法

重要度

学習のPOINT

国家賠償とは違法な行政作用により生じた損害を金銭で穴埋めしてもらうことであり、これについて定めた法律が国家賠償法です。最高裁判所の判例を中心に学習していきましょう。

1 国家賠償法の全体像

(1) 国家賠償制度成立の経緯

　大日本帝国憲法の下では、国家は過ちを犯さないと考えられており、国や公共団体の違法な行為により損害が発生したとしても、国民は損害賠償請求をすることはできないとされていました（これを国家無答責の原則といいます）。※3

　もっとも、これではあまりに国民にとって不利益ですから、日本国憲法は、17条という条文を置いて国や公共団体に対する損害賠償請求（これを国家賠償請求といいます）を認め、これを受けて国家賠償法という法律が作られました。これにより、国家賠償制度が確立することとなりました。

(2) 国家賠償法の仕組み

　国家賠償法は、たった6条しかない法律です。

　そして、人（公務員）の行為により生じた損害については1条が、物（公物）により生じた損害については2条が、それぞれ国家賠償請求を認めています。これにより、国や公共団体の違法な行為によって生じた損害については、大体の場合、金銭で穴埋めすることができます。

　なお、3条〜6条は、1条の場合と2条の場合に共通して適用されるルールを定めています。

※3 参考
旧行政裁判法16条も、「行政裁判所ハ損害要償ノ訴訟ヲ受理セス」と規定して、国家賠償を請求する訴えを認めていなかった。

2 国家賠償法1条

(1) 要件

国家賠償法1条1項は、①国又は公共団体の②公権力の行使に当たる③公務員が、④その職務を行うについて、⑤故意又は過失によって、⑥違法に⑦他人に損害を加えたときは、国や公共団体がこれを賠償する責任を負うとしています。つまり、①〜⑦をすべて満たした場合、国家賠償請求が認められます。過25-19-1・2

① 国又は公共団体

「国又は公共団体」とは、「公権力の行使」を行った者が所属する団体を意味します。※1 ※2

② 公権力の行使

「公権力の行使」とは、国や公共団体の活動から、純粋な私的経済作用と2条の対象となる公の営造物の設置・管理を除いたすべてのものを意味すると広く捉えられています。

したがって、「公権力の行使」には、行政権のみならず、立法権（最判昭60.11.21）や司法権（最判昭57.3.12）も含まれます。過20-20-1・2、29-20-4

また、公立学校における教師の教育活動（最判昭62.2.6）や課外クラブ活動中に教師が生徒に対して行う監視・指導（最判昭58.2.18）などの事実上の行為も含まれます。※3 過18-20-1、24-20-2、30-20-オ

【公権力の行使】

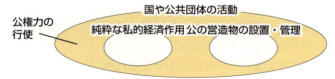

③ 公務員

「公務員」には、国家公務員・地方公務員のみならず、公権力の行使を委任されている民間人も含まれます。※4 過21-25-3

なお、公権力の行使を行った公務員が誰であるかを特定できなかったとしても、一連の行為のうちのいずれかに故意又は過

※1 重要判例
指定確認検査機関による確認に関する事務は、建築主事による確認に関する事務の場合と同様に、地方公共団体の事務である（最決平17.6.24）。過23-20-ア

※2 重要判例
都道府県警察の警察官が警察の責務の範囲に属する交通犯罪の捜査を行うことは、検察官が自ら行う犯罪の捜査の補助に係るものであるときのような例外的な場合を除いて、当該都道府県の公権力の行使にほかならない（最判昭54.7.10）。過23-20-イ、27-19-5

※3 重要判例
勾留されている患者に対して拘置所職員たる医師が行う医療行為は「公権力の行使」に該当するが（最判平17.12.8）、国家公務員の定期健康診断における国嘱託の保健所勤務医師による検診（最判昭57.4.1）は「公権力の行使」に当たらない。過20-20-3・5、26-19-オ

失による違法行為があったのでなければ被害が生ずることはな
かったであろうと認められ、かつ、これによる被害につき専ら
国又は公共団体が損害賠償責任を負うべき関係が存在するとき
は、国又は公共団体は、損害賠償責任を負います（最判昭
57.4.1）。過24-20-5、2-20-ア

④ 職務を行うについて

国家賠償法1条1項は、公務員が「その職務を行うについ
て」と規定し、公務員による侵害行為が「職務行為」であるこ
とを要件としています。

しかし、「職務行為」を厳密に考えると、被害者の救済とい
う観点から問題が生ずるため、最高裁判所の判例は、公務員が
客観的に職務執行の外形を備える行為をし、これによって他人
に損害を加えた場合、国又は公共団体は、損害賠償責任を負う
としています（最判昭31.11.30）。このような考え方を外形標準
説といいます。過23-20-エ、27-19-1、2-20-エ

⑤ 故意・過失

「故意」とはわざとという意味であり、「過失」とは不注意で
という意味です。

⑥ 違法性

「違法」とは、単に法令に違反するという意味ではなく、客
観的に公正を欠くことを意味します。※5 ※6

最重要判例 ● **裁判官がした争訟の裁判の違法性**
（最判昭57.3.12）

事案 裁判で敗訴した当事者が、判決を行った裁判官が本来適用さ
れるべき法律を適用せずに自分を敗訴させたことは違法であ
るとして、国家賠償請求訴訟を提起した。

結論 国家賠償請求は認められない。

判旨 裁判官がした争訟の裁判に上訴等の訴訟法上の救済方法によ
って是正されるべき瑕疵が存在したとしても、これによって
当然に国家賠償法1条1項の規定にいう違法な行為があった
ものとして国の損害賠償責任の問題が生ずるものではなく、
この責任が肯定されるためには、当該裁判官が違法又は不当
な目的をもって裁判をしたなど、裁判官がその付与された権
限の趣旨に明らかに背いてこれを行使したものと認め得るよ

※4 重要判例

都道府県の措置に基
づき社会福祉法人の
設置・運営する児童
養護施設に入所した
児童に対する当該施
設の職員等による養
育監護行為は、都道
府県の公権力の行使
に当たる公務員の職
務行為と解するのが
相当である（最判平
19.1.25）。過23-20-ウ

※5 重要判例

刑事事件において無
罪の判決が確定した
というだけで直ちに
起訴前の逮捕・勾
留、公訴の提起・追
行、起訴後の勾留が
違法となるというこ
とはない（最判昭
53.10.20）。過25-20-
ウ、29-20-2、2-
21-5

※6 重要判例

政府が物価の安定等
の政策目標を実現す
るために具体的にい
かなる措置をとるべ
きかは、事の性質上
専ら政府の裁量的な
政策判断に委ねられ
ている事柄であっ
て、具体的な措置に
ついての判断を誤っ
たためその目標を達
成できなかったとし
ても、法律上の義務
違反ないし違法行為
として国家賠償法上
の損害賠償責任の問
題は生じない（最判
昭57.7.15）。過25-
20-ア、29-20-5

憲法

行政法

民法

商法

基礎法学

一般知識

第5章 ― 国家賠償法・損失補償　第1節 ― 国家賠償法　293

| 判旨 | うな特別の事情があることを必要とする。圖29-20-3、2-21-4 |

最重要判例　● パトカーによる追跡行為の違法性
（最判昭61.2.27）

| 事案 | 警察官が速度違反をして逃走中の乗用車をパトカーで追跡したところ、その乗用車が衝突事故を起こしたため、衝突事故の被害者が、パトカーによる追跡行為は違法であるとして、国家賠償請求訴訟を提起した。 |

| 結論 | 国家賠償請求は認められない。 |

| 判旨 | 警察官が車両で逃走する者をパトカーで追跡する職務の執行中に、逃走車両の走行により第三者が損害を被った場合において、当該追跡行為が違法というためには、**当該追跡が当該職務目的を遂行する上で不必要であるか、又は逃走車両の逃走の態様及び道路交通状況等から予測される被害発生の具体的危険性の有無及び内容に照らし、追跡の開始・継続若しくは追跡の方法が不相当であることを要する。**圖24-20-4、27-19-2、30-20-イ |

最重要判例　● 税務署長による所得税更正処分の違法性
（最判平5.3.11）

| 事案 | 税務署長が所得税更正処分をなしたため、当該処分の名あて人が、当該処分の取消訴訟を提起し、当該処分の一部を取り消す判決が確定した。そこで、当該処分の名あて人が、税務署長の行った所得税更正処分により被った営業損害及び慰謝料等について、国家賠償請求訴訟を提起した。 |

| 結論 | 国家賠償請求は認められない。 |

| 判旨 | 税務署長のする所得税の更正処分は、所得金額を過大に認定していたとしても、そのことから直ちに国家賠償法1条1項にいう違法があったとの評価を受けるものではなく、**これに基づき課税要件事実を認定・判断する上で、職務上通常尽くすべき注意義務を尽くすことなく漫然と更正処分をしたと認め得るような事情がある場合に限り、このような評価を受ける。**圖24-20-3、25-20-イ、30-20-エ、2-20-イ |

　なお、行政庁が法律上の規制権限を行使しなかったことにより国民が損害を受けた場合、法令の趣旨・目的やその権限の性質に照らし、**著しく合理性を欠く**ときには、被害者との関係で

違法となります（最判平16.10.15）。過21-20-3

⑦ 損害の発生

「損害」には、生命・身体・財産に関する損害のほか、精神的損害も含まれます。

(2) 免責事由

国家賠償法1条1項には、使用者責任（民法715条1項ただし書）のような免責事由が規定されていません。

したがって、国又は公共団体は、公務員の選任及びその公務の監督について相当の注意をしていたとしても、国家賠償法1条1項に基づく損害賠償責任を負います。過28-20-4

(3) 損害賠償責任の性質

国家賠償法1条1項は、本来、賠償責任を負うべきなのは違法な行為をした公務員であるものの、公務員個人に支払能力がないこともあるので、国や公共団体が公務員に代わって賠償責任を負担することを定めたものと考えられています（これを代位責任説といいます）。※1

もっとも、損害を与えた公務員が完全に保護されるというのもおかしな話です。そこで、公務員に故意又は重大な過失※2があったときには、国や公共団体は、公務員に対して、損害を賠償するのにかかった費用の支払いを請求することができます（1条2項）。これを求償権といいます。過28-20-3

国家賠償法1条についてまとめると、以下のようになります。

【国家賠償法1条のまとめ】

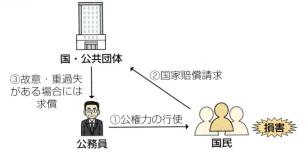

※1 重要判例
公務員の職務行為を理由とする国家賠償請求については、国又は公共団体が賠償の責任を負うのであって、公務員が行政機関としての地位において賠償の責任を負うものではなく、また、公務員個人もその責任を負うものではないから、行政機関を相手方とする訴えは不適法であり、公務員個人を相手方とする請求には理由がない（最判昭30.4.19）。過26-19-ア、28-20-5、2-20-ウ

※2 用語
重大な過失：不注意の程度が著しいこと。

3 国家賠償法2条

（1）要件

　国家賠償法2条1項は、①道路・河川その他の公の営造物の、②設置又は管理に瑕疵があったため、③他人に損害を生じたときは、国や公共団体がこれを賠償する責任を負うとしています。つまり、①～③の条件をすべて満たした場合、国家賠償請求が認められます。[※1] [※2] 過25-19-3

　なお、他に損害の原因について責任を負うべき者があるときは、国又は公共団体は、これに対して求償権を有します（2条2項）。[※3] 過27-20-オ・カ

① 公の営造物

　「公の営造物」とは、行政組織法のところで学習した公物と同じ意味であり、国や公共団体などの行政主体が、直接に公共目的のために使用させている有体物のことです。過21-19-1

　したがって、「公の営造物」には、不動産のみならず動産も含まれますし、道路のような人工公物のみならず河川のような自然公物も含まれます。過19-20-1、21-19-3、23-19-1

② 設置・管理の瑕疵

　「瑕疵」とは、通常有すべき安全性を欠いていることをいいます。そして、設置の瑕疵とは、公の営造物が成立当初から安全性を欠いていることをいい、管理の瑕疵とは、公の営造物の設置後に安全性を欠くようになったことをいいます。[※4]

　なお、国家賠償法1条1項では、公務員の故意又は過失が国家賠償請求の条件とされていましたが、国家賠償法2条1項では、公物を設置・管理する公務員の故意又は過失が条件とされていません。このように、故意又は過失が条件とされていない損害賠償責任のことを無過失責任といいます。

　もっとも、被告である国又は公共団体において、損害の発生が不可抗力によるものであることを立証すれば、国家賠償法2条1項の責任を免れることができます。[※5] 過23-19-2

　道路の管理の瑕疵については、以下のような判例があります。

※1 重要判例

国又は公共団体は、通常の用法に即しない行動の結果生じた損害については、損害賠償責任を負わない（最判昭53.7.4、最判平5.3.30）。過22-20-4

※2 参考

国家賠償法2条に基づく損害賠償を請求できる場合であっても、公権力の行使に当たる公務員が故意・過失によって違法に他人に損害を加えたときは、国家賠償法1条に基づく損害賠償を請求することができ、どちらを請求するかは被害者の選択に委ねられている。過27-20-ア・イ

※3 参考

他に損害の原因について責任を負うべき者があるときでも、国又は公共団体が責任を免れるわけではない。

※4 重要判例

公の営造物の管理者は、必ずしも当該営造物について法律上の管理権や所有権・賃借権等の権原を有している者に限られるものではなく、事実上の管理をしているにすぎない国又は公共団体も含まれる（最判昭59.11.29）。過19-20-2

最重要判例 ● 高知落石事件（最判昭45.8.20）

事案 国道56号線の一部区間ではしばしば落石や崩土があり、道路管理者である国は「落石注意」等の標識を立てたりして通行者に注意を促していたが、落石によりトラックの助手席に乗っていた成年が死亡した。そこで、遺族らが、国に対して、国家賠償請求訴訟を提起した。

結論 国家賠償請求は認められる。

判旨 ①営造物の設置・管理の瑕疵の意味
　国家賠償法2条1項の営造物の設置または管理の瑕疵とは、**営造物が通常有すべき安全性を欠いていること**をいい、これに基づく国または公共団体の賠償責任については、その**過失を必要としない。** 過21-19-2、元-21-ア・イ
②予算措置の困却を理由とする免責の有無
　本件道路における防護柵を設置するとした場合、その費用が相当の多額に上り、その予算措置に困却するであろうことは推察できるが、**それにより直ちに道路の管理の瑕疵によって生じた損害に対する賠償責任を免れうるものと考えることはできない。** 過22-20-2、元-21-ウ

※5 よくある質問

Q 無過失責任であるにもかかわらず不可抗力による場合は免責されるというのは、どういうことですか？

A 無過失責任とは、公の営造物の瑕疵によって損害が生じた場合、この瑕疵につき国又は公共団体に過失がなかったとしても、損害賠償責任を負うという意味です。これに対して、不可抗力とは、公の営造物の瑕疵そのものがなかったとしても損害が生じていたような場合のことをいいます。

最重要判例 ● 転倒した赤色灯標柱の放置（最判昭50.6.26）

事案 工事中の県道において工事箇所を表示するため赤色灯標柱が設置されたが、同所を通行した自動車によりこの赤色灯標柱が倒され、その直後に同所を通行した自動車が事故を起こし、同乗者が死亡した。そこで、同乗者の遺族が、県には道路管理の瑕疵があったとして、国家賠償請求訴訟を提起した。

結論 国家賠償請求は認められない。

判旨 事故発生当時に赤色灯標柱が道路上に倒されたまま放置されていたとしても、**時間的に遅滞なくこれを原状に復し道路を安全良好な状態に保つことは不可能であったという状況のもとにおいては、道路管理に瑕疵がなかったと認めるのが相当である。** 過22-20-5

最重要判例 ● 故障車の放置（最判昭50.7.25）

事案 道路上に故障車が放置されていたが、道路管理者は道路を常時巡視しておらずこの事実を知らなかったところ、故障車の放置から87時間後に原動機付自転車が故障車に衝突し、原動機付自転車の運転手が死亡した。そこで、運転手の遺族が、

事案	道路管理者には道路管理の瑕疵があったとして、国家賠償請求訴訟を提起した。
結論	国家賠償請求は認められる。
判旨	故障車が87時間にわたって放置され、道路の安全性を著しく欠如する状態であったにもかかわらず、道路管理者は、道路を常時巡視して応急の事態に対処しうる看視体制をとっていなかったために、本件事故が発生するまで故障車が道路上に長時間放置されていることを知らず、道路の安全性を保持するために必要とされる措置を全く講じていなかったときは、**道路管理者の道路管理に瑕疵があったというほかない。**過 19-20-4、22-20-3 ※1、30-25-4

　また、河川の管理の瑕疵については、以下のような判例があります。

最重要判例	**大東水害訴訟**（最判昭59.1.26）
事案	大阪府大東市を流れる河川の改修工事が未完成であったところ、この河川が決壊し、周辺住民の住宅が床上浸水した。そこで、周辺住民は、河川管理者である国、費用負担者である大阪府、排水路管理者である大東市に対して、国家賠償請求訴訟を提起した。
結論	国家賠償請求は認められない。
判旨	未改修河川又は改修の不十分な河川の備えるべき安全性としては、**一般に施行されてきた治水事業による河川の改修・整備の過程に対応するいわば過渡的な安全性をもって足りるものとせざるをえない**のであって、当初から通常予測される災害に対応する安全性を備えたものとして設置され公用開始される道路その他の営造物の管理の場合とは、その管理の瑕疵の有無についての判断の基準もおのずから異なったものとならざるをえない。したがって、未改修河川又は改修の不十分な河川の管理についての瑕疵の有無は、**同種・同規模の河川の管理の一般水準及び社会通念に照らして是認しうる安全性を備えていると認められるかどうかを基準として判断すべきである。**

※1 過去問チェック

道路上に放置された故障車に追突して損害を被った者がいたとしても、道路自体に瑕疵があったわけではないから、道路管理者が賠償責任を負うことはない。→ ✕ （22-20-3）

最重要判例	● 多摩川水害訴訟（最判平2.12.13）
事案	改修工事完成区間とされていた多摩川の一部が決壊し、周辺住民の住宅が失われる災害が発生した。そこで、周辺住民は、多摩川の管理者である国に対して、国家賠償請求訴訟を提起した。
結論	国家賠償請求は認められる。
判旨	河川は、当初から通常有すべき安全性を有するものとして管理が開始されるものではなく、治水事業を経て、逐次その安全性を高めてゆくことが予定されているものであるから、**河川が通常予測し、かつ、回避し得る水害を未然に防止するに足りる安全性を備えるに至っていないとしても、直ちに河川管理に瑕疵があるとすることはできず、河川の備えるべき安全性としては、一般に施行されてきた治水事業の過程における河川の改修、整備の段階に対応する安全性をもって足りるものとせざるを得ない。**そして、工事実施基本計画が策定され、その計画に準拠して改修・整備がされ、あるいはその計画に準拠して新規の改修・整備の必要がないものとされた河川の改修・整備の段階に対応する安全性とは、**同計画に定める規模の洪水における流水の通常の作用から予測される災害の発生を防止するに足りる安全性をいう。** ※2

なお、公の営造物自体に物理的な瑕疵がなかったとしても、管理者が適切な制限を加えないままその営造物を利用させたことにより、営造物の本来の利用者以外の第三者との関係で瑕疵が認められることがあります。これを**機能的瑕疵（供用関連瑕疵）**といいます。※3

最重要判例	● 大阪空港公害訴訟（最大判昭56.12.16） 過24-19
事案	大阪国際空港の騒音公害が深刻化したため、周辺住民は、国に対して国家賠償請求訴訟を提起した。
結論	国家賠償請求は認められる。
判旨	国家賠償法2条1項の営造物の設置又は管理の瑕疵とは、営造物が有すべき安全性を欠いている状態をいうが、そこにいう安全性の欠如、すなわち、他人に危害を及ぼす危険性のある状態とは、その営造物を構成する物的施設自体に存する物理的・外形的な欠陥や不備によって一般的にそのような危

※2 よくある質問

Q 未改修河川と改修済河川とで、管理の瑕疵の判断基準に違いがあるのはなぜですか？

A 未改修河川の場合、予測し回避しうる水害を防止するに足りる治水施設を完備するには、相応の期間がかかるから同種・同規模の河川の管理の一般水準に照らして是認しうる安全性があれば、「管理の瑕疵」はないとされます。これに対して、改修済河川の場合、改修がなされた時点において、すでに予測し回避しうる水害を防止するのに足りる安全性を備えていなければならなかったはずだから水害の時点で予測し回避しうる水害を防止するのに足りる安全性がなければ、「管理の瑕疵」があるとされます。

※3 重要判例

一般国道等の道路の周辺住民がその供用に伴う自動車騒音等により受けた被害が、社会生活上受忍すべき限度を超える場合には、当該道路の設置・管理に瑕疵がある（国道43号事件：最判平7.7.7）。
過22-20-1、30-25-1

判旨 を生じさせる危険性がある場合のみならず、**その営造物が供用目的に沿って利用されることとの関連において危害を生じさせる危険性がある場合をも含み、また、その危害は、営造物の利用者に対してのみならず、利用者以外の第三者に対するそれをも含む。** 圈21-19-5、23-24-5

（2）免責事由

国家賠償法2条1項には、土地の工作物の占有者（民法717条1項ただし書）のような免責事由が規定されていません。したがって、国又は公共団体は、損害の発生を防止するのに必要な注意をしていたとしても、国家賠償法2条1項に基づく損害賠償責任を負います。圈25-19-4

4 国家賠償法3条～6条

以下では、1条の場合と2条の場合に共通して適用されるルールについて説明していきます。

（1）賠償責任者

国家賠償法1条の場合、公務員を選任・監督している国や公共団体が、国家賠償法2条の場合、公の営造物を設置・管理している国や公共団体が、それぞれ国家賠償責任を負うのが通常です。

もっとも、どこが公務員を選任・監督しているか、どこが公の営造物を設置・管理しているかが不明確な場合もあり、誰に対して国家賠償請求をしてよいかわからないという事態もあり得ます。

そこで、国家賠償法3条は、公務員の選任・監督又は公の営造物の設置・管理に当たる者と公務員の給与その他の費用又は公の営造物の設置・管理費用の負担者が異なるときは、**費用負担者**もまた損害賠償責任を負うこととして、請求先を広げています。※1 圈19-20-5、21-19-4、23-19-4 ※2、27-20-ウ・エ、28-20-1

※1 重要判例

公の営造物の設置費用の負担者には、当該営造物の設置費用につき法律上負担義務を負う者のほか、この者と同等又はこれに近い設置費用を負担し、実質的にはこの者と当該営造物による事業を共同して執行していると認められる者であって、当該営造物の瑕疵による危険を効果的に防止しうる者も含まれる（最判昭50.11.28）。圈26-19-ウ

※2 過去問チェック

国家賠償法2条が定める公の営造物の設置又は管理の瑕疵について、設置又は管理に当る者（設置管理者）とその費用を負担する者（費用負担者）とが異なるときは、費用負担者は、設置管理者が損害の発生を防止するのに必要な注意をしたときに限り、被害者に対する損害賠償責任を負う。→ ✕（23-19-4）

【賠償責任者】

(2) 他の法律の適用

国家賠償責任については、国家賠償法に規定がない事項については民法の規定が適用されますが（4条）、民法以外の他の法律に別段の規定がある場合は、その規定が適用されます（5条）。※3 過20-19-5、25-19

つまり、①民法以外の他の法律→②国家賠償法→③民法の順で法律が適用されることになります。

(3) 相互保証主義

被害者が外国人である場合、原則として、日本で国家賠償請求をすることはできません。

しかし、ある外国（A国）において日本人が国家賠償請求をすることが保証されている場合には、その外国の人（A国人）も日本で国家賠償請求をすることができます（6条）。

これを相互保証主義といいます。過20-19-2、23-19-3、28-20-2

5 取消訴訟と国家賠償請求訴訟の関係

行政処分が違法であることを理由として国家賠償請求をするためには、あらかじめその行政処分につき取消し又は無効確認の判決を得ておく必要はありません（最判昭36.4.21）。過19-17-5、20-19-1、22-19-2、25-20-エ、28-10-ウ、30-10-5

※3 重要判例

公権力の行使にあたる消防署職員の失火による国又は公共団体の損害賠償責任については、国家賠償法4条により失火責任法が適用され、当該消防署職員に重大な過失のあることが必要となる（最判昭53.7.17）。過18-20-4、20-19-3、24-20-1、29-21、3-20

| 最重要判例 | ● 課税処分の取消訴訟と国家賠償請求訴訟の関係（最判平22.6.3） |

事案 固定資産税の納税者が、固定資産の価格を過大に決定されたと主張し、課税処分の取消訴訟等の手続を経ることなく、国家賠償法1条1項に基づき、固定資産税の過納金相当額の国家賠償請求訴訟を提起した。

結論 国家賠償請求は認められる。

判旨 公務員が納税者に対する職務上の法的義務に違背して固定資産の価格ないし固定資産税等の税額を過大に決定したときは、**これによって損害を被った当該納税者は、取消訴訟等の手続を経るまでもなく、国家賠償請求を行い得る。**過25-20-オ、28-18-1

確認テスト

□□□ **1** 公務員が客観的に職務執行の外形を備える行為をし、これによって他人に損害を加えた場合でも、自己の利益を図る意図をもってその行為をしたにすぎないときは、国又は公共団体は、損害賠償責任を負わない。

□□□ **2** 国家賠償法2条に基づく国及び公共団体の賠償責任が認められるためには、公の営造物の設置管理者の過失の存在を必要としない。

□□□ **3** 国家賠償法は、外国人が被害者である場合には、相互の保証があるときに限り適用される。

□□□ **4** 行政処分が違法であることを理由として国家賠償請求をするためには、あらかじめその行政処分につき取消し又は無効確認の判決を得ておく必要がある。

解答 **1 ×** 公務員が客観的に職務執行の外形を備える行為をし、これによって他人に損害を加えた場合、自己の利益を図る意図をもってその行為をしたにすぎないときであっても、国又は公共団体は、損害賠償責任を負う（外形標準説：最判昭31.11.30）。**2 ○**（最判昭45.8.20）**3 ○**（6条）**4 ×** あらかじめその行政処分につき取消し又は無効確認の判決を得ておく必要はない（最判昭36.4.21）。

第2節 損失補償

重要度 B

学習のPOINT
国家賠償は、違法な行政作用により生じた損害を金銭で穴埋め（賠償）してもらう制度であるのに対し、損失補償は、適法な行政作用により生じた損失を金銭で穴埋め（補償）してもらう制度です。

1 損失補償とは何か

損失補償とは、国又は公共団体の適法な活動によって私人が受けた**特別の犠牲**に対する補償のことです。この「特別の犠牲」に該当するか否かは、規制又は侵害の態様・程度・内容・目的等を総合的に考慮して判断されます。過20-42-ア

なお、最高裁判所の判例は、以下のような場合に、特別の犠牲に該当せず損失補償は認められないとしました。

【損失補償が認められない場合】

1	在外資産の賠償への充当による損害（戦争損害）（最大判昭43.11.27）
2	行政財産である土地の使用許可が、当該行政財産本来の用途又は目的上の必要に基づき将来に向かって取り消されたことによる損失（最判昭49.2.5）過25-9-1
3	国道の改築工事として地下横断歩道が設置された結果、消防法違反の状態となったガソリンタンクを移設しなければならなくなったことによる損失（最判昭58.2.18）過23-26-エ、28-21-5
4	都市計画道路の区域内の土地所有者が長期にわたり建築制限を受けたことによる損失（最判平17.11.1）過21-8-4

2 補償の根拠

損失補償については、損失補償法といったような一般法は存在せず、個別の法律で、どのような場合にどのような損失補償をするかについてそれぞれ規定しています。※1 ※2

なお、個別の法律に損失補償の規定がない場合であっても、**憲法29条3項**を根拠として損失補償を請求する余地が認めら

※1 **重要判例**
火災の際の消防活動により損害を受けた者がその損失の補償を請求しうるためには、当該処分等が、火災が発生しようとし若しくは発生し、又は延焼のおそれがある消防対象物及びこれらの物のある土地以外の消防対象物及び立地に対しなされたものであり、かつ、当該処分等が消火・延焼の防止又は人命の救助のために緊急の必要があるときになされたものであることを要する（最判昭47.5.30）。過28-21-1

※2 **参考**
都市計画法には、用途地域の指定について、土地の利用規制を受けることとなった者が、通常生ずべき損害の補償を求めることができる旨の規定はない。過28-21-2

れるとされています（最大判昭43.11.27）。

3 補償の内容・程度

　補償の内容と程度をめぐっては、完全補償説と相当補償説の対立があります。

　最高裁判所の判例は、①土地収用法上の補償について規制・侵害の前後を通じて被侵害者の保持する財産価値が等しいものとなるような補償を要するという考え方（最判昭48.10.18）と、②必ずしも常に市場価格に合致する補償を要するものではないという考え方（農地改革事件：最大判昭28.12.23）を示しており、①は完全補償説に、②は相当補償説に近くなっています。※1

過20-42-イ・ウ・エ

最重要判例 ● **農地改革事件**（最大判昭28.12.23）

事案	農地改革における農地の買収に際しての損失補償額が争われた。
結論	相当補償説
判旨	憲法29条３項にいうところの財産権を公共の用に供する場合の「正当な補償」とは、その当時の経済状態において成立することを考えられる価格に基づき、合理的に算出された相当な額をいうのであって、必ずしも常にかかる価格と完全に一致することを要するものではない。

最重要判例 ● **建築制限付土地の収用と補償**
（最判昭48.10.18）

事案	都市計画街路予定地内にあることにより建築制限を受けていた土地の収用に際しての損失補償額が争われた。
結論	完全補償説
判旨	①土地収用法における損失補償の内容・程度 　土地収用法における損失の補償は、特定の公益上必要な事業のために土地が収用される場合、その収用によって当該土地の所有者等が被る特別な犠牲の回復をはかることを目的とするものであるから、完全な補償、すなわち、収用の前後を通じて被収用者の財産価値を等しくならしめるような補償をなすべきであり、金銭をもって補償する場合には、被収用者が近傍において被収用地と同等の代替地等を取得することを

※1 重要判例

土地収用法にいう「通常受ける損失」とは、収用に基づき被収用者が当然に受けるであろうと考えられる経済的・財産的な損失をいうと解するのが相当であって、経済的でない特殊な価値についてまで補償の対象とする趣旨ではない（最判昭63.1.21）。

判旨 うるに足りる金額の補償を要する。

②建築制限付土地が収用される場合に補償すべき価格

都市計画事業のために土地が収用される場合、被収用地に都市計画決定による建築制限が課されていても、被収用者に対して土地収用法によって補償すべき相当な価格とは、**被収用地が、建築制限を受けていないとすれば、裁決時において有するであろうと認められる価格をいう。**過28-21-3

4 補償の方法

（1）補償の支払時期

最高裁判所の判例は、憲法は「正当な補償」と規定しているだけであって、補償の時期については少しも言明していないのであるから、補償が財産の供与と交換的に同時に履行されるべきことについては、**憲法の保障するところではない**としています（最大判昭24.7.13）。

（2）収用目的の消滅と収用目的物の返還

最高裁判所の判例は、私有財産の収用が行われた後に、収用目的が消滅した場合、**法律上当然にこれを被収用者に返還しなければならないものではない**としています（最大判昭46.1.20）。

確認テスト

□□□ **1** 損失補償とは、国又は公共団体の違法な活動によって私人が受けた特別の犠牲に対する補償のことである。

□□□ **2** 個別の法律に損失補償の規定がない場合であっても、憲法29条3項を根拠として損失補償を請求する余地が認められている。

□□□ **3** 補償が財産の供与と交換的に同時に履行されるべきことについては、憲法の保障するところではない。

解答 **1**✕国又は公共団体の「適法」な活動によって私人が受けた特別の犠牲に対する補償である。 **2**◯（最大判昭43.11.27） **3**◯（最大判昭24.7.13）

第2部 行政法

第6章 地方自治法

第1節 地方公共団体の種類　重要度 A

学習のPOINT

地方公共団体にはどのような種類があるかを、まとめの図を使って押さえておきましょう。平成23年・平成26年の地方自治法改正によって変わった部分もありますので要注意です。

1 地方自治法とは何か

（1）地方自治法制定の経緯

大日本帝国憲法は、地方自治に関する規定を設けていませんでしたが、第二次世界大戦後に日本国憲法が制定され、第8章に地方自治の規定が設けられました。そして、これを受けて、昭和22年に地方自治法が制定されました。※1 ※2 週24-22-オ

（2）地方自治法の目的

地方自治法は、**地方自治の本旨**に基づいて、地方公共団体の区分並びに地方公共団体の組織・運営に関する事項の大綱を定め、併せて国と地方公共団体との間の基本的関係を確立することにより、地方公共団体における**民主的にして能率的な行政の確保**を図るとともに、**地方公共団体の健全な発達**を保障することを目的としています（1条）。週24-22-イ

なお、地方自治の本旨とは、①**住民自治**、②**団体自治**の2つを意味しますが（☞P133参照）、この点について明示した規定はありません。週24-22-ウ

2 地方公共団体の種類

地方自治法上、地方公共団体は、**普通地方公共団体**と**特別地方公共団体**の2つに大別されています（1条の3第1項）。

※1 参考
日本国憲法には、地方自治法の廃止は、住民投票を経て行わなければならないとの規定はない。週24-22-ア

※2 参考
地方自治法には、地方財政法や地方公務員法等に優先して適用されるとの規定はない。週24-22-エ

（1）普通地方公共団体

　普通地方公共団体とは、**都道府県**と**市町村**のことです（1条の3第2項）。

　市町村は、基礎的な地方公共団体であり（2条3項）、その区域において住民に最も身近な団体として事務を行います。これに対して、都道府県は、市町村を内部に含んでいるため（5条2項）、市町村に対する援助・連絡調整など広域的な観点から事務を行います。※3

　もっとも、地方分権の推進のため、住民に身近な行政はできる限り住民にとって身近な市に委ねるべきことから、都道府県が処理すべき事務であっても、一定の規模を有する市であれば処理することができるとされています。これを**大都市に関する特例**といいます。特例が認められている大都市には、①**指定都市**、②**中核市**の2種類があります。※4 過25-23-3

【大都市に関する特例】

	指定都市	中核市
意味	政令で指定する人口**50万**以上の市	政令で指定する人口**20万**以上の市 ※4
処理する事務	都道府県が処理することとされている事務の全部又は一部（252条の19第1項）過20-25-1、22-22-5	指定都市が処理することができる事務のうちの一部（252条の22第1項）過20-25-4、22-22-3
区の設置	義務（252条の20第1項）※5 ※6 過20-25-2、22-22-1	不可
関係市の申出	不要	必要（252条の24第1項）※7

　なお、地方公共団体の組織及び運営の合理化を図るため、平成26年の地方自治法改正により、普通地方公共団体は、他の普通地方公共団体と連携して事務を処理するにあたっての基本方針及び役割分担を定める**連携協約**を締結できるものとされました（252条の2）。

（2）特別地方公共団体

　特別地方公共団体とは、普通地方公共団体だけでは十分に処理できない事務を処理するために、特別に設置された地方公共団体のことです。特別地方公共団体には、①**特別区**、②**地方公**

※3 参考

従来、市町村は、その事務を処理するに当たり、議会の議決を経て、総合的かつ計画的な行政の運営を図るための基本構想を定めなければならないとされていたが、平成23年の地方自治法改正によりこの規定は削除された。過21-21-5

※4 法改正情報

平成26年の地方自治法改正により、特例市が廃止され、中核市の要件が人口30万以上から人口20万以上に緩和された。過22-22-3

※5 参考

指定都市の設置する区は、行政区にすぎず、法人格を有しない。過20-25-2、22-22-2、27-22-イ、30-22-2

※6 参考

指定都市は、必要と認めるときは、条例で、区地域協議会を置くことができる（252条の20第7項）。過22-22-4

※7 参考

市が中核市の指定の申出をしようとする場合、あらかじめ議会の議決を経て、都道府県の同意を得なければならない（252条の24第2項）。過20-25-3

共団体の組合、③財産区の3種類があります（1条の3第3項）。※1 過21-23-5、30-22-1

① 特別区

特別区とは、いわゆる東京23区のことであり、実質的には市町村と同様の地方公共団体です。過20-25-2、28-22-5

② 地方公共団体の組合

地方公共団体の組合とは、複数の地方公共団体が事務を共同で処理するために設置する団体のことです。※2

地方公共団体の組合は、一部事務組合と広域連合の2種類に分類されます（284条1項）。※3 過25-23-1

【地方公共団体の組合】

一部事務組合 ※4	普通地方公共団体（市町村・都道府県）及び特別区が、その事務の一部を共同して処理するために設置する団体 過21-23-1・2
広域連合	普通地方公共団体及び特別区が、広域にわたる総合的な計画を作成し、その事務の一部を計画的に処理するために設置する団体

③ 財産区

財産区とは、市町村又は特別区の一部が財産を有している場合などに、その管理や処分を目的として設置される団体のことです（294条）。

【地方公共団体の種類のまとめ】

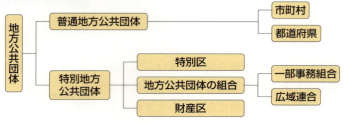

※1 法改正情報

平成23年の地方自治法改正により、特別地方公共団体であった地方開発事業団は廃止された。

※2 具体例をイメージ

例えば、地方公共団体の事務として消防活動があるが、1つの地方公共団体では、高性能の消防自動車を購入するのは費用面の負担が大きいし、また、大規模な火災が発生した場合に人手が足りないといった事態も想定できることから、消防活動を他の地方公共団体と共同で行うため、地方公共団体の組合を設置する場合などである。

※3 法改正情報

平成23年の地方自治法改正により、地方公共団体の組合のうち全部事務組合・役場事務組合は廃止された。

※4 参考

一部事務組合には議会が設置されるので（287条1項5号）、その独自の条例が制定されることがある（292条、96条1項1号）。過21-23-3

確認テスト

- □□□ **1** 地方自治法上、地方公共団体は、普通地方公共団体と特別地方公共団体の2つに大別されている。

- □□□ **2** 大都市に関する特例が認められている大都市には、指定都市・中核市・特例市の3種類がある。

- □□□ **3** 特別地方公共団体には特別区、地方公共団体の組合、財産区及び地方開発事業団の4種類がある。

解答 **1** ◯（1条の3第1項）　**2** ✕特例市は、平成26年の地方自治法改正で廃止された。あとは正しい。　**3** ✕地方開発事業団は、平成23年の地方自治法の改正で廃止された。あとは正しい（1条の3第3項）。

憲　法

行政法

民　法

商　法

基礎法学

一般知識

第6章 － **地方自治法**　第1節 － 地方公共団体の種類　**309**

第2節 地方公共団体の事務

学習のPOINT
地方公共団体の事務にはどのような種類があるかを押さえた上で、その事務を処理する際に守らなければならない基本原則について押さえていきましょう。

1 地方公共団体の事務の種類

地方公共団体が処理する事務には、**自治事務**と**法定受託事務**の2種類があります。※1 過30-24-2

(1) 自治事務

自治事務とは、地方公共団体が本来果たすべき事務であって、法定受託事務以外のものです（2条8項）。※2 過21-21-1、28-23-ア、29-23-4、30-24-3、2-23-1

自治事務については、特にその地方公共団体の自己責任を認めるとともに自主性を尊重すべきであることから、国は、地方公共団体が**地域の特性**に応じて当該事務を処理することができるよう特に配慮しなければならないとされています（2条13項）。

(2) 法定受託事務

法定受託事務とは、国や都道府県が本来果たすべき役割に関する事務であって、法令により他の地方公共団体に委ねられたもののことです（2条9項）。

法定受託事務には、国が行うべき事務を都道府県・市町村・特別区が処理する**第1号法定受託事務**と、都道府県が行うべき事務を市町村・特別区が処理する**第2号法定受託事務**があります。※3 過28-23-イ

※1 **参考**
首長その他の執行機関が国の指揮監督のもとに国の機関として行う機関委任事務は、平成12年の地方自治法の改正により廃止された。過23-48-4

※2 **具体例をイメージ**
例えば、飲食店営業の許可、病院・薬局の開設許可、都市計画の決定などである。

※3 **具体例をイメージ**
第1号法定受託事務の例としては、国政選挙・戸籍事務・パスポートの交付などが、第2号法定受託事務の例としては、都道府県知事や議会の議員の解職投票の事務などがある。

【地方公共団体の事務】

　なお、自治事務と法定受託事務の違いは、以下の表のように
なります。

【自治事務と法定受託事務】

	自治事務	法定受託事務
議会の議決事項	自由に追加することができる	国の安全に関することその他の事由により議会の議決すべきものとすることが適当でないものとして政令で定めるものを除き、追加することができる ※4
議会の検査権・調査権・監査請求権	労働委員会及び収用委員会の権限に属する事務で政令で定めるものを除き、行使することができる	国の安全を害するおそれがあることその他の事由により対象とすることが適当でないものとして政令で定めるものを除き、行使することができる
監査委員の監査 過30-24-5		
国の代執行による関与	不可	可能
国の行政機関に対する審査請求	原則不可	可能

2 事務処理の基本原則

　地方公共団体の事務処理については、以下のような原則が適
用されます。

【地方公共団体の事務処理の原則】

法令の解釈指針	地方公共団体に関する法令の規定は、地方自治の本旨に基づいて、かつ、国と地方公共団体との適切な役割分担を踏まえてこれを解釈し、及び、運用するようにしなければならない（2条12項）
効率性の原則	地方公共団体は、その事務を処理するにあたっては、住民の福祉の増進に努めるとともに、最少の経費で最大の効果をあげるようにしなければならない（2条14項）過21-21-2 ※5

※4 法改正情報

平成23年の地方自治法改正により、法定受託事務に係るものであっても、国の安全に関することその他の事由により議会の議決すべきものとすることが適当でないものとして政令で定めるものを除き、議会の議決事項を追加することができるようになった。

※5 過去問チェック

地方公共団体は、その事務を処理するに当たっては、住民の福祉の増進に努めるとともに、最少の経費で最大の効果を挙げるようにしなければならない。→ ○
（21-21-2）

憲法

行政法

民法

商法

基礎法学

一般知識

第6章 － 地方自治法　第2節 － 地方公共団体の事務　311

合理化・適正化の原則	地方公共団体は、常にその組織及び運営の合理化に努めるとともに、他の地方公共団体に協力を求めて、その規模の適正化を図らなければならない（2条15項）週21-21-3 ※1
法令適合の原則	地方公共団体は、法令に違反してその事務を処理してはならず、市町村及び特別区は、当該都道府県の条例に違反してその事務を処理してはならない（2条16項）※2 週21-21-4

※1 過去問チェック

地方公共団体は、常にその組織及び運営の合理化に努めるとともに、他の地方公共団体に協力を求めてその規模の適正化を図らなければならない。→○（21-21-3）

※2 参考

法令適合の原則に違反して行った地方公共団体の行為は、無効とされる（2条17項）。週21-21-4

確認テスト

□□□ **1** 自治事務とは、地方公共団体が本来果たすべき事務であって、法定受託事務以外のものである。

□□□ **2** 法定受託事務には、都道府県が行うべき事務を市町村・特別区が処理する第1号法定受託事務と、国が行うべき事務を都道府県・市町村・特別区が処理する第2号法定受託事務がある。

□□□ **3** 地方公共団体は、法令に違反してその事務を処理してはならず、これに違反して行った地方公共団体の行為は、無効とされる。

解答 **1**○（2条8項） **2**✕第1号法定受託事務と第2号法定受託事務が反対である（2条9項）。 **3**○（2条16項・17項）

第3節 地方公共団体の機関

重要度 A

学習のPOINT
地方公共団体の機関については、議会と執行機関（長や行政委員会）及び両者の関係が頻出ですので、これらを重点的に学習しておきましょう。

1 議会

（1）議会の地位

　憲法93条1項は、地方公共団体には、法律の定めるところにより、その議事機関として議会を設置することとしています。これを受けて、地方自治法89条も、地方公共団体に議会を設置することとしています。※3

　地方公共団体の議会は、国でいうところの国会と同様の役割を果たします。もっとも、国会が国権の最高機関である（憲法41条）のと異なり、地方公共団体の議会は、地方公共団体の最高機関ではなく、長と対等の地位を有することになります。これは、地方公共団体の議会の議員も長も、ともに住民により直接選挙される点（憲法93条2項）で、国会議員のみが国民により直接選挙される国の場合とは異なるからです。

※3 参考
町村は、条例で定めれば、議会を置かずに有権者で構成される町村総会を設置することができる（94条）。過20-21-2、22-23-オ、29-23-1

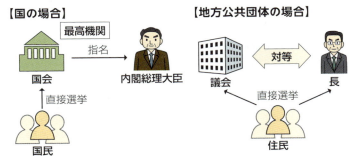

（2）議会の構成

　議会は、議員とその中から選挙される議長・副議長で構成されます。

① **議員** ※1

地方自治法上、議会の議員の任期は、**4年**とされています（93条1項）。週28-22-3

そして、議会の議員は、衆議院議員・参議院議員（92条1項）、他の地方公共団体の議会の議員・常勤の職員・短時間勤務職員（92条2項）と兼ねることができません。※2

なお、議会の議員は、議員の定数の**12分の1以上**の者の賛成により、議会の議決すべき事件につき、議会に議案を提出することができます（112条1項本文・2項）。週元-22-4

もっとも、**予算**については提出することができません（112条1項ただし書）。週元-22-4

② **議長・副議長**

議会は、議員の中から議長・副議長1人を選挙しなければなりません（103条1項）。

議長は、議場の秩序を保持し、議事を整理し、議会の事務を統理し、議会を代表します（104条）。また、委員会に出席し、発言することができます（105条）。

議長に事故があるとき、又は議長が欠けたときは、副議長が議長の職務を行います（106条1項）。

(3) 議会の活動

① **招集**

議会の招集は、**長**が行います（101条1項）。週元-22-1

もっとも、臨時会の場合、**議長**は議会運営委員会の議決を経て、議員定数の**4分の1以上**の者はこの議決を経ずに、長に対して会議に付議すべき事件を示して臨時会の招集を請求することができます（101条2項・3項）。※3 週元-22-1・2

そして、議長等の臨時会の招集請求に対して長が招集しないときは、**議長**が臨時会を招集することができます（101条5項）。※4 週3-24-ウ

② **会期**

地方公共団体の議会も、国会と同様に、1年を通じて常に活動しているわけではなく、活動するのは一定の期間（**会期**といいます）に限られています。

※1 法改正情報

平成23年の地方自治法改正により、議員の定数の上限は撤廃されたので、条例で定数を自由に定めることができるようになった（90条1項、91条1項）。週28-22-3

※2 参考

議会の議員と非常勤の職員との兼職は禁止されていない。

※3 参考

議会の招集請求があったときは、長は、請求のあった日から20日以内に臨時会を招集しなければならない（101条4項）。週元-22-2

※4 法改正情報

平成24年の地方自治法改正により、長が臨時会の招集請求に応じない場合、議長による臨時会の招集が認められるようになった。

会期には、定例会と臨時会の2種類があります（102条1項）。※5 過元-22-3

【地方公共団体の議会の会期】

定例会	案件の有無に関係なく、毎年条例で定める回数、定期的に招集されるもの（102条2項）
臨時会	必要がある場合にあらかじめ告示された特定の事件を審議するために招集されるもの（102条3項・4項） 過元-22-3

もっとも、条例により、定例会・臨時会の区分を設けず、通年の会期（条例で定める日から翌年の当該日の前日まで）とすることもできます（102条の2第1項）。※6

③　議事・議決

議会は、議員定数の半数以上が出席しなければ、議事を開き議決をすることができません（113条本文）。国会の定足数は総議員の3分の1以上でしたが、地方公共団体の議会の定足数は、これよりも厳しく半数以上とされています。※7

また、議会の議事は、出席議員の過半数で決定し、可否同数のときは、議長が決定権をもっています（116条1項）。このように、表決数については、国会の場合と同様です。※8

④　会議の公開

議会の会議は、国会の場合と同様、公開するのが原則です（115条1項本文）。過元-22-5

もっとも、議長又は議員3人以上の発議により出席議員の3分の2以上の多数で議決した場合、秘密会を開くことができます（115条1項ただし書）。

⑤　議会の権限

議会は、条例の制定・改廃、予算の議決、決算の認定、契約の締結など、地方自治法96条1項各号に列挙された事項について議決する権限を有します。※9 過19-23-4、26-44

また、ここに列挙された事項以外の事項であっても、法定受託事務に係るものであって国の安全に関することその他の事由により議会の議決すべきものとすることが適当でないものとして政令で定めるものを除き、条例で議決事項を追加することができます（96条2項）。

※5 引っかけ注意！

国会の会期と地方公共団体の議会の会期は、種類が違っていますので、区別して押さえておく必要があります。

※6 法改正情報

平成24年の地方自治法改正により、地方公共団体の議会について、通年の会期とすることができるようになった。

※7 参考

議会の議員の定数の半数以上の者から請求があるときは、議長は、その日の会議を開かなければならない（114条1項）。過元-22-5

※8 参考

議長や議員は、自己の一身上に関する事件や自己の従事する業務に直接関係のある事件については、原則として、議事に参加することができない（117条本文）。過19-23-5

※9 参考

議会は、予算について増額して議決することもできる（97条2項本文）。過19-23-1

さらに、議会は、以下のような権限を有しています。

【議会の権限】

	意味	除外事由
検査権・監査請求権（98条1項）	地方公共団体の事務に関する書類・計算書を検閲し、当該普通地方公共団体の長や行政委員会の報告を請求して、当該事務の管理、議決の執行及び出納を検査する権限	自治事務にあっては、労働委員会及び収用委員会の権限に属する事務で政令で定めるもの、法定受託事務にあっては、国の安全を害するおそれがあることその他の事由により対象とすることが適当でないものとして政令で定めるもの
調査権（100条1項）	地方公共団体の事務に関する調査を行い、選挙人その他の関係人の出頭及び証言並びに記録の提出を請求する権限 ※1 ※2	

（4）委員会制度

議会には、通常、本会議と委員会があります。

本会議は、議員全員で構成される議会の意思決定機関です。これに対して、委員会は、一定の分野を集中的に審議するために、一部の議員で構成される合議制の機関です。本会議のほかに委員会が置かれるのは、一部の議員が集中的に審議してその結果を本会議に報告した方が、たくさんの案件をスムーズに処理できるからです。

委員会には、①常任委員会、②議会運営委員会、③特別委員会の3種類がありますが、いずれも置くかどうかは議会の自由とされています（109条1項）。

【議会における委員会】

常任委員会 ※3	その部門に関する調査や議案・陳情の審査などを行う常設の委員会（109条2項）
議会運営委員会	議会の運営・会議規則に関する事項や議長の諮問に関する事項などを調査する常設の委員会（109条3項）
特別委員会 ※4	議会の議決により付議された事件を審査する特別の必要がある場合に設置される委員会（109条4項）

（5）請願

普通地方公共団体の議会に請願しようとする者は、議員の紹介により請願書を提出しなければなりません（124条）。

※1 参考

調査権の実効性を確保するため、正当の理由がないのに、議会に出頭せず若しくは記録を提出しないとき又は証言を拒んだときは、6ヶ月以下の禁錮又は10万円以下の罰金に処せられる（100条3項）。

※2 法改正情報

平成24年の地方自治法改正により、議会が調査権を行使することができるのは、特に必要があると認めるときに限ることとされた。

※3 具体例をイメージ

例えば、東京都議会では、財政委員会・文教委員会・厚生委員会などが置かれていた（令和3年10月6日現在）。

※4 具体例をイメージ

例えば、東京都議会では、新型コロナウイルス感染症対策特別委員会などが置かれていた（令和3年10月6日現在）。

(6) 解散

議会が解散するのは、以下のような場合です。

【議会の解散】 過29-23-3、3-24-オ

1	住民による議会の解散請求があり（76条）、解散の投票において過半数の同意があった場合（78条）
2	長の不信任議決があり、長が議会を解散した場合（178条1項）
3	議員数の4分の3以上の者が出席し、その5分の4以上の者が同意した場合（地方公共団体の議会の解散に関する特例法2条）

2 執行機関

　地方自治法における<u>執行機関</u>とは、地方公共団体の事務を管理・執行する機関であって、自ら地方公共団体の意思を決定し外部に表示する権限を有するものをいい、行政組織法における行政庁の概念に類似します。※5 過23-22-2

　地方公共団体には、執行機関として、法律の定めるところにより、<u>長</u>と<u>行政委員会（行政委員）</u>が置かれます（138条の4第1項）。過23-22-1

(1) 長

① 地位

　都道府県の長は<u>都道府県知事</u>、市町村の長は<u>市町村長</u>です（139条）。いずれも、住民の<u>直接選挙</u>で選任され（憲法93条2項）、任期は<u>4年</u>です（140条1項）。

② 権限

　長は、以下のような権限を有しています。※6

【長の権限】

地方公共団体の 統轄・代表	地方公共団体を統轄し、これを代表すること（147条）
事務の 管理・執行	地方公共団体の事務を管理し、これを執行すること（148条）
担任事務	①議会に議案を提出すること　過26-23-5、3-23-4 ②予算を調製※7 し、これを執行すること ③地方税を賦課徴収し、分担金・使用料・加入金・手数料を徴収し、過料を科すること など（149条）

※5 **引っかけ注意!**

地方自治法における執行機関と行政組織法における執行機関は意味が異なりますので、注意しましょう。

※6 **参考**

長は、執行機関相互の間にその権限の帰属につき疑義が生じたときは、これを調整しなければならない（138条の3第3項）。過23-22-4

※7 **用語**

調製：作成すること。

③　補助機関

　補助機関とは、長の職務を補助する機関のことです。補助機関には、長を補佐する副知事・副市町村長と、地方公共団体の会計事務をつかさどる会計管理者があります。

　副知事は都道府県に、副市町村長は市町村に置かれ、定数は条例で定めるものとされています（条例で定めることにより置かないこともできます）（161条）。※1

　他方、会計管理者は、都道府県・市町村ともに必ず1人置かなければならないとされています（168条1項）。※2

（2）行政委員会（行政委員）

①　行政委員会（行政委員）とは何か

　行政委員会（行政委員）とは、長から独立した地位と権限を有する執行機関であり、長への権力の集中を防止するために設けられたものです。複数の人間で構成される合議制の機関の場合は行政委員会、1人の人間で構成される独任制の機関の場合は行政委員と呼ばれます。

　都道府県・市町村には、以下のような行政委員会（行政委員）を置かなければなりません（180条の5）。※3

【行政委員会（行政委員）の設置】

都道府県・市町村ともに設置が必要	①教育委員会　週20-21-3 ②選挙管理委員会　週20-21-4 ③人事委員会（又は公平委員会） ④監査委員　週20-21-5
都道府県のみ設置が必要	①公安委員会 ②労働委員会 ③収用委員会 ④海区漁業調整委員会 ⑤内水面漁場管理委員会
市町村のみ設置が必要	①農業委員会 ②固定資産評価審査委員会

②　行政委員会（行政委員）の権限 ※4

　行政委員会は、法律の定めるところにより、法令又は普通地方公共団体の条例若しくは規則に違反しない限りにおいて、その権限に属する事務に関し、規則その他の規程を定めることができます（138条の4第2項）。週23-22-3

※1　参考

副知事・副市町村長は、長が議会の同意を得て選任する（162条）。

※2　参考

会計管理者は、長がその補助機関である職員の中から任命する（168条2項）。　週26-21-オ

※3　参考

選挙管理委員会と監査委員は地方自治法を根拠として設置されるが、他の行政委員会は地方自治法以外の個別の法律を根拠として設置される。

※4　参考

行政委員会は、①予算の調製・執行、②議会に対する議案の提出、③地方税の賦課徴収、分担金・加入金の徴収、過料を科すこと、④決算の議会への認定の付託は、法律に特別の定めがある場合を除いて、することができない（180条の6）。

条例や長の規則との違いは、以下の表のとおりです。

【条例・長の規則・委員会の規則の違い】

	条例	長の規則	委員会の規則
権利の制限・義務の賦課	可能（14条2項）	不可	
罰則	刑罰又は過料（14条3項）	過料のみ（15条2項）	不可
根拠法	地方自治法		個別の法律による授権が必要（138条の4第2項）

③ 監査委員と外部監査

監査委員とは、地方公共団体の事務や会計の処理が適正に行われているかをチェックする機関のことです。この監査委員は、**独任制**の機関です。※5 ※6

監査委員は、長が、**議会の同意**を得て、**識見を有する者**（人格が高潔で、普通地方公共団体の財務管理、事業の経営管理その他行政運営に関し優れた識見を有する者）及び**議員**の中から選任します（196条1項本文）。※7 ※8 過元-24-2・3

監査委員の定数は、都道府県及び政令で定める市にあっては4人、その他の市及び町村にあっては**2人**とされていますが、**条例**でその定数を増加することができます（195条2項）。過元-24-4

監査委員による監査には、自主的に行われる**一般監査**と、住民・議会・長からの請求・要求に基づいて行われる**特別監査**があります。※9 過21-22-4

【監査委員による監査】

一般監査	財務監査（199条1項）	財務・経営に関する監査 →毎会計年度少なくとも1回以上期日を定めて行われる定例監査（199条4項）と、必要があると認めるときに行われる随時監査（199条5項）がある
	行政監査（199条2項）	一般行政事務の執行に関する監査　過18-21-3、21-22-5 →必要があると認めるときに行われる

※5 引っかけ注意！
行政委員会（行政委員）のうち、監査委員だけが独任制の機関です。「監査委員会」ではないので注意しましょう。

※6 参考
普通地方公共団体の常勤の職員は、監査委員を兼務することができない（196条3項）。過元-24-1

※7 法改正情報
平成29年の地方自治法改正により、監査委員の選任の義務付けが緩和され、条例で議員のうちから監査委員を選任しないことができるようになった（196条1項ただし書）。

※8 参考
都道府県及び政令で定める市にあっては、識見を有する者のうちから選任される監査委員のうち少なくとも1人以上は、常勤としなければならない（196条5項）。過元-24-5

※9 参考
監査委員は、自治事務・法定受託事務を問わず監査することができる（一定の除外事由あり）。過21-22-5

特別監査	①事務監査請求による監査（75条） ②議会の請求による監査（98条2項） ③長の要求による監査（199条6項） ④財政的援助を与えているもの等に関する監査（199条7項） ⑤住民監査請求による監査（242条） など

　監査委員の監査とは区別されるものとして、外部監査人との契約による監査があります（**外部監査制度**）。これは、地方公共団体におけるチェック機能を強化するために、外部の専門家が契約に基づいて行う監査のことです。※1 ※2

　外部監査制度には、**包括外部監査制度**と**個別外部監査制度**の2種類があります。

【外部監査制度】

	意味	導入の義務 ※3
包括外部監査制度	毎会計年度ごとに契約を締結し、外部監査人が自己の判断に基づき特定の事件を監査する制度	①都道府県、指定都市、中核市は必須 ②それ以外の地方公共団体は、条例により任意
個別外部監査制度	議会・長などの請求・要求があった場合に、個別の事項ごとに契約を締結し、監査委員に代わって監査する制度	条例により任意

3 議会と長の関係

（1）首長主義

　地方公共団体では、議会の議員も長も、ともに住民により直接選挙されることから（憲法93条2項）、**首長主義**が採用されているといえます。この首長主義の下では、議会と長が互いに牽制し合って職務を行うことが期待されます。

　例えば、議会と長の間に意見の対立が生じた場合、長は、議会の議決や選挙を拒否して、再度の議決を求めることができます。これを**長の拒否権**といいます。

　また、議会は長に対する**不信任議決**をすることができ、これに対して、長は**議会を解散**することができます。この点で、議院内閣制と同様の仕組みが採用されています。

※1 参考

外部監査制度は、1997年（平成9年）の地方自治法改正により導入されたものである。過21-22-1

※2 参考

外部監査人の監査を受ける場合であっても、従来の監査委員を廃止することはできない。

※3 法改正情報

平成29年の地方自治法改正により、条例により任意で包括外部監査を実施する地方公共団体は、条例で定める会計年度において実施すれば足りるものとされた（他方、都道府県・指定都市・中核市は、従来どおり、毎会計年度実施する必要がある）。

【議会と長の関係】

（2）長の拒否権

長の拒否権には、議会に対して異議があれば任意に行使することができる一般的拒否権と、一定の要件を満たす場合に必ず行使しなければならない特別拒否権があります。そして、長が拒否権を行使する場合（議会の議決につき再議を要求する場合）、その理由を示さなければなりません（176条1項、177条）。

【長の拒否権】

	要件	行使	再度同じ議決がされた場合
一般的拒否権	議会の議決について異議があるとき（176条1項）※4	任意	条例・予算について異議があるときは、出席議員の3分の2以上の者の同意により、それ以外のときは、過半数の同意により、同じ議決がされた場合、その議決が確定する（176条2項・3項）
特別拒否権 ※6	議会の議決・選挙がその権限を超え又は法令・会議規則に違反すると認めるとき（176条4項）週19-23-2、24-23-4、26-21-ウ、3-24-イ	義務	審査の申立てができる（176条5項）※5
	普通地方公共団体の義務に属する経費を削除し又は減額する議決をしたとき（177条1項1号）		その経費及びこれに伴う収入を予算に計上して支出できる（177条2項）
	非常の災害による応急・復旧の施設又は感染症予防のために必要な経費を削除し又は減額する議決をしたとき（177条1項2号）		その議決を不信任の議決とみなすことができる（177条3項）

（3）長の不信任と議会の解散

① 初回の不信任議決

議会が長の不信任議決をするためには、議員数の**3分の2以**

※4 法改正情報
平成24年の地方自治法改正により、一般的拒否権の対象が条例・予算以外の議決事項にも拡大された。

※5 参考
総務大臣又は都道府県知事は、審査の結果、議会の議決・選挙がその権限を超え又は法令・会議規則に違反すると認めるときは、その議決・選挙を取り消す旨の裁定をすることができ（176条6項）、その裁定に不服があるときは、議会又は長は、裁定のあった日から60日以内に裁判所に出訴することができる（176条7項）。

※6 法改正情報
従来、議会の議決において、収入又は支出に関し執行することができないものがあったときは、長は理由を示してこれを再議に付さなければならないとされていたが、平成24年の地方自治法改正により、この規定は削除された。週24-23-5

上の者が出席し、その4分の3以上の者の同意がなければなりません（178条3項）。

議長から不信任議決をした旨の通知を受けた長は、その通知を受けた日から10日以内に議会を解散することができます（178条1項）。週19-23-3、24-23-2 ※1

そして、長が議会を解散しなかった場合、長は、通知を受けた日から10日を経過した日に失職します（178条2項）。

② 再度の不信任議決　週26-21-イ

長が議会を解散し、解散後初めて招集された議会において再び不信任議決をするには、議員数の3分の2以上の者が出席し、その過半数の者の同意がなければなりません（178条3項）。

また、長は、議長から再び不信任議決をした旨の通知があった日に失職します（178条2項）。週3-24-ア

以上をまとめると、以下の図のようになります。

【長の不信任と議会の解散】

(4) 専決処分

専決処分とは、議会が成立しないときなどに、長が議会の議決すべき事件を処分することをいいます（179条1項本文）。※2 ※3

専決処分をした場合、長は、次の会議において専決処分をした旨を議会に報告し、その承認を求めなければなりません（179条3項）。※4

また、普通地方公共団体の議会の権限に属する軽易な事項で、その議決により特に指定したものについても、長は、専決処分をすることができます。この場合、議会への報告は必要ですが、承認は不要です（180条）。週24-23-1、29-23-3

(5) 長の議場への出席

議会の審議に必要な説明のため議長から出席を求められたと

※1 過去問チェック

議会において長の不信任の議決がなされた場合には、長は議会を解散することができる。→○（24-23-2）

※2 参考

専決処分をすることができるのは長のみであり、行政委員会（行政委員）は、専決処分をすることができない。週23-22-5

※3 法改正情報

平成24年の地方自治法改正により、副知事・副市町村長の選任が、平成27年の地方自治法改正により、指定都市の総合区長の選任が、それぞれ専決処分の対象から除外された（179条1項ただし書）。

※4 法改正情報

平成24年の地方自治法改正により、条例・予算の専決処分について議会が不承認としたときは、長は、必要と認める措置を講じ、議会に報告しなければならないこととされた（179条4項）。

322

きは、長は議場に出席しなければなりません（121条1項本文）。ただし、平成24年の地方自治法改正により、出席すべき日時に議場に出席できないことについて正当な理由があり、その旨を議長に届け出たときは、出席しなくてもよいこととされました（121条1項ただし書）。過24-23-3

4 地域自治区

近時、市町村合併が進み市町村の区域が広くなったことから、市町村の政治に住民の意見が反映されづらくなってきました。そこで、地方自治法の平成16年改正により、地方公共団体の区域をいくつかのブロックに分けて、その地域のことはその地域の住民たちで決定することができるという地域自治区の制度が導入されました。※5

これにより、市町村は、条例で定めることにより、地域自治区を設けることができるようになりました（202条の4第1項）。過18-25-A

なお、地域自治区には、簡単な窓口業務などを行う事務所を置かなければならず（202条の4第2項）、また、地域自治区の事務に関して市町村長などから諮問を受ける地域協議会を置かなければなりません（202条の5第1項）。※6 過18-25-B

イメージとしては、以下の図のようになります。

【地域自治区】

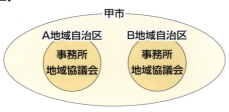

※5 参考
地域自治区は、指定都市の区と同様、法人格を有しない行政区である。

※6 参考
地域協議会の構成員は、地域自治区の区域内に住所を有する住民の中から市町村長によって選任される（202条の5第2項）。過18-25-C、22-23-イ

確認テスト

□□□ **1** 普通地方公共団体の議会は、条例で、常任委員会・議会運営委員会・特別委員会を置かなければならない。

□□□ **2** 会計管理者の定数は、条例で定めることができ、条例で置かないこともできる。

□□□ **3** 長も議会の議員も直接住民から選挙されるため、地方公共団体では議院内閣制を採用しているといえる。

□□□ **4** 市町村は、市町村長の権限に属する事務を分掌させるとともに、地域の住民の意見を反映させつつこれを処理させるため、条例で、その区域を分けて定める区域ごとに、財産区を設けることができる。

解答 **1**×任意に置くことができるにすぎない（109条1項）。 **2**×必ず1人置かなければならない（168条1項）。**3**×地方公共団体は首長主義を採用している。 **4**×財産区ではなく地域自治区である（202条の4第1項）。

| 第4節 | 地方公共団体の立法 | 重要度 A |

学習のPOINT

地方公共団体の立法には、条例と規則がありますので、それぞれについての条文を押さえた上で、条例に関する最高裁判所の判例を押さえていきましょう。

1 地方公共団体の自主立法

　地方公共団体は、その区域内におけるルールを独自に制定することができます。このように、地方公共団体は、自主立法権を有しています。これは、全国一律の法律というルールで規制するよりも、地方公共団体が自主的に制定したルールで規制した方が、地方の実情に応じた規制をすることができるからです。

　なお、地方公共団体の自主立法のうち、議会が制定するものを**条例**、長が制定するものを**規則**といいます。

2 条例

（1）法令と条例の関係

　憲法94条は、地方公共団体は、「法律」の範囲内で条例を制定することができると規定しています。そこで、法律に違反しなければ、自由に条例を制定することができるようにも思えます。※1 ※2

　しかし、地方自治法14条1項は、地方公共団体は、「**法令**（＝法律＋命令）」に違反しない限り、**条例**を制定することができると規定しています。つまり、憲法の規定を一歩進めて、法律のみならず命令に違反する条例も許されないとしています。
過 2-23-2

　なお、条例が国の法令に違反するかどうかは、両者の対象事項と規定文言を対比するのみならず、それぞれの趣旨・目的・内容・効果を比較し、両者の間に矛盾抵触があるかどうかによ

※1 重要判例

憲法が各地方公共団体の条例制定権を認める以上、地域によって差別を生ずることは当然に予期されるから、地方公共団体が売春の取締について各別の条例を制定する結果、その取扱いに差別を生ずることがあっても、平等原則に違反しない（最大判昭33.10.15）。
過 18-22-3、28-7-1

※2 参考

条例は、自治事務・法定受託事務を問わず制定することができる。過 18-21-2、19-21-3、26-23-3、30-24-1、3-23-2

って決定しなければならないとされています（徳島市公安条例事件：最大判昭50.9.10）。したがって、国の法令で定めていない分野を規制する横出し条例や、国の法令が定めている規制よりも厳しい規制を課する上乗せ条例も、趣旨・目的・内容・効果を比較し矛盾抵触がなければ、認められることになります。※1

※2 過18-22-5、19-21-5

【横出し条例・上乗せ条例の例】

路上で喫煙をした者は罰金10万円

上乗せ条例 ↑

路上で喫煙をした者は罰金5万円 → 路上で飲酒をした者は罰金5万円

国の法令 　　　　　　　　　　　　　　横出し条例

（2）権利義務と条例

普通地方公共団体は、義務を課し、又は権利を制限するには、法令に特別の定めがある場合を除くほか、条例によらなければなりません（14条2項）。過19-21-2

（3）条例と罰則

普通地方公共団体は、法令に特別の定めがあるものを除くほか、その条例中に、条例に違反した者に対し、2年以下の懲役若しくは禁錮、100万円以下の罰金、拘留、科料若しくは没収の刑又は5万円以下の過料を科する旨の規定を設けることができます（14条3項）。過22-8-5、25-22-4、27-23-1・4、28-22-2、30-23-ア

3 規則

長は、法令に違反しない限り、その権限に属する事務に関し、規則を制定することができます（15条1項）。条例と同様に、長の定める規則も、法令に違反することはできません。※3 ※4

なお、長は、法令に特別の定めがあるものを除くほか、普通地方公共団体の規則中に、規則に違反した者に対し、5万円以下の過料を科する旨の規定を設けることができます（15条2項）。過25-22-5、27-23-5、30-23-イ、3-23-3

※1 重要判例

普通地方公共団体が条例をもって普通河川の管理に関する定めをする場合、河川法が適用河川等について定めるところ以上に強力な河川管理の定めをすることは、同法に違反し、許されない（最判昭53.12.21）。過18-22-1

※2 重要判例

地方税法の法定普通税の規定に反する内容の定めを条例に設けることによって当該規定の内容を実質的に変更することは、それが法定外普通税に関する条例であっても、地方税法の規定の趣旨、目的に反し、その効果を阻害する内容のものとして許されない（最判平25.3.21）。過28-24-5

※3 参考

長は、条例の授権がなくても、規則を制定することができる。

※4 参考

規則は長が1人で制定するものであるのに対し、条例は議会の議員全員で審議した上で制定するものであるから、条例と規則が抵触した場合、条例が優先する。

確認テスト

☐☐☐ **1** 普通地方公共団体は、法律に違反しなければ、命令に違反していたとしても、条例を制定することができる。

☐☐☐ **2** 普通地方公共団体は、義務を課し、又は権利を制限するには、法令に特別の定めがある場合を除くほか、条例によらなければならない。

☐☐☐ **3** 条例が国の法令に違反するかどうかは、両者の対象事項と規定文言を対比することのみによって決定されなければならない。

☐☐☐ **4** 普通地方公共団体の長は、法令に違反しない限りにおいて、その権限に属する事務に関し、規則を制定することができる。

解答 **1** ✕ 法律のみならず命令に違反する場合も、条例を制定することはできない（14条1項）。　**2** ◯（14条2項）　**3** ✕ 両者の対象事項と規定文言のみならず、それぞれの趣旨・目的・内容・効果を比較し矛盾抵触があるかどうかによって決定されなければならない（徳島市公安条例事件：最大判昭50.9.10）。　**4** ◯（15条1項）

憲法

行政法

民法

商法

基礎法学

一般知識

第6章 ― 地方自治法　第4節 ― 地方公共団体の立法　327

第5節 地方公共団体の財務

重要度 B

学習のPOINT

地方公共団体の財務については、まずはその流れについて理解した上で、それぞれの条文を1つずつ押さえていきましょう。

1 地方公共団体の財務の流れ

　地方公共団体は、予算、収入・支出、決算などに関する事務（これを財務といいます）を独自に処理することができます。このように、地方公共団体は、自主財政権を有しています。

　地方公共団体の会計年度[※1]は、4月1日から翌年3月31日までと決められています（208条1項）。そして、各会計年度における歳出は、その年度の歳入をもって、これに充てなければならないとされています（208条2項）。これを会計年度独立の原則といいます。

　地方公共団体の財務の流れは、以下のとおりです。

※1 用語

会計年度：地方公共団体の収入・支出の計算を区分・整理し、財務会計を明らかにするために設けられる一定の期間のこと。

【地方公共団体の財務】

2 地方公共団体の財務に関する規定

(1) 会計区分

　地方公共団体の会計は、一般会計と特別会計に区分されます（209条1項）。

　特別会計は、交通事業・水道事業など地方公共団体の行う特定事業の歳入・歳出についての会計区分です。特別会計は、必要がある場合に条例で定めることができます（209条2項）。[※2]

※2 参考

一般会計には予備費を計上しなければならないが、特別会計には予備費を計上しないことができる（217条1項）。

（2）予算

① 調製・提出

　予算の調製・提出は長の権限であり、議員や行政委員会に予算の調製・提出権はありません（149条2号）。

② 議決

　議会は、予算について、増額して議決することができますが、長の予算の提出の権限を侵すことはできません（97条2項）。※3 過19-23-1

（3）収入・支出

① 収入

　地方公共団体の収入としては、分担金・加入金・使用料・手数料・地方債などが地方自治法に規定されています。

　このうち、分担金・加入金・使用料・手数料については、条例で定めなければなりません（228条1項前段）。過28-24-2

　これに対して、地方債は、別に法律で定める場合において、予算の定めるところにより、起こすことができます（230条1項）。過28-24-1

【地方公共団体の収入】

分担金	特定の事業によって特に利益を受ける者から徴収するもの ※4	条例で定める
加入金	地方公共団体の財産について、新たに使用許可を受けた者から徴収するもの ※5	
使用料	行政財産の許可使用、公の施設の利用につき徴収するもの ※6	
手数料	特定の者に対して提供するサービスの対価として徴収するもの ※7	
地方債	地方公共団体の借入金で、その償還が一会計年度を超えて行われるもの	予算で定める

② 支出 ※8

　会計管理者は、普通地方公共団体の長の政令で定めるところによる命令がなければ、支出をすることができません（232条の4第1項）。

（4）決算

　会計管理者は、毎会計年度、政令で定めるところにより、決

※3 参考

減額して議決することについては、特に制限はない。

※4 具体例をイメージ

例えば、簡易下水道の費用などである。

※5 具体例をイメージ

例えば、地方公共団体の運営するテレビ放送の視聴を開始するにあたって支払う加入金などである。

※6 具体例をイメージ

例えば、公営住宅の使用料や水道料金などである。

※7 具体例をイメージ

例えば、印鑑証明書の発行手数料などである。

※8 参考

地方公共団体は、公益上必要がある場合に限り、寄附又は補助をすることができる（232条の2）。過20-10-4

第6章 — 地方自治法　第5節 — 地方公共団体の財務　329

算を調製し、出納※1の閉鎖後3ヶ月以内に、証書類その他政令で定める書類と併せて、長に提出しなければなりません（233条1項）。※2

（5）契約

地方公共団体が締結する契約のうち、私法上の契約については、事業の公正の確保や公金の効率的運用のために規制が設けられています。

地方公共団体の行う契約は、一般競争入札によるのが原則とされています。もっとも、政令で定める場合には、指名競争入札・随意契約・せり売りの方法によることも可能です（234条1項・2項）。週19-24-1・2、2-10-1・2

最重要判例 ● **指名競争入札における村外業者の排除**
（最判平18.10.26）

事案　村の発注する公共工事の指名競争入札に平成10年度まで継続的に参加していた村外業者が、平成11年度から16年度までの間、村長により違法に指名を回避されたと主張し、国家賠償請求訴訟を提起した。

結論　国家賠償請求は認められる。

判旨　①村外業者排除の合理性
　地方公共団体が、指名競争入札に参加させようとする者を指名するに当たり、④工事現場等への距離が近く現場に関する知識等を有していることから契約の確実な履行が期待できることや、⑩地元の経済の活性化にも寄与することなどを考慮し、地元企業を優先する指名を行うことについては、その合理性を肯定することができるものの、④又は⑩の観点からは村内業者と同様の条件を満たす村外業者もあり得るのであり、価格の有利性確保（競争性の低下防止）の観点を考慮すれば、考慮すべき他の諸事情にかかわらず、およそ村内業者では対応できない工事以外の工事は村内業者のみを指名するという運用について、常に合理性があり裁量権の範囲内であるということはできない。週20-23-3、25-8-ア
②裁量権の逸脱・濫用
　村長が、法令の趣旨に反して村内業者のみを指名する運用方針の下に、村外業者に当たることのみを理由として、その業者を指名競争入札に参加させない措置を採ったとすれば、それは、考慮すべき事項を十分考慮することなく一つの考慮要素にとどまる村外業者であることのみを重視している点に

※1 **用語**

出納：現金・物品等の受入れ及び払出しのこと。

※2 **法改正情報**

平成29年の地方自治法改正により、長は、決算の認定に関する議案が否決された場合において、当該議決を踏まえて必要と認める措置を講じたときは、速やかに、当該措置の内容を議会に報告し、これを公表しなければならないとされた（233条7項）。

> **判旨** おいて極めて不合理であり、社会通念上著しく妥当性を欠く
> ものといわざるを得ず、裁量権の逸脱又は濫用に当たる。
> 過24-9-4

【地方公共団体の契約】

一般競争入札	不特定多数の者を入札に参加させ、契約の相手方となるために競争させる方法　過19-24-5
指名競争入札	資産や信用等の点であらかじめ適切と思われる特定多数の者を通知によって指名し、入札の方法により競争させる方法　過19-24-1
随意契約	競争の方法によらずに、特定の相手方を任意に選択して締結する方法 ※3 過19-24-2
せり売り	入札の方法によらずに、不特定多数の者を口頭又は挙手によって競争させる方法　過19-24-4

(6) 時効

　地方公共団体の金銭債権・債務は、法律に特別の定めがある場合を除くほか、5年間の消滅時効にかかります（236条1項）。過20-23-5 ※4

　また、地方公共団体の金銭債権・債務の時効による消滅については、法律に特別の定めがある場合を除くほか、時効の援用を必要とせず、また、時効の利益の放棄もできません（236条2項）。

(7) 財産の管理・処分

　地方公共団体の財産（公有財産・物品・債権・基金）は、条例又は議会の議決による場合でなければ、これを交換し、出資の目的とし、若しくは支払手段として使用し、又は適正な対価なくしてこれを譲渡し、若しくは貸し付けてはなりません（237条1項・2項）。※5

※3 重要判例

地方公共団体が、地方自治法上、随意契約によることができない場合であるにもかかわらず、随意契約を行ったとしても、かかる違法な契約は、私法上、当然に無効となるものではない（最判昭62.5.19）。 過24-9-2、29-24-1

※4 過去問チェック

金銭の給付を目的とする地方公共団体の権利は、時効に関し地方自治法以外の法律に特別の定めがある場合を除くほか、時効により消滅することはない。→ ✕
（20-23-5）

※5 参考

議会があらかじめ承認を与えたときは、その財産を適正な対価なくして譲渡することができる。過20-23-4

確認テスト

□□□ **1** 普通地方公共団体の会計年度は、条例で定めることができる。

□□□ **2** 普通地方公共団体の会計は、一般会計及び特別会計とされている。

□□□ **3** 分担金・加入金・使用料・手数料については、長の定める規則により定めることができる。

□□□ **4** 普通地方公共団体の金銭債権・債務は、法律に特別の定めがある場合を除くほか、5年間の消滅時効にかかる。

解答 **1** ✕ 4月1日から翌年3月31日までと決められている（208条1項）。 **2** 〇 （209条1項） **3** ✕ 条例で定めなければならない（228条1項前段）。 **4** 〇 （236条1項）

第6節 住民の権利

重要度 **A**

学習のPOINT

住民の権利の中でも住民監査請求・住民訴訟は、多数出題されている超重要テーマです。あまり時間のとれない人も、このテーマだけは押さえておきましょう。

1 住民

市町村の区域内に住所を有する者は、当該市町村及びこれを包括する都道府県の**住民**となります（10条1項）。※1 過2-22-ア

その区域内に**住所**を有していれば、自然人であるか法人であるかを問わず、また、国籍・年齢なども問われません。過26-22-2

2 選挙

(1) 選挙権

選挙権とは、選挙において投票をする権利のことです。

議会の議員及び長の選挙権をもっているのは、**日本国民**たる年齢**満18年**以上の者で、引き続き**3ヶ月**以上その市区町村の区域内に住所を有する者です（18条）。※2 過25-24-1、26-22-3、2-22-イ

(2) 被選挙権

被選挙権とは、公職に立候補する権利のことです。

被選挙権を取得するための条件は、立候補しようとする職種によって異なり、まとめると以下の表のとおりです（19条）。

【被選挙権】

	議員	市町村長	都道府県知事
国籍	日本国民であること		
年齢	年齢**満25年**以上		年齢**満30年**以上
住所	引き続き3ヶ月以上その市区町村の区域内に住所を有する者	なし 過26-22-5	

> ※1 **参考**
>
> 市町村は、別に法律の定めるところにより、その住民につき、住民たる地位に関する正確な記録を常に整備しておかなければならない（13条の2）。過22-23-ウ、2-22-オ

> ※2 **法改正情報**
>
> 平成28年6月19日より、選挙権年齢が「満20年以上」から「満18年以上」に引き下げられた。

第6章 ― 地方自治法　第6節 ― 住民の権利　333

3 直接請求

　住民にとって身近な地方の政治は、国の政治よりも住民に大きな影響を及ぼします。そこで、地方自治法は、住民による監視と参加を可能にするため、地方の政治を直接コントロールすることができる制度を認めています。これを**直接請求**といいます。※1

　直接請求には、①**条例の制定改廃**※2**請求**、②**事務監査請求**、③**議会の解散請求**、④**議員・長・主要公務員の解職請求（リコール）**の4種類があります。過30-26-4

　直接請求は、その地方公共団体の有権者の一定割合の署名を集め、この署名を請求先に提出することによってなされます。必要な署名数や請求先については、以下のとおりです。

【直接請求】

	必要な署名数	請求先※3	請求後の措置
条例の制定改廃請求（74条）※4	選挙権を有する者の総数の**50分の1以上**　過18-23-5、19-22-3、21-22-2	長	請求を受理した日から20日以内に議会を招集し、意見を付けて議会に付議し、その結果を代表者に通知し、かつ、公表する　過18-23-3、19-22-4・5、26-23-1
事務監査請求（75条）		監査委員	監査の結果に関する報告を決定し、これを代表者に送付し、かつ、公表するとともに、法律に基づく委員会・委員に提出する
議会の解散請求（76条）	原則として、選挙権を有する者の総数の**3分の1以上**	選挙管理委員会	解散の投票において過半数の同意があったときは、解散する（78条）
議員・長の解職請求（80条、81条）			解職の投票において過半数の同意があったときは、その職を失う（83条）過18-23-4
主要公務員の解職請求（86条）※5		長	議会の議員の**3分の2以上の者**が出席し、**4分の3以上の者**の同意があったときは、その職を失う（87条1項）

※1 参考
直接請求は選挙権を有する者でなければすることができないので、外国人は、直接請求をすることができない。過19-22-1、21-22-3、25-24-2、26-22-4

※2 用語
改廃：改正したり廃止したりすること。

※3 受験テクニック

　解散の投票・解職の投票が行われる議会の解散請求、議員・長の解職請求は、投票を管理する選挙管理委員会に請求する必要があるのに対し、主要公務員の解職請求は解職の投票を行わないので、選挙管理委員会ではなく長に請求すると覚えておきましょう。

※4 参考
地方税の賦課徴収・分担金・使用料・手数料の徴収に関する条例の制定改廃請求をすることはできない（74条1項かっこ書）。過18-23-1、19-22-2、26-23-2、28-24-3、2-22-エ、3-23-5

4 住民監査請求・住民訴訟

（1）住民監査請求

① 住民監査請求とは何か

　住民は、直接請求の一種である事務の監査請求をすることにより、地方公共団体の一般事務や財務会計の処理が適正に行われているかをチェックしてもらうことができます。もっとも、事務の監査請求をするためには、選挙権を有する者の総数の50分の1以上の署名を集めなければならず、ややハードルが高くなっています。

　そこで、地方自治法は、特に不正が行われやすい財務会計上の行為については、住民1人でも監査請求をすることができるとしています（242条1項）。これを**住民監査請求**といいます。 ※6 ※7
過19-25-ア、21-24-1、29-24-3、2-24-3

　事務監査請求と住民監査請求の違いをまとめると、以下の表のとおりになります。

【事務監査請求と住民監査請求】

	事務監査請求	住民監査請求
対象 過25-21-3	地方公共団体の事務全般	地方公共団体の財務会計上の行為又は怠る事実に限られる
必要な署名数	選挙権を有する者の総数の50分の1以上	不要（1人でもできる）
監査の結果に不満があるとき 過25-21-5	訴訟を提起することはできない	住民訴訟を提起することができる

② 住民監査請求の対象

　住民監査請求の対象は、**違法又は不当**な財務会計上の行為又は怠る事実です。 過19-25-エ、21-24-2 ※8

③ 住民監査請求の内容

　住民監査請求によって請求できる内容は、当該行為の防止・是正、当該怠る事実を改めること、当該行為又は怠る事実によって地方公共団体の被った損害を補填するために必要な措置を講ずべきことです（242条1項）。 過21-24-4、25-21-4

※5 **参考**

主要公務員の解職請求の対象となるのは、①副知事・副市町村長、②指定都市の総合区長、③選挙管理委員、④監査委員、⑤公安委員会の委員である（86条1項）。 過18-23-2

※6 **具体例をイメージ**

例えば、議員や長の出張費について監査を請求する場合などである。

※7 **参考**

住民監査請求は、監査委員に対してすべきこととされている（242条1項）。 過21-24-3

※8 **過去問チェック**

住民監査請求の対象は、公金の支出などの地方公共団体の職員等の作為に限られ、公金の賦課徴収を怠るなどの不作為は、対象とならない。
→ ✕（21-24-2）

第6章 － 地方自治法　第6節 － 住民の権利　**335**

④　期間制限

　違法又は不当な財務会計上の行為のあった日又は終わった日から**1年**を経過した後は、**正当な理由**がない限り、住民監査請求をすることはできません（242条2項）。週19-25-オ、25-21-2

　これに対して、怠る事実に係る住民監査請求については、期間制限はありません（最判平14.7.2）。※1

（2）住民訴訟

① **住民訴訟とは何か**

　住民監査請求による監査の結果に不満がある住民は、裁判所に対して訴訟を提起することができます（242条の2第1項）。これを**住民訴訟**といいます。

② **住民訴訟の対象**

　住民訴訟の対象は、**違法**な財務会計上の行為又は怠る事実です。住民監査請求と異なり、不当な財務会計上の行為又は怠る事実は対象とされていません。週18-24-5、22-24-イ

③ **住民訴訟の類型**

　住民訴訟には、請求の内容に応じて、以下の4つの類型があります。週23-21

【住民訴訟の類型】

	意味	被告
1号請求	地方公共団体の執行機関・職員が違法な財務会計上の行為をするおそれがある場合に、事前にその差止めを請求する訴訟 ※2 ※3 週30-18-1、30-26-2	違法な財務会計上の行為をしようとしている執行機関・職員
2号請求	違法な財務会計上の行為の取消し又は無効確認を求める訴訟	違法な財務会計上の行為をした行政庁の帰属する地方公共団体
3号請求	違法に公金の賦課徴収又は財産の管理を怠る事実がある場合に、その違法を確認することを求める訴訟	職務を怠った執行機関・職員
4号請求	執行機関等に対し、長・職員・当該行為又は怠る事実に係る相手方への損害賠償請求又は不当利得返還請求をすることを求める訴訟 ※4 週18-24-3、22-24-オ、29-24-2	請求を行うべき執行機関等

※1 **参考**

住民訴訟の場合、怠る事実についても出訴期間の制限がある。

※2 **参考**

差止め請求に基づく差止めは、当該行為を差し止めることによって人の生命・身体に対する重大な危害の発生の防止その他公共の福祉を著しく阻害するおそれがあるときは、することができない（242条の2第6項）。

※3 **参考**

1号請求において、執行停止の制度は認められていない。週29-24-4

※4 **重要判例**

住民訴訟の対象とされた普通地方公共団体の不当利得返還請求権が裁判で確定しても、議会は、当該請求権に関する権利放棄をすることができる（最判平24.4.20）。週2-24-4

④　原告適格

　住民訴訟を提起することができるのは、住民監査請求をした住民に限られており（242条の2第1項）、これを監査請求前置主義といいます。※5 ※6 週19-25-イ、21-24-5、22-24-ア、26-22-1・2、27-21-ア

⑤　管轄

　住民訴訟は、当該普通地方公共団体の事務所の所在地を管轄する地方裁判所に提起することとされています（242条の2第5項）。週22-24-エ、27-21-イ

⑥　出訴期間

　住民訴訟の出訴期間については、以下のとおりです。※7

【住民訴訟の出訴期間】

監査の結果・勧告に不服がある場合	監査の結果・勧告の内容の通知があった日から30日以内
議会・長などの措置に不服がある場合	その措置に係る監査委員の通知があった日から30日以内
監査委員が監査・勧告を監査請求があった日から60日以内に行わない場合	60日間の期間が経過した日から30日以内
勧告を受けた議会・長等が必要な措置を講じない場合	勧告に示された期間を経過した日から30日以内

5　公の施設

（1）公の施設とは何か

　公の施設とは、地方公共団体が住民の福祉を増進する目的で住民に利用させるための施設です（244条1項）。※8 週26-44、元-23-1

　住民は、公の施設の利用権をもっていますから、地方公共団体は、正当な理由がない限り、住民が公の施設を利用することを拒んではならず（244条2項）、また、住民が公の施設を利用することについて、不当な差別的取扱いをしてはなりません（244条3項）。※9 週29-22-2

※5　重要判例

監査委員が適法な住民監査請求を不適法であるとして却下した場合、当該請求をした住民は、適法な住民監査請求を経たものとして、直ちに住民訴訟を提起することができる（最判平10.12.18）。週29-24-5

※6　参考

住民訴訟がすでに係属しているときは、他の住民は、別訴をもって同一の請求をすることができない（242条の2第4項）。週22-24-ウ、27-21-ウ

※7　参考

住民訴訟の出訴期間は不変期間であるから（242条の2第3項）、出訴期間を経過したことにつき正当な理由があったとしても、住民訴訟を提起することはできない。

※8　具体例をイメージ

例えば、市民会館や図書館などである。

※9　重要判例

一定の地方税を負担しているような「住民に準ずる地位にある者」には、住民と同様に、不当な差別的取扱いの禁止を定めた244条3項の規律が及ぶ（最判平18.7.14）。週22-21-3、3-22-エ

第6章 ― 地方自治法　第6節 ― 住民の権利　337

（2）設置・管理等

① 設置・管理

公の施設の設置・管理に関する事項は、法律又はこれに基づく政令に特別の定めがあるものを除くほか、条例で定めなければなりません（244条の2第1項）。※1 過22-21-2、26-44、29-22-1、30-23-エ、元-23-2、3-22-ア

② 廃止・独占的利用

条例で定める重要な公の施設のうち条例で定める特に重要なものを廃止したり、条例で定める長期かつ独占的な利用をさせようとするときは、議会において出席議員の3分の2以上の者の同意を得なければなりません（244条の2第2項）。過3-22-ウ

③ 指定管理者

公の施設の設置の目的を効果的に達成するために必要があると認めるときは、条例の定めるところにより、指定管理者に公の施設の管理を行わせることができます（244条の2第3項）。※2 過22-21-4、26-44、28-22-4、元-23-3

そして、指定管理者の指定の手続、指定管理者が行う管理の基準及び業務の範囲その他必要な事項は、条例で定めなければなりません（244条の2第4項）。※3 過23-23-5、29-22-5

普通地方公共団体は、指定管理者の指定をしようとするときは、あらかじめ、当該普通地方公共団体の議会の議決を経なければなりません（244条の2第6項）。過元-23-4

なお、普通地方公共団体は、適当と認めるときは、指定管理者に、その管理する公の施設の利用に係る料金をその者の収入として収受させることができます（244条の2第8項）。過元-23-5

（3）区域外設置

公の施設は、関係地方公共団体と協議すれば、その地方公共団体の区域外に設置することもできます（244条の3第1項）。※4 過22-21-1、29-22-4

この協議については、関係地方公共団体の議会の議決を経なければなりません（244条の3第3項）。

※1 具体例をイメージ

例えば、使用料の額や、住民による使用申込・使用承認の制度などである。

※2 参考

指定管理者は、法人である必要はないが、団体でなければならない。

※3 参考

指定管理者の指定の手続は条例によって定めなければならないが、指定それ自体は必ずしも条例によって定める必要はない。過23-23-1

※4 具体例をイメージ

例えば、リゾート地に置かれる県民の保養施設などである。

（4）審査請求

普通地方公共団体の長以外の機関（指定管理者を含む）がした公の施設を利用する権利に関する処分についての審査請求は、普通地方公共団体の長が当該機関の最上級行政庁でない場合においても、**当該普通地方公共団体の長**に対してするものとされています（244条の4第1項）。 過22-21-5、23-23-4、3-22-イ

確認テスト

□□□ **1** 日本国民たる年齢満18年以上の者であれば、市町村の区域内に住所を有していなくても、普通地方公共団体の議会の議員及び長の選挙権が認められる。

□□□ **2** 地方税の賦課徴収・分担金・使用料・手数料の徴収に関する条例の制定改廃請求をすることはできない。

□□□ **3** 住民訴訟の対象は、違法又は不当な財務会計上の行為又は怠る事実である。

□□□ **4** 公の施設の設置・管理に関する事項は、法律又はこれに基づく政令に特別の定めがあるものを除くほか、条例で定めなければならない。

解答 **1**✕引き続き3ヶ月以上市町村の区域内に住所を有する者であることが必要である（18条）。 **2**○（74条1項かっこ書） **3**✕不当な財務会計上の行為又は怠る事実は対象とならない（242条の2第1項）。 **4**○（244条の2第1項）

第6章 ― 地方自治法　第6節 ― 住民の権利　339

第7節 関与

重要度 B

学習のPOINT
関与には、国が都道府県や市町村に対して行うものと、都道府県が市町村に対して行うものがあります。両者はセットで押さえるようにしましょう。

1 関与とは何か

　国と各地方公共団体は、それぞれ独立の団体ですから、それぞれの権限を独立して行使するのが原則です。

　しかし、広域的な行政執行等の観点から、国が都道府県や市町村の活動に、また、都道府県が市町村の活動に影響力を行使する必要がある場合もあります。このような影響力の行使を関与といいます。 ※1 週20-43-ア

2 関与の基本原則

(1) 関与の法定主義

　関与は、法律又は政令によって認められた場合にのみなしうるものであり、省令又は通達を根拠として関与を行うことはできません（245条の2）。週18-21-4、29-23-5、2-23-3

(2) 関与の比例原則

　関与は、その目的を達成するために必要な最小限度のものとするとともに、普通地方公共団体の自主性・自立性に配慮しなければなりません（245条の3第1項）。

3 関与の基本類型

　関与の基本類型には、①助言又は勧告、②資料の提出の要求、③是正の要求 ※2、④同意、⑤許可・認可・承認、⑥指示、⑦代執行 ※3、⑧協議の8種類があります。

　また、この8種類以外にも、一定の行政目的を実現するため普通地方公共団体に対して具体的かつ個別的に関わる行為が関

※1 参考
関与については、その種類により、地方自治法上の手続規定が適用されるのであり（247条～250条の5）、行政手続法の聴聞又は弁明の機会の付与に関する規定が準用されるわけではない。

※2 用語
是正の要求：地方公共団体の事務の処理が法令の規定に違反している場合等に、その違反の是正又は改善のため必要な措置を講ずることを求めること。

※3 用語
代執行：地方公共団体の事務の処理が法令の規定に違反している場合等に、その是正の措置を当該地方公共団体に代わって行うこと。

与として認められています。

　もっとも、相反する利害を有する者の間の利害の調整を目的としてされる裁定（双方を名あて人とするものに限る）や、不服申立てに対する裁決・決定は、関与として認められません。

【関与の基本類型】

	自治事務	法定受託事務
助言又は勧告	○	○
資料の提出の要求	○	○
是正の要求	○	市町村の第2号法定受託事務のみ○
同意	例外的な場合のみ○	○
許可・認可・承認	例外的な場合のみ○	○
指示	例外的な場合のみ○	○
代執行 過18-21-5	×	○
協議	○	○

4 係争処理

（1）国と地方公共団体の間の係争処理

　国と地方公共団体が相互対等な関係にある以上、国の関与において、国と地方公共団体の間で対立が生じた場合、公平・中立な立場から審査を行う機関が必要となります。そこで、総務省に**国地方係争処理委員会**が設置されています（250条の7第1項）。※4 過25-23-2

① 審査の申出

　地方公共団体の長その他の執行機関は、国の関与に不服があるときは、国地方係争処理委員会に対して、文書で**審査の申出**をすることができます（250条の13第1項〜3項）。※5 ※6

② 審査後の手続

　国地方係争処理委員会は、審査の申出に係るものが自治事務である場合、関与が**違法又は不当**と認めるときに、審査の申出に係るものが法定受託事務である場合、関与が**違法**と認めるときに、国の行政庁に対して、理由を付し、期間を示して、必要

※4 参考
国地方係争処理委員会の委員は、総務大臣が両議院の同意を得て任命する（250条の9第1項）。

※5 参考
国地方係争処理委員会による審査の対象となる関与は、①是正の要求、許可の拒否その他国の公権力の行使に当たるもの、②国の不作為、③協議が調わないときである。

※6 法改正情報
平成24年の地方自治法改正により、国等が是正の要求をした場合に、地方公共団体がこれに応じた措置を講じず、かつ、国地方係争処理委員会への審査の申出もしないとき等に、国等は不作為の違法確認訴訟を提起することができることとされた（251条の7、252条）。

第6章 ― 地方自治法　第7節 ― 関与　341

な措置を講ずべきことを勧告し、その内容を地方公共団体の長その他の執行機関に対して通知し、公表します（250条の14第1項・2項）。週24-21-2

他方、関与が適法かつ妥当と認めるときは、国の行政庁と地方公共団体に対して、理由を付して通知し、公表します（同）。

③ 国の関与に関する訴え

国地方係争処理委員会の審査の結果に不服がある地方公共団体は、高等裁判所に出訴することができます（251条の5第1項）。このように、国の関与に関する訴えは、審査の申出をした後でなければ提起することができません（これを審査申出前置主義といいます）。

ここまでの流れをまとめると、以下のようになります。

【国と地方公共団体の間の係争処理】

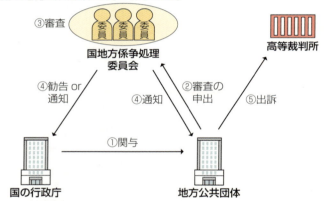

（2）地方公共団体間の係争処理

普通地方公共団体相互（都道府県と市町村）も対等の関係にあることから、都道府県と市町村の間で対立が生じた場合も、国と地方公共団体の間の紛争処理手続に準じて、自治紛争処理委員による審査の制度が用意されています（251条）。※1 週25-23-2

① 審査の申出

市町村長その他の執行機関は、都道府県の関与に不服があるときは、総務大臣に対して、自治紛争処理委員の審査に付する

※1 参考
自治紛争処理委員は、事件ごとに総務大臣又は都道府県知事が任命する(251条2項前段)。週2-23-4

旨の申出をすることができます。そして、審査の申出を受けた総務大臣は、自治紛争処理委員を任命し、これを審査に付します（251条の3第1項〜3項）。※2

② 審査後の手続

自治紛争処理委員は、国地方係争処理委員会と同様の措置をとることになります（251条の3第5項、250条の14第1項）。※3

③ 都道府県の関与に関する訴え

自治紛争処理委員の審査の結果に不服がある市町村は、高等裁判所に出訴することができます（251条の6第1項）。

※2 参考
自治紛争処理委員による審査の対象となるのは、①是正の要求、許可の拒否その他都道府県の公権力の行使に当たるもの、②都道府県の不作為、③協議が調わないときである。

※3 参考
これらの措置をとったときは、直ちにその旨を総務大臣に報告しなければならない（251条の3第8項）。

【地方公共団体間の係争処理】

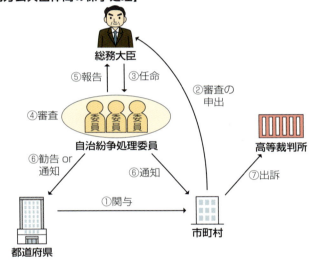

確認テスト

☐☐☐ **1** 関与は、法律又は政令によって認められた場合にのみなしうるものであり、省令又は通達を根拠として関与を行うことはできない。

☐☐☐ **2** 国と地方公共団体の間で対立が生じた場合、公平・中立な立場から審査を行う機関が必要となることから、総務省に自治紛争処理委員が設置されている。

解答 **1** ◯（245条の2） **2** ✕ 国地方係争処理委員会である（250条の7第1項）。

第 3 部

民法

▶ 科目別ガイダンス …………346

第1章 総則 …………………352

第1節 権利の主体・客体 ※ …352
第2節 意思表示 ※ …………364
第3節 代理 ※ ………………373
第4節 無効・取消し …………384
第5節 条件・期限 ……………387
第6節 時効 ※ …………………390

第2章 物権 …………………397

第1節 物権総論 ※ ……………397
第2節 占有権 …………………415
第3節 所有権 …………………420
第4節 用益物権 ………………427
第5節 担保物権 ※ ……………430

第3章 債権 …………………453

第1節 債権の目的 ……………453
第2節 債務不履行 ……………456
第3節 責任財産の保全 ………461
第4節 多数当事者の債権・債務 ※
……………………469

第5節 債権譲渡・債務引受 ……481
第6節 債権の消滅 ………………487
第7節 契約総論 …………………495
第8節 権利移転型契約 ※ ………503
第9節 貸借型契約 ※ ……………510
第10節 役務提供型契約 …………519
第11節 契約以外の債権発生原因 ※
……………………527

第4章 親族 …………………543

第1節 夫婦 ……………………543
第2節 親子 ……………………548
第3節 親権 ……………………553
第4節 後見・扶養 ……………556

第5章 相続 …………………559

第1節 相続人 …………………559
第2節 相続の効力 ……………564
第3節 相続の承認・放棄 ……567
第4節 遺言 ……………………570
第5節 遺留分 …………………576
第6節 配偶者居住権・特別の寄与
……………………578

※は『スタートダッシュ』掲載テーマです。

科目別ガイダンス

1 民法とは何か

（1）民法とは何か

今まで学習してきた憲法と行政法は、国・地方公共団体の内部組織や、国・地方公共団体と国民との関係について定めたものでした（いわば縦の関係です）。これに対して、これから学習する民法（商法もです）は、国民と国民の関係について定めたものです（いわば横の関係です）。

【法律の適用範囲】

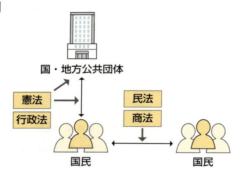

民法は、①総則、②物権、③債権、④親族、⑤相続の５つのまとまりで構成されています。そして、総則・物権・債権をまとめて財産法、親族・相続をまとめて家族法といいます。したがって、民法は、財産や家族といった日常生活に関する国民どうしの関係について定めた法律といえます。

【民法の構成】

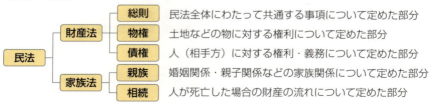

(2) 契約
① 契約とは何か
　契約は、民法のあらゆる部分で登場する概念ですので、本格的な学習を始める前に、契約についてしっかりと理解しておきましょう。
　契約とは、2人の人間の意思の合致により成立するものであり、拘束力を有する点で、単なる約束とは異なります。例えば、デートの約束であれば、守らなかったとしても裁判所に訴えることはできませんが、契約の場合、守らないと裁判所に訴えることができます。

② 契約の要件
　契約とは、一方の「〜したい」という**申込み**に対して、相手方が「わかりました」と**承諾**することによって成立するものです（522条1項）。例えば、「あなたの土地を1000万円で買いたいです。」という申込みに対して、相手方が「わかりました。この土地を1000万円で売ります。」と承諾した場合、土地の**売買契約**が成立します。

【契約の成立】

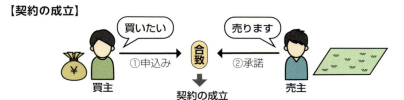

③ 契約の効果
　契約が成立すると、契約をした2人の間で、債権と債務が発生します。
　債権とは、特定の人が別の特定の人に対して一定の行為を請求することができる権利のことをいい、**債務**とは、特定の人が別の特定の人に対して一定の行為をする義務のことをいいます。このように、債権と債務は表裏一体の関係にあるといえます。そして、債権を有している人を**債権者**、債務を負っている人を**債務者**といいます。
　例えば、前記の土地の売買契約が成立した場合、以下のような債権と債務が発生します。

【契約の効果】

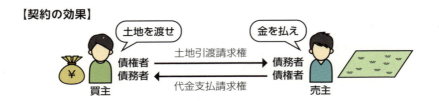

④ 契約の分類

民法上の契約は、その性質に応じて、以下のように分類することができます。

	意味	具体例
権利移転型契約 （☞第3章第8節）	物の所有権を移転させることを目的とする契約	贈与契約、売買契約、交換契約
貸借型契約 （☞第3章第9節）	物を使用収益させることを目的とする契約	消費貸借契約、使用貸借契約、賃貸借契約
役務提供型契約 （☞第3章第10節）	労力を提供することを目的とする契約	雇用契約、請負契約、委任契約、寄託契約

(3) 善意・悪意

① 善意・悪意とは何か

善意・悪意も、民法のあらゆる場面で登場する概念ですので、ここで整理しておきましょう。

善意・悪意というと、善い人、悪い人という倫理的なものというイメージを持たれるかもしれません。しかし、民法にいう「善意」とはある事実を知らないことを意味し、「悪意」とはある事実を知っていることを意味します。一般的な使い方とは若干異なると思いますので、注意しましょう。

民法では、契約などに関わった人を保護するかどうかを判断する基準として、善意か悪意か（ある事実を知っていたか知らなかったか）という点に注目するケースが多いです。

② 過失とは何か

善意の（ある事実を知らない）人であっても、その事実を不注意により知らなかった人と、不注意がないのに知らなかった人とでは、保護すべき度合いが変わってきます。このような不注意のことを過失といい、過失がある場合を有過失、過失がない場合を無過失といいます。

民法では、善意無過失の（ある事実を知らず、知らなかったことにつき不

注意がない）人だけを保護するというケースも多くなっています。

【善意・悪意と過失】

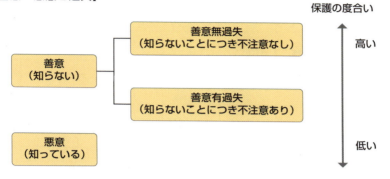

2　出題傾向表

　10年間（平成24年度～令和3年度）分の本試験の出題傾向を表にまとめました。

（1）総則

	24	25	26	27	28	29	30	元	2	3
権利の主体・客体	○	○	○	○		○	○		○	○
意思表示		○	△	○		○	○		○	○
代理	○	○			○		△	○		
無効・取消し			△							
条件・期限							○			
時効		△			○	○		○		

○：そのテーマから出題、△：肢の1つとして出題

（2）物権

	24	25	26	27	28	29	30	元	2	3
物権総論		○					△		○	△
占有権				○		○			△	
所有権	△		△	○	○			○		△
用益物権	△		△			△		○		
担保物権	○	△	○	○	○	△	○	○	○	○

○：そのテーマから出題、△：肢の1つとして出題

(3) 債権

	24	25	26	27	28	29	30	元	2	3
債権の目的									○	
債務不履行		○		△	○					○
責任財産の保全		○	○		○					○
多数当事者の債権・債務	○		○			○				
債権譲渡・債務引受						○			○	○
債権の消滅		△	○	○			○			
契約総論		△		△				○	○	
権利移転型契約	○	△	○	○	○		○			○
貸借型契約	○	△				△	○	○	○	
役務提供型契約	△						○			
契約以外の債権発生原因	○	○	○	○	○	○	○	○	○	○

○：そのテーマから出題、△：肢の1つとして出題

(4) 親族

	24	25	26	27	28	29	30	元	2	3
婚姻		○		○	○		○	○		
親子				○	○				○	
親権			○							
後見・扶養							○			

○：そのテーマから出題、△：肢の1つとして出題

(5) 相続

	24	25	26	27	28	29	30	元	2	3
相続人	△									
相続の効力	△									
相続の承認・放棄	△									
遺言						○				
遺留分	○									
配偶者居住権・特別の寄与										△

○：そのテーマから出題、△：肢の1つとして出題

3 分析と対策

(1) 学習指針

　行政書士試験の民法は、例年、5肢択一式9問（総則2問、物権2問、債権4問、親族・相続1問というパターンが多いです）が出題されます。このように、総則・物権・債権といった財産法からの出題がほとんどとなっています。また、記述式についても、その大半が財産法から出題されています。そこで、まずは財産法をしっかり学習することです。親族・相続といった家族法は、例

年5肢択一式1問だけの出題ですから、財産法の学習を終えた後に本書を一読して過去問を解いておけば十分でしょう。

また、民法は、行政法と異なり、過去問で問われた知識以外の知識が問われることが多く、**オリジナル問題をある程度こなしておく必要**があります（合格革命シリーズでは、オリジナル問題集として『一問一答式出るとこ千問ノック』『40字記述式・多肢選択式問題集』をご用意しています）。

（2）学習内容

行政書士試験の民法の問題は「民法の規定および判例に照らし〜」といった出題の仕方がほとんどですから、**民法の規定（条文）**と**判例**をとにかく押さえていくことです。ただし、民法では、A・Bといった登場人物が出てくる具体的な事例の形で出題がなされますので、単に条文・判例を覚えていくだけでは足りず、**具体的な事例の形で押さえていく**ことが必要です。なお、本書では、このような出題傾向を考慮して、民法については具体的な事例から出発するケーススタディ方式を採用していますので、自然と具体的な事例の形で条文・判例を押さえることができます。

次に、民法では配点の高い記述式が2問出題されますから、記述式対策が必要となります。記述式では、具体的な事例を素材として、民法の条文や判例の文言、その事例において行使できる権利、なしうる請求の名称などが問われますので、**条文・判例の文言や民法上の法律用語を自分の手で書けるレベルにまで引き上げる**必要があります。そのためにも、民法は学習時間をとってじっくり学習しましょう。

（3）得点目標

民法では、**7割正解**を目指す必要があるでしょう。

【民法の得点目標】

出題形式	出題数	得点目標
5肢択一式	9問（36点）	6問（24点）
記述式	2問（40点満点）	28点

第3部 民法

第1章 総則

第1節 権利の主体・客体

重要度 A

> **学習のPOINT**
> 権利の主体とは、権利を持つことができる人のことであり、権利の客体とは、権利の対象物のことです。権利の主体については、①権利能力、②意思能力、③行為能力の3つの能力が重要です。

1 権利能力

(1) 権利能力とは何か

権利能力とは、権利義務の帰属主体となることができる資格のことです。

権利能力を有するのは、自然人と法人です。

(2) 胎児の権利能力

① 原則

私権の享有は、**出生**に始まると規定されています（3条1項）。したがって、人は生まれながらにして権利能力を有していますが、生まれる前の胎児は権利能力を有していないことになります。

② 例外

胎児は、**不法行為に基づく損害賠償請求**（721条）・**相続**（886条1項）・**遺贈**※1（965条）については、生まれたものとみなされます。

この「生まれたものとみなす」とは、胎児中に権利能力を取得するわけではなく、生きて生まれた場合に、さかのぼって権利能力を取得するという意味です（**停止条件説**）。

したがって、法定代理人が出生前に胎児を代理することはできません（大判昭7.10.6）。 週24-27-1

※1 用語

遺贈：遺言により遺産を無償で他人に譲渡すること。

(3) 失踪宣告

① 失踪宣告とは何か

> **事例** Aは、ある日突然行方不明となり、その後7年間帰って来ず生死不明の状態が続いていた。Aの妻であるBは、もしAが死亡しているのであれば、Aの持っている土地を売って生活費の足しにしたいと考えている。

権利能力は、死亡によって失われます。これに対して、上の事例のように行方不明になったにすぎない場合は、権利能力は失われません。しかし、これでは妻BはAが帰って来るまでの間、1人で自分の生活を支え続けなければならなくなって大変な思いをすることになります。

そこで、ある人の生死不明の状態が継続した場合（失踪）、その人を死亡したものとして取り扱って、財産を相続させるなどして利害関係人の保護を図ることとしています。これを**失踪宣告**といいます。

② 種類

失踪宣告には、**普通失踪**（30条1項）と**特別失踪**（30条2項）の2種類があります。

【普通失踪と特別失踪】

	普通失踪	特別失踪
要件	不在者の生死が**7年間**明らかでないこと	死亡の原因となるべき危難に遭遇した者の生死が、危難が去った後**1年間**明らかでないこと ※2
	利害関係人の請求があること ※3	
効果	**7年の期間が満了した時**に、死亡したものとみなされる（31条） 週22-35-ウ、3-28-4	**危難が去った時**に、死亡したものとみなされる（31条） ※4

※2 **具体例をイメージ**
死亡の原因となるべき危難に遭遇した者の例としては、戦地に行った戦場カメラマンや、沈没した船の乗客などが挙げられる。

※3 **参考**
検察官は、失踪宣告の請求をすることができない。

※4 **引っかけ注意！**

特別失踪により死亡したものとみなされるのは、危難が去った1年後ではありません。

③ 効果

失踪宣告がなされると、もとの住所を中心とする私法上の法律関係については、死亡したものと同じ扱いがなされます。

もっとも、現実に本人が死亡したわけではないので、本人は権利能力を喪失するわけではありません。※1 過24-27-2、3-28-5

④ 失踪宣告の取消し

失踪者が生存すること又は死亡したものとみなされた時と異なる時に死亡したことの証明があったときは、家庭裁判所は、本人又は利害関係人の請求により、失踪宣告を取り消さなければなりません（32条1項前段）。失踪宣告の取消しがなされると、失踪宣告は最初からなかったものとして扱われます。

しかし、それでは失踪宣告を前提に行動した者の利益を害するので、失踪宣告の取消しは、失踪宣告後その取消し前に善意でした行為の効力には影響を及ぼしません（32条1項後段）。※2

また、失踪宣告によって善意で財産を得た者は、その取消しによって権利を失いますが、財産の返還義務は現に利益を得ている限度においてのみ制限されます（32条2項）。※3

2 意思能力

意思能力とは、自分の行為の結果を判断することができる精神的能力のことです。そして、意思能力を有しない人のことを意思無能力者といいます。※4

意思無能力者の行った行為は無効とされます（3条の2）。このように、意思無能力者の行為を無効とすることで、意思無能力者が思わぬ損をしないようにしています。過24-27-5

3 行為能力

事例　10歳のAは、父親からもらった100万円の価値がある宝石を、その価値を知らずに1万円でBに売ってしまった。

※1 具体例をイメージ
例えば、日本に住んでいた失踪者が外国で生きていて、失踪宣告以後に外国において物を買ったり婚姻したりした場合、このような取引や婚姻は有効となる。

※2 重要判例
ここにいう「善意」とは、行為の当事者がともに善意であることを意味する（大判昭13.2.7）。

※3 重要判例
生活費に使った場合のように利益が現時点で残っている場合は、返還義務を負うが（大判昭7.10.26）、浪費した場合のように利益が現時点で残っていない場合は、返還義務を免れる（最判昭50.6.27）。

※4 具体例をイメージ
例えば、泥酔者や乳幼児などである。

行為能力とは、法律行為を自ら単独で有効に行う能力のことです。

物を売ったり買ったりする場合、それが自分にとって有利か否かをある程度判断できないと、上の事例のAのように損をしてしまうことがあります。

そこで、物を売ったり買ったりといった法律行為が自分にとって有利か否かを判断する能力を有しない者については、その者を保護するため、なしうる行為に制限を加えることが必要となります。このような制限を加えられる者を制限行為能力者といいます。

この制限行為能力者には、①未成年者、②成年被後見人、③被保佐人、④被補助人といった4つの類型があります。

（1）未成年者
① 未成年者とは何か
未成年者とは、年齢18歳未満の者のことです（4条）。※5

② 保護者
未成年者の判断能力の不十分さを補うため、未成年者には保護者が付けられます。未成年者の保護者は、法の定めるところにより未成年者を代理して法律行為を行う権限を有しているため、法定代理人と呼ばれます。※6

制限行為能力者の保護者は、主に以下のような権限を有しています。

【保護者の権限】

同意権	制限行為能力者が単独で行為をなしうるよう同意をする権限
代理権	制限行為能力者に代わって行為を行う権限
取消権	制限行為能力者が単独でなした行為を取り消す権限
追認権	制限行為能力者が単独で行った行為を有効なものと確定する権限

※5 法改正情報
平成30年の民法改正により、成人年齢が20歳から18歳に引き下げられた（令和4年4月1日施行）。

※6 参考
通常は、親権者である父母が法定代理人となるが（818条、819条）、親権者がいなかったり子の財産の管理権を有しないときは、未成年後見人が法定代理人となる（838条1号）。

③ 行為能力

未成年者が法律行為をするには、原則として、その**法定代理人の同意**を得なければなりません（5条1項本文）。そして、法定代理人の同意を得ないでした法律行為は、取り消すことができます（5条2項）。

もっとも、以下の3つの行為は、未成年者であっても法定代理人の同意を得ずにすることができます。

1	単に権利を得、又は義務を免れる行為（5条1項ただし書）※1 ※2
2	法定代理人が処分を許した財産の処分（5条3項）※3
3	許された営業に関する行為（6条1項）※4

（2）成年被後見人

① 成年被後見人とは何か

成年被後見人とは、精神上の障害により事理を弁識する能力※5を**欠く常況**にあるとして、家庭裁判所による**後見開始の審判**を受けた者のことです（7条）。圖22-27-1、24-27-5、30-35-3

② 保護者

成年被後見人には、保護者として**成年後見人**が付されます（8条、843条1項）。※6 圖27-27-ア

③ 行為能力

成年被後見人の法律行為は、日用品の購入その他日常生活に関する行為を除き、取り消すことができます（9条）。圖18-27-3

これは、成年後見人の同意を得た場合であっても同様です。

（3）被保佐人

① 被保佐人とは何か

被保佐人とは、精神上の障害により事理を弁識する能力が**著しく不十分**であるとして、家庭裁判所による**保佐開始の審判**を受けた者のことです（11条本文）。

② 保護者

被保佐人には、保護者として**保佐人**が付されます（12条）。

保佐人は、代理権を当然に有するわけではなく、家庭裁判所は、本人や保佐人等の請求によって、被保佐人のために特定の

※1 具体例をイメージ

例えば、負担のない贈与を受けることや、借金の免除を受けることなどである。

※2 参考

弁済の受領は、未成年者が有している債権を失うことになるので、「単に権利を得」る行為には当たらない。

※3 具体例をイメージ

例えば、おこづかいでゲームソフトを買うことなどである。

※4 具体例をイメージ

例えば、実家の青果店を継いだ子が野菜を売ることなどである。

※5 用語

事理を弁識する能力：物事の道理をわきまえる能力のこと。

※6 参考

家庭裁判所は、必要があると認めるときは、被後見人、その親族若しくは後見人の請求により又は職権で、後見監督人を選任することができる（849条）。圖27-27-ア

法律行為について保佐人に代理権を付与する旨の審判をすることができます（876条の4第1項）。ただし、本人以外の者の請求によってその審判をするには、**本人の同意**がなければなりません（876条の4第2項）。過27-27-ウ、2-27-2

③ 行為能力

被保佐人が以下の行為をするには、その**保佐人の同意**を得なければなりません（13条1項本文）。[※7] 過22-27-2、2-27-2

【保佐人の同意が必要な行為】

1	元本[※8] の領収・利用
2	借財・保証
3	不動産その他重要な財産に関する権利の得喪[※9] を目的とする行為
4	訴訟行為
5	贈与・和解・仲裁合意
6	相続の承認・放棄、遺産の分割
7	贈与の申込みの拒絶、遺贈の放棄、負担付贈与の承諾、負担付遺贈の承認
8	新築・改築・増築・大修繕
9	602条に定める期間を超える賃貸借[※10]
10	1～9の行為を制限行為能力者の法定代理人としてすること

保佐人の同意を得なければならない行為であって、その同意を得ないでしたものは、取り消すことができます（13条4項）。

(4) 被補助人

① 被補助人とは何か

被補助人とは、精神上の障害により事理を弁識する能力が**不十分**であるとして、家庭裁判所による**補助開始の審判**を受けた者のことです（15条1項本文）。[※11] [※12]

② 保護者

被補助人には、保護者として**補助人**が付されます（16条）。

補助人は、同意権や代理権を当然に有するわけではなく、補助開始の審判をする際に、**同意権付与の審判**（17条1項）・**代理権付与の審判**（876条の9第1項）のいずれか又は双方がなされます（15条3項）。過2-27-3

同意権付与の審判がなされた場合、補助人は、被補助人に同

※7 参考

家庭裁判所は、本人や保佐人等の請求により、1～10以外の行為をする場合にその保佐人の同意を得なければならない旨の審判をすることができる（13条2項）。過27-27-イ

※8 用語

元本：貸し付けを受けた金銭自体のことであり、利息を含まない。

※9 用語

得喪：取得・喪失のこと。

※10 参考

602条に定める期間とは、樹木の栽植・伐採を目的とする山林については10年、それ以外の土地については5年、建物については3年、動産については6ヶ月である。

※11 参考

本人・配偶者・4親等内の親族のみならず、後見人や保佐人も、補助開始の審判を請求することができる。

※12 参考

本人以外の者の請求により補助開始の審判をするには、本人の同意がなければならない（15条2項）。過27-27-エ

憲法

行政法

民法

商法

基礎法学

一般知識

第1章 — 総則　第1節 — 権利の主体・客体　357

意を与える権限を有しますが、その審判により同意を得なければならないものとすることができるのは、13条1項に規定する行為の一部に限られます（17条1項ただし書）。

③ 行為能力

補助人に代理権のみが付与された場合、被補助人の行為能力は制限されません。

これに対して、補助人に同意権が付与された場合、補助人の同意を得なければならない行為であって、その同意を得ないでしたものは、取り消すことができます（17条4項）。週18-27-5 ※1

【制限行為能力者のまとめ】

		未成年者	成年被後見人	被保佐人	被補助人
要件		年齢18歳未満の者	精神上の障害により事理を弁識する能力を欠く常況にある者	精神上の障害により事理を弁識する能力が著しく不十分である者	精神上の障害により事理を弁識する能力が不十分である者
			家庭裁判所の審判が必要		
保護者	名称	法定代理人	成年後見人	保佐人	補助人
	同意権	○	×	○	△
	代理権	○	○	△	△
	取消権		○		△
	追認権		○		△

○：あり、△：審判を受けた場合のみあり、×：なし

（5）審判相互の関係

後見・保佐・補助の制度が重複することを避ける必要があります。

そこで、後見開始の審判をする場合において、本人が被保佐人・被補助人であるときは、家庭裁判所は、その本人に係る保佐開始・補助開始の審判を取り消さなければなりません（19条1項）。また、保佐開始の審判をする場合において、本人が成年被後見人・被補助人であるときは、家庭裁判所は、その本人に係る後見開始・補助開始の審判を取り消さなければなりません（19条2項）。週27-27-オ

※1 過去問チェック

制限行為能力者が被補助人であり、補助人の同意を得なければならない行為を被補助人が補助人の同意を得てした場合であっても、相手方は、制限行為能力を理由として被補助人の行為を取り消すことができる。→ ✕
（18-27-5）

(6) 制限行為能力者の相手方の保護

行為能力制度は、制限行為能力者を保護することを目的としています。そのため、いったん成立した契約などの法律行為を制限行為能力者側の一方的な意思によって取り消すことができます。

これにより、取引の相手方からすれば、有効だと思っていた法律行為が自己の意思とは関係なく取り消されることとなり、取引の安全を害することになります。そこで、制限行為能力者の相手方を保護するための制度が設けられています。

① 相手方の催告権 ※2

制限行為能力者がなした行為が取り消されるかどうかわからず、制限行為能力者の相手方が不安定な立場に置かれるのを防止するため、相手方の**催告権**が認められています。

相手方は、**1ヶ月以上**の期間を定めて催告をすることができます（20条1項）。

催告権を行使した場合の効果は、以下のようになります。※3

※2 用語
催告権：相手方に対して一定の行為を要求すること。

※3 受験テクニック

整理のコツとしては、単独で追認することができる者が返事をしなければ追認したものとみなされ、単独で追認することができない者が返事をしなければ取り消したものとみなされるという点を押さえておくことです。

※4 参考
催告の効果が生じるのは、補助人が同意権付与の審判を受けている場合に限られる。

【相手方の催告権】

催告の相手方	制限行為能力者が行為能力者となった後	制限行為能力者が行為能力者とならない間		
^^	^^	本人		保護者
^^	本人	未成年者・成年被後見人	被保佐人・被補助人 ※4	法定代理人・後見人・保佐人・補助人 ※4
効果	催告を受けた者が期間内に追認するかどうかの確答を発しなかった場合、**追認した**ものとみなされる（20条1項）週18-27-2	催告をもって対抗できない（98条の2本文）	催告を受けた者が期間内に補佐人又は補助人の追認を得た旨の通知を発しなかった場合、**取り消した**ものとみなされる（20条4項）週21-30-ア、2-27-4	催告を受けた者が期間内に追認するかどうかの確答を発しなかった場合、**追認した**ものとみなされる（20条2項・1項）週30-45

② 制限行為能力者の詐術

制限行為能力者が行為能力者であることを信じさせるため**詐術**を用いたときは、その行為を取り消すことができません（21条）。**※1** 過18-27-4

なぜなら、制限行為能力者が積極的に行為能力者であると偽った場合、制限行為能力者より相手方を保護すべきだからです。

4 法人

（1）法人とは何か

法人とは、法律の規定により権利をもつことが認められている団体のことです。**※2**

法人は、法令の規定に従い、定款その他の基本約款で定められた**目的の範囲内**において、権利を有し、義務を負います（34条）。法人は一定の目的のために組織化され活動するものですから、権利能力の範囲もその目的の範囲内に制限されます。

（2）権利能力なき社団

① 権利能力なき社団とは何か

権利能力なき社団とは、法人のような実体を有しているものの、法律の規定により権利をもつことが認められているわけではない団体のことです。**※3**

権利能力なき社団は、以下の要件を満たした場合に成立します（最判昭39.10.15）。

【権利能力なき社団の成立要件】

1	団体としての組織を備えていること
2	多数決の原則が行われていること
3	構成員の変更にかかわらず団体そのものが存続すること
4	その組織によって代表の方法、総会の運営、財産の管理など団体としての主要な点が確定していること

② 権利と義務の帰属

権利能力なき社団の財産は、構成員に**総有 ※4** 的に帰属するものと解されており、構成員は、権利能力なき社団の財産に対する持分権や分割請求権を有しません（最判昭32.11.14）。過26-27-5、29-27-イ

※1 重要判例

黙秘することが制限行為能力者の他の言動などと相まって相手方を誤信させ又は誤信を強めたものと認められるときには「詐術」にあたるが、単に黙秘することのみでは「詐術」にあたらない（最判昭44.2.13）。過26-28-5、2-27-5

※2 具体例をイメージ

例えば、会社、宗教法人、ＮＰＯ法人などである。

※3 具体例をイメージ

例えば、小学校のＰＴＡや大学のサークルなどである。

※4 用語

総有：数人が共同して目的物を所有するが、その数人が強い団体的拘束を受ける場合のこと。

また、権利能力なき社団の債務も、構成員に総有的に帰属するものと解されており、構成員は債権者に対して個人的責任を負いません（最判昭48.10.9）。過26-27-3

③ 登記 ※5 名義

権利能力なき社団が取得した不動産については、社団名義の登記や社団の代表者たる肩書を付けた代表者名義の登記をすることはできず、社団の代表者が構成員全員の受託者としての地位において個人名義で登記することとなります（最判昭47.6.2）。過26-27-1

（3）組合契約

① 組合契約とは何か

組合契約とは、各当事者が出資をして共同の事業を営むことを約束する契約のことです（667条1項）。

② 権利と義務の帰属

組合の財産は、総組合員の共有に属するとされており（668条）、組合員は、組合の財産に対する持分権を有していますが、清算前の分割請求権を有していません（676条3項）。※6 過26-27-4、29-27-ウ

他方、組合の債務については、組合員が損失分担の割合又は等しい割合に応じて個人的責任を負い、債権者が債権発生時に損失分担の割合を知っていたときは、各組合員は、その割合で個人的責任を負います（675条2項）。過26-27-2

③ 組合の業務執行

組合の業務執行については、以下のとおりとなります。

【組合の業務執行】

	業務執行者を定めていない場合	業務執行者を定めた場合
常務の執行	各組合員が単独で行うことができる（670条5項本文）過25-33-1	各業務執行者が単独で行うことができる（670条5項本文）
常務以外の業務の執行	組合員の過半数で決する（670条1項）	業務執行者の過半数で決する（670条3項）過25-33-2

※5 用語

登記：一定の事項を広く社会に公示するために公開された帳簿に記載すること。

※6 重要判例

組合財産に属する特定の不動産について、第三者が不法な保存登記をした場合、組合員は、単独で当該第三者に対して抹消登記請求をすることができる（最判昭33.7.22）。過25-33-5

④ 組合の脱退

組合の脱退については、以下のとおりとなります。

【組合の脱退】

任意の脱退		法定の脱退事由 （679条）
組合の存続期間を 定めなかった場合	組合の存続期間を 定めた場合	
組合に不利な時期を除いていつでも脱退することができ、やむを得ない事由があれば組合に不利な時期でも脱退することができる（678条1項）※1 過25-33-3	やむを得ない事由がある場合に限り脱退することができる（678条2項）	①死亡 ②破産手続開始の決定を受けたこと ③後見開始の審判を受けたこと ④除名

5 物 ぶつ

（1）物とは何か

民法上の権利の客体となるのは物です。そして、物とは有体物※2 をいいます（85条）。

（2）不動産と動産

不動産とは、土地及びその定着物（例：建物や立木）のことです（86条1項）。そして、不動産以外の物を動産といいます（86条2項）。

（3）主物と従物

物の所有者が、その物の常用に供するため、自己の所有に属する他の物をこれに附属させた場合、その附属させた物を従物といい、本体となる物を主物といいます（87条1項）。※3

主物と従物は別個独立の物ですが、従物は主物の効用を助けるものであり法律関係を共にすることが合理的ですから、従物は、主物の処分に従うものとされています（87条2項）。

（4）果実

果実とは、元物から生じる収益のことです。果実には、天然果実と法定果実の2種類があります。

※1 重要判例

やむを得ない事由があっても任意の脱退を許さない旨の組合契約は無効である（最判平11.2.23）。過25-33-4、30-27-3

※2 用語

有体物：目に見えるもののこと。

※3 具体例をイメージ

例えば、建物（主物）の中にある畳（従物）などである。

【果実】

	天然果実	法定果実
意味	物の用法に従って収取する産出物（88条1項）※4	物の使用の対価として受ける金銭等（88条2項）※5
取得者	元物から分離する時に収取権を有する者（89条1項）	その収取権の存続期間に従って、日割りをもって取得する（89条2項）

※4 具体例をイメージ

例えば、果物・牛乳・鉱物などである。

※5 具体例をイメージ

例えば、地代・賃料などである。

確認テスト

□□□ **1** 胎児は、不法行為に基づく損害賠償請求については、生まれたものとみなされる。

□□□ **2** 未成年者が法律行為をするには、原則として、その法定代理人の同意を得なければならない。

□□□ **3** 被保佐人とは、精神上の障害により事理を弁識する能力を欠く常況にあるとして、家庭裁判所による保佐開始の審判を受けた者のことである。

□□□ **4** 制限行為能力者が行為能力者であることを信じさせるため詐術を用いたときは、その行為を取り消すことができない。

解答 **1 ○**（721条） **2 ○**（5条1項本文） **3 ✕** 被保佐人は、精神上の障害により事理を弁識する能力が著しく不十分な者である（11条本文）。 **4 ○**（21条）

憲法

行政法

民法

商法

基礎法学

一般知識

第1章 ― 総則　第1節 ― 権利の主体・客体　363

第2節 意思表示

重要度 A

学習のPOINT

権利の主体がなした法律行為であっても、その中の意思表示に欠陥があった場合は、その法律行為は有効となりません。ここでは、意思表示に欠陥があった場合の処理を中心に学習していきます。

1 法律行為

（1）法律行為とは何か

法律行為とは、意思表示を構成要素とし、その意思によって欲せられたとおりの権利義務関係の設定・変動が生ずる行為のことです。

法律行為は、成立の態様により以下の3種類に分類されます。

【法律行為の種類】

	意味	具体例
単独行為	効力を発生させようとする者の単独の意思で第三者にも効力を及ぼすような法律行為	契約の解除※1（540条1項）、転貸の承諾、遺言※2
契約	2人の人間の意思の合致による法律行為	売買（555条）、賃貸借（601条）
合同行為	多数の者が一定の目的のためになす意思の合致による法律行為	会社などの団体を設立する行為

※1 用語

解除：契約成立後に生じた一定の事由を理由として、契約の効力を一方的に消滅させること。

※2 用語

遺言：一定の方式で表示された個人の意思に、この者の死後それに即した法的効果を与えること。

【単独行為】　【契約】　【合同行為】

（2）準法律行為

準法律行為とは、一定の法的な効果は生ずるものの、法律行為とは区別される行為のことです。

この準法律行為には、以下の2種類があります。

【準法律行為の種類】

	意味	具体例
意思の通知	意思を伝えるものではあるが、その意思によって欲せられたとおりの効果を発生させるわけではないもの	時効の完成猶予のための催告（150条）、債務の履行の催告（541条）
観念の通知	一定の事実の通知にすぎないが、法律によって認められた一定の効果を発生させるもの	時効の更新事由となる債務の承認（152条1項）、債権譲渡の通知（467条）

(3) 有効要件

① 公序良俗違反

公の秩序又は善良の風俗（公序良俗）に反する法律行為は、無効とされます（90条）。※3 ※4 週25-34-1

② 強行規定違反

法律行為の当事者が法令中の公の秩序に関しない規定（これを任意規定といいます）と異なる意思を表示したときは、その意思に従うものとされています（91条）。

この反対解釈から、公の秩序に関する規定（これを強行規定といいます）と異なる意思を表示したときは、その意思表示は無効となります。

2 意思表示

(1) 意思表示とは何か

意思表示とは、表意者が一定の法律効果の発生を欲する意思を外部に対して表示する行為のことです。※5

意思表示は、通常、①動機→②効果意思 ※6 →③表示意思 ※7 →④表示行為といった過程を経てなされます。ただし、動機自体は意思表示に含まれません。

※3 具体例をイメージ

例えば、賭博に負けた者が金を支払う契約や、犯罪行為に対して報酬を支払う契約などである。

※4 重要判例

賭博の用に供されることを知って行う金銭消費貸借契約は、無効である（大判昭13.3.30）。

※5 記述対策

意思表示の「思」を「志」と書かないように注意しましょう。

※6 用語

効果意思：法律効果を発生させようとする意思のこと。

※7 用語

表示意思：効果意思を外部へ表示しようとする意思のこと。

【意思表示の形成過程】

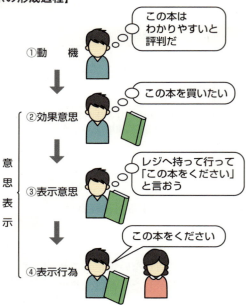

なお、意思表示に欠陥がある場合、その意思表示に効力を認めてよいかが問題となります。

意思表示に欠陥がある場合には、意思の不存在と瑕疵ある意思表示の2つがあります。

(2) 意思の不存在

意思の不存在とは、効果意思と表示行為が一致していないことです。例えば、心裡留保※1・虚偽表示・錯誤などです。

① 心裡留保

心裡留保とは、意思表示の表意者が、表示行為に対応する真意のないことを知りながらする意思表示のことです。

心裡留保は、原則として有効とされています（93条1項本文）。なぜなら、でまかせを言った人よりもそれを信頼した人の方を保護すべきだからです。※2 週22-27-4

もっとも、意思表示が表意者の真意ではないことを知り又は知ることができた相手方は保護する必要がありませんから、例外的に無効とされます（93条1項ただし書）。

※1 記述対策

心裡留保の「裡」を「理」と書かないように注意しましょう。

※2 重要判例

真に養親子関係の設定を欲する効果意思がない場合、養子縁組は民法802条1号によって無効であり、この無効は絶対的なものであるから、民法93条の適用はない（最判昭23.12.23）。週27-28-1

366

> **事例** Aは、友人のBに対して、あげる気もないのに自分が持っているパソコンをあげると言った。Bは、Aが本当はあげる気がないことを知りながら、パソコンをもらった。その後、Bは、善意のCにこのパソコンを売却した。

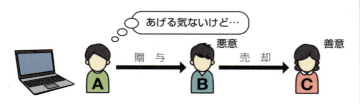

　Bは、Aが本当はあげる気がないことを知っていますから、パソコンの贈与は無効となります。
　しかし、心裡留保の無効は、<u>善意の第三者</u>（C）に対抗することができません（93条2項）。なぜなら、心裡留保を行った者は権利を失ったとしても自業自得といえますし、第三者の信頼を保護しないと取引の安全が害されるからです。

② **虚偽表示**

　<u>虚偽表示</u>とは、表意者が相手方と通じて真意でない意思表示を行うことです。※3

　虚偽表示は、<u>無効</u>とされています（94条1項）。なぜなら、表意者と相手方が、意思表示が虚偽であることを認識しているため、双方とも保護する必要がないからです。　過20-27-ウ

> **事例** Aは、自己所有の土地に強制執行※4がなされることを察知したが、この土地を他人に渡したくないので、Bに頼んでBがこの土地を買ったことにして登記を移転した。その後、Bは、善意のCに対してこの土地を売った。

　虚偽表示の無効は、<u>善意の第三者</u>（C）に対抗することができません（94条2項）。なぜなら、虚偽表示を行った者は権利

※3 **重要判例**
財団法人（一般財団法人）の設立に際して、設立関係者全員の通謀に基づいて、出捐者が出捐の意思がないにもかかわらず一定の財産の出捐を仮装して虚偽の意思表示を行った場合、法人設立のための当該行為は相手方のない単独行為であるが、民法94条の類推適用により財団法人の設立の意思表示は無効となる（最判昭56.4.28）。過27-28-2

※4 **用語**
強制執行：国家権力の行使として執行機関が私法上の請求権の強制的実現を図る手続のこと。

を失ったとしても自業自得といえますし、第三者の信頼を保護しないと取引の安全が害されるからです。※1 ※2 過20-27-イ

なお、94条2項の「第三者」とは、虚偽表示の当事者又はその一般承継人※3以外の者であって、その表示の目的につき法律上利害関係を有するに至った者をいいます（最判昭45.7.24）。

【94条2項の「第三者」】

「第三者」に該当する	「第三者」に該当しない
①虚偽表示により目的物を譲り受けた者からその目的物について抵当権の設定を受けた者（大判昭6.10.24）過20-27-エ ②虚偽表示により債権を作出した者から当該仮装債権を譲り受けた者（大判昭13.12.17）過27-28-4・5 ③虚偽表示により目的物を譲り受けた者からさらに目的物を譲り受けた転得者（最判昭45.7.24） ④虚偽表示により譲り受けた目的物を差し押さえた仮装譲受人の一般債権者（最判昭48.6.28）※4	①虚偽表示により債権を譲り受けた者から、取立てのために当該債権を譲り受けた者（大決大9.10.18） ②土地の賃借人が所有する地上建物を他に仮装譲渡した場合の土地賃貸人（最判昭38.11.28） ③土地の仮装譲受人から当該土地上の建物を賃借した者（最判昭57.6.8）過27-28-3

> **事例** Aが土地を所有していたところ、Bは、Aの実印と土地の権利証を盗み出し、この土地の登記名義をBに移してしまった。その後、Bはこの土地をCに売却して登記を移転したが、Aはこれを知りつつ放置していた。

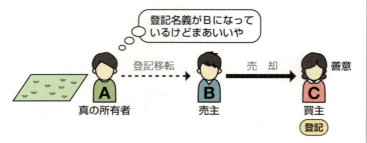

上の事例では、A・B間に通謀がありませんので、94条2項を直接適用することはできません。もっとも、Cは土地の所有者がBであると信じて取引をしており、Cが土地を取得できな

※1 重要判例
94条2項にいう「善意」とは、過失の有無を問わない（大判昭12.8.10）。過22-27-5

※2 参考
94条2項は、善意の第三者の側から無効を主張することを否定するものではない。過20-27-ア

※3 用語
一般承継人：他の者の権利義務のすべてを一体として受け継いだ者のこと。例えば、相続人などである。

※4 参考
虚偽表示により譲り受けた目的物を差し押さえていない仮装譲受人の一般債権者は、「第三者」に当たらない。過20-27-オ

いとすると、取引の安全を害します。

そこで、不動産の登記が真の所有者以外のところにあるにもかかわらず、真の所有者がこの不実の登記を放置していた場合、登記名義人を真の所有者であると信じた第三者を保護するため、94条2項が**類推適用**されます（最判昭45.9.22）。過19-27-5、30-29-ア

なぜなら、94条2項は**権利外観法理** ※5 の現れとされており、このような場合にも権利外観法理が妥当するからです。

③ 錯誤

錯誤とは、法律行為の時点における表意者の効果意思が表示行為と食い違っているにもかかわらず、表意者自身がそのことに気付いていないことをいいます。

この錯誤には、以下の2種類があります。

【錯誤】

	意義	具体例
表示の錯誤	意思表示に対応する意思を欠く錯誤	文庫本の下巻を買うつもりですでに持っている上巻をレジに差し出して買ってしまった場合
動機の錯誤	表意者が法律行為の基礎とした事情についてのその認識が真実に反する錯誤	近くに地下鉄の駅ができると聞いて、今後近いうちに土地が急激に値上がりすると考え、時価より高く買ったところ、この駅の設置計画が取りやめになった場合

意思表示は、①錯誤（表示の錯誤、動機の錯誤）に基づくものであって、②その錯誤が**法律行為の目的**及び**取引上の社会通念**に照らして重要なものであるときは、取り消すことができます（95条1項）。※6 過25-27-ア

ただし、動機の錯誤の場合は、その事情が法律行為の基礎とされていることが**表示されていたとき**に限り、取り消すことができ（95条2項）、表示は明示的なものであるか黙示的なものであるかを問いません。過25-27-ウ

なお、錯誤が表意者の**重大な過失**によるものであった場合には、原則として、意思表示の取消しをすることができません

※5 用語

権利外観法理：真の権利者が自分以外の者が権利者であるかのような外観を作り出したときは、それを信頼した第三者は保護されるべきであり、自らその外観を作った権利者は権利を失ってもやむを得ないとする理論のこと。

※6 参考

法律行為の相手方の誤認（人違い）の錯誤については、現実売買（その場で物の引渡しと代金の支払いが行われる売買）のような誰が相手方であっても影響がない場合を除き、重要な錯誤となる。過25-27-イ

第1章 ― 総則　第2節 ― 意思表示　369

（95条3項柱書）。なぜなら、錯誤に陥るについて重大な過失があった場合には、表意者を保護する必要がないからです。※1
※2 ただし、①相手方が表意者に錯誤があることを知り、または重大な過失によって知らなかったとき（95条3項1号）、②相手方が表意者と同一の錯誤に陥っていたとき（95条3項2号）は、意思表示の取消しをすることができます。

錯誤による意思表示の取消しは、善意でかつ過失がない第三者に対抗することができません（95条4項）。

（3）瑕疵ある意思表示

瑕疵ある意思表示とは、効果意思と表示行為は一致しているものの、効果意思の形成過程に瑕疵がある場合のことです。例えば、詐欺・強迫による意思表示です。

瑕疵ある意思表示は、無効とはならず、**取り消しうる**ものとされています（96条1項）。なぜなら、効果意思そのものは存在しており、その形成過程に他人の不当な干渉が加わるという欠陥があるにすぎないからです。

① 詐欺による意思表示

詐欺とは、欺罔行為により他人を錯誤に陥れ、それによって意思表示させることです。※3

>
> Aは、Cの詐欺により、自己所有の土地をBに売ったが、Bは詐欺の事実を知らず、また知ることもできなかった。

※1 **重要判例**
相手方が、表意者に重大な過失があったことについて主張・立証しなければならない（大判大7.12.3）。週25-27-オ

※2 **参考**
電子消費者契約法3条は、インターネットを用いた契約などにおける消費者の操作ミスによる錯誤について、消費者保護の観点から、重大な過失がある場合には取消しを主張できないとする民法95条3項を修正している。週21-56-5

※3 **具体例をイメージ**
例えば、近くに鉄道の駅ができるから地価が値上がりするとウソを言って荒れ地を高値で売った場合などである。

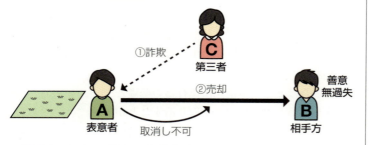

相手方（B）に対する意思表示について第三者（C）が詐欺を行った場合においては、相手方がその事実を**知り、又は知ることができたとき**に限り、その意思表示を取り消すことができ

ます（96条2項）。※4 過22-27-3、26-28-4、2-45

したがって、相手方Ｂが詐欺の事実を知らず、また知ることもできなかった上の事例では、Ａは、意思表示を取り消すことができません。

> **事例** ＡがＢの詐欺により自己所有の土地をＢに売却し、Ｂが詐欺の事実を過失なく知らないＣにこの土地を転売した後、ＡがＢとの土地の売買契約を取り消して、Ｃに対して土地の返還を請求した。

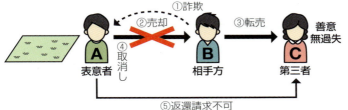

詐欺による意思表示の取消しは、善意でかつ過失がない第三者（Ｃ）に対抗することができません（96条3項）。過20-29-1、26-28-2

したがって、上の事例では、Ａは、土地の返還を請求することができません。

なお、96条3項の趣旨は、取消しに遡及効※5があること（121条）で第三者が害されるのを防止する点にあることから、ここにいう「第三者」とは、遡及効で害される第三者、すなわち取消前の第三者に限られます（大判昭17.9.30）。※6

② 強迫による意思表示

強迫とは、他人に畏怖を与え、その畏怖によって意思表示をさせることです。※7 ※8

強迫の場合は詐欺の場合よりも意思形成への干渉が強いことから、以下のように、強迫による表意者は詐欺の場合より強く保護されています。

※4 法改正情報

民法大改正により、第三者の詐欺の場合、相手方が詐欺の事実を知っていたときのみならず、知ることができたときも、取消しが可能となった。

※5 用語

遡及効：ある行為の効果が、その行為がなされた時より前にさかのぼって発生すること。

※6 重要判例

96条3項の「第三者」は、対抗要件を備えた者に限定されない（最判昭49.9.26）。過20-29-1、26-28-2

※7 具体例をイメージ

例えば、腕時計を買わないと命の保障はないと脅して腕時計を売った場合などである。

※8 記述対策

「強迫」を「脅迫」と書かないよう注意しましょう。

【詐欺と強迫】

	詐欺	強迫
第三者が詐欺・強迫をした場合	相手方が詐欺の事実を知り又は知ることができたときに限り、意思表示を取り消すことができる（96条2項）	相手方が強迫の事実を過失なく知らなかったとしても、意思表示を取り消すことができる（96条2項反対解釈 ※1）過26-28-3
善意無過失の第三者への対抗	詐欺による意思表示の取消しは、善意無過失の第三者に対抗することができない（96条3項）	強迫による意思表示の取消しは、善意無過失の第三者に対抗することができる（96条3項反対解釈）

※1 用語

反対解釈：ある事項を直接に規定した法規がない場合に、他の事項について規定した法規と反対の結論を導き出すこと。

確認テスト

□□□ **1** 心裡留保は原則として有効であるが、相手方が表意者が真意でないことを知り又は知ることができたときは、例外的に無効とされる。

□□□ **2** 虚偽表示は無効となるが、その無効は、善意の第三者に対抗することができない。

□□□ **3** 錯誤とは、法律行為の時点における表意者の効果意思が表示行為と食い違っており、表意者自身がそのことに気付いている場合のことである。

□□□ **4** 詐欺による意思表示は無効となるが、その無効は、善意無過失の第三者に対抗することができない。

解答 **1** ○ （93条1項） **2** ○ （94条1項・2項） **3** ✕ 表意者自身が気付いていない場合である。 **4** ✕ 詐欺による意思表示は「取り消すことができる」が、その取消しは、善意無過失の第三者に対抗することができない（96条1項・3項）。

第3節 代理

重要度 A

学習のPOINT
ここまでは、法律行為（契約）を自ら行う場合について学習してきましたが、ここでは、法律行為（契約）を他人に代わって行ってもらう場合について学習します。

1 代理とは何か

(1) 代理とは何か

事例 東京在住のＡは、大阪の土地を買いたいと思っていたが、大阪まで土地を見に行く時間がなかった。そこで、Ａは、大阪在住のＢに頼んで、自分の代わりにＣから土地を買ってもらうことにした。

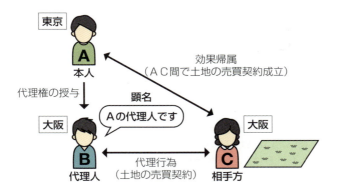

契約は、本人が自ら相手方との間で結ぶのが原則ですが、上の事例のように、本人が自ら契約を結ぶことが難しい場合もあります。そこで、他人に代わりに契約を結んでもらい、その効果を本人に帰属※2させる制度があります。これを代理といいます。

※2 用語
帰属：生じさせること。

(2) 代理の種類

代理には、任意代理と法定代理の2種類があります。任意代

理は、他人を利用することで自分の活動範囲を広げるための制度であるのに対し、法定代理は、未成年者など能力の不十分な人でも活動できるよう代理人にサポートさせるための制度です。※1

【代理】
任意代理	本人が他人に代理権を授与することによって始まるもの ※2
法定代理	本人の意思によらずに法律上代理権が与えられるもの ※3

2 代理の成立要件

代理の成立要件は、①代理人に代理権があること、②顕名(けんめい)があること、③有効な代理行為がなされたことの3つです。

（1）代理権
① 範囲

任意代理の場合、代理権の範囲は、代理権を与える契約によって定められます。これに対して、法定代理の場合、代理権の範囲は、法律によって決まっています。

なお、権限の定めのない代理人は、①保存行為※4、②代理の目的である物又は権利の性質を変えない範囲内において、その利用又は改良を目的とする行為をする権限を有します（103条）。※5 週21-27-1

② 自己契約・双方代理

 事例

1. Aは、土地を買いたいと思っていたので、Bに土地の購入をお願いした。Bは、自分が所有する土地を売りたいと思っていたので、Aに対して土地を売却した。
2. Aは、土地を買いたいと思っていたので、Bに土地の購入をお願いした。他方、Cは、土地を売りたいと思っていたので、Bに土地の売却をお願いした。そこで、Bは、双方の代理人としてAC間で土地の売買をした。

※1 引っかけ注意！

行政法と違って「授権代理」という用語は出てきませんので、注意しましょう。

※2 具体例をイメージ

例えば、AがBに頼んで自分の代わりに土地を買ってもらう場合などである。

※3 具体例をイメージ

例えば、未成年の子に代わって親が子のバイクを買う場合などである。

※4 用語

保存行為：財産の現状を維持する行為のこと。

※5 具体例をイメージ

①の例としては、窓ガラスが割れた場合の修理が、②の例としては、現金を定期預金にすることが挙げられる。

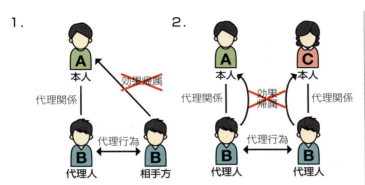

　1の事例のように、自分（B）が当事者となる契約についてその相手方（A）の代理人となることを**自己契約**、2の事例のように、当事者双方（A・C）の代理人となることを**双方代理**といいます。

　この自己契約・双方代理は、本人の利益を損なうおそれがあることから、たとえ代理権の範囲内であったとしても禁止され、これに違反した場合は**無権代理**となります（108条1項本文）。※6 過21-27-3

③　代理権の濫用

> 事例　Aは、土地を買いたいと思っていたので、Bに土地の購入を委託した。Bは、この権限を利用して利益を得ようと考え、Aの代理人としてCから土地を購入した後、これを他に転売して利益を着服した。

※6 参考
自己契約・双方代理の場合であっても、債務の履行及び本人があらかじめ許諾した行為については、有効に代理することが可能である（108条1項ただし書）。

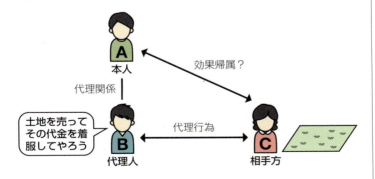

代理権の濫用とは、代理権の範囲内で代理人が代理行為を行

ったが、実は自己又は第三者の利益を図るための行為であり、本人がそれによって損害を被る場合のことです。

この代理権の濫用の場合、一応は代理権の範囲内の行為ですから、代理行為は有効となるのが原則です。しかし、相手方が**代理人の目的を知り又は知ることができた**場合は、無権代理行為とみなされます（107条）。

④ 代理権の消滅

代理権の消滅原因は、以下の表のとおりです。

【代理権の消滅】

		任意代理	法定代理
本人	死亡	消滅する（111条1項1号）	
	破産手続※1 開始の決定	消滅する（653条2号）	消滅しない
	後見開始の審判	消滅しない	
代理人	死亡	消滅する（111条1項2号）	
	破産手続開始の決定		
	後見開始の審判※2		

※1 用語

破産手続：支払不能又は債務超過にある債務者について、財産の適正・公平な清算を図るとともに、経済生活の再生の機会の確保を図ることを目的とする法的手続のこと。

※2 引っかけ注意！

代理人が保佐開始の審判や補助開始の審判を受けたことは、代理権の消滅原因ではありません。

(2) 顕名

顕名とは、代理人が本人のために代理行為をする旨を示すことです。顕名がある場合、本人に対して直接に代理行為の効果が帰属します（99条1項）。

なお、顕名がない場合、本人に効果が帰属せず、**代理人自身**のために契約をしたもの（代理人に効果が帰属するもの）とみなされます（100条本文）。もっとも、相手方が代理人の代理意思について知っていたり、また、知らなかったことにつき過失があったときは、**本人**に効果が帰属します（100条ただし書）。

(3) 代理行為

代理が成立するためには、有効な代理行為がなされることが必要です。したがって、代理行為が無効となる場合、代理行為の効果は本人に帰属しません。

① 代理行為の瑕疵

意思表示の瑕疵・不存在又は表意者の悪意有過失によって意

思表示の効力が影響を受ける場合、その有無は**代理人**を基準として判断します（101条1項・2項）。なぜなら、代理における行為者はあくまで代理人だからです。※3

　もっとも、**特定の法律行為をすることを委託された**場合において、**代理人がその行為**をしたときは、本人は、自ら知っていた事情や過失によって知らなかった事情について代理人が知らなかったことを主張することができません（101条3項）。なぜなら、本人が代理人の意思決定に影響を及ぼしていた場合には、本人が代理人の善意を主張することができるとすることは公平に反するからです。※4

② **代理人の能力**

　制限行為能力者が代理人として行為しても、その効果は本人に帰属し制限行為能力者に不利益は生じませんから、代理行為を行為能力の制限によって取り消すことはできません（102条本文）。過21-27-4 ※5、24-28-2

　ただし、制限行為能力者が他の制限行為能力者の法定代理人としてした行為については、他の制限行為能力者の保護を図る必要がありますから、取り消すことができます（102条ただし書）。※6

3 復代理

（1）復代理とは何か

> **事例**
> Aは、土地を買いたいと思っていたので、Bに頼んで、自分の代わりにCから土地を買ってもらうことにした。その後、Bは、交通事故にあい入院を余儀なくされたので、Rに頼んで、自分のかわりにAの代理人としてCから土地を買ってもらうことにした。

※3 **参考**

代理人が相手方を騙した場合、その相手方は、本人が詐欺の事実を知らなかったとしても、取り消すことができる（101条1項、96条1項）。過21-27-5、元-28-1

※4 **記述対策**

101条3項の要件は書けるようにしておきましょう。

※5 **過去問チェック**

建物を購入する代理権をAから与えられたBが、Cから建物を買った場合に、Bが未成年者であったときでも、Aは、Bの未成年であることを理由にした売買契約の取消しをCに主張することはできない。→○（21-27-4）

※6 **法改正情報**

民法大改正により、代理行為を行為能力の制限によって取り消すことができる例外的な場合（102条ただし書）が規定された。

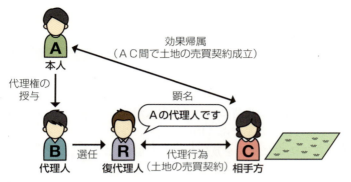

代理人は、本人との信頼関係に基づいて選任される以上、委ねられた事務を自ら処理しなければならないのが原則です。しかし、上の事例のように、代理行為を他人に行わせた方が良い場合もあります。そこで、民法は、代理人がさらに代理人（復代理人といいます）を選任する**復代理**の制度を設けています。※1

(2) 選任と責任

復代理人の選任の要件と、復代理人を選任した場合の代理人の責任は、任意代理の場合と法定代理の場合で異なります。

【復代理人の選任と責任】

		任意代理	法定代理
復代理人の選任 過24-28-5		**本人の許諾を得たとき**、又は**やむを得ない事由**があるときでなければ、復代理人を選任することができない（104条）	自由に復代理人を選任することができる（105条前段）
代理人の責任	原則※2	選任・監督以外にも責任を負う（債務不履行の一般原則に従う）	選任・監督以外にも責任を負う
	例外		やむを得ない事由により選任した場合、選任・監督についてのみ責任を負う（105条後段）

(3) 復代理人と本人との関係

復代理人は、その権限内の行為について、**本人**を代表します（106条1項）。つまり、復代理人は、代理人の代理人ではなく、本人の代理人となります。

※1 参考

代理人は、復代理人を選任しても、代理権を失うわけではない。

※2 よくある質問

Q「選任・監督についてのみ責任を負う」と「選任・監督以外にも責任を負う」って何が違うんですか？

A「選任・監督についてのみ責任を負う」とは、代理人の復代理人に対する選任・監督が不十分であったため本人に損害が生じた場合に限り、その損害を賠償する責任を負うという意味です。これに対して、「選任・監督以外にも責任を負う」とは、代理人の復代理人に対する選任・監督が十分であったとしても、本人に損害が生じた場合には、その損害を賠償する責任を負うという意味です。

また、復代理人は、本人及び第三者に対して、その権限の範囲内において、代理人と同一の権利を有し、義務を負います（106条2項）。つまり、復代理人の代理権の範囲は、代理人の代理権の範囲を超えることはできません。※3

※3 参考
代理人が代理権を失えば、復代理人も代理権を失う。

4 無権代理

（1）無権代理とは何か

> 事例　Aは土地を買いたいと思っていなかったにもかかわらず、Bは、Aに無断で、Aの代理人としてCから土地を買ってしまった。

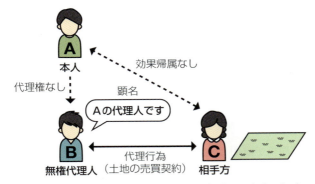

　上の事例のように、代理権のない人（B）が本人（A）の代理人として契約する場合を無権代理といい、代理権のないBのことを無権代理人といいます。無権代理の場合、その効果は本人に帰属しないのが原則です（113条1項）。

　もっとも、本人にとって有益となる場合もありますから、本人は、事後的に効果帰属を認めることができます。これを追認といいます。追認がなされると、無権代理行為の効果は契約の時にさかのぼって本人に帰属します（116条本文）。※4

　これに対して、本人が追認拒絶をした場合、無権代理行為の効果は無効に確定します。

※4 参考
追認によって第三者の権利を害することはできない（116条ただし書）。

（2）相手方がとりうる手段

①　催告権

　相手方は、本人に対し、相当の期間を定めて、その期間内に

追認をするかどうかを確答すべき旨の催告をすることができます（114条前段）。そして、本人がその期間内に確答しないときは、追認を拒絶したものとみなされます（114条後段）。※1 週20-28-5、元-28-2

この趣旨は、無権代理の相手方は本人の追認やその拒絶により本人への効果帰属の有無が確定されるまでは不安定な状態に置かれることから、相手方の主導でその効果を確定できるようにする点にあります。

② 取消権

無権代理人がした契約は、本人が追認をしない間は、相手方が取り消すことができます（115条本文）。※2 週20-28-1、元-28-5

もっとも、契約の時において代理権を有しないことを相手方が知っていたときは、取り消すことができません（115条ただし書）。なぜなら、相手方が契約の時に無権代理であることを知っていたときにまで、このような取消権を認めて本人から追認の機会を奪うのは公平でないからです。

③ 無権代理人の責任

無権代理人は、自己の代理権を証明したとき、又は本人の追認を得たときを除き、相手方の選択に従い、相手方に対して履行又は損害賠償の責任を負います（117条1項）。※3 ※4 週25-45

もっとも、無権代理人が代理権を有しなかったことにつき相手方が悪意又は善意有過失であったとき、又は無権代理人が行為能力の制限を受けていたときは、無権代理人の責任を追及することができません（117条2項1号〜3号）。※5 ※6 週19-27-4、20-28-2、25-45

(3) 無権代理と相続

相続人は、相続開始の時から、被相続人の財産に属した一切の権利義務を承継しますから（896条本文）、無権代理人と本人の間で相続が生じた場合、被相続人と相続人の地位が融合し、追認と似た状況が生ずるのではないかが問題となります。

判例は、以下の表のとおり処理しています。

※1 受験テクニック

無権代理行為はもともと効果が帰属しないはずのものですので、確答がない場合は、追認ではなく追認拒絶をしたものとみなされると覚えておきましょう。

※2 参考

取消権が行使されると、契約は初めからなかったことになるので、本人は追認をすることができなくなり、相手方は催告や無権代理人の責任追及をすることができなくなる。週19-27-3

※3 重要判例

相手方は、損害賠償を選択した場合、契約が履行されたならば得たであろう利益（履行利益）を損害賠償として請求することができる（最判昭32.12.5）。

※4 記述対策

無権代理人の責任の内容が「履行」と「損害賠償」の2つである点は書けるようにしておきましょう。

【無権代理と相続】

無権代理人が本人を相続	単独相続 ※7	無権代理人が本人の地位を相続した場合、無権代理行為は有効になる（最判昭40.6.18）過20-28-4、28-28-1 ※本人が追認を拒絶した後に死亡したときは、無権代理行為は有効にならない（最判平10.7.17）過20-28-3、28-28-3
	共同相続 ※8	無権代理人が本人の地位を共同相続した場合、共同相続人全員が共同して無権代理行為を追認しない限り、無権代理人の相続分に相当する部分においても、無権代理行為が当然に有効となるものではない（最判平5.1.21）過20-28-4、22-35-エ、28-28-5
本人が無権代理人を相続		①本人は、無権代理行為の追認を拒絶することができる（最判昭37.4.20）過28-28-4、30-29-イ ②本人は、117条に基づく無権代理人の責任を承継する（最判昭48.7.3）過28-28-4、30-29-イ
無権代理人と本人の双方を相続		無権代理人の地位を相続した後に本人の地位をも相続した第三者は、無権代理行為の追認を拒絶することができない（最判昭63.3.1）過28-28-2

5 表見代理

事例 Aは、土地を買いたいと思っていたので、Bに頼んで、自分の代わりにCから土地を買ってもらうことにし、契約に必要な実印をBに渡した。しかし、Bは、この実印を使い、Aの代理人としてCから土地ではなくマンションを買ってしまった。

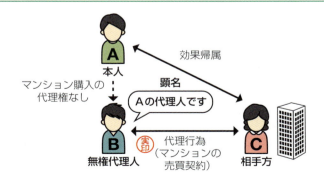

※5 **法改正情報**

民法大改正により、無権代理人が自己に代理権がないことを知っていた場合には、相手方が有過失であっても、無権代理人の責任を追及できるようになった（117条2項2号ただし書）。

※6 **重要判例**

117条2項の「過失」は、軽過失も含むものであり、重大な過失に限定されるものではない（最判昭62.7.7）。

※7 **用語**

単独相続：1人の相続人が相続すること。

※8 **用語**

共同相続：2人以上の相続人が共同して相続すること。

上の事例のように、無権代理について本人にも責められるべき点（実印の交付）があり、相手方が有効な代理行為と信じるのも無理がない場合に、その代理行為の効果を本人に帰属させる制度を、表見代理といいます。[※1] 過23-46

表見代理には、①代理権授与の表示による表見代理（109条）、②権限外の行為の表見代理（110条）、③代理権消滅後の表見代理（112条）の3種類があります。

【表見代理】

代理権授与の表示による表見代理	代理権授与の表示があり、表示された代理権の範囲内で代理行為がなされ、相手方が代理権の不存在につき過失なく知らなかった場合 ※2
権限外の行為の表見代理	代理人が権限外の行為をし、相手方が代理人に権限があると信ずべき正当な理由がある場合 ※3 ※4
代理権消滅後の表見代理	代理権が消滅した後に、消滅した代理権の範囲内で代理行為がなされ、相手方が代理権の消滅につき過失なく知らなかった場合

また、①＋②の場合（109条2項）や②＋③（112条2項）の場合も表見代理は成立します（表見代理の重畳適用）。

6 代理と使者

代理と類似した制度として、使者というものがあります。使者とは、本人が決定した効果意思を相手方に表示又は伝達する者のことです。

代理人と使者の異同は、以下のとおりです。

【代理人と使者】

	代理人	使者
意思決定の自由	認められている	認められていない
地位 過24-28-1	法律に基づくもの（法定代理）や代理権の授与に基づくもの（任意代理）があるが、必ずしも委任契約による必要はない	雇用契約、請負契約など多様な契約に基づく
能力 過24-28-2	意思能力は必要であるが、行為能力は不要（102条本文）	意思能力も行為能力も不要

※1 重要判例

無権代理人の責任の要件と表見代理の要件がともに存在する場合、相手方は、表見代理の主張をしないで、直ちに無権代理人に対して117条の責任を問うことができる（最判昭62.7.7）。この場合、無権代理人が表見代理の成立要件を主張立証して自己の責任を免れることはできない（同判例）。

※2 重要判例

請負人は、下請負人に対して請負人の名義を使って工事をすることを許容した場合を除き、下請負人に対して代理権授与表示（109条1項）をしたものとはされない（大判昭5.5.6）。

※3 参考

権限外の行為の表見代理が成立するためには、代理人が基本となる代理権を有していることが必要である。

※4 重要判例

投資会社の勧誘員が、事実上他の者を一切の勧誘行為にあたらせてきたというだけでは、他の者を勧誘員の代理人として110条を適用することはできない（最判昭35.2.19）。

意思表示の瑕疵の判断基準 過24-28-3	代理人を基準に判断する（101条1項・2項）	本人を基準に判断する
権限外の行為の効果 過24-28-4	権限外の行為の表見代理（110条）により有効となる場合がある	本人の意思と使者の表示が一致しない場合、錯誤（95条）により取消しの対象となる
復任の可否 過24-28-5	代理人は本人に無断で復代理人を選任できる場合がある（104条、105条前段）	使者は本人に無断で他の者を使者に選任できる

確認テスト

□□□ **1** 代理権が濫用された場合において、代理行為の相手方が代理人の目的を知り又は知ることができたときは、無権代理行為とみなされる。

□□□ **2** 制限行為能力者が代理人として行為しても、原則として、代理行為を行為能力の制限によって取り消すことができる。

□□□ **3** 復代理人は、本人の代理人ではなく、代理人の代理人となる。

□□□ **4** 本人が追認又は追認拒絶をしないまま死亡し、無権代理人が本人を単独で相続した場合、無権代理行為は有効となる。

解答 **1** ○（107条） **2** ✕ 原則として、取り消すことができない（102条本文）。 **3** ✕ 本人の代理人となる（106条）。 **4** ○（最判昭40.6.18）

第4節 無効・取消し

重要度 B

学習のPOINT

意思能力・行為能力を欠く者がなした場合や、意思表示に欠陥がある場合は、その法律行為は無効又は取り消しうるものとなります。ここでは、その無効・取消しについて学習します。

1 無効

（1）無効とは何か

<u>無効</u>とは、客観的に見て法律行為が法的効力を与えるにふさわしくない場合のことです。したがって、外見上法律行為が存在していても、無効な法律行為の効果は当初からまったく生じません。

（2）無効行為の追認

無効な行為は、追認をしても効力が生じません（119条本文）。

もっとも、当事者が無効であることを知って追認をしたときは、新たな行為をしたものとみなされます（119条ただし書）。

2 取消し

（1）取消しとは何か

<u>取消し</u>とは、いったん効力が生じた行為を初めから無効であったものとみなす行為です（121条）。

（2）取消権者

取消権者は、以下の者に限られています。

【取消権者】

行為能力の制限によって取り消すことができる行為	制限行為能力者又はその代理人・承継人・同意権者（120条1項）※1 過24-27-4
錯誤・詐欺・強迫によって取り消すことができる行為	瑕疵ある意思表示をした者又はその代理人・承継人（120条2項） 過23-27-ア・ウ、25-27-エ

※1 参考

制限行為能力者は、取消しの原因となった状況が消滅していなくても、また、法定代理人などの同意を得なくても、取消しをすることができる。過24-27-4

（3）取消しの効果

取り消された行為は、**初めから無効**であったものとみなされます（121条）。そして、無効な行為に基づく債務の履行として給付を受けた者は、相手方を**原状に復させる義務**（これを**原状回復義務**といいます）を負います（121条の2第1項）。

もっとも、それを厳格に要求しては意思無能力者・制限行為能力者の保護のために無効とした意味が半減してしまいます。そこで、意思無能力者・制限行為能力者は、その行為によって**現に利益を受けている限度**において、返還の義務を負います（121条の2第3項）。週18-27-1、23-27-オ

（4）取り消しうる行為の追認

取り消すことができる行為は、取消権者が追認したときは、以後、取り消すことができません（122条）。

この追認は、**取消しの原因となっていた状況が消滅し、かつ、取消権を有することを知った後**にしなければ、その効力を生じません（124条1項）。※2 週24-27-4、26-28-1

（5）法定追認

追認をすることができる時以後に以下の行為がなされた場合、追認があったものとみなされます（125条）。これを法定追認といいます。週23-27-イ ※3

【法定追認が生じる事由】

1	全部又は一部の履行
2	履行の請求
3	更改 ※4
4	担保の供与
5	取り消すことができる行為によって取得した権利の譲渡
6	強制執行

※2 参考

法定代理人・保佐人・補助人は、取消しの原因となっていた状況が消滅した後でなくても、追認をすることができる（124条2項1号）。

※3 過去問チェック

BがAに騙されてAから絵画を購入し、これをCに転売した場合、その後になってBがAの詐欺に気がついたとしても、当該絵画を第三者に譲渡してしまった以上は、もはやBはAとの売買契約を取り消すことはできない。→✕（23-27-イ）

※4 用語

更改：債務の要素を変更することによって、新債務を成立させるとともに旧債務を消滅させる合意のこと。

無効と取消しについてまとめると、以下の表のようになります。

【無効と取消しのまとめ】

	無効	取消し
効果	行為の当初から効力が生じない（119条本文）	いったん効力が生じるが、取消しにより行為の当初にさかのぼって効力が生じなかったことになる（121条）
追認	当事者が無効であることを知って追認をしたときは、新たな行為をしたものとみなされる（119条ただし書）	行為の当初から有効であることが確定する（122条）
主張権者	原則として誰からでも主張することができる	取消権者のみ主張することができる（120条）
主張期間	制限なし	追認をすることができる時から5年間又は行為の時から20年間行使しないときは、取消権が時効によって消滅する（126条）週23-27-エ、26-28-1

確認テスト

□□□ **1** 当事者が無効であることを知って追認をしたときは、新たな行為をしたものとみなされる。

□□□ **2** 取り消された行為は、その取消しの時から無効であったものとみなされる。

□□□ **3** 取り消すことができる行為は、取消権者が追認したときは、以後、取り消すことができない。

□□□ **4** 追認は、取消しの原因となっていた状況が消滅し、かつ、取消権を有することを知った後にしなければ、その効力を生じない。

解答 **1**○（119条ただし書）　**2**×初めから無効であったものとみなされる（121条）。**3**○（122条）**4**○（124条1項）

第5節 条件・期限

重要度 C

学習のPOINT
法律行為の効力は、通常はその法律行為をなした時点から発生しますが、効力の発生時期を調整することもできます。その手段が、ここで学習する条件・期限といったものです。

1 条件

(1) 条件とは何か

条件とは、契約の効力を、発生するか否かが不確実な事実にかからせる特約のことです。条件には、効力の発生に付けられる停止条件と効力の消滅に付けられる解除条件があります。※1

そして、停止条件付法律行為は、停止条件が成就した時からその効力を生じ（127条1項）、解除条件付法律行為は、解除条件が成就した時からその効力を失います（127条2項）。※2
過30-28-ア

なお、条件付法律行為の効果は、以下のとおりです。

【条件付法律行為の効果】

		停止条件	解除条件
既成条件 (131条)	条件成就が既に確定している場合	無条件	無効
	条件不成就が既に確定している場合	無効	無条件
不法条件 (132条)	条件が不法な場合や、不法行為をしないことが条件の場合	無効	
不能条件 (133条)	社会通念上実現が不可能な条件の場合	無効	無条件
随意条件 (134条)	条件が債務者の意思のみに係る場合 ※3	無効	有効
	条件が債権者の意思のみに係る場合	有効	

※1 **具体例をイメージ**
停止条件の例としては、「大学を卒業したら時計をプレゼントする」などが、解除条件の例としては、「大学を卒業したら仕送りをやめる」などがある。

※2 **参考**
当事者が、条件が成就した場合の効果をその成就した時以前にさかのぼらせる意思を表示したときは、その意思に従う（127条3項）。過30-28-ア

※3 **重要判例**
債務者が品質良好と認めた場合に代金を支払う旨の条項は、債務者の意思のみに係る停止条件を定めたものとはいえず有効となる（最判昭31.4.6）。過30-28-イ

（2）条件の成否未定の間における期待権

条件付法律行為の各当事者は、条件の成否が未定である間は、条件が成就した場合にその法律行為から生ずべき相手方の利益（期待権）を害することができません（128条）。※1

（3）条件の成否未定の間における権利の処分

条件の成否が未定である間における当事者の権利義務は、一般の規定に従い、処分・相続・保存し、又はそのために担保を供することができます（129条）。

（4）条件成就の妨害

条件が成就することによって不利益を受ける当事者が故意にその条件の成就を妨げたときは、相手方は、その条件が成就したものとみなすことができます（130条1項）。※2

また、反対に、条件の成就によって利益を受ける当事者が不正に条件を成就させたときは、相手方は条件が成就していないものとみなすことができます（130条2項）。週30-28-ウ

2 期限

（1）期限とは何か

期限とは、契約の効力を、発生するか否かが確実な事実にかからせる特約のことです。

期限には、到来する時期が確定している確定期限と、到来する時期が確定していない不確定期限があります。※3

（2）期限の到来の効果

法律行為に始期を付したときは、その法律行為の履行は、期限が到来するまで、これを請求することができません（135条1項）。

また、法律行為に終期を付したときは、その法律行為の効力は、期限が到来した時に消滅します（135条2項）。

（3）期限の利益

期限は、債務者の利益のために定めたものと推定されます（136条1項）。※4

期限の利益は、放棄することができますが、これによって相手方の利益を害することはできません（136条2項）。※5

※1 参考

条件の成否が未定である間に、当事者が条件の成就を故意に妨げた場合には、期待権侵害による不法行為（709条）が成立することになる。

※2 重要判例

法律上要求されている条件（法定条件）については、130条の規定は適用されない（最判昭36.5.26）。週30-28-エ

※3 重要判例

いわゆる出世払債務は、不確定期限の付いた債務であるから、出世しないことが確定したときでも、返済の義務を免れるわけではない（大判大4.3.24）。週30-28-オ

※4 参考

無償の寄託契約のように債権者のみが期限の利益を有する場合や、利息付の金銭消費貸借契約のように債権者・債務者双方が期限の利益を有する場合もある。

※5 具体例をイメージ

例えば、期限を定めて金銭の貸付がなされた場合、借主は、期限前に返済することはできるが、期限までの利息を付さなければならない。

なお、以下の場合には、債務者は、期限の利益を主張することができません（137条）。

【期限の利益の喪失】

1	債務者が破産手続開始の決定を受けた場合
2	債務者が担保を滅失させ、損傷させ、又は減少させた場合
3	債務者が担保を供する義務を負っているにもかかわらず、これを供しない場合

確認テスト

□□□　**1** 条件には、効力の発生に付けられる解除条件と効力の消滅に付けられる停止条件がある。

□□□　**2** 条件が成就することによって不利益を受ける当事者が故意にその条件の成就を妨げたときは、相手方は、その条件が成就したものとみなすことができる。

□□□　**3** 期限は、債権者の利益のために定めたものと推定される。

□□□　**4** 期限の利益は放棄することができるが、これによって相手方の利益を害することはできない。

解答 **1** ✕ 解除条件と停止条件が反対である。　**2** ◯（130条1項）　**3** ✕「債務者」の利益のために定められたものと推定される（136条1項）。　**4** ◯（136条2項）

第1章 ― 総則　第5節 ― 条件・期限　389

第6節 時効

重要度 A

学習のPOINT
ここでは、権利や義務が時の経過によって変動したり消滅したりする場合について学習します。頻出分野ですので、条文・判例ともにじっくり読み込んでおきましょう。

1 時効とは何か

1. Aは、Bの所有する土地を自分の土地だと思って建物を建てて20年間住んでいた。
2. Aは、Bから100万円を借りていたが、10年間返済の催促をされなかった。

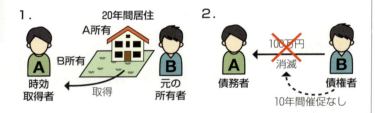

時効とは、真の権利関係とは異なる事実状態が長期間継続した場合に、この事実状態に即して新たな権利関係を作り出す制度のことです。

そして、事例1のように、事実上権利者であるかのような状態を継続する人（A）に権利を取得させるものを取得時効、事例2のように、権利を行使しない状態を継続する人（B）の権利を消滅させるものを消滅時効といいます。

2 時効の効力

(1) 発生時期

時効の効力は、その起算日にさかのぼって発生します（144条）。

したがって、事例1では、Aは、Bの所有する土地に建物を建てて住み始めた時にさかのぼってこの土地の所有権を取得したものとされます。

また、事例2では、Aは、Bから100万円を借りた時にさかのぼって貸金債権が消滅したものとされます。

(2) 時効の援用

時効の援用とは、時効の利益を受ける旨の意思表示のことです。

時効の完成に必要な期間が経過しても、直ちに時効の効力が発生することになるわけではなく、当事者が援用しなければ時効の効力は発生しません（145条）。この趣旨は、時効の利益を受けることを潔しとしない当事者の意思を考慮する点にあります。過元-27-ア

ここにいう「当事者」として時効を援用することができる者は、以下の表のとおりです。※1

【時効の援用権者】

当たる者	当たらない者
①主たる債務につき保証人（145条かっこ書）過28-27-イ、元-27-エ	①一般債権者（大決昭12.6.30）
②被担保債権につき物上保証人（145条かっこ書）過28-27-ア、元-27-エ	②先順位抵当権の被担保債権につき後順位抵当権者（最判平11.10.21）過21-28-D、23-28-5、28-27-エ
③被担保債権につき第三取得者（145条かっこ書）過28-27-オ、元-27-エ	③取得時効が問題となる土地上の建物賃借人（最判昭44.7.15）過21-28-B、25-32-ア
④被保全債権につき詐害行為の受益者（最判平10.6.22）過28-27-ウ	

(3) 時効の利益の放棄

時効の利益の放棄とは、時効の援用と反対に、時効の利益を受けない旨の意思表示をすることです。※2

時効の利益は、あらかじめ放棄することができません（146条）。この趣旨は、高利貸しなどによって無理やり時効の利益を放棄させられることを防止する点にあります。

※1 受験テクニック

この表にはこれから学習する内容が多く含まれていますので、物権・債権を学習した後で読むとスムーズに理解できるでしょう。

※2 重要判例

消滅時効が完成した後に、債務者が債務の承認をした場合において、時効完成の事実を知らなかったときは、時効の利益を放棄したものと推定されるわけではないが、以後その完成した消滅時効を援用することは信義則上許されない（最大判昭41.4.20）。

第1章 ─ 総則　第6節 ─ 時効　391

3 時効の完成猶予・更新

(1) 時効の完成猶予・更新とは何か

時効の完成猶予とは、時効の完成を一定期間猶予すること（既に経過した時効期間はそのまま）です。※1 ※2

他方、**時効の更新**とは、既に経過した時効期間をリセットして新たに時効期間を計算し直すことです。

例えば、裁判上の請求をした場合、時効の完成が猶予され（147条1項）、確定判決によって権利が確定したときは、時効の更新により新たに時効が進行します（147条2項）。

【裁判上の請求の場合の時効の完成猶予・更新】

(2) 催告（裁判外での請求）による時効の完成猶予

催告があったときは、その時から **6ヶ月** を経過するまでの間は、時効は完成しません（150条1項）。

また、催告によって時効の完成が猶予されている間にされた再度の催告は、時効の完成猶予の効力を有しません（150条2項）。

【催告による時効の完成猶予】

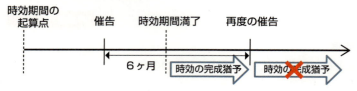

(3) 承認による時効の更新

承認とは、権利の存在を知っていることを示すことです。

時効は、権利の承認があったときは、その時から新たにその進行を始めます（152条1項）。※3

※1 **重要判例**

物上保証人に対する担保不動産競売の申立てにより、執行裁判所が競売開始決定をし、これが債務者に送達された場合には、債権者の債務者に対する被担保債権について消滅時効の完成が猶予される（最判昭50.11.21）。週22-28-2

※2 **法改正情報**

民法大改正により、権利についての協議を行う旨の合意が書面でされたときも、時効の完成猶予が認められることになった（151条）。

※3 **参考**

時効の更新の効力を生ずべき承認をするには、相手方の権利についての処分につき行為能力の制限を受けていないこと又は権限があることを要しない（152条2項）。

【承認による時効の更新】

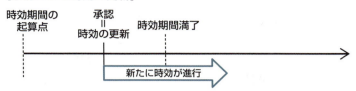

（4）時効の完成猶予・更新の効力が及ぶ者の範囲

時効の完成猶予・更新は、その事由が生じた当事者及びその承継人の間においてのみ、その効力を有するのが原則です（153条）。※4 過22-28-5

（5）その他の時効の完成猶予事由

時効の完成猶予が認められるのは、以下の場合です。

【時効の完成猶予】

完成猶予事由	完成猶予期間
時効の期間の満了前6ヶ月以内の間に未成年者・成年被後見人に法定代理人がないとき（158条1項）	行為能力者となった時又は法定代理人が就職した時から6ヶ月 過21-28-E
未成年者・成年被後見人がその財産を管理する父母・後見人に対して権利を有するとき（158条2項）	行為能力者となった時又は後任の法定代理人が就職した時から6ヶ月
夫婦の一方が他の一方に対して権利を有するとき（159条）	婚姻の解消の時から6ヶ月
債権が属する相続財産について管理する者がいないとき（160条）	相続人が確定した時、管理人が選任された時又は破産手続開始の決定があった時から6ヶ月
時効の期間の満了の時に当たり、天災その他避けることのできない事変のため裁判上の請求等、強制執行等に係る手続を行うことができないとき（161条）	障害が消滅した時から3ヶ月

4 取得時効 ※5

取得時効には、所有権※6の取得時効と、所有権以外の財産権の取得時効の2種類があります。

※4 重要判例
債務者の承認により被担保債権の時効が更新した場合、物上保証人も、被担保債権の消滅時効を援用することができない（最判平7.3.10）。過21-28-A、22-28-1

※5 よくある質問

Q「取得時効」と「時効取得」は語句が似ているけど、その意味に違いがあるんですか？

A「取得時効」とは、一定の事実状態が長年継続している場合に、その事実状態のとおりに権利を取得させる制度のことです。つまり、「取得時効制度」の「制度」の部分が省略された用語です。これに対して、「時効取得」とは、実際にある権利を時効によって取得したことを意味します。つまり、「時効によって取得したこと」の「によって」「したこと」の部分が省略された用語です。

※6 用語
所有権：自分のもっている物を自由に使用・収益・処分する権利のこと。

(1) 所有権の取得時効
① 要件

　所有権の取得時効の要件は、①所有の意思をもって、②平穏に、かつ、公然と、③他人の物を占有し、④時効期間を経過したことです（162条1項・2項）。※1

　④時効期間は、占有を始めた時に他人の物であることを過失なく知らなかった場合（善意無過失といいます）は10年間（162条2項）、それ以外の場合は20年間（162条1項）です。

過18-29-1、19-27-2、29-30

【所有権の取得時効の要件】

①所有の意思	権利の性質から客観的に判断して、所有者として所持していること ※2
②平穏・公然	平穏とは、暴力的に占有を奪ったりしないことであり、公然とは、占有を隠匿していないことである
③他人の物 ※3	物には不動産のみならず動産も含まれる
④時効期間（善意無過失）	善意無過失なら10年、それ以外なら20年

② 立証の緩和

　10年・20年といった長期間、所有の意思を持ち平穏・公然に占有していたことや、10年も前の占有の始めに善意であったことを証明するのは困難ですので、これらの要件については立証を緩和する必要があります。

　そこで、占有者は、所有の意思をもって、善意で、平穏に、かつ、公然と占有をするものと推定されます（186条1項）。※4 ※5

　また、前後の両時点において占有をした証拠があるときは、占有は、その間継続したものと推定されます（186条2項）。

(2) 所有権以外の財産権の取得時効

　所有権以外の財産権の取得時効の要件は、①自己のためにする意思をもって、②平穏に、かつ、公然と、③他人の財産権を行使し、④時効期間を経過したことです（163条）。なお、時効期間については、所有権の取得時効の場合と同様に、善意無過失の場合は10年間、それ以外の場合は20年間です。

　所有権以外の財産権の取得時効の対象となるのは、用益物権

※1 記述対策

所有権の取得時効の要件は書けるようにしておきましょう。

※2 具体例をイメージ

例えば、泥棒には所有の意思があるが、賃借人には所有の意思がない。

※3 重要判例

所有権に基づいて不動産を占有していた場合（自己の物である場合）でも、取得時効は成立する（最判昭42.7.21）。

※4 重要判例

これに対して、占有者の無過失は推定されない（最判昭46.11.11）。

※5 記述対策

186条1項の推定がなされる結果として、所有権の取得時効の要件を立証しなくて済む点は書けるようにしておきましょう。

（地上権・永小作権・地役権）や質権などです。これに対して、直接法律の規定によって成立する権利（留置権・先取特権）は、取得時効の対象となりません。※6

5 消滅時効

消滅時効が完成する期間は、以下のとおりです。

	起算点	期間
債権	権利を行使することができることを知った時から（主観的期間）	5年
	権利を行使することができる時から（客観的期間）	10年※7
債権・所有権以外の財産権	権利を行使することができる時から	20年
所有権	消滅時効にかからない※8	

もっとも、確定判決※9 によって確定した権利については、10年より短い時効期間の定めがあるものであっても、その時効期間は、10年とされます（169条1項）。なぜなら、その存在が公的に確定された債権について再び短期の時効を適用するのでは煩わしいからです。

消滅時効の起算点については、履行遅滞の起算点とセットで押さえておくとよいです。

※6 重要判例

土地賃借権については、163条の要件に加えて、土地の継続的な用益という外形的事実が存在し、かつ、それが賃借の意思に基づくことが客観的に表現されているときに、時効により取得することができる（最判昭43.10.8）。

※7 法改正情報

民法大改正により、人の生命・身体の侵害による損害賠償請求権の消滅時効の客観的期間は、20年間に延長された（167条）。

※8 重要判例

所有権に基づく登記請求権も、消滅時効にかからない（最判平7.6.9）。過21-28-C

※9 用語

確定判決：通常の上訴という手段では取り消すことができない状態に至った判決のこと。

第1章 ― 総則　第6節 ― 時効　395

【消滅時効と履行遅滞の起算点】

	消滅時効の起算点	履行遅滞の起算点
確定期限ある債権	期限到来時	期限到来時（412条1項）
不確定期限ある債権	期限到来時※1	債務者が期限到来後履行の請求を受けた時又は期限の到来を知った時のいずれか早い時（412条2項）過28-33-1、3-31-エ
期限の定めのない債権	債権成立時	履行の請求を受けた時（412条3項）過3-31-オ
返還時期の定めのない消費貸借	消費貸借契約の時から相当期間の経過後	貸主が返還の催告をしてから相当期間の経過後（591条1項）
債務不履行による損害賠償請求権	本来の債務の履行を請求できる時（最判平10.4.24）	履行の請求を受けた時（412条3項）
不法行為による損害賠償請求権	①被害者又はその法定代理人が損害及び加害者を知った時（724条1号）②不法行為時（724条2号）	不法行為時（最判昭37.9.4）

※1 引っかけ注意！

不確定期限ある債権は、債務者が期限到来を知らなかったとしても、期限が到来しさえすれば権利を行使することができますので、期限到来時が消滅時効の起算点とされている点を押さえておきましょう。

確認テスト

□□□ **1** 時効は、当事者が援用しなければ、裁判所はこれによって裁判をすることができない。

□□□ **2** 時効の完成猶予・更新は、その事由が生じた当事者及びその承継人の間においてのみ、その効力を有するのが原則である。

□□□ **3** 10年間、所有の意思をもって、平穏に、かつ、公然と他人の物を悪意で占有した者は、その所有権を取得する。

□□□ **4** 所有権は、権利を行使することができる時から20年間行使しないときは、時効によって消滅する。

解答 **1** ○（145条） **2** ○（153条） **3** ✕ 悪意の場合、20年間の占有が必要である（162条1項）。 **4** ✕ 所有権は消滅時効にかからない（166条2項）。

第3部 民法

第2章 物権

第1節 物権総論

重要度 A

学習のPOINT
ここでは、物権全般について妥当する事項について学習します。以後の物権の学習をスムーズにするためにも、物権総論の理解は十分なものにしておきましょう。

1 物権とは何か

(1) 一物一権主義

<u>物権</u>とは、土地や建物などの一定の物を支配して利益を受ける権利のことです。

この物権は、同一の物について同一内容の物権は複数成立しないという<u>排他性</u>を有しています。これを<u>一物一権主義</u>といいます。

【一物一権主義】

Aの所有権　　Bの所有権なし
所有者

(2) 物権法定主義

物権は排他性を有するとても強い権利ですので、国民が勝手に物権を作ってしまうと混乱が生じます。そこで、物権は、法律に定めるものの他は創設できないとされています（175条）。これを<u>物権法定主義</u>といいます。※2

(3) 物権の種類

物権は、現実に物を支配しているという事実状態（これを<u>占有</u>といいます）に基づく権利である<u>占有権</u>（☞第2節参照）

※2 参考
民法は、物権法定主義を原則としているものの、入会権については、各地方の慣習に従うこととされている（263条、294条）。

と、占有を適法なものとする権利である本権に大きく分けることができます。

次に、本権は、自分のもっている物を自由に使用・収益・処分する権利である所有権（☞第3節参照）と、使用・収益・処分のうちのいずれかが制限されている制限物権に分けることができます。

さらに、制限物権は、他人のもっている物を使用・収益する権利（処分権限が制限されている）である用益物権（☞第4節参照）と、他人のもっている物を自分の債権の担保のために処分する権利（使用・収益権限が制限されている）である担保物権（☞第5節参照）に分けることができます。

まとめると、以下の図のようになります。

【物権の種類のまとめ】

2 物権的請求権

物権的請求権とは、物権の円満な支配状態が妨害され又は妨害されるおそれがある場合に、その物権をもっている人が妨害の排除又は予防のために、一定の行為をすること又はしないことを請求しうる権利のことです。

物権的請求権には、①返還請求権、②妨害排除請求権、③妨害予防請求権の3種類があります。※1

※1 記述対策

「妨害」を「防害」と書かないよう注意しましょう。

【物権的請求権】

返還請求権	目的物の占有を喪失した場合に、法律上の正当な根拠なくして物を占有する人に対して、その返還を請求する権利 ※2
妨害排除請求権	物権内容の実現に妨害がある場合に、妨害をしている人に対して、その妨害の排除を請求する権利 ※3
妨害予防請求権	物権に対する妨害が将来発生する危険がある場合に、それを防止しうる地位にある人に対して、その防止を請求する権利 ※4

3 物権変動

（1）物権変動とは何か

物権変動とは、物権の発生・変更・消滅のことです。※5

この物権変動は、契約による場合のほか、取得時効や相続など契約によらない場合にも生じます。

【物権変動】

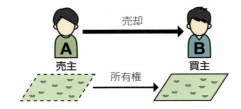

（2）物権変動の成立要件

物権変動は、<u>当事者の意思表示</u>のみによって効力が生じ（176条）、その成立要件として他の形式（登記・引渡しなど）は要求されません。これを意思主義といいます。

したがって、契約による物権変動の場合、特約※6がない限り、<u>契約が成立した</u>時点で物権変動が生じます。

※2 **具体例をイメージ**
例えば、Aの宝石をBが無断で持ち去った場合に、AがBに対して宝石の返還を請求する権利などである。

※3 **具体例をイメージ**
例えば、Aの土地にBがゴミを大量に不法投棄した場合に、AがBに対して土地からゴミをどかすよう請求する権利などである。

※4 **具体例をイメージ**
例えば、Aの土地にBの土地の大木が倒れそうになっている場合に、AがBに対して大木が倒れてこないような措置をとるよう請求する権利などである。

※5 **具体例をイメージ**
例えば、AがBに対して自分の所有する土地を売ったことによって、土地の所有権がAからBに移転した場合などである。

※6 **用語**
特約：法律の規定と異なる内容の当事者間における約束のこと。

4 不動産物権変動①－177条の「第三者」

(1) 対抗要件とは何か

> **事例** Aは、自己の所有する土地をBに対して売却したが、所有権移転登記はなされなかった。その後、Aは、この土地をCにも売却して、所有権移転登記をなした。

上の事例では、土地が二重に売却されていますが、一物一権主義の原則により同一の物について同一内容の物権は複数成立しませんから、土地の所有者はどちらか1人になります。そこで、この土地の所有者はBとCのどちらになるかが問題となります。

民法は、不動産に関する物権の得喪及び変更は、その登記をしなければ、第三者に対抗することができないとし（177条）、土地を買った者は登記をしなければ、第三者に対して自分が土地の所有者であることを主張することができないとしています。つまり、不動産物権変動の対抗要件※1は登記です。※2

したがって、登記を備えていないBは、Cに対して土地を取得したことを対抗できず、その結果、Cがこの土地の所有者となります。

(2)「第三者」とは何か

① 客観的要件

対抗要件を備えなければ物権変動があったことを主張できない「第三者」とは、当事者もしくはその包括承継人以外の者であって、不動産に関する物権の得喪・変更の登記の欠缺※3を主張する正当の利益を有する者を指します（大連判明41.12.15）。

週21-46

※1 用語
対抗要件：成立した一定の事項を第三者などに対して主張するための要件のこと。

※2 重要判例
A→B→Cと不動産が譲渡されたものの未だ登記がAの下にある場合、Bは、Aに対して移転登記請求をすることができる（大判大5.4.1）。

※3 用語
登記の欠缺：登記がないこと。

【177条の「第三者」】

当たる者	当たらない者
①二重譲渡の譲受人 ②対抗要件を具備した賃借人（最判昭49.3.19） ③差押債権者（最判昭39.3.6）※4	①不法占有者（最判昭25.12.19） ②無権利者（最判昭34.2.12） ③転々譲渡の後主・前主の関係にある者（最判昭39.2.13） ④譲渡人の相続人※5　過18-30-3

②　主観的要件

　「第三者」に当たるかどうかの判断に際し、その者が善意であるか悪意であるかは関係ありません（最判昭32.9.19）。つまり、**(1)** の事例でBがAから土地を買ったことをCが知っていたとしても、Bは、登記をしなければCに対して自分が土地の持ち主であることを主張できないのです。

　もっとも、信義に従い誠実な行為をしていない者（これを背信的悪意者といいます）は、「第三者」に当たらず、対抗要件を備えなくても物権変動があったことを対抗することができます。※6　過20-32-3

　背信的悪意者に当たるとされるのは、以下のような者です。

1	詐欺又は強迫によって登記申請を妨害した者（不動産登記法5条1項）
2	復讐目的で買い受けた者（最判昭36.4.27）
3	登記のない第一買主に高値で売り付けようとして買い受けた者（最判昭43.8.2）
4	第一譲渡の代理人であった者（最判昭43.11.15）

※4 参考

差押えをしていない一般債権者は、177条の「第三者」に当たらない。

※5 重要判例

生前の被相続人からの譲受人と相続人からの譲受人は、二重譲渡の譲受人と同様に、「第三者」に当たる（最判昭33.10.14）。

※6 重要判例

背信的悪意者からの転得者は、譲受人に対する関係で転得者自身が背信的悪意者と評価されるのでない限り、「第三者」に当たる（最判平8.10.29）。過2-46

憲法

行政法

民法

商法

基礎法学

一般知識

5 不動産物権変動②－登記を対抗要件とする物権変動

(1) 取消しと登記
① 取消前の第三者

> 事例　Aが自己所有の土地をBに売却し、所有権移転登記をした。その後、Bがこの土地をCに転売した後に、AはAB間の売買契約を取り消した。

　制限行為能力・強迫を理由として取り消した者は、取消前の第三者が善意無過失であったとしても、登記なくして対抗することができます。

　これに対して、錯誤・詐欺を理由として取り消した者は、善意無過失の第三者に対して対抗することができません（95条4項、96条3項）。週20-29-1 ※1

　したがって、上の事例では、登記の有無で土地の所有権が決定されるわけではありません。

② 取消後の第三者

> 事例　Aは、Bの詐欺により自己所有の土地をBに売却し、所有権移転登記をした。その後、Aは騙されたことに気付き、AB間の売買契約を取り消したが、まだ登記がBのところにある間に、Bはこの土地をCに転売した。

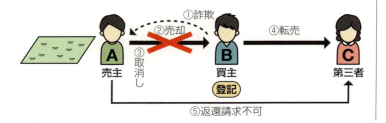

※1 **過去問チェック**

AからBに不動産の売却が行われ、BはこれをさらにCに転売したところ、AがBの詐欺を理由に売買契約を取り消した場合に、Cは善意無過失であれば登記を備えなくても保護される。→○（20-29-1改）

402

取消権者は、登記をしなければ、第三者に対して所有権の復帰を対抗することができません（大判昭17.9.30）。したがって、②の事例では、Aは、Cに対して土地の返還請求をすることができません。過20-29-2 ※2

なぜなら、取消しの時点でB→Aの所有権の復帰があったかのように扱うことができ、Bを起点とするA・Cへの二重譲渡があったのと同視できるため、対抗問題となるからです。

(2) 解除と登記
① 解除前の第三者

> 事例　Aが自己所有の土地をBに売却し、BがCにこの土地を転売した後、Aは、Bが土地の代金を支払わないため、Bとの間の土地の売買契約を解除した。

当事者の一方がその解除権を行使したときは、各当事者は、その相手方を原状に復させる義務（これを原状回復義務といいます）を負いますから（545条1項本文）、Bは、Aに対して土地を返還する義務を負います。

もっとも、原状回復義務を理由として第三者の権利を害することはできませんが（545条1項ただし書）、第三者が保護を受けるためには、その権利につき対抗要件を備えていることを要します（大判大10.5.17、最判昭33.6.14）。※3 過20-29-3・5、25-29-5、25-31-エ

したがって、第三者Cは、登記を備えている場合に限り保護されることになります。

※2 過去問チェック
AからBに不動産の売却が行われた後に、AがBの詐欺を理由に売買契約を取り消したにもかかわらず、Bがこの不動産をCに転売してしまった場合に、Cは善意無過失であっても登記を備えなければ保護されない。→ ◯（20-29-2改）

※3 参考
債務不履行に基づく解除であっても合意解除であっても、同様の結論となる。

② 解除後の第三者

Aは、自己所有の土地をBに売却したが、Bが土地の代金を支払わないため、Bとの間の土地の売買契約を解除した。その後、Bは、Cにこの土地を転売した。

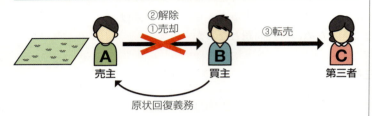

不動産の売買契約が解除され、その所有権が売主（A）に復帰した場合、売主はその旨の登記を経由しなければ、契約解除後に買主から不動産を取得した第三者（C）に対し所有権の復帰を対抗できません（最判昭35.11.29）。 過20-29-4 ※1

なぜなら、解除の時点でB→Aの所有権の復帰があったかのように扱うことができ、Bを起点とするA・Cへの二重譲渡と同視できるため、対抗問題となるからです。

(3) 取得時効と登記
① 時効完成時の所有者

Aは、Bの所有していた土地の所有権を時効により取得した。

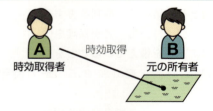

不動産を時効により取得した占有者（A）は、元の所有者（B）に対して、登記がなくても時効取得をもって対抗することができます（大判大7.3.2）。

※1 過去問チェック

AからBに不動産の売却が行われたが、Bに代金不払いが生じたため、AはBに対し相当の期間を定めて履行を催告したうえで、その売買契約を解除した場合に、Bから解除後にその不動産を買い受けたCは、善意であっても登記を備えなければ保護されない。→〇 (20-29-4)

※2 過去問チェック

不動産を時効により取得した占有者は、取得時効が完成する前に当該不動産を譲り受けた者に対して、登記がなければ時効取得をもって対抗することができない。→✕ (25-28-2)

※3 重要判例

不動産の取得時効の起算点は占有開始時であり、占有者が、その時効が完成した後に当該不動産を譲り受けた者に対して時効を主張するにあたり、起算点を自由に選択して取得時効を援用することはできない（最判昭35.7.27）。 過25-28-4

なぜなら、時効取得者（A）が元の所有者（B）から不動産を譲り受けたのと同視できるからです。

② 時効完成前の第三者

> 事例 BがCに対して自己所有の土地を売却した後、Aがこの土地の所有権を時効により取得した。

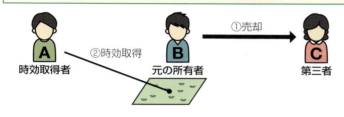

不動産を時効により取得した占有者（A）は、取得時効が完成する前に当該不動産を譲り受けた者（C）に対して、登記がなくても時効取得をもって対抗することができます（最判昭41.11.22）。過25-28-2 ※2

なぜなら、時効取得者（A）が時効完成前の第三者（C）から不動産を譲り受けたのと同視できるからです。

③ 時効完成後の第三者 ※3

> 事例 AがBの所有していた土地の所有権を時効により取得した後、Bがこの土地をCに売却した。

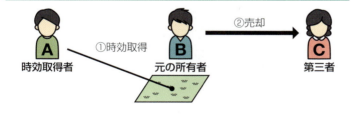

不動産を時効により取得した占有者（A）は、取得時効が完成した後に当該不動産を譲り受けた者（C）に対して、登記がなければ時効取得をもって対抗することができません（最判昭33.8.28）。※4 ※5 ※6 過25-28-3

なぜなら、元の所有者（B）を起点とする時効取得者（A）

※4 重要判例

不動産の取得時効完成後に当該不動産の譲渡を受けた第三者が、時効取得者が多年にわたり当該不動産を占有している事実を認識し、時効取得者の登記の欠缺を主張することが信義則に反すると認められる事情が存在するときは、当該第三者は背信的悪意者に当たり、時効取得者は登記がなくても時効取得をもって対抗できる（最判平18.1.17）。過25-28-5

※5 重要判例

占有者が第三者の登記後になお引き続き時効取得に必要な期間占有を継続した場合には、その第三者に対し、登記がなくても時効取得をもって対抗できる（最判昭36.7.20）。過25-28-3

※6 重要判例

不動産の取得時効の完成後、占有者が登記をしないうちに、その不動産につき第三者のために抵当権設定登記がなされた場合であっても、その占有者が、その後さらに時効取得に必要な期間、占有を継続したときは、特段の事情がない限り、占有者はその不動産を時効により取得し、その結果、抵当権は消滅する（最判平24.3.16）。過25-28-1

と時効完成後の第三者（C）への二重譲渡類似の関係になり、対抗関係となるからです。

(4) 相続と登記 ※1
① 共同相続と登記

> **事例** Aが死亡しBC両名が2分の1ずつ共同相続した土地につき、Cが勝手に単独所有権取得の登記をした後、この不動産をDに譲渡し登記も移転した。

※1 **重要判例**
遺贈による不動産の取得については177条の適用があり、受遺者は、その旨の登記を経なければ、相続人の債権者に対抗することができない（最判昭39.3.6）。

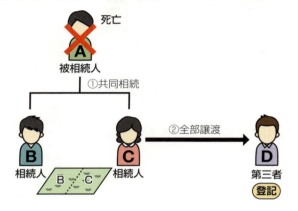

相続財産に属する不動産につき単独所有権移転の登記をした相続人（C）から単独所有権移転の登記を受けた第三者（D）に対し、他の相続人（B）は、自己の持分を登記なくして対抗することができます（最判昭38.2.22）。過30-29-ウ

なぜなら、CがBの持分を自己名義に登記して譲渡しても、Cが無権利者である以上Dはこれを取得することができず、Dもまた無権利者となるからです。

② 遺産分割 ※2 と登記

> **事例** Aが死亡しBC両名が2分の1ずつ共同相続した土地につき、BC間の遺産分割協議によりBがこの土地の単独所有権を取得することとされた後、Cが自己の法定相続分に応じた持分をDに譲渡した。

※2 用語
遺産分割：共同相続財産たる遺産を相続分に応じて分割し、各相続人の個人財産とすること。

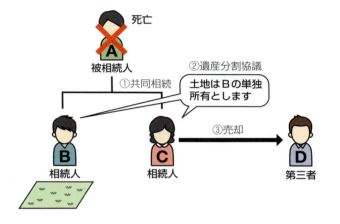

遺産分割により相続分と異なる権利を取得した相続人（B）は、その旨の登記を経なければ、分割後に当該不動産につき権利を取得した第三者（D）に対し、自己の権利の取得を対抗することができません（最判昭46.1.26、899条の2第1項）。

なぜなら、遺産の分割は、相続開始の時にさかのぼってその効力を生ずるものではありますが（909条本文）、第三者に対する関係においては、相続によりいったん取得した権利につき分割時に新たな変更を生ずるのと実質上異ならず、Cを起点としたB・Dへの二重譲渡類似の関係となるからです。

③ 相続放棄※1と登記

> 事例　Aが死亡しBC両名が2分の1ずつ共同相続するはずであったが、Cは、相続を放棄した後、自己の法定相続分に応じた持分をDに譲渡した。

※1 用語

相続放棄：共同相続人が相続開始による包括承継の効果の消滅を意欲して行う意思表示のこと。

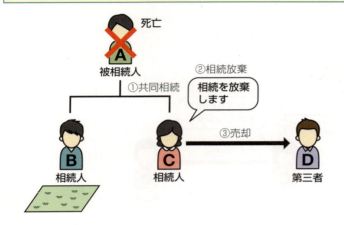

　相続の放棄の効力は絶対的で、何人に対しても、登記なくしてその効力を生じますから（最判昭42.1.20）、Bは、登記なくして土地の単独所有権の取得をDに対抗することができます。

　相続放棄が遺産分割と異なり絶対的な効力を有するのは、相続開始後短期間にのみ可能であり（915条1項本文）、第三者が出現する余地が乏しいからです。

6 動産物権変動①－対抗要件

　動産物権変動の場合、対抗要件となるのは引渡しです（178条）。なぜなら、動産は不動産と異なり取引が頻繁に行われるため、登記のような方法をとることは技術的に困難だからです。※2 過元-29-1

　なお、引渡しには、①現実の引渡し（182条1項）、②簡易の引渡し（182条2項）、③占有改定（183条）、④指図による占有移転（184条）の4種類があります。

※2 重要判例

受寄者は、いつでも寄託者の返還請求に応じなければならず（662条1項）、引渡しの欠缺を主張する正当な利益がないので、178条の「第三者」に当たらない（最判昭29.8.31）。
過元-29-3

【引渡しの態様】

	意味	具体例
①現実の引渡し	現実になされる引渡し	売主Aが買主Bに対して自己の所持する目的物を譲渡する場合
②簡易の引渡し	譲受人が既に目的物を所持している場合に、占有権移転の合意のみによってなされる引渡し	賃借人Aが賃貸人Bから目的物の譲渡を受け、引き続きAが目的物の占有を継続する場合
③占有改定	譲渡人が目的物の所持を継続する場合に、譲受人が譲渡人を介して代理占有する旨の合意によって占有権を移転する方法	売主Aが買主Bに対して自己の所持する目的物を譲渡し、これをすぐに借りて引き続きAが目的物の占有を継続する場合
④指図による占有移転	間接占有者が第三者との合意及び直接占有者への指図によって、直接占有者に所持させたまま第三者に占有権を移転する方法 ※3	売主Aが買主Bに対してCに預けていた目的物を譲渡し、以後その物をBのために占有するよう命じ、Bがこれを承諾する場合

※3 参考
指図による占有移転の成立につき、占有代理人の承諾は不要である。過23-29-エ

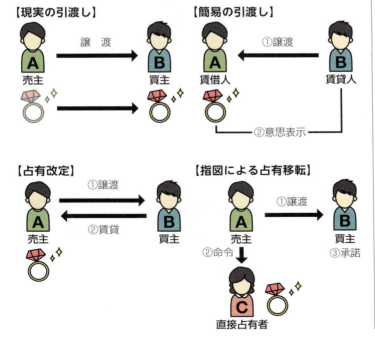

7 動産物権変動②-即時取得

(1) 即時取得とは何か

事例　Aは、Bに自己の所有する絵画を預けていた。しかし、Bは、この絵画を自己の物であると偽って、この事実を過失なく知らないCに対して売却して引き渡してしまった。

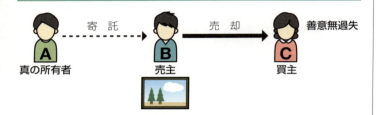

上の事例の場合、Bは絵画の所有者ではないので、Cは絵画の所有権を取得することができないことになりそうです。しかし、これではCは安心して取引をすることができません。

そこで、①**取引行為**によって、②**平穏**に、かつ、**公然**と、③**動産の占有**を始めた者は、④取引行為の相手方が無権利者であることを**過失なく知らなかったとき**は、その動産の権利を取得することができるとされています（192条）。これを**即時取得**といいます。※1 ※2

(2) 要件

① 取引行為

即時取得が成立するためには、取引行為が存在することが必要です。※3

「取引行為」に当たるか当たらないかは、以下のとおりです。

「取引行為」に当たる	「取引行為」に当たらない
①強制競売（最判昭42.5.30） ②質権設定　過元-31-3 ③代物弁済　過27-31-3	①山林の伐採（大判昭7.5.18） ②遺失物の拾得 ③相続

② 平穏・公然

平穏・公然の意味は、取得時効の場合と同様です（☞P394参照）。平穏・公然は、186条1項により推定されます。

※1 記述対策

即時取得の要件は書けるようにしておきましょう。

※2 参考
即時取得の規定は、不動産賃貸の先取特権について準用される（319条）。過19-30-ア

※3 参考
前主が所有者であるものの行為能力の制限・無権代理などにより後主が権利を取得できない場合は、有効な「取引行為」があったとはいえないので、即時取得は成立しない。

③ 動産の占有を始めたこと

即時取得が成立するためには、目的物が**動産**であることが必要です。※4

また、「占有を始めた」とは、現実の引渡し・簡易の引渡し・指図による占有移転のいずれかの方法により占有を取得したことが必要であり、占有改定では足りません（最判昭35.2.11）。過22-30-イ、23-29-ウ・エ、2-28-ア

④ 善意無過失

善意は、186条1項により推定されます。また、無過失は、188条により推定されます（最判昭41.6.9）。過23-29-イ

(3) 効果

即時取得の効果として、動産について行使する権利を取得することが挙げられます。※5

ここにいう「動産について行使する権利」とは、取引の性質から認められる権利のことであり、売買なら所有権、質入れなら質権となります。※6 過元-31-3

(4) 盗品・遺失物の特則

即時取得が成立した場合において、占有物が盗品又は遺失物であるときは、被害者又は遺失者は、盗難又は遺失の時から**2年間**、占有者に対してその物の回復を請求することができます（193条）。過19-29、25-46

もっとも、占有者が、盗品又は遺失物を競売若しくは公の市場において、又はその物と同種の物を販売する商人から善意で買い受けたときは、被害者又は遺失者は、占有者が支払った**代価を弁償**しなければ、その物を回復することができません（194条）。※7 過19-29、25-46

※4 重要判例

道路運送車両法による登録を受けていない自動車については、192条の適用があるのに対し（最判昭45.12.4）、登録を受けている自動車については、192条の適用はない（最判昭62.4.24）。

※5 参考

即時取得による権利の取得は、前主からの承継取得ではなく、前主の権利に基づかない原始取得であるとされている。過23-29-ア

※6 参考

賃借権の即時取得は認められない。

※7 重要判例

占有者は、盗品等が被害者等に返還された後でも代価の弁償を請求することができ、また、代価の弁償の提供があるまで盗品等の使用収益を行う権限を有する（最判平12.6.27）。

憲法

行政法

民法

商法

基礎法学

一般知識

第2章 － **物権** 第1節 － 物権総論 411

8 混同

(1) 所有権と他物権の同一人への帰属

>
> Aは、Bの所有する土地につき地上権の設定を受けてこの土地を使用していたが、その後、Bからこの土地を買い受けた。

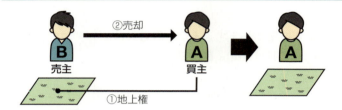

　同一の物について所有権及び他の物権（地上権・抵当権など）が同一の人に帰属したときは、当該他の物権は混同によって消滅します（179条1項本文）。したがって、上の事例において、Aの地上権は消滅することになります。

　これは、所有権が使用・収益・処分のすべてをなしうる権利である以上、他の物権（Aの地上権）を併存させておく必要がないからです。

　もっとも、その物又は当該他の物権が第三者の権利の目的となっているときは、この限りではありません（179条1項ただし書）。例えば、B所有の土地やAの地上権を目的とする抵当権が設定されていた場合、Aの地上権は消滅しません。

(2) 所有権以外の物権とこれを目的とする権利の同一人への帰属 ※1

> 事例　Aは、Bの所有する土地につき地上権の設定を受けてこの土地を使用していたが、母親であるCがDに対して有する債権を担保するため、この地上権に抵当権を設定した。その後、Cが死亡してAがCを単独で相続した。

※1 受験テクニック
実際にはあまり見かけない事例なので、条文のとおりだとこのような結論になるんだということを理解しておけば十分です。

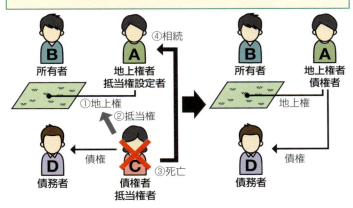

　所有権以外の物権及びこれを目的とする他の権利（抵当権など）が同一人に帰属したときは、当該他の権利は**混同**によって消滅します（179条2項前段）。したがって、上の事例において、Cが有していた抵当権は消滅することになります。

　もっとも、所有権以外の物権又は他の権利が第三者の権利の目的であるときは、当該他の権利は消滅しません（179条2項後段）。例えば、Aの地上権を目的として第二順位の抵当権が設定されていた場合や、Cが有していた抵当権を目的として転抵当権が設定されていた場合には、Cが有していた抵当権は消滅しません。

(3) 占有権に関する特則

　混同の規定は、占有権には適用されません（179条3項）。なぜなら、占有権は、所有権その他の権利とは別個の目的を有し、所有権などの他に占有権を有することには独立の意味があるからです。

確認テスト

□□□ **1** 物権変動の効力が生じるためには、当事者の意思表示に加えて、登記や引渡しがあることが必要である。

□□□ **2** 不動産に関する物権の得喪及び変更は、その引渡しをしなければ、第三者に対抗することができない。

□□□ **3** 取引行為によって、平穏に、かつ、公然と不動産の占有を始めた者が善意無過失であるときは、当該不動産を即時取得することができる。

□□□ **4** 同一の物について所有権及び他の物権が同一の人に帰属したときは、当該他の物権は消滅するのが原則である。

解答 **1** × 物権変動は、当事者の意思表示のみによって効力が生じる（176条）。 **2** × 不動産物権変動の対抗要件は、引渡しではなく登記である（177条）。 **3** × 即時取得の対象となるのは動産である（192条）。 **4** 〇 （179条1項本文）

第2節 占有権

重要度 B

学習のPOINT
ここでは、物権のうち、現実に物を支配しているという事実状態（占有）に基づく権利である占有権について学習します。条文を中心に学習していきましょう。

1 占有権とは何か

　物に対する事実上の支配は、一般的には所有権・地上権といった本権に基づくことが多いです。もっとも、物に対する観念的な権利関係と事実的な支配状態は別個に成立し得ますから、常に事実上の支配が本権に基づくとは限りません。

　そこで、民法は、現実に物を支配しているという事実状態を尊重し、これを基礎とする社会秩序や取引の安全を保護しています。このような物の事実上の支配に基づく権利を占有権といいます。

2 占有権の取得

(1) 占有の種類
① 自己占有

　占有権は、自己のためにする意思をもって物を所持することによって取得します（180条）。

② 代理占有

　占有権は、代理人によって取得することができます（181条）。例えば、賃借人が建物を占有している場合、賃借人を通じて間接的に建物を占有している賃貸人にも占有権が認められます。この賃貸人の占有を代理占有といいます。[※1]

(2) 占有の性質の変更

　権原[※2]の性質上、占有者に所有の意思がないものとされる場合には、その占有者が、①自己に占有させた者に対して所有の意思があることを表示し、または、②新たな権原により更に

※1 参考
代理権が消滅しただけでは、占有権は消滅しない（204条2項）。

※2 用語
権原：ある法律行為又は事実行為をすることを正当とする法律上の原因のこと。

第2章 ― 物権　第2節 ― 占有権　415

所有の意思をもって占有を始めるのでなければ、占有の性質は変わりません（185条）。過27-45

　これは、所有の意思に基づかない占有（他主占有）が所有の意思をもってする占有（自主占有）に転換することを認めることで、他主占有者にも取得時効が成立する余地を認めたものです。

（3）占有の承継

　占有者の承継人は、その選択に従い、自己の占有のみを主張し、または自己の占有に前の占有者の占有を併せて主張することができます（187条1項）。※1 過29-30-2

　もっとも、前の占有者の占有を併せて主張する場合には、その瑕疵（悪意など）をも承継します（187条2項）。

3 占有権の効力

（1）権利の推定

　占有者が占有物について行使する権利は、適法に有するものと推定されます（188条）。

　したがって、所有権を主張する占有者が占有の事実を証明すれば、その者は所有者と推定され、それを争う者が占有者に所有権がないことを証明しなければならなくなります。

（2）善意占有と悪意占有

　善意占有とは、本権がないにもかかわらずこれがあるものと誤信してする占有のことです。これに対して、悪意占有とは、本権のないことを知り、又は本権の存在について疑いを持ちながらする占有のことです。

　善意占有の場合と悪意占有の場合では、占有権の効力につき、以下のような違いがあります。

※1 重要判例

占有者の承継人が自己の占有に前の占有者の占有を併せて主張した場合、10年の取得時効の要件である善意無過失は、前の占有者の占有開始時を基準に判断される（最判昭53.3.6）。過29-30-3・4・5

【善意占有と悪意占有】

	善意占有	悪意占有
果実収取権	あり（189条1項）	なし（190条1項）
損害賠償義務	現存利益のみ（191条本文） ※他主占有者は損害の全部（191条ただし書）	損害の全部（191条本文）

(3) 占有者の費用償還請求権
① 必要費

占有者が占有物を返還する場合には、その物の保存のために支出した金額その他の必要費を回復者から償還させることができます（196条1項本文）。※2

もっとも、占有者が果実を取得したときは、通常の必要費は、占有者の負担となります（196条1項ただし書）。ここにいう「通常の必要費」には、家屋の修繕費のうち、大修繕費は入らず、応急的小修繕費のみが含まれます。

② 有益費

占有者が占有物の改良のために支出した金額その他の有益費については、その価格の増加が現存する場合に限り、回復者の選択に従い、その支出した金額又は増価額を償還させることができます（196条2項本文）。※3

もっとも、悪意の占有者に対しては、裁判所は、回復者の請求により、その償還について相当の期限を許与することができます（196条2項ただし書）。そして、これが認められると、占有者は留置権（☞P432〜を参照）を主張することができなくなります（295条1項ただし書）。

4 占有の訴え

(1) 占有の訴えとは何か

占有者は、占有の訴えを提起することができます（197条前段）。占有の訴えの趣旨は、自力救済の禁止を法的に担保する点にあります。

(2) 種類

占有の訴えには、①占有保持の訴え、②占有保全の訴え、③占有回収の訴えの3つがあります。※4

占有の訴えは、物権的請求権と類似しています。つまり、占有保持の訴えは妨害排除請求権に、占有保全の訴えは妨害予防請求権に、占有回収の訴えは返還請求権に相当するものといえます。

※2 具体例をイメージ
例えば、公租公課や家屋の修繕費を支出した場合などである。

※3 具体例をイメージ
例えば、通路の舗装や店舗の内装替えなどに要する費用を支出した場合などである。

※4 記述対策

「占有保持の訴え」「占有保全の訴え」「占有回収の訴え」という名称とその訴えにより請求できる内容は、書けるようにしておきましょう。

【占有の訴え】

		占有保持の訴え （198条）	占有保全の訴え （199条）	占有回収の訴え （200条1項）※1
要件		占有者がその占有を 妨害されたこと	占有者がその占有 を妨害されるおそ れがあること	占有者がその占 有を奪われたこ と ※2 ※3
請求内容		妨害の停止及び損害 の賠償	妨害の予防又は損 害賠償の担保	物の返還及び損 害の賠償　週 29-31-3
提訴 期間	原則	妨害の存する間又は 妨害が消滅した後1 年以内	妨害の危険が存す る間	占有が奪われた 時から1年以内
	例外	工事による占有物の 損害は、工事着手の 時から1年以内又は 工事完成まで	工事による占有物 の損害のおそれが あるときは、工事 着手の時から1年 以内又は工事完成 前まで	

（3）本権の訴えとの関係

　占有の訴えは本権の訴えを妨げず、また、本権の訴えは占有
の訴えを妨げないとされています（202条1項）。なぜなら、占
有の訴えは物の事実的支配に基づく訴えであり、所有権・地上
権などの本権に基づく訴えとは何ら関係がないからです。※4

　また、上記のように2つの訴えがまったく別個のものである
以上、占有の訴えについては、本権に関する理由に基づいて裁
判をすることができないとされています（202条2項）。※5

※1 参考

占有回収の訴えは、
占有を侵奪した者の
特定承継人が侵奪の
事実を知っていたと
きを除き、特定承継
人に対して提起する
こ と は で き な い
（200条2項）。その
後に占有が悪意の特
定承継人に移転した
場合も同様である
（大判昭13.12.26）。

※2 重要判例

占有回収の訴えは、
占有者の善意・悪意
を問わず認められて
いる（大 判 大13.5.
22）。

※3 重要判例

「占有を奪われた」
とは、占有者の意思
に反して所持が奪わ
れることが必要とさ
れており、詐取され
た場合は含まない
（大判大11.11.27）。

※4 具体例をイメージ

例えば、真の所有者
が無権原で占有する
者から占有を侵奪し
たため、占有者が占
有回収の訴えを提起
した場合、この占有
回収の訴えは、真の
所有者の本権に関す
る主張とは無関係に
認められることにな
る。

※5 重要判例

占有の訴えに対して
は、本権に基づく反
訴を提起することが
できる（最判昭40.
3.4）。

確認テスト

□□□ **1** 占有権は、自己のためにする意思をもって物を所持することによって取得するものとされており、代理人によって占有権を取得することはできない。

□□□ **2** 占有者が占有物について行使する権利は、適法に有するものと推定される。

□□□ **3** 占有の訴えには、占有保持の訴え、占有保全の訴え、占有回収の訴えの3つがある。

解答 **1** ✕ 前半は正しいが（180条）、代理人によって占有権を取得することもできるため（181条）、後半は誤りである。　**2** ○ （188条）　**3** ○ （198条〜200条）

第3節 所有権

重要度 B

学習のPOINT
ここでは、物権のうち、自分のもっている物を自由に使用・収益・処分する権利である所有権について学習していきます。特に、共有は出題頻度が高いので、共有を中心に学習しておきましょう。

1 相隣関係

　土地は通常、他の土地と隣接していますから、土地の利用は不可避的に近隣の他の土地の利用に何らかの影響を及ぼすことになります。そこで、民法では、隣接する土地相互間の利用を調整するため、相隣関係に関する規定を設けています。

(1) 隣地使用・立入権

　土地の所有者は、境界又はその付近において障壁・建物を築造・修繕するため必要な範囲内で、**隣地の使用**を請求することができます（209条1項本文）。※1

　もっとも、**隣人の承諾**がなければ、その住家に立ち入ることはできません（209条1項ただし書）。

(2) 隣地通行権

① 通常の場合

　他の土地に囲まれて公道に通じない土地の所有者は、公道に至るため、その土地を囲んでいる他の土地を通行することができるとされており（210条1項）、**隣地通行権**が認められています。この趣旨は、土地の有効な利用を図る点にあります。※2 ※3 ※4

　また、隣地通行権を有する者は、その通行する他の土地の損害に対して**償金**を支払わなければなりません（212条本文）。

※1 参考
隣人が損害を受けたときは、その償金を請求することができる(209条2項)。

※2 重要判例
他の土地に囲まれて公道に通じない土地を取得した者は、所有権移転登記をしなくても、公道に至るため、その土地を囲んでいる他の土地を通行することができる(最判昭47.4.14)。過 24-29-1

※3 参考
隣地通行権を有する場合、通行の場所及び方法は、通行権を有する者のために必要であり、かつ、他の土地のために最も損害が少ないものを選ばなければならない（211条1項）。

※4 参考
公道に至るための他の土地の通行権を有する者は、必要があるときは、通路を開設することができる(211条2項)。

② 分割・一部譲渡による場合

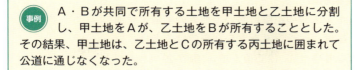

A・Bが共同で所有する土地を甲土地と乙土地に分割し、甲土地をAが、乙土地をBが所有することとした。その結果、甲土地は、乙土地とCの所有する丙土地に囲まれて公道に通じなくなった。

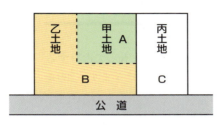

分割によって公道に通じない土地が生じたときは、その土地の所有者は、公道に至るため、他の分割者の所有地のみを通行することができます（213条1項前段）。したがって、甲土地の所有者であるAは、他の分割者Bの所有する乙土地のみを通行することができます。※5

この場合においては、償金を支払う必要はありません（213条1項後段）。このように無償の通行権が認められるのは、公道に通じない土地が生ずることがわかっている以上、通行路の必要性も当然予期できたはずだからです。

なお、これらの規定は、土地の所有者がその土地の一部を譲り渡した場合にも準用されます（213条2項）。

（3）雨水を隣地に注ぐ工作物の設置禁止

土地の所有者は、直接に雨水を隣地に注ぐ構造の屋根その他の工作物を設けてはなりません（218条）。過27-29-5

（4）境界線上の境界標等の共有推定

境界線上に設けた境界標・囲障・障壁・溝・塀は、相隣者の共有に属するものと推定されます（229条）。過27-29-4

（5）竹木の切除　過27-29-2・3

隣地の竹木の枝が境界線を越えるときは、その竹木の所有者に、その枝を切除させることができます（233条1項）。これに対して、隣地の竹木の根が境界線を越えるときは、自らその根

※5 重要判例
分割・一部譲渡によって生じた隣地通行権は、通行の対象となる土地に特定承継が生じた場合でも消滅しない（最判平2.11.20）。過24-29-2

を切り取ることができます（233条2項）。

（6）境界線付近の建築制限

境界線から1メートル未満の距離において他人の宅地を見通すことのできる窓・縁側（ベランダを含む）を設ける者は、目隠しを付けなければなりません（235条1項）。過27-29-1

2 所有権の取得

（1）無主物先占

所有者のない動産については、所有の意思をもって占有することによって、その所有権を取得することができます（239条1項）。過18-29-5

これに対して、所有者のない不動産は、国庫に帰属します（239条2項）。

（2）遺失物拾得

遺失物は、遺失物法の定めるところに従い公告※1をした後3ヶ月以内にその所有者が判明しないときは、これを拾得した者がその所有権を取得します（240条）。

（3）埋蔵物発見

埋蔵物は、遺失物法の定めるところに従い公告をした後6ヶ月以内にその所有者が判明しないときは、これを発見した者がその所有権を取得します（241条本文）。

ただし、他人の所有する物の中から発見された埋蔵物については、これを発見した者及びその他人が等しい割合でその所有権を取得します（241条ただし書）。

（4）添付※2

添付とは、数人の所有に属する数個の物の結合や加工により生じた物について、社会経済的要求から所有権の取得を認めるものです。この添付には、以下の3種類があります。

① 付合

付合とは、数個の物が結合し一体化するか、又は分離することができても分離により社会経済的にみて著しく不利益になる状態を生ずることです。

不動産の所有者は、その不動産に従として付合した物の所有

※1 用語

公告：ある事項を広く一般に知らせること。

※2 参考

添付が生じた場合に誰が所有者となるかについて特約があるときは、その特約が優先する。過18-29-3・4

権を取得します（242条本文）。もっとも、権原によってその物を附属させた他人の権利は妨げられません（242条ただし書）。※3

過18-29-4

次に、所有者を異にする数個の動産が、付合により、損傷しなければ分離することができなくなったとき、又は分離するのに過分の費用を要するときは、その合成物の所有権は、主たる動産の所有者に帰属します（243条）。

また、付合した動産について主従の区別をすることができないときは、各動産の所有者は、その付合の時における価格の割合に応じてその合成物を共有します（244条）。過18-29-2

② 混和

混和とは、各別の所有者に属する物が識別することができなくなることです。※4

この場合、動産の付合の規定が準用されます（245条、243条・244条）。

③ 加工

加工とは、他人の動産に工作を加え、新たな物を製作することです。※5

加工者があるときは、その加工物の所有権は、材料の所有者に帰属するのが原則です（246条1項本文）。過18-29-3

もっとも、①工作によって生じた価格が材料の価格を著しく超えるときは、加工者がその加工物の所有権を取得します（246条1項ただし書）。また、②加工者が材料の一部を供した場合において、その価格に工作によって生じた価格を加えたものが他人の材料の価格を超えるときも、加工者がその加工物の所有権を取得します（246条2項）。※6

※3 具体例をイメージ

例えば、他人の土地に賃借権を有している者が、その賃借権に基づいて木を植えたときは、その木の所有権を失わない。

※4 具体例をイメージ

例えば、所有者の異なる液体が混ざり合った場合などである。

※5 具体例をイメージ

例えば、他人の木材に彫刻家が彫刻を施した場合などである。

※6 重要判例

建築途中の未だ独立の不動産に至らない建前に第三者が材料を供して工事を施し独立の不動産である建物に仕上げた場合における建物所有権の帰属は、付合の規定（242条）ではなく加工の規定（246条2項）に基づいて決定すべきである（最判昭54.1.25）。

第2章 — **物権** 第3節 — 所有権　423

3 共有

(1) 共有とは何か

事例　Aは、友人のBとともに、1000万円の土地を500万円ずつ出し合ってCから購入した。

上の事例のように、2人以上の人が1個の物を共同して所有する場合のことを、<u>共有</u>といいます。

(2) 共有持分

① 共有持分とは何か

<u>共有持分</u>とは、共有者のそれぞれが目的物に対して有している権利のことです。各共有者の持分は、当事者の合意で決定されるのが通常ですが、合意がないときは相等しいものと推定されます（250条）。過27-29-4

各共有者は、共有持分を自由に処分することができます。

② 放棄等

共有者の1人がその<u>持分を放棄したとき</u>、又は<u>死亡して相続人がないとき</u>は、その持分は、他の共有者に帰属します（255条）。※1 ※2 過28-29-オ

(3) 共有物の利用

① 共有物の使用

各共有者は、共有物の全部について、その持分に応じた使用をすることができます（249条）。過20-33-ウ

例えば、上の事例の場合、A及びBは、土地の半分ずつしか使えないのではなく、土地全部を半年ずつ交代で使うことができるのです。※3 ※4

② 共有物の保存・管理・変更

共有物の保存・管理・変更については、以下の表のように、

※1 **重要判例**
共有者の1人が死亡し、相続人の不存在が確定し、相続債権者や受遺者に対する清算手続が終了したときは、その持分は、958条の3に基づく特別縁故者に対する財産分与の対象となり、この財産分与がされないときに、255条により他の共有者に帰属する（最判平1.11.24）。過26-29-エ

※2 **記述対策**

共有者の持分が他の共有者に帰属する場合を2つ書けるようにしておきましょう。

※3 **重要判例**
共有物の持分の価格が過半数を超える者であっても、共有物を単独で占有する他の共有者に対し、当然には、その占有する共有物の明渡しを請求することができない（最判昭41.5.19）。過3-35-イ

※4 **重要判例**
共有者の1人が、他の共有者との協議に基づかないで第三者に対して共有物の占有使用を承認した場合でも、他の共有者は、当然にはその第三者に対して共有物の明渡しを請求することはできない（最判昭63.5.20）。過28-29-イ

なしうる要件（決定方法）がそれぞれ異なっています。

【共有物の保存・管理・変更】

	保存	管理	変更
意味	共有物の現状維持を図る行為	共有物を変更しない限度で経済的用法に従って使用・収益を図る行為	共有物の性質・形状の物理的変更又は法律的処分
具体例	①不法占有者に対する明渡請求（大判大10.7.18）過28-29-ア ②不実の持分移転登記の抹消請求（最判昭31.5.10、最判平15.7.11）過26-29-イ	①共有物の使用貸借契約の解除（最判昭29.3.12） ②共有物の賃貸借契約の解除（最判昭39.2.25）	①共有地上の樹木全部の伐採（大判昭2.6.6） ②共有地への地上権の設定（最判昭29.12.23） ③共有物の売却
決定方法	各共有者が単独でなしうる（252条ただし書）※5	各共有者の持分の価格の過半数で決定（252条本文）過元-45	共有者全員の同意が必要（251条）過元-45

※5 重要判例

各共有者は、第三者の違法な行為に対して、単独では、持分相当額の損害賠償請求しかなし得ない（最判昭41.3.3）。過28-29-ア

（4）共有物の分割

①　可否

各共有者は、いつでも共有物の分割を請求することができます（256条1項本文）。過18-30-5

ただし、**5年**を超えない期間内は分割をしない旨の契約をすることもできます（256条1項ただし書）。過22-29-ア

②　方法

共有物の分割方法には、共有物自体を分割する**現物分割**、共有物を売却してその代金を分割する**代金分割**があります。

また、共有物を共有者のうち特定の者に取得させるのが相当であると認められ、かつ、その価格が適正に評価され、当該共有物を取得する者に支払能力があり、他の共有者にはその持分の価格を取得させることとしても共有者間の実質的公平を害しないと認められる特段の事情があるときは、共有物を共有者のうちの1人の単独所有とし、この者から他の共有者に対して持分の価格を賠償させる方法（これを**全面的価格賠償**といいま

す）によることも許されます（最判平8.10.31）。**週**22-29-エ、28-29-エ

③ 参加

共有物について権利を有する者及び各共有者の債権者は、自己の費用で、分割に参加することができます（260条1項）。**週**28-29-ウ

確認テスト

□□□ **1** 他の土地に囲まれて公道に通じない土地の所有者は、公道に至るため、その土地を囲んでいる他の土地を通行することができる。

□□□ **2** 所有者のない動産又は不動産は、所有の意思をもって占有することによって、その所有権を取得する。

□□□ **3** 不動産の所有者は、原則として、その不動産に従として付合した物の所有権を取得する。

□□□ **4** 各共有者は、いつでも共有物の分割を請求することができる。

解答 **1** ◯ （210条1項） **2** ✕ 所有者のない動産は、所有の意思をもって占有することによって、その所有権を取得するが（239条1項）、所有者のない不動産は、国庫に帰属する（239条2項）。 **3** ◯ （242条本文） **4** ◯ （256条1項本文）

第4節 用益物権

重要度 C

学習のPOINT

用益物権とは、他人のもっている物を使用・収益する権利のことです。この用益物権は、①地上権、②永小作権、③地役権の3種類が代表的なものです。

1 地上権

(1) 地上権とは何か

地上権とは、他人の土地において工作物又は竹木を所有するため、その土地を使用する権利のことです（265条）。

「工作物」には、建物・橋・トンネルなどがあります。また、「竹木」には種類の制限がありませんが、果樹や茶のようにその栽植が耕作とみられるものは、永小作権の目的となります。

(2) 借地借家法の適用

地上権が建物所有目的で設定された場合、このような地上権は借地権と呼ばれ、借地借家法が適用されます（借地借家法1条、2条1号）。過18-30-1

(3) 区分地上権

地下又は空間は、工作物を所有するため、上下の範囲を定めて地上権の目的とすることができます（269条の2第1項前段）。これを区分地上権といいます。※1 過29-29-ア

※1 **具体例をイメージ**

例えば、モノレールやケーブルを架設する場合に、土地の上空に地上権を設定し、土地自体の使用権は土地所有者に残す場合などである。

2 永小作権

永小作権とは、小作料を支払って他人の土地において耕作又は牧畜をする権利のことです（270条）。

このように、小作料を支払わなければならないとされている点が地上権と異なりますが、その性質は地上権に類似しています。

3 地役権

(1) 地役権とは何か

地役権とは、他人の土地を自己の土地の便益に供する権利のことです（280条本文）。※1

そして、地役権が設定された他人の土地を承役地、地役権の便益を受ける自己の土地を要役地といいます。

> ※1 具体例をイメージ
> 例えば、甲土地に行きやすくするために、接着した乙土地を通行できる地役権を設定する場合などである。

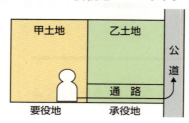

(2) 地役権の性質
① 付従性

地役権は、2つの土地の利用関係を調節するために存立するものですから、設定行為に別段の定めがない限り、要役地の所有権に従たるものとして、その所有権とともに移転し、又は要役地について存する他の権利の目的となります（281条1項本文）。また、地役権は、要役地から分離して譲り渡し、又は他の権利の目的とすることができません（281条2項）。

このような性質を地役権の付従性といいます。

② 不可分性

地役権は、ある土地とある土地との物理的位置関係を前提として設定されますから、要役地又は承役地が共有地であるときに共有者各人の持分権を個別のものとしてとらえると不都合をきたす場合があります。

そこで、民法は、共有地にかかる地役権をできるだけ共有地の全体につき合一に存続させるため、いくつかの規定を置いています。このような性質を地役権の不可分性といいます。※2

> ※2 具体例をイメージ
> 例えば、共有者に対する時効の更新は、地役権を行使する各共有者に対してしなければ、その効力を生じない（284条2項）。週22-28-4

(3) 時効
① 取得時効

地役権は、継続的に行使され、かつ、外形上認識することが

できるものに限り、時効によって取得することができます（283条）。 週29-29-オ

② **消滅時効**

要役地が数人の共有に属する場合において、その１人のために時効の完成猶予・更新があるときは、その完成猶予・更新は、他の共有者のためにも、その効力を生じます（292条）。 週22-28-3

また、地役権者がその権利の一部を行使しないときは、その部分のみが時効によって消滅します（293条）。

【用益物権のまとめ】

	地上権	永小作権	地役権
存続期間	当事者間で永久と定めることも可能（大判明36.11.16）	20年〜50年の範囲で定めることができる（278条１項前段）	民法上存続期間に関する規定がないから、当事者間で永久と定めることも可能
地代・小作料	要素でない（266条）	要素である（270条）	要素でない（280条）
物権的請求権	返還請求権・妨害排除請求権・妨害予防請求権すべて○	返還請求権・妨害排除請求権・妨害予防請求権すべて○	返還請求権は×、妨害排除請求権・妨害予防請求権は○ 週元-30-ア
抵当権の設定	○（369条２項）	○（369条２項）	×

確認テスト

□□□ **1** 地上権とは、他人の土地において耕作又は牧畜を所有する権利のことである。

□□□ **2** 永小作権を有する者は、必ずしも土地の所有者に対して小作料を支払う必要はない。

□□□ **3** 地役権は、要役地から分離して譲り渡し、又は他の権利の目的とすることができない。

解答 **1** ✕ 地上権とは、他人の土地において工作物又は竹木を所有するため、その土地を使用する権利のことである（265条）。 **2** ✕ 必ず小作料を支払わなければならない（270条）。 **3** ○ （281条２項）

第5節 担保物権

重要度 A

学習のPOINT

明文規定のある担保物権には、①留置権、②先取特権、③質権、④抵当権の4種類があります。他方、明文規定のない担保物権には、譲渡担保などがあります。

1 担保物権とは何か ※1

(1) 担保物権の分類

担保物権とは、他人のもっている物を自分の債権の満足を確保するために処分する権利のことです。

この担保物権は、法律が規定する一定の要件を満たすと当然に成立する**法定担保物権**と、契約によって成立する**約定担保物権**に分類されます。法定担保物権には留置権・先取特権が、約定担保物権には質権・抵当権があります。

【担保物権の分類】

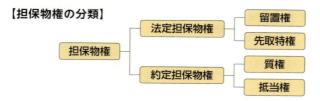

※1 受験テクニック

『スタートダッシュ』を読んでいない人は、債権とは何か（☞P453）を読んだ後で、担保物権について学習しましょう。

(2) 担保物権の効力

担保物権の効力には、①**優先弁済的効力**、②**留置的効力**、③**収益的効力**の3つがあります。

【担保物権の効力】

優先弁済的効力	債務の弁済が得られないときに、担保の目的物の有する価値から他の債権者に優先して弁済を受けることのできる効力
留置的効力	債務が完済されるまで担保権者が目的物を留置することができる効力
収益的効力	担保権者が担保の目的物を収益し、これを債務の弁済に充当することができる効力

(3) 担保物権の通有性

担保物権の通有性[※2]には、①**付従性**、②**随伴性**、③**不可分性**、④**物上代位性**の4つがあります。

【担保物権の通有性】

付従性	債権が発生しなければ担保物権も発生せず、債権が消滅すれば担保物権も消滅するという性質
随伴性	被担保債権が第三者に移転すると、担保物権もこれに伴って第三者に移転するという性質
不可分性	被担保債権の全額の弁済を受けるまで、目的物の全部について権利を行使することができるという性質
物上代位性	目的物の売却・賃貸・滅失・損傷によって債務者が受けるべき金銭その他の物に対しても優先弁済的効力を行使することができるという性質

担保物権の効力と通有性についてまとめると、以下の表のようになります。[※3] [※4]

【担保物権のまとめ】

		留置権	先取特権	質権	抵当権
効力	優先弁済的効力	×	○	○	○
	留置的効力	○	×	○	×
	収益的効力	×	×	不動産質権のみ○	×
通有性	付従性	○	○	○	○
	随伴性	○	○	○	○
	不可分性	○	○	○	○
	物上代位性	×	○	○	○

[※2] **用語**
通有性：通常有している性質のこと。

[※3] **参考**
増減変動する不特定の債権を担保する元本確定前の根抵当権には、付従性・随伴性が認められていない。

[※4] **受験テクニック**

以下の表は「×」の方が少ないので、「×」の部分を覚えておいて、それ以外は「○」と判断してしまいましょう。

2 留置権

（1）留置権とは何か

> **事例** Aは、Bに対し、自分の所有する時計の修理を依頼して引き渡した。Bは時計の修理を完了し、修理代金の支払いを請求したが、Aは修理代金を支払ってくれない。その後、Aは、Bに対して時計の返還を請求した。

　Aは、時計の所有者ですから、Bに対して物権的請求権の一種である返還請求権を行使することができるはずです。しかし、これを認めると、Bは修理代金をもらい損ねてしまうかもしれず、不公平といえます。

　そこで、他人の物（時計）の占有者（B）は、その物に関して生じた債権（修理代金債権）を有するときは、その債権の弁済を受けるまで、その物を留置※1 することが認められています（295条1項本文）。これを **留置権** といいます。

（2）要件
① 他人の物を占有していること

　留置権の目的物は、**債権者の占有する他人の物** であればよく、必ずしも債務者の所有物である必要はありません（295条1項本文）。※2

② その物に関して生じた債権を有していること

　他人の物の占有者がその物に関して生じた債権を有していることが必要とされています（295条1項本文）。これを **債権と物との牽連性**※3 といいます。

　債権と物との牽連性が認められるか否かについては、以下の表のようになります。

※1 用語
留置：手元に置いておくこと。

※2 参考
ここにいう「占有」には、債務者を占有代理人とした占有は含まれない。過2-28-イ

※3 用語
牽連性：関連があること。

※4 具体例をイメージ
例えば、時計を盗んだ者が、その時計について必要費を支出した場合などである。

【債権と物との牽連性】

認められるもの	認められないもの
①借地人の建物買取請求権（借地借家法13条、14条）の行使によって発生した建物代金債権と土地（大判昭18.2.18） ②不動産の買主が売買代金を未払いのまま目的物を第三者に譲渡した場合における、売主の買主に対する代金支払請求権と目的物（最判昭47.11.16）週27-30-1、3-30-4	①借家人の造作買取請求権（借地借家法33条）の行使によって発生した造作代金債権と建物（最判昭29.1.14） ②不動産の二重売買で一方の買主のため所有権移転登記がされた場合における、他方の買主の売主に対する損害賠償請求権と不動産（最判昭43.11.21）週27-30-2、3-30-5 ③不動産の賃貸借が終了した場合における、賃借人の賃貸人に対する敷金返還請求権と不動産（最判昭49.9.2）週27-30-5 ④他人物売買の売主が真の所有者から所有権を取得して移転できなかった場合における、買主の売主に対する損害賠償請求権と目的物（最判昭51.6.17）週27-30-3

③ 債権が弁済期にあること

期限前には履行を強制し得ないことから、債権が**弁済期**にあることが必要です（295条1項ただし書）。

④ 占有が不法行為によって始まったものでないこと

占有が**不法行為**によって始まったものであるときは、留置権は成立しません（295条2項）。※4 ※5

（3）効力

① 引換給付判決

物の引渡しを求める訴訟において、被告が留置権を主張した場合、原告の請求を全面的に棄却することなく、その物に関して生じた債権の弁済と引換えに物の引渡しを命ずる**引換給付判決**をすべきものとされています（最判昭33.3.13）。※6

② 不可分性

留置権者は、債権の全部の弁済を受けるまでは、留置物の全部についてその権利を行使することができます（296条）。※7

③ 善管注意義務

留置権者は、**善良な管理者の注意**※8 をもって、留置物を占

※5 重要判例

建物の賃借人が、債務不履行により賃貸借契約を解除された後、権原のないことを知りながらこの建物を不法に占有する間に有益費を支出しても、当該賃借人は、295条2項の類推適用により、有益費の償還請求権に基づいてこの建物につき留置権を行使することはできない（最判昭46.7.16）。週27-30-4、3-30-3

※6 記述対策

「引換給付判決」という名称は書けるようにしておきましょう。

※7 重要判例

留置権者は、留置物の一部を債務者に引き渡した場合においても、特段の事情のない限り、債権の全部の弁済を受けるまで、留置物の残部につき留置権を行使することができる（最判平3.7.16）。

※8 用語

善良な管理者の注意：契約その他の債権の発生原因及び取引上の社会通念に照らして、一般的に要求される程度の注意のこと。自己の財産に対するのと同一の注意より加重されたものである。週3-30-1

有しなければなりません（298条1項）。また、留置権者は、留置物の保存に必要な使用をする場合を除き、債務者の承諾を得なければ、留置物の使用・賃貸・担保提供ができません（298条2項）。週3-30-1・2

これらの規定に違反したときは、債務者は、留置権の消滅を請求することができます（298条3項）。[※1] 週3-30-2

④ 果実からの債権回収

留置権者は、留置物から生ずる**果実**を取得し、他の債権者に先立って、これを自己の債権の弁済に充当することができます（297条1項）。果実は少額のことが多いため、いちいち留置物の所有者に返還させるのではなく、弁済に充当することを認めたものです。

⑤ 費用償還請求権

留置権者は、留置物について**必要費**を支出したときは、所有者にその償還をさせることができます（299条1項）。

また、留置権者は、留置物について**有益費**を支出したときは、これによる価格の増加が現存する限り、所有者の選択に従い、その支出した金額又は増価額を償還させることができます（299条2項本文）。[※2]

(4) 留置権の消滅

① 債権の消滅時効

留置権の行使は、債権の消滅時効の進行を妨げません（300条）。[※3] 週29-33-2

② 代担保の請求

債務者は、**相当の担保**を供して、留置権の消滅を請求することができます（301条）。これは、被担保債権額に比べて過大な価値の物が留置されているような場合に実益があります。

③ 占有の喪失

留置権は、留置権者が留置物の占有を失うことによって消滅しますが（302条本文）、債務者の承諾を得て留置物を賃貸し、又は質権の目的としたときは、消滅しません（302条ただし書）。

※1 重要判例

留置物の所有権が譲渡等により第三者に移転した場合において、これにつき対抗要件を具備するよりも前に留置権者が留置物の使用・賃貸についての承諾を受けていたときは、新所有者は、留置権者に対し、この使用等を理由に留置権の消滅請求をすることはできない（最判平9.7.3）。

※2 参考

裁判所は、所有者の請求により、有益費の償還について相当の期限を許与することができる（299条2項ただし書）。相当の期限が許与された場合、留置権の成立要件のうち「被担保債権が弁済期にあること」という要件を欠くため、留置権は成立しない。

※3 重要判例

被担保債権の債務者が原告である訴訟において、被告である債権者が留置権を主張した場合には、当該債権について消滅時効の完成猶予の効力が認められる（最大判昭38.10.30）。

3 先取特権

（1）先取特権とは何か

> 事例　Aは、Bをパートで雇い製造業を営んでいたが、経営に行き詰ったため、Bの今月分の給料10万円を支払っていなかった。また、Aは、銀行からも90万円を借りており、こちらも返済していなかった。なお、Aは、現在手持ちの資金が10万円しかなかった。

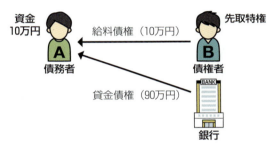

　債権者が複数いて債務者の財産が債権の総額に満たない場合、債権者は、自分のもっている債権額に応じて平等に分配を受けることになるのが原則です。これを**債権者平等の原則**といいます。

　この債権者平等の原則によると、上の事例では、10万円の給料債権をもっているBが1万円、90万円の貸金債権をもっている銀行が9万円の分配を受けることになります。しかし、1ヶ月分の給料が1万円しかもらえないとすると、Bの生活は行き詰まってしまいます。

　そこで、給料債権のように特に保護すべき債権を有する者は、債務者の財産から、他の債権者に優先してその債権の弁済[※4]を受けることができるとされています（303条）。このような権利を**先取特権**といいます。

　したがって、上の事例では、Bは、銀行に優先して、10万円全額の分配を受けることができます。

（2）先取特権の種類

　先取特権は、①総財産を目的とする**一般先取特権**、②特定の

※4 用語
弁済：債権の給付内容を実現すること。

動産を目的とする**動産先取特権**、③特定の不動産を目的とする**不動産先取特権**の3種類に分類されます。

① 一般先取特権

一般先取特権の被担保債権には、共益の費用、雇用関係、葬式の費用、日用品の供給の4種類があります（306条）。

このように被担保債権が小口のものに限定されているのは、一般先取特権は債務者の総財産を対象とする担保物権である上に、公示の制度もないため、大きな債権を担保すると、他の債権者との公平を害するからです。

② 動産先取特権

不動産の賃貸借、旅館の宿泊、旅客又は荷物の運輸、動産の保存、動産の売買、種苗又は肥料の供給、農業の労務、工業の労務によって生じた債権を有する者は、債務者の特定の動産について先取特権を有します（311条）。**※1 ※2 ※3**

③ 不動産先取特権

不動産の保存・工事・売買によって生じた債権を有する者は、債務者の特定の不動産について先取特権を有します（325条）。

（3）効力

① 優先弁済権

先取特権の中心的な効力は優先弁済権（目的物を強制的に換価して優先弁済を受ける権利）です。**※4**

② 物上代位

先取特権は、その目的物の売却・賃貸・滅失又は損傷によって債務者が受けるべき金銭その他の物に対しても行使することができます（304条1項本文）。これを**物上代位**といいます。過19-30-エ

ただし、物上代位をするためには、払渡し又は引渡しの前に差押えをしなければなりません（304条1項ただし書）。**※5**

※1 参考

先取特権は、債務者がその目的である動産をその第三取得者に引き渡した後は、その動産について行使することができない（333条）。過19-30-ウ、25-29-1

※2 参考

賃借権の譲渡又は転貸の場合には、賃貸人の先取特権は、譲受人又は転借人の動産にも及ぶ（314条）。過19-30-オ

※3 重要判例

動産売買の先取特権に基づく物上代位につき、買主がその動産を用いて第三者のために請負工事を行った場合であっても、当該動産の請負代金全体に占める価格の割合や請負人（買主）の仕事内容に照らして、請負代金債権の全部又は一部をもって転売代金債権と同視するに足りる特段の事情が認められるときは、動産の売主はその請負代金債権を差し押さえて物上代位権を行使することができる（最決平10.12.18）。過26-30-4

※4 参考

不動産賃貸の先取特権は、動産売買の先取特権に優先する（330条1項1号・3号）。過19-30-イ

4 質権

(1) 質権とは何か

> 事例　Aは、Bからお金を借りる際に、貸金債権を担保するため、自分の所有する時計に質権を設定する契約をした上で、この時計をBに引き渡した。

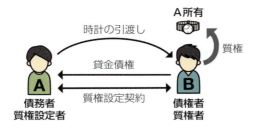

質権とは、債権の担保として債務者又は第三者から受け取った物（時計）を占有し、かつ、その物について他の債権者に先立って自己の債権の弁済を受ける権利のことです（342条）。つまり、質権者は、債権が弁済されなかった場合には、債務者などから受け取った物を競売にかけて、その代金から優先的に弁済を得ることができます。

質権には、目的物の種類に応じて、①動産質、②不動産質、③権利質の3種類があります。

【質権の種類】

	動産質	不動産質	権利質※6
対抗要件	占有の継続（352条）※7 過元-31-1	登記（177条）過元-31-2	設定者からの通知又は第三債務者の承諾（364条、467条）
存続期間	なし	10年（360条）	なし
使用収益権	原則なし（350条、298条2項）	あり（356条）過元-31-4	なし
果実収取権	収取して他の債権者に優先して債権の弁済に充当可（350条、297条）	当然に収取可（356条）	—

※5 重要判例
動産売買の先取特権者は、物上代位の目的債権が譲渡され第三者に対する対抗要件が備えられた後は、自ら目的債権を差し押さえて物上代位権を行使することができない（最判平17.2.22）。過26-30-3

※6 参考
質権は、債権などの財産権の上にこれを設定することができる（362条1項）。過元-31-5

※7 参考
動産質権者は、質物の占有を奪われたときは、対抗要件を欠くため、占有回収の訴えによってのみ、その質物を回復することができる（353条）。過元-31-1

	動産質	不動産質	権利質
必要費償還請求権	全額請求可（350条、299条1項）	原則として請求不可（357条）	―
利息請求	可能（346条）	不可（358条、359条）	可能（346条）
優先弁済	目的物の換価のほか、簡易な弁済充当が可能（354条）	目的物の換価のみ可能	目的債権の換価のほか、直接取立てが可能（366条1項）

（2）質権の設定

　質権の設定は、債権者にその目的物を引き渡すことによって、その効力を生じます（344条）。週元-31-2

　もっとも、質権者は、質権設定者に、自己に代わって質物の占有をさせることができませんので（345条）、占有改定はここにいう引渡しには当たりません。週2-28-エ

（3）質権の効力

① 被担保債権の範囲

　質権は、設定行為に別段の定めがある場合を除き、元本・利息・違約金・質権の実行の費用・質物の保存の費用及び債務の不履行又は質物の隠れた瑕疵によって生じた損害の賠償を担保します（346条）。

　抵当権の被担保債権の範囲が制限されているのに対し（375条）、質権の被担保債権の範囲に制限がないのは、後順位者が現れる可能性が少なく、後順位者の期待を考慮する必要がないからです。

② 留置的効力

　質権者は、被担保債権の弁済を受けるまでは、質物を留置することができます（347条本文）。

　ただし、この留置的効力は、自己に対して優先権を有する債権者に対抗することができません（347条ただし書）。

③ 優先弁済的効力

　競売により目的物を換価することによって優先弁済を得ることができるのみならず、果実から優先弁済を受けることも可能です（350条、297条）。

※1 よくある質問

Q 348条は「自己の責任で、…転質をすることができる」としているのに、350条の準用する298条2項本文は「承諾を得なければ、…担保に供することができない」となっています。この2つの条文はどのような関係なんですか？

A 質権者は、原則として、質権設定者の承諾を得なければ、質物を担保に供することができません（承諾転質：350条、298条2項）。もっとも、転質については、例外的に、質権設定者の承諾を得なくても自己の責任ですることが認められています（責任転質：348条前段）。

(4) 転質

転質とは、質権者が質物をさらに質入することです。質権者は、その権利の存続期間内において、自己の責任で、質物について、転質をすることができます（348条前段）。※1

この場合、転質をしたことによって生じた損失については、不可抗力によるものであっても、その責任を負わなければなりません（348条後段）。

(5) 流質契約

質権設定者は、設定行為又は債務の弁済期前の契約において、質権者に弁済として質物の所有権を取得させ、その他法律に定める方法によらないで質物を処分させることを約すること（**流質契約**）ができません（349条）。これに対して、債務の弁済期後の契約においては、このような約定も可能です。

5 抵当権

(1) 抵当権とは何か

Aは、Bからお金を借りる際に、貸金債権を担保するため、自分の所有する建物に抵当権を設定する契約をした上で、引き続きこの建物に住んでいる。

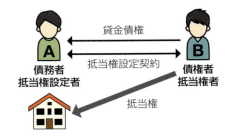

抵当権とは、債務者又は第三者が占有を移転しないで債務の担保に提供した不動産について、他の債権者に先立って自己の債権の弁済を受ける権利のことです（369条）。つまり、抵当権者は、債権が弁済されなかった場合には、抵当権を実行して（抵当権を設定した不動産を競売にかけて）、その代金から優先的に弁済を得ることができます。※2

※2 **よくある質問**

Q 抵当権の実行と競売は同じ意味ですか？

A「抵当権の実行」とは、被担保債権の弁済がなされない場合に、抵当不動産から優先的に弁済を受けることです。そして、抵当権の実行の方法としては、①抵当不動産を強制的に売却し、その代金から優先的に弁済を受ける「競売」、②抵当不動産が生み出す果実（収益）の管理権を得て、その果実（収益）から優先的に弁済を受ける担保不動産収益執行、③債務者が破産した場合に、破産管財人が自らの管理処分権に基づいて抵当不動産を任意に売却する任意売却があります。このように、「競売」は、「抵当権の実行」の方法のうちの１つという関係にあります。

抵当権は、質権と類似した担保物権ですが、①抵当権の目的物は不動産に限られているのに対し、質権の目的物は不動産に限られていない点、②抵当権は目的物の占有を債権者に移転しない（引き渡さない）のに対し、質権は目的物の占有を債権者に移転する（引き渡す）点が異なります。

（2）抵当権の設定

① 目的

民法上、抵当権の目的となるのは不動産とされており、動産に抵当権を設定することはできません（369条1項）。

なお、地上権・永小作権も、抵当権の目的とすることができます（369条2項）。週18-30-2

② 被担保債権の範囲

抵当権は、付従性を有することから、被担保債権なしには成立しないのが原則です。もっとも、被担保債権は抵当権設定の時点で存在している必要はなく、将来の債権や条件付債権も被担保債権となり得ます（これを付従性の緩和といいます）。

抵当権者は、利息その他の定期金を請求する権利を有するときは、その満期となった最後の2年分についてのみ、その抵当権を行使することができます（375条1項本文）。このような制限がなされているのは、無制限に利息や遅延損害金が担保されると、総額で被担保債権がいくらになるかの予測がつかず、後順位抵当権者が目的物の担保価値を評価することが困難となるからです。[※1] 週30-30-5

③ 抵当権の順位

同一の不動産について数個の抵当権が設定されたときは、その抵当権の順位は、登記の前後によります（373条）。

抵当権の順位は、各抵当権者の合意によって変更することができますが、利害関係を有する者があるときは、その承諾を得なければなりません（374条1項）。

また、順位の変更は、その登記をしなければ、その効力を生じません（374条2項）。

※1 重要判例

被担保債権の範囲が制限されているのは後順位抵当権者の利益のためであるから、債務者自身が元本と最後の2年分の利息を提供して抵当権の抹消を請求することはできない。債務者は、債務の全額を弁済することが必要である（大判大4.9.15）。週21-29-ウ

(3) 抵当権の効力
① 付加一体物

抵当権は、抵当地の上に存する建物を除き、その目的である不動産（抵当不動産）に付加して一体となっている物に及びます（370条本文）。※2 ※3 過20-31-1

もっとも、設定行為に別段の定めがある場合及び債務者の行為について詐害行為取消請求をすることができる場合は、付加して一体となっている物であっても抵当権の効力が及びません（370条ただし書）。※4

② 借地権

土地賃借人が土地上に所有する建物について抵当権を設定した場合には、原則として、この抵当権の効力は当該土地の賃借権に及びます（最判昭40.5.4）。なぜなら、借地権は建物の従たる権利だからです。過30-30-2

③ 果実

抵当権は、その担保する債権について不履行があったときは、その後に生じた抵当不動産の果実に及びます（371条）。過20-31-3

④ 物上代位

> **事例** AはBに対して3000万円の貸金債権を有しており、この債権を被担保債権としてB所有の建物に抵当権の設定を受けた。ところが、この建物は、抵当権設定後、Cの放火により焼失してしまった。

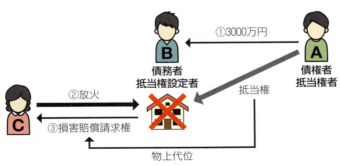

上の事例の場合、家屋が火災により焼失しているので、抵当

※2 重要判例
抵当権の効力は、特段の事情のない限り、抵当不動産の従物にも及び、従物について別個に対抗要件を具備しなくても、第三者に対抗することができる（最判昭44.3.28）。過30-30-1

※3 参考
石垣や立木などの付合物は、不動産の所有権に吸収されるから、付合する時期が抵当権設定前であるか設定後であるかを問わず、「付加して一体となっている物」に含まれる。

※4 具体例をイメージ
例えば、債権者が有する300万円の庭石を抵当土地に設置し、それが詐害行為になるような場合である。

権も消滅するとも思えます。しかし、Bは損害賠償請求権を取得し損害が填補されているのに、Aが抵当権を失うというのは不当です。

そこで、抵当権は、その目的物の売却・賃貸・滅失又は損傷によって債務者が受けるべき金銭その他の物（BのCに対する損害賠償請求権）に対しても行使することができます（372条、304条1項本文）。これを物上代位といいます。過18-46

物上代位の目的物については、以下のとおりです。

【物上代位の目的物】

物上代位できるもの	物上代位できないもの
①不法行為に基づく損害賠償請求権（大判大6.1.22） ②火災保険金請求権（大連判大12.4.7） ③賃料債権（最判平1.10.27） ④買戻代金債権（最判平11.11.30）過30-30-3	転貸賃料債権（最決平12.4.14）過26-30-5、30-30-4 ※抵当不動産の賃借人を所有者と同視することを相当とする場合は物上代位できる

抵当権者は、物上代位をするためには、払渡し又は引渡しの前に差押えをしなければなりません（372条、304条1項ただし書）。※1 ※2 ※3 過18-46

差押えが要求される趣旨は、抵当権の効力が及ぶことを知らない第三債務者が弁済先を誤らないようにする点にあります。

（4）抵当権侵害

①　妨害排除請求

第三者が抵当不動産を不法占有することにより、抵当不動産の交換価値の実現が妨げられ、抵当権者の優先弁済請求権の行使が困難となるような状態にあるときは、抵当権に基づく妨害排除請求をすることができます（最大判平11.11.24）。

また、占有権原の設定を受けて抵当不動産を占有する者についても、抵当権の実行としての競売手続を妨害する目的が認められ、その占有により抵当不動産の交換価値の実現が妨げられ、抵当権者の優先弁済請求権の行使が困難となるような状態にあるときは、抵当権に基づく妨害排除請求をすることができます（最判平17.3.10）。※4 過3-29-4

※1 重要判例

抵当権者は、物上代位の目的債権が譲渡され第三者に対する対抗要件が備えられた後においても、自ら目的債権を差し押さえて物上代位権を行使することができる（最判平10.1.30）。過26-30-1

※2 重要判例

債権について一般債権者の差押えと抵当権者の物上代位権に基づく差押えが競合した場合には、両者の優劣は、一般債権者の申立てによる差押命令の第三債務者への送達と抵当権設定登記の先後によって決すべきである（最判平10.3.26）。

※3 重要判例

対抗要件を備えた抵当権者が、物上代位権の行使として目的債権を差し押さえた場合、第三債務者が債務者に対して反対債権を有していたとしても、それが抵当権設定登記の後に取得したものであるときは、当該第三債務者は、その反対債権を自働債権とする目的債権との相殺をもって、抵当権者に対抗することはできない（最判平13.3.13）。過26-30-2

まとめると、以下のようになります。

【抵当権に基づく妨害排除請求の要件】

	不法占有者に対する請求 （最大判平11.11.24）	占有権原の設定を 受けている者に対する請求 （最判平17.3.10）
客観的要件	抵当不動産の交換価値の実現が妨げられ、抵当権者の優先弁済請求権の行使が困難となるような状態	
主観的要件	不要	抵当権の実行としての競売手続を妨害する目的

② 損害賠償請求

抵当権が侵害され、抵当不動産の交換価値の減少により被担保債権の弁済を受けることができなくなった場合、抵当権者は、侵害者に対して損害賠償請求をすることができます（709条）。※5

(5) 抵当権と抵当不動産利用権の調整

① 法定地上権

> **事例**
> Aは、Bから1000万円を借り入れ、これを担保するため、自己の所有する土地建物のうち建物のみに抵当権を設定した。その後、抵当権が実行されて、Cがこの建物を買い受けた。

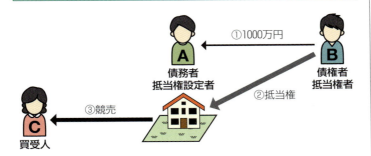

上の事例の場合、買受人Cは、建物の所有権を取得しても土地の利用権を有しないという不都合が生じます。そこで、買受人のために法律上当然に地上権が発生するものとされています（388条前段）。これを法定地上権といいます。

法定地上権の要件は、以下の4つです。

※4 参考
抵当不動産の所有者が、抵当権に対する侵害が生じないように抵当不動産を適切に維持管理することが期待できない場合には、抵当権者は、占有者に対し、直接自己への抵当不動産の明渡しを求めることもできる。週29-31-2

※5 重要判例
抵当権者は、抵当権を実行する前であっても、被担保債権の弁済期が到来していれば、損害賠償請求をすることができる（大判昭7.5.27）。

【法定地上権の要件】

1	抵当権設定当時、土地の上に建物が存在すること ※1 ※2
2	抵当権設定当時、土地と建物が同一の所有者に属すること ※3 ※4 ※5
3	土地又は建物の一方又は双方に抵当権が設定されたこと
4	土地又は建物の所有者が競売により異なるに至ること

　なお、後順位抵当権があった場合や、土地・建物が共有であった場合の処理は、以下のとおりです。

【後順位抵当権と法定地上権】

	1番抵当権を建物に設定	1番抵当権を土地に設定
1番抵当権設定時 ＝土地上に建物なし 2番抵当権設定時 ＝土地上に建物あり	−	×（最判昭47.11.2）
1番抵当権設定時 ＝土地・建物別人所有 2番抵当権設定時 ＝土地・建物同一人所有	○（大判昭14.7.26） 過23-30-3	×（最判平2.1.22）※6

【共有と法定地上権】

	建物に抵当権設定	土地に抵当権設定
建物が共有	○（通説）	○（最判昭46.12.21）過23-30-5
土地が共有	×（最判昭44.11.4）	×（最判昭29.12.23）

②　一括競売

　更地に抵当権を設定した後に築造された建物のためには法定地上権が成立せず（要件1を欠く）、このような建物が存在すると土地のみの競売が困難となります。

　そこで、抵当権の設定後に抵当地に建物が築造されたときは、抵当権者は、土地とともにその建物を競売することができます（389条1項本文）。もっとも、その優先権は、土地の代価についてのみ行使することができます（389条1項ただし書）。

過23-30-1

③　抵当不動産の賃借人の保護

　抵当権設定登記後に抵当建物について賃借権が設定された場

※1 重要判例

土地に抵当権を設定した当時建物が存在していれば、後にその建物が滅失して再築された場合でも、旧建物を基準とする法定地上権が成立する（大判昭10.8.10）。

※2 重要判例

土地及び地上建物に共同抵当権を設定した後に建物が取り壊され、土地上に新たに建物が建築された場合、特段の事情のない限り、新建物のために法定地上権は成立しない（最判平9.2.14）。過23-30-4

※3 重要判例

土地と建物が同一の所有者に属していれば、登記名義が同一でなくても、この要件を満たす（最判昭48.9.18）。過20-31-2

※4 重要判例

抵当権設定当時に土地及び建物の所有者が同一であるときは、抵当権設定後に土地又は建物が第三者に譲渡された場合でも、法定地上権は成立する（大連判大12.12.14）。

合、その賃借権は抵当権に対抗できず、賃借人は出ていかなければならないはずです（177条）。過20-31-4

もっとも、これでは賃借人に酷な場合がありますので、以下のような賃借人の保護のための制度が設けられています。

【抵当不動産の賃借人の保護】

同意の登記による賃貸借の対抗制度	登記をした賃貸借は、その登記前に登記をした抵当権を有するすべての者が同意をし、かつ、その同意の登記があるときは、その同意をした抵当権者に対抗することができる（387条1項）
建物使用者の明渡猶予制度	抵当建物使用者は、その建物の競売における買受人の買受けの時から6ヶ月を経過するまでは、その建物を買受人に引き渡すことを要しないが（395条1項）、建物の使用をしたことの対価を支払う必要がある（395条2項）※7 過20-31-5

※5 重要判例
抵当権設定当時に土地及び建物の所有者が異なるときは、抵当権の実行による競落の際に土地及び建物が同一人に帰属していても、法定地上権は成立しない（最判昭44.2.14）。過元-30-エ

※6 重要判例
1番抵当権が消滅した後に、2番抵当権が実行された場合には、法定地上権が成立する（最判平19.7.6）。過23-30-2

（6）抵当権の消滅

① 代価弁済・抵当権消滅請求

> **事例** Aは、Bから1000万円を借り入れ、これを担保するため、自己の所有する土地に抵当権を設定した。その後、Aは、この土地をCに譲渡した。

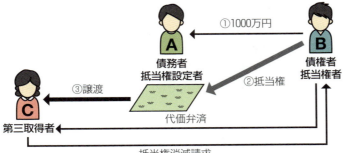

※7 参考
買受人の買受けの時より後に建物の使用をしたことの対価について、買受人が抵当建物使用者に対し相当の期間を定めてその1ヶ月分以上の支払いの催告をし、その相当の期間内に履行がない場合には、明渡猶予制度は適用されない（395条2項）。過21-30-エ

上の事例のCのような、抵当不動産の所有権を取得した者を、第三取得者といいます。

この第三取得者は、いつ抵当権が実行され所有権を失うかわからないので、抵当権を消滅させて第三取得者の所有権を安定させる必要があります。

そこで、抵当権者が請求する代価弁済（378条）、第三取得者が請求する抵当権消滅請求（379条）が認められています。※1

過23-45

【代価弁済と抵当権消滅請求】

		代価弁済	抵当権消滅請求
なしうる者	所有権取得者	○	○
	地上権取得者	○	×
	無償取得者	×	○
	主たる債務者・保証人・これらの承継人	○	×
請求者		抵当権者	第三取得者
効果		抵当権が消滅する ※2	

② **抵当権の消滅時効**

　抵当権は、債務者及び抵当権設定者に対しては、その担保する債権と同時でなければ、時効によって消滅しません（396条）。これは、消滅における付従性を定めたものですので、債務者及び抵当権設定者との関係では、被担保債権が消滅しないのに抵当権だけが時効によって消滅することはありません。※3

③ **目的物の取得時効による消滅**

　債務者又は抵当権設定者でない者が抵当不動産について取得時効に必要な要件を具備する占有をしたときは、抵当権は、これによって消滅します（397条）。過21-29-エ

　この趣旨は、抵当不動産の時効取得による抵当権消滅の効果を債務者又は抵当権設定者にまで認めるのは妥当でないことから、これらの者を除外する点にあります。

④ **目的たる用益権の放棄**

　地上権又は永小作権を抵当権の目的とした地上権者又は永小作人は、その権利を放棄しても、これをもって抵当権者に対抗することができません（398条）。なぜなら、抵当権の目的物としてその拘束を受けている以上、その権利の主体であっても、これを自由に消滅させられるものではないからです。※4

※1 参考

抵当不動産の第三取得者は、抵当権の実行としての競売による差押えの効力が発生する前に、抵当権消滅請求をしなければならない（382条）。

※2 参考

地上権取得者が代価弁済をする場合、抵当権は消滅せず、地上権に対抗できなくなるのみである。

※3 重要判例

396条の反対解釈から、抵当不動産の第三取得者や後順位抵当権者との関係では、抵当権は、被担保債権とは別に20年の消滅時効（166条2項）によって消滅する（大判昭15.11.26）。

※4 重要判例

借地上の建物に抵当権を設定した者の借地権の放棄も、抵当権者に対抗することができない（大判大11.11.24）。

(7) 根抵当権

① 根抵当権とは何か

事例　小売店を営むAは、問屋を営むBから継続的に供給を受ける商品の代金債務を100万円の限度で担保するため、自己の所有する土地に抵当権を設定した。

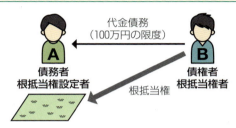

上の事例のように、一定の範囲に属する不特定の債権を一定の額（これを**極度額**といいます）まで担保するために設定する抵当権を、**根抵当権**といいます（398条の2第1項）。

そして、根抵当権によって担保される債権のことを**元本**といいます。※5

② 被担保債権の範囲

根抵当権者は、確定した元本・利息その他の定期金及び債務の不履行によって生じた損害の**全部**について、**極度額**を限度として、その根抵当権を行使することができます（398条の3第1項）。過2-29-1

③ 内容の変更

根抵当権は継続的な取引から生ずる債権を担保するため、1つの債権が弁済されても消滅せず、長期間にわたって存続することになります。その結果、途中で根抵当権に関わる様々な要素が変更する可能性があります。そこで、このような状況の変化に対応するための規定が置かれています。

※5 参考

元本確定期日の定めのない根抵当権設定契約も有効である。

【根抵当権の変更】

	被担保債権の範囲・債務者の変更 ※1 (398条の4) 週28-31-1、2-29-2	極度額の変更 (398条の5)	元本確定期日の変更 ※2 (398条の6) 週2-29-3
なし得る時期	確定前のみ	確定後も可能	確定前のみ
利害関係人の承諾	不要	必要	不要

④ 被担保債権の譲渡

　元本確定前に根抵当権者から被担保債権を譲り受けた者は、その債権について根抵当権を行使することができません（398条の7第1項前段）。週2-29-4

　また、元本確定前に被担保債務の債務引受があった場合には、根抵当権者は、引受人の債務について、その根抵当権を行使することができません（398条の7第2項）。週2-29-4

⑤ 確定

　確定とは、根抵当権によって担保される元本債権が特定することです。これによって、それまでに生じた債権が被担保債権となり、その後に発生する元本債権は担保されなくなるので、根抵当権は通常の抵当権とほぼ同様になります。

　したがって、債務者は確定した債務を弁済すれば根抵当権を消滅させることができますし、債権者は債権を根抵当権付で譲渡することができます。

⑥ 極度額の減額請求

　元本確定後においては、根抵当権設定者は、その根抵当権の極度額を、現に存する債務の額と以後2年間に生ずべき利息その他の定期金及び債務の不履行による損害賠償の額とを加えた額に減額することを請求することができます（398条の21第1項）。週2-29-5

　これは、元本確定時に被担保債権額が極度額に満たない場合、残存する担保価値を根抵当権設定者が利用できるようにするため、極度額の減額請求を認めたものです。

※1 参考

被担保債権の範囲を変更する旨の登記をしなければ、変更がなかったものとみなされる（398条の4第3項）。週2-29-2

※2 参考

元本確定期日は変更した日から5年以内でなければならず（398条の6第3項）、変更前の期日より前に変更の登記をしなければ、変更前の期日に元本が確定する（398条の6第4項）。週2-29-3

6 譲渡担保 ※3

※3 受験テクニック
譲渡担保権は、抵当権の動産バージョンと考えておけばよいでしょう。

（1）譲渡担保とは何か

> **事例** 工場を経営するAは、Bからお金を借りる際に、貸金債権を担保するため、自分の所有する機械の所有権を譲渡した上で、引き続きこの機械を使用している。

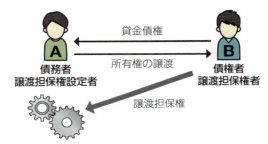

譲渡担保とは、債権の担保のため目的物の所有権などを債権者に譲渡し、一定期間内に債務を弁済した場合は所有権が再び債務者に復帰するという形式の担保のことです。

上の事例において、Aの所有している財産が機械しかなかった場合、動産に抵当権を設定することはできませんから（369条1項）、機械に抵当権を設定してお金を借りることはできません。また、機械に質権を設定してしまうと、機械を債権者Bに引き渡さなければならなくなってしまい（344条）、工場で機械を使用することができません。そこで、Aが引き続き機械を使用することを可能にしつつ担保を設定する方法として、実務上多く採られているのが譲渡担保です。

譲渡担保権を設定した場合、Aが貸金債務を弁済すれば、機械の所有権はAに復帰しますが、弁済しなかった場合は、機械の所有権は確定的にBに帰属することになります。

（2）譲渡担保権の及ぶ範囲
① 借地権

土地賃借人が土地上に所有する建物について譲渡担保権を設定した場合には、原則として、譲渡担保権の効力が当該土地の賃借権に及びます（最判昭51.9.21）。この点は、抵当権の場合

第2章 ― 物権　第5節 ― 担保物権　449

と同様です。

② 物上代位

譲渡担保の目的物を債務者が第三者に売却した場合、譲渡担保権者は、債務者の第三者に対する売買代金債権についても、**物上代位**により譲渡担保権を行使することができます（最決平11.5.17）。

（3）譲渡担保権の実行

① 実行方法

債務者が債務を弁済しなかった場合の譲渡担保権の実行方法には、①**処分清算型**、②**帰属清算型**の2種類があります。

【譲渡担保権の実行方法】

処分清算型	債権者が目的物を第三者に譲渡し、その売買代金を被担保債権の弁済に充て、その残額（清算金）を債務者に返還する方法
帰属清算型	債権者が目的物の価値を適正に評価して、評価額と被担保債権の差額（清算金）を債務者に返還し、目的物の所有権を債権者に帰属させる方法

② 受戻権

受戻権とは、譲渡担保権者が譲渡担保権の実行を完了するまでの間、債務者が債務を弁済して目的物の所有権を回復させることができる権利のことです。

受戻権は、以下の時期に消滅します。

【受戻権の消滅時期】

処分清算型	債権者が目的物を第三者に譲渡した時（最判昭57.1.22）[※1]
帰属清算型	債権者が債務者に対して清算金の支払いをした時、又は、目的物の評価額が被担保債権額を上回らない旨を通知した時（最判昭62.2.12）

（4）集合動産譲渡担保

① 集合動産譲渡担保とは何か

集合動産譲渡担保とは、動産の集合体を対象として譲渡担保を設定した場合のことです。[※2]

構成部分の変動する集合動産であっても、その種類・所在場所・量的範囲を指定するなどの方法により**目的物の範囲が特定**される場合には、1個の集合物として譲渡担保の目的となり得

※1 重要判例

不動産の譲渡担保において、清算金が支払われる前に目的不動産が債権者から第三者に譲渡された場合、原則として、債務者はもはや残債務を弁済して目的物を受け戻すことはできず、このことは譲受人が背信的悪意者に当たる場合であっても異ならない（最判平6.2.22）。[週24-30-1]

※2 具体例をイメージ

例えば、小売店を経営する債務者が、貸金債務を担保するため、在庫商品の所有権を一括して譲渡する場合などである。

ます（最判昭54.2.15）。過29-29-ウ

② 対抗要件

集合動産譲渡担保の対抗要件は、引渡しであり（178条）、一般の動産物権変動の場合と同様に、占有改定による引渡しが認められています。※3 過元-29-4、2-28-オ

③ 設定者の処分権

集合動産の譲渡担保において、設定者がその目的物である動産につき通常の営業の範囲を超える売却処分をしたときは、目的物が当該譲渡担保の目的である集合物から離脱したと認められない限り、当該処分の相手方は目的物の所有権を承継取得することはできません（最判平18.7.20）。過24-30-3

（5）集合債権譲渡担保 ※4

① 集合債権譲渡担保とは何か

集合債権譲渡担保とは、債権の集合体を対象として譲渡担保を設定した場合のことです。※5

集合債権の譲渡担保において、それが有効と認められるためには、契約締結時において、目的債権が他の債権から識別することができる程度に特定されていれば足り、将来における目的債権の発生が確実といえることまでは必要ありません（最判平12.4.21）。過24-30-4

② 対抗要件

集合債権譲渡担保の第三債務者に対する対抗要件は、設定者の第三債務者に対する通知又は第三債務者の承諾です。※6

また、第三者に対する対抗要件は、上記の通知又は承諾が確定日付のある証書によってなされる必要があります。

※3 重要判例
集合動産の譲渡担保において、債権者が譲渡担保の設定に際して占有改定の方法により現に存する動産の占有を取得した場合、その対抗要件具備の効力は、その構成部分が変動したとしても、集合物としての同一性が損なわれない限り、新たにその構成部分となった動産についても及ぶ（最判昭62.11.10）。過24-30-2、元-29-5

※4 受験テクニック

集合債権譲渡担保については、債権譲渡（☞第3章 第5節）について学習した後で学習すると、効率が良いでしょう。

※5 具体例をイメージ
例えば、特定の債権者・債務者間で継続的に発生する債権を一括して譲渡する場合や、多数の債務者の小口債権を一括して譲渡する場合などである。

※6 重要判例
既に生じ、又は将来生ずべき債権を譲渡担保権者に譲渡する集合債権譲渡担保について、第三者対抗要件を具備するためには、債権譲渡の対抗要件の方法によることができる（最判平13.11.22）。過24-30-5

第2章 ― 物権　第5節 ― 担保物権　451

確認テスト

□□□ **1** 物の引渡しを求める訴訟において、被告が留置権を主張した場合、原告の請求を全面的に棄却する判決がなされる。

□□□ **2** 先取特権は、その目的物の売却・賃貸・滅失又は損傷によって債務者が受けるべき金銭その他の物に対しても行使することができる。

□□□ **3** 質権の設定は、債権者との合意のみによって、その効力を生じる。

□□□ **4** 抵当権は、抵当地の上に存する建物を除き、その目的である不動産に付加して一体となっている物に及ぶ。

解答 **1** ✕ その物に関して生じた債権の弁済と引換えに物の引渡しを命ずる引換給付判決をすべきである（最判昭33.3.13）。 **2** ⭕ （304条1項本文） **3** ✕ 権利質以外の質権の設定は、債権者にその目的物を引き渡すことによって、その効力を生じる（344条）。 **4** ⭕ （370条本文）

452

第3部 民法

第3章 債権

第1節 債権の目的 重要度 B

学習のPOINT

債権の目的とは、債務者の一定の行為のことを意味します（日常語のように動機といった意味ではありません）。出題頻度はさほど高くないので、ざっと目を通しておけば十分でしょう。

1 債権とは何か

債権とは、特定の人が別の特定の人に対して一定の行為を請求することができる権利のことをいいます。例えば、AさんがBさんにお金を貸した場合に、AさんがBさんに対してその返済を請求する権利などです。※1 ※2

また、これとは逆に、お金を借りたBさんは、お金を貸したAさんに対して返済をする義務があります。このような義務を**債務**といいます。

以上のように、債権と債務は表裏一体の関係にあるといえます。そして、債権を有している人を**債権者**、債務を負っている人を**債務者**といいます。

なお、本書では、債権・債務については、債権者から債務者に向かう矢印を用いて図示しています。

【債権・債務】

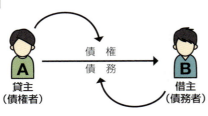

※1 参考
同一内容の行為を目的とする債権が、同一債務者に対し2個以上併存して成立することも可能である。

※2 参考
債権は、給付の実現が可能なものであれば、将来のものでもその目的とすることができる。

2 特定物債権と種類債権

（1）特定物債権

特定物とは、その物の個性に着目して引渡しの対象とされた物のことであり、**特定物債権**とは、この特定物の引渡しを目的とする債権のことです。※1

債権の目的が特定物の引渡しであるときは、債務者は、その引渡しをするまで、**善良な管理者の注意**をもって、その物を保管しなければなりません（400条）。これを**善管注意義務**といいます。

※1 具体例をイメージ
例えば、不動産や美術品の引渡しを目的とする債権などである。

（2）種類債権

① 種類債権とは何か

種類債権とは、同じ種類の物の一定数量の引渡しが目的とされる債権のことであり、その目的物を**種類物**といいます。※2

種類債権の場合、法律行為の性質又は当事者の意思によってその品質を定めることができないときは、債務者は、**中等の品質**を有する物を給付しなければなりません（401条1項）。過19-31-4

※2 具体例をイメージ
例えば、リンゴ10個の引渡請求権などである。

② 種類債権の特定

種類債権の場合、その種類物が市場に存在する限り債務者の調達義務がいつまでも存続することになります。過19-31-3

もっとも、これでは債務者の責任が不当に重くなってしまいます。そこで、種類物の売買であっても、ある段階に達すると、売主が引き渡すべき目的物が「このリンゴ」といったように限定されることになります。これを**種類債権の特定**といいます。※3

種類債権の特定が生ずるためには、債務者が物の給付をするのに**必要な行為**を完了し、又は**債権者の同意**を得てその給付すべき物を指定したことが必要です（401条2項）。

③ 特定の効果

種類債権の特定が生ずると、債務者は、特定した物を引き渡す債務を負うことになります。したがって、以下の表のような効果が生ずることになります。

※3 記述対策
「種類債権の特定」という用語と、特定が生ずる時期については、書けるようにしておきましょう。

【種類債権の特定の効果】

1	債務者の保管義務が加重され、特定物の場合と同様に、善管注意義務を負うことになる（400条）過19-31-2
2	目的物が滅失すると引き渡すべき物がなくなるので、債務者の債務は履行不能となる
3	特約がない限り、特定によって目的物の所有権が債権者に移転する（最判昭35.6.24）過19-31-5

（3）制限種類債権

制限種類債権とは、種類物について一定の制限を加えて目的物を限定した債権のことです。※4

種類債権は、他から入手が可能である限り履行不能とはなりませんが、制限種類債権は、制限の範囲内の物がすべて滅失すれば履行不能となります。

※4 具体例をイメージ

例えば、Aの倉庫内のビール1ダースの引渡しを請求する債権などである。

確認テスト

□□□ **1** 債権の目的が特定物の引渡しであるときは、債務者は、その引渡しをするまで、自己の財産に対するのと同一の注意をもって、その物を保管しなければならない。

□□□ **2** 種類債権の場合、法律行為の性質又は当事者の意思によってその品質を定めることができないときは、債務者は、中等の品質を有する物を給付しなければならない。

□□□ **3** 種類債権の特定が生ずるためには、債務者が物の給付をするのに必要な行為を完了し、又は債権者の同意を得てその給付すべき物を指定したことが必要である。

□□□ **4** 制限種類債権は、制限の範囲内の物がすべて滅失すれば履行不能となる。

解答 **1** ✕ 善良な管理者の注意をもって保管することが必要である（400条）。 **2** ◯ （401条1項） **3** ◯ （401条2項） **4** ◯

憲法

行政法

民法

商法

基礎法学

一般知識

第3章 — 債権 第1節 — 債権の目的 **455**

第2節 債務不履行

学習のPOINT

ここでは、債務者が債務を自主的に履行しない場合の処理について学習します。債務不履行の3つの類型とその要件・効果はしっかり押さえておきましょう。

1 債務不履行とは何か

債務不履行とは、債務者が債務の本旨に従った履行をしないことです。

この債務不履行には、①期限を過ぎる履行遅滞、②履行が不可能となる履行不能、③形の上では履行がなされたが、それが債務の本旨に従った完全な履行ではない不完全履行の3類型があります。過18-31-ウ・エ

2 債務不履行の要件

(1) 債務不履行の事実

① 履行遅滞

履行遅滞といえるためには、以下の3つの要件を満たすことが必要です。※1

【履行遅滞の要件】

1	履行が可能であること
2	履行期を徒過したこと
3	履行期に履行しないことにつき違法性があること（同時履行の抗弁権や留置権が存在しないこと）

② 履行不能

履行が不能かどうかは契約その他の債務の発生原因及び取引上の社会通念に照らして判断されます（412条の2第1項）。例えば、引き渡すべき目的物が滅失した場合のみならず、不動産が第三者に二重に譲渡されて登記が経由された場合なども履行不能に当たります。※2

※1 参考

履行遅滞が生じた後に不可抗力によって債務が履行不能となった場合、債務者は、履行不能による損害につき賠償責任を負う（413条の2第1項）。過20-32-1

※2 重要判例

仮登記が備えられただけでは、未だ履行不能とはならない（最判昭35.4.21）。過20-32-2

③ 不完全履行

不完全履行は、損害のあり方という観点から大きく2つに分類できます。

【不完全履行の分類】

瑕疵型	給付の目的物に瑕疵がある場合 ※3
拡大損害型	目的物の瑕疵が原因で、給付した目的物以外に損害が発生する場合 ※4

（2）損害の発生・因果関係

債務不履行による損害賠償責任が発生するためには、損害の発生及びその損害と債務不履行の事実との間に因果関係があることが必要です。※5

（3）金銭債務の特則 　過19-46

金銭の給付を目的とする債務の不履行による損害賠償については、債務者は、不可抗力をもって抗弁とすることができませんので（419条3項）、帰責事由の有無を問わず損害賠償責任を負います。なぜなら、金銭は相当の利息を支払えば容易に入手できるものであり、履行不能が考えられないからです。過3-31-ウ

また、債権者は、損害の証明をすることを要しません（419条2項）。したがって、債権者は、債務不履行の事実だけを証明すればよいことになります。過3-31-ア

3 債務不履行の効果

債務不履行があった場合、債権者は、①履行の強制（414条）、②損害賠償請求（415条）といった2つの措置をとることができます。

（1）履行の強制

債務者が任意に債務の履行をしないときは、債権者は、履行の強制を裁判所に請求することができます（414条1項本文）。このように、債務不履行の場合、債権者に履行請求権が認められ、債権を強制的に実現することができます。※6

もっとも、具体的にどのような方法で債権が実現されるのかは、債務の種類ごとに異なっています。

※3 具体例をイメージ

例えば、コンビニで弁当を買ったところ、この弁当が腐っていて食べられなかった場合などである。

※4 具体例をイメージ

例えば、コンビニで弁当を買ったところ、この弁当が腐っていたが、これに気付かずに食べてしまい食中毒にかかって入院した場合などである。

※5 参考

損害には、財産に対して加えられた財産的損害と、それ以外の精神的損害の両方が含まれる。

※6 重要判例

夫婦の同居義務（752条）は、債務者の自由意思の尊重という観点から、直接強制・間接強制ともに許されない（大決昭5.9.30）。

【履行の強制】 過19-32

	直接強制	代替執行	間接強制
意味	債務者の財産に対して実力行使し、債務者の意思を無視して債権の内容を実現する方法	債務者に代わって第三者に債務の内容を実現させ、それに要する費用を債務者から強制的に徴収する方法	債務を履行しないことに対し一定額の金銭の支払いを命じることにより、債務者の履行を経済的に強制する方法
債務の態様	引渡債務	代替的行為債務	引渡債務、行為債務（非代替的も含む）、不作為債務
具体例	金銭債務、特定物債務・種類債務	謝罪広告をする債務、建物を収去する債務	絵のモデルになる債務、騒音を出さない債務、ある人に電話をしてはならない債務

（2）損害賠償請求

① 要件

　債務者がその債務の本旨に従った履行をしないとき又は債務の履行が不能であるときは、債権者は、これによって生じた損害の賠償を請求することができます（415条1項本文）。

　ただし、その債務の不履行が契約その他の債権の発生原因及び取引上の社会通念に照らして債務者の責めに帰することができない事由によるものであるときは、損害の賠償を請求することができません（415条1項ただし書）。

② 履行補助者を用いた場合の責任

　履行補助者とは、債務者が債務を履行するにあたって使用する者のことです。[※1]

　この履行補助者の過失は、信義則上、債務者の故意・過失と同視すべき事由ですから、債務者は、履行補助者の選任・監督に過失がなくても、債務不履行責任を負うとされています（大判昭4.3.30）。なぜなら、債務者は、履行補助者を使うことによって活動領域を広げ利益を得ている以上、履行補助者の過失についても債務者自身の責任を認める必要があるからです。[※2] [※3]

※1　具体例をイメージ

例えば、家具の引渡債務を負っている家具屋が依頼した運送業者などである。

※2　重要判例

賃借人が賃貸人の承諾を得て賃貸不動産を転貸したが、転借人の過失により同不動産を損傷させた場合、賃借人は転借人の選任・監督について過失がなくても、賃貸人に対して債務不履行責任を負う（大判昭4.6.19）。過28-33-3

※3　参考

受寄者が寄託者の承諾を得て寄託物を第三者に保管させたが、当該第三者の過失により寄託物を損傷させた場合、受寄者は寄託者に対して債務不履行責任を負う。過28-33-4

③ 損害賠償の方法

損害賠償は、別段の意思表示がないときは、**金銭**をもってその額を定めるものとされています（417条）。このように、損害賠償の方法は、金銭を支払うことによって損害が発生しなかった状態を回復する金銭賠償が原則とされています。

④ 損害賠償の範囲

債務の不履行に対する損害賠償の請求は、これによって**通常生ずべき損害の賠償**をさせることをその目的とします（416条1項）。この趣旨は、債務不履行と関係のある損害をすべて損害賠償の範囲とすると、賠償しなければならない損害が無限に拡大するおそれがあることから、損害賠償の範囲を合理的に制限する点にあります。

ただし、特別の事情によって生じた損害であっても、当事者がその事情を**予見すべきであった**ときは、債権者は、その賠償を請求することができます（416条2項）。※4 ※5

⑤ 損害額の調整－過失相殺（かしつそうさい）

債務の不履行又はこれによる損害の発生・拡大に関して債権者に過失があったときは、裁判所は、これを考慮して、損害賠償の責任及び額を定めるものとされています（418条）。これを**過失相殺**といいます。※6

これは、損害の発生・拡大が債務者の過失だけでなく、債権者の過失も原因となっていた場合に、損害のすべてについて債務者に負担させることは公平に反するからです。

⑥ 損害賠償額の予定

当事者は、債務の不履行について**損害賠償の額を予定**することができます（420条1項）。この趣旨は、債務不履行による損害賠償を巡って損害の有無・損害賠償の範囲などについて紛争が生じることが多いため、このような紛争を避ける点にあります。※7

※4 重要判例
416条2項の文言上は「当事者」とされているが、ここでいう予見すべきであったかどうかは、債務者にとってのものであると解されている（大判大7.8.27）。

※5 重要判例
予見すべきであったかどうかの判断時期は、債務不履行時とされている（大判大7.8.27）。過28-33-5

※6 記述対策

「過失相殺」という名称は書けるようにしておきましょう。

※7 参考
違約金は、債務不履行に対する制裁であり損害の塡補を目的とするものではないので、損害賠償額の予定と性質を異にするものであるが、民法上は、賠償額の予定と推定されることになる（420条3項）。

確認テスト

□□□ **1** 金銭の給付を目的とする債務の不履行による損害賠償については、債務者は、不可抗力をもって抗弁とすることができる。

□□□ **2** 債務の不履行に対する損害賠償の請求は、これによって通常生ずべき損害の賠償をさせることをその目的とする。

解答 **1** ✕ 債務者は、不可抗力をもって抗弁とすることができない（419条3項）。 **2** ○ （416条1項）

第3節 責任財産の保全

重要度 A

学習のPOINT

責任財産の保全のための制度には、①債権者代位権と②詐害行為取消権の2種類があります。判例からの出題が多い分野なので、判例を重点的に学習しましょう。

1 債権者代位権

(1) 債権者代位権とは何か

> **事例** Aは、Bに対して100万円の貸金債権を有しており、Bは、Cに対して100万円の貸金債権を有していた。Bは、無資力であるにもかかわらず、Cに対して100万円の支払いを請求しないので、Aは、Bに代わって、Cに対して100万円の支払いを請求した。

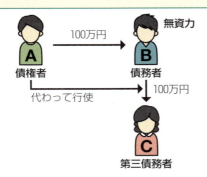

上の事例のように、債務者（B）が自らの権利を行使しないときに、債権者（A）が債務者に代わってその権利を行使することを、債権者代位権といいます。※1

この趣旨は、強制執行の準備のために債務者の責任財産※2を保全する点にあります。

(2) 要件

① 債権保全の必要性

債権者は、自己の債権を保全するため必要があるときは、債

※1 記述対策

「債権者代位権」という名称は書けるようにしておきましょう。

※2 用語

責任財産：強制執行の対象物として、ある請求の実現のために提供される財産のこと。

務者に属する権利（被代位権利）を行使することができるとされており（423条1項本文）、債権保全の必要性が要件とされています。この債権保全の必要性とは、債務者が**無資力**であることを意味します。※1

　もっとも、金銭債権の保全以外に用いられる**債権者代位権の転用**の場合（423条の7）は、債務者の無資力は要件とされていません。※2

② **被代位権利が債務者の一身専属権及び差押えを禁じられた権利ではないこと**

　債務者の一身に専属する権利及び**差押えを禁じられた権利**は、債権者代位権の対象となりません（423条1項ただし書）。

　「一身に専属する権利」とは、特定の権利主体だけが行使できるとされている権利の総称のことです。どのような権利が「一身に専属する権利」に当たるかは、個々の権利の性質や規定の趣旨などを考えて判断しなければなりませんが、認知請求権（787条）など身分上の権利の多くは「一身に専属する権利」に当たると考えられています。

【債権者代位権の対象】

代位行使することができる	代位行使することができない
①登記請求権（大判明43.7.6） ②妨害排除請求権（賃借人の場合につき大判昭4.12.16、抵当権者の場合につき最大判平11.11.24等） ③債権者代位権（最判昭39.4.17） ④消滅時効の援用権（最判昭43.9.26） ⑤取消権や解除権などの形成権 週28-32-2、3-32-1	①債権譲渡の通知（大判昭5.10.10） ②名誉毀損による慰謝料請求権（最判昭58.10.6） ※当事者間において具体的な金額が確定したときは、代位行使することができる ③遺留分※3 侵害額請求権※4（最判平13.11.22） ※権利行使の確定的意思を有することを外部に表明したと認められる特段の事情がある場合は、代位行使することができる

③ **債権の履行期の到来**

　債権者は、その債権の**期限が到来**しない間は、被代位権利を行使することができません（423条2項本文）。週3-32-2

　ただし、**保存行為**は、この限りではありません（423条2項ただし書）。※5 週28-32-1

※1 重要判例

交通事故の被害者が、加害者が保険会社に対して有する自動車対人賠償責任保険の保険金請求権を代位行使する場合、加害者が無資力でなければならない（最判昭49.11.29）。

※2 具体例をイメージ

例えば、賃借人が賃貸人の不法占有者に対する妨害排除請求権を代位行使する場合（大判昭4.12.16）や、抵当権者が抵当不動産の所有者の不法占有者に対する妨害排除請求権を代位行使する場合（最大判平11.11.24）などである。

※3 用語

遺留分：相続財産の一定割合を一定の範囲の相続人に留保しておくこと。

※4 用語

遺留分侵害額請求権：遺留分が侵害された場合に、侵害額に相当する金銭の支払を請求する権利のこと。

※5 具体例をイメージ

例えば、時効の完成猶予・更新のための請求や未登記の権利の登記などである。週28-32-1

④ 債務者が権利を行使していないこと

　債権者代位権を行使するためには、債務者自らが自己の権利を行使していないことが必要です（最判昭28.12.14）。

　なぜなら、本来債務者だけが自由にできる権利行使に債権者が干渉する以上、その干渉は必要最小限に限られるべきだからです。

（3）行使方法

① 権利行使の名義

　代位債権者は、債務者の代理人的な地位に立つわけではなく、自己の名で権利行使することができます。過28-32-3

② 代位行使の範囲

　代位債権者は、被代位権利の目的が可分であるときは、自己の債権額の範囲においてのみ被代位権利を行使できるにすぎません（423条の2）。

　なぜなら、債権者代位権は債権の保全のために例外的に認められる制度であって、債務者の財産的自由を制約するものである以上、代位権行使の範囲も必要最小限の範囲に限られるべきだからです。

③ 請求の内容

　請求の内容は、どのような権利を代位行使するかによって、以下のように異なってきます。

【債権者代位権に基づく請求の内容】

金銭債権・動産の引渡請求権	直接自己への給付を請求することができる（423条の3）過3-32-3
賃貸人の妨害排除請求権	直接自己に対して明渡しを請求することができる（最判昭29.9.24）
所有権移転登記請求権	債務者名義への移転登記請求ができるにすぎず、直接自己名義への移転登記請求をすることはできない

（4）効果

　債務者が被代位権利を行使した場合であっても、債務者は、被代位権利について、自ら取立てその他の処分をすることができますし、相手方も、被代位権利について、債務者に対して履行をすることができます（423条の5）。※6 過3-32-4・5

※6 参考

債権者は、被代位権利の行使に係る訴えを提起したときは、遅滞なく、債務者に対し、訴訟告知をしなければならない（423条の6）。過3-32-4

第3章 — 債権　第3節 — 責任財産の保全　463

2 詐害行為取消権

(1) 詐害行為取消権とは何か

事例　Aは、Bに対して100万円の貸金債権を有していた。Bは、Cに対して100万円を贈与したことにより、無資力となったので、Aは、BC間の贈与を取り消した。

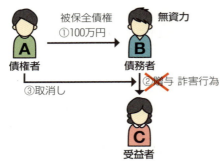

　上の事例のように、債務者が積極的に自己の財産を減少させるような行為（詐害行為）をしたときに、これを取り消す権利のことを、**詐害行為取消権**といいます。※1 過26-45

　この趣旨は、債権者代位権と同様、強制執行の準備のために債務者の責任財産を保全する点にあります。

(2) 要件

① 被保全債権が金銭債権であること

　詐害行為取消権の制度趣旨が責任財産の保全にあることから、被保全債権は**金銭債権**でなければならないのが原則です。

　しかし、特定物引渡請求権も究極において損害賠償請求権に変わり得るものですから、特定物引渡請求権を有する者も、その目的物を債務者が処分したことにより無資力となった場合には、当該処分行為を詐害行為として取り消すことができます（最大判昭36.7.19）。過20-32-5、28-32-4

② 被保全債権の発生原因が詐害行為前に生じたものであること

　債権者は、被保全債権が**詐害行為の前**の原因に基づいて生じたものである場合に限り、詐害行為取消請求をすることができます（424条3項）。※2

※1 記述対策

「詐害行為取消権」という名称は書けるようにしておきましょう。

※2 重要判例

詐害行為の前に債権が成立していれば、その後債権が譲渡されたとしても、譲受人は、詐害行為取消権を行使することができる（大判大12.7.10）。

464

したがって、詐害行為と主張される不動産の譲渡行為が債権者の債権成立前にされたものである場合には、たとえその登記が債権成立後にされたときであっても、詐害行為取消請求をすることはできません（最判昭55.1.24）。

③ 債権者を害する行為であること

詐害行為取消請求の対象となるのは「債権者を害する」行為とされており（424条1項本文）、これは、当該行為により債務者が無資力になることを意味します。

なお、一部の債権者への担保の供与又は債務の消滅に関する行為は、原則として詐害行為に当たりませんが、①債務者が支払不能の時に、②債務者と受益者とが通謀して他の債権者を害する意図をもって行われた場合には詐害行為となります（424条の3第1項）。※3 ※4

④ 財産権を目的としない行為ではないこと

「財産権を目的としない行為」は、詐害行為取消請求の対象となりません（424条2項）。なぜなら、詐害行為取消請求は、債務者の責任財産の保全を目的とする制度だからです。

この点については、以下の表にあるように、家族法上の行為が「財産権を目的としない行為」に当たり、詐害行為取消請求の対象とならないのではないかが問題となります。

【詐害行為取消請求の対象】

対象となるもの	対象とならないもの
遺産分割協議（最判平11.6.11）過25-30-1	①相続の放棄（最判昭49.9.20）過25-30-2 ②離婚に伴う財産分与（最判昭58.12.19）過25-30-3 ※768条3項の規定の趣旨に反して不相当に過大であり、財産分与に仮託してなされた財産処分であると認めるに足りるような特段の事情があれば、対象となる ※5

⑤ 債務者が債権者を害することを知っていたこと

詐害行為取消請求をするためには、債務者の行為が債権者を害することを知ってなされたことが必要です（424条1項本文）。※6

※3 記述対策

一部の債権者への担保の供与又は債務の消滅に関する行為が例外的に詐害行為取消請求の対象となる場合については、書けるようにしておきましょう。

※4 重要判例

弁済につき詐害行為取消請求が認められた場合取消請求権者からの返還請求に対して、自己の債権に係る按分額（弁済を受けた額を取消請求権者の債権額と自己の債権額とで按分した額）の支払いを拒むことはできない（最判昭46.11.19）。

※5 記述対策

離婚に伴う財産分与が例外的に詐害行為取消請求の対象となる場合については、書けるようにしておきましょう。

※6 重要判例

債務者・転得者の悪意については、債権者側に立証責任があるが（債務者の悪意につき大判昭13.3.11）、受益者の悪意については、受益者側に立証責任がある（最判昭37.3.6）。過28-32-5

⑥ 受益者がその行為の時において債権者を害すべき事実を知っていたこと

　詐害行為取消請求は、受益者がその行為の時において債権者を害すべき事実を知っていたときに限り、することができます（424条1項ただし書）。過26-45

⑦ すべての転得者※1がそれぞれの転得時において債権者を害すべき事実を知っていたこと

　転得者を相手方とする場合、すべての転得者がそれぞれの転得時において債権者を害すべき事実を知っていたときに限り、詐害行為取消請求をすることができます（424条の5）。過26-45

（3）行使方法

　詐害行為取消請求は、債権者代位権の場合と異なり、裁判所に請求しなければなりません（424条1項本文）。過26-45

　なぜなら、他人間の法律行為を取り消すというのは重大な効果であり、第三者にも影響が及ぶので、要件充足の有無を裁判所に判断させる必要があるからです。

（4）出訴期間

　詐害行為取消請求に係る訴えは、債務者が債権者を害することを知って行為をしたことを債権者が知った時から2年を経過したときは、提起することができません（426条前段）。また、詐害行為の時から10年を経過したときも同様です（426条後段）。

（5）効果

① 詐害行為取消請求の被告

　詐害行為取消請求に係る訴えは、債務者ではなく、受益者又は転得者を被告としなければなりません（424条の7第1項）。※2 過26-45

② 取消しの範囲

　詐害行為の取消しの範囲は、以下のとおりです。

※1 用語

転得者：物や権利を譲り受けた者から、さらにこれを譲り受けた者のこと。

※2 参考

債権者は、詐害行為取消請求に係る訴えを提起したときは、遅滞なく、債務者に対し、訴訟告知をしなければならない（424条の7第2項）。

【取消しの範囲】

金銭の処分の場合	目的物が金銭のように可分の場合、自己の債権の額の限度においてのみ取り消すことができる（424条の8第1項）
金銭以外の財産の処分の場合	詐害行為となる債務者の行為の目的物が、不可分な一棟の建物であるときは、たとえその価額が債権額を超える場合でも、債権者は、その行為の全部を取り消すことができる（最判昭30.10.11）

③ 取消しの内容

債権者は、原則として財産の返還を請求することができますが、財産の返還が困難であるときは、その価額の償還を請求することができます（424条の6第1項・2項）。 過26-45

債権者が直接自己に対する返還請求をできるかについては、以下のとおりです。

【直接自己に対する返還請求の可否】

不動産の返還請求	直接自己に対する所有権移転登記手続を請求することはできない（最判昭53.10.5）
動産・金銭の返還請求	直接自己への引渡しを請求できる（424条の9第1項）※3 過25-30-5

④ 取消しの効果

詐害行為取消請求を認容する確定判決は、**債務者及びすべての債権者**に対してもその効力を生じます（425条）。したがって、債権者は自己の債権について、詐害行為として取り消したとしても、受益者から取り戻した財産から他の債権者に優先して弁済を受けることはできません。※4

なお、債権者代位権と詐害行為取消権の違いをまとめると、以下のようになります。

※3 重要判例

債権者が金銭の返還を受けた場合、取消債権者は、その金銭を他の債権者に分配する義務を負わない（最判昭37.10.9）。

※4 重要判例

詐害行為取消請求は、総ての債権者の利益のために債務者の責任財産を保全する目的において行使されるべき権利であるから、債権者が複数存在するときであっても、取消債権者は、その有する債権額全額について取り消すことができる（大判昭8.2.3）。過25-30-4

第3章 ― 債権　第3節 ― 責任財産の保全　**467**

【債権者代位権と詐害行為取消権のまとめ】

	債権者代位権	詐害行為取消権
被保全債権	①原則として弁済期にあることが必要（423条2項） ②代位目的たる債権より前に成立したことは不要（最判昭33.7.15）	①弁済期にあることは不要（大判大9.12.27） ②詐害行為の前に成立したことが必要（424条3項）
行使方法	裁判外でも行使できる	裁判上の行使が必要（424条1項本文）
期間制限	なし	債務者が債権者を害することを知って行為をしたことを知った時から2年、行為時から10年（426条）

確認テスト

□□□ **1** 債権者代位権は、債務者が無資力である場合にしか行使することができない。

□□□ **2** 債権者は、その債権の期限が到来しない間は、保存行為の場合を除き、被代位権利を行使することができない。

□□□ **3** 債権者は、被保全債権が詐害行為の前の原因に基づいて生じたものである場合に限り、詐害行為取消請求をすることができる。

□□□ **4** 詐害行為取消請求を行使する場合、必ずしも裁判所に請求する必要はない。

解答 **1** ✕ 債権者代位権の転用の場合、債務者が無資力でなくても行使することができる（423条の7）。 **2** ○ （423条2項） **3** ○ （424条3項） **4** ✕ 必ず裁判所に請求する必要がある（424条1項本文）。

第4節 多数当事者の債権・債務　重要度 A

学習のPOINT
多数当事者の債権・債務には、①分割債権・債務、②不可分債権・債務、③連帯債務、④保証債務といった形態があります。条文からの出題が多いので、条文をしっかり押さえましょう。

1 分割債権・債務

 事例　AとBは、2人で共同してCから100万円を借りたが、その際に何も特約はなされなかった。

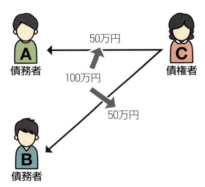

　債権者又は債務者のいずれか一方が複数である債権・債務関係については、平等の割合で分割される**分割債権**又は**分割債務**が原則とされています（427条）。

　したがって、上の事例では、AとBがCに対してそれぞれ50万円ずつの貸金債務を負うことになります。

2 不可分債権・債務

> **事例** AとBは、2人で共同して所有している自動車をCに対して売り、代金の支払いも受けたが、未だ自動車を引き渡していない。

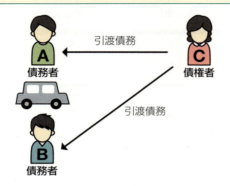

　上の事例では、AとBの2人がCに対して自動車の引渡債務を負っていますから、分割債務となるのが原則です。

　しかし、そうだとすると、AとBはそれぞれ自動車を真二つに割って引き渡すことになってしまいますが、Cからしたらそんな自動車はほしくないでしょう。

　そこで、上の事例のように、債務の目的が性質上不可分である場合には、分割債務とはならず、債権者は、債務者のうちの1人に対して全部の履行を請求することができます（430条、436条）。これを**不可分債務**といいます（債権者が複数の場合は**不可分債権**となります）。過20-33-ア

【不可分債権と不可分債務】

	不可分債権	不可分債務
具体例	①共有者の所有権に基づく共有物返還請求権（大判大10.3.18） ②共同賃貸人の賃借人に対する賃料債権	①共有物の引渡債務 ②共同して賃借した不動産の賃料支払債務（大判大11.11.24）
対外的効力	各債権者はすべての債権者のために履行を請求し、債務者はすべての債権者のために各債権者に対して履行をすることができる（428条、432条）過20-33-イ	1人に対し、又は同時に若しくは順次にすべての債務者に対し、履行を請求することができる（430条、436条）
1人について生じた事由	履行の請求、弁済やこれに準ずる事由を除き、他の不可分債権者に対して効力を生じない（429条、428条、435条の2）	弁済やこれに準ずる事由を除き、他の不可分債務者に対して効力を生じない（430条、441条）

3 連帯債権

（1）連帯債権とは何か

 A、B、Cは、3人で共同してDに対して300万円を貸し付け、その際に3人の債権は連帯債権とする特約がなされた。

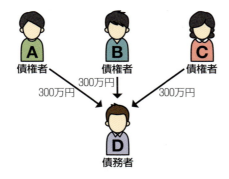

　連帯債権とは、数人の債権者が同一内容の給付について、各自が独立に全部の給付を請求できる債権を有し、そのうちの1人が給付を受ければ他の債権者の債権もすべて消滅する多数当事者の債権のことです。上の事例で見ますと、A、B、C3人

は、それぞれ100万円ずつの債権を有しているのではなく、それぞれ300万円全額の債権を有することになります。そして、DがA、B、Cのうち1人に対して300万円を支払えば、他の2人の債権も消滅することになります。

(2) 連帯債権の性質

数人が連帯債権を有するときは、各債権者は、全ての債権者のために全部又は一部の履行を請求することができ、債務者は、全ての債権者のために各債権者に対して履行をすることができます（432条）。

(3) 連帯債権者の1人に生じた事由

連帯債権者の1人ついて生じた事由は、他の連帯債権者に対してその効力を生じないのが原則です（435条の2：相対的効力の原則）。

しかし、履行の請求・履行（432条）、更改・免除（433条）、相殺（434条）、混同（435条）については、例外として他の連帯債権者に対しても効力を生じます（絶対的効力）。

4 連帯債務

(1) 連帯債務とは何か

> 事例　A、B、Cは、3人で共同してDから300万円を借り入れ、その際に3人の債務は連帯債務（負担部分は平等）とする特約がなされた。

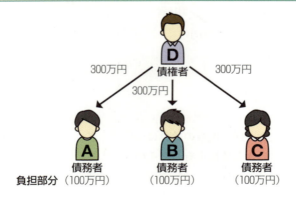

連帯債務とは、数人の債務者が同一内容の給付について、各自が独立に全部の給付をなすべき債務を負担し、そのうちの1人の給付があれば他の債務者の債務もすべて消滅する多数当事者の債務のことです。上の事例で見ますと、A、B、C3人は、それぞれ100万円ずつの債務を負うのではなく、それぞれ300万円全額の債務を負うことになります。そして、3人のうち1人が300万円を支払えば、他の2人の債務も消滅することになります。※1

次に、負担部分とは、各債務者が最終的に負担する額のことです。上の事例では、負担部分は平等とされていますから、A、B、C3人の負担部分はそれぞれ100万円ずつとなります。したがって、Aが300万円全額を支払ったとしても、Aは最終的に100万円を負担すればよいのですから、B、Cの2人に対して100万円ずつの支払いを請求することができます。このように、他人の債務を弁済した人がその他人に対して自分の財産が減少した分の返還を請求する権利のことを、求償権といいます。

（2）連帯債務の性質

数人が連帯債務を負担するときは、債権者は、その連帯債務者の1人に対し、又は同時もしくは順次にすべての連帯債務者に対し、全部又は一部の履行を請求することができます（436条）。

また、連帯債務者の1人について法律行為の無効又は取消しの原因があっても、他の連帯債務者の債務は有効となります（437条）。なぜなら、連帯債務は各債務者が別個独立の債務を負担するものであるところ、その成立原因も個別的に取り扱うのが当事者の意思に適するからです。過20-33-オ、29-32-1

（3）連帯債務者の1人に生じた事由

連帯債務者の1人について生じた事由は、他の連帯債務者に対してその効力を生じないのが原則です（441条：相対的効力の原則）。※2

しかし、以下のような例外があります。

> **※1 重要判例**
>
> 連帯債務者の1人に対する債権のみを譲渡することもできる（大判昭13.12.22）。

> **※2 具体例をイメージ**
>
> 例えば、債務の承認、債権譲渡の通知、時効の利益の放棄などである。過29-32-3

第3章 — 債権　第4節 — 多数当事者の債権・債務　473

【連帯債務の絶対的効力】※1

債務の全部について効力を生じる	負担部分のみ効力を生じる
①弁済・代物弁済 ※2 ②更改（438条）週29-32-2 ③自己の債権による相殺（439条 　1項） ④混同（440条）	他の債務者の反対債権による履行拒絶（439条2項）週23-31-ア

※1 法改正情報

民法大改正により、債務の免除と消滅時効の完成は、絶対効が生じないこととなった。週20-33-エ

※2 参考

弁済・代物弁済は、明文の規定はないが、債務を消滅させるという性質上、債務の全部について他の連帯債務者に対してもその効力を生じるとされている。

（4）求償関係

① 求償権

　連帯債務者の1人が弁済をしたときは、その連帯債務者は、弁済額が自己の負担部分を超えるかどうかにかかわらず、他の連帯債務者に対し、各自の負担部分に応じた求償権を有します（442条1項）。週23-31-オ

　もっとも、連帯債務者の中に償還をする資力がない者があるときは、その償還をすることができない部分は、求償者及び他の資力のある者の間で、各自の負担部分に応じて分割して負担します（444条1項）。なぜなら、弁済者だけに償還する資力のない者の負担部分を負わせるのは不公平だからです。週21-31-ア

② 通知を怠った連帯債務者の求償の制限

　連帯債務者の1人が弁済することを他の連帯債務者に通知しないで弁済をした場合、他の連帯債務者は、債権者に対抗できる事由を有していたときは、その負担部分について、その事由をもって弁済をした連帯債務者に対抗することができます（443条1項前段）。連帯債務者の1人が事前の通知を怠った場合、他の連帯債務者の債権者に対する対抗事由を保護する必要があるからです。週29-32-4

　また、連帯債務者の1人が弁済をしたことを他の連帯債務者に通知することを怠ったため、他の連帯債務者が善意で弁済をしたときは、弁済をした連帯債務者は、自己の弁済を有効であったものとみなすことができます（443条2項）。連帯債務者の1人が事後の通知を怠った場合、他の連帯債務者が二重に弁済させられることを防止する必要があるからです。週29-32-5

5 保証債務

（1）保証債務とは何か

> **事例** AがBから100万円を借り入れる際、BとCの間で、Aが100万円を返せなかった場合にはCが代わりに100万円を支払う旨の契約がなされた。

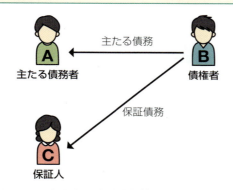

保証債務とは、債務者が債務を履行しない場合に、その債務者（これを**主たる債務者**といいます）に代わって履行する債務のことです（446条1項）。そして、保証債務を負っている人のことを**保証人**といいます。

（2）保証債務の法的性質

① 付従性

保証債務は主たる債務の存在を前提とし、主たる債務に従たる性質を有しています。この性質を**付従性**といいます。したがって、主たる債務が成立しなければ保証債務も成立せず、また、主たる債務が消滅すれば保証債務も消滅します。※3

また、保証債務は、主たる債務に関する利息、違約金、損害賠償その他その債務に**従たるすべてのもの**を包含します（447条1項）。過22-31-4

もっとも、保証人は、保証債務についてのみ、**違約金又は損害賠償の額**を約定することができます（447条2項）。

※3 参考
保証人の負担が債務の目的又は態様において主たる債務より重いときは、主たる債務の限度に減縮される（448条1項）。

② 随伴性

主たる債務が譲渡されると、保証債務もそれに伴って譲渡されることになります。この性質を随伴性といいます。

③ 補充性

保証人は、主たる債務が履行されないときに初めて自己の債務を履行する責任を負います（446条1項）。この補充性は、以下の2つの抗弁権をその内容としています。※1

【保証債務の補充性】※2

催告の抗弁権	債権者が保証人に履行の請求をしたときは、保証人は、まず主たる債務者に催告をすべき旨を請求することができる（452条本文）※3
検索の抗弁権	債権者が主たる債務者に催告をした後であっても、保証人が主たる債務者に弁済をする資力があり、かつ、執行をすることが容易であることを証明したときは、債権者は、まず主たる債務者の財産について執行をしなければならない（453条）週24-45

(3) 保証債務の成立

① 保証契約

保証債務は、保証人と債権者との間の保証契約によって成立します。※4

もっとも、この保証契約は、書面でしなければ、その効力を生じません（446条2項）。この趣旨は、安易に保証契約を成立させないようにする点にあります。

② 保証人の資格

通常、保証人となるためには別段資格を要しませんから、制限行為能力者でも保証人になることができます。

しかし、債務者が保証人を立てる義務を負う場合には、その保証人は、①行為能力者であること、②弁済をする資力を有することという要件を具備する者でなければなりません（450条1項）。

③ 主たる債務の存在

主たる債務が行為能力の制限を理由に取り消された場合、付従性から保証債務も消滅します。

もっとも、保証人が保証契約の時においてその取消しの原因

※1 記述対策

「催告の抗弁権」「検索の抗弁権」という名称と、それぞれの権利が認められる要件を書けるようにしておきましょう。

※2 参考

物上保証人には、補充性（催告の抗弁権・検索の抗弁権）が認められていない。週18-30-4

※3 参考

主たる債務者が破産手続開始の決定を受けたとき、又はその行方が知れないときは、催告の抗弁権を行使することができない（452条ただし書）。

※4 引っかけ注意！

保証債務は、保証人と債務者の契約によって成立するわけではありません。

を知っていたときは、**主たる債務と同一の目的を有する独立の債務**を負担したものと推定されます（449条）。

（4）保証人の求償権

　保証人は主たる債務者が負う債務の最終的な負担者ではありませんので、保証人が保証債務を履行した場合、主たる債務者に対して**求償権**を取得します。過22-45

　保証人の求償権については、以下の表のとおりです。

【保証人の求償権】

	委託を受けた保証人	委託を受けていない保証人	
		主たる債務者の意思に反しない場合	主たる債務者の意思に反する場合
弁済前	○ ※5 （460条）	×	
弁済後	○ （459条1項）	○ （462条1項・2項）	
範囲	弁済があった日以後の法定利息及び避けることができなかった費用その他の損害の賠償も含まれる（459条2項、442条2項）過26-31	主たる債務者が弁済の当時に利益を受けた限度（462条1項、459条の2第1項）	求償の時点での現存利益の限度（462条2項）

> **※5　重要判例**
>
> 物上保証人は、被担保債務の弁済期が到来したとしても、債務者に対し、あらかじめ求償権を行使することができない（最判平2.12.18）。過22-31-2

（5）特殊な保証形態

①　連帯保証

　連帯保証とは、保証人が主たる債務者と連帯して債務を負担する旨合意した保証のことです。

　連帯保証も保証債務の一種であり主たる債務に付従するので、付従性から生ずる効果は通常の保証債務と同様となります。もっとも、連帯保証には、通常の保証と異なり補充性がありません。したがって、連帯保証人は、**催告の抗弁権・検索の抗弁権**を有しません（454条）。

　連帯保証人について生じた事由の効力については、連帯債務の規定が準用されます（458条、438条、439条1項、440条、441条）。

【主たる債務者と保証人に生じた事由の効力】※1

		通常の保証	連帯保証
主たる債務者に生じた事由		保証人に対しても効力を生ずる ※2	
保証人に生じた事由	主たる債務を消滅させる事由（弁済・代物弁済・保証人自身の債権による相殺・更改など）	主たる債務者に対しても効力を生ずる	
	混同	主たる債務者に対しては効力を生じない	主たる債務者に対しても効力を生ずる
	その他の事由	主たる債務者に対しては効力を生じない　週23-31-イ・ウ・エ	

※1 重要判例

主たる債務者が時効の利益を放棄した場合でも、保証人は、主たる債務の消滅時効を援用することができる（大判大5.12.25）。

※2 参考

保証人は、主たる債務者が債権者に対して相殺権を有するときは、主たる債務者が債務を免れるべき限度において、履行拒絶ができる（457条3項）。週23-31-ア

② **共同保証**

　共同保証とは、同一の主たる債務について数人の保証人がある場合のことです。

　共同保証の場合、各保証人は、債権者に対しては平等の割合をもって分割された額についてのみ、保証債務を負担することになります（456条、427条）。これを**分別の利益**といいます。※3

　共同保証人の1人が全額又は**自己の負担部分を超える額**を弁済したときは、他の共同保証人に対して求償権を有します（465条）。週22-31-5、23-31-オ、26-31

③ **根保証**

　根保証とは、一定の範囲に属する不特定の債務を主たる債務とする保証のことです。

　そして、根保証のうち、保証人が自然人であるもののことを、**個人根保証契約**といい（465条の2第1項）、**極度額**を定めなければ、その効力を生じません（465条の2第2項）。※4

　この個人根保証契約の制度は、根保証契約が保証人に過大な負担を課すものであり、悪質な金融業者によって不当に利用される危険性があることから、保証人を経済的破綻から救済するために創設されたものです。

※3 重要判例

連帯保証の場合、分別の利益はない（大判大6.4.28）。

※4 参考

保証人が法人である場合は、個人根保証契約に当たらず、極度額の定めは不要である。週22-31-3

(6) 保証人の保護の拡充

① **債権者の情報提供義務**

　保証人は主たる債務者の履行状況を常に知り得るわけではな

いため、保証契約締結後も保証人を保護するべく、債権者に主たる債務の履行状況について情報提供義務を課しました。

【債権者の情報提供義務】

	保証人の請求があった場合（458条の２）	主たる債務者が期限の利益を喪失した場合（458条の３）
時期	保証人の請求時	主たる債務の期限の利益喪失を知った時から２ヶ月以内
相手方	委託を受けた保証人（個人・法人）	保証人（委託の有無を問わない、個人のみ）
内容	主たる債務の元本・利息・違約金・損害賠償などの不履行の有無・残額及びそのうち弁済期が到来しているものの額	主たる債務者が期限の利益を喪失したこと
義務違反の効果	規定なし	遅延損害金（期限の利益を喪失しなかったとしても生じていたものを除く）にかかる保証債務の履行請求不可

② **事業用融資における個人保証の制限**

　金融機関による中小企業への融資の際、経営者の親族・友人など第三者の個人保証を求めることが多いところ、事業者融資は相当程度高額になるため、保証責任の追及を受けた個人が生活破綻に陥ることが多かったことから、個人保証を制限する規定が設けられました。

　すなわち、事業のために負担した貸金等債務を主たる債務とする保証契約又は主たる債務の範囲に事業のために負担する貸金等債務が含まれる根保証契約は、その契約の締結に先立ち、その締結の日前**１ヶ月**以内に作成された**公正証書**で保証人になろうとする者が保証債務を履行する意思を表示していなければ、その効力を生じません（465条の６第１項）。※5

※5 **参考**
保証人が法人である場合は、公正証書の作成は不要である（465条の６第３項）。

確認テスト

- □□□ **1** 債権者又は債務者のいずれか一方が複数である債権・債務関係については、不可分債権又は不可分債務が原則である。
- □□□ **2** 数人が連帯債務を負担するときは、債権者は、その連帯債務者の1人に対し、又は同時もしくは順次にすべての連帯債務者に対し、全部又は一部の履行を請求することができる。
- □□□ **3** 保証債務とは、主たる債務者がその債務を履行しないときに、その債務者に代わって履行をする債務のことである。

解答 **1** × 分割債権又は分割債務が原則である（427条）。 **2** ○（436条） **3** ○（446条1項）

第5節 債権譲渡・債務引受

重要度 B

学習のPOINT
債権譲渡は、未だ5肢択一式で出題されたことのない大穴のテーマです（記述式は3度出題されています）。判例が多く出ているところなので、判例を中心に学習しておきましょう。

1 債権譲渡とは何か

事例　Aは、Bに対して有していた100万円の貸金債権を、Cに対して譲渡した。

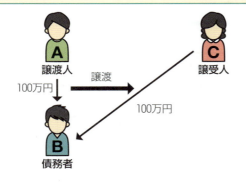

債権譲渡とは、債権の同一性を保ちながら契約によって債権を移転させることです。上の事例の場合、Cは、Bに対して100万円の支払いを請求することができます。

債権は、原則として自由に譲渡することができます（466条1項本文）。

2 譲渡性の制限

（1）債権の性質による制限

債権の性質が譲渡を許さないときは、債権譲渡をすることができません（466条1項ただし書）。

これは、債権が債権者・債務者の個人的関係を基礎としてい

て、債権者が変わることによって給付の内容が変質してしまうような場合のことです。※1

(2) 法律上の譲渡制限

法律が生活保障の見地から本来の債権者に対してのみ給付させようとする債権については、明文で譲渡が禁止されています。※2

(3) 譲渡制限特約

当事者が債権譲渡を禁止・制限する旨の意思表示（譲渡制限特約）をした場合でも、債権譲渡の効力は妨げられません（466条2項）。

譲渡制限特約は、**悪意**又は**重過失**の第三者に対抗することができます（466条3項）。※3 週29-45、3-45

3 債権譲渡の対抗要件

(1) 対抗要件の構造

事例
1. Aは、Bに対して有していた100万円の貸金債権を、Cに対して譲渡した。その後、Cは、Bに対して100万円の支払いを請求した。
2. Aは、Bに対して有していた100万円の貸金債権を、Cに対して譲渡した後、Dに対してもこの貸金債権を譲渡した。その後、Cは、Bに対して100万円の支払いを請求した。

※1 **具体例をイメージ**
例えば、画家に肖像画を描かせる債権などである。

※2 **具体例をイメージ**
例えば、扶養を受ける権利は、処分することができないとされており（881条）、扶養請求権の譲渡は禁止されている。

※3 **参考**
譲渡制限特約のある債権であっても、差押債権者の善意・悪意、過失の有無を問わず、転付命令（強制的に債権を移転する旨の裁判所の命令）によって移転することができる（466条の4第1項）。

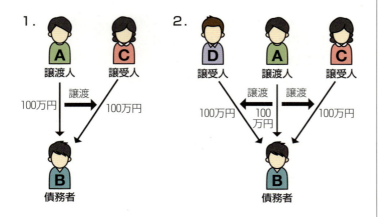

債権の譲渡は、譲渡人が債務者に通知をし、又は債務者が承諾をしなければ、債務者その他の第三者に対抗することができません（467条1項）。したがって、1の事例において、Cは、Aの通知又はBの承諾がなければ、Bに対して100万円の支払いを請求することができません。過20-46

次に、このAの通知又はBの承諾は、確定日付のある証書※4によってしなければ、債務者以外の第三者に対抗することができません（467条2項）。したがって、2の事例において、Cは、確定日付のある証書によるAの通知又はBの承諾がなければ、Dに対して貸金債権の取得を対抗することができません。

（2）対抗要件の構成要素

債権譲渡の対抗要件である通知又は承諾は、以下の表のようなルールに従ってなされなければなりません。

【債権譲渡の対抗要件】

		通知	承諾
主体		譲渡人※5	債務者
客体		債務者	譲渡人でも譲受人でもよい（大判大6.10.2）
時期	譲渡前	×	譲受人が特定されていれば○（最判昭28.5.29）
	譲渡後		○

（3）優先劣後の決定

債権が二重に譲渡された場合、譲受人相互の間の優劣は、通知又は承諾に付された確定日付の先後によって定めるべきではなく、確定日付のある通知が債務者に到達した日時又は確定日付のある債務者の承諾の日時の先後によって決定されます（最判昭49.3.7）。

確定日付のある通知が同時に到達した場合は、各譲受人は、債務者に対しそれぞれの譲受債権についてその全額を請求することができ、譲受人の1人から弁済の請求を受けた債務者は、単に同順位の譲受人が他に存在するからといって弁済の責任を免れることはできません（最判昭55.1.11）。※6

※4 用語
確定日付のある証書：民法施行法5条1項に列挙されている証書のこと。例えば、公正証書や内容証明郵便などである。

※5 重要判例
譲受人が譲渡人に代位して通知することはできない（大判昭5.10.10）。

※6 よくある質問

Q 判例は、いずれの債権者も全額請求することができるとしているけど、これだと債務者が二重に支払うことになってかわいそうじゃないですか？

A この判例がいずれの債権者も全額請求することができるとしているのは、どちらか一方に対して支払いがなされる前の話です。債務者がどちらか一方に対して支払いをなした場合は、すでに支払いをなした旨を主張して他方からの請求を拒むことができます。そして、支払いを受けられなかった債権者は、支払いを受けた債権者に対して、債権額を按分した額を不当利得として請求するという事後処理がなされます。だから、債務者がかわいそうな結果にはなりません。

4 債権譲渡の効果

債権譲渡がなされると、債権は同一性を失わずに移転し、各種の抗弁もこれに伴って当然に移転します。

そして、債務者は、対抗要件具備時までに譲渡人に対して生じた事由をもって譲受人に対抗することができます（468条1項）。※1

> ※1 具体例をイメージ
> 対抗しうる事由の例としては、債権の不成立、譲渡人に対する弁済による債権の消滅、相殺による債権の消滅などが挙げられる。

5 債務引受

(1) 債務引受とは何か

債務引受とは、債務者の債務を引き受け自らが債務者となることです。債権譲渡は債権者が債権を譲渡するものであるのに対し、債務引受は引受人が債務の譲渡を受けるものであり、債務引受は債権譲渡の裏返しであるといえます。

債務引受には、①併存的債務引受と②免責的債務引受の2種類があります。

(2) 併存的債務引受

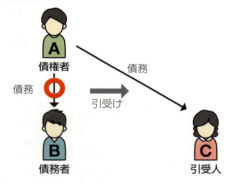

併存的債務引受とは、引受人が債務者と同一内容の債務を引き受けることです。

併存的債務引受は、保証に類似しますから、債務者の意思に反しても、債権者と引受人の契約でなすことができます（470条2項、大判大15.3.25）。※2 過26-32-イ、2-31-1

併存的債務引受があった場合、債務者と引受人は、債権者に対し、連帯債務を負います（470条1項）。過26-32-ウ

> ※2 参考
> 債務者と引受人の契約でなすこともでき、この場合、債権者が引受人に対して承諾をした時に契約の効力が生じる（470条3項）。過2-31-2

（3）免責的債務引受

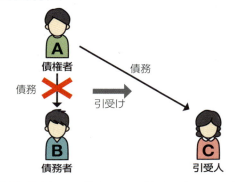

免責的債務引受とは、債務の同一性を保ちながら債務が引受人に移転し、債務者が債権債務関係から離脱することです。

免責的債務引受は、債権者と引受人の契約でなすことができます。この場合、債権者が債務者に対して契約をした旨を通知した時に契約は効力を生じます（472条2項）。※3 過26-32-ア、2-31-3

免責的債務引受の引受人は、債務者に対して求償権を取得しません（472条の3）。過2-31-5

※3 参考
債務者と引受人が契約をし、債権者が引受人に対して承諾をすることによってもできる（472条3項）。過2-31-4

6 契約上の地位の移転

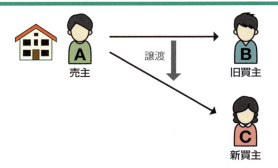

契約上の地位の移転とは、契約当事者としての地位を承継させる契約のことです。

契約上の地位の移転をするためには、契約の当事者の一方が第三者との間で契約上の地位を譲渡する旨の合意をした上で、**契約の相手方の承諾が必要**です（539条の2）。※4 過26-32-エ

※4 参考
賃貸借の目的となっている不動産の所有者がその所有権とともに賃貸人の地位を移転する場合、賃借人の承諾は不要である（605条の3）。過26-32-オ

確認テスト

□□□ **1** 当事者が譲渡制限特約をした場合には、債権譲渡の効力は生じない。

□□□ **2** 債権の譲渡は、譲渡人が債務者に通知をし、又は債務者が承諾をしなければ、債務者その他の第三者に対抗することができない。

□□□ **3** 債権が二重に譲渡された場合、譲受人相互の間の優劣は、通知又は承諾に付された確定日付の先後によって定められる。

□□□ **4** 債務者は、対抗要件具備時までに譲渡人に対して生じた事由をもって譲受人に対抗することができる。

解答 **1** ✗ 債権譲渡の効力は妨げられない（466条2項）。 **2** ○（467条1項） **3** ✗ 確定日付のある通知が債務者に到達した日時又は確定日付のある債務者の承諾の日時の先後によって決定される（最判昭49.3.7）。 **4** ○（468条1項）

第6節 債権の消滅

重要度 A

学習のPOINT
債権の消滅事由には、弁済、代物弁済、相殺などがあります。過去の出題履歴からしますと、弁済・相殺を重点的に学習し、代物弁済は一読しておく程度で十分でしょう。

1 弁済

(1) 弁済とは何か

事例
AとBは、5月1日に、Aの所有する土地をBに売却する旨の契約をし、履行期は6月1日とされた。その後、6月1日に、Aは土地をBに引き渡し、BはAに代金を支払った。

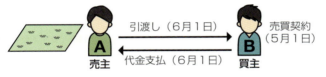

弁済とは、債権の給付内容を実現することです。

上の事例では、AがBに対して代金債権、BがAに対して土地の引渡債権を有していますから、Aがなした土地の引渡しやBがなした代金の支払いが弁済に当たります。

(2) 要件

① 弁済の内容

弁済の内容としては、**債務の本旨**に従ったものでなければならないのが原則です。※1

何が債務の本旨に従った弁済であるかは、当事者の意思によって定まりますが、民法には当事者の意思を補うため以下のような規定が置かれています。

※1 参考

債務者が元本のほか利息・費用を支払うべき場合において、弁済者がその債務の全部を消滅させるのに足りない給付をしたときは、①費用、②利息、③元本の順に充当しなければならない（489条1項）。
週30-31-1

【弁済の内容】

特定物債権	債権の発生原因・取引上の社会通念に照らして引渡しをすべき時の品質を定めることができないときは、引渡しをすべき時の現状でその物を引き渡さなければならない（483条）
種類債権	中等の品質を有する物を給付しなければならない（401条1項）

② 弁済の場所

弁済の場所は、通常は合意や慣習によって決定されます。

もっとも、弁済をすべき場所について別段の意思表示がないときは、特定物の引渡しは債権発生の時にその物が存在した場所において、その他の弁済は債権者の現在の住所において、それぞれしなければなりません（484条1項）。※1 週19-31-1

③ 弁済の費用 ※2

弁済の費用について別段の意思表示がないときは、その費用は、債務者の負担とされます（485条本文）。もっとも、債権者が住所の移転その他の行為によって弁済の費用を増加させたときは、その増加額は、債権者の負担となります（485条ただし書）。

(3) 第三者弁済

第三者弁済とは、第三者が他人の債務を自己の名において弁済することです。民法は、第三者弁済を原則として認めています（474条1項）。

もっとも、以下のような場合には、第三者弁済が有効となりません。

【第三者弁済が有効とならない場合】

1	債務の性質が許さない場合（474条4項）※3
2	当事者が反対の意思を表示した場合（474条4項）
3	弁済をするについて正当な利益を有する者でない第三者が債務者又は債権者の意思に反して弁済した場合（474条2項本文・3項本文）※4 ※債務者の意思に反するときでも、そのことを債権者が知らなかったときは、弁済は有効（474条2項ただし書） ※債権者の意思に反するときでも、第三者が債務者の委託を受けて弁済することを債権者が知っていたときは、弁済は有効（474条3項ただし書）

※1 記述対策

弁済の場所がどこであるかを、特定物の引渡しとそれ以外の場合に分けて書けるようにしておきましょう。

※2 具体例をイメージ

例えば、目的物の輸送を必要とする場合の運送費や荷造費などである。

※3 具体例をイメージ

例えば、芸術家の創作や学者の講演などである。

※4 重要判例

借地上の建物の賃借人は、借地人の意思に反していても、地代を弁済することができる（最判昭63.7.1）。週25-32-ウ

（4）受領権者としての外観を有する者 ※5 に対する弁済

受領権限のない者に対して弁済がなされても有効な弁済とはならず、真の債権者から請求されれば、債務者は再度弁済しなければならないのが原則です。

しかし、受領権者としての外観を有する者に対してした弁済は、その弁済をした者が**善意であり、かつ、過失がないとき**に限り、その効力を有します（478条）。

この趣旨は、誰が見ても受領権者らしい者に善意無過失で弁済した債務者を保護する点にあります。

（5）弁済の提供

① 弁済の提供とは何か

弁済の提供とは、債務者側でなし得る必要な準備行為をして、債権者の受領を求める行為のことです。

② 効果

債務者は、弁済の提供の時から、**債務を履行しないこと**によって生ずべき責任を免れます（492条）。

したがって、損害賠償や強制履行を請求されず、また、双務契約（☞P495参照）の場合には解除されません。

③ 方法

弁済の提供は、債務の本旨に従って現実にしなければならないとされており（493条本文）、これを**現実の提供**といいます。

もっとも、債権者があらかじめ弁済の受領を拒み、又は債務の履行について債権者の行為を要するときは、弁済の準備をしたことを通知してその受領を催告すれば足りるとされており（493条ただし書）、これを**口頭の提供**といいます。 ※6 ※7 ※8

過27-32-3

※5 具体例をイメージ

例えば、銀行預金の通帳・印鑑を所持している泥棒、債権譲渡が無効な場合の債権譲受人などである。

※6 重要判例

債権者が契約の存在を否定する等、弁済を受領しない意思が明確と認められるときは、債務者は口頭の提供をしなくても債務不履行責任を免れる（最大判昭32.6.5）。過30-31-4

※7 具体例をイメージ

「債権者の行為を要するとき」の例としては、取立債務の場合や、相手方の持ってきた車を修理する債務のように債権者の先行的協力行為が必要とされる場合が挙げられる。

※8 記述対策

口頭の提供で足りるとされる場合2つを書けるようにしておきましょう。

(6) 弁済による代位

① 弁済による代位とは何か

> **事例** Aは、Bから1000万円を借り入れ、これを担保するため、自己の所有する家屋に抵当権を設定した。そして、この貸金債務をCが保証した。その後、CがAに代わって貸金債務を弁済した。

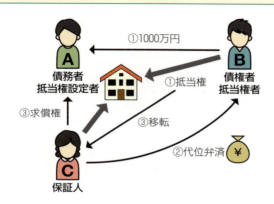

　上の事例において、CはAに対して求償権を取得します（459条1項、462条1項）。そして、Bの有していた抵当権をCに移転させ、Cの求償権の行使においてBと同様の地位を与えるのが、債務者に代わって弁済をした者の保護になり、公平の見地からも妥当です。

　これを**弁済による代位**といい、このような弁済を**代位弁済**といいます（499条）。

② 要件

　弁済をするについて**正当な利益**を有する者は、弁済によって当然に債権者に代位できます（500条かっこ書）。※1

　これに対して、弁済をするについて正当な利益を有しない者は、債権者から代位弁済があった旨を**債務者に通知**するか、**債務者が代位弁済を承諾**しなければ、弁済による代位を対抗することはできません（500条、467条）。

③ 効果

　債権者に代位した者は、自己の権利に基づいて**求償**をするこ

※1　具体例をイメージ

「正当な利益を有する者」の例としては、①債権者との関係では自ら債務を負うが、債務者との関係では実質上他人の債務の弁済となる者（連帯債務者・保証人）、②自らは債務を負わないが、債務者の意思に反してでも弁済し得る利害関係を有する第三者（物上保証人・抵当不動産の第三取得者・後順位抵当権者）が挙げられる。

とができる範囲内において、債権の効力及び担保としてその債権者が有していた一切の権利を行使することができます（501条1項）。※2 ※3 週22-45

④ 代位をなすべき者が複数の場合

弁済による代位をなすべき者が複数の場合の処理は、以下のとおりです。

【代位をなすべき者が複数の場合の処理】

保証人と 第三取得者 の関係	第三取得者は、保証人に対して代位することができない（501条3項1号）
第三取得者相互間・ 物上保証人相互間 の関係	第三取得者・物上保証人は、各財産の価格に応じて、他の第三取得者・物上保証人に対して代位する（501条3項2号・3号）
保証人と 物上保証人 の関係	保証人と物上保証人の間においては、その数に応じて、債権者に代位するが、物上保証人が数人あるときは、保証人の負担部分を除いた残額について、各財産の価格に応じて、代位する（501条3項4号）

2 代物弁済

（1）代物弁済とは何か

弁済者が、債権者との間で、債務者の負担した給付に代えて他の給付をすることにより債務を消滅させる旨の契約をした場合において、その弁済者が当該他の給付をしたときは、その給付は、弁済と同一の効力を有するとされており（482条）、これを代物弁済といいます。※4

（2）要件

代物弁済の要件は、以下の3つです。※5

【代物弁済の要件】

1	代物弁済契約がなされること
2	本来の給付と異なる他の給付がなされること
3	給付が本来の弁済に代えてなされること

※2 参考

債権の一部について代位弁済があったときでも、債権者は、単独で抵当権を実行でき（502条2項）、配当についても、債権者が代位者に優先する（502条3項）。

※3 参考

債権の一部について代位弁済があった場合で、残りの債務について債務不履行があるときは、債権者のみが契約を解除することができる（502条4項前段）。

※4 具体例をイメージ

例えば、100万円の借金がある場合に、現金がないから自己所有の宝石を引き渡す場合などである。

※5 参考

本来の給付と代物弁済としてなされた給付が価値において釣り合っていることは、要件とされていない。週27-31-5

第3章 — 債権 第6節 — 債権の消滅 491

（3）効果
① 債務の消滅

代物弁済の効果は、債務の消滅です。

もっとも、本来の弁済に代えて不動産の所有権を移転する場合には、当事者がその意思表示をするだけでは足りず、登記を完了して第三者に対する対抗要件を具備したときでなければ、債務は消滅しません（最判昭40.4.30）。※1 週27-31-2、30-31-3

② 目的物が契約内容不適合

代物弁済は、債権の消滅と他の給付とが対価関係に立つ有償契約ですから、代物弁済の目的物が契約内容不適合であった場合、売買の担保責任の規定が準用され（559条）、担保責任を追及することができる場合があります。週27-31-4

※1 重要判例

債権者への所有権移転の効果は、176条に従い、代物弁済契約の意思表示によって生じる（最判昭57.6.4）。週27-31-1

3 相殺

（1）相殺とは何か

　Aは、Bに対して100万円の貸金債権を有しており、Bは、Aに対して100万円の貸金債権を有していた。そこで、Aは、両債権を相殺する旨の意思表示をした。

相殺とは、債権者と債務者が相互に同種の債務を有する場合に、一方的意思表示により双方の債務を対当額において消滅させることです。

そして、相殺をしようとする側の債権（Aの債権）を自働債権、相殺される側の債権（Bの債権）を受働債権といいます。

（2）要件
① 相殺適状

相殺適状とは、相殺をするのに適した状態のことです。この相殺適状にあるとするためには、以下の要件が必要です。

※2 参考

両債務が同種の目的を有していれば、双方の債務の履行地が異なるときであっても、相殺をすることができる（507条前段）。

【相殺適状の要件】

1	2人が互いに債務を負担すること（505条1項本文）
2	両債務が同種の目的を有すること（505条1項本文）※2
3	両債務が弁済期にあること（505条1項本文）※3
4	両債務が性質上相殺を許さないものではないこと（505条1項ただし書）※4

② 時効と相殺

　時効によって消滅した債権がその消滅以前に**相殺適状**にあった場合には、その債権者は、相殺をすることができます（508条）。この趣旨は、すでに生じている相殺への期待を保護する点にあります。

③ 相殺の禁止事由

　当事者が相殺を禁止・制限する意思表示をした場合には、**悪意又は重過失**の第三者に対抗することができます（505条2項）。

　また、以下のような場合には、相殺が禁止されます。

【相殺の禁止事由】

自働債権とする相殺が禁止される場合	同時履行の抗弁権や催告・検索の抗弁権が付いた債権を自働債権として相殺することはできない（大判昭13.3.1、最判昭32.2.22）。
受働債権とする相殺が禁止される場合	①悪意による不法行為に基づく損害賠償請求権（509条1号）※5 🔲20-34-イ ②人の生命・身体の侵害による損害賠償請求権（509条2号） ③差押禁止債権（510条） ④支払の差止め（差押え）を受けた債権（511条1項）※6

（3）方法

　相殺は、当事者の一方から相手方に対する意思表示によってするものであり、**条件又は期限**を付けることはできません（506条1項）。

（4）効果

　相殺の効果は、各債務者が、その**対当額**について債務を免れることです（505条1項本文）。

　そして、この効果は、**相殺適状時**にさかのぼって生じます（506条2項）。

※3 参考

受働債権の期限の利益は放棄することができるから（136条2項本文）、自働債権が弁済期にあれば相殺することができる。🔲20-34-ア

※4 具体例をイメージ

例えば、相互に労務を提供する債務を負担している場合や、相互に騒音を出さないという不作為債務を負担している場合のように、現実の履行がないと意味がない場合には、相殺をすることができない。

※5 重要判例

この趣旨は、不法行為の被害者に現実の弁済による損害の填補を受けさせるとともに、不法行為の誘発を防止する点にあるから、悪意による不法行為に基づく損害賠償請求権を自働債権とする相殺は可能である（最判昭42.11.30）。🔲22-46

※6 参考

自働債権が差押後に取得され、かつ、差押え後の原因に基づいて生じたものでなければ、両債権の弁済期の前後を問わず、相殺することができる（511条1項・2項）。🔲20-34-ウ

第3章 — **債権**　第6節 — 債権の消滅　**493**

確認テスト

□□□ **1** 第三者が弁済をすることは、原則として許されない。

□□□ **2** 受領権者としての外観を有する者に対してした弁済は、その弁済をした者が善意であり、かつ、過失がないときに限り、その効力を有する。

□□□ **3** 悪意による不法行為に基づく損害賠償請求権を受働債権とする相殺は、禁止されている。

□□□ **4** 相殺は、当事者の一方から相手方に対する意思表示によってするものであり、条件又は期限を付けることもできる。

解答 **1** ✕ 第三者弁済は原則として認められている（474条1項）。　**2** 〇 （478条）　**3** 〇 （509条1号）　**4** ✕ 条件又は期限を付けることはできない（506条1項）。

第7節 契約総論

重要度 B

学習のPOINT

ここでは、契約全般に共通する事項について学習していきます。以降の各種契約を学習する前提となるところなので、じっくりと学習しておきましょう。

1 契約の分類

（1）双務契約と片務契約

	双務契約	片務契約
意味	契約当事者が互いに対価的債務を負担する契約	契約当事者が互いに対価的債務を負担しない契約
具体例	売買・賃貸借・請負・有償委任・有償寄託	贈与・消費貸借・使用貸借・無償委任・無償寄託
区別の実益	双務契約には同時履行の抗弁権（533条）・危険負担（536条）の規定の適用があるが、片務契約にはこれらの規定の適用がない	

（2）有償契約と無償契約

	有償契約	無償契約
意味	契約当事者が互いに対価的出費をする契約	契約当事者が互いに対価的出費をしない契約
具体例	売買・賃貸借・請負・有償委任・有償寄託・利息付消費貸借	贈与・使用貸借・無償委任・無償寄託・無利息消費貸借
区別の実益	有償契約には売買の規定（担保責任など）の適用があるが、無償契約にはこれらの規定の適用がない	

（3）諾成契約と要物契約

	諾成契約	要物契約
意味	契約当事者の合意のみで成立する契約	契約当事者の合意のほかに目的物の引渡しをすることが成立要件である契約
具体例	贈与・売買・書面でする消費貸借・使用貸借・賃貸借・請負・委任・寄託	書面によらない消費貸借

第3章 ― 債権　第7節 ― 契約総論　495

2 契約の成立

（1）申込みと承諾

契約は、**申込み**と**承諾**が合致することで成立します（522条1項）。

なお、承諾者が、申込みに条件を付し、その他変更を加えてこれを承諾したときは、その申込みの拒絶とともに**新たな申込み**をしたものとみなされます（528条）。週19-33-エ

（2）隔地者間の契約

隔地者間の契約とは、離れた者どうしが手紙で交渉して契約を成立させる場合のように、対話者間のように申込みと承諾がその場でなされるのではない場合のことです。

この隔地者間の契約の成立については、民法が様々な規定を設けています。

① **申込みの撤回** ※1

申込みの撤回については、以下のような処理がなされます。

【申込みの撤回】

到達前	到達後	
	承諾期間を定めた契約の申込みの場合	承諾期間を定めない契約の申込みの場合
意思表示は、その通知が相手方に到達した時からその効力を生ずるので（97条1項）、申込みが到達する前なら撤回することが可能 ※2	撤回権を留保した場合を除き、撤回不可（523条1項）週19-33-ア	撤回権を留保した場合を除き、承諾通知を受けるのに相当な期間撤回不可（525条1項）

申込者が申込みに対して承諾期間内に承諾の通知を受けなかったときは、その申込みは、その効力を失います（523条2項）。※3 週19-33-ウ

② **申込後の死亡・行為能力喪失**

意思表示は、表意者が通知を発した後に死亡し、意思能力を喪失し、又は行為能力の制限を受けたときであっても、そのためにその効力を妨げられません（97条3項）。

もっとも、申込みの場合には例外として、申込者がその事実が生じたとすればその申込みは効力を有しない旨の意思を表示

※1 用語

撤回：意思表示をした者がその意思表示の効果を将来に向かって消滅させること。

※2 重要判例

97条1項にいう「到達」とは、相手方が了知可能な状態に置かれたときのことであり、必ずしも相手方が現実に了知することを要しない（最判昭43.12.17）。週19-33-オ

※3 参考

申込者は、遅延した承諾を新たな申込みとみなすことができるので（524条）、これに対する承諾を行えば契約は成立する。週19-33-イ

した場合、又はその相手方が承諾の通知を発するまでに申込者の死亡・意思能力の喪失・行為能力の制限の事実を知っていた場合には、効力を失います（526条）。過3-27-4

3 同時履行の抗弁権

（1）同時履行の抗弁権とは何か

双務契約の当事者の一方は、相手方がその債務の履行（債務の履行に代わる損害賠償の債務の履行を含む）を提供するまでは、自己の債務の履行を拒むことができます（533条本文）。これを同時履行の抗弁権といいます。この趣旨は、双務契約の当事者間の公平を図る点にあります。※4 過27-32-1

（2）要件

① 1個の双務契約から生じた相対立する債務が存在すること

過18-31-ア

1個の双務契約から生じた相対立する債務として、同時履行の関係が認められるかどうかは、以下のとおりです。

【同時履行の関係】

同時履行の関係にある	同時履行の関係にない
①建物買取請求権が行使された場合の土地明渡義務と買取代金支払義務（大判昭7.1.26） ②債務の弁済と受取証書※5の交付義務（486条1項）※6 ③詐欺により買主が契約を取り消した場合の当事者双方の原状回復義務（121条の2第1項、最判昭47.9.7）過2-32-1 ④解除に基づく当事者双方の原状回復義務（546条）	①造作買取請求権が行使された場合の建物明渡義務と買取代金支払義務（最判昭29.7.22）過2-32-2 ②賃貸借終了時における敷金返還義務と建物明渡義務（622条の2第1項1号）過27-30-5、2-32-3 ③債務の弁済とその債務の担保のために経由された抵当権設定登記の抹消義務（最判昭57.1.19）

② 相手方の債務が弁済期にあること

相手方の債務が弁済期にないときは、同時履行の抗弁権を行使することはできません（533条ただし書）。

③ 相手方が自己の債務の履行又はその提供をしないで履行を請求すること※7

双務契約の当事者の一方は、相手方から履行の提供を受けて

憲法
行政法
民法
商法
基礎法学
一般知識

※4 具体例をイメージ

例えば、宝石の売買契約が締結された場合、売主は、買主が代金を支払うまでは、宝石の引渡しを拒むことができる。

※5 用語

受取証書：弁済を受領した旨を記載した文書のこと。

※6 法改正情報

令和3年の民法改正により、受取証書の交付に代えて、その内容を記録した電磁的記録の提供を請求できるようになった（ただし、弁済受領者に不相当な負担を課するときはこの限りでない）（486条2項）。

※7 重要判例

双務契約において、当事者の一方が自己の債務の履行をしない意思が明確な場合には、相手方において自己の債務の弁済の提供をしなくても、その当事者の一方は自己の債務の不履行について履行遅滞の責任を免れることができない（最判昭41.3.22）。過27-32-5

第3章 — 債権 第7節 — 契約総論 **497**

も、その提供が継続されない限り、同時履行の抗弁権を失いません（最判昭34.5.14）。過27-32-2、2-32-5

（3）効果

当事者の一方が相手方に対して、訴訟上、債務の履行を請求した場合、同時履行の抗弁権を主張すれば、引換給付判決がなされます（大判明44.12.11）。

なお、留置権と同時履行の抗弁権についてまとめると、以下の表のようになります。

【留置権と同時履行の抗弁権のまとめ】

	留置権	同時履行の抗弁権
権利の性質	法定担保物権	双務契約の効力として認められる抗弁権
権利主張できる相手方	すべての者　過25-29-4	契約当事者たる相手方のみ　過25-29-2
目的物の占有を失った場合	行使することができない	行使することができる
拒絶できる給付の内容	物の引渡しに限られる	物の引渡しに限られない
拒絶できる自己の債務の範囲	債務の全額（296条）	相手方の不履行の程度に応じて割合的
代担保による消滅請求の可否	可能（301条）	不可
訴訟上の効果	引換給付判決がなされる（大判明44.12.11、最判昭33.3.13）	

4 危険負担

事例　AがBに対して自己所有の建物を売ったが、未だ引渡しがなされないうちに、この建物が大地震により倒壊した。

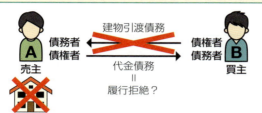

危険負担とは、双務契約上の債務の一方が債務者の責めに帰することができない事由によって履行できなくなった場合に、他方の債務の履行を拒絶できるか否かという問題のことです。
過 18-31-イ

上の事例において、AのBに対する建物引渡債務は履行できなくなっていますので、BがAに対する代金債務の履行を拒絶できるかどうかが問題となります。

当事者双方の責めに帰することができない事由によって債務を履行することができなくなったときは、債権者は、反対給付の履行を拒むことができるとされていますので（536条1項）、Bは、Aに対する代金債務の履行を拒絶できます。過 3-33-ア

なお、債権者の責めに帰すべき事由によって債務を履行することができなくなったときは、債権者を保護する必要はありませんから、債権者は、反対給付の履行を拒むことができません（536条2項）。

5 第三者のためにする契約

> **事例** AはBに対して自己所有の絵画を100万円で売ったが、AはCに対して100万円を借金があったため、この契約において、代金100万円はBがCに対して直接支払うこととされた。

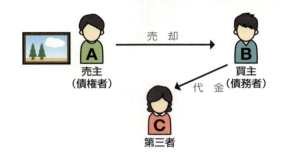

第三者のためにする契約とは、契約当事者ではない第三者が利益を受けるような内容の契約のことをいいます。過元-46

上の事例において、契約当事者はA（売主）とB（買主）ですが、契約当事者ではない第三者Cが代金100万円という利益を受ける内容になっていますから、上の事例は第三者のためにする契約といえます。

第三者のためにする契約においては、第三者の権利は、**その第三者が債務者に対して契約の利益を享受する意思を表示した時**に発生します（537条3項）。過元-46

したがって、上の事例においては、第三者Cが債務者Bに対して契約の利益を享受する意思を表示した時に、100万円の支払請求権が発生します。

6 解除

（1）解除とは何か

解除とは、契約成立後に生じた一定の事由を理由として、契約の効力を一方的に消滅させる意思表示のことです。

これは、契約の拘束力を受けることによって生ずる不利益を

回避するための救済手段です。

（2）要件

解除の要件は、以下のとおり、**相当の期間を定めた催告**が必要な場合とそうでない場合があります。

【債務不履行による解除の要件】

原則	相当の期間を定めた催告による解除（541条本文）※1 過27-32-4 ※相当の期間を経過した時における債務の不履行が、その契約及び取引上の社会通念に照らして軽微であるときは、解除できない（541条ただし書）
例外	以下の場合、無催告解除が可能（542条） ①債務が履行不能の場合 ※2 ②債務者が債務の履行を拒絶する意思を明確にした場合 ③債務の一部が履行不能又は債務者が債務の一部の履行を拒絶した場合において、残存部分のみでは契約をした目的を達成できないとき ④特定の日時又は一定の期間内において履行をしなければ、契約をした目的を達成できないとき ⑤債務者が債務の履行をせず、債権者が催告をしても契約をした目的を達するのに足りる履行がされる見込みがないことが明らかな場合

（3）手続

契約の解除は、相手方に対する**意思表示**によってなされます（540条1項）。この解除の意思表示は、**撤回**することができません（540条2項）。過18-45

当事者の一方が数人ある場合には、契約の解除は、その全員から又はその全員に対してのみすることができます（544条1項）。したがって、解除権が当事者のうちの1人について消滅したときは、他の者についても消滅することになります（544条2項）。これを**解除権の不可分性**といいます。過25-31-ウ

（4）効果

当事者の一方がその解除権を行使したときは、各当事者は、その相手方を原状に復させる義務（これを**原状回復義務**といいます）を負います（545条1項本文）。※3 ※4

もっとも、原状回復義務を理由として**第三者の権利**を害することはできません（545条1項ただし書）。

※1 重要判例

期間を定めずに催告をした場合でも、催告後相当な期間が経過した後に解除すれば、その解除は有効である（大判昭2.2.2）。過25-31-イ

※2 重要判例

履行不能が確実となった場合、弁済期前であっても、解除をすることができる（大判大15.11.25）。過25-31-ア

※3 重要判例

特定物の売買契約における売主のための保証人は、特に反対の意思表示のない限り、売主の債務不履行により契約が解除された場合における売主の原状回復義務についても、保証の責任を負う（最大判昭40.6.30）。過22-31-1

※4 重要判例

売買契約が解除された場合、目的物の引渡しを受けていた買主は、原状回復義務の内容として、解除までの間目的物を使用したことによる利益を売主に返還すべき義務を負い、これは、全部他人物売買において、売主が目的物の所有権を取得して買主に移転することができず、当該契約が解除された場合も同様である（最判昭51.2.13）。過25-31-オ

確認テスト

- □□□ **1** 契約は、申込みと承諾が合致することで成立する。
- □□□ **2** 双務契約の当事者の一方は、相手方がその債務の履行を提供するまでは、自己の債務の履行を拒むことができる。
- □□□ **3** 当事者双方の責めに帰することができない事由によって債務を履行することができなくなったときは、債権者は、反対給付の履行を拒むことができない。
- □□□ **4** 第三者のためにする契約においては、第三者の権利は、契約当事者が契約をした時に発生する。

解答 **1** ○（522条1項）　**2** ○（533条本文）　**3** ✕ 反対給付の履行を拒むことができる（536条1項）。　**4** ✕ 第三者が債務者に対して契約の利益を享受する意思を表示した時に発生する（537条3項）。

第8節 権利移転型契約

重要度 A

学習のPOINT

権利移転型契約とは、財産権の移転を目的とした契約のことです。この権利移転型契約には、①贈与契約、②売買契約、③交換契約の3種類があります。

1 贈与契約

(1) 贈与契約とは何か

> **事例** AはBに対して「自分の所有する時計をプレゼントしたい」と言って申込みをしたところ、Bは「いただきます」と言ってこれを承諾した。

贈与者　　　　　　　　受贈者

贈与契約とは、当事者の一方（贈与者）がある財産を無償[※1]で相手方（受贈者）に与える契約のことです（549条）。要するに、プレゼントをする契約のことです。

(2) 書面によらない贈与

贈与契約が書面によらないでなされた場合（これを書面によらない贈与といいます）、各当事者は、その贈与契約を解除することができます（550条本文）。この趣旨は、贈与者が軽率に贈与することを予防し、かつ、贈与の意思を明確にする点にあります。[※2] [※3] 過30-46

もっとも、すでに受け取った物を返せと言われたら、受贈者も困ってしまいます。そこで、履行の終わった部分は、解除することができないとされています（550条ただし書）。過30-46

ここにいう「履行の終わった部分」とは、以下のようになります。

※1 用語

無償：「ただで」という意味。

※2 重要判例

贈与が書面によってされたといえるためには、贈与の意思表示自体が書面によっていることを必要としないことはもちろん、書面が贈与の当事者間で作成されたこと、又は書面に無償の趣旨の文言が記載されていることも必要としない（最判昭60.11.29）。過27-33-2

※3 法改正情報

民法大改正により、書面によらない贈与の場合、「撤回」ではなく「解除」とされた。

【「履行の終わった部分」（550条ただし書）】

動産	引渡しがあれば「履行の終わった部分」に当たる ※1
不動産	引渡し又は登記があれば「履行の終わった部分」に当たる（最判昭40.3.26）週27-33-1

※1 重要判例

「引渡し」には、占有改定も含まれる（最判昭31.1.27）。

（3）贈与者の担保責任

　贈与者は、贈与の目的である物・権利を、贈与の目的として特定した時の状態で引き渡し、又は移転することを約したものと推定され、原則として担保責任を負わないとされています（551条1項）。週24-32-2

　他方で、負担付贈与については、贈与者は、その負担の限度において、売主と同じく担保の責任を負うことになります（551条2項）。

（4）特殊の贈与

① 定期贈与

　定期の給付を目的とする贈与（定期贈与）は、贈与者又は受贈者の死亡によって、その効力を失います（552条）。週24-32-1

　なぜなら、定期贈与は贈与者と受贈者の信頼関係を基礎としているからです。

② 負担付贈与

　負担付贈与とは、贈与に際して受贈者も何らかの給付義務を負担するものです。

　この負担付贈与については、その性質に反しない限り、双務契約に関する規定が準用されます（553条）。したがって、同時履行の抗弁権・危険負担・解除の規定の適用があります（最判昭53.2.17）。週23-32-1、27-33-4

③ 死因贈与

　贈与者の死亡によって効力を生ずる贈与（死因贈与）は、あくまで贈与契約であって、単独行為である遺言による遺贈とは異なります。

　もっとも、実質的には類似した性質を有するので、死因贈与については、その性質に反しない限り、遺贈に関する規定が準

用されます（554条）。※2 ※3

2 売買契約

（1）売買契約とは何か

> 事例　AはBに対して「自分の所有する土地を売りたい」と言って申込みをしたところ、Bは「買います」と言ってこれを承諾した。

　売買契約とは、当事者の一方（売主）がある物（財産権）を相手方（買主）に移転し、相手方がこれに対してその代金を支払う契約のことです（555条）。みなさんもお店で品物を買うことはよくあると思いますが、それを民法では売買契約と呼んでいるのです。

　なお、売買契約に関する費用は、公平の観点から、当事者双方が等しい割合で負担します（558条）。※4

（2）手付
① 手付とは何か

　手付とは、売買契約の締結の際に当事者の一方から他方に交付される金銭などのことです。

　手付には、以下のような種類があります。※5

【手付の種類】

解約手付	証約手付	違約手付	
約定解除権の合意という機能を有する手付	契約成立の証拠としての手付	相手方の債務不履行に際して受領者により没収される手付 ※6	
		損害賠償額の予定としての手付	違約罰としての手付
		手付の没収だけで済ませ別途損害賠償を請求することができない	手付の没収以外に現実に被った損害の賠償請求が可能

※2 重要判例
死因贈与の撤回については、1022条がその方式に関する部分を除いて準用されるため、贈与者は、いつでも、死因贈与を撤回することができる（最判昭47.5.25）。
週27-33-3

※3 重要判例
負担の履行期が贈与者の生前と定められた負担付死因贈与契約に基づき、受贈者が約旨に従い負担の全部又はそれに類する程度の履行をした場合、特段の事情がない限り、遺言の撤回に関する1022条を準用するのは相当でない（最判昭57.4.30）。週27-33-5

※4 具体例をイメージ
例えば、契約書の作成費用などである。

※5 重要判例
売買の手付は、反対の証拠がない限り、557条所定のいわゆる解約手付と認定すべきである（最判昭29.1.21）。

※6 重要判例
損害賠償額の予定としての手付と解約手付を兼ねることもできる（最判昭24.10.4）。

② 解約手付による解除

買主が売主に手付を交付したときは、相手方が契約の履行に着手するまでは、買主はその手付を放棄し、売主はその倍額を現実に提供して、契約の解除をすることができます（557条1項）。週18-45、23-32-2

なお、解約手付による解除権を行使しても、債務不履行による解除の場合（545条4項）とは異なり、損害賠償を請求することはできません（557条2項）。

（3）売主の担保責任

① 売主の担保責任とは何か

売主の担保責任とは、売買契約の目的物が契約の内容に適合せず、このために買主が契約締結の時に予期した結果に反する場合に、売主が負うべき責任のことです。このように売主の担保責任が認められているのは、売買契約の目的物が契約の内容に適合せず代金と釣り合っていない場合、売主が得をして買主が損をするため、不公平となるからです。

② 他人物売買の効力 ※1

他人物売買は、権利者に売買成立当時から他に権利を譲渡する意思がなく、売主がこれを取得して買主に移転することができないような場合でも、有効に成立します（最判昭25.10.26）。

③ 要件

買主が売主の担保責任を追及することができるのは、引き渡された目的物が種類・品質・数量に関して契約の内容に適合しない場合（契約内容不適合）です（562条1項本文）。契約内容不適合は、隠れたものである必要はありません（買主の善意無過失は要求されていません）。

ただし、買主に帰責事由がある場合、売主の担保責任を追及することができません（562条2項、563条3項）。週3-33-エ

④ 効果 ※2

買主は、売主に対し、①目的物の修補、②代替物の引渡し、③不足分の引渡しによる履行の追完を請求することができます（562条1項本文）。

また、以下のとおり、不適合の程度に応じて代金の減額を請

※1 重要判例

権利を有しない者が、他人の物を自己の権利に属するものとして処分した場合でも、真実の権利者がこれを追認したときは、処分の時に遡って効力を生じる（最判昭37.8.10）。

※2 参考

買主は、債務不履行を理由とする損害賠償請求や契約の解除をすることもできる（564条）。週3-33-イ

求することができます。

【代金減額請求の要件】 過3-33-ウ

原則	相当の期間を定めて履行の追完の催告をし、その期間内に履行の追完がないときは、代金減額請求ができる（563条1項）
例外	以下の場合、無催告で代金減額請求ができる（563条2項） ①履行の追完が不能の場合 ②売主が履行の追完を拒絶する意思を明確に表示した場合 ③特定の日時又は一定の期間内に履行をしなければ契約をした目的を達成できない場合において、売主が履行の追完をしないでその時期を経過したとき ④買主が催告をしても履行の追完を受ける見込みがないことが明らかな場合

⑤ **期間制限**

売主の担保責任を主張できる期間は、以下のとおりです。

【売主の担保責任の期間制限】

目的物の種類・品質に関する不適合	買主が不適合を知った時から1年以内にその旨を売主に通知する必要がある（566条本文） 過3-33-オ ※売主が目的物の引渡時に不適合を知り、又は重大な過失によって知らなかったときは、通知は不要であり、消滅時効の一般原則に戻る（566条ただし書）
目的物の数量や権利移転義務の不適合	消滅時効の一般原則（166条1項） →買主が不適合を知った時から5年又は目的物の引渡時から10年

（4）売買契約の効力

① **契約当事者の義務**

売主は、売買契約の目的物（財産権）を買主に移転する義務を負い、買主は、売主に対して代金を支払う義務を負います（555条）。※3 ※4

なお、目的物から生ずる果実や代金の利息の処理については、以下のようになります。

※3 参考

売買の目的物の引渡しについて期限があるときは、代金の支払についても同一の期限を付したものと推定される（573条）。
過18-32-ウ

※4 参考

売買の目的物の引渡しと同時に代金を支払うべきときは、その引渡しの場所において支払わなければならない（574条）。

【果実・代金の利息】

目的物の引渡前		目的物の引渡後
代金未払い	代金支払済	
果実は売主に帰属する（575条1項）	果実は買主に帰属する（大判昭7.3.3）	果実は買主に帰属するが（575条1項反対解釈）、代金支払期限が到来している場合、引渡日から利息支払義務を負う（575条2項）

② **代金支払拒絶権**

　売買の目的について権利を主張する者があることその他の事由により、買主がその買い受けた権利の全部若しくは一部を取得できず、又は失うおそれがあるときは、買主は、売主が相当の担保を供した場合を除き、その危険の程度に応じて、代金の全部又は一部の支払を拒むことができます（576条）。

　また、買い受けた不動産について契約内容に適合しない先取特権・質権・抵当権の登記があるときは、買主は、抵当権消滅請求等の担保物権を消滅させる手続が終わるまで、その代金の支払いを拒むことができます（577条1項前段・2項）。

(5) 買戻し

　買戻しとは、売買契約の際の特約によって、売主が代金及び契約の費用を買主に返還することによって売買契約を解除し、目的物を取り戻すことです（579条前段）。

　この買戻しは、借金をする際に債務を弁済すれば買い戻すことができるという特約付で債務者が所有する物を債権者に譲渡するといった形で、担保目的の利用がなされています。

3 交換契約

> **事例** AはBに対して「自分の所有する東京の土地をあなたの所有する大阪の土地と交換したい」と言って申込みをしたところ、Bは「わかりました」と言ってこれを承諾した。

交換契約とは、当事者が互いに金銭の所有権以外の財産権を移転する契約のことです（586条1項）。売買契約が物とお金を交換する契約であるのに対し、交換契約は、物と物を交換する契約であるといえます。

確認テスト

☐☐☐ **1** 書面によらない贈与は、履行の終わった部分を除き、各当事者が解除することができる。

☐☐☐ **2** 買主が売主に手付を交付したときは、相手方が契約の履行に着手するまでは、買主はその手付を放棄して、契約の解除をすることができる。

☐☐☐ **3** 他人物売買は、権利者に売買成立当時から他に権利を譲渡する意思がなく、売主がこれを取得して買主に移転することができないような場合は、無効となる。

☐☐☐ **4** 交換契約とは、当事者の一方がある物を相手方（買主）に移転し、相手方がこれに対してその代金を支払う契約のことである。

解答 **1** ○（550条） **2** ○（557条1項） **3** ✕ 本問のような場合でも、売買契約は有効に成立する（最判昭25.10.26）。 **4** ✕ 本問は売買契約の説明である（555条）。なお、交換契約とは、当事者が互いに金銭の所有権以外の財産権を移転する契約のことである（586条1項）。

第9節 貸借型契約

学習のPOINT
貸借型契約とは、物の貸し借りをする契約のことです。この貸借型契約には、①消費貸借契約、②使用貸借契約、③賃貸借契約の3つがあります。

1 消費貸借契約

(1) 消費貸借契約とは何か

 Aは、Bに対して、1ヶ月後に返してもらう約束で100万円を貸すこととし、Bに100万円を渡した。

　消費貸借契約とは、当事者の一方（借主）が種類・品質・数量の同じ物をもって返還をすることを約束して相手方（貸主）から金銭その他の物を受け取ることによって成立する契約のことです（587条）。消費貸借契約は、契約当事者の合意のほかに、目的物の引渡しをすることが成立要件とされています。このような契約を**要物契約**といいます。

　ただし、書面でする消費貸借契約は、契約当事者の合意だけで成立します（587条の2第1項）。このような契約を**諾成契約**といいます。

　消費貸借契約の目的物は、金銭であることが多いですが、金銭以外の物（例：米やガソリンなど）を目的とすることもできます。※1

※1 参考

金銭を目的とする消費貸借契約を特に金銭消費貸借契約という。

(2) 返還時期
① 返還時期を定めた場合
　当事者が返還時期を定めた場合、その時期に返還することになります。
② 返還時期を定めなかった場合
　当事者が返還時期を定めなかった場合、貸主は、**相当の期間**を定めて返還の催告をすることができます（591条1項）。そして、催告してから相当の期間が経過すると、借主は履行遅滞に陥ります。過18-32-オ ※2

　これに対して、借主は、返還時期の定めの有無にかかわらず、いつでも返還することができます（591条2項）。

2 使用貸借契約

（1）使用貸借契約とは何か

> 事例　Aは、親戚のBに対して、引越先が見つかったら返してもらう約束で、自分の所有する建物を無償で貸すこととし、Bにこの建物を引き渡した。

　使用貸借契約とは、当事者の一方（貸主）がある物を引き渡すことを約束し、相手方（借主）がその受け取った物について**無償**で使用・収益をして契約が終了したときに返還することを約束することで成立する契約のことです（593条）。※3

（2）使用貸借契約の効力
① 貸主の義務
　貸主は借主の使用・収益を受忍する消極的義務を負いますが、賃貸借の場合と異なり、積極的な修繕義務は負いません。
② 借主の義務
　借主は、契約又はその目的物の性質によって定まった用法に従い、その物の使用・収益をしなければなりません（594条1

※2 過去問チェック
消費貸借については、返還時期の合意がないときには、貸主の請求があれば借主は直ちに返還しなければならない。→ ×（18-32-オ）

※3 法改正情報
民法大改正により、使用貸借契約は、要物契約ではなく諾成契約になった。

項）。また、借主は、貸主の承諾を得なければ、第三者に借用物の使用・収益をさせることはできません（594条2項）。過30-32-ア

これらに違反して使用・収益をしたときは、貸主は、契約の解除をすることができます（594条3項）。

（3）費用の償還

借主は、借用物の通常の必要費を負担します（595条1項）。過24-32-3

これに対して、通常の必要費以外の費用については、貸主に対して償還請求することができます（595条2項、583条2項、196条）。※1

（4）使用貸借契約の終了

① 目的物の返還時期

使用貸借契約における目的物の返還時期は、以下のとおりです。

【目的物の返還時期】

当事者が返還時期を定めた場合	当事者が返還時期を定めなかった場合	
	使用目的を定めたとき	使用目的を定めなかったとき
その時期に返還する（597条1項）	〈原則〉目的に従った使用・収益の終わる時に返還する（597条2項）〈例外〉①使用・収益に必要な期間経過したときは、貸主は契約の解除ができる（598条1項）②借主はいつでも契約の解除ができる（598条3項）	貸主・借主ともにいつでも契約の解除ができる（598条2項・3項）

② 借主の死亡

使用貸借契約は、無償で目的物を貸すものですから、貸主が借主を信頼してなされるものであるといえます。そこで、使用貸借契約は、借主の死亡によって当然に終了します（597条3項）。

※1 参考

有益費の償還の時期は使用貸借の終了時であり、貸主の請求により裁判所は相当の期限を許与することができる。過24-32-3

3 賃貸借契約

(1) 賃貸借契約とは何か

事例　AはBに対して「自分の所有する建物を賃料月額10万円で貸したい」と言って申込みをしたところ、Bは「借ります」と言ってこれを承諾した。

　賃貸借契約とは、当事者の一方（賃貸人）がある物の使用・収益を相手方にさせることを約束し、相手方（賃借人）がこれに対してその賃料を支払うこと及び引渡しを受けた物を契約が終了したときに返還することを約束することによって成立する契約のことです（601条）。

(2) 敷金

① 敷金とは何か

　敷金とは、いかなる名目によるかを問わず、賃料債務などを担保する目的で、賃借人が賃貸人に交付する金銭のことです（622条の2第1項かっこ書）。※2

　賃貸人は、①賃貸借が終了して**賃貸物の返還を受けた**とき、②賃借人が**適法に賃借権を譲り渡した**ときは、延滞賃料などの未払債務を差し引いて、敷金を返還しなければなりません（622条の2第1項）。

② 敷金返還請求の相手方

　賃貸人たる地位が譲受人又はその承継人に移転した場合、敷金返還債務は譲受人又はその承継人に承継されます（605条の2第4項）。※3 週24-33-5、2-33-5

　他方、賃借権が移転した場合、敷金に関する敷金交付者の権利義務関係は、特段の事情のない限り、新賃借人に承継されません（最判昭53.12.22）。週24-33-2

※2 参考
賃貸人は、賃借人が賃料債務などを履行しないときは、敷金をその債務の弁済に充てることができるが、賃借人は、賃貸人に対し、敷金をその債務の弁済に充てるよう請求することはできない（622条の2第2項）。

※3 重要判例
家屋の賃貸借終了後明渡前にその所有権が他に移転された場合、敷金に関する権利義務関係は、旧所有者と新所有者との合意のみによっては、新所有者に承継されない（最判昭48.2.2）。

(3) 契約当事者の義務

① 賃貸人の義務

賃貸人は、賃借人に対して目的物を使用・収益させる義務を負います（601条）。また、賃貸人は、賃貸物の使用・収益に必要な修繕をする義務を負います（606条1項）。

なお、賃借人が目的物の必要費や有益費を支出した場合、賃貸人は、これらの費用を償還する義務を負います（608条）。

【費用償還義務】 過24-33-1

	必要費	有益費 ※1
意味	使用・収益に適する状態に目的物を維持・保存するために必要な費用 ※2	目的物の改良のために支出された費用 ※3
償還時期	直ちに償還しなければならない 過29-33-1	賃借物の価格の増加が現存する限り、賃貸借の終了の時に、支出した費用又は増価額の償還をしなければならない ※4

また、賃貸借は有償契約ですから、賃貸人は、売主と同様の担保責任を負います（559条）。したがって、土地又は建物の賃借人は、賃借物に対する権利に基づき自己に対して明渡しを請求することができる第三者からその明渡しを求められた場合には、それ以後、賃料の支払を拒絶することができます（576条、最判昭50.4.25）。

② 賃借人の義務

賃借人は、賃貸人に対して賃料を支払う義務を負います（601条）。賃料とは、目的物の使用・収益に対する対価のことです。※5

※1 参考

建物の賃借人が有益費を支出した後に建物の所有権譲渡により賃貸人が交替したときは、新賃貸人が有益費の償還義務を承継し、旧賃貸人は当該償還義務を免れる(605条の2第4項)。過21-32-ウ、2-33-4

※2 具体例をイメージ

例えば、屋根からの雨漏りの修繕費や、トイレが故障した場合の修理費などである。

※3 具体例をイメージ

例えば、借家の前の道路をコンクリートで舗装した場合の費用などである。

※4 重要判例

賃借人が賃借建物に付加した増改築部分が賃貸借終了前に滅失した場合、特段の事情のない限り、賃貸人の有益費償還義務は消滅する（最判昭48.7.17）。過21-32-エ

※5 参考

賃料は、動産、建物及び宅地については毎月末に、その他の土地については毎年末に、支払わなければならない（614条本文）。過18-32-イ

(4) 賃借権の譲渡・転貸（てんたい）

① 賃借権の譲渡・転貸とは何か

> 1. Aは、Bに対して、自己の所有する建物を賃貸した。その後、Bは、Cに対してこの建物の賃借権を譲渡した。
> 2. Aは、Bに対して、自己の所有する建物を賃貸した。その後、Bは、Cに対してこの建物を転貸した。

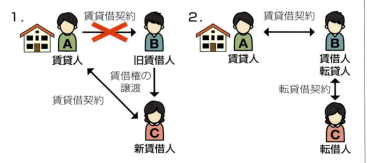

賃借権の譲渡とは、事例1のように、賃借人（B）が第三者（C）に賃借権を譲渡し、自らは賃貸借関係から離脱する場合のことです。これに対して、**転貸**とは、事例2のように、賃借人（B）が目的物を第三者（C）に又貸しし、自らも賃貸借関係（AB間）を存続させる場合のことです。※6

② 承諾のない譲渡・転貸（無断転貸）

賃借人は、**賃貸人の承諾**を得なければ、その賃借物を譲渡し、又は転貸することができません（612条1項）。

承諾のない譲渡・転貸（無断転貸）の場合、賃貸人・賃借人・転借人の関係は、以下のようになります。

賃貸人・賃借人間	賃貸人は、**契約の解除**をすることができる（612条2項）※7
賃借人・転借人間	賃借人が転借人に**相当の担保**を提供していない限り、転借人は、賃借人に対して転貸借の賃料の支払を拒絶できる（559条、576条、最判昭50.4.25）過元-32-オ
賃貸人・転借人間	原賃貸借を解除しなくても、賃貸人は、転借人に対して所有権に基づく建物の明渡しを請求することができる（最判昭26.5.31）過元-32-エ

※6 重要判例
賃貸人の承諾がある転貸において、賃貸人が当該建物を転借人に譲渡し、賃貸人の地位と転借人の地位とが同一人に帰属したときであっても、賃貸人と転借人間に転貸借関係を消滅させる特別の合意がない限り、転貸借関係は当然には消滅しない（最判昭35.6.23）。過元-32-ア

※7 重要判例
賃借人が賃貸人の承諾なく第三者に賃借物の使用又は収益をさせた場合でも、賃借人の当該行為を賃貸人に対する背信的行為と認めるに足らない特段の事情があるときは、賃貸人は、契約を解除することはできない（最判昭28.9.25）。過20-45

③ 承諾のある譲渡・転貸

賃借権が適法に譲渡されると、旧賃借人は賃貸借関係から離脱します。※1

他方、賃借人が適法に賃借物を転貸したときは、転借人は、賃借人の債務の範囲を限度として賃貸人に対して直接に義務を負うことになります（613条1項前段）。この場合、転借人は、**賃料の前払い**をもって賃貸人に対抗することができません（613条1項後段）。※2 ※3 過元-32-ウ

なお、賃貸借の解除の効力については、以下のとおりです。

【賃貸借の解除の効力】

合意解除	賃貸借が合意解除された場合でも、その解除を転借人に対抗することができない（613条3項本文）。過18-33-ア、24-33-3
債務不履行による解除	賃貸借が賃借人の債務不履行を理由とする解除により終了した場合、賃貸人の承諾のある転貸借は、原則として、賃貸人が転借人に対して目的物の返還を請求した時に、転貸人の転借人に対する債務の履行不能により終了する（613条3項ただし書、最判平9.2.25）※4 ※5 過21-33、24-33-4

（5）賃借人の第三者に対する関係
① 不動産賃借権の対抗力

事例　Aは、Bに対して、自己の所有する建物を賃貸した。その後、Aは、Cに対してこの建物を売却した。

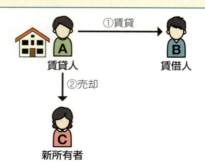

Bは、賃借権という債権をもっていますが、債権は債務者（A）という特定の人に対してしか主張できませんから、Cに

※1 重要判例
賃貸人がいったん賃借権の譲渡・転貸を承諾した場合、賃借人が第三者との間で賃借権の譲渡・転貸をする前であっても、賃貸人は、これを撤回することができない（最判昭30.5.13）。

※2 重要判例
「賃料の前払い」とは、転貸借契約で定められた弁済期前に賃料を支払うことである（大判昭7.10.8）。

※3 参考
賃貸人が賃借人に対してその権利を行使することは妨げられない（613条2項）。

※4 記述対策
どの時点でどのような理由により転貸借契約が終了するか書けるようにしておきましょう。

※5 重要判例
適法な転貸借がある場合、賃貸人が賃料延滞を理由として賃貸借契約を解除するには、賃借人に対して催告すれば足り、転借人に対して延滞賃料の支払の機会を与えなければならないものではない（最判昭37.3.29）。過18-33-ウ、元-32-イ

対して賃借権を主張することはできません。そこで、建物の新所有者であるCは、Bに対して物権的請求権を行使し、建物から出ていくよう請求することができます。

　もっとも、生活の基盤となる建物の賃貸借において、目的物の譲渡により賃貸借関係が覆されてしまうと、賃借人（B）は困ってしまいます。そこで、不動産の賃貸借は、これを登記したときは、その不動産について物権を取得した者その他の第三者に対抗することができます（605条）。したがって、Bは、建物の賃貸借について登記をすれば、Cに対しても賃借権を主張することができ、建物から出ていかなくてもすむようになります。※6 ※7

② 賃貸人たる地位の移転

　法令の規定による対抗要件を備えた場合において、その不動産が譲渡されたときは、その不動産の賃貸人たる地位は、その譲受人に移転します（605条の2第1項）。圖2-33-1

　そして、賃貸人たる地位の移転は、賃貸物である不動産について所有権の移転の登記をしなければ、賃借人に対抗することができません（605条の2第3項）。圖2-33-3

　なお、賃貸人たる地位が譲受人に移転したときは、費用の償還に係る債務及び敷金の返還に係る債務は、譲受人が承継します（605条の2第4項）。圖2-33-4・5

③ 賃借権の二重設定

　賃借権が二重に設定された場合の優劣は、対抗要件の先後で決まります（最判昭28.12.18）。

④ 不法占拠者との関係

　所有者たる賃貸人は、不法占拠者に対して、所有権に基づく妨害排除請求権を行使することができます。そこで、賃借人は、この妨害排除請求権を代位行使（423条）することができます（大判昭4.12.16）。圖20-30-オ

　また、賃借人は、賃借権につき対抗要件を備えていれば、直接に賃借権に基づく返還請求をすることもできます（605条の4第2号）。圖20-30-ウ、29-31-4

　なお、賃貸借と使用貸借の違いをまとめると、以下のように

※6 重要判例
賃借権は債権であるから、賃借人は賃貸人に対してその登記を請求することはできない（大判大10.7.11）。

※7 重要判例
借地権は、その登記がなくても、土地の上に借地権者が登記されている建物を所有するときは、これをもって第三者に対抗することができるが（借地借家法10条1項）、借地上の建物の登記が家族名義の場合には、これをもって第三者に対抗することができない（最大判昭41.4.27）圖2-33-2

第3章 ― **債権** 第9節 ― 貸借型契約　**517**

なります。

【賃貸借と使用貸借のまとめ】

	賃貸借	使用貸借
契約の性質	①諾成契約（目的物の引渡しがなくても契約が成立）	
	②有償契約（賃料の支払義務あり）	②無償契約（賃料の支払義務なし）
対抗力	あり（605条）	なし
費用償還請求権 過30-32-イ	①必要費は、直ちに償還請求可（608条１項） ②有益費は、賃貸借終了時に償還請求可（608条２項）	①通常の必要費は、償還請求不可（595条１項） ②非常の必要費・有益費は、目的物の返還時に償還請求可（595条２項）
借主の死亡 過30-32-エ	契約は終了しない	契約は終了する（597条３項）

確認テスト

□□□ **1** 消費貸借契約は、原則として、契約当事者の合意のほかに、目的物の引渡しをすることが成立要件とされている。

□□□ **2** 使用貸借契約は、貸主の死亡によって、その効力を失う。

□□□ **3** 賃借人は、賃貸人の承諾を得なければ、その賃借権を譲渡し、又は転貸することができないのが原則である。

□□□ **4** 不動産の賃貸借は、これを登記したとしても、その不動産について物権を取得した者に対抗することはできない。

解答 **1** ○（587条） **2** ✕ 使用貸借契約の効力が失われるのは、「借主」の死亡である（597条３項）。 **3** ○（612条１項） **4** ✕ 対抗することができる（605条）。

第10節 役務提供型契約

重要度 A

学習のPOINT

役務提供型契約とは、役務（労働力）の提供を目的とする契約のことです。この役務提供型契約には、①雇用契約、②請負契約、③委任契約、④寄託契約の4種類があります。

1 雇用契約

事例
AはBから「Aの会社で働きたい」と申込みを受けたので、Aは「お願いします」と言ってこれを承諾した。

雇用契約とは、当事者の一方（被用者）が相手方（使用者）に対して労働に従事することを約束し、相手方がこれに対してその報酬を与えることを約束することによって成立する契約のことです（623条）。雇用契約においては、被用者が使用者に従属する点が特徴です。

そして、労働者は、その約束した労働を終わった後でなければ、報酬を請求することができないとされており（624条1項）、雇用契約においては、報酬の後払いが原則とされています。

2 請負契約

(1) 請負契約とは何か

AはBに対して「代金1000万円で自分の所有する土地の上に家を建てることを注文したい」と申込みをしたところ、Bは「請け負います」と言ってこれを承諾した。

請負契約とは、当事者の一方（請負人）が仕事を完成すること（家の建築）を約束し、相手方（注文者）が仕事の結果に対して報酬を与える約束をすることによって成立する契約のことです（632条）。請負契約においては、雇用契約と異なり、請負人は注文者から独立しています。

そして、請負契約の報酬は、仕事の目的物の**引渡しと同時**に支払わなければならないとされており（633条本文）、請負契約においては、目的物の引渡しと報酬の支払いの同時履行が原則です。※1 ※2 週18-32-ア、23-34-ア、2-32-4

(2) 下請負

下請負とは、請負人が請け負った仕事の全部又は一部をさらに第三者に請け負わせることです。

この下請負は、請負人本人の能力に着目された特別な請負の場合を除き、原則として可能です。

下請負がなされた場合、下請負人は元請負人の**履行補助者**となりますから、下請負人の故意・過失につき元請負人が責任を負います。※3

(3) 目的物の所有権の帰属

請負契約の目的物の所有権は、以下のように帰属します。

※1 重要判例
注文者は、契約内容不適合の程度や各契約当事者の交渉態度等にかんがみ信義則に反すると認められるときを除き、請負人から契約内容不適合を理由とする損害の賠償を受けるまでは、報酬全額の支払を拒むことができる（最判平9.2.14）。

※2 重要判例
注文者は、契約内容不適合を理由とする損害賠償請求権と報酬請求権を相殺することもできる（最判昭53.9.21）。

※3 重要判例
下請禁止特約がなされている場合でも下請負が当然に無効となるわけではないが、下請負をすること自体が債務不履行となるから、元請負人は下請負をしたことにより生じたすべての事由について損害賠償責任を負う（大判明45.3.16）。

【目的物の所有権の帰属】

注文者が材料の全部又は主要部分を提供		目的物の所有権は原始的に注文者に帰属する（大判昭7.5.9）
請負人が材料の全部又は主要部分を提供	原則	請負人が所有権を取得し、引渡しによって注文者に移転する（大判明37.6.22）
	例外	①特約がある場合には、目的物の所有権は注文者に帰属する（大判大5.12.13）※4 ②注文者が代金の全部又は大部分を支払っている場合には、特約の存在が推認され、目的物の所有権は原始的に注文者に帰属する（最判昭44.9.12）

(4) 請負人の担保責任

民法大改正により、請負人の担保責任の規定が大幅に削除され、売主の担保責任の規定（562条〜564条）が請負契約にも適用されることになりました（559条）。

(5) 請負契約の終了

① 仕事未完成の間の注文者の解除権

請負人が仕事を完成しない間は、注文者は、いつでも**損害賠償**して契約の解除をすることができます（641条）。※5

なぜなら、無用になった仕事を続けさせて注文者のコストを大きくする必要はないからです。

② 注文者の破産手続開始決定による解除権

注文者が破産手続開始の決定を受けたときは、**請負人又は破産管財人**は、契約の解除をすることができます（642条1項本文）。ただし、請負人は、仕事を完成した後は契約の解除をすることができません（642条1項ただし書）。

3 委任契約

(1) 委任契約とは何か

交通事故を起こしたAは弁護士Bに対して「被害者であるCと示談をするようお願いしたい」と申込みをしたところ、Bは「引き受けました」と言ってこれを承諾した。

※4 重要判例

建物建築工事の注文者と元請負人との間に、請負契約が中途で解除された際の出来形部分の所有権は注文者に帰属する旨の約定がある場合、元請負人から一括して当該工事を請け負った下請負人が自ら材料を提供して出来形部分を築造したとしても、注文者と下請負人との間に格別の合意があるなど特段の事情のない限り、契約が中途で解除された際の出来形部分の所有権は注文者に帰属する（最判平5.10.19）。

※5 参考

建物の工事請負契約において、工事全体が未完成の間に注文者が請負人の債務不履行を理由に契約を解除する場合には、工事内容が可分であり、しかも当事者が既施工部分の給付に関し利益を有するときは、既施工部分については仕事の完成とみなされ契約を解除することができず、未施工部分について契約の一部解除をすることができるにすぎない（634条2号）。過23-32-5

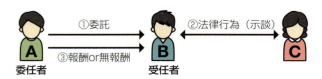

委任契約とは、当事者の一方（委任者）が法律行為（示談）をすることを相手方（受任者）に委託し、相手方がこれを承諾することによって成立する契約のことです（643条）。委任契約においても、請負契約と同様、受任者は委任者から独立しています。

委任契約の場合、雇用契約や請負契約の場合と異なり、**特約**がなければ報酬を請求することはできません（648条1項）。過元-33-1

そして、報酬についての特約がある場合でも、**委任事務を履行した後**でなければ、報酬を請求することができません（648条2項本文）※1 過18-32-エ

(2) 受任者の義務
① 善管注意義務

受任者は、報酬についての特約があるかどうかにかかわらず、委任の本旨に従い、**善良な管理者の注意**をもって、委任事務を処理する義務を負います（644条）。※2 過24-32-4

なお、各場面における注意義務についてまとめると、以下の表のようになります。※3

【注意義務のまとめ】

	善管注意義務を負う者	注意義務が軽減されている者
財産法	①留置権者（298条1項） ②質権者（350条、298条1項） ③特定物引渡債権の債務者（400条） ④受任者（644条） ⑤事務管理者 ※緊急事務管理（698条）を除く	①無報酬の受寄者（659条）
家族法	①後見人（869条、644条） ②後見監督人（852条、644条） ③遺言執行者（1012条3項、644条）	①親権者（827条） ②熟慮期間中の相続人（918条1項） ③限定承認者（926条1項） ④相続放棄者（940条1項）

※1 参考

委任が委任者の責めに帰することができない事由によって委任事務の履行ができなくなったとき、または履行の中途で終了したときは、受任者は、既にした履行の割合に応じて報酬を請求することができる（648条3項1号・2号）。

※2 引っかけ注意!

委任契約は委任者・受任者の間の信頼関係を基礎とするため、注意義務の程度は、たとえ無償の場合でも軽減されません。

※3 受験テクニック

この表は民法全般にわたるものですから、最後の相続まで一度学習した後に見直すとよいでしょう。

② 付随的義務

受任者がなすべき事柄の内容は契約ごとに多様ですが、民法では、委任事務の処理に際して通常なすことを要する事柄についての規定があります。これを付随的義務といい、以下のようなものが挙げられます。

【受任者の付随的義務】

報告義務	受任者は、委任者の請求があるときは、いつでも委任事務の処理の状況を報告し、委任が終了した後は、遅滞なくその経過及び結果を報告しなければならない（645条）
受取物・果実の引渡義務	受任者は、委任事務を処理するに当たって受け取った金銭その他の物（果実も同様）を委任者に引き渡さなければならない（646条1項）
取得権利の移転義務	受任者は、委任者のために自己の名で取得した権利を委任者に移転しなければならない（646条2項）
金銭消費の責任	受任者は、委任者に引き渡すべき金額又はその利益のために用いるべき金額を自己のために消費したときは、その消費した日以後の利息を支払わなければならず、なお損害があるときは、その賠償の責任を負う（647条）

③ 復委任の可否

復委任とは、第三者に自己の代わりに事務を処理させることです。

委任は信頼関係を基礎としていますから、受任者は、委任者の許諾を得たとき又はやむを得ない事由があるときでなければ、復受任者を選任することができません（644条の2第1項）。

（3）委任者の義務

委任者は、受任者に損失を与えないために、以下のような義務を負っています。

第3章 — 債権　第10節 — 役務提供型契約　523

【委任者の義務】

費用前払義務	委任事務を処理するについて費用を要するときは、委任者は、受任者の請求により、その前払をしなければならない（649条）週元-33-5
費用償還義務	受任者は、委任事務を処理するのに必要と認められる費用を支出したときは、委任者に対し、その費用及び支出の日以後におけるその利息の償還を請求することができる（650条1項）
債務の代弁済・担保提供義務	受任者は、委任事務を処理するのに必要と認められる債務を負担したときは、委任者に対し、自己に代わってその弁済をすることを請求することができる。その債務が弁済期にないときは、委任者に対し、相当の担保を供させることができる（650条2項）
損害賠償義務	受任者は、委任事務を処理するため自己に過失なく損害を受けたときは、委任者に対し、その賠償を請求することができる（650条3項）週23-33-2

(4) 委任の終了
① 任意解除権
　委任は、各当事者がいつでもその解除をすることができます（651条1項）。
　もっとも、当事者の一方が相手方に**不利な時期**に委任の解除をしたときや、委任者が**受任者の利益**（専ら報酬を得ることによるものを除く）をも目的とする委任を解除したときは、その当事者の一方は、やむを得ない事由があったときを除き、相手方の損害を賠償しなければなりません（651条2項）。週23-32-4

② 死亡・破産・後見開始
　委任は、以下の事由によって終了します（653条）。

【委任の終了原因】

	死亡 （653条1号）	破産手続開始の決定 （653条2号）	後見開始の審判 （653条3号）
委任者	終了する	終了する	終了しない※1
受任者	終了する	終了する	終了する

※1 受験テクニック
委任者が後見開始の審判を受けた場合、自分で事務処理ができず委任の必要性が増すことから、委任は終了しないと覚えておきましょう。

4 寄託契約

(1) 寄託契約とは何か

> **事例** AはBに対して「自分の所有する時計を保管してほしい」と申込みをしたところ、Bは「わかりました」と言ってこれを承諾したので、AはBに対して時計を引き渡した。

寄託契約とは、当事者の一方（寄託者）がある物（時計）を保管することを相手方（受寄者）に委託し、相手方がこれを承諾することによって成立する契約のことです（657条）。※2

寄託契約の場合、委任契約の場合と同じく、特約がなければ報酬を請求することはできません（665条、648条1項）。

(2) 受寄者の注意義務

無報酬の受寄者は、自己の財産に対するのと同一の注意をもって、寄託物を保管すれば足りますが（659条）、報酬についての特約がある場合には、善良な管理者の注意をもって寄託物を保管する義務を負います（400条）。

【委任契約と寄託契約における注意義務】

	委任契約	寄託契約
報酬についての特約あり	善良な管理者の注意	善良な管理者の注意
報酬についての特約なし	善良な管理者の注意	自己の財産に対するのと同一の注意 過24-32-5 ※3

(3) 委任の規定の準用

寄託については、委任の規定が準用されています（665条）。

※2 **法改正情報**
民法大改正により、寄託契約は、要物契約ではなく諾成契約になった。

※3 **過去問チェック**
寄託が無償で行われた場合、受寄者は他人の物を管理するにあたり、善良なる管理者の注意をもって寄託物を保管しなければならない。→ ✗（24-32-5）

【委任の規定の準用】

受寄者の義務	寄託者の義務
①受領物・果実の引渡義務（646条１項） ②取得権利の移転義務（646条２項） ③金銭消費の責任（647条）	①特約ある場合の報酬支払義務（648条） ②費用前払義務（649条） ③費用償還義務（650条１項）[過]21-32-オ ④債務の代弁済・担保提供義務（650条２項）

（4）寄託物の返還時期

寄託物の返還時期については、以下の表のとおりです。

【寄託物の返還時期】

	返還時期を定めた場合	返還時期を定めなかった場合
寄託者	いつでも返還請求できる（662条１項）	
受寄者	やむを得ない事由がある場合を除き、返還時期に返還する（663条２項）	いつでも返還できる（663条１項）

確認テスト

☐☐☐ **1** 労働者は、その約束した労働を終わった後でなければ、報酬を請求することができない。

☐☐☐ **2** 請負契約の報酬は、原則として、仕事の目的物の引渡しと同時に支払わなければならない。

☐☐☐ **3** 無償の受任者は、自己の財産に対するのと同一の注意をもって、委任事務を処理する義務を負う。

☐☐☐ **4** 寄託契約は、目的物の引渡しをすることが成立要件とされる要物契約である。

....

解答 **1** ○（624条１項）　**2** ○（633条本文）　**3** ×無償の受任者であっても、善良な管理者の注意義務を負う（644条）。　**4** ×目的物の引渡しをすることは成立要件とされていない（657条）。

第11節 契約以外の債権発生原因

重要度 A

学習のPOINT

契約以外の債権発生原因には、①事務管理、②不当利得、③不法行為の3つがあります。それぞれの要件が重要なので、要件については重点的に学習しましょう。

1 事務管理

(1) 事務管理とは何か

 Aの家の塀が台風で倒れてしまったため、Bは、Aに頼まれてはいないものの、その塀を修理した。

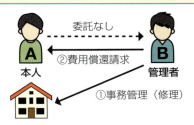

事務管理とは、義務がないにもかかわらず他人のために事務を管理することです（697条1項）。そして、管理者は、本人のために**有益な費用**を支出したときは、本人に対し、その償還を請求することができます（702条1項）。※1

上の事例では、BがAに頼まれていないにもかかわらず、Aの家の塀を修理していますから、Bの行為は事務管理に当たります。したがって、Bは、Aに対して、塀の修理にかかった費用の償還を請求することができます。このように、事務管理も、契約と同様に債権発生原因となります。

この事務管理制度の趣旨は、社会生活を営む上では相互に助け合うことが要請されるため、他人の生活への干渉を適法と認める点にあります。

※1 記述対策

「事務管理」という名称は書けるようにしておきましょう。

（2）要件

① 法律上の義務の不存在

契約があれば事務の管理は契約上の債務となりますし、親権のような法律上の地位があれば法律の規定に基づいて他人の事務を管理する義務が生じますから、事務管理にはなりません。

② 他人のためにする意思

事務管理が成立するためには、他人のためにする意思が必要です。この「他人のためにする意思」は、自己のためにする意思が併存していても認められます。※1

③ 他人の事務の管理

事務管理の対象となる事務は、法律行為（例：診療契約の締結）でも事実行為（例：隣家の犬にえさをやる）でもかまいません。

④ 本人の意思及び利益への適合

管理者は、事務の性質に従い、最も本人の利益に適合する方法によって、事務管理をしなければなりません（697条1項）。

また、管理者は、本人の意思を知っているとき、又はこれを推知することができるときは、その意思に従って事務管理をしなければなりません（697条2項）。

（3）効果 ※2

① 管理者の義務

管理者は、本人の身体・名誉・財産に対する急迫の危害を免れさせるために事務管理をしたときは、悪意又は重過失があるのでなければ、これによって生じた損害を賠償する責任を負いません（698条）。これを緊急事務管理といいます。※3

また、管理者は、本人又はその相続人若しくは法定代理人が管理をすることができるに至るまで、事務管理を継続しなければなりません（700条本文）。ただし、事務管理の継続が本人の意思に反し、又は本人に不利であることが明らかであるときは、管理を継続してはなりません（700条ただし書）。

② 本人の義務 ※4

管理者は、本人のために有益な費用を支出したときは、本人に対し、その償還を請求することができます（702条1項）。過

※1 具体例をイメージ

例えば、隣家の壁を修理して自宅に倒れこむのを防止する場合などである。

※2 重要判例

管理者が本人の名でした法律行為の効果は、当然に本人に及ぶものではなく、無権代理行為となる（最判昭36.11.30）。過22-32-ウ、23-33-4、元-33-4

※3 参考

698条の反対解釈から、急迫の危害がなければ、委任の場合（644条）と同様、善管注意義務を負うと考えられている。

※4 参考

本人は、管理者に対する報酬支払義務を負わない。過23-33-3

元-33-2

　また、管理者が本人のために有益な債務を負担した場合、本人に対し、自己に代わってその弁済をすることを請求することができます（702条2項、650条2項前段）。過元-33-3

　しかし、管理者が本人の意思に反して事務管理をしたときは、これらの請求ができる範囲は本人が現に利益を受けている限度に限定されます（702条3項）。過23-33-5

　なお、委任と事務管理の異同についてまとめると、以下の表のようになります。

【委任と事務管理のまとめ】 過22-32

		委任	事務管理
権利	報酬請求権	特約があれば○ （648条1項）	×
	費用前払請求権	○ （649条）	×
	費用償還請求権	○ （650条1項）	有益な費用のみ○ （702条1項）
	代弁済請求権	○ （650条2項）	有益な債務のみ○ （702条2項）
	損害賠償請求権	○ （650条3項）	× 過23-33-1
義務	善管注意義務	○ （644条）	緊急事務管理の場合は×（698条）
	報告義務	○ （645条）	○ （701条、645条）
	受領物引渡義務	○ （646条1項）	○ （701条、646条）
	金銭消費の責任	○ （647条）	○ （701条、647条）

第3章 － 債権　第11節 － 契約以外の債権発生原因　529

2 不当利得

（1）不当利得とは何か

> 事例　Aは、自分の所有する時計をBに対して売却し、この時計を引き渡した。しかし、この時計の売買契約はBの詐欺によるものであったので、Aは、時計の売買契約を取り消した。

不当利得とは、法律上の原因なく他人の財産又は労務によって利益を受け、そのために他人に損失を及ぼすことです。そして、不当利得を受けている者は、これを返還する義務を負います（703条、704条）。

上の事例では、ＡＢ間の時計の売買契約が取り消された以上、Bが時計を所持していることについて法律上の原因はありませんから、Bが時計を所持していることは不当利得に当たります。したがって、Aは、Bに対して、時計の返還を請求することができます。このように、不当利得も、契約と同様に債権発生原因となります。

この不当利得制度の趣旨は、形式的には正当とされる財産的価値の移動が実質的には正当とされない場合に、公平の理念に従ってこれを調整する点にあります。

（2）要件

不当利得の成立要件は、以下の4つです。

【不当利得の成立要件】

1	受益者が他人の財産又は労務によって利益を受けたこと
2	他人に損失を与えたこと
3	利益と損失との間に因果関係があること
4	法律上の原因がないこと ※1 ※2

※1 重要判例
建物賃借人から請け負って修繕工事をした者が、賃借人の無資力を理由に建物所有者に対して修繕代金相当額を不当利得として返還請求できるのは、建物所有者が対価関係なしに利益を受けた場合に限られる（最判平7.9.19）。週22-33-ウ、29-33-4・5

※2 重要判例
金銭消費貸借契約の借主は、特段の事情のない限り、貸主が第三者に対して貸付金を給付したことによりその価額に相当する利益を受けたものとみるべきであるが、借主と第三者の間に事前に何ら法律上・事実上の関係のない場合は、特段の事情があるといえるから、借主は利益を受けたものとはされない（最判平10.5.26）。週22-33-オ

（3）効果

　善意の受益者は、利益の存する限度において、これを返還する義務を負います（703条）。

　これに対して、悪意の受益者は、その受けた利益に利息を付して返還しなければならず、なお損害があるときは、その賠償の責任を負います（704条）。

（4）不当利得の特則

　法政策上の判断により、本来ならば成立するはずの不当利得返還請求権が成立しないものとされる場合があります。これらを不当利得の特則といいます。

①　非債弁済

　債務の弁済として給付をした者は、その時において債務の存在しないことを知っていたときは、その給付したものの返還を請求することができません（705条）。これを非債弁済といいます。※3 ※4

②　期限前の弁済

　債務者は、弁済期にない債務の弁済として給付をしたときは、その給付したものの返還を請求することができません（706条本文）。なぜなら、弁済受領者は期限の利益の放棄がなされたと思って受領した物を処分してしまうのが通常であり、これを返還させるのは酷だからです。

　ただし、債務者が錯誤によってその給付をしたときは、債権者は、これによって得た利益を返還しなければなりません（706条ただし書）。※5

③　他人の債務の弁済

　債務者でない者が錯誤によって債務の弁済をした場合、弁済者は給付した物の返還を請求することができるのが原則です。

　もっとも、債権者が善意で証書を滅失させ若しくは損傷し、担保を放棄し、又は時効によってその債権を失ったときは、その弁済をした者は、返還の請求をすることができません（707条1項）。※6

④　不法原因給付

　不法な原因のために給付をした者は、その給付したものの返

※3 重要判例

知らないことにつき過失があったとしても、不当利得返還請求をすることができる（大判昭16.4.19）。

※4 重要判例

債務が存在しないことを知っていたにもかかわらず強制執行を避けるためやむを得ずに弁済をした者は、給付したものの返還を請求することができる（大判大6.12.11）。過22-33-ア

※5 具体例をイメージ

例えば、債権者が得た利息などである。

※6 参考

弁済をした者から債務者に対する求償権の行使をすることは妨げられない（707条2項）。

還を請求することができません（708条本文）。これを不法原因給付といいます。※1 ※2

この趣旨は、みずから反社会的な行為をした者に対しては、その行為の復旧を訴求することを許さない点にあります。

ここにいう「給付」は、受益者に終局的な利益を与えるものでなければならないとされています。なぜなら、不法原因給付をできるだけ思いとどまらせることにより、不法原因給付を抑止すべきだからです。

【「給付」の意味】

不動産の引渡し※3	未登記建物	引渡しが「給付」にあたる（最大判昭45.10.21）週22-33-エ、25-34-2
	既登記建物	所有権移転登記が「給付」にあたる（最判昭46.10.28）週25-34-4
抵当権設定登記		「給付」にあたらない（最判昭40.12.17）

なお、不法な原因が受益者についてのみ存したときは、給付したものの返還を請求することができます（708条ただし書）。※4

3 不法行為

（1）不法行為とは何か

> 事例
> Aは、自家用車を運転中、わき見運転をしていたために通行人Bを轢いてしまった。これにより、Bは全治1ヶ月の傷害を負い、入院を余儀なくされた。

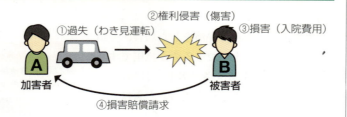

不法行為とは、故意又は過失によって他人の権利又は法律上保護される利益を侵害し、これによって損害を生じさせることです。そして、不法行為を行った者は、これによって生じた損

※1 具体例をイメージ
例えば、愛人関係にある女性に対して宝石を贈与して引き渡した場合、その返還を請求することはできない。

※2 重要判例
不法原因給付の返還の特約は、有効である（最判昭28.1.22）。週22-33-イ

※3 重要判例
建物の所有者のした贈与に基づく履行行為が不法原因給付にあたる場合には、贈与者において給付した物の返還を請求できないことの反射的効果として、当該建物の所有権は、受贈者に帰属する（最大判昭45.10.21）。週25-34-3

※4 重要判例
消費貸借成立のいきさつにおいて、貸主の側に多少の不法があったとしても、借主の側にも不法の点があり、前者の不法性が後者のそれに比してきわめて微弱なものにすぎない場合には、貸主は貸金の返還を請求することができる（最判昭29.8.31）。週25-34-5

害を賠償する責任を負います（709条）。週18-31-オ

　上の事例では、Aがわき見運転という過失によってBに全治1ヶ月の傷害を負わせ、入院費用という損害を生じさせていますから、Aの行為は不法行為に当たります。したがって、Bは、Aに対して、損害賠償請求をすることができます。このように、不法行為も、契約と同様に債権発生原因となります。

　この不法行為制度の趣旨は、①被害者の救済、②損害の公平な分担、③将来の不法行為の抑止の3点にあります。

　なお、不法行為は、一般不法行為と特殊不法行為に分類されます。

【不法行為】

一般不法行為	故意又は過失に基づく原則的な不法行為責任
特殊不法行為	一般不法行為の原則を、過失の立証責任※5を転換したり、無過失責任を課すなどの方法で修正するもの

（2）一般不法行為

　一般不法行為の要件は、以下の6つです。

① 故意又は過失があること 週21-34-1

　故意又は過失は被害者の側で立証しなければなりません。なぜなら、契約関係のないまったくの他人に損害賠償債務を負わせることになるからです。

② 責任能力があること

　責任能力とは、自分の行為が違法なものとして非難されるものであることを認識できる能力のことです。

　未成年者は、他人に損害を加えた場合において、自己の行為の責任を弁識するに足りる知能を備えていなかったときは、その行為について賠償の責任を負いません（712条）。

　また、精神上の障害により自己の行為の責任を弁識する能力を欠く状態にある間に他人に損害を加えた者は、故意又は過失によって一時的にその状態を招いたときを除き、その賠償の責任を負いません（713条）。

③ 権利又は法律上保護される利益を侵害すること

　権利の他に法律上保護される利益が被侵害利益とされていま

※5 用語

立証責任：訴訟において一定の事実を証明しないと不利な判決を受けること。

憲法

行政法

民法

商法

基礎法学

一般知識

第3章 － 債権　第11節 － 契約以外の債権発生原因　533

す。

④　損害が発生すること

　損害とは、不法行為があった場合となかった場合との利益状態の差を金銭で評価したもののことです（差額説）。

⑤　行為と損害との間に因果関係があること

　不法行為の要件として、行為と損害との間に因果関係があることが必要とされています。これは、損害に対する責任を課す以上、当然の要件とされています。

⑥　違法性阻却事由※1 がないこと

　違法性阻却事由のうち明文で認められたものとして、正当防衛と緊急避難があります。

【正当防衛と緊急避難】

	正当防衛（720条1項）週19-45	緊急避難（720条2項）
要件	①他人の不法行為に対し ②自己又は第三者の権利又は法律上保護される利益を防衛するため ③やむを得ず不法行為者又は第三者に対して加害行為をしたこと	①他人の物から生じた急迫の危難に対し ②これを避けるため ③その物を損傷したこと
効果	行為の違法性が阻却され、損害賠償責任を負わない	
	第三者から不法行為者に対して損害賠償請求をすることができる	－

※1 用語

違法性阻却事由： 通常であれば不法行為を構成するような行為であっても、不法行為が成立しないこととなる特別の事情のこと。

(3) 特殊不法行為

① 監督義務者の責任

> **事例** Aの息子であるB（10歳）は、道路で石を投げて遊んでいたところ、この石が通行人Cに当たってしまった。これにより、Cは全治1ヶ月の傷害を負い、入院を余儀なくされた。

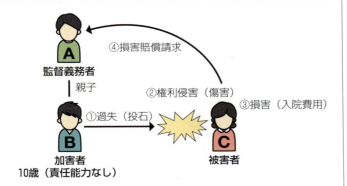

　責任無能力者（B）がその責任を負わない場合、その責任無能力者を監督する法定の義務を負う**監督義務者**（A）が、その責任無能力者が第三者に加えた損害を賠償する責任を負います（714条1項本文）。したがって、上の事例では、Cは、監督義務者であるAに対して損害賠償請求をすることができます。

　もっとも、監督義務者がその義務を怠らなかったとき、又はその義務を怠らなくても損害が生ずべきであったときは、免責されます（714条1項ただし書）。※2

※2 重要判例

未成年者が責任能力を有する場合でも、監督義務者の義務違反と当該未成年者の不法行為によって生じた結果との間に相当因果関係を認め得るときは、監督義務者につき709条に基づく不法行為が成立する（最判昭49.3.22）。しかし、親権者の未成年者に対して及ぼしうる影響力が限定的で、かつ親権者において未成年者が不法行為をなすことを予測し得る事情がないときには、親権者は、被害者に対して不法行為責任を負わない（最判平18.2.24）。過21-34-2

② 使用者責任

Aが経営する飲食店の店員Bは、出前のため会社の自動車を運転中、わき見運転をしていたために通行人Cを轢いてしまった。これにより、Cは全治1ヶ月の傷害を負い、入院を余儀なくされた。

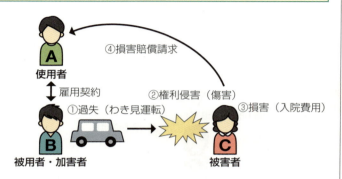

ある事業のために他人を使用する者（A）は、被用者（B）がその事業の執行について第三者に加えた損害を賠償する責任を負います（715条1項本文）。これを**使用者責任**といいます。この趣旨は、使用者が被用者を使用して自己の活動範囲を広げるという利益を得ている以上、被用者が生じさせた損害についても責任を負うべきという点にあります。※1 ※2 過23-46

したがって、上の事例では、Cは、使用者であるAに対して損害賠償請求をすることができます。

もっとも、使用者が**被用者の選任**及びその**事業の監督**について相当の注意をしたとき、又は相当の注意をしても損害が生ずべきであったときは、免責されます（715条1項ただし書）。

なお、使用者又は監督者は、被用者に対して求償することができます（715条3項）。※3 ※4 過30-33-1

③ 注文者の責任

注文者は、注文又は指図について**過失**があったときを除き、請負人がその仕事について第三者に加えた損害を賠償する責任を負いません（716条）。なぜなら、請負契約は通常の使用関係より独立性が強いからです。過21-34-4

※1 重要判例
判例は、暴力団のトップである組長と下部組織の構成員（チンピラ）との間に、暴力団の威力を利用しての資金獲得活動に係る事業について、使用関係を認めている（最判平16.11.12）。過19-34

※2 重要判例
飲食店の店員が自動車で出前に行く途中で他の自動車の運転手と口論となり、同人に暴力行為を働いてしまった場合、「事業の執行について」加えた損害に該当し、店員の使用者は、使用者責任を負う（最判昭46.6.22）。過21-34-3

※3 重要判例
使用者の被用者に対する求償は、諸般の事情に照らし、損害の公平な分担という見地から信義則上相当と認められる限度に制限される（最判昭51.7.8）。過24-34-ウ、28-34-ア

※4 重要判例
被用者が損害を賠償した場合、諸般の事情に照らし、損害の公平な分担という見地から相当と認められる額について、使用者に対して求償することができる（最判令2.2.28）。過18-34-ウ

④ 工作物責任

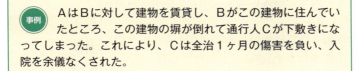
事例　AはBに対して建物を賃貸し、Bがこの建物に住んでいたところ、この建物の塀が倒れて通行人Cが下敷きになってしまった。これにより、Cは全治1ヶ月の傷害を負い、入院を余儀なくされた。

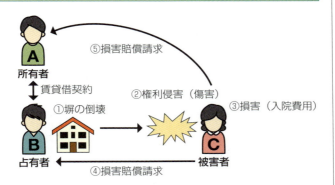

土地の工作物※5の設置又は保存に瑕疵があることによって他人に損害を生じたときは、その工作物の占有者（B）は、被害者に対してその損害を賠償する責任を負うとされています（717条1項本文）。これを**工作物責任**といいます。※6 週3-46

したがって、上の事例では、Cは、建物の占有者であるBに対して損害賠償請求をすることができます。

もっとも、占有者が損害の発生を防止するのに**必要な注意**をしたときは、免責されます（717条1項ただし書）。週3-46

そして、占有者が免責された場合、**所有者**が二次的責任を負います。この場合、所有者は、占有者と異なり、損害の発生を防止するのに必要な注意をしても免責が認められません。週21-34-5、3-46

したがって、上の事例では、CはBが免責される場合は、建物の所有者であるAに対して損害賠償請求をすることができます。

なお、損害の原因について他にその責任を負う者があるときは、占有者又は所有者は、その者に対して**求償権**を行使することができます（717条3項）。※7 週28-34-ウ

※5 **用語**

土地の工作物：人工的作業によって土地に接着して設置された物のこと。例えば、建物やブロック塀、線路・踏切などである。週24-34-エ

※6 **参考**

大地震で塀が倒壊した場合など、瑕疵の有無にかかわらず同じような被害が生じたといえるような場合は、因果関係はないと評価され、工作物責任は生じない。

※7 **具体例をイメージ**

例えば、工作物をいいかげんに設置した請負人などである。

第3章 — 債権　第11節 — 契約以外の債権発生原因　537

⑤ **動物占有者の責任**

動物の占有者は、その動物が他人に加えた損害を賠償する責任を負います（718条1項本文）。※1

もっとも、動物の種類・性質に従い**相当の注意**をもってその管理をしたときは、免責されます（718条1項ただし書）。

⑥ **共同不法行為**

Aは、自家用車を運転中に、Bが運転する自動車と衝突事故を起こし、通行人Cがこの事故に巻き込まれてしまった。これにより、Cは全治1ヶ月の傷害を負い、入院を余儀なくされた。なお、この衝突事故は、Aの前方不注意とBの居眠り運転が競合して生じたものであった。

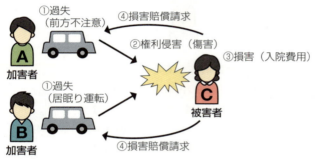

数人が共同の不法行為によって他人に損害を加えたときは、各自が連帯してその損害を賠償する責任を負うものとされています（719条1項前段）。これを**共同不法行為**といいます。この趣旨は、各自に連帯責任（全額の賠償義務）を負わせることで、被害者の救済を図る点にあります。※2

共同不法行為となるのは、以下の3つの場合です。

【共同不法行為】

1	数人が共同の不法行為によって他人に損害を加えたとき（719条1項前段）※3
2	共同行為者のうちいずれの者がその損害を加えたかを知ることができないとき（719条1項後段）
3	教唆者※4・幇助者※5 がいるとき（719条2項）

※1 **具体例をイメージ**

例えば、飼っていた犬が通行人にかみついてケガをさせた場合などである。

※2 **重要判例**

共同不法行為者の1人に対する免除は、他の共同不法行為者に対してその効力を生じないのが原則であるが、被害者が他の共同不法行為者の債務をも免除する意思を有していると認められるときは、他の共同不法行為者に対しても免除の効力が及ぶ（最判平10.9.10）。過 24-34-イ

※3 **重要判例**

「共同の不法行為」といえるためには、各自の行為がそれぞれ独立に不法行為の要件を備えることが必要である（最判昭43.4.23）。

※4 **用語**

教唆者：他人をそそのかして不法行為を実行する意思を生じさせた者のこと。

※5 **用語**

幇助者：見張りのような補助的行為により加害行為を容易にした者のこと。

共同不法行為者間には、過失の割合（負担部分）に応じた求償が認められます。なぜなら、求償を認めないと、現実に賠償した共同不法行為者が全額負担することになり誰も進んで賠償しなくなってしまい、被害者の保護に欠けるからです。

（4）不法行為の効果

① 金銭賠償の原則

不法行為が成立すると、被害者は、加害者に対して損害賠償請求をすることができます（709条）。この損害賠償は、別段の意思表示がないときは、金銭をもってその額を定めます（722条1項、417条）。

もっとも、他人の名誉を毀損した者に対しては、裁判所は、被害者の請求により、損害賠償に代えて、又は損害賠償とともに、名誉を回復するのに適当な処分をすることができます（723条）。

② 損害賠償請求権者

まず、被害者本人は、損害賠償を請求することができます。そして、胎児は、損害賠償の請求権については、既に生まれたものとみなされます（721条）。

次に、被害者本人が死亡した場合、被害者の父母・配偶者及び子は、損害賠償（慰謝料）を請求することができます（711条）。※6 ※7 週26-34-2

また、損害賠償請求権（大判大15.2.16）や慰謝料請求権（最大判昭42.11.1）は、被害者が生前に請求の意思を表明しなくても、当然に相続の対象となります。週26-34-1・3

③ 損益相殺

損益相殺とは、不法行為と同一の原因によって被害者が利益を受けている場合に、これを加害者の賠償すべき損害額から差し引くことです。この損益相殺は、損害の公平な分担という不法行為制度の趣旨から認められています。

※6 重要判例

不法行為により身体に障害を受けた者の母が、そのために被害者の生命侵害の場合にも匹敵する精神上の苦痛を受けたときは、709条・710条に基づいて、自己の権利として慰謝料を請求することができる（最判昭33.8.5）。週26-34-5

※7 重要判例

不法行為による生命侵害があった場合、711条所定以外の者であっても、被害者との間に同条所定の者と実質的に同視できる身分関係が存在し、被害者の死亡により甚大な精神的苦痛を受けた者は、加害者に対し慰謝料を請求することができる（最判昭49.12.17）。週26-34-4

【損益相殺】

認められるもの	認められないもの
①死亡者の生活費（最大判昭39.6.24） ②給付されることが確定した遺族年金（最大判平5.3.24）	①死亡者に支払われた生命保険金（最判昭39.9.25） ②死亡した幼児の養育費（最判昭53.10.20）過27-34-5

④ 過失相殺

被害者にも過失があったときは、裁判所は、これを考慮して、損害賠償の額を定めることができます（722条2項）。これを**過失相殺**といいます。この趣旨は、不法行為により生じた損害を加害者と被害者の間で公平に分担する点にあります。※1 ※2

そして、過失相殺の対象となる被害者の過失は、被害者本人と**身分上**ないしは**生活関係上**一体をなすとみられる関係にある者の過失（被害者側の過失）を含みます（最判昭42.6.27）。※3 過27-34-3

※1 **具体例をイメージ**
例えば、交通事故の被害者が道路に飛び出してきた場合などである。

※2 **重要判例**
過失相殺するには、被害者が、事理弁識能力をそなえていれば足り、責任能力をそなえていることを要しない（最大判昭39.6.24）。過27-34-1・2、3-34-3

【被害者側の過失】

当たるもの	当たらないもの
①夫の運転する被害自動車に妻が同乗していた場合の夫の過失（夫婦の婚姻関係が既に破綻に瀕している場合を除く）（最判昭51.3.25）過24-34-ア ②内縁の夫の運転する被害自動車に内縁の妻が同乗していた場合の内縁の夫の過失（最判平19.4.24） ③交代しながら二人乗りでバイクの暴走行為をしていた者の過失（最判平20.7.4）	被害を受けた幼児を引率していた保育園の保育士の監護上の過失（最判昭42.6.27）

また、損害の発生や拡大に寄与した被害者の精神的・肉体的要因（**被害者の素因**）についても、722条2項の規定が類推適用されることがあります。

※3 **記述対策**
被害者側の過失としてどのようなものが含まれるかについては、書けるようにしておきましょう。

【被害者の素因】

過失相殺の対象となるもの	過失相殺の対象とならないもの
①被害者の心因的要因が寄与している場合（最判昭63.4.21） ②被害者の身体的要因が疾患に当たる場合（最判平4.6.25）過27-34-4	被害者が平均的な体格や通常の体質と異なる身体的特徴を有しているが、それが疾患に当たらない場合（最判平8.10.29）過3-34-2

⑤ 損害賠償請求権の期間制限

不法行為による損害賠償の請求権は、被害者又はその法定代理人が損害及び加害者を知った時から**3年間**行使しないときや、不法行為の時から**20年間**行使しないときは、時効によって消滅します（724条）。この趣旨は、長期間経過すると不法行為の立証が難しくなるため、早期に決着を付けさせる点にあります。[4] 過29-46

【生命・身体侵害の損害賠償請求権の消滅時効】

	債務不履行		不法行為	
	主観的期間	客観的期間	主観的期間	客観的期間
通常の損害賠償請求権	5年	10年	3年	20年
生命・身体侵害の損害賠償請求権	5年	20年	5年[5]	20年

⑥ 債務不履行責任との違い

債務不履行による損害賠償責任と不法行為による損害賠償責任の違いは、以下の表のとおりです。

【債務不履行責任と不法行為責任のまとめ】

	債務不履行責任	不法行為責任
立証責任	債務者が自己の帰責事由の不存在について立証責任を負う（大判大14.2.27）過28-33-2	被害者（債権者）が加害者（債務者）の故意・過失の存在について立証責任を負う
消滅時効	①債権者が権利を行使することができることを知った時から5年（166条1項1号）②本来の債務の履行を請求できる時から10年（166条1項2号、最判平10.4.24）	①被害者又はその法定代理人が損害及び加害者を知った時から3年（724条1号）※生命身体を害する場合は5年（724条の2）②不法行為の時から20年（724条2号）
履行遅滞	債権者から履行の請求を受けた時（412条3項）	不法行為の時（最判昭37.9.4）
過失相殺	損害賠償責任の免除又は損害賠償額の減額を必ずしなければならない（418条）	損害賠償額の減額のみを任意にすることができる（722条2項）

---

[4] 重要判例

「被害者が損害を知った時」とは、被害者が損害の発生を現実に認識した時のことをいう（最判平14.1.29）。過24-34-オ

[5] 法改正情報

民法大改正により、人の生命・身体を害する不法行為による損害賠償請求権の消滅時効期間は、被害者又はその法定代理人が損害及び加害者を知った時から5年間に延長された（724条の2）。

憲　法

行　政　法

民　法

商　法

基　礎　法　学

一　般　知　識

第3章 － 債権　第11節 － 契約以外の債権発生原因　541

確認テスト

□□□ **1** 管理者は、本人のために有益な費用を支出したときは、本人に対し、その償還を請求することができる。

□□□ **2** 不当利得における悪意の受益者は、その受けた利益に利息を付して返還しなければならず、なお損害があるときは、その賠償の責任を負う。

□□□ **3** 未成年者は、他人に損害を加えた場合において、自己の行為の責任を弁識するに足りる知能を備えていなかったときは、その行為について賠償の責任を負わない。

□□□ **4** 人の生命又は身体を害する不法行為以外の不法行為による損害賠償の請求権は、不法行為の時から3年間行使しないときは、時効によって消滅する。

解答 **1** ○（702条1項）　**2** ○（704条）　**3** ○（712条）　**4** × 被害者又はその法定代理人が損害及び加害者を知った時から3年間である（724条1号）。

第3部 民法

第4章 親族

第1節 夫婦　重要度A

学習のPOINT
ここでは、夫婦間の婚姻や離婚について学習していきます。条文・判例ともに出題の多いところなので、条文と重要判例を読み込んでおきましょう。

1 婚姻

(1) 婚姻の無効・取消し

① 婚姻の無効

当事者間に**婚姻をする意思がない場合**や、当事者が**婚姻の届出をしない場合**には、婚姻が無効となります（742条）。※1

② 婚姻の取消

婚姻の取消原因には、以下のようなものがあります。

【婚姻の取消原因】

1	18歳に達していないこと（731条）※2
2	重婚であること（732条）
3	再婚禁止期間内の婚姻であること（733条）※3
4	近親者（直系血族・3親等内の傍系血族）間の婚姻であること（734条）
5	直系姻族間の婚姻であること（姻族関係終了後も同様）（735条）
6	養親子間の婚姻であること（親族関係終了後も同様）（736条）過 25-35-ウ
7	詐欺・強迫による婚姻であること（747条1項）

婚姻の取消しは、**家庭裁判所**に対して請求する必要があります（744条1項本文）。

また、婚姻の取消しは、**将来に向かって**のみ、その効力を生

※1 **重要判例**
婚姻の届出自体については当事者間に意思の合致があったとしても、それが単に他の目的を達するための便法として仮託されたものにすぎないときは、婚姻は効力を生じない（最判昭44.10.31）。

※2 **法改正情報**
平成30年の民法改正により、女性の婚姻適齢が18歳に引き上げられ、未成年の子が婚姻をする場合でも父母の同意は不要とされた（令和4年4月1日施行）。過 25-35-ア

※3 **法改正情報**
平成28年の民法改正により、女性の再婚禁止期間は、6ヶ月から100日に短縮された。

第4章 ― 親族　第1節 ― 夫婦　543

じます（748条1項）。

（2）婚姻の効果

① 身分上の効果

婚姻の身分上の効果には、以下のようなものがあります。

【婚姻の身分上の効果】[※1]

夫婦同氏	夫婦は、婚姻の際に定めるところに従い、夫又は妻の氏を称する（750条）
同居・協力・扶助義務	夫婦は同居し、互いに協力し扶助しなければならない（752条）
夫婦間の契約取消権	夫婦間でした契約は、婚姻中、いつでも、夫婦の一方からこれを取り消すことができる（754条本文）[※2] 過18-35-2

② 法定財産制

夫婦が、婚姻の届出前に、その財産について別段の契約をしなかったときは、その財産関係は、**法定財産制**によります（755条）。夫婦が法定財産制と異なる契約をしたときは、婚姻の届出までにその**登記**をしなければ、これを夫婦の承継人及び第三者に対抗することができません（756条）。

③ 財産の帰属

夫婦は、その資産、収入その他一切の事情を考慮して、婚姻から生ずる費用を分担します（760条）。過18-35-3

夫婦の一方が婚姻前から有する財産及び婚姻中自己の名で得た財産は、その**特有財産**[※3]とされます（762条1項）。過18-35-1

これに対して、夫婦のいずれに属するか明らかでない財産は、その**共有に属する**ものと推定されます（762条2項）。過18-35-4

④ 日常家事債務の連帯責任

夫婦の一方が日常の家事に関して第三者と法律行為をしたときは、他の一方は、これによって生じた債務について、**連帯責任**を負います（761条本文）。ただし、第三者に対し責任を負わない旨を予告した場合は、連帯責任は生じません（761条ただし書）。

※1 法改正情報

従来、未成年者が婚姻をしたときは、これによって成年に達したものとみなされたが（成年擬制）、平成30年の民法改正により、未成年者の婚姻が認められなくなったため、成年擬制の規定は削除された（令和4年4月1日施行）。過25-35-イ

※2 重要判例

婚姻が実質的に破綻していた場合、夫婦間の契約取消権は認められない（最判昭42.2.2）。過27-35-エ

※3 用語

特有財産：夫婦の一方が単独で有する財産のこと。

なお、この規定は、夫婦が相互に日常の家事に関する法律行為につき他方を代理する権限を有することをも規定したものであると考えられています。※4

2 離婚

（1）離婚の成立

① 協議離婚

夫婦は、その協議で、離婚をすることができます（763条）。そして、協議離婚は、離婚意思の合致と届出をすることによって成立します。※5

② 裁判離婚

夫婦の一方は、①不貞行為、②悪意の遺棄、③３年以上の生死不明、④回復の見込みのない強度の精神病、⑤婚姻を継続しがたい重大な事由がある場合に限り、離婚の訴えを提起することができます（770条１項）。

ただし、裁判所は、①〜④に掲げる事由がある場合であっても、一切の事情を考慮して婚姻の継続を相当と認めるときは、離婚の請求を棄却することができます（770条２項）。

（2）離婚の効果

① 離婚による復氏

婚姻によって氏を改めた夫又は妻は、離婚によって婚姻前の氏に復することになります（767条１項、771条）。

もっとも、婚姻前の氏に復した夫又は妻は、離婚の日から３ヶ月以内に戸籍法の定めるところにより届け出ることによって、離婚の際に称していた氏を称することができます（767条２項、771条）。元-35-イ

② 親権者の決定

父母が協議上の離婚をするときは、その協議で、その一方を親権者と定めなければなりません（819条１項）。また、裁判上の離婚の場合には、裁判所が、父母の一方を親権者と定めます（819条２項）。25-35-オ

これらは、離婚後に共同して親権を行使するのは困難であることに配慮したものです。

※4 重要判例

夫婦の一方が日常の家事に関する代理権の範囲を越えて第三者と法律行為をした場合、その代理権を基礎として一般的に110条所定の表見代理の成立を肯定すべきではなく、その越権行為の相手方である第三者において、その行為がその夫婦の日常の家事に関する法律行為に属すると信ずるにつき正当な理由のあるときに限り、同条の趣旨を類推して第三者の保護を図るべきである（最判昭44.12.18）。

※5 重要判例

離婚意思は法律上の婚姻関係を解消する意思で足りるため、生活保護の受給を継続するための方便としてなされた離婚も有効である（最判昭57.3.26）。

憲法

行政法

民法

商法

基礎法学

一般知識

第4章 — 親族 第1節 — 夫婦 545

③　監護者の決定

　父母が協議上の離婚をするときは、子の監護について必要な事項を、その協議で定めます（766条1項前段）。そして、平成23年の民法の改正によって、この場合には、子の利益を最も優先して考慮しなければならない旨が規定されました（766条1項後段）。

　なお、協議が調わないとき、又は協議をすることができないときは、家庭裁判所がこれを定めます（766条2項）。

④　財産分与

　離婚をした者の一方は、相手方に対して財産の分与を請求することができます（768条1項、771条）。そして、家庭裁判所は、当事者双方がその協力によって得た財産の額その他一切の事情を考慮して、分与をさせるべきかどうか並びに分与の額及び方法を定めることになります（768条3項）。※1 ※2

　なお、離婚と夫婦の一方の死亡との違いは、以下のとおりです。

【離婚と夫婦の一方の死亡】

	離婚	夫婦の一方の死亡
姻族 関係 過25-35-エ ※3	当然に終了する（728条1項）	生存配偶者が姻族関係を終了させる意思を表示したときに終了する（728条2項）
復氏	当然に婚姻前の氏に復する（767条1項、771条）	当然には婚姻前の氏に復しない（751条1項）

※1 重要判例

当事者の一方が過当に負担した婚姻費用の清算のための給付を含めて財産分与の額及び方法を定めることができる（最判昭53.11.14）。

※2 重要判例

財産分与がなされても、それが損害賠償の要素を含めた趣旨とは解せられないか、その額及び方法において、請求者の精神的苦痛を慰謝するには足りないと認められるときは、別個に不法行為を理由として離婚による慰謝料を請求することができる（最判昭46.7.23）。過30-34-ア

※3 用語

姻族：配偶者の一方と他方配偶者の血族（血のつながりがある者）のこと。

確認テスト

- □□□ **1** 当事者間に婚姻をする意思がない場合や、当事者が婚姻の届出をしない場合には、婚姻を取り消すことができる。

- □□□ **2** 婚姻の取消しがなされた場合、婚姻の時にさかのぼってその婚姻がなかったものとみなされる。

- □□□ **3** 夫婦の一方が日常の家事に関して第三者と法律行為をしたときは、他の一方は、これによって生じた債務について、連帯責任を負う。

- □□□ **4** 離婚をした者の一方は、相手方に対して財産の分与を請求することができる。

解答 **1** ✗ 本問のような場合、婚姻は無効となる（742条）。　**2** ✗ 婚姻の取消しは、将来に向かってのみ効力を生じる（748条1項）。　**3** ○（761条本文）　**4** ○（768条1項、771条）

第4章 ― **親族** 第1節 ― 夫婦　547

第2節 親子

学習のPOINT
ここでは、血縁関係のある実子と、血縁関係のない養子について学習していきます。条文からの出題が多いので、条文をしっかり押さえていきましょう。

1 実子

(1) 実子の種類

実子は、婚姻関係にある男女間に生まれた嫡出子と、婚姻関係にない男女間に生まれた非嫡出子に分類されます。

(2) 嫡出の推定

妻が婚姻中に懐胎した子、婚姻の成立の日から200日を経過した後又は婚姻の解消・取消しの日から300日以内に生まれた子は、嫡出子と推定されます（772条1項・2項）。※1 ※2 過27-46

【子の出生日と嫡出の推定】

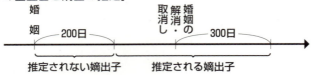

(3) 嫡出の否認

嫡出の推定を受ける場合、嫡出否認の訴えによって子が嫡出であることを否認することができます（774条）。※3 ※4 過27-46

これに対して、嫡出の推定を受けない場合には、親子関係不存在確認の訴えによって夫と子の間に父子関係の存在しないことを確認することができます。

※1 重要判例

内縁の成立の日から200日を経過した後に生まれた子であっても、婚姻の成立の日から200日以内に生まれた子は、嫡出の推定を受けない（最判昭41.2.15）。過22-34-2

※2 重要判例

懐胎時に夫が失踪していた場合や刑務所に収容されていた場合は、嫡出の推定は働かない（最判平10.8.31）。過22-34-3

※3 参考

夫は、子の出生後において、その嫡出であることを承認したときは、その否認権を失う（776条）。

【嫡出否認の訴えと親子関係不存在確認の訴え】

	嫡出否認の訴え	親子関係不存在確認の訴え
提訴権者	夫（774条）	利害関係人
提訴期間	夫が子の出生を知った時から1年以内（777条）※5 週22-34-4、27-46	制限なし
相手方	子又は親権を行う母（母がいない場合は特別代理人）（775条）週22-34-5、27-46	親子関係の存在を主張する者

※4 法改正情報
令和2年に「生殖補助医療の提供等及びこれにより出生した子の親子関係に関する民法の特例に関する法律」が制定され、妻が、夫の同意を得て、夫以外の男性の精子（その精子に由来する胚を含む）を用いた生殖補助医療により懐胎した子については、夫は、その子が嫡出であることを否認できないとされた（10条）。

実子の種類と嫡出を否認する方法についてまとめると、以下のとおりになります。

【実子の種類と嫡出否認の方法】

※5 参考
夫が成年被後見人であるときは、嫡出否認の訴えの提訴期間は、後見開始の審判の取消しがあった後、夫が子の出生を知った時から起算する（778条）。週22-34-4

(4) 認知

認知とは、非嫡出子について、その父又は母との間に親子関係を発生させる制度のことです（779条）。

① 任意認知

父又は母が未成年者又は成年被後見人であるときであっても、認知をするには、その**法定代理人の同意**を要しません（780条）。週28-35-1

任意認知は、戸籍法の定めるところによる**届出**によってするか（781条1項）、**遺言**によってすることとされています（781条2項）。※6

なお、以下の者を認知する場合には、認知の承諾が必要となります。

【認知の承諾】

成年の子	その子の承諾が必要（782条）
胎児	母の承諾が必要（783条1項）
死亡した子	直系卑属※7があるときに限り認知することができ、その直系卑属が成年者であるときは、その承諾が必要（783条2項）

※6 重要判例
妻以外の女性との間にもうけた子につき、妻との間の嫡出子として出生の届出をし受理されたときは、その届出は認知届としての効力を有する（最判 昭53.2.24）。週22-34-1

※7 用語
直系卑属：直系血族（世代が上下に直線的に連なる血縁者）のうち、自分より後の世代にある者のこと。例えば、子や孫などである。

任意認知は、**出生の時**にさかのぼってその効力を生じますが、第三者が既に取得した権利を害することはできません（784条）。

② 認知の訴え

子、その直系卑属又はこれらの者の法定代理人は、**認知の訴え**を提起することができます（787条本文）。[※1]

この認知の訴えは、父が生存している限り、いつでも提起できます。これに対して、父又は母の死亡の日から**3年**を経過したときは、提起することができなくなります（787条ただし書）。

(5) 準正

準正とは、嫡出でない子に嫡出子としての地位を与えることです。

例えば、父が認知した子は、その父母の婚姻によって嫡出子の身分を取得し（789条1項）、婚姻中父母が認知した子は、その認知の時から、嫡出子の身分を取得します（789条2項）。

2 養子

(1) 普通養子縁組

① 縁組の無効・取消し

当事者間に**縁組をする意思**がない場合や、当事者が**縁組の届出**をしない場合には、縁組が無効となります（802条）。[※2]

以下の規定に違反した縁組は、取り消すことができます（804条〜808条）。

【普通養子縁組の要件】

1	養親が20歳に達していること（792条）
2	尊属又は年長者を養子としないこと（793条）過28-35-4
3	後見人が被後見人を養子とするには家庭裁判所の許可を得ること（794条）
4	配偶者のある者が成年者と縁組をするにはその配偶者の同意を得ること（配偶者とともに縁組をする場合又は配偶者が意思表示できない場合を除く）（796条）[※3]過20-35-ア、28-35-3
5	未成年者を養子とするには家庭裁判所の許可を得ること（自己又は配偶者の直系卑属を養子とする場合を除く）（798条）過28-35-2

※1 重要判例

認知請求権は、放棄することができない（最判昭37.4.10）。

※2 重要判例

真実の親子関係がない親から嫡出子として出生の届出がされている場合でも、その届出を養子縁組の届出とみなすことはできない（最判昭25.12.28）。過20-35-エ

※3 参考

配偶者のある者が未成年者と縁組をするには、配偶者と共に縁組をしなければならず（配偶者の嫡出子を養子とする場合又は配偶者が意思表示できない場合を除く）（795条）、これに違反した縁組は、届出が受理されないことになる。過20-35-イ・ウ

また、詐欺又は強迫によって縁組をした者は、その縁組の取消しを請求することができます（808条1項、747条1項）。

② 代諾縁組

養子となる者が15歳未満であるときは、その法定代理人が、これに代わって、縁組の承諾をすることができます（797条1項）。※4 週28-35-2

もっとも、法定代理人がこの承諾をするには、養子となる者の父母でその監護をすべき者であるものや親権を停止されているものが他にあるときは、その同意を得なければなりません（797条2項）。

③ 縁組の効果

養子は、縁組の日から、養親の嫡出子の身分を取得します（809条）。週19-35-ウ

また、養子と養親及びその血族との間においては、養子縁組の日から、血族間におけるのと同一の親族関係を生じます（727条）。

④ 離縁

縁組の当事者は、その協議で、離縁をすることができますが（811条1項）、養子が15歳未満であるときは、その離縁は、養親と養子の離縁後にその法定代理人となるべき者との協議でこれをすることになります（811条2項）。※5

また、縁組の当事者の一方は、①悪意の遺棄、②3年以上の生死不明、③縁組を継続しがたい重大な事由がある場合に限り、離縁の訴えを提起することができます（814条1項）。

（2）特別養子縁組

普通養子縁組がなされても、養子と実方の血族との間の親族関係は当然には消滅しません。もっとも、場合によっては、実方の親族関係を消滅させた方が子の福祉にとって望ましい場合もあります。そこで、民法は、実方の血族との親族関係が終了する特別養子縁組の制度を設けています（817条の2第1項）。

この特別養子縁組については、その成立・効果・離縁について、普通養子縁組とは異なった規定が置かれています。

※4 重要判例

真実の親子関係がない戸籍上の親が15歳未満の子について代諾による養子縁組をした場合には、その代諾による縁組は一種の無権代理によるものであるから、その子は、15歳に達した後はその縁組を追認することができる（最判昭27.10.3）。週20-35-オ

※5 参考

縁組の当事者の一方が死亡した後に生存当事者が離縁をしようとするときは、家庭裁判所の許可を得て、これをすることができる（811条6項）。これを死後離縁という。

第4章 — 親族　第2節 — 親子　551

【普通養子縁組と特別養子縁組】

	普通養子縁組	特別養子縁組 ※1
成立要件	①当事者間の合意（802条1号） ②届出（802条2号）	①養親となる者の請求（817条の2第1項） ②家庭裁判所の審判（同）週2-35-ア ③子の利益のため特に必要があると認めるとき（817条の7）
養親の資格	①20歳に達していること（20歳以上）（792条） ②養子が未成年者である場合、原則、夫婦共同縁組が必要（795条）	①原則、夫婦共同縁組（817条の3第1項・2項） ②夫婦いずれもが20歳以上で、かつ、そのいずれかは25歳以上（817条の4）週2-35-イ
養子の資格	養親の年長者・尊属でないこと（793条）	原則、審判請求時に15歳未満（817条の5第1項）
父母の同意	不要	原則、必要（817条の6）
試験養育期間 ※2	不要	6ヶ月以上（817条の8）
効果	養子と実方の父母及びその血族との親族関係は終了しない 週28-35-5	原則、養子と実方の父母及びその血族との親族関係は終了する（817条の9）週2-35-エ
離縁	原則、自由になしうる	原則、なし得ない（817条の10）

※1 受験テクニック

特別養子縁組については例外規定が多数あり、まれに本試験での出題もなされていますが、出題数の少ない親族分野をそこまで学習するよりは、記述式でも頻出の財産法分野をしっかり学習しましょう（どうしても気になる人は、別冊六法で確認してください）。

※2 用語

試験養育期間：家庭裁判所が、養親が特別養子の親となるのに必要な監護能力などの適格性を備えているかを判断するために必要な期間のこと。

確認テスト

☐☐☐ **1** 婚姻の成立の日から200日を経過した後又は婚姻の解消・取消しの日から300日以内に生まれた子は、嫡出子と推定される。

☐☐☐ **2** 父又は母が未成年者又は成年被後見人である場合、認知をするにはその法定代理人の同意を要する。

☐☐☐ **3** 養子は、縁組の日から、養親の嫡出子の身分を取得する。

解答 **1** ◯（772条1項・2項）　**2** ✕ 法定代理人の同意は不要である（780条）。　**3** ◯（809条）

第3節 親権

重要度 B

学習のPOINT
親権については、平成23年の民法の改正によって条文が変わっているところがありますので、改正点を中心に学習していきましょう。

1 親権とは何か

親権とは、親が子を監護教育し財産を確保する職分のことです。そして、成年に達しない子は、父母の親権に服し（818条1項）、子が養子であるときは、養親の親権に服します（818条2項）。

2 親権の行使者

親権は、父母の婚姻中は、父母が共同して行います（818条3項本文）。ただし、父母の一方が親権を行うことができないときは、他の一方が行うことになります（818条3項ただし書）。

3 親権の内容

(1) 身上監護

親権を行う者は、子の利益のために子の監護※3 及び教育※4 をする権利を有し、義務を負います（820条）。

(2) 財産管理

親権を行う者は、子の財産を管理し、かつ、その財産に関する法律行為についてその子を代表します（824条本文）。このような権限を法定代理権といいます。※5

※3 **用語**
監護：主として肉体的な生育を図ること。

※4 **用語**
教育：主として精神的な向上を図ること。

※5 **参考**
親権を行う者は、自己のためにするのと同一の注意をもって、その管理権を行わなければならない（827条）。

4 利益相反行為

(1) 特別代理人の選任

親権を行う父又は母とその子との利益が相反する行為（利益相反行為）については、親権を行う者は、その子のために特別代理人を選任することを家庭裁判所に請求しなければなりません（826条1項）。親権者と子の利益が衝突する場合には、親権者に公正な代理権の行使を期待できないからです。※1 過21-27-2

(2) 利益相反

利益相反行為に当たるか否かは、親権者が子を代理してなした行為自体を外形的客観的に考察して判定すべきであって、当該代理行為をなすについての親権者の動機や意図をもって判定すべきではありません。※2

なお、利益相反行為に当たるかどうかは、以下のとおりです。

【利益相反行為】※3

当たるもの	当たらないもの
①第三者の金銭債務について、親権者が自ら連帯保証をするとともに、子の代理人として同一債務について連帯保証をし、かつ、親権者と子が共有する不動産について抵当権を設定する行為（最判昭43.10.8）過26-35-オ ②親権者が共同相続人である数人の子を代理してなした遺産分割協議（最判昭49.7.22）過26-35-ア	親権者が未成年の子を代理して子の所有する不動産を第三者の債務の担保に供する行為（最判昭35.7.15、最判平4.12.10）過26-35-イ

(3) 利益相反行為の効力

利益が相反する行為について、親権者が子を代理してした行為は、無権代理行為となります（最判昭46.4.20）。過21-27-2

もっとも、子は、成年に達した後に、これを追認することができます（大判昭11.8.7）。過26-35-ウ

5 親権の喪失

児童虐待の防止を図り、児童の権利利益を擁護する観点から、平成23年の民法の改正により、親権喪失の審判（834条）・親権停止の審判（834条の2）の制度が新設されました。

※1 重要判例

親権者たる父母の一方に利益相反関係があるときは、利益相反関係のない親権者とこの特別代理人とが共同して子のための代理行為をなす（最判昭35.2.25）。

※2 具体例をイメージ

例えば、親権者が自己の負担する貸金債務につき未成年の子の所有する不動産に抵当権を設定する行為は、借受金を未成年の子の養育費に供する意図であっても、利益相反行為にあたる（最判昭37.10.2）。過26-35-エ

※3 受験テクニック

利益相反行為に当たるか否かは、客観的に親権者が得をする行為か否かによって判断すると、分かりやすいです。ただし、親権者の主観的意図は度外視してください。

これらの要件については、以下のとおりです。

【親権の喪失の要件】

	親権喪失の審判	親権停止の審判
積極的要件	①父又は母による親権の行使が**著しく困難又は不適当**であることにより子の利益を**著しく害すること**	①父又は母による親権の行使が**困難又は不適当**であることにより子の利益を**害すること**
	②子、その親族、未成年後見人、未成年後見監督人又は検察官の請求があること	
消極的要件	２年以内にその原因が消滅する見込みがないこと	－

確認テスト

□□□ **1** 親権は、父母の婚姻中であっても、父又は母が単独で行使する。

□□□ **2** 親権を行う父または母とその子との利益が相反する行為については、親権を行う者は、その子のために特別代理人を選任することを家庭裁判所に請求しなければならない。

□□□ **3** 利益が相反する行為について親権者が子を代理して行った行為は、無権代理行為となる。

解答 **1** ✕父母が共同して行使する（818条３項本文）。 **2** ○（826条１項） **3** ○（最判昭46.4.20)

第４章 — 親族　第３節 — 親権　555

第4節 後見・扶養

学習のPOINT
後見については、平成23年の民法の改正によって条文が変わっているところがありますので、改正点を中心に学習していきましょう。扶養については、一読しておけば十分です。

1 後見

（1）開始原因

後見は、①未成年者に対して親権を行う者がないとき、又は親権を行う者が管理権を有しないとき、②後見開始の審判があったときに開始されます（838条）。そして、①の場合を**未成年後見**、②の場合を**成年後見**といいます。過23-35-3、30-35-1、2-27-1

（2）後見人の選任

未成年後見人と成年後見人の選任についてまとめると、以下の表のようになります。

【未成年後見人と成年後見人の選任】

	未成年後見人	成年後見人
後見人の選任	①遺言により指定できる（839条） ②家庭裁判所が利害関係人等の請求により選任する（840条1項）	①遺言による指定は不可 ②家庭裁判所が職権により選任する（843条1項）
後見人の追加	利害関係人等の請求又は職権により可能（840条2項、843条3項）※1 過23-35-1	
法人の選任	可能（840条3項、843条4項）過30-35-2 ※株式会社等の営利法人も可	

（3）後見人の辞任

後見人は、**正当な事由**があるときは、**家庭裁判所の許可**を得て、辞任することができます（844条）。過24-27-3

※1 **法改正情報**

平成23年の民法改正によって、未成年後見人は1人に限られるとする旧842条は削除された。

（4）後見人の資格

①未成年者、②家庭裁判所で免ぜられた法定代理人・保佐人・補助人、③破産者、④被後見人に対して訴訟をし、又はした者並びにその配偶者及び直系血族、⑤行方の知れない者は、後見人となることができません（847条）。

（5）利益相反行為

利益相反行為については、後見人は、後見監督人がある場合を除き、被後見人のために特別代理人を選任することを家庭裁判所に請求しなければなりません（860条、826条）。※2 過23-35-2

（6）注意義務

後見人は、善良な管理者の注意をもって、後見の事務を処理しなければなりません（869条、644条）。

2 扶養

（1）扶養とは何か

扶養とは、自力で生活を維持できない者に対して、一定の親族関係にある者が行う経済的給付のことです。

（2）扶養義務者

直系血族及び兄弟姉妹は、法律上当然に、互いに扶養をする義務を負います（877条1項）。また、家庭裁判所は、特別の事情があるときは、3親等内の親族間においても扶養の義務を負わせることができます（877条2項）。過23-35-4

（3）扶養の順位

扶養をする義務のある者が数人ある場合、当事者間の協議で扶養をすべき者の順序を定めます。もっとも、当事者間に協議が調わないとき、又は協議をすることができないときは、家庭裁判所がこれを定めます（878条前段）。過23-35-5

（4）扶養を受ける権利

扶養を受ける権利は、処分することができません（881条）。したがって、扶養を受ける権利を譲渡したり質入れしたりすることはできません。

※2 重要判例

共同相続人の1人が他の共同相続人を後見している場合に、後見人自らが相続放棄をした後に被後見人全員を代理してする相続放棄は、利益相反行為に当たらない（最判昭53.2.24）。

確認テスト

□□□ **1** 未成年後見人がある場合、家庭裁判所は、更に未成年後見人を選任することはできない。

□□□ **2** 後見人は、善良な管理者の注意をもって、後見の事務を処理しなければならない。

□□□ **3** 直系血族及び兄弟姉妹は、法律上当然に、互いに扶養をする義務を負う。

解答 **1** ✕ 未成年後見人がある場合でも、家庭裁判所は、更に未成年後見人を選任することができる（840条2項）。　**2** 〇（869条、644条）　**3** 〇（877条1項）

第3部 民法

第5章 相続

第1節 相続人　重要度 A

学習のPOINT

相続とは、人が死亡した場合にその者の財産法上の権利・義務を他の者が承継することです。ここでは、承継する資格を有している者（相続人）は誰かについて学習していきます。

1 相続人の種類・順位

（1）血族相続人

血族相続人は、被相続人の①**子**（887条1項）、②**直系尊属**※1（889条1項1号）、③**兄弟姉妹**（889条1項2号）の順で相続人となります。

※1 用語
直系尊属：直系血族（世代が上下に直線的に連なる血縁者）のうち、自分より前の世代にある者のこと。例えば、父母や祖父母などである。

【血族相続人の順位】

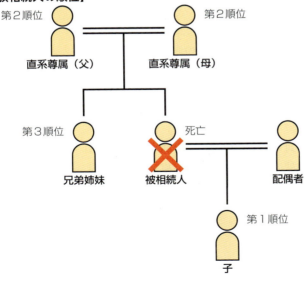

(2) 配偶者 ※1

配偶者は、常に血族相続人と同順位で相続人となります（890条）。この趣旨は、夫婦財産の清算及び被相続人の死亡後の扶養にあります。

血族相続人と配偶者の相続分は、以下のとおりです。

【相続分】

	血族相続人	配偶者の相続分	血族相続人の相続分
第1順位	被相続人の子 ※2	2分の1	2分の1
第2順位	被相続人の直系尊属	3分の2	3分の1
第3順位	被相続人の兄弟姉妹 ※父母の片方を同じくする者は双方を同じくする者の2分の1	4分の3	4分の1

(3) 代襲相続

① 代襲相続とは何か

代襲相続とは、相続人となるべき者が相続開始時に相続権を失っていた場合に、その者の直系卑属がその相続分を相続する制度のことです。

② 代襲相続人の資格

代襲相続人となることができるのは、子の子（887条2項本文）と兄弟姉妹の子（889条2項）です。代襲相続人となることができるのは、子の子であれば被相続人の直系卑属に、兄弟姉妹の子であれば被相続人の傍系卑属に限られています（887条2項ただし書、889条2項）。※3

代襲者が子の子である場合、その子（＝子の子の子）はさらに代襲相続をすることができます（887条3項）。これを再代襲相続といいます。これに対して、代襲者が兄弟姉妹の子である場合、その子（＝兄弟姉妹の子の子）は再代襲相続をすることはできません。

※1 用語

配偶者：夫や妻のこと。

※2 法改正情報

非嫡出子の相続分を嫡出子の2分の1とする900条4号ただし書前段については、これを違憲とする最高裁判所の決定がなされたことから（最大決平25.9.4）、平成25年の民法改正により、900条4号ただし書前段は削除された。

※3 参考

養子は養子縁組の日から法定血族関係に入るため（727条）、養子縁組前に生まれた子は、養親の親の直系卑属とはならず、代襲相続人となることはできない。

【代襲相続人】※4

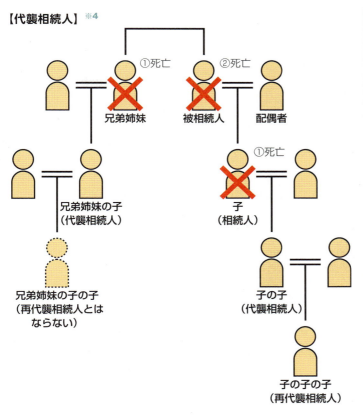

> ※4 参考
> 被相続人に第1順位、第2順位の法定相続人がいない場合に、兄弟姉妹の子の代襲相続が問題となる。

③ 代襲原因

代襲原因は、被相続人の子・兄弟姉妹が、①相続開始以前に死亡したこと、②相続欠格によって相続権を失ったこと、③廃除によって相続権を失ったことです（887条2項本文、889条2項）。※5 週19-35-エ

> ※5 参考
> 相続の放棄は、代襲原因ではない。週19-35-オ

（4）胎児の扱い

胎児は、相続については、既に生まれたものとみなされ（886条1項）、相続人となることができます。週19-35-イ

もっとも、胎児が死体で生まれたときは、この規定は適用されません（886条2項）。

（5）同時死亡の推定

数人の者が死亡した場合において、そのうちの1人が他の者

の死亡後になお生存していたことが明らかでないときは、これらの者は、同時に死亡したものと推定されます（32条の２）。※1

したがって、死亡者相互の相続が認められないことになります。週19-35-ア

> ※1 参考
> 同時死亡の推定がなされる場合も、代襲相続が認められる。

2 相続資格の喪失

（1）相続欠格

以下に掲げる者は、相続人となることができません（891条）。

【相続欠格事由】

1	故意に被相続人又は相続について先順位若しくは同順位にある者を死亡するに至らせ、又は至らせようとしたために、刑に処せられた者
2	被相続人が殺害されたことを知って、これを告発せず、又は告訴しなかった者（その者に是非の弁別がないとき、又は殺害者が自己の配偶者若しくは直系血族であったときを除く）
3	詐欺又は強迫によって、被相続人が相続に関する遺言をし、撤回し、取り消し、又は変更することを妨げた者
4	詐欺又は強迫によって、被相続人に相続に関する遺言をさせ、撤回させ、取り消させ、又は変更させた者
5	相続に関する被相続人の遺言書を偽造し、変造し、破棄し、又は隠匿した者 ※2

（2）相続人の廃除

遺留分を有する推定相続人※3が、被相続人に対して虐待をし、若しくはこれに重大な侮辱を加えたとき、又は推定相続人にその他の著しい非行があったときは、被相続人は、その推定相続人の廃除を家庭裁判所に請求することができます（892条）。※4 週24-35-エ

相続欠格と相続人の廃除の異同をまとめると、以下の表のようになります。

> ※2 重要判例
> 相続人が相続に関する被相続人の遺言書を破棄又は隠匿した場合において、相続人の当該行為が相続に関して不当な利益を目的とするものでなかったときは、当該相続人は、相続欠格者には当たらない（最判平9.1.28）。

> ※3 用語
> **推定相続人**：相続が開始した場合に相続人となるべき者のこと。

> ※4 引っかけ注意！
>
> 兄弟姉妹は遺留分を有しませんので、廃除の対象となりません。

【相続欠格と相続人の廃除】 過21-35

	相続欠格	相続人の廃除
対象	すべての推定相続人	遺留分を有する推定相続人（892条）
効力発生	欠格事由があれば法律上当然に発生	被相続人からの廃除請求による家庭裁判所の審判の確定により発生
取消し	不可	可能（894条）
代襲原因	なる（887条2項本文）	
効力の及ぶ範囲	当該被相続人に対する相続権のみ	

確認テスト

□□□ **1** 血族相続人は、被相続人の子、兄弟姉妹、直系尊属の順で相続人となる。

□□□ **2** 代襲相続における代襲原因は、相続開始以前の死亡、相続欠格、相続放棄の3つである。

□□□ **3** 相続人の廃除の対象となるのは、すべての推定相続人である。

解答 **1** ✕兄弟姉妹と直系尊属が反対である（889条1項）。 **2** ✕相続放棄ではなく相続人の廃除である。 **3** ✕遺留分を有する推定相続人に限られる（892条）。

第5章 — 相続 第1節 — 相続人 563

第2節 相続の効力

学習のPOINT

ここでは、相続が生じた場合にどのような効力が生じるかを学習した上で、遺産分割について詳しく学習していきます。判例が多いところなので、判例をしっかり押さえましょう。

1 相続の一般的効力

相続人は、相続開始の時から、被相続人の財産に属した一切の権利義務を承継します（896条本文）。ただし、被相続人の一身に専属したものは、この限りではありません（896条ただし書）。

被相続人の一身に専属したものといえるかどうかは、以下のとおりです。

【相続の対象】

一身に専属している （相続されない）	一身に専属していない （相続される）
①死亡保険金（最判昭40.2.2） ②身元保証債務（大判昭18.9.10） ③信用保証債務（最判昭37.11.9）	①占有権（最判昭44.10.30） ②賃貸借契約に基づく賃借人の債務の保証（大判昭9.1.30）

2 共同相続の効力

相続人が数人あるときは、相続財産は、その**共有**に属します（898条）。

また、各共同相続人は、その**相続分**に応じて被相続人の権利義務を承継します（899条）。※1 ※2

3 遺産分割

(1) 遺産分割とは何か

遺産分割とは、共同相続財産たる遺産を相続分に応じて分割し、各相続人の個人財産とすることです。

※1 **重要判例**

共同相続された預貯金債権は、相続開始と同時に当然に相続分に応じて分割されることはなく、遺産分割の対象となる（最大決平28.12.19）。

※2 **重要判例**

共同相続人の1人が相続財産である現金を保管している場合、他の相続人は、遺産の分割までの間は、自己の相続分に相当する金銭の支払いを求めることができない（最判平4.4.10）。

（2）遺産分割の方法

遺産分割手続は、以下の順序により行われます。

① 指定分割

被相続人は、遺言で、遺産の分割の方法を定め、若しくはこれを定めることを第三者に委託することができます（908条）。※3 ※4

② 協議分割

共同相続人は、被相続人が遺言で禁じた場合を除き、いつでも、その協議で、遺産の全部又は一部の分割をすることができます（907条1項）。協議による分割では、内容的にどのような分割をすることもできます。※5

もっとも、参加すべき相続人を除外した遺産分割は無効となります。ただし、相続の開始後、認知によって相続人となった者が遺産の分割を請求しようとする場合において、他の共同相続人が既にその分割その他の処分をしたときは、価額のみによる支払の請求権を有することになります（910条）。

③ 審判分割

遺産の分割について、共同相続人間に協議が調わないとき、又は協議をすることができないときは、各共同相続人は、その全部又は一部の分割を家庭裁判所に請求することができます（907条2項）。

この審判による分割は、協議による分割と異なり、遺産に属する物又は権利の種類及び性質、各相続人の年齢、職業、心身の状態及び生活の状況その他一切の事情を考慮してなされます（906条）。

（3）遺産分割の禁止

遺産分割は、以下のような場合に禁止されます。

【遺産分割の禁止】

遺言による禁止	被相続人は、遺言で、相続開始の時から5年を超えない期間を定めて、遺産の分割を禁ずることができる（908条）
協議による禁止	相続人の協議により、相続開始の時から5年を超えない期間を定めて、遺産分割を禁止することができる（256条1項ただし書）
審判による禁止	特別の事由があるときは、家庭裁判所は、期間を定めて、遺産の全部又は一部について、その分割を禁ずることができる（907条3項）

※3 重要判例

「甲土地をAに相続させる」趣旨の遺言は、遺産の分割の方法を定めたものであり、何らの行為を要せずして、被相続人の死亡の時に直ちに甲土地が相続によりAに承継される（最判平3.4.19）。

※4 参考

遺言執行者がいない場合、共同相続人全員の合意により、指定と異なる内容の分割を行うことができる。

※5 重要判例

共同相続人間において遺産分割協議が成立した場合に、相続人の1人が他の相続人に対して当該協議において負担した債務を履行しないときでも、他の相続人は541条、542条によって当該協議を解除することはできない（最判平1.2.9）。これに対して、共同相続人の全員が、既に成立している遺産分割協議の全部又は一部を合意により解除した上、改めて遺産分割協議をすることはできる（最判平2.9.27）。

(4) 遺産分割の効力
① 遺産分割の遡及効
遺産の分割は、相続開始の時にさかのぼってその効力を生じますが、第三者の権利を害することはできません（909条）。
② 共同相続人の担保責任
各共同相続人は、他の共同相続人に対して、売主と同じく、その相続分に応じて担保の責任を負います（911条）。

(5) 遺産分割前の預貯金の払戻し
遺産分割前は、各共同相続人が単独で被相続人の預貯金の払戻しを受けることができませんでした。しかし、被相続人の預貯金は、被相続人が負っていた債務の弁済や、被相続人から扶養を受けていた共同相続人の生活費に充てる必要があります。

そこで、被相続人の預貯金のうち3分の1に法定相続分を乗じた額（金融機関ごとに法務省令で定める額が上限）については、単独で払戻しを受けることができるようになりました（909条の2前段）。

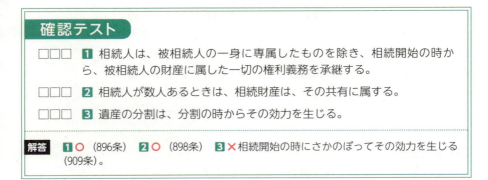

確認テスト

1 相続人は、被相続人の一身に専属したものを除き、相続開始の時から、被相続人の財産に属した一切の権利義務を承継する。

2 相続人が数人あるときは、相続財産は、その共有に属する。

3 遺産の分割は、分割の時からその効力を生じる。

解答 1 ○（896条） 2 ○（898条） 3 × 相続開始の時にさかのぼってその効力を生じる（909条）。

第3節 相続の承認・放棄　重要度 B

学習のPOINT

相続の承認・放棄には、①単純承認、②限定承認、③相続の放棄の3種類があるので、これらの異同をしっかり押さえておきましょう。

1 熟慮期間

相続人は、自己のために相続の開始があったことを知った時から**3ヶ月**以内に、相続について、単純若しくは限定の承認又は放棄をしなければなりません（915条1項本文）。この期間のことを**熟慮期間**といいます。※1 ※2

2 種類

（1）単純承認

単純承認とは、相続開始による包括承継の効果をそのまま確定させることです。したがって、相続人は、単純承認をしたときは、無限に被相続人の権利義務を承継することになります（920条）。

以下に掲げる場合には、相続人は、単純承認をしたものとみなされます（921条）。

【法定単純承認】

1	相続人が相続財産の全部又は一部を処分したとき ※3
2	相続人が熟慮期間内に限定承認又は相続の放棄をしなかったとき
3	相続人が、限定承認又は相続の放棄をした後であっても、相続財産の全部若しくは一部を隠匿し、私にこれを消費し、又は悪意でこれを相続財産の目録中に記載しなかったとき（相続人が相続の放棄をしたことによって相続人となった者が相続の承認をした後を除く）

（2）限定承認

限定承認とは、相続によって得た財産の限度においてのみ被相続人の債務及び遺贈を弁済すべきことを留保して相続の承認

※1 **重要判例**
「自己のために相続の開始があったことを知った時」とは、相続開始の原因事実を知っただけでなく、それによって自己が相続人となったことを知った時でなければならない（大決大15.8.3）。

※2 **参考**
熟慮期間は、利害関係人又は検察官の請求によって、家庭裁判所において伸長することができる（915条1項ただし書）。

※3 **参考**
保存行為及び602条に定める期間を超えない賃貸をすることは、ここでいう処分には当たらない（921条1項ただし書）。

をすることです（922条）。※1

　相続人が数人あるときは、限定承認は、**共同相続人の全員**が共同してのみこれをすることができます（923条）。週22-35-イ、24-35-ア

（3）相続の放棄

　相続の放棄とは、相続人が相続開始による包括承継の効果の消滅を意欲して行う意思表示のことです。

　相続の放棄をした者は、その相続に関しては、初めから相続人とならなかったものとみなされます（939条）。

　相続の承認・放棄の異同についてまとめると、以下の表のようになります。

【相続の承認・放棄のまとめ】

	単純承認（920条）	限定承認（922条）	相続の放棄（938条）
家庭裁判所への申述	不要	必要	必要 ※2
相続人が複数の場合	単独でなしうる	共同相続人全員が共同して行う必要がある（923条）	単独でなしうる
効果	無限に被相続人の権利義務を承継する	相続財産の限度で物的有限責任を負う	相続開始時に遡及して相続人ではなかったものとみなされる（939条）

3 承認・放棄の撤回・取消し

　相続の承認及び放棄は、熟慮期間内でも、**撤回**することができません（919条1項）。

　これに対して、制限行為能力、錯誤、詐欺又は強迫、後見監督人の同意の欠如を理由として相続の承認又は放棄の**取消し**をすることは妨げられません（919条2項）。ただ、この取消権は、①追認をすることができる時から**6ヶ月**間行使しないとき、②相続の承認又は放棄の時から**10年**を経過したときは、時効によって消滅します（919条3項）。

※1 具体例をイメージ

例えば、死亡した被相続人の借金が多くて相続財産がマイナスになりそうな場合に、相続人が、とりあえず相続財産がある限りで借金を返済し、もしプラスがあればこれを承継することなどである。

※2 重要判例

相続放棄の申述をした者は、家庭裁判所がこれを受理した後であっても、相続放棄について錯誤による取消しを主張することができる（最判昭40.5.27）。

568

確認テスト

□□□ **1** 相続人は、自己のために相続の開始があったことを知った時から３ヶ月以内に、相続について、単純若しくは限定の承認又は放棄をしなければならない。

□□□ **2** 相続人が数人あるときでも、共同相続人は、各自で限定承認をすることができる。

□□□ **3** 相続の承認及び放棄は、熟慮期間内であれば、撤回することができる。

解答 **1** ○（915条１項本文）**2** ✕ 限定承認は、共同相続人の全員が共同してのみすることができる（923条）。**3** ✕ 熟慮期間内であっても、撤回することはできない（919条１項）。

憲　法

行　政　法

民　法

商　法

基　礎　法　学

一　般　知　識

第５章 ― **相続**　第３節 ― 相続の承認・放棄　569

第4節 遺言(いごん)

学習のPOINT
遺言とは、一定の方式で表示された個人の意思に、この者の死後それに即した法的効果を与えるという法技術のことです。遺言は、相続の中でも頻出分野ですので、重点的に学習しましょう。

1 遺言の要件

(1) 遺言能力

遺言者は、遺言をする時においてその**能力**を有しなければなりません（963条）。

もっとも、遺言に**行為能力**の規定の適用はありませんので（962条）、遺言能力は、財産法上の行為能力とは異なります。これは、遺言が遺言者の死後に効力を生ずるものであり、制限行為能力制度により遺言者を保護する必要がないからです。

【遺言能力】

未成年者	15歳に達した者は、単独で有効な遺言をすることができる（961条）過29-35-ア
成年被後見人	事理を弁識する能力を一時回復した時において遺言をするには、医師2人以上の立会いがなければならない（973条1項）過29-35-オ
被保佐人	制限なし（962条）
被補助人	制限なし（962条）

(2) 遺言事項

遺言は法定の事項についてのみすることができ、これに反する遺言は無効となります。※1

(3) 遺言の方式

① 種類

遺言は、遺言者の真意を確保し、後の変造・偽造を防止するため、厳格な要式行為となっています。遺言の方式には、**普通方式**と**特別方式**があります。

※1 **具体例をイメージ**
例えば、受遺者の選定及びこれに対する遺贈額の割当てまで第三者に一任した遺言は、無効となる。

普通方式は、本来の遺言の方式であり、①自筆証書遺言、②公正証書遺言、③秘密証書遺言の3種類があります（967条本文）。

【普通方式の遺言】

	自筆証書遺言	公正証書遺言	秘密証書遺言
長所	①他人の関与なしに容易に作成できる ②費用がかからない	①遺言の存在と内容が明確となる ②方式の不備が生じにくい	遺言の内容を秘密にできる
短所	遺言書の偽造や滅失のおそれがある	証人に遺言の内容を知られるから秘密を保持しにくい	手続が複雑で費用がかかる
公証人の関与	関与しない	関与する	関与する
証人の要否	不要	必要（969条1号）	必要（970条3号）
検認の要否	必要（1004条1項）	不要（1004条2項）	必要（1004条1項）

これに対して、特別方式は、死が差し迫り普通方式に従った遺言をする余裕のない場合に用いられるものであり、①死亡危急者遺言（976条）、②伝染病隔離者遺言（977条）、③在船者遺言（978条）、④船舶遭難者遺言（979条）の4種類があります。

【遺言の種類】

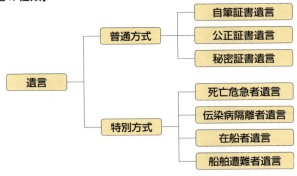

② 自筆証書遺言の方式

自筆証書によって遺言をするには、遺言者が、その全文・日付・氏名を自書し、これに印を押さなければなりません（968条1項）。※2 ※3 ※4 週29-35-イ

※2 重要判例
カーボン紙を用いて複写の方式で記載したときでも、「自書」の要件に欠けるところはなく、有効な遺言となる（最判平5.10.19）。

※3 重要判例
「〇年〇月吉日」と記載されている場合は、暦上の特定の日を表示するものではなく、「日付」の記載を欠くものとして、無効な遺言となる（最判昭54.5.31）。

※4 法改正情報
平成30年の民法改正により、自筆証書の遺言に相続財産の目録を添付する場合には、その目録については自書を要しないとされた（968条2項前段）。

また、自筆証書の遺言を変更する場合には、変更の場所を指示し、変更内容を付記して署名し、かつ、変更の場所に押印しなければ効力を生じません（968条3項）。圖29-35-イ

③ 公正証書遺言の方式

公正証書によって遺言をするには、遺言者が遺言の趣旨を公証人に口授しなければなりません（969条2号）。※1 圖29-35-ウ

④ 秘密証書遺言の方式

秘密証書によって遺言をするには、遺言者が、①証書に署名・押印した上、②その証書を証書に用いた印章により封印し、③公証人1人及び証人2人以上の面前で、当該封書が自己の遺言書である旨やその筆者の氏名・住所を申述する必要があります（970条1項1号～3号）。※2 圖29-35-エ

⑤ 遺言の証人・立会人

自筆証書遺言については、証人・立会人は不要ですが、公正証書遺言・秘密証書遺言については、証人・立会人が必要とされます（969条1号、970条3項）。※3

⑥ 共同遺言の禁止

遺言は、2人以上の者が同一の証書ですることができません（975条）。したがって、夫婦であっても、同一の証書で遺言をすることはできません。※4 ※5

（4）遺留分を侵害する遺言

遺留分を侵害する遺言がなされたとしても、その遺言は当然に無効となるわけではなく、遺留分侵害額請求の対象となるにすぎません。圖24-46

2 遺言の効力

（1）効力発生時期

遺言は、遺言者の死亡の時からその効力を生じます（985条1項）。圖22-35-ウ

もっとも、遺言に停止条件を付した場合において、その条件が遺言者の死亡後に成就したときは、遺言は、条件が成就した時からその効力を生じます（985条2項）。

※1 参考

口がきけない者が公正証書によって遺言をする場合には、遺言者は、公証人・証人の前で、遺言の趣旨を通訳人の通訳により申述し、又は自書して、口授に代えなければならない（969条の2第1項前段）。圖29-35-ウ

※2 重要判例

証書は自書によらず、ワープロ等の機械により作成されたものでもよい（最判平14.9.24）。圖29-35-エ

※3 参考

①未成年者、②推定相続人及び受遺者並びにこれらの配偶者及び直系血族、③公証人の配偶者・4親等内の親族・書記・使用人は、証人・立会人となることができない（974条）。圖29-35-ア

※4 重要判例

同一の証書に2人の遺言が記載されている場合、そのうちの一方につき氏名を自書しない方式の違背があるときでも、共同遺言に当たり、他方の遺言も含めて遺言全部が無効となる（最判昭56.9.11）。

(2) 遺贈

① 遺贈とは何か

遺贈とは、遺言により遺産の全部または一部を無償で他人に譲渡する単独行為のことです。

② 種類

遺贈には、①遺産の全部または一定割合を示してなす包括遺贈と、②特定の具体的な財産を指定してなす特定遺贈の2種類があります。※6

【遺贈の種類】

	包括遺贈	特定遺贈
承認・放棄	①相続人と同様、熟慮期間内にしなければならない（990条、915条）②家庭裁判所への申述が必要（938条）	①自由になしうる（986条1項）②家庭裁判所への申述は不要
撤回	不可（990条、919条1項）	不可（989条1項）

③ 遺贈の承認又は放棄の催告

遺贈義務者（遺贈の履行をする義務を負う者）その他の利害関係人は、受遺者に対し、相当の期間を定めて、その期間内に遺贈の承認または放棄をすべき旨の催告をすることができます（987条前段）。この場合において、受遺者がその期間内に遺贈義務者に対してその意思を表示しないときは、遺贈を承認したものとみなされます（987条後段）。過21-30-オ

④ 負担付遺贈

負担付遺贈とは、受遺者に一定の義務を課す内容を有する遺贈のことです。※7

受遺者は、遺贈の目的の価額を超えない限度においてのみ、負担した義務を履行する責任を負います（1002条1項）。

(3) 遺言の執行

遺言の執行とは、遺言の内容を実現するため、登記の移転や物の引渡しなどの法律行為・事実行為をすることです。

① 検認

検認とは、遺言書の保存を確実にして後日の変造や隠匿を防

※5 重要判例

一通の証書に2人の遺言が記載されている場合であっても、その証書が各人の遺言書の用紙をつづり合わせたもので、両者が容易に切り離すことができるときは、当該遺言は共同遺言に当たらない（最判平5.10.19）。

※6 具体例をイメージ

包括遺贈の例としては、遺産の3分の1を遺贈する場合が、特定遺贈の例としては、遺産である甲土地を遺贈する場合が挙げられる。

※7 具体例をイメージ

例えば、遺言者が自己所有の土地を遺贈する代わりに、受遺者に対して遺言者の息子が18歳になるまで面倒をみることを義務付ける場合などである。

ぐ証拠保全手続のことです。

遺言書の保管者は、相続の開始を知った後、遅滞なく、これを家庭裁判所に提出して、その検認を請求しなければならないとされています（1004条1項前段）。また、遺言書の保管者がない場合において、相続人が遺言書を発見した後も同様とされます（1004条1項後段）。

もっとも、公正証書遺言については、偽造・変造のおそれがないことから、検認は不要とされています（1004条2項）。

② **遺言執行者**

遺言執行者とは、遺言の執行のために特に選任された者のことです。

遺言執行者がある場合には、相続人は、遺言の執行を妨げるべき行為をすることができず（1013条1項）、これに違反して相続人が遺贈の目的物についてした処分は無効です（1013条2項本文）。

（4）遺言の撤回

① **撤回自由の原則**

遺言者は、いつでも、遺言の方式に従って、その遺言の全部又は一部を撤回することができます（1022条）。[※1]

そして、遺言者は、その遺言を撤回する権利を放棄することができないとされています（1026条）。

② **撤回の擬制**

以下の場合には、撤回があったものとみなされます。

【撤回の擬制】

1	前の遺言が後の遺言と抵触するときは、その抵触する部分（1023条1項）
2	遺言が遺言後の生前処分その他の法律行為と抵触するときは、その抵触する部分（1023条2項）
3	遺言者が故意に遺言書・遺贈の目的物を破棄したときは、その破棄した部分（1024条）

③ **撤回の効果**

撤回された遺言は、その撤回の行為が、撤回され、取り消され、又は効力を生じなくなるに至ったときであっても、その効

※1 参考

撤回する遺言と撤回される遺言の方式が同一である必要はない。

力を回復しません（1025条本文）。※2

　ただし、撤回行為が錯誤、詐欺又は強迫による場合は、撤回された遺言が復活します（1025条ただし書）。

> **※2 重要判例**
>
> 遺言者が遺言を撤回する遺言をさらに別の遺言をもって撤回した場合において、遺言書の記載に照らし、遺言者の意思が当初の遺言の復活を希望するものであることが明らかなときは、当初の遺言の効力が復活する（最判平9.11.13）。

確認テスト

□□□ **1** 未成年者は、遺言をすることができない。

□□□ **2** 遺言は、2人以上の者が同一の証書ですることができない。

□□□ **3** 遺言は、遺言者の死亡の時からその効力を生じる。

□□□ **4** 遺言者は、その遺言を撤回する権利を放棄することができる。

解答 **1**✕15歳に達した者は、遺言をすることができる（961条）。　**2**〇（975条）　**3**〇（985条1項）　**4**✕遺言を撤回する権利を放棄することはできない（1026条）。

第5章 ― 相続　第4節 ― 遺言　575

第5節 遺留分

学習のPOINT
遺留分とは、相続人に留保された相続財産の一定割合のことです。記述式でも出題されたことがある分野なので、基本事項は押さえておきましょう。

1 遺留分の範囲

兄弟姉妹以外の相続人は、遺留分として、遺留分を算定するための財産の価額に、直系尊属のみが相続人である場合は**3分の1**、それ以外の場合は**2分の1**を乗じた額を受けます（1042条1項）。過24-46

2 遺留分を算定するための財産の価額

遺留分を算定するための被相続人の財産の価額は、以下のように計算されます（1043条1項）。

【被相続人の財産の価額】
被相続人の財産＝相続開始時の財産＋贈与した財産[※1]－債務の全額

3 遺留分侵害額の請求

遺留分権利者及びその承継人は、受遺者・受贈者に対し、遺留分侵害額に相当する**金銭の支払**を請求することができます（1046条1項）。過24-46

4 遺留分の放棄

相続の開始前における遺留分の放棄は、**家庭裁判所の許可**を受けたときに限り、その効力を生じます（1049条1項）。
また、共同相続人の1人のした遺留分の放棄は、他の各共同相続人の遺留分に影響を及ぼしません（1049条2項）。

※1 参考

贈与は相続開始前の1年間にしたものに限り算入されるのが原則であるが、当事者双方が遺留分権利者に損害を加えることを知って贈与をしたときは、1年前の日より前にしたものも算入される（1044条1項）。

確認テスト

- □□□ **1** 遺留分を有するのは、兄弟姉妹以外の相続人である。
- □□□ **2** 遺留分権利者及びその承継人は、受遺者・受贈者に対し、遺留分侵害額に相当する金銭の支払を請求することができる。
- □□□ **3** 相続の開始前においては、遺留分を放棄することはできない。

解答 **1**〇（1042条1項） **2**〇（1046条1項） **3**✕家庭裁判所の許可を受ければ、放棄することができる（1049条1項）。

第6節 配偶者居住権・特別の寄与

学習のPOINT

民法大改正により、配偶者居住権・配偶者短期居住権の制度、特別の寄与の制度が新設されました。

1 配偶者居住権

(1) 配偶者居住権
① 配偶者居住権とは何か

配偶者が死亡した場合、生存配偶者は、居住建物（高額なことが多い）を相続すると預貯金を相続できず生活資金に困り、預貯金を相続すると居住建物を相続できず引越しを余儀なくされるという事態に陥っていました。

そこで、住み慣れた居住建物で生活を継続できるよう居住権（住居そのものより低額）を設定しつつ、その後の生活資金として預貯金も一定程度確保できるように、**配偶者居住権**の制度が新設されました。

② 要件

配偶者居住権の要件は、以下の4つです（1028条）。

1	被相続人の配偶者であること
2	被相続人の財産に属した建物であること
3	相続開始の時に居住していたこと
4	遺産分割又は遺贈によって配偶者居住権を取得するものとされたこと

③ 効果

配偶者は、居住していた建物の全部について、**無償**で、使用収益する権利を有します（1028条1項本文）。

(2) 配偶者短期居住権
① 配偶者短期居住権とは何か

高齢化の進展に伴い、配偶者の一方が死亡した場合に生存配

偶者が高齢であることが多く、住み慣れた居住建物を離れて新たな生活を開始することが大きな負担となりました。

そこで、一定期間住み慣れた居住建物で生活できるように、配偶者短期居住権の制度が新設されました。

② **要件**

配偶者短期居住権の要件は、以下の4つです（1037条）。

1	被相続人の配偶者であること
2	被相続人の財産に属した建物であること
3	相続開始の時に無償で居住していたこと
4	居住建物について配偶者を含む共同相続人間で遺産分割をすべき場合であること

③ **効果**

配偶者は、①遺産分割により居住建物の帰属が確定した日又は相続開始の時から6ヶ月を経過する日のいずれか遅い日、②消滅の申入れの日から6ヶ月を経過するまでの間、居住建物を無償で使用することができます（1037条1項本文1号・2号）。

2 特別の寄与

療養看護等をまったく行わない相続人が遺産の分配を受け、療養看護等に努めた相続人でない被相続人の親族が遺産の分配を受けられないのは不公平であるといえます。

そこで、被相続人に対して無償で療養看護その他の労務の提供をしたことにより被相続人の財産の維持・増加について特別の寄与をした被相続人の親族は、相続の開始後、相続人に対し、特別寄与者の寄与に応じた額の金銭（特別寄与料）の支払を請求することができることとされました（1050条1項）。

憲法

行政法

民法

商法

基礎法学

一般知識

確認テスト

□□□ **1** 配偶者居住権の制度が新設され、所定の要件を満たす配偶者は、無償で、居住していた建物の全部について使用収益する権利を有することとなった。

□□□ **2** 相続人でない親族は、被相続人に対して療養看護をしたとしても、相続人に対して金銭の支払を請求することはできない。

解答 **1** ○（1028条） **2** ✕特別寄与料の支払を請求できる（1050条1項）。

第 **4** 部

商法

▶ 科目別ガイダンス 582

第1章　商法 585
第1節　商法総則　※ 585
第2節　商行為　※ 596

第2章　会社法 609
第1節　会社法総論 609
第2節　設立　※ 613
第3節　株式　※ 621
第4節　機関　※ 634
第5節　計算 659
第6節　持分会社 664
第7節　組織再編 667

※は『スタートダッシュ』掲載テーマです。

科目別ガイダンス

1 商法とは何か

　行政書士試験の商法では、商法と会社法という2つの法律が出題されます。
　商法は、民法と同じく国民どうしの関係について定めている法律です。もっとも、民法は、一般市民どうしの取引を対象としているのに対し、商法は、個人事業主や会社などの「商人」が営利目的（お金もうけ）で継続的に行う取引を対象としています。そして、商法は、民法の特別法（民法に優先して適用される法律）であるとされています。
　次に、会社法は、「商人」の中でも特に会社という形態をとるものについて規定している法律です。この会社法は、会社の組織・運営などについて定めています。
　国民どうしの関係に適用される法律についてまとめると、以下のようになります。

【国民どうしの関係に適用される法律】

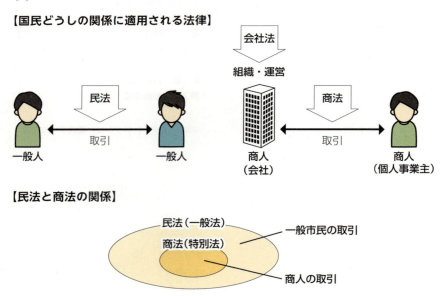

【民法と商法の関係】

2 出題傾向表

10年間（平成24年度～令和3年度）分の本試験の出題傾向を表にまとめました。

（1）商法

	24	25	26	27	28	29	30	元	2	3
商法総則			○		○	○				○
商行為	○	○		○			○	○	○	

○：そのテーマから出題、△：肢の1つとして出題

（2）会社法

	24	25	26	27	28	29	30	元	2	3
会社法総論						△			△	
設立	○		○	○	○	○	○	○	○	○
株式		○	○	○	○	○	○	○	○	○
機関	○	○	○	○	○	○	○	○	○	○
計算	△					△	○			○
持分会社					○					
組織再編	○									

○：そのテーマから出題、△：肢の1つとして出題

3 分析と対策

（1）学習指針

行政書士試験の商法では、例年、商法から1問、会社法から4問出題されます。そこで、会社法を中心に学習すべきといえます。しかし、会社法は全部で1000条近くあるのに対し、商法は全部で150条程度しかありませんから、商法も捨てずに学習しておくべきといえます。

ただし、商法・会社法合わせて5問（20点）しか出題されない以上、時間をかけすぎることは禁物です。特に、会社法については「設立」「株式」「機関」からの出題がとても多いといったように出題傾向に偏りがありますから、この3つのテーマを重点的に学習し、その他は一読して過去問を解く程度にとどめるといったメリハリを付けた学習が必要となるでしょう。

なお、仕事が忙しい、試験日がすでに迫っているなど、勉強時間が十分取れない人は、思い切って商法を捨てる（まったく勉強しない）という選択肢もやむを得ないと思います。

（2）学習内容

　商法・会社法は、**ほぼ全部が条文知識を問う問題**です。そこで、商法・会社法は、とにかく条文を読み込んでいきましょう。また、条文を図表で整理したり、条文の趣旨を押さえて記憶しやすくするといった工夫をしてみましょう。

　なお、まれに判例知識問題も出題されますが、ほとんどの人は正解できないのであまり気にする必要はないでしょう。

（3）得点目標

　商法・会社法は、**4割正解**できれば十分でしょう。

【商法の得点目標】

出題形式	出題数	得点目標
5肢択一式	5問（20点）	2問（8点）

第4部 商法

第1章 商法

第1節 商法総則　重要度 B

学習のPOINT

ここでは、商法全体に共通するルールについて学習していきます。条文からの出題がほとんどなので、条文をくり返し読み込んでおきましょう。

1 商法の適用範囲

商人の営業、商行為その他商事については、商法が適用されます（1条1項）。そこで、商法の適用対象となる「商人」「商行為」の意味を明らかにしていきます。※1 過28-36-1

(1) 商人

商人には、**固有の商人**と**擬制商人**の2種類があります。

① 固有の商人

固有の商人とは、自己の名をもって商行為をすることを業とする者です（4条1項）。「**自己の名をもって**」とは、自分が権利・義務の主体となってということです。また、「**業とする**」とは、営利の目的をもって同種の行為を反復的・継続的に行うことです。過29-36-1

② 擬制商人

擬制商人とは、商行為をすることを業としていないものの、商人とされる者のことです。商法では、擬制商人として以下の2種類が認められています（4条2項）。過29-36-2

【擬制商人】

1	店舗その他これに類似する設備によって物品を販売することを業とする者 ※2
2	鉱業を営む者 ※3

※1 参考
当事者の一方のために商行為となる行為については、その双方に商法が適用される（3条1項）。

※2 具体例をイメージ
例えば、自ら収穫した野菜を売店で販売する者などである。

※3 具体例をイメージ
例えば、鉱物を採掘する者などである。

(2) 商行為

商行為には、誰が行っても商行為となる基本的商行為と、商人がその営業のためにする行為である附属的商行為（503条）があります。基本的商行為には、さらに絶対的商行為（501条）と営業的商行為（502条）の2種類があります。過29-36-5

商行為の分類についてまとめますと、以下の図のようになります。

【商行為の分類のまとめ】

① 絶対的商行為

絶対的商行為とは、その行為の有する客観的な営利的性格から、当然に商行為となるもののことです。過29-36-4

絶対的商行為は、501条が列挙している以下の4種類の行為です。

【絶対的商行為】

投機購買及びその実行行為	利益を得て譲渡する意思をもってする動産・不動産・有価証券※1の有償取得又はその取得したものの譲渡を目的とする行為（安く買って高く売る行為）※2 ※3 過3-36-ア
投機売却及びその実行行為	他人から取得する動産・有価証券の供給契約及びその履行のためにする有償取得を目的とする行為（高く売った後に安く買う行為）※4 過3-36-オ
取引所においてなされる取引	株式などの金融商品の取引を目的とする金融商品取引所などにおける取引
手形その他の商業証券に関する行為	振出し※5・裏書※6・保証などの証券上の行為

② 営業的商行為

営業的商行為とは、営業目的で反復・継続してなす場合に、はじめて商行為となるもののことです。

営業的商行為は、502条が列挙している以下の13種類の行為です。※7

※1 用語
有価証券：財産権が存在することを表している証券であって、その権利の発生・移転・行使が証券をもってなされることが必要とされているもののこと。例えば、手形や小切手などである。

※2 具体例をイメージ
例えば、小売店が商品を仕入れて客に販売することなどである。

※3 重要判例
「取得したものの譲渡」とは、取得したものをそのまま譲渡することのみならず、製造・加工して譲渡する場合を含む（大判昭4.9.28）。過3-36-イ

※4 具体例をイメージ
例えば、先物取引などである。

※5 用語
振出し：手形・小切手を発行すること。

※6 用語
裏書：証券を譲渡すること。

※7 参考
もっぱら賃金を得る目的で物を製造し、又は労務を提供する行為は、営業的商行為に当たらない（502条ただし書）。

【営業的商行為】

投機貸借及び その実行行為	賃貸する意思をもってする動産・不動産の有償取得・賃借又はその賃借したものの賃貸を目的とする行為 ※8 圈3-36-エ
他人のための製造・ 加工に関する行為	材料に労力を加えることを有償で引き受ける行為 ※9
電気・ガスの供給に 関する行為	電気・ガスを供給することを有償で引き受ける行為
運送に関する行為	物・人を場所的に移動させること（運送）を引き受ける行為
作業・労務の請負	道路・建物の建設・建築や労働者の供給を請け負う行為
出版・印刷・撮影に 関する行為	文書などを印刷して販売することや印刷・撮影を引き受ける行為　圈3-36-ウ
場屋取引	客に一定の設備を利用させることを目的とする取引 ※10
両替その他の銀行取引	金銭・有価証券を受け入れたり給付したりする行為
保険	対価を得て保険を引き受ける行為
寄託の引受け	他人のために物の保管を引き受ける行為 ※11
仲立ち・取次ぎに 関する行為	他人間の法律行為の媒介を引き受けること（仲立ち）や、自己の名をもって他人の計算において法律行為をすることを引き受けること（取次ぎ）※12
商行為の代理の引受け	本人にとって商行為である行為の代理を引き受けること ※13
信託の引受け	特定の者が一定の目的に従い財産の管理・処分その他の当該目的の達成のために必要な行為をすべきものとすること

※8 **具体例をイメージ**

例えば、レンタル業などである。

※9 **具体例をイメージ**

例えば、クリーニング店などである。

※10 **具体例をイメージ**

例えば、旅館・ゴルフ場などである。

※11 **具体例をイメージ**

例えば、倉庫業者などである。

※12 **具体例をイメージ**

例えば、結婚相談所などである。

※13 **具体例をイメージ**

例えば、保険代理店などである。

③　附属的商行為

　附属的商行為とは、商人がその営業のためにする行為のことです。附属的商行為の具体例としては、営業資金に充てるためにお金を借りることなどが挙げられます。

　なお、商人の行為は、その営業のためにするものと推定されます（503条2項）。圈29-36-3

2 商業登記

（1）商業登記とは何か
商業登記とは、商人の営業に関する重要な事項を登記させることで、その登記を見た相手方が安心してその商人と取引をすることができるようにする制度のことです。※1

（2）商業登記の効力
商業登記には、一般的効力と不実登記の効力という2つの効力があります。

【商業登記の効力】

一般的効力	登記すべき事項は、登記した後は、善意の第三者に対しても対抗することができる（9条1項前段） ※第三者が正当な事由によってその登記があることを知らなかったときは、第三者に対抗することはできない（9条1項後段）※2 ※3
不実登記の効力	故意又は過失によって不実の事項を登記した者は、その事項が不実であることを善意の第三者に対抗することができない（9条2項）

3 商号

（1）商号とは何か
商号とは、商人がその営業上自己を表すために用いる名称のことです。※4

商号はその商人を表す名称ですから、文字で記載することができ、かつ、呼称できるものでなければなりません。したがって、記号や図形を商号とすることはできません。

（2）商号の個数
① 会社の商号
会社の商号は、会社の人格を表す名称ですから、会社が複数の営業を行う場合であっても、その商号は1個に限られます。

② 個人商人の商号
個人商人の場合、数個の営業を営むときには、各営業につきそれぞれ別個の商号を使用することができます。

ただし、1個の営業につき、商号は1個に限られます（これ

※1 具体例をイメージ
例えば、未成年者が営業を行うときは、その登記をしなければならないとされている（5条）。

※2 参考
正当な事由とは、災害による交通断絶や登記簿の滅失等により登記事項を知ることができないという客観的障害に限られ、長期旅行・病気等の主観的事情は含まれない。

※3 引っかけ注意！

「対抗することができない」とは、当事者から善意の第三者に対して主張できないという意味ですから、善意の第三者から当事者に対して主張することは、9条1項と関係なく認められます。

※4 具体例をイメージ
例えば、「○○商店」などである。

を商号単一の原則といいます）。1個の営業につき数個の商号の使用を認めると、営業の同一性につき誤認されるおそれがあるからです。

（3）商号の選定

商人は、原則として、商号を自由に選ぶことができます（これを商号選定自由の原則といいます）。しかし、例外的に、以下のような制限があります。

【商号選定の制限】

営業の主体を誤認させる商号選定の禁止	不正の目的をもって、他の商人であると誤認させるおそれのある名称又は商号を用いてはならない（12条1項）
会社の商号に関する制限	①会社は、株式会社・合名会社・合資会社・合同会社の種類に従い、それぞれの商号中に株式会社・合名会社・合資会社・合同会社という文字を用いなければならない（会社法6条2項） ②会社は、他の種類の会社であると誤認させるおそれのある文字を用いてはならない（会社法6条3項）
個人商人の商号に関する制限	会社でない者は、その名称又は商号中に、会社であると誤認させるおそれのある名称又は商号を使用してはならない（会社法7条）

（4）商号の不正使用に対する措置

不正の目的をもって他の商人であると誤認させる商号の使用によって利益を侵害され、又は侵害されるおそれがある商人は、その営業上の利益を侵害する者又は侵害するおそれがある者に対し、**侵害の停止又は予防**を請求することができます（12条2項）。※5

（5）名板貸（ないたがし）

① 名板貸とは何か 過23-36

> 事例　商人Aが、商人Bに対してAの商号をもって営業を行うことを許諾したところ、Aの商号を使用したBと取引をした相手方Cは、当該取引を自己とAとの取引であると誤認した。

※5 参考

自らの商号について登記していなくても、侵害の停止又は予防を請求することができる。

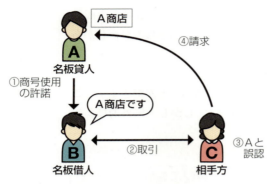

上の事例の場合、契約は実際に取引をしたBとCの間で成立しますから、CはBに対してのみ取引によって生じた債務の弁済を請求できるのが原則です。

しかし、BがAの商号を使用したため、Cは自己とAとの取引であると誤認しているわけですから、CからすればAに対しても債務の弁済を請求したいところでしょう。

そこで、自己の商号を使用して営業を行うことを他人（**名板借人**・B）に許諾した商人（**名板貸人**・A）は、自己が営業を行うものと誤認して当該他人と取引した者（相手方・C）に対し、当該他人と**連帯して**、その取引によって生じた債務を弁済する責任を負わなければなりません（14条）。これは、名板貸人を営業主と信じて取引関係に入った相手方を保護するものです。

② 名板貸人の責任の要件

名板貸人の責任が発生するための要件は、以下の3つです。

【名板貸人の責任の要件】

1	名板借人が名板貸人の商号を使用して営業を行うこと ※1
2	名板貸人が名板借人に対して商号の使用を許諾すること
3	相手方が名板貸人を営業主であると誤認すること ※2

③ 名板貸人の責任の範囲

名板貸人が名板借人と連帯して責任を負う債務は、「**取引によって生じた債務**」です。これには、取引によって直接生じた債務のほか、その不履行による損害賠償債務等の本来の債務が

※1 重要判例

営業が同種であるからこそ営業主体の誤認が生じうるため、名板貸人の責任が成立するためには、特段の事情のない限り、名板貸人の営業と名板借人の営業が同種であることが必要である（最判昭43.6.13）。

※2 重要判例

「誤認」とは、相手方の善意無重過失を意味する（最判昭41.1.27）。

変形したものも含まれます。※3 ※4

（6）商号の譲渡

商人の商号は、営業とともにする場合又は営業を廃止する場合に限り、譲渡することができます（15条1項）。

商号が営業上の名称として社会的・経済的に信用を集める機能を有するものであることから、商号を営業と切り離して個別に譲渡することは認められていません。

4 営業譲渡

（1）営業譲渡とは何か

営業譲渡とは、①一定の営業目的により組織化され有機的一体として機能する財産の譲渡であって、②譲受人が営業活動を承継し、③譲渡人が法律上当然に競業避止義務※5を負うこととなるもののことです（最大判昭40.9.22）。「有機的一体として機能する財産」というのは聞きなれない言葉かもしれませんが、要するに得意先関係やノウハウも含めて譲渡されるということです（単なる財産の譲渡ではありません）。

（2）譲渡人の競業避止義務

譲渡人が同種の営業を再開できるとすると、得意先関係やノウハウを譲渡した意味がなくなってしまうことから、譲渡人に競業避止義務が課せられています。

【譲渡人の競業避止義務】

原則	譲渡人は、当事者の別段の意思表示がない限り、同一の市区町村の区域内及びこれに隣接する市町村の区域内においては、その営業を譲渡した日から20年間は、同一の営業を行ってはならない（16条1項）過21-39-ウ
特約がある場合	譲渡人が同一の営業を行わない旨の特約をした場合には、その特約は、その営業を譲渡した日から30年の期間内に限り、その効力を有する（16条2項）
不正の競争の目的がある場合	譲渡人は、不正の競争の目的をもって同一の営業を行ってはならない（16条3項）※6

※3 重要判例

名板借人の詐欺的行為のような取引行為の外形をもつ不法行為（取引的不法行為）に基づく損害賠償債務は、「取引によって生じた債務」に当たる（最判昭58.1.25）。

※4 重要判例

名板借人による交通事故のような事実的不法行為に基づく損害賠償債務は、「取引によって生じた債務」に当たらない（最判昭52.12.23）。

※5 用語

競業避止義務：同一の営業を行ってはならないという義務のこと。

※6 引っかけ注意！

不正の競争の目的をもって同一の事業を行うことは、地域・期間に関係なく禁止されます。

(3) 譲受人の責任
① 商号の続用あり

譲受人が譲渡人の商号を引き続き使用する場合、譲受人は、原則として、譲渡人の営業によって生じた債務を弁済する責任を負います（17条1項）。※1 週21-39-イ

もっとも、譲受後、遅滞なく、譲受人がその本店の所在地において譲渡人の債務を弁済する責任を負わない旨の登記をした場合や、譲受人及び譲渡人から第三者に対してその旨の通知をした場合には、責任を負いません（17条2項）。

② 商号の続用なし

譲受人が譲渡人の商号を引き続き使用しない場合、譲受人は、原則として、譲渡人の営業によって生じた債務を弁済する責任を負いません。

もっとも、譲渡人の事業によって生じた債務を引き受ける旨の広告をしたときは、譲受人は、譲渡人の営業によって生じた債務を弁済する責任を負います（18条1項）。

> ※1 参考
> 譲渡人は債務を弁済する責任を免れるわけではなく、譲渡人と譲受人の連帯債務となる。週21-39-イ

5 商業使用人

商業使用人とは、雇用契約によって特定の商人に従属し、その業務を補助する人のことです。

商業使用人は、その権限の広い順に、①支配人、②ある種類又は特定の事項の委任を受けた使用人、③物品販売等を目的とする店舗の使用人に分類されます。※2

【商業使用人】

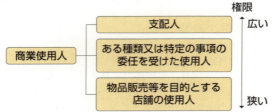

> ※2 具体例をイメージ
> ①支配人の例としては支店長が、②ある種類又は特定の事項の委任を受けた使用人の例としては部長・課長が、③物品販売等を目的とする店舗の使用人の例としては店員が、それぞれ挙げられる。

（1）支配人

① 支配人とは何か

支配人とは、商人の営業所の営業の主任者として選任された者のことです。過26-36-2

② 支配人の権限

支配人は、以下のような権限を有しています。

【支配人の権限】

包括的代理権	支配人は、商人に代わってその営業に関する一切の裁判上又は裁判外の行為をする権限を有する（21条1項）過18-36-ア ※3 ※支配人の代理権に加えた制限は、善意の第三者に対抗することができない（21条3項）過18-36-ア、26-36-3
使用人の選任・解任権	支配人は、他の使用人を選任し、又は解任することができる（21条2項）過26-36-2

③ 支配人の義務

支配人は、雇用及び委任の規定に基づき、善管注意義務（民法644条）、報告義務（民法645条）等の一般的義務を負います。

また、支配人は、商人の許可を受けなければ、以下の行為をすることができません（23条1項）。これを**競業避止義務**（2）、**精力分散防止義務**（1、3、4）といいます。

【商人の許可を要する支配人の行為】

1	自ら営業を行うこと　過18-36-イ ※4
2	自己又は第三者のために商人の営業の部類に属する取引をすること 過18-36-イ
3	他の商人・会社・外国会社 ※5 の使用人となること　過26-36-4
4	会社の取締役・執行役・業務執行社員となること

④ 表見支配人

表見支配人とは、商人の営業の主任者であることを示す名称を付した使用人のことです。

表見支配人は、当該営業所の営業に関し、一切の**裁判外**の行為をする権限を有するものとみなされますが、相手方が**悪意**であったときは、この限りではありません。過18-36-ウ、26-36-5 ※6

※3 過去問チェック

支配人は、商人に代わってその営業に関する一切の裁判上または裁判外の行為をする権限を有し、支配人の代理権に加えた制限は、それを登記した場合に、善意の第三者に対抗することができる。→✕（18-36-ア）

※4 過去問チェック

支配人は、商人の許可を受けなければ自ら営業を行うことができないが、商人の許可を受けなくとも自己または第三者のために商人の営業の部類に属する取引を行うことができる。→✕（18-36-イ）

※5 用語

外国会社：外国の法令に準拠して設立された法人その他の外国の団体であって、会社と同種のもの又は会社に類似するもののこと（会社法2条2号）。

※6 過去問チェック

商人の営業所の営業の主任者であることを示す名称を付した使用人は、支配人として選任されていなくても、当該営業所の営業に関しては、支配人とみなされる。→✕（26-36-5）

（2）ある種類・特定事項の委任を受けた使用人

　商人の営業に関するある種類又は特定の事項の委任を受けた使用人は、当該事項について、一切の**裁判外**の行為をする権限を有します（25条1項）。そして、この代理権に加えた制限は、**善意の第三者**に対抗することができません（25条2項）。週18-36-エ

（3）物品販売等を目的とする店舗の使用人

　物品の販売等を目的とする店舗の使用人は、相手方が**悪意**の場合を除き、その店舗にある物品の販売等をする権限を有するものとみなされます（26条）。週18-36-オ

6 代理商

（1）代理商とは何か

　代理商とは、商業使用人ではないものの、一定の商人のために平常その営業の部類に属する取引の代理又は媒介 ※1 をなす人のことをいいます（27条）。※2

　代理商は、商業使用人のように本人に対して従属関係に立つことなく、**委任契約**に基づく独立の商人として代理又は媒介の委託を受ける者です。

（2）代理商の義務

　代理商は、商人の許可を受けなければ、以下の行為をすることができません（28条1項）。代理商の負う義務は、支配人が負う義務（23条）よりもその範囲が狭くなっていますが、これは、支配人が商人に従属すべき立場にあるのに対して、代理商は独立の商人だからです。

【商人の許可を要する代理商の行為】

1	自己又は第三者のためにその商人の営業の部類に属する取引をすること
2	その商人の営業と同種の事業を行う会社の取締役・執行役・業務執行社員となること

※1 用語

媒介：当事者の間に立って、両者の間に商行為を成立させる手助けをすること。

※2 参考

取引の代理をなす代理商のことを締約代理商、取引の媒介をなす代理商のことを媒介代理商という。

【商業使用人と代理商のまとめ】

	商業使用人	代理商
資格	自然人でなければならない	法人でもよい
商人との関係	雇用契約 (商人に従属する)	委任又は準委任契約 (商人から独立している)
代理権	授与しないこともできる	
競業避止義務	負う (23条1項2号)	負う (28条1項1号・2号)
精力分散防止義務	負う (23条1項1号・3号・4号)	負わない

確認テスト

□□□ **1** 登記すべき事項は、登記した後は、善意の第三者に対しても対抗することができる。

□□□ **2** 自己の商号を使用して営業を行うことを他人に許諾した商人は、自己が営業を行うものと誤認して当該他人と取引した者に対し、当該他人と折半で、その取引によって生じた債務を弁済する責任を負わなければならない。

□□□ **3** 営業譲渡における譲渡人は、譲受人と同一の市区町村の区域内において、同一の営業を行うことができる。

□□□ **4** 支配人は、商人に代わってその営業に関する一切の裁判上又は裁判外の行為をする権限を有する。

解答 **1**○ (9条1項前段) **2**✕折半ではなく、連帯して責任を負わなければならない (14条)。 **3**✕営業譲渡における譲渡人は競業避止義務を負う (16条1項)。 **4**○ (21条1項)

第2節 商行為

学習のPOINT
ここでは、商行為に適用されるルールについて学習していきます。民法の条文を修正したものがほとんどなので、民法の条文を確認しながら学習するとよいでしょう。

1 商行為の特則

商行為については、営利主義、取引の安全・迅速が強く要請されることから、一般市民の間の取引について定めた民法とは異なる特則が定められています。

具体的には、以下のような違いがあります。

(1) 商行為の代理と委任

① 代理の方式

商行為の代理人が本人のためにすることを示さないでこれをした場合であっても、その行為は、**本人**に対してその効力を生じます（504条本文）。ただし、相手方が、代理人が本人のためにすることを知らなかったときは、**代理人**に対して履行の請求をすることを妨げないとされています（504条ただし書）。[※1]
過元-36

民法では、代理人が本人のためにすることを示すこと（**顕名**）が必要とされています（民法99条1項）。しかし、代理人がその都度顕名をすることは手間がかかり、また、相手方も本人のためになされたことを知っていることが多いため、商行為の代理については顕名が不要とされています。

② 商行為の委任

商行為の受任者は、**委任の本旨**に反しない範囲内において、委任を受けていない行為をすることができます（505条）。

受任者は、委任の本旨に従い善管注意義務を負っていますので（民法644条）、本人の利益のために幅広い活動を行うことができます。したがって、この規定は、民法上の善管注意義務の

[※1] **重要判例**
商法の規定によれば、相手方が、代理人が本人のためにすることを知らなかったときは、代理人に対して履行を請求することができるとされているが（504条ただし書）、判例は、相手方保護のため、相手方は、その選択により、本人との法律関係または代理人との法律関係のいずれかを主張できるとしている（最大判昭43.4.24）。過元-36-3・5

規定を明確化した規定にすぎないと考えられています。

③　代理権の消滅

商行為の委任による代理権は、**本人の死亡**によっては、消滅しません（506条）。過30-36-ア

民法では、本人の死亡により代理権も消滅します（民法111条1項1号）。しかし、商行為の代理においては、取引の安全を図る必要性が高いため、商行為の委任による代理権は存続する（本人の相続人との間に代理関係が存続する）ものとされています。

(2) 契約の成立

①　隔地者間における契約の申込み

商人である隔地者の間において承諾の期間を定めないで契約の申込みを受けた者が**相当の期間**内に**承諾の通知**を発しなかったときは、その申込みは、その効力を失います（508条1項）。過25-36-イ

民法では、本条所定の場合には、相当期間経過後、契約の申込みを撤回し得るにとどまり（民法525条）、撤回されるまで申込みの効力は消滅しません。しかし、商法は、商取引の迅速性の見地から、申込みの効力を長く継続させて申込者の自由を拘束するべきではないとして、申込みは当然に失効するものとされています。

②　諾否の通知義務

商人が平常取引をする者からその営業の部類に属する契約の申込みを受けたときは、遅滞なく、契約の申込みに対する**諾否の通知**を発しなければなりません（509条1項）。そして、商人がこの通知を発することを怠ったときは、その商人は、契約の申込みを承諾したものとみなされます（509条2項）。過25-36-ウ

民法では、遅滞なく諾否の通知を発する義務はなく、承諾の意思表示がなければ契約は成立しません（民法522条1項）。しかし、商法では、平常取引をする者の間には継続的な取引関係があり、商取引の迅速性を図る必要があることから、承諾者の沈黙を承諾とみなして契約が成立するようにしています。

憲　法

行政法

民　法

商　法

基礎法学

一般知識

第1章 － 商法　第2節 － 商行為　**597**

③ 受領物保管義務

商人がその営業の部類に属する契約の申込みを受けた場合において、その申込みとともに受け取った物品があるときは、その申込みを拒絶したときであっても、申込者の費用をもってその物品を保管しなければなりません（510条本文）。ただし、その物品の価額がその費用を償うのに足りないとき、又は商人がその保管によって損害を受けるときは、この限りではありません（510条ただし書）。過18-37-ア ※1

商取引では、契約の申込みと同時に、見本又は承諾を予期しての目的物の送付が行われることがあることから、物品の安全を確保するとともに商人に対する信用を保護するため、受領物保管義務が設けられています。

（3）報酬請求権

商人がその営業の範囲内において他人のために行為をしたときは、相当な報酬を請求することができます（512条）。過18-37-ウ ※2、30-36-イ

民法上の委任契約では、無報酬が原則とされています（民法648条1項）。しかし、商人は営利目的で行動するのが通常ですから、商人の場合は、当然に報酬を請求できるものとしています。

（4）商事債権の性質

① 金銭消費貸借の利息請求権

商人間において金銭の消費貸借をしたときは、貸主は、法定利息を請求することができます（513条1項）。

民法では、特約がない限り、消費貸借は無償です（民法589条1項）。しかし、商人である貸主は、営利を目的として活動していますから、当然に法定利息を請求できるものとされています。

② 債務の履行場所

商行為によって生じた債務の履行をすべき場所がその行為の性質又は当事者の意思表示によって定まらないときは、特定物の引渡しはその行為の時にその物が存在した場所において、その他の債務の履行は債権者の現在の営業所（営業所がない場合

※1 過去問チェック

商人が平常取引をする者からその営業の部類に属する契約の申込みを受け、申込みとともに受け取った物品がある場合において、その申込みを拒絶するときは、相当の期間内にその物品を相手方の費用により返還しなければならない。→ ✕（18-37-ア）

※2 過去問チェック

商人がその営業の範囲内において他人のために行為をした場合は、報酬に関する契約がなくとも、相当な報酬を請求することができる。→ ○（18-37-ウ）

にあっては、その住所）において、それぞれしなければなりません（516条）。

民法では、特定物の引渡債務以外の債務の履行場所は、債権者の現在の住所です（民法484条1項）。しかし、商行為における債権者は商人であることが多いので、営業所※3を住所に優先させています。

(5) 商事債権の担保

① 多数債務者の連帯

数人の者がその一人又は全員のために商行為となる行為によって債務を負担したときは、その債務は、各自が連帯して負担する。週18-37-イ※4、30-36-ウ

民法では分割債務が原則ですが（民法427条）、商法では、債務の履行を確実にするために、連帯債務が原則とされています。

② 連帯保証

保証人がある場合において、債務が主たる債務者の商行為によって生じたものであるとき、又は保証が商行為であるときは、主たる債務者及び保証人が各別の行為によって債務を負担したときであっても、その債務は、各自が連帯して負担します（511条2項）。週30-36-エ

民法では、保証人は、連帯保証とする旨の意思表示をしない限り、催告・検索の抗弁権（民法452条、453条）、分別の利益（民法456条）を有します。しかし、商法では、債務の履行を確実にするために、保証人の責任を強化し、連帯保証が原則とされています。

③ 流質契約※5の自由

民法349条では弁済期前の流質契約が禁止されていますが、商行為によって生じた債権を担保するために設定した質権については、弁済期前の流質契約も許されます（515条）。これは、商行為における金融を容易にするため認められたものです。週18-37-オ※6

④ 商人間の留置権

商人間においてその双方のために商行為となる行為によって

※3 用語

営業所：商人の営業上の活動の中心となる一定の場所のこと。この営業所には、本店と支店がある。

※4 過去問チェック

数人がその一人または全員のために商行為である行為によって債務を負担した場合は、その債務は各自が連帯して負担する。→○（18-37-イ）

※5 用語

流質契約：被担保債権が弁済されない場合に、質権者に質物の所有権の取得を認める契約のこと。

※6 過去問チェック

商行為によって生じた債権を担保するために設定した質権については、質権者に弁済として質物の所有権を取得させることを契約で定めることができる。→○（18-37-オ）

第1章 ― 商法　第2節 ― 商行為　599

生じた債権が弁済期にあるときは、債権者は、当事者の別段の意思表示があるときを除き、その債権の弁済を受けるまで、その**債務者との間における商行為**によって自己の占有に属した**債務者の所有する物又は有価証券**を留置することができます（521条）。過18-37-エ ※1、24-36

　商人間の取引は継続的であることが通常であるため、民法で要求される被担保債権と留置物との牽連性（☞P432参照）は、不要とされています。

【商行為の特則のまとめ】 ※2

	民法	商法
代理の方式	顕名が必要（99条1項）	顕名は不要（504条）
本人の死亡と代理権	消滅する（111条1項1号）	存続する（506条）
多数当事者の債務	分割債務（427条）	連帯債務（511条1項）
保証債務	通常の保証（446条）	連帯保証（511条2項）
流質契約	禁止（349条）	許容（515条）
留置権	①目的物が債務者の所有物であることは不要 ②目的物と債権の牽連性は必要（295条1項本文）	①目的物が債務者の所有物であることが必要（521条） ②目的物と債権の牽連性は不要

2 商人間の売買契約

　商人間の売買契約については、取引の安全・売主の保護という観点から、民法の売買契約に関する規定とは異なる特則が定められています。

（1）売主による目的物の供託・競売

　民法では、買主が売買の目的物を引き取ってくれない場合、売主は、その目的物を供託することができます（民法494条1項1号）。また、売買の目的物が供託に適さない場合、裁判所の許可を得て、競売することができます（民法497条）。

　しかし、裁判所の許可には時間がかかり、売主にとって不利となります。そこで、商人間の売買においては、供託のみなら

※1 過去問チェック

当事者の一方のために商行為となる行為によって生じた債権が弁済期にあるときは、債権者は、債権の弁済を受けるまで、債権者が占有する債務者所有の物または有価証券を留置することができる。
→✕（18-37-エ）

※2 法改正情報

民法大改正に伴い、商事消滅時効（522条本文）は廃止され、民法と統一された（民法166条）。また、商事法定利率（514条）も廃止され、民法と統一された（民法404条）。

※3 過去問チェック

A株式会社は、輸入業者Bとの間でバナナの売買契約を締結した。履行期日になったが、Aの加工工場でストライキが起こり、Aは期日にバナナを受領することができなかった。そこでBは、Aへの催告なしに、そのバナナを競売に付し、競売の代金をバナナの代金に充当したが、これについて、Bに責任はない。→〇（21-36-4）

ず競売もすることができるものとされ、競売の際に相当の期間を定めて催告をすれば、裁判所の許可を得る必要はありません（524条1項前段）。

また、損傷その他の事由による価格の低落のおそれがある物は、催告をしないで競売に付することができます（524条2項）。週21-36-4 ※3

そして、売買の目的物を競売に付したときは、売主は、その代価を供託しなければなりませんが、その代価の全部又は一部を代金に充当することを妨げないとされています（524条3項）。週21-36-4 ※3

(2) 定期売買の履行遅滞による解除

民法では、定期売買の時期を経過したため契約を解除する場合には、相手方に対して解除の意思表示をしなければなりません（民法540条1項、542条1項4号）。

しかし、解除の意思表示を必要とすると、解除の意思表示がされるまで売主は不安定な地位に置かれることになります。そこで、商人間の売買においては、相手方が直ちに履行の請求をしない限り、当然に契約を解除したものとみなすこととして、解除の意思表示を不要としています（525条）。週21-36-5 ※4

(3) 買主による目的物の検査・通知

民法上の売買契約においては、引き渡された目的物が種類・品質・数量に関して契約の内容に適合しない場合（契約内容不適合）、買主は、売主の担保責任を追及することができます（民法562条1項）。

これに対して、商人間の売買契約においては、契約内容不適合があっても、受け取った目的物を遅滞なく検査し、契約内容不適合を発見した場合には直ちに売主に対して通知をしなければ、売主の担保責任を追及することができません（526条1項、2項前段）。これは、売主が不安定な立場に置かれることを防止して、売主を保護するためです。※5 週21-36-1・2 ※6

(4) 買主による目的物の保管・供託

民法では、売買の目的物に契約内容不適合が存在したため契約が解除されたとしても、買主は、その目的物の返還義務を負

※4 過去問チェック

A株式会社は、輸入業者Bとの間でクリスマス商品の売買契約を締結したが、輸出国の工場での製造工程にトラブルが生じ、商品の製造が遅れたため、納入がクリスマスに間に合わなかった。Aが、Bに対して契約の解除等何らの意向を示さずに、Bからの度重なる連絡を無視し続けた場合、クリスマス商品の受領を拒むことはできない。→ ✕ （21-36-5）

※5 重要判例

526条は、不特定物売買についても適用される（最判昭35.12.2）。

※6 過去問チェック

A株式会社は、輸入業者Bとの間でコーヒー豆の売買契約を締結した。Aの仕入れ担当者はコーヒー豆の納入に立ち会い、数量の確認および品質の検査を行った。その際、コーヒー豆の品質の劣化を認識していたが、Bに直ちには通知しなかった。この場合に、AはBに対して売買契約の解除、代金の減額または損害賠償を請求することができない。→ ◯ （21-36-2）

うにすぎず（民法545条1項本文）、目的物を保管・供託する義務はありません。

しかし、買主が目的物を適切に保管等しないと、売主は転売の機会を失ってしまいます。そこで、商人間の売買においては、売買の目的物に契約内容不適合が存在したため契約が解除された場合でも、買主は、**売主の費用**で、売買の目的物を**保管・供託**しなければなりません（527条）。また、**品違い**や**数量超過分**についても同様とされます（528条）。

ただし、売主及び買主の営業所（営業所がない場合にあっては、その住所）が**同一の市町村**の区域内にある場合には、保管・供託する義務はありません（527条4項）。週21-36-3 ※1

3 交互計算契約

交互計算契約とは、商人間又は商人と商人でない人の間で平常取引をする場合（普段から継続的に取引をする場合）に、一定の期間内の取引から生ずる債権・債務の総額について相殺をし、その残額の支払いをする契約のことです（529条）。

例えば、以下のような場合に、AとBの間で1月1日～4月1日の取引から生ずる債権・債務の総額について相殺をし、AがBに対して30万円を支払う旨の契約などです。

【交互計算】

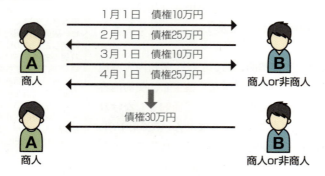

民法上の相殺は、対立する2つの債権を対当額において消滅させるものです。もっとも、普段から継続的に取引をする者の間では、対立する2つの債権・債務が発生するたびに相殺をし

※1 過去問チェック

A株式会社は、輸入業者Bとの間でチューリップの球根の売買契約を締結した。Aの仕入れ担当者が引渡しに立ち会ったところ、球根の種類が予定していたものと異なっていた。そこで、Aは直ちに売買契約の解除をBに通知した。Bの営業所が同一市内にあったため、Bが引き取りに来るまでの間、Aは球根を放置していたところ、発芽し、売り物には適さないものになったが、Aには責任はない。→○（21-36-3）

て残額を支払うのではなく、一定期間内に発生する債権・債務を一まとめにして相殺をした方が、お金のやり取りに伴う危険と手数を省略することができます。そこで、民法における相殺の特則として、交互計算契約という制度が設けられています。

4 匿名組合契約

(1) 匿名組合契約とは何か

匿名組合契約とは、当事者の一方が相手方のために出資をし、相手方がその営業から生ずる利益を分配することを約束する契約のことです（535条）。これは、資金はもっているが自分で経営をする意思や能力がない一般市民と、経営能力はあるが資金の乏しい商人を結びつける制度です。

なお、出資をした人を匿名組合員といい、営業を行う人を営業者といいます。匿名組合契約の関係をまとめると、以下の図のようになります。

【匿名組合契約】

(2) 匿名組合員の出資

匿名組合員の出資は、営業者の財産に属します（536条1項）。週20-40-2

また、匿名組合員は、金銭その他の財産のみをその出資の目的とすることができます（536条2項）。週20-40-1

(3) 匿名組合員の権利・義務

① 業務執行権・代表権の不存在

匿名組合員は、営業者の業務を執行し、又は営業者を代表することができません（536条3項）。週20-40-4

② 第三者に対する権利・義務

匿名組合員は、営業者の行為について、第三者に対して権利・義務を有しないのが原則です（536条4項）。

しかし、匿名組合員が営業者の商号中に自己の氏・氏名・商

号を使用することを許諾した場合は、その使用以後に生じた債務については、第三者に対して**連帯責任**を負うことになります（537条）。過20-40-3 ※1

(4) 匿名組合契約の終了

① 終了原因

匿名組合契約は、**解除**（540条）によって終了するほか、以下の事由によって終了します（541条）。

【匿名組合契約の終了原因】

	死亡	後見開始の審判	破産手続開始の決定
営業者	○	○	○
匿名組合員	×	×	○

○：終了する、×：終了しない

② 終了の効果

匿名組合契約が終了した場合、営業者は、匿名組合員にその**出資の価額**を返還しなければなりませんが、出資が損失によって減少したときは、その**残額**を返還すれば足ります（542条）。過20-40-5 ※2

5 仲立人・問屋

(1) 仲立人

仲立人とは、他人間の商行為の媒介をすることを業とする者のことです（543条）。※3

仲立人は、当事者の間に立って商行為の成立に尽力する者であり、自ら契約当事者又は当事者の代理人となって契約を締結するわけではありません。

【仲立人】

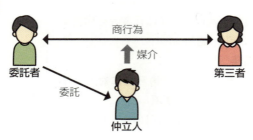

※1 **過去問チェック**
匿名組合員は、営業者の行為について、第三者に対して権利および義務を有しないが、匿名組合員が自己の商号などを営業者の商号として使用することを許諾したときには、その使用以後に生じた債務について、営業者と連帯してこれを弁済する責任を負う。→○（20-40-3）

※2 **過去問チェック**
匿名組合契約が終了したときは、営業者は、匿名組合員に対してその出資の価額を返還しなければならず、出資が損失によって減少した場合には、営業者は、その減少額をてん補して匿名組合員に出資の価額を返還する義務を負う。→×（20-40-5）

※3 **具体例をイメージ**
例えば、商人ではない者を相手に旅館等をあっせんし宿泊契約の締結を媒介する業者などである。

(2) 問屋

問屋とは、自己の名をもって他人のために物品の販売又は買入れをすることを業とする者のことです（551条）。※4

問屋は、仲立人と異なり、委託者のために自ら契約当事者となってその行為から生ずる権利を有し、また、義務を負うこととなります（552条1項）。

> ※4 具体例をイメージ
> 例えば、証券会社などである。

【問屋】

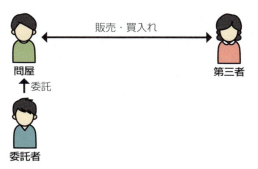

6 運送営業

運送営業とは、物や人を場所的に移動することを内容とする営業のことです。このうち、物を対象とする場合を物品運送、人を対象とする場合を旅客運送といいます。※5

> ※5 具体例をイメージ
> 物品運送の例としては宅配業が、旅客運送の例としては観光バス業が挙げられる。

(1) 物品運送

① 物品運送とは何か

物品運送とは、運送人が荷送人（運送委託者）から委託を受けた物品を保管しつつ、その物品を運送するものです。

② 送り状

荷送人は、運送人の請求によって送り状を交付しなければなりません（571条1項）。これは、運送品や到達地など運送契約の内容を運送人に知らせるためです。週22-40-ア

【物品運送】

③ 運送賃

運送品がその性質または瑕疵によって滅失・損傷したときでも、荷送人は、運送賃の支払を拒むことができません（573条2項）。過22-40-ウ

④ 運送人の損害賠償責任

運送人は、運送品の受取り・運送・保管・引渡しについて注意を怠らなかったことを証明しない限り、運送品の滅失・損傷（その原因が生じたことを含む）、延着について損害賠償責任を免れることはできません（575条）。※1 過22-40-エ、27-36-1

(2) 旅客運送

① 旅客運送とは何か

旅客運送とは、運送人が旅客から委託を受けてその旅客を運送するものです。

【旅客運送】

② 運送人の損害賠償責任

旅客運送の運送人は、以下のような損害賠償責任を負います。

【旅客運送の運送人の損害賠償責任】

旅客の損害		運送に関し注意を怠らなかったことを証明しない限り、損害賠償責任を負う（590条）
手荷物の損害	託送手荷物	旅客から引渡しを受けた手荷物については、運送賃の請求の有無にかかわらず、物品運送の運送人と同一の責任を負う（592条1項）
	携帯手荷物	旅客から手荷物の引渡しを受けない場合、その滅失・損傷については、故意又は過失がない限り、損害賠償責任を負わない（593条1項）

※1 参考

貨幣・有価証券その他の高価品については、荷送人が運送を委託するにあたりその種類及び価額を通知したときでなければ、運送人は損害賠償責任を負わない（577条1項）。過27-36-2、2-36-イ

7 場屋営業

（1）場屋営業とは何か

場屋営業とは、一般市民が集まるのに適した設備を設け、これを利用させることを内容とする営業のことです。[※2]

（2）商事寄託

商人がその営業の範囲内において寄託を受けた場合には、報酬を受けないときであっても、**善管注意義務**を負います（595条）。過19-40-1 [※3]、30-36-オ

（3）場屋営業者の責任 [※4]

場屋営業においては多数の客が出入りしてその設備を利用するため、客の携帯品について盗難や紛失が生じる危険が大きいことから、場屋営業者の責任が強化されています。

例えば、場屋営業者は、客から寄託を受けた物品の滅失・損傷については、**不可抗力**によるものであることを証明しない限り、損害賠償責任を免れることができません（596条1項）。過19-40-2、27-36-3

また、客が寄託していない物品であっても、場屋の中に携帯した物品が、場屋営業者が**注意を怠った**ことによって滅失・損傷したときは、損害賠償責任を負います（596条2項）。過19-40-4、27-36-4

さらに、客が場屋の中に携帯した物品について責任を負わない旨を**表示**した場合でも、場屋営業者は、これらの責任を免れることができません（596条3項）。過19-40-5 [※5]

※2 具体例をイメージ

例えば、旅館やゴルフ場などである。

※3 過去問チェック

商人がその営業の範囲内において物品の寄託を受けた場合には、報酬を受けないときであっても、善良な管理者の注意をもってその物品を保管する義務を負う。
→◯（19-40-1）

※4 参考

貨幣・有価証券その他の高価品については、客がその種類及び価額を通知して寄託したのでない限り、その滅失・損傷について場屋営業者は損害賠償責任を負わない（597条）。過19-40-3、27-36-5

※5 過去問チェック

客が携帯する物品について責任を負わない旨を告示した場合には、場屋営業者は、損害賠償の責任を負うことはない。
→✕（19-40-5改）

第1章 — **商法** 第2節 — 商行為　607

確認テスト

□□□ **1** 数人の者が、その1人又は全員のために商行為となる行為によって債務を負担したときは、その債務は、各自が連帯して負担する。

□□□ **2** 商人間の売買において、買主は、その売買の目的物を受領したときは、遅滞なく、その物を検査しなければならない。

□□□ **3** 匿名組合員は、金銭その他の財産のみならず、信用及び労務をその出資の目的とすることができる。

□□□ **4** 商人がその営業の範囲内において寄託を受けた場合において、報酬を受けないときは、自己の物に対するのと同一の注意義務を負う。

解答 **1** ○（511条1項） **2** ○（526条1項） **3** ×金銭その他の財産のみをその出資の目的とすることができる（536条2項）。 **4** ×報酬を受けないときであっても、善管注意義務を負う（595条）。

第4部 商法

第2章 会社法

第1節 会社法総論

学習のPOINT

ここでは、会社法全体に共通するルールについて学習します。直接出題されることはほとんどありませんが、以降の学習の前提となるところなので、一通りは理解しておいてください。

1 会社とは何か

　商人は利益の追求のために行動する者ですが、大きな利益を上げるためには、営業の規模を広げていく必要があります。また、営業のための資金も自分で用意するのは限界がありますから、他人から資金を集めることが必要となってきます。

　このような必要性を満たすために編み出された手法が会社というものです。つまり、会社という組織を作ることにより、営業の規模を広げ、資金集めをすることができるようになるのです。

2 会社の特質

　会社の特質は、①**営利性**、②**社団性**、③**法人性**の3つです。

(1) 営利性

　営利性とは、対外的な活動によって利益を得て、その利益を社員※1に分配することです。要するに、お金儲けのことです。

(2) 社団性

　社団とは、共通の目的を有している複数人の結合体のことです。もっとも、会社法は、社員が1人しかいない**一人会社**を許容しています。

※1 用語

社員：出資者（会社のオーナー）のこと。日常用語における「社員」のように、従業員という意味ではない。

（3）法人性

　会社は**法人**であり（３条）、法人格の付与により**権利能力**を取得する（権利を有し義務を負う）ことになります。

　もっとも、会社の権利能力は、以下のような制限を受けます。

【会社の権利能力の制限】

性質による制限	会社は、法人という性質上、生命・身体に関する権利義務を有しない
法令による制限	会社のような法人は政策上認められたものにすぎないため、会社の権利能力は法令による制限を受ける
目的による制限	会社の権利能力は、定款[※1]所定の目的の範囲内でのみ認められる（民法34条）

3 会社の種類

（1）株式会社と持分会社

　会社には、個性が重視されない多数の人が大規模な事業を行うことを想定した**株式会社**と、相互に信頼関係を有する少数の人が小規模な事業を行うことを想定した**持分会社**があります。

　そして、持分会社は、社員が会社の債務について無限責任[※2]を負うか有限責任[※3]を負うかによって、①**合名会社**、②**合資会社**、③**合同会社**の３種類に分けることができます。

【持分会社】

合名会社	社員全員が**無限責任**を負う会社（576条２項）[※4]
合資会社	**無限責任**を負う社員と**有限責任**を負う社員とが併存する会社（576条３項）
合同会社	社員全員が**有限責任**を負う会社（576条４項）

　株式会社と持分会社についてまとめると、以下の図のようになります。

※1 用語

定款：会社内部の基本的なルールのこと。

※2 用語

無限責任：会社の債務について、社員が自分の財産で全額を弁済する責任を負うこと。

※3 用語

有限責任：会社の債務について、社員が出資額を限度として弁済する責任を負うこと。

※4 参考

無限責任社員は、①会社の財産をもってその債務を完済することができない場合、②会社の財産に対する強制執行がその効を奏しなかった場合（社員が、会社に弁済をする資力があり、かつ、強制執行が容易であることを証明した場合を除く）には、連帯して、会社の債務を弁済する責任を負う（580条１項）。週18-40-2

【株式会社と持分会社】

(2) 公開会社と非公開会社

発行する株式の全部が譲渡制限株式である場合を**非公開会社**、それ以外の場合を**公開会社**といいます（2条5号）。

【公開会社と非公開会社】

(3) 子会社と親会社

子会社とは、会社がその総株主の議決権の過半数を有する株式会社その他の当該会社がその経営を支配している法人として法務省令で定めるもののことです（2条3号）。

他方、**親会社**とは、株式会社を子会社とする会社その他の当該株式会社の経営を支配している法人として法務省令で定めるもののことです（2条4号）。

【子会社と親会社】

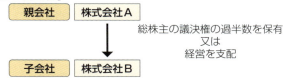

4 株式会社の特質

株式会社については、大規模な事業を可能にするために、より多くの人が出資※5できるような工夫がなされています。それが**株式**と**間接有限責任**です。

(1) 株式

株式とは、株式会社の出資者たる地位（株主といいます）を

※5 用語
出資：資金を提供すること。

細分化して割合的単位の形にしたものです。※1

このように、出資者たる地位を細分化することにより、手持ちの資金があまりない人でも出資することができます。また、割合的単位の形にすることにより、株主の個性がなくなり、法律関係を単純化することができます。

(2) 間接有限責任

株主は、その有する株式の引受価額を限度として責任を負います（104条）。つまり、株主は、出資額以上に責任を負わされることがなく、また、会社債権者に対して直接債務を弁済する責任を負いません。これを間接有限責任といいます。週29-40-ア

【間接有限責任】

> ※1 具体例をイメージ
>
> 例えば、1億円の価値がある株式会社が100個の株式を発行した場合、1株の価値は100万円となり、半分である50個の株式をもっている人は、株式会社の半分（5000万円分）を所有していることになる。

確認テスト

- □□□ **1** 会社は法人であり、法人格の付与により権利能力を取得することになる。
- □□□ **2** 合名会社とは、社員全員が有限責任を負う持分会社のことである。
- □□□ **3** 株主は、その有する株式の引受価額を限度として責任を負う。

解答 **1**〇（3条）　**2**×合同会社である（576条4項）。　**3**〇（間接有限責任：104条）

第2節 設立

重要度 A

学習のPOINT

第2節～第5節では、株式会社に絞って解説していきます（持分会社については、第6節でまとめて解説します）。したがって、ここでは株式会社の設立について学習していきます。

1 設立の方法

（1）発起人

発起人とは、株式会社の設立を企画して、定款に署名又は記名押印した者のことです。

実際は会社設立の企画・事務を行った者であっても、定款に発起人として署名又は記名押印していなければ、法律上、発起人とは扱われません。※2

（2）設立の方法

株式会社を設立する方法には、以下の2種類があります。※3

【株式会社の設立方法】

発起設立 （25条1項1号）	発起人が設立の際に発行する株式（設立時発行株式）のすべてを引き受け、会社成立後当初の株主となる設立方法
募集設立 （25条1項2号）	発起人が設立時発行株式の一部を引き受け、残りにつき株式を引き受ける者を募集する設立方法※4

2 設立手続

株式会社は、①定款の作成→②株主の確定→③出資の履行→④設立時役員等の選任→⑤設立の登記といった手続を経て設立されます。

（1）定款の作成

① 原始定款

株式会社の設立の第1段階として、発起人が定款を作成します（26条）。ここで作成される定款を**原始定款**といいます。

※2 参考
発起人の人数や資格に制限はなく、法人も発起人となることができる。

※3 参考
発起設立・募集設立のいずれの場合でも、発起人は、必ず1株以上引き受けなければならない（25条2項）。過27-37-イ、2-37-ア

※4 参考
発起人は、設立時発行株式を引き受ける者の募集をする旨を定めようとするときは、その全員の同意を得なければならない（57条2項）。過27-37-ア

原始定款は、公証人の認証を受けることによって、その効力を生じます（30条1項）。※1

② 定款に記載する事項

定款に記載する事項は、①絶対的記載事項、②相対的記載事項、③任意的記載事項の3種類に分類されます。

【定款記載事項】週29-37-1

	意味	具体例
絶対的記載事項	必ず定款に定めなければならない事項であって、定めておかないと定款自体が無効となるもの	①目的 ②商号 ③本店の所在地 ④設立に際して出資される財産の価額又はその最低額　週28-37-ア、元-37-ア ⑤発起人の氏名・名称・住所 ⑥発行可能株式総数 ※2 ※3
相対的記載事項	定款に定めがなくても定款自体の効力に影響はないものの、定めがない場合にはその効力が認められない事項	①変態設立事項（28条） ②株式の内容・種類株式の定め（107条、108条）
任意的記載事項	強行法規・公序良俗に反しなければ自由に定めることができる事項	①取締役の員数 ②定時株主総会の開催時期

③ 変態設立事項

変態設立事項とは、28条に規定されている4つの事項のことであり、会社の財産的基盤を危うくするおそれのある事項のことです。

変態設立事項には、以下の4種類があります。※4

【変態設立事項】

現物出資	金銭以外の財産による出資のこと ※5
財産引受	発起人が会社の成立を条件として成立後の会社のために一定の営業用の財産を譲り受ける契約のこと
発起人の報酬その他の特別利益	発起人の労務に対して与えられる財産上の利益のこと
設立費用	会社の負担する設立に関する費用のこと ※6

※1 参考

会社成立後に定款を変更する場合は、公証人の認証は不要である。

※2 用語

発行可能株式総数：その株式会社が発行できる株式数のこと。

※3 参考

発起設立・募集設立のいずれの場合でも、発行可能株式総数を原始定款で定めていないときは、会社成立時までに定款を変更して定めなければならない（37条1項、98条）。週21-37-1、27-37-ウ

※4 参考

会社の設立に際して現物出資を行うことができるのは発起人のみであるが（34条1項、63条1項）、財産引受については、発起人以外の者もその相手方となることができる。週19-36-イ、24-37-ア、元-37-オ

※5 具体例をイメージ

例えば、不動産・動産・特許権などである。

※6 具体例をイメージ

例えば、設立事務所の賃借料や、設立事務をする事務員の給料などである。

変態設立事項については、①所定の事項を**原始定款**に記載し（28条）、②裁判所により選任される**検査役の調査**を受けなければなりません（33条1項）。

なお、**現物出資**と**財産引受**については、以下の場合に、②検査役の調査が不要とされます（33条10項）。

【検査役の調査が不要とされる場合】

1	定款に記載・記録された価額の総額が500万円を超えない場合
2	市場価格のある有価証券について定款に記載・記録された価額が当該有価証券の市場価格として法務省令で定める方法により算定されるものを超えない場合
3	定款に記載・記録された価額が相当であることについて弁護士等の証明を受けた場合（現物出資財産等が不動産である場合、不動産鑑定士の鑑定評価も必要）圖2-37-ウ

（2）株主の確定
① 株式の割当て

発起人は、株主を確定させるため、設立時発行株式に関する事項及び株主となる者（株式引受人）を決定します。これを**株式の割当て**といいます。

② 株式発行事項の決定

設立時発行株式に関する事項のうち、設立に際して出資される財産の価額又はその最低額は、定款で定める必要がありますが（27条4号）、その他の事項は定款で定める必要はなく、原則として、**発起人の多数決**で決定することができます。[※7]

ただし、①発起人が割当てを受ける設立時発行株式の数、②①の設立時発行株式と引換えに払い込む金銭の額、③成立後の株式会社の資本金及び資本準備金の額に関する事項については、定款で定めていないときには、**発起人の全員の同意**を得て定めなければなりません（32条1項、58条1項・2項）。

（3）出資の履行 [※8]
① 全額払込主義

発起人は、設立時発行株式の引受後遅滞なく、募集設立における募集株式の引受人は、発起人が定めた払込期日又は払込期間中に、引き受けた株式につき全額の払込み又は全部の給付

※7 参考

公開会社においては、会社設立時に発行する株式の数は、発行可能株式総数の4分の1を下ることができない（37条3項）。圖21-37-1、26-37-オ、2-40-2

※8 参考

発起人が出資の履行をすることにより設立時発行株式の株主となる権利の譲渡は、成立後の株式会社に対抗することができない（50条2項）。圖元-37-ウ

憲法

行政法

民法

商法

基礎法学

一般知識

第2章 — 会社法 第2節 — 設立 615

（出資の履行）をしなければなりません（34条1項本文、63条1項）。※1 ※2 圓28-37-イ、元-37-イ

② **失権手続**

発起人のうち出資を履行しない者がいる場合、発起人は、失権予告付で払込みを**催告**し、払込みがなければ**失権**することになります（36条1項・3項）。これに対して、発起人以外の引受人の不履行の場合、当然に**失権**することになります。圓26-37-ウ、元-37-エ

③ **払込取扱場所・払込取扱機関による保管証明**

発起人の不正行為等（横領・詐取）を防止するため、払込みは、銀行・信託会社等の**払込取扱機関**の**払込取扱場所**においてしなければなりません（34条2項）。

そして、募集設立の場合には、発起人は、払込取扱機関に対して、払込金の**保管証明書**の交付を請求することができます（64条1項）。これに対して、発起設立の場合、保管証明制度は廃止されています。※3 圓28-37-エ、2-37-オ

④ **創立総会**

創立総会とは、設立時株主によって構成され、設立中の会社の意思を決定するための機関のことです。

募集設立の場合、**発起人**は、設立時募集株式の払込期日又は払込期間の末日のうち最も遅い日以後、遅滞なく、創立総会を招集しなければなりません（65条1項）。圓19-36-ア、23-37-1

創立総会は、会社設立後の株主総会に相当するものであり、手続についても株主総会とほぼ同様となっています。

もっとも、創立総会の決議要件は、株主総会の決議要件とは異なり、原則として、議決権を行使できる設立時株主の議決権の**過半数**であって、出席した設立時株主の議決権の**3分の2以上**です（73条1項）。※4 圓23-37-3

(4) 設立時役員等 ※5 の選任

① **選任方法**

設立時役員等の選任方法は、発起設立と募集設立で異なります。

※1 参考

発起人全員の同意があるときは、登記・登録その他の権利の設定・移転を第三者に対抗するために必要な行為は、株式会社の成立後にすることができる（34条1項ただし書）。圓28-37-イ、元-37-イ

※2 参考

株式の引受けに係る意思表示については、心裡留保（民法93条1項ただし書）と虚偽表示（民法94条1項）の規定は適用されない（51条1項、102条5項）。また、株式会社の成立後は、錯誤（民法95条1項柱書）・詐欺・強迫（民法96法1項）を理由として設立時発行株式の引受けの取消しをすることもできない（51条2項、102条6項）。圓26-37-イ

※3 参考

保管証明書を交付した銀行等は、当該証明書の記載が事実と異なること、または当該金銭の返還に関して制限があることをもって、成立後の株式会社に対抗することはできない（64条2項）。圓28-37-エ

【設立時役員等の選任方法】　圖29-37-5

発起設立	発起人が1株につき1個の議決権を有し、その議決権の過半数で選任する（40条1項、2項本文）
募集設立	創立総会の決議によって選任する（88条1項）

② 設立時取締役 ※6 の職務・権限等

　設立時取締役が選任された後でも、設立事務を行うのは発起人です。圖19-36-エ ※7、27-37-エ

　設立時取締役は、設立事項（現物出資等について定款記載価額が相当であるか、出資の履行が完了しているか、設立手続に法令や定款違反がないか等）の調査を行う権限のみを有します（46条1項、93条1項）。

　そして、調査の結果、法令・定款違反等があれば、発起設立の場合は各発起人に通知し（46条2項）、募集設立の場合は創立総会へ報告しなければなりません（93条2項）。

③ 設立時役員等の解任

　設立時役員等は、会社が成立するまでの間、解任することができます。設立時役員等の解任方法は、発起設立と募集設立で異なります。

【設立時役員等の解任方法】

発起設立	発起人の議決権の過半数（設立時監査等委員である設立時取締役又は設立時監査役を解任する場合は、3分の2以上の多数）によって解任する（43条1項）
募集設立	創立総会の決議によって解任する（91条）

（5）設立の登記

　株式会社は、その本店の所在地において設立の登記をすることによって成立します（49条）。

3 設立の瑕疵

（1）設立無効

　設立の登記が完了したとしても、設立手続に瑕疵があった場合には、設立は無効となります。※8

　本来、無効であれば、いつでも誰でもその主張をすることができるはずです。しかし、会社の設立の場合、すでに会社が成

※4 参考

創立総会においても、株主総会と同様、書面による議決権行使や電磁的方法による議決権行使が認められている（75条、76条）。圖23-37-2

※5 用語

設立時役員等：会社の設立に際して、取締役、会計参与、監査役、会計監査人となる者のこと。

※6 用語

設立時取締役：株式会社の設立に際して取締役となる者のこと（38条1項）。

※7 過去問チェック

設立時取締役は、その選任の日から会社の設立の登記がなされるまでの期間において、発起人に代わって設立中の会社のすべての業務を行う権限を有する。→✕（19-36-エ）

※8 具体例をイメージ

例えば、定款の絶対的記載事項を欠く場合や、公証人による定款認証がない場合などである。

憲法

行政法

民法

商法

基礎法学

一般知識

第2章 ― 会社法　第2節 ― 設立　617

立したものとして活動を開始し、多数の関係者が登場しています。そこで、設立無効は、訴えによってのみ主張することができます（828条1項柱書）。圖2-37-イ

設立無効の訴えの提訴期間は会社成立の日から2年以内に限られ（828条1項1号）、提訴権者も株主・取締役・執行役・監査役・清算人に限定されています（828条2項1号）。

そして、設立無効判決により、会社の設立は、将来に向かってその効力を失います（839条）。

（2）会社の不成立

会社の不成立とは、会社の設立が途中で挫折し、設立の登記に至らなかった場合のことです。

この場合、発起人は、連帯して、設立に関してした行為についてその責任を負い、設立に関して支出した費用を負担します（56条）。圖19-36-オ ※1、30-37-オ、2-37-エ

（3）会社の不存在

会社の不存在とは、会社の設立手続の瑕疵が著しく、そのことが外観上も明らかな場合のことです。

この場合、誰でもいつでも会社の不存在を主張することができます。

4 設立関与者の責任

設立手続に関して違法・不正があった場合、発起人・設立時取締役は一定の責任を負わされます。※2

また、募集設立の場合、定款に発起人として署名又は記名押印はしていないものの、株式募集に関する文書等に賛助者として自己の氏名を掲げることを承諾した者（擬似発起人）も、発起人と同様の責任を負います（103条4項）。圖27-37-オ

（1）不足額支払責任

現物出資や財産引受の対象である財産の会社成立時の価額が定款に記載された価額に著しく不足するときは、発起人や設立時取締役は、会社に対して、連帯してその不足額を支払う義務を負います（52条1項）。※3

もっとも、この責任は発起人等にとって過酷な責任となりが

※1 過去問チェック

会社の設立手続が行われたにもかかわらず会社が成立しなかったときは、発起人は、連帯して、会社の設立に関してした行為についてその責任を負い、会社の設立に関して支出した費用を負担する。→○（19-36-オ）

※2 参考

発起人や設立時取締役が、設立に際して発行される株式の引受けや払込みがない部分の引受け・払込みをしなければならないという引受担保責任・払込担保責任は、会社法の成立に伴い廃止されている。圖19-36-ウ、26-37-エ

※3 具体例をイメージ

例えば、1億円の土地を現物出資する旨が定款に記載されていたにもかかわらず、実際にはその土地が1000万円の価値しかなかった場合、発起人や設立時取締役は、会社に対して9000万円を支払う義務を負う。

ちですから、以下のような場合には免責が認められています。

【不足額支払責任が免責される場合】 過 3-37-1

		検査役の調査を受けた場合	職務を行うにつき注意を怠らなかったことを証明した場合	総株主の同意がある場合
現物出資をした発起人や会社に財産を譲渡した発起人		× (52条2項柱書かっこ書)		○ (55条) 過30-37-ア
それ以外の者	発起設立	○ (52条2項)		
	募集設立	○ (52条2項)	× (103条1項)	

○：免責あり、×：免責なし

(2) 任務懈怠責任

① 会社に対する責任

発起人・設立時取締役・設立時監査役は、株式会社の設立についてその任務を怠ったことにより会社に損害が発生した場合、連帯してその賠償をする責任を負います（53条1項、54条）。過 3-37-3・5

この会社に対する責任は、総株主の同意があれば免除することができます（55条）。過23-37-4 ※4、30-37-ウ

② 第三者に対する責任

発起人・設立時取締役・設立時監査役がその職務を行うについて悪意又は重大な過失があったときは、これによって第三者に生じた損害についても賠償する責任を負います（53条2項）。※5 過30-37-エ、3-37-4

(3) 出資の履行を仮装した場合の責任 ※6

出資の履行を仮装した発起人や設立時募集株式の引受人は、株式会社に対し、仮装した金銭の全額の支払などをする義務を負います（52条の2第1項、102条の2第1項）。過28-37-ウ、3-37-2

また、出資の履行を仮装することに関与した発起人・設立時取締役も、原則として、同様の義務を負います（52条の2第2項本文、103条2項本文）。

※4 過去問チェック

発起人、設立時取締役または設立時監査役が株式会社の設立にあたり任務を怠り、会社に損害を生じさせた場合には、創立総会の決議によっても、会社に対する責任を免除することはできない。→○ (23-37-4)

※5 引っかけ注意！

第三者に対する責任については、総株主の同意による免除は認められていません。

※6 法改正情報

平成26年の会社法改正により、出資の履行を仮装した場合の責任に関する規定が新設された。

出資の履行を仮装した場合の責任は、総株主の同意がなければ、免除することができません（55条、102条の2第2項）。週28-37-ウ、30-37-イ

確認テスト

☐☐☐ **1** 原始定款は、公証人の認証を受けることによって、その効力を生じる。

☐☐☐ **2** 発起人は、設立時発行株式の引受後遅滞なく、引き受けた株式につき全額の払込み又は全部の給付をしなければならない。

☐☐☐ **3** 株式会社は、発起人及び設立時募集株式の引受人が出資の履行を完了した時点で成立する。

☐☐☐ **4** 設立無効は、いかなる方法によっても主張することができる。

解答 **1**○（30条1項） **2**○（34条1項） **3**✕本店の所在地において設立の登記をすることによって成立する（49条）。 **4**✕訴えによってのみ主張することができる（828条1項柱書）。

第3節 株式

重要度 A

学習のPOINT
ここでは、株式会社の特質である株式に関するルールについて学習していきます。株式は、会社法における頻出テーマの1つなので、時間をかけてじっくりと学習しましょう。

1 株主平等の原則

株式会社は、株主をその持株数や有する株式の種類に応じて平等に取り扱わなければなりません（109条1項）。これを**株主平等の原則**といいます。※1 ※2

株主平等の原則に反する定款・契約・決議などは、株主の承認がない限り、**無効**となります。

2 株主の権利

（1）自益権と共益権

株主の権利は、その権利の内容に着目すると、**自益権**と**共益権**に分類することができます。

【自益権と共益権】

	意味	具体例
自益権	会社から経済的利益を受ける権利 ※3	①剰余金配当請求権（105条1項1号） ②残余財産分配請求権（105条1項2号） ③株式買取請求権（192条など）
共益権	会社の経営に参加する権利	①株主総会における議決権（105条1項3号） ②株主の監督是正権

（2）単独株主権と少数株主権

株主の権利は、その権利を行使する条件に着目すると、**単独株主権**と**少数株主権**に分類することができます。

※1 具体例をイメージ
例えば、株式の内容が同じ場合、1株持っているAに100円の配当と1票の議決権を与えたときは、2株持っているBに200円の配当と2票の議決権を与えなければならない。

※2 参考
非公開会社では、定款の定めにより、剰余金配当請求権・残余財産分配請求権・議決権について、持株数に応じてではなく、株主（人）ごとに異なる取扱いをすることが認められている（109条2項）。過 23-40-2、26-40-1

※3 参考
剰余金配当請求権と残余財産分配請求権の全部を与えない旨の定款の定めは無効（105条2項）となる（どちらか片方を与えないことは可能）。過 23-40-5、30-40-1

【単独株主権と少数株主権】

	意味	具体例
単独株主権	1株しか有していない株主でも行使できる権利	①自益権 ②株主総会における議決権
少数株主権	発行済株式総数の一定割合以上又は総株主の議決権の一定割合以上・一定数以上を有する株主のみが行使できる権利	①株主総会招集請求権 ②役員解任請求権 など

（3）株式の共有

　株式を2人以上の者が共有することが認められていますが、共有者は、共有株式についての権利を行使する者1人を定めて会社にその者の氏名・名称を通知しなければ、その株式について権利を行使することができません（106条本文）。

　ただし、会社から共有者に権利行使させることを認めることはできます（106条ただし書）。

（4）株式買取請求権

① 株式買取請求権とは何か

　株式買取請求権とは、会社又は株主に重大な影響を与える行為に反対する株主が、会社に対して、その有する株式の買取りを請求することができる権利のことです。これにより、少数派の株主に投下資本回収の道を与えることができます。

② 株式買取請求権を行使できる場合

　株式を買い取ることは、会社にとっては本来禁止されている出資の払戻しとなるため、株式買取請求権を行使できる場合は限定されています。

　株式買取請求権を行使できる場合としては、以下のようなものがあります。※1 ※2

【株式買取請求権を行使できる場合】※3

1	発行する株式全部に譲渡制限の定めを設ける定款変更をする場合（116条1項1号）
2	譲渡制限種類株式・全部取得条項付種類株式とする旨の定款変更をする場合（116条1項2号）

※1 参考

議決権制限株式とする旨の定款変更を行う場合には、株式買取請求権を行使することができない。過19-37-イ

※2 参考

設立時株主は、創立総会における定款変更の決議に反対したとしても、株式買取請求権を行使することはできない。過23-37-5

※3 参考

1～3の場合における株式買取請求権により支払った金額が分配可能額を超えた場合、業務執行者はその超過額について責任を負う（464条1項）。過19-37-オ、24-40-4

3	株式の併合・株式の分割・株式無償割当て・単元株制度を採用する旨の定款変更等をする場合など（116条1項3号）
4	事業譲渡（469条）、合併・会社分割（785条、797条、806条）、株式交換（785条、797条）、株式移転（806条）などの組織再編行為をする場合
5	単元未満株式を保有する者（192条） 過19-37-ア、27-38-3

③ **手続** ※4

　株式買取請求権を行使するためには、株主総会の決議に先立ち**反対する旨を会社に通知**し、かつ、株主総会でも**議案に反対の議決権行使**をしなければなりません（116条2項1号イ）。過19-37-ウ ※5

　ただし、議決権のない株主（議決権制限株式）は、そもそも株主総会に参加することができませんから、上記の手続を経ずに株式買取請求をすることができます（116条2項1号ロ）。

3 株式の内容

　株式会社は、**定款**で定めることにより、①株式全部の内容として特別な事項を定めること（107条1項）や、②内容の異なる複数の種類の株式を発行すること（**種類株式**：108条1項）ができます。これは、株式を通じて多様な支配関係や資金調達の機会を確保できるようにするためです。

（1）株式全部の内容

　株式全部の内容として定めることができるものは、**譲渡制限株式**、**取得請求権付株式**、**取得条項付株式**の3つです。

【株式全部の内容】

譲渡制限株式	譲渡による取得について会社の承認が必要な株式 過30-38-1
取得請求権付株式	株主の方から会社に対してその株式の取得を請求することができる権利が付与された株式 過2-38-1
取得条項付株式	会社が株主の同意なしに一定の事由が生じたことを条件として取得できる条項が付与された株式 過2-38-2

（2）種類株式

　種類株式についても、譲渡制限株式、取得請求権付株式、取

※4 **参考**

株式の買取りを会社に対して請求した株主であっても、会社の承諾があれば、買取請求を撤回することができる（116条7項）。過19-37-エ

※5 **過去問チェック**

株主総会決議に反対する株主が買取請求権を行使するには、原則として、その決議に先立ち反対の旨を会社に通知し、かつ、その総会において反対しなければならない。→ ○（19-37-ウ）

憲法

行政法

民法

商法

基礎法学

一般知識

第2章 — 会社法　第3節 — 株式　623

得条項付株式の3つを定めることができます。また、これらに加えて、以下のようなものがあります。過28-38-ウ・エ、30-38-1、2-38-1・2

【種類株式】

優先株・劣後株	剰余金の配当や残余財産の分配について異なる定めをした株式であり、優先的な取扱いをするものを優先株、劣後的な取扱いを受けるものを劣後株という
議決権制限株式	株主総会で議決権を行使できる事項について異なる定めをした株式 過28-38-イ
全部取得条項付株式	その種類株式の全部を株主総会の特別決議で取得できる旨を定めた株式 過28-38-ア
拒否権付株式	株主総会の決議事項につき、当該決議に加えて、拒否権付株式を持っている者だけで構成される種類株主総会の決議も必要となる株式
取締役・監査役の選任権付株式	その種類株式を持っている株主だけで構成される種類株主総会で取締役と監査役の選任をすることができる株式 ※1 ※2

4 株式の譲渡

(1) 株式譲渡自由の原則

　株式会社では出資の払戻しが認められていないため、株式の譲渡により出資金を回収する機会を確保する必要があります。また、株式会社では株主の個性が重視されないため、株式の譲渡がなされても会社に不都合は生じません。そこで、株主は、原則として、その有する株式を自由に譲渡することができます（127条）。これを**株式譲渡自由の原則**といいます。過29-40-イ

(2) 法律による株式の譲渡制限

　例外的に、法律により株式の譲渡が制限されている場合があります。具体的には、以下のようなものがあります。

① 権利株の譲渡制限

　権利株（会社の成立前又は新株※3発行前の株式引受人の地位）の譲渡は、会社に対抗することができません（35条、63条2項、208条4項）。なお、権利株の譲渡も、当事者間では有効となります。

※1 **具体例をイメージ**
例えば、AとBが会社を設立した場合に、その出資割合に応じてAが選任したい取締役2人を、Bが選任したい取締役1人を選ぶというような形で利用できる。

※2 **参考**
取締役・監査役の選任権付株式は、支配権濫用の危険が大きいことから、会社運営の自由度が高い非公開会社では発行できるが、指名委員会等設置会社と公開会社では発行することができない（108条1項ただし書）。過28-38-オ

※3 **用語**
新株：会社の成立後に発行される株式のこと。

※4 **引っかけ注意！**

権利株の譲渡は会社に対抗できない（会社の側から譲渡を有効と認めることはできる）のに対し、株券発行前の譲渡は会社に対して効力を生じない（会社の側から譲渡を有効と認めることはできない）とされています。

② 株券発行前の譲渡制限

株券発行会社における株券発行前の株式の譲渡は、会社に対して効力を生じません（128条2項）。なお、株券発行前の株式の譲渡も、当事者間では有効となります。※4

③ 子会社による親会社株式の取得制限

子会社は、原則として、親会社の株式を取得することができません（135条1項）。

ただし、組織再編行為（事業譲渡・合併・会社分割）により他の会社から親会社株式を承継する場合等には親会社株式の取得が認められます（135条2項）。過23-38-5

もっとも、子会社が例外的に親会社株式を取得することになった場合は、相当の時期にその有する親会社株式を処分しなければなりません（135条3項）。過23-38-5

④ 自己株式 ※5 の取得制限

自己株式の取得は、実質的に出資の払戻しにあたることになり会社債権者を害するなどの弊害があります。そこで、会社法は、会社が自己株式を取得することができる場合を限定しています（155条）。※6 ※7

自己株式の取得手続は、以下のとおりです。

【自己株式の取得手続】

すべての株主に申込機会を与える場合	株主総会の普通決議が必要（156条1項）
特定の株主から取得する場合	株主総会の特別決議が必要（160条1項、309条2項2号）※8 過23-38-4
子会社から取得する場合	取締役会設置会社では取締役会決議、取締役会非設置会社では株主総会の普通決議で足りる（163条）
市場取引等により取得する場合	取締役会設置会社では、取締役会の決議によって定めることができる旨を定款で定めることができる（165条2項）過2-38-4

会社は、自己株式を期間制限なく保有することができます。

また、自己株式を再利用しない場合には、自己株式を消却 ※9 することができます（178条）。

※5 用語

自己株式：その会社自身の株式のこと。

※6 参考

株式会社が他の会社の事業の全部を譲り受ける場合には、当該株式会社は、当該他の会社が有する当該株式会社の株式を取得することができる（155条10号）。過2-38-3

※7 参考

会社債権者や既存株主の利益を害しないようにするため、自己株式の有償取得は、分配可能額の範囲内でのみ認められる（461条1項1号～7号）。過2-38-5

※8 参考

取得の相手方となる特定の株主は、原則として、自己株式取得を承認するかどうかを決定する株主総会で決議権を行使することができない（160条4項）。過25-38-5

※9 用語

消却：発行済株式を回収して、これを絶対的に消滅させること。

（3）定款による株式の譲渡制限

① 定款による株式の譲渡制限とは何か

株式会社は、株式を譲渡するには会社の承認を得なければならない旨を定款で定めることができます（107条1項1号、108条1項4号）。このような株式を譲渡制限株式といいます。※1 ※2

② 承認機関

定款による株式の譲渡制限を設けた場合、株式を譲渡するには、取締役会設置会社では取締役会の承認を必要とし、それ以外の会社では株主総会の普通決議による承認を必要とするのが原則です（139条1項本文）。過23-38-2

ただし、定款で別段の定めを置くこともできます（139条1項ただし書）。※3

（4）株式の譲渡方法と対抗要件

株式の譲渡方法及び対抗要件は、株券発行会社か株券不発行会社かによって異なります。

株式の譲渡は、会社に対する権利の譲渡ですから、その対抗要件は第三者に対するものだけでなく、会社に対する対抗要件も必要となります。

【株式の譲渡方法と対抗要件】

	株式の譲渡方法	第三者への対抗要件	会社への対抗要件
株券発行会社	意思表示の合致＋株券の交付（128条1項本文）	株券の交付 過21-38-ウ	株主名簿の名義書換※4（130条2項）※5 ※6
株券不発行会社	意思表示の合致	株主名簿の名義書換（130条1項）	

5 出資単位の調整

1株の価格（出資単位）が高すぎると個人投資家は手を出しにくくなり、1株の価格が低すぎると株主の数が多くなって事務処理の費用がかさんでしまいます。そこで、1株の価格をいくらにするかは、会社にとって重要な問題となります。

出資単位を調整する手段としては、(1)株式の併合、(2)株式の

※1 重要判例

会社の承認を受けないでなされた譲渡制限株式の譲渡は、当該株式会社に対する関係では効力を生じないが、譲渡の当事者間では有効である（最判昭48.6.15）。過23-38-3

※2 参考

合併や会社分割などの一般承継による株式の取得について、定款において、会社の承認を要する旨の定めをすることはできない。過23-38-1

※3 具体例をイメージ

例えば、代表取締役を承認機関とすることもできる。

※4 用語

名義書換：株式を取得した者の氏名・名称・住所を株主名簿に記載・記録すること。

※5 重要判例

株主名簿の名義書換がなくても、会社の側から取得者を株主と扱うことはできる（最判昭30.10.20）。過21-38-イ

※6 重要判例

会社が株主による株主名簿の名義書換請求を不当に拒絶した場合には、当該株主は、会社に対して、株主であることを主張することができる（最判昭42.9.28）。過21-38-エ

分割、⑶株式無償割当て、⑷単元株制度の４種類があります。

（1）株式の併合

　株式の併合とは、数個の株式を合わせてそれよりも少数の株式とすることです（180条１項）。これにより、１株の値段を従来の倍以上にでき、株価をつり上げることができます。※7

　株式併合を行うためには、株主総会の特別決議が必要となります（180条２項、309条２項４号）。このように厳格な手続が必要とされているのは、例えば２株を１株にした場合に、もともと１株しか持っていない者は端数だけの株主となってしまい、不利益を生じさせるからです。過26-38-1

（2）株式の分割

　株式の分割とは、既存の株式を細分化して従来よりも多数の株式とすることです（183条１項）。これにより、１株の値段を従来の半額以下とすることができ、株価が高すぎて市場で取引されにくい場合に、流通性を高めることができます。※8

　株式の分割の場合、特に株主の利益を害しないので、株主総会の普通決議（取締役会設置会社では取締役会決議）で行うことができます（183条２項）。※9 過26-38-2

（3）株式無償割当て

　株式無償割当てとは、株主に対して無償で（新たに払込みをさせないで）新株・自己株式の割当てをすることです。これにより、株式の分割をしたのと同様の効果が生じます。※10 ※11

　株式無償割当ては、株主総会の普通決議（取締役会設置会社では取締役会決議）で行うことができます（186条３項）。過26-38-3

（4）単元株制度

①　単元株制度とは何か

　単元株制度とは、株式の一定数をまとめたものを１単元として、その１単元につき１個の議決権を認める制度のことです。これは、株主総会の招集通知の発送等にかかる株主管理コストを削減するための制度です。※12

　単元株制度を採用しようとする会社は、その旨を定款で定める必要があります（188条１項）。過27-38-1

※7 具体例をイメージ
例えば、従来の２株を１株にする場合などである。

※8 具体例をイメージ
例えば、従来の１株を２株にする場合などである。

※9 参考
株式分割を行う場合、株主総会決議によらないで、発行可能株式総数を一定限度で増加させる定款変更をすることができる（184条２項）。過26-38-4

※10 具体例をイメージ
例えば、株主が保有している１株につき0.5株を無償で交付する場合などである。

※11 参考
会社が複数の種類の株式を発行している場合、異なった種類の株式を割り当てることも可能である（186条１項１号）。

※12 具体例をイメージ
例えば、100株を１単元とし、１単元につき１個の議決権を認める場合などである。

憲法　行政法　民法　商法　基礎法学　一般知識

第2章 ─ 会社法　第3節 ─ 株式　627

② 単元未満株主の権利

単元未満株式については、議決権が認められませんから、株主提案権（303条）などの議決権を前提とする権利も認められません。ただし、剰余金配当請求権、残余財産分配請求権などの自益権は認められます（189条2項）。[※1] 圖27-38-2

③ 単元株制度を採用・廃止する手続

1単元の株式の数を増加する場合には、株主総会の特別決議による定款変更が必要です（466条、309条2項11号）。

これに対して、1単元の株式の数を減少する場合や、単元株制度を廃止する場合には、取締役の決定（取締役会設置会社では取締役会決議）により行うことができます（195条1項）。圖27-38-5

出資単位の調整の手続についてまとめると、以下の表のようになります。

【出資単位の調整の手続】

		取締役会設置会社	取締役会非設置会社
株式併合		株主総会の特別決議 （180条2項、309条2項4号）	
株式分割		取締役会決議 （183条2項）	株主総会の普通決議 （183条2項）
株式無償割当て		取締役会決議 （186条3項）	株主総会の普通決議 （186条3項）
単元株制度	採用・増加	株主総会の特別決議による定款の変更が必要 （466条、309条2項11号）	
	廃止・減少	取締役会決議 （195条1項）	取締役の決定 （195条1項）

6 株券

（1）株券の発行

株券とは、株主の地位を表す有価証券のことです。

株券は、原則として発行しないこととされており、定款で株券を発行すると決めた場合に限って発行することができます（214条）。このように、株券の不発行が原則とされたのは、株券を発行しないほうが株式の取引を迅速に行うことができるか

※1 参考

単元未満株主は、定款の定めるところにより、自己の所有する単元未満株式の数と併せて単元株式となる数の株式を自己に売り渡すことを会社に請求できる（194条1項）。圖27-38-4

らです。※2 圖26-40-3

（2）善意取得

　株券の占有者は、適法な所持人と推定されます（131条1項）。そして、株券の占有者から株券の交付を受けた者は、悪意又は重大な過失がない限り株式を取得できます（131条2項）。これを善意取得といいます。

（3）株主の保護

　株券を紛失した場合、その株券を手に入れた者が善意・無重過失の第三者に譲渡してしまうと、先ほど説明した善意取得により株式を取得されてしまい、元の株主は株式を失うことになります。こういったことをあらかじめ防止するために、以下のような制度が設けられています。

①　株券不所持制度

　株主は、株券の所持を希望しない旨を申し出ることができます（217条1項）。これを株券不所持制度といいます。※3

②　株券失効制度

　株主は、株券を紛失した場合、会社に対して株券喪失登録簿に記載・記録することを請求することができます（221条～223条）。喪失登録されている株券については、名義書換や議決権行使が制限され、その登録後1年を経過すると、当該株券は無効となります。これを株券失効制度といいます。※4

7 株主名簿

（1）株主名簿の作成

　株主名簿とは、株主に関する事項を記載・記録した帳簿のことです。

　株式会社では、株主名簿の作成が義務付けられ、これに①株主の氏名・名称及び住所、②株主の有する株式の数、③株主が株式を取得した日、④株券発行会社では株式に係る株券の番号を記載・記録しなければなりません（121条）。これは、大規模な株式会社では、多数の株主が全国に散らばっていることが多いので、どこの誰が株主であるかを把握するために必要だからです。※5 圖21-38-ア

※2 参考
株券を発行する旨を定款に定めた会社は、原則として、株式を発行した日以後遅滞なく、当該株式に係る株券を発行しなければならないが（215条1項）、非公開会社の場合、株主から株券の発行を請求された段階で初めて株券を発行すれば足りる（215条4項）。圖21-37-2

※3 参考
不所持の申出があった株券は不発行状態となり、すでに発行されている場合には、その株券は無効なものとなる。

※4 参考
何人も、株券発行会社の営業時間内は、いつでも、株券喪失登録簿（利害関係がある部分に限る）について、閲覧の請求をすることができる（231条2項本文）。圖20-36-4

※5 参考
会社が株主に対してする通知又は催告は、株主名簿に記載・記録された株主の住所又は株主が別に通知した場所・連絡先に宛てて発すれば足り（126条1項）、当該通知又は催告は、それが通常到達すべきであった時に、到達したものとみなされる（126条2項）。圖21-38-オ

第2章 ― 会社法　第3節 ― 株式　629

(2) 基準日

　株式会社は、一定の日（これを基準日といいます）を定めて、基準日において株主名簿に記載・記録されている株主（これを基準日株主といいます）を、その権利を行使することができる者と定めることができます（124条1項）。※1 週2-39-1

　ただし、基準日株主が行使することができる権利が株主総会における議決権である場合には、株式会社は、基準日株主の権利を害することがない範囲であれば、当該基準日後に株式を取得した者の全部又は一部を株主総会における議決権を行使することができる者と定めることができます（124条4項）。週2-39-2

(3) 株主名簿の閲覧・謄写 ※2

　株主・債権者は、株式会社の営業時間内はいつでも、株主名簿の閲覧・謄写を請求することができます（125条2項）。週20-36-1

　これに対して、親会社社員は、その権利を行使するため必要があるときに限り、裁判所の許可を得て、株主名簿の閲覧・謄写を請求することができます（125条4項）。

8 募集株式の発行等

(1) 募集株式の発行等とは何か

　募集株式の発行等とは、①新株の発行及び②自己株式の処分をまとめた概念です。これらは、会社成立後の資金調達の方法としてなされるものです。

　募集株式の発行等の態様には、株主の持株数に応じて株式の割当てを受ける権利を与える場合（株主割当て）と、株主以外の第三者に株式の割当てを受ける権利を与える場合（第三者割当て）の2つがあります。※3

(2) 手続

① 募集事項の決定

　募集株式の発行等を行う場合、募集株式の数・払込金額などの募集事項を決定しなければなりません。

　募集事項の決定を行う機関は、以下のとおりです。※4

※1 参考

株主総会においてその延期または続行について決議があった場合には、株主総会の招集に関する規定は適用されないことから（317条）、株式会社は改めて招集手続をとる必要はなく、新たな基準日を定める必要もない。週2-39-4

※2 用語

謄写：書き写すこと。なお、実際にはコピーを利用することがほとんどである。

※3 参考

株主に割り当てる場合でも、持株比率に応じて割り当てるのでなければ、第三者割当てになります。

※4 参考

払込金額が募集株式を引き受ける者に特に有利な金額である場合、株主総会の特別決議が必要であり、取締役は、その株主総会において、理由を説明しなければならない（199条3項、201条1項、309条2項5号）。

【募集事項の決定機関】

		株主割当て	第三者割当て
非公開会社	原則	株主総会の特別決議	
	例外	定款の定めにより、取締役の決定（取締役会設置会社にあっては、取締役会決議）とすることができる	株主総会の特別決議により、取締役の決定（取締役会設置会社にあっては、取締役会決議）に委任することができる
公開会社		取締役会決議 過22-37-1、25-40-1、29-40-ウ	

② **出資の履行**

　募集株式の引受人は、払込期日又は払込期間内に、株式会社が定めた銀行等の払込取扱場所において、募集株式の払込金額の全額を払い込み（208条1項）、又はそれに相当する現物出資財産を給付しなければなりません（208条2項）。※5

　そして、募集株式の引受人が出資の履行をしないときは、当該出資の履行をすることにより募集株式の株主となる権利を失います（208条5項）。

③ **株主となる時期**

　募集株式の引受人は、払込期日が定められたときはその払込期日に、払込期間が定められたときは出資を履行した日に、出資の履行をした募集株式の株主となります（209条1項）。

(3) 違法な募集株式の発行等に対する措置

① **株主による差止め請求**

　募集株式の発行等が法令・定款に違反し、又は著しく不公正な方法により行われる場合において、株主が不利益を受けるおそれがあるときは、株主は、株式会社に対し、募集株式の発行等の差止めを請求することができます（210条）。

② **無効の訴え**

　募集株式の発行等の無効は、効力が生じた日から6ヶ月以内（非公開会社の場合は1年以内）に、訴えをもってのみ主張することができます（828条1項2号・3号）。

　無効原因に当たるかどうかについては、以下のとおりです。

※5 参考

募集株式の引受人は、出資の履行をする債務と会社に対する債権とを相殺することができない（208条3項）。

第2章 ― 会社法　第3節 ― 株式　631

【募集株式の発行等の無効原因】

無効原因に当たる	無効原因に当たらない
①発行可能株式総数を超えて新株を発行した場合 ②募集株式の発行等の公告・通知をしなかった場合（募集株式発行差止め請求をしたとしても差止めの事由がないためにこれが許容されないと認められる場合を除く：最判平9.1.28）	①代表取締役が有効な取締役会決議を経ないで新株を発行した場合（最判昭36.3.31） ②株主総会の特別決議を経ないで第三者に対して有利発行が行われた場合（最判昭46.7.16）

9 新株予約権

（1）新株予約権とは何か

　新株予約権とは、株式会社に対して行使することにより、当該株式会社の株式の交付を受けることができる権利のことです（2条21号）。要するに、株式の引換券のようなものです。

　新株予約権者により新株予約権が行使された場合、株式会社は、新株予約権者に対して、新たに株式を発行するか、自己株式を交付する義務を負うことになります。

（2）募集新株予約権の発行

① 手続

　募集新株予約権の発行は、募集株式の発行等の場合と同様の手続を経る必要があります。[※1]

　ただし、新株予約権者となる時期は、募集株式の発行等の場合と異なり、割当日です（245条1項）。圖22-38-ア [※2]

② 違法な募集新株予約権の発行に対する措置

　募集株式の発行等の場合と同様に、株主による差止め請求が認められています（247条）。圖22-38-ウ [※3]

　また、無効の訴えも同様に認められています（828条1項4号）。

（3）新株予約権の譲渡

　新株予約権者は、原則として、その有する新株予約権を自由に譲渡することができます（254条1項）。

　もっとも、新株予約権付社債[※4]を有する者は、その新株予

※1 参考

募集新株予約権の募集事項は、非公開会社は株主総会の特別決議で（238条2項、309条2項6号）、公開会社は取締役会決議で決定しなければならないのが原則である（240条1項）。しかし、募集新株予約権と引換えに金銭の払込みを要しないこととする場合にそれが特に有利な条件となるとき、又は募集新株予約権の払込金額が特に有利な金額であるときは、株主総会の特別決議で決定しなければならない（238条3項）。圖22-38-イ

※2 過去問チェック

新株予約権と引換えに金銭の払込みを要する募集新株予約権を発行する場合において、募集新株予約権の割当てを受けた者は、払込期間中または払込期日に払込金額の全額を払い込んだときに、新株予約権者となる。→✕（22-38-ア）

※3 過去問チェック

募集新株予約権の発行が法令もしくは定款に違反し、または著しく不公正な方法により行われる場合において、株主が不利益を受けるおそれがあるときには、株主は、会社に対して募集新株予約権の発行をやめることを請求することができる。→〇（22-38-ウ）

約権付社債についての社債が消滅した場合を除き、新株予約権付社債に付された新株予約権のみを譲渡することはできません（254条2項）。週22-38-エ

（4）新株予約権の行使

新株予約権者は、会社に対して、新株予約権の内容・数・行使の日を明らかにして、新株予約権を行使することができます（280条1項）。

新株予約権者は、新株予約権を行使した日に、その新株予約権の目的である株式の株主となります（282条1項）。※5

> ### ※4 用語
>
> **社債**：会社を債務者とする金銭債権のこと。

> ### ※5 参考
>
> 新株予約権と引換えに金銭の払込みを要する募集新株予約権の払込金額は、新株予約権が行使された場合に初めて、資本金に計上しなければならない（445条1項）。週22-38-オ

確認テスト

□□□ **1** 会社は、株主をその持株数や有する株式の種類に応じて平等に取り扱わなければならない。

□□□ **2** 子会社は、原則として、親会社の株式を取得することができる。

□□□ **3** 株式会社は、株式を譲渡するには会社の承認を得なければならない旨を定款で定めることができる。

□□□ **4** 株券は、原則として、発行しなければならない。

解答 **1** ○（株主平等の原則：109条1項）　**2** ✕子会社は、原則として、親会社の株式を取得することができない（135条1項）。　**3** ○（107条1項1号、108条1項4号）　**4** ✕株券は、原則として、発行する必要はなく、定款で株券を発行すると決めた場合に限って発行することができる（214条）。

第2章 — 会社法　第3節 — 株式　633

第4節 機関

学習のPOINT
機関は、会社法の中でも断トツで出題頻度が高いテーマですから、しっかりと学習しておきましょう。特に、株主総会・取締役・取締役会・役員等の責任に重点を置くとよいでしょう。

1 機関設計

機関とは、会社の代わりに意思決定や行為をする人及びその集まり（合議体）のことです。これは、行政組織法のところで学習した行政主体と行政機関の関係に類似しています。つまり、行政主体に当たるのが会社であり、行政機関に当たるのが機関といえます。

株式会社には、必ず**株主総会**と**取締役**を置かなければなりませんが（295条、326条1項）、その他の取締役会・会計参与・監査役・監査役会・会計監査人・監査等委員会・指名委員会等については、定款で定めることにより自由に置くことができます（326条2項）。週19-38-5

もっとも、完全に自由な機関設計を認めているわけではなく、以下のような一定のルールが定められています。

【機関設計のルール】

取締役会を置かなければならない会社	公開会社、監査役会設置会社、監査等委員会設置会社、指名委員会等設置会社（327条1項）週28-39-3
監査役を置かなければならない会社	取締役会設置会社、会計監査人設置会社（327条2項・3項）※1 ※2
監査役会を置かなければならない会社	公開会社である大会社 ※3（328条1項）
会計監査人を置かなければならない会社	監査等委員会設置会社、指名委員会等設置会社、大会社（327条5項、328条1項・2項）週28-39-5、2-40-4

※1 参考
非公開会社で任意に取締役会を設置している会社の場合、会計参与を置けば、監査役を置く必要はない（327条2項ただし書）。

※2 参考
監査等委員会設置会社、指名委員会等設置会社では、監査役を置くことができない(327条4項)。週28-39-1

※3 用語
大会社：最終事業年度に係る貸借対照表に資本金として計上した額が5億円以上又は負債の部に計上した額の合計額が200億円以上である株式会社のこと（2条6号）。

2 株主総会

（1）権限

　株主総会とは、会社の構成員である株主によって構成され、会社の意思を決定するための機関のことです。

　株主総会の権限は、取締役会設置会社であるか取締役会非設置会社であるかによって異なります。

【株主総会の権限】

取締役会非設置会社	会社法に規定する事項及び株式会社の組織・運営・管理その他株式会社に関する一切の事項について決議することができる（295条1項）過元-40-1
取締役会設置会社	会社法に規定する事項及び定款で定めた事項に限り決議することができる（295条2項）過26-39-1

（2）招集手続

① 招集地

　会社法の下では、株主にとって特に不利益とならない限り、株主総会を開催する場所に制限はありません。

② 招集時期

　株主総会には、毎事業年度※4の終了後一定の時期に招集される**定時株主総会**（296条1項）と、必要に応じて随時招集される**臨時株主総会**（296条2項）とがあります。

③ 招集権者

　取締役会設置会社では、**取締役会**の決議（298条4項）に基づいて、**代表取締役**名義で招集通知を出します。これに対して、取締役会非設置会社では、**取締役**が決定し招集通知を出します（296条3項）。※5

　もっとも、少数株主権として、一定の株式数を保有する株主にも株主総会の招集を請求する権利が認められています（297条）。過24-38-1

④ 招集通知

　株主総会の招集通知については、以下の表のような規制があります。

※4 用語

事業年度：会社の収支決算を明らかにするための区切りとなる期間のこと。一般に、1月1日又は4月1日から1年又は半年とされている。

※5 重要判例

代表取締役以外の取締役によって招集された株主総会は、招集権限のない者により招集されたものであって、法律上の意義における株主総会ということはできず、株主総会決議があったものとはいえない（不存在である）（最判昭45.8.20）。過25-38-2

第2章 — 会社法　第4節 — 機関　635

【株主総会の招集通知】

	公開会社、書面投票・電子投票を定めた会社	それ以外の会社
発出時期	2週間前	1週間前（取締役会非設置会社の場合、定款で短縮可能）
通知の方法	書面によらなければならない ※1 圓2-40-3	取締役会設置会社の場合、書面によらなければならないが、取締役会非設置会社の場合、制限なし

⑤ 招集手続の省略

　書面・電磁的記録による議決権行使を認める場合（298条1項3号・4号）を除いて、株主全員の同意があれば、招集手続なしに株主総会を開催することができます（300条）。※2

⑥ 株主総会資料の電子提供制度

　株主総会資料の電子提供制度とは、株主総会資料を自社のWebサイトに掲載し、株主に当該Webサイトのアドレス等を書面で通知することで提供する制度のことです（325条の2）。資料の掲載日は、株主総会の日の3週間前又は招集の通知を発した日のいずれか早い日です（325条の3第1項）。

(3) 議事

① 株主提案権

　株主には、以下のような権利が認められています。これらをまとめて株主提案権といいます。

【株主提案権】

議題提案権	一定の事項を議題とするよう請求する権利（303条1項）
議案提出権	株主総会の会日において、株主総会の目的である事項についての議案を提出する権利（304条）
議案の要領の通知請求権	あらかじめ取締役に対して議案を提案して、それを招集通知に記載するよう請求する権利（305条1項）※3

② 取締役等の説明義務

　取締役等は、株主から説明を求められた場合には、必要な説明をしなければなりません（314条本文）。

　ただし、以下の場合には取締役は説明を拒むことができます。

※1 参考

株主の承諾があれば、電磁的方法（電子メール）で通知することもできる（299条3項）。

※2 重要判例

招集権者による株主総会の招集の手続を欠く場合であっても、株主全員がその開催に同意して出席したいわゆる全員出席総会において、株主総会の権限に属する事項について決議をしたときには、この決議は株主総会の決議として有効に成立する（最判昭60.12.20）。圓18-38-1、25-38-1

※3 法改正情報

令和元年の会社法改正により、取締役会設置会社においては、提出しようとする議案の数が10を超えるときは、10を超えた分については議案の要領の通知請求をすることができない、という数の制限が設けられた（305条4項）。

【取締役が説明を拒否できる場合】

1	株主の質問事項が株主総会の目的である事項（議題）に関しないものである場合
2	その説明をすることにより株主の共同の利益を著しく害する場合（説明をすることで企業秘密が外部に漏れてしまうような場合）
3	正当な理由がある場合として法務省令で定める場合（説明をするのに調査が必要で、その場ですぐに回答するのが困難な場合等）

③ 総会検査役

株式会社又は総株主の議決権の100分の1以上の議決権を有する株主は、株主総会の招集手続及び決議方法を調査させるため、当該株主総会に先立ち、裁判所に対し、検査役の選任の申立てをすることができます（306条1項）。これによって選任された者を**総会検査役**といいます。週19-38-1 ※4

④ 議事録

株主総会が終結した場合には、当該議事について**議事録**を作成しなければなりません（318条1項）。※5

そして、株主・会社債権者は、会社の**営業時間内**はいつでも、株主総会議事録の閲覧・謄写請求をすることができます（318条4項）。これに対して、親会社社員は、**権利行使に必要なときに限り**、**裁判所の許可**を得て、閲覧・謄写請求をすることができます（318条5項）。

⑤ 決議の省略

ある提案について、議決権を行使できる株主全員が書面・電磁的記録によって同意の意思表示をしたときは、**提案を可決する決議**があったものとみなされます（319条1項）。週26-39-3

その場合、決議があったとみなされた日から**10年間**、同意の書面・電磁的記録を本店に備え置いて、株主等が閲覧できるようにしておく必要があります（319条2項～4項）。

(4) 議決権

① 1株1議決権の原則

各株主は、原則として、その有する1株について1個の議決権を持ちます（308条1項本文）。これを**1株1議決権の原則**といいます。※6 週元-38-1

憲法

行政法

民法

商法

基礎法学

一般知識

※4 過去問チェック

株主総会の招集手続および決議方法を調査するため、総会検査役が選任されることがある。→◯（19-38-1）

※5 参考

株主総会議事録は、株主総会の日から本店に10年間、写しを支店に5年間備え置かなければならない（318条2項・3項本文）。

※6 参考

株式会社は、1株に複数の議決権を有する種類株式を発行することはできない。週18-40-1

第2章 － 会社法　第4節 － 機関　**637**

もっとも、以下の場合には例外が認められています。

【1株1議決権の原則の例外】

単元未満株式	単元株制度が採用されている場合、単元未満株式については議決権が認められない（308条1項ただし書）
議決権制限株式	議決権制限株式を有する株主は、制限された事項について議決権を行使することができない（108条1項3号）
自己株式	会社が保有する自己株式については、議決権が認められない（308条2項）
子会社の保有する親会社株式	子会社が親会社株式を保有する場合、原則として、当該株式については議決権が認められない（308条1項本文かっこ書）
相互保有株式	総株主の議決権の4分の1以上の議決権を保有されている会社（被支配会社）は、支配会社の株式について議決権を行使することができない（308条1項本文かっこ書）

② **代理人による議決権行使**

株主は、代理人によって議決権を行使することができます（310条1項前段）。[※1] 週2-39-3

この代理権の授与は、株主総会ごとにしなければなりません（310条2項）。週2-39-3

③ **議決権の不統一行使**

株主は、その有する議決権を統一しないで行使することができます（313条1項）。[※2]

もっとも、これは他人のために株式を有する者のために必要とされる制度ですから、会社は、他人のために議決権を有する者でない者が不統一行使をしたときは、これを拒むことができます（313条3項）。

④ **書面投票・電子投票制度**

会社側から、株主総会の招集通知に株主総会参考書類と議決権行使書面を添付して株主へ送付し、株主が議決権行使書面に必要な事項を記載し、総会直前の営業時間終了時までに会社に提出した場合には、議決権を行使したものと扱うことができます（311条1項）。これを書面投票制度といいます。[※3]

また、以上の投票方式を電磁的方法によって行う場合、これ

※1 重要判例

株主総会において議決権を行使する代理人を株主に限る旨の定款の規定は、株主総会が第三者により撹乱されることを防止して、会社の利益を保護する趣旨に出た合理的理由による相当程度の制限であるから、有効である（最判昭43.11.1）。週18-38-2、21-37-3、25-38-4

※2 具体例をイメージ

例えば、信託会社が複数の委託者のために株式を保有しており、議決権の行使についてある委託者からは議案に賛成するよう指図を受け、他の委託者からは議案に反対するよう指図を受けた場合などである。

※3 参考

書面投票制度は、株主総会に出席しない株主が書面によって議決権を行使することができるとするものであるから（298条1項3号）、株主が議決権行使書面を送付した場合に、当該株主が株主総会に出席して議決権を行使したときには、書面による議決権行使の効力は失われる。週2-39-5

を電子投票制度といいます（312条）。

（5）決議方法 ※4

株主総会の決議は、定款に別段の定めがある場合を除き、議決権を行使することができる株主の議決権の過半数を有する株主が出席し、出席した当該株主の議決権の過半数をもって行うのが原則です（309条1項）。これを普通決議といいます。

ただし、取締役・会計参与・監査役の選任、取締役・会計参与の解任の決議については、定款の別段の定めによっても、定足数を3分の1未満の割合にすることができません（341条）。

なお、会社法は、一定の重大事項について、普通決議よりも厳格な決議要件である特別決議（309条2項）、特殊決議（309条3項）、特別特殊決議（309条4項）を定めています。

【株主総会の決議方法】

	要件	決議事項
特別決議	議決権を行使できる株主の議決権の過半数を有する株主が出席し、出席した株主の議決権の3分の2以上の賛成	通常の定款変更など
特殊決議	議決権を行使できる株主の半数以上の賛成、かつ、議決権を行使できる株主の議決権の3分の2以上の賛成	発行する株式全部に譲渡制限を付するための定款変更　週25-37-ア
特別特殊決議	総株主の半数以上の賛成、かつ、総株主の議決権の4分の3以上の賛成	非公開会社が剰余金の配当・残余財産の分配・議決権について、株主ごとに異なる取扱いを定める定款変更

（6）株主総会決議の瑕疵 ※5

株主総会の決議に瑕疵があった場合、会社法が認めている救済方法としては、株主総会決議取消しの訴え（831条）、決議不存在確認の訴え（830条1項）、決議無効確認の訴え（830条2項）の3種類があります。

※4 参考

取締役会設置会社においては、株主総会は、招集権者が株主総会の目的である事項として株主に通知した事項（298条1項2号）以外の事項については、決議をすることができない（309条5項）。他方、取締役会非設置会社の株主総会においては、このような制限はない。週26-39-2

※5 参考

会社を被告とする株主総会の決議取消しの訴え、決議の無効確認の訴え、及び決議の不存在確認の訴えに係る請求を認容する確定判決は、第三者に対してもその効力を有する（838条）。週26-39-5

憲法 / 行政法 / 民法 / 商法 / 基礎法学 / 一般知識

【株主総会決議の瑕疵を争う方法】

	決議取消しの訴え	決議無効確認の訴え	決議不存在確認の訴え
提訴原因	①招集手続又は決議方法が法令・定款に違反し、又は著しく不公正なとき ※1 ②決議内容が定款に違反するとき ③特別利害関係人が議決権を行使したことによって著しく不当な決議がなされたとき	決議内容が法令に違反するとき ※2 過25-38	決議の手続的瑕疵が著しく、法律上決議があったと認められないとき ※3
提訴権者	株主・取締役・執行役・監査役・清算人 過元-38-4	誰でも提訴できる	誰でも提訴できる
提訴期間	決議の日から3ヶ月以内 ※4	いつでも提訴できる	いつでも提訴できる
裁量棄却 ※5	招集手続又は決議方法の法令・定款違反の場合のみ可能	不可	不可

3 取締役

（1）取締役とは何か

　取締役会非設置会社の場合、取締役は、会社の業務を執行する機関です。これに対して、取締役会設置会社の場合、取締役は、単なる取締役会の構成員にすぎず、会社の業務を執行する機関ではありません。

　株主は、経営に興味がない場合や経営の能力がない場合がほとんどですので、自分で会社の経営をせずに、経営のプロである取締役を選任してその人に経営を任せる方が望ましいといえます。これを所有と経営の分離といいます。

　そこで、公開会社は、取締役が株主でなければならない旨を定款で定めることができないとされています（331条2項本文）。もっとも、非公開会社では、このような定款の定めをすることもできます（331条2項ただし書）。過21-40-1、25-38-1、元-40-4、2-40-5

※1 重要判例

株主は、自己に対する株主総会の招集手続に瑕疵がなくとも、他の株主に対する招集手続に瑕疵があるときは、株主総会決議取消しの訴えを提起することができる（最判昭42.9.28）。過18-38-3

※2 重要判例

株主総会の決議の内容自体に法令・定款違背の瑕疵がなく、単に決議の動機・目的において公序良俗に違反する不法がある場合、その株主総会の決議は無効とはならない（最判昭35.1.12）。過18-38-5

※3 具体例をイメージ

例えば、取締役会の決議がないのに平取締役が勝手に招集した場合や、招集通知がまったくなかったと同視できるほどに招集通知漏れがあった場合などである。

※4 重要判例

提訴期間が経過した場合、新たな取消事由を追加して主張することはできない（最判昭51.12.24）。過18-38-4

(2) 資格

以下の者は、取締役になることができません（331条1項）。※6

【取締役の欠格事由】

1	法人
2	会社法秩序に関する犯罪を犯し、刑に処せられて間もない者
3	その他の法令違反により禁錮以上の刑に処せられ、刑の執行が終わっていない者

なお、成年被後見人が取締役に就任するには、その成年後見人が、**成年被後見人の同意**（後見人監督人がある場合は後見監督人の同意も必要）を得た上で、成年被後見人に代わって就任の承諾をすることになります（331条の2第1項）。また、被保佐人が取締役に就任するには、その**保佐人の同意**を得なければなりません（331条の2第2項）。※7

(3) 員数

取締役会を設置しない会社であれば、**1人**でも足りますが、取締役会設置会社では**3人以上**必要です（331条5項）。週元-40-3

(4) 選任

取締役は、**株主総会の普通決議**によって選任されます（329条1項、341条）。

(5) 終任

① 任期満了

取締役の任期は、原則として、選任後**2年**以内に終了する事業年度のうち最終のものに関する定時株主総会の終結の時までです（332条1項本文）。もっとも、定款又は株主総会決議で**短縮**することは可能です（332条1項ただし書）。週25-38-3

② 株主総会決議による解任

取締役は、いつでも、**株主総会の普通決議**により解任することができます（339条1項、341条）。

もっとも、累積投票※8により選任された取締役又は監査等委員である取締役であれば**株主総会の特別決議**が必要です（309条2項7号）。

株主総会の決議によって解任された取締役は、その解任につ

※5 用語

裁量棄却：形式的に招集手続や決議方法の法令違反が認められるものの、その違反する事実が重大でなく、かつ、決議に影響を及ぼさない場合に、請求を棄却すること（831条2項）。週26-39-4

※6 引っかけ注意！

未成年者や破産手続開始決定を受け復権していない者であっても、取締役になることができます。

※7 法改正情報

従来、成年被後見人・被保佐人は、取締役になることができないとされていたが、令和元年の会社法改正により、一定の要件を満たすことで取締役になることができるようになった。

※8 用語

累積投票：株主に対して選任する取締役の数と同数の議決権を与えて、株主は、1人のみに投票するか又は2人以上に投票して、その中で最多数を得た者から順次取締役に選任されるものとする方法のこと。

いて正当な理由がある場合を除き、株式会社に対して、解任によって生じた損害の賠償を請求することができます（339条2項）。

③ 取締役解任の訴え

取締役の職務の執行に関し不正の行為又は法令・定款に違反する重大な事実があったにもかかわらず、当該取締役を解任する旨の議案が株主総会で否決された場合には、株主は、当該株主総会の日から30日以内に、訴えをもって当該取締役の解任を請求できます（854条1項）。圖21-40-5、22-36-5 ※1

ただし、総株主の議決権の100分の3以上の議決権又は発行済株式総数の100分の3以上の株式を6ヶ月前から引き続き有する株主でなければ請求をすることができません（非公開会社では、6ヶ月間の継続保有要件は不要です）。

(6) 取締役に欠員が生じた場合

① 旧取締役の職務執行

取締役が欠けた場合又は会社法・定款で定めた取締役の員数が欠けた場合には、任期の満了又は辞任により退任した取締役は、新たに選任された取締役が就任するまで、なお取締役としての権利義務を有することになります（346条1項）。圖21-40-2・3

② 一時取締役（仮取締役）

上記の場合、裁判所は、必要があると認めるときは、利害関係人の申立てにより、一時的に取締役の職務を行うべき者を選任することができます（346条2項）。※2

(7) 取締役の権限

取締役の権限は、会社の機関設計によって異なります。

① 取締役会非設置会社の場合

取締役会非設置会社では、定款に別段の定めがない限り、会社の業務執行は各取締役が行うことになります（348条1項）。ただし、取締役が2人以上いる場合には、定款に別段の定めがない限り、取締役の過半数をもって業務執行の意思決定をします（348条2項）。

また、取締役が2人以上いる場合であっても、各取締役が単

※1 過去問チェック

監査役および監査委員が設置されていない株式会社の株主であって一定の数の株式を保有する株主は、取締役が法令違反行為を継続して行っているときには、直ちに当該取締役を解任する訴えを提起することができる。
→✕（22-36-5）

※2 参考

一時的に取締役の職務を行うべき者が株式会社の常務に属しない行為をする場合、裁判所の許可を得る必要はない。圖21-40-4

642

独で会社を代表するのが原則です（349条2項）。※3

② 取締役会設置会社の場合

　個々の取締役は、取締役会の一構成員として決議に参加するだけで、独立に業務執行権や会社代表権を有するわけではなく、**代表取締役**が業務執行権や代表権を有します。圕23-39-2

　もっとも、**業務執行取締役**※4 は、個々の業務執行権を有しています（2条15号かっこ書、363条1項2号）。

(8) 取締役の義務

① 善管注意義務・忠実義務

　取締役と会社とは委任の関係に立ちますから（330条）、取締役はその職務を行うにあたり、会社に対して**善管注意義務**を負います（民法644条）。また、取締役は、会社に対して**忠実義務**を負います（355条）。※5

② 競業避止義務

　取締役が会社の事業と競合する事業を行うと、会社のノウハウや顧客情報を奪われるおそれがあり、会社の利益を害する危険性が大きいです。そこで、取締役は、自己又は第三者のために株式会社の事業の部類に属する取引（競業取引）をしようとするときは、**株主総会**（取締役会設置会社の場合、**取締役会**）において、当該取引につき重要な事実を開示し、その承認を受けなければなりません（356条1項1号、365条1項）。圕25-39-オ、元-40-5

　また、取締役会設置会社の場合、競業取引をした取締役は、当該取引後、遅滞なく、当該取引についての重要な事実を**取締役会**に報告しなければなりません（365条2項）。

③ 利益相反取引

　取締役が自己又は第三者のために株式会社と取引する場合（**直接取引**：356条1項2号）、又は、株式会社が取締役の個人的な債務を保証するなど取締役と株式会社が直接に取引をするわけではないが、取締役と株式会社との利益が相反する取引をする場合（**間接取引**：356条1項3号）、会社の利益を害する危険性が大きいです。このような取引を**利益相反取引**といいます。※6

※3 参考

取締役会非設置会社の取締役は、代表取締役が他に選定されても、業務執行権は当然には消滅しない。圕23-39-3

※4 用語

業務執行取締役：取締役会の決議によって会社の業務を執行する取締役として選定された者のこと。

※5 重要判例

善管注意義務と忠実義務は、別個の義務ではない（最大判昭45.6.24）。

※6 参考

直接取引について会社の承認を得た場合には、民法108条1項（自己契約・双方代理の禁止）は適用されない（356条2項）。圕19-39-2

第2章 ― 会社法　第4節 ― 機関　**643**

【利益相反取引】

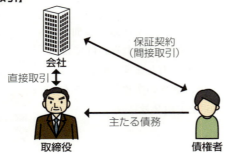

　取締役は、利益相反取引をしようとするときは、株主総会（取締役会設置会社の場合、取締役会）において、当該取引につき重要な事実を開示し、その承認を受けなければなりません（356条1項2号・3号、365条1項）。週22-37-3 ※1、25-39-ア・ウ

　また、取締役会設置会社の場合、利益相反取引をした取締役は、当該取引後、遅滞なく、当該取引についての重要な事実を取締役会に報告しなければなりません（365条2項）。週19-39-1

　なお、会社の承認の有無を問わず、利益相反取引が行われ会社に損害が生じた場合には、以下の者の任務懈怠が推定されることになります（423条3項）。

【任務懈怠の推定】

1	利益が相反する関係にある取締役・執行役
2	利益相反取引をすることを決定した取締役・執行役
3	利益相反取引に関する取締役会の承認の決議に賛成した取締役　週19-39-3

(9) 取締役の報酬等

　取締役の報酬等の額、具体的な算定方法又は報酬等の具体的な内容については、定款に当該事項の定めがあるときを除き、株主総会決議によって定めます（361条1項）。取締役の報酬等の決定は業務執行に係る事項ですが、取締役が自ら報酬を決定するのでは過大な報酬となるおそれが大きいことから、定款又は株主総会で決定するものとされています。※2 週25-39-イ

※1 過去問チェック

会社が取締役のために、当該取締役の住宅ローンの保証人となる場合には、取締役会の決定を要する。→○(22-37-3)

※2 法改正情報

令和元年の会社法改正により、①上場会社等において、取締役の個人別の報酬内容が株主総会で決定されない場合、取締役会は決定方針を定め概要等を開示しなければならない（361条7項）、②報酬として株式等を付与する場合、株主総会の決議事項にその上限等を加える（361条1項4号）、③上場会社が報酬として株式の発行等をする場合、金銭の払込み等は不要（361条1項3号、202条の2第1項1号）とされた。

4 取締役会

(1) 職務

　取締役会とは、すべての取締役で組織される合議制の機関のことです。

　取締役会の職務は、①業務執行の決定、②個々の取締役の職務の執行の監督、③代表取締役の選定・解職の３つです（362条２項）。

① 業務執行の決定

　取締役会は、会社の日常業務（常務）の意思決定を代表取締役や業務執行取締役に委任することができます。過20-37-オ

　しかし、以下のような特に会社にとって重要な事項は、代表取締役等に委任することができず、取締役会で決議しなければなりません（362条４項各号）。過20-37-オ、24-39-エ

【取締役会で決議しなければならない事項】

1	重要な財産の処分・譲受け
2	多額の借財　過22-37-4 ※3
3	支配人その他の重要な使用人の選任・解任
4	支店その他の重要な組織の設置・変更・廃止　過22-37-5 ※4
5	募集社債に関する重要事項
6	株式会社の業務並びに当該株式会社及びその子会社から成る企業集団の業務の適正を確保するために必要な内部統制システムの整備構築　過20-37-イ
7	定款の定めに基づく役員等の会社に対する損害賠償責任の免除

② 個々の取締役の職務の執行の監督

　代表取締役・業務執行取締役は、３ヶ月に１回以上、職務執行の状況を取締役会に報告しなければなりません（363条２項）。これは、取締役会を３ヶ月に１回以上開催する必要があることを意味します。過20-37-ア

③ 代表取締役の選定・解職

　取締役会は監督や意思決定をする合議体ですから、そこでなされた意思決定の執行者として代表取締役が選定されます（362条３項）。

※3 過去問チェック

会社が事業拡大のために、銀行から多額の融資を受ける場合には、取締役会の決定を要する。→○（22-37-4）

※4 過去問チェック

会社が事業の見直しのために、支店を統廃合する場合には、取締役会の決定を要する。→○（22-37-5）

憲法

行政法

民法

商法

基礎法学

一般知識

第2章 － 会社法　第4節 － 機関　645

(2) 招集手続

① 招集権者

取締役会の招集権は、原則として、各取締役が有しています（366条1項本文）。もっとも、定款又は取締役会で招集権者たる取締役を定めることもできます（同ただし書）。過20-37-ア[1]、元-39-ア

また、招集権者と定められていない取締役であっても、招集請求をすることは可能です（366条2項・3項）。[2]

② 招集通知

招集の通知方法にとくに制限はなく、口頭でも書面でも構いません。また、招集通知に議題を示す必要はありません。過元-39-イ

招集通知は、取締役会の1週間前に発しなければなりませんが、定款でこの期間を短縮することはできます（368条1項かっこ書）。[3] 過元-39-イ

③ 招集手続の省略

取締役（監査役設置会社では取締役及び監査役）の全員の同意があるときは、招集手続を省略することができます（368条2項）。

(3) 決議方法

① 議決権

取締役会の場合は、1人につき1議決権が認められます。株主の場合とは異なり、議決権の代理行使は許されません。

また、決議に特別な利害関係を有する取締役は、そもそも議決に加わることができません（369条2項）。過元-39-エ

② 決議要件

議決に加わることができる取締役の過半数が出席し、その出席取締役の過半数で決定します（369条1項）。この要件を定款で加重することはできますが、軽減することはできません。過元-39-ウ

③ 持ち回り決議

議決に加わることができる取締役全員が書面・電磁的記録により議案である提案に同意する意思表示をした場合には、その

---

[1] 過去問チェック

取締役会は3ヶ月に1回以上招集しなければならないが、その招集権者を代表取締役とすることができる。→〇（20-37-ア）

[2] 参考

監査役が設置されている場合、監査役も、取締役の不正行為やそのおそれ、法令・定款違反の事実、著しく不当な事実があると認めるときは、取締役会を招集することができる（383条2項・3項）。

[3] 参考

取締役会の招集通知は、各取締役に発しなければならず、監査役設置会社にあっては、各取締役および各監査役に発しなければならない（368条1項）。過元-39-イ

提案を可決した取締役会決議があったものとみなす旨を定款で定めることができます（370条）。これは、持ち回り決議を認めて、取締役会の開催の省略を許すものです。※4 過21-37-4

④　決議の瑕疵

取締役会決議の瑕疵については、株主総会決議のように特別の訴えの制度が用意されていませんから、一般原則により当然に無効となります。

(4) 取締役会議事録

①　備置き

取締役会が終了した後は、議事の経過の要領と結果について議事録を作成し、出席者が署名をし、会議終了日から10年間、本店に備え置かなければなりません（369条3項、371条1項）。

②　閲覧・謄写

株主は、権利行使のために必要があるときは、株式会社の営業時間内はいつでも（監査役設置会社・監査等委員会設置会社・指名委員会等設置会社では裁判所の許可を得て）議事録の閲覧・謄写請求をすることができます（371条2項・3項）。過20-36-5、22-36-1 ※5、24-38-4

また、会社債権者・親会社社員は、取締役の責任追及のために必要な場合に限り、裁判所の許可を得て、閲覧・謄写請求をすることができます（371条4項・5項）。過20-36-2

③　賛成の推定

取締役会の決議に参加した取締役は、議事録に異議をとどめなければ決議に賛成したものと推定されます（369条5項）。過19-39-4、元-39-オ

(5) 特別取締役による取締役会決議

①　特別取締役とは何か

取締役の数が多く遠隔地にも取締役が常駐しているような大企業では、常務会と呼ばれるような形で少人数の取締役で重要事項を迅速に意思決定することが行われてきました。会社法は、これを特別取締役による取締役会決議として制度化しています（373条）。

※4 参考

監査役設置会社において監査役が異議を述べた場合、持ち回り決議は許されない（370条かっこ書）。過21-37-4

※5 過去問チェック

監査役または監査委員が設置されている株式会社の株主は、取締役の任務懈怠を理由とする責任追及を行うために、当該会社に対して、営業時間内であれば、いつでも取締役会議事録の閲覧および謄写を請求することができる。→✕（22-36-1）

憲法

行政法

民法

商法

基礎法学

一般知識

第2章 － 会社法　第4節 － 機関　647

② 要件

　特別取締役をおくためには、取締役の数が6人以上であり、かつ、社外取締役※1が1人以上であることが必要です。なお、特別取締役は、取締役会で選定されます。※2 週19-38-2

③ 員数

　特別取締役は、3人以上であることが必要です。

④ 決議事項

　迅速性が要求される重要な財産の処分・譲受け、多額の借財（362条4項1号・2号）についてのみ、特別取締役による取締役会で決議できます。※3

5 代表取締役

（1）選定

　代表取締役とは、会社の業務を執行し、対外的に会社を代表する取締役のことです。

　取締役会設置会社の場合、代表取締役は、取締役会の決議で取締役の中から選定しなければなりません（362条2項3号・3項）。週18-40-5

　これに対して、取締役会非設置会社では、定款、定款の定めに基づく取締役の互選又は株主総会の決議によって取締役の中から選定することができます（349条3項）。

（2）員数

　代表取締役の人数に制限はなく、1人でも複数でも構いません。

（3）終任

　代表取締役は、取締役であることが前提ですから、取締役の地位を失った場合には、当然に代表取締役の地位も失います。ただし、代表取締役の地位を失ったからといって、当然に取締役の地位を失うわけではありません。

（4）権限

　代表取締役は、会社の業務に関する一切の裁判上又は裁判外の行為をする包括的代表権を有し（349条4項）、これを定款等で制限しても、善意の第三者に対抗することができません（349

※1 用語

社外取締役：株式会社の取締役であって、当該株式会社又はその子会社の業務執行取締役・執行役・支配人その他の使用人ではなく、かつ、その就任の前10年間にこれらの役職についたことがないことなどの要件を満たすもののこと（2条15号）。週23-39-4、30-39-1

※2 参考

指名委員会等設置会社は、特別取締役をおくことができない。週24-39-オ

※3 参考

特別取締役は、重要な財産の処分・譲受け、多額の借財以外についての通常の取締役会決議にも参加することができる。週23-39-5

※4 重要判例

代表取締役が代表権を濫用した場合、民法107条により、相手方が代表取締役の意図につき悪意又は有過失のときは、会社は当該代表取締役の代表行為の効力を否定することができる（最判昭38.9.5）。

条5項)。※4 ※5

(5) 表見代表取締役

① 表見代表取締役とは何か

表見代表取締役とは、代表権がないにもかかわらず、社長・副社長その他会社の代表権を有すると認めるべき名称が付された取締役のことです。そして、表見代表取締役が**善意の第三者**との間でした行為については、会社が責任を負うことになります（354条）。

【表見代表取締役】

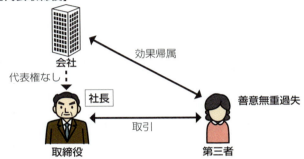

② 要件

この表見代表取締役制度が適用されるための要件は、以下の3つです（354条）。

【表見代表取締役の要件】

1	会社を代表する権限を有するものと認められる名称があること ※6
2	会社がその名称を付したこと ※7
3	相手方が善意であること ※8

6 会計参与

会計参与とは、取締役と共同して計算書類※9などを作成する機関のことです（374条1項）。これは、会計の専門家である会計参与が取締役と共同して計算書類を作成することで、計算書類の正確性を高めようとするものです。過19-38-4 ※10

会計参与は、会計に関する専門性を備えていなければならないことから、**公認会計士・監査法人**又は**税理士・税理士法人**で

※5 参考
代表取締役は、取締役会決議に基づいて、代表権の一部を他の取締役に移譲することはできない。
過20-37-エ

※6 具体例をイメージ
例えば、社長・副社長・頭取・総裁・専務・常務といった名称・肩書きを持っていることなどである。

※7 具体例をイメージ
例えば、会社が代表者でない者に代表者であるかのような名称使用を明示的に認めた場合や、黙認していた場合などである。

※8 重要判例
条文上は「善意」としか規定されていないが、善意無重過失であることが要求される（最判昭52.10.14）。

※9 用語
計算書類：貸借対照表・損益計算書・株主資本等変動計算書・個別注記表のこと（435条2項、会社計算規則59条1項）。

※10 過去問チェック
会計参与は、会計監査人とは異なる会社役員であり、取締役と共同して計算書類等を作成する。→○
(19-38-4)

なければならないとされています（333条1項）。

7 監査役・監査役会

（1）監査役

① 監査役とは何か

監査役とは、取締役や会計参与の職務の執行が適法になされているかを監査する機関のことです。監査役は、定款で特に定めのない限り、業務監査権限と会計監査権限の両方を有しています。[※1]

② 資格

監査役は、当該会社とその子会社の取締役・使用人、子会社の会計参与・執行役を兼ねることはできません（335条2項）。監査する者と監査される者が同一では、適正な監査は期待できないからです。

③ 員数

監査役会を設置しない会社であれば、1人でも足りますが、監査役会設置会社では3人以上必要であり、そのうち半数以上は社外監査役[※2]でなければなりません（335条3項）。過3-39-イ

④ 選任

監査役は、取締役と同じく、株主総会の普通決議によって選任されます（329条1項、341条）。過27-39-1

⑤ 終任

監査役の任期は4年であり（336条1項）、取締役のように任期を定款や株主総会決議で短縮することはできません。ただし、非公開会社では定款で10年に伸長できるという点は、取締役と同様です（336条2項）。

また、株主総会で監査役の解任決議をする場合、取締役とは異なり、株主総会の特別決議が必要となります（339条1項、309条2項7号）。過27-39-4

⑥ 権限・職務

監査役は、以下のような権限・職務を有しています。

※1 参考

非公開会社であって監査役会・会計監査人が置かれていない会社では、定款で監査役の職務を会計監査の範囲に限定することができる（389条1項）。過21-37-5

※2 用語

社外監査役：株式会社の監査役であって、その就任の前10年間に当該株式会社又はその子会社の取締役・会計参与・執行役・支配人その他の使用人となったことがないことなどの要件を満たすもののこと（2条16号）。

650

【監査役の権限・職務】

調査権	①いつでも、取締役・会計参与等に対して事業の報告を求め、会社の業務・財産の状況を調査することができる（381条2項） ②必要があれば、子会社についても調査することができる（381条3項）
不正行為等の報告義務	取締役の不正行為、法令・定款違反を発見したときは、遅滞なく、取締役会（取締役会非設置会社では取締役）に報告をしなければならない（382条）
取締役会出席・意見陳述義務	取締役会に出席し、必要があれば意見を述べなければならない（383条1項本文）
株主総会への報告義務	取締役が株主総会に提出しようとする議案・書類等を調査し、法令・定款違反や著しく不当な事実を発見した場合には、株主総会に報告をしなければならない（384条）
会社・取締役間の訴訟の会社代表	会社と取締役の間の訴訟については、監査役が会社を代表する（386条1項）週20-37-ウ ※3、25-39-エ

(2) 監査役会

監査役会とは、すべての監査役で組織される合議制の機関のことです。

監査役会の職務は、①**監査報告の作成**、②**常勤の監査役の選定・解職**、③監査の方針、会社の業務及び財産の状況の調査の方法その他の**監査役の職務の執行に関する事項の決定**の3つです（390条2項本文）。※4

8 会計監査人

会計監査人とは、計算書類の作成が適正になされているかを監査する機関のことです。会計監査人は、監査役と異なり、業務監査権限を有しておらず、会計監査権限のみ有しています。

会計監査人は、特に会計に関する専門性を備えていなければならないことから、**公認会計士**又は**監査法人**でなければならないとされています（337条1項）。※5

※3 過去問チェック
代表取締役は、会社の業務に関する一切の裁判上の権限を有するため、取締役の義務違反により会社に損害が生じた場合に、当該取締役に対する責任追及のための訴訟を提起する。
→✕（20-37-ウ）

※4 参考
監査役会で監査役の職務の執行に関する事項を決定したとしても、個々の監査役の権限の行使が妨げられるわけではない（390条2項ただし書）。

※5 引っかけ注意!

会計参与と異なり、税理士又は税理士法人は、会計監査人になることができません。

9 指名委員会等設置会社

指名委員会等設置会社とは、指名委員会・報酬委員会・監査委員会の3委員会を置く株式会社のことです（2条12号）。※1

指名委員会等設置会社の各委員会は、**3名以上**の取締役で構成されます（400条1項）。また、各委員会の委員の過半数は**社外取締役**でなければなりません（400条3項）。週3-39-オ

なお、各委員会の権限の内容は、以下のとおりです。

【各委員会の権限】

指名委員会	株主総会に提出する取締役・会計参与の選任・解任に関する議案の内容の決定
報酬委員会	取締役・執行役・会計参与の個人別の報酬の決定
監査委員会	取締役・執行役・会計参与の職務の執行の監査

指名委員会等設置会社は、業務執行に対する監督の強化を図るため、業務執行と監督を分離しています。具体的には、会社の業務執行の決定を取締役とは別に選定された**執行役**が行い、**取締役（監査委員会）**がそれを監督するという仕組みになっています。※2

【通常の株式会社】

【指名委員会等設置会社】

10 監査等委員会設置会社

監査等委員会設置会社とは、監査等委員会を置く株式会社のことです（2条11号の2）。

※1 法改正情報

平成26年の会社法改正により、委員会設置会社の名称が、指名委員会等設置会社に変更された。

※2 参考

執行役は、取締役会決議で選任される（402条2項）。週19-38-3

監査役（会）設置会社は、監査役（会）が取締役の業務執行を監査し、取締役会が取締役の業務執行を監督するものですが、取締役とは別に監査役（会）を設置するのは負担となるため、現実にはあまり利用されてきませんでした。他方、指名委員会等設置会社は、取締役で構成される監査委員会が取締役・執行役の業務執行を監査・監督するものであり、取締役とは別に監査役（会）を設置する必要はありませんが、指名委員会・報酬委員会を設置することへの抵抗感が強く、やはり現実にはあまり利用されてきませんでした。そこで、その中間的な形態として、自ら業務を執行しない取締役で構成される監査等委員会が取締役の業務執行を監査・監督する監査等委員会設置会社の制度が新設されました。

【監査役（会）設置会社の監査・監督】

【指名委員会等設置会社の監査・監督】

【監査等委員会設置会社の監査・監督】

11 役員等の責任 ※1

（1）会社に対する責任

① 責任の内容

役員等 ※2 は、その任務を怠ったときは、会社に対し、これによって生じた損害を賠償する責任を負います（423条1項）。

もっとも、役員等が注意を怠らなかったことを証明した場合には、損害賠償責任を免れることができるのが原則です（過失責任）。

ただし、会社法上、無過失責任とされている場合もあります。まとめると、以下の表のようになります。

【役員等の任務懈怠責任】

競業取引に関する責任			過失責任 ※3
利益相反取引に関する責任	直接取引	原則	過失責任
		自己のために取引した場合	無過失責任（428条1項）
	間接取引		過失責任
利益供与に関する責任（120条4項本文）	原則		過失責任（120条4項ただし書）
	自ら利益供与をした取締役・執行役		無過失責任（120条4項ただし書かっこ書）
剰余金の配当に関する責任（462条1項）			過失責任（462条2項）

② 責任の免除・制限

役員等の任務懈怠責任は、以下のような場合に免除又は制限することができます。

※1 参考

役員等が株式会社に対して生じた損害を賠償する責任を負う場合において、他の役員等も当該損害を賠償する責任を負うときは、これらの者は、連帯債務者とされる（430条）。週19-39-3

※2 用語

役員等：取締役・会計参与・監査役・執行役・会計監査人のこと（423条1項）。

※3 参考

会社の承認を受けないで競業取引をした場合、取締役が競業取引によって得た利益が会社に生じた損害と推定されるから（423条2項）、会社は、損害賠償を請求する際に損害額を証明する必要はない。

【役員等の任務懈怠責任の免除・制限】

総株主の同意による免除	役員等の会社に対する損害賠償責任は、総株主の同意により免除することができる（424条）※4
株主総会の特別決議による一部免除	役員等が職務を行うにつき善意・無重過失である場合、株主総会の特別決議により責任の一部を免除することができる（425条1項、309条2項8号）※5
取締役等による免除に関する定款の定め	役員等が職務を行うにつき善意・無重過失の場合において、特に必要と認めるときは、取締役の過半数の同意（取締役会設置会社では取締役会決議）によって、取締役の責任を免除することができる旨を定款で定めておくことができる（426条1項）
責任限定契約	会社は、非業務執行取締役・監査役・会計参与・会計監査人がその職務を行うにつき善意・無重過失であれば、定款で定めた額の範囲であらかじめ会社が定めた額と最低責任限度額とのいずれかの高い額を限度とする契約（責任限定契約）を締結できる旨を定款で定めておくことができる（427条1項）

(2) 第三者に対する責任

① 責任の内容

　役員等は会社以外の第三者とは直接の法律関係を持たないので、役員等の行為によって第三者が損害を受けた場合、不法行為責任（民法709条）を追及されることはあっても、それ以外の責任を追及される立場にはありません。※6

　しかし、役員等の行為は第三者に重大な影響を与えることが多いことから、第三者の保護を厚くする必要があります。

　そこで、役員等がその職務を行うについて**悪意又は重大な過失**があったときは、当該役員等は、これによって第三者に生じた損害を賠償する責任を負うものとされ（429条1項）、特別の法律上の責任が課せられています。※7

② 要件

　役員等の第三者に対する責任が認められるためには悪意・重過失が必要ですが、それは損害についてではなく、**任務懈怠**について存在すればよいとされています（最大判昭44.11.26）。

　また、役員等の行為によって、第三者が直接損害を被った場合（直接損害）であろうと、会社が損害を被った結果第三者が損害を被った場合（間接損害）であろうと、任務懈怠と第三者

※4 参考
違法な剰余金配当が行われた場合、総株主の同意があっても、分配可能額の限度でしか免除することができない。

※5 参考
取締役が自己のために利益相反取引（直接取引）を行った場合、株主総会の特別決議によっても一部免除をすることができない（428条2項）。
週 19-39-5

※6 重要判例
429条1項に基づく責任と民法709条に基づく不法行為責任は併存するので、第三者は、不法行為に基づく損害賠償請求をすることもできる（最大判昭44.11.26）。

※7 よくある質問

Q 役員等の第三者に対する損害賠償責任は、総株主の同意によって免除することはできないんですか？

A 役員等の第三者に対する損害賠償責任は、総株主の同意によって免除することはできません。なぜなら、損害を受けたのは株主ではなく第三者であり、株主が勝手に損害賠償しなくてよいとしてしまうことは、不当に第三者を害することになるからです。

の損害との間に相当因果関係が認められる限り、役員等は第三者に対して損害賠償責任を負います（最大判昭44.11.26）。

③ 責任を負う取締役

429条1項に基づく損害賠償責任を負うかどうかが問題となった取締役としては、以下のようなものがあります。

【429条1項に基づく損害賠償責任を負う取締役】

名目取締役	非常勤のいわゆる社外重役として名目的に取締役に就任しているにすぎない者でも、429条1項に基づく損害賠償責任を負わされる場合がある（最判昭55.3.18）
表見取締役	適法に選任されていないにもかかわらず取締役として登記されている者は、取締役でないことを善意の第三者に対抗できないため（908条2項）、429条1項に基づく損害賠償責任を負う（最判昭47.6.15）
退任取締役	取締役を退任したにもかかわらず退任登記をしていなかった者は、退任登記を申請しないで不実の登記を残存させることにつき明示的に承諾を与えていたなどの特段の事情が存在する場合に限り、429条1項に基づく損害賠償責任を負う（最判昭62.4.16）

12 株主の監督是正権

株式会社においては所有と経営の分離がなされていることから、取締役の行為は、株主ではなく取締役会や監査役などによって監督されるのが原則です。しかし、取締役や監査役は株主総会により多数決で選任されるものである以上、少数株主の利益が害されるおそれがあります。

そこで、個々の株主にも、取締役の行為の監督是正権が付与されています。具体的には、以下のようなものがあります。

（1）取締役の違法行為の差止め

取締役が株式会社の目的の範囲外の行為その他の法令・定款違反の行為をし、又はこれらの行為をするおそれがある場合において、その行為によって会社に著しい損害が生じるおそれがあるときは、その行為の差止めを請求することができます（360条1項）。過22-36-3 ※1、24-38-2

もっとも、監査役設置会社・監査等委員会設置会社・指名委員会等設置会社では、回復することができない損害が生じるお

※1 過去問チェック

監査役および監査委員が設置されていない株式会社の株主は、取締役の法令違反行為によって、当該会社に著しい損害が生じるおそれがあるときには、当該取締役に対して当該行為をやめることを請求することができる。→○（22-36-3）

それがあるときに限定されます（360条3項）。

差止め請求をすることができるのは、公開会社では**6ヶ月前**から引き続き株式を保有する株主であり、非公開会社では株主であれば保有期間の制限はありません（360条1項・2項）。※2

（2）株主代表訴訟

① 株主代表訴訟とは何か

役員間のなれ合い等から、会社によって役員等の責任追及が行なわれないことが考えられます。そこで、株主が会社に代わって役員等の責任を追及する制度である**株主代表訴訟**が認められています（847条）。

株主代表訴訟を提起することができるのは、公開会社では**6ヶ月前**から引き続き株式を保有する株主であり、非公開会社では保有期間の制限はありません（847条1項・2項）。過元-38-5

② 手続

株主代表訴訟を提起する場合、原則として、まず**書面**で会社に対して役員等の責任を追及する訴えを提起するように請求しなければなりません（847条1項本文）。そして、会社が当該請求があった日から**60日以内**に訴えを提起しないときは、当該株主は代表訴訟を提起することができます（847条3項）。※3
過22-36-4 ※4

ただし、この60日の期間の経過により会社に**回復することができない損害**を生じるおそれがある場合には、株主は、上記の手続を経ることなく、直ちに代表訴訟を提起することができます（847条5項）。

（3）業務執行検査役の調査

会社の業務執行に関し、不正の行為、法令・定款に違反する重大な事実があることを疑うに足りる事由がある場合に、総株主の議決権の**100分の3以上**の議決権を有する株主又は発行済株式数（自己株式を除く）の**100分の3以上**の数の株式を有する株主は、株式会社の業務・財産の状況を調査させるため、裁判所に対し、**検査役の選任**の申立てをすることができます（358条1項）。過22-36-2 ※5

※2 参考

監査役も、取締役の違法行為の差止めを請求することができる（385条）。

※3 参考

株主が自己もしくは他人の不正な利益を図る、又は会社に損害を加える目的を有する場合には、株主代表訴訟を提起することができない（847条1項ただし書）。

※4 過去問チェック

監査役および監査委員が設置されていない株式会社の株主は、取締役の行為に法令に違反する重大な事実があるときには、当該会社を代表して、直ちに責任追及の訴えを提起することができる。→✕（22-36-4）

※5 過去問チェック

監査役または監査委員が設置されている株式会社の株主であって一定の数の株式を保有する株主は、当該会社の業務の執行に関し、法令に違反する重大な事実があることを疑うに足りる事由があるときには、当該会社の業務の状況を調査させるために、検査役の選任を監査役または監査委員に請求することができる。→✕（22-36-2）

第2章 ― 会社法 第4節 ― 機関 **657**

選任された検査役は、その職務を行うため必要があるとき
は、子会社の業務・財産状況を調査することができ（358条4
項）、調査の結果を裁判所に報告します（358条5項）。そして、
裁判所は、必要があると認めるときは、取締役に対して、一定
の期間内に株主総会を招集すること、調査の結果を株主に通知
することを命じなければなりません（359条1項）。

確認テスト

☐☐☐ **1** すべての株式会社に必要な機関は、株主総会と1人以上の取締役である。

☐☐☐ **2** 取締役会設置会社では、株主総会は、会社に関する一切の事項について決議をすることができる。

☐☐☐ **3** 株主総会の場合、原則として1株につき1議決権が認められるが、取締役会の場合、1人につき1議決権が認められる。

☐☐☐ **4** 役員等がその職務を行うについて軽過失があったときは、当該役員等は、これによって第三者に生じた損害を賠償する責任を負う。

解答 **1**〇（295条、326条1項） **2**✕取締役会設置会社では、株主総会は、会社法に規定する事項及び定款で定めた事項に限り、決議をすることができる（295条2項）。
3〇（308条1項） **4**✕悪意又は重大な過失が必要である（429条1項）。

| 第5節 | 計算 | 重要度 B |

学習のPOINT

株式会社においては、株主は間接有限責任しか負わないため、会社債権者保護のため会社財産を確保する必要があります。そこで、会社法は、計算に関する規定を多数おいています。

1 会計帳簿

（1）会計帳簿とは何か

会計帳簿とは、一定時期における会社の財産及びその価額並びに取引その他財産に影響を及ぼすべき事項を記載・記録する帳簿のことです。

（2）作成・保存

株式会社は、法務省令で定めるところにより、適時に、正確な会計帳簿を作成しなければなりません（432条1項）。

また、会計帳簿の閉鎖の時から10年間、その会計帳簿及びその事業に関する重要な資料を保存しなければなりません（432条2項）。

（3）閲覧・謄写請求

総株主の議決権の100分の3以上の議決権を有する株主又は発行済株式の100分の3以上の数の株式を有する株主は、株式会社の営業時間内は、いつでも、会計帳簿の閲覧・謄写を請求することができます（433条1項）。過20-36-3、24-38-5 [※1]、元-38-2

株主が監督是正権を適切に行使するためには、会社の業務・財産の状況を把握する必要があることから、会計帳簿閲覧・謄写請求権が認められていますが、会社の内部情報を知ろうとする者に濫用されるおそれがあることから、少数株主権とされています。

※1 過去問チェック

総株主の議決権の100分の3以上の議決権を有する株主は、その権利を行使するために必要があるときには、裁判所の許可を得て、会計帳簿の閲覧を請求することができる。→ ✕（24-38-5）

2 資本金制度

（1）資本金とは何か

株主が間接有限責任しか負わないことから、会社の債権者は会社自体の財産からしか弁済を受けられないことになり、会社の財産を確保しておくことが強く要請されます。

そこで、株式会社は資本金として一定の額を定めておき、その額に見合うだけの財産を確保しておくべきであるとする資本金制度が採用されています。イメージとしては、資本金というコップを会社財産という水で満たしておかなければならないといった感じです。※1 ※2

資本金制度については、以下のような原則がとられています。

【資本原則】

資本維持の原則	資本金の額に相当する財産が現実に会社に保有されていなければならない
資本不変の原則	資本金の額は自由に増減させることができない

（2）資本金の額

資本金の額は、原則として、株主が会社に出資した財産の総額です（445条1項）。

もっとも、株主が出資をした総額の**2分の1**を超えない額は、資本金として計上しないことができます（445条2項）。ただし、資本金として計上しない額は、資本準備金として計上しなければなりません（445条3項）。週26-37-ア※3、28-37-オ

そして、後に会社の財産が資本金よりも少なくなった場合には、資本準備金から資本金を補填することとされています。

（3）資本金の額の減少に関する規制

資本金の額を減少させるためには、原則として、株主総会の特別決議を経なければなりません（447条1項、309条2項9号）。また、会社債権者保護のために、会社債権者に異議を述べる機会を与え、異議を述べた債権者には、債務の弁済等をしなければなりません（449条）。

もっとも、以下の場合には、例外的に株主総会の特別決議が

※1 参考

かつての最低資本金制度（1000万円以上）は廃止されている。週29-40-オ

※2 参考

資本金は、登記及び貸借対照表によって公示されるが（911条3項5号、計算規則76条2項1号）、定款に記載・記録されるわけではない。

※3 過去問チェック

株主となる者が設立時発行株式と引換えに払込み、または給付した財産の額は、その全額を資本金に計上することは要せず、その額の2分の1を超えない額を資本準備金として計上することができる。→○（26-37-ア）

660

要求されません。

【株主総会の特別決議が不要な場合】

株主総会の普通決議で足りる場合	①定時株主総会で欠損を填補するために資本金の額の減少をする場合（309条２項９号かっこ書、447条１項） ②剰余金の額を減少させて資本金の額を増加させる場合（450条１項、309条１項）圖22-37-2 ※4
取締役の決定（取締役会設置会社では取締役会決議）で足りる場合	株式の発行と同時に資本金の額を減少させる場合において、効力発生日後の資本金の額が効力発生日前の資本金の額を下回らないとき（447条３項）

3 剰余金の配当

（1）剰余金の配当とは何か

剰余金の配当とは、会社が株主に会社財産を分配することです。

剰余金の配当は、確定した計算書類及びこれに準ずる計算書類を基礎に、同一事業年度内に何度でも行うことができます。
圖23-40-1

（2）手続

① 原則

株式会社は、剰余金の配当をしようとするときは、その都度、株主総会の普通決議によって、配当財産の種類を定めなければなりません（454条１項、309条１項）。※5

② 現物配当

配当財産が金銭以外の財産であり、かつ、株主に対して金銭分配請求権を与えないこととする場合には、株主総会の特別決議が必要となります（454条４項、309条２項10号）。圖23-40-4

③ 中間配当

取締役会設置会社は、１事業年度の途中において１回に限り、取締役会決議により剰余金の配当（中間配当）をすることができる旨を定款で定めることができます（454条５項前段）。
圖20-38-ウ

※4 過去問チェック

会社が資本金を増加するために、剰余金を減少させる場合には、取締役会の決定で足りる。→×（22-37-2）

※5 参考

当該会社の株式・新株予約権・社債を配当財産とすることはできない（454条１項１号、107条２項２号ホかっこ書）。圖20-38-イ、30-40-5、3-40-イ

憲 法

行 政 法

民 法

商 法

基 礎 法 学

一 般 知 識

第２章 － 会社法 第５節 － 計算 661

④ 会計監査人設置会社の特例

会計監査人設置会社であり、かつ、監査役会設置会社である会社が取締役（監査等委員会設置会社にあっては、監査等委員以外の取締役）の任期を1年以下と定めた場合は、株主総会の承認に代えて、**取締役会**で剰余金の配当を決定することができる旨の定款の定めを置くことができます（459条1項）。過23-40-3、3-40-エ

(3) 財源規制

① 純資産額

純資産※1の額が**300万円**を下回る場合には、剰余金の配当をすることができません（458条）。過20-38-エ、3-40-ウ

② 分配可能額

剰余金の配当により株主に交付される金銭等の帳簿価額の総額は、剰余金の配当が効力を生ずる日における**分配可能額**を超えてはならないとされています（461条1項8号）。過20-38-ア、3-40-オ

これに反して剰余金の配当がなされた場合、違法配当となります。

(4) 違法配当

違法配当がなされた場合、以下のように処理されることになります。

【違法配当の処理】

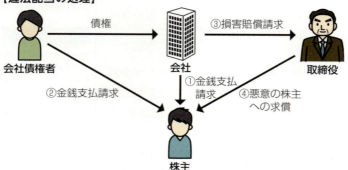

① 会社の請求権

会社は、違法配当を受けた**株主**に対し、交付を受けた金銭等

※1 用語

純資産：資産から負債を差し引いたもののこと。

の帳簿価額に相当する金銭を支払うよう請求することができます（462条1項）。これは、株主が善意であっても悪意であっても同様です。圏30-40-3

② **債権者の請求権**

会社債権者は、違法配当を受けた株主に対し、交付を受けた金銭等の帳簿価額に相当する金銭を支払うよう請求することができます（463条2項）。

③ **取締役に対する損害賠償請求権**

会社は、取締役に対して損害賠償請求をすることによって、その損失を塡補することができます（423条1項、462条1項6号）。

④ **取締役から悪意の株主への求償**

取締役が会社に対して損害賠償をした場合、取締役は、悪意の株主に対して求償権を行使することができます（463条1項）。

確認テスト

□□□ **１** 株主は、その有する議決権数や株式数にかかわらず、株式会社の営業時間内は、いつでも、会計帳簿の閲覧・謄写を請求することができる。

□□□ **２** 資本金の額は、原則として、株主が会社に出資した財産の総額である。

□□□ **３** 株式会社は、剰余金の配当をしようとするときは、その都度、株主総会の特別決議によって、配当財産の種類を定めなければならないのが原則である。

解答 **１**✕ 総株主の議決権の100分の3以上の議決権を有する株主又は発行済株式の100分の3以上の数の株式を有する株主に限られる（433条1項）。 **２**〇 （445条1項） **３**✕ 株主総会の普通決議である（454条1項、309条1項）。

第2章 ― 会社法　第5節 ― 計算　663

第6節 持分会社

学習のPOINT
持分会社については、株式会社と対比しつつ学習すると効率的です。ただ、出題頻度は低いので、時間に余裕のある人だけ一読しておけば十分でしょう。

1 持分会社の設立

(1) 設立手続

① 定款の作成

持分会社を設立するには、その社員になろうとする者が定款を作成し、その全員がこれに署名し、又は記名押印しなければなりません（575条1項）。

もっとも、公証人の認証は不要です。

② 出資の履行

出資の履行については、持分会社の種類によって、以下のような違いがあります。

【持分会社における出資の履行】

	合名会社	合資会社	合同会社
出資の方法 過22-39-1 ※1	信用・労務の出資も可能	無限責任社員は信用・労務の出資も可能だが、有限責任社員は金銭等の財産の出資に限られる	金銭等の財産の出資に限られる
出資の 履行時期 過18-40-3 ※2	制限なし		設立登記時までに履行しなければならない（578条）

③ 設立登記

持分会社は、その本店の所在地において設立の登記をすることによって成立します（579条）。

※1 過去問チェック

持分会社の無限責任社員は、株式会社の株主とは異なり、金銭出資や現物出資にかぎらず、労務出資や信用出資の方法が認められている。→○（22-39-1）

※2 過去問チェック

合資会社の有限責任社員は、定款記載の出資額までしか責任を負わないため、有限責任社員となる時点で出資金額の履行が要求されている。→×（18-40-3）

664

（2）設立の瑕疵

① 設立無効

株式会社の場合と同様に、設立手続に瑕疵があった場合には、設立は無効となります。

② 設立取消し

持分会社の設立については、株式会社と異なり、制限行為能力、錯誤、詐欺・強迫や詐害行為を理由とする設立取消しの訴えが認められています（832条）。

2 持分

（1）持分とは何か

持分とは、持分会社の社員たる地位のことです。

持分会社の持分は、株式会社の株式とは異なり、1人1持分であって、細分化されたものではなく、内容が均一化されたものでもありません。 過22-39-2、28-40-ウ

（2）持分の譲渡

持分会社の社員は、他の社員の全員の承諾がなければ、その持分の全部又は一部を他人に譲渡することができません（585条1項）。

もっとも、業務を執行しない有限責任社員は、業務を執行する社員の全員の承諾があるときは、その持分の全部又は一部を他人に譲渡することができます（585条2項）。

3 持分会社の管理

（1）業務執行権

持分会社の社員は、定款に別段の定めがある場合を除き、各自で持分会社の業務を執行します（590条1項）。 過18-40-5、22-39-3

株式会社では、所有と経営の分離が原則とされていましたが、持分会社では、所有と経営の一致が原則とされています。

（2）代表権

業務を執行する社員は、原則として、各自が持分会社を代表します（599条1項本文）。 過22-39-3

第2章 — **会社法** 第6節 — 持分会社 **665**

4 社員の加入及び退社

（1）加入

合名会社・合資会社の社員の加入は、その社員に係る定款の変更をした時に効力が生じます（604条2項）。[※1]

これに対して、合同会社の社員の加入は、その社員に係る定款の変更に加えて、その社員が払込み又は給付を完了した時に効力が生じます（604条3項）。

（2）退社

退社した社員は、原則として、その出資の種類を問わず、その持分の払戻しを受けることができます（611条1項）。圖22-39-4

もっとも、退社した社員は、その登記をする前に生じた持分会社の債務について、従前の責任の範囲内でこれを弁済する責任を負います（612条1項）。[※2]

> **※1 参考**
>
> 持分会社が定款を変更するためには、原則として、総社員の同意が必要である（637条）。圖22-39-5

> **※2 参考**
>
> 退社の登記は対抗要件にすぎず、退社の効力自体は登記によって生ずるわけではない。圖22-39-4

確認テスト

□□□ **1** 持分会社の設立については、株式会社と異なり、制限行為能力、錯誤、詐欺・強迫や詐害行為を理由とする設立取消しの訴えが認められている。

□□□ **2** 持分会社の持分は、株式会社の株式と同様に、細分化され、内容が均一化されたものである。

□□□ **3** 持分会社の有限責任社員は、持分会社の業務を執行する権限を有しない。

□□□ **4** 持分会社を退社した社員は、原則として、その出資の種類を問わず、その持分の払戻しを受けることができる。

解答 **1 ○**（832条） **2 ×** 細分化されていないし、内容も均一化されていない。 **3 ×** 有限責任社員であるか無限責任社員であるかを問わず、各自で持分会社の業務を執行する（590条1項）。 **4 ○**（611条1項）

666

第7節 組織再編　重要度 C

学習のPOINT

組織再編は、①事業の譲渡、②組織変更、③合併、会社分割、株式交換・株式移転、株式交付の3つの類型に分けられます。③については、合併の手続を押さえてそれを他に応用すると効率的です。

1 事業の譲渡

(1) 事業の譲渡とは何か

事業の譲渡とは、商法総則のところで学習した営業譲渡と同じ意味です（☞P591参照）。※3

事業を構成する債権・債務及び契約上の地位を移転しようとする場合、事業譲渡契約とは別にその契約上の相手方の同意を要する点で、会社分割とは異なります。週21-39-ア

(2) 手続

① 株主総会の承認決議

事業の全部の譲渡、事業の重要な一部の譲渡（譲渡する資産の帳簿価格が総資産額の5分の1を超える場合）、事業の全部の譲受けについては、原則として、**株主総会の特別決議**が必要です（467条1項、309条2項11号）。※4 週21-39-エ

もっとも、以下の場合には、例外的に株主総会の特別決議が要求されません。

【株主総会の特別決議が不要な場合】

略式事業譲渡	事業の譲渡の相手方が**特別支配会社**※5 である場合（468条1項）
簡易事業譲渡	譲受会社が対価として交付する財産の帳簿価格の合計額が**純資産額の5分の1以下**の場合（468条2項）

② 反対株主の株式買取請求権

事業の譲渡の承認決議前に反対の意思表示をし、かつ、承認決議に反対した株主は、原則として、**株式買取請求権**を行使することができます（469条1項）。

※3 参考
事業の全部の譲渡をした場合でも、当然に譲渡会社が解散するわけではない。

※4 参考
事業の重要な一部の譲受けについては、株主総会の特別決議は必要ない。週21-39-オ

※5 用語
特別支配会社：総株主の議決権の10分の9以上を保有している会社のこと。

③ 債権者保護手続

　事業の譲渡については、債権者保護手続は不要です。なぜなら、事業の譲渡の場合、資産や債務が当然に移転されるわけではなく、会社の財産が変動するわけではないからです。

(3) 効果

　事業の譲渡がなされると、営業譲渡がなされた場合と同様の効果が生じます（☞P591、592参照）。

2 組織変更

(1) 組織変更とは何か

　組織変更とは、株式会社がその組織を変更することにより持分会社となり、また、持分会社がその組織を変更することにより株式会社となることです（2条26号）。※1

(2) 手続

① 総株主の同意

　組織変更をする会社は、組織変更計画を作成しなければならず、その効力発生日の前日までに、組織変更計画について総株主の同意を得なければなりません。※2

② 債権者保護手続

　組織変更をする会社は、原則として、所定の事項を官報に公告し、かつ、会社が把握している債権者には各別に催告しなければなりません。ただし、公告方法として、定款に日刊新聞紙に掲載する方法又は電子公告を定めている場合は、各別の催告は必要ありません。

3 合併

(1) 合併とは何か

　合併とは、2つ以上の会社が契約により1つに合わさることです。※3

　合併には、吸収合併と新設合併の2種類があります。

① 吸収合併

　吸収合併とは、会社が他の会社とする合併であって、合併により消滅する会社（A社）の権利義務の全部を、合併後存続す

※1 引っかけ注意！

合名会社が合資会社となる場合のように、持分会社間で組織を変更する場合は、組織変更とはならず、単なる持分会社の種類の変更となります（638条）。

※2 引っかけ注意！

組織変更をするには総株主の同意が必要である以上、反対株主がいればそもそも組織変更自体をすることができませんから、反対株主の株式買取請求権は認められていません。

※3 参考

合併は、株式会社のみならず、持分会社（合名会社・合資会社・合同会社）も行うことができる。
週24-40-1

る会社（B社）に承継させるもののことです（2条27号）。過18-39-オ、24-40-3

【吸収合併】

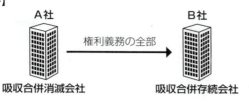

② 新設合併

新設合併とは、2つ以上の会社がする合併であって、合併により消滅する会社（A社・B社）の権利義務の全部を、合併により設立する会社（C社）に承継させるもののことです（2条28号）。過18-39-オ

【新設合併】

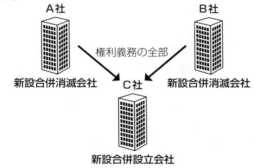

(2) 手続

合併の手続は、以下のような流れとなります。

第2章 ― 会社法　第7節 ― 組織再編　669

【合併手続の流れ】

①合併契約	当事会社間で合併契約を締結する
②事前開示	当事会社は、合併契約の内容等を記載・記録した書面又は電磁的記録を本店に備え置き、株主・債権者は、営業時間内はいつでも、閲覧・謄写を請求できる
③合併承認決議	当事会社は、株主総会の特別決議を経る ※1 ※2
④債権者保護手続	当事会社は、所定の事項を官報に公告し、かつ、会社が把握している債権者には各別に催告する ※3
⑤事後開示	吸収合併存続会社・新設合併設立会社は、合併の効力発生日後遅滞なく、所定の書面又は電磁的記録を本店に備え置き、株主・債権者は、営業時間内はいつでも、閲覧・謄写を請求できる ※4

（3）効力発生時期

① 吸収合併

吸収合併存続会社は、効力発生日に、吸収合併消滅会社の権利義務を承継します（750条1項、752条1項）。

② 新設合併

新設合併設立会社は、その成立の日に、新設合併消滅会社の権利義務を承継します（754条1項、756条1項）。

（4）合併無効の訴え 過18-39-エ ※5

会社の合併の無効は、各当事会社の株主・取締役等又は合併を承認しなかった債権者が、合併の効力が生じた日から6ヶ月以内に限り、訴えをもってのみ主張することができます（828条1項7号・8号、2項7号・8号）。

そして、請求を認容する判決が確定したときは、その合併は将来に向かって効力を失います（839条）。

4 会社分割

（1）会社分割とは何か

会社分割とは、1つの会社を2つ以上の会社に分けることです。※6

会社分割には、吸収分割と新設分割の2種類があります。

※1 参考

存続会社に比べて消滅会社の規模が著しく小さい場合（合併対価の額が存続会社の純資産額の5分の1以下の場合）、存続会社においては株主総会の特別決議を省略することができる（簡易合併：796条3項本文）。 過18-39-ア

※2 参考

合併決議前に反対の意思表示をし、かつ、承認決議に反対した株主は、株式買取請求権を行使することができる。過18-39-ウ

※3 参考

公告方法として、定款に日刊新聞紙に掲載する方法又は電子公告を定めている場合は、各別の催告は要しない。過18-39-イ

※4 受験テクニック

消滅してしまう会社に書面を備え置くことは物理上できませんので、吸収合併消滅会社や新設合併消滅会社は、関連書面等の備置きをする義務を負わないと覚えておきましょう。

① 吸収分割

　吸収分割とは、株式会社又は合同会社（A社）が、その事業に関して有する権利義務の全部又は一部を、分割後他の会社（B社）に承継させることです（2条29号）。

【吸収分割】

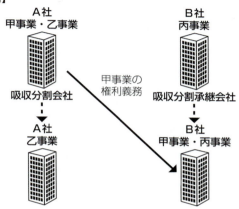

② 新設分割

　新設分割とは、1又は2以上の株式会社又は合同会社（A社）が、その事業に関して有する権利義務の全部又は一部を、分割により設立する会社（B社）に承継させることです（2条30号）。

【新設分割】

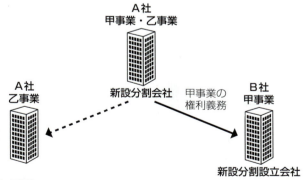

(2) 手続

　吸収分割会社（A社）については吸収合併消滅会社と、吸収

※5 過去問チェック

会社の合併が違法である場合に、各当事会社の株主、取締役等、または合併を承認しなかった債権者は、その無効を合併無効の訴えによってのみ主張することができ、合併無効の判決が確定した場合には、将来に向かってその合併は無効となる。→○(18-39-エ)

※6 具体例をイメージ

例えば、複数の事業部門を有する会社が、そのうちの1つの事業部門を他の会社に承継させることで、不採算部門のカットや効率性の向上を図る場合などである。

第2章 ― 会社法　第7節 ― 組織再編　671

分割承継会社（B社）については吸収合併存続会社と同様の手続が要求されています。

また、新設分割会社（A社）については新設合併消滅会社と、新設分割設立会社（B社）については新設合併設立会社と同様の手続が要求されています。

(3) 効力発生時期
① 吸収分割
吸収分割承継会社は、効力発生日に、吸収分割会社の権利義務を承継します（759条1項、761条1項）。

② 新設分割
新設分割設立会社は、その成立の日に、新設分割会社の権利義務を承継します（764条1項、766条1項）。

(4) 分割無効の訴え
会社分割についても、合併と同様に、訴えをもってのみ無効を主張することができます（828条9号・10号）。

5 株式交換・株式移転

(1) 株式交換・株式移転とは何か
株式交換・株式移転は、どちらも完全親子会社※1を簡易・円滑に創設するための手続です。

※1 用語
完全親子会社：親会社が子会社の発行済株式のすべてを有しているという関係にあること。

① 株式交換
株式交換とは、株式会社（A社）が、その発行済株式の全部を、他の株式会社又は合同会社（B社）に取得させることです（2条31号）。

【株式交換】

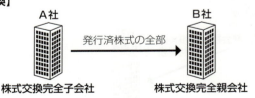

② 株式移転
株式移転とは、1又は2以上の株式会社（A社）が、その発行済株式の全部を、新たに設立する株式会社（B社）に取得さ

せることです（2条32号）。

【株式移転】

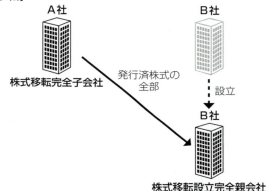

(2) 手続

　株式交換完全子会社（A社）については吸収合併消滅会社と、株式交換完全親会社（B社）については吸収合併存続会社と同様の手続が要求されています。

　また、株式移転完全子会社（A社）については新設合併消滅会社と、株式移転設立完全親会社（B社）については新設合併設立会社と同様の手続が要求されています。

　ただし、株式交換・株式移転により各当事会社の財産が変動するわけではないことから、原則として、債権者保護手続は不要とされています。

(3) 効力発生時期

① 株式交換

　株式交換完全親会社は、効力発生日に、株式交換完全子会社の発行済株式（株式交換完全親会社の有する株式交換完全子会社の株式を除く）の全部を取得します（769条1項、771条1項）。

② 株式移転

　株式移転設立完全親会社は、その成立の日に、株式移転完全子会社の発行済株式の全部を取得します（774条1項）。

(4) 株式交換・株式移転無効の訴え

　株式交換・株式移転についても、合併と同様に、訴えをもっ

てのみ無効を主張することができます（828条1項11号・12号）。

6 株式交付

(1) 株式交付とは何か

株式交付とは、株式会社（A社）が他の株式会社（B社）をその子会社とするために当該他の株式会社（B社）の株式を譲り受け、当該株式の譲渡人に対して当該株式の対価として当該株式会社（A社）の株式を交付することです（2条32号の2）。

株式会社が他の株式会社を子会社とする手続としては株式交換がありますが、株式交換の場合はその発行済株式の全部を取得させなければならず、一部のみを取得させて子会社とする手続が存在しなかったため、令和元年の会社法改正により、この株式交付の手続が創設されました。

【株式交付】

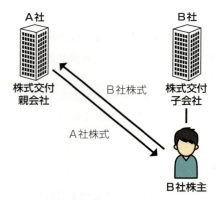

(2) 手続

株式交付親会社については、合併の場合と同様の手続が要求されています。

他方、株式交付子会社については、手続の規定は設けられていません。

(3) 効力発生時期

株式交付親会社は、効力発生日に、株式交付子会社の株式を譲り受けたものとされ（774条の11第1項）、株式交付子会社の

株式の譲渡人は、効力発生日に、株式交付親会社の株式の株主となります（774条の11第2項）。

（4）株式交付無効の訴え

　株式交付についても、合併と同様に、訴えをもってのみ無効を主張することができます（828条1項13号）。

確認テスト

□□□ **1** 事業の全部の譲渡については、原則として、株主総会の特別決議が必要である。

□□□ **2** 吸収合併とは、2つ以上の会社がする合併であって、合併により消滅する会社の権利義務の全部を、合併により設立する会社に承継させるもののことである。

□□□ **3** 吸収分割や新設分割は、その会社の種類にかかわらず行うことができる。

□□□ **4** 株式交換や株式移転を行う場合、債権者保護手続が必要である。

解答 **1** ◯（467条1項、309条2項11号）　**2** ✕ 新設合併である（2条27号・28号）。
3 ✕ 吸収分割会社や新設分割会社となることができるのは、株式会社又は合同会社に限られる（2条29号・30号）。　**4** ✕ 原則として債権者保護手続は不要である。

第2章 ― 会社法　第7節 ― 組織再編　675

第5部

基礎法学

▶ 科目別ガイダンス	················ 678

第1章	**法学概論**	······················ 680
第1節	法とは何か　※	················ 680
第2節	法の効力	·························· 685
第3節	法の解釈	·························· 688
第4節	法律用語　※	················· 690

第2章	**紛争解決制度**	·················· 694
第1節	裁判制度　※	·············· 694
第2節	裁判外紛争解決手続	············· 703

※は『スタートダッシュ』掲載テーマです。

科目別ガイダンス

1 基礎法学とは何か

　基礎法学とは、法律を学ぶ上で知っておくべき基礎的な事項のことです。つまり、法律の規定を読み進めていくために必要となる知識（例：法律用語の意味）のことです。学問上ではこれを法学概論といいます。

　もっとも、行政書士試験における基礎法学の問題では、法学概論のみならず、裁判制度や裁判外紛争処理手続のような紛争解決制度がよく出題されています。これは、純粋な意味での基礎法学とは若干異なりますが、実際に出題されている以上、行政書士試験においては基礎法学に含まれるものと考えておきましょう。

【行政書士試験における基礎法学】

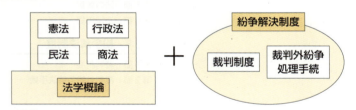

2 出題傾向表

　10年間（平成24年度～令和3年度）分の本試験の出題傾向を表にまとめました。なお、平成29年度は、犯罪論（罪刑法定主義）、法思想といったマイナーなテーマからの出題でしたので、出題傾向表は空欄になっています。

(1) 法学概論

	24	25	26	27	28	29	30	元	2	3
法とは何か	○						○			
法の効力										○
法の解釈		○								
法律用語	○		○							

○：そのテーマから出題、△：肢の1つとして出題

(2) 紛争解決制度

	24	25	26	27	28	29	30	元	2	3
裁判制度		○		○	○			○	○	
裁判外紛争処理手続									○	

○：そのテーマから出題、△：肢の１つとして出題

③ 分析と対策

（1）学習指針・学習内容

　基礎法学は、具体的な条文があるわけではなく出題範囲がわかりづらい上に、例年２問（８点）しか出題されないことから、深入りすべきでない科目といえます。また、基礎法学は、法律用語、裁判制度の出題頻度が若干高いという点を除き、全範囲から満遍なく出題されていますので、ヤマを張るのも難しい科目です。

　他方で、基礎法学は、他の法令科目を学習していれば正解できるような問題が出されることも少なくありません。その点で、改めて対策をする必要性もさほど大きくないものといえます。

　そこで、基礎法学については、あまり多くの時間を割かずに、**過去問で出題された知識を押さえる程度にとどめる**とよいでしょう。２問とも正解しようとするのではなく、１問正解できれば十分といった割り切りが必要な科目といえます。

（2）得点目標

　基礎法学は、**５割正解**できれば十分でしょう。

【基礎法学の得点目標】

出題形式	出題数	得点目標
５肢択一式	２問（８点）	1問（4点）

第5部 基礎法学

第1章 法学概論

第1節 法とは何か　重要度 B

学習のPOINT

ここでは、社会規範のうち「法」と「道徳」の違いについて学習していきます。また、「法」については、より詳しく学習していきます。

1 法と道徳

　人間は他人とまったく無関係に生きることはできず、他人とともに社会生活を営むことになります。もっとも、社会生活の中で1人1人が自分のしたいように行動していたら、他人との間で争いが生じ、社会秩序が乱れてしまいます。

　そこで、社会秩序を維持するため、社会生活においては「～しなければならない」「～してはならない」といった一定のルールが必要となります。これを社会規範といいます。

　社会規範には、大きく分けて法と道徳の2つがあります。両者の違いは以下のとおりです。

【法と道徳】

	法	道徳
意味	国家という政治社会において政治的権力作用を背景に強制される社会規範	善を理念として誠実・仁義等の多元的な価値判断をなす社会規範 ※1
特徴	①国家による制裁（サンクション）を伴うものである ②人間の外面的な行為に関係する規範 ③法的義務には原則として相手方が存在する ④法的義務は他の動機に基づいて行われることを許容する	①国家による制裁（サンクション）を伴うものではない ②人間の内心に関係する規範 ③道徳上の義務には相手方が存在しない ④道徳上の義務はそれが自らの意思により行われることを要求する

※1 具体例をイメージ

例えば、「人には親切にすべきである」といったものである。

2 成文法（制定法）

法は、文字・文章で表現され所定の手続に従って定立される**成文法（制定法）**と、社会における実践的慣行を基礎として生成する**不文法**とに大別されます。

（1）成文法主義

成文法は、日本のような成文法主義をとる大陸法系諸国においては、原則として他の諸々の法源[※2]に優先する第一順位の法源として中心的な地位を占めています。[※3]

そして、成文法主義は、社会の構成員に行動基準を指示し、裁判官に裁判の基準を明確に示すのに役立つという長所がある半面、時代の変化には即応しにくいという短所があります。

（2）成文法の分類

① 公法・私法・社会法

	意味	具体例
公法	国家の統治権の発動に関する法	憲法、行政法、刑法[※4]、訴訟法[※5]
私法	私人間の法律関係を規律する法	民法、商法
社会法	生存権理念に基づき、私的自治に対する国家権力又は集団的自治による制限を定める法	労働法、社会保障法

② 実体法と手続法　過30-2-イ

	意味	具体例
実体法	権利・義務の種類・変動・効果を規律する法	民法、刑法、商法
手続法	実体法を具体的事件に適用する手続に関する法	訴訟法、不動産登記法、戸籍法

（3）成文法相互の関係

① 上位法と下位法

成文法には、上下関係があります。以下の表は、上位法から下位法へと並べてあります。

※2 用語

法源：法の存在形式のこと。

※3 参考

判例法主義をとる英米法系諸国でも、制定法は判例法に優先し、判例を変更する効力が認められている。

※4 用語

刑法：どのような行為が犯罪となり、犯罪に対してどのような刑罰が科されるかを定めた法律のこと。

※5 用語

訴訟法：訴訟を規律する法律の総称のこと。具体的には、行政事件訴訟法・民事訴訟法・刑事訴訟法などがある。

第1章 — 法学概論　第1節 — 法とは何か　681

【成文法の上下関係】

憲法	国の根本について定めた法
法律	国会が制定した法
命令　政令	内閣が制定した法
内閣府令	内閣総理大臣が制定した法
省令	各省大臣が制定した法
規則	委員会（公正取引委員会※1 など）や庁の長官（国税庁長官など）が制定した法　過21-1-ア
条例	地方公共団体の議会が制定した法　過21-1-ア
規則	地方公共団体の長（都道府県知事・市町村長など）が制定した法　過21-1-ア

※1 用語
公正取引委員会：独占禁止法（私的独占の禁止及び公正取引の確保に関する法律）の運用に当たる委員会のこと。

② **一般法と特別法**

　一般法とは、ある事項について一般的に規定した法令のことであり、**特別法**とは、同じ事項について特定の場合又は特定の人・地域に限って適用される法令のことです。※2　過30-2-ウ

　一般法と特別法の間では、特別法が一般法に優先して適用され、一般法は特別法に規定のない事項についてのみ補充的に適用されます。過21-1-イ

※2 具体例をイメージ
例えば、一般市民の取引について規定した民法は一般法、会社などの商人の取引について規定した商法は特別法となり、商法が民法に優先して適用される。

【一般法と特別法】

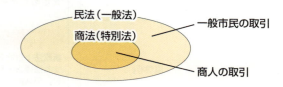

③ **前法と後法**

　時間的に後に制定された法（**後法**）は、先に制定された法（**前法**）に優先して適用されます。※3　過21-1-イ

④ **基本法**

　教育基本法、環境基本法など「基本法」という名称を持つ法律であっても、各議院の**通常の多数決**を経て制定されます。また、通常の法律をもって基本法の規定を改廃することもできます。過21-1-ウ

※3 参考
前法が後法の特別法に当たる場合は、前法が後法に優先する。過20-1-5、3-2-4

3 不文法

不文法には、以下のような種類があります。

（1）判例

① 判例とは何か

判例とは、先例として機能する裁判例・判決例のことです。[4]

判例は、一般的見解によれば、英米法系の国では後の事件に対して法的な拘束力を有する法源とされてきましたが、大陸法系の国では法源とはされてきませんでした。過24-1-1

しかし、日本では、大陸法系の国と同様に成文法主義をとっているにもかかわらず、先例としての判例に従うことが裁判実務上の慣行となっており、判例も法源とされています。[5]

② 判決理由の拘束力

英米法系の国では、判決理由のうち結論を導く上で必要な部分をレイシオ・デシデンダイ、それ以外の部分を傍論（オビタ・ディクタム）と呼び、前者には判例法としての拘束力を認めていますが、後者にはこれを認めていません。過24-1-2

（2）慣習法 [6]

① 慣習法とは何か

慣習法とは、社会において一定の行動様式が繰り返し継続的に行われることによって定着し、かつ、社会の構成員がそのような慣習を自分たちの行動の正当化理由として用いることによって法として確信するようになった場合に成立するもののことです。過30-2-エ

② 慣習法の要件

公の秩序又は善良の風俗に反しない慣習は、法令の規定により認められたもの又は法令に規定されていない事項に関するものに限り、法律と同一の効力を有します（法の適用に関する通則法3条）。

③ 任意規定と異なる慣習

法令中の公の秩序に関しない規定と異なる慣習がある場合において、法律行為の当事者がその慣習による意思を有しているものと認められるときは、その慣習に従います（民法92条）。

---

[4] 参考

判例という語は、広義では過去の裁判例を広く指す意味でも用いられ、この意味での判例に含まれる一般的説示が時として後の判決や立法に大きな影響を与えることがある。過24-1-3

[5] 参考

下級審が最高裁判所の判例に反する判決を下した場合、最高裁判所は申立てに対して上告審として事件を受理することができる（民事訴訟法318条1項）。過24-1-4

[6] 参考

国際法は国家間の合意に基づいて成立するが、その合意には明示のものと黙示のものがあり、明示のものは条約であり、黙示のものは国際慣習法であって、この両者が国際法の法源となる。

第1章 ― 法学概論 第1節 ― 法とは何か 683

このように、民法は、強行規定ではなく、任意規定（公の秩序に関しない規定）に関して、慣習が法律行為の基準として実質的に法源となることを認めています。

④　商慣習

商事に関しては、商法に定めがない事項については商慣習に従い、商慣習がないときは、民法の定めるところによるとされています（商法1条2項）。過28-36-2

⑤　慣習刑法の禁止

犯罪と刑罰の内容は、あらかじめ法律によって規定されたものでなければなりませんから（これを罪刑法定主義といいます）、慣習法は刑法の直接の法源とはなり得ません。

(3) 条理

条理とは、社会生活において相当多数の人々が一般的に承認している道理・筋道のことです。※1

日本では、1875年（明治8年）の太政官布告103号裁判事務心得3条が条理の法源性を認めた根拠とみられています。

> **※1 参考**
>
> 民事裁判では、適用すべき法律がない場合、条理に従って裁判すべきであるが、刑事裁判では、適用すべき法律がない場合、条理に従って裁判することはできず、罪刑法定主義に従って無罪判決を下すべきとされている。

確認テスト

□□□ **1** 日本において、他の諸々の法源に優先する第一順位の法源として中心的な地位を占めているのは、判例法である。

□□□ **2** 一般法と特別法の間では、一般法が特別法に優先して適用される。

□□□ **3** 商事に関しては、商法に定めがない事項については民法の定めに従い、民法の定めがないときは、商慣習の定めるところによる。

解答 **1**×成文法である。　**2**×特別法が一般法に優先して適用される。　**3**×商慣習と民法の順序が反対である（商法1条2項）。

第2節 法の効力

重要度 A

学習のPOINT
ここでは、法はどのような範囲で効力を生じるのかについて見ていきます。基礎法学の中では出題頻度が高いテーマなので、しっかりと学習しておきましょう。

1 時間的適用範囲

(1) 発生時期

法は、<u>公布</u>※2 され、かつ<u>施行</u>※3 された日（施行期日）から国民に対する効力を生じます。※4 過23-1-3

なお、法令は、その<u>附則</u>において、施行期日について規定していることが通例です。

【公布・施行がなされる日】

	公布がなされる日	施行がなされる日
法律	奏上の日から30日以内に公布しなければならない（国会法66条）	施行期日の定めがあるときを除き、公布の日から起算して20日を経過した日から施行される（法の適用に関する通則法2条）過20-1-3、3-2-2
条例	普通地方公共団体の長は、条例の送付を受けた場合には、再議その他の措置を講じた場合を除き、その日から20日以内にこれを公布しなければならない（地方自治法16条2項）過26-23-4	特別の定めがあるものを除き、公布の日から起算して10日を経過した日から施行される（地方自治法16条3項）

(2) 失効時期

法は、原則として、<u>改廃</u>されるまで国民に対する効力を生じます。

もっとも、有効期間が限定されている<u>限時法</u>の場合、その期間が経過すると失効します。過23-1-2、3-2-5

(3) 遡及適用

法は、原則として、<u>遡及して</u>適用することができません。し

※2 **用語**
公布：成立した法令を国民一般に周知させる目的で公示する行為のこと。慣行として官報によることとされている。

※3 **用語**
施行：法令の効力を現実に発生させること。

※4 **参考**
施行期日の定めにより、法令が公布日から施行されることもある。過3-2-1

たがって、法に規定された罰則が、施行期日前の事実につき行為者に不利に適用されることはありません。※1 ※2

もっとも、適用される者にとって有利な場合には、遡及適用が認められます。

2 場所的適用範囲

(1) 属地主義の原則

日本の法令は、原則として、日本の領域内にいるすべての人に対して効力を有します（これを属地主義といいます）。※3 ※4 過20-1-1、23-1-1

(2) 属地主義の例外

属地主義の例外としては、以下のようなものがあります。

① 属人主義

属人主義とは、その人の属する国の法令が、その人が国内にいるか国外にいるかを問わず適用されるというルールのことです。※5

② 保護主義

保護主義とは、国益を保護するため、その人の国籍や、その人が国内にいるか国外にいるかを問わず、法令を適用するというルールのことです。※6

③ 旗国主義

日本に属する船舶・航空機内では、外国の領域内や公海においても日本の法令が効力を有することがあります（刑法1条2項）。過20-1-1、3-2-3

④ 治外法権

外国の外交使節等の治外法権は、属地主義の例外とされています。

⑤ 地方自治特別法

地域の特性に鑑み特別の地域に限って規制を行ったり、規制の特例措置をとったりする地方自治特別法も認められています。過23-1-4

※1 参考

法令に違反する行為に対して刑罰の定めがあり、その法令の失効前に違反行為が行われた場合には、その法令の失効後においても処罰を行うことができる。過20-1-4

※2 参考

法律の廃止に当たって廃止前の違法行為に対し罰則の適用を継続する旨の規定をおくことは許される。過23-1-5

※3 具体例をイメージ

例えば、外国人が日本において窃盗罪を行った場合、日本の刑法が適用される（刑法1条1項）。

※4 参考

渉外的な要素が含まれる事件については、わが国の裁判所が外国の法令を準拠法として裁判を行うことがある（法の適用に関する通則法36条、38条）。他方、外国の裁判所がわが国の法令を準拠法として裁判を行うこともある（法の適用に関する通則法41条本文）。過20-1-2

※5 具体例をイメージ

例えば、日本人が日本国外において殺人罪などの重大犯罪を行った場合、日本の刑法が適用される（刑法3条）。

※6 具体例をイメージ

例えば、外国人が日本国外において内乱罪や通貨偽造罪などの日本の国益を害する犯罪を行った場合、日本の刑法が適用される（刑法2条）。週18-2-イ

確認テスト

□□□ **1** 法は、公布された日から国民に対する効力を生じる。

□□□ **2** 法は、原則として遡及して適用することができる。

□□□ **3** 日本の法令は、原則として、日本の領域内にいるすべての人に対して効力を有する。

□□□ **4** 日本に属する船舶・航空機内では、外国の領域内や公海においても、日本の法令が効力を有することがある。

解答 **1**✕施行されることも必要である。 **2**✕原則として遡及して適用することができない。 **3**○属地主義の原則である。 **4**○（刑法1条2項）

憲法　行政法　民法　商法　**基礎法学**　一般知識

第1章 — **法学概論**　第2節 — 法の効力　**687**

第3節 法の解釈

重要度 B

学習のPOINT
法の解釈は、各種の論理解釈の手法の意味とその具体例を一読して押さえておけば十分です。

1 法の解釈とは何か

法の解釈とは、法の内容を明らかにすることです。法の適用にあたっては、法の解釈という作業が必要になります。

法の解釈においては、法的安定性の要請（人・事物・状況等の差異をあまり考慮せず、画一的な解決をせよとの要請）と具体的妥当性の要請（差異に応じたきめの細かい扱いをせよとの要請）を調和させなければなりません。※1

※1 参考
行政法においては一般的に法的安定性の要請が強調され、民法においては一般的に具体的妥当性の要請が強調される。

2 法の解釈の種類

(1) 文理解釈

文理解釈とは、法規の文字・文章の意味を通常の言葉の意味や文法に従って解釈することです。

(2) 論理解釈

論理解釈とは、法規の文字・文章の意味を論理の法則に従って明らかにすることです。

論理解釈には、以下の5種類があります。

【論理解釈】

	意味	具体例
拡大解釈※2	法規の文字・文章の意味を常識的意味よりも広げて解釈すること 過 25-1-4	刑法38条3項本文の「法律を知らなかったとしても、そのことによって、罪を犯す意思がなかったとすることはできない。」との規定にいう「法律」とは、法律のほか、政令・省令・条例・規則など一切の法令を含むとする解釈

※2 参考
法規の条文を拡大解釈することも認められている。

縮小解釈	法規の文字・文章の意味を限定して狭く解釈すること 過25-1-5	民法754条本文の「夫婦間でした契約は、婚姻中、いつでも、夫婦の一方からこれを取り消すことができる。」との規定にいう「婚姻中」とは、単に形式的に婚姻が継続しているというだけでなく、実質的にもそれが継続していることをいうとする解釈	
類推解釈[※3]	ある事項を直接に規定した法規がない場合に、それと類似した事項について規定した法規を間接的に適用すること 過25-1-3	債務不履行による損害賠償について賠償すべき損害の範囲を定めた民法416条の規定は、不法行為による損害賠償についても適用されるとする解釈	※3 参考 刑法においては、罪刑法定主義に反することから、類推解釈をすることは許されないのが原則である。もっとも、被告人に有利な類推解釈をすることは許される。
反対解釈	ある事項を直接に規定した法規がない場合に、他の事項について規定した法規と反対の結論を導き出すこと 過25-1-1	民法96条3項に「詐欺による意思表示の取消しは、善意でかつ過失がない第三者に対抗することができない。」とあることから、強迫による意思表示の取消しであれば、善意でかつ過失がない第三者にも対抗できるとする解釈	
勿論解釈	法規の文字・文章の意味から当然考えられる事項を導き出すこと 過25-1-2	公園の入口にある「自転車の乗り入れを禁止する」という看板を見て、その「自転車」とは「自転車に乗った人」のことであるとする解釈	

確認テスト

☐☐☐ **1** 類推解釈とは、法規の文字・文章の意味を常識的意味よりも広げて解釈することである。

☐☐☐ **2** 債務不履行による損害賠償について賠償すべき損害の範囲を定めた民法416条の規定は、不法行為による損害賠償についても適用されるとする解釈は、反対解釈である。

解答 **1** ✕ 拡大解釈である。 **2** ✕ 類推解釈である。

第4節 法律用語

学習のPOINT
法律用語については、出題頻度が高いだけでなく、他の法令科目の条文を読む際にも役立ちますので、じっくりと学習しておきましょう。

1 段階的な使い方がなされる法律用語

(1) 又は・若しくは

選択される語句に段階がある場合には、段階がいくつあっても、一番大きな選択的接続に「又は」を用い、その他の小さな選択的接続には「若しくは」を用います。週22-1、26-2-2 ※1

選択される語句に段階がない場合には、「又は」を用います。

【「又は」「若しくは」の使い方】
「国会の両院若しくは一院又は議会の議決によってされる処分」（行政手続法3条1項1号）

の議決によってされる処分

(2) 及び・並びに

並列される語句に段階がある場合には、段階がいくつあっても、一番小さな並列的接続に「及び」を用い、その他の大きな並列的接続には「並びに」を用います。週26-2-1

並列される語句に段階がない場合には、「及び」を用います。

【「及び」「並びに」の使い方】
「両議院は、各々国政に関する調査を行ひ、これに関して、証人の出頭及び証言並びに記録の提出を要求することができる。」（憲法62条）

※1 過去問チェック

「又は」と「若しくは」は、いずれも前後の語句を選択的に連結する接続語であり、選択される語句に段階がある場合には、一番大きな選択的連結にだけ「又は」を用い、他の小さな選択的連結には全て「若しくは」を用いる。→○（26-2-2）

※2 具体例をイメージ

例えば、民法721条は、「胎児は、損害賠償の請求権については、既に生まれたものとみなす。」と規定しているが、これは、胎児の損害賠償請求権については、既に生まれた人と同一に扱うということである。

$$\left\{\begin{array}{l}\text{証人の}\boxed{\text{出頭}}\text{及び}\boxed{\text{証言}}\\\qquad\boxed{\text{並びに}}\\\boxed{\text{記録の提出}}\end{array}\right\}\text{を要求することができる}$$

2 意味の紛らわしい法律用語

（1）みなす・推定する　圏20-2-ア・イ

「みなす」とは、本来性質が違うものを同一のものとして法律が認め、同一の効果を生じさせることです。※2

これに対して、「推定する」とは、ある事実について、当事者間に取決めがない場合や反対の証拠が挙がらない場合に、法が一応こうであろうという判断を下し、そのような取扱いをすることです。※3

このように、「みなす」の場合、反対の証拠が挙がっても取扱いは覆りませんが、「推定する」の場合、反対の証拠が挙がれば取扱いが覆ります。

（2）適用する・準用する・例による　圏26-2-4

「適用する」とは、その規定が本来の目的としている対象に対して当該規定をあてはめることです。

これに対して、「準用する」とは、他の事象に関する規定を、それに類似する事象について必要な修正を加えてあてはめることです。※4　圏20-2-ウ

また、「例による」とは、1つの法令のまとまりのある制度全体を包括的に他の事項に当てはめることです。※5　圏20-2-エ

（3）違法・不当

「違法」とは、法に違反することです。

これに対して、「不当」とは、その行為又は状態が実質的に妥当性を欠くことをいい、必ずしも違法であることを要しません。

（4）権限・権原

「権限」とは、ある法律行為又は事実行為をすることができる能力のことです。

これに対して、「権原」とは、ある法律行為又は事実行為を

※3 具体例をイメージ

例えば、民法573条は、「売買の目的物の引渡しについて期限があるときは、代金の支払についても同一の期限を付したものと推定する。」と規定しているが、これは、売買の目的物の引渡期限が3月1日とされていた場合、当事者間に取決めがなく反対の証拠も挙がらなければ、代金の支払期限も3月1日となるということである。

※4 具体例をイメージ

例えば、不可分債務に関する民法430条は、連帯債務に関する民法436条（「…数人が連帯債務を負担するときは、債権者は、その連帯債務者の1人に対し、…全部…の履行を請求することができる。」）を準用しているから、「…数人が不可分債務を負担するときは、債権者は、その不可分債務者の1人に対し、…全部…の履行を請求することができる。」ということになる。

※5 参考

法令が改廃された場合で、旧規定は効力を失っているが、なお一定の事項について包括的に旧規定が適用されていた場合と同様に取り扱うときには、「なお従前の例による」という表現が用いられる。圏20-2-オ

憲法

行政法

民法

商法

基礎法学

一般知識

第1章 — 法学概論　第4節 — 法律用語　**691**

することを正当であるとする法律上の原因のことです。

（5）侵す・犯す

「侵す」とは、権利又は自由を害することです。

これに対して、「犯す」とは、刑罰法規において罪とされる行為をすることです。

（6）期限・期間

「期限」と「期間」とは、共にある時間的な長さをもつ観念ですが、「期限」は、始期以後又は終期以前における不定の時間的広がりをもつのに対し、「期間」は、その始期と終期の間の一定の時間的長さである点で差異があります。

（7）遅滞なく・直ちに

「遅滞なく」と「直ちに」とは、いずれも時間的遅延を許さない趣旨の用語ですが、「遅滞なく」においては、正当な、又は合理的な理由による遅延は許容されるものと解されているのに対し、「直ちに」においては、一切の遅延が許されないものと解されています。[※1]

（8）規定・規程

「規定」とは、法令における個々の条項の定めのことです。

これに対して、「規程」とは、法令における一連の条項の総体のことです。

（9）以上・超える、以下・未満

「以上」とは、基準となる数量を含んでそれより多いことであり、「超える」とは、基準となる数量を含まないでそれより多いことです。

また、「以下」とは、基準となる数量を含んでそれより少ないことであり、「未満」とは、基準となる数量を含まないでそれより少ないことです。

（10）その他・その他の　週26-2-3

「その他」は、前後の語句を並列の関係に並べる場合に用いる用語です。例えば、「C、Dその他Y」とある場合は、C、D、Yは、並列の関係にあります。

これに対して、「その他の」は、後の語句が前の語句を含むより広い意味を持つ場合（前の語句が後の語句の例示である場

※1 参考

「速やかに」も時間的遅延を許さない趣旨の用語であり、「直ちに」よりは時間的な緊急度が低く、「遅滞なく」よりは時間的な緊急度が高い。週26-2-5

合）に用いる用語です。例えば、「A、Bその他のX」とある場合には、A、Bは、Xの例示としてXに包含されます。

確認テスト

□□□ **1** 選択される語句に段階がある場合には、段階がいくつあっても、一番大きな選択的接続に「若しくは」を用い、その他の小さな選択的接続には「又は」を用いる。

□□□ **2** 「みなす」の場合、反対の証拠が挙がっても取扱いは覆らないが、「推定する」の場合、反対の証拠が挙がれば取扱いが覆る。

□□□ **3** 「権限」とは、ある法律行為又は事実行為をすることを正当であるとする法律上の原因のことである。

□□□ **4** 「以上」とは、基準となる数量を含んでそれより多いことであり、「超える」とは、基準となる数量を含まないでそれより多いことである。

解答 **1** ✕ 「又は」と「若しくは」が反対である。 **2** 〇 **3** ✕ 「権限」ではなく「権原」である。 **4** 〇

憲法

行政法

民法

商法

基礎法学

一般知識

第1章 — **法学概論** 第4節 — 法律用語 **693**

第5部 基礎法学

第2章 紛争解決制度

第1節 裁判制度

学習のPOINT

裁判制度は、基礎法学の中でも一番の頻出テーマです。出題範囲の絞りにくい基礎法学において、安定した得点の見込める分野ですので、しっかり学習しておきましょう。

1 裁判とは何か

　裁判とは、司法機関としての裁判所・裁判官が現実の紛争を解決する目的でなす公権的な法的判断の表示のことです。

　裁判には、大きく分けて、私人間の権利義務に関する紛争を解決する**民事裁判**と、犯罪を行った者の処罰を求める**刑事裁判**があります。※1

【民事裁判と刑事裁判】

	民事裁判	刑事裁判
訴える人	原告	検察官
訴えられる人	被告	被告人

※1 参考
民事裁判の手続については民事訴訟法が、刑事裁判の手続については刑事訴訟法が、それぞれ定めている。

2 裁判の基本原則

(1) 当事者主義

　当事者主義とは、主張・立証の主導権を裁判の当事者に委ね、裁判官は審判の立場からその過程を整理して、最終的に優劣を判断するにとどめる原則のことです。日本では、民事裁判においても刑事裁判においても、当事者主義が採用されています。

（2）自由心証主義

自由心証主義とは、裁判所が証拠に基づき事実認定をするに当たり、裁判官の自由な判断に委ねる原則のことです。日本では、民事裁判においても刑事裁判においても、自由心証主義が採用されています（民事訴訟法247条、刑事訴訟法318条）。

したがって、ある事件について民事裁判と刑事裁判が行われる場合には、それぞれの裁判において異なる事実認定がなされることもあります。

（3）証明責任（挙証責任）

裁判所は、法令の適用の前提となる事実の存否が確定できない場合であっても、裁判を拒否することはできません。

そこで、このような場合には、その事実を存否いずれかとみなして当事者のどちらかに不利な判決をせざるを得ないことになります。この当事者の負う不利益のことを証明責任（挙証責任）といいます。

民事裁判においては、一定の法律効果を主張する当事者が、その効果の発生に必要な事実（要件事実）につき証明責任を負います。※2

これに対して、刑事裁判では、原則として検察官が挙証責任を負います。これは、刑事裁判においては、被告人の人権保障の観点から「疑わしきは被告人の利益に」の原則が採用されているためです。

3 裁判所・裁判官

（1）裁判所

裁判所は、最高裁判所と下級裁判所に大別されます。※3

① 最高裁判所

最高裁判所は、大法廷※4 又は小法廷※5 のいずれで審理を行うかを自由に決定できるのが原則です（裁判所法10条本文）。

もっとも、以下の場合には、大法廷で裁判を行わなければなりません（裁判所法10条ただし書）。週19-1-5 ※6

※2 具体例をイメージ

例えば、売買代金の支払いを請求する者は、売買契約の成立という要件事実を証明する責任を負う。

※3 参考

最高裁判所の裁判では少数意見を付すことができるが（裁判所法11条）、下級裁判所の裁判では少数意見を付すことはできない。週23-2-3

※4 用語

大法廷：全員の裁判官の合議体のこと。

※5 用語

小法廷：最高裁判所の定める員数（3人以上）の裁判官の合議体のこと。

※6 過去問チェック

最高裁判所は、大法廷または小法廷で審理を行うが、法令等の憲法違反の判断や最高裁判所の判例を変更する判断をするときは、大法廷で裁判しなければならない。→○（19-1-5）

第2章 ― 紛争解決制度　第1節 ― 裁判制度　695

【大法廷で裁判を行う必要のある場合】

1	当事者の主張に基づいて、法律・命令・規則・処分が憲法に適合するか否かを判断するとき（意見が前に大法廷でした合憲判決と同じであるときを除く）（憲法判断）
2	法律・命令・規則・処分が憲法に適合しないと認めるとき（違憲判断）
3	憲法その他の法令の解釈適用について、意見が前に最高裁判所のした裁判に反するとき（判例変更）週24-1-5

② 下級裁判所

　下級裁判所には、高等裁判所・地方裁判所・簡易裁判所・家庭裁判所の4種類があります（裁判所法2条1項）。

　それぞれの裁判所の権限及び担当裁判官の数は、以下のとおりです（細かい例外は省略しています）。

【各裁判所の権限及び担当裁判官の数】

	権限	担当裁判官の数
高等裁判所	①地方裁判所の第一審判決、家庭裁判所の判決及び簡易裁判所の刑事に関する判決に対する控訴 ②地方裁判所・家庭裁判所の決定・命令、簡易裁判所の刑事に関する決定・命令に対する抗告 ③地方裁判所の第二審判決及び簡易裁判所の判決に対する上告（刑事に関するものを除く） （裁判所法16条）	3人の裁判官による合議制（裁判所法18条）週19-1-3
地方裁判所	①簡易裁判所・家庭裁判所以外の訴訟の第一審 ②罰金以下の刑に当たる罪以外の罪に係る訴訟の第一審 ③簡易裁判所の判決に対する控訴（刑事に関するものを除く） ④簡易裁判所の決定・命令に対する抗告（刑事に関するものを除く） （裁判所法24条）	3人の裁判官による合議制で行われる場合を除き、1人の裁判官（裁判所法26条）週19-1-3

696

簡易裁判所 過19-1-4	①訴訟の目的の価額が140万円を超えない請求 ②罰金以下の刑に当たる罪、選択刑として罰金が定められている罪に係る訴訟の第一審の裁判 （裁判所法33条1項）	1人の裁判官（裁判所法35条）
家庭裁判所 過23-2-5	①家庭に関する事件の審判・調停 ②人事訴訟※1の第一審の裁判 ③少年の保護事件※2の審判 （裁判所法31条の3第1項）	3人の裁判官による合議制で行われる場合を除き、1人の裁判官（裁判所法31条の4）過19-1-3

（2）裁判官

① 種類

最高裁判所の長たる裁判官を最高裁判所長官といい、その他の裁判官を最高裁判所判事といいます（裁判所法5条1項）。

また、下級裁判所の裁判官のうち、高等裁判所の長たる裁判官を高等裁判所長官といい、その他の裁判官は判事・判事補・簡易裁判所判事といいます（裁判所法5条2項）。

② 任命

最高裁判所長官は、内閣の指名に基づいて、天皇が任命し（裁判所法39条1項）、最高裁判所判事は、内閣が任命します（裁判所法39条2項）。

また、高等裁判所長官・判事・判事補・簡易裁判所判事は、いずれも最高裁判所の指名した者の名簿によって、内閣が任命します（裁判所法40条1項）。過19-1-1

③ 定年

最高裁判所・簡易裁判所の裁判官の定年は70歳、高等裁判所・地方裁判所・家庭裁判所の裁判官の定年は65歳であり、これに達した時に退官します（裁判所法50条）。過19-1-2 ※3

4 三審制

（1）三審制とは何か

日本の裁判制度においては、3回まで裁判所の審理を受けることができる三審制が採用されています。過23-2-1

この三審制によれば、第一審判決がなされた場合、上級の裁

※1 用語

人事訴訟：離婚訴訟などの家族関係に関する訴訟のこと。

※2 用語

保護事件：非行に及んだ少年の更生のための処分を決定する事件のこと。

※3 過去問チェック

高等裁判所、地方裁判所および家庭裁判所の裁判官については65歳の定年制が施行されているが、最高裁判所および簡易裁判所の裁判官については定年の定めが存在しない。→ ✕
（19-1-2）

憲法

行政法

民法

商法

基礎法学

一般知識

判所に対してその判決の取消し・変更を求める不服申立て（控訴）をすることができます。また、控訴審判決がなされた場合、さらに上級の裁判所に対してその判決の取消し・変更を求める不服申立て（上告）をすることができます。※1 ※2 ※3

【三審制】週23-2-2、元-2-ア

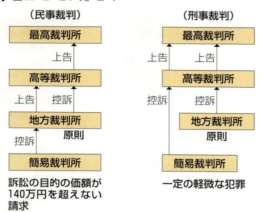

※1 参考
特許庁がなした審決に対する訴えのように、高等裁判所が第一審裁判所になることもある（特許法178条1項）。週23-2-1

※2 参考
刑事訴訟のみならず民事訴訟においても、再審（確定判決に重大な瑕疵がある場合に、確定判決の取消しと事件の再審理を求めること）の制度が認められている（刑事訴訟法435条、民事訴訟法338条）。週23-2-4

※3 参考
上級審の裁判所の裁判における判断は、その事件について、下級審の裁判所を拘束する。週元-2-オ

（2）審理の内容

ただ回数を重ねるだけでは裁判を長引かせるだけですので、民事裁判においては、事実の認定に関する事実問題は**第二審（控訴審）**までで審理しなければならず、**第三審（上告審）**では法律の解釈適用に関する法律問題についてしか審理できないのが原則です。また、刑事事件においては、事実問題は**第一審**だけで審理しなければならず、その上の審級では法律問題についてしか審理できないのが原則です。週元-2-エ

ただし、判決に影響を及ぼすべき**重大な事実の誤認**がある場合などは、上告審においても事実問題を審理することができます（刑事訴訟法411条3号）。週元-2-エ

（3）上級審の審理の方式

上級審の審理の方式には、以下の3種類があります。

続審	第1審の裁判の審理を基礎としながら、上級審においても新たな訴訟資料の提出を認めて審理を続行するもの
事後審	第1審の裁判の記録に基づいて、その判断の当否を事後的に審査するもの
覆審	第1審の裁判の審理とは無関係に、新たに審理をやり直すもの

民事訴訟における控訴審の裁判は続審、刑事訴訟における控訴審の裁判は事後審とされています。過元-2-イ・ウ

5 司法制度改革

(1) 裁判員制度

裁判員制度とは、一定の重大犯罪に関する刑事裁判の第一審において、一般市民が裁判官と合議体を構成し、審理・評決を行う制度のことです。この裁判員制度は、司法制度改革の一環として、2009年から実施されたものです。

裁判員制度の対象となる裁判においては、裁判員6人、裁判官3人（例外的に裁判員4人、裁判官1人の場合もあります）で構成される合議体が、事実の認定・法令の適用・刑の量定を行います。そして、この合議体における判断は、裁判官及び裁判員の双方の意見を含む合議体の員数の過半数の意見によることとされています。※4

なお、裁判員制度の流れは以下のようになります。

【裁判員制度の流れ】

①裁判員候補者名簿の調製
②裁判員候補者をくじで選定
⑤裁判員の選任
⑥裁判

裁判所

③呼出状の送達 ④出頭

国民

※4 よくある質問

Q「裁判官及び裁判員の双方の意見を含む合議体の員数の過半数の意見による」ってどういう意味ですか？

A①合議体の員数の過半数の賛成のみならず、②裁判官・裁判員それぞれ1人以上の賛成が必要という意味です。例えば、裁判員6名、裁判官3名、合計9名で合議体を構成している場合、①賛成が5名以上で、かつ、②その5名の中に裁判官・裁判員の両方が入っていることが必要です。

| 最重要判例 | ● **裁判員制度の合憲性**（最大判平23.11.16） |

| 事案 | 覚せい剤営利目的輸入罪などで起訴された被告人が、裁判員裁判によって懲役9年及び罰金400万円の有罪判決を受けたため、裁判員制度が憲法に違反するとして争った。 |

| 結論 | 裁判員制度は憲法に違反しない。 |

| 判旨 | ①刑事裁判の基本的な担い手について |

　裁判は、証拠に基づいて事実を明らかにし、これに法を適用することによって、人の権利義務を最終的に確定する国の作用であり、取り分け、刑事裁判は、人の生命すら奪うことのある強大な国権の行使である。そのため、多くの近代民主主義国家において、それぞれの歴史を通じて、刑事裁判権の行使が適切に行われるよう種々の原則が確立されてきた。基本的人権の保障を重視した憲法では、特に31条から39条において、適正な刑事裁判を実現するための諸原則を定めており、そのほとんどは、各国の刑事裁判の歴史を通じて確立されてきた普遍的な原理ともいうべきものである。刑事裁判を行うに当たっては、これらの諸原則が厳格に遵守されなければならず、それには高度の法的専門性が要求される。**憲法は、これらの諸原則を規定し、かつ、三権分立の原則の下に、「第6章　司法」において、裁判官の職権行使の独立と身分保障について周到な規定を設けている。こうした点を総合考慮すると、憲法は、刑事裁判の基本的な担い手として裁判官を想定していると考えられる。**過28-1

②国民の司法参加について

　他方、歴史的、国際的な視点から見ると、欧米諸国においては、上記のような手続の保障とともに、18世紀から20世紀前半にかけて、民主主義の発展に伴い、国民が直接司法に参加することにより裁判の国民的基盤を強化し、その正統性を確保しようとする流れが広がり、**憲法制定当時の20世紀半ばには、欧米の民主主義国家の多くにおいて陪審制か参審制が採用されていた。**過28-1

（2）日本司法支援センター（法テラス）

　日本司法支援センター（法テラス）は、司法制度改革の一環として、総合法律支援法に基づき、平成18年4月に設立されたものです。日本司法支援センターは、国民の司法へのアクセス拡充のため、以下のような業務を行っています。過25-2-オ [1]

※1 過去問チェック

日本司法支援センター（法テラス）が設立され、情報提供活動、民事法律扶助、国選弁護の態勢確保、いわゆる司法過疎地での法律サービスの提供および犯罪被害者の支援等の業務を行うこととなった。 → ◯（25-2-オ）

【日本司法支援センターの業務】

情報提供業務	利用者からの問合せに応じて、裁判等の法的紛争を解決するための法制度に関する情報、弁護士や隣接法律専門職の業務及び弁護士会や隣接法律専門職者の団体の活動に関する情報を無料で提供する業務　過21-2-1
民事法律扶助業務	利用者からの個別の依頼に応じて、法的紛争の解決方法について指導・助言を無料で行い、利用者の資力が十分でない場合には、弁護士や隣接法律専門職の中から適当な者を紹介して、その報酬・費用を立て替える業務　過21-2-2
国選弁護関連業務	刑事事件の被告人又は被疑者に国選弁護人を付すべき場合において、裁判所からの求めに応じて国選弁護人の候補を指名して通知を行い、選任された国選弁護人にその事務を取り扱わせて、その報酬・費用を支払う業務　過21-2-3
司法過疎対策業務	いわゆる司法過疎地域において、利用者からの個別の依頼に応じ、相当の対価を得て、弁護士や隣接法律専門職に法律事務を取り扱わせる業務　過21-2-4
犯罪被害者支援業務	犯罪の被害者やその親族等に対して、刑事手続への適切な関与やその損害又は苦痛の回復・軽減を図るための制度その他被害者やその親族等の援助を行う団体等の活動に関する情報を無料で提供する業務　過21-2-5

(3) 刑事裁判に関する改革

① 強制起訴

　平成16年の検察審査会法改正により、検察官が公訴を提起しない場合において、検察審査会が2度にわたって起訴を相当とする議決をしたときには、裁判所が指定した弁護士が公訴を提起する強制起訴の制度が導入されました。過25-2-エ

② 公判前整理手続

　平成17年の刑事訴訟法改正により、刑事裁判においては、審理が開始される前に事件の争点及び証拠等の整理を集中して行う公判前整理手続の制度が導入されました。過25-2-ウ

(4) 消費者団体訴訟制度

① 差止め請求

　平成18年の消費者契約法改正により、事業者による不当な勧誘行為・表示行為等について、内閣総理大臣の認定を受けた適格消費者団体が当該行為の差止めを請求することができる消費者団体訴訟制度が導入されました。過25-2-ア

第2章 ― 紛争解決制度　第1節 ― 裁判制度　701

② 損害賠償請求

平成25年に成立した「消費者の財産的被害の集団的な回復のための民事の裁判手続の特例に関する法律」により、一定の集団（クラス）に属する者（例えば、特定の商品によって被害を受けた者）が同一の集団に属する者の全員を代表して原告となり、当該集団に属する者の全員が受けた損害について、一括して損害賠償を請求することができるようになりました。過25-2-イ

確認テスト

□□□ **1** 日本では、民事裁判においても刑事裁判においても、自由心証主義が採用されている。

□□□ **2** 下級裁判所は、高等裁判所・地方裁判所・簡易裁判所の３種類だけである。

□□□ **3** 日本の裁判制度においては、３回まで裁判所の審理を受けることができる三審制が採用されている。

□□□ **4** 裁判員制度とは、一定の重大犯罪に関する刑事裁判の第一審・控訴審及び上告審において、一般市民が裁判官と合議体を構成し、審理・評決を行う制度のことである。

解答 **1** ○（民事訴訟法247条、刑事訴訟法318条） **2** ✕ 家庭裁判所も加えた４種類である（裁判所法２条１項）。 **3** ○ **4** ✕ 裁判員制度が採られるのは、刑事裁判の第一審のみである。

第2節 裁判外紛争解決手続

重要度 B

学習のPOINT

裁判外紛争解決手続については、裁判制度ほど頻出ではないので、和解・あっせん・調停・仲裁といった各種の方法について一読しておけば十分でしょう。

1 裁判外紛争解決手続とは何か

裁判外紛争解決手続とは、裁判によらないで民事紛争を処理（解決）しようとする手続のことであり、**ADR**（Alternative Dispute Resolution）とも呼ばれます。具体的には、和解・あっせん・調停・仲裁などの手続があります。※1 週18-1-D

裁判と裁判外紛争解決手続の違いは、以下の表のとおりです。

※1 参考
ＡＤＲを実施するため、「裁判外紛争解決手続の利用の促進に関する法律」が施行されている。

【裁判と裁判外紛争処理手続】

	裁判	裁判外紛争解決手続
長所	厳格な手続により、慎重かつ公正な判断を受けることができる	安い費用で簡易迅速な紛争解決をすることができる
相手方の合意	不要	必要
手続の公開	原則として公開	通常は非公開
解決案の拒否	不可	調停の場合は可能、仲裁の場合は不可

2 和解

（1）和解とは何か

和解とは、紛争当事者相互の譲歩（互譲）によって争いを解消し、新しい法律関係を契約によって設定することです。

（2）種類

① 裁判外の和解（和解契約）

裁判外の和解とは、裁判所の関与なしに紛争当事者間で和解

契約を締結することです。

この和解契約が成立すると、たとえ反対の確証が出たとしても、それによって何ら影響を受けないことになります（民法696条）。

② 起訴前の和解（即決和解）

起訴前の和解とは、民事紛争を訴訟によらないで処理するために、簡易裁判所に和解を申し立てることです（民事訴訟法275条）。簡易裁判所が関与している点で、単なる和解契約とは異なります。

起訴前の和解の内容を調書※1に記載したときは、その記載は、確定判決※2と同一の効力を有します（民事訴訟法267条）。

③ 裁判上の和解（訴訟上の和解）週18-1-A

裁判上の和解とは、訴訟の係属中に、期日において訴訟当事者間で和解をすることです。

裁判上の和解の場合も、その内容を調書に記載したときは、その記載は、確定判決と同一の効力を有します（民事訴訟法267条）。

3 あっせん

あっせんとは、あっせん員が紛争当事者間をあっせんし、双方の主張の要点を確かめ、事件が解決されるように努めるもののことです。

労働争議や公害紛争処理においては、あっせんによる紛争の解決が認められています。

4 調停

（1）調停とは何か

調停とは、裁判官（調停主任）1人と民間人の調停委員2人以上で構成される調停委員会が、紛争当事者を仲介して紛争を処理する手続のことです。

この調停は、法の基準によるのではなく、当事者の互譲により条理にかない実情に即した解決を図ることを目的とした紛争

※1 用語

調書：訴訟手続などの経過・内容を公証するために作成される文書のこと。

※2 用語

確定判決：通常の上訴という手段では取り消すことのできない状態に至った判決のこと。

解決方法です。週18-1-B、2-1-ア

（2）調停前置主義

家事事件手続法に基づき調停を行うことができる事件について訴えを提起しようとする者は、まず家庭裁判所に調停の申立てをしなければなりません（家事事件手続法257条1項）。これを調停前置主義といいます。※3 週18-1-B

このように調停前置主義が採用されたのは、合意による紛争処理を促進するためです。

※3 具体例をイメージ
例えば、離婚事件などである。

5 仲裁

仲裁とは、紛争当事者が争いの解決のために第三者（仲裁人）を選び、その判断によって紛争を解決することです。これは、特に商人間の紛争解決手法として古くから発達してきたものです。週18-1-C、2-1-ウ

この仲裁においては、第三者の仲裁判断に当事者が拘束される点が特徴的です。

確認テスト

□□□ **1** 和解・あっせん・調停・仲裁等の裁判によらないで民事紛争を処理しようとする手続のことをPFIという。

□□□ **2** 起訴前の和解の内容を調書に記載したときは、その記載は、確定判決と同一の効力を有する。

□□□ **3** 家事事件手続法に基づき調停を行うことができる事件について訴えを提起しようとする者は、まず家庭裁判所に調停の申立てをしなければならない。

□□□ **4** 仲裁においては、第三者の仲裁判断に当事者が拘束されるわけではない。

解答 **1** ✕ ADRである。 **2** 〇 （民事訴訟法267条） **3** 〇 （調停前置主義：家事事件手続法257条1項） **4** ✕ 仲裁判断に当事者は拘束される。

憲法

行政法

民法

商法

基礎法学

一般知識

第2章 — 紛争解決制度 第2節 — 裁判外紛争解決手続 705

第 **6** 部

一般知識

▶ **科目別ガイダンス** ……… 708

第1章	**政治** ※ …………712
第1節	政治の基本原理 ……………712
第2節	日本の政治 ……………720
第3節	日本の行政 ……………725
第4節	国際政治 ……………729

第2章	**経済** ※ …………732
第1節	経済の基本原理 ……………732
第2節	日本の経済 ……………735
第3節	日本の財政 ……………744
第4節	国際経済 ……………751

第3章	**社会** ※ …………756
第1節	環境問題 ……………756
第2節	社会保障問題 ……………761
第3節	労働問題 ……………767
第4節	消費者問題 ……………772

第4章	**情報通信** ※ …………777
第1節	情報化社会……………777
第2節	情報通信用語 ……………781
第3節	情報通信関連法 ……………790

第5章	**個人情報保護** ※ …………797
第1節	個人情報保護法 ……………797
第2節	情報公開法 ……………812

第6章	**文章理解** …………818
第1節	内容把握問題 ……………818
第2節	空欄補充問題 ……………823
第3節	並べ替え問題 ……………828

※は『スタートダッシュ』掲載テーマです。

科目別ガイダンス

1　一般知識とは何か

　行政書士試験の一般知識では、①政治・経済・社会、②情報通信・個人情報保護、③文章理解が出題されます（行政書士試験研究センター「令和3年度行政書士試験のご案内」より）。もっとも、これだけでは何が出題されるのかピンと来ないと思いますので、以下、具体的に説明していきます。

（1）政治

　政治の分野では、政治の基本原理（各国の政治体制など）、日本の政治（選挙制度など）といった大学入試の政治経済で出題されるようなテーマからよく出題されています。

　また、日本の行政（行政改革など）といった公務員試験の行政学で出題されるようなテーマからも出題されます。

（2）経済

　経済の分野では、経済の基本原理（ケインズなどの経済学者）といった学問的なテーマからの出題はほとんどなく、日本の経済（日本銀行など）、日本の財政（租税・国債など）、国際経済（貿易の自由化）といった実際の生活と密接にかかわるテーマからの出題がほとんどです。

　また、ＴＰＰ、ビットコインなどその当時話題になったテーマからの時事問題が出題されることが多いです。

（3）社会

　社会の分野では、環境問題（公害・地球温暖化・循環型社会）と社会保障問題（年金・介護保険・生活保護）からの出題が多いです。また、近年、労働問題・消費者問題といった新たに問題となってきた分野からの出題が多くなっています。

　なお、社会の分野では、毎年のように予測できないようなテーマの問題（ペット・空き家・墓地など）が出題されるのも特徴です。

（4）情報通信

　情報通信の分野では、**情報通信用語の意味**を問う問題が多く出題されています。また、**情報通信関連法**（デジタル行政推進法・公的個人認証法など）**の条文知識**を問う問題も出題されています。

（5）個人情報保護

　個人情報保護の分野では、**個人情報保護法・情報公開法の条文知識**を問う問題がほとんどです。この分野は、ほとんど法令科目と変わらない出題がなされます。

（6）文章理解

　文章理解の分野では、**大学入試の国語（現代文）のように、引用された文章を読んでその文章に関する設問に答える**という形式の問題が出題されます。

　現在の試験制度の下では、**①内容把握問題**、**②空欄補充問題**、**③並べ替え問題**の３種類の形式が出題されています。なお、平成24年度以降は、①の形式は出題されていません。

【文章理解の出題形式】

内容把握問題	文章と選択肢が用意されており、その選択肢が文章の内容に合致しているかどうかを問うもの
空欄補充問題	文章の中にいくつか空欄が用意されており、それを埋めさせるもの
並べ替え問題	文章の順序がバラバラになっており、それを正しい順序に並べ替えさせるもの

2　出題傾向表

　10年間（平成24年度〜令和３年度）分の本試験の出題傾向を表にまとめました。

（1）政治

	24	25	26	27	28	29	30	元	2	3
政治の基本原理	○					○			○	
日本の政治	○	○	○	○	○			○	○	○
日本の行政			○	○		○			○	
国際政治			○	○	○					○

○：そのテーマから出題、△：肢の１つとして出題

(2) 経済

	24	25	26	27	28	29	30	元	2	3
経済の基本原理								△		
日本の経済	○	○		○	○			△	○	
日本の財政			○						○	○
国際経済			○		○		○			○

○：そのテーマから出題、△：肢の1つとして出題

(3) 社会

	24	25	26	27	28	29	30	元	2	3
環境問題								○		
社会保障問題				○		○			○	
労働問題	○	○						○		
消費者問題						○			○	

○：そのテーマから出題、△：肢の1つとして出題

(4) 情報通信

	24	25	26	27	28	29	30	元	2	3
情報化社会			○							
情報通信用語	○	○		○	○	○		○	○	○
情報通信関連法						○				

○：そのテーマから出題、△：肢の1つとして出題

(5) 個人情報保護

	24	25	26	27	28	29	30	元	2	3
個人情報保護法	○	○				△	○	○	○	○
情報公開法	△	○		○	○	△				

○：そのテーマから出題、△：肢の1つとして出題

(6) 文章理解

	24	25	26	27	28	29	30	元	2	3
内容把握問題										
空欄補充問題	○	○	○	○	○	○	○	○	○	○
並べ替え問題	○	○	○	○	○	○	○		○	

○：そのテーマから出題、△：肢の1つとして出題

3 分析と対策

(1) 政治・経済・社会

　政治・経済・社会は、出題範囲が膨大であり、また、様々なテーマから満遍なく出題されているので、学習時間の割に点数に結びつきづらい分野です。そこで、政治・経済・社会については、あまり手を広げすぎず、過去問を徹底的

につぶしましょう。また、時事問題については、普段の生活で新聞やニュースを見ていれば十分です（特に意気込んで対策をとる必要はありません）。

　なお、政治・経済・社会の対策としてよく言われるのが、①大学入試の政治経済の参考書を読む、②公務員試験の教養科目の参考書を読む、③『現代用語の基礎知識』を読む、④官公庁のホームページを見るなどといったものです。もちろん、これらはやらないよりはやったほうがよいのですが、行政書士試験の科目は他にもたくさんありますし、政治・経済・社会にそこまで力を注ぐのは効率が悪いといえます。そこで、これらの対策に着手すべきなのは、**法令科目は合格点を超えているのに一般知識で基準点を超えられず不合格になってしまった人**のように、一般知識に特化した対策が必要な人に限られるでしょう。

　以上より、政治・経済・社会は、**8問中2問正解できれば十分**です。

（2）情報通信・個人情報保護

　政治・経済・社会と異なり、情報通信・個人情報保護は、出題範囲が絞りやすいので、重点的に学習しておく必要があります。

　特に、**個人情報保護法**は、近年、大きな改正がなされましたので、**条文を徹底的に押さえておきましょう**。また、**情報通信用語**も毎年のように出題されていますので、生活していて知らない用語に出くわしたときは、**国語辞典やインターネット検索でその意味を調べておく**とよいでしょう。

　以上より、情報通信・個人情報保護は、**3問中2問正解**を目指す必要があるでしょう。

（3）文章理解

　文章理解については、まず、**出題形式別の解き方を学習**しましょう。

　次に、**学習した解き方を使って実際に文章理解の過去問を解いてみましょう**。この繰り返しによって出題形式別の解き方をマスターしておけば、文章理解は大きく外すことはありません。

　以上より、文章理解は、**3問中2問正解**を目指す必要があるでしょう。

【一般知識の得点目標】

出題分野	出題数（5肢択一式）	得点目標
政治・経済・社会	8問（32点）	2問（8点）
情報通信・個人情報保護	3問（12点）	2問（8点）
文章理解	3問（12点）	2問（8点）

科目別ガイダンス　711

第6部 一般知識

第1章 政治

第1節 政治の基本原理

重要度 B

学習のPOINT

ここでは、民主政治の発展の経緯や、世界各国の政治体制について学習していきます。議院内閣制と大統領制が重要なので、重点的に学習しましょう。

1 民主政治の発展

（1）民主政治とは何か

民主政治とは、民主主義に基づいて行われる政治のことをいいます。そして、民主主義とは、国民が主体となって政治が行われる体制のことです。

（2）近代の政治思想

16〜18世紀のヨーロッパは、国王が強い権力をもって国民を支配する絶対王政の時代でした。

しかし、絶対王政のもとで力をつけてきた市民階級は、国王との対立を深めるようになり、自由・平等などを主張して市民革命を起こしました。その際、民主政治の原理となる思想を展開し、市民革命の理論的支柱となったのが、以下のような政治思想です。※1

【近代の政治思想】

思想家	著書	内容
コーク（クック）	—	「国王はいかなる人の下にも立たないが、神と法の下にある」というブラクトンの言葉を引いて、王権神授説を信奉する国王を諫め、これが法の支配※2 につながった　過20-47-1

※1 参考

バークは、選挙民の指示や委任に拘束されず、広く国民の立場を代表するのが代議士の役割であるとする国民代表の理念を説いた。

※2 用語

法の支配：専断的な国家権力の支配を排斥し、権力を法で拘束することによって、国民の権利・自由を擁護することを目的とする原理のこと。

ホッブズ	『リヴァイアサン』	人間は自然状態では「万人の万人に対する闘争」が生じるため、絶対権力者の存在を認めなければならないとし、社会契約説 ※3 を主張した 過20-47-2
ロック	『市民政府二論』	自然権を保障するため人々は契約を結び国家をつくると考え、政府が自然権を守らないとき人民は抵抗権を持つとし、イギリス名誉革命を擁護した 過20-47-3
ルソー	『社会契約論』	人間が社会契約によって国家をつくってからも真に自由で平等であるためには、全体の利益をめざす全人民の一般意思による統治が必要であると主張し、フランス革命に影響を与えた 過20-47-4
モンテスキュー	『法の精神』	各国の政治体制を比較しながら、自由と権力の均衡の重要性を説き、立法・執行・司法を異なる機関に担当させる三権分立制を提唱して、近代民主制に大きな影響を与えた 過20-47-5

※3 用語

社会契約説：自然権を確保するため、人々は契約を結んで国家を作るべきとする説のこと。

(3) 市民革命

市民革命は、以下のようにイギリス・アメリカ・フランスの各地で起こされました。

① イギリス

イギリスでは、1215年にマグナ＝カルタ（大憲章）が制定され、国王の恣意的な支配が制限され封建貴族の特権が認められるようになりました。これが法の支配の始まりといわれています。※4

1628年には、コーク（クック）が起草した権利請願が、議会から国王チャールズ１世に対して提出されました。

その後、1688年には名誉革命がなされ、翌1689年には議会が自由権の保障や議会主権といった「権利の宣言」をまとめた権利章典を制定し、国王ジェームズ２世がこれを受け入れました。過24-49-1

※4 参考

マグナ＝カルタには、国王の課税権の制限（同意なくして課税なし）、不当逮捕・拘禁の禁止などが規定されていた。

② アメリカ

アメリカでは、1776年６月に天賦人権論 ※5 を掲げたバージニア権利章典が制定され、同年７月には北アメリカ北東部のイギリスの13植民地が独立宣言を発表しました。その後、1787年には、フィラデルフィアの憲法制定会議で合衆国憲法が制定されました。過24-49-2

※5 用語

天賦人権論：人は生まれながらにして権利を有しているということ。

第1章 － 政治　第1節 － 政治の基本原理　713

③　フランス

　フランスでは、1789年に、フランス革命を経て、国民議会で人権宣言が採択されました。この人権宣言は、すべての人間の自由・平等、主権在民、言論の自由など、近代市民社会の原理を主張するものでした。週24-49-3、2-48-3・4

(4) 社会権の成立

　19世紀以降、資本主義化が進む中で、貧富の差が拡大し、社会的弱者が増えてきました。そこで、このような社会的な不平等をなくすため、以下のような動きが起こりました。

①　ドイツ

　ドイツでは、1919年に、社会権を初めて規定したワイマール憲法が制定されました。なお、1933年のナチス党のヒトラーの政権掌握までの共和国は、ワイマール共和国と呼ばれています。週24-49-5

②　ロシア

　ロシアでは、1917年に社会主義を推進するロシア革命が起き、ロシア・ウクライナ・ベラルーシ・ザカフカースの4ソヴィエト共和国が連合して、単一主権制のソヴィエト社会主義共和国連邦が建国されました。週24-49-4

2 各国の政治体制

(1) 議院内閣制と大統領制

　近代国家では、国家権力を立法権・行政権・司法権の3つに区別し、それぞれを異なる機関に担当させ、相互に抑制し合うことでバランスを保たせる権力分立が採用されています。そして、このうち立法権と行政権の関係についての代表的な制度が、議院内閣制と大統領制です。

　議院内閣制とは、立法権を担当する議会と行政権を担当する政府（内閣）が一応分立しており、政府が議会に対して連帯責任を負う政治体制のことです。※1 ※2

　他方、大統領制とは、議会と政府（大統領）が完全に分立しており、政府が議会に対して責任を負わない政治体制のことです。議院内閣制に比べて大統領制のほうが権力分立の原理が忠

※1 参考

議院内閣制を採用している国では、議会が内閣創出の基盤となるので、一般に、内閣の活動を支持する与党と内閣に反対の立場をとる野党との区別が重要になり、各政党議員の国会活動は議院内で形成される会派を中心として行われる。週19-47-ア

※2 参考

日本の国会では、国会審議の活性化を図るために、イギリス議会にならって首相と野党の党首が論戦を展開する党首討論の制度を導入し、常任委員会である国家基本政策委員会で行っている。週19-47-エ

実に適用され、立法権と行政権の分離が徹底されます。

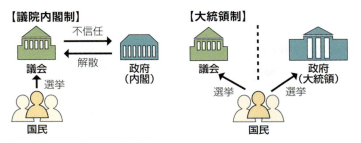

（2）イギリスの政治体制

① 立憲君主制

イギリスでは、国王を元首としながら議会で制定された法に基づいて政治が行われる<u>立憲君主制</u>がとられています。そして、国王は、「君臨すれども統治せず」といった標語に現れているとおり、政治権力を有していません。

② 議院内閣制

イギリスでは、<u>議院内閣制</u>がとられています。※3 ※4

議会は、上院（貴族院）と下院（庶民院）からなっており、国民が直接選んだ議員で構成される<u>下院</u>が優越しています。また、首相は<u>下院</u>の第一党の指導者が就任することとされています。過23-47-ア

そして、議会が下院において<u>不信任の議決</u>を行った場合には、内閣は自ら辞職するか、議決を行った下院を解散しなければなりません。過23-47-ア

なお、イギリスには、成文の憲法典が存在しません。したがって、議院内閣制も、一種の慣行として成立しているにすぎません。過19-47-イ

【イギリスの政治体制】

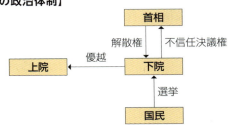

※3 参考
イギリスの議院内閣制においては、内閣を構成する閣僚は全員が議員でなければならない。過19-47-イ

※4 参考
イギリスの議院内閣制における議会は「政府対野党」の論戦の場であり、議事を主宰する議長の中立性が重んじられるが、イギリスの議会は本会議中心主義をとっているため、議院運営委員会による議事運営と各派交渉会の協議が重要な役割を果たしているわけではない。過19-47-ウ

(3) アメリカの政治体制
① 大統領制

アメリカでは、大統領制がとられ、大統領と議会については権力分立の原則が貫かれています。過23-47-イ

したがって、議会は大統領の不信任を決議することができませんし、大統領は議会の解散権・法案の提出権を有しません。過23-47-イ、25-5-1

もっとも、大統領は、議会が可決した法案の拒否権や、議会に対して法案や予算の審議を勧告する教書を送る権限を有しています。※1 過23-47-イ

② 連邦最高裁判所

連邦最高裁判所は、議会や大統領に対して強い独立性を有し、違憲立法審査権を有しています。※2

※1 参考
アメリカの大統領は、国民が大統領選挙人を選ぶ間接選挙により選出される。

※2 参考
連邦最高裁判所判事は、上院の同意を得て、大統領が任命する。

【アメリカの政治体制】

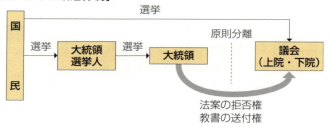

(4) フランスの政治体制

フランスでは、議院内閣制と大統領制を併存させる半大統領制がとられており、大統領のほかに内閣を代表する首相がおかれています。過23-47-ウ

大統領は、5年の任期で、国民の直接選挙によって選出されます。

そして、大統領は、首相や閣僚の任免権、下院の解散権を有しています。過23-47-ウ ※3

※3 過去問チェック
フランスでは、基本的に議院内閣制がとられており、大統領のほかに内閣を代表する首相がおかれ、大統領は外交上の儀礼的な権能を有するだけで、広く行政権は内閣に属し、かつ議会の解散権も内閣が有している。→ ✕
(23-47-ウ)

【フランスの政治体制】

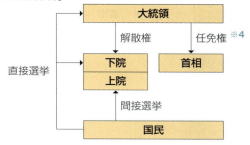

※4 参考
大統領の出身政党と下院の多数党が異なる場合、大統領は下院の多数党から首相を任命することを慣習的に行っている。これを保革共存政権（コアビタシオン）という。

(5) ドイツの政治体制

ドイツの連邦政府は、議院内閣制と大統領制の混合形態です。つまり、任期5年の大統領がおかれてはいますが、広範な権限をもつ連邦政府と総理大臣により議院内閣制がとられています。

もっとも、大統領は名目的な存在とされており、実質的には議院内閣制といえます。

【ドイツの政治体制】

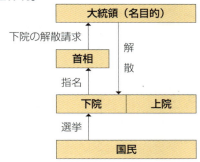

(6) ロシアの政治体制

ロシアでは、1990年代前半に成立した新憲法において三権分立制がとられていますが、大統領に首相の任命権が付与されており、連邦議会は連邦会議（上院）と国家会議（下院）の二院制となっています。週23-47-エ

【ロシアの政治体制】

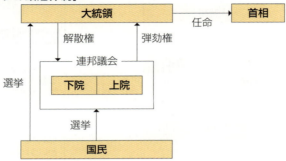

(7) 中国の政治体制

　中国では、人民民主主義に基づき、すべての権力は人民に属するとされ、最高権力をもつ一院制の全国人民代表大会（全人代）の下に、常設機関である常務委員会が設けられ、法令の制定・条約の批准など広範な権限をもっています。週23-47-オ

　また、国務院が設けられ、行政を担当しています。週23-47-オ

【中国の政治体制】

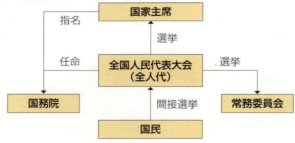

確認テスト

□□□ **1** ロックは、著書『リヴァイアサン』において、人間は自然状態では「万人の万人に対する闘争」が生じるため、絶対権力者の存在を認めなければならないとし、社会契約説を主張した。

□□□ **2** モンテスキューは、著書『市民政府二論』において、立法・執行・司法を異なる機関に担当させる三権分立制を提唱して、近代民主制に大きな影響を与えた。

□□□ **3** イギリスでは、1215年にマグナ＝カルタ（大憲章）が制定され、国王の恣意的な支配が制限され封建貴族の特権が認められるようになった。

□□□ **4** イギリスでは大統領制がとられ、大統領と議会の権力分立が貫かれている。

解答 **1**✕著書『リヴァイアサン』において社会契約説を主張したのは、ホッブズである。**2**✕モンテスキューの著書は『法の精神』である。 **3**〇 **4**✕本問はアメリカについての記述である。なお、イギリスでは議院内閣制がとられている。

憲 法

行政法

民 法

商 法

基礎法学

一般知識

第1章 － **政治** 第1節 － 政治の基本原理 **719**

第2節 日本の政治

学習のPOINT
ここでは、日本の選挙制度や政党、利益集団（圧力団体）、政治とマスメディアの関係などについて学習します。選挙制度が重要なので、重点的に学習しましょう。

1 選挙制度

（1）選挙制度の分類

選挙制度は、①1つの選挙区から1人の議員を選出する**小選挙区制**、②1つの選挙区から2人以上の議員を選出する**大選挙区制**、③得票数に比例した議員を選出する**比例代表制**に分類されます。

各制度の長所・短所は次のとおりです。

【選挙制度の長所・短所】

	長所	短所
小選挙区制 過19-48-ア、21-47-ア	二大政党制を促進し政治が安定しやすい	①死票※1が多い ②小政党の議席獲得が難しい ③ゲリマンダー※2の危険がある
大選挙区制※3	①死票が少なくなる ②候補者の選択範囲が広くなる	①選挙運動費用がかさむ ②同一政党から複数の候補者が立ち、共倒れとなりやすい
比例代表制 過19-48-イ、21-47-イ	有権者の意思を公正に反映できる	小党分立になり政治が不安定になりやすい

（2）日本の選挙制度
① 衆議院議員選挙

衆議院議員総選挙は、衆議院議員の4年の**任期満了時**と、**衆議院の解散がなされた場合**に行われます。過27-48-1

衆議院議員選挙では、小選挙区から289議席を、全国を11ブロックに分けた比例区から176議席を選出する**小選挙区比例代**

※1 用語
死票：落選者に投じられた票のこと。

※2 用語
ゲリマンダー：選挙区を多数党に有利なように区画すること。

※3 参考
中選挙区制は、本来大選挙区制の一種であり、死票が少ないという長所がある半面、政党内に派閥が生じやすいという短所がある。

※4 参考
重複立候補の場合、小選挙区で供託金没収点未満の得票だった候補者が比例代表で当選することはできない。過19-48-ウ、21-47-ウ

表並立制が採用されています。また、選挙区と比例区の重複立候補が認められています。※4 ※5 過19-48-ウ、21-47-ウ

② 参議院議員選挙

参議院議員通常選挙は、参議院議員の6年の任期満了時に行われますが、3年ごとに半数を入れ替えるため、3年に1回実施されます。過27-48-2

参議院議員選挙では、都道府県を単位とする選挙区選挙により148議席が、全国を1単位とする比例代表選挙により100議席が選出されます。

なお、2001年の参議院議員選挙から、比例代表選挙については、拘束名簿式※6 から非拘束名簿式※7 に改められています。※8 過19-48-エ、21-47-エ

(3) 2013年の公職選挙法改正

① インターネットを利用する選挙運動の解禁

インターネットが普及している現状を考慮して、有権者の政治参加の促進や選挙運動期間における候補者に関する情報の充実等を図るため、2013年の公職選挙法改正により、ホームページ・ブログ・SNS・電子メール等を利用する方法による選挙運動が解禁されました。

② 成年被後見人の選挙権の回復

従来、成年被後見人は選挙権を有しないものとされていましたが（旧公職選挙法11条1項1号）、2013年の公職選挙法改正により、成年被後見人の選挙権の回復がなされました。

2 政党

(1) 政党とは何か

政党とは、一定の政策の実現を国民に訴え、国民の支持を得て政権の獲得を目指す政治的集団のことです。※9

政党制の形態は、二大政党制と多党制に大別されます。その違いは以下の表のとおりです。

※5 参考
比例代表により選出された衆議院議員は、所属する政党を離党し、当該選挙における他の衆議院名簿届出政党に所属した時は、失職する（国会法109条の2第1項）。過27-48-3

※6 用語
拘束名簿式：選挙人は政党名に投票し、各党の当選者はあらかじめ政党が提示した候補者名簿の順に決定される方式のこと。

※7 用語
非拘束名簿式：選挙人は候補者・政党名のいずれかに投票し、各党の当選者は各候補者の得票数の順に決定される方式のこと。

※8 法改正情報
2018年の公職選挙法改正により、政党等が、候補者とする者の一部の者について、優先的に当選人となるべき候補者として、その他の候補者と区分して名簿に記載することのできる、特定枠制度が導入された。

※9 具体例をイメージ
例えば、日本における自由民主党・公明党などである。

第1章 - 政治　第2節 - 日本の政治　721

【政党制の形態】

	二大政党制[1]	多党制
長所	①政権が安定する ②支持政党が選択しやすい ③政治責任が明確である	多様な民意を国政に反映できる
短所	少数派の意見を反映しにくい	①連立政権の可能性が高いため、政権が不安定になりやすい ②政治責任が不明確になる
採用国	アメリカ・イギリス	フランス・イタリア

（2）政治資金

　日本の政党は加盟している党員数が少ないため、党員の納める党費だけでは政治資金が足りません。そこで、政党は、労働組合や宗教団体、関連する業界団体などの政治献金に頼ることが多くなっています。

　もっとも、これではお金によって政治が左右される金権政治となるおそれがあります。そこで、このような問題点を解消するため、政治資金規正法や政党助成法といった法律が制定されています。過26-47-3

① 政治資金規正法

　政治資金規正法は、政党や政治家の政治活動の公明を図り、民主政治の健全な発達に寄与することを目的としています。[2]

　そして、政治資金規正法により、政党その他の政治団体は、毎年の収支について報告することが義務付けられています。

② 政党助成法

　政党助成法は、政党の活動の健全な発達を促すことを目的として1994年に制定された法律です。[3]

　この法律に基づき、一定の要件を満たした政党に対し、国費から政党交付金が交付されます。[4] [5] [6]

3 利益集団（圧力団体）

（1）利益集団（圧力団体）とは

　利益集団（圧力団体）とは、特定の利益の増進のため、政党や政府・各省庁に働きかけ、政治的決定に影響力を及ぼそうと

※1 参考

1955年の社会党統一とそれに続く保守合同により成立した自由民主党と日本社会党の二大政党制のことを、55年体制といい、1993年に日本新党の細川内閣が成立したことによって終焉を迎えた。

※2 参考

政治家個人や資金管理団体への企業・団体献金は禁止されているが、政党への企業・団体献金は禁止されていない。過26-47-4

※3 参考

政党助成法が制定された後においても、政治家の政治資金パーティは依然として行われている。

※4 参考

政党への公的助成である政党交付金の総額は、人口に250円を乗じて得た額を基準として予算に定めることとされている。過26-47-1

※5 参考

日本共産党のように政党交付金を受給していない政党もある。過26-47-2

する団体のことです。 圏25-47-1

　この利益集団（圧力団体）は、アメリカで発達した社会集団です。

（2）種類

　利益集団（圧力団体）には、経営者団体、労働団体、医師や農業従事者の団体などがあります。[※7] 圏25-47-4

（3）活動

　利益集団（圧力団体）は、特定の政党に政治献金や選挙協力をすることで発言権を強めようとすることがあり、その結果として、利益集団（圧力団体）と密接な繋がりのある議員が登場することがあります。 圏25-47-5

　また、内閣は法案を国会に提出しますが、その法案は政党・利益集団（圧力団体）と関係省庁間の利害調整の結果として作成され、内閣法制局の審査を経たものであることが多いです。 圏25-47-3

　なお、利益集団（圧力団体）は、政党や内閣といった政治家に対してのみならず、世論（大衆）に対して働きかけをすることもあり、その活動によって世論が示されることもあります。 圏25-47-2

4 政治とマスメディア

（1）マスメディアの位置付け

　マスメディアは、ニュース報道や評論を通じて世論の形成に重大な影響を与えることから、立法・行政・司法に続く「第4の権力」と言われています。 圏22-47-ア

　現代社会では、マスメディアは政治的関心を高めるうえで不可欠の存在になっていますが、その一方で、マスメディアは政治について質の低い情報を伝えることによって、政治的無関心を助長する場合もあると指摘されています。 圏22-47-イ

（2）マスメディアの効果

　マスメディアが選挙報道において、ある候補者の有利・不利を報道することによって候補者の得票を増減させてしまうことがあり、こうした効果はアナウンス効果と呼ばれています。 圏

※6 参考

政治資金の内訳は、政治資金の内訳は、政党交付金を含む「その他収入」の割合が最も高く約半分であり、事業収入の割合がそれに次いで高くなっている。 圏26-47-2・5

※7 具体例をイメージ

経営者団体の例としては、日本経済団体連合会（経団連）が挙げられる。 圏25-47-4

憲法

行政法

民法

商法

基礎法学

一般知識

第1章 ― 政治　第2節 ― 日本の政治　723

22-47-ウ **※1**

　このアナウンス効果には、①バンドワゴン効果、②アンダードッグ（負け犬）効果の２種類があります。

【アナウンス効果】

バンドワゴン効果	選挙期間中にマスメディアが有利と報道した候補者の勝ち馬に乗ろうとする現象
アンダードッグ効果	選挙期間中にマスメディアが不利と報道した候補者の潜在的な支持者が積極的に投票に行くようになり、得票を大きく伸ばす現象 　過22-47-エ **※2**

（3）記者クラブ制度

　日本の官公庁や政党では、取材や情報提供が円滑に行われるように、会員制の記者クラブ制度がとられています。過22-47-オ

※1 過去問チェック

マスメディアが選挙報道において、ある候補者の有利・不利を報道することによって候補者の得票を増減させてしまうことがあるが、こうした効果は「アナウンス効果」と呼ばれる。→○（22-47-ウ）

※2 過去問チェック

小選挙区制度では、選挙期間中にマスメディアが不利と報道した候補者については、その潜在的な支持者が積極的に投票に行くようになり、得票を大きく伸ばす現象が見られるが、これは「バンドワゴン効果」と呼ばれる。→×（22-47-エ）

確認テスト

□□□ **1** 日本の衆議院議員選挙では、小選挙区比例代表並立制が採用されており、小選挙区と比例区の重複立候補は認められていない。

□□□ **2** 政党とは、一定の政策の実現を国民に訴え、国民の支持を得て政権の獲得を目指す政治的集団のことである。

□□□ **3** マスメディアは、ニュース報道や評論を通じて世論の形成に重大な影響を与えることから、立法・行政・司法に続く「第４の権力」と言われている。

解答 **1**✕重複立候補が認められている。　**2**○　**3**○

| 第3節 | 日本の行政 | 重要度 Ⓐ |

学習のPOINT

ここでは、国の行政に関する行政改革と、地方行政に関する地方分権について学習します。行政改革が重要ですので、重点的に学習しましょう。

1 行政改革

（1）行政改革とは何か

19世紀には、政府の機能はなるべく小さく、国防や治安の維持などに限定されるべきであるという夜警国家の考え方が主流でした。しかし、現代では、国民の福祉を実現するため大きな政府（福祉国家）が要請され、行政の範囲が拡大して権限も強くなっています。これを行政国家現象といいます。

この行政国家現象により、官僚中心の政治構造（官僚制）が進み、議会制民主主義を危うくするおそれが出てきました。そこで、政治家を中心とする内閣の機能を強化し国政を政治主導 ※3 に転換しつつ、行政のスリム化を図ることが要請されるようになりました。これが行政改革です。

（2）行政改革の流れ

① 第二次臨時行政調査会（1981年～1983年）

中曽根内閣のもとで設置された第2次臨時行政調査会は、「民間活力の活用」をすすめる観点から、旧国鉄（現ＪＲ）、旧電電公社（現ＮＴＴ）、旧専売公社（現ＪＴ）の民営化に取り組みました。過18-47-ア ※4、元-49-2

② 臨時行政改革推進審議会（1983年～1986年）

海部内閣のもとでは、3次にわたる臨時行政改革推進審議会が設置され、第3次の同審議会最終答申で「官から民へ」「国から地方へ」の改革課題が集約されました。過18-47-イ

③ 行政改革会議（1996年～1997年）

橋本内閣のもとで設置された行政改革会議は、政策の企画立

※3 用語

政治主導：内閣の機能の強化を通じ、内閣が政治のリーダーシップを取ること。

※4 過去問チェック

中曽根内閣のもとで設置された第2次臨時行政調査会は、「民間活力の活用」をすすめる観点から、旧国鉄、旧電電公社、旧郵政公社の民営化に取り組んだ。→✕（18-47-ア）

憲法 — 行政法 — 民法 — 商法 — 基礎法学 — 一般知識

案機能と実施機能の分離について提言しました。

行政改革会議は、中央省庁等改革に取り組み、「公共性の空間」は中央の官の独占物ではないとする基本理念に立って最終報告を取りまとめました。 圕18-47-エ

④ **行政改革推進本部（2006年～2011年）**

小泉内閣のもとで、2006年に行政改革推進法（簡素で効率的な政府を実現するための行政改革の推進に関する法律）が成立し、行政改革を総合的かつ集中的に実施するための本部として、内閣に行政改革推進本部が設置されました。

これを受けて、政策金融公庫が作られたり、特別会計の数が縮減されたりしました。 圕元-49-5

⑤ **行政刷新会議（2009年～2012年）**

民主党政権の誕生後、鳩山内閣は、国・地方公共団体・民間の役割の在り方の見直しを行うため、行政刷新会議を新たに設置し、そのワーキンググループにより事業仕分け [※1] が実施されました。

(3) 行政改革の手法

行政改革の具体的な手法には、以下のようなものがあります。

① **NPM**

NPM（New Public Management）とは、民間企業の経営手法を参考にしたり導入したりして、公的部門の再組織化や効率的で質の高い公的サービスの提供を図ろうとする手法のことです。これは、1980年代にイギリスのサッチャー政権において採用され、これに基づいて公的部門の見直しが行われました。
圕21-48-ア [※2]

② **エージェンシー制度**

エージェンシー制度とは、企画立案部門と実施部門を分離し、実施部門に大きな裁量を与えることによって柔軟な組織運営を目指すものです。日本でもこれをモデルに独立行政法人制度（☞P149参照）がつくられました。 圕21-48-イ

③ **PFI**

PFI（Private Finance Initiative）とは、公共施設等の建

※1 用語

事業仕分け：各事業の要否を公開の場において議論し判定する作業のこと。

※2 過去問チェック

NPM（New Public Management）は、ケインズ主義を理論的基礎として、1980年代にイギリスのサッチャー政権において採用され、これに基づいて公的部門の見直しが行われた。
→✕（21-48-ア）

設や運営に民間の資金やノウハウを活用する手法のことです。日本でもPFIを導入する「民間資金等の活用による公共施設等の整備等の促進に関する法律」が制定され、国や自治体で活用されています。過21-48-ウ

④ **指定管理者制度**

指定管理者制度とは、それまで自治体の直営か外部団体に限定されていた公共施設の管理運営を、営利企業・NPO法人などの団体にも包括的に代行させる制度のことです。この制度は、2003年の地方自治法改正によって導入されました。過21-48-エ

⑤ **市場化テスト**

市場化テストとは、民間企業と行政組織の間でサービスの質や効率性を競う入札を実施し、行政に勝る民間企業があれば、当該業務を民間企業に委託する制度のことです。過21-48-オ ※3

2 地方分権

（1）地方分権とは何か

地方公共団体は、道路等の生活基盤の整備、小中学校の教育の振興、社会福祉の増進など、国民の生活に関連する行政の大部分を担当しています。

そこで、地方公共団体を活性化するため、国の機関がもっている権限を地方公共団体に配分すべきであるとされました。これを地方分権といいます。※4

（2）地方分権一括法

1999年制定の地方分権一括法に基づく分権改革では、国と地方の関係を従来の主従関係から対等・協力の関係とし、機関委任事務 ※5 制度の廃止等の大きな成果がありましたが、地方税財政秩序の再構築などの課題が残されました。過18-48-エ、23-48-4

（3）市町村合併

全国的な規模で市町村合併が大幅に進められたのは、明治維新以降3回あり、それぞれの時期に合わせて「明治の大合併」「昭和の大合併」「平成の大合併」と呼ばれています。過23-48-2

※3 過去問チェック

市場化テストは、民間企業と行政組織の間でサービスの質や効率性を競う入札を実施し、行政に勝る民間企業があれば、当該業務を民間企業に委託する制度であるが、日本ではまだ導入されていない。
→✕（21-48-オ）

※4 参考

1995年制定の地方分権推進法にもとづいて設置された地方分権推進委員会は、市町村合併の推進を唱えたが、都道府県制に代わる道州制の検討を提言したわけではない。過18-47-ウ

※5 用語

機関委任事務：地方公共団体の首長その他の執行機関が国の指揮監督のもとに国の機関として行う事務のこと。

憲法

行政法

民法

商法

基礎法学

一般知識

第1章 ― 政治 第3節 ― 日本の行政 727

このうち、近時行われた「平成の大合併」は、地方分権の推進や生活圏の広域化への対応などを目的としたものであり、これにより市町村数が従来の約半数となっています。※1

（4）住民投票

1990年代後半以降、市町村合併や公共事業などについて、住民が自ら投票によって意思を表明する住民投票が、条例に基づいて行われました。週18-48-イ

もっとも、条例なしでも住民投票が行えるようにするための住民投票法の制定は見送られています。週23-48-5

※1 参考

「平成の大合併」において、強制合併の制度は導入されていない。週18-48-ウ

確認テスト

□□□ **1** 橋本内閣下で設置された行政刷新会議は、政策の企画立案機能と実施機能の分離について提言した。

□□□ **2** 市場化テストとは、民間企業と行政組織の間でサービスの質や効率性を競う入札を実施し、行政に勝る民間企業があれば、当該業務を民間企業に委託する制度のことである。

□□□ **3** 1999年制定の地方分権一括法に基づく分権改革では、機関委任事務制度が廃止された。

□□□ **4** 近時、条例なしでも住民投票が行えるようにするための住民投票法が制定された。

解答 **1**✕橋本内閣下で設置されたのは行政改革会議である。なお、行政刷新会議は鳩山内閣下で設置されたものである。　**2**〇　**3**〇　**4**✕条例なしで住民投票が行えるようにするための住民投票法の制定は見送られている。

第4節 国際政治

重要度 B

学習のPOINT
ここでは、国家とは何かについて学習した上で、国家と国家の間の紛争を調整する役割を果たしている国際連盟・国際連合について学習していきます。

1 国家

国家は、①領域、②国民、③主権の3つの要素から成り立っています。

（1）領域

領域とは、領土・領海・領空の総称です。

① 領土

領土とは、国家が最高の支配権を排他的・独占的に行使することができる土地のことです。

領土は、干潮時の海岸線である低潮線が基線となります。

② 領海

領海とは、沿岸国の領域の一部を構成する海域の部分のことです。いずれの国も、沿岸に引かれる基線から測定して**12カイリ**を超えない範囲で領海の幅を定めることができます。なお、1カイリは1852メートルです。過18-52-1 ※2

また、沿岸国は、基線から測定して**200カイリ**までの海域にあるすべての天然資源の探査・開発のための主権的権利を有しています。これを**排他的経済水域（EEZ）**といいます。※3
過18-52-3・4

そして、世界の海洋のうち、沿岸国の領海と排他的経済水域を除いた部分を**公海**といいます。この公海は、特定の国家の主権に属することなく、各国が自由に使用したり航海することができます。これを**公海自由の原則**といいます。過18-52-2 ※4

③ 領空

領空とは、国土の領土・領海の上空であって、国家の領域に

※2 **過去問チェック**
領海とは、沿岸国の領域の一部を構成する海域の部分で、いずれの国も沿岸に引かれる基線から測定して12カイリを超えない範囲で領海の幅を定めることができる。→○（18-52-1）

※3 **参考**
排他的経済水域においては、沿岸国だけでなくすべての国が、航行・上空飛行の自由や海底電線・海底パイプライン敷設の自由を有している。過18-52-5

※4 **過去問チェック**
世界の海洋のうち、沿岸国の領海と排他的経済水域を除いた部分が公海であり、公海自由の原則が適用される。→○（18-52-2）

第1章 — 政治　第4節 — 国際政治　729

属する空間のことです。

国家の領域についてまとめると、以下のようになります。

【国家の領域】

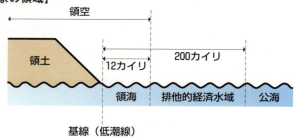

(2) 国民

国民とは、国家の構成員のことです。

(3) 主権

主権とは、国家の統治権のことです。

2 国際連盟と国際連合

(1) 国際連盟

第一次世界大戦の反省から、1918年にアメリカ大統領ウィルソンが平和原則14か条を発表し、1920年に初の国際平和機構である国際連盟が設立されました。※1 過27-47-1

日本は設立当初から国際連盟に加盟している原加盟国であり、理事会の常任理事国でもありました（他の常任理事国は、イギリス・フランス・イタリア）。※2 過27-47-3

国際連盟は、制裁手段が経済制裁に限られており、軍事制裁をする権限がなかったため、紛争の解決が不十分となり、その結果、第二次世界大戦が勃発してしまいました。過27-47-5

(2) 国際連合

① 国際連合とは何か

第二次世界大戦の反省から、国際連盟に代わる国際平和機構を設立するため、1945年にサンフランシスコ会議で国際連合憲章が採択され、国際連合が設立されました。※3 過27-47-1

しかし、日本は設立当初は国際連合に加盟しておらず、安全保障理事会の常任理事国となったこともありません（常任理事

※1 参考
国際連盟の本部の所在地は、ジュネーブである。過27-47-2

※2 参考
アメリカは国際連盟に加盟しておらず、ソ連は1934年に加盟したが、1939年に除名された。過27-47-4

※3 参考
国際連合の本部の所在地は、アメリカのニューヨークである。過27-47-2

国はアメリカ・イギリス・フランス・中国・ソ連（現ロシア）の5か国であり、これらはいずれも原加盟国）。過27-47-3・4

なお、国際連合は、経済制裁のみならず、軍事制裁をする権限をも有しています。過27-47-5

② **日本の国際連合への加盟**

日本は、1952年の対日講和条約発効を受けて、国際連合への加盟申請を行いましたが、安全保障理事会でのソ連（現ロシア）の拒否権によって阻止されました。その後、1956年の日ソ国交回復共同宣言を経て、同年、国際連合への加盟が承認されました。

③ **国際連合の主要機関**

国際連合憲章が定める国際連合の主要機関は、以下の6つです。

【国際連合の主要機関】

総会	国際連合憲章に定められている問題について審議・勧告する機関
安全保障理事会	国際平和と安全の維持に関する事項を決定・執行する機関
経済社会理事会	人権の保障や国際経済・社会問題などの非政治分野に関する国際問題について研究・勧告する機関
信託統治理事会	発展途上の地域の施政を監督し、住民の福祉と自主独立を促進する機関
事務局	国際連合の業務全体の遂行・計画を行う機関
国際司法裁判所 ※4	国際紛争の司法的解決を行う機関

※4 参考

国際司法裁判所の本部の所在地は、オランダのハーグである。

確認テスト

☐☐☐ **1** 国家は、領域、国民、政府の3つの要素から成り立っている。

☐☐☐ **2** 第二次世界大戦の反省から、国際連合に代わる国際平和機構を設立する動きが起こり、1945年に国際連盟が設立された。

解答 **1** ✕ 国家の3要素は、①領域、②国民、③「主権」である。 **2** ✕ 国際連盟と国際連合が反対である。

憲法

行政法

民法

商法

基礎法学

一般知識

第1章 － 政治　第4節 － 国際政治　731

第2章 経済

第1節 経済の基本原理

重要度 C

学習のPOINT

経済とは、人の生活に役立つ物やサービスを生産したり消費したりする人間の活動のことです。ここでは、経済の基本原理を説いた経済学者について学習していきます。

1 古典派経済学

古典派経済学とは、近代社会において成立した資本主義経済を主張する経済学派のことです。

古典派経済学を主張したのは、以下のような経済学者です。

【古典派経済学】

学者	著書	内容
アダム・スミス	『国富論』	国の富は、その年に生産される商品の全部であるとして、農業労働による生産物だけを富とする重農主義者の主張を修正した ※1
マルサス	『人口論』	資本主義社会の貧困の原因は、食糧生産の増加より人口増加のほうが大きいことにあると主張した
セイ	『政治経済学概論』	供給はそれ自らの需要を決定し、これは、生産物は生産物によってのみ買われることを意味するので、実質国民所得も経済の総供給のみによって決定されると主張した（セイの法則）
リカード	『経済学及び課税の原理』	各国が、生産費が安いものを自国で生産・輸出し、生産費が高いものを輸入するほうが利益になると主張した（比較生産費説）※2
J.S.ミル	『経済学原理』	商品の経済的価値は、賃金・利潤・地代の三要素から構成されていると主張した（生産費説）

※1 参考

アダム・スミスは、自己の利益追求に基づく自由な経済活動が「神の見えざる手」によって導かれて社会全体の利益を発展させるとして、政府が経済に干渉しない自由放任主義（レッセフェール）を説いた。

※2 参考

リカードは、公債は現在の課税を将来にくりのべたものにすぎないから、政府支出の財源を公債によってまかなうか租税によってまかなうかの選択は、マクロ経済効果には何らの影響もあたえない中立的なものであると主張した（リカードの中立命題）。

2 マルクス経済学

マルクス経済学とは、19世紀中頃に成立した社会主義経済を主張する経済学派のことです。社会主義経済の下では、国家が積極的に経済に介入します。

経済学者であるマルクスは、著書『資本論』において、資本主義での生産関係は、搾取・被搾取の関係であるとし、貧困・失業・恐慌などの現象を生み出す、と厳しく資本主義を批判し、資本主義の生成・発展・没落という運動法則を明らかにしました。

3 近代経済学派

近代経済学派とは、自由競争原理が経済の不効率や不平等をもたらすとして、古典派経済学を修正しようとする経済学派のことです。

近代経済学派は、以下のような流れを経ています。

(1) 限界効用価値説

ジェボンズ、メンガー、ワルラスなどの経済学者は、商品の価値は個人の主観的な満足度（効用）によって決定されると主張しました。

(2) ケインズ経済学

ケインズは、著書『雇用・利子および貨幣の一般理論』において、経済が不況の状態にある場合には、国家の政策により有効需要 ※3 の不足を解消することで、失業率を低下させ完全雇用を実現できると説きました。※4

また、一国の経済全体の貨幣需要は、その国における取引総額が増加すれば増加し、市場利子率が上昇すれば減少するため、一国の取引総額はその国の国民所得と密接に関係することから、貨幣需要は国民所得と利子率の関数として表現されると主張しました。

(3) アンチ・ケインジアン

アンチ・ケインジアンとは、ケインズ経済学は財政赤字を前提とするものであり、国の財政を圧迫することになると批判

※3 用語

有効需要：購買力を伴った需要のこと（実際にお金を払って商品を購入すること）。

※4 参考

ケインズ経済学を受け、世界大恐慌下のアメリカでは、政府が経済に介入するべきとの考えが広がり、ルーズベルト大統領の下で、ニューディール政策が実施された。

第2章 ─ 経済　第1節 ─ 経済の基本原理　733

し、経済問題を市場で解決しようとする考え方のことです。

代表的な経済学者である**フリードマン**は、家計の消費支出の変動の決定要因は、その時々の可処分所得※1ではなく、現在から将来にかけて稼ぐことのできる可処分所得の平均値としての「恒常所得」であると主張しました（**恒常所得仮説**）。

また、好況・不況の景気循環は、貨幣供給の変動が予期されないインフレ・デフレを生み、それが家計や企業の行動をかく乱することで生産や失業、投資などに影響を与えることによって生ずると主張しました（**マネタリズム**）。

※1 用語

可処分所得：その人が自由に使える所得のこと。

確認テスト

☐☐☐ **1** アダム・スミスは、著書『人口論』において、国の富は、その年に生産される商品の全部であるとして、農業労働による生産物だけを富とする重農主義者の主張を修正した。

☐☐☐ **2** リカードは、資本主義での生産関係は、搾取・被搾取の関係であるとし、貧困・失業・恐慌などの現象を生み出す、と厳しく資本主義を批判した。

☐☐☐ **3** ケインズは、著書『雇用・利子及び貨幣の一般理論』において、経済が不況の状態にある場合には、国家の政策により有効需要の不足を解消することで、失業率を低下させ完全雇用を実現できると説いた。

解答 **1** ✕ アダム・スミスの著書は『国富論』である。 **2** ✕ 本問のような主張をしたのはマルクスである。 **3** ◯

第2節 日本の経済

重要度 A

学習のPOINT

ここでは、経済の循環、市場経済、経済状況の指標、物価、金融について学習します。日本銀行と金融政策が特に重要ですので、重点的に学習しましょう。

1 経済の循環

　経済は、①家計、②企業、③政府の３つの経済主体から成り立っています。そして、以下のように、これらの３つの経済主体の間を財・サービスと貨幣が循環しています。※2

※2 具体例をイメージ

公共財の例としては、道路・水道などが、公共サービスの例としては、警察・消防などが挙げられる。

【経済の循環】

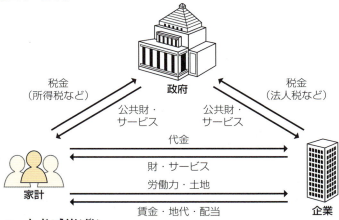

2 市場経済

（1）市場経済とは何か

　市場とは、家計と企業の間で商品などが取引される場のことです。※3

　資本主義経済においては、市場でどんな商品がどんな価格で取引されるかが決定されます。これを市場経済といいます。

※3 具体例をイメージ

例えば、コンビニや証券取引所などである。

(2) 市場価格の決定

市場価格は、**需要**（購入量）と**供給**（生産量）によって決定されます。以下では、缶ジュースを例にとって市場価格の決定の流れを説明します。

【市場価格の決定の流れ】

1本1000円
家計は高いから買わないが、企業は儲かるから生産する → 需要＜供給となる（超過供給） → 物が余る

価格を下げる

1本10円
家計は安いから買いたがるが、企業は儲からないから生産しない → 需要＞供給となる（超過需要） → 物が不足

価格を上げる

1本100円
家計が買いたい量と企業が売りたい量が一致する → 価格が決定される（均衡価格）

以上のように、市場価格は、需要と供給が一致する価格に自動的に向かっていくことになります。これを**市場メカニズム**といいます。

そして、市場価格が需要と供給を調整する働きのことを**価格の自動調節作用**といいます。※1

(3) 市場の失敗

市場の失敗とは、市場メカニズムが機能しない状態のことです。具体的には、以下のようなものがあります。

【市場の失敗】

公共財・公共サービスの問題点	公共財・公共サービスは、対価を支払わずに利用するフリーライダーが発生しやすいため、利潤追求を第一の目的とする民間企業はそもそも供給せず、市場が成立しない

※1 参考

アダム・スミスは、価格の自動調節作用のことを「神の見えざる手」と呼んでいた。

外部不経済の問題点	企業の経済活動によって大気や水が汚染されたとしても、その処理費用は企業の負担にはなっておらず、市場価格にも反映しない
独占市場・寡占市場の問題点	独占市場（１社で独占）・寡占市場（数社で独占）の場合、価格を企業が支配していくことになり、商品の価格が高く維持されてしまう（価格の下方硬直性）

（4）独占禁止政策

独占市場・寡占市場では、価格の下方硬直性といった問題が生じ、独占・寡占状態にある大企業が利益を受ける一方、消費者や中小企業が不利益を受けることになってしまいます。そこで、日本においては独占禁止政策が採られています。[※2]

なお、独占の形態には、①カルテル、②トラスト、③コンツェルンの３種類があります。

【独占の形態】

カルテル	生産量や価格などについて、同一産業内の各企業が協定を結んで利潤率の低下を防ぐ行為 週24-51-ウ
トラスト	同業種の企業が合併し、さらなる規模の利益を追求する行為 週24-51-イ
コンツェルン	親会社が株式の保有を通じて各分野の企業を系列会社（子会社・孫会社）として支配する企業集団

① 財閥解体

第二次世界大戦前の日本では、三井・三菱・住友・安田の四大財閥をはじめとする財閥が、日本経済を支配していました。

しかし、戦後になるとＧＨＱにより財閥解体が指令され、1946年には、持株会社整理委員会が発足し、持ち株会社[※3]（財閥本社）の解体が行われました。

② 過度経済力集中排除法の制定

1947年には、過度経済力集中排除法が制定され、独占的支配力を有する大企業が分割されることとなりましたが、ＧＨＱの占領政策の転換によって不徹底に終わり、実際に分割されたのは約10社にとどまりました。

③ 独占禁止法の制定

1947年には、独占禁止法（私的独占の禁止及び公正取引の確

※2 参考

乗用車、携帯電話サービスなどは、少数の大企業に生産が集中する寡占化が進んでおり、国内の市場占有率は、近年上位３社で６割を超えている。週24-51-ア

※3 用語

持ち株会社：グループ内の他の会社の株式を所有し、グループ全体の中心となる会社のこと。例えば、「○○グループ本社」「○○ホールディングス」といった名前の会社である。

保に関する法律）も制定され、持ち株会社の設立やカルテルが禁止されました。週24-51-ウ・エ

そして、独占禁止法に違反する行為について調査する役割を担う機関として、**公正取引委員会**が設置されました。※1 週24-51-オ

なお、独占禁止法の改正の流れは以下のとおりです。

【独占禁止法の改正の流れ】

1953年 （昭和28年）	不況カルテル ※2・合理化カルテル ※3 が認可制になり、再販売価格維持制度 ※4 が創設された
1977年 （昭和52年）	違法カルテルや独占的状態にある企業の分割に対する課徴金制度、同調的値上げに対する報告命令制度が導入された
1997年 （平成9年）	持ち株会社の設立が解禁された　週24-51-エ
1999年 （平成11年）	不況カルテル・合理化カルテルが廃止された　週24-51-ウ
2006年 （平成18年）	課徴金減免制度（リニエンシー制度）※5 が導入された
2015年 （平成27年）	公正取引委員会による審判制度及び実質的証拠法則が廃止された

3 経済状況の指標

経済状況を図る場合の指標としては様々なものがありますが、以下の指標がよく用いられます。

【経済状況の指標】

国民総生産 （GNP）	国民が1年間に新たに生産した財やサービスの付加価値の合計額
国民純生産 （NNP）	国民総生産（GNP）から工場・機械などの減価償却費（固定資本減耗）※6 を差し引いたもの
国民所得 （NI）	国民純生産（NNP）から間接税を引き、補助金を加えたもの
国内総生産 （GDP）	国民総生産（GNP）から、海外からの純所得を差し引いたもの ※7 ※8
国内純生産 （NDP）	国内総生産（GDP）から工場・機械などの減価償却費（固定資本減耗）を差し引いたもの
国民総所得 （GNI）	国内総生産（GDP）に海外からの純所得を加えたもの ※9

※1 参考

公正取引委員会は、措置命令（独占禁止法7条）などの行政処分をなす権限が与えられている。週24-51-オ

※2 用語

不況カルテル：不況の際の利潤低下を防ぐためにとられる協定のこと。

※3 用語

合理化カルテル：生産・販売の合理化を促進することを目的とした協定のこと。

※4 用語

再販売価格維持制度：メーカーが商品の価格を決定して、その価格で全国一律に販売する制度のこと。新聞・書籍などの公正取引委員会が認めた一部の商品について認められている。

※5 用語

課徴金減免制度（リニエンシー制度）：カルテルや談合などの違反行為を自主的に申し出た企業に対して、制裁として課される課徴金の減額・免除を行う制度のこと。

※6 用語

減価償却費（固定資本減耗）：固定資本が年々古くなったり傷んだりしていく価値の減少分のこと。

4 物価

（1）物価とは何か

物価とは、様々な物の価格を平均したものです。

物価の動きを表すものとして、基準となる年を100として他の年の物価の上昇率や下落率を表した物価指数があります。そして、物価指数には、企業間での商品取引価格を平均した企業物価指数と、小売段階の商品価格を平均した消費者物価指数があります。※10 週元-51-2

（2）インフレとデフレ

① インフレ（インフレーション）

インフレとは、商品の流通に必要な量以上の通貨が発行され、貨幣価値が下落し物価が高騰する現象のことです。※11

インフレには、以下のような分類があります。

【原因による分類】

ディマンド・プル・インフレ	消費・投資・財政支出などを合わせた総需要が総供給を超過することによって発生するインフレ
コスト・プッシュ・インフレ	賃金や原材料などの生産費の上昇によって発生するインフレ

【程度による分類】

ハイパー・インフレ（超インフレ）	短期間に数十倍というように非常に高い率で進むインフレ
ギャロッピング・インフレ（駆け足のインフレ）	年に数十パーセントの率で進むインフレ
クリーピング・インフレ（しのびよるインフレ）	年に数パーセントの率で継続的に進んでいくインフレ

② デフレ（デフレーション）

デフレとは、商品の流通に必要な量以下の通貨しか発行されず、継続的に物価が下落する現象のことです。

物価の継続的下落と景気の悪化が同時に進行し、経済の規模が急激に縮小する悪循環による景気後退のことをデフレ・スパイラルといいます。

※7 参考
国内総生産（ＧＤＰ）は、市場において取引された財やサービス（フロー）の総量である。

※8 参考
家事や育児などの家庭内無償労働は、国内総生産（ＧＤＰ）の計算には入らない。

※9 参考
日本やアメリカのように国内の経済規模が大きい国にあっては、国内総生産（ＧＤＰ）と国民総所得（ＧＮＩ）の差はさほど大きくない。

※10 参考
ＧＤＰを用いた物価指数のことをＧＤＰデフレーターという。

※11 参考
不況と物価上昇現象（インフレ）が併存する現象をスタグフレーションという。

5 金融

（1）金融とは何か

金融とは、企業や家計が必要な資金を貸し借りして融通することです。金融の方法には、直接金融と間接金融があります。

【金融の方法】

直接金融	企業が家計から直接融通を受ける方法 ※1
間接金融	家計が金融機関に預金をし、金融機関から企業が融通を受ける方法

（2）金融市場

① 金融市場とは何か

金融市場とは、金融取引が行われる場のことです。金融市場には、①満期までの期間が１年未満の短期金融市場と、②満期までの期間が１年以上の長期金融市場があります。

② コール市場

コール市場とは、金融機関同士が短資会社 ※2 を取引仲介者として資金を融通し合い、日々の資金不足を調節する市場のことであり、そこでの金利のことをコール金利といいます。

そして、コール市場における資金を借り手側から見た場合の名称をコールマネー、貸し手側から見た場合の名称をコールローンといいます。

（3）日本銀行

① 日本銀行とは何か

日本銀行とは、1882年に設立された日本の金融の中心となる認可法人のことです。※3

② 日本銀行の役割

日本銀行は、①発券銀行、②銀行の銀行、③政府の銀行といった３つの役割を担っています。

※1 具体例をイメージ

例えば、株式や社債を発行することなどである。

※2 用語

短資会社：短期の貸付を行う会社のこと。

※3 参考

日本銀行の資本金（１億円）はその過半数を政府が出資し（5500万円を下回ってはならない）、日本銀行の総裁は、内閣が任命する。

【日本銀行の役割】

発券銀行 ※4	日本銀行券（紙幣）を発行する ※5 週23-49-ウ
銀行の銀行	民間の金融機関（市中銀行）に貸出しをしたり、預金の受入れをする 週23-49-ア
政府の銀行	税金などの国庫金の管理や、国債の発行・償還にかかわる事務をする ※6 週23-49-イ

③ 日銀短観（企業短期経済観測調査）

日銀短観とは、日本銀行が四半期毎に全国の主要企業や中小企業など9000社以上を対象に、業況（景気の状況）の善し悪しの回答を求めるもので、業況が良いと答えた企業の比率から悪いと答えた企業の比率を差し引いた指数（業況判断指数）をもって景気の動向を図るものです。

④ 考査

日本銀行は、市中銀行の経営実態を把握し、必要に応じて銀行に対し考査を行います。

（4）金融政策

経済活動は、活発なとき（好景気）とそうでないとき（不景気）が交互に現れます。そこで、このような景気の波により経済が混乱しないようにするため、日本銀行は、景気の波を緩やかにする対策を実施しています。これを金融政策といいます。

金融政策には、以下のようなものがあります。週23-49-オ

① 公開市場操作（オープンマーケットオペレーション）

公開市場操作（オープンマーケットオペレーション）とは、日本銀行が市中銀行と国債などを売り買いすることによって、通貨供給量を増減させることです。

例えば、好景気の場合、日本銀行が手持ちの国債を市中銀行に売ることで（売りオペレーション）、民間のお金が日本銀行に入り、世の中に出回っている通貨供給量が減少しますので、景気が抑制されます。※7

これに対して、不景気の場合、日本銀行が市中銀行の保有する国債を買うことで（買いオペレーション）、日本銀行のお金が世の中に出回り通貨供給量が増加しますので、景気が刺激されます。

※4 参考
日本銀行は、唯一の発券銀行である。
週23-49-エ

※5 参考
日本銀行券は法定通貨であり、金と交換できない不換銀行券である。週23-49-ウ

※6 参考
日本銀行が受け入れた国庫金は、国の預金として扱われる。

※7 よくある質問

Q 景気が良ければみんな嬉しいと思うんですけど、なぜ景気を抑制する必要があるんですか？

A 好景気がいき過ぎてしまうと、インフレが激しくなってしまったり、生産が過剰になって後に急激な景気の悪化が生じたりしてしまうので、景気のいき過ぎを抑制することも必要になるのです。

② 預金準備率操作

　<u>預金準備率</u>とは、市中銀行が日本銀行に預けることを義務付けられている預金の割合のことです。※1

　好景気の場合には預金準備率を引き上げ、不景気の場合にはこれを引き下げることで、通貨供給量を増減させて景気を調整することを<u>預金準備率操作</u>といいます。

※1 参考
市中銀行は、預金を無利子で日本銀行に預けることを義務付けられている。

【預金準備率操作】

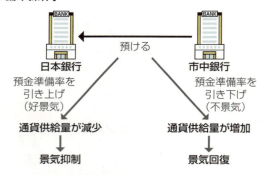

③ 基準割引率及び基準貸付利率操作

　<u>基準割引率及び基準貸付利率</u>とは、日本銀行が民間銀行に貨幣を貸し出す際の金利のことです。※2 週23-49-ア

　好景気の場合には基準割引率及び基準貸付利率を引き上げ、不景気の場合にはこれを引き下げることで、通貨供給量を増減させて景気を調整することを<u>基準割引率及び基準貸付利率操作</u>といいます。

※2 参考
基準割引率及び基準貸付利率をもとに市場金利が自動的に決まるわけではない。

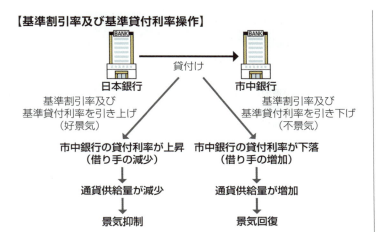

(5) 為替平衡操作

　為替平衡操作とは、日本銀行や財務省などの通貨当局が、外国為替市場において、為替レートの安定を図るため、外国為替の売買を行うことです。 過23-49-オ ※3

　例えば、円高（ドル安）が急激に進んだときに、円を売ってドルを買うことでドルの価値を高めるような場合などです。

※3 過去問チェック
日本銀行は「国内政策の銀行」として、公開市場操作、預金準備率操作などの金融政策を行う。しかし、「円売りドル買い」などの外国為替市場への介入は行わない。→✕（23-49-オ）

確認テスト

□□□ **1** 市場価格は、需要と供給が一致する価格に自動的に向かっていくことになり、これを市場メカニズムという。

□□□ **2** 国民が1年間に新たに生産した財やサービスの付加価値の合計額のことを、GDP（国内総生産）という。

□□□ **3** インフレとは、商品の流通に必要な量以上の通貨が発行され、貨幣価値が下落し物価が高騰する現象のことである。

□□□ **4** 市中銀行が日本銀行に預けることを義務付けられている預金の割合のことを、基準割引率及び基準貸付利率という。

解答　**1**○　**2**✕ GNP（国民総生産）である。　**3**○　**4**✕ 預金準備率である。

第3節 日本の財政

重要度 A

学習のPOINT
ここでは、財政の機能について学習した上で、国家財政と地方財政についてそれぞれ学習していきます。経済分野の中で最も頻出のテーマなので、しっかりと学習しておきましょう。

1 財政の機能

財政とは、政府（国や地方公共団体）の経済活動のことです。現代社会では、経済活動における政府の役割が非常に大きくなっています。

財政には、以下の3つの機能があります。

（1）資源配分機能

資源配分機能とは、道路・空港などの公共財や、警察・消防などの公共サービスを政府が提供することです。

（2）所得再分配機能

所得再分配機能とは、高額所得者から多くの税金を徴収し、生活困難者に社会保障による給付を行うことで、貧富の格差を縮小させることを目的とします。

（3）景気調節機能

景気調節機能の実現のために採られる方法として、①ビルトイン・スタビライザー、②フィスカル・ポリシーの2つがあります。

【景気調節機能の実現方法】

	ビルトイン・スタビライザー	フィスカル・ポリシー
意義	自動的に景気を調節する機能を有する累進課税制度[※1]や社会保障制度を財政にあらかじめ組み込んでおくこと	政府がその時々の情勢に応じて、意図的・裁量的に政府支出や租税を操作して景気を調節すること
好景気	税収が増加し社会保障関連費が減少するため需要が減少し、景気が抑制される	財政支出の抑制・増税により需要を減少させ、景気を抑制させる

※1 **用語**
累進課税制度：所得額に応じて税率が高くなっていく制度のこと。

※2 **参考**
特別会計は、一会計にまとめられているわけではない。

不景気	税収が減少し社会保障関連費が増加するため需要が増加し、景気が回復する	積極的な財政支出・減税により需要を増加させ、景気を回復させる

2 国家財政

（1）予算

① 予算とは何か

予算とは、簡単に言えば、どこから収入を得て、それをどのように支出するかという計画のことです。

内閣は、毎会計年度の予算を、前年度の1月中に国会に提出し、その議決を経なければなりません（憲法86条、財政法27条）。

② 会計区分

財政活動は、1年間を会計年度とする予算に基づいて行われます。そして、国の会計年度は、毎年**4月1日**に始まり、**翌年3月31日**に終了します（財政法11条）。

国の会計は、**一般会計**と**特別会計**に分かれています（財政法13条1項）。このうち特別会計は、国が特定の事業を行う場合、特定の資金を保有してその運用を行う場合その他特定の歳入をもって特定の歳出に充て一般の歳入歳出と区分して経理する必要がある場合に限り、**法律**で設置することができます（財政法13条2項）。※2

③ 予算の原則

予算については、以下のような原則があります。

【予算の原則】

総計予算主義	歳入と歳出はすべて予算に計上しなければならないとする原則（財政法14条）
単年度主義	予算は会計年度ごとに作成しなければならないとする原則※3
会計年度独立の原則	各会計年度の歳出は、その会計年度の歳入で賄わなければならないとする原則※4 ※5 ※6

④ 種類

予算には、①**本予算**、②**補正予算**、③**暫定予算**の3種類があ

※3 参考

工事・製造などの事業でその完成に数年度を要するものについては、経費の総額及び年割額を定め、数年度にわたって支出することができ（財政法14条の2第1項）、これを継続費という（財政法14条の2第3項）。

※4 参考

歳出予算の経費のうち、その性質上又は予算成立後の事由に基づき年度内にその支出を終わらない見込みのあるものについては、あらかじめ国会の議決を経て、翌年度に繰り越して使用することができ（財政法14条の3第1項）、これを繰越明許費という（財政法14条の3第2項）。

※5 参考

歳出予算・継続費の目的外使用は、原則として禁止されている（財政法32条）。

※6 参考

毎会計年度の歳出予算経費は、原則として、翌年度に繰り越して使用することができない（財政法42条本文）。しかし、支出負担行為がありながら年度内に支出を終らなかった歳出予算経費は、財務大臣の承認を経た上で、翌年度に繰り越して使用することができる（財政法42条但書、43条1項）。

ります。

【予算の種類】

本予算	会計年度ごとに作成される基本的な予算
補正予算	本予算作成後に生じた自然災害・経済情勢の変化等の予見し難い事態に対応するために作成される予算
暫定予算 ※1	会計年度開始までに国会の議決が得られず本予算が成立しない場合において、本予算成立までの間に必要な経費を支出するための予算

(2) 財政投融資
① 財政投融資とは何か

　財政投融資とは、「第二の予算」とも呼ばれ、国が政策目的実現のために行う投資活動や融資活動のことです。この財政投融資は、道路・港湾などの産業基盤の整備や中小企業の助成などのために用いられています。※2

② 原資（資金）

　従来、財政投融資は、大蔵省（現財務省）資金運用部に預託された郵便貯金や年金保険料などを原資としていました。週18-49-1

　もっとも、2001年の財政投融資制度改革により、原資の確保のために、財投債と呼ばれる一種の国債を発行することも可能となりました。週18-49-3

　また、特殊法人等の財政投融資機関は、自ら財投機関債を発行して資金を調達することができるようになりました。週18-49-2

【財政投融資】

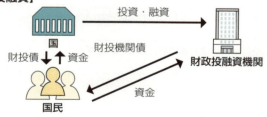

③ 財政投融資計画

　財政投融資計画とは、財政投融資による資金供給の予定額

※1 参考

暫定予算は、当該年度の予算が成立したときは、失効するものとされ、暫定予算に基づく支出又はこれに基づく債務の負担があるときは、これを当該年度の予算に基づいてなしたものとみなされる（財政法30条2項）。

※2 参考

財政投融資は、公益上の必要に基づいて行う融資であるから、低利で行われるが、無利子で行われるわけではない。

を、個別の財政投融資機関ごとに一覧表にしたもののことです。※3 ※4

この財政投融資計画は、原資ごとに予算の一部として国会の審議・議決を受けることになります。

④ 財政投融資の対象

財政投融資は民間企業が手を出しにくい分野に資金を供給することを目的とするものですから、その対象となる財政投融資機関には、民間企業や特殊法人のほか、地方公共団体も含まれます。

(3) 国債

① 国債とは何か

国債とは、国が発行する債券のことです。国は、償還期日に資金を返還することを約束して、国民から資金の提供を受けることになります。

② 発行

国債の発行は、原則として認められていません（財政法4条1項本文）。

もっとも、公共事業費・出資金・貸付金の財源に充てる建設国債の発行は、国会の議決を経ることで、例外的に認められています（財政法4条1項但書）。また、歳入不足を補填するための特例国債（赤字国債）は、特例法で定めた場合に限り、認められています。※5 ※6 週26-50-ア

③ 市中消化の原則

日本銀行は、原則として国債を引き受けることができず、市中消化が原則とされています（財政法5条）。

(4) 租税

① 租税とは何か

租税とは、いわゆる税金のことであり、国や地方公共団体が行う様々な経済活動を支える主要な財源となっています。

② 種類

租税は、以下のような観点から分類することができます。

※3 参考

令和2年度の財政投融資計画額を使途別にみると、「中小零細企業・社会資本・危機対応円滑化業務その他」の占める割合が高くなっている。週18-49-4

※4 参考

財政投融資計画の規模の推移をみた場合、令和2年度（約13.2兆円、後に新型コロナウイルス感染症対策により約66.5兆円に改定）は令和元年度（約13.1兆円）よりも増加している。週18-49-5

※5 参考

令和2年度一般会計当初予算では、歳入約102.7兆円に対して公債金収入が約32.6兆円であり、その占める割合は31.7％である。週26-50-イ

※6 参考

令和2年度一般会計当初予算では、建設国債の発行額が約7.1兆円であるのに対し、赤字国債の発行額が約25.4兆円である。週26-50-ウ

憲法

行政法

民法

商法

基礎法学

一般知識

第2章 ― 経済　第3節 ― 日本の財政　747

【国税と地方税】※1

	意味	具体例　週21-52-オ
国税	国に納める租税※2	所得税、法人税、相続税
地方税	地方公共団体に納める租税	住民税、固定資産税※3、事業税、都市計画税

【直接税と間接税】※4

	意味	具体例　週21-52-イ
直接税	租税負担者と実際に納税する者が同一である租税	所得税、法人税、相続税、贈与税、住民税
間接税	租税負担者と実際に納税する者が異なる租税	消費税※5、酒税、関税

③　国民負担率

　国民負担率とは、租税負担と社会保障負担とが国民所得に対して占める割合のことです。これは、国民の公的負担水準をマクロで示す指標となっています。

　そして、租税負担が国民所得に対して占める割合のことを**租税負担率**、社会保障負担が国民所得に対して占める割合のことを**社会保障負担率**といいます。

3 地方財政

　地方公共団体の財源には、地方税や地方債のような自主的に徴収できる**自主財源**と、地方交付税や国庫支出金のような国から交付される**依存財源**があります。

（1）地方税

①　地方税とは何か

　地方税とは、地方公共団体がその課税権に基づき住民から徴収する租税のことです。

　地方税のうち、使い道が限定されていないものを**普通税**、使い道が限定されているものを**目的税**といいます。

②　三位一体改革

　小泉政権の下でなされた地方税財源改革としての「三位一体改革」とは、①**税源の移譲を含む地方税体系の全体的見直し**、

※1 参考

近年では、国税と地方税との税収比率は、おおよそ6：4となっている。これは、G7諸国の中でも、租税負担に占める国税の割合が低く、地方税の割合が高いという特色をもつ。週21-52-ア

※2 参考

2020年度の国税収入の内訳では、消費税が最も高くなっている。週21-52-ウ

※3 参考

固定資産税は、固定資産の所在する市町村が課す税金で、その課税標準は固定資産の価格であり、その納税義務者は固定資産の所有者（土地・建物登記簿あるいは土地・家屋等の課税台帳に所有者として登記・登録されている者）である。

※4 参考

令和3年度予算では、直接税と間接税との税収比率は、おおよそ6.4：3.6となっている。週21-52-イ

※5 参考

消費税は、税収が景気の影響を比較的受けにくい安定的な税目とされている。週21-52-エ

②地方交付税の縮減、③国庫補助負担金の廃止・縮減の３施策を一体的に進める改革提案のことをいいます。※6 週19-50-ウ

③ 法定外税

法定外税とは、地方公共団体が地方税として定めている税目以外に、条例によって新たな税目を設けるものです。

2000年の地方税法改正により、それまでの法定外普通税に関する許可制度は、国の同意を要する事前協議制に改められ、また、新たに法定外目的税制度が導入されました。

（2）地方債

地方債とは、必要な資金を確保するために地方公共団体が発行するもので、その償還が一会計年度を越えて行われるものです。※7

かつては、地方債の起債に当たり国の許可が必要とされていましたが、2006年度から、都道府県と指定都市の場合には総務大臣、その他の市町村の場合は都道府県知事と事前に協議すれば足りるとされています（地方財政法５条の３第１項・２項）。
週26-50-エ、28-24-1

（3）地方交付税

① 地方交付税とは何か

地方交付税とは、地方公共団体の財政力を調整するために、財政力の低い地方公共団体に対して国が交付する金銭のことです。

② 原資（資金）

地方交付税は、所得税・法人税・消費税・酒税・地方法人税といった５税の一定割合を原資としています（地方交付税法６条１項）。※8 週19-50-ア

③ 種類

地方交付税には、普通交付税と特別交付税の２種類があります。

【地方交付税の種類】

普通交付税	財源が不足している団体に対して交付される地方交付税※9
特別交付税	特別な事情に応じて交付される地方交付税※10

※6 参考

三位一体の改革を通じて、国が自治体に支出する義務教育費国庫負担金は縮減されたが、制度自体が廃止されたわけではない。週19-50-オ

※7 参考

地方自治体が発行する地方債は、建設事業の財源調達に限って発行できるのが原則であるが、例外的に歳入を補填するための地方債も発行されている。週26-50-オ

※8 法改正情報

2014年の地方交付税法改正により地方法人税が原資として追加され、2015年改正によりたばこ税が原資から除外された。

※9 参考

普通交付税は、基準財政需要額が基準財政収入額を超える団体に対して交付される（地方交付税法10条１項）。週19-50-エ

※10 参考

地方交付税法によれば、特別交付税の占める割合は、地方交付税総額のうち６％とされている。週19-50-イ

(4) 国庫支出金

国庫支出金とは、国が地方公共団体に対して使い道を特定して支出する財政資金のことです。※1

この国庫支出金には、①**国庫負担金**、②**国庫委託金**、③**国庫補助金**の3種類があります。

【国庫支出金の種類】

国庫負担金	地方公共団体が実施する事務の経費の一定割合を国が義務的に負担するもの
国庫委託金	国が行うべき事務を地方公共団体に処理させる際の必要な経費を支出するもの
国庫補助金	特定の施策の実施の奨励や財政援助のために支出するもの

※1 引っかけ注意!

地方交付税は、使い道を特定しないで交付される一般財源ですが、国庫支出金は使い道を特定して交付される特定財源です。

確認テスト

- □□□ **1** 国の会計年度は、毎年4月1日に始まり、翌年3月31日に終了する。
- □□□ **2** 財政投融資は、財務省資金運用部に預託された郵便貯金や年金保険料などを原資としている。
- □□□ **3** 日本銀行は、原則として国債を引き受けることができない。
- □□□ **4** 地方交付税とは、国が地方公共団体に対して使い道を特定して支出する財政資金のことである。

解答 **1**○（財政法11条） **2**✕財投債という国債を発行して原資としている。 **3**○（財政法5条） **4**✕国庫支出金である。

第4節 国際経済 　　重要度 B

学習のPOINT

ここでは、国際通貨体制や国際貿易体制（貿易自由化）、国際連合による経済協力、地域的経済の統合について学習していきます。

1 国際通貨体制

（1）ブレトンウッズ協定

1944年7月、アメリカのブレトンウッズで国際通貨体制に関する会議が開かれ、アメリカの通貨であるドルを基軸通貨とする固定相場制（各国の政府間において、為替レートを固定する制度）とし、ドルと金との兌換を保証するブレトンウッズ協定が締結されました。

そして、このブレトンウッズ協定に基づき、IMF（国際通貨基金）※2 やIBRD（国際復興開発銀行）※3 が設立されました。過26-52-ア・イ

（2）ニクソン＝ショック

1950年代になると、西欧諸国や日本などの経済成長が始まり、相対的にアメリカの産業の国際競争力が低下していったことや、軍事支出・発展途上国援助・海外投資などのため、大量のドルの流出が続いたことによって、アメリカの国際収支は次第に悪化し、金準備高も減少を続けました。

そこで、1971年8月、アメリカのニクソン大統領は、ドル防衛策により、ドルと金との兌換を停止し、一時的に変動相場制※4 となりました。これをニクソン＝ショックといいます。

（3）スミソニアン協定

ニクソン＝ショックにより貿易が停滞したため、1971年12月、スミソニアン協定によって、ドルの切下げを含む通貨調整が行われ、固定相場制が復活しました。

※2 用語

IMF（国際通貨基金）：固定相場制のもとでの為替相場の安定による貿易拡大と、加盟国の雇用・所得の向上を目的として設立された、貿易資金を提供する国際金融機関のこと。

※3 用語

IBRD（国際復興開発銀行）：発展途上国の政府に対して、市場金利で長期間の融資を行っている国際金融機関のこと。過26-52-イ

※4 用語

変動相場制：為替レートを外国為替市場における需要と供給の関係に応じて自由に決定する制度のこと。

第2章 － 経済　第4節 － 国際経済　**751**

（4）キングストン協定

　スミソニアン協定の締結にもかかわらずドルの流出が続き、1973年には、主要国が変動相場制へ移行しました。そこで、1976年、ジャマイカのキングストンでＩＭＦ暫定委員会が行われ、変動相場制を正式に承認するキングストン協定が締結されました。

　これにより、固定相場制の維持というＩＭＦの当初の目的がなくなりました。

2 貿易自由化

（1）ＧＡＴＴ（関税と貿易に関する一般協定）

　ＧＡＴＴは、自由、無差別、互恵・多角を原則とし、多国間での貿易交渉を基準としつつ、輸入数量制限の撤廃や、関税引き下げなどの貿易自由化を推進してきました。過23-50-イ ※1

　ＧＡＴＴは、1948年以降、8回にわたる多角的貿易交渉（ラウンド）を通して、世界貿易の発展に大きな役割を果たした協定です。過26-52-ウ

　なお、主な多角的貿易交渉の内容は、以下のとおりです。

【ＧＡＴＴの多角的貿易交渉】

ケネディラウンド（1964年～1967年）	工業製品・農業製品の関税の一括引下げ方式が合意された　過18-50-1
東京ラウンド（1973年～1979年）	農産物の関税引下げや非関税障壁の除去、セーフガード（緊急輸入制限）について話し合われた
ウルグアイラウンド（1986年～1994年）	サービス分野や知的財産権についても交渉対象として取り上げられるようになった ※2　過18-50-2

（2）ＷＴＯ（世界貿易機関）

　ＷＴＯは、ＧＡＴＴの基本精神を受け継いで設立された国際機関であり、1995年に新しい世界の貿易秩序の構築を目指して発足しました。過26-52-エ

　このＷＴＯは、ＧＡＴＴウルグアイラウンドで合意された成果を実施するための国際的な貿易機関として発足したもので、サービス貿易や知的財産権に関する国際ルールを定めています。※3 ※4　過23-50-オ

※1 過去問チェック

ＧＡＴＴ（関税と貿易に関する一般協定）は、自由、無差別、互恵・多角を原則とし、多国間での貿易交渉を基準としつつ、輸入数量制限の撤廃や、関税引き下げなどの貿易自由化を推進してきた。→○（23-50-イ）

※2 参考

ウルグアイラウンドの農業合意の関連法律として、主要食糧の需給及び価格の安定に関する法律（食糧法）が成立した。

※3 参考

ＷＴＯは、貿易について多国間主義を掲げており、関税同盟などの地域経済統合についても認める立場をとっている。過18-50-4

※4 参考

ＷＴＯのドーハラウンドでは、農業分野の自由化について、関税の上限設定とミニマム・アクセス（最低輸入義務）の設定が打ち出された。過23-50-オ

具体的には、加盟国間の貿易交渉に加えて、貿易をめぐる紛争処理や、各国の貿易政策の審査といった役割を担っています。※5 過18-50-3

（3）ＴＰＰ（環太平洋戦略的経済連携協定）

ＴＰＰは、2006年にシンガポール・チリ・ニュージーランド・ブルネイの４か国の加盟によって発効した経済連携協定です。

このＴＰＰでは、サービス・人の移動・基準認証などについて、加盟国間での整合性を図るとともに、例外品目を認めない形で、貿易における関税撤廃が目標とされています。過23-50-ウ、28-50-オ

3 国際連合による経済協力

（1）ＵＮＣＴＡＤ（国際連合貿易開発会議）

ＵＮＣＴＡＤとは、南北問題※6 の解決のために国際連合が設けた会議のことです。過23-50-エ

（2）ＯＤＡ（政府開発援助）

ＯＤＡとは、発展途上国の経済・社会の発展や福祉の向上に役立てるために行う資金・技術の提供による協力のことです。

これは、独立行政法人であるＪＩＣＡ（国際協力機構）が行っています。

（3）ＯＥＣＤ（経済協力開発機構）

ＯＥＣＤとは、1961年に発足した先進工業国の経済協力のための組織のことです。

ＯＥＣＤの原加盟国※7 は、欧州18か国にアメリカとカナダを加えた20か国であり、日本は、東京オリンピックが開催された1964年に加盟しています。

4 地域的経済の統合

（1）ＥＵ（欧州連合）

ＥＵは、1992年に調印されたマーストリヒト条約に基づき、通貨統合や政治統合を推進し、ＥＣ（欧州共同体）を発展させる形で創設されたものです。

※5 参考
ＷＴＯは、セーフガードを認めており、日本は、2001年に中国に対して、しいたけ・長ねぎ・い草の３品目を対象にセーフガードを暫定発動している。過18-50-5

※6 用語
南北問題： 南にある発展途上国と北にある先進工業国との経済格差による諸問題のこと。

※7 用語
原加盟国： 発足当初の加盟国のこと。

憲法

行政法

民法

商法

基礎法学

一般知識

第2章 — 経済　第4節 — 国際経済　753

その後、シェンゲン条約により、地域内での国境通過にかかる手続などが大幅に簡素化されました。また、1999年には共通通貨であるユーロが導入されましたが、デンマーク・スウェーデンなどユーロを導入していない国もあります。 過23-50-ア ※1

(2) ＡＳＥＡＮ（東南アジア諸国連合）

ＡＳＥＡＮは、1967年に、地域内の経済成長、社会・文化的発展の促進、政治的・経済的安定の確保を目指して、インドネシア・シンガポール・タイ・フィリピン・マレーシアの5ヶ国で発足したものです。

その後、ＡＳＥＡＮ加盟国は拡大しており、1996年にはＥＵの加盟国や日本・韓国・中国とＡＳＥＭ（アジア欧州首脳会議）を設立して経済関係の相互協力において成果を上げています。

(3) ＵＳＭＣＡ（アメリカ・メキシコ・カナダ協定）

ＵＳＭＣＡは、1994年に、アメリカ・メキシコ・カナダが関税の撤廃、金融・投資の自由化、知的財産権の保護などを目指して発効させた協定（ＮＡＦＴＡ）を、2018年に置き換えたものです。

(4) ＡＰＥＣ（アジア太平洋経済協力会議）

ＡＰＥＣは、1989年に、オーストラリアのホーク首相の提唱により開催された国際会議であり、環太平洋地域 ※2 の多国間経済協力について討議するものです。

(5) ＭＥＲＣＯＳＵＲ（南米南部共同市場）

ＭＥＲＣＯＳＵＲは、1995年に、ブラジル・アルゼンチン・ウルグアイ・パラグアイの4か国で、地域内の関税の撤廃と共同市場の創設を目指して発足したものです。

※1 過去問チェック

ＥＵ（欧州連合）域内では、シェンゲン条約により域内での国境通過にかかる手続などが大幅に簡素化され、また、共通通貨ユーロがすべての加盟国に導入されており、加盟国がＥＵ域内で自国産業の保護を行う手段は、関税と補助金に限定されている。→ ✕
(23-50-ア)

※2 用語

環太平洋地域：太平洋を囲む国々のこと。

確認テスト

□□□ **1** ブレトンウッズ協定に基づき、IMF（国際通貨基金）やIBRD（国際復興開発銀行）が設立された。

□□□ **2** GATT（関税及び貿易に関する一般協定）は、WTO（世界貿易機関）で合意された成果を実施するための国際的な貿易機関として発足したものである。

□□□ **3** UNCTAD（国際連合貿易開発会議）とは、南北問題の解決のために国際連合が設けた会議のことである。

□□□ **4** EUは、1992年に調印されたシェンゲン条約に基づき、通貨統合や政治統合を推進し、EC（欧州共同体）を発展させる形で創設された。

解答 **1**○ **2**✕WTOとGATTが反対である。 **3**○ **4**✕EUは、マーストリヒト条約に基づいて創設された。

憲法

行政法

民法

商法

基礎法学

一般知識

第2章 ― **経済** 第4節 ― 国際経済 **755**

第6部 一般知識

第3章 社会

第1節 環境問題 重要度 A

学習のPOINT
ここでは、公害問題、循環型社会、地球温暖化、地球環境保護に関する条約について学習します。環境問題は頻出テーマなので、全体的にしっかり学習しておきましょう。

1 公害問題

（1）公害対策法制

日本の公害対策法制の発展については、以下の年表のとおりです。

【日本の公害対策法制の発展】

1967年（昭和42年）	1960年代後半に四大公害裁判が始まるなど社会問題化した公害問題解決のため、**公害対策基本法**が制定された
1970年（昭和45年）	いわゆる**公害国会**において、公害対策基本法が改正されるなど**公害関係14法**が成立し、経済の健全な発展よりも生活環境の保全を優先させる方針が確立され、**経済調和条項**※1 も削除された　過23-53-ウ
1971年（昭和46年）	環境行政を所管する**環境庁**が設置された ※2
1972年（昭和47年）	公害対策と並ぶ環境行政のもう一つの柱として、自然環境保全対策に関する基本的事項を定めた**自然環境保全法**が制定された　過19-51-ア
1973年（昭和48年）	熊本水俣病第一次訴訟で原告が勝訴したことを受けて、**公害健康被害補償法**が制定された
1978年（昭和53年）	二酸化窒素に係る**環境基準**が緩和され、環境行政の後退と批判された　過19-51-イ
1981年（昭和56年）	大阪国際空港訴訟で、最高裁は下級審が認めてきた夜間飛行差止め請求を斥けた

※1 用語
経済調和条項：生活環境の保全について、経済の健全な発展との調和が図られなければならないとする条項のこと。

※2 参考
環境庁が設置される以前にすべての都道府県が公害防止条例を制定したわけではない。

1988年 （昭和63年）	公害健康被害補償制度の第一種指定地域が全面解除され、新規の患者認定が打ち切られた
1993年 （平成5年）	地球サミットを受けて、従来の公害対策基本法を発展する形で、環境基本法が制定された
1997年 （平成9年）	環境影響評価※3 については、従来はいくつかの自治体が環境影響評価条例を制定していたにすぎなかったが、ようやく国によって環境影響評価法が制定された　過19-51-ウ、23-53-オ ※4
2001年 （平成13年）	環境省が発足した

※3 用語

環境影響評価：一定の開発事業を行う際に、環境に与える影響を事前に調査・予測・評価する仕組みのこと。過23-53-オ

※4 過去問チェック

一定の開発事業を行う前に、環境に与える影響を事前に調査・予測・評価する仕組みが「環境影響評価」であり、1970年代以降、いくつかの自治体が環境影響評価条例を制定し、1990年代に国が環境影響評価法を制定した。→○（23-53-オ）

（2）公害対策制度

日本の公害対策制度としては、以下のようなものがあります。

【日本の公害対策制度】

汚染者負担の原則（PPP）	公害を発生させた事業者が被害者救済のための費用を負担すべきであるという原則であり、ОЕСD（経済協力開発機構）が採用し、日本もこれに従うことになった　過23-53-ア
無過失責任制度	公害を発生させた事業者に過失がなくても被害者の損害を賠償する責任を負わせる仕組みであり、日本の法律でも導入されている　過23-53-イ
総量規制	公害対策で当初から採用されていた「濃度規制」のみでは、排出量が増えれば低濃度の排出であっても汚染物質の総排出量を抑制することはできないため、日本では1970年代半ばから、汚染物質の総排出量を一定地域ごとに規制する総量規制の方式を併用するようになった　過23-53-エ

2 循環型社会

（1）循環型社会とは何か

循環型社会とは、天然資源の消費を抑制し、環境への負荷をできるだけ抑制するため、廃棄物の発生抑制や再使用、再生利用を行っていく社会のことです。

（2）循環型社会形成推進基本法

循環型社会の形成に関する施策の基本事項を定め、循環型社会の形成のための施策を総合的・計画的に推進することを目的として、2000年に循環型社会形成推進基本法が制定されました。過19-51-エ、20-52-ア

第3章 ― 社会　第1節 ― 環境問題　**757**

この法律の下では、①発生抑制、②再使用、③再生利用、④熱回収 ※1、⑤適正処分という優先順位が明確に法定されました。週20-52-イ・ウ・エ

また、事業者の責任については拡大生産者責任 ※2 の考え方が採用されました。週20-52-オ

(3) 各種のリサイクル法制

循環型社会形成推進基本法の制定を受け、既存のリサイクル関連法の改正や新たなリサイクル関連法の制定がなされています。

具体的には、以下のようなものがあります。

【各種のリサイクル法制】

家電リサイクル法	エアコン・テレビ・冷蔵庫・洗濯機・乾燥機といった特定家庭用機器の小売販売業者に対し、廃棄物を排出する者からの引取りを義務付けた
容器包装リサイクル法	ガラス瓶・ペットボトル・段ボール箱・プラスチック容器について、事業者による再商品化を義務付けた
建設リサイクル法	特定建設資材を用いた建築物等にかかる解体工事の受注者に対し、分別解体及び特定建設資材廃棄物の再資源化を義務付けた
自動車リサイクル法	自動車メーカーや輸入業者に対し、廃車の回収・再利用、解体処理後の破砕くずの資源化などを義務付けた

3 地球温暖化

(1) 地球温暖化とは何か

地球温暖化とは、二酸化炭素などの温室効果ガスの影響により地球の気温が上昇する現象のことです。

(2) 地球温暖化防止への取組み

地球温暖化防止への取組みについては、以下の年表のとおりです。

【地球温暖化防止への取組み】

1992年(平成4年)	地球サミットにおいて、温室効果ガスの濃度を気候系に危険を及ぼさない水準で安定させることを目的とした気候変動枠組条約(気候変動に関する国際連合枠組条約)が採択された

※1 用語

熱回収：廃棄物を焼却する際に発生する熱エネルギーを回収して有効活用すること。

※2 用語

拡大生産者責任：生産者が製品の廃棄後まで一定の責任を負うとする考え方のこと。

1997年 （平成9年）	第3回締約国会議（ＣＯＰ3）では京都議定書が採択された ※3 週21-50-ア
1998年 （平成10年）	地球温暖化対策の推進に関する法律が制定された 週21-50-エ
2001年 （平成13年）	アメリカが京都議定書からの離脱を表明した
2004年 （平成16年）	ロシアが京都議定書を批准した 週21-50-ウ
2005年 （平成17年）	京都議定書が発効された
2009年 （平成21年）	第15回締約国会議（ＣＯＰ15）では、京都議定書の定める期限以降の地球温暖化に関する新たな国際的枠組みは採択されなかった ※4
2015年 （平成27年）	第21回締約国会議（ＣＯＰ21）では、京都議定書に代わる2020年以降の温室効果ガス排出削減のための新たな国際枠組み（パリ協定）が採択された

※3 参考

先進締約国についてはそれぞれ、具体的な国別の温室効果ガス削減目標値が設定されるところとなり、日本の目標値は基準年に対して6％減となった。週21-50-イ

※4 参考

ＣＯＰ15は、デンマークのコペンハーゲンで開催された。

（3）京都メカニズム

京都メカニズムとは、京都議定書の目標を達成するために温室効果ガス削減を国際協調の下に行うための運用ルールのことです。

これには、①排出量取引制度、②共同実施、③クリーン開発メカニズムの3種類があります。

【京都メカニズム】

排出量取引制度	温室効果ガス削減目標を上回った国が、目標を達成できなかった国との間で超過分につき取引できるとする制度
共同実施	先進国同士で排出削減のプロジェクトを実施し、その投資国が排出量削減を獲得できる制度
クリーン開発メカニズム	先進国と発展途上国が、発展途上国において排出削減のプロジェクトを実施し、そこで生じた削減量の一部を先進国が自国の削減量に充てることができる制度

憲　法

行　政　法

民　法

商　法

基　礎　法　学

一般知識

第3章 － 社会　第1節 － 環境問題　**759**

4 地球環境保護に関する条約

地球環境保護に関する条約には、以下のようなものがあります。

【地球環境保護に関する条約】

南極条約	国際地球観測年に育まれた国際的科学協力体制を維持発展させるため、南極地域の平和利用、科学調査の自由と国際協力の推進、領土権主張の凍結などを取り決めている
ラムサール条約	水鳥の生息地である湿地と、そこに生息生育する動植物の保全を推進するため、国際的に重要な湿地の指定登録と、その適切な利用を求めている
ロンドン条約	海洋汚染を防止するため、陸上で発生した廃棄物の海洋への投棄や海上での焼却処分を規制している
ワシントン条約	絶滅のおそれがある野生動植物の保護を目的として、野生動植物の輸出入や持込みなどの規制を定めている
ウィーン条約	オゾン層の変化による悪影響から人の健康や環境を保護するため、国際協力の基本的な枠組みを定めている
バーゼル条約	有害廃棄物などの国境を越えた移動を規制する目的で、国際的な規制の枠組みや手続を定めている　過元-53-オ

確認テスト

□□□ **1** 地球サミットを受けて、従来の環境基本法を発展する形で、公害対策基本法が制定された。

□□□ **2** 循環型社会形成推進基本法では、事業者の責任については拡大生産者責任の考え方が採用された。

□□□ **3** 1997年に開催された第3回締約国会議（ＣＯＰ３）では、リオデジャネイロ議定書が採択された。

解答 **1**✕公害対策基本法と環境基本法が反対である。　**2**○　**3**✕京都議定書である。

760

第2節	**社会保障問題**

重要度 **A**

> **学習のPOINT**
>
> ここでは、社会保障の4つの柱を押さえた上で、それぞれについて細かく見ていきます。社会保障問題は、環境問題と並ぶ頻出テーマなので、全体的にしっかり学習しておきましょう。

1 社会保障制度の全体像

（1）社会保障とは何か

　社会保障とは、病気・老齢などによる生活不安や、失業・事故などによる生活困難に対して、国の責任として生活の保障をする仕組みのことです。※1

　この社会保障は、①社会保険、②公的扶助、③公衆衛生、④社会福祉の4つの柱から成り立つとされています。過20-51-ア
※2

（2）日本の社会保障制度の形成

　日本の社会保障制度の形成については、以下の年表のとおりです。

【日本の社会保障制度の形成】

1922年 （大正11年）	民間企業の被用者を対象とする健康保険法が制定された
1938年 （昭和13年）	農村の農業従事者を生活破壊から守ることを主眼として、官庁や企業に組織化されていない一般国民を対象とする国民健康保険法が制定された
1941年 （昭和16年）	民間企業の現業男子（労働者）を対象とする労働者年金保険が創設された
1944年 （昭和19年）	労働者年金保険が民間企業の事務職と女子も加入するように改められ、厚生年金保険が創設された
1958年 （昭和33年）	新国民健康保険法が成立した
1959年 （昭和34年）	国民年金法が成立した

※1 参考

社会保障制度には、大別すると、全国民に一律に最低限度の生活を保障しようとするものと、社会保険を中心とするものの2種類がある。

※2 過去問チェック

社会保障制度は、社会保険、公的扶助、公衆衛生、社会福祉の四つの柱から成り立つとされている。
→○（20-51-ア）

憲法

行政法

民法

商法

基礎法学

一般知識

第3章 ― 社会　第2節 ― 社会保障問題　761

1961年 （昭和36年）	すべての国民が健康保険に加入する国民皆保険や、20歳以上60歳未満のすべての国民が公的年金に加入する国民皆年金が実現した　週29-48-1
1973年 （昭和48年）	社会保障水準の一挙引き上げが着手され、「福祉元年」と命名された
1975年 （昭和50年）	「福祉見直し」の制度改革が始まった
1997年 （平成９年）	介護保険法制定（2001年から運用開始）

2 社会保険

社会保険とは、国民の疾病・老齢等について保険の方式で現金・サービスの給付を行うことです。

この社会保険には、以下のようなものがあります。

（1）年金保険

① 年金保険とは何か

年金保険とは、健康で働けるうちに保険料を納め、一定の年齢に達した場合や障害を負った場合に、定期的に金銭をもらう仕組みのことです。

この年金保険には、国民年金、厚生年金の２種類があります。そして、国民年金には日本国内に住んでいる20歳以上60歳未満の者が加入し、それに加えてサラリーマンや公務員は厚生年金にも加入することとされており、いわゆる２階建ての年金制度が採られています。※1

【年金保険の種類】

国民年金	自営業者・学生・無職の者などが加入するもの ※2
厚生年金	常時１人以上の従業員を使用する法人の事業所の被用者、常時５人以上の従業員を使用して適用業種を行う個人の事業所の被用者や公務員が加入するもの ※3

② 財源

年金保険の財源調達方式について、かつては積立方式 ※4 を採用していましたが、しだいに賦課方式 ※5 に移行しています（現在は修正積立方式と呼ばれています）。週20-51-オ

※1 法改正情報

2015年10月から、２階建て部分の年金が厚生年金に統一され、公務員も厚生年金に加入することになった。

※2 参考

国民年金の基礎年金の財源は、原則として年金保険料収入とその積立金であるが、一部は税金等の一般財源による国庫負担が行われている。

※3 参考

厚生年金の保険料は、被保険者とその者を使用する事業主が折半して負担することとされている。

※4 用語

積立方式：自己が現役世代のうちに納めた保険料を積み立てておいて将来自分で受け取る方式のこと。

※5 用語

賦課方式：現役世代の人が納めた保険料を高齢者に支給する方式のこと。

③　保険料

　2004年の年金制度改正により、保険料水準を固定した上で、その収入の範囲内で給付水準を自動的に調整する仕組みが導入されました。これを保険料水準固定方式といいます。※6

④　年金給付 ※7 ※8

　年金給付の方法には、以下の2種類の給付の仕方があります。

【年金給付の方法】

| 確定拠出型 | 拠出した掛金額とその運用収益との合計額を基に給付額を決定する年金制度 |
| 確定給付型 | 加入した期間などに基づいてあらかじめ給付額が定められている年金制度 |

　私的年金には確定拠出型と確定給付型の両方がありますが、日本の公的年金では確定給付型が採用されています。週29-48-2

(2) 医療保険

　医療保険とは、ケガや病気になった場合に、医療費の一部を負担してもらう仕組みのことです。

　医療保険は、民間の給与所得者などを対象とする健康保険、農業・自営業者などを対象とする国民健康保険、公務員などを対象とする共済組合保険などに分立しています。週20-51-イ

(3) 介護保険

① 介護保険とは何か

　介護保険とは、市町村から要介護状態にあると認定された場合に、介護サービスを受けることができる仕組みのことです。※9
週21-51-イ

② 保険者

　介護保険制度の保険者は、市町村及び特別区です。※10 ※11

③ 被保険者

　介護保険制度の被保険者には、以下の表のような2通りがあります。

※6 参考

地方分権改革を通じて、年金保険料の徴収事務は、市町村から国へと移管され、今日では国がその事務を担っている。週29-48-4

※7 参考

老齢基礎年金の受給資格を得ることができるのは、年金保険料を10年以上納付した場合である。週29-48-3

※8 参考

老齢年金の給付により受け取った所得は、所得税の課税対象とされている。週29-48-5

※9 参考

介護予防給付を受けることができるのは、要支援と認定された者に限られる。週21-51-イ

※10 参考

介護保険の財源は、半分が被保険者からの保険料であり、もう半分は公費（国、都道府県、市町村・特別区が2：1：1の割合で負担）で賄われている。

※11 参考

民間事業者の監督業務は、基本的には、広域性の観点から都道府県が実施することとされている。週21-51-エ

【介護保険の被保険者】

	第1号被保険者	第2号被保険者
対象	65歳以上の者	40歳から64歳までの医療保険加入者
保険料の設定方法	本人と同一世帯の者の所得に応じて段階的に設定される　過21-51-ア、23-51-5	国民健康保険加入者は世帯の所得や資産に応じて設定され、健康保険加入者は介護保険料率と給与に応じて設定される
保険料の徴収方法	市町村が徴収	医療保険者が医療保険の保険料と一括して徴収

④　介護保険サービス[※1]

　介護保険によるサービスを利用する際には、原則として利用料（費用）の**1割**を自己負担すれば、後の9割が保険給付によって賄われることとされていますが、その利用には要介護度ごとに限度額が設けられています。[※2] [※3]　過20-51-エ、21-51-ウ

(4) 雇用保険

　雇用保険とは、労働者が失業した場合及び労働者について雇用の継続が困難となる事由が生じた場合に必要な給付を行うものです。

　雇用保険法では、失業給付や育児休業給付などが定められています。[※4]

(5) 労災保険

　労災保険とは、業務上の事故や通勤による労働者の負傷・疾病・障害・死亡等に対して労働者やその遺族のために必要な保険給付を行うものです。

　労働者災害補償保険法では、労働災害に関する保険給付として療養補償給付や休業補償給付などが定められています。

※1　参考

介護保険のサービスには、居宅サービスと施設サービスとがあるが、保険制度の導入以降、施設サービスよりは居宅サービスの利用割合を高くすることが目指されている。過21-51-オ

※2　参考

介護保険の保険給付の対象となるのは、国・地方公共団体の介護サービスのみならず、民間事業者の介護サービスも含まれる。

※3　法改正情報

2018年8月から、収入が一定額以上ある人は、利用料（費用）の最大3割を自己負担することとなった。

※4　法改正情報

2020年10月から、自己都合退職の場合の失業給付の給付制限期間は、原則として3ヶ月から2ヶ月へと短縮された。

3 公的扶助
こうてき ふ じょ

（1）公的扶助とは何か

公的扶助とは、最低限度の生活水準を維持するだけの所得や資産のない人々にその不足分を公費で給付することです。例えば、生活保護制度などです。

（2）生活保護制度

生活保護制度とは、生活困窮者に対する最低限度の生活保障をする仕組みのことです。※5

生活保護の要否及び程度は、世帯を単位として決定されます（生活保護法10条本文）。したがって、生活保護の申請は、要保護者のみならず、その扶養義務者・同居の親族もなすことができます（生活保護法7条本文）。過21-53-4、23-51-1 ※6

4 公衆衛生

公衆衛生とは、公費で医療・環境の整備をすることです。※7

公衆衛生の場合、対象者が不特定多数の全国民であるという点で、他の3つの社会保障制度とは異なります。

5 社会福祉

（1）社会福祉とは何か

社会福祉とは、障害・加齢等の事情のある国民に対し公費で施設・サービスを提供することです。※8

公費で賄われる点で公的扶助と共通しますが、公的扶助は金銭を給付するものであるのに対し、社会福祉は施設やサービスを提供するものです。

（2）高齢化社会・高齢社会

総人口に対する65歳以上の高齢者の割合が7％を超えた社会のことを高齢化社会、14％を超えた社会のことを高齢社会、21％を超えた社会のことを超高齢社会といいます。

日本では、国民生活の向上や高齢者医療の進歩、社会保障制度の整備などによって高齢者の寿命が伸びていることから、極めて短期間に高齢化が進行し、2021年9月現在の高齢者の割合

※5 参考

生活保護の受給者についても、介護保険の被保険者になることができる。過20-51-ウ

※6 過去問チェック

生活保護法では、保護の認定や程度については、あくまでも個人を単位として判断されることとなっており、仮に同一世帯のなかに所得が高額な親族がいる場合であっても、特定の個人が生活困窮状態にある場合には、保護の対象となる。→ ×（23-51-1）

※7 具体例をイメージ

例えば、保健所や公立病院による感染症や食中毒の予防・治療、地方公共団体による清掃や上下水道の整備などである。

※8 具体例をイメージ

例えば、バスの乗降ステップを下げることや、駅や公共の建物にエレベーター・エスカレーターを設けることなどである。

第3章 — 社会　第2節 — 社会保障問題　765

は29.1％となっています。

（3）福祉社会の充実

このような状況の下で福祉国家を実現するためには、社会福祉の内容を充実させ、高齢者や障害者など社会的弱者に対して優しい社会を作ることが重要とされています。

そこで、高齢者や障害者を施設に入れて隔離するのではなく、健康な人や若者などとともに普通の生活を送ることができるノーマライゼーションの考え方が広がっています。そのため、歩道の段差をなくす、バスの乗降ステップを下げる、駅や公共の建物にエレベーター・エスカレーターを設置するなど、バリアフリー化が進んでいます。週22-49

確認テスト

□□□ **1** 社会保障は、社会保険、公的扶助、公衆衛生、社会手当の４つの柱から成り立つ。

□□□ **2** 年金保険には、国民年金、厚生年金の２種類があり、日本においては、国民のすべてが、国民年金に加入することを義務付けられている。

□□□ **3** 介護保険制度の保険者は、国である。

□□□ **4** 生活保護の要否及び程度は、個人を単位として決定される。

解答 **1**✕社会保障は、①社会保険、②公的扶助、③公衆衛生、④「社会福祉」の４つの柱から成り立つ。 **2**〇 **3**✕市町村及び特別区である。 **4**✕世帯を単位として決定される（生活保護法10条本文）。

第3節 労働問題

重要度 **B**

学習のPOINT

ここでは、雇用・労働一般について学習した上で、男女雇用機会均等法、労働者派遣法、育児・介護休業法といった労働問題に関する法律（労働者保護法制）について学習していきます。

1 雇用・労働

（1）雇用の現状

日本では、従来、①**終身雇用**、②**年功序列型賃金**、③**企業別労働組合**という３つの特徴を持つ「日本型雇用システム」が採られ、これらは、安定した雇用環境を長期にわたって保証する制度として機能してきました。過22-52-1、元-50-ア

しかし、現在では、「日本型雇用システム」は崩れつつあり、雇用が不安定となっています。その結果、**有効求人倍率**[※1] は高くなり、**失業**[※2] している人も増えてきています。過元-50-ア

また、このような現状から、**ニート**と呼ばれる就業・就学・職業訓練のいずれもしていない人が増えています。過25-51-エ

（2）労働契約に関する規制 [※3]

① 契約期間

労働契約には、期間の定めのないものと期間の定めのあるものの２種類があります。しかし、労働契約は、**3年**を超える期間について締結してはいけません（労働基準法14条１項）。過24-53-1

期間の定めのある労働契約であっても、**5年**を超えて反復更新されたときは、労働者の申込みによって、期間の定めのない労働契約に転換することができます。

また、期間の定めのある労働契約において、使用者の希望により契約が更新されないことを**雇止め**といいますが、この雇止めは、客観的に合理的な理由を欠き、社会通念上相当であると認められないときは、することができません。過25-51-オ

※1 用語

有効求人倍率：職業安定所に登録された有効求人数を有効求職数で割った値のこと。この値が１を上回れば労働需要のほうが多く、反対に１を下回れば労働供給のほうが多いことを意味する。過25-51-イ

※2 用語

失業：就業の機会が得られていない状態のこと。統計的に失業者数は、労働力人口から就業者を差し引いた数として定義される。過25-51-ア

※3 参考

民間部門における雇用契約の締結にあたり、年少者の場合には児童が15歳に達した日以後の最初の3月31日が終了するまでは使用してはならないという制限があるが（労働基準法56条１項）、高齢者の雇用を制限する法律はない。過24-53-3

② 労働時間 ※1 ※2

労働時間については、使用者と労働者の契約によって決定されますが、労働基準法上の様々な規制があります。

なお、契約によって定めれば、労働者自身が一定の定められた時間帯において始業時刻及び終業時刻を決定できる**フレックスタイム制**を導入することもできます。週22-52-2

また、近年では、労働者1人当たりの労働時間を減らし、その分で他の労働者の雇用を維持したり雇用を増やしたりする**ワークシェアリング**も行われています。週25-51-ウ

③ 賃金

賃金は、**通貨**で、直接労働者に、その**全額**を支払わなければなりません（労働基準法24条1項本文）。※3 ※4 週24-53-2

2 労働者保護法制

（1）男女雇用機会均等法
① 1985年制定法

1985年、女子差別撤廃条約を批准するための国内法の整備として、**男女雇用機会均等法**（雇用の分野における男女の均等な機会及び待遇の確保等女子労働者の福祉の増進に関する法律）が制定されました。

この法律は、女性労働者が性によって差別されることなく、雇用における男女の機会均等と能力を十分に発揮できる職場の確保を目指すものであり、教育訓練・福利厚生、定年・退職・解雇での差別的取扱いを禁止するものでした。

もっとも、募集・採用、配置・昇進等での差別的取扱いに関しては努力義務とされており、実効性が低いと批判されていました。

② 1997年改正法

上記のような批判を受けて、1997年に男女雇用機会均等法が改正されました。この改正により、募集・採用、配置・昇進等での差別的取扱いに関しても、努力義務ではなく**禁止規定**がおかれることになりました。

また、これに関連して労働基準法も改正され、女性労働者に

※1 参考

近年、非正規雇用労働者数は増加する傾向にあり、最近では、役員を除く雇用者全体のおおよそ4割程度を占めるようになった。週元-50-イ

※2 参考

兼業・副業について、許可なく他の企業の業務に従事しないよう規定する法律は存在しない。週元-50-ウ

※3 参考

最低賃金法では支払うべき賃金の最低水準が定められているが、この水準は物価等を考慮して、都道府県ごとに規定されている。週24-53-4

※4 法改正情報

2020年4月1日施行の労働基準法改正により、賃金請求権の消滅時効期間が5年（当分の間3年）に延長され、消滅時効の起算点が賃金支払日であることが明文化された。

ついての時間外労働・休日労働・深夜労働の制限が撤廃され、女性の働く機会が大幅に増大しました。過22-52-3 ※5

③ 2006年改正法

2006年の男女雇用機会均等法の改正により、女性に対する差別の禁止が、**男女双方**に対する差別の禁止に拡大されました。また、妊娠・出産等を理由とする解雇の禁止が、その他の**不利益な取扱いの禁止**に拡大されました。

④ 2016年改正法

2016年の男女雇用機会均等法の改正により、事業主には、上司・同僚から妊娠や出産を理由とする嫌がらせ（これを**マタニティ・ハラスメント**といいます）を防止する措置を講ずることが義務づけられています。

(2) 労働者派遣法

① 派遣が認められる業務

労働者派遣法（労働者派遣事業の適正な運営の確保及び派遣労働者の保護等に関する法律）は、弱い立場に置かれている派遣労働者 ※6 を保護する法律です。

従来、労働者の派遣が認められる業務は、アナウンサー・通訳などの専門的な26種類の業務に限られていました。しかし、1999年の労働者派遣法の改正により、**一般業務**についても労働者の派遣が可能となり、2004年の改正により、**製造業**についても可能となりました。現在では、建設業務や医療関連業務など一定の業務を除いて広く労働者の派遣が認められています。過22-52-4 ※7

② 許可制の採用

2015年の労働者派遣法の改正により、すべての労働者派遣事業について、**許可制**がとられることとなりました。また、同改正により、労働者派遣契約に基づく労働者派遣には、すべての業務について、①同一の事業所に対し派遣できる期間は原則**3年**、②①の例外が認められ派遣期間が延長されたとしても、同一の派遣労働者を派遣先事業所の同一の組織単位に対し派遣できる期間は**3年**、といった期間制限が設けられました。※8

※5 過去問チェック

男女雇用機会均等法その他関連労働法規の改正により、女性労働者についての時間外労働、休日労働、深夜労働の制限が撤廃され、女性の働く機会が大幅に増大した。→○（22-52-3）

※6 用語

派遣労働者：労働者と派遣元が雇用契約を締結し、派遣先の指揮命令に従って働く労働者のこと。

※7 過去問チェック

労働者派遣法の改正により、派遣対象業務の制限が撤廃され、すべての業務について派遣労働が認められることとなったことから、2000年以降、派遣労働者数は急速に増加した。→✕（22-52-4）

※8 具体例をイメージ

例えば、同一の事業所は3年以上派遣することが認められたとしても、その事業所の同じ課に3年以上派遣することはできない（課が異なれば、派遣できる）。

憲法

行政法

民法

商法

基礎法学

一般知識

第3章 － 社会　第3節 － 労働問題　**769**

③ 均等待遇等

2020年4月1日施行の労働者派遣法の改正により、派遣労働者につき、①派遣先の労働者との**均等待遇**、**均衡待遇**（職務内容、職務内容・配置の変更範囲、その他の事情の相違を考慮して不合理な待遇差を禁止する）、②同種業務の一般の労働者の平均的な賃金と同等以上の賃金であること等の要件を満たす**労使協定**による待遇のいずれかが義務付けられました。

（3）育児・介護休業法

育児・介護休業法（育児休業、介護休業等育児又は家族介護を行う労働者の福祉に関する法律）は、男女ともに育児・介護のための休暇を取得できる休業制度の導入を企業に義務付けた法律です。

具体的には、以下のような制度があります。

【育児・介護休業法】

育児休業	労働者の申出により、子が1歳に達するまでの間は育児休業が可能 ※1
介護休業	労働者の申出により、要介護状態にある家族1人につき、常時介護を必要とする状態ごとに1回の介護休業が可能
看護休暇	小学校就学前の子を養育する労働者の申出により、1年に5日まで病気やケガをした子の看護のために休暇の取得が可能 ※2
介護休暇	要介護状態の家族が1人のときは年5日、2人以上のときは年10日まで休暇の取得が可能 ※2

（4）働き方改革関連法

① 時間外労働の上限の設定

時間外労働の上限について、**月45時間**、**年360時間**を原則とし、特別な事情がある場合でも、年720時間、単月100時間未満、複数月平均80時間が限度とされました。

② 年次有給休暇の付与の義務化

年次有給休暇が**年10日**以上付与される労働者に対して**年5日**の年次有給休暇を取得させることが、使用者に義務付けられました。過元-50-オ

③ 高度プロフェッショナル制度の導入

金融商品開発者・アナリスト・コンサルタント・研究者に対

※1 参考

父母がともに育児休業を取得する場合、子が1歳2ヶ月に達するまでの間に、1年間育児休業を取得することができる（パパ・ママ育休プラス）。

※2 法改正情報

従来、子の看護休暇・介護休暇は、①半日単位での取得しかできず、②1日の所定労働時間が4時間以下の労働者は取得できないとされていたが、2021年1月1日施行の育児・介護休業法改正により、①時間単位での取得が可能となり、②すべての労働者が取得できるようになった。

して**高度プロフェッショナル制度**が導入され、残業や休日・深夜の割増賃金などに関する規制対象から外されることとなりました。 過元-50-エ

確認テスト

□□□ **1** 賃金は、通貨で、直接労働者に、その全額を支払わなければならない。

□□□ **2** 1985年、女子差別撤廃条約を批准するための国内法の整備として、男女雇用機会均等法が制定された。

□□□ **3** 現在では、専門的な26種類の業務に限って労働者の派遣が認められている。

□□□ **4** 育児・介護休業法は、男女ともに育児・介護のための休暇を取得できる休業制度の導入を企業に義務付けた法律である。

解答 **1 ○**（労働基準法24条1項本文）　**2 ○**　**3 ×** 建設業務や医療関連業務など一定の業務を除いて広く労働者の派遣が認められている。　**4 ○**

第4節 消費者問題

重要度 B

学習のPOINT
ここでは、消費者庁の設置や消費者安全法といった消費者行政と、消費者基本法や消費者契約法といった消費者保護法制について学習していきます。

1 消費者行政

(1) 消費者庁の設置

2009年、消費者問題の増加やそれに向けての取組みのため、各省庁で別々に行っていた消費者行政の一元化を図り、**消費者庁**が内閣府の外局として設置されました。

消費者庁は、消費者安全法、特定商取引法などに基づく消費者保護関連の事務をつかさどっています。 過23-56-1

(2) 消費者安全法

消費者庁の設置に伴い、**消費者安全法**が施行されました。

この法律は、地方自治体の**消費生活センター**を充実させ、消費者の身近な地域で消費者行政を行う存在と位置づけています。また、消費者被害防止のため、**内閣総理大臣**が関係大臣に対して対応処置を要求することができることとしています。

(3) 消費者基本計画

消費者基本計画とは、消費者保護政策を計画的に推進するため、5年間に重点的に講ずる具体的消費者施策の指針を示すものです。

この計画の内容としては、消費者の安全・安心確保、消費者の自立のための基盤整備、消費者トラブルへの機動的・集中的な対応の3つが閣議決定されています。

2 消費者保護法制

（1）消費者基本法

2004年、消費者を保護の対象と位置づけていた消費者保護基本法を大幅に改正し、消費者の権利の尊重、消費者の自立の支援を基本理念とする消費者基本法が成立しました。

消費者基本法によれば、消費者の権利には、以下のようなものがあります。

【消費者の権利】

1	国民の消費生活における基本的な需要が満たされる権利
2	消費者の健全な生活環境が確保される権利
3	消費者の安全が確保される権利
4	商品及び役務について消費者の自主的かつ合理的な選択の機会が確保される権利
5	消費者に対し必要な情報及び教育の機会が提供される権利
6	消費者の意見が消費者政策に反映される権利
7	消費者に被害が生じた場合には適切かつ迅速に救済される権利

（2）消費者契約法 ※1

2000年に制定された消費者契約法は、消費者と事業者の間に情報の量・質、交渉力の格差があることから、消費者を保護することを目的とした法律です。過23-56-3 ※2

この法律は、消費者と事業者の契約につき、①不適正な販売方法や契約内容があれば、追認できる時から1年間は取消しを認めること、②事業者の損害賠償責任を免除する条項その他の消費者の利益を不当に害する条項を無効とすることなどを定めています。※3 過23-56-2

なお、2006年には、消費者被害を受けた個人に代わって、内閣総理大臣の認定を受けた適格消費者団体が不当な契約条項や勧誘行為等の差止め訴訟を提起することができる消費者団体訴訟制度を導入しています。過23-56-4、25-2-ア ※4

（3）特定商取引法

特定商取引法は、販売方法の多様化に伴い消費者トラブルが

※1 参考

消費者契約法における「消費者」は、自然人を意味し、法人及び権利能力なき社団を含まない。過23-56-5

※2 過去問チェック

個人情報保護制度は、個人と個人情報取扱事業者との間で、取り扱う個人情報の質及び量に格差が存在することをその前提とするが、消費者保護制度には、このような観点は存在しない。→✕（23-56-3）

※3 法改正情報

①に関して、過量な内容の契約の取消権の新設、取消権の行使期間の延長（6ヶ月から1年）がなされた。また、②に関して、事業者の債務不履行等の場合でも消費者の解除権を放棄させる条項を無効とする規定の新設、消費者の不作為をもって意思表示をしたものとみなす条項が無効である旨の例示がなされた。

※4 過去問チェック

事業者による不当な勧誘行為および不当な表示行為等について、内閣総理大臣の認定を受けた適格消費者団体が当該行為の差止めを請求することができる団体訴訟の制度が導入された。→〇（25-2-ア）

憲法

行政法

民法

商法

基礎法学

一般知識

第3章 ― 社会 第4節 ― 消費者問題 773

増加していることを受け、その対策として制定された法律です。

特定商取引法の対象となる取引は、①**訪問販売**、②**通信販売**、③**電話勧誘販売**、④**連鎖販売取引（マルチ商法）**、⑤**特定継続的役務提供**、⑥**業務提供誘因販売取引（内職・モニター商法）**、⑦**訪問購入**の7種類です。

この法律では、**通信販売**を除く6種類の取引によって契約を締結した場合、一定期間内であれば消費者が無条件で契約を解除することができるとしています。これを**クーリングオフ**といいます。

なお、2017年12月1日施行の特定商取引法改正により、事業者による不公正な勧誘行為等を取り締まるため、以下のような規定が新設されました。

【特定商取引法の改正（2017年12月1日施行）】

1	違反事業者に対する業務停止命令期間の伸長、行政調査権限の強化、刑事罰の強化
2	所在不明の違反事業者に対する公示送達による処分
3	消費者利益の保護のための行政処分規定の整備
4	電話勧誘販売における過量販売規制の導入

（4）製造物責任法（ＰＬ法）

製造物責任法とは、製造物の欠陥により消費者が被害を受けた場合、その製造業者の過失の有無にかかわらず、その製造業者等に損害賠償責任があると定めた法律のことです。

製造物責任法の対象となるのは**加工された動産**であり、土地等の不動産や加工されていない農産物などは対象となりません。

（5）自動車のリコール制度

リコールとは、欠陥車が発見された場合、自動車メーカーが自らの判断により回収し、無料で修理する制度のことをいいます。過29-52-ウ

なお、自動車メーカーは、リコールを行う場合、事前に**国土交通大臣**に届出をしなければなりません。

（6）景品表示法（不当景品類及び不当表示防止法）

景品表示法は、商品・サービスの品質・内容・価格を偽って表示することや、過大な景品類を提供することを防止することで、消費者がより良い商品・サービスを選択できるようにするものです。

2016年4月1日には、不当な表示による顧客の誘引を防止するため、不当な表示を行った事業者に対する課徴金制度が導入され、被害回復を促進するため、顧客への返金による課徴金額の減額等の措置も講じられました。過29-52-ア

3 消費者保護機関

（1）独立行政法人国民生活センター

独立行政法人国民生活センターは、国民生活に関する情報の提供及び調査研究や、個別の消費者紛争に関する裁判外紛争処理手続（ＡＤＲ）を実施しています。過29-52-エ

（2）消費生活センター

消費生活センターは、地方公共団体が設置している機関であり、消費生活全般に関する苦情や問合せなど、消費者からの相談を受け付け、専門の相談員が対応しています。過29-52-オ

（3）一般社団法人日本クレジット協会

一般社団法人日本クレジット協会は、クレジット取引の公正やこれに携わる関係事業者の業務の適正な運営を確保することで、消費者の利益保護とその消費生活向上を実現し、クレジット産業の健全な発展に資することを目的としています。

一般社団法人日本クレジット協会は、クレジットカード発行枚数の調査・公表を行っており、2020年3月末のクレジットカードの国内発行枚数は2億9296万枚でした。※1 過29-52-イ

※1 参考

無計画なクレジット利用による自己破産が問題となっており、自己破産の件数は2000年〜2003年は増加傾向、2004年〜2016年は減少傾向、2017年〜2019年は増加傾向、2020年は再び減少傾向にある。なお、最も件数が多かった2003年の自己破産の件数は約24万2000件である。過29-52-イ

確認テスト

□□□ **1** 2009年、消費者問題の増加やそれに向けての取組みのため、各省庁で別々に行っていた消費者行政の一元化を図り、消費者庁が内閣府の外局として設置された。

□□□ **2** 2004年、消費者を保護の対象と位置づけていた消費者基本法を大幅に改正し、消費者の権利の尊重、消費者の自立の支援を基本理念とする消費者保護基本法が成立した。

□□□ **3** 製造物責任法とは、動産又は不動産の欠陥により消費者が被害を受けた場合、その製造業者等に損害の賠償責任があると定めた法律のことである。

解答 **1**○ **2**✕消費者保護基本法と消費者基本法が反対である。 **3**✕不動産は製造物責任法の対象とならない。

第6部 一般知識

第4章 情報通信

第1節 情報化社会　重要度 B

学習のPOINT
ここでは、主に電子政府（電子自治体）について学習していきます。特に、電子認証と電子署名が重要ですので、しっかり学習しましょう。

1 電子政府（電子自治体）

（1）電子政府（電子自治体）とは何か

　2000年に閣議決定された「IT基本戦略」によれば、電子政府（電子自治体）とは、行政内部や行政と国民・事業者との間で書類ベース、対面ベースで行われている業務をオンライン化し、情報ネットワークを通じて省庁横断的、国・地方一体的に情報を瞬時に共有・活用する新たな行政を実現するものをいいます。

　電子政府（電子自治体）が実現することにより、国民（住民）は、国（地方公共団体）が提供するサービスを、24時間いつでも自宅や会社から利用できることになります。

（2）電子認証

　電子政府（電子自治体）が実現すると、国や地方公共団体に対する申請をオンラインで行うことになりますが、その際には、本人確認が必要になります。このように、ネットワーク上で行われる本人確認のことを電子認証といいます。

　本人確認の際には、IDとパスワードが利用されるのが一般的ですが、他人に知られることもあり安全性が高いとはいえません。そこで、電子認証の際には、電子署名※1 が主に利用されます。

※1 用語

電子署名：実社会の手書きサイン（署名）や押印を電子的に代用しようとする技術であって、作成名義の同一性（本人性）及び内容の同一性（非改ざん性）を確認することができるもののこと。過20-56-ア

そして、電子署名が本人のものであることを第三者が証明するものとして、**電子証明書**があります。イメージがわきづらいかもしれませんが、電子署名が実印、電子証明書が印鑑登録証明書のようなものだと考えてください。

2 マイナンバー制度 ※1

（1）マイナンバー制度とは何か

マイナンバー制度とは、個人番号を利用し、行政機関等相互間で安全かつ効率的に情報連携を行うための仕組みを整備しようとする制度のことです。この制度は、住民票を有するすべての人に1つの番号を付して、効率的に情報を管理し、複数の機関に存在する個人情報が同一人の情報であることを確認するためのものです。過24-56-イ

そして、マイナンバー制度を利用するための法律（行政手続における特定の個人を識別するための番号の利用等に関する法律、通称マイナンバー法）が2015年9月30日に施行されました。

（2）通知カード・個人番号カード

2015年10月以降、市区町村から国民一人一人に対し、住民票に登録されている住所に宛てて、12桁のマイナンバー（個人番号）が記載された**通知カード**が送られていました。しかし、通知カードは、氏名・住所・生年月日・性別（基本4情報）とマイナンバーが記載されていますが、顔写真は入っていませんので、本人確認には使用できません。※2

そこで、地方公共団体情報システム機構に申請すれば、基本4情報とマイナンバーが記載され、さらに本人の顔写真が表示された**個人番号カード**（通称マイナンバーカード）の交付を受けることができます。個人番号カードは、本人確認のための身分証明書として利用できるのみならず、カードのICチップに搭載された電子証明書を用いて、各種電子申請を行うこともできます。

（3）マイナンバーの利用場面

マイナンバーの利用場面は、行政手続に関する場面と民間事業者が関係する場面に分けられます。

※1 **参考**
マイナンバーは、中長期在留者や特別永住者などの外国人に対しても通知される。

※2 **法改正情報**
2020年5月25日より、通知カードが廃止され、新規発行・再交付や住所・氏名などの記載内容の変更ができなくなった。

① 行政手続における利用

　マイナンバーは、国の機関や地方公共団体における行政手続において、社会保障・税・災害対策の分野で利用されます。具体的には、以下の表のとおりです。

【行政手続におけるマイナンバーの利用】

社会保障	年金・雇用保険・医療保険の手続、生活保護・児童手当といった福祉の給付など
税	税金の確定申告など
災害対策	被災者台帳の作成事務など

② 民間事業者における利用

　民間事業者は、従業員の健康保険・厚生年金保険の加入手続を行ったり、従業員の給料から源泉徴収を行って税金を納めたりする際に、マイナンバーが必要となります。そこで、民間事業者の従業員は、勤務先にマイナンバーを提示する必要があります。

3 住民基本台帳ネットワークシステム

　住民基本台帳ネットワークシステムとは、市区町村・都道府県・国の各省庁を専用のネットワーク回線により接続し、住民の基本4情報（氏名・住所・生年月日・性別）、住民票コード、個人番号を参照し合うシステムのことです。[※3] 過26-56-2

　住民基本台帳ネットワークシステムに対しては、2008年に最高裁判所によって合憲判決が下されています（最判平20.3.6）。そのため、その後住民基本台帳ネットワークシステムに加入する市区町村が増加しています。過26-56-4

> **※3 法改正情報**
>
> マイナンバー法の施行に伴い、個人番号が住民基本台帳ネットワークに登録されるようになった。

□□□ **1** ネットワーク上で行われる本人確認のことを電子認証といい、電子認証の際には主にＩＤとパスワードが利用される。

□□□ **2** 地方公共団体情報システム機構に申請すれば、氏名・住所・生年月日・性別とマイナンバーが記載され、さらに本人の顔写真が表示された通知カードの交付を受けることができる。

□□□ **3** 住民基本台帳ネットワークシステムに対しては、2008年に最高裁判所によって違憲判決が下されている。

解答 **1**✗主に電子署名が利用される。 **2**✗個人番号カードである。 **3**✗合憲判決である（最判平20.3.6）。

第2節 情報通信用語

重要度 A

学習のPOINT

情報通信用語については、用語とその意味を結び付けられるようにしておくことが重要です。一般知識における頻出テーマなので、重点的に学習しましょう。

1 情報セキュリティに関する用語

　情報セキュリティとは、情報の機密性・完全性・可用性を維持することです。これを情報セキュリティの三要素といいます。

【情報セキュリティの三要素】

機密性	第三者に情報が漏えいしないようにすること
完全性	情報と処理方法が正確かつ完全であること
可用性	利用者が必要なときに情報を利用することができるようにすること

　以下、情報セキュリティに関する用語を50音順→アルファベット順で整理しています。

（1）ウィキリークス

　ウィキリークスとは、政治・行政・ビジネス・宗教などに関する機密情報を匿名で公開するウェブサイトの一つです。近年、このウィキリークスにより、アメリカ政府の外交機密文書が公開されるなど話題となりました。過27-55-1

（2）公開鍵暗号

　公開鍵暗号とは、暗号化と復号化のプロセスにそれぞれ別個の鍵（手順）を使って、片方の鍵を公開できるようにした暗号方式のことです。過27-55-4

（3）コンピュータウイルス

　コンピュータウイルスとは、電子メールやホームページの閲覧などを通じてコンピュータに侵入する特殊なプログラムのことです。コンピュータウイルスには、自らを複製しながら増殖

第4章 － 情報通信　第2節 － 情報通信用語　781

する性質を持つものが多いです。過22-57-1

（4）侵入検知システム

侵入検知システムとは、インターネットから送られるパケット※1を識別することを通じて、不正侵入やアタック等をリアルタイムで監視し、管理者に警告するシステムのことです。過20-56-オ

（5）スパイウェア

スパイウェアとは、パソコンを使うユーザーの行動や個人情報などを収集したり、パソコンの空き時間を借用して計算を行ったりするソフトのことです。収集された情報は、スパイウェアの作成元に送られる仕組みとなっています。

（6）電子透かし

電子透かしとは、画像・映像・音声などのデジタル・データに、人間の知覚では判別できない特定の情報を埋め込む技術のことです。電子透かしは、著作権保護技術として用いられることが多いです。過20-56-エ

（7）バイオメトリクス認証

バイオメトリクス認証とは、指紋・声紋・虹彩・静脈の血管形状パターンなど、個々人の生体固有の情報を用いて本人確認を行う方式のことです。この認証方法は、出入国管理や金融の分野における利用が進められています。過20-56-ウ、23-57-4

（8）ファイアーウォール

ファイアーウォールとは、「防火壁」を意味し、外部と内部のネットワークを結ぶ箇所に導入することを通じて、データの出入口の段階で不正な攻撃を検知するソフトウェアのことです。過20-56-イ、27-55-5

（9）ファイル交換ソフト

ファイル交換ソフトとは、インターネットを介して不特定多数のコンピュータの間でファイルを共有するソフトウェアのことです。ファイル交換ソフトには、接続しているユーザーの情報やファイルのリストを中央サーバが管理し、ファイルの転送のみを利用者間で直接行う中央サーバ型システムと、まったくサーバを持たず、すべての情報がバケツリレー方式に利用者の

※1 用語

パケット:送信先の情報などが付加されたデータの小さなまとまりのこと。

間で流通する純粋型システムの2種類があります。過18-53-1

（10）フィッシング

フィッシングとは、実在する企業を装って電子メールを送信し、その企業のWebサイトに見せかけて作成したサイトに受信者を誘導し、入力させた個人情報を騙し取る方法のことです。過27-55-3

（11）ユーザー認証

ユーザー認証とは、ユーザーが本人であるかどうかを確認する仕組みのことです。なりすまし[※2]を困難にするために、一般的にパスワードの入力を求める方法を用いることが多いです。過22-57-3

（12）ICカード

ICカードとは、半導体集積回路（IC）を埋め込み、情報を記録できるようにしたカードのことです。ICカードは、国内において、公共・交通・決済といった広い分野のサービスで普及しています。[※3] 過24-56-オ

（13）SSL

SSLとは、インターネット上でデータを暗号化して送受信する方法の一つです。これは、情報事故対策として用いられています。過23-57-1、2-55-ウ

2 インターネットに関する用語

インターネットの歴史は、アメリカで国防用を主目的として開発されたコンピュータネットワークの構築にさかのぼるといわれています。過20-57-1

個人がインターネットを利用する場合においては、原則としてプロバイダという電気通信事業者のサービスを受けて行うことになります。[※4][※5]

以下、インターネットに関する用語を50音順→アルファベット順で整理しています。

（1）ウィキ（Wiki）

ウィキ（Wiki）とは、ユーザーがWebブラウザを利用してWebサーバ上の文書を書き換えるシステムのことです。これ

※2 用語

なりすまし：入手した他人のIDやパスワードを、本人になりすましてインターネット上で使用すること。

※3 具体例をイメージ

例えば、住民基本台帳用ICカード、IC旅券（ICパスポート）、taspoなどがある。過24-56-オ

※4 参考

インターネット上で日本語を用いることも可能である。

※5 参考

プロバイダは、電気通信事業者であり、放送事業者ではない。

は、ネットワーク上のどこからでも、いつでも、誰でも、文書を書き換えて保存することができる特徴を有しています。週19-57-ア

なお、このウィキを利用した百科事典の無償オンラインサービスのことを**ウィキペディア（Wikipedia）**といいます。[1]週20-57-5

（2）クッキー

クッキーとは、Webページにアクセスした利用者を、Web・サーバ側でチェックするための機能のことです。週20-57-3

（3）クラウド・コンピューティング

クラウド・コンピューティングとは、ソフトウェアやデータなどをネットワーク上にあるサーバ群（クラウド）から必要に応じて利用するコンピュータネットワークの利用形態のことです。[2]週24-56-ア

（4）サーバ

サーバとは、ネットワーク上で情報やサービスを提供するコンピュータのことです。インターネットでは、Webサーバやメールサーバ、DNSサーバなどが使用されています。週22-57-4

（5）シンクライアント

シンクライアントとは、企業のコンピュータシステムにおいて社員が使うコンピュータに最低限の機能だけを持たせ、サーバ側でアプリケーションソフトやファイルなどの資源を管理するシステムの総称のことです。週23-57-1

（6）デジタル・ディバイド

デジタル・ディバイドとは、身体的・社会的条件の相違に伴い、インターネットやパソコン等の情報通信技術を利用できる者と利用できない者との間に生じる格差のことです。週24-56-エ

（7）ドメイン

ドメインとは、インターネット上に存在するコンピュータやネットワークを識別するために付けられている名前の一種であり、アルファベット・数字・記号の組み合わせで構成され、重

※1 参考

ウィキペディアは、アメリカの非営利団体であるウィキメディア財団が運営している。週20-57-5

※2 参考

クラウド・コンピューティングは、情報の流出などによるセキュリティ上の問題点があるとされている。週24-56-ア

複しないように発行・管理されているもののことです。[3]

（8）バナー広告

バナー広告とは、ホームページ上に広告の画像を貼り、その
ホームページと広告主のホームページにリンクを張る形式の広
告のことです。

（9）ビットコイン　過29-50

ビットコインとは、国家の裏付けがなく、ネットワークのみ
を通じて流通する決済手段である仮想通貨の１つです。ビット
コインは、Ｐ２Ｐ型ネットワークをベースにするため、中心と
なるサーバや取引を一括して把握する取引所は存在せず、取引
データは利用者それぞれの端末に記録され、その記録がブロッ
クチェーン[4]に蓄積されます。

（10）ブログ

ブログとは、ウェブログの略で、日記的なウェブサイトのこ
とです。

（11）プロトコル

プロトコルとは、コンピュータ同士が互いに通信を行う際に
必要となる共通の手順や規則のことです。[5]

（12）プロフ

プロフとは、Web上で自分のプロフィールを作成して公開
するサービスのことです。近時、中高生がプロフで安易に個人
情報を発信してトラブルに巻き込まれる事例が少なくないこと
が問題となっています。過21-55-1

（13）ポータルサイト

ポータルサイトとは、インターネットの入り口となる巨大な
Webサイトのことです。

（14）無線通信

無線通信とは、線を用いず電波や赤外線などを用いて通信す
ることです。過23-57-3

（15）無線ＬＡＮ

無線ＬＡＮとは、有線ＬＡＮのケーブルを無線に置き換えた
もののことです。無線ＬＡＮは、配線の必要がない点で便利で
はありますが、有線ＬＡＮと比較してセキュリティ対策が万全

---

[3] 参考

経済産業大臣の許可
を得なくても、ドメ
インを取得すること
はできる。

[4] 用語

ブロックチェーン：
順序付けられたレコ
ード（ブロック）が
連続的に増加してい
くリストを持った分
散型データベースの
こと。それぞれのブ
ロックには、タイム
スタンプと前のブロ
ックへのリンクが含
まれている。

[5] 参考

ＴＣＰ／ＩＰプロト
コルは、個人間の通
信のみならず、企業
の内部における通信
（イントラネット）
においても使用され
ている。

憲法

行政法

民法

商法

基礎法学

一般知識

第4章 － 情報通信　第2節 － 情報通信用語　785

でないという欠点があります。圏22-57-2

(16) ユビキタス・コンピューティング

ユビキタス・コンピューティングとは、世の中の至る所にコンピュータが存在し、コンピュータ同士が自律的に連携して動作する情報環境のことです。現在、ユビキタス・コンピューティングの実現に向け広く研究開発が進められています。

(17) 量子鍵

量子鍵とは、量子力学の理論を用いた暗号技術の手法の一つです。圏23-57-2

(18) ログ

ログとは、コンピュータが保有するユーザーの接続時刻や処理内容等を記録したファイルのことです。通常は、ログを参照することで、コンピュータの動作を管理することができます。圏22-57-5

(19) ＡＤＳＬ

ＡＤＳＬとは、一般の電話回線を利用したサービスのことです。圏19-57

(20) ＡＩ

ＡＩとは、大量のデータや画像を学習・パターン認識することにより、高度な推論や言語理解などの知的行動を人間に代わってコンピュータが行う技術のことです。圏元-54-イ

(21) ＢＣＣ

ＢＣＣとは、電子メールの送信先指定方法の一つで、宛先であるユーザー以外の人（ＢＣＣに指定したユーザー）に同じ内容の電子メールを送信するものの、その人に電子メールが送信されていることは他の受信者に通知されない方法のことです。圏2-55-ア

(22) https

httpsとは、Web上でホストサーバとクライアント間で情報を送受信することを可能にする通信プロトコル（http）に、ＳＳＬ／ＴＬＳというプロトコルを用いてデータを暗号化する機能を追加したものです。圏23-57-2、2-55-エ

(23) IoT

IoTとは、様々な物がセンサーと無線通信を通してインターネットにつながり、インターネットの一部を構成するようになることです。過28-55、元-54-エ

(24) IPアドレス

IPアドレスとは、インターネットに接続しているコンピュータごとに振られている識別番号のことです。過20-57-2、27-55-2

(25) NGN

NGNとは、電話サービスや映像通信サービスなどを、統合的に実現するIPネットワークのことです。これは、従来のインターネットでは困難であった通信サービス品質やセキュリティー等を自由に制御できるという特長を有しています。過19-57-ウ

(26) SMTP

SMTPとは、電子メールを送信するための通信プロトコルのことです。過2-55-イ

(27) SNS

SNSとは、コミュニティ型の会員制サービスを提供するWebサイトのことです。既存の参加者からの招待がないと参加できないというルールになっているサービスが多いですが、誰でも登録できるサービスも近年では増えています。過19-57-イ、元-54-オ

(28) URL

URLとは、インターネット上で情報が格納されている場所を示す文字列のことです。過2-55-オ

(29) VR

VRとは、現実ではないが、実質的に同じように感じられる環境を、利用者の感覚器官への刺激などによって人工的に作り出す技術のことです。過元-54-ア

(30) Web2.0

Web2.0とは、ネットワーク型、双方向型の高度な機能を有するビジネスを、旧来のビジネスモデル（1.0）と比べた表現

のことです。週20-57-4

(31) 5G

5Gとは、ミリ波などの高い周波数帯域も用いて、高速大容量、低遅延、多数同時接続の通信を可能とする次世代無線通信方式のことです。週元-54-ウ

3 電話通信に関する用語

以下、電話通信に関する用語を50音順→アルファベット順で整理しています。

(1) スマートフォン

スマートフォンとは、パソコンの機能をベースとして作られた多機能携帯電話のことです。[※1] 週23-57-3

(2) IP電話

IP電話とは、データを細切れにして送るIP技術を使って音声をやり取りする電話のことです。週23-57-1

(3) SIMカード

SIMカードとは、携帯電話会社が発行するICカードであって、契約者の情報が記載されているもののことです。週23-57-3

(4) VoIP

VoIPとは、IP電話を実現する中心的な技術の一つです。IP電話はIPネットワークを用いて通信を行うため、一般に既存の電話網と比較して安価ですが、音声品質はベストエフォート[※2]・レベルにとどまっており、また、停電等の災害にも強くないといった問題点があります。週19-57-エ

※1 参考

スマートフォンは、汎用的に使える小型コンピュータという点で、パソコンと同様の機能を有している。他方、従来の携帯電話と呼ばれてきた端末も、広義ではコンピュータであるが、汎用的に自由度の高い使い方ができるものではなかった。週24-56-ウ

※2 用語

ベストエフォート：利用者からシステムに送られる要求がその能力を超えたとしても、エラーの通知も再処理もされない方式のこと。

確認テスト

□□□ **1** ユーザー認証とは、指紋・声紋・虹彩・静脈の血管形状パターンなど、個々人の生体固有の情報を用いて本人確認を行う方式のことである。

□□□ **2** 個人がインターネットを利用する場合においては、原則としてプロバイダという電気通信事業者のサービスを受けて行うことになる。

□□□ **3** バナー広告とは、ホームページ上に広告の画像を貼り、そのホームページと広告主のホームページにリンクを張る形式の広告のことである。

□□□ **4** ＮＧＮとは、コミュニティ型の会員制サービスを提供するWebサイトのことである。

解答 **1**✕ バイオメトリクス認証である。 **2**〇 **3**〇 **4**✕ ＳＮＳである。

第3節 情報通信関連法

学習のPOINT
情報通信関連法には様々なものがありますので、それぞれについて概要を押さえておきましょう。特に、デジタル行政推進法と公的個人認証法が重要です。

1 デジタル行政推進法

（1）概要

デジタル行政推進法（情報通信技術を活用した行政の推進等に関する法律）は、情報通信技術を活用した行政の推進や、民間手続における情報通信技術の活用の促進に関する施策について規定した法律です。

この法律は、個別の法律で書面による行政手続が必要とされている場合でも、その法律を改正することなく、主務省令の定めによりオンライン化することができるとしています（6条1項、7条1項、8条1項、9条1項）。過19-55-1・2 ※1

（2）目的

デジタル行政推進法は、手続等に係る関係者の利便性の向上、行政運営の簡素化及び効率化並びに社会経済活動の更なる円滑化を図り、もって国民生活の向上及び国民経済の健全な発展に寄与することを目的とします（1条）。

（3）対象となる手続

デジタル行政推進法は、申請等・処分通知等・縦覧（じゅうらん）等・作成等といった手続を対象としています。※2

それぞれの意味は以下のとおりです。

※1 過去問チェック
この法律は、個別法および主務省令の改正を必要とすることなく、従来の書面による行政手続を電子化またはオンライン化することを認めた。→✕ (19-55-2)

※2 参考
デジタル行政推進法は、行政機関と私人の関係にかかる書面手続のみならず、行政機関相互間の書面手続も対象としている。

【デジタル行政推進法の対象】

申請等 （3条8号）	申請、届出その他の法令の規定に基づき行政機関等に対して行われる通知（裁判手続等において行われるものを除く）^{※3} 週19-55-3
処分通知等 （3条9号）	処分（行政庁の処分その他公権力の行使に当たる行為をいう。）の通知その他の法令の規定に基づき行政機関等が行う通知（不特定の者に対して行うもの及び裁判手続等において行うものを除く）^{※4} 週19-55-3
縦覧等 （3条10号）	法令の規定に基づき行政機関等が書面等又は電磁的記録に記録されている事項を縦覧又は閲覧に供すること（裁判手続等において行うものを除く）
作成等 （3条11号）	法令の規定に基づき行政機関等が書面等又は電磁的記録^{※5}を作成し又は保存すること（裁判手続等において行うものを除く）週19-55-5

（4）対象機関

デジタル行政推進法にいう「行政機関等」には、国の行政機関のみならず地方公共団体も含まれますので（3条2号ハ）、地方公共団体の書面による行政手続のオンライン化についても、この法律が適用されます。

2 e-文書通則法

（1）概要

e-文書通則法（民間事業者等が行う書面の保存等における情報通信の技術の利用に関する法律）は、民間事業者等が書面に代えて電磁的記録による保存・作成・縦覧等・交付等を行うことができるようにするための規定を置いています。週20-55-1、21-56-3

（2）目的

e-文書通則法は、電磁的方法による情報処理の促進を図るとともに、書面の保存等に係る負担の軽減等を通じて国民の利便性の向上を図り、もって国民生活の向上及び国民経済の健全な発展に寄与することを目的とします（1条）。

（3）対象となる手続

e-文書通則法は、保存・作成・縦覧等・交付等といった手続を対象としています。

※3 参考

オンライン申請は、行政機関等の使用に係る電子計算機に備えられたファイルへの記録がされた時点で行政機関等に到達したものとみなされる（6条3項）。 週19-55-4

※4 参考

利益を付与する処分の通知のみならず、不利益処分の通知もオンライン化することができる。

※5 用語

電磁的記録：電子的方式、磁気的方式その他人の知覚によっては認識することができない方式で作られる記録であって、電子計算機（コンピュータ）による情報処理の用に供されるもののこと。

憲 法

行政法

民 法

商 法

基礎法学

一般知識

第4章 ― 情報通信　第3節 ― 情報通信関連法　**791**

それぞれの意味は以下のとおりです。

【e-文書通則法の対象】

保存 （2条5号）	民間事業者等が書面又は電磁的記録を保存し、保管し、管理し、備え、備え置き、備え付け、又は常備すること（裁判手続等において行うものを除く）週20-55-5
作成 （2条6号）	民間事業者等が書面又は電磁的記録を作成し、記載し、記録し、又は調製すること（裁判手続等において行うものを除く）週20-55-5
縦覧等 （2条8号）	民間事業者等が書面又は電磁的記録に記録されている事項を縦覧若しくは閲覧に供し、又は謄写をさせること（裁判手続等において行うものを除く）週20-55-5
交付等 （2条9号）	民間事業者等が書面又は電磁的記録に記録されている事項を交付し、若しくは提出し、又は提供すること（裁判手続等において行うもの及び行政手続オンライン化法に掲げる申請等として行うものを除く）

3 電子署名法

電子署名法（電子署名及び認証業務に関する法律）は、電子署名や認証業務に関する要件・手続を定めた法律です。

この電子署名法に基づき、認証事業者は、自然人の本人性の確認をするサービスを行うことができますが、法人については行うことができません。週18-54-3

ただし、法人の電子署名については、商業登記法に基づき法務省の登記官が作成した電子証明書を利用することができます。週18-54-4

4 公的個人認証法

（1）目的

公的個人認証法（電子署名等に係る地方公共団体情報システム機構の認証業務に関する法律）は、電子署名・電子利用者証明に係る地方公共団体情報システム機構の認証業務に関する制度その他必要な事項を定めることにより、電子署名・電子利用者証明の円滑な利用の促進を図り、もって住民の利便性の向上並びに国及び地方公共団体の行政運営の簡素化・効率化に資することを目的とします（1条）。

（2）電子証明書

① 申請

　住民基本台帳に記録されている者は、その者が記録されている住民基本台帳を備える市区町村の長を経由して、地方公共団体情報システム機構に対し、自己に係る**電子証明書**の発行の申請をすることができます（3条1項、22条1項）。

　なお、住民基本台帳法の改正に伴い、2013年7月8日から、外国人も認証業務の提供の対象とされています。圖19-56-1

② 有効期間

　電子証明書の有効期間は、**主務省令**で定めることとされています（5条、24条）。圖19-56-5

③ 用途

　署名用電子証明書は、私人の本人性確認のために用いられるのであり、地方公共団体自身の組織認証のために用いられたり、地方公共団体で公的な機関として署名する職員を認証するものではありません。※1 圖18-54-5、19-56-2

　他方、**利用者証明用電子証明書**は、マイナンバーに関する情報が行政機関にどのように提供されたかをインターネット上で確認しようとしてログインした者が、マイナンバーの持ち主と同一人物であることを証明するためのものです。

　なお、電子証明書は、民間事業者に対するオンライン手続において利用することはできません。圖18-54-2、19-56-4

5 プロバイダ責任制限法

（1）概要

　プロバイダ責任制限法（特定電気通信役務提供者の損害賠償責任の制限及び発信者情報の開示に関する法律）は、インターネットによる情報の流通によって権利の侵害があった場合について、プロバイダ※2 等の損害賠償責任の制限や発信者の情報の開示を請求する権利について規定した法律です（1条）。圖21-56-2、22-55-1・3

（2）対象

　プロバイダ責任制限法では、ウェブサイトでの公開のような

※1 参考

署名用電子証明書には、氏名・生年月日・性別・住所等が記載されるが（7条3号）、本籍地は記載されない。圖19-56-3

※2 用語

プロバイダ：インターネットに接続できるサービスを提供する事業者のこと。

憲法

行政法

民法

商法

基礎法学

一般知識

不特定の者に対する情報の発信が適用の対象となっており、特定人のみを相手とする通信は適用の対象となりません。週22-55-2

6 不正アクセス禁止法

（1）概要

不正アクセス禁止法（不正アクセス行為の禁止等に関する法律）は、電気通信回線（ネットワーク）を通じて行われるコンピュータ犯罪の防止を目的とする法律です（1条）。

（2）処罰の対象

① 不正アクセス行為

不正アクセス禁止法は、コンピュータに端末から直接不正アクセスすることは規制の対象とせず、電気通信回線を介しての不正アクセスのみを規制の対象としています（2条4項）。

具体的には、以下の3つの行為が不正アクセス行為に当たります。※1 ※2

【不正アクセス行為】

1	他人の識別符号（IDやパスワード）を盗用しそれを入力して、他人のコンピュータを作動させ不正に利用する行為
2	セキュリティホール※3を攻撃して不正にコンピュータを利用できる状態にすること
3	セキュリティホールを攻撃して他のコンピュータのアクセス管理を解除させて、目的となるコンピュータを不正に利用できる状態にすること

② 不正アクセス助長行為

不正アクセス助長行為とは、他人の識別符合を無断で提供するような行為のことです。

7 迷惑メール防止法

（1）概要

迷惑メール防止法（特定電子メールの送信の適正化等に関する法律）は、電子メールの送信者が広告・宣伝のために送信するメールについて規制する法律です。

※1 参考

コンピュータウイルスの作成行為は、不正アクセス禁止法による処罰の対象とはされていない。週21-56-4

※2 法改正情報

2012年の不正アクセス禁止法の改正により、①フィッシング行為の禁止・処罰、②他人のID・パスワードの不正取得行為及び不正保管行為の禁止・処罰、③他人のID・パスワードを提供する行為の禁止・処罰範囲の拡大が規定された。

※3 用語

セキュリティホール：コンピュータのOSやソフトウェアにおいて、プログラムの不具合や設計上のミスが原因となって発生した情報セキュリティ上の欠陥のこと。

（2）オプトイン方式の導入

　迷惑メール防止法は、従来、あらかじめ広告宣伝メールの送信を拒否した者を除き、広告宣伝メールの送信を認める方式（**オプトアウト方式**）を採用していました。

　しかし、2008年の改正により、あらかじめ同意した者に対してのみ広告宣伝メールの送信を認める方式（**オプトイン方式**）が導入されました（3条1項）。 過21-56-1

8 青少年ネット規制法

（1）概要

　青少年ネット規制法（青少年が安全に安心してインターネットを利用できる環境の整備等に関する法律）は、子どもたちが安全に安心してインターネットを利用できるようにすることを目的とした法律です。

（2）フィルタリング

　フィルタリングとは、インターネット利用における情報閲覧や受発信を制限することです。これにより、青少年に見せたくない出会い系サイトやアダルトサイト等の有害情報が含まれるサイトを画面に表示しないようにできます。※4 ※5 過21-55-2、23-57-5

　青少年ネット規制法によれば、あらたに18歳未満の子どもが携帯電話でインターネットを利用する場合には、**青少年有害情報フィルタリングサービス**が提供されますが、**保護者の申出**があれば解除することができます（17条1項）。 過21-55-4

※4 参考

何が有害な情報であるかの認定は、民間の自主的な取組みを尊重するものとされている（3条3項）。過21-55-3

※5 参考

Webサイトの管理者には、自分のWebサイトや自社サーバーからの有害な情報発信があった場合、子どもが閲覧できないような措置をとる努力義務が定められている（21条）。過21-55-5

確認テスト

□□□ **1** デジタル行政推進法は、個別の法律で書面による申請が必要とされている場合でも、その法律を改正することなく、主務省令の定めによりオンライン化することができることとしている。

□□□ **2** 公的個人認証法に基づく認証業務の提供の対象となるのは、住民基本台帳に記録されている者である。

□□□ **3** 迷惑メール防止法は、あらかじめ広告宣伝メールの送信を拒否した者を除き、広告宣伝メールの送信を認める方式（オプトアウト方式）を導入している。

解答 **1** ○（デジタル行政推進法6条1項） **2** ○（公的個人認証法3条1項、22条1項） **3** ✕ あらかじめ同意した者に対してのみ広告宣伝メールの送信を認める方式（オプトイン方式）を導入している（迷惑メール防止法3条1項）。

第5章 個人情報保護

第1節 個人情報保護法

重要度 A

学習のPOINT

個人情報保護法は、一般知識で最も頻出の分野であり、最優先で学習しておくべきテーマです。条文からの出題がほとんどなので、条文をくり返し読み込んでおきましょう。

1 個人情報保護制度の概要

　現代のようなコンピュータが発達した情報化社会では、個人の私的な情報がその個人の意思に反して勝手に利用されるおそれがあります。そこで、個人の私的な情報を保護するために制定されたのが、個人情報保護法（個人情報の保護に関する法律）です。

　従来は、民間事業者については個人情報保護法が、国の行政機関については行政機関個人情報保護法が、独立行政法人等については独立行政法人等個人情報保護法が、地方公共団体については各地方公共団体の個人情報保護条例が、それぞれ個人情報を取り扱う上でのルールを定めていました。

　しかし、2021年の個人情報保護法の改正により、これらの法律が個人情報保護法に一本化され（2022年4月1日施行）、地方公共団体の個人情報保護制度についても、個人情報保護法において全国的な共通ルールを規定することになりました（令和5年5月19日までに施行）。

第5章 ― 個人情報保護　第1節 ― 個人情報保護法　797

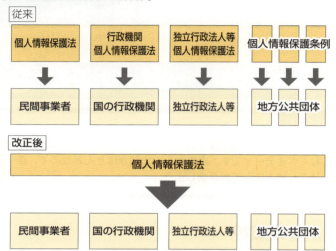

※条例による必要最小限の独自の措置は許される

2 目的・基本理念

(1) 目的

個人情報保護法の目的規定についてまとめると、以下のようになります（1条）。※1 ※2 過22-56-ア・イ・エ、23-54-オ

【個人情報保護法の目的規定】

背景	デジタル社会の進展に伴い個人情報の利用が著しく拡大していること
手段	個人情報の適正な取扱いに関し、基本理念及び政府による基本方針の作成その他の個人情報の保護に関する施策の基本となる事項を定め、国及び地方公共団体の責務等を明らかにし、個人情報を取り扱う事業者及び行政機関等についてこれらの特性に応じて遵守すべき義務等を定めるとともに、個人情報保護委員会を設置すること
目的	行政機関等の事務及び事業の適正かつ円滑な運営を図り、並びに個人情報の適正かつ効果的な活用が新たな産業の創出並びに活力ある経済社会及び豊かな国民生活の実現に資するものであることその他の個人情報の有用性に配慮しつつ、個人の権利利益を保護すること

※1 参考
個人情報保護法は、「プライバシーの権利」という言葉を明文で目的規定に掲げているわけではない。過21-54-1

※2 参考
個人情報保護法は、個人情報取扱事業者と消費者の情報格差を是正し、消費者の経済的利益を保護することを明文で定めているわけではない。過22-56-ウ

（2）基本理念

個人情報は、**個人の人格尊重**の理念の下に慎重に取り扱われるべきものであることに鑑み、その適正な取扱いが図られなければなりません（3条）。過22-56-オ

3 定義規定

個人情報保護法には、以下のような全体についての定義規定が置かれています。

（1）個人情報

個人情報保護法によって保護される「**個人情報**」とは、生存する個人に関する情報であって、次のいずれかに該当するものをいいます（2条1項・2項）。※3 過19-54

【個人情報】

	内容	具体例
特定個人識別情報	当該情報に含まれる氏名・生年月日その他の記述等により、特定の個人を識別することができるもの ※他の情報と容易に照合することができ、それにより特定の個人を識別することができることとなるものも含まれる ※4 過24-55-5	氏名・生年月日・住所・電話番号などが記載された名簿の各情報
個人識別符号情報	個人識別符号 ※5 が含まれるもの	運転免許証番号やマイナンバーが含まれる情報 過30-57-イ

具体的な情報が「個人情報」に該当するかどうかについては、以下のとおりです。

【「個人情報」該当性】

「個人情報」に該当するもの	「個人情報」に該当しないもの
①外国人に関する情報 過18-57-1、19-54-4、21-54-2 ②未成年者に関する情報 過19-54-3 ③法人の役員に関する情報 過19-54-2、21-54-3	①死者に関する情報 過19-54-1、20-54-1、22-54-2 ②法人それ自体に関する情報 過20-54-3、21-54-3

（2）要配慮個人情報

「**要配慮個人情報**」とは、本人の①人種、②信条、③社会的

※3 参考

民間の病院のカルテに記載されている情報も、生存する個人に関する情報であるから、「個人情報」に当たる。過19-54-5

※4 具体例をイメージ

例えば、プロバイダと契約している者がプロバイダから割り当てられた電子メールアドレスは、それ自体は単なる文字列であり特定の個人を識別することができないが、プロバイダにとっては契約時に取得した契約者の氏名・住所などの他の情報と照合することで特定の個人を識別することができるから、「個人情報」に当たる。

※5 用語

個人識別符号：政令で定められた文字・番号・記号その他の符号のこと。

身分、④病歴、⑤犯罪の経歴、⑥犯罪により害を被った事実、⑦その他本人に対する不当な差別・偏見その他の不利益が生じないようにその取扱いに特に配慮を要するものとして、政令で定める記述等が含まれる個人情報のことです（2条3項）。

「要配慮個人情報」については、通常の「個人情報」よりも厳格な規制がなされ、この規制に違反すると、個人情報保護委員会の勧告・命令等の対象となります。過30-56-3

（3）本人

本人とは、個人情報によって識別される特定の個人のことです（2条4項）。

（4）仮名加工情報

「仮名加工情報」とは、次の加工措置を講じて、他の情報と照合しない限り特定の個人を識別することができないように個人情報を加工して得られる個人に関する情報のことです（2条5項）。

【加工措置】

	加工措置の内容	具体例
特定個人識別情報	当該個人情報に含まれる記述等の一部を削除すること ※当該一部の記述等を、復元することのできる規則性を有しない方法により、他の記述等に置き換えることも含まれる	名簿から氏名・生年月日等を削除すること ※生年月日を「20代」「30代」等の年代に置き換えること
個人識別符号情報	当該個人情報に含まれる個人識別符号の全部を削除すること ※当該個人識別符号を、復元することのできる規則性を有しない方法により、他の記述等に置き換えることも含まれる	運転免許証番号やマイナンバーを削除すること

「仮名加工情報」は、事業者内部での利用に限り、元々の個人情報の利用目的とは異なる目的での利用が可能となります。そのため、事業者内部で元々の利用目的とは別に個人情報を利用したい場合には、個人情報を加工して「仮名加工情報」が作成されることになります。

(5) 匿名加工情報

「匿名加工情報」とは、①仮名加工情報と同様の加工措置を講じて、特定の個人を識別することができないように個人情報を加工して得られる個人に関する情報であって、②当該個人情報を復元できないようにしたもののことです（2条6項）。

「仮名加工情報」との違いは、以下の表のとおりです。

【「仮名加工情報」と「匿名加工情報」の違い】

	「仮名加工情報」	「匿名加工情報」
照合性	他の情報と照合しない限り特定の個人を識別できないように加工する必要がある （＝他の情報と照合すれば特定の個人を識別できてしまうくらいの加工でも許容される）	特定の個人を識別できないように加工する必要がある （＝他の情報と照合すれば特定の個人を識別できてしまうくらいの加工では足りない）
復元可能性	個人情報を復元できたとしても許容される	個人情報を復元できないようにすることが必要

「匿名加工情報」は、本人の同意がなくても利用することが可能となります。そのため、購買履歴・移動履歴・検索履歴・受診履歴などの個人情報を、広報戦略・販促活動・新商品開発などに利用したい場合には、個人情報を加工して「匿名加工情報」が作成されることになります。

(6) 個人関連情報

「個人関連情報」とは、生存する個人に関する情報であって、個人情報・仮名加工情報・匿名加工情報のいずれにも該当しないものをいいます（2条7項）。

【個人関連情報】

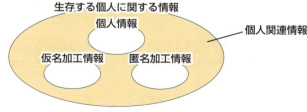

(7) 行政機関

「行政機関」とは、各省庁や会計検査院などの国の行政機関

をいいます（2条8項）。週20-53-イ、27-56-ア

（8）独立行政法人等・地方独立行政法人

「独立行政法人等」とは、独立行政法人通則法2条1項に規定する独立行政法人などの法人をいい（2条9項）、「地方独立行政法人」とは、地方独立行政法人法2条1項に規定する地方独立行政法人をいいます（2条10項）。

（9）行政機関等

「行政機関」と「独立行政法人等」を合わせて「行政機関等」といいます（2条11項）。

4 個人情報取扱事業者等の義務

（1）定義規定

個人情報取扱事業者等の義務について、以下のような定義規定が置かれています。

① 個人情報データベース等

個人情報データベース等とは、個人情報を含む情報の集合物であって、①特定の個人情報を電子計算機（コンピュータ）を用いて検索することができるように体系的に構成したもの、②①以外で特定の個人情報を容易に検索することができるように体系的に構成したものとして政令で定めるもののことです（16条1項）。したがって、コンピュータ処理された個人情報以外も規律の対象となっています。※1 週19-53-1、23-54-エ※2

なお、利用方法からみて個人の権利を害するおそれが少ないものとして政令で定めるものは、「個人情報データベース等」から除かれます。※3

② 個人情報取扱事業者

個人情報取扱事業者とは、個人情報データベース等を事業の用に供している者のことです（16条2項）。個人情報データベース等を事業の用に供している者であれば、営利団体であるか非営利団体であるかを問わず、個人情報取扱事業者に当たります。週21-54-4・5

ただし、①国の機関、②地方公共団体、③独立行政法人等、

※1 具体例をイメージ

①の具体例としては顧客データベースが、②の具体例としては紙媒体によるカルテが挙げられる。

※2 過去問チェック

個人情報保護法は、インターネットの有用性と危険性にかんがみて、コンピュータ処理された個人情報のみを規律の対象としている。→ ✕
（23-54-エ）

※3 具体例をイメージ

例えば、市販の電話帳などである。

④ 地方独立行政法人は、個人情報取扱事業者から除外されています。※4 週23-54-イ・ウ、30-56-2

※4 法改正情報
2015年の個人情報保護法の改正により、小規模事業者は、個人情報取扱事業者から除外されないこととなった。

③ 個人データ・保有個人データ

「個人データ」とは、個人情報データベース等を構成する個人情報のことです（16条3項）。また、「保有個人データ」とは、個人情報取扱事業者が、開示、内容の訂正・追加・削除、利用の停止・消去及び第三者への提供の停止を行うことのできる権限を有する個人データであって、その存否が明らかになることにより公益その他の利益が害されるものとして政令で定めるもの以外のもののことです（16条4項）。※5 週30-56-4

※5 法改正情報
2020年の個人情報保護法の改正により、6か月以内に消去する短期保存データについても、「保有個人データ」に含まれることとなった。

個人情報と個人データ・保有個人データの相互関係についてまとめると、以下の図のようになります。

【個人情報・個人データ・保有個人データの相互関係】

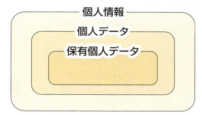

④ 仮名加工情報・匿名加工情報・個人関連情報について

仮名加工情報・匿名加工情報・個人関連情報の集合物であって、特定の情報を電子計算機を用いて検索することができるように体系的に構成したものその他特定の情報を容易に検索することができるように体系的に構成したものとして政令で定めるものを、それぞれ「仮名加工情報データベース等」「匿名加工情報データベース等」「個人関連情報データベース等」といいます（16条5項〜7項）。

また、これらのデータベース等を事業の用に供している事業者のことを、それぞれ「仮名加工情報取扱事業者」「匿名加工情報取扱事業者」「個人関連情報取扱事業者」といいます（16条5項〜7項）。

⑤ 学術研究機関等

「学術研究機関等」とは、大学その他の学術研究を目的とす

る機関・団体又はそれらに属する者をいいます（16条8項）。

(2) 個人情報取扱事業者の義務

個人情報保護法は、個人に関する情報を個人情報・個人データ・保有個人データの3種類に分類し、それぞれの内容に応じて個人情報取扱事業者が負うべき義務を定めています。※1

① 個人情報に関する義務

利用目的の特定	個人情報を取り扱うに当たっては、その利用目的をできる限り特定しなければならない（17条1項）
利用目的による制限	あらかじめ本人の同意を得ないで、特定された利用目的の達成に必要な範囲を超えて、個人情報を取り扱ってはならない（18条1項）
不適正な利用の禁止※2	違法・不当な行為を助長・誘発するおそれがある方法により個人情報を利用してはならない（19条）
適正な取得	①偽りその他不正の手段により個人情報を取得してはならない（20条1項） ②あらかじめ本人の同意を得ないで、要配慮個人情報を取得してはならない（20条2項）※3
利用目的の通知	①個人情報を取得した場合は、あらかじめその利用目的を公表している場合を除き、速やかに、その利用目的を、本人に通知し、又は公表しなければならない（21条1項） ②利用目的を変更した場合は、変更した利用目的について、本人に通知し、又は公表しなければならない（21条3項） 週2-57-5

② 個人データに関する義務

正確性の確保等	利用目的の達成に必要な範囲内において、個人データを正確かつ最新の内容に保つとともに、利用する必要がなくなったときは、当該個人データを遅滞なく消去するよう努めなければならない（22条）※4
安全管理措置	取り扱う個人データの漏えい、滅失又は毀損の防止その他の個人データの安全管理のために必要かつ適切な措置を講じなければならない（23条）
従業者の監督	従業者に個人データを取り扱わせるに当たっては、当該個人データの安全管理が図られるよう、当該従業者に対する必要かつ適切な監督を行わなければならない（24条）

※1 受験テクニック

ここではすべて原則的な場合を挙げています。本試験においてはほとんど問われたことのない部分ですので、例外についてまで覚える必要はないでしょう。

※2 法改正情報

2020年の個人情報保護法の改正により、個人情報の不適正な利用の禁止に関する規定が新たに設けられた。

※3 法改正情報

2015年の個人情報保護法改正により、要配慮個人情報が導入され、原則として、本人の同意なくして取得できないこととなった。

※4 法改正情報

2015年の個人情報保護法の改正により、不要な個人データの消去義務（努力義務）を定める規定が新設された。

委託先の監督	個人データの取扱いの全部又は一部を委託する場合は、その取扱いを委託された個人データの安全管理が図られるよう、委託を受けた者に対する必要かつ適切な監督を行わなければならない（25条）週2-57-1
漏えい等の報告・通知 ※5	個人データの漏えい・滅失・毀損その他の個人データの安全の確保に係る事態であって個人の権利利益を害するおそれが大きいものとして個人情報保護委員会規則で定めるものが生じたときは、当該事態が生じた旨を個人情報保護委員会に報告し（26条1項）、本人に対し、当該事態が生じた旨を通知しなければならない（26条2項）
第三者提供の制限 ※7	①第三者提供の手続（27条1項） 〈原則〉 あらかじめ本人の同意を得ないで、個人データを第三者に提供してはならない ※6 〈例外〉 ・法令に基づく場合（1号） ・人の生命・身体・財産の保護のために必要があり、本人の同意を得ることが困難な場合（2号） ・公衆衛生の向上や児童の健全な育成の推進のために特に必要があり、本人の同意を得ることが困難な場合（3号）週2-57-2 ・国の機関・地方公共団体又はその委託を受けた者が法令の定める事務を遂行することに対して協力する必要があり、本人の同意を得ることにより当該事務の遂行に支障を及ぼすおそれがある場合（4号）週2-57-4 ・個人情報取扱事業者が学術研究機関等であって、個人データの提供が学術研究の成果の公表・教授のためやむを得ない場合（個人の権利利益を不当に侵害するおそれがある場合を除く）（5号） ・個人情報取扱事業者が学術研究機関等であって、個人データを学術研究目的で提供する必要がある場合（個人データを提供する目的の一部が学術研究目的である場合を含み、個人の権利利益を不当に侵害するおそれがある場合を除く）（6号） ・第三者が学術研究機関等であって、当該第三者が個人データを学術研究目的で取り扱う必要がある場合（個人データを提供する目的の一部が学術研究目的である場合を含み、個人の権利利益を不当に侵害するおそれがある場合を除く）（7号）

※5 法改正情報

2020年の個人情報保護法の改正により、漏えい等が発生し個人の権利利益を害するおそれがある場合に、個人情報保護委員会への報告及び本人への通知を義務付ける規定が新設された。

※6 参考

合併その他の事由による事業の承継に伴って個人データの提供を受ける者が生じる場合には、提供を受ける者は「第三者」に該当しない（27条5項2号）。週2-57-3

※7 法改正情報

2021年の個人情報保護法の改正により、5号～7号が新設された。

憲法

行政法

民法

商法

基礎法学

一般知識

第5章 — 個人情報保護 第1節 — 個人情報保護法 805

	→本人の同意を得ないで個人データを第三者に提供できる ②オプトアウト提供（27条2項） 〈原則〉 個人データを本人の同意なく第三者に提供（オプトアウト提供）する場合、本人に通知し又は本人が容易に知り得る状態に置くとともに、個人情報保護委員会に届け出なければならない 〈例外〉※1 ・要配慮個人情報 ・不正の手段により取得された個人データ ・オプトアウト提供により提供された個人データ（その全部又は一部を複製し、又は加工したものを含む） →オプトアウト提供をすることができない
第三者提供時の 記録義務	個人データを第三者に提供する場合、提供者は提供先等を記録しなければならず（29条1項）、受領者は取得の経緯等を確認・記録しなければならない（30条1項・3項）

※1 法改正情報

従来、オプトアウト提供できないのは要配慮個人情報のみであったが、2020年の個人情報保護法の改正により、不正の手段により取得された個人データや、オプトアウト提供により提供された個人データもオプトアウト提供できないこととされた。

③ 保有個人データに関する義務

公表	保有個人データに関し、所定の事項について、本人の知り得る状態に置かなければならない（32条1項）
開示	本人から、当該本人が識別される保有個人データの開示請求を受けたときは、本人に対し、当該本人が請求した方法（当該方法による開示に多額の費用を要する場合その他の当該方法による開示が困難である場合にあっては、書面の交付による方法）により、遅滞なく、当該保有個人データを電磁的記録の提供による方法その他の個人情報保護委員会規則で定める方法により開示しなければならない（33条1項・2項）
訂正等	本人から、当該本人が識別される保有個人データの内容が事実でないという理由によって当該保有個人データの内容の訂正等請求を受けた場合には、利用目的の達成に必要な範囲内において、遅滞なく必要な調査を行い、その結果に基づき、当該保有個人データの内容の訂正等を行わなければならない（34条1項・2項）
利用 停止等	本人から、当該本人が識別される保有個人データが利用目的の制限（18条）、不適正な利用の禁止（19条）、適正な取得（20条）に違反して取得されたものであるという理由によって、当該保有個人データの利用停止等請求を受けた場合であって、その請求に理由があることが判明したときは、違反を是正するために必要な限度で、遅滞なく、当該保有個人データの利用停止等を行わなければならない（35条1項・2項）

5 適用除外

　以下の場合には、個人情報取扱事業者の義務に関する規定は適用されません（57条1項）。過18-56、26-57、30-56-5

　従来、学術研究機関等についても一律で適用除外とされていましたが、2021年の個人情報保護法の改正により、個別の義務規定ごとに適用されるものとそうでないものに分けられました。※2

【個人情報保護法の適用除外】

1	放送機関・新聞社・通信社その他の報道機関（報道を業として行う個人を含む）が報道の用に供する目的で利用する場合
2	著述を業として行う者が著述の用に供する目的で利用する場合
3	宗教団体が宗教活動（これに付随する活動を含む）の用に供する目的で利用する場合
4	政治団体が政治活動（これに付随する活動を含む）の用に供する目的で利用する場合

※2 法改正情報

2021年の個人情報保護法改正により、学術研究機関等については、利用目的による制限、要配慮個人情報、第三者提供の制限の規定は適用除外のままとされたが、安全管理措置や保有個人データの開示等の規定は適用されることになった。

6 行政機関等の義務

（1）定義規定

　行政機関等の義務について、以下のような定義規定が置かれています。

① 保有個人情報

　保有個人情報とは、行政機関の職員が職務上作成し、又は取得した個人情報であって、当該職員が組織的に利用するものとして、当該行政機関が保有しているものです（60条1項本文）。

　もっとも、保有個人情報は、情報公開法（行政機関の保有する情報の公開に関する法律）に規定する行政文書等に記録されているものに限られます（60条1項ただし書）。過23-55-ア

② 個人情報ファイル

　個人情報ファイルとは、保有個人情報を含む情報の集合物であって、①一定の事務の目的を達成するために特定の保有個人情報を電子計算機を用いて検索することができるように体系的に構成したもの、②①に掲げるもののほか、一定の事務の目的

第5章 ― 個人情報保護　第1節 ― 個人情報保護法　807

を達成するために氏名、生年月日、その他の記述等により特定の保有個人情報を容易に検索することができるように体系的に構成したもののことです（60条2項）。

③ 行政機関等匿名加工情報

「行政機関等匿名加工情報」とは、個人情報ファイル簿[※1]が公表されていることなど所定の条件に該当する個人情報ファイルを構成する保有個人情報の全部又は一部を加工して得られる匿名加工情報のことです（60条3項）。

④ 行政機関等匿名加工情報ファイル

「行政機関等匿名加工情報ファイル」とは、行政機関等匿名加工情報を含む情報の集合物であって、①特定の行政機関等匿名加工情報を電子計算機を用いて検索することができるように体系的に構成したもの、②①以外で特定の行政機関等匿名加工情報を容易に検索することができるように体系的に構成したものとして政令で定めるもののことです（60条4項）。

（2）行政機関等による個人情報の取扱い[※2]

① 保有の制限等

行政機関等は、個人情報を保有するに当たっては、法令の定める所掌事務又は業務を遂行するため必要な場合に限り、かつ、その利用の目的をできる限り特定しなければなりません（61条1項）。週18-57-2

そして、行政機関等は、特定された利用目的の達成に必要な範囲を超えて、個人情報を保有してはなりません（61条2項）。

また、行政機関等は、利用目的を変更する場合には、変更前の利用目的と相当の関連性を有すると合理的に認められる範囲を超えて行ってはなりません（61条3項）。週18-57-2

② 利用目的の明示

行政機関等は、本人から直接書面（電磁的記録を含む。）に記録された当該本人の個人情報を取得するときは、原則として、あらかじめ、本人に対し、その利用目的を明示しなければなりません（62条柱書）。[※3]

③ 正確性の確保

行政機関の長等は、利用目的の達成に必要な範囲内で、保有

※1 用語

個人情報ファイル簿：個人情報ファイルについて政令で定める事項を記載した帳簿のこと。

※2 参考

行政機関の長等は、保有個人情報の漏えい・滅失・毀損の防止その他の保有個人情報の安全管理のために必要かつ適切な措置を講じなければならない（66条1項）。週27-56-イ

※3 参考

取得の状況からみて利用目的が明らかであるときは、利用目的の明示は不要である（62条4号）。週18-57-3

個人情報が過去又は現在の事実と合致するよう努めなければなりません（65条）。過20-53-ウ

(3) 開示請求

① 開示請求権者

何人も、行政機関の長等に対し、当該行政機関の長等の属する行政機関等の保有する自己を本人とする保有個人情報の開示請求をすることができます（76条1項）。したがって、外国人や未成年者であっても、開示請求をすることができます。過25-55-5、27-56-ウ

② 手続

開示請求は、行政機関の長等に対し、開示請求者の氏名・住所等の所定事項を記載した開示請求書を提出して行わなければなりません（77条1項）。過20-53-エ

また、行政機関の長に対し開示請求をする者は、実費の範囲内において手数料を納めなければなりません（89条1項）。過22-54-5、27-56-エ

③ 開示義務

開示請求があった場合、行政機関の長等は、開示請求者に対し、開示請求に係る保有個人情報に不開示情報が含まれている場合を除き、開示しなければなりません（78条）。※4 ※5 過20-53-オ

④ 存否応答拒否

開示請求に対し、当該開示請求に係る保有個人情報が存在しているか否かを答えるだけで、不開示情報を開示することとなるときは、行政機関の長等は、当該保有個人情報の存否を明らかにしないで、当該開示請求を拒否することができます（81条）。過23-55-ウ、2-56-3

(4) 訂正請求

保有個人情報の訂正請求をする場合、事前に当該保有個人情報について開示請求をしておく必要があります（90条1項・3項）。これを開示請求前置主義といいます。過20-54-4

何人も、自己を本人とする保有個人情報の内容が事実でないと思料するときは、当該保有個人情報を保有する行政機関の長

※4 よくある質問

Q 不開示情報が含まれている場合には、「開示してはならない」のですか。それとも「開示しないことができる」のですか？

A 不開示情報は、私人の権利利益や公益を保護するために不開示とされるものですから、不開示情報が含まれている場合には、「開示してはならない」という結論になります（開示が禁止されます）。

※5 参考

本人の個人情報であっても、本人の生命・健康・生活・財産を害するおそれがある情報などは開示されない（78条1号）。過18-57-4

等に対し、当該保有個人情報の訂正を請求することができます（90条1項本文）。過18-57-5、25-55-5

（5）利用停止請求

何人も、自己を本人とする保有個人情報が違法に利用・提供されていると思料するときは、当該保有個人情報を保有する行政機関の長等に対し、利用停止請求をすることができます（98条1項本文）。

（6）審査請求

開示決定等・訂正決定等・利用停止決定等又は開示請求・訂正請求・利用停止請求に係る不作為について審査請求があったときは、当該審査請求に対する裁決をすべき行政機関の長等は、原則として、情報公開・個人情報保護審査会に諮問しなければなりません（105条1項）。過20-54-5、22-54-4、23-55-エ

もっとも、行政機関の長等は、裁決に際し、諮問に対する情報公開・個人情報保護審査会の答申に法的に拘束されるわけではありません。過22-54-4

7 個人情報保護委員会

① 個人情報保護委員会とは

個人情報保護委員会とは、個人情報の有用性に配慮しつつ個人の権利利益を保護するため、個人情報の適正な取扱いの確保を図ることを任務とする委員会です（128条）。

② 設置

個人情報保護委員会は、内閣府の外局として置かれ、内閣総理大臣の所轄に属します（127条1項・2項）。過元-57-1

③ 権限

個人情報保護委員会は、以下のような権限を有しています。

報告の徴収・資料提出要求・立入検査	法律の施行に必要な限度において、個人情報取扱事業者等その他の関係者に対し、必要な報告・資料の提出を求めたり、職員に必要な場所に立ち入らせ質問させたり、帳簿書類その他の物件を検査させることができる（143条1項）　過元-57-2
指導・助言	法律の施行に必要な限度において、個人情報取扱事業者等に対し、必要な指導・助言をすることができる（144条）

勧告・命令	個人情報取扱事業者等が所定の規定に違反した場合において、個人の権利利益を保護するため必要があると認めるときは、違反を是正するために必要な措置をとるべき旨を勧告することができ（145条1項）、正当な理由なく勧告に係る措置をとらなかった場合において、個人の重大な権利利益の侵害が切迫していると認めるときは、当該勧告に係る措置をとるよう命ずることができる（145条2項）
認定個人情報保護団体の認定及びその取消し	認定個人情報保護団体の認定をし（47条1項）、又はその認定を取り消すことができる（152条1項）　過元-57-4

④ 関係者の義務

個人情報保護委員会の関係者は、以下のような義務を負っています。

政治運動の禁止	委員長及び委員は、在任中、政党その他の政治団体の役員となり、又は積極的に政治運動をしてはならない（139条1項）　過元-57-3
兼業等の禁止	委員長及び常勤の委員は、在任中、内閣総理大臣の許可のある場合を除くほか、報酬を得て他の職務に従事し、又は営利事業を営み、その他金銭上の利益を目的とする業務を行ってはならない（139条2項）
秘密保持義務	委員長、委員、専門委員及び事務局の職員は、職務上知ることのできた秘密を漏らし、又は盗用してはならず、その職務を退いた後も同様である（140条）　過元-57-5

確認テスト

□□□ **1** 死者の個人情報も、個人情報保護法の規律の対象となる。

□□□ **2** 個人情報保護法は、コンピュータ処理された個人情報のみを規律の対象とするものである。

□□□ **3** 非営利団体は、個人情報データベース等を事業の用に供していたとしても、個人情報取扱事業者に当たらない。

解答 **1** ✕ 個人情報とは、生存する個人に関する情報である（2条1項）。　**2** ✕ コンピュータ処理された個人情報以外も規律の対象となっている。　**3** ✕ 非営利団体も個人情報取扱事業者に当たりうる（16条2項）。

第5章 ― 個人情報保護　第1節 ― 個人情報保護法　811

第2節 情報公開法

学習のPOINT

情報公開法には個人情報保護法の行政機関等の義務と類似した規定が多いので、比較しつつ学習すると効率的です。

1 情報公開制度の概要

　国民に行政情報の開示請求権を与えることにより、国民主権・民主主義の実現を図る情報公開制度は、1980年代から地方公共団体の**情報公開条例**により実績をあげていました。その後、国レベルにおいても情報公開制度を導入すべく、1999年に**情報公開法**（行政機関の保有する情報の公開に関する法律）が成立し、2001年から施行されています。※1 過25-54-1・2

2 目的

　情報公開法の目的は、**国民主権の理念**にのっとり、行政文書の開示を請求する権利につき定めること等により、行政機関の保有する情報の一層の公開を図り、もって政府の有するその諸活動を国民に**説明する責務**が全うされるようにするとともに、国民の的確な理解と批判の下にある公正で民主的な行政の推進に資することです（1条）。※2 過21-12-1・4、25-54-3、27-54-1

3 対象機関

　情報公開法は、**国の行政機関**と**会計検査院**のみをその対象機関としています（2条1項）。

　したがって、国会や裁判所などの行政機関以外の機関や独立行政法人、地方公共団体については、情報公開法は適用されません。※3 過23-55-イ、29-57-2

※1 参考

その後2001年に、独立行政法人等の保有する情報の公開に関する法律が制定された。過25-54-2

※2 引っかけ注意！

情報公開法の目的規定は、「知る権利」という言葉を掲げているわけではありません。

※3 参考

独立行政法人については、情報公開法は適用されない。独立行政法人を対象機関としているのは、独立行政法人等の保有する情報の公開に関する法律である。

4 開示の対象

　情報公開法は、無形の情報それ自体ではなく、情報が記録された有形の「行政文書」を開示するものです。

（1）行政文書とは何か

　「行政文書」とは、行政機関の職員が職務上作成し、又は取得した文書・図画・電磁的記録であって、当該行政機関の職員が組織的に用いるものとして、当該行政機関が保有しているもののことです（2条2項本文）。

　ただし、以下のものは除かれます（2条2項ただし書）。

【「行政文書」から除外されるもの】

1	官報・白書・新聞・雑誌・書籍その他不特定多数の者に販売することを目的として発行されるもの
2	公文書等の管理に関する法律2条7項に規定する特定歴史公文書等
3	政令で定める研究所その他の施設において、政令で定めるところにより、歴史的もしくは文化的な資料または学術研究用の資料として特別の管理がされているもの

（2）電磁的記録

　「行政文書」には、フロッピーディスクやCD・DVDなどの全ての電磁的記録が含まれます（2条2項本文）。なぜなら、政府の行政情報化が急速に進行し、電磁的記録の比重が大きくなる中で、電磁的記録を対象外とすることは、情報公開法を無意味なものにするからです。

（3）組織供用文書

　「行政文書」は、行政機関の職員が組織的に用いるもの（組織供用文書）でなければなりません。したがって、職員の個人的なメモや、職員が自己の執務の便宜のために保有している正式文書の写しは、開示請求の対象には含まれません。※4

5 行政文書の開示

（1）開示請求権者

　何人も開示請求をすることができると規定されていますから（3条）、外国人（日本国籍を有しない者）や未成年者、法人・

※4 参考

開示請求の対象は、決裁又は供覧の手続が終了した文書に限定されているわけではない。

第5章 ― 個人情報保護　第2節 ― 情報公開法　813

法人格を有しない団体であっても開示請求をすることができます。※1 過25-54-4

（2）開示請求書の記載事項

開示請求書には、請求者の氏名・住所、行政文書の名称その他対象文書を特定するに足りる事項を記載する必要があります（4条1項）。

（3）行政文書の開示義務

行政機関の長は、開示請求者に対し、開示請求に係る行政文書を開示しなければならないのが原則です（5条）。

もっとも、開示請求に係る行政文書に不開示情報が記載されている場合、行政文書を開示する必要はありません。不開示情報には、以下のようなものがあります。

【不開示情報】

1	個人識別情報 ※2 ※3
2	法人等に関する情報
3	国の安全等に関する情報
4	公共の安全等に関する情報 ※4
5	審議・検討・協議に関する情報
6	事務・事業に関する情報 ※5

（4）部分開示

最大限の開示を実現するため、行政機関の長は、一部に不開示情報が含まれている場合でも、全てを不開示にするのではなく、開示できる部分があるときは、原則として当該部分を開示しなければなりません（6条）。

（5）裁量的開示

不開示情報についても、公益上特に必要があると認めるときは、行政機関の長の高度な行政的判断により裁量的開示を行うことができるとされています（7条）。

（6）存否応答拒否

開示請求に係る行政文書の存否自体を明らかにすることによって不開示情報の規定により保護しようとしている利益が損なわれる場合があることから、例外的に行政文書の存否自体を明らかにしないで拒否処分（存否応答拒否）をすることが認めら

※1 **重要判例**

行政文書等の開示請求権は、請求権者の一身に専属する権利である（最判平16.2.24）。過18-26-4

※2 **参考**

個人識別情報であっても、当該個人が公務員等である場合には、当該公務員等の職及び当該職務遂行の内容に係る部分について開示しなければならない（5条1号ハ）。

※3 **参考**

個人識別情報でなくても、公にすることによりなお個人の権利利益を害するおそれがあるものが記録されている場合には、不開示情報に当たる（5条1号本文）。過25-55-1

※4 **具体例をイメージ**

例えば、司法警察に関する情報などである。

※5 **具体例をイメージ**

例えば、建築規制・伝染病予防・安全規制等の行政警察に関する情報などである。

れています（8条）。過23-55-ウ

6 開示決定等の救済手続

（1）審査請求

① 諮問手続

開示決定等又は開示請求に係る不作為について審査請求があったときは、当該審査請求に対する裁決をすべき行政機関の長は、原則として、情報公開・個人情報保護審査会に諮問しなければならないものとされ、審査請求手続において適正な判断をするための措置が講じられています（19条1項）。過23-55-エ、24-25-1

② 情報公開・個人情報保護審査会

情報公開・個人情報保護審査会は、総務省に置かれる諮問機関であり、支部は存在しません。※6

情報公開・個人情報保護審査会は、諮問庁から独立した機関として中立な判断をすることができるようにするため、以下のような調査権限が与えられています。

【情報公開・個人情報保護審査会の調査権限】

インカメラ審理	諮問庁に対し不開示とされた行政文書を提示させて、実物を直接見分した上で審議する権限※7
ヴォーン・インデックス※8	諮問庁に対し、ヴォーン・インデックスの作成・提出を求める権限

（2）取消訴訟

開示決定等に不服がある者は、行政不服申立てを前置せずに、直接裁判所に取消訴訟（行政事件訴訟法3条2項）を提起することができます。※9 過18-26-2

7 地方公共団体の情報公開

情報公開条例においては、当該地方公共団体の長等が法律に基づいて行う行政処分に関する文書であっても、当該地方公共団体が保有するものであれば、開示請求権の対象とすることができます。

なお、地方公共団体の情報公開条例は、通例、地方自治の本

※6 参考

情報公開・個人情報保護審査会の委員は、優れた識見を有する者のうちから、両議院の同意を得て、内閣総理大臣が任命する。

※7 重要判例

情報公開訴訟において、被告に不開示とされた文書の検証を受忍すべき義務を負わせて検証を行うことは許されない（最決平21.1.15）。過24-25-5

※8 用語

ヴォーン・インデックス：行政文書に記録された情報の内容を、情報公開・個人情報保護審査会の指定する方法で分類・整理した資料のこと。

※9 重要判例

非公開決定理由書において付記された理由以外の理由を、非公開決定の取消訴訟で主張することも認められる（最判平11.11.19）。過18-26-5、2-25-1

旨を目的規定に掲げています。週25-54-3

また、開示請求権者を「何人も」としたり、開示請求の手数料を無料とするなど、情報公開を広く認める方向で運用されています。※1 週25-54-4・5

8 行政文書の管理（公文書管理法）

（1）公文書管理法の施行

以前は情報公開法に行政文書の管理に関する規定が置かれていましたが、2011年4月1日の公文書管理法（公文書等の管理に関する法律）の施行に伴い、行政文書の管理は公文書管理法にのっとって行うこととされ、情報公開法の行政文書の管理に関する規定は削除されました。週27-54-5

（2）公文書管理法の目的

公文書管理法は、国及び独立行政法人等の諸活動や歴史的事実の記録である公文書等が、健全な民主主義の根幹を支える国民共有の知的資源として、主権者である国民が主体的に利用し得るものであることにかんがみ、国民主権の理念にのっとり、公文書等の管理に関する基本的事項を定めること等により、行政文書等の適正な管理、歴史公文書等の適切な保存及び利用等を図り、もって行政が適正かつ効率的に運営されるようにするとともに、国及び独立行政法人等の有するその諸活動を現在及び将来の国民に説明する責務が全うされるようにすることを目的としています（1条）。週27-54-1

公文書管理法は、情報公開法と異なり、独立行政法人等の文書管理についても定めています。週27-54-2

（3）行政文書の作成

行政機関の職員は、公文書管理法の目的の達成に資するため、当該行政機関における経緯も含めた意思決定に至る過程、当該行政機関の事務・事業の実績を合理的に跡付け、又は検証することができるよう、処理に係る事案が軽微なものである場合を除き、所定の事項について文書を作成しなければなりません（4条）。週28-57-1

※1 参考

開示請求手数料については、国の場合には有料とされている（16条1項）。週22-54-5、25-54-5

（4）行政文書の管理
① 管理状況の報告
　行政機関の長は、行政文書の管理の状況について、毎年度、内閣総理大臣に報告しなければなりません（9条1項）。過28-57-2

② 行政文書管理規則の制定
　行政機関の長は、行政文書の管理が適正に行われることを確保するため、行政文書の管理に関する定め（行政文書管理規則）を設けなければなりません（10条1項）。過28-57-3

③ 行政文書の廃棄
　行政機関の長は、保存期間が満了した行政文書ファイル等※2について、国立公文書館等※3に移管し、又は廃棄しなければなりません（8条1項）。

　そして、行政機関の長は、保存期間が満了した行政文書ファイル等を廃棄しようとするときは、あらかじめ、内閣総理大臣に協議し、その同意を得なければなりません（8条2項）。過28-57-4

（5）罰則
　公文書管理法には、情報公開法と同様、罰則規定は設けられていません。過28-57-5

> ※2 用語
> **行政文書ファイル等**：行政文書ファイル（相互に密接な関連を有する行政文書を一つにまとめたもの）及び単独で管理している行政文書のこと。

> ※3 用語
> **国立公文書館等**：①独立行政法人国立公文書館の設置する公文書館、②行政機関の施設及び独立行政法人等の施設であって①に類する機能を有するものとして政令で定めるもののこと。

確認テスト

- □□□ **1** 知る権利と説明責任の原則は、情報公開法の目的規定において明文で掲げられている。

- □□□ **2** 外国人や未成年者であっても、情報公開法に基づく開示請求をすることができる。

- □□□ **3** 開示決定等について審査請求があったときは、当該審査請求に対する裁決をすべき行政機関の長は、原則として、情報公開・個人情報保護審査会に諮問しなければならない。

解答 **1** ×知る権利は情報公開法の目的規定において明文で掲げられていない（1条）。
2 ○（3条）　**3** ○（19条1項）

第6部 一般知識

第6章 文章理解

第1節 内容把握問題

重要度 C

学習のPOINT

ここでは、内容把握問題（文章と選択肢が用意されており、その選択肢が文章の内容に合致しているかどうかを問うもの）を解く手順（マニュアル）について学習していきます。

1 内容把握問題の手順

(1) 文章の最後の出典を見る

内容把握問題は、本文の内容を把握しなければ解けませんが、例年、本文は2ページにわたる長いものが出題されます。そうすると、何のヒントもなしに読み進めていっても結局「よくわからなかった」で終わってしまう可能性があります。これでは貴重な試験時間を浪費することになってしまいます。

そこで、まずは**文章の最後の出典のところにあるタイトルを見て、大体のどのような内容が書いてあるのかをつかむ**のです。

(2) 選択肢を見る

先ほどの話と重複しますが、本文を読み進めていく上でヒントは多ければ多いほど内容を把握しやすくなります。そこで、タイトルを見たら、次は選択肢を読んでいきます。

選択肢の内容が本文の内容とまったく関係がないということはほとんどありませんから（関係はあるけどよく読むと違うという選択肢にしないと簡単すぎてしまいますから）、選択肢を5つ読むだけで本文の内容のおよそがつかめるでしょう。

(3) 選択肢の○×の根拠を本文中から探す

最後に、選択肢の○×を判断していきます。その際、**○×の根拠は必ず本文中から探してください**。

もっと言ってしまうと、誰かに聞かれたときに「この選択肢は、本文中の第△△段落に□□と書いてあるので、○又は×になります。」と説明できなければなりま

せん。そうでない場合、自分では意識していないかもしれませんが、やってはいけないフィーリング解答になってしまっています。

よくありがちなのですが、もっともらしいことが書いてある場合は要注意です。例えば、「自由と平等は守られるべきである。」という選択肢があったとすると、それはそうだよなと思うでしょう。ただ、選択肢の内容自体が正しいのと、本文の内容に照らして正しいのとでは、意味がまったく違います。確かに自由と平等は守られるべきですが、本文にそのようなことがまったく書かれていなければ、文章理解の問題としてはこの選択肢は×になるのです。

2 手順の使い方

以下では、平成23年度問題59を使いつつ、内容把握問題の手順を確認していきます（説明の便宜上、本文には段落番号を振っています）。

次のア～オの記述のうち、本文の文章の趣旨に合っていないものの組合せはどれか。

1　やまとことばには、もう一つの大きな特徴がある。

2　いささか説明がむずかしいのだが、わたしが勝手に命名してきた「働き分類」という考え方がある。つぎのようなことだ。

3　たとえば美しくサクラの花が咲いている。その花におおわれた岬の鼻を、船が廻（まわ）って行く。のどかな午後、うっとりと見ているわたしの鼻さきに蝶（ちょう）がひらひらと舞う。

4　この花も岬の先端も、顔の鼻も、物体として見ると、みんな別物である。ところがすべてを日本人がハナと名づけたところを見ると、三者とも、どうやら同じ物だと考えたらしい。

5　どれも先へ出るもので、その先へ出るという動作においては三者とも別物ではない。はたして三者は別物なのか同じ物なのか。

6　そこをわたしはこう考える。

7　つまり「物」として分類すると別々のカテゴリー（範疇（はんちゅう））のものとなる三者も、動作やその結果としての状態、すなわち物の「働き」から分類すると同じカテゴリーに属するのである。

8　しかるに、現代人はたった一つ「物分類」しかもっていないから、花と先端と鼻とはまったく別物で、たまたま気がつくと発音が同じだぐらいにしか思って

第6章 ─ 文章理解　第1節 ─ 内容把握問題　819

いない。

9　そして、「物分類」とまったく対立する「働き分類」とでもよぶべき分類法がありえることに、ほとんどの人が気づいていない。

10　しかしわたしの見るところ、日本人本来の分類法——万物を秩序立て区分することによって知識の中に所有していく方法は、じつに「働き分類」らしいのである。

11　カゲということばで日本人が一括する物は、光であると同時に光のささない場所である。日なたと日かげが同じ物だなどと、物からいえば誰も信じられないのに、それを同じと考える方にわが身を合わせて理解してみなければならない。すると、光が明滅すること、明滅する光が及ぶところを、カゲとして指定したのだということがわかる。

12　また、よい香りとはなやかな色どりとは、まったく別物だと、百人が百人考えて疑わない。嗅覚と視覚の違いもある、と。

13　しかし日本語では、両方ともニオイという。つまり一つの範囲に入れられるものが香りと色どりだというのである。

14　そんな馬鹿な、といわないで考えてみると、ただよい寄ってくるものが、ニオイらしい。美しい色彩は、じっと沈んでいないで、迫力をもって浮き立ってくる。「匂うような美人」というではないか。

15　こうした働きは固定した物体ではないから、物質本位の思考にはなじまない。まさに物体を物体として徹底的に区別し区別していって物の個別性を認め、その上で分類し、名前をあたえてゆくという、近代科学主義とは正反対の考えが、この「働き分類」による区別である。顕微鏡まで使って分析した個別性によって物の存在を確定する方法に対して、こちらは物をいったん形から解放し、属性をたぐりよせ集めることによって、ハナとかカゲとかと一くくりにしてゆく方法である。

16　考えてみれば、物は分析されつくすことによって、それぞれ孤独になった。その孤独を救うために、もう一度日本古来の考え方で親戚を作ってみてはどうか。

（出典　中西進「日本語の力」より）

ア　「物分類」は現在では漢字表記と結びつき、そのものの特殊性を示すことで、働き分類の意識の希薄化につながっている。

イ　「働き」の「ハナ」は本体から離れて外へ出ている状態を認識した語ということで、花、鼻という個々の共通性を説明できる。

ウ 「働き」によって、「カゲ」を考えたとき、「火影」、「日影」から、影形のような表現も成立し、光のもとである「月影」や「陰」も成立する。

エ 「物分類」は「ニオイ」のように日本人の感受性における見方の共通性を理解する方法である。

オ 「働き」の持つ基本的な特徴は、日本人が漢字を使用することを可能にしたことであり、「物分類」の基礎となっている。

1　ア・ウ
2　イ・エ
3　イ・オ
4　ウ・エ
5　エ・オ

（1）文章の最後の出典を見る

まず、最後の出典を見ますと、「日本語の力」というタイトルが書かれています。そこで、**本問の文章は「日本語」について書かれたもの**であるというヒントをつかみます。

（2）選択肢を見る

次に、選択肢を見ていきます。そうしますと、「物分類」と「働き」という語句が多く出てくることに気が付きます。そこで、**本問の文章は「物分類」と「働き」がキーワードになる**というヒントをつかみます。

先ほどのタイトルと合わせて考えますと、本問の文章は、「日本語」を「物分類」した場合についてや、日本語の「働き」について書かれたものだろうと推測することができます。

（3）選択肢の〇×の根拠を本文中から探す

最後に、選択肢の〇×の根拠を本文中から探します。いずれも、**「本文中の第△△段落に□□と書いてあるので、〇又は×になる。」という説明**をしていますので、参考にしてみてください（フィーリング解答はしていません）。

① 選択肢ア

第8段落に「**現代人はたった一つ『物分類』しかもっていないから、花と先端と鼻とはまったく別物…にしか思っていない**」とありますから、「物分類」は現在では漢字表記と結びつき、そのものの特殊性を示しているといえます。

そして、第9段落に「『**物分類**』と**まったく対立する**『**働き分類**』とでもよぶべ

き分類法がありえることに、ほとんどの人が気づいていない」とありますから、「物分類」が「働き分類」の意識の希薄化につながっているといえます。

したがって、選択肢アは○と判断できます。

② **選択肢イ**

第4段落に「花も岬の先端も、顔の鼻も…ハナと名づけたところを見ると、三者とも、どうやら同じ物だと考えたらしい。」、第5段落に「どれも先へ出るもので、その先へ出るという動作においては三者とも別物ではない。」、第7段落に「動作やその結果としての状態、すなわち物の『働き』から分類すると同じカテゴリーに属するのである。」とありますから、「働き」の「ハナ」は本体から離れて外へ出ている状態を認識した語ということで、花、鼻という個々の共通性を説明できます。

したがって、選択肢イは○と判断できます。

③ **選択肢ウ**

第11段落に「働き分類」の例として「カゲという言葉で日本人が一括する物は、光であると同時に光のささない場所である。」というものが挙げられていますから、「働き」によって、「カゲ」を考えたとき、「火影」、「日影」から、影形のような表現も成立し、光のもとである「月影」や「陰」も成立します。

したがって、選択肢ウは○と判断できます。

④ **選択肢エ**

第12・13段落に「働き分類」の例として「よい香りとはなやかな色どりとは、まったく別物だと、百人が百人考えて疑わない。…しかし日本語では、両方ともニオイという。」というものが挙げられていますから、「ニオイ」のように日本人の感受性における見方の共通性を理解する方法は、「物分類」ではなく「働き分類」です。

したがって、選択肢エは×と判断できます。

⑤ **選択肢オ**

第4段落に「花も岬の先端も、顔の鼻も…ハナと名づけたところを見ると、三者とも、どうやら同じ物だと考えたらしい。」、第7段落に「動作やその結果としての状態、すなわち物の『働き』から分類すると同じカテゴリーに属するのである。」とありますから、「働き」による分類は漢字表記と結びつかないことになります。そうすると、「働き」の持つ基本的な特徴は、日本人が漢字を使用することを可能にしたことであるとする本肢は文章の趣旨に合っていません。

したがって、選択肢オは×と判断できます。以上より、正解は5（エ・オ）となります。

第2節 空欄補充問題

重要度 A

学習のPOINT

ここでは、空欄補充問題（文章の中にいくつか空欄が用意されており、それを埋めさせるもの）を解く手順（マニュアル）について学習していきます。

1 空欄補充問題の手順

(1) 選択肢を見ながら空欄を埋める

　空欄補充問題は、空欄に入る語句を一から自分で考える必要はなく、選択肢にある語句のどれかが入るようになっています。つまり、実質上、空欄に入る語句は2択か3択なのです。そこで、選択肢を見て空欄に入る語句の候補を確認し、その上で空欄を埋めていくことになります。

　そして、空欄補充問題の場合、いくつか空欄があることが通常ですので、**自信のある（しっかり根拠を説明できる）空欄から埋める**ようにしましょう。自信のない空欄を先に埋めてしまいますと、誤ったものを選んでいた場合に取り返しのつかないことになります。　ア　から順番に埋めなければならないといった思い込みは捨てましょう。

(2) 空欄を埋めたら選択肢に書込みをする

　空欄を埋めたら、**埋まった語句に○を付け、埋まらない語句には×を付けた上で、埋まらない語句の含まれている選択肢は消去**してしまいましょう。この方法で解いていると、大抵は全部の空欄が埋まらなくても正解を出すことができ、時間も短縮できます。

2 手順の使い方

　以下では、平成23年度問題60を使いつつ、空欄補充問題の手順を確認していきます（説明の便宜上、本文には段落番号を振っています）。

　本文中の空欄　ア　～　エ　に当てはまるものの組合わせとして、適切なものはどれか。

1　情緒性は、「離れてありながら他とともにある」という人間の実存のしかたを、身体としての内的な「自己」の水準と、社会的な関係性として外部化された「自己」の水準との、ちょうど中間に位置するレベルに向かって表出した「自己」であるという言い方ができる。(中略)

2　たとえばあなたが、ある人を見て恋しいと感じたとする。あなたは胸がわくわくするという身体的な変化を自覚するかもしれない。しかし、そうした身体的な変化にのみ着目するかぎり、それをもって「情緒の表出」という概念のすべてを説明したことにはならない。なぜなら、「胸のわくわく」はそれ自体としては、まさにそういうもの以外のなにものでもないからだ。

3　それは脈搏の変化として物理的に計測することができる。しかし、脈搏の変化は恐怖によっても、不安によっても、栄誉への期待によってもおこりうる。物理的な計測のレベルでは、それらは同じ現象としてしかあらわれない。あなたはいまの「胸のわくわく」が相手を恋しいと思う気持ちと結びついているのであって、恐怖に結びついているのではないことを知っているが、その質的な＜意味＞の差異を脈搏の変化という物理的な計測によってはかることはできない。(中略)

4　他方、あなたはその自分の感情を、「私はきっとあの人が好きなのにちがいない」と自分に向かってことばで表現したり、また、本当に相手に向かって「私はあなたが好きだ」と語りかける外的な行為に踏み出したりするとする。この場合、いずれにせよそれはすでに「ことば」という　ア　的な関係性の水準として表出されている。

5　ところで、自分の情緒性の変化の自覚を、内的な言語であれ、外的な言語であれ、そのように「ことばとしての表出」そのものに限定して把握してしまったら、やはりそれだけでは、あなたが実現した「情緒」の概念を満たしたことにはならない。あなたの感じた「情緒」は、そうした「ことば」に必然的に結びつくものにはちがいないかもしれないが、その中心点は、表出されたことばの手前に位置しているはずだ。

6　つまり、そのように、情緒性とは、ある　イ　的な状態と、　ウ　的な言語として意識された状態あるいは　エ　的な言語として表出する行為との両方にまたがり、かつその両方に常に結びつきうる可能性を備えた、一種独特な「自己」のあり方であり、世界への開かれ方なのである。そして、ある特定の情緒にあなたが見舞われるということは、その独特な「自己」のあり方、世界への開かれ方を基盤として、身体と意識と、またある場合には外的な行為の場とに

824

向かって発せられた、自己変容の運動（活動）そのものを意味している。

（出典　小浜逸郎「大人への条件」より）

	ア	イ	ウ	エ
1	社会	身体	内	外
2	社会	感情	私	外
3	公	身体	私	社会
4	公	感情	内	身体
5	外	身体	内	社会

（1）空欄ア

①　選択肢を見ながら空欄を埋める

　まず、選択肢を見ますと、　ア　には「社会」「公」「外」のどれかが入ることがわかります。つまり、実質上、　ア　に入る語句は３択となります。

　そして、第４段落に「『ことば』という　ア　的な関係性の水準として表出されている」とあるところ、第１段落にも「社会的な関係性として外部化された『自己』の水準」とありますから、　ア　には「社会」が入ると判断できます。

②　空欄を埋めたら選択肢に書込みをする

　次に、以下のように「社会」に〇を付け、「公」「外」に×を付けます。そして、「公」「外」が含まれている選択肢３〜選択肢５を消去します。

　この時点で、選択肢１か選択肢２のどちらかが正解であることがわかります。

	ア	イ	ウ	エ
1	⦿社会	身体	内	外
2	⦿社会	感情	私	外
~~3~~	~~公~~	~~身体~~	~~私~~	~~社会~~
~~4~~	~~公~~	~~感情~~	~~内~~	~~身体~~
~~5~~	~~外~~	~~身体~~	~~内~~	~~社会~~

（2）空欄イ

①　選択肢を見ながら空欄を埋める

　まず、選択肢を見ますと、　イ　には「身体」「感情」のどちらかが入ることがわかります。つまり、実質上、　イ　に入る語句は２択となります。

第６章 ― 文章理解　第２節 ― 空欄補充問題　825

そして、第６段落冒頭に「情緒性とは、ある イ 的な状態と、 ウ 的な言語として意識された状態あるいは エ 的な言語として表出する行為との両方にまたがり」とあるところ、第６段落最後に「ある特定の情緒にあなたが見舞われるということは、その独特な『自己』のあり方、世界への開かれ方を基盤として、身体と意識と、またある場合には外的な行為の場とに向かって発せられた、自己変容の運動（活動）そのものを意味している」とありますから、 イ には「身体」が入ると判断できます。

② 空欄を埋めたら選択肢に書込みをする

次に、以下のように「身体」に〇を付け、「感情」に×を付けます。そして、「感情」が含まれている選択肢２を消去します。

この時点で、選択肢１が正解であることがわかります。以上より、本問は ウ 、 エ を検討しなくても正解を出すことができます。

(3) 空欄ウ・空欄エ

ア ・ イ が埋められなかった場合、それらは保留して ウ ・ エ を埋めてみます。

① 選択肢を見ながら空欄を埋める

まず、選択肢を見ますと、 ウ には「内」「私」のどちらかが、 エ には「外」「社会」「身体」のどれかが入ることがわかります。

そして、第６段落冒頭に「情緒性とは、ある イ 的な状態と、 ウ 的な言語として意識された状態あるいは エ 的な言語として表出する行為との両方にまたがり」とあるところ、第５段落冒頭に「自分の情緒性の変化の自覚を、内的な言語であれ、外的な言語であれ」とありますから、 ウ には「内」、 エ には「外」が入ることがわかります。

② 空欄を埋めたら選択肢に書込みをする

次に、以下のようにウの「内」に〇を付け、「私」に×を付けます。そして、

「私」が含まれている選択肢２・３を消去します。また、エの「外」に○を付け、「社会」「身体」に×を付けます。そして、「社会」「身体」が含まれている選択肢４・５を消去します。

　以上より、 ア ・ イ が埋まらなくても、選択肢１が正解であることがわかります。

	ア	イ	ウ	エ
①	社会	身体	内	外
2	社会	感情	私	外
3	公	身体	私	社会
4	公	感情	内	身体
5	外	身体	内	社会

憲法

行政法

民法

商法

基礎法学

一般知識

第3節 並べ替え問題　　重要度 A

学習のPOINT
ここでは、並べ替え問題（文章の順序がバラバラになっており、それを正しい順序に並べ替えさせるもの）を解く手順（マニュアル）について学習していきます。

1 並べ替え問題の手順

(1) 冒頭の指示語・接続詞に〇を付ける

　バラバラになっている文章の冒頭に「これ」「それ」などの指示語や「しかし」「なぜなら」「たとえば」などの接続詞があれば、それに〇を付けておきましょう。冒頭に指示語や接続詞がある場合、その前に来る文章を推測するヒントになります。

　なお、主な接続詞の用法については、以下のとおりです。

【接続詞の用法】

しかし（もっとも・ところが）	前の文と反対の内容を述べるときに使われるもの
なぜなら	前の文の理由を述べるときに使われるもの
たとえば	前の文の具体例を述べるときに使われるもの
ところで	前の文と話題を変えるときに使われるもの
つまり（すなわち）	前の文をまとめる（要約する）ときに使われるもの

(2) 異なるパーツに同じ単語が使われていたら□を付ける

　バラバラになっている異なるパーツ（例えばアの文章とウの文章）の中に同じ単語が使われていたら、それらを□で囲んでおきましょう。

　論理的な文章はキーワードがリンクしていることが多いので、□を付けたパーツは2つ並ぶ可能性が高いです。

(3) 〇や□をヒントにパーツの並びを見つける

　今まで付けてきた〇や□をヒントにし、パーツの並びを見つけていきます。例えば、アの文章の頭に「しかし」とあり、ウの文章とアの文章が反対の意味を述べていたら、「ウ→しかし→ア」といった並びになることがわかります。

（4）消去法を使う

　パーツの並びがみつかったら、その並びが含まれていない選択肢は消してしまいましょう。

　こちらも空欄補充問題の場合と同様、自信のある（しっかり根拠を説明できる）並びについてのみ、消去法を使っていきましょう。

2 手順の使い方

　以下では、平成21年度問題60を使いつつ、並べ替え問題の手順を確認していきます。

　次のア～オの記述は、枠内で示されている「土木」について、「現場での連帯の必要性」を述べている部分を五つに分けたものである。五つのうち一番目はアであるが、残りの四つの順序として正しいものはどれか。

> 　私の専門である土木が対象とする橋や道路、運河やダムなどの公共構造物・施設は、大地に根ざす存在です。それらは自然と一体になって新たな「風景」を形成します。さらには、長寿命であるがゆえに、建設された時代を越えて、歴史的環境として後世に受け継がれていきます。

ア　[そうした仕事]をしていて、最近、私がとくに感じることは、今の時代に必要なことは[個から連帯へ]ということではないか、ということです。つまり、個々人が、個々の専門領域、個々の論理でバラバラに動くのではなく、物事をトータルに捉え、全体を見渡す視点を持って行動することが、極めて重要になってきていると感じています。

イ　[しかし]、問題は、各々の専門が「村社会」をつくってしまっており、村相互の連帯がなくバラバラになってしまっていること。そして、一度、計画が決められると、個々の専門性が高いため、お互いが協力することはあまりなく、各自が自分たちの「村の論理」で動いてしまっていることです。

ウ　[個から連帯へ]ということの必要性を強く意識するようになったのは、現場で複数の専門家・エンジニアたちと実際に計画・設計・工事を行うことが多くなったからです。プロジェクトが大きくなればなるほど、個々の専門家の役割は細分化され、専門毎に仕事が分割されていきます。完成すれば一つの風景を形成するものであるにもかかわらず、各々の仕事は分断されているのです。

エ　もちろん、一人ひとりは自分の村の論理に従って、一生懸命努力しています。

第6章 — 文章理解　第3節 — 並べ替え問題　829

けっして間違ったことをしているわけではない。しかし、一人ひとりが努力をすればするほど、結果として、目の前には一体感のないバラバラな風景ができあがってしまう…。

　これでは、全体として調和のとれた「いい風景」をつくることはできません。また、それに携わる人たちが、将来にわたってその風景に対して責任を持とう、という意識も生まれてこないでしょう。

オ　(たとえば)、橋が架かるところには川もあるし、周囲には家もあります。河川敷には公園もあるでしょう。ところが実際の現場では、橋は「橋の専門家」、川は「河川の専門家」、建物は「建築家」、公園は「造園家」…、と専門分野毎に分かれて仕事をしているのです。もちろん、それぞれに高度な技術や専門知識というものが必要とされますから必然的に分かれているわけですし、また、その方が個々には効率的に仕事を進めることができるという面はあるでしょう。

（出典　篠原修「百年後に残る風景をつくる」より）

1　イ・ウ・オ・エ
2　ウ・エ・イ・オ
3　ウ・オ・イ・エ
4　エ・イ・ウ・オ
5　オ・エ・イ・ウ

（1）冒頭の指示語・接続詞に〇を付ける

　まず、アの文章に「そうした仕事」という指示語がありますので、それに〇を付けておきます（もっとも、本問ではアは一番目とわかっていますから、この問題に限っては必要ありません）。

　また、イの文章に「しかし」という接続詞、オの文章に「たとえば」という接続詞がありますので、それに〇を付けておきましょう。

（2）異なるパーツに同じ単語が使われていたら□を付ける

　アの文章とウの文章に「個から連帯へ」という同じ単語が使われていますので、これらに□を付けておきます。

（3）〇や□をヒントにパーツの並びを見つける

　まず、アの文章とウの文章では「個から連帯へ」というキーワードがリンクしており、ウの文章がアの文章の理由を述べていることがわかります。したがって、ア→ウという文のつながりが発見できます。

次に、オの冒頭の「たとえば」という接続詞に着目します。「たとえば」という接続詞が使われていることから、オの文章は何かの具体例を挙げたものであるということがわかりますので、イ～エの文章のうちどの具体例を挙げたものかを見ていきます。

　オの文章の１～３文目を読みますと、「たとえば、橋が架かるところには川もあるし、周囲には家もあります。河川敷には公園もあるでしょう。ところが実際の現場では、橋は『橋の専門家』、川は『河川の専門家』、建物は『建築家』、公園は『造園家』…、と専門分野毎に分かれて仕事をしているのです。」とあります。そして、ウの最後の文を読みますと、「完成すれば一つの風景を形成するものであるにもかかわらず、各々の仕事は分断されているのです。」とありますから、オはこの文の具体例を挙げていることがわかります。したがって、ウ→オという文のつながりが発見できます。

　最後に、イの冒頭の「しかし」という接続詞に着目します。「しかし」という接続詞が使われていることから、イの文章は何かと反対の意味を述べているものであるということがわかりますので、ウ～オの文章のうちどの文と反対の意味を述べたものかを見ていきます。

　イの文章の１文目を読みますと、「しかし、問題は、各々の専門が『村社会』をつくってしまっており、村相互の連帯がなくバラバラになってしまっていること。」とあり、専門毎に分かれて仕事をすることのデメリットが述べられています。これに対して、オの文章の最後を読みますと、「それぞれに高度な技術や専門知識というものが必要とされますから必然的に分かれているわけですし、また、その方が個々には効率的に仕事を進めることができるという面はあるでしょう。」とあり、専門毎に分かれて仕事をすることのメリットが述べられています。

　したがって、イはオと反対の意味を述べていることがわかりますから、オ→イという文のつながりが発見できます。

（4）消去法を使う

　まず、ア→ウという文のつながりが発見できていますから、ウで始まっていない選択肢１・４・５を消去します。

1 ~~イ・ウ・オ・エ~~
2 ⓦ・エ・イ・オ
3 ⓦ・オ・イ・エ

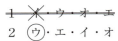

次に、ウ→オという文のつながりが発見できていますから、ウ・オが並んでいない選択肢2を消去します。

以上より、選択肢3が正解と判断できます。

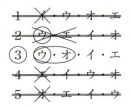

なお、最初からオ→イという文のつながりが発見できれば、オ・イが並んでいない選択肢3以外を消去し、一発で選択肢3が正解と判断できます。

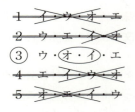

MEMO

憲 法

行政法

民 法

商 法

基礎法学

一般知識

用語索引

あ

悪意占有 ……………………………… 416
アクセス権 ……………………………… 65
旭川学テ事件 …………………………… 91
旭川市国民健康保険条例事件 ……… 129
朝日訴訟 ………………………………… 90
アダム・スミス ……………………… 732
あっせん ……………………………… 704
圧力団体 ……………………………… 722
アナウンス効果 ……………………… 723
アンダードッグ（負け犬）効果 …… 724
アンチ・ケインジアン ……………… 733

い

伊方原発訴訟 ………………………… 176
育児・介護休業法 …………………… 770
意見公募手続 ………………………… 220
違憲審査権 …………………………… 124
遺言 …………………………………… 570
遺産分割 ……………………………… 564
意思能力 ……………………………… 354
意思の通知 …………………………… 365
意思の不存在 ………………………… 366
泉佐野市民会館事件 …………………… 70
遺贈 …………………………………… 573
「板まんだら」事件 ………………… 117
一部事務組合 ………………………… 308
一物一権主義 ………………………… 397
一般概括主義 ………………………… 225
一般社団法人日本クレジット協会 … 775
一般不法行為 ………………………… 533
一般法 ………………………………… 682
委任契約 ……………………………… 521
委任命令 ……………………………… 179
違法行為の転換 ……………………… 169
違法性の承継 ………………………… 168
違法判断の基準時 …………………… 267
遺留分侵害額の請求 ………………… 576
医療保険 ……………………………… 763

インフレ ……………………………… 739

う

ウィーン条約 ………………………… 760
ウィキ ………………………………… 783
ウィキリークス ……………………… 781
請負契約 ……………………………… 520
受戻権 ………………………………… 450
訴えの変更 …………………………… 264
訴えの利益 …………………………… 258
売主の担保責任 ……………………… 506
運送営業 ……………………………… 605

え

営業譲渡 ……………………………… 591
営業的商行為 ………………………… 586
永小作権 ……………………………… 427
エージェンシー制度 ………………… 726
愛媛県玉串料事件 ……………………… 63
エホバの証人輸血拒否事件 …………… 50

お

オウム真理教解散命令事件 …………… 61
大阪空港公害訴訟 …………………… 299
公の施設 ……………………………… 337
汚染者負担の原則 …………………… 757
小田急高架訴訟 ……………………… 256
親子関係不存在確認の訴え ………… 548

か

会期 …………………………………… 105
会期不継続の原則 …………………… 106
会計監査人 …………………………… 651
会計参与 ……………………………… 649
会計帳簿 ……………………………… 659
外国移住の自由 ………………………… 81
介護保険 ……………………………… 763
解釈基準 ……………………………… 179
会社分割 ……………………………… 670

解除	500	環境影響評価法	757
外部監査制度	320	環境基本法	757
外務省秘密電文漏洩事件	67	監査機関	151
買戻し	508	監査等委員会設置会社	652
価格の自動調節作用	736	監査役	650
拡大解釈	688	監査役会	651
確認	166	慣習法	683
学問の自由	75	間接税	748
加工	423	間接有限責任	612
瑕疵ある意思表示	370	観念の通知	365
過失相殺	459, 540	関与	340
瑕疵の治癒	169		

き

合衆国憲法	713	議員定数不均衡	55
合併	668	議院内閣制	113, 714
株券	628	議院の自律権	109
株券失効制度	629	機関訴訟	283
株券不所持制度	629	棄却判決	265
株式	611	期限	172, 388
株式移転	672	危険負担	499
株式会社	610	基準日	630
株式買取請求権	622	基準割引率及び基準貸付利率操作	742
株式交換	672	擬制商人	585
株式交付	674	規則	326
株式譲渡自由の原則	624	寄託契約	525
株式の分割	627	宜野座村工場誘致事件	144
株式の併合	627	既判力	266
株式無償割当て	627	基本的商行為	586
株主総会	635	基本的人権	28
株主代表訴訟	657	義務付け訴訟	272
株主の権利	621	却下判決	265
株主平等の原則	621	客観訴訟	248
株主名簿	629	吸収合併	668
下命	165	吸収分割	671
仮名加工情報	800	給付基準	179
仮名加工情報データベース等	803	教育を受ける権利	91
仮名加工情報取扱事業者	803	共益権	621
仮の義務付け	287	狭義の法定代理	153
仮の差止め	287	競業避止義務	643
カルテル	737	共産党袴田事件	120
川崎民商事件	88	教示	245, 289
為替平衡操作	743	行政委員	317
簡易の引渡し	409	行政委員会	317
管轄	253, 260		

用語索引　835

行政改革	725	許可	165
行政改革会議	725	虚偽表示	367
行政改革推進本部	726	居住・移転の自由	81
行政機関	150	挙証責任	695
行政機関等匿名加工情報	808	緊急避難	534
行政機関等匿名加工情報ファイル	808	キングストン協定	752
強制起訴	701	禁止	165
行政規則	179	近代経済学派	733
行政救済法	138	金融	740
行政強制	190	金融市場	740
行政計画	181	勤労の権利	92
行政刑罰	194		
行政契約	182	**く**	
行政権	111	クッキー	784
行政行為	164	クック	712
行政行為の瑕疵	168	組合契約	361
行政行為の取消し	170	クラウド・コンピューティング	784
行政行為の撤回	170	呉市学校施設使用不許可事件	162
行政行為の附款	172		
行政裁量	173	**け**	
行政刷新会議	726	警察法改正無効事件	118
行政作用	164	警察予備隊違憲訴訟	125
行政作用法	138	形式的当事者訴訟	279
行政事件訴訟	248	刑事補償請求権	100
行政指導	183	形成的行為	166
行政指導指針	179, 216	形成力	266
行政主体	149	景品表示法	775
行政上の強制執行	190	契約	364
行政上の強制措置	190	契約上の地位の移転	485
行政上の強制徴収	193	ケインズ経済学	733
行政組織法	138	検閲	71
行政庁	150	限界効用価値説	733
行政調査	187	権限の委任	152
行政罰	194	権限の代理	153
行政立法	178	原告適格	255
共同訴訟	264	検索の抗弁権	476
共同不法行為	538	現実の提供	489
共同保証	478	現実の引渡し	409
京都議定書	759	原処分主義	251
京都府学連事件	47	限定承認	567
京都メカニズム	759	剣道実技拒否事件	62
強迫による意思表示	371	顕名	376
共有	424	憲法尊重擁護義務	26

権利章典 …………………………… 713	合名会社 …………………………… 610
権利請願 …………………………… 713	公有公物 …………………………… 159
権利能力 …………………………… 352	公用物 ……………………………… 159
権利能力なき社団 ………………… 360	小売市場事件 ……………………… 78
権力分立 …………………………… 101	コーク ……………………………… 712
権利濫用禁止の原則 ……………… 144	コール市場 ………………………… 740

こ

広域連合 …………………………… 308	国債 ………………………………… 747
行為能力 …………………………… 355	国際連合 …………………………… 730
公開鍵暗号 ………………………… 781	国際連盟 …………………………… 730
公開市場操作 ……………………… 741	国税 ………………………………… 748
公海自由の原則 …………………… 729	国政調査権 ………………………… 110
効果裁量 …………………………… 174	国籍離脱の自由 …………………… 81
交換契約 …………………………… 509	国民主権 …………………………… 27
合議制 ……………………………… 150	国民負担率 ………………………… 748
公共組合 …………………………… 149	国有公物 …………………………… 159
公共の福祉による人権制限 ……… 39	国労広島地本事件 ………………… 94
公共用物 …………………………… 159	個人関連情報 ……………………… 801
皇居前広場事件 …………………… 70	個人情報 ……………………… 799, 804
後見 ………………………………… 556	個人情報データベース等 ………… 802
抗告訴訟 …………………………… 249	個人情報取扱事業者 ……………… 802
交互計算契約 ……………………… 602	個人情報ファイル ………………… 807
合資会社 …………………………… 610	個人情報保護委員会 ……………… 810
麹町中学内申書事件 ……………… 60	個人タクシー免許事件 …………… 203
公衆衛生 …………………………… 765	個人データ ………………………… 803
公衆浴場距離制限事件 …………… 80	個人根保証契約 …………………… 478
公証 ………………………………… 166	個人番号カード …………………… 778
拘束力 ……………………………… 266	国会単独立法の原則 ……………… 103
高知落石事件 ……………………… 297	国会中心立法の原則 ……………… 103
公定力 ……………………………… 167	国家賠償請求権 …………………… 99
公的個人認証法 …………………… 792	国庫支出金 ………………………… 750
公的扶助 …………………………… 765	古典派経済学 ……………………… 732
合同会社 …………………………… 610	個別外部監査制度 ………………… 320
合同行為 …………………………… 364	固有の商人 ………………………… 585
口頭の提供 ………………………… 489	雇用契約 …………………………… 519
公判前整理手続 …………………… 701	雇用保険 …………………………… 764
公聴会 ……………………………… 205	婚姻 ………………………………… 543
幸福追求権 ………………………… 46	婚外子国籍訴訟 …………………… 53
公物 ………………………………… 159	コンツェルン ……………………… 737
公文書管理法 ……………………… 816	混同 ………………………………… 412
神戸税関事件 ……………………… 174	コンピュータウイルス …………… 781
公法 ………………………………… 681	混和 ………………………………… 423

用語索引　837

さ

サーバ	784
罪刑法定主義	84
裁決主義	252
債権	453
債権者代位権	461
催告の抗弁権	476
財産区	308
財産権	81
再審査請求	227
財政	744
財政投融資	746
財政民主主義	129
在宅投票制度廃止事件	126
再調査の請求	227
裁判員制度	699
裁判を受ける権利	99
歳費受領権	107
債務引受	484
裁量棄却	640
裁量基準	179
詐害行為取消権	464
先取特権	435
詐欺による意思表示	370
錯誤	369
指図による占有移転	409
差止め訴訟	275
猿払事件	40
参議院議員定数不均衡訴訟	57
参議院の緊急集会	106
サンケイ新聞事件	65
三審制	697
参政権	34
三位一体改革	748
参与機関	151

し

死因贈与	504
自益権	621
塩見訴訟	38
指揮監督権	151
敷金	513
事業の譲渡	667

時効の援用	391
時効の完成猶予	392
時効の更新	392
時効の利益の放棄	391
自己株式	625
自己契約	374
自己決定権	50
市場化テスト	727
市場経済	735
市場の失敗	736
事情判決	265
市場メカニズム	736
自然公物	159
事前抑制	71
思想及び良心の自由	59
下請負	520
質権	437
自治事務	310
市町村合併	727
失業	767
執行機関	151
執行停止	242, 285
執行罰	191
執行不停止の原則	242, 285
執行命令	179
執行力	167
実子	548
実質的当事者訴訟	281
失踪宣告	353
実体法	681
指定管理者	338, 727
指定代理	153
指定都市	307
品川マンション事件	215
支配人	593
私法	681
司法権	117
司法権の独立	123
資本金制度	660
事務管理	527
指名委員会等設置会社	652
指紋押捺拒否事件	48
諮問機関	150

社会権	34	少数株主権	621
社会福祉	765	小選挙区制	720
社会法	681	肖像権	46
社会保険	762	使用貸借契約	511
社会保障	761	譲渡担保	449
釈明処分の特則	265	消費者安全法	772
謝罪広告強制事件	59	消費者基本計画	772
集会の自由	69	消費者基本法	773
衆議院議員定数不均衡訴訟	55, 56	消費者契約法	773
住基ネット訴訟	49	消費者団体訴訟制度	701
自由権	34	消費者庁	772
私有公物	159	消費生活センター	775
集合債権譲渡担保	451	消費貸借契約	510
集合動産譲渡担保	450	情報セキュリティ	781
自由心証主義	695	証明責任	695
自由選挙	97	消滅時効	395, 429
住民監査請求	335	剰余金の配当	661
住民基本台帳ネットワークシステム	779	条理	684
住民自治	133	条例	325
住民訴訟	336	昭和女子大事件	44
住民投票	728	職業選択の自由	78
受益権	34	処分基準	207
主観訴訟	248	処分性	253
縮小解釈	689	所有権	398, 420
授権代理	153	知る権利	65
首長主義	320	新株予約権	632
取得時効	393, 428	信義誠実の原則	144
主婦連ジュース事件	230	信教の自由	61
受理	167	シンクライアント	784
種類債権	454	人権宣言	714
酒類販売免許制事件	80	人権の私人間効力	42
循環型社会	757	人工公物	159
準正	550	審査基準	202
準法律行為	364	審査請求	225
準法律行為的行政行為	166	申請	201
場屋営業	607	新設合併	669
常会	106	新設分割	671
商業使用人	592	侵入検知システム	782
商業登記	588	心裡留保	366
条件	172, 387	森林法共有林事件	82
商号	588		
商行為	586, 596		
使用者責任	536		

す

砂川事件	28, 125

用語索引　839

スパイウェア	782
スマートフォン	788
スミソニアン協定	751

せ

セイ	732
生活保護制度	765
請願権	99
請求の客観的併合	263
請求の追加的併合	263
政教分離原則	62
制限種類債権	455
制限物権	398
政治資金規正法	722
青少年ネット規制法	795
製造物責任法	774
生存権	90
制定法	681
政党	721
政党助成法	722
正当防衛	534
成年被後見人	356
成文法	681
責任能力	533
絶対的商行為	586
絶対的平等	51
説明責任の原則	144
善意取得	629
善意占有	416
前科照会事件	47
選挙権	97
専決	154
専決処分	322
全農林警職法事件	95
占有回収の訴え	417
占有改定	409
占有権	397, 415
占有の訴え	417
占有保持の訴え	417
占有保全の訴え	417

そ

総会検査役	637

相互保証主義	301
相殺	492
相殺適状	492
相続欠格	562
相続人の廃除	562
相続の放棄	568
相対的平等	51
争点訴訟	249
双方代理	374
双務契約	495
贈与契約	503
創立総会	616
総量規制	757
即時強制	193
即時取得	410
組織変更	668
訴訟参加	264
訴訟要件	252
租税	747
租税法律主義	129
ソヴィエト社会主義共和国連邦	714
空知太神社訴訟	64
損益相殺	539
損失補償	83, 303
尊属殺重罰規定違憲判決	53

た

第1次家永教科書事件	73
大学の自治	75
代価弁済	445
代決	154
第三者所有物没収事件	85
第三者のためにする契約	500
第三者弁済	488
代執行	192
代襲相続	560
大選挙区制	720
大東水害訴訟	298
大統領制	714
第二次臨時行政調査会	725
代表取締役	648
代物弁済	491
代理	166, 373

代理権の濫用 ……………………… 375
代理商 …………………………… 594
宝塚市パチンコ店規制条例事件 ……… 191
諾成契約 ………………………… 495
多党制 …………………………… 721
多摩川水害訴訟 ………………… 299
弾劾裁判所 ……………………… 109
団結権 ……………………………… 93
単元株制度 ……………………… 627
単純承認 ………………………… 567
男女雇用機会均等法 …………… 768
団体交渉権 ………………………… 93
団体行動権 ………………………… 93
団体自治 ………………………… 133
単独株主権 ……………………… 621
単独行為 ………………………… 364
担保物権 …………………… 398, 430

ち

地域自治区 ……………………… 323
地役権 …………………………… 428
地球温暖化 ……………………… 758
地上権 …………………………… 427
秩序罰 …………………………… 194
地方公共団体 …………………… 306
地方公共団体の組合 …………… 308
地方交付税 ……………………… 749
地方債 …………………………… 749
地方自治 ………………………… 133
地方自治特別法 ………………… 134
地方税 …………………………… 748
地方分権 ………………………… 727
地方分権一括法 ………………… 727
嫡出子 …………………………… 548
嫡出否認の訴え ………………… 548
中核市 …………………………… 307
仲裁 ……………………………… 705
調停 ……………………………… 704
聴聞 ……………………………… 210
直接強制 ………………………… 193
直接税 …………………………… 748
直接請求 ………………………… 334
直接選挙 ………………………… 97

賃貸借契約 ……………………… 513

つ

通知 ……………………………… 167
通知カード ……………………… 778
津地鎮祭事件 ……………………… 63

て

定期贈与 ………………………… 504
抵当権 …………………………… 439
抵当権消滅請求 ………………… 445
デジタル行政推進法 …………… 790
デジタル庁 ……………………… 156
デジタル・ディバイド ………… 784
撤回権の留保 …………………… 172
手付 ……………………………… 505
手続法 …………………………… 681
デフレ …………………………… 739
電子自治体 ……………………… 777
電子署名 ………………………… 777
電子署名法 ……………………… 792
電子透かし ……………………… 782
電子政府 ………………………… 777
電子認証 ………………………… 777
転質 ……………………………… 439
添付 ……………………………… 422

と

問屋 ……………………………… 605
東京都公安条例事件 ……………… 70
当事者主義 ……………………… 694
当事者訴訟 ……………………… 279
同時履行の抗弁権 ……………… 497
統治行為 ………………………… 118
徳島市公安条例事件 ……………… 73
特殊不法行為 …………………… 535
特殊法人 ………………………… 149
独占禁止法 ……………………… 737
特定商取引法 …………………… 773
特定物債権 ……………………… 454
独任制 …………………………… 150
特別会 …………………………… 106
特別区 …………………………… 308

用語索引　841

特別裁判所 ················· 121
特別地方公共団体 ············ 307
特別取締役 ················· 647
特別の寄与 ················· 579
特別法 ···················· 682
特別養子縁組 ··············· 551
匿名加工情報 ··············· 801
匿名加工情報データベース等 ···· 803
匿名加工情報取扱事業者 ······· 803
匿名組合契約 ··············· 603
独立行政法人 ··············· 149
独立宣言 ··················· 713
特許 ······················ 166
届出 ······················ 218
苫米地事件 ················· 119
ドメイン ··················· 784
富山大学事件 ··············· 119
トラスト ··················· 737
取締役 ···················· 640
取締役会 ·················· 645

な

内閣総理大臣の異議 ·········· 286
名板貸 ···················· 589
仲立人 ···················· 604
奈良県ため池条例事件 ········· 82
成田新法事件 ··············· 85
南極条約 ·················· 760

に

ニート ···················· 767
二院制 ···················· 103
ニクソン＝ショック ·········· 751
二重の基準 ················· 71
二大政党制 ················· 721
日銀短観 ·················· 741
日産自動車事件 ············· 45
日本銀行 ·················· 740
日本司法支援センター ········ 700
任意代理 ·················· 373
認可 ······················ 166
認知 ······················ 549
認容判決 ·················· 265

ね

根抵当権 ·················· 447
根保証 ···················· 478
年金保険 ·················· 762

の

農地改革事件 ··············· 304
ノンフィクション「逆転」事件 ···· 48

は

バージニア権利章典 ·········· 713
バーゼル条約 ··············· 760
バイオメトリクス認証 ········· 782
配偶者居住権 ··············· 578
配偶者短期居住権 ············ 578
背信的悪意者 ··············· 401
排他的経済水域 ············· 729
売買契約 ·················· 505
博多駅事件 ················· 66
働き方改革関連法 ············ 770
バナー広告 ················· 785
パリ協定 ·················· 759
反対解釈 ·················· 689
バンドワゴン効果 ············ 724
判例 ······················ 683

ひ

被選挙権 ·················· 98
非嫡出子 ·················· 548
ビットコイン ··············· 785
被保佐人 ·················· 356
被補助人 ·················· 357
秘密選挙 ·················· 97
表見支配人 ················· 593
表見代表取締役 ············· 649
表見代理 ·················· 381
表現内容規制 ··············· 74
表現内容中立規制 ············ 74
表現の自由 ················· 64
標準処理期間 ··············· 203
平等原則 ·················· 144
平等選挙 ·················· 97
ビルトイン・スタビライザー ···· 744

比例原則 …………………… 144	プロトコル ………………… 785
比例代表制 ………………… 720	プロバイダ責任制限法 …… 793
	プロフ ……………………… 785
ふ	分割債権・債務 …………… 469
	文理解釈 …………………… 688
ファイアーウォール ……… 782	
ファイル交換ソフト ……… 782	**へ**
フィスカル・ポリシー …… 744	
フィッシング ……………… 783	併存的債務引受 …………… 484
フィルタリング …………… 795	平和主義 …………………… 28
不可争力 …………………… 167	返還請求権 ………………… 398
不可分債権・債務 ………… 470	弁済 ………………………… 487
不可変更力 ………………… 167	弁済による代位 …………… 490
不完全履行 ………………… 457	弁済の提供 ………………… 489
復代理 ……………………… 377	変態設立事項 ……………… 614
付合 ………………………… 422	片務契約 …………………… 495
不作為の違法確認訴訟 …… 270	弁明の機会の付与 ………… 212
不正アクセス禁止法 ……… 794	
附属的商行為 ……………… 587	**ほ**
不逮捕特権 ………………… 108	
負担 ………………………… 172	妨害排除請求権 …………… 398
負担付遺贈 ………………… 573	妨害予防請求権 …………… 398
負担付贈与 ………………… 504	包括外部監査制度 ………… 320
普通選挙 …………………… 97	法規命令 …………………… 178
普通地方公共団体 ………… 307	法定外税 …………………… 749
普通養子縁組 ……………… 550	法定受託事務 ……………… 310
物価 ………………………… 739	法定代理 …………… 153, 373
物権 ………………………… 397	法定担保物権 ……………… 430
物権的請求権 ……………… 398	法定地上権 ………………… 443
物権変動 …………………… 399	法テラス …………………… 700
物権法定主義 ……………… 397	法の下の平等 ……………… 50
物上代位 …………… 436, 441	法律行為 …………………… 364
物品運送 …………………… 605	法律行為的行政行為 ……… 165
不当利得 …………………… 530	法律効果の一部除外 ……… 172
部分社会の法理 …………… 119	法律上の争訟 ……………… 117
不文法 ……………………… 681	法律による行政の原理 …… 143
不法原因給付 ……………… 531	法律の法規創造力の原則 … 143
不法行為 …………………… 532	法律の優位の原則 ………… 143
扶養 ………………………… 557	法律の留保の原則 ………… 143
プライバシー権 …………… 47	ポータルサイト …………… 785
フリードマン ……………… 734	募集株式の発行等 ………… 630
不利益処分 ………………… 206	募集設立 …………………… 613
ブレトンウッズ協定 ……… 751	保証債務 …………………… 475
ブログ ……………………… 785	補助機関 …………………… 151
	発起設立 …………………… 613

用語索引　843

発起人 ……………………… 613
ホッブズ ……………………… 713
北方ジャーナル事件 ……… 72
保有個人情報 ……………… 807
保有個人データ …………… 803
堀木訴訟 ……………………… 91
堀越事件 ……………………… 41
本案判決 ……………………… 265
本権 …………………………… 398

ま

マイナンバー制度 ………… 778
マグナ＝カルタ …………… 713
マクリーン事件 …………… 37
マルクス経済学 …………… 733
マルサス ……………………… 732

み

三井美唄事件 ……………… 93
三菱樹脂事件 ……………… 44
南九州税理士会政治献金事件 …… 36
民衆訴訟 ……………………… 283

む

無過失責任制度 …………… 757
無権代理 ……………………… 379
無効等確認訴訟 …………… 268
無主物先占 ………………… 422
無償契約 ……………………… 495
無線通信 ……………………… 785
無線 LAN …………………… 785
無名抗告訴訟 ……………… 249

め

命令的行為 ………………… 165
名誉革命 ……………………… 713
迷惑メール防止法 ………… 794
免除 …………………………… 165
免責的債務引受 …………… 485
免責特権 ……………………… 108

も

持ち株会社 ………………… 737

持分会社 ………………… 610, 664
勿論解釈 ……………………… 689
森川キャサリーン事件 …… 38
モンテスキュー …………… 713

や

約定担保物権 ……………… 430
薬局距離制限事件 ………… 79
八幡製鉄事件 ……………… 36

ゆ

有効求人倍率 ……………… 767
ユーザー認証 ……………… 783
有償契約 ……………………… 495
郵便法違憲判決 …………… 99
ユビキタス・コンピューティング …… 786

よ

用益物権 ………………… 398, 427
要件裁量 ……………………… 174
養子 …………………………… 550
要配慮個人情報 …………… 799
要物契約 ……………………… 495
預金準備率操作 …………… 742
予算 …………………………… 745
よど号ハイジャック記事抹消事件 …… 42

ら

ラムサール条約 …………… 760

り

利益集団 ……………………… 722
利益相反行為 ……………… 554
利益相反取引 ……………… 643
リカード ……………………… 732
履行遅滞 ……………………… 456
履行不能 ……………………… 456
リコール ……………………… 774
離婚 …………………………… 545
留置権 ………………………… 432
量子鍵 ………………………… 786
旅客運送 ……………………… 605
臨時会 ………………………… 106

臨時行政改革推進審議会 ……………… 725

る

類推解釈 ……………………………………… 689
ルソー ……………………………………… 713

れ

レペタ事件 ……………………………………… 68
連帯債権 ……………………………………… 471
連帯債務 ……………………………………… 472
連帯保証 ……………………………………… 477

ろ

労災保険 ……………………………………… 764
労働基本権 …………………………………… 93
労働者派遣法 ………………………………… 769
ログ ………………………………………… 786
ロシア革命 ………………………………… 714
ロッキード事件 …………………………… 115
ロック ……………………………………… 713
ロンドン条約 ……………………………… 760
論理解釈 …………………………………… 688

わ

ワイマール憲法 …………………………… 714
和解 ………………………………………… 703
ワシントン条約 …………………………… 760
早稲田大学講演会参加者名簿提出事件 …… 49

A-Z

ADSL ……………………………………… 786
AI …………………………………………… 786
ASEAN ……………………………………… 754
BCC ………………………………………… 786
EU …………………………………………… 753
e- 文書通則法 ……………………………… 791
GATT ……………………………………… 752
https ………………………………………… 786
IBRD ……………………………………… 751
IC カード …………………………………… 783
IMF ………………………………………… 751
IoT …………………………………………… 787
IP アドレス ………………………………… 787

IP 電話 ……………………………………… 788
IT 基本戦略 ………………………………… 777
J.S. ミル …………………………………… 732
NAFTA ……………………………………… 754
NGN ………………………………………… 787
NPM ………………………………………… 726
ODA ………………………………………… 753
OECD ……………………………………… 753
PFI …………………………………………… 726
PL 法 ……………………………………… 774
SIM カード ………………………………… 788
SMTP ……………………………………… 787
SNS ………………………………………… 787
SSL …………………………………………… 783
TPP ………………………………………… 753
UNCTAD …………………………………… 753
URL ………………………………………… 787
VoIP ………………………………………… 788
VR …………………………………………… 787
Web2.0 ……………………………………… 787
Wiki ………………………………………… 783
WTO ………………………………………… 752
5 G ………………………………………… 788

用語索引　845

判例索引

大判明 36.11.16 ……………………… 429
大判明 37.6.22 ………………………… 521
大連判明 41.12.15 …………………… 400
大判明 43.7.6 ………………………… 462
大判明 44.12.11 ……………………… 498
大判明 45.3.16 ………………………… 520
大判大 4.3.24 ………………………… 388
大判大 4.9.15 ………………………… 440
大判大 5.4.1 …………………………… 400
大判大 5.12.13 ……………………… 521
大判大 5.12.25 ……………………… 478
大判大 6.1.22 ………………………… 442
大判大 6.4.28 ………………………… 478
大判大 6.10.2 ………………………… 483
大判大 6.12.11 ……………………… 531
大判大 7.3.2 …………………………… 404
大判大 7.8.27 ………………………… 459
大判大 7.12.3 ………………………… 370
大決大 9.10.18 ……………………… 368
大判大 9.12.27 ……………………… 468
大判大 10.3.18 ……………………… 471
大判大 10.5.17 ……………………… 403
大判大 10.7.11 ……………………… 517
大判大 10.7.18 ……………………… 425
大判大 11.11.24 …………………… 446
大判大 11.11.24 …………………… 471
大判大 11.11.27 …………………… 418
大連判大 12.4.7 …………………… 442
大判大 12.7.10 ……………………… 464
大連判大 12.12.14 ………………… 444
大判大 13.5.22 ……………………… 418
大判大 14.2.27 ……………………… 541
大判大 15.2.16 ……………………… 539
大判大 15.3.25 ……………………… 484
大決大 15.8.3 ………………………… 567
大判大 15.11.25 …………………… 501
大判昭 2.2.2 …………………………… 501
大判昭 2.6.6 …………………………… 425
大判昭 4.3.30 ………………………… 458

大判昭 4.6.19 ………………………… 458
大判昭 4.9.28 ………………………… 586
大判昭 4.12.16 ………………… 462, 517
大判昭 5.5.6 …………………………… 382
大決昭 5.9.30 ………………………… 457
大判昭 5.10.10 ………………… 462, 483
大判昭 6.10.24 ……………………… 368
大判昭 7.1.26 ………………………… 497
大判昭 7.3.3 …………………………… 508
大判昭 7.5.9 …………………………… 521
大判昭 7.5.18 ………………………… 410
大判昭 7.5.27 ………………………… 443
大判昭 7.10.6 ………………………… 352
大判昭 7.10.8 ………………………… 516
大判昭 7.10.26 ……………………… 354
大判昭 8.2.3 …………………………… 467
大判昭 9.1.30 ………………………… 564
大判昭 10.8.10 ……………………… 444
大判昭 11.8.7 ………………………… 554
大決昭 12.6.30 ……………………… 391
大判昭 12.8.10 ……………………… 368
大判昭 13.2.7 ………………………… 354
大判昭 13.3.1 ………………………… 493
大判昭 13.3.11 ……………………… 465
大判昭 13.3.30 ……………………… 365
大判昭 13.12.17 …………………… 368
大判昭 13.12.22 …………………… 473
大判昭 13.12.26 …………………… 418
大判昭 14.7.26 ……………………… 444
大判昭 15.11.26 …………………… 446
大判昭 16.4.19 ……………………… 531
大判昭 17.9.30 ………………… 371, 403
大判昭 18.2.18 ……………………… 433
大判昭 18.9.10 ……………………… 564
最大判昭 23.5.5 ……………………… 87
最大判昭 23.6.23 …………………… 88
最大判昭 23.7.8 ……………………… 127
最大判昭 23.9.29〈食糧管理法事件〉……… 90
最大判昭 23.11.17 ………………… 123

最判昭 23.12.23 ……………… 366
最大判昭 24.3.23 ………………… 99
最大判昭 24.7.13 ……………… 305
最大判昭 24.10.4 ……………… 505
最大判昭 25.2.1 ………………… 124
最判昭 25.9.15 ………………… 168
最判昭 25.10.26 ……………… 506
最判昭 25.12.19 ……………… 401
最判昭 25.12.28 ……………… 550
最判昭 26.5.31 ………………… 515
最判昭 27.1.25 ………………… 267
最大判昭 27.2.20 ……………… 122
最大判昭 27.8.6〈石井記者事件〉………… 67
最判昭 27.10.3 ………………… 551
最大判昭 27.10.8〈警察予備隊違憲訴訟〉
　………………………………… 125
最判昭 28.1.22 ………………… 532
最大判昭 28.2.18 ……………… 146
最判昭 28.5.29 ………………… 483
最判昭 28.9.25 ………………… 515
最判昭 28.12.14 ……………… 463
最判昭 28.12.18 ……………… 517
最大判昭 28.12.23〈皇居前広場事件〉
　………………………………… 70, 259
最大判昭 28.12.23〈農地改革事件〉……… 304
最判昭 29.1.14 ………………… 433
最判昭 29.1.21 ………………… 167
最判昭 29.1.21 ………………… 505
最判昭 29.3.12 ………………… 425
最判昭 29.7.22 ………………… 497
最判昭 29.8.24 ………………… 167
最判昭 29.8.31 ………………… 408
最判昭 29.8.31 ………………… 532
最判昭 29.9.24 ………………… 463
最判昭 29.12.23 ……………… 425, 444
最大判昭 30.2.9 ………………… 97
最判昭 30.4.19 ………………… 295
最判昭 30.5.13 ………………… 516
最判昭 30.10.11 ……………… 467
最判昭 30.10.20 ……………… 626
最判昭 30.11.22 ………………… 52
最判昭 31.1.27 ………………… 504
最判昭 31.4.6 ………………… 387

最判昭 31.4.13 ………………… 174
最判昭 31.4.24 ………………… 146
最判昭 31.5.10 ………………… 425
最大判昭 31.5.30 ……………… 121
最大判昭 31.7.4〈謝罪広告強制事件〉… 59
最判昭 31.7.18 ………………… 168
最判昭 31.11.30 ……………… 293
最判昭 32.2.20 ………………… 88
最判昭 32.2.22 ………………… 493
最大判昭 32.3.13〈チャタレイ事件〉… 68
最決昭 32.4.5 …………………… 91
最大判昭 32.6.5 ……………… 489
最大判昭 32.6.19 ……………… 37
最判昭 32.9.19 ………………… 401
最判昭 32.11.14 ……………… 360
最判昭 32.12.5 ………………… 380
最大判昭 32.12.25 ……………… 38
最大決昭 33.2.17〈北海タイムス事件〉…… 67
最判昭 33.3.13 ……………… 433, 498
最判昭 33.3.28 ………………… 129
最判昭 33.6.14 ………………… 403
最判昭 33.7.15 ………………… 468
最判昭 33.7.22 ………………… 361
最判昭 33.8.5 ………………… 539
最判昭 33.8.28 ………………… 405
最大判昭 33.9.10〈帆足計事件〉……… 81
最判昭 33.10.14 ……………… 401
最大判昭 33.10.15 …………… 325
最判昭 34.1.29 ………………… 255
最判昭 34.2.12 ………………… 401
最判昭 34.5.14 ………………… 498
最判昭 34.8.18 ………………… 257
最大判昭 34.12.16〈砂川事件〉……… 28, 125
最判昭 35.1.12 ………………… 640
最判昭 35.2.11 ………………… 411
最判昭 35.2.19 ………………… 382
最判昭 35.2.25 ………………… 554
最判昭 35.3.18 ………………… 148
最判昭 35.4.21 ………………… 456
最大判昭 35.6.8〈苫米地事件〉……… 119
最判昭 35.6.23 ………………… 515
最判昭 35.6.24 ………………… 455
最大決昭 35.7.6 ……………… 127

判例索引　847

最判昭 35.7.12	255	最大判昭 39.5.27	51, 53
最判昭 35.7.15	554	最大判昭 39.6.5	194
最大判昭 35.7.20〈東京都公安条例事件〉	70	最大判昭 39.6.24	540
最判昭 35.7.27	404	最大判昭 39.9.25	540
最大判昭 35.10.19	120	最判昭 39.10.15	360
最判昭 35.11.29	404	最大判昭 39.10.29	253
最判昭 35.12.2	601	最判昭 40.2.2	564
最判昭 36.3.7	168	最判昭 40.3.4	418
最判昭 36.3.31	632	最判昭 40.3.26	504
最判昭 36.4.21	301	最大判昭 40.4.28	260
最判昭 36.4.27	401	最判昭 40.4.30	492
最判昭 36.5.26	388	最判昭 40.5.4	441
最大判昭 36.7.19	464	最判昭 40.5.27	568
最判昭 36.7.20	405	最判昭 40.6.18	381
最判昭 36.7.21	262	最大決昭 40.6.30	127
最判昭 36.11.30	528	最大判昭 40.6.30	501
最判昭 37.1.19	257	最大判昭 40.8.2	259
最判昭 37.3.6	465	最大判昭 40.9.22	591
最大判昭 37.3.7〈警察法改正無効事件〉	118	最判昭 40.12.17	532
最判昭 37.3.29	516	最判昭 41.1.27	590
最判昭 37.4.10	550	最判昭 41.2.8	117
最判昭 37.4.20	381	最判昭 41.2.15	548
最大判昭 37.5.30〈条例による刑罰〉	86	最大判昭 41.2.23	193
最判昭 37.8.10	506	最判昭 41.3.3	425
最判昭 37.9.4	396, 541	最判昭 41.3.22	497
最判昭 37.10.2	554	最大判昭 41.4.20	391
最判昭 37.10.9	467	最大判昭 41.4.27	517
最判昭 37.11.9	564	最判昭 41.5.19	424
最大判昭 37.11.28〈第三者所有物没収事件〉		最判昭 41.6.9	411
	85	最大判昭 41.10.26〈全逓東京中郵事件〉	93
最判昭 38.2.22	406	最判昭 41.11.22	405
最大判昭 38.3.27	133	最判昭 41.12.23	146
最大判昭 38.5.22〈ポポロ事件〉	76	最大決昭 41.12.27	127
最大判昭 38.6.26〈奈良県ため池条例事件〉		最判昭 42.1.20	408
	82	最判昭 42.2.2	544
最判昭 38.9.5	648	最大判昭 42.5.24〈朝日訴訟〉	90, 148, 260
最大判昭 38.10.30	434	最判昭 42.5.30	410
最判昭 38.11.28	368	最判昭 42.6.27	540
最判昭 39.2.13	401	最判昭 42.7.21	394
最判昭 39.2.25	425	最判昭 42.9.28	626, 640
最大判昭 39.2.26	92	最大判昭 42.11.1	539
最判昭 39.3.6	401, 406	最判昭 42.11.30	493
最判昭 39.4.17	462	最判昭 43.4.23	538

最大判昭 43.4.24 ……………………… 596
最判昭 43.6.13 …………………………… 590
最判昭 43.8.2 …………………………… 401
最判昭 43.9.26 …………………………… 462
最判昭 43.10.8 …………………………… 395
最判昭 43.10.8 …………………………… 554
最判昭 43.11.1 …………………………… 638
最判昭 43.11.15 ………………………… 401
最判昭 43.11.21 ………………………… 433
最大判昭 43.11.27 …………………… 303, 304
最大判昭 43.12.4〈三井美唄事件〉…… 93, 98
最判昭 43.12.17 ………………………… 496
最判昭 43.12.24〈通達の法的性質〉
　………………………………………… 180, 255
最判昭 44.2.13 …………………………… 360
最判昭 44.2.14 …………………………… 445
最判昭 44.3.28 …………………………… 441
最大判昭 44.4.2〈東京都教組事件判決〉… 95
最大判昭 44.6.25〈「夕刊和歌山時事」事件〉
　…………………………………………… 69
最判昭 44.7.15 …………………………… 391
最判昭 44.9.12 …………………………… 521
最大判昭 44.10.15〈悪徳の栄え事件〉…… 69
最判昭 44.10.30 ………………………… 564
最判昭 44.10.31 ………………………… 543
最判昭 44.11.4 …………………………… 444
最大決昭 44.11.26〈博多駅事件〉………… 66
最判昭 44.11.26 ……………………… 655, 656
最判昭 44.12.18 ………………………… 545
最大判昭 44.12.24〈京都府学連事件〉…… 47
最大判昭 45.6.17 ………………………… 74
最大判昭 45.6.24〈八幡製鉄事件〉… 35, 36
最大判昭 45.6.24 ………………………… 643
最大判昭 45.7.15 ……………………… 147, 255
最判昭 45.7.24 …………………………… 368
最判昭 45.8.20〈高知落石事件〉………… 297
最判昭 45.8.20 …………………………… 635
最大判昭 45.9.16〈在監者の喫煙の自由〉… 41
最判昭 45.9.22 …………………………… 369
最判昭 45.10.21 ………………………… 532
最判昭 45.12.4 …………………………… 411
最大判昭 46.1.20 ……………………… 255, 305
最判昭 46.1.26 …………………………… 407

最判昭 46.4.20 …………………………… 554
最判昭 46.6.22 …………………………… 536
最判昭 46.7.16 …………………………… 433
最判昭 46.7.16 …………………………… 632
最判昭 46.7.23 …………………………… 546
最判昭 46.10.28〈個人タクシー免許事件〉
　………………………………………… 203
最判昭 46.10.28 ………………………… 532
最判昭 46.11.11 ………………………… 394
最判昭 46.11.19 ………………………… 465
最判昭 46.12.21 ………………………… 444
最判昭 47.4.14 …………………………… 420
最判昭 47.5.25 …………………………… 505
最判昭 47.5.30 …………………………… 303
最判昭 47.6.2 …………………………… 361
最判昭 47.6.15 …………………………… 656
最判昭 47.9.7 …………………………… 497
最判昭 47.11.2 …………………………… 444
最判昭 47.11.16 ………………………… 433
最大判昭 47.11.22〈小売市場事件〉……… 78
最大判昭 47.11.22〈川崎民商事件〉……… 88
最判昭 47.12.5 …………………………… 169
最大判昭 47.12.20〈高田事件〉…………… 87
最判昭 48.2.2 …………………………… 513
最大判昭 48.4.4〈尊属殺重罰規定違憲判決〉
　…………………………………………… 53
最大判昭 48.4.25〈全農林警職法事件〉…… 95
最判昭 48.4.26 …………………………… 168
最判昭 48.6.15 …………………………… 626
最判昭 48.6.28 …………………………… 368
最判昭 48.7.3 …………………………… 381
最決昭 48.7.10〈荒川民商事件〉………… 188
最判昭 48.7.17 …………………………… 514
最判昭 48.9.14 …………………………… 174
最判昭 48.9.18 …………………………… 444
最判昭 48.10.9 …………………………… 361
最判昭 48.10.18〈建築制限付土地の収用
　と補償〉………………………………… 304
最大判昭 48.12.12〈三菱樹脂事件〉… 43, 44
最判昭 49.2.5 …………………………… 303
最判昭 49.3.7 …………………………… 483
最判昭 49.3.19 …………………………… 401
最判昭 49.3.22 …………………………… 535

判例索引　849

最判昭 49.7.19 〈昭和女子大事件〉 ………… 44
最判昭 49.7.19 ……………………………… 240
最判昭 49.7.22 ……………………………… 554
最判昭 49.9.2 ………………………………… 433
最判昭 49.9.20 ……………………………… 465
最判昭 49.9.26 ……………………………… 371
最大判昭 49.11.6 〈猿払事件〉 ……………… 40
最判昭 49.11.29 …………………………… 462
最判昭 49.12.10 …………………………… 260
最判昭 49.12.17 …………………………… 539
最判昭 50.2.25 〈安全配慮義務違反による
　損害賠償請求権〉 ………………………… 146
最判昭 50.4.25 …………………… 514, 515
最大判昭 50.4.30 〈薬局距離制限事件〉 … 79
最判昭 50.6.26 〈転倒した赤色灯標柱の放置〉
　………………………………………………… 297
最判昭 50.6.27 ……………………………… 354
最判昭 50.7.25 〈故障車の放置〉 ………… 297
最大判昭 50.9.10 〈徳島市公安条例事件〉
　…………………………………………… 73, 326
大阪高判昭 50.11.10 ………………………… 91
最判昭 50.11.21 …………………………… 392
最判昭 50.11.28 〈国労広島地本事件〉 …… 94
最判昭 50.11.28 …………………………… 300
最判昭 51.2.13 ……………………………… 501
最判昭 51.3.25 ……………………………… 540
最大判昭 51.4.14 〈衆議院議員定数不均衡
　訴訟〉 ………………………………………… 55
最大判昭 51.5.21 〈旭川学テ事件〉 …… 75, 91
最大判昭 51.5.21 〈岩手教組学テ事件判決〉
　………………………………………………… 95
最判昭 51.6.17 ……………………………… 433
最判昭 51.7.8 ………………………………… 536
最判昭 51.9.21 ……………………………… 449
最判昭 51.12.24 〈公物の取得時効〉 ……… 160
最判昭 51.12.24 …………………………… 640
最判昭 52.3.15 〈富山大学事件〉 ………… 119
最大判昭 52.7.13 〈津地鎮祭事件〉 …… 63, 64
最判昭 52.10.14 …………………………… 649
最判昭 52.12.20 〈神戸税関事件〉 ………… 174
最判昭 52.12.23 …………………………… 591
最判昭 53.2.17 ……………………………… 504
最判昭 53.2.23 ……………………………… 147

最判昭 53.2.24 ……………………………… 549
最判昭 53.2.24 ……………………………… 557
最判昭 53.3.6 ………………………………… 416
最判昭 53.3.14 〈主婦連ジュース事件〉
　…………………………………………… 230, 258
最判昭 53.5.26 ……………………………… 144
最決昭 53.5.31 〈外務省秘密電文漏洩事件〉
　………………………………………………… 67
最判昭 53.7.4 ………………………………… 296
最判昭 53.7.17 ……………………………… 301
最判昭 53.9.7 ………………………………… 187
最判昭 53.9.21 ……………………………… 520
最大判昭 53.10.4 〈マクリーン事件〉
　…………………………………………… 37, 174
最判昭 53.10.5 ……………………………… 467
最判昭 53.10.20 …………………………… 293
最判昭 53.10.20 …………………………… 540
最判昭 53.11.14 …………………………… 546
最判昭 53.12.21 …………………………… 326
最判昭 53.12.22 …………………………… 513
最判昭 54.1.25 ……………………………… 423
最判昭 54.2.15 ……………………………… 451
最判昭 54.5.31 ……………………………… 571
最判昭 54.7.10 ……………………………… 292
最判昭 54.12.25 …………………………… 255
最判昭 55.1.11 ……………………………… 483
最判昭 55.1.24 ……………………………… 465
最判昭 55.3.18 ……………………………… 656
最決昭 55.9.22 ……………………………… 187
最判昭 55.11.25 …………………………… 259
最判昭 56.1.27 〈宜野座村工場誘致事件〉
　………………………………………………… 144
最判昭 56.3.24 〈日産自動車事件〉 ………… 45
最判昭 56.4.7 〈「板まんだら」事件〉 …… 117
最判昭 56.4.14 〈前科照会事件〉 ………… 47
最判昭 56.4.16 〈「月刊ペン」事件〉 ……… 69
最判昭 56.4.28 ……………………………… 367
最判昭 56.9.11 ……………………………… 572
最大判昭 56.12.16 〈大阪空港公害訴訟〉 … 299
最判昭 57.1.19 ……………………………… 497
最判昭 57.1.22 ……………………………… 450
最判昭 57.3.12 〈裁判官がした争訟の裁判の
　違法性〉 …………………………… 292, 293

最判昭 57.3.26 ……………………… 545
最判昭 57.4.1 …………………… 292, 293
最判昭 57.4.22 ……………………… 255
最判昭 57.4.30 ……………………… 505
最判昭 57.6.4 ……………………… 492
最判昭 57.6.8 ……………………… 368
最大判昭 57.7.7〈堀木訴訟〉……………… 91
最判昭 57.7.15 ……………………… 255
最判昭 57.7.15 ……………………… 293
最判昭 57.9.9 ……………………… 260
最判昭 58.1.25 ……………………… 591
最判昭 58.2.18 ……………………… 292
最判昭 58.2.18 ……………………… 303
最大判昭 58.4.27 ………………………… 57
最大判昭 58.6.22〈よど号ハイジャック記事
　抹消事件〉…………………………… 42
最判昭 58.10.6 ……………………… 462
最判昭 58.12.19 ……………………… 465
最判昭 59.1.26〈大東水害訴訟〉………… 298
最判昭 59.3.27 ………………………… 88
最判昭 59.5.17〈地方議会と議員定数不均衡〉
　………………………………………… 57
最判昭 59.10.26 ……………………… 259
最判昭 59.11.29 ……………………… 296
最大判昭 59.12.12〈税関検査事件〉……… 72
最判昭 59.12.13 ……………………… 147
最判昭 60.1.22 ……………………… 204
最判昭 60.7.16〈品川マンション事件〉…… 215
最大判昭 60.7.17〈衆議院議員定数不均衡
　訴訟〉………………………………… 56
最判昭 60.11.21〈在宅投票制度廃止事件〉
　……………………………………… 126, 292
最判昭 60.11.29 ……………………… 503
最判昭 60.12.20 ……………………… 636
最判昭 61.2.14 ………………………… 47
最判昭 61.2.27〈パトカーによる追跡行為の
　違法性〉……………………………… 294
最大判昭 61.6.11〈北方ジャーナル事件〉… 72
最判昭 61.12.16 ……………………… 160
最判昭 62.2.6 ……………………… 292
最判昭 62.2.12 ……………………… 450
最判昭 62.4.16 ……………………… 656

最大判昭 62.4.22〈森林法共有林事件〉
　………………………………………… 81, 82
最判昭 62.4.24〈サンケイ新聞事件〉……… 65
最判昭 62.4.24 ……………………… 411
最判昭 62.5.19 ……………………… 331
最判昭 62.7.7 …………………… 381, 382
最判昭 62.10.30〈租税関係と信義則〉…… 145
最判昭 62.11.10 ……………………… 451
最判昭 63.1.21 ……………………… 304
最判昭 63.3.1 ……………………… 381
最判昭 63.4.21 ……………………… 540
最判昭 63.5.20 ……………………… 424
最大判昭 63.6.1〈自衛官合祀拒否訴訟〉… 61
最判昭 63.6.17〈行政行為の撤回と法律の
　根拠〉………………………………… 171
最判昭 63.7.1 ……………………… 488
最判昭 63.7.15〈麹町中学内申書事件〉…… 60
最判昭 63.12.20〈共産党袴田事件〉……… 120
最判平 1.1.20〈公衆浴場距離制限事件〉… 80
最決平 1.1.30〈日本テレビ・ビデオテープ
　押収事件決定〉……………………… 66
最判平 1.2.9 ……………………… 565
最判平 1.2.17 …………………… 256, 258
最判平 1.3.2〈塩見訴訟〉………………… 38
最大判平 1.3.8〈レペタ事件〉…………… 68
最判平 1.4.13 ……………………… 258
最判平 1.6.20〈百里基地訴訟〉………… 44
最判平 1.6.20 ……………………… 257
最判平 1.9.19 ……………………… 147
最判平 1.10.27 ……………………… 442
最判平 1.11.20 ……………………… 30
最判平 1.11.24 ……………………… 424
最判平 2.1.18 ……………………… 179
最判平 2.1.22 ……………………… 444
最判平 2.9.27 ……………………… 565
最判平 2.10.18 ……………………… 148
最判平 2.11.20 ……………………… 421
最判平 2.12.13〈多摩川水害訴訟〉……… 299
最判平 2.12.18 ……………………… 477
最判平 3.3.8 ……………………… 143
最判平 3.4.19 ……………………… 565
最判平 3.7.16 ……………………… 433
最判平 4.1.24 ……………………… 259

判例索引　851

最判平 4.4.10 ················· 564
最判平 4.6.25 ················· 540
最大判平 4.7.1〈成田新法事件〉············· 85
最判平 4.10.29〈伊方原発訴訟〉············· 176
最判平 4.11.16〈森川キャサリーン事件〉··· 38
最判平 4.11.26 ················· 255
最判平 4.12.10 ················· 554
最判平 4.12.15〈酒類販売免許制事件〉····· 80
最判平 5.1.21 ················· 381
最判平 5.2.16 ················· 63
最判平 5.2.18〈指導要綱に基づく開発
　負担金〉················· 185
最判平 5.2.26 ················· 39
最判平 5.3.11〈税務署長による所得税更正
　処分の違法性〉················· 294
最判平 5.3.16〈第 1 次家永教科書事件〉
　················· 73, 174
最大判平 5.3.24 ················· 540
最判平 5.3.30 ················· 296
最判平 5.10.19 ················· 521
最判平 5.10.19 ················· 571, 573
最判平 6.2.8〈ノンフィクション「逆転」
　事件〉················· 48
最判平 6.2.22 ················· 450
最大判平 7.2.22〈ロッキード事件〉········· 115
最判平 7.2.28〈外国人の地方選挙権〉··· 38
最判平 7.3.7〈泉佐野市民会館事件〉······ 70
最判平 7.3.10 ················· 393
最判平 7.3.23 ················· 255
最判平 7.6.9 ················· 395
最判平 7.7.7〈国道 43 号事件〉············· 299
最判平 7.9.19 ················· 530
最判平 7.11.7 ················· 148
最判平 7.12.15〈指紋押捺拒否事件〉········ 48
最決平 8.1.30〈オウム真理教解散命令事件〉
　················· 61
最判平 8.3.8〈剣道実技拒否事件〉····· 62, 177
最判平 8.3.19〈南九州税理士会政治献金
　事件〉················· 36
最判平 8.10.29 ················· 401
最判平 8.10.29 ················· 540
最判平 8.10.31 ················· 426
最判平 9.1.28 ················· 174

最判平 9.1.28 ················· 562
最判平 9.1.28 ················· 632
最判平 9.2.14 ················· 444
最判平 9.2.14 ················· 520
最判平 9.2.25 ················· 516
最大判平 9.4.2〈愛媛県玉串料事件〉········· 63
最判平 9.7.3 ················· 434
最判平 9.8.29 ················· 174
最判平 9.9.9〈国会議員の発言と国家賠償
　責任〉················· 108
最判平 9.11.13 ················· 575
最判平 9.12.18〈道路の通行妨害の禁止を
　求める権利〉················· 161
最判平 10.1.30 ················· 442
最判平 10.3.26 ················· 442
最判平 10.4.10〈再入国不許可処分と要件
　裁量〉················· 175, 260
最判平 10.4.24 ················· 396, 541
最判平 10.5.26 ················· 530
最判平 10.6.22 ················· 391
最判平 10.7.17 ················· 381
最判平 10.8.31 ················· 548
最判平 10.9.10 ················· 538
最大決平 10.12.1〈寺西裁判官事件〉
　················· 41, 127
最判平 10.12.17 ················· 258
最判平 10.12.18 ················· 337
最決平 10.12.18 ················· 436
最判平 11.2.23 ················· 362
最決平 11.5.17 ················· 450
最判平 11.6.11 ················· 465
最判平 11.10.21 ················· 391
最大判平 11.11.10 ················· 51
最判平 11.11.19 ················· 815
最大判平 11.11.24 ················· 442, 443, 462
最判平 11.11.30 ················· 442
最判平 12.2.8 ················· 78
最判平 12.2.29〈エホバの証人輸血拒否事件〉
　················· 50
最判平 12.3.17 ················· 95
最決平 12.4.14 ················· 442
最判平 12.4.21 ················· 451
最判平 12.6.27 ················· 411

最判平 13.3.13 ……………………… 258
最判平 13.3.13 ……………………… 442
最判平 13.11.22 …………………… 451
最判平 13.11.22 …………………… 462
最判平 14.1.17 …………………… 255
最判平 14.1.22 …………………… 258
最判平 14.1.29 …………………… 541
最判平 14.1.31 …………………… 179
最判平 14.2.28 …………………… 260
最判平 14.3.28 …………………… 258
最判平 14.4.25〈群馬司法書士会事件〉…… 36
最判平 14.7.2 ……………………… 336
最判平 14.7.9〈宝塚市パチンコ店規制
 条例事件〉………………………… 191
最大判平 14.9.11〈郵便法違憲判決〉……… 99
最判平 14.9.24 …………………… 572
最判平 14.10.24 …………………… 231
最判平 15.3.14 ……………………… 47
最判平 15.7.11 …………………… 425
最判平 15.9.4 ……………………… 255
最判平 15.9.12〈早稲田大学講演会参加者
 名簿提出事件〉…………………… 49
最決平 16.1.20 …………………… 188
最判平 16.2.24 …………………… 814
最判平 16.7.13 …………………… 183
最判平 16.10.15 …………………… 295
最判平 16.11.12 …………………… 536
最判平 16.11.25〈訂正放送請求事件〉……… 65
最大判平 17.1.26〈外国人の公務就任権〉… 39
最判平 17.2.22 …………………… 437
最判平 17.3.10 ………………… 442, 443
最決平 17.6.24 …………………… 292
最判平 17.7.15〈病院開設中止勧告の処分性〉
 ………………………………… 185, 255
最大判平 17.9.14〈在外日本国民の選挙権〉
 ………………………………… 126, 281
最判平 17.11.1 …………………… 303
最判平 17.11.10 …………………… 47
最大判平 17.12.7〈小田急高架訴訟〉
 ………………………………… 256, 258
最判平 17.12.8 …………………… 292
最判平 18.1.17 …………………… 405

最判平 18.2.7〈呉市学校施設使用不許可
 事件〉……………………………… 162
最判平 18.2.24 …………………… 535
最大判平 18.3.1〈旭川市国民健康保険条例
 事件〉……………………………… 129
最判平 18.7.14 ………………… 255, 337
最判平 18.7.20 …………………… 451
最決平 18.10.3 ……………………… 67
最判平 18.10.24 …………………… 144
最判平 18.10.26〈指名競争入札における
 村外業者の排除〉………………… 330
最判平 18.11.2〈小田急高架訴訟本案判決〉
 ………………………………………… 177
最判平 19.1.25 …………………… 293
最判平 19.2.27 ……………………… 60
最判平 19.4.24 …………………… 540
最判平 19.7.6 ……………………… 445
最判平 19.12.13 …………………… 144
最判平 20.3.6〈住基ネット訴訟〉……… 49
最判平 20.4.11〈集合住宅でのビラ配布行為
 の可否〉…………………………… 74
最大判平 20.6.4〈婚外子国籍訴訟〉… 53, 281
最判平 20.7.4 ……………………… 540
最大判平 20.9.10〈土地区画整理事業の
 事業計画決定の処分性〉………… 254, 255
最決平 21.1.15 …………………… 815
最判平 21.2.27〈運転免許更新処分と訴えの
 利益〉…………………………… 259, 260
最判平 21.7.10〈公害防止協定の適法性〉
 ………………………………………… 182
最判平 21.10.15〈場外車券発売施設設置
 許可と原告適格〉………………… 257, 258
最判平 21.11.26〈特定の保育所を廃止する
 条例の制定の処分性〉…………… 254, 255
最判平 21.12.17〈安全認定と違法性の承継〉
 ………………………………………… 169
最大判平 22.1.20〈空知太神社訴訟〉… 63, 64
最大判平 22.6.3〈課税処分の取消訴訟と
 国家賠償請求訴訟の関係〉……………… 302
最大判平 23.3.23〈衆議院議員定数不均衡
 訴訟〉……………………………… 56
最判平 23.5.30〈国歌起立斉唱行為の拒否〉
 ………………………………………… 60

判例索引 853

最判平 23.6.7 〈不利益処分と理由の提示の
　程度〉………………………………… 208
最大判平 23.11.16 〈裁判員制度の合憲性〉
　………………………………………… 700
最判平 24.2.9 〈懲戒処分差止訴訟と義務
　不存在確認訴訟〉………………… 276
最判平 24.3.16 ………………………… 405
最判平 24.4.20 ………………………… 336
最大判平 24.10.17 〈参議院議員定数不均衡
　訴訟〉……………………………… 57
最判平 24.12.7 〈堀越事件〉……………… 41
最判平 25.3.21 ………………………… 326
最大決平 25.9.4 〈非嫡出子の相続分〉
　…………………………………… 54, 560
最大判平 27.12.16 〈女性の再婚禁止期間〉
　………………………………………… 52
最判平 28.12.8 〈差止め訴訟の要件〉……… 277
最大決平 28.12.19 …………………… 564
最判令 2.2.28 ………………………… 536
最大判令 2.11.25 〈地方議会の議員に対する
　出席停止の懲罰〉………………… 120
最大判令 3.2.24 〈孔子廟政教分離訴訟〉
　…………………………………… 63, 64

■執筆者 プロフィール

豊泉 裕隆（とよいずみ　ひろたか）
昭和55年埼玉県生まれ。
平成14年早稲田大学法学部卒。
平成14年行政書士試験合格。
平成23年司法試験予備試験合格。
平成24年司法試験合格。
平成25年12月弁護士登録（埼玉弁護士会所属）。
平成26年3月埼玉県和光市に豊泉法律事務所を開設。
実務の傍ら、平成15年から、司法試験・行政書士試験・公務員試験の教材作成や書籍出版、答案の採点などに携わり現在に至る。

主な著作として、『司法試験・予備試験　逐条テキスト』シリーズ、『合格革命　行政書士』シリーズ、『プロ必携　平成26年改正会社法　逐条完全解説』〔監修〕（以上、早稲田経営出版）、『公務員試験論文答案集　専門記述　憲法』（TAC出版）などがある。

2022年度版　合格革命　行政書士　基本テキスト

（2013年度版　2012年12月24日　初版　第1刷発行）
2021年12月24日　初　版　第1刷発行

編　著　者	行 政 書 士 試 験 研 究 会
発　行　者	猪　　野　　　　　樹
発　行　所	株式会社　早稲田経営出版

〒101-0061
東京都千代田区神田三崎町3-1-5
神田三崎町ビル
電話　03(5276)9492(営業)
FAX　03(5276)9027

組　　版	朝日メディアインターナショナル㈱
印　　刷	株式会社　光　　　邦
製　　本	東京美術紙工協業組合

© Waseda keiei syuppan 2021　　Printed in Japan　　ISBN 978-4-8471-4818-7
N.D.C. 327

本書は、「著作権法」によって、著作権等の権利が保護されている著作物です。本書の全部または一部につき、無断で転載、複写されると、著作権等の権利侵害となります。上記のような使い方をされる場合、および本書を使用して講義・セミナー等を実施する場合には、小社宛許諾を求めてください。

乱丁・落丁による交換、および正誤のお問合せ対応は、該当書籍の改訂版刊行月末日までといたします。なお、交換につきましては、書籍の在庫状況等により、お受けできない場合もございます。
また、各種本試験の実施の延期、中止を理由とした本書の返品はお受けいたしません。返金もいたしかねますので、あらかじめご了承くださいますようお願い申し上げます。

書籍の正誤についてのお問合わせ

万一誤りと疑われる箇所がございましたら、以下の方法にてご確認いただきますよう、お願いいたします。

なお、正誤のお問合わせ以外の書籍内容に関する解説・受験指導等は、**一切行っておりません。**
そのようなお問合わせにつきましては、お答えいたしかねますので、あらかじめご了承ください。

1 正誤表の確認方法

CYBER TAC出版書籍販売サイト
BOOK STORE

早稲田経営出版刊行書籍の販売代行を行っているTAC出版書籍販売サイト「Cyber Book Store」
トップページ内「正誤表」コーナーにて、正誤表をご確認ください。

URL:https://bookstore.tac-school.co.jp/

2 正誤のお問合わせ方法

正誤表がない場合、あるいは該当箇所が掲載されていない場合は、書名、発行年月日、お客様のお名前、ご連絡先を明記の上、下記の方法でお問合わせください。
なお、回答までに1週間前後を要する場合もございます。あらかじめご了承ください。

文書にて問合わせる

● 郵 送 先 〒101-0061 東京都千代田区神田三崎町3-1-5 神田三崎町ビル
株式会社 早稲田経営出版 出版部 正誤問合わせ係

FAXにて問合わせる

● FAX番号 **03-5276-9027**

e-mailにて問合わせる

● お問い合わせ先アドレス **sbook@wasedakeiei.co.jp**

※お電話でのお問い合わせは、お受けできません。また、土日祝日はお問合わせ対応をおこなっておりません。
※正誤のお問い合わせ対応は、該当書籍の改訂版刊行月末日までといたします。

乱丁・落丁による交換は、該当書籍の改訂版刊行月末日までといたします。なお、書籍の在庫状況等により、お受けできない場合もございます。
また、各種本試験の実施の延期、中止を理由とした本書の返品はお受けいたしません。返金もいたしかねますので、あらかじめご了承くださいますようお願い申し上げます。

早稲田経営出版における個人情報の取り扱いについて
■お預かりした個人情報は、共同利用させていただいているTAC(株)で管理し、お問い合わせへの対応、当社の記録保管および当社商品・サービスの向上にのみ利用いたします。お客様の同意なしに業務委託先以外の第三者に開示、提供することはございません(法令等により開示を求められた場合を除く)。その他、共同利用に関する事項等については当社ホームページ(http://www.waseda-mp.com)をご覧ください。

(2020年10月現在)

◆ 別冊六法の取り外し方 ◆

白い厚紙から、色紙のついた冊子を取り外します。
※色紙と白い厚紙が、のりで接着されています。乱暴に扱いますと、
　破損する危険性がありますので、丁寧に抜きとるようにしてください。

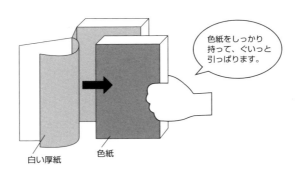

※抜きとるさいの損傷についてのお取替えはご遠慮願います。

2022年度版 合格革命 行政書士 基本テキスト

合格革命 行政書士 別冊六法

目　次

日本国憲法 ……………………………………………………………… 1

行政代執行法 …………………………………………………………… 9

行政手続法 ……………………………………………………………… 10

行政不服審査法 ………………………………………………………… 21

行政事件訴訟法 ………………………………………………………… 37

国家賠償法 ……………………………………………………………… 46

地方自治法（抄）……………………………………………………… 47

民　法 …………………………………………………………………… 107

個人情報の保護に関する法律 ………………………………………… 207

行政機関の保有する情報の公開に関する法律 ……………………… 244

凡　例

1　条文見出し

　　法令に条文見出しが付いているものは（　）を用いています。一方、法令に見出しが付いていないものについては、【　】を用いて、執筆者において見出しを付けています。

2　出題履歴（囲アイコン）

　　過去の本試験において、条文そのものの知識が問われたものについては、出題年度・問題番号・肢番号を付けています。囲18-4-アとは、平成18年度問題4肢アを意味します。なお、出題年度について、18〜30は平成、元〜3は令和になります。

3　法令基準日および法改正情報

　　本書は、令和3年11月15日現在の施行法令および令和3年11月15日現在において令和4年4月1日までに施行される法令に基づいて作成しております。

　　なお、本書刊行後、令和4年4月1日施行の改正法令が成立した場合は、下記ホームページの早稲田経営出版・行政書士「法改正情報」コーナーに、法改正情報を適宜掲載いたします。

TAC出版書籍販売サイト・サイバーブックストア

https://bookstore.tac-school.co.jp/

日本国憲法
（昭和21年11月3日）

前文

　日本国民は、正当に選挙された国会における代表者を通じて行動し、われらとわれらの子孫のために、諸国民との協和による成果と、わが国全土にわたつて自由のもたらす恵沢を確保し、政府の行為によつて再び戦争の惨禍が起ることのないやうにすることを決意し、ここに主権が国民に存することを宣言し、この憲法を確定する。そもそも国政は、国民の厳粛な信託によるものであつて、その権威は国民に由来し、その権力は国民の代表者がこれを行使し、その福利は国民がこれを享受する。これは人類普遍の原理であり、この憲法は、かかる原理に基くものである。われらは、これに反する一切の憲法、法令及び詔勅を排除する。

　日本国民は、恒久の平和を念願し、人間相互の関係を支配する崇高な理想を深く自覚するのであつて、平和を愛する諸国民の公正と信義に信頼して、われらの安全と生存を保持しようと決意した。われらは、平和を維持し、専制と隷従、圧迫と偏狭を地上から永遠に除去しようと努めてゐる国際社会において、名誉ある地位を占めたいと思ふ。われらは、全世界の国民が、ひとしく恐怖と欠乏から免かれ、平和のうちに生存する権利を有することを確認する。

　われらは、いづれの国家も、自国のことのみに専念して他国を無視してはならないのであつて、政治道徳の法則は、普遍的なものであり、この法則に従ふことは、自国の主権を維持し、他国と対等関係に立たうとする各国の責務であると信ずる。

　日本国民は、国家の名誉にかけ、全力をあげてこの崇高な理想と目的を達成することを誓ふ。

第1章　天皇

第1条【天皇の象徴性、国民主権】
　天皇は、日本国の象徴であり日本国民統合の象徴であつて、この地位は、主権の存する日本国民の総意に基く。

第2条【皇位の世襲・継承】
　皇位は、世襲のものであつて、国会の議決した皇室典範の定めるところにより、これを継承する。

第3条【天皇の国事行為と内閣の責任】
　天皇の国事に関するすべての行為には、内閣の助言と承認を必要とし、内閣が、その責任を負ふ。

第4条【天皇の政治的中立性、天皇の国事行為の委任】
1　天皇は、この憲法の定める国事に関する行為のみを行ひ、国政に関する権能を有しない。
2　天皇は、法律の定めるところにより、その国事に関する行為を委任することができる。

第5条【摂政】
　皇室典範の定めるところにより摂政を置くときは、摂政は、天皇の名でその国事に関する行為を行ふ。この場合には、前条第1項の規定を準用する。

第6条【天皇の任命権】
1　天皇は、国会の指名に基いて、内閣総理大臣を任命する。週18-4-ア
2　天皇は、内閣の指名に基いて、最高裁判所の長たる裁判官を任命する。

第7条【天皇の国事行為】
　天皇は、内閣の助言と承認により、国民のために、左の国事に関する行為を行ふ。
① 憲法改正、法律、政令及び条約を公布すること。週18-4-イ、27-7-4
② 国会を召集すること。
③ 衆議院を解散すること。週18-4-オ
④ 国会議員の総選挙の施行を公示すること。
⑤ 国務大臣及び法律の定めるその他の官吏の任免並びに全権委任状及び大使及び公使の信任状を認証すること。週18-4-ウ、26-6-2
⑥ 大赦、特赦、減刑、刑の執行の免除及び復権を認証すること。週18-4-エ、30-7-イ・ウ
⑦ 栄典を授与すること。
⑧ 批准書及び法律の定めるその他の外交文書を認証すること。
⑨ 外国の大使及び公使を接受すること。
⑩ 儀式を行ふこと。

第8条【皇室の財産授受の制限】
　皇室に財産を譲り渡し、又は皇室が、財産を譲り受け、若しくは賜与することは、国会の議

決に基かなければならない。

第2章　戦争の放棄

第9条【戦争の放棄、戦力の不保持及び交戦権の否認】

1　日本国民は、正義と秩序を基調とする国際平和を誠実に希求し、国権の発動たる戦争と、武力による威嚇又は武力の行使は、国際紛争を解決する手段としては、永久にこれを放棄する。

2　前項の目的を達するため、陸海空軍その他の戦力は、これを保持しない。国の交戦権は、これを認めない。

第3章　国民の権利及び義務

第10条【日本国民の要件】

日本国民たる要件は、法律でこれを定める。

第11条【基本的人権の本質】

国民は、すべての基本的人権の享有を妨げられない。この憲法が国民に保障する基本的人権は、侵すことのできない永久の権利として、現在及び将来の国民に与へられる。

第12条【自由・権利の保持義務、濫用の禁止、利用の責任】

この憲法が国民に保障する自由及び権利は、国民の不断の努力によつて、これを保持しなければならない。又、国民は、これを濫用してはならないのであつて、常に公共の福祉のためにこれを利用する責任を負ふ。

第13条【個人の尊重、生命・自由・幸福追求の権利】

すべて国民は、個人として尊重される。生命、自由及び幸福追求に対する国民の権利については、公共の福祉に反しない限り、立法その他の国政の上で、最大の尊重を必要とする。

第14条【法の下の平等、貴族制度の否定、栄典の限界】

1　すべて国民は、法の下に平等であつて、人種、信条、性別、社会的身分又は門地により、政治的、経済的又は社会的関係において、差別されない。

2　華族その他の貴族の制度は、これを認めない。過18-7-ウ

3　栄誉、勲章その他の栄典の授与は、いかなる特権も伴はない。栄典の授与は、現にこれを有し、又は将来これを受ける者の一代に限り、その効力を有する。

第15条【公務員の選定・罷免権、公務員の性質、普通選挙・秘密投票の保障】

1　公務員を選定し、及びこれを罷免することは、国民固有の権利である。

2　すべて公務員は、全体の奉仕者であつて、一部の奉仕者ではない。

3　公務員の選挙については、成年者による普通選挙を保障する。

4　すべて選挙における投票の秘密は、これを侵してはならない。選挙人は、その選択に関し公的にも私的にも責任を問はれない。

第16条【請願権】

何人も、損害の救済、公務員の罷免、法律、命令又は規則の制定、廃止又は改正その他の事項に関し、平穏に請願する権利を有し、何人も、かかる請願をしたためにいかなる差別待遇も受けない。

第17条【国及び公共団体の賠償責任】

何人も、公務員の不法行為により、損害を受けたときは、法律の定めるところにより、国又は公共団体に、その賠償を求めることができる。

第18条【奴隷的拘束及び苦役からの自由】

何人も、いかなる奴隷的拘束も受けない。又、犯罪に因る処罰の場合を除いては、その意に反する苦役に服させられない。

第19条【思想及び良心の自由】

思想及び良心の自由は、これを侵してはならない。

第20条【信教の自由、政教分離】

1　信教の自由は、何人に対してもこれを保障する。いかなる宗教団体も、国から特権を受け、又は政治上の権力を行使してはならない。

2　何人も、宗教上の行為、祝典、儀式又は行事に参加することを強制されない。過18-7-イ

3　国及びその機関は、宗教教育その他いかなる宗教的活動もしてはならない。

第21条【集会・結社・表現の自由、検閲の禁止、通信の秘密】

1　集会、結社及び言論、出版その他一切の表現の自由は、これを保障する。

2　検閲は、これをしてはならない。通信の秘密は、これを侵してはならない。

第22条【居住・移転・職業選択の自由、外国移住・国籍離脱の自由】

1　何人も、公共の福祉に反しない限り、居住、移転及び職業選択の自由を有する。

2　何人も、外国に移住し、又は国籍を離脱する自由を侵されない。

第23条【学問の自由】
学問の自由は、これを保障する。

第24条【家族生活における個人の尊重と両性平等】
1　婚姻は、両性の合意のみに基いて成立し、夫婦が同等の権利を有することを基本として、相互の協力により、維持されなければならない。
2　配偶者の選択、財産権、相続、住居の選定、離婚並びに婚姻及び家族に関するその他の事項に関しては、法律は、個人の尊厳と両性の本質的平等に立脚して、制定されなければならない。

第25条【生存権、国の社会保障義務】
1　すべて国民は、健康で文化的な最低限度の生活を営む権利を有する。
2　国は、すべての生活部面について、社会福祉、社会保障及び公衆衛生の向上及び増進に努めなければならない。

第26条【教育を受ける権利、教育の義務、義務教育の無償】
1　すべて国民は、法律の定めるところにより、その能力に応じて、ひとしく教育を受ける権利を有する。
2　すべて国民は、法律の定めるところにより、その保護する子女に普通教育を受けさせる義務を負ふ。義務教育は、これを無償とする。

第27条【勤労の権利・義務、勤労条件の法定、児童酷使の禁止】
1　すべて国民は、勤労の権利を有し、義務を負ふ。
2　賃金、就業時間、休息その他の勤労条件に関する基準は、法律でこれを定める。
3　児童は、これを酷使してはならない。

第28条【勤労者の団結権・団体交渉権・団体行動権】
勤労者の団結する権利及び団体交渉その他の団体行動をする権利は、これを保障する。

第29条【財産権の保障と限界】
1　財産権は、これを侵してはならない。
2　財産権の内容は、公共の福祉に適合するやうに、法律でこれを定める。
3　私有財産は、正当な補償の下に、これを公共のために用ひることができる。

第30条【納税の義務】
国民は、法律の定めるところにより、納税の義務を負ふ。

第31条【法定手続の保障】
何人も、法律の定める手続によらなければ、その生命若しくは自由を奪はれ、又はその他の刑罰を科せられない。

第32条【裁判を受ける権利】
何人も、裁判所において裁判を受ける権利を奪はれない。

第33条【逮捕に関する保障】
何人も、現行犯として逮捕される場合を除いては、権限を有する司法官憲が発し、且つ理由となつてゐる犯罪を明示する令状によらなければ、逮捕されない。

第34条【抑留・拘禁に対する保障、拘禁理由の開示】
何人も、理由を直ちに告げられ、且つ、直ちに弁護人に依頼する権利を与へられなければ、抑留又は拘禁されない。又、何人も、正当な理由がなければ、拘禁されず、要求があれば、その理由は、直ちに本人及びその弁護人の出席する公開の法廷で示されなければならない。

過18-7-エ

第35条【住居の不可侵、捜索・押収に対する保障】
1　何人も、その住居、書類及び所持品について、侵入、捜索及び押収を受けることのない権利は、第33条の場合を除いては、正当な理由に基いて発せられ、且つ捜索する場所及び押収する物を明示する令状がなければ、侵されない。
2　捜索又は押収は、権限を有する司法官憲が発する各別の令状により、これを行ふ。

第36条【拷問と残虐な刑罰の禁止】
公務員による拷問及び残虐な刑罰は、絶対にこれを禁ずる。

第37条【刑事被告人の諸権利】
1　すべて刑事事件においては、被告人は、公平な裁判所の迅速な公開裁判を受ける権利を有する。
2　刑事被告人は、すべての証人に対して審問する機会を充分に与へられ、又、公費で自己のために強制的手続により証人を求める権利を有する。
3　刑事被告人は、いかなる場合にも、資格を有する弁護人を依頼することができる。被告人が自らこれを依頼することができないときは、国でこれを附する。

第38条～第56条

第38条【不利益な供述の強要の禁止、自白の証拠能力】

1 何人も、自己に不利益な供述を強要されない。

2 強制、拷問若しくは脅迫による自白又は不当に長く抑留若しくは拘禁された後の自白は、これを証拠とすることができない。

3 何人も、自己に不利益な唯一の証拠が本人の自白である場合には、有罪とされ、又は刑罰を科せられない。

第39条【刑罰法規の不遡及、一事不再理の原則、二重処罰の禁止】

何人も、実行の時に適法であつた行為又は既に無罪とされた行為については、刑事上の責任を問はれない。又、同一の犯罪について、重ねて刑事上の責任を問はれない。

第40条【刑事補償】

何人も、抑留又は拘禁された後、無罪の裁判を受けたときは、法律の定めるところにより、国にその補償を求めることができる。

第4章　国会

第41条【国会の地位・立法権】

国会は、国権の最高機関であつて、国の唯一の立法機関である。

第42条【両院制】

国会は、衆議院及び参議院の両議院でこれを構成する。

第43条【両議院の組織】

1 両議院は、全国民を代表する選挙された議員でこれを組織する。

2 両議院の議員の定数は、法律でこれを定める。過20-6-3

第44条【議員及び選挙人の資格】

両議院の議員及びその選挙人の資格は、法律でこれを定める。但し、人種、信条、性別、社会的身分、門地、教育、財産又は収入によつて差別してはならない。過20-6-4

第45条【衆議院議員の任期】

衆議院議員の任期は、4年とする。但し、衆議院解散の場合には、その期間満了前に終了する。

第46条【参議院議員の任期】

参議院議員の任期は、6年とし、3年ごとに議員の半数を改選する。

第47条【選挙に関する事項の法定】

選挙区、投票の方法その他両議院の議員の選挙に関する事項は、法律でこれを定める。

第48条【両議院議員の兼職の禁止】

何人も、同時に両議院の議員たることはできない。過18-7-ア

第49条【議員の歳費】

両議院の議員は、法律の定めるところにより、国庫から相当額の歳費を受ける。

第50条【議員の不逮捕特権】

両議院の議員は、法律の定める場合を除いては、国会の会期中逮捕されず、会期前に逮捕された議員は、その議院の要求があれば、会期中これを釈放しなければならない。過24-4-2、元-3-2

第51条【議員の免責特権】

両議院の議員は、議院で行つた演説、討論又は表決について、院外で責任を問はれない。過24-4-4、28-5-3

第52条【常会】

国会の常会は、毎年1回これを召集する。

第53条【臨時会】

内閣は、国会の臨時会の召集を決定することができる。いづれかの議院の総議員の4分の1以上の要求があれば、内閣は、その召集を決定しなければならない。

第54条【衆議院の解散と特別会、参議院の緊急集会】

1 衆議院が解散されたときは、解散の日から40日以内に、衆議院議員の総選挙を行ひ、その選挙の日から30日以内に、国会を召集しなければならない。

2 衆議院が解散されたときは、参議院は、同時に閉会となる。但し、内閣は、国に緊急の必要があるときは、参議院の緊急集会を求めることができる。

3 前項但書の緊急集会において採られた措置は、臨時のものであつて、次の国会開会の後10日以内に、衆議院の同意がない場合には、その効力を失ふ。

第55条【議員の資格争訟の裁判】

両議院は、各々その議員の資格に関する争訟を裁判する。但し、議員の議席を失はせるには、出席議員の3分の2以上の多数による議決を必要とする。過20-5-ウ、25-6-イ

第56条【定足数、表決数】

1 両議院は、各々その総議員の3分の1以上の出席がなければ、議事を開き議決することができない。過28-5-4

2 両議院の議事は、この憲法に特別の定のある場合を除いては、出席議員の過半数でこれを決し、可否同数のときは、議長の決すると

ころによる。過22-7

第57条【会議の公開、秘密会、表決の記載】

1　両議院の会議は、公開とする。但し、出席議員の3分の2以上の多数で議決したときは、秘密会を開くことができる。
2　両議院は、各々その会議の記録を保存し、秘密会の記録の中で特に秘密を要すると認められるもの以外は、これを公表し、且つ一般に頒布しなければならない。
3　出席議員の5分の1以上の要求があれば、各議員の表決は、これを会議録に記載しなければならない。過28-5-1

第58条【役員の選任、議院規則、罰則】

1　両議院は、各々その議長その他の役員を選任する。
2　両議院は、各々その会議その他の手続及び内部の規律に関する規則を定め、又、院内の秩序をみだした議員を懲罰することができる。但し、議員を除名するには、出席議員の3分の2以上の多数による議決を必要とする。過25-6-エ、26-7-5

第59条【法律案の議決、衆議院の優越】

1　法律案は、この憲法に特別の定のある場合を除いては、両議院で可決したとき法律となる。
2　衆議院で可決し、参議院でこれと異なつた議決をした法律案は、衆議院で出席議員の3分の2以上の多数で再び可決したときは、法律となる。過28-5-5
3　前項の規定は、法律の定めるところにより、衆議院が、両議院の協議会を開くことを求めることを妨げない。過21-7-3
4　参議院が、衆議院の可決した法律案を受け取つた後、国会休会中の期間を除いて60日以内に、議決しないときは、衆議院は、参議院がその法律案を否決したものとみなすことができる。

第60条【衆議院の予算先議権と優越】

1　予算は、さきに衆議院に提出しなければならない。
2　予算について、参議院で衆議院と異なつた議決をした場合に、法律の定めるところにより、両議院の協議会を開いても意見が一致しないとき、又は参議院が、衆議院の可決した予算を受け取つた後、国会休会中の期間を除いて30日以内に、議決しないときは、衆議院の議決を国会の議決とする。過21-7-1

第61条【条約の国会承認と衆議院の優越】

条約の締結に必要な国会の承認については、前条第2項の規定を準用する。過21-7-4・5、26-7-2

第62条【議院の国政調査権】

両議院は、各々国政に関する調査を行ひ、これに関して、証人の出頭及び証言並びに記録の提出を要求することができる。過25-6-オ

第63条【国務大臣の議院出席の権利と義務】

内閣総理大臣その他の国務大臣は、両議院の一に議席を有すると有しないとにかかはらず、何時でも議案について発言するため議院に出席することができる。又、答弁又は説明のため出席を求められたときは、出席しなければならない。

第64条【弾劾裁判所】

1　国会は、罷免の訴追を受けた裁判官を裁判するため、両議院の議員で組織する弾劾裁判所を設ける。過25-6-ウ
2　弾劾に関する事項は、法律でこれを定める。

第5章　内閣

第65条【行政権と内閣】

行政権は、内閣に属する。

第66条【内閣の組織、文民資格、責任】

1　内閣は、法律の定めるところにより、その首長たる内閣総理大臣及びその他の国務大臣でこれを組織する。
2　内閣総理大臣その他の国務大臣は、文民でなければならない。
3　内閣は、行政権の行使について、国会に対し連帯して責任を負ふ。過24-3-1、29-5-5

第67条【内閣総理大臣の指名、衆議院の優越】

1　内閣総理大臣は、国会議員の中から国会の議決で、これを指名する。この指名は、他のすべての案件に先だつて、これを行ふ。過26-6-1
2　衆議院と参議院とが異なつた指名の議決をした場合に、法律の定めるところにより、両議院の協議会を開いても意見が一致しないとき、又は衆議院が指名の議決をした後、国会休会中の期間を除いて10日以内に、参議院が、指名の議決をしないときは、衆議院の議決を国会の議決とする。過21-7-2

第68条【国務大臣の任免】

1　内閣総理大臣は、国務大臣を任命する。但し、その過半数は、国会議員の中から選ばれなければならない。過26-6-2、29-5-1
2　内閣総理大臣は、任意に国務大臣を罷免す

第69条～第79条

ることができる。

第69条【衆議院の内閣不信任案決議と解散・総選挙】

内閣は、衆議院で不信任の決議案を可決し、又は信任の決議案を否決したときは、10日以内に衆議院が解散されない限り、総辞職をしなければならない。圖26-6-3

第70条【内閣総理大臣の欠缺、総選挙後の総辞職】

内閣総理大臣が欠けたとき、又は衆議院議員総選挙の後に初めて国会の召集があつたときは、内閣は、総辞職をしなければならない。圖26-6-4

第71条【総辞職後の内閣の職務執行】

前二条の場合には、内閣は、あらたに内閣総理大臣が任命されるまで引き続きその職務を行ふ。圖26-6-5

第72条【内閣総理大臣の職務】

内閣総理大臣は、内閣を代表して議案を国会に提出し、一般国務及び外交関係について国会に報告し、並びに行政各部を指揮監督する。

第73条【内閣の権能】

内閣は、他の一般行政事務の外、左の事務を行ふ。

① 法律を誠実に執行し、国務を総理すること。

② 外交関係を処理すること。

③ 条約を締結すること。但し、事前に、時宜によつては事後に、国会の承認を経ることを必要とする。

④ 法律の定める基準に従ひ、官吏に関する事務を掌理すること。

⑤ 予算を作成して国会に提出すること。

⑥ この憲法及び法律の規定を実施するために、政令を制定すること。但し、政令には、特にその法律の委任がある場合を除いては、罰則を設けることができない。圖20-5-ア

⑦ 大赦、特赦、減刑、刑の執行の免除及び復権を決定すること。圖18-4-エ、30-7-ア

第74条【法律・政令の署名・連署】

法律及び政令には、すべて主任の国務大臣が署名し、内閣総理大臣が連署することを必要とする。圖29-5-4

第75条【国務大臣の訴追】

国務大臣は、その在任中、内閣総理大臣の同意がなければ、訴追されない。但し、これがため、訴追の権利は、害されない。圖24-4-1、

29-5-3

第6章　司法

第76条【司法権、裁判所、特別裁判所の禁止、裁判官の独立】

1　すべて司法権は、最高裁判所及び法律の定めるところにより設置する下級裁判所に属する。

2　特別裁判所は、これを設置することができない。行政機関は、終審として裁判を行ふことができない。

3　すべて裁判官は、その良心に従ひ独立してその職権を行ひ、この憲法及び法律にのみ拘束される。

第77条【最高裁判所の規則制定権】

1　最高裁判所は、訴訟に関する手続、弁護士、裁判所の内部規律及び司法事務処理に関する事項について、規則を定める権限を有する。圖26-7-4

2　検察官は、最高裁判所の定める規則に従はなければならない。

3　最高裁判所は、下級裁判所に関する規則を定める権限を、下級裁判所に委任することができる。

第78条【裁判官の身分保障】

裁判官は、裁判により、心身の故障のために職務を執ることができないと決定された場合を除いては、公の弾劾によらなければ罷免されない。裁判官の懲戒処分は、行政機関がこれを行ふことはできない。圖24-4-5

第79条【最高裁判所の構成、最高裁判所裁判官の国民審査、定年、報酬】

1　最高裁判所は、その長たる裁判官及び法律の定める員数のその他の裁判官でこれを構成し、その長たる裁判官以外の裁判官は、内閣でこれを任命する。

2　最高裁判所の裁判官の任命は、その任命後初めて行はれる衆議院議員総選挙の際国民の審査に付し、その後10年を経過した後初めて行はれる衆議院議員総選挙の際更に審査に付し、その後も同様とする。圖27-48-4

3　前項の場合において、投票者の多数が裁判官の罷免を可とするときは、その裁判官は、罷免される。

4　審査に関する事項は、法律でこれを定める。

5　最高裁判所の裁判官は、法律の定める年齢に達した時に退官する。

6　最高裁判所の裁判官は、すべて定期に相当

額の**報酬**を受ける。この報酬は、在任中、これを**減額**することができない。**過**24-4-3

第80条【下級裁判所の裁判官、任期、定年、報酬】
1　下級裁判所の裁判官は、最高裁判所の指名した者の名簿によつて、**内閣**でこれを任命する。その裁判官は、任期を**10年**とし、再任されることができる。但し、**法律**の定める年齢に達した時には退官する。
2　下級裁判所の裁判官は、すべて定期に**相当額の報酬**を受ける。この報酬は、在任中、これを**減額**することができない。**過**24-4-3

第81条【裁判所の違憲審査権】
　最高裁判所は、一切の法律、命令、規則又は処分が**憲法**に適合するかしないかを決定する権限を有する**終審裁判所**である。**過**21-1-エ

第82条【裁判の公開】
1　裁判の対審及び判決は、**公開法廷**でこれを行ふ。
2　裁判所が、裁判官の**全員一致**で、公の秩序又は善良の風俗を害する虞があると決した場合には、**対審**は、公開しないでこれを行ふことができる。但し、**政治犯罪**、**出版に関する犯罪**又はこの憲法第3章で保障する**国民の権利**が問題となつてゐる事件の対審は、常にこれを公開しなければならない。

第7章　財政

第83条【財政処理の基本原則】
　国の財政を処理する権限は、**国会の議決**に基いて、これを行使しなければならない。

第84条【租税法律主義】
　あらたに租税を課し、又は現行の租税を変更するには、**法律又は法律の定める条件**によることを必要とする。

第85条【国費の支出と国の債務負担行為】
　国費を支出し、又は国が債務を負担するには、**国会の議決**に基くことを必要とする。**過**24-5-1、27-7-1

第86条【予算の作成と国会の議決】
　内閣は、毎会計年度の**予算**を作成し、国会に提出して、その審議を受け議決を経なければならない。**過**24-5-2、27-7-2

第87条【予備費】
1　予見し難い予算の不足に充てるため、**国会の議決**に基いて予備費を設け、**内閣の責任**でこれを支出することができる。**過**24-5-4、27-7-3
2　すべて予備費の支出については、内閣は、

事後に国会の承諾を得なければならない。**過**27-7-3

第88条【皇室財産・皇室費用】
　すべて皇室財産は、**国**に属する。すべて皇室の費用は、**予算**に計上して国会の議決を経なければならない。**過**24-5-5

第89条【公の財産の支出と利用の制限】
　公金その他の公の財産は、宗教上の組織若しくは団体の使用、便益若しくは維持のため、又は**公の支配に属しない**慈善、教育若しくは博愛の事業に対し、これを支出し、又はその利用に供してはならない。

第90条【決算審査、会計検査院】
1　国の収入支出の決算は、すべて毎年**会計検査院**がこれを検査し、**内閣**は、次の年度に、その検査報告とともに、これを国会に提出しなければならない。**過**24-5-3、27-7-5
2　会計検査院の組織及び権限は、**法律**でこれを定める。

第91条【財政状況の報告】
　内閣は、国会及び国民に対し、定期に、少くとも**毎年1回**、国の財政状況について報告しなければならない。

第8章　地方自治

第92条【地方自治の基本原則】
　地方公共団体の組織及び運営に関する事項は、**地方自治の本旨**に基いて、法律でこれを定める。

第93条【地方議会、長・議員等の直接選挙】
1　地方公共団体には、法律の定めるところにより、その議事機関として**議会**を設置する。
2　地方公共団体の長、その議会の議員及び法律の定めるその他の吏員は、その地方公共団体の住民が、**直接**これを選挙する。

第94条【地方公共団体の権能、条例制定権】
　地方公共団体は、その財産を管理し、事務を処理し、及び行政を執行する権能を有し、**法律の範囲内**で条例を制定することができる。

第95条【特別法の住民投票】
　一の地方公共団体のみに適用される特別法は、法律の定めるところにより、その地方公共団体の**住民**の投票においてその**過半数**の同意を得なければ、国会は、これを制定することができない。**過**3-23-1

第9章　改正

第96条【憲法改正の手続】
1　この憲法の改正は、各議院の**総議員の3分**

第97条～第103条

の２以上の賛成で、国会が、これを発議し、国民に提案してその承認を経なければならない。この承認には、特別の国民投票又は国会の定める選挙の際行はれる投票において、その過半数の賛成を必要とする。

2　憲法改正について前項の承認を経たときは、天皇は、国民の名で、この憲法と一体を成すものとして、直ちにこれを公布する。

第10章　最高法規

第97条【基本的人権の本質】

この憲法が日本国民に保障する基本的人権は、人類の多年にわたる自由獲得の努力の成果であつて、これらの権利は、過去幾多の試錬に堪へ、現在及び将来の国民に対し、侵すことのできない永久の権利として信託されたものである。

第98条【憲法の最高法規性、条約と国際法規の遵守】

1　この憲法は、国の最高法規であつて、その条規に反する法律、命令、詔勅及び国務に関するその他の行為の全部又は一部は、その効力を有しない。

2　日本国が締結した条約及び確立された国際法規は、これを誠実に遵守することを必要とする。

第99条【憲法尊重擁護義務】

天皇又は摂政及び国務大臣、国会議員、裁判官その他の公務員は、この憲法を尊重し擁護する義務を負ふ。過29-7-3

第11章　補則

第100条【施行期日】

1　この憲法は、公布の日から起算して６箇月を経過した日から、これを施行する。

2　この憲法を施行するために必要な法律の制定、参議院議員の選挙及び国会召集の手続並びにこの憲法を施行するために必要な準備手続は、前項の期日よりも前に、これを行ふことができる。

第101条【国会に関する経過規定】

この憲法施行の際、参議院がまだ成立してゐないときは、その成立するまでの間、衆議院は、国会としての権限を行ふ。

第102条【第１期の参議院議員の任期】

この憲法による第１期の参議院議員のうち、その半数の者の任期は、これを３年とする。その議員は、法律の定めるところにより、これを定める。

第103条【公務員に関する経過規定】

この憲法施行の際現に在職する国務大臣、衆議院議員及び裁判官並びにその他の公務員で、その地位に相応する地位がこの憲法で認められてゐる者は、法律で特別の定をした場合を除いては、この憲法施行のため、当然にはその地位を失ふことはない。但し、この憲法によつて、後任者が選挙又は任命されたときは、当然その地位を失ふ。

行政代執行法

（昭和23年5月15日法律第43号）

最終改正：昭和37年9月15日法律第161号

第1条【適用】

行政上の義務の履行確保に関しては、別に**法律**で定めるものを除いては、この法律の定めるところによる。過23-8-1、30-8-ウ

第2条【代執行の要件】

法律（法律の委任に基く命令、規則及び条例を含む。以下同じ。）により直接に命ぜられ、又は法律に基き行政庁により命ぜられた行為（他人が代つてなすことのできる行為に限る。）について義務者がこれを履行しない場合、**他の手段**によつてその履行を確保することが困難であり、且つその不履行を放置することが著しく**公益に反する**と認められるときは、当該行政庁は、自ら義務者のなすべき行為をなし、又は第三者をしてこれをなさしめ、その費用を義務者から徴収することができる。過18-43-ア、21-10-1、24-24-4、元-8-3

第3条【代執行の手続】

1 前条の規定による処分（代執行）をなすには、**相当の履行期限**を定め、その期限までに履行がなされないときは、代執行をなすべき旨を、予め**文書で戒告**しなければならない。過30-8-エ・オ

2 義務者が、前項の戒告を受けて、指定の期限までにその義務を履行しないときは、当該行政庁は、**代執行令書**をもつて、代執行をなすべき時期、代執行のために派遣する執行責任者の氏名及び代執行に要する費用の概算による見積額を義務者に**通知**する。過30-8-エ・オ

3 非常の場合又は危険切迫の場合において、当該行為の急速な実施について緊急の必要があり、前二項に規定する手続をとる暇がないときは、その手続を経ないで代執行をすることができる。

第4条【証票の携帯】

代執行のために現場に派遣される執行責任者は、その者が執行責任者たる本人であることを示すべき**証票**を携帯し、要求があるときは、何時でもこれを呈示しなければならない。

第5条【費用納付命令】

代執行に要した費用の徴収については、実際に要した費用の額及びその納期日を定め、義務者に対し、**文書**をもつてその納付を命じなければならない。過30-8-ア

第6条【費用徴収】

1 代執行に要した費用は、**国税滞納処分**の例により、これを徴収することができる。過30-8-ア

2 代執行に要した費用については、行政庁は、国税及び地方税に次ぐ順位の**先取特権**を有する。

3 代執行に要した費用を徴収したときは、その徴収金は、事務費の所属に従い、国庫又は地方公共団体の経済の収入となる。

行政代執行法

行政手続法

（平成 5 年11月12日法律第88号）

最終改正：平成29年 3 月31日法律第 4 号

第 1 章　総則

第 1 条（目的等）

1　この法律は、処分、行政指導及び届出に関する手続並びに命令等を定める手続に関し、共通する事項を定めることによって、行政運営における公正の確保と透明性（行政上の意思決定について、その内容及び過程が国民にとって明らかであることをいう。第46条において同じ。）の向上を図り、もって国民の権利利益の保護に資することを目的とする。過21-12-2、29-11、元-42-ア

2　処分、行政指導及び届出に関する手続並びに命令等を定める手続に関しこの法律に規定する事項について、他の法律に特別の定めがある場合は、その定めるところによる。過26-13-5

第 2 条（定義）

この法律において、次の各号に掲げる用語の意義は、当該各号に定めるところによる。

① 法令　法律、法律に基づく命令（告示を含む。）、条例及び地方公共団体の執行機関の規則（規程を含む。以下「規則」という。）をいう。

② 処分　行政庁の処分その他公権力の行使に当たる行為をいう。

③ 申請　法令に基づき、行政庁の許可、認可、免許その他の自己に対し何らかの利益を付与する処分（以下「許認可等」という。）を求める行為であって、当該行為に対して行政庁が諾否の応答をすべきこととされているものをいう。過27-12-ア・イ、2-11-4

④ 不利益処分　行政庁が、法令に基づき、特定の者を名あて人として、直接に、これに義務を課し、又はその権利を制限する処分をいう。ただし、次のいずれかに該当するものを除く。過27-12-ウ、2-11-1

イ 事実上の行為及び事実上の行為をするに当たりその範囲、時期等を明らかにするために法令上必要とされている手続としての処分

ロ 申請により求められた許認可等を拒否する処分その他申請に基づき当該申請をした者を名あて人としてされる処分

過18-11-3、20-12-1、21-11-5、23-13-2、24-11-4、28-13-4、2-11-1、2-12-2

ハ 名あて人となるべき者の同意の下にすることとされている処分

ニ 許認可等の効力を失わせる処分であって、当該許認可等の基礎となった事実が消滅した旨の届出があったことを理由としてされるもの

⑤ 行政機関　次に掲げる機関をいう。

イ 法律の規定に基づき内閣に置かれる機関若しくは内閣の所轄の下に置かれる機関、宮内庁、内閣府設置法第49条第 1 項若しくは第 2 項に規定する機関、国家行政組織法第 3 条第 2 項に規定する機関、会計検査院若しくはこれらに置かれる機関又はこれらの機関の職員であって法律上独立に権限を行使することを認められた職員

ロ 地方公共団体の機関（議会を除く。）過2-11-2

⑥ 行政指導　行政機関がその任務又は所掌事務の範囲内において一定の行政目的を実現するため特定の者に一定の作為又は不作為を求める指導、勧告、助言その他の行為であって処分に該当しないものをいう。過23-13-4、27-12-エ・オ、27-42-ア・イ、元-11-2、2-42-ア・イ

⑦ 届出　行政庁に対し一定の事項の通知をする行為（申請に該当するものを除く。）であって、法令により直接に当該通知が義務付けられているもの（自己の期待する一定の法律上の効果を発生させるためには当該通知をすべきこととされているものを含む。）をいう。過20-13-イ、22-12-2、23-13-3、2-11-5

⑧ 命令等　内閣又は行政機関が定める次に掲げるものをいう。

イ 法律に基づく命令（処分の要件を定める告示を含む。次条第 2 項において単に「命令」という。）又は規則

ロ 審査基準（申請により求められた許認可等をするかどうかをその法令の定めに従って判断するために必要とされる基準をいう。以下同じ。）過20-11-ア、23-

10

13-5

ハ　処分基準（不利益処分をするかどうか又はどのような不利益処分とするかについてその法令の定めに従って判断するために必要とされる基準をいう。以下同じ。）過元-42-イ、2-11-3

ニ　行政指導指針（同一の行政目的を実現するため一定の条件に該当する複数の者に対し行政指導をしようとするときにこれらの行政指導に共通してその内容となるべき事項をいう。以下同じ。）過2-42-ウ

第3条（適用除外）

1　次に掲げる処分及び行政指導については、次章から第4章の2までの規定は、適用しない。

①　国会の両院若しくは一院又は議会の議決によってされる処分

②　裁判所若しくは裁判官の裁判により、又は裁判の執行としてされる処分

③　国会の両院若しくは一院若しくは議会の議決を経、又はこれらの同意若しくは承認を得た上でされるべきものとされている処分

④　検査官会議で決すべきものとされている処分及び会計検査の際にされる行政指導

⑤　刑事事件に関する法令に基づいて検察官、検察事務官又は司法警察職員がする処分及び行政指導

⑥　国税又は地方税の犯則事件に関する法令（他の法令において準用する場合を含む。）に基づいて国税庁長官、国税局長、税務署長、国税庁、国税局若しくは税務署の当該職員、税関長、税関職員又は徴税吏員（他の法令の規定に基づいてこれらの職員の職務を行う者を含む。）がする処分及び行政指導並びに金融商品取引の犯則事件に関する法令（他の法令において準用する場合を含む。）に基づいて証券取引等監視委員会、その職員（当該法令においてその職員とみなされる者を含む。）、財務局長又は財務支局長がする処分及び行政指導

⑦　学校、講習所、訓練所又は研修所において、教育、講習、訓練又は研修の目的を達成するために、学生、生徒、児童若しくは幼児若しくはこれらの保護者、講習生、訓練生又は研修生に対してされる処分及び行政指導

⑧　刑務所、少年刑務所、拘置所、留置施設、海上保安留置施設、少年院、少年鑑別所又は婦人補導院において、収容の目的を達成するためにされる処分及び行政指導

⑨　公務員（国家公務員法第2条第1項に規定する国家公務員及び地方公務員法第3条第1項に規定する地方公務員をいう。以下同じ。）又は公務員であった者に対してその職務又は身分に関してされる処分及び行政指導　過25-26-5

⑩　外国人の出入国、難民の認定又は帰化に関する処分及び行政指導

⑪　専ら人の学識技能に関する試験又は検定の結果についての処分

⑫　相反する利害を有する者の間の利害の調整を目的として法令の規定に基づいてされる裁定その他の処分（その双方を名宛人とするものに限る。）及び行政指導

⑬　公衆衛生、環境保全、防疫、保安その他の公益に関わる事象が発生し又は発生する可能性のある現場において警察官若しくは海上保安官又はこれらの公益を確保するために行使すべき権限を法律上直接に与えられたその他の職員によってされる処分及び行政指導

⑭　報告又は物件の提出を命ずる処分その他その職務の遂行上必要な情報の収集を直接の目的としてされる処分及び行政指導

⑮　審査請求、再調査の請求その他の不服申立てに対する行政庁の裁決、決定その他の処分　過23-13-1

⑯　前号に規定する処分の手続又は第3章に規定する聴聞若しくは弁明の機会の付与の手続その他の意見陳述のための手続において法令に基づいてされる処分及び行政指導

2　次に掲げる命令等を定める行為については、第6章の規定は、適用しない。

①　法律の施行期日について定める政令

②　恩赦に関する命令

③　命令又は規則を定める行為が処分に該当する場合における当該命令又は規則

④　法律の規定に基づき施設、区間、地域その他これらに類するものを指定する命令又は規則

⑤　公務員の給与、勤務時間その他の勤務条件について定める命令等

⑥　審査基準、処分基準又は行政指導指針であって、法令の規定により若しくは慣行として、又は命令等を定める機関の判断により公にされるもの以外のもの

行政手続法

第4条

3　第1項各号及び前項各号に掲げるもののほか、地方公共団体の機関がする**処分**（その根拠となる規定が**条例又は規則**に置かれているものに限る。）及び**行政指導**、地方公共団体の機関に対する**届出**（前条第7号の通知の根拠となる規定が**条例又は規則**に置かれているものに限る。）並びに地方公共団体の機関が**命令等を定める行為**については、次章から第6章までの規定は、適用しない。過19-13、22-11-2、22-13-1、24-11-1、26-13-1・2、27-11-1、27-13-2、30-12-5、元-11-3、3-13-エ

第4条（国の機関等に対する処分等の適用除外）

1　国の機関又は地方公共団体若しくはその機関に対する**処分**（これらの機関又は団体がその**固有の資格**において当該処分の名あて人となるものに限る。）及び**行政指導**並びにこれらの機関又は団体がする**届出**（これらの機関又は団体がその**固有の資格**においてすべきこととされているものに限る。）については、この法律の規定は、適用しない。過20-13-エ

2　次の各号のいずれかに該当する法人に対する処分であって、当該法人の監督に関する法律の特別の規定に基づいてされるもの（当該法人の解散を命じ、若しくは設立に関する認可を取り消す処分又は当該法人の役員若しくは当該法人の業務に従事する者の解任を命ずる処分を除く。）については、次章及び第3章の規定は、適用しない。

①　法律により直接に設立された法人又は特別の法律により特別の設立行為をもって設立された法人

②　特別の法律により設立され、かつ、その設立に関し行政庁の認可を要する法人のうち、その行う業務が国又は地方公共団体の行政運営と密接な関連を有するものとして政令で定める法人

3　行政庁が法律の規定に基づく試験、検査、検定、登録その他の行政上の事務について当該法律に基づきその全部又は一部を行わせる者を指定した場合において、その指定を受けた者（その者が法人である場合にあっては、その役員）又は職員その他の者が当該事務に従事することに関し公務に従事する職員とみなされるときは、その指定を受けた者に対し当該法律に基づいて当該事務に関し監督上される処分（当該指定を取り消す処分、その指定を受けた者が法人である場合におけるその役員の解任を命ずる処分又はその指定を受けた者の当該事務に従事する者の解任を命ずる処分を除く。）については、次章及び第3章の規定は、適用しない。

4　次に掲げる命令等を定める行為については、第6章の規定は、適用しない。

①　国又は地方公共団体の機関の設置、所掌事務の範囲その他の組織について定める命令等

②　皇室典範第26条の皇統譜について定める命令等

③　公務員の礼式、服制、研修、教育訓練、表彰及び報償並びに公務員の間における競争試験について定める命令等

④　国又は地方公共団体の予算、決算及び会計について定める命令等（入札の参加者の資格、入札保証金その他の国又は地方公共団体の契約の相手方又は相手方になろうとする者に係る事項を定める命令等を除く。）並びに国又は地方公共団体の財産及び物品の管理について定める命令等（国又は地方公共団体が財産及び物品を貸し付け、交換し、売り払い、譲与し、信託し、若しくは出資の目的とし、又はこれらに私権を設定することについて定める命令等であって、これらの行為の相手方又は相手方になろうとする者に係る事項を定めるものを除く。）

⑤　会計検査について定める命令等

⑥　国の機関相互間の関係について定める命令等並びに地方自治法第2編第11章に規定する国と普通地方公共団体との関係及び普通地方公共団体相互間の関係その他の国と地方公共団体との関係及び地方公共団体相互間の関係について定める命令等（第1項の規定によりこの法律の規定を適用しないこととされる処分に係る命令等を含む。）

⑦　第2項各号に規定する法人の役員及び職員、業務の範囲、財務及び会計その他の組織、運営及び管理について定める命令等（これらの法人に対する処分であって、これらの法人の解散を命じ、若しくは設立に関する認可を取り消す処分又はこれらの法人の役員若しくはこれらの法人の業務に従事する者の解任を命ずる処分に係る命令等を除く。）

第2章　申請に対する処分

第5条（審査基準）

1　行政庁は、**審査基準**を定めるものとする。
週19-12-イ、20-11-ウ、27-13-1、30-11-1

2　行政庁は、審査基準を定めるに当たっては、**許認可等の性質**に照らしてできる限り具体的なものとしなければならない。週27-13-1

3　行政庁は、**行政上特別の支障**があるときを除き、法令により申請の提出先とされている機関の事務所における備付けその他の適当な方法により審査基準を**公にしておかなければならない**。週26-12-2~5、27-13-1

第6条（標準処理期間）

行政庁は、申請がその事務所に到達してから当該申請に対する処分をするまでに通常要すべき**標準的な期間**（法令により当該行政庁と異なる機関が当該申請の提出先とされている場合は、併せて、当該申請が当該提出先とされている機関の事務所に到達してから当該行政庁の事務所に到達するまでに通常要すべき標準的な期間）を**定めるよう努める**とともに、これを定めたときは、これらの当該申請の提出先とされている機関の事務所における備付けその他の適当な方法により**公にしておかなければならない**。週22-12-1・4・5、27-13-3、28-12-1、30-11-4

第7条（申請に対する審査、応答）

行政庁は、申請がその事務所に**到達**したときは**遅滞なく**当該申請の審査を開始しなければならず、かつ、申請書の記載事項に不備がないこと、申請書に必要な書類が添付されていること、申請をすることができる期間内にされたものであることその他の法令に定められた申請の形式上の要件に適合しない申請については、**速やかに**、申請をした者（以下「申請者」という。）に対し相当の期間を定めて当該申請の**補正**を求め、又は当該申請により求められた**許認可等を拒否**しなければならない。週19-44、24-11-5、25-12-1、27-13-4、28-13-1、2-13-ア・イ

第8条（理由の提示）

1　行政庁は、申請により求められた許認可等を拒否する処分をする場合は、申請者に対し、同時に、当該処分の**理由を示さなければならない**。ただし、法令に定められた許認可等の要件又は公にされた審査基準が数量的指標その他の客観的指標により明確に定められている場合であって、当該申請がこれらに適合しないことが申請書の記載又は添付書類その他の申請の内容から明らかであるときは、**申請者の求め**があったときにこれを示せば足りる。週20-12-3、21-11-5、24-24-3、27-13-5、28-13-2、29-12-1、30-11-2、元-13-エ、3-12-1・2

2　前項本文に規定する処分を書面でするときは、同項の理由は、**書面**により示さなければならない。週23-11-1、27-13-5

第9条（情報の提供）

1　行政庁は、申請者の求めに応じ、当該申請に係る審査の進行状況及び当該申請に対する処分の時期の見通しを**示すよう努めなければならない**。週25-12-3、28-13-3

2　行政庁は、申請をしようとする者又は申請者の求めに応じ、申請書の記載及び添付書類に関する事項その他の申請に必要な**情報の提供に努めなければならない**。週25-12-4

第10条（公聴会の開催等）

行政庁は、申請に対する処分であって、申請者以外の者の利害を考慮すべきことが当該法令において許認可等の要件とされているものを行う場合には、必要に応じ、**公聴会の開催**その他の適当な方法により当該申請者以外の者の**意見を聴く機会を設けるよう努めなければならない**。週25-12-2、26-12-1、28-12-2、30-11-5

第11条（複数の行政庁が関与する処分）

1　行政庁は、申請の処理をするに当たり、他の行政庁において同一の申請者からされた関連する申請が審査中であることをもって自らすべき許認可等をするかどうかについての審査又は判断を殊更に**遅延させるようなことをしてはならない**。

2　一の申請又は同一の申請者からされた相互に関連する複数の申請に対する処分について複数の行政庁が関与する場合においては、当該複数の行政庁は、必要に応じ、相互に連絡をとり、当該申請者からの説明の聴取を共同して行う等により**審査の促進に努めるものとする**。

第3章　不利益処分

第1節　通則

第12条（処分の基準）

1　行政庁は、**処分基準**を定め、かつ、これを**公にしておくよう努めなければならない**。

第13条～第15条

過19-12-イ、23-12-4、26-11-1、28-12-3、30-11-1、元-13-ウ、元-42-ウ

2 行政庁は、処分基準を定めるに当たっては、不利益処分の性質に照らしてできる限り具体的なものとしなければならない。過23-12-1

第13条（不利益処分をしようとする場合の手続）

1 行政庁は、不利益処分をしようとする場合には、次の各号の区分に従い、この章の定めるところにより、当該不利益処分の名あて人となるべき者について、当該各号に定める意見陳述のための手続を執らなければならない。過18-11-3、25-11-1、26-13-4、2-12-2、2-13-ウ

① 次のいずれかに該当するとき　聴聞

　イ 許認可等を取り消す不利益処分をしようとするとき。過2-12-2

　ロ イに規定するもののほか、名あて人の資格又は地位を直接にはく奪する不利益処分をしようとするとき。

　ハ 名あて人が法人である場合におけるその役員の解任を命ずる不利益処分、名あて人の業務に従事する者の解任を命ずる不利益処分又は名あて人の会員である者の除名を命ずる不利益処分をしようとするとき。過26-25-5

　ニ イからハまでに掲げる場合以外の場合であって行政庁が相当と認めるとき。

② 前号イからニまでのいずれにも該当しないとき　弁明の機会の付与

2 次の各号のいずれかに該当するときは、前項の規定は、適用しない。

① 公益上、緊急に不利益処分をする必要があるため、前項に規定する意見陳述のための手続を執ることができないとき。過25-11-5、26-25-2

② 法令上必要とされる資格がなかったこと又は失われるに至ったことが判明した場合に必ずすることとされている不利益処分であって、その資格の不存在又は喪失の事実が裁判所の判決書又は決定書、一定の職に就いたことを証する当該任命権者の書類その他の客観的な資料により直接証明されたものをしようとするとき。

③ 施設若しくは設備の設置、維持若しくは管理又は物の製造、販売その他の取扱いについて遵守すべき事項が法令において技術的な基準をもって明確にされている場合に

おいて、専ら当該基準が充足されていないことを理由として当該基準に従うべきことを命ずる不利益処分であってその不充足の事実が計測、実験その他客観的な認定方法によって確認されたものをしようとするとき。

④ 納付すべき金銭の額を確定し、一定の額の金銭の納付を命じ、又は金銭の給付決定の取消しその他の金銭の給付を制限する不利益処分をしようとするとき。

⑤ 当該不利益処分の性質上、それによって課される義務の内容が著しく軽微なものであるため名あて人となるべき者の意見をあらかじめ聴くことを要しないものとして政令で定める処分をしようとするとき。

第14条（不利益処分の理由の提示）

1 行政庁は、不利益処分をする場合には、その名あて人に対し、同時に、当該不利益処分の理由を示さなければならない。ただし、当該理由を示さないで処分をすべき差し迫った必要がある場合は、この限りでない。過26-11-2、29-12-3、30-11-2、3-12-3

2 行政庁は、前項ただし書の場合においては、当該名あて人の所在が判明しなくなったときその他処分後において理由を示すことが困難な事情があるときを除き、処分後相当の期間内に、同項の理由を示さなければならない。過3-12-3

3 不利益処分を書面でするときは、前二項の理由は、書面により示さなければならない。過23-11-1

第2節　聴聞

第15条（聴聞の通知の方式）

1 行政庁は、聴聞を行うに当たっては、聴聞を行うべき期日までに相当な期間をおいて、不利益処分の名あて人となるべき者に対し、次に掲げる事項を書面により通知しなければならない。過23-11-2、25-11-2

① 予定される不利益処分の内容及び根拠となる法令の条項

② 不利益処分の原因となる事実

③ 聴聞の期日及び場所

④ 聴聞に関する事務を所掌する組織の名称及び所在地

2 前項の書面においては、次に掲げる事項を教示しなければならない。

① 聴聞の期日に出頭して意見を述べ、及び証拠書類又は証拠物（以下「証拠書類等」という。）を提出し、又は聴聞の期日への

出頭に代えて陳述書及び証拠書類等を提出することができること。
② 聴聞が終結する時までの間、当該不利益処分の原因となる事実を証する資料の閲覧を求めることができること。
3 行政庁は、不利益処分の名あて人となるべき者の所在が判明しない場合においては、第1項の規定による通知を、その者の氏名、同項第3号及び第4号に掲げる事項並びに当該行政庁が同項各号に掲げる事項を記載した書面をいつでもその者に交付する旨を当該行政庁の事務所の掲示場に掲示することによって行うことができる。この場合においては、掲示を始めた日から**2週間**を経過したときに、当該通知がその者に到達したものとみなす。過19-11-2

第16条（代理人）
1 前条第1項の通知を受けた者（同条第3項後段の規定により当該通知が到達したものとみなされる者を含む。以下「当事者」という。）は、**代理人**を選任することができる。過25-11-3、2-12-1
2 代理人は、各自、当事者のために、聴聞に関する**一切の行為**をすることができる。
3 代理人の資格は、**書面**で証明しなければならない。
4 代理人がその資格を失ったときは、当該代理人を選任した当事者は、**書面**でその旨を行政庁に届け出なければならない。

第17条（参加人）
1 第19条の規定により聴聞を主宰する者（以下「主宰者」という。）は、必要があると認めるときは、当事者以外の者であって当該不利益処分の根拠となる法令に照らし当該不利益処分につき**利害関係を有するもの**と認められる者（同条第2項第6号において「関係人」という。）に対し、当該聴聞に関する手続に**参加**することを求め、又は当該聴聞に関する手続に**参加**することを許可することができる。過18-11-2、2-12-4
2 前項の規定により当該聴聞に関する手続に参加する者（以下「参加人」という。）は、**代理人**を選任することができる。
3 前条第2項から第4項までの規定は、前項の代理人について準用する。この場合において、同条第2項及び第4項中「当事者」とあるのは、「参加人」と読み替えるものとする。

第18条（文書等の閲覧）
1 当事者及び当該不利益処分がされた場合に**自己の利益を害されることとなる参加人**（以下この条及び第24条第3項において「当事者等」という。）は、聴聞の通知があった時から聴聞が終結する時までの間、行政庁に対し、当該事案についてした調査の結果に係る調書その他の**当該不利益処分の原因となる事実を証する資料**の閲覧を求めることができる。この場合において、行政庁は、第三者の利益を害するおそれがあるときその他**正当な理由**があるときでなければ、その閲覧を拒むことができない。過18-11-5、19-11-3、28-11-1、元-12-オ、2-12-5
2 前項の規定は、当事者等が聴聞の期日における審理の進行に応じて必要となった資料の閲覧を更に求めることを妨げない。
3 **行政庁**は、前二項の閲覧について日時及び場所を指定することができる。

第19条（聴聞の主宰）
1 聴聞は、行政庁が指名する職員その他**政令**で定める者が主宰する。過19-11-1、26-11-5
2 次の各号のいずれかに該当する者は、聴聞を主宰することができない。過元-12-ア
① 当該聴聞の当事者又は**参加人**
② 前号に規定する者の配偶者、4親等内の親族又は同居の親族
③ 第1号に規定する者の代理人又は次条第3項に規定する補佐人
④ 前三号に規定する者であった者
⑤ 第1号に規定する者の後見人、後見監督人、保佐人、保佐監督人、補助人又は補助監督人
⑥ 参加人以外の関係人

第20条（聴聞の期日における審理の方式）
1 **主宰者**は、最初の聴聞の期日の冒頭において、**行政庁の職員**に、予定される不利益処分の内容及び根拠となる法令の条項並びにその原因となる事実を聴聞の期日に出頭した者に対し説明させなければならない。
2 当事者又は参加人は、聴聞の期日に出頭して、意見を述べ、及び証拠書類等を提出し、並びに**主宰者の許可**を得て行政庁の職員に対し質問を発することができる。
3 前項の場合において、当事者又は参加人は、**主宰者の許可**を得て、**補佐人**とともに出頭することができる。
4 **主宰者**は、聴聞の期日において必要があると認めるときは、当事者若しくは参加人に対し質問を発し、意見の陳述若しくは証拠書類

等の提出を促し、又は行政庁の職員に対し説明を求めることができる。

5 主宰者は、当事者又は参加人の一部が出頭しないときであっても、聴聞の期日における審理を行うことができる。

6 聴聞の期日における審理は、行政庁が公開することを相当と認めるときを除き、公開しない。過18-11-1

第21条（陳述書等の提出）

1 当事者又は参加人は、聴聞の期日への出頭に代えて、主宰者に対し、聴聞の期日までに陳述書及び証拠書類等を提出することができる。過25-11-3

2 主宰者は、聴聞の期日に出頭した者に対し、その求めに応じて、前項の陳述書及び証拠書類等を示すことができる。

第22条（続行期日の指定）

1 主宰者は、聴聞の期日における審理の結果、なお聴聞を続行する必要があると認めるときは、さらに新たな期日を定めることができる。

2 前項の場合においては、当事者及び参加人に対し、あらかじめ、次回の聴聞の期日及び場所を書面により通知しなければならない。ただし、聴聞の期日に出頭した当事者及び参加人に対しては、当該聴聞の期日においてこれを告知すれば足りる。

3 第15条第3項の規定は、前項本文の場合において、当事者又は参加人の所在が判明しないときにおける通知の方法について準用する。この場合において、同条第3項中「不利益処分の名あて人となるべき者」とあるのは「当事者又は参加人」と、「掲示を始めた日から2週間を経過したとき」とあるのは「掲示を始めた日から2週間を経過したとき（同一の当事者又は参加人に対する2回目以降の通知にあっては、掲示を始めた日の翌日）」と読み替えるものとする。

第23条（当事者の不出頭等の場合における聴聞の終結）

1 主宰者は、当事者の全部若しくは一部が正当な理由なく聴聞の期日に出頭せず、かつ、第21条第1項に規定する陳述書若しくは証拠書類等を提出しない場合、又は参加人の全部若しくは一部が聴聞の期日に出頭しない場合には、これらの者に対し改めて意見を述べ、及び証拠書類等を提出する機会を与えることなく、聴聞を終結することができる。

2 主宰者は、前項に規定する場合のほか、当事者の全部又は一部が聴聞の期日に出頭せず、かつ、第21条第1項に規定する陳述書又は証拠書類等を提出しない場合において、これらの者の聴聞の期日への出頭が相当期間引き続き見込めないときは、これらの者に対し、期限を定めて陳述書及び証拠書類等の提出を求め、当該期限が到来したときに聴聞を終結することとすることができる。

第24条（聴聞調書及び報告書）

1 主宰者は、聴聞の審理の経過を記載した調書を作成し、当該調書において、不利益処分の原因となる事実に対する当事者及び参加人の陳述の要旨を明らかにしておかなければならない。過29-13-1

2 前項の調書は、聴聞の期日における審理が行われた場合には各期日ごとに、当該審理が行われなかった場合には聴聞の終結後速やかに作成しなければならない。

3 主宰者は、聴聞の終結後速やかに、不利益処分の原因となる事実に対する当事者等の主張に理由があるかどうかについての意見を記載した報告書を作成し、第1項の調書とともに行政庁に提出しなければならない。過29-13-2

4 当事者又は参加人は、第1項の調書及び前項の報告書の閲覧を求めることができる。過29-13-3

第25条（聴聞の再開）

行政庁は、聴聞の終結後に生じた事情にかんがみ必要があると認めるときは、主宰者に対し、前条第3項の規定により提出された報告書を返戻して聴聞の再開を命ずることができる。第22条第2項本文及び第3項の規定は、この場合について準用する。過29-13-4

第26条（聴聞を経てされる不利益処分の決定）

行政庁は、不利益処分の決定をするときは、第24条第1項の調書の内容及び同条第3項の報告書に記載された主宰者の意見を十分に参酌してこれをしなければならない。過29-13-5

第27条（審査請求の制限）

この節の規定に基づく処分又はその不作為については、審査請求をすることができない。過21-11-4、25-11-4

第28条（役員等の解任等を命ずる不利益処分をしようとする場合の聴聞等の特例）

1 第13条第1項第1号ハに該当する不利益処分に係る聴聞において第15条第1項の通知があった場合におけるこの節の規定の適用については、名あて人である法人の役員、名あて

16

人の業務に従事する者又は名あて人の会員である者（当該処分において解任し又は除名すべきこととされている者に限る。）は、同項の通知を受けた者とみなす。

2　前項の不利益処分のうち名あて人である法人の役員又は名あて人の業務に従事する者（以下この項において「役員等」という。）の解任を命ずるものに係る聴聞が行われた場合においては、当該処分にその名あて人が従わないことを理由として法令の規定によりされる当該役員等を解任する不利益処分については、第13条第1項の規定にかかわらず、行政庁は、当該役員等について聴聞を行うことを要しない。

第3節　弁明の機会の付与
第29条（弁明の機会の付与の方式）
1　弁明は、行政庁が口頭ですることを認めたときを除き、弁明を記載した書面（以下「弁明書」という。）を提出してするものとする。 過18-11-1、21-11-1、23-11-4、2-12-3

2　弁明をするときは、証拠書類等を提出することができる。

第30条（弁明の機会の付与の通知の方式）
行政庁は、弁明書の提出期限（口頭による弁明の機会の付与を行う場合には、その日時）までに相当な期間をおいて、不利益処分の名あて人となるべき者に対し、次に掲げる事項を書面により通知しなければならない。

①　予定される不利益処分の内容及び根拠となる法令の条項

②　不利益処分の原因となる事実

③　弁明書の提出先及び提出期限（口頭による弁明の機会の付与を行う場合には、その旨並びに出頭すべき日時及び場所）

第31条（聴聞に関する手続の準用）
第15条第3項及び第16条の規定は、弁明の機会の付与について準用する。この場合において、第15条第3項中「第1項」とあるのは「第30条」と、「同項第3号及び第4号」とあるのは「同条第3号」と、第16条第1項中「前条第1項」とあるのは「第30条」と、「同条第3項後段」とあるのは「第31条において準用する第15条第3項後段」と読み替えるものとする。 過2-12-1

第4章　行政指導

第32条（行政指導の一般原則）
1　行政指導にあっては、行政指導に携わる者は、いやしくも当該行政機関の任務又は所掌事務の範囲を逸脱してはならないこと及び行政指導の内容があくまでも相手方の任意の協力によってのみ実現されるものであることに留意しなければならない。 過22-13-2・3

2　行政指導に携わる者は、その相手方が行政指導に従わなかったことを理由として、不利益な取扱いをしてはならない。 過3-13-ア

第33条（申請に関連する行政指導）
申請の取下げ又は内容の変更を求める行政指導にあっては、行政指導に携わる者は、申請者が当該行政指導に従う意思がない旨を表明したにもかかわらず当該行政指導を継続すること等により当該申請者の権利の行使を妨げるようなことをしてはならない。 過22-13-4、2-13-エ

第34条（許認可等の権限に関連する行政指導）
許認可等をする権限又は許認可等に基づく処分をする権限を有する行政機関が、当該権限を行使することができない場合又は行使する意思がない場合においてする行政指導にあっては、行政指導に携わる者は、当該権限を行使し得る旨を殊更に示すことにより相手方に当該行政指導に従うことを余儀なくさせるようなことをしてはならない。 過20-12-5

第35条（行政指導の方式）
1　行政指導に携わる者は、その相手方に対して、当該行政指導の趣旨及び内容並びに責任者を明確に示さなければならない。 過18-12-1、28-12-4

2　行政指導に携わる者は、当該行政指導をする際に、行政機関が許認可等をする権限又は許認可等に基づく処分をする権限を行使し得る旨を示すときは、その相手方に対して、次に掲げる事項を示さなければならない。 過3-13-イ

①　当該権限を行使し得る根拠となる法令の条項

②　前号の条項に規定する要件

③　当該権限の行使が前号の要件に適合する理由

3　行政指導が口頭でされた場合において、その相手方から前二項に規定する事項を記載した書面の交付を求められたときは、当該行政指導に携わる者は、行政上特別の支障がない限り、これを交付しなければならない。 過18-12-3・5、元-11-4、3-13-イ

4　前項の規定は、次に掲げる行政指導については、適用しない。

①　相手方に対しその場において完了する行

第36条～第38条

為を求めるもの

② 既に文書（前項の書面を含む。）又は電磁的記録（電子的方式、磁気的方式その他人の知覚によっては認識することができない方式で作られる記録であって、電子計算機による情報処理の用に供されるものをいう。）によりその相手方に通知されている事項と**同一の内容**を求めるもの 過18-12 -4、30-12-2

第36条（複数の者を対象とする行政指導）

同一の行政目的を実現するため一定の条件に該当する複数の者に対し行政指導をしようとするときは、行政機関は、あらかじめ、事案に応じ、**行政指導指針**を定め、かつ、行政上特別の支障がない限り、これを**公表**しなければならない。過18-12-2、22-13-5、30-12-3、元-13 -ア

第36条の2（行政指導の中止等の求め）

1 法令に違反する行為の是正を求める行政指導（その根拠となる規定が**法律**に置かれているものに限る。）の相手方は、当該行政指導が当該法律に規定する要件に適合しないと思料するときは、当該行政指導をした行政機関に対し、その旨を申し出て、当該行政指導の**中止**その他必要な措置をとることを求めることができる。ただし、当該行政指導がその相手方について弁明その他**意見陳述**のための手続を経てされたものであるときは、この限りでない。過27-42-エ、28-11-3、29-14-4、30-12-4、元-11-1、3-44

2 前項の申出は、次に掲げる事項を記載した申出書を提出してしなければならない。

① 申出をする者の氏名又は名称及び住所又は居所

② 当該行政指導の内容

③ 当該行政指導がその根拠とする**法律の条項**

④ 前号の条項に規定する要件

⑤ 当該行政指導が前号の要件に適合しないと思料する理由

⑥ その他参考となる事項

3 当該行政機関は、第1項の規定による申出があったときは、必要な調査を行い、当該行政指導が当該法律に規定する要件に適合しないと認めるときは、**当該行政指導の中止その他必要な措置**をとらなければならない。

第4章の2　処分等の求め

第36条の3

1 何人も、法令に違反する事実がある場合において、その是正のためにされるべき処分又は行政指導（その根拠となる規定が**法律**に置かれているものに限る。）がされていないと思料するときは、当該処分をする権限を有する行政庁又は当該行政指導をする権限を有する行政機関に対し、その旨を申し出て、当該処分又は行政指導をすることを求めることができる。過28-11-4・5、元-44、2-14-ウ

2 前項の申出は、次に掲げる事項を記載した申出書を提出してしなければならない。

① 申出をする者の氏名又は名称及び住所又は居所

② 法令に違反する事実の内容

③ 当該処分又は行政指導の内容

④ 当該処分又は行政指導の根拠となる法令の条項

⑤ 当該処分又は行政指導がされるべきであると思料する理由

⑥ その他参考となる事項

3 当該行政庁又は行政機関は、第1項の規定による申出があったときは、必要な調査を行い、その結果に基づき必要があると認めるときは、当該処分又は行政指導をしなければならない。過元-44

第5章　届出

第37条（届出）

届出が届出書の記載事項に不備がないこと、届出書に必要な書類が添付されていることその他の法令に定められた届出の形式上の要件に適合している場合は、当該届出が法令により当該届出の提出先とされている機関の事務所に**到達**したときに、当該届出をすべき手続上の義務が履行されたものとする。過20-13-ウ、28-13-5

第6章　意見公募手続等

第38条（命令等を定める場合の一般原則）

1 命令等を定める機関（閣議の決定により命令等が定められる場合にあっては、当該命令等の立案をする各大臣。以下「命令等制定機関」という。）は、命令等を定めるに当たっては、当該命令等がこれを定める根拠となる**法令の趣旨**に適合するものとなるようにしなければならない。過23-12-3

18

2　命令等制定機関は、命令等を定めた後においても、当該命令等の規定の実施状況、社会経済情勢の変化等を勘案し、必要に応じ、当該命令等の内容について検討を加え、その適正を確保するよう努めなければならない。過23-12-5

第39条（意見公募手続）

1　命令等制定機関は、命令等を定めようとする場合には、当該命令等の案（命令等で定めようとする内容を示すものをいう。以下同じ。）及びこれに関連する資料をあらかじめ公示し、意見（情報を含む。以下同じ。）の提出先及び意見の提出のための期間（以下「意見提出期間」という。）を定めて広く一般の意見を求めなければならない。過22-11-1・2、24-12-1、27-11-5、30-13-4・5、元-11-5、元-13-オ、2-42-エ、3-11-1

2　前項の規定により公示する命令等の案は、具体的かつ明確な内容のものであって、かつ、当該命令等の題名及び当該命令等を定める根拠となる法令の条項が明示されたものでなければならない。

3　第1項の規定により定める意見提出期間は、同項の公示の日から起算して30日以上でなければならない。

4　次の各号のいずれかに該当するときは、第1項の規定は、適用しない。

① 公益上、緊急に命令等を定める必要があるため、第1項の規定による手続（以下「意見公募手続」という。）を実施することが困難であるとき。

② 納付すべき金銭について定める法律の制定又は改正により必要となる当該金銭の額の算定の基礎となるべき金額及び率並びに算定方法についての命令等その他当該法律の施行に関し必要な事項を定める命令等を定めようとするとき。

③ 予算の定めるところにより金銭の給付決定を行うために必要となる当該金銭の額の算定の基礎となるべき金額及び率並びに算定方法その他の事項を定める命令等を定めようとするとき。

④ 法律の規定により、内閣府設置法第49条第1項若しくは第2項若しくは国家行政組織法第3条第2項に規定する委員会又は内閣府設置法第37条若しくは第54条若しくは国家行政組織法第8条に規定する機関（以下「委員会等」という。）の議を経て定めることとされている命令等であって、相反

する利害を有する者の間の利害の調整を目的として、法律又は政令の規定により、これらの者及び公益をそれぞれ代表する委員をもって組織される委員会等において審議を行うこととされているものとして政令で定める命令等を定めようとするとき。

⑤ 他の行政機関が意見公募手続を実施して定めた命令等と実質的に同一の命令等を定めようとするとき。過18-13-2、30-13-1、3-11-2

⑥ 法律の規定に基づき法令の規定の適用又は準用について必要な技術的読替えを定める命令等を定めようとするとき。

⑦ 命令等を定める根拠となる法令の規定の削除に伴い当然必要とされる当該命令等の廃止をしようとするとき。過3-11-3

⑧ 他の法令の制定又は改廃に伴い当然必要とされる規定の整理その他の意見公募手続を実施することを要しない軽微な変更として政令で定めるものを内容とする命令等を定めようとするとき。

第40条（意見公募手続の特例）

1　命令等制定機関は、命令等を定めようとする場合において、30日以上の意見提出期間を定めることができないやむを得ない理由があるときは、前条第3項の規定にかかわらず、30日を下回る意見提出期間を定めることができる。この場合においては、当該命令等の案の公示の際にその理由を明らかにしなければならない。過18-13-1、22-11-4、24-12-2

2　命令等制定機関は、委員会等の議を経て命令等を定めようとする場合（前条第4項第4号に該当する場合を除く。）において、当該委員会等が意見公募手続に準じた手続を実施したときは、同条第1項の規定にかかわらず、自ら意見公募手続を実施することを要しない。過18-13-5、30-13-3

第41条（意見公募手続の周知等）

命令等制定機関は、意見公募手続を実施して命令等を定めるに当たっては、必要に応じ、当該意見公募手続の実施について周知するよう努めるとともに、当該意見公募手続の実施に関連する情報の提供に努めるものとする。

第42条（提出意見の考慮）

命令等制定機関は、意見公募手続を実施して命令等を定める場合には、意見提出期間内に当該命令等制定機関に対し提出された当該命令等の案についての意見（以下「提出意見」という。）を十分に考慮しなければならない。過27

第43条〜第46条

-11-4

第43条（結果の公示等）

1 命令等制定機関は、意見公募手続を実施して命令等を定めた場合には、当該命令等の公布（公布をしないものにあっては、公にする行為。第5項において同じ。）と同時期に、次に掲げる事項を公示しなければならない。
① 命令等の題名
② 命令等の案の公示の日
③ 提出意見（提出意見がなかった場合にあっては、その旨）過22-11-5、27-11-2
④ 提出意見を考慮した結果（意見公募手続を実施した命令等の案と定めた命令等との差異を含む。）及びその理由

2 命令等制定機関は、前項の規定にかかわらず、必要に応じ、同項第3号の提出意見に代えて、当該提出意見を整理又は要約したものを公示することができる。この場合においては、当該公示の後遅滞なく、当該提出意見を当該命令等制定機関の事務所における備付けその他の適当な方法により公にしなければならない。

3 命令等制定機関は、前二項の規定により提出意見を公示し又は公にすることにより第三者の利益を害するおそれがあるとき、その他正当な理由があるときは、当該提出意見の全部又は一部を除くことができる。

4 命令等制定機関は、意見公募手続を実施したにもかかわらず命令等を定めないこととした場合には、その旨（別の命令等の案について改めて意見公募手続を実施しようとする場合にあっては、その旨を含む。）並びに第1項第1号及び第2号に掲げる事項を速やかに公示しなければならない。過18-13-4、24-12-4、3-11-4

5 命令等制定機関は、第39条第4項各号のいずれかに該当することにより意見公募手続を実施しないで命令等を定めた場合には、当該命令等の公布と同時期に、次に掲げる事項を公示しなければならない。ただし、第1号に掲げる事項のうち命令等の趣旨については、同項第1号から第4号までのいずれかに該当することにより意見公募手続を実施しなかった場合において、当該命令等自体から明らかでないときに限る。過3-11-5
① 命令等の題名及び趣旨
② 意見公募手続を実施しなかった旨及びその理由

第44条（準用）

第42条の規定は第40条第2項に該当することにより命令等制定機関が自ら意見公募手続を実施しないで命令等を定める場合について、前条第1項から第3項までの規定は第40条第2項に該当することにより命令等制定機関が自ら意見公募手続を実施しないで命令等を定めた場合について、前条第4項の規定は第40条第2項に該当することにより命令等制定機関が自ら意見公募手続を実施しないで命令等を定めないこととした場合について準用する。この場合において、第42条中「当該命令等制定機関」とあるのは「委員会等」と、前条第1項第2号中「命令等の案の公示の日」とあるのは「委員会等が命令等の案について公示に準じた手続を実施した日」と、同項第4号中「意見公募手続を実施した」とあるのは「委員会等が意見公募手続に準じた手続を実施した」と読み替えるものとする。

第45条（公示の方法）

1 第39条第1項並びに第43条第1項（前条において読み替えて準用する場合を含む。）、第4項（前条において準用する場合を含む。）及び第5項の規定による公示は、電子情報処理組織を使用する方法その他の情報通信の技術を利用する方法により行うものとする。

2 前項の公示に関し必要な事項は、総務大臣が定める。

第7章　補則

第46条（地方公共団体の措置）

地方公共団体は、第3条第3項において第2章から前章までの規定を適用しないこととされた処分、行政指導及び届出並びに命令等を定める行為に関する手続について、この法律の規定の趣旨にのっとり、行政運営における公正の確保と透明性の向上を図るため必要な措置を講ずるよう努めなければならない。

行政不服審査法

（平成26年6月13日法律第68号）

最終改正：令和3年5月19日法律第37号

第1章 総則

第1条（目的等）

1 この法律は、行政庁の違法又は不当な処分その他公権力の行使に当たる行為に関し、国民が簡易迅速かつ公正な手続の下で広く行政庁に対する不服申立てをすることができるための制度を定めることにより、国民の権利利益の救済を図るとともに、行政の適正な運営を確保することを目的とする。過21-12-3、21-14-2

2 行政庁の処分その他公権力の行使に当たる行為（以下単に「処分」という。）に関する不服申立てについては、他の法律に特別の定めがある場合を除くほか、この法律の定めるところによる。過20-15-4、25-14-2

第2条（処分についての審査請求）

行政庁の処分に不服がある者は、第4条及び第5条第2項の定めるところにより、審査請求をすることができる。

第3条（不作為についての審査請求）

法令に基づき行政庁に対して処分についての申請をした者は、当該申請から相当の期間が経過したにもかかわらず、行政庁の不作為（法令に基づく申請に対して何らの処分をもしないことをいう。以下同じ。）がある場合には、次条の定めるところにより、当該不作為についての審査請求をすることができる。過20-15-2、30-14-1・2

第4条（審査請求をすべき行政庁）

審査請求は、法律（条例に基づく処分については、条例）に特別の定めがある場合を除くほか、次の各号に掲げる場合の区分に応じ、当該各号に定める行政庁に対してするものとする。

① 処分庁等（処分をした行政庁（以下「処分庁」という。）又は不作為に係る行政庁（以下「不作為庁」という。）をいう。以下同じ。）に上級行政庁がない場合又は処分庁等が主任の大臣若しくは宮内庁長官若しくは内閣府設置法第49条第1項若しくは第2項若しくは国家行政組織法第3条第2項に規定する庁の長である場合　当該処分庁等　過29-15-2

② 宮内庁長官又は内閣府設置法第49条第1項若しくは第2項若しくは国家行政組織法

第3条第2項に規定する庁の長が処分庁等の上級行政庁である場合　宮内庁長官又は当該庁の長

③ 主任の大臣が処分庁等の上級行政庁である場合（前二号に掲げる場合を除く。）　当該主任の大臣

④ 前三号に掲げる場合以外の場合　当該処分庁等の最上級行政庁

第5条（再調査の請求）

1 行政庁の処分につき処分庁以外の行政庁に対して審査請求をすることができる場合において、法律に再調査の請求をすることができる旨の定めがあるときは、当該処分に不服がある者は、処分庁に対して再調査の請求をすることができる。ただし、当該処分について第2条の規定により審査請求をしたときは、この限りでない。過28-14-1・2、3-15-1・3

2 前項本文の規定により再調査の請求をしたときは、当該再調査の請求についての決定を経た後でなければ、審査請求をすることができない。ただし、次の各号のいずれかに該当する場合は、この限りでない。過29-14-5、3-15-2

① 当該処分につき再調査の請求をした日（第61条において読み替えて準用する第23条の規定により不備を補正すべきことを命じられた場合にあっては、当該不備を補正した日）の翌日から起算して3月を経過しても、処分庁が当該再調査の請求につき決定をしない場合

② その他再調査の請求についての決定を経ないことにつき正当な理由がある場合

第6条（再審査請求）

1 行政庁の処分につき法律に再審査請求をすることができる旨の定めがある場合には、当該処分についての審査請求の裁決に不服がある者は、再審査請求をすることができる。過2-15-1

2 再審査請求は、原裁決（再審査請求をすることができる処分についての審査請求の裁決をいう。以下同じ。）又は当該処分（以下「原裁決等」という。）を対象として、前項の法律に定める行政庁に対してするものとする。過2-15-3・4

第7条～第9条

第7条（適用除外）

1 次に掲げる処分及びその不作為については、第2条及び第3条の規定は、適用しない。〓27-15-2

① 国会の両院若しくは一院又は議会の議決によってされる処分

② 裁判所若しくは裁判官の裁判により、又は裁判の執行としてされる処分

③ 国会の両院若しくは一院若しくは議会の議決を経て、又はこれらの同意若しくは承認を得た上でされるべきものとされている処分

④ 検査官会議で決すべきものとされている処分

⑤ 当事者間の法律関係を確認し、又は形成する処分で、法令の規定により当該処分に関する訴えにおいてその法律関係の当事者の一方を被告とすべきものと定められているもの

⑥ 刑事事件に関する法令に基づいて検察官、検察事務官又は司法警察職員がする処分

⑦ 国税又は地方税の犯則事件に関する法令（他の法令において準用する場合を含む。）に基づいて国税庁長官、国税局長、税務署長、国税庁、国税局若しくは税務署の当該職員、税関長、税関職員又は徴税吏員（他の法令の規定に基づいてこれらの職員の職務を行う者を含む。）がする処分及び金融商品取引の犯則事件に関する法令（他の法令において準用する場合を含む。）に基づいて証券取引等監視委員会、その職員（当該法令においてその職員とみなされる者を含む。）、財務局長又は財務支局長がする処分

⑧ 学校、講習所、訓練所又は研修所において、教育、講習、訓練又は研修の目的を達成するために、学生、生徒、児童若しくは幼児若しくはこれらの保護者、講習生、訓練生又は研修生に対してされる処分

⑨ 刑務所、少年刑務所、拘置所、留置施設、海上保安留置施設、少年院、少年鑑別所又は婦人補導院において、収容の目的を達成するためにされる処分〓18-16-2

⑩ 外国人の出入国又は帰化に関する処分〓18-16-2

⑪ 専ら人の学識技能に関する試験又は検定の結果についての処分

⑫ この法律に基づく処分（第5章第1節第1款の規定に基づく処分を除く。）

2 国の機関又は地方公共団体その他の公共団体若しくはその機関に対する処分で、これらの機関又は団体がその固有の資格において当該処分の相手方となるもの及びその不作為については、この法律の規定は、適用しない。〓29-14-3

第8条（特別の不服申立ての制度）

前条の規定は、同条の規定により審査請求をすることができない処分又は不作為につき、別に法令で当該処分又は不作為の性質に応じた不服申立ての制度を設けることを妨げない。〓20-15-5

第2章　審査請求

第1節　審査庁及び審理関係人

第9条（審理員）

1 第4条又は他の法律若しくは条例の規定により審査請求がされた行政庁（第14条の規定により引継ぎを受けた行政庁を含む。以下「審査庁」という。）は、審査庁に所属する職員（第17条に規定する名簿を作成した場合にあっては、当該名簿に記載されている者）のうちから第3節に規定する審理手続（この節に規定する手続を含む。）を行う者を指名するとともに、その旨を審査請求人及び処分庁等（審査庁以外の処分庁等に限る。）に通知しなければならない。ただし、次の各号のいずれかに掲げる機関が審査庁である場合若しくは条例に基づく処分について条例に特別の定めがある場合又は第24条の規定により当該審査請求を却下する場合は、この限りでない。〓28-15-1・2

① 内閣府設置法第49条第1項若しくは第2項又は国家行政組織法第3条第2項に規定する委員会

② 内閣府設置法第37条若しくは第54条又は国家行政組織法第8条に規定する機関

③ 地方自治法第138条の4第1項に規定する委員会若しくは委員又は同条第3項に規定する機関

2 審査庁が前項の規定により指名する者は、次に掲げる者以外の者でなければならない。

① 審査請求に係る処分若しくは当該処分に係る再調査の請求についての決定に関与した者又は審査請求に係る不作為に係る処分に関与し、若しくは関与することとなる者

② 審査請求人

③ 審査請求人の配偶者、4親等内の親族又

22

は同居の親族

④　審査請求人の代理人

⑤　前二号に掲げる者であった者

⑥　審査請求人の後見人、後見監督人、保佐人、保佐監督人、補助人又は補助監督人

⑦　第13条第1項に規定する利害関係人

3　審査庁が第1項各号に掲げる機関である場合又は同項ただし書の特別の定めがある場合においては、別表第一の上欄に掲げる規定の適用については、これらの規定中同表の中欄に掲げる字句は、それぞれ同表の下欄に掲げる字句に読み替えるものとし、第17条、第40条、第42条及び第50条第2項の規定は、適用しない。

4　前項に規定する場合において、審査庁は、必要があると認めるときは、その職員（第2項各号（第1項各号に掲げる機関の構成員にあっては、第1号を除く。）に掲げる者以外の者に限る。）に、前項において読み替えて適用する第31条第1項の規定による審査請求人若しくは第13条第4項に規定する参加人の意見の陳述を聴かせ、前項において読み替えて適用する第34条の規定による参考人の陳述を聴かせ、同項において読み替えて適用する第35条第1項の規定による検証をさせ、前項において読み替えて適用する第36条の規定による第28条に規定する審理関係人に対する質問をさせ、又は同項において読み替えて適用する第37条第1項若しくは第2項の規定による意見の聴取を行わせることができる。

第10条（法人でない社団又は財団の審査請求）

法人でない社団又は財団で代表者又は管理人の定めがあるものは、その名で審査請求をすることができる。過29-15-1

第11条（総代）

1　多数人が共同して審査請求をしようとするときは、3人を超えない総代を互選することができる。過2-14-オ

2　共同審査請求人が総代を互選しない場合において、必要があると認めるときは、第9条第1項の規定により指名された者（以下「審理員」という。）は、総代の互選を命ずることができる。

3　総代は、各自、他の共同審査請求人のために、審査請求の取下げを除き、当該審査請求に関する一切の行為をすることができる。過29-15-5

4　総代が選任されたときは、共同審査請求人は、総代を通じてのみ、前項の行為をするこ

とができる。過2-14-オ

5　共同審査請求人に対する行政庁の通知その他の行為は、2人以上の総代が選任されている場合においても、1人の総代に対してすれば足りる。

6　共同審査請求人は、必要があると認める場合には、総代を解任することができる。

第12条（代理人による審査請求）

1　審査請求は、代理人によってすることができる。過22-14-2、30-15-ア

2　前項の代理人は、各自、審査請求人のために、当該審査請求に関する一切の行為をすることができる。ただし、審査請求の取下げは、特別の委任を受けた場合に限り、することができる。過22-14-3、29-15-4、30-15-ア

第13条（参加人）

1　利害関係人（審査請求人以外の者であって審査請求に係る処分又は不作為に係る処分の根拠となる法令に照らし当該処分につき利害関係を有するものと認められる者をいう。以下同じ。）は、審理員の許可を得て、当該審査請求に参加することができる。過25-14-4、30-15-オ、2-14-エ

2　審理員は、必要があると認める場合には、利害関係人に対し、当該審査請求に参加することを求めることができる。

3　審査請求への参加は、代理人によってすることができる。

4　前項の代理人は、各自、第1項又は第2項の規定により当該審査請求に参加する者（以下「参加人」という。）のために、当該審査請求への参加に関する一切の行為をすることができる。ただし、審査請求への参加の取下げは、特別の委任を受けた場合に限り、することができる。

第14条（行政庁が裁決をする権限を有しなくなった場合の措置）

行政庁が審査請求がされた後法令の改廃により当該審査請求につき裁決をする権限を有しなくなったときは、当該行政庁は、第19条に規定する審査請求書又は第21条第2項に規定する審査請求録取書及び関係書類その他の物件を新たに当該審査請求につき裁決をする権限を有することとなった行政庁に引き継がなければならない。この場合において、その引継ぎを受けた行政庁は、速やかに、その旨を審査請求人及び参加人に通知しなければならない。

第15条（審理手続の承継）

1 審査請求人が死亡したときは、相続人その他法令により審査請求の目的である処分に係る権利を承継した者は、審査請求人の地位を**承継する**。過19-14-5、30-15-エ

2 審査請求人について合併又は分割（審査請求の目的である処分に係る権利を承継させるものに限る。）があったときは、合併後存続する法人その他の社団若しくは財団若しくは合併により設立された法人その他の社団若しくは財団又は分割により当該権利を承継した法人は、審査請求人の地位を承継する。

3 前二項の場合には、審査請求人の地位を承継した相続人その他の者又は法人その他の社団若しくは財団は、書面でその旨を審査庁に届け出なければならない。この場合には、届出書には、死亡若しくは分割による権利の承継又は合併の事実を証する書面を添付しなければならない。

4 第1項又は第2項の場合において、前項の規定による届出がされるまでの間において、死亡者又は合併前の法人その他の社団若しくは財団若しくは分割をした法人に宛ててされた通知が審査請求人の地位を承継した相続人その他の者又は合併後の法人その他の社団若しくは財団若しくは分割により審査請求人の地位を承継した法人に到達したときは、当該通知は、これらの者に対する通知としての効力を有する。

5 第1項の場合において、審査請求人の地位を承継した相続人その他の者が2人以上あるときは、その1人に対する通知その他の行為は、全員に対してされたものとみなす。

6 審査請求の目的である処分に係る権利を譲り受けた者は、審査庁の許可を得て、審査請求人の地位を承継することができる。過2-14-ア

第16条（標準審理期間）

第4条又は他の法律若しくは条例の規定により審査庁となるべき行政庁（以下「審査庁となるべき行政庁」という。）は、審査請求がその事務所に到達してから当該審査請求に対する裁決をするまでに通常要すべき標準的な期間を定めるよう**努める**とともに、これを定めたときは、当該審査庁となるべき行政庁及び関係処分庁（当該審査請求の対象となるべき処分の権限を有する行政庁であって当該審査庁となるべき行政庁以外のものをいう。次条において同じ。）の事務所における備付けその他の適当な方法により**公にしておかなければならない**。過30-15-イ

第17条（審理員となるべき者の名簿）

審査庁となるべき行政庁は、審理員となるべき者の名簿を作成するよう**努める**とともに、これを作成したときは、当該審査庁となるべき行政庁及び関係処分庁の事務所における備付けその他の適当な方法により**公にしておかなければならない**。過28-15-2

第2節 審査請求の手続

第18条（審査請求期間）

1 処分についての審査請求は、処分があったことを知った日の翌日から起算して**3月**（当該処分について再調査の請求をしたときは、当該再調査の請求についての決定があったことを知った日の翌日から起算して**1月**）を経過したときは、することができない。ただし、**正当な理由**があるときは、この限りでない。過30-16-ア、2-14-イ

2 処分についての審査請求は、処分（当該処分について再調査の請求をしたときは、当該再調査の請求についての決定）があった日の翌日から起算して**1年**を経過したときは、することができない。ただし、**正当な理由**があるときは、この限りでない。過2-14-イ

3 次条に規定する審査請求書を郵便又は民間事業者による信書の送達に関する法律第2条第6項に規定する一般信書便事業者若しくは同条第9項に規定する特定信書便事業者による同条第2項に規定する信書便で提出した場合における前二項に規定する期間（以下「審査請求期間」という。）の計算については、送付に要した日数は、算入しない。

第19条（審査請求書の提出）

1 審査請求は、他の法律（条例に基づく処分については、条例）に口頭ですることができる旨の定めがある場合を除き、政令で定めるところにより、**審査請求書を提出してしなければならない**。過22-14-1、3-16-イ

2 処分についての審査請求書には、次に掲げる事項を記載しなければならない。

① 審査請求人の氏名又は名称及び住所又は居所

② 審査請求に係る処分の内容

③ 審査請求に係る処分（当該処分について再調査の請求についての決定を経たときは、当該決定）があったことを知った年月日

④ 審査請求の**趣旨及び理由**

⑤　処分庁の教示の有無及びその内容
⑥　審査請求の年月日
3　不作為についての審査請求書には、次に掲げる事項を記載しなければならない。
①　審査請求人の氏名又は名称及び住所又は居所
②　当該不作為に係る処分についての申請の内容及び年月日
③　審査請求の年月日
4　審査請求人が、法人その他の社団若しくは財団である場合、総代を互選した場合又は代理人によって審査請求をする場合には、審査請求書には、第2項各号又は前項各号に掲げる事項のほか、その代表者若しくは管理人、総代又は代理人の氏名及び住所又は居所を記載しなければならない。
5　処分についての審査請求書には、第2項及び前項に規定する事項のほか、次の各号に掲げる場合においては、当該各号に定める事項を記載しなければならない。
①　第5条第2項第1号の規定により再調査の請求についての決定を経ないで審査請求をする場合　再調査の請求をした年月日
②　第5条第2項第2号の規定により再調査の請求についての決定を経ないで審査請求をする場合　その決定を経ないことについての正当な理由
③　審査請求期間の経過後において審査請求をする場合　前条第1項ただし書又は第2項ただし書に規定する正当な理由

第20条（口頭による審査請求）

　口頭で審査請求をする場合には、前条第2項から第5項までに規定する事項を陳述しなければならない。この場合において、陳述を受けた行政庁は、その陳述の内容を録取し、これを陳述人に読み聞かせて誤りのないことを確認しなければならない。

第21条（処分庁等を経由する審査請求）

1　審査請求をすべき行政庁が処分庁等と異なる場合における審査請求は、処分庁等を経由してすることができる。この場合において、審査請求人は、処分庁等に審査請求書を提出し、又は処分庁等に対し第19条第2項から第5項までに規定する事項を陳述するものとする。過19-14-1、元-15-1
2　前項の場合には、処分庁等は、直ちに、審査請求書又は審査請求録取書（前条後段の規定により陳述の内容を録取した書面をいう。第29条第1項及び第55条において同じ。）を

審査庁となるべき行政庁に送付しなければならない。
3　第1項の場合における審査請求期間の計算については、処分庁に審査請求書を提出し、又は処分庁に対し当該事項を陳述した時に、処分についての審査請求があったものとみなす。

第22条（誤った教示をした場合の救済）

1　審査請求をすることができる処分につき、処分庁が誤って審査請求をすべき行政庁でない行政庁を審査請求をすべき行政庁として教示した場合において、その教示された行政庁に書面で審査請求がされたときは、当該行政庁は、速やかに、審査請求書を処分庁又は審査庁となるべき行政庁に送付し、かつ、その旨を審査請求人に通知しなければならない。過26-15-イ
2　前項の規定により処分庁に審査請求書が送付されたときは、処分庁は、速やかに、これを審査庁となるべき行政庁に送付し、かつ、その旨を審査請求人に通知しなければならない。
3　第1項の処分のうち、再調査の請求をすることができない処分につき、処分庁が誤って再調査の請求をすることができる旨を教示した場合において、当該処分庁に再調査の請求がされたときは、処分庁は、速やかに、再調査の請求書（第61条において読み替えて準用する第19条に規定する再調査の請求書をいう。以下この条において同じ。）又は再調査の請求録取書（第61条において準用する第20条後段の規定により陳述の内容を録取した書面をいう。以下この条において同じ。）を審査庁となるべき行政庁に送付し、かつ、その旨を再調査の請求人に通知しなければならない。
4　再調査の請求をすることができる処分につき、処分庁が誤って審査請求をすることができる旨を教示しなかった場合において、当該処分庁に再調査の請求がされた場合であって、再調査の請求人から申立てがあったときは、処分庁は、速やかに、再調査の請求書又は再調査の請求録取書及び関係書類その他の物件を審査庁となるべき行政庁に送付しなければならない。この場合において、その送付を受けた行政庁は、速やかに、その旨を再調査の請求人及び第61条において読み替えて準用する第13条第1項又は第2項の規定により当該再調査の請求に参加する者に通知しなけ

行政不服審査法

ればならない。

5 前各項の規定により審査請求書又は再調査の請求書若しくは再調査の請求録取書が審査庁となるべき行政庁に送付されたときは、初めから審査庁となるべき行政庁に審査請求がされたものと**みなす**。

第23条（審査請求書の補正）
審査請求書が第19条の規定に違反する場合には、審査庁は、**相当の期間**を定め、その期間内に不備を**補正**すべきことを命じなければならない。過18-14-4

第24条（審理手続を経ないでする却下裁決）
1 前条の場合において、審査請求人が同条の期間内に不備を補正しないときは、審査庁は、次節に規定する審理手続を経ないで、第45条第1項又は第49条第1項の規定に基づき、裁決で、当該審査請求を**却下**することができる。

2 審査請求が不適法であって補正することができないことが明らかなときも、前項と同様とする。

第25条（執行停止）
1 審査請求は、処分の効力、処分の執行又は手続の続行を**妨げない**。過19-15、27-15-4

2 処分庁の上級行政庁又は処分庁である審査庁は、必要があると認める場合には、審査請求人の申立てにより又は**職権**で、処分の効力、処分の執行又は手続の続行の全部又は一部の停止その他の措置（以下「執行停止」という。）をとることができる。過18-15-5、19-15、3-14-5、3-16-オ

3 処分庁の上級行政庁又は処分庁のいずれでもない審査庁は、必要があると認める場合には、審査請求人の申立てにより、処分庁の意見を聴取した上、執行停止をすることができる。ただし、処分の効力、処分の執行又は手続の続行の全部又は一部の停止以外の措置をとることはできない。過19-15、29-16-1

4 前二項の規定による審査請求人の申立てがあった場合において、処分、処分の執行又は手続の続行により生ずる**重大な損害**を避けるために緊急の必要があると認めるときは、審査庁は、執行停止をしなければならない。ただし、**公共の福祉**に重大な影響を及ぼすおそれがあるとき、又は本案について**理由がない**とみえるときは、この限りでない。過18-15-1・2、29-16-2、3-14-1

5 審査庁は、前項に規定する重大な損害を生ずるか否かを判断するに当たっては、損害の

回復の困難の程度を考慮するものとし、損害の性質及び程度並びに処分の内容及び性質をも勘案するものとする。

6 第2項から第4項までの場合において、処分の効力の停止は、処分の効力の停止以外の措置によって目的を達することができるときは、することができない。過27-17-4、29-16-5

7 執行停止の申立てがあったとき、又は審理員から第40条に規定する執行停止をすべき旨の意見書が提出されたときは、審査庁は、**速やかに**、執行停止をするかどうかを決定しなければならない。過3-14-3

第26条（執行停止の取消し）
執行停止をした後において、執行停止が**公共の福祉**に重大な影響を及ぼすことが明らかとなったとき、その他**事情が変更**したときは、審査庁は、その執行停止を取り消すことができる。過29-16-4、30-16-イ、3-14-2

第27条（審査請求の取下げ）
1 審査請求人は、裁決があるまでは、いつでも審査請求を取り下げることができる。過22-15-1

2 審査請求の取下げは、**書面**でしなければならない。

第3節 審理手続
第28条（審理手続の計画的進行）
審査請求人、参加人及び処分庁等（以下「審理関係人」という。）並びに審理員は、簡易迅速かつ公正な審理の実現のため、審理において、相互に協力するとともに、審理手続の計画的な進行を図らなければならない。

第29条（弁明書の提出）
1 審理員は、審査庁から指名されたときは、**直ちに**、審査請求書又は審査請求録取書の写しを処分庁等に送付しなければならない。ただし、処分庁等が審査庁である場合には、この限りでない。

2 審理員は、**相当の期間**を定めて、処分庁等に対し、弁明書の提出を求めるものとする。

3 処分庁等は、前項の弁明書に、次の各号の区分に応じ、当該各号に定める事項を記載しなければならない。
① 処分についての審査請求に対する弁明書 処分の内容及び理由
② 不作為についての審査請求に対する弁明書 処分をしていない理由並びに予定される処分の時期、内容及び理由

4 処分庁が次に掲げる書面を保有する場合に

は、前項第1号に掲げる弁明書にこれを添付するものとする。

① 行政手続法第24条第1項の調書及び同条第3項の報告書

② 行政手続法第29条第1項に規定する弁明書

5 審理員は、処分庁等から弁明書の提出があったときは、これを審査請求人及び参加人に送付しなければならない。

第30条（反論書等の提出）

1 審査請求人は、前条第5項の規定により送付された弁明書に記載された事項に対する反論を記載した書面（以下「反論書」という。）を提出することができる。この場合において、審理員が、反論書を提出すべき相当の期間を定めたときは、その期間内にこれを提出しなければならない。過29-15-3

2 参加人は、審査請求に係る事件に関する意見を記載した書面（第40条及び第42条第1項を除き、以下「意見書」という。）を提出することができる。この場合において、審理員が、意見書を提出すべき相当の期間を定めたときは、その期間内にこれを提出しなければならない。

3 審理員は、審査請求人から反論書の提出があったときはこれを参加人及び処分庁等に、参加人から意見書の提出があったときはこれを審査請求人及び処分庁等に、それぞれ送付しなければならない。

第31条（口頭意見陳述）

1 審査請求人又は参加人の申立てがあった場合には、審理員は、当該申立てをした者（以下この条及び第41条第2項第2号において「申立人」という。）に口頭で審査請求に係る事件に関する意見を述べる機会を与えなければならない。ただし、当該申立人の所在その他の事情により当該意見を述べる機会を与えることが困難であると認められる場合には、この限りでない。過18-14-2、27-15-1、30-15-ウ、元-15-4、2-14-エ、3-15-5

2 前項本文の規定による意見の陳述（以下「口頭意見陳述」という。）は、審理員が期日及び場所を指定し、全ての審理関係人を招集してさせるものとする。

3 口頭意見陳述において、申立人は、審理員の許可を得て、補佐人とともに出頭することができる。過23-14-4

4 口頭意見陳述において、審理員は、申立人のする陳述が事件に関係のない事項にわたる

場合その他相当でない場合には、これを制限することができる。

5 口頭意見陳述に際し、申立人は、審理員の許可を得て、審査請求に係る事件に関し、処分庁等に対して、質問を発することができる。

第32条（証拠書類等の提出）

1 審査請求人又は参加人は、証拠書類又は証拠物を提出することができる。過2-14-エ

2 処分庁等は、当該処分の理由となる事実を証する書類その他の物件を提出することができる。

3 前二項の場合において、審理員が、証拠書類若しくは証拠物又は書類その他の物件を提出すべき相当の期間を定めたときは、その期間内にこれを提出しなければならない。

第33条（物件の提出要求）

審理員は、審査請求人若しくは参加人の申立てにより又は職権で、書類その他の物件の所持人に対し、相当の期間を定めて、その物件の提出を求めることができる。この場合において、審理員は、その提出された物件を留め置くことができる。

第34条（参考人の陳述及び鑑定の要求）

審理員は、審査請求人若しくは参加人の申立てにより又は職権で、適当と認める者に、参考人としてその知っている事実の陳述を求め、又は鑑定を求めることができる。

第35条（検証）

1 審理員は、審査請求人若しくは参加人の申立てにより又は職権で、必要な場所につき、検証をすることができる。

2 審理員は、審査請求人又は参加人の申立てにより前項の検証をしようとするときは、あらかじめ、その日時及び場所を当該申立てをした者に通知し、これに立ち会う機会を与えなければならない。

第36条（審理関係人への質問）

審理員は、審査請求人若しくは参加人の申立てにより又は職権で、審査請求に係る事件に関し、審理関係人に質問することができる。

第37条（審理手続の計画的遂行）

1 審理員は、審査請求に係る事件について、審理すべき事項が多数であり又は錯綜しているなど事件が複雑であることその他の事情により、迅速かつ公正な審理を行うため、第31条から前条までに定める審理手続を計画的に遂行する必要があると認める場合には、期日及び場所を指定して、審理関係人を招集し、

あらかじめ、これらの審理手続の申立てに関する意見の聴取を行うことができる。

2　審理員は、審理関係人が遠隔の地に居住している場合その他相当と認める場合には、政令で定めるところにより、審理員及び審理関係人が音声の送受信により通話をすることができる方法によって、前項に規定する意見の聴取を行うことができる。

3　審理員は、前二項の規定による意見の聴取を行ったときは、遅滞なく、第31条から前条までに定める審理手続の期日及び場所並びに第41条第1項の規定による審理手続の終結の予定時期を決定し、これらを審理関係人に通知するものとする。当該予定時期を変更したときも、同様とする。

第38条（審査請求人等による提出書類等の閲覧等）

1　審査請求人又は参加人は、第41条第1項又は第2項の規定により審理手続が終結するまでの間、審理員に対し、提出書類等（第29条第4項各号に掲げる書面又は第32条第1項若しくは第2項若しくは第33条の規定により提出された書類その他の物件をいう。次項において同じ。）の閲覧（電磁的記録（電子的方式、磁気的方式その他人の知覚によっては認識することができない方式で作られる記録であって、電子計算機による情報処理の用に供されるものをいう。以下同じ。）にあっては、記録された事項を審査庁が定める方法により表示したものの閲覧）又は当該書面若しくは当該書類の写し若しくは当該電磁的記録に記録された事項を記載した書面の交付を求めることができる。この場合において、審理員は、第三者の利益を害するおそれがあると認めるとき、その他正当な理由があるときでなければ、その閲覧又は交付を拒むことができない。

2　審理員は、前項の規定による閲覧をさせ、又は同項の規定による交付をしようとするときは、当該閲覧又は交付に係る提出書類等の提出人の意見を聴かなければならない。ただし、審理員が、その必要がないと認めるときは、この限りでない。

3　審理員は、第1項の規定による閲覧について、日時及び場所を指定することができる。

4　第1項の規定による交付を受ける審査請求人又は参加人は、政令で定めるところにより、実費の範囲内において政令で定める額の手数料を納めなければならない。

5　審理員は、経済的困難その他特別の理由があると認めるときは、政令で定めるところにより、前項の手数料を減額し、又は免除することができる。

6　地方公共団体（都道府県、市町村及び特別区並びに地方公共団体の組合に限る。以下同じ。）に所属する行政庁が審査庁である場合における前二項の規定の適用については、これらの規定中「政令」とあるのは、「条例」とし、国又は地方公共団体に所属しない行政庁が審査庁である場合におけるこれらの規定の適用については、これらの規定中「政令で」とあるのは、「審査庁が」とする。

第39条（審理手続の併合又は分離）

審理員は、必要があると認める場合には、数個の審査請求に係る審理手続を併合し、又は併合された数個の審査請求に係る審理手続を分離することができる。

第40条（審理員による執行停止の意見書の提出）

審理員は、必要があると認める場合には、審査庁に対し、執行停止をすべき旨の意見書を提出することができる。過28-15-3、29-16-3、3-14-3

第41条（審理手続の終結）

1　審理員は、必要な審理を終えたと認めるときは、審理手続を終結するものとする。

2　前項に定めるもののほか、審理員は、次の各号のいずれかに該当するときは、審理手続を終結することができる。

① 次のイからホまでに掲げる規定の相当の期間内に、当該イからホまでに定める物件が提出されない場合において、更に一定の期間を示して、当該物件の提出を求めたにもかかわらず、当該提出期間内に当該物件が提出されなかったとき。

イ　第29条第2項　弁明書

ロ　第30条第1項後段　反論書

ハ　第30条第2項後段　意見書

ニ　第32条第3項　証拠書類若しくは証拠物又は書類その他の物件

ホ　第33条前段　書類その他の物件

② 申立人が、正当な理由なく、口頭意見陳述に出頭しないとき。

3　審理員が前二項の規定により審理手続を終結したときは、速やかに、審理関係人に対し、審理手続を終結した旨並びに次条第1項に規定する審理員意見書及び事件記録（審査請求書、弁明書その他審査請求に係る事件に

関する書類その他の物件のうち政令で定めるものをいう。同条第2項及び第43条第2項において同じ。）を審査庁に提出する予定時期を通知するものとする。当該予定時期を変更したときも、同様とする。

第42条（審理員意見書）

1 審理員は、審理手続を終結したときは、遅滞なく、審査庁がすべき裁決に関する意見書（以下「審理員意見書」という。）を作成しなければならない。週28-15-4

2 審理員は、審理員意見書を作成したときは、速やかに、これを事件記録とともに、審査庁に提出しなければならない。

第4節　行政不服審査会等への諮問

第43条

1 審査庁は、審理員意見書の提出を受けたときは、次の各号のいずれかに該当する場合を除き、審査庁が主任の大臣又は宮内庁長官若しくは内閣府設置法第49条第1項若しくは第2項若しくは国家行政組織法第3条第2項に規定する庁の長である場合にあっては行政不服審査会に、審査庁が地方公共団体の長（地方公共団体の組合にあっては、長、管理者又は理事会）である場合にあっては第81条第1項又は第2項の機関に、それぞれ諮問しなければならない。週28-15-5

① 審査請求に係る処分をしようとするときに他の法律又は政令（条例に基づく処分については、条例）に第9条第1項各号に掲げる機関若しくは地方公共団体の議会又はこれらの機関に類するものとして政令で定めるもの（以下「審議会等」という。）の議を経るべき旨又は経ることができる旨の定めがあり、かつ、当該議を経て当該処分がされた場合

② 裁決をしようとするときに他の法律又は政令（条例に基づく処分については、条例）に第9条第1項各号に掲げる機関若しくは地方公共団体の議会又はこれらの機関に類するものとして政令で定めるものの議を経るべき旨又は経ることができる旨の定めがあり、かつ、当該議を経て裁決をしようとする場合

③ 第46条第3項又は第49条第4項の規定により審議会等の議を経て裁決をしようとする場合

④ 審査請求人から、行政不服審査会又は第81条第1項若しくは第2項の機関（以下「行政不服審査会等」という。）への諮問を

希望しない旨の申出がされている場合（参加人から、行政不服審査会等に諮問しないことについて反対する旨の申出がされている場合を除く。）

⑤ 審査請求が、行政不服審査会等によって、国民の権利利益及び行政の運営に対する影響の程度その他当該事件の性質を勘案して、諮問を要しないものと認められたものである場合

⑥ 審査請求が不適法であり、却下する場合

⑦ 第46条第1項の規定により審査請求に係る処分（法令に基づく申請を却下し、又は棄却する処分及び事実上の行為を除く。）の全部を取り消し、又は第47条第1号若しくは第2号の規定により審査請求に係る事実上の行為の全部を撤廃すべき旨を命じ、若しくは撤廃することとする場合（当該処分の全部を取り消すこと又は当該事実上の行為の全部を撤廃すべき旨を命じ、若しくは撤廃することについて反対する旨の意見書が提出されている場合及び口頭意見陳述においてその旨の意見が述べられている場合を除く。）

⑧ 第46条第2項各号又は第49条第3項各号に定める措置（法令に基づく申請の全部を認容すべき旨を命じ、又は認容するものに限る。）をとることとする場合（当該申請の全部を認容することについて反対する旨の意見書が提出されている場合及び口頭意見陳述においてその旨の意見が述べられている場合を除く。）

2 前項の規定による諮問は、審理員意見書及び事件記録の写しを添えてしなければならない。

3 第1項の規定により諮問をした審査庁は、審理関係人（処分庁等が審査庁である場合にあっては、審査請求人及び参加人）に対し、当該諮問をした旨を通知するとともに、審理員意見書の写しを送付しなければならない。

第5節　裁決

第44条（裁決の時期）

審査庁は、行政不服審査会等から諮問に対する答申を受けたとき（前条第1項の規定による諮問を要しない場合（同項第2号又は第3号に該当する場合を除く。）にあっては審理員意見書が提出されたとき、同項第2号又は第3号に該当する場合にあっては同項第2号又は第3号に規定する議を経たとき）は、遅滞なく、裁決をしなければならない。

第45条～第49条

第45条（処分についての審査請求の却下又は棄却）

1　処分についての審査請求が法定の期間経過後にされたものである場合その他不適法である場合には、審査庁は、裁決で、当該審査請求を却下する。

2　処分についての審査請求が理由がない場合には、審査庁は、裁決で、当該審査請求を棄却する。

3　審査請求に係る処分が違法又は不当ではあるが、これを取り消し、又は撤廃することにより公の利益に著しい障害を生ずる場合において、審査請求人の受ける損害の程度、その損害の賠償又は防止の程度及び方法その他一切の事情を考慮した上、処分を取り消し、又は撤廃することが公共の福祉に適合しないと認めるときは、審査庁は、裁決で、当該審査請求を棄却することができる。この場合には、審査庁は、裁決の主文で、当該処分が違法又は不当であることを宣言しなければならない。過20-18-4、24-15-5、27-14-5、元-14-エ

第46条（処分についての審査請求の認容）

1　処分（事実上の行為を除く。以下この条及び第48条において同じ。）についての審査請求が理由がある場合（前条第3項の規定の適用がある場合を除く。）には、審査庁は、裁決で、当該処分の全部若しくは一部を取り消し、又はこれを変更する。ただし、審査庁が処分庁の上級行政庁又は処分庁のいずれでもない場合には、当該処分を変更することはできない。過22-15-3、28-16-2

2　前項の規定により法令に基づく申請を却下し、又は棄却する処分の全部又は一部を取り消す場合において、次の各号に掲げる審査庁は、当該申請に対して一定の処分をすべきものと認めるときは、当該各号に定める措置をとる。過28-16-4

① 処分庁の上級行政庁である審査庁　当該処分庁に対し、当該処分をすべき旨を命ずること。

② 処分庁である審査庁　当該処分をすること。

3　前項に規定する一定の処分に関し、第43条第1項第1号に規定する議を経るべき旨の定めがある場合において、審査庁が前項各号に定める措置をとるために必要があると認めるときは、審査庁は、当該定めに係る審議会等の議を経ることができる。

4　前項に規定する定めがある場合のほか、第2項に規定する一定の処分に関し、他の法令に関係行政機関との協議の実施その他の手続をとるべき旨の定めがある場合において、審査庁が同項各号に定める措置をとるために必要があると認めるときは、審査庁は、当該手続をとることができる。

第47条

事実上の行為についての審査請求が理由がある場合（第45条第3項の規定の適用がある場合を除く。）には、審査庁は、裁決で、当該事実上の行為が違法又は不当である旨を宣言するとともに、次の各号に掲げる審査庁の区分に応じ、当該各号に定める措置をとる。ただし、審査庁が処分庁の上級行政庁以外の審査庁である場合には、当該事実上の行為を変更すべき旨を命ずることはできない。

① 処分庁以外の審査庁　当該処分庁に対し、当該事実上の行為の全部若しくは一部を撤廃し、又はこれを変更すべき旨を命ずること。過22-15-2

② 処分庁である審査庁　当該事実上の行為の全部若しくは一部を撤廃し、又はこれを変更すること。

第48条（不利益変更の禁止）

第46条第1項本文又は前条の場合において、審査庁は、審査請求人の不利益に当該処分を変更し、又は当該事実上の行為を変更すべき旨を命じ、若しくはこれを変更することはできない。過18-26-1、19-14-4、21-14-5、27-14-3、28-16-2、3-16-ウ

第49条（不作為についての審査請求の裁決）

1　不作為についての審査請求が当該不作為に係る処分についての申請から相当の期間が経過しないでされたものである場合その他不適法である場合には、審査庁は、裁決で、当該審査請求を却下する。過2-16-ア

2　不作為についての審査請求が理由がない場合には、審査庁は、裁決で、当該審査請求を棄却する。過2-16-イ

3　不作為についての審査請求が理由がある場合には、審査庁は、裁決で、当該不作為が違法又は不当である旨を宣言する。この場合において、次の各号に掲げる審査庁は、当該申請に対して一定の処分をすべきものと認めるときは、当該各号に定める措置をとる。過2-16-ウ

① 不作為庁の上級行政庁である審査庁　当該不作為庁に対し、当該処分をすべき旨を

30

命ずること。 過22-15-4、28-16-5

② 不作為庁である審査庁 当該処分をすること。

4 審査請求に係る不作為に係る処分に関し、第43条第1項第1号に規定する議を経るべき旨の定めがある場合において、審査庁が前項各号に定める措置をとるために必要があると認めるときは、審査庁は、当該定めに係る審議会等の議を経ることができる。

5 前項に規定する定めがある場合のほか、審査請求に係る不作為に係る処分に関し、他の法令に関係行政機関との協議の実施その他の手続をとるべき旨の定めがある場合において、審査庁が第3項各号に定める措置をとるために必要があると認めるときは、審査庁は、当該手続をとることができる。

第50条（裁決の方式）

1 裁決は、次に掲げる事項を記載し、審査庁が記名押印した**裁決書**によりしなければならない。
　① 主文
　② 事案の概要
　③ 審理関係人の主張の要旨
　④ **理由**（第1号の主文が審理員意見書又は行政不服審査会等若しくは審議会等の答申書と異なる内容である場合には、異なることとなった理由を含む。）過18-14-5、21-14-1・3、24-14-5、26-14-3、28-16-1、3-16-エ

2 第43条第1項の規定による行政不服審査会等への諮問を要しない場合には、前項の裁決書には、審理員意見書を添付しなければならない。

3 審査庁は、再審査請求をすることができる裁決をする場合には、裁決書に再審査請求をすることができる旨並びに再審査請求をすべき行政庁及び**再審査請求期間**（第62条に規定する期間をいう。）を記載して、これらを教示しなければならない。

第51条（裁決の効力発生）

1 裁決は、審査請求人（当該審査請求が処分の相手方以外の者のしたものである場合における第46条第1項及び第47条の規定による裁決にあっては、審査請求人及び処分の相手方）に送達された時に、その効力を生ずる。

2 裁決の送達は、送達を受けるべき者に裁決書の謄本を送付することによってする。ただし、送達を受けるべき者の所在が知れない場合その他裁決書の謄本を送付することができ

ない場合には、公示の方法によってすることができる。

3 公示の方法による送達は、審査庁が裁決書の謄本を保管し、いつでもその送達を受けるべき者に交付する旨を当該審査庁の掲示場に掲示し、かつ、その旨を官報その他の公報又は新聞紙に少なくとも1回掲載してするものとする。この場合において、その掲示を始めた日の翌日から起算して**2週間**を経過した時に裁決書の謄本の送付があったものとみなす。

4 審査庁は、裁決書の謄本を参加人及び処分庁等（審査庁以外の処分庁等に限る。）に送付しなければならない。

第52条（裁決の拘束力）

1 裁決は、関係行政庁を拘束する。過22-15-5、元-14-イ

2 申請に基づいてした処分が手続の違法若しくは不当を理由として裁決で取り消され、又は申請を却下し、若しくは棄却した処分が裁決で取り消された場合には、処分庁は、**裁決の趣旨**に従い、改めて申請に対する処分をしなければならない。

3 法令の規定により公示された処分が裁決で取り消され、又は変更された場合には、処分庁は、当該処分が取り消され、又は変更された旨を**公示**しなければならない。

4 法令の規定により処分の相手方以外の利害関係人に通知された処分が裁決で取り消され、又は変更された場合には、処分庁は、その通知を受けた者（審査請求人及び参加人を除く。）に、当該処分が取り消され、又は変更された旨を**通知**しなければならない。

第53条（証拠書類等の返還）

審査庁は、裁決をしたときは、速やかに、第32条第1項又は第2項の規定により提出された証拠書類若しくは証拠物又は書類その他の物件及び第33条の規定による提出要求に応じて提出された書類その他の物件をその提出人に返還しなければならない。

第3章　再調査の請求

第54条（再調査の請求期間）

1 再調査の請求は、処分があったことを知った日の翌日から起算して**3月**を経過したときは、することができない。ただし、正当な理由があるときは、この限りでない。

2 再調査の請求は、処分があった日の翌日から起算して**1年**を経過したときは、すること

第55条〜第62条

ができない。ただし、正当な理由があるとき
は、この限りでない。

第55条（誤った教示をした場合の救済）

1 再調査の請求をすることができる処分につ
き、処分庁が誤って再調査の請求をすること
ができる旨を教示しなかった場合において、
審査請求がされた場合であって、審査請求人
から申立てがあったときは、審査庁は、速や
かに、審査請求書又は審査請求録取書を処分
庁に送付しなければならない。ただし、審査
請求人に対し弁明書が送付された後におい
ては、この限りでない。

2 前項本文の規定により審査請求書又は審
査請求録取書の送付を受けた処分庁は、速やか
に、その旨を審査請求人及び参加人に通知し
なければならない。

3 第1項本文の規定により審査請求書又は審
査請求録取書が処分庁に送付されたときは、
初めから処分庁に再調査の請求がされたもの
とみなす。

**第56条（再調査の請求についての決定を経ずに
審査請求がされた場合）**

第5条第2項ただし書の規定により審査請求
がされたときは、同項の再調査の請求は、取り
下げられたものとみなす。ただし、処分庁にお
いて当該審査請求がされた日以前に再調査の請
求に係る処分（事実上の行為を除く。）を取り
消す旨の第60条第1項の決定書の謄本を発して
いる場合又は再調査の請求に係る事実上の行為
を撤廃している場合は、当該審査請求（処分
（事実上の行為を除く。）の一部を取り消す旨の
第59条第1項の決定がされている場合又は事実
上の行為の一部が撤廃されている場合にあって
は、その部分に限る。）が取り下げられたもの
とみなす。

第57条（3月後の教示）

処分庁は、再調査の請求がされた日（第61条
において読み替えて準用する第23条の規定によ
り不備を補正すべきことを命じた場合にあって
は、当該不備が補正された日）の翌日から起算
して3月を経過しても当該再調査の請求が係属
しているときは、遅滞なく、当該処分について
直ちに審査請求をすることができる旨を書面で
その再調査の請求人に教示しなければならな
い。

第58条（再調査の請求の却下又は棄却の決定）

1 再調査の請求が法定の期間経過後にされた
ものである場合その他不適法である場合に
は、処分庁は、決定で、当該再調査の請求を

却下する。

2 再調査の請求が理由がない場合には、処分
庁は、決定で、当該再調査の請求を棄却す
る。

第59条（再調査の請求の認容の決定）

1 処分（事実上の行為を除く。）についての
再調査の請求が理由がある場合には、処分庁
は、決定で、当該処分の全部若しくは一部を
取り消し、又はこれを変更する。

2 事実上の行為についての再調査の請求が理
由がある場合には、処分庁は、決定で、当該
事実上の行為が違法又は不当である旨を宣言
するとともに、当該事実上の行為の全部若し
くは一部を撤廃し、又はこれを変更する。

3 処分庁は、前二項の場合において、再調査
の請求人の不利益に当該処分又は当該事実上
の行為を変更することはできない。

第60条（決定の方式）

1 前二条の決定は、主文及び理由を記載し、
処分庁が記名押印した決定書によりしなけれ
ばならない。

2 処分庁は、前項の決定書（再調査の請求に
係る処分の全部を取り消し、又は撤廃する決
定に係るものを除く。）に、再調査の請求に
係る処分につき審査請求をすることができる
旨（却下の決定である場合にあっては、当該
却下の決定が違法である場合に限り審査請求を
することができる旨）並びに審査請求をすべ
き行政庁及び審査請求期間を記載して、これら
を教示しなければならない。

第61条（審査請求に関する規定の準用）

第9条第4項、第10条から第16条まで、第18
条第3項、第19条（第3項並びに第5項第1号
及び第2号を除く。）、第20条、第23条、第24
条、第25条（第3項を除く。）、第26条、第27
条、第31条（第5項を除く。）、第32条（第2項
を除く。）、第39条、第51条及び第53条の規定
は、再調査の請求について準用する。この場合
において、別表第二の上欄に掲げる規定中同表
の中欄に掲げる字句は、それぞれ同表の下欄に
掲げる字句に読み替えるものとする。過28-14
-3・4・5、3-14-4、3-15-4・5

第4章　再審査請求

第62条（再審査請求期間）

1 再審査請求は、原裁決があったことを知っ
た日の翌日から起算して1月を経過したとき
は、することができない。ただし、正当な理
由があるときは、この限りでない。過2-15

-5

2 　再審査請求は、原裁決があった日の翌日から起算して**1年**を経過したときは、することができない。ただし、正当な理由があるときは、この限りでない。過2-15-5

第63条（裁決書の送付）

　第66条第1項において読み替えて準用する第11条第2項に規定する審理員又は第66条第1項において準用する第9条第1項各号に掲げる機関である再審査庁（他の法律の規定により再審査請求がされた行政庁（第66条第1項において読み替えて準用する第14条の規定により引継ぎを受けた行政庁を含む。）をいう。以下同じ。）は、原裁決をした行政庁に対し、原裁決に係る裁決書の送付を求めるものとする。

第64条（再審査請求の却下又は棄却の裁決）

1 　再審査請求が法定の期間経過後にされたものである場合その他不適法である場合には、再審査庁は、裁決で、当該再審査請求を却下する。

2 　再審査請求が理由がない場合には、再審査庁は、裁決で、当該再審査請求を棄却する。

3 　再審査請求に係る原裁決（審査請求を却下し、又は棄却したものに限る。）が違法又は不当である場合において、当該審査請求に係る処分が違法又は不当のいずれでもないときは、再審査庁は、裁決で、当該再審査請求を棄却する。過2-15-2

4 　前項に規定する場合のほか、再審査請求に係る原裁決等が違法又は不当ではあるが、これを取り消し、又は撤廃することにより公の利益に**著しい障害**を生ずる場合において、再審査請求人の受ける損害の程度、その損害の賠償又は防止の程度及び方法その他一切の事情を考慮した上、原裁決等を取り消し、又は撤廃することが公共の福祉に適合しないと認めるときは、再審査庁は、裁決で、当該再審査請求を**棄却**することができる。この場合には、再審査庁は、裁決の主文で、当該原裁決等が違法又は不当であることを宣言しなければならない。

第65条（再審査請求の認容の裁決）

1 　原裁決等（事実上の行為を除く。）についての再審査請求が理由がある場合（前条第3項に規定する場合及び同条第4項の規定の適用がある場合を除く。）には、再審査庁は、裁決で、当該原裁決等の全部又は一部を取り消す。

2 　事実上の行為についての再審査請求が理由がある場合（前条第4項の規定の適用がある場合を除く。）には、裁決で、当該事実上の行為が違法又は不当である旨を宣言するとともに、処分庁に対し、当該事実上の行為の全部又は一部を撤廃すべき旨を命ずる。

第66条（審査請求に関する規定の準用）

1 　第2章（第9条第3項、第18条（第3項を除く。）、第19条第3項並びに第5項第1号及び第2号、第22条、第25条第2項、第29条（第1項を除く。）、第30条第1項、第41条第2項第1号イ及びロ、第4節、第45条から第49条まで並びに第50条第3項を除く。）の規定は、再審査請求について準用する。この場合において、別表第三の上欄に掲げる規定中同表の中欄に掲げる字句は、それぞれ同表の下欄に掲げる字句に読み替えるものとする。

2 　再審査庁が前項において準用する第9条第1項各号に掲げる機関である場合には、前項において準用する第17条、第40条、第42条及び第50条第2項の規定は、適用しない。

第5章　行政不服審査会等

第1節　行政不服審査会
第1款　設置及び組織
第67条（設置）

1 　総務省に、行政不服審査会（以下「審査会」という。）を置く。

2 　審査会は、この法律の規定によりその権限に属させられた事項を処理する。

第68条（組織）

1 　審査会は、委員**9人**をもって組織する。

2 　委員は、非常勤とする。ただし、そのうち**3人**以内は、常勤とすることができる。

第69条（委員）

1 　委員は、審査会の権限に属する事項に関し公正な判断をすることができ、かつ、法律又は行政に関して優れた識見を有する者のうちから、両議院の同意を得て、総務大臣が任命する。

2 　委員の任期が満了し、又は欠員を生じた場合において、国会の閉会又は衆議院の解散のために両議院の同意を得ることができないときは、総務大臣は、前項の規定にかかわらず、同項に定める資格を有する者のうちから、委員を任命することができる。

3 　前項の場合においては、任命後最初の国会で両議院の事後の承認を得なければならない。この場合において、両議院の事後の承認が得られないときは、総務大臣は、直ちにそ

の委員を罷免しなければならない。

4 委員の任期は、**3年**とする。ただし、補欠の委員の任期は、前任者の残任期間とする。

5 委員は、再任されることができる。

6 委員の任期が満了したときは、当該委員は、後任者が任命されるまで引き続きその職務を行うものとする。

7 総務大臣は、委員が心身の故障のために職務の執行ができないと認める場合又は委員に職務上の義務違反その他委員たるに適しない非行があると認める場合には、両議院の同意を得て、その委員を罷免することができる。

8 委員は、職務上知ることができた秘密を漏らしてはならない。その職を退いた後も同様とする。

9 委員は、在任中、政党その他の政治的団体の役員となり、又は積極的に政治運動をしてはならない。

10 常勤の委員は、在任中、総務大臣の許可がある場合を除き、報酬を得て他の職務に従事し、又は営利事業を営み、その他金銭上の利益を目的とする業務を行ってはならない。

11 委員の給与は、別に法律で定める。

第70条（会長）

1 審査会に、会長を置き、委員の互選により選任する。

2 会長は、会務を総理し、審査会を代表する。

3 会長に事故があるときは、あらかじめその指名する委員が、その職務を代理する。

第71条（専門委員）

1 審査会に、専門の事項を調査させるため、専門委員を置くことができる。

2 専門委員は、学識経験のある者のうちから、総務大臣が任命する。

3 専門委員は、その者の任命に係る当該専門の事項に関する調査が終了したときは、解任されるものとする。

4 専門委員は、非常勤とする。

第72条（合議体）

1 審査会は、委員のうちから、審査会が指名する者3人をもって構成する合議体で、審査請求に係る事件について調査審議する。

2 前項の規定にかかわらず、審査会が定める場合においては、委員の全員をもって構成する合議体で、審査請求に係る事件について調査審議する。

第73条（事務局）

1 審査会の事務を処理させるため、審査会に事務局を置く。

2 事務局に、事務局長のほか、所要の職員を置く。

3 事務局長は、会長の命を受けて、局務を掌理する。

第2款　審査会の調査審議の手続

第74条（審査会の調査権限）

審査会は、必要があると認める場合には、審査請求に係る事件に関し、審査請求人、参加人又は第43条第1項の規定により審査会に諮問をした審査庁（以下この款において「審査関係人」という。）にその主張を記載した書面（以下この款において「主張書面」という。）又は資料の提出を求めること、適当と認める者にその知っている事実の陳述又は鑑定を求めることその他必要な調査をすることができる。

第75条（意見の陳述）

1 審査会は、審査関係人の申立てがあった場合には、当該審査関係人に**口頭で**意見を述べる機会を与えなければならない。ただし、審査会が、その必要がないと認める場合には、この限りでない。

2 前項本文の場合において、審査請求人又は参加人は、審査会の許可を得て、**補佐人**とともに出頭することができる。

第76条（主張書面等の提出）

審査関係人は、審査会に対し、主張書面又は資料を提出することができる。この場合において、審査会が、主張書面又は資料を提出すべき相当の期間を定めたときは、その期間内にこれを提出しなければならない。

第77条（委員による調査手続）

審査会は、必要があると認める場合には、その指名する委員に、第74条の規定による調査をさせ、又は第75条第1項本文の規定による審査関係人の意見の陳述を聴かせることができる。

第78条（提出資料の閲覧等）

1 審査関係人は、審査会に対し、審査会に提出された主張書面若しくは資料の閲覧（電磁的記録にあっては、記録された事項を審査会が定める方法により表示したものの閲覧）又は当該主張書面若しくは当該資料の写し若しくは当該電磁的記録に記録された事項を記載した書面の交付を求めることができる。この場合において、審査会は、第三者の利益を害するおそれがあると認めるとき、その他正当な理由があるときでなければ、その閲覧又は交付を拒むことができない。

2 審査会は、前項の規定による閲覧をさせ、

又は同項の規定による交付をしようとするときは、当該閲覧又は交付に係る主張書面又は資料の提出人の意見を聴かなければならない。ただし、審査会が、その必要がないと認めるときは、この限りでない。

3 審査会は、第1項の規定による閲覧について、日時及び場所を指定することができる。

4 第1項の規定による交付を受ける審査請求人又は参加人は、政令で定めるところにより、実費の範囲内において政令で定める額の手数料を納めなければならない。

5 審査会は、経済的困難その他特別の理由があると認めるときは、政令で定めるところにより、前項の手数料を減額し、又は免除することができる。

第79条（答申書の送付等）

審査会は、諮問に対する答申をしたときは、答申書の写しを審査請求人及び参加人に送付するとともに、答申の内容を公表するものとする。

第3款 雑則

第80条（政令への委任）

この法律に定めるもののほか、審査会に関し必要な事項は、政令で定める。

第2節 地方公共団体に置かれる機関

第81条

1 地方公共団体に、執行機関の附属機関として、この法律の規定によりその権限に属させられた事項を処理するための機関を置く。

2 前項の規定にかかわらず、地方公共団体は、当該地方公共団体における不服申立ての状況等に鑑み同項の機関を置くことが不適当又は困難であるときは、条例で定めるところにより、事件ごとに、執行機関の附属機関として、この法律の規定によりその権限に属せられた事項を処理するための機関を置くこととすることができる。

3 前節第2款の規定は、前二項の機関について準用する。この場合において、第78条第4項及び第5項中「政令」とあるのは、「条例」と読み替えるものとする。

4 前三項に定めるもののほか、第1項又は第2項の機関の組織及び運営に関し必要な事項は、当該機関を置く地方公共団体の条例（地方自治法第252条の7第1項の規定により共同設置する機関にあっては、同項の規約）で定める。

第6章 補則

第82条（不服申立てをすべき行政庁等の教示）

1 行政庁は、審査請求若しくは再調査の請求又は他の法令に基づく不服申立て（以下この条において「不服申立て」と総称する。）をすることができる処分をする場合には、処分の相手方に対し、当該処分につき不服申立てをすることができる旨並びに不服申立てをすべき行政庁及び不服申立てをすることができる期間を書面で教示しなければならない。ただし、当該処分を口頭でする場合は、この限りでない。過26-15-ア・エ、29-26-ウ

2 行政庁は、利害関係人から、当該処分が不服申立てをすることができる処分であるかどうか並びに当該処分が不服申立てをすることができるものである場合における不服申立てをすべき行政庁及び不服申立てをすることができる期間につき教示を求められたときは、当該事項を教示しなければならない。過26-15-ウ

3 前項の場合において、教示を求めた者が書面による教示を求めたときは、当該教示は、書面でしなければならない。

第83条（教示をしなかった場合の不服申立て）

1 行政庁が前条の規定による教示をしなかった場合には、当該処分について不服がある者は、当該処分庁に不服申立書を提出することができる。

2 第19条（第5項第1号及び第2号を除く。）の規定は、前項の不服申立書について準用する。

3 第1項の規定により不服申立書の提出があった場合において、当該処分が処分庁以外の行政庁に対し審査請求をすることができる処分であるときは、処分庁は、速やかに、当該不服申立書を当該行政庁に送付しなければならない。当該処分が他の法令に基づき、処分庁以外の行政庁に不服申立てをすることができる処分であるときも、同様とする。

4 前項の規定により不服申立書が送付されたときは、初めから当該行政庁に審査請求又は当該法令に基づく不服申立てがされたものとみなす。

5 第3項の場合を除くほか、第1項の規定により不服申立書が提出されたときは、初めから当該処分庁に審査請求又は当該法令に基づく不服申立てがされたものとみなす。

第84条～第87条

第84条（情報の提供）

審査請求、再調査の請求若しくは再審査請求又は他の法令に基づく不服申立て（以下この条及び次条において「不服申立て」と総称する。）につき裁決、決定その他の処分（同条において「裁決等」という。）をする権限を有する行政庁は、不服申立てをしようとする者又は不服申立てをした者の求めに応じ、不服申立書の記載に関する事項その他の不服申立てに必要な情報の提供に努めなければならない。

第85条（公表）

不服申立てにつき裁決等をする権限を有する行政庁は、当該行政庁がした裁決等の内容その他当該行政庁における不服申立ての処理状況について公表するよう努めなければならない。

第86条（政令への委任）

この法律に定めるもののほか、この法律の実施のために必要な事項は、政令で定める。

第87条（罰則）

第69条第8項の規定に違反して秘密を漏らした者は、1年以下の懲役又は50万円以下の罰金に処する。

別表（略）

行政事件訴訟法

(昭和37年5月16日法律第139号)

最終改正：平成28年11月28日法律第89号

第1章　総則

第1条（この法律の趣旨）

行政事件訴訟については、他の法律に特別の定めがある場合を除くほか、この法律の定めるところによる。

第2条（行政事件訴訟）

この法律において「行政事件訴訟」とは、抗告訴訟、当事者訴訟、民衆訴訟及び機関訴訟をいう。過元-43-ア

第3条（抗告訴訟）

1　この法律において「抗告訴訟」とは、行政庁の公権力の行使に関する不服の訴訟をいう。

2　この法律において「処分の取消しの訴え」とは、行政庁の処分その他公権力の行使に当たる行為（次項に規定する裁決、決定その他の行為を除く。以下単に「処分」という。）の取消しを求める訴訟をいう。過25-14-2

3　この法律において「裁決の取消しの訴え」とは、審査請求その他の不服申立て（以下単に「審査請求」という。）に対する行政庁の裁決、決定その他の行為（以下単に「裁決」という。）の取消しを求める訴訟をいう。過29-18-4

4　この法律において「無効等確認の訴え」とは、処分若しくは裁決の存否又はその効力の有無の確認を求める訴訟をいう。過2-44

5　この法律において「不作為の違法確認の訴え」とは、行政庁が法令に基づく申請に対し、相当の期間内に何らかの処分又は裁決をすべきであるにかかわらず、これをしないことについての違法の確認を求める訴訟をいう。過19-19-ウ、20-16-3、23-43-ア、26-16-1

6　この法律において「義務付けの訴え」とは、次に掲げる場合において、行政庁がその処分又は裁決をすべき旨を命ずることを求める訴訟をいう。過25-14-1

①　行政庁が一定の処分をすべきであるにかかわらずこれがされないとき（次号に掲げる場合を除く。）。

②　行政庁に対し一定の処分又は裁決を求める旨の法令に基づく申請又は審査請求がされた場合において、当該行政庁がその処分

又は裁決をすべきであるにかかわらずこれがされないとき。

7　この法律において「差止めの訴え」とは、行政庁が一定の処分又は裁決をすべきでないにかかわらずこれがされようとしている場合において、行政庁がその処分又は裁決をしてはならない旨を命ずることを求める訴訟をいう。

第4条（当事者訴訟）

この法律において「当事者訴訟」とは、当事者間の法律関係を確認し又は形成する処分又は裁決に関する訴訟で法令の規定によりその法律関係の当事者の一方を被告とするもの及び公法上の法律関係に関する確認の訴えその他の公法上の法律関係に関する訴訟をいう。過21-18-1

第5条（民衆訴訟）

この法律において「民衆訴訟」とは、国又は公共団体の機関の法規に適合しない行為の是正を求める訴訟で、選挙人たる資格その他自己の法律上の利益にかかわらない資格で提起するものをいう。過28-17-オ、30-18-2

第6条（機関訴訟）

この法律において「機関訴訟」とは、国又は公共団体の機関相互間における権限の存否又はその行使に関する紛争についての訴訟をいう。過21-18-3、28-17-オ、30-18-3・5

第7条（この法律に定めがない事項）

行政事件訴訟に関し、この法律に定めがない事項については、民事訴訟の例による。過26-42-ア、27-25-イ

第2章　抗告訴訟

第1節　取消訴訟

第8条（処分の取消しの訴えと審査請求との関係）

1　処分の取消しの訴えは、当該処分につき法令の規定により審査請求をすることができる場合においても、直ちに提起することを妨げない。ただし、法律に当該処分についての審査請求に対する裁決を経た後でなければ処分の取消しの訴えを提起することができない旨の定めがあるときは、この限りでない。過18-17-3、18-26-2、21-15-2、3-18-5

2　前項ただし書の場合においても、次の各号

第9条〜第12条

の一に該当するときは、裁決を経ないで、処分の取消しの訴えを提起することができる。
① 審査請求があつた日から**3箇月**を経過しても裁決がないとき。過18-17-3
② 処分、処分の執行又は手続の続行により生ずる**著しい損害**を避けるため緊急の必要があるとき。
③ その他裁決を経ないことにつき正当な理由があるとき。
3 第1項本文の場合において、当該処分につき審査請求がされているときは、裁判所は、その審査請求に対する裁決があるまで（審査請求があつた日から**3箇月**を経過しても裁決がないときは、その期間を経過するまで）、訴訟手続を中止することができる。

第9条（原告適格）

1 処分の取消しの訴え及び裁決の取消しの訴え（以下「取消訴訟」という。）は、当該処分又は裁決の取消しを求めるにつき**法律上の利益**を有する者（処分又は裁決の効果が期間の経過その他の理由によりなくなつた後においてもなお処分又は裁決の取消しによつて回復すべき法律上の利益を有する者を含む。）に限り、提起することができる。過18-44、22-42-ア、25-14-3、26-14-1
2 裁判所は、処分又は裁決の相手方以外の者について前項に規定する法律上の利益の有無を判断するに当たつては、当該処分又は裁決の根拠となる法令の規定の文言のみによることなく、**当該法令の趣旨及び目的**並びに当該処分において考慮されるべき**利益の内容及び性質**を考慮するものとする。この場合において、当該法令の趣旨及び目的を考慮するに当たつては、当該法令と目的を共通にする関係法令があるときはその趣旨及び目的をも参酌するものとし、当該利益の内容及び性質を考慮するに当たつては、当該処分又は裁決がその根拠となる法令に違反してされた場合に害されることとなる利益の内容及び性質並びにこれが害される態様及び程度をも勘案するものとする。過24-17

第10条（取消しの理由の制限）

1 取消訴訟においては、自己の**法律上の利益**に関係のない違法を理由として取消しを求めることができない。過19-43-ア、25-14-5、28-17-ア、30-42-ア・イ、元-19-3
2 処分の取消しの訴えとその処分についての審査請求を棄却した裁決の取消しの訴えとを提起することができる場合には、裁決の取消

しの訴えにおいては、**処分の違法**を理由として取消しを求めることができない。過26-14-2、27-44、30-42-ウ・エ

第11条（被告適格等）

1 処分又は裁決をした行政庁（処分又は裁決があつた後に当該行政庁の権限が他の行政庁に承継されたときは、当該他の行政庁。以下同じ。）が国又は公共団体に所属する場合には、取消訴訟は、次の各号に掲げる訴えの区分に応じてそれぞれ当該各号に定める者を被告として提起しなければならない。
① 処分の取消しの訴え　当該処分をした行政庁の所属する**国又は公共団体**　過21-16-ア、24-25-2、29-26-イ、3-18-1
② 裁決の取消しの訴え　当該裁決をした行政庁の所属する**国又は公共団体**　過27-44、元-18-3、3-18-3
2 処分又は裁決をした行政庁が国又は公共団体に所属しない場合には、取消訴訟は、**当該行政庁**を被告として提起しなければならない。過18-18-3、21-16-オ、元-18-1、2-44
3 前二項の規定により被告とすべき国若しくは公共団体又は行政庁がない場合には、取消訴訟は、当該処分又は裁決に係る事務の帰属する国又は公共団体を被告として提起しなければならない。
4 第1項又は前項の規定により国又は公共団体を被告として取消訴訟を提起する場合には、訴状には、民事訴訟の例により記載すべき事項のほか、次の各号に掲げる訴えの区分に応じてそれぞれ当該各号に定める行政庁を記載するものとする。
① 処分の取消しの訴え　当該処分をした行政庁
② 裁決の取消しの訴え　当該裁決をした行政庁
5 第1項又は第3項の規定により国又は公共団体を被告として取消訴訟が提起された場合には、被告は、遅滞なく、裁判所に対し、前項各号に掲げる訴えの区分に応じてそれぞれ当該各号に定める行政庁を明らかにしなければならない。
6 処分又は裁決をした行政庁は、当該処分又は裁決に係る第1項の規定による国又は公共団体を被告とする訴訟について、裁判上の一切の行為をする権限を有する。

第12条（管轄）

1 取消訴訟は、**被告の普通裁判籍**の所在地を

38

管轄する裁判所又は処分若しくは裁決をした行政庁の所在地を管轄する裁判所の管轄に属する。過22-17-ア・イ、3-18-2

2　土地の収用、鉱業権の設定その他不動産又は特定の場所に係る処分又は裁決についての取消訴訟は、その不動産又は場所の所在地の裁判所にも、提起することができる。過22-17-ウ

3　取消訴訟は、当該処分又は裁決に関し事案の処理に当たつた下級行政機関の所在地の裁判所にも、提起することができる。過22-17-エ

4　国又は独立行政法人通則法第2条第1項に規定する独立行政法人若しくは別表に掲げる法人を被告とする取消訴訟は、原告の普通裁判籍の所在地を管轄する高等裁判所の所在地を管轄する地方裁判所（次項において「特定管轄裁判所」という。）にも、提起することができる。過22-17-オ

5　前項の規定により特定管轄裁判所に同項の取消訴訟が提起された場合であつて、他の裁判所に事実上及び法律上同一の原因に基づいてされた処分又は裁決に係る抗告訴訟が係属している場合において、当該特定管轄裁判所は、当事者の住所又は所在地、尋問を受けるべき証人の住所、争点又は証拠の共通性その他の事情を考慮して、相当と認めるときは、申立てにより又は職権で、訴訟の全部又は一部について、当該他の裁判所又は第1項から第3項までに定める裁判所に移送することができる。

第13条（関連請求に係る訴訟の移送）

取消訴訟と次の各号の一に該当する請求（以下「関連請求」という。）に係る訴訟とが各別の裁判所に係属する場合において、相当と認めるときは、関連請求に係る訴訟の係属する裁判所は、申立てにより又は職権で、その訴訟を取消訴訟の係属する裁判所に移送することができる。ただし、取消訴訟又は関連請求に係る訴訟の係属する裁判所が高等裁判所であるときは、この限りでない。

①　当該処分又は裁決に関連する原状回復又は損害賠償の請求
②　当該処分とともに1個の手続を構成する他の処分の取消しの請求
③　当該処分に係る裁決の取消しの請求
④　当該裁決に係る処分の取消しの請求
⑤　当該処分又は裁決の取消しを求める他の請求

⑥　その他当該処分又は裁決の取消しの請求と関連する請求

第14条（出訴期間）

1　取消訴訟は、処分又は裁決があつたことを知つた日から6箇月を経過したときは、提起することができない。ただし、正当な理由があるときは、この限りでない。過29-26-エ

2　取消訴訟は、処分又は裁決の日から1年を経過したときは、提起することができない。ただし、正当な理由があるときは、この限りでない。過2-18-1

3　処分又は裁決につき審査請求をすることができる場合又は行政庁が誤つて審査請求をすることができる旨を教示した場合において、審査請求があつたときは、処分又は裁決に係る取消訴訟は、その審査請求をした者については、前二項の規定にかかわらず、これに対する裁決があつたことを知つた日から6箇月を経過したとき又は当該裁決の日から1年を経過したときは、提起することができない。ただし、正当な理由があるときは、この限りでない。過18-17-5、26-14-5、2-18-2

第15条（被告を誤つた訴えの救済）

1　取消訴訟において、原告が故意又は重大な過失によらないで被告とすべき者を誤つたときは、裁判所は、原告の申立てにより、決定をもつて、被告を変更することを許すことができる。

2　前項の決定は、書面でするものとし、その正本を新たな被告に送達しなければならない。

3　第1項の決定があつたときは、出訴期間の遵守については、新たな被告に対する訴えは、最初に訴えを提起した時に提起されたものとみなす。

4　第1項の決定があつたときは、従前の被告に対しては、訴えの取下げがあつたものとみなす。

5　第1項の決定に対しては、不服を申し立てることができない。

6　第1項の申立てを却下する決定に対しては、即時抗告をすることができる。

7　上訴審において第1項の決定をしたときは、裁判所は、その訴訟を管轄裁判所に移送しなければならない。

第16条（請求の客観的併合）

1　取消訴訟には、関連請求に係る訴えを併合することができる。

2　前項の規定により訴えを併合する場合にお

行政事件訴訟法

39

いて、取消訴訟の第一審裁判所が高等裁判所であるときは、関連請求に係る訴えの被告の同意を得なければならない。被告が異議を述べないで、本案について弁論をし、又は弁論準備手続において申述をしたときは、同意したものとみなす。

第17条（共同訴訟）

1　数人は、その数人の請求又はその数人に対する請求が処分又は裁決の取消しの請求と関連請求とである場合に限り、共同訴訟人として訴え、又は訴えられることができる。

2　前項の場合には、前条第2項の規定を準用する。

第18条（第三者による請求の追加的併合）

第三者は、取消訴訟の口頭弁論の終結に至るまで、その訴訟の当事者の一方を被告として、関連請求に係る訴えをこれに併合して提起することができる。この場合において、当該取消訴訟が高等裁判所に係属しているときは、第16条第2項の規定を準用する。

第19条（原告による請求の追加的併合）

1　原告は、取消訴訟の口頭弁論の終結に至るまで、関連請求に係る訴えをこれに併合して提起することができる。この場合において、当該取消訴訟が高等裁判所に係属しているときは、第16条第2項の規定を準用する。

2　前項の規定は、取消訴訟について民事訴訟法第143条の規定の例によることを妨げない。

第20条

前条第1項前段の規定により、処分の取消しの訴えをその処分についての審査請求を棄却した裁決の取消しの訴えに併合して提起する場合には、同項後段において準用する第16条第2項の規定にかかわらず、処分の取消しの訴えの被告の同意を得ることを要せず、また、その提起があつたときは、出訴期間の遵守については、処分の取消しの訴えは、裁決の取消しの訴えを提起した時に提起されたものとみなす。

第21条（国又は公共団体に対する請求への訴えの変更）

1　裁判所は、取消訴訟の目的たる請求を当該処分又は裁決に係る事務の帰属する国又は公共団体に対する損害賠償その他の請求に変更することが相当であると認めるときは、請求の基礎に変更がない限り、口頭弁論の終結に至るまで、原告の申立てにより、決定をもつて、訴えの変更を許すことができる。

2　前項の決定には、第15条第2項の規定を準用する。

3　裁判所は、第1項の規定により訴えの変更を許す決定をするには、あらかじめ、当事者及び損害賠償その他の請求に係る訴えの被告の意見をきかなければならない。

4　訴えの変更を許す決定に対しては、即時抗告をすることができる。

5　訴えの変更を許さない決定に対しては、不服を申し立てることができない。

第22条（第三者の訴訟参加）

1　裁判所は、訴訟の結果により権利を害される第三者があるときは、当事者若しくはその第三者の申立てにより又は職権で、決定をもつて、その第三者を訴訟に参加させることができる。🔲24-25-4、25-14-4、26-42-ウ、3-18-4

2　裁判所は、前項の決定をするには、あらかじめ、当事者及び第三者の意見をきかなければならない。

3　第1項の申立てをした第三者は、その申立てを却下する決定に対して即時抗告をすることができる。

4　第1項の規定により訴訟に参加した第三者については、民事訴訟法第40条第1項から第3項までの規定を準用する。

5　第1項の規定により第三者が参加の申立てをした場合には、民事訴訟法第45条第3項及び第4項の規定を準用する。

第23条（行政庁の訴訟参加）

1　裁判所は、処分又は裁決をした行政庁以外の行政庁を訴訟に参加させることが必要であると認めるときは、当事者若しくはその行政庁の申立てにより又は職権で、決定をもつて、その行政庁を訴訟に参加させることができる。🔲26-42-エ、27-18-エ、元-19-1

2　裁判所は、前項の決定をするには、あらかじめ、当事者及び当該行政庁の意見をきかなければならない。

3　第1項の規定により訴訟に参加した行政庁については、民事訴訟法第45条第1項及び第2項の規定を準用する。

第23条の2（釈明処分の特則）

1　裁判所は、訴訟関係を明瞭にするため、必要があると認めるときは、次に掲げる処分をすることができる。

①　被告である国若しくは公共団体に所属する行政庁又は被告である行政庁に対し、処分又は裁決の内容、処分又は裁決の根拠となる法令の条項、処分又は裁決の原因となる事実その他処分又は裁決の理由を明らか

にする資料（次項に規定する審査請求に係る事件の記録を除く。）であつて当該行政庁が保有するものの全部又は一部の提出を求めること。

② 前号に規定する行政庁以外の行政庁に対し、同号に規定する資料であつて当該行政庁が保有するものの全部又は一部の送付を嘱託すること。

2 裁判所は、処分についての審査請求に対する裁決を経た後に取消訴訟の提起があつたときは、次に掲げる処分をすることができる。

① 被告である国若しくは公共団体に所属する行政庁又は被告である行政庁に対し、当該審査請求に係る事件の記録であつて当該行政庁が保有するものの全部又は一部の提出を求めること。

② 前号に規定する行政庁以外の行政庁に対し、同号に規定する事件の記録であつて当該行政庁が保有するものの全部又は一部の送付を嘱託すること。

第24条（職権証拠調べ）

裁判所は、必要があると認めるときは、**職権**で、証拠調べをすることができる。ただし、その証拠調べの結果について、**当事者の意見**をきかなければならない。過25-18-2、元-19-2

第25条（執行停止）

1 処分の取消しの訴えの提起は、処分の効力、処分の執行又は手続の続行を妨げない。

2 処分の取消しの訴えの提起があつた場合において、処分、処分の執行又は手続の続行により生ずる**重大な損害**を避けるため緊急の必要があるときは、裁判所は、**申立て**により、決定をもつて、処分の効力、処分の執行又は手続の続行の全部又は一部の停止（以下「執行停止」という。）をすることができる。ただし、**処分の効力**の停止は、処分の執行又は手続の続行の停止によつて目的を達することができる場合には、することができない。過21-17-2・5、25-18-4、27-14-1・3・4、30-26-1、元-17-2・3・5、3-17-ア

3 裁判所は、前項に規定する重大な損害を生ずるか否かを判断するに当たつては、**損害の回復の困難の程度**を考慮するものとし、損害の性質及び程度並びに処分の内容及び性質をも勘案するものとする。

4 執行停止は、**公共の福祉**に重大な影響を及ぼすおそれがあるとき、又は本案について**理由がない**とみえるときは、することができない。過21-17-4、元-17-4

5 第2項の決定は、疎明に基づいてする。

6 第2項の決定は、口頭弁論を経ないですることができる。ただし、あらかじめ、当事者の意見をきかなければならない。過27-17-5、元-17-1

7 第2項の申立てに対する決定に対しては、即時抗告をすることができる。

8 第2項の決定に対する即時抗告は、その決定の執行を停止する効力を有しない。

第26条（事情変更による執行停止の取消し）

1 執行停止の決定が確定した後に、その理由が消滅し、その他**事情が変更**したときは、裁判所は、**相手方の申立て**により、決定をもつて、執行停止の決定を取り消すことができる。

2 前項の申立てに対する決定及びこれに対する不服については、前条第5項から第8項までの規定を準用する。

第27条（内閣総理大臣の異議）

1 第25条第2項の申立てがあつた場合には、**内閣総理大臣**は、裁判所に対し、異議を述べることができる。執行停止の決定があつた後においても、同様とする。過23-17-1

2 前項の異議には、**理由**を附さなければならない。

3 前項の異議の理由においては、内閣総理大臣は、処分の効力を存続し、処分を執行し、又は手続を続行しなければ、**公共の福祉**に重大な影響を及ぼすおそれのある事情を示すものとする。

4 第1項の異議があつたときは、裁判所は、執行停止をすることができず、また、すでに執行停止の決定をしているときは、これを取り消さなければならない。過23-17-3

5 第1項後段の異議は、執行停止の決定をした裁判所に対して述べなければならない。ただし、その決定に対する抗告が抗告裁判所に係属しているときは、抗告裁判所に対して述べなければならない。過23-17-2

6 内閣総理大臣は、**やむをえない場合**でなければ、第1項の異議を述べてはならず、また、異議を述べたときは、次の**常会**において国会にこれを報告しなければならない。過23-17-4

第28条（執行停止等の管轄裁判所）

執行停止又はその決定の取消しの申立ての管轄裁判所は、**本案の係属する裁判所**とする。

第29条（執行停止に関する規定の準用）

前四条の規定は、裁決の取消しの訴えの提起

があつた場合における執行停止に関する事項について準用する。

第30条（裁量処分の取消し）

行政庁の裁量処分については、裁量権の範囲をこえ又はその濫用があつた場合に限り、裁判所は、その処分を取り消すことができる。

第31条（特別の事情による請求の棄却）

1 取消訴訟については、処分又は裁決が違法ではあるが、これを取り消すことにより公の利益に著しい障害を生ずる場合において、原告の受ける損害の程度、その損害の賠償又は防止の程度及び方法その他一切の事情を考慮したうえ、処分又は裁決を取り消すことが公共の福祉に適合しないと認めるときは、裁判所は、請求を棄却することができる。この場合には、当該判決の主文において、処分又は裁決が違法であることを宣言しなければならない。 過19-43-イ、20-18-1・2、22-44、27-16-1、元-19-4

2 裁判所は、相当と認めるときは、終局判決前に、判決をもつて、処分又は裁決が違法であることを宣言することができる。

3 終局判決に事実及び理由を記載するには、前項の判決を引用することができる。

第32条（取消判決等の効力）

1 処分又は裁決を取り消す判決は、第三者に対しても効力を有する。 過30-17-1

2 前項の規定は、執行停止の決定又はこれを取り消す決定に準用する。

第33条

1 処分又は裁決を取り消す判決は、その事件について、処分又は裁決をした行政庁その他の関係行政庁を拘束する。 過19-43-エ、21-44、22-18-ウ、27-18-イ、30-17-5

2 申請を却下し若しくは棄却した処分又は審査請求を却下し若しくは棄却した裁決が判決により取り消されたときは、その処分又は裁決をした行政庁は、判決の趣旨に従い、改めて申請に対する処分又は審査請求に対する裁決をしなければならない。 過21-44

3 前項の規定は、申請に基づいてした処分又は審査請求を認容した裁決が判決により手続に違法があることを理由として取り消された場合に準用する。

4 第1項の規定は、執行停止の決定に準用する。

第34条（第三者の再審の訴え）

1 処分又は裁決を取り消す判決により権利を害された第三者で、自己の責めに帰することができない理由により訴訟に参加することができなかつたため判決に影響を及ぼすべき攻撃又は防御の方法を提出することができなかつたものは、これを理由として、確定の終局判決に対し、再審の訴えをもつて、不服の申立てをすることができる。

2 前項の訴えは、確定判決を知つた日から30日以内に提起しなければならない。

3 前項の期間は、不変期間とする。

4 第1項の訴えは、判決が確定した日から1年を経過したときは、提起することができない。

第35条（訴訟費用の裁判の効力）

国又は公共団体に所属する行政庁が当事者又は参加人である訴訟における確定した訴訟費用の裁判は、当該行政庁が所属する国又は公共団体に対し、又はそれらの者のために、効力を有する。

第2節　その他の抗告訴訟

第36条（無効等確認の訴えの原告適格）

無効等確認の訴えは、当該処分又は裁決に続く処分により損害を受けるおそれのある者その他当該処分又は裁決の無効等の確認を求めるにつき法律上の利益を有する者で、当該処分若しくは裁決の存否又はその効力の有無を前提とする現在の法律関係に関する訴えによつて目的を達することができないものに限り、提起することができる。 過19-18-1、24-16-5、27-25-ウ・エ、28-17-イ、29-9-4、3-17-イ・ウ

第37条（不作為の違法確認の訴えの原告適格）

不作為の違法確認の訴えは、処分又は裁決についての申請をした者に限り、提起することができる。 過20-16-1・4、27-18-ウ、28-17-エ

第37条の2（義務付けの訴えの要件等）

1 第3条第6項第1号に掲げる場合において、義務付けの訴えは、一定の処分がされないことにより重大な損害を生ずるおそれがあり、かつ、その損害を避けるため他に適当な方法がないときに限り、提起することができる。 過25-16-1・3、2-19-5、3-17-エ・オ

2 裁判所は、前項に規定する重大な損害を生ずるか否かを判断するに当たつては、損害の回復の困難の程度を考慮するものとし、損害の性質及び程度並びに処分の内容及び性質をも勘案するものとする。

3 第1項の義務付けの訴えは、行政庁が一定の処分をすべき旨を命ずることを求めるにつき法律上の利益を有する者に限り、提起することができる。 過25-16-2

第37条の3〜第37条の4

4　前項に規定する法律上の利益の有無の判断
　については、第9条第2項の規定を準用す
　る。
5　義務付けの訴えが第1項及び第3項に規定
　する要件に該当する場合において、その義務
　付けの訴えに係る処分につき、行政庁がその
　処分をすべきであることがその処分の根拠と
　なる法令の規定から明らかであると認められ
　又は行政庁がその処分をしないことがその裁
　量権の範囲を超え若しくはその濫用となると
　認められるときは、裁判所は、行政庁がその
　処分をすべき旨を命ずる判決をする。

第37条の3

1　第3条第6項第2号に掲げる場合におい
　て、義務付けの訴えは、次の各号に掲げる要
　件のいずれかに該当するときに限り、提起す
　ることができる。過2-19-5
　①　当該法令に基づく申請又は審査請求に対
　　し相当の期間内に何らの処分又は裁決がさ
　　れないこと。
　②　当該法令に基づく申請又は審査請求を却
　　下し又は棄却する旨の処分又は裁決がされ
　　た場合において、当該処分又は裁決が取り
　　消されるべきものであり、又は無効若しく
　　は不存在であること。
2　前項の義務付けの訴えは、同項各号に規定
　する法令に基づく申請又は審査請求をした者
　に限り、提起することができる。過25-16-
　2
3　第1項の義務付けの訴えを提起するとき
　は、次の各号に掲げる区分に応じてそれぞれ
　当該各号に定める訴えをその義務付けの訴え
　に併合して提起しなければならない。この場
　合において、当該各号に定める訴えに係る訴
　訟の管轄について他の法律に特別の定めがあ
　るときは、当該義務付けの訴えに係る訴訟の
　管轄は、第38条第1項において準用する第12
　条の規定にかかわらず、その定めに従う。
　過19-17-3、20-44、26-16-2、29-17-1、
　30-44、元-19-5、2-19-1
　①　第1項第1号に掲げる要件に該当する場
　　合　同号に規定する処分又は裁決に係る不
　　作為の違法確認の訴え
　②　第1項第2号に掲げる要件に該当する場
　　合　同号に規定する処分又は裁決に係る取
　　消訴訟又は無効等確認の訴え
4　前項の規定により併合して提起された義務
　付けの訴え及び同項各号に定める訴えに係る
　弁論及び裁判は、分離しないでしなければな

らない。
5　義務付けの訴えが第1項から第3項までに
　規定する要件に該当する場合において、同項
　各号に定める訴えに係る請求に理由があると
　認められ、かつ、その義務付けの訴えに係る
　処分又は裁決につき、行政庁がその処分若し
　くは裁決をすべきであることがその処分若し
　くは裁決の根拠となる法令の規定から明らか
　であると認められ又は行政庁がその処分若し
　くは裁決をしないことがその裁量権の範囲を
　超え若しくはその濫用となると認められると
　きは、裁判所は、その義務付けの訴えに係る
　処分又は裁決をすべき旨を命ずる判決をす
　る。過25-16-5
6　第4項の規定にかかわらず、裁判所は、審
　理の状況その他の事情を考慮して、第3項各
　号に定める訴えについてのみ終局判決をする
　ことがより迅速な争訟の解決に資すると認め
　るときは、当該訴えについてのみ終局判決を
　することができる。この場合において、裁判
　所は、当該訴えについてのみ終局判決をした
　ときは、当事者の意見を聴いて、当該訴えに
　係る訴訟手続が完結するまでの間、義務付け
　の訴えに係る訴訟手続を中止することができ
　る。
7　第1項の義務付けの訴えのうち、行政庁が
　一定の裁決をすべき旨を命ずることを求める
　ものは、処分についての審査請求がされた場
　合において、当該処分に係る処分の取消しの
　訴え又は無効等確認の訴えを提起することが
　できないときに限り、提起することができ
　る。

第37条の4　（差止めの訴えの要件）

1　差止めの訴えは、一定の処分又は裁決がさ
　れることにより重大な損害を生ずるおそれが
　ある場合に限り、提起することができる。た
　だし、その損害を避けるため他に適当な方法
　があるときは、この限りでない。
2　裁判所は、前項に規定する重大な損害を生
　ずるか否かを判断するに当たつては、損害の
　回復の困難の程度を考慮するものとし、損害
　の性質及び程度並びに処分又は裁決の内容及
　び性質をも勘案するものとする。
3　差止めの訴えは、行政庁が一定の処分又は
　裁決をしてはならない旨を命ずることを求め
　るにつき法律上の利益を有する者に限り、提
　起することができる。
4　前項に規定する法律上の利益の有無の判断
　については、第9条第2項の規定を準用す

行政事件訴訟法

43

第37条の5〜第42条

る。過22-42-エ

5 差止めの訴えが第1項及び第3項に規定する要件に該当する場合において、その差止めの訴えに係る処分又は裁決につき、行政庁がその処分若しくは裁決をすべきでないことがその処分若しくは裁決の根拠となる法令の規定から明らかであると認められ又は行政庁がその処分若しくは裁決をすることがその裁量権の範囲を超え若しくはその濫用となると認められるときは、裁判所は、行政庁がその処分又は裁決をしてはならない旨を命ずる判決をする。

第37条の5 （仮の義務付け及び仮の差止め）

1 義務付けの訴えの提起があつた場合において、その義務付けの訴えに係る処分又は裁決がされないことにより生ずる償うことのできない損害を避けるため緊急の必要があり、かつ、本案について理由があるとみえるときは、裁判所は、申立てにより、決定をもつて、仮に行政庁がその処分又は裁決をすべき旨を命ずること（以下この条において「仮の義務付け」という。）ができる。過21-17-2・4・5、23-43-ウ、25-16-4、29-19-3・4、2-19-4

2 差止めの訴えの提起があつた場合において、その差止めの訴えに係る処分又は裁決がされることにより生ずる償うことのできない損害を避けるため緊急の必要があり、かつ、本案について理由があるとみえるときは、裁判所は、申立てにより、決定をもつて、仮に行政庁がその処分又は裁決をしてはならない旨を命ずること（以下この条において「仮の差止め」という。）ができる。

3 仮の義務付け又は仮の差止めは、公共の福祉に重大な影響を及ぼすおそれがあるときは、することができない。過29-19-5

4 第25条第5項から第8項まで、第26条から第28条まで及び第33条第1項の規定は、仮の義務付け又は仮の差止めに関する事項について準用する。過23-17-5、29-19-1

5 前項において準用する第25条第7項の即時抗告についての裁判又は前項において準用する第26条第1項の決定により仮の義務付けの決定が取り消されたときは、当該行政庁は、当該仮の義務付けの決定に基づいてした処分又は裁決を取り消さなければならない。

第38条 （取消訴訟に関する規定の準用）

1 第11条から第13条まで、第16条から第19条まで、第21条から第23条まで、第24条、第33

条及び第35条の規定は、取消訴訟以外の抗告訴訟について準用する。過20-44、21-16-イ・ウ・エ、24-25-2、30-44、2-19-3、2-44

2 第10条第2項の規定は、処分の無効等確認の訴えとその処分についての審査請求を棄却した裁決に係る抗告訴訟とを提起することが出来る場合に、第20条の規定は、処分の無効等確認の訴えをその処分ついての審査請求を棄却した裁決に係る抗告訴訟に併合して提起する場合に準用する。

3 第23条の2、第25条から第29条まで及び第32条第2項の規定は、無効等確認の訴えについて準用する。過19-18-3、24-16-3

4 第8条及び第10条第2項の規定は、不作為の違法確認の訴えに準用する。

第3章 当事者訴訟

第39条 （出訴の通知）

当事者間の法律関係を確認し又は形成する処分又は裁決に関する訴訟で、法令の規定によりその法律関係の当事者の一方を被告とするものが提起されたときは、裁判所は、当該処分又は裁決をした行政庁にその旨を通知するものとする。

第40条 （出訴期間の定めがある当事者訴訟）

1 法令に出訴期間の定めがある当事者訴訟は、その法令に別段の定めがある場合を除き、正当な理由があるときは、その期間を経過した後であつても、これを提起することができる。

2 第15条の規定は、法令に出訴期間の定めがある当事者訴訟について準用する。

第41条 （抗告訴訟に関する規定の準用）

1 第23条、第24条、第33条第1項及び第35条の規定は当事者訴訟について、第23条の2の規定は当事者訴訟における処分又は裁決の理由を明らかにする資料の提出について準用する。

2 第13条の規定は、当事者訴訟とその目的たる請求と関連請求の関係にある請求に係る訴訟とが各別の裁判所に係属する場合における移送に、第16条から第19条までの規定は、これらの訴えの併合について準用する。

第4章 民衆訴訟及び機関訴訟

第42条 （訴えの提起）

民衆訴訟及び機関訴訟は、法律に定める場合において、法律に定める者に限り、提起することができる。過18-42-イ

第43条（抗告訴訟又は当事者訴訟に関する規定の準用）

1　民衆訴訟又は機関訴訟で、処分又は裁決の取消しを求めるものについては、第9条及び第10条第1項の規定を除き、取消訴訟に関する規定を準用する。

2　民衆訴訟又は機関訴訟で、処分又は裁決の無効の確認を求めるものについては、第36条の規定を除き、無効等確認の訴えに関する規定を準用する。

3　民衆訴訟又は機関訴訟で、前二項に規定する訴訟以外のものについては、第39条及び第40条第1項の規定を除き、当事者訴訟に関する規定を準用する。

第5章　補則

第44条（仮処分の排除）

行政庁の処分その他公権力の行使に当たる行為については、民事保全法に規定する仮処分をすることができない。過21-17-1、26-42-イ

第45条（処分の効力等を争点とする訴訟）

1　私法上の法律関係に関する訴訟において、処分若しくは裁決の存否又はその効力の有無が争われている場合には、第23条第1項及び第2項並びに第39条の規定を準用する。過18-42-ウ、元-43-ウ

2　前項の規定により行政庁が訴訟に参加した場合には、民事訴訟法第45条第1項及び第2項の規定を準用する。ただし、攻撃又は防御の方法は、当該処分若しくは裁決の存否又はその効力の有無に関するものに限り、提出することができる。

3　第1項の規定により行政庁が訴訟に参加した後において、処分若しくは裁決の存否又はその効力の有無に関する争いがなくなつたときは、裁判所は、参加の決定を取り消すことができる。

4　第1項の場合には、当該争点について第23条の2及び第24条の規定を、訴訟費用の裁判について第35条の規定を準用する。

第46条（取消訴訟等の提起に関する事項の教示）

1　行政庁は、取消訴訟を提起することができる処分又は裁決をする場合には、当該処分又は裁決の相手方に対し、次に掲げる事項を書面で教示しなければならない。ただし、当該処分を口頭でする場合は、この限りでない。過18-19-2・3、27-18-オ、29-26-ウ

① 当該処分又は裁決に係る取消訴訟の被告とすべき者

② 当該処分又は裁決に係る取消訴訟の出訴期間

③ 法律に当該処分についての審査請求に対する裁決を経た後でなければ処分の取消しの訴えを提起することができない旨の定めがあるときは、その旨

2　行政庁は、法律に処分についての審査請求に対する裁決に対してのみ取消訴訟を提起することができる旨の定めがある場合において、当該処分をするときは、当該処分の相手方に対し、法律にその定めがある旨を書面で教示しなければならない。ただし、当該処分を口頭でする場合は、この限りでない。

3　行政庁は、当事者間の法律関係を確認し又は形成する処分又は裁決に関する訴訟で法令の規定によりその法律関係の当事者の一方を被告とするものを提起することができる処分又は裁決をする場合には、当該処分又は裁決の相手方に対し、次に掲げる事項を書面で教示しなければならない。ただし、当該処分を口頭でする場合は、この限りでない。

① 当該訴訟の被告とすべき者

② 当該訴訟の出訴期間

別表（略）

国家賠償法

（昭和22年10月27日法律第125号）

第1条【公務員の不法行為と賠償責任、求償権】

1　国又は公共団体の公権力の行使に当る公務員が、その**職務**を行うについて、**故意又は過失**によつて**違法**に他人に損害を加えたときは、国又は公共団体が、これを賠償する責に任ずる。過25-19-1・2

2　前項の場合において、公務員に**故意**又は**重大な過失**があつたときは、国又は公共団体は、その公務員に対して求償権を有する。過28-20-3

第2条【公の営造物の設置管理の瑕疵と賠償責任、求償権】

1　道路、河川その他の**公の営造物**の設置又は管理に**瑕疵**があつたために他人に損害を生じたときは、国又は公共団体は、これを賠償する責に任ずる。過25-19-3

2　前項の場合において、他に**損害の原因**について責に任ずべき者があるときは、国又は公共団体は、これに対して求償権を有する。過27-20-オ・カ

第3条【賠償責任者、求償権】

1　前二条の規定によつて国又は公共団体が損害を賠償する責に任ずる場合において、公務員の選任若しくは監督又は公の営造物の設置若しくは管理に当る者と公務員の俸給、給与その他の費用又は公の営造物の設置若しくは管理の費用を負担する者とが異なるときは、**費用を負担する者**もまた、その損害を賠償する責に任ずる。過19-20-5、21-19-4、23-19-4、27-20-ウ・エ、28-20-1

2　前項の場合において、損害を賠償した者は、**内部関係**でその損害を賠償する責任ある者に対して求償権を有する。

第4条【民法の適用】

国又は公共団体の損害賠償の責任については、前三条の規定によるの外、**民法**の規定による。過25-19

第5条【他の法律の適用】

国又は公共団体の損害賠償の責任について民法以外の他の**法律**に別段の定があるときは、その定めるところによる。過20-19-5

第6条【相互保証】

この法律は、外国人が被害者である場合には、**相互の保証**があるときに限り、これを適用する。過20-19-2、23-19-3、28-20-2

地方自治法（抄）

（昭和22年4月17日法律第67号）

最終改正：令和3年6月18日法律第82号

第1編　総則（抄）

第1条【この法律の目的】

この法律は、地方自治の本旨に基いて、地方公共団体の区分並びに地方公共団体の組織及び運営に関する事項の大綱を定め、併せて国と地方公共団体との間の基本的関係を確立することにより、地方公共団体における民主的にして能率的な行政の確保を図るとともに、地方公共団体の健全な発達を保障することを目的とする。過24-22-イ

第1条の2【地方公共団体の役割、国と地方公共団体の役割分担】

1　地方公共団体は、住民の福祉の増進を図ることを基本として、地域における行政を自主的かつ総合的に実施する役割を広く担うものとする。

2　国は、前項の規定の趣旨を達成するため、国においては国際社会における国家としての存立にかかわる事務、全国的に統一して定めることが望ましい国民の諸活動若しくは地方自治に関する基本的な準則に関する事務又は全国的な規模で若しくは全国的な視点に立つて行わなければならない施策及び事業の実施その他の国が本来果たすべき役割を重点的に担い、住民に身近な行政はできる限り地方公共団体にゆだねることを基本として、地方公共団体との間で適切に役割を分担するとともに、地方公共団体に関する制度の策定及び施策の実施に当たつて、地方公共団体の自主性及び自立性が十分に発揮されるようにしなければならない。

第1条の3【地方公共団体の種類】

1　地方公共団体は、普通地方公共団体及び特別地方公共団体とする。

2　普通地方公共団体は、都道府県及び市町村とする。

3　特別地方公共団体は、特別区、地方公共団体の組合及び財産区とする。過21-23-5、30-22-1

第2条【地方公共団体の法人格、事務、地方自治行政の基本原則】

1　地方公共団体は、法人とする。

2　普通地方公共団体は、地域における事務及びその他の事務で法律又はこれに基づく政令により処理することとされるものを処理する。

3　市町村は、基礎的な地方公共団体として、第5項において都道府県が処理するものとされているものを除き、一般的に、前項の事務を処理するものとする。

4　市町村は、前項の規定にかかわらず、次項に規定する事務のうち、その規模又は性質において一般の市町村が処理することが適当でないと認められるものについては、当該市町村の規模及び能力に応じて、これを処理することができる。

5　都道府県は、市町村を包括する広域の地方公共団体として、第2項の事務で、広域にわたるもの、市町村に関する連絡調整に関するもの及びその規模又は性質において一般の市町村が処理することが適当でないと認められるものを処理するものとする。

6　都道府県及び市町村は、その事務を処理するに当つては、相互に競合しないようにしなければならない。

7　特別地方公共団体は、この法律の定めるところにより、その事務を処理する。

8　この法律において「自治事務」とは、地方公共団体が処理する事務のうち、法定受託事務以外のものをいう。過21-21-1、28-23-ア、29-23-4、30-24-3、2-23-1

9　この法律において「法定受託事務」とは、次に掲げる事務をいう。過28-23-イ

① 法律又はこれに基づく政令により都道府県、市町村又は特別区が処理することとされる事務のうち、国が本来果たすべき役割に係るものであつて、国においてその適正な処理を特に確保する必要があるものとして法律又はこれに基づく政令に特に定めるもの（以下「第1号法定受託事務」という。）

② 法律又はこれに基づく政令により市町村又は特別区が処理することとされる事務のうち、都道府県が本来果たすべき役割に係るものであつて、都道府県においてその適正な処理を特に確保する必要があるものとして法律又はこれに基づく政令に特に定めるもの（以下「第2号法定受託事務」という。）

国家賠償法

地方自治法

47

10　この法律又はこれに基づく政令に規定するもののほか、法律に定める法定受託事務は第1号法定受託事務にあつては別表第1の上欄に掲げる法律についてそれぞれ同表の下欄に、第2号法定受託事務にあつては別表第2の上欄に掲げる法律についてそれぞれ同表の下欄に掲げるとおりであり、政令に定める法定受託事務はこの法律に基づく政令に示すとおりである。

11　地方公共団体に関する法令の規定は、地方自治の本旨に基づき、かつ、国と地方公共団体との適切な役割分担を踏まえたものでなければならない。

12　地方公共団体に関する法令の規定は、地方自治の本旨に基づいて、かつ、国と地方公共団体との適切な役割分担を踏まえて、これを解釈し、及び運用するようにしなければならない。この場合において、特別地方公共団体に関する法令の規定は、この法律に定める特別地方公共団体の特性にも照応するように、これを解釈し、及び運用しなければならない。

13　法律又はこれに基づく政令により地方公共団体が処理することとされる事務が自治事務である場合においては、国は、地方公共団体が地域の特性に応じて当該事務を処理することができるよう特に配慮しなければならない。

14　地方公共団体は、その事務を処理するに当つては、住民の福祉の増進に努めるとともに、最少の経費で最大の効果を挙げるようにしなければならない。過21-21-2

15　地方公共団体は、常にその組織及び運営の合理化に努めるとともに、他の地方公共団体に協力を求めてその規模の適正化を図らなければならない。過21-21-3

16　地方公共団体は、法令に違反してその事務を処理してはならない。なお、市町村及び特別区は、当該都道府県の条例に違反してその事務を処理してはならない。過21-21-4

17　前項の規定に違反して行つた地方公共団体の行為は、これを無効とする。過21-21-4

第3条～第4条の2　（略）

第2編　普通地方公共団体（抄）

第1章　通則（抄）

第5条【普通地方公共団体の区域】

1　普通地方公共団体の区域は、従来の区域による。

2　都道府県は、市町村を包括する。

第6条～第7条の2　（略）

第8条【市及び町となるべき要件、市町村相互間の変更】

1　市となるべき普通地方公共団体は、左に掲げる要件を具えていなければならない。

　①　人口5万以上を有すること。

　②　当該普通地方公共団体の中心の市街地を形成している区域内に在る戸数が、全戸数の6割以上であること。

　③　商工業その他の都市的業態に従事する者及びその者と同一世帯に属する者の数が、全人口の6割以上であること。

　④　前各号に定めるものの外、当該都道府県の条例で定める都市的施設その他の都市としての要件を具えていること。

2　町となるべき普通地方公共団体は、当該都道府県の条例で定める町としての要件を具えていなければならない。

3　町村を市とし又は市を町村とする処分は第7条第1項、第2項及び第6項から第8項までの例により、村を町とし又は町を村とする処分は同条第1項及び第6項から第8項までの例により、これを行うものとする。

第8条の2～第9条の5　（略）

第2章　住民

第10条【住民の意義、権利義務】

1　市町村の区域内に住所を有する者は、当該市町村及びこれを包括する都道府県の住民とする。過2-22-ア

2　住民は、法律の定めるところにより、その属する普通地方公共団体の役務の提供をひとしく受ける権利を有し、その負担を分任する義務を負う。過2-22-ウ

第11条【住民の選挙権】

日本国民たる普通地方公共団体の住民は、この法律の定めるところにより、その属する普通地方公共団体の選挙に参与する権利を有する。過2-22-イ

第12条【条例の制定改廃請求権・事務の監査請求権】

1　日本国民たる普通地方公共団体の住民は、この法律の定めるところにより、その属する普通地方公共団体の条例（地方税の賦課徴収並びに分担金、使用料及び手数料の徴収に関するものを除く。）の制定又は改廃を請求する権利を有する。過2-22-エ

2　日本国民たる普通地方公共団体の住民は、この法律の定めるところにより、その属する普通地方公共団体の事務の監査を請求する権利を有する。

第13条【議会の解散請求権・解職請求権】

1　日本国民たる普通地方公共団体の住民は、この法律の定めるところにより、その属する普通地方公共団体の議会の解散を請求する権利を有する。

2　日本国民たる普通地方公共団体の住民は、この法律の定めるところにより、その属する普通地方公共団体の議会の議員、長、副知事若しくは副市町村長、第252条の19第1項に規定する指定都市の総合区長、選挙管理委員若しくは監査委員又は公安委員会の委員の解職を請求する権利を有する。

3　日本国民たる普通地方公共団体の住民は、法律の定めるところにより、その属する普通地方公共団体の教育委員会の教育長又は委員の解職を請求する権利を有する。

第13条の2【住民の地位に関する記録の整備】

市町村は、別に法律の定めるところにより、その住民につき、住民たる地位に関する正確な記録を常に整備しておかなければならない。
過22-23-ウ、2-22-オ

第3章　条例及び規則

第14条【条例、罰則の委任】

1　普通地方公共団体は、法令に違反しない限りにおいて第2条第2項の事務に関し、条例を制定することができる。過2-23-2

2　普通地方公共団体は、義務を課し、又は権利を制限するには、法令に特別の定めがある場合を除くほか、条例によらなければならない。過19-21-2

3　普通地方公共団体は、法令に特別の定めがあるものを除くほか、その条例中に、条例に違反した者に対し、2年以下の懲役若しくは禁錮、100万円以下の罰金、拘留、科料若しくは没収の刑又は5万円以下の過料を科する旨の規定を設けることができる。過22-8-5、25-22-4、27-23-1〜4、28-22-2、30-23-ア

第15条【規則】

1　普通地方公共団体の長は、法令に違反しない限りにおいて、その権限に属する事務に関し、規則を制定することができる。

2　普通地方公共団体の長は、法令に特別の定めがあるものを除くほか、普通地方公共団体

の規則中に、規則に違反した者に対し、5万円以下の過料を科する旨の規定を設けることができる。過25-22-5、27-23-5、30-23-イ、3-23-3

第16条【条例・規則等の公布・公表・施行期日】

1　普通地方公共団体の議会の議長は、条例の制定又は改廃の議決があつたときは、その日から3日以内にこれを当該普通地方公共団体の長に送付しなければならない。

2　普通地方公共団体の長は、前項の規定により条例の送付を受けた場合は、その日から20日以内にこれを公布しなければならない。ただし、再議その他の措置を講じた場合は、この限りでない。

3　条例は、条例に特別の定があるものを除く外、公布の日から起算して10日を経過した日から、これを施行する。

4　当該普通地方公共団体の長の署名、施行期日の特例その他条例の公布に関し必要な事項は、条例でこれを定めなければならない。

5　前二項の規定は、普通地方公共団体の規則並びにその機関の定める規則及びその他の規程で公表を要するものにこれを準用する。但し、法令又は条例に特別の定があるときは、この限りでない。

第4章　選挙

第17条【議員及び長の選挙】

普通地方公共団体の議会の議員及び長は、別に法律の定めるところにより、選挙人が投票によりこれを選挙する。

第18条【選挙権】

日本国民たる年齢満18年以上の者で引き続き3箇月以上市町村の区域内に住所を有するものは、別に法律の定めるところにより、その属する普通地方公共団体の議会の議員及び長の選挙権を有する。過25-24-1、26-22-3、2-22-イ

第19条【被選挙権】

1　普通地方公共団体の議会の議員の選挙権を有する者で年齢満25年以上のものは、別に法律の定めるところにより、普通地方公共団体の議会の議員の被選挙権を有する。

2　日本国民で年齢満30年以上のものは、別に法律の定めるところにより、都道府県知事の被選挙権を有する。過26-22-5

3　日本国民で年齢満25年以上のものは、別に法律の定めるところにより、市町村長の被選挙権を有する。

第20条～第74条の2

第20条乃至第73条 削除

第5章 直接請求

第1節 条例の制定及び監査の請求
第74条【条例の制定または改廃の請求】

1 普通地方公共団体の議会の議員及び長の選挙権を有する者（以下この編において「選挙権を有する者」という。）は、政令で定めるところにより、その総数の**50分の1以上の者**の連署をもつて、その代表者から、**普通地方公共団体の長**に対し、条例（地方税の賦課徴収並びに分担金、使用料及び手数料の徴収に関するものを除く。）の制定又は改廃の請求をすることができる。過18-23-1・5、19-22-2・3、21-22-2、26-23-2、28-24-3、2-22-エ、3-23-5

2 前項の請求があつたときは、当該普通地方公共団体の長は、直ちに請求の要旨を公表しなければならない。

3 普通地方公共団体の長は、第1項の請求を受理した日から20日以内に議会を招集し、意見を付けてこれを議会に付議し、その結果を同項の代表者（以下この条において「代表者」という。）に通知するとともに、これを公表しなければならない。過18-23-3、19-22-4・5、26-23-1

4 議会は、前項の規定により付議された事件の審議を行うに当たつては、政令で定めるところにより、代表者に意見を述べる機会を与えなければならない。

5 第1項の選挙権を有する者とは、公職選挙法第22条第1項又は第3項の規定による選挙人名簿の登録が行われた日において選挙人名簿に登録されている者とし、その総数の50分の1の数は、当該普通地方公共団体の選挙管理委員会において、その登録が行われた日後直ちに告示しなければならない。

6 選挙権を有する者のうち次に掲げるものは、代表者となり、又は代表者であることができない。

① 公職選挙法第27条第1項又は第2項の規定により選挙人名簿にこれらの項の表示をされている者（都道府県に係る請求にあつては、同法第9条第3項の規定により当該都道府県の議会の議員及び長の選挙権を有するものとされた者（同法第11条第1項若しくは第252条又は政治資金規正法第28条の規定により選挙権を有しなくなつた旨の表示をされている者を除く。）を除く。）

② 前項の選挙人名簿の登録が行われた日以後に公職選挙法第28条の規定により選挙人名簿から抹消された者

③ 第1項の請求に係る普通地方公共団体（当該普通地方公共団体が、都道府県である場合には当該都道府県の区域内の市町村並びに第252条の19第1項に規定する指定都市（以下この号において「指定都市」という。）の区及び総合区を含み、指定都市である場合には当該市の区及び総合区を含む。）の選挙管理委員会の委員又は職員である者

7 第1項の場合において、当該地方公共団体の区域内で衆議院議員、参議院議員又は地方公共団体の議会の議員若しくは長の選挙が行われることとなるときは、政令で定める期間、当該選挙が行われる区域内においては請求のための署名を求めることができない。

8 選挙権を有する者は、心身の故障その他の事由により条例の制定又は改廃の請求者の署名簿に署名することができないときは、その者の属する市町村の選挙権を有する者（代表者及び代表者の委任を受けて当該市町村の選挙権を有する者に対し当該署名簿に署名することを求める者を除く。）に委任して、自己の氏名（以下「請求者の氏名」という。）を当該署名簿に記載させることができる。この場合において、委任を受けた者による当該請求者の氏名の記載は、第1項の規定による請求者の署名とみなす。

9 前項の規定により委任を受けた者（以下「氏名代筆者」という。）が請求者の氏名を条例の制定又は改廃の請求者の署名簿に記載する場合には、氏名代筆者は、当該署名簿に氏名代筆者としての署名をしなければならない。

第74条の2【署名の証明、署名簿の縦覧、署名総数の告示、署名の効力に関する訴訟】

1 条例の制定又は改廃の請求者の代表者は、条例の制定又は改廃の請求者の署名簿を市町村の選挙管理委員会に提出してこれに署名した者が選挙人名簿に登録された者であることの証明を求めなければならない。この場合においては、当該市町村の選挙管理委員会は、その日から20日以内に審査を行い、署名の効力を決定し、その旨を証明しなければならない。

2 市町村の選挙管理委員会は、前項の規定に

よる署名簿の署名の証明が終了したときは、その日から7日間、その指定した場所において署名簿を関係人の縦覧に供さなければならない。

3 前項の署名簿の縦覧の期間及び場所については、市町村の選挙管理委員会は、予めこれを告示し、且つ、公衆の見易い方法によりこれを公表しなければならない。

4 署名簿の署名に関し異議があるときは、関係人は、第2項の規定による縦覧期間内に当該市町村の選挙管理委員会にこれを申し出ることができる。

5 市町村の選挙管理委員会は、前項の規定による異議の申出を受けた場合においては、その申出を受けた日から14日以内にこれを決定しなければならない。この場合において、その申出を正当であると決定したときは、直ちに第1項の規定による証明を修正し、その旨を申出人及び関係人に通知し、併せてこれを告示し、その申出を正当でないと決定したときは、直ちにその旨を申出人に通知しなければならない。

6 市町村の選挙管理委員会は、第2項の規定による縦覧期間内に関係人の異議の申出がないとき、又は前項の規定によるすべての異議についての決定をしたときは、その旨及び有効署名の総数を告示するとともに、署名簿を条例の制定又は改廃の請求者の代表者に返付しなければならない。

7 都道府県の条例の制定又は改廃の請求者の署名簿の署名に関し第5項の規定による決定に不服がある者は、その決定のあつた日から10日以内に都道府県の選挙管理委員会に審査を申し立てることができる。

8 市町村の条例の制定又は改廃の請求者の署名簿の署名に関し第5項の規定による決定に不服がある者は、その決定のあつた日から14日以内に地方裁判所に出訴することができる。その判決に不服がある者は、控訴することはできないが最高裁判所に上告することができる。

9 第7項の規定による審査の申立てに対する裁決に不服がある者は、その裁決書の交付を受けた日から14日以内に高等裁判所に出訴することができる。

10 審査の申立てに対する裁決又は判決が確定したときは、当該都道府県の選挙管理委員会又は当該裁判所は、直ちに裁決書又は判決書の写を関係市町村の選挙管理委員会に送付し

なければならない。この場合においては、送付を受けた当該市町村の選挙管理委員会は、直ちに条例の制定又は改廃の請求者の代表者にその旨を通知しなければならない。

11 署名簿の署名に関する争訟については、審査の申立てに対する裁決は審査の申立てを受理した日から20日以内にこれをするものとし、訴訟の判決は事件を受理した日から100日以内にこれをするように努めなければならない。

12 第8項及び第9項の訴えは、当該決定又は裁決をした選挙管理委員会の所在地を管轄する地方裁判所又は高等裁判所の専属管轄とする。

13 第8項及び第9項の訴えについては、行政事件訴訟法第43条の規定にかかわらず、同法第13条の規定を準用せず、また、同法第16条から第19条までの規定は、署名簿の署名の効力を争う数個の請求に関してのみ準用する。

第74条の3 【署名の効力、関係人の出頭及び証言】

1 条例の制定又は改廃の請求者の署名で左に掲げるものは、これを無効とする。
① 法令の定める成規の手続によらない署名
② 何人であるかを確認し難い署名

2 前条第4項の規定により詐偽又は強迫に基く旨の異議の申出があつた署名で市町村の選挙管理委員会がその申出を正当であると決定したものは、これを無効とする。

3 市町村の選挙管理委員会は、署名の効力を決定する場合において必要があると認めるときは、関係人の出頭及び証言を求めることができる。

4 第100条第2項、第3項、第7項及び第8項の規定は、前項の規定による関係人の出頭及び証言にこれを準用する。

第74条の4 【署名に関する罰則】

1 条例の制定又は改廃の請求者の署名に関し、次の各号に掲げる行為をした者は、4年以下の懲役若しくは禁錮又は100万円以下の罰金に処する。
① 署名権者又は署名運動者に対し、暴行若しくは威力を加え、又はこれをかどわかしたとき。
② 交通若しくは集会の便を妨げ、又は演説を妨害し、その他偽計詐術等不正の方法をもつて署名の自由を妨害したとき。
③ 署名権者若しくは署名運動者又はその関係のある社寺、学校、会社、組合、市町村

第75条〜第76条

等に対する用水、小作、債権、寄附その他特殊の利害関係を利用して署名権者又は署名運動者を威迫したとき。

2　条例の制定若しくは改廃の請求者の署名を偽造し若しくはその数を増減した者又は署名簿その他の条例の制定若しくは改廃の請求に必要な関係書類を抑留、毀壊若しくは奪取した者は、3年以下の懲役若しくは禁錮又は50万円以下の罰金に処する。

3　条例の制定又は改廃の請求者の署名に関し、選挙権を有する者の委任を受けずに又は選挙権を有する者が心身の故障その他の事由により請求者の署名簿に署名することができないときでないのに、氏名代筆者として請求者の氏名を請求者の署名簿に記載した者は、3年以下の懲役若しくは禁錮又は50万円以下の罰金に処する。

4　選挙権を有する者が心身の故障その他の事由により条例の制定又は改廃の請求者の署名簿に署名することができない場合において、当該選挙権を有する者の委任を受けて請求者の氏名を請求者の署名簿に記載した者が、当該署名簿に氏名代筆者としての署名をせず又は虚偽の署名をしたときは、3年以下の懲役若しくは禁錮又は50万円以下の罰金に処する。

5　条例の制定又は改廃の請求者の署名に関し、次に掲げる者が、その地位を利用して署名運動をしたときは、2年以下の禁錮又は30万円以下の罰金に処する。

①　国若しくは地方公共団体の公務員又は行政執行法人（独立行政法人通則法第2条第4項に規定する行政執行法人をいう。）若しくは特定地方独立行政法人（地方独立行政法人法第2条第2項に規定する特定地方独立行政法人をいう。）の役員若しくは職員

②　沖縄振興開発金融公庫の役員又は職員

6　条例の制定又は改廃の請求に関し、政令で定める請求書及び請求代表者証明書を付していない署名簿、政令で定める署名を求めるための請求代表者の委任状を付していない署名簿その他法令の定める所定の手続によらない署名簿を用いて署名を求めた者又は政令で定める署名を求めることができる期間外の時期に署名を求めた者は、10万円以下の罰金に処する。

第75条【監査の請求】

1　選挙権を有する者（道の方面公安委員会に

ついては、当該方面公安委員会の管理する方面本部の管轄区域内において選挙権を有する者）は、政令で定めるところにより、その総数の50分の1以上の者の連署をもつて、その代表者から、普通地方公共団体の監査委員に対し、当該普通地方公共団体の事務の執行に関し、監査の請求をすることができる。

2　前項の請求があつたときは、監査委員は、直ちに当該請求の要旨を公表しなければならない。

3　監査委員は、第1項の請求に係る事項につき監査し、監査の結果に関する報告を決定し、これを同項の代表者（第5項及び第6項において「代表者」という。）に送付し、かつ、公表するとともに、これを当該普通地方公共団体の議会及び長並びに関係のある教育委員会、選挙管理委員会、人事委員会若しくは公平委員会、公安委員会、労働委員会、農業委員会その他法律に基づく委員会又は委員に提出しなければならない。

4　前項の規定による監査の結果に関する報告の決定は、監査委員の合議によるものとする。

5　監査委員は、第3項の規定による監査の結果に関する報告の決定について、各監査委員の意見が一致しないことにより、前項の合議により決定することができない事項がある場合には、その旨及び当該事項についての各監査委員の意見を代表者に送付し、かつ、公表するとともに、これらを当該普通地方公共団体の議会及び長並びに関係のある教育委員会、選挙管理委員会、人事委員会若しくは公平委員会、公安委員会、労働委員会、農業委員会その他法律に基づく委員会又は委員に提出しなければならない。

6　第74条第5項の規定は第1項の選挙権を有する者及びその総数の50分の1の数について、同条第6項の規定は代表者について、同条第7項から第9項まで及び第74条の2から前条までの規定は第1項の規定による請求者の署名について、それぞれ準用する。この場合において、第74条第6項第3号中「区域内」とあるのは、「区域内（道の方面公安委員会に係る請求については、当該方面公安委員会の管理する方面本部の管轄区域内）」と読み替えるものとする。

第2節　解散及び解職の請求

第76条【議会の解散請求】

1　選挙権を有する者は、政令の定めるところ

52

により、その総数の**3分の1**（その総数が40万を超え80万以下の場合にあつてはその40万を超える数に6分の1を乗じて得た数と40万に3分の1を乗じて得た数とを合算して得た数、その総数が80万を超える場合にあつてはその80万を超える数に8分の1を乗じて得た数と40万に6分の1を乗じて得た数と40万に3分の1を乗じて得た数とを合算して得た数）以上の者の連署をもつて、その代表者から、**普通地方公共団体の選挙管理委員会**に対し、当該普通地方公共団体の議会の解散の請求をすることができる。

2 前項の請求があつたときは、委員会は、直ちに請求の要旨を公表しなければならない。

3 第1項の請求があつたとき、委員会は、これを選挙人の投票に付さなければならない。

4 第74条第5項の規定は第1項の選挙権を有する者及びその総数の3分の1の数（その総数が40万を超え80万以下の場合にあつてはその40万を超える数に6分の1を乗じて得た数と40万に3分の1を乗じて得た数とを合算して得た数、その総数が80万を超える場合にあつてはその80万を超える数に8分の1を乗じて得た数と40万に6分の1を乗じて得た数と40万に3分の1を乗じて得た数とを合算して得た数）について、同条第6項の規定は第1項の代表者について、同条第7項から第9項まで及び第74条の2から第74条の4までの規定は第1項の規定による請求者の署名について準用する。

第77条【解散投票の結果とその処置】

解散の投票の結果が判明したときは、選挙管理委員会は、直ちにこれを前条第1項の代表者及び当該普通地方公共団体の議会の議長に通知し、かつ、これを公表するとともに、都道府県にあつては都道府県知事に、市町村にあつては市町村長に報告しなければならない。その投票の結果が確定したときも、また、同様とする。

第78条【議会の解散】

普通地方公共団体の議会は、第76条第3項の規定による解散の投票において過半数の同意があつたときは、解散するものとする。

第79条【解散請求の制限期間】

第76条第1項の規定による普通地方公共団体の議会の解散の請求は、その議会の議員の一般選挙のあつた日から1年間及び同条第3項の規定による解散の投票のあつた日から1年間は、これをすることができない。

第80条【議員の解職請求と投票】

1 選挙権を有する者は、政令の定めるところにより、所属の選挙区におけるその総数の**3分の1**（その総数が40万を超え80万以下の場合にあつてはその40万を超える数に6分の1を乗じて得た数と40万に3分の1を乗じて得た数とを合算して得た数、その総数が80万を超える場合にあつてはその80万を超える数に8分の1を乗じて得た数と40万に6分の1を乗じて得た数と40万に3分の1を乗じて得た数とを合算して得た数）以上の者の連署をもつて、その代表者から、**普通地方公共団体の選挙管理委員会**に対し、当該選挙区に属する普通地方公共団体の議会の議員の解職の請求をすることができる。この場合において選挙区がないときは、選挙権を有する者の総数の3分の1（その総数が40万を超え80万以下の場合にあつてはその40万を超える数に6分の1を乗じて得た数と40万に3分の1を乗じて得た数とを合算して得た数、その総数が80万を超える場合にあつてはその80万を超える数に8分の1を乗じて得た数と40万に6分の1を乗じて得た数と40万に3分の1を乗じて得た数とを合算して得た数）以上の者の連署をもつて、議員の解職の請求をすることができる。

2 前項の請求があつたときは、委員会は、直ちに請求の要旨を関係区域内に公表しなければならない。

3 第1項の請求があつたときは、委員会は、これを当該選挙区の選挙人の投票に付さなければならない。この場合において選挙区がないときは、すべての選挙人の投票に付さなければならない。

4 第74条第5項の規定は第1項の選挙権を有する者及びその総数の3分の1の数（その総数が40万を超え80万以下の場合にあつてはその40万を超える数に6分の1を乗じて得た数と40万に3分の1を乗じて得た数とを合算して得た数、その総数が80万を超える場合にあつてはその80万を超える数に8分の1を乗じて得た数と40万に6分の1を乗じて得た数と40万に3分の1を乗じて得た数とを合算して得た数）について、同条第6項の規定は第1項の代表者について、同条第7項から第9項まで及び第74条の2から第74条の4までの規定は第1項の規定による請求者の署名について準用する。この場合において、第74条第6項第3号中「都道府県の区域内の」とあり、

及び「市の」とあるのは、「選挙区の区域の全部又は一部が含まれる」と読み替えるものとする。

第81条【長の解職請求と投票】

1 選挙権を有する者は、政令の定めるところにより、その総数の**3分の1**（その総数が40万を超え80万以下の場合にあつてはその40万を超える数に6分の1を乗じて得た数と40万に3分の1を乗じて得た数とを合算して得た数、その総数が80万を超える場合にあつてはその80万を超える数に8分の1を乗じて得た数と40万に6分の1を乗じて得た数と40万に3分の1を乗じて得た数とを合算して得た数）以上の者の連署をもつて、その代表者から、**普通地方公共団体の選挙管理委員会**に対し、当該普通地方公共団体の長の解職の請求をすることができる。

2 第74条第5項の規定は前項の選挙権を有する者及びその総数の3分の1の数（その総数が40万を超え80万以下の場合にあつてはその40万を超える数に6分の1を乗じて得た数と40万に3分の1を乗じて得た数とを合算して得た数、その総数が80万を超える場合にあつてはその80万を超える数に8分の1を乗じて得た数と40万に6分の1を乗じて得た数と40万に3分の1を乗じて得た数とを合算して得た数）について、同条第6項の規定は前項の代表者について、同条第7項から第9項まで及び第74条の2から第74条の4までの規定は前項の規定による請求者の署名について、第76条第2項及び第3項の規定は前項の請求について準用する。

第82条【解職の投票の結果とその処置】

1 第80条第3項の規定による解職の投票の結果が判明したときは、普通地方公共団体の選挙管理委員会は、直ちにこれを同条第1項の代表者並びに当該普通地方公共団体の議会の関係議員及び議長に通知し、かつ、これを公表するとともに、都道府県にあつては都道府県知事に、市町村にあつては市町村長に報告しなければならない。その投票の結果が確定したときも、また、同様とする。

2 前条第2項の規定による解職の投票の結果が判明したときは、委員会は、直ちにこれを同条第1項の代表者並びに当該普通地方公共団体の長及び議会の議長に通知し、かつ、これを公表しなければならない。その投票の結果が確定したときも、また、同様とする。

第83条【議員または長の失職】

普通地方公共団体の議会の議員又は長は、第80条第3項又は第81条第2項の規定による解職の投票において、過半数の同意があつたときは、その職を失う。過18-23-4

第84条【議員または長の解職請求期間の制限】

第80条第1項又は第81条第1項の規定による普通地方公共団体の議会の議員又は長の解職の請求は、その就職の日から1年間及び第80条第3項又は第81条第2項の規定による解職の投票の日から1年間は、これをすることができない。ただし、公職選挙法第100条第6項の規定により当選人と定められ普通地方公共団体の議会の議員又は長となつた者に対する解職の請求は、その就職の日から1年以内においても、これをすることができる。

第85条【解散・解職の投票手続】

1 政令で特別の定をするものを除く外、公職選挙法中普通地方公共団体の選挙に関する規定は、第76条第3項の規定による解散の投票並びに第80条第3項及び第81条第2項の規定による解職の投票にこれを準用する。

2 前項の投票は、政令の定めるところにより、普通地方公共団体の選挙と同時にこれを行うことができる。

第86条【役員の解職請求】

1 選挙権を有する者（第252条の19第1項に規定する指定都市（以下この項において「指定都市」という。）の総合区長については当該総合区の区域内において選挙権を有する者、指定都市の区又は総合区の選挙管理委員会については当該区又は総合区の区域内において選挙権を有する者、道の方面公安委員会の委員については当該方面公安委員会の管理する方面本部の管轄区域内において選挙権を有する者）は、政令の定めるところにより、その総数の**3分の1**（その総数が40万を超え80万以下の場合にあつてはその40万を超える数に6分の1を乗じて得た数と40万に3分の1を乗じて得た数とを合算して得た数、その総数が80万を超える場合にあつてはその80万を超える数に8分の1を乗じて得た数と40万に6分の1を乗じて得た数と40万に3分の1を乗じて得た数とを合算して得た数）以上の者の連署をもつて、その代表者から、**普通地方公共団体の長**に対し、副知事若しくは副市町村長、指定都市の総合区長、選挙管理委員若しくは監査委員又は公安委員会の委員の解職の請求をすることができる。過18-23-2

2 　前項の請求があつたときは、当該普通地方公共団体の長は、直ちに請求の要旨を公表しなければならない。

3 　第1項の請求があつたときは、当該普通地方公共団体の長は、これを議会に付議し、その結果を同項の代表者及び関係者に通知し、かつ、これを公表しなければならない。

4 　第74条第5項の規定は第1項の選挙権を有する者及びその総数の3分の1の数（その総数が40万を超え80万以下の場合にあつてはその40万を超える数に6分の1を乗じて得た数と40万に3分の1を乗じて得た数とを合算して得た数、その総数が80万を超える場合にあつてはその80万を超える数に8分の1を乗じて得た数と40万に6分の1を乗じて得た数と40万に3分の1を乗じて得た数とを合算して得た数）について、同条第6項の規定は第1項の代表者について、同条第7項から第9項まで及び第74条の2から第74条の4までの規定は第1項の規定による請求者の署名について準用する。この場合において、第74条第6項第3号中「区域内」とあるのは「区域内（道の方面公安委員会の委員に係る請求については、当該方面公安委員会の管理する方面本部の管轄区域内）」と、「市の区及び総合区」とあるのは「市の区及び総合区（総合区長に係る請求については当該総合区、区又は総合区の選挙管理委員に係る請求については当該区又は総合区に限る。）」と読み替えるものとする。

第87条【役員の失職】

1 　前条第1項に掲げる職に在る者は、同条第3項の場合において、当該普通地方公共団体の議会の議員の**3分の2以上**の者が出席し、その**4分の3以上**の者の同意があつたときは、その職を失う。

2 　第118条第5項の規定は、前条第3項の規定による議決についてこれを準用する。

第88条【役員の解職請求の制限期間】

1 　第86条第1項の規定による副知事若しくは副市町村長又は第252条の19第1項に規定する指定都市の総合区長の解職の請求は、その就職の日から1年間及び第86条第3項の規定による議会の議決の日から1年間は、これをすることができない。

2 　第86条第1項の規定による選挙管理委員若しくは監査委員又は公安委員会の委員の解職の請求は、その就職の日から6箇月間及び同条第3項の規定による議会の議決の日から6箇月間は、これをすることができない。

第6章　議会（抄）

第1節　組織

第89条【議会の設置】

普通地方公共団体に議会を置く。

第90条【都道府県の議会の議員の定数】

1 　都道府県の議会の議員の定数は、条例で定める。過28-22-3

2 　前項の規定による議員の定数の変更は、一般選挙の場合でなければ、これを行うことができない。

3 　第6条の2第1項の規定による処分により、著しく人口の増加があつた都道府県においては、前項の規定にかかわらず、議員の任期中においても、議員の定数を増加することができる。

4 　第6条の2第1項の規定により都道府県の設置をしようとする場合において、その区域の全部が当該新たに設置される都道府県の区域の一部となる都道府県（以下本条において「設置関係都道府県」という。）は、その協議により、あらかじめ、新たに設置される都道府県の議会の議員の定数を定めなければならない。

5 　前項の規定により新たに設置される都道府県の議会の議員の定数を定めたときは、設置関係都道府県は、直ちに当該定数を告示しなければならない。

6 　前項の規定により告示された新たに設置される都道府県の議会の議員の定数は、第1項の規定に基づく当該都道府県の条例により定められたものとみなす。

7 　第4項の協議については、設置関係都道府県の議会の議決を経なければならない。

第91条【市町村の議会の議員の定数】

1 　市町村の議会の議員の定数は、条例で定める。過28-22-3

2 　前項の規定による議員の定数の変更は、一般選挙の場合でなければ、これを行うことができない。

3 　第7条第1項又は第3項の規定による処分により、著しく人口の増減があつた市町村においては、前項の規定にかかわらず、議員の任期中においても、議員の定数を増減することができる。

4 　前項の規定により議員の任期中にその定数を減少した場合において当該市町村の議会の議員の職に在る者の数がその減少した定数を

第92条～第96条

超えているときは、当該議員の任期中は、その数を以て定数とする。但し、議員に欠員を生じたときは、これに応じて、その定数は、当該定数に至るまで減少するものとする。

5　第7条第1項又は第3項の規定により市町村の設置を伴う市町村の廃置分合をしようとする場合において、その区域の全部又は一部が当該廃置分合により新たに設置される市町村の区域の全部又は一部となる市町村（以下本条において「設置関係市町村」という。）は、設置関係市町村が2以上のときは設置関係市町村の協議により、設置関係市町村が1のときは当該設置関係市町村の議会の議決を経て、あらかじめ、新たに設置される市町村の議会の議員の定数を定めなければならない。

6　前項の規定により新たに設置される市町村の議会の議員の定数を定めたときは、設置関係市町村は、直ちに当該定数を告示しなければならない。

7　前項の規定により告示された新たに設置される市町村の議会の議員の定数は、第1項の規定に基づく当該市町村の条例により定められたものとみなす。

8　第5項の協議については、設置関係市町村の議会の議決を経なければならない。

第92条【議員の兼職禁止】

1　普通地方公共団体の議会の議員は、衆議院議員又は参議院議員と兼ねることができない。

2　普通地方公共団体の議会の議員は、地方公共団体の議会の議員並びに常勤の職員及び地方公務員法第28条の5第1項に規定する短時間勤務の職を占める職員（以下「短時間勤務職員」という。）と兼ねることができない。

第92条の2【関係諸企業への関与の禁止】

普通地方公共団体の議会の議員は、当該普通地方公共団体に対し請負をする者及びその支配人又は主として同一の行為をする法人の無限責任社員、取締役、執行役若しくは監査役若しくはこれらに準ずべき者、支配人及び清算人たることができない。

第93条【議員の任期】

1　普通地方公共団体の議会の議員の任期は、4年とする。過28-22-3

2　前項の任期の起算、補欠議員の在任期間及び議員の定数に異動を生じたためあらたに選挙された議員の在任期間については、公職選挙法第258条及び第260条の定めるところによ

る。

第94条【町村総会】

町村は、条例で、第89条の規定にかかわらず、議会を置かず、選挙権を有する者の総会を設けることができる。過20-21-2、22-23-オ、29-23-1

第95条【町村総会への準用】

前条の規定による町村総会に関しては、町村の議会に関する規定を準用する。

第2節　権限

第96条【議決事件】

1　普通地方公共団体の議会は、次に掲げる事件を議決しなければならない。過19-23-4、26-44

① 　条例を設け又は改廃すること。

② 　予算を定めること。

③ 　決算を認定すること。

④ 　法律又はこれに基づく政令に規定するものを除くほか、地方税の賦課徴収又は分担金、使用料、加入金若しくは手数料の徴収に関すること。

⑤ 　その種類及び金額について政令で定める基準に従い条例で定める契約を締結すること。過2-10-5

⑥ 　条例で定める場合を除くほか、財産を交換し、出資の目的とし、若しくは支払手段として使用し、又は適正な対価なくしてこれを譲渡し、若しくは貸し付けること。

⑦ 　不動産を信託すること。

⑧ 　前二号に定めるものを除くほか、その種類及び金額について政令で定める基準に従い条例で定める財産の取得又は処分をすること。

⑨ 　負担付きの寄附又は贈与を受けること。

⑩ 　法律若しくはこれに基づく政令又は条例に特別の定めがある場合を除くほか、権利を放棄すること。

⑪ 　条例で定める重要な公の施設につき条例で定める長期かつ独占的な利用をさせること。

⑫ 　普通地方公共団体がその当事者である審査請求その他の不服申立て、訴えの提起（普通地方公共団体の行政庁の処分又は裁決（行政事件訴訟法第3条第2項に規定する処分又は同条第3項に規定する裁決をいう。以下この号、第105条の2、第192条及び第199条の3第3項において同じ。）に係る同法第11条第1項（同法第38条第1項（同法第43条第2項において準用する場合

を含む。）又は同法第43条第1項において準用する場合を含む。）の規定による普通地方公共団体を被告とする訴訟（以下この号、第105条の2、第192条及び第199条の3第3項において「普通地方公共団体を被告とする訴訟」という。）に係るものを除く。）、和解（普通地方公共団体の行政庁の処分又は裁決に係る普通地方公共団体を被告とする訴訟に係るものを除く。）、あつせん、調停及び仲裁に関すること。

⑬　法律上その義務に属する損害賠償の額を定めること。

⑭　普通地方公共団体の区域内の公共的団体等の活動の総合調整に関すること。

⑮　その他法律又はこれに基づく政令（これらに基づく条例を含む。）により議会の権限に属する事項

2　前項に定めるものを除くほか、普通地方公共団体は、条例で普通地方公共団体に関する事件（法定受託事務に係るものにあつては、国の安全に関することその他の事由により議会の議決すべきものとすることが適当でないものとして政令で定めるものを除く。）につき議会の議決すべきものを定めることができる。

第97条【選挙、予算の増額修正】

1　普通地方公共団体の議会は、法律又はこれに基く政令によりその権限に属する選挙を行わなければならない。

2　議会は、予算について、増額してこれを議決することを妨げない。但し、普通地方公共団体の長の予算の提出の権限を侵すことはできない。 過19-23-1

第98条【検閲及び検査、監査の請求】

1　普通地方公共団体の議会は、当該普通地方公共団体の事務（自治事務にあつては労働委員会及び収用委員会の権限に属する事務で政令で定めるものを除き、法定受託事務にあつては国の安全を害するおそれがあることその他の事由により議会の検査の対象とすることが適当でないものとして政令で定めるものを除く。）に関する書類及び計算書を検閲し、当該普通地方公共団体の長、教育委員会、選挙管理委員会、人事委員会若しくは公平委員会、公安委員会、労働委員会、農業委員会又は監査委員その他法律に基づく委員会又は委員の報告を請求して、当該事務の管理、議決の執行及び出納を検査することができる。

2　議会は、監査委員に対し、当該普通地方公

共団体の事務（自治事務にあつては労働委員会及び収用委員会の権限に属する事務で政令で定めるものを除き、法定受託事務にあつては国の安全を害するおそれがあることその他の事由により本項の監査の対象とすることが適当でないものとして政令で定めるものを除く。）に関する監査を求め、監査の結果に関する報告を請求することができる。この場合における監査の実施については、第199条第2項後段の規定を準用する。

第99条【意見書の提出】

普通地方公共団体の議会は、当該普通地方公共団体の公益に関する事件につき意見書を国会又は関係行政庁に提出することができる。

第100条【調査権、政府の刊行物の送付、図書室の附置】

1　普通地方公共団体の議会は、当該普通地方公共団体の事務（自治事務にあつては労働委員会及び収用委員会の権限に属する事務で政令で定めるものを除き、法定受託事務にあつては国の安全を害するおそれがあることその他の事由により議会の調査の対象とすることが適当でないものとして政令で定めるものを除く。次項において同じ。）に関する調査を行うことができる。この場合において、当該調査を行うため特に必要があると認めるときは、選挙人その他の関係人の出頭及び証言並びに記録の提出を請求することができる。

2　民事訴訟に関する法令の規定中証人の訊問に関する規定は、この法律に特別の定めがあるものを除くほか、前項後段の規定により議会が当該普通地方公共団体の事務に関する調査のため選挙人その他の関係人の証言を請求する場合に、これを準用する。ただし、過料、罰金、拘留又は勾引に関する規定は、この限りでない。

3　第1項後段の規定により出頭又は記録の提出の請求を受けた選挙人その他の関係人が、正当の理由がないのに、議会に出頭せず若しくは記録を提出しないとき又は証言を拒んだときは、6箇月以下の禁錮又は10万円以下の罰金に処する。

4　議会は、選挙人その他の関係人が公務員たる地位において知り得た事実については、その者から職務上の秘密に属するものである旨の申立を受けたときは、当該官公署の承認がなければ、当該事実に関する証言又は記録の提出を請求することができない。この場合において当該官公署が承認を拒むときは、その

第100条の2〜第101条

理由を疎明しなければならない。

5　議会が前項の規定による疎明を理由がないと認めるときは、当該官公署に対し、当該証言又は記録の提出が公の利益を害する旨の声明を要求することができる。

6　当該官公署が前項の規定による要求を受けた日から20日以内に声明をしないときは、選挙人その他の関係人は、証言又は記録の提出をしなければならない。

7　第2項において準用する民事訴訟に関する法令の規定により宣誓した選挙人その他の関係人が虚偽の陳述をしたときは、これを3箇月以上5年以下の禁錮に処する。

8　前項の罪を犯した者が議会において調査が終了した旨の議決がある前に自白したときは、その刑を減軽し又は免除することができる。

9　議会は、選挙人その他の関係人が、第3項又は第7項の罪を犯したものと認めるときは、告発しなければならない。但し、虚偽の陳述をした選挙人その他の関係人が、議会の調査が終了した旨の議決がある前に自白したときは、告発しないことができる。

10　議会が第1項の規定による調査を行うため当該普通地方公共団体の区域内の団体等に対し照会をし又は記録の送付を求めたときは、当該団体等は、その求めに応じなければならない。

11　議会は、第1項の規定による調査を行う場合においては、予め、予算の定額の範囲内において、当該調査のため要する経費の額を定めて置かなければならない。その額を超えて経費の支出を必要とするときは、更に議決を経なければならない。

12　議会は、会議規則の定めるところにより、議案の審査又は議会の運営に関し協議又は調整を行うための場を設けることができる。

13　議会は、議案の審査又は当該普通地方公共団体の事務に関する調査のためその他議会において必要があると認めるときは、会議規則の定めるところにより、議員を派遣することができる。

14　普通地方公共団体は、条例の定めるところにより、その議会の議員の調査研究その他の活動に資するため必要な経費の一部として、その議会における会派又は議員に対し、政務活動費を交付することができる。この場合において、当該政務活動費の交付の対象、額及び交付の方法並びに当該政務活動費を充てる

ことができる経費の範囲は、条例で定めなければならない。

15　前項の政務活動費の交付を受けた会派又は議員は、条例の定めるところにより、当該政務活動費に係る収入及び支出の報告書を議長に提出するものとする。

16　議長は、第14項の政務活動費については、その使途の透明性の確保に努めるものとする。

17　政府は、都道府県の議会に官報及び政府の刊行物を、市町村の議会に官報及び市町村に特に関係があると認める政府の刊行物を送付しなければならない。

18　都道府県は、当該都道府県の区域内の市町村の議会及び他の都道府県の議会に、公報及び適当と認める刊行物を送付しなければならない。

19　議会は、議員の調査研究に資するため、図書室を附置し前二項の規定により送付を受けた官報、公報及び刊行物を保管して置かなければならない。

20　前項の図書室は、一般にこれを利用させることができる。

第100条の2　【専門的事項に係る調査】

普通地方公共団体の議会は、議案の審査又は当該普通地方公共団体の事務に関する調査のために必要な専門的事項に係る調査を学識経験を有する者等にさせることができる。

第3節　招集及び会期

第101条【招集】

1　普通地方公共団体の議会は、普通地方公共団体の長がこれを招集する。過元-22-1

2　議長は、議会運営委員会の議決を経て、当該普通地方公共団体の長に対し、会議に付議すべき事件を示して臨時会の招集を請求することができる。過元-22-1

3　議員の定数の4分の1以上の者は、当該普通地方公共団体の長に対し、会議に付議すべき事件を示して臨時会の招集を請求することができる。過元-22-1

4　前二項の規定による請求があつたときは、当該普通地方公共団体の長は、請求のあつた日から20日以内に臨時会を招集しなければならない。過元-22-2

5　第2項の規定による請求のあつた日から20日以内に当該普通地方公共団体の長が臨時会を招集しないときは、第1項の規定にかかわらず、議長は、臨時会を招集することができる。過3-24-ウ

58

6 第3項の規定による請求のあつた日から20日以内に当該普通地方公共団体の長が臨時会を招集しないときは、第1項の規定にかかわらず、議長は、第3項の規定による請求をした者の申出に基づき、当該申出のあつた日から、都道府県及び市にあつては10日以内、町村にあつては6日以内に臨時会を招集しなければならない。

7 招集は、開会の日前、都道府県及び市にあつては7日、町村にあつては3日までにこれを告示しなければならない。ただし、緊急を要する場合は、この限りでない。

第102条【定例会・臨時会、会期】

1 普通地方公共団体の議会は、定例会及び臨時会とする。週元-22-3

2 定例会は、毎年、条例で定める回数これを招集しなければならない。

3 臨時会は、必要がある場合において、その事件に限りこれを招集する。週元-22-3

4 臨時会に付議すべき事件は、普通地方公共団体の長があらかじめこれを告示しなければならない。

5 前条第5項又は第6項の場合においては、前項の規定にかかわらず、議長が、同条第2項又は第3項の規定による請求において示された会議に付議すべき事件を臨時会に付議すべき事件として、あらかじめ告示しなければならない。

6 臨時会の開会中に緊急を要する事件があるときは、前三項の規定にかかわらず、直ちにこれを会議に付議することができる。

7 普通地方公共団体の議会の会期及びその延長並びにその開閉に関する事項は、議会がこれを定める。

第102条の2【通年の会期】

1 普通地方公共団体の議会は、前条の規定にかかわらず、条例で定めるところにより、定例会及び臨時会とせず、毎年、条例で定める日から翌年の当該日の前日までを会期とすることができる。

2 前項の議会は、第4項の規定により招集しなければならないものとされる場合を除き、前項の条例で定める日の到来をもつて、普通地方公共団体の長が当該日にこれを招集したものとみなす。

3 第1項の会期中において、議員の任期が満了したとき、議会が解散されたとき又は議員が全てなくなつたときは、同項の規定にかかわらず、その任期満了の日、その解散の日又はその議員が全てなくなつた日をもつて、会期は終了するものとする。

4 前項の規定により会期が終了した場合には、普通地方公共団体の長は、同項に規定する事由により行われた一般選挙により選出された議員の任期が始まる日から30日以内に議会を招集しなければならない。この場合においては、その招集の日から同日後の最初の第1項の条例で定める日の前日までを会期とするものとする。

5 第3項の規定は、前項後段に規定する会期について準用する。

6 第1項の議会は、条例で、定期的に会議を開く日（以下「定例日」という。）を定めなければならない。

7 普通地方公共団体の長は、第1項の議会の議長に対し、会議に付議すべき事件を示して定例日以外の日において会議を開くことを請求することができる。この場合において、議長は、当該請求のあつた日から、都道府県及び市にあつては7日以内、町村にあつては3日以内に会議を開かなければならない。

8 第1項の場合における第74条第3項、第121条第1項、第243条の3第2項及び第3項並びに第252条の39第4項の規定の適用については、第74条第3項中「20日以内に議会を招集し、」とあるのは「20日以内に」と、第121条第1項中「議会の審議」とあるのは「定例日に開かれる会議の審議又は議案の審議」と、第243条の3第2項及び第3項中「次の議会」とあるのは「次の定例日に開かれる会議」と、第252条の39第4項中「20日以内に議会を招集し」とあるのは「20日以内に」とする。

第4節 議長及び副議長

第103条【議長・副議長】

1 普通地方公共団体の議会は、議員の中から議長及び副議長1人を選挙しなければならない。

2 議長及び副議長の任期は、議員の任期による。

第104条【議長の権限】

普通地方公共団体の議会の議長は、議場の秩序を保持し、議事を整理し、議会の事務を統理し、議会を代表する。

第105条【議長の委員会出席、発言】

普通地方公共団体の議会の議長は、委員会に出席し、発言することができる。

第105条の2【議長の訴訟代表権】
　普通地方公共団体の議会又は議長の処分又は裁決に係る普通地方公共団体を被告とする訴訟については、議長が当該普通地方公共団体を代表する。

第106条【議長の代理】
1　普通地方公共団体の議会の議長に事故があるとき、又は議長が欠けたときは、副議長が議長の職務を行う。
2　議長及び副議長にともに事故があるときは、仮議長を選挙し、議長の職務を行わせる。
3　議会は、仮議長の選任を議長に委任することができる。

第107条【臨時議長】
　第103条第1項及び前条第2項の規定による選挙を行う場合において、議長の職務を行う者がないときは、年長の議員が臨時に議長の職務を行う。

第108条【議長・副議長の辞職】
　普通地方公共団体の議会の議長及び副議長は、議会の許可を得て辞職することができる。但し、副議長は、議会の閉会中においては、議長の許可を得て辞職することができる。

第5節　委員会
第109条【委員会】
1　普通地方公共団体の議会は、条例で、常任委員会、議会運営委員会及び特別委員会を置くことができる。
2　常任委員会は、その部門に属する当該普通地方公共団体の事務に関する調査を行い、議案、請願等を審査する。
3　議会運営委員会は、次に掲げる事項に関する調査を行い、議案、請願等を審査する。
　①　議会の運営に関する事項
　②　議会の会議規則、委員会に関する条例等に関する事項
　③　議長の諮問に関する事項
4　特別委員会は、議会の議決により付議された事件を審査する。
5　第115条の2の規定は、委員会について準用する。
6　委員会は、議会の議決すべき事件のうちその部門に属する当該普通地方公共団体の事務に関するものにつき、議会に議案を提出することができる。ただし、予算については、この限りでない。
7　前項の規定による議案の提出は、文書をもつてしなければならない。

8　委員会は、議会の議決により付議された特定の事件については、閉会中も、なお、これを審査することができる。
9　前各項に定めるもののほか、委員の選任その他委員会に関し必要な事項は、条例で定める。

第110条及び第111条　削除
第6節　会議
第112条【議員の議案提出権】
1　普通地方公共団体の議会の議員は、議会の議決すべき事件につき、議会に議案を提出することができる。但し、予算については、この限りでない。過元-22-4
2　前項の規定により議案を提出するに当たつては、議員の定数の12分の1以上の者の賛成がなければならない。
3　第1項の規定による議案の提出は、文書を以てこれをしなければならない。

第113条【定定数】
　普通地方公共団体の議会は、議員の定数の半数以上の議員が出席しなければ、会議を開くことができない。但し、第117条の規定による除斥のため半数に達しないとき、同一の事件につき再度招集してもなお半数に達しないとき、又は招集に応じても出席議員が定数を欠き議長において出席を催告してもなお半数に達しないとき若しくは半数に達してもその後半数に達しなくなつたときは、この限りでない。

第114条【議員の請求による開議】
1　普通地方公共団体の議会の議員の定数の半数以上の者から請求があるときは、議長は、その日の会議を開かなければならない。この場合において議長がなお会議を開かないときは、第106条第1項又は第2項の例による。過元-22-5
2　前項の規定により会議を開いたとき、又は議員中に異議があるときは、議長は、会議の議決によらない限り、その日の会議を閉じ又は中止することができない。

第115条【議事公開の原則・秘密会】
1　普通地方公共団体の議会の会議は、これを公開する。但し、議長又は議員3人以上の発議により、出席議員の3分の2以上の多数で議決したときは、秘密会を開くことができる。過元-22-5
2　前項但書の議長又は議員の発議は、討論を行わないでその可否を決しなければならない。

第115条の2～第123条

第115条の2 【議会による意見聴取】

1　普通地方公共団体の議会は、会議において、予算その他重要な議案、請願等について公聴会を開き、真に利害関係を有する者又は学識経験を有する者等から意見を聴くことができる。

2　普通地方公共団体の議会は、会議において、当該普通地方公共団体の事務に関する調査又は審査のため必要があると認めるときは、参考人の出頭を求め、その意見を聴くことができる。

第115条の3 【議案の修正】

普通地方公共団体の議会が議案に対する修正の動議を議題とするに当たつては、議員の定数の12分の1以上の者の発議によらなければならない。

第116条 【表決】

1　この法律に特別の定がある場合を除く外、普通地方公共団体の議会の議事は、出席議員の過半数でこれを決し、可否同数のときは、議長の決するところによる。

2　前項の場合においては、議長は、議員として議決に加わる権利を有しない。

第117条 【議長及び議員の除斥】

普通地方公共団体の議会の議長及び議員は、自己若しくは父母、祖父母、配偶者、子、孫若しくは兄弟姉妹の一身上に関する事件又は自己若しくはこれらの者の従事する業務に直接の利害関係のある事件については、その議事に参与することができない。但し、議会の同意があつたときは、会議に出席し、発言することができる。過19-23-5

第118条 【議会における選挙の方法】

1　法律又はこれに基づく政令により普通地方公共団体の議会において行う選挙については、公職選挙法第46条第1項及び第4項、第47条、第48条、第68条第1項並びに普通地方公共団体の議会の議員の選挙に関する第95条の規定を準用する。その投票の効力に関し異議があるときは、議会がこれを決定する。

2　議会は、議員中に異議がないときは、前項の選挙につき指名推選の方法を用いることができる。

3　指名推選の方法を用いる場合においては、被指名人を以て当選人と定めるべきかどうかを会議に諮り、議員の全員の同意があつた者を以て当選人とする。

4　一の選挙を以て2人以上を選挙する場合においては、被指名人を区分して前項の規定を適用してはならない。

5　第1項の規定による決定に不服がある者は、決定があつた日から21日以内に、都道府県にあつては総務大臣、市町村にあつては都道府県知事に審査を申し立て、その裁決に不服がある者は、裁決のあつた日から21日以内に裁判所に出訴することができる。

6　第1項の規定による決定は、文書を以てし、その理由を附けてこれを本人に交付しなければならない。

第119条 【会期の不継続】

会期中に議決に至らなかつた事件は、後会に継続しない。

第120条 【会議規則】

普通地方公共団体の議会は、会議規則を設けなければならない。

第121条 【長及び委員の議場出席義務】

1　普通地方公共団体の長、教育委員会の教育長、選挙管理委員会の委員長、人事委員会の委員長又は公平委員会の委員長、公安委員会の委員長、労働委員会の委員、農業委員会の会長及び監査委員その他法律に基づく委員会の代表者又は委員並びにその委任又は嘱託を受けた者は、議会の審議に必要な説明のため議長から出席を求められたときは、議場に出席しなければならない。ただし、出席すべき日時に議場に出席できないことについて正当な理由がある場合において、その旨を議長に届け出たときは、この限りでない。過24-23-3

2　第102条の2第1項の議会の議長は、前項本文の規定により議場への出席を求めるに当たつては、普通地方公共団体の執行機関の事務に支障を及ぼすことのないよう配慮しなければならない。

第122条 【長の説明書提出義務】

普通地方公共団体の長は、議会に、第211条第2項に規定する予算に関する説明書その他当該普通地方公共団体の事務に関する説明書を提出しなければならない。

第123条 【会議録】

1　議長は、事務局長又は書記長（書記長を置かない町村においては書記）に書面又は電磁的記録（電子的方式、磁気的方式その他人の知覚によつては認識することができない方式で作られる記録であつて、電子計算機による情報処理の用に供されるものをいう。以下同じ。）により会議録を作成させ、並びに会議の次第及び出席議員の氏名を記載させ、又は

地方自治法

61

記録させなければならない。

2　会議録が書面をもって作成されているときは、議長及び議会において定めた２人以上の議員がこれに署名しなければならない。

3　会議録が電磁的記録をもって作成されているときは、議長及び議会において定めた２人以上の議員が当該電磁的記録に総務省令で定める署名に代わる措置をとらなければならない。

4　議長は、会議録が書面をもって作成されているときはその写しを、会議録が電磁的記録をもって作成されているときは当該電磁的記録に記録された事項を記載した書面又は当該事項を記録した磁気ディスク（これに準ずる方法により一定の事項を確実に記録することができる物を含む。）を添えて会議の結果を普通地方公共団体の長に報告しなければならない。

第7節　請願

第124条【請願の方法】

普通地方公共団体の議会に請願しようとする者は、議員の紹介により請願書を提出しなければならない。

第125条【採択請願の送付、報告の請求】

普通地方公共団体の議会は、その採択した請願で当該普通地方公共団体の長、教育委員会、選挙管理委員会、人事委員会若しくは公平委員会、公安委員会、労働委員会、農業委員会又は監査委員その他法律に基づく委員会又は委員において措置することが適当と認めるものは、これらの者にこれを送付し、かつ、その請願の処理の経過及び結果の報告を請求することができる。

第8節　議員の辞職及び資格の決定（略）
第9節　紀律（略）
第10節　懲罰（略）
第11節　議会の事務局及び事務局長、書記長、書記その他の職員（略）

第7章　執行機関（抄）

第1節　通則

第138条の2【執行機関の義務】

普通地方公共団体の執行機関は、当該普通地方公共団体の条例、予算その他の議会の議決に基づく事務及び法令、規則その他の規程に基づく当該普通地方公共団体の事務を、自らの判断と責任において、誠実に管理し及び執行する義務を負う。

第138条の3【執行機関の組織】

1　普通地方公共団体の執行機関の組織は、普通地方公共団体の長の所轄の下に、それぞれ明確な範囲の所掌事務と権限を有する執行機関によつて、系統的にこれを構成しなければならない。

2　普通地方公共団体の執行機関は、普通地方公共団体の長の所轄の下に、執行機関相互の連絡を図り、すべて、一体として、行政機能を発揮するようにしなければならない。

3　普通地方公共団体の長は、当該普通地方公共団体の執行機関相互の間にその権限につき疑義が生じたときは、これを調整するように努めなければならない。過23-22-4

第138条の4【委員会・委員・附属機関】

1　普通地方公共団体にその執行機関として普通地方公共団体の長の外、法律の定めるところにより、委員会又は委員を置く。過23-22-1

2　普通地方公共団体の委員会は、法律の定めるところにより、法令又は普通地方公共団体の条例若しくは規則に違反しない限りにおいて、その権限に属する事務に関し、規則その他の規程を定めることができる。過23-22-3

3　普通地方公共団体は、法律又は条例の定めるところにより、執行機関の附属機関として自治紛争処理委員、審査会、審議会、調査会その他の調停、審査、諮問又は調査のための機関を置くことができる。ただし、政令で定める執行機関については、この限りでない。

第2節　普通地方公共団体の長

第1款　地位

第139条【知事・市町村長】

1　都道府県に知事を置く。
2　市町村に市町村長を置く。

第140条【長の任期】

1　普通地方公共団体の長の任期は、4年とする。

2　前項の任期の起算については、公職選挙法第259条及び第259条の2の定めるところによる。

第141条【長の兼職の禁止】

1　普通地方公共団体の長は、衆議院議員又は参議院議員と兼ねることができない。

2　普通地方公共団体の長は、地方公共団体の議会の議員並びに常勤の職員及び短時間勤務職員と兼ねることができない。

第142条【関係諸企業への関与の禁止】

普通地方公共団体の長は、当該普通地方公共団体に対し請負をする者及びその支配人又は主として同一の行為をする法人（当該普通地方公共団体が出資している法人で政令で定めるものを除く。）の無限責任社員、取締役、執行役若しくは監査役若しくはこれらに準ずべき者、支配人及び清算人たることができない。

第143条【失職】

1 普通地方公共団体の長が、被選挙権を有しなくなつたとき又は前条の規定に該当するときは、その職を失う。その被選挙権の有無又は同条の規定に該当するかどうかは、普通地方公共団体の長が公職選挙法第11条、第11条の２若しくは第252条又は政治資金規正法第28条の規定に該当するため被選挙権を有しない場合を除くほか、当該普通地方公共団体の選挙管理委員会がこれを決定しなければならない。

2 前項の規定による決定は、文書をもつてし、その理由をつけてこれを本人に交付しなければならない。

3 第１項の規定による決定についての審査請求は、都道府県にあつては総務大臣、市町村にあつては都道府県知事に対してするものとする。

4 前項の審査請求に関する行政不服審査法第18条第１項本文の期間は、第１項の決定があつた日の翌日から起算して21日とする。

第144条【失職の時期】

普通地方公共団体の長は、公職選挙法第202条第１項若しくは第206条第１項の規定による異議の申出、同法第202条第２項若しくは第206条第２項の規定による審査の申立て、同法第203条第１項、第207条第１項、第210条若しくは第211条の訴訟の提起に対する決定、裁決又は判決が確定するまでの間（同法第210条第１項の規定による訴訟を提起することができる場合において、当該訴訟が提起されなかつたとき、当該訴訟についての訴えを却下し若しくは訴状を却下する裁判が確定したとき、又は当該訴訟が取り下げられたときは、それぞれ同項に規定する出訴期間が経過するまで、当該裁判が確定するまで又は当該取下げが行われるまでの間）は、その職を失わない。

第145条【退職】

普通地方公共団体の長は、退職しようとするときは、その退職しようとする日前、都道府県知事にあつては30日、市町村長にあつては20日までに、当該普通地方公共団体の議会の議長に申し出なければならない。但し、議会の同意を得たときは、その期日前に退職することができる。

第146条 削除

第２款 権限

第147条【地方公共団体の統轄・代表】

普通地方公共団体の長は、当該普通地方公共団体を統轄し、これを代表する。

第148条【事務の管理及び執行】

普通地方公共団体の長は、当該普通地方公共団体の事務を管理し及びこれを執行する。

第149条【担任事務】

普通地方公共団体の長は、概ね左に掲げる事務を担任する。

① 普通地方公共団体の議会の議決を経べき事件につきその議案を提出すること。
過26-23-5、3-23-4

② 予算を調製し、及びこれを執行すること。

③ 地方税を賦課徴収し、分担金、使用料、加入金又は手数料を徴収し、及び過料を科すること。

④ 決算を普通地方公共団体の議会の認定に付すること。

⑤ 会計を監督すること。

⑥ 財産を取得し、管理し、及び処分すること。

⑦ 公の施設を設置し、管理し、及び廃止すること。

⑧ 証書及び公文書類を保管すること。

⑨ 前各号に定めるものを除く外、当該普通地方公共団体の事務を執行すること。

第150条【内部統制に関する体制の整備】

1 都道府県知事及び第252条の19第１項に規定する指定都市（以下この条において「指定都市」という。）の市長は、その担任する事務のうち次に掲げるものの管理及び執行が法令に適合し、かつ、適正に行われることを確保するための方針を定め、及びこれに基づき必要な体制を整備しなければならない。

① 財務に関する事務その他総務省令で定める事務

② 前号に掲げるもののほか、その管理及び執行が法令に適合し、かつ、適正に行われることを特に確保する必要がある事務として当該都道府県知事又は指定都市の市長が認めるもの

2 市町村長（指定都市の市長を除く。第２号

及び第4項において同じ。）は、その担任する事務のうち次に掲げるものの管理及び執行が法令に適合し、かつ、適正に行われることを確保するための方針を定め、及びこれに基づき必要な体制を整備するよう努めなければならない。

① 前項第1号に掲げる事務
② 前号に掲げるもののほか、その管理及び執行が法令に適合し、かつ、適正に行われることを特に確保する必要がある事務として当該市町村長が認めるもの

3 都道府県知事又は市町村長は、第1項若しくは前項の方針を定め、又はこれを変更したときは、遅滞なく、これを公表しなければならない。

4 都道府県知事、指定都市の市長及び第2項の方針を定めた市町村長（以下この条において「都道府県知事等」という。）は、毎会計年度少なくとも1回以上、総務省令で定めるところにより、第1項又は第2項の方針及びこれに基づき整備した体制について評価した報告書を作成しなければならない。

5 都道府県知事等は、前項の報告書を監査委員の審査に付さなければならない。

6 都道府県知事等は、前項の規定により監査委員の審査に付した報告書を監査委員の意見を付けて議会に提出しなければならない。

7 前項の規定による意見の決定は、監査委員の合議によるものとする。

8 都道府県知事等は、第6項の規定により議会に提出した報告書を公表しなければならない。

9 前各項に定めるもののほか、第1項又は第2項の方針及びこれに基づき整備する体制に関し必要な事項は、総務省令で定める。

第151条 削除

第152条【長の職務代理】

1 普通地方公共団体の長に事故があるとき、又は長が欠けたときは、副知事又は副市町村長がその職務を代理する。この場合において副知事又は副市町村長が2人以上あるときは、あらかじめ当該普通地方公共団体の長が定めた順序、又はその定めがないときは席次の上下により、席次の上下が明らかでないときは年齢の多少により、年齢が同じであるときはくじにより定めた順序で、その職務を代理する。

2 副知事若しくは副市町村長にも事故があるとき若しくは副知事若しくは副市町村長も欠けたとき又は副知事若しくは副市町村長を置かない普通地方公共団体において当該普通地方公共団体の長に事故があるとき若しくは当該普通地方公共団体の長が欠けたときは、その補助機関である職員のうちから当該普通地方公共団体の長の指定する職員がその職務を代理する。

3 前項の場合において、同項の規定により普通地方公共団体の長の職務を代理する者がないときは、その補助機関である職員のうちから当該普通地方公共団体の規則で定めた上席の職員がその職務を代理する。

第153条【長の事務の委任・臨時代理】

1 普通地方公共団体の長は、その権限に属する事務の一部をその補助機関である職員に委任し、又はこれに臨時に代理させることができる。

2 普通地方公共団体の長は、その権限に属する事務の一部をその管理に属する行政庁に委任することができる。

第154条【職員の指揮監督】

普通地方公共団体の長は、その補助機関である職員を指揮監督する。

第154条の2【処分の取消しまたは停止】

普通地方公共団体の長は、その管理に属する行政庁の処分が法令、条例又は規則に違反すると認めるときは、その処分を取り消し、又は停止することができる。

第155条【支庁・地方事務所・支所・出張所】

1 普通地方公共団体の長は、その権限に属する事務を分掌させるため、条例で、必要な地に、都道府県にあつては支庁（道にあつては支庁出張所を含む。以下これに同じ。）及び地方事務所、市町村にあつては支所又は出張所を設けることができる。

2 支庁若しくは地方事務所又は支所若しくは出張所の位置、名称及び所管区域は、条例でこれを定めなければならない。

3 第4条第2項の規定は、前項の支庁若しくは地方事務所又は支所若しくは出張所の位置及び所管区域にこれを準用する。

第156条【行政機関の設置・国の地方行政機関設置の条件】

1 普通地方公共団体の長は、前条第1項に定めるものを除くほか、法律又は条例で定めるところにより、保健所、警察署その他の行政機関を設けるものとする。

2 前項の行政機関の位置、名称及び所管区域は、条例で定める。

3 第4条第2項の規定は、第1項の行政機関の位置及び所管区域について準用する。

4 国の地方行政機関（駐在機関を含む。以下この項において同じ。）は、国会の承認を経なければ、設けてはならない。国の地方行政機関の設置及び運営に要する経費は、国において負担しなければならない。

5 前項前段の規定は、司法行政及び懲戒機関、地方出入国在留管理局の支局及び出張所並びに支局の出張所、警察機関、官民人材交流センターの支所、検疫機関、防衛省の機関、税関の出張所及び監視署、税関支署並びにその出張所及び監視署、税務署及びその支署、国税不服審判所の支部、地方航空局の事務所その他の航空現業官署、総合通信局の出張所、電波観測所、文教施設、国立の病院及び療養施設、気象官署、海上警備救難機関、航路標識及び水路官署、森林管理署並びに専ら国費をもつて行う工事の施行機関については、適用しない。

第157条【公共団体等の指揮監督】

1 普通地方公共団体の長は、当該普通地方公共団体の区域内の公共的団体等の活動の綜合調整を図るため、これを指揮監督することができる。

2 前項の場合において必要があるときは、普通地方公共団体の長は、当該普通地方公共団体の区域内の公共的団体等をして事務の報告をさせ、書類及び帳簿を提出させ及び実地について事務を視察することができる。

3 普通地方公共団体の長は、当該普通地方公共団体の区域内の公共的団体等の監督上必要な処分をし又は当該公共的団体等の監督官庁の措置を申請することができる。

4 前項の監督官庁は、普通地方公共団体の長の処分を取り消すことができる。

第158条【普通地方公共団体の内部組織】

1 普通地方公共団体の長は、その権限に属する事務を分掌させるため、必要な内部組織を設けることができる。この場合において、当該普通地方公共団体の長の直近下位の内部組織の設置及びその分掌する事務については、条例で定めるものとする。

2 普通地方公共団体の長は、前項の内部組織の編成に当たつては、当該普通地方公共団体の事務及び事業の運営が簡素かつ効率的なものとなるよう十分配慮しなければならない。

第159条【長の事務引継ぎ】

1 普通地方公共団体の長の事務の引継ぎに関する規定は、政令でこれを定める。

2 前項の政令には、正当の理由がなくて事務の引継ぎを拒んだ者に対し、10万円以下の過料を科する規定を設けることができる。

第160条【内部統制規定の一部事務組合等への準用】

一部事務組合の管理者（第287条の3第2項の規定により管理者に代えて理事会を置く第285条の一部事務組合にあつては、理事会）又は広域連合の長（第291条の13において準用する第287条の3第2項の規定により長に代えて理事会を置く広域連合にあつては、理事会）に係る第150条第1項又は第2項の方針及びこれに基づき整備する体制については、これらの者を市町村長（第252条の19第1項に規定する指定都市の市長を除く。）とみなして、第150条第2項から第9項までの規定を準用する。

第3款 補助機関

第161条【副知事及び副市町村長の設置・定数】

1 都道府県に副知事を、市町村に副市町村長を置く。ただし、条例で置かないことができる。

2 副知事及び副市町村長の定数は、条例で定める。

第162条【副知事及び副市町村長の選任】

副知事及び副市町村長は、普通地方公共団体の長が議会の同意を得てこれを選任する。

第163条【副知事及び副市町村長の任期】

副知事及び副市町村長の任期は、4年とする。ただし、普通地方公共団体の長は、任期中においてもこれを解職することができる。

第164条【副知事及び副市町村長の欠格事由】

1 公職選挙法第11条第1項又は第11条の2の規定に該当する者は、副知事又は副市町村長となることができない。

2 副知事又は副市町村長は、公職選挙法第11条第1項の規定に該当するに至つたときは、その職を失う。

第165条【副知事及び副市町村長の退職】

1 普通地方公共団体の長の職務を代理する副知事又は副市町村長は、退職しようとするときは、その退職しようとする日前20日までに、当該普通地方公共団体の議会の議長に申し出なければならない。ただし、議会の承認を得たときは、その期日前に退職することができる。

2 前項に規定する場合を除くほか、副知事又は副市町村長は、その退職しようとする日前20日までに、当該普通地方公共団体の長に申

し出なければならない。ただし、当該普通地方公共団体の長の承認を得たときは、その期日前に退職することができる。

第166条【副知事及び副市町村長の兼職禁止、事務の引継ぎ】

1 副知事及び副市町村長は、検察官、警察官若しくは収税官吏又は普通地方公共団体における公安委員会の委員と兼ねることができない。

2 第141条、第142条及び第159条の規定は、副知事及び副市町村長にこれを準用する。

3 普通地方公共団体の長は、副知事又は副市町村長が前項において準用する第142条の規定に該当するときは、これを解職しなければならない。

第167条【副知事及び副市町村長の職務】

1 副知事及び副市町村長は、普通地方公共団体の長を補佐し、普通地方公共団体の長の命を受け政策及び企画をつかさどり、その補助機関である職員の担任する事務を監督し、別に定めるところにより、普通地方公共団体の長の職務を代理する。

2 前項に定めるもののほか、副知事及び副市町村長は、普通地方公共団体の長の権限に属する事務の一部について、第153条第1項の規定により委任を受け、その事務を執行する。

3 前項の場合においては、普通地方公共団体の長は、直ちに、その旨を告示しなければならない。

第168条【会計管理者】

1 普通地方公共団体に**会計管理者**1人を置く。

2 会計管理者は、普通地方公共団体の長の補助機関である職員のうちから、普通地方公共団体の長が命ずる。過26-21-オ

第169条【会計管理者の特別欠格事由】

1 普通地方公共団体の長、副知事若しくは副市町村長又は監査委員と親子、夫婦又は兄弟姉妹の関係にある者は、会計管理者となることができない。

2 会計管理者は、前項に規定する関係が生じたときは、その職を失う。

第170条【会計管理者の職務権限】

1 法律又はこれに基づく政令に特別の定めがあるものを除くほか、会計管理者は、当該普通地方公共団体の会計事務をつかさどる。

2 前項の会計事務を例示すると、おおむね次のとおりである。

① 現金（現金に代えて納付される証券及び基金に属する現金を含む。）の出納及び保管を行うこと。

② 小切手を振り出すこと。

③ 有価証券（公有財産又は基金に属するものを含む。）の出納及び保管を行うこと。

④ 物品（基金に属する動産を含む。）の出納及び保管（使用中の物品に係る保管を除く。）を行うこと。

⑤ 現金及び財産の記録管理を行うこと。

⑥ 支出負担行為に関する確認を行うこと。

⑦ 決算を調製し、これを普通地方公共団体の長に提出すること。

3 普通地方公共団体の長は、会計管理者に事故がある場合において必要があるときは、当該普通地方公共団体の長の補助機関である職員にその事務を代理させることができる。

第171条【出納員その他の会計職員】

1 会計管理者の事務を補助させるため出納員その他の会計職員を置く。ただし、町村においては、出納員を置かないことができる。

2 出納員その他の会計職員は、普通地方公共団体の長の補助機関である職員のうちから、普通地方公共団体の長がこれを命ずる。

3 出納員は、会計管理者の命を受けて現金の出納（小切手の振出しを含む。）若しくは保管又は物品の出納若しくは保管の事務をつかさどり、その他の会計職員は、上司の命を受けて当該普通地方公共団体の会計事務をつかさどる。

4 普通地方公共団体の長は、会計管理者をしてその事務の一部を出納員に委任させ、又は当該出納員をしてさらに当該委任を受けた事務の一部を出納員以外の会計職員に委任させることができる。この場合においては、普通地方公共団体の長は、直ちに、その旨を告示しなければならない。

5 普通地方公共団体の長は、会計管理者の権限に属する事務を処理させるため、規則で、必要な組織を設けることができる。

第172条【職員】

1 前十一条に定める者を除くほか、普通地方公共団体に職員を置く。

2 前項の職員は、普通地方公共団体の長がこれを任免する。

3 第1項の職員の定数は、条例でこれを定める。ただし、臨時又は非常勤の職については、この限りでない。

4 第1項の職員に関する任用、人事評価、給

与、勤務時間その他の勤務条件、分限及び懲戒、服務、退職管理、研修、福祉及び利益の保護その他身分取扱いに関しては、この法律に定めるものを除くほか、地方公務員法の定めるところによる。

第173条 削除

第174条【専門委員】

1 普通地方公共団体は、常設又は臨時の専門委員を置くことができる。

2 専門委員は、専門の学識経験を有する者の中から、普通地方公共団体の長がこれを選任する。

3 専門委員は、普通地方公共団体の長の委託を受け、その権限に属する事務に関し必要な事項を調査する。

4 専門委員は、非常勤とする。

第175条【支庁・地方事務所・支所の長】

1 都道府県の支庁若しくは地方事務所又は市町村の支所の長は、当該普通地方公共団体の長の補助機関である職員をもつて充てる。

2 前項に規定する機関の長は、普通地方公共団体の長の定めるところにより、上司の指揮を受け、その主管の事務を掌理し部下の職員を指揮監督する。

第4款 議会との関係

第176条【議会の議決または選挙に対する長の権限】

1 普通地方公共団体の議会の議決について異議があるときは、当該普通地方公共団体の長は、この法律に特別の定めがあるものを除くほか、その議決の日（条例の制定若しくは改廃又は予算に関する議決については、その送付を受けた日）から10日以内に理由を示してこれを再議に付することができる。

2 前項の規定による議会の議決が再議に付された議決と同じ議決であるときは、その議決は、確定する。

3 前項の規定による議決のうち条例の制定若しくは改廃又は予算に関するものについては、出席議員の3分の2以上の者の同意がなければならない。

4 普通地方公共団体の議会の議決又は選挙がその権限を超え又は法令若しくは会議規則に違反すると認めるときは、当該普通地方公共団体の長は、理由を示してこれを再議に付し又は再選挙を行わせなければならない。

過19-23-2、24-23-4、26-21-ウ、3-24-イ

5 前項の規定による議会の議決又は選挙がなおその権限を超え又は法令若しくは会議規則

に違反すると認めるときは、都道府県知事にあつては総務大臣、市町村長にあつては都道府県知事に対し、当該議決又は選挙があつた日から21日以内に、審査を申し立てることができる。

6 前項の規定による申立てがあつた場合において、総務大臣又は都道府県知事は、審査の結果、議会の議決又は選挙がその権限を超え又は法令若しくは会議規則に違反すると認めるときは、当該議決又は選挙を取り消す旨の裁定をすることができる。

7 前項の裁定に不服があるときは、普通地方公共団体の議会又は長は、裁定のあつた日から60日以内に、裁判所に出訴することができる。

8 前項の訴えのうち第4項の規定による議会の議決又は選挙の取消しを求めるものは、当該議会を被告として提起しなければならない。

第177条【収入または支出に関する長の権限】

1 普通地方公共団体の議会において次に掲げる経費を削除し又は減額する議決をしたときは、その経費及びこれに伴う収入について、当該普通地方公共団体の長は、理由を示してこれを再議に付さなければならない。

① 法令により負担する経費、法律の規定に基づき当該行政庁の職権により命ずる経費その他の普通地方公共団体の義務に属する経費

② 非常の災害による応急若しくは復旧の施設のために必要な経費又は感染症予防のために必要な経費

2 前項第1号の場合において、議会の議決がなお同号に掲げる経費を削除し又は減額したときは、当該普通地方公共団体の長は、その経費及びこれに伴う収入を予算に計上してその経費を支出することができる。

3 第1項第2号の場合において、議会の議決がなお同号に掲げる経費を削除し又は減額したときは、当該普通地方公共団体の長は、その議決を不信任の議決とみなすことができる。

第178条【長に対する議会の不信任議決】

1 普通地方公共団体の議会において、当該普通地方公共団体の長の不信任の議決をしたときは、直ちに議長からその旨を当該普通地方公共団体の長に通知しなければならない。この場合においては、普通地方公共団体の長は、その通知を受けた日から10日以内に議会

を解散することができる。 過19-23-3、24-23-2

2 議会において当該普通地方公共団体の長の不信任の議決をした場合において、前項の期間内に議会を解散しないとき、又はその解散後初めて招集された議会において再び不信任の議決があり、議長から当該普通地方公共団体の長に対しその旨の通知があつたときは、普通地方公共団体の長は、同項の期間が経過した日又は議長から通知があつた日においてその職を失う。 過3-24-ア

3 前二項の規定による不信任の議決については、議員数の3分の2以上の者が出席し、第1項の場合においてはその4分の3以上の者の、前項の場合においてはその過半数の者の同意がなければならない。 過26-21-イ

第179条【長の専決処分】

1 普通地方公共団体の議会が成立しないとき、第113条ただし書の場合においてなお会議を開くことができないとき、普通地方公共団体の長において議会の議決すべき事件について特に緊急を要するため議会を招集する時間的余裕がないことが明らかであると認めるとき、又は議会において議決すべき事件を議決しないときは、当該普通地方公共団体の長は、その議決すべき事件を処分することができる。ただし、第162条の規定による副知事又は副市町村長の選任の同意及び第252条の20の2第4項の規定による第252条の19第1項に規定する指定都市の総合区長の選任の同意については、この限りでない。 過23-22-5、3-24-エ

2 議会の決定すべき事件に関しては、前項の例による。

3 前二項の規定による処置については、普通地方公共団体の長は、次の会議においてこれを議会に報告し、その承認を求めなければならない。

4 前項の場合において、条例の制定若しくは改廃又は予算に関する処置について承認を求める議案が否決されたときは、普通地方公共団体の長は、速やかに、当該処置に関して必要と認める措置を講ずるとともに、その旨を議会に報告しなければならない。

第180条【議会の委任による長の専決処分】

1 普通地方公共団体の議会の権限に属する軽易な事項で、その議決により特に指定したものは、普通地方公共団体の長において、これを専決処分にすることができる。 過24-23-

1、29-23-3

2 前項の規定により専決処分をしたときは、普通地方公共団体の長は、これを議会に報告しなければならない。

第5款 他の執行機関との関係

第180条の2【長の権限事務の委任及び補助執行】

普通地方公共団体の長は、その権限に属する事務の一部を、当該普通地方公共団体の委員会又は委員と協議して、普通地方公共団体の委員会、委員会の委員長（教育委員会にあつては、教育長）、委員若しくはこれらの執行機関の事務を補助する職員若しくはこれらの執行機関の管理に属する機関の職員に委任し、又はこれらの執行機関の事務を補助する職員若しくはこれらの執行機関の管理に属する機関の職員をして補助執行させることができる。ただし、政令で定める普通地方公共団体の委員会又は委員については、この限りでない。

第180条の3【職員の融通】

普通地方公共団体の長は、当該普通地方公共団体の委員会又は委員と協議して、その補助機関である職員を、当該執行機関の事務を補助する職員若しくはこれらの執行機関の管理に属する機関の職員と兼ねさせ、若しくは当該執行機関の事務を補助する職員若しくはこれらの執行機関の管理に属する機関の職員に充て、又は当該執行機関の事務に従事させることができる。

第180条の4【長の勧告権・協議】

1 普通地方公共団体の長は、各執行機関を通じて組織及び運営の合理化を図り、その相互の間に権衡を保持するため、必要があると認めるときは、当該普通地方公共団体の委員会若しくは委員の事務局又は委員会若しくは委員の管理に属する事務を掌る機関（以下本条中「事務局等」という。）の組織、事務局等に属する職員の定数又はこれらの職員の身分取扱について、委員会又は委員に必要な措置を講ずべきことを勧告することができる。

2 普通地方公共団体の委員会又は委員は、事務局等の組織、事務局等に属する職員の定数又はこれらの職員の身分取扱で当該委員会又は委員の権限に属する事項の中政令で定めるものについて、当該委員会又は委員の規則その他の規程を定め、又は変更しようとする場合においては、予め当該普通地方公共団体の長に協議しなければならない。

第3節　委員会及び委員（抄）
第1款　通則
第180条の5【委員会及び委員の種類】

1　執行機関として法律の定めるところにより普通地方公共団体に置かなければならない委員会及び委員は、左の通りである。
　①　教育委員会　過20-21-3
　②　選挙管理委員会　過20-21-4
　③　人事委員会又は人事委員会を置かない普通地方公共団体にあつては公平委員会
　④　監査委員　過20-21-5
2　前項に掲げるもののほか、執行機関として法律の定めるところにより都道府県に置かなければならない委員会は、次のとおりである。
　①　公安委員会
　②　労働委員会
　③　収用委員会
　④　海区漁業調整委員会
　⑤　内水面漁場管理委員会
3　第1項に掲げるものの外、執行機関として法律の定めるところにより市町村に置かなければならない委員会は、左の通りである。
　①　農業委員会
　②　固定資産評価審査委員会
4　前三項の委員会若しくは委員の事務局又は委員会の管理に属する事務を掌る機関で法律により設けられなければならないものとされているものの組織を定めるに当たつては、当該普通地方公共団体の長が第158条第1項の規定により設けるその内部組織との間に権衡を失しないようにしなければならない。
5　普通地方公共団体の委員会の委員又は委員は、法律に特別の定があるものを除く外、非常勤とする。
6　普通地方公共団体の委員会の委員（教育委員会にあつては、教育長及び委員）又は委員は、当該普通地方公共団体に対しその職務に関し請負をする者及びその支配人又は主として同一の行為をする法人（当該普通地方公共団体が出資している法人で政令で定めるものを除く。）の無限責任社員、取締役、執行役若しくは監査役若しくはこれらに準ずべき者、支配人及び清算人たることができない。
7　法律に特別の定めがあるものを除くほか、普通地方公共団体の委員会の委員（教育委員会にあつては、教育長及び委員）又は委員が前項の規定に該当するときは、その職を失う。その同項の規定に該当するかどうかは、

その選任権者がこれを決定しなければならない。
8　第143条第2項から第4項までの規定は、前項の場合にこれを準用する。

第180条の6【委員会または委員の権限に属しない事項】

普通地方公共団体の委員会又は委員は、左に掲げる権限を有しない。但し、法律に特別の定があるものは、この限りでない。
　①　普通地方公共団体の予算を調製し、及びこれを執行すること。
　②　普通地方公共団体の議会の議決を経べき事件につきその議案を提出すること。
　③　地方税を賦課徴収し、分担金若しくは加入金を徴収し、又は過料を科すること。
　④　普通地方公共団体の決算を議会の認定に付すること。

第180条の7【権限事務の委任】

普通地方公共団体の委員会又は委員は、その権限に属する事務の一部を、当該普通地方公共団体の長と協議して、普通地方公共団体の長の補助機関である職員若しくはその管理に属する支庁若しくは地方事務所、支所若しくは出張所、第202条の4第2項に規定する地域自治区の事務所、第252条の19第1項に規定する指定都市の区若しくは総合区の事務所若しくはその出張所、保健所その他の行政機関の長に委任し、若しくは普通地方公共団体の長の補助機関である職員若しくはその管理に属する行政機関に属する職員をして補助執行させ、又は専門委員に委託して必要な事項を調査させることができる。ただし、政令で定める事務については、この限りではない。

第2款　教育委員会（略）
第3款　公安委員会（略）
第4款　選挙管理委員会（略）
第5款　監査委員
第195条【監査委員の設置・定数】

1　普通地方公共団体に監査委員を置く。
2　監査委員の定数は、都道府県及び政令で定める市にあつては4人とし、その他の市及び町村にあつては2人とする。ただし、条例でその定数を増加することができる。過元-24-4

第196条【選任・兼職禁止】

1　監査委員は、普通地方公共団体の長が、議会の同意を得て、人格が高潔で、普通地方公共団体の財務管理、事業の経営管理その他行政運営に関し優れた識見を有する者（議員で

地方自治法

69

第197条〜第199条

ある者を除く。以下この款において「識見を有する者」という。）及び議員のうちから、これを選任する。ただし、条例で議員のうちから監査委員を選任しないことができる。 過元-24-2・3

2 識見を有する者のうちから選任される監査委員の数が2人以上である普通地方公共団体にあつては、少なくともその数から1を減じた人数以上は、当該普通地方公共団体の職員で政令で定めるものでなかつた者でなければならない。

3 監査委員は、地方公共団体の常勤の職員及び短時間勤務職員と兼ねることができない。 過元-24-1

4 識見を有する者のうちから選任される監査委員は、常勤とすることができる。

5 都道府県及び政令で定める市にあつては、識見を有する者のうちから選任される監査委員のうち少なくとも1人以上は、常勤としなければならない。 過元-24-5

6 議員のうちから選任される監査委員の数は、都道府県及び前条第2項の政令で定める市にあつては2人又は1人、その他の市及び町村にあつては1人とする。

第197条【任期】

監査委員の任期は、識見を有する者のうちから選任される者にあつては4年とし、議員のうちから選任される者にあつては議員の任期による。ただし、後任者が選任されるまでの間は、その職務を行うことを妨げない。

第197条の2【罷免】

1 普通地方公共団体の長は、監査委員が心身の故障のため職務の遂行に堪えないと認めるとき、又は監査委員に職務上の義務違反その他監査委員たるに適しない非行があると認めるときは、議会の同意を得て、これを罷免することができる。この場合においては、議会の常任委員会又は特別委員会において公聴会を開かなければならない。

2 監査委員は、前項の規定による場合を除くほか、その意に反して罷免されることがない。

第198条【退職】

監査委員は、退職しようとするときは、普通地方公共団体の長の承認を得なければならない。

第198条の2【親族の就職禁止】

1 普通地方公共団体の長又は副知事若しくは副市町村長と親子、夫婦又は兄弟姉妹の関係

にある者は、監査委員となることができない。

2 監査委員は、前項に規定する関係が生じたときは、その職を失う。

第198条の3【義務】

1 監査委員は、その職務を遂行するに当たつては、法令に特別の定めがある場合を除くほか、監査基準（法令の規定により監査委員が行うこととされている監査、検査、審査その他の行為（以下この項において「監査等」という。）の適切かつ有効な実施を図るための基準をいう。次条において同じ。）に従い、常に公正不偏の態度を保持して、監査等をしなければならない。

2 監査委員は、職務上知り得た秘密を漏らしてはならない。その職を退いた後も、同様とする。

第198条の4【監査基準の策定】

1 監査基準は、監査委員が定めるものとする。

2 前項の規定による監査基準の策定は、監査委員の合議によるものとする。

3 監査委員は、監査基準を定めたときは、直ちに、これを普通地方公共団体の議会、長、教育委員会、選挙管理委員会、人事委員会又は公平委員会、公安委員会、労働委員会、農業委員会その他法律に基づく委員会及び委員に通知するとともに、これを公表しなければならない。

4 前二項の規定は、監査基準の変更について準用する。

5 総務大臣は、普通地方公共団体に対し、監査基準の策定又は変更について、指針を示すとともに、必要な助言を行うものとする。

第199条【職務】

1 監査委員は、普通地方公共団体の財務に関する事務の執行及び普通地方公共団体の経営に係る事業の管理を監査する。

2 監査委員は、前項に定めるもののほか、必要があると認めるときは、普通地方公共団体の事務（自治事務にあつては労働委員会及び収用委員会の権限に属する事務で政令で定めるものを除き、法定受託事務にあつては国の安全を害するおそれがあることその他の事由により監査委員の監査の対象とすることが適当でないものとして政令で定めるものを除く。）の執行について監査をすることができる。この場合において、当該監査の実施に関し必要な事項は、政令で定める。 過18-21-

第199条

3、21-22-5

3　監査委員は、第1項又は前項の規定による監査をするに当たつては、当該普通地方公共団体の財務に関する事務の執行及び当該普通地方公共団体の経営に係る事業の管理又は同項に規定する事務の執行が第2条第14項及び第15項の規定の趣旨にのつとつてなされているかどうかについて、特に、意を用いなければならない。

4　監査委員は、毎会計年度少なくとも1回以上期日を定めて第1項の規定による監査をしなければならない。

5　監査委員は、前項に定める場合のほか、必要があると認めるときは、いつでも第1項の規定による監査をすることができる。

6　監査委員は、当該普通地方公共団体の長から当該普通地方公共団体の事務の執行に関し監査の要求があつたときは、その要求に係る事項について監査をしなければならない。

7　監査委員は、必要があると認めるとき、又は普通地方公共団体の長の要求があるときは、当該普通地方公共団体が補助金、交付金、負担金、貸付金、損失補償、利子補給その他の財政的援助を与えているものの出納その他の事務の執行で当該財政的援助に係るものを監査することができる。当該普通地方公共団体が出資しているもので政令で定めるもの、当該普通地方公共団体が借入金の元金又は利子の支払を保証しているもの、当該普通地方公共団体が受益権を有する信託で政令で定めるものの受託者及び当該普通地方公共団体が第244条の2第3項の規定に基づき公の施設の管理を行わせているものについても、同様とする。

8　監査委員は、監査のため必要があると認めるときは、関係人の出頭を求め、若しくは関係人について調査し、若しくは関係人に対し帳簿、書類その他の記録の提出を求め、又は学識経験を有する者等から意見を聴くことができる。

9　監査委員は、第98条第2項の請求若しくは第6項の要求に係る事項についての監査又は第1項、第2項若しくは第7項の規定による監査について、監査の結果に関する報告を決定し、これを普通地方公共団体の議会及び長並びに関係のある教育委員会、選挙管理委員会、人事委員会若しくは公平委員会、公安委員会、労働委員会、農業委員会その他法律に基づく委員会又は委員に提出するとともに、

これを公表しなければならない。

10　監査委員は、監査の結果に基づいて必要があると認めるときは、当該普通地方公共団体の組織及び運営の合理化に資するため、第75条第3項又は前項の規定による監査の結果に関する報告に添えてその意見を提出することができる。この場合において、監査委員は、当該意見の内容を公表しなければならない。

11　監査委員は、第75条第3項の規定又は第9項の規定による監査の結果に関する報告のうち、普通地方公共団体の議会、長、教育委員会、選挙管理委員会、人事委員会若しくは公平委員会、公安委員会、労働委員会、農業委員会その他法律に基づく委員会又は委員において特に措置を講ずる必要があると認める事項については、その者に対し、理由を付して、必要な措置を講ずべきことを勧告することができる。この場合において、監査委員は、当該勧告の内容を公表しなければならない。

12　第9項の規定による監査の結果に関する報告の決定、第10項の規定による意見の決定又は前項の規定による勧告の決定は、監査委員の合議によるものとする。

13　監査委員は、第9項の規定による監査の結果に関する報告の決定について、各監査委員の意見が一致しないことにより、前項の合議により決定することができない事項がある場合には、その旨及び当該事項についての各監査委員の意見を普通地方公共団体の議会及び長並びに関係のある教育委員会、選挙管理委員会、人事委員会若しくは公平委員会、公安委員会、労働委員会、農業委員会その他法律に基づく委員会又は委員に提出するとともに、これらを公表しなければならない。

14　監査委員から第75条第3項の規定又は第9項の規定による監査の結果に関する報告の提出があつた場合において、当該監査の結果に関する報告の提出を受けた普通地方公共団体の議会、長、教育委員会、選挙管理委員会、人事委員会若しくは公平委員会、公安委員会、労働委員会、農業委員会その他法律に基づく委員会又は委員は、当該監査の結果に基づき、又は当該監査の結果を参考として措置（次項に規定する措置を除く。以下この項において同じ。）を講じたときは、当該措置の内容を監査委員に通知しなければならない。この場合において、監査委員は、当該措置の内容を公表しなければならない。

15 監査委員から第11項の規定による勧告を受けた普通地方公共団体の議会、長、教育委員会、選挙管理委員会、人事委員会若しくは公平委員会、公安委員会、労働委員会、農業委員会その他法律に基づく委員会又は委員は、当該勧告に基づき必要な措置を講ずるとともに、当該措置の内容を監査委員に通知しなければならない。この場合において、監査委員は、当該措置の内容を公表しなければならない。

第199条の2 【除斥】

監査委員は、自己若しくは父母、祖父母、配偶者、子、孫若しくは兄弟姉妹の一身上に関する事件又は自己若しくはこれらの者の従事する業務に直接の利害関係のある事件については、監査することができない。

第199条の3 【代表監査委員】

1 監査委員は、識見を有する者のうちから選任される監査委員の1人（監査委員の定数が2人の場合において、そのうち1人が議員のうちから選任される監査委員であるときは、識見を有する者のうちから選任される監査委員）を代表監査委員としなければならない。

2 代表監査委員は、監査委員に関する庶務及び次項又は第242条の3第5項に規定する訴訟に関する事務を処理する。

3 代表監査委員又は監査委員の処分又は裁決に係る普通地方公共団体を被告とする訴訟については、代表監査委員が当該普通地方公共団体を代表する。

4 代表監査委員に事故があるとき、又は代表監査委員が欠けたときは、監査委員の定数が3人以上の場合には代表監査委員の指定する監査委員が、2人の場合には他の監査委員がその職務を代理する。

第200条 【事務局】

1 都道府県の監査委員に事務局を置く。

2 市町村の監査委員に条例の定めるところにより、事務局を置くことができる。

3 事務局に事務局長、書記その他の職員を置く。

4 事務局を置かない市町村の監査委員の事務を補助させるため書記その他の職員を置く。

5 事務局長、書記その他の職員は、代表監査委員がこれを任免する。

6 事務局長、書記その他の常勤の職員の定数は、条例でこれを定める。ただし、臨時の職については、この限りでない。

7 事務局長は監査委員の命を受け、書記その

他の職員又は第180条の3の規定による職員は上司の指揮を受け、それぞれ監査委員に関する事務に従事する。

第200条の2 【監査専門委員】

1 監査委員に常設又は臨時の監査専門委員を置くことができる。

2 監査専門委員は、専門の学識経験を有する者の中から、代表監査委員が、代表監査委員以外の監査委員の意見を聴いて、これを選任する。

3 監査専門委員は、監査委員の委託を受け、その権限に属する事務に関し必要な事項を調査する。

4 監査専門委員は、非常勤とする。

第201条 【準用規定】

第141条第1項、第154条、第159条、第164条及び第166条第1項の規定は監査委員に、第153条第1項の規定は代表監査委員に、第172条第4項の規定は監査委員の事務局長、書記その他職員にこれを準用する。

第202条 【条例への委任】

法令に特別の定めがあるものを除くほか、監査委員に関し必要な事項は、条例でこれを定める。

第6款　人事委員会、公平委員会、労働委員会、農業委員会その他の委員会（略）

第7款　附属機関（略）

第4節　地域自治区

第202条の4 （地域自治区の設置）

1 市町村長の権限に属する事務を分掌させ、及び地域の住民の意見を反映させつつこれを処理させるため、条例で、その区域を分けて定める区域ごとに地域自治区を設けることができる。過18-25-A

2 地域自治区に事務所を置くものとし、事務所の位置、名称及び所管区域は、条例で定める。

3 地域自治区の事務所の長は、当該普通地方公共団体の長の補助機関である職員をもって充てる。

4 第4条第2項の規定は第2項の地域自治区の事務所の位置及び所管区域について、第175条第2項の規定は前項の事務所の長について準用する。

第202条の5 （地域協議会の設置及び構成員）

1 地域自治区に、地域協議会を置く。過18-25-B

2 地域協議会の構成員は、地域自治区の区域

内に住所を有する者のうちから、市町村長が選任する。過18-25-C、22-23-イ

3　市町村長は、前項の規定による地域協議会の構成員の選任に当たつては、地域協議会の構成員の構成が、地域自治区の区域内に住所を有する者の多様な意見が適切に反映されるものとなるよう配慮しなければならない。

4　地域協議会の構成員の任期は、4年以内において条例で定める期間とする。

5　第203条の2第1項の規定にかかわらず、地域協議会の構成員には報酬を支給しないこととすることができる。

第202条の6（地域協議会の会長及び副会長）

1　地域協議会に、会長及び副会長を置く。

2　地域協議会の会長及び副会長の選任及び解任の方法は、条例で定める。

3　地域協議会の会長及び副会長の任期は、地域協議会の構成員の任期による。

4　地域協議会の会長は、地域協議会の事務を掌理し、地域協議会を代表する。

5　地域協議会の副会長は、地域協議会の会長に事故があるとき又は地域協議会の会長が欠けたときは、その職務を代理する。

第202条の7（地域協議会の権限）

1　地域協議会は、次に掲げる事項のうち、市町村長その他の市町村の機関により諮問されたもの又は必要と認めるものについて、審議し、市町村長その他の市町村の機関に意見を述べることができる。

①　地域自治区の事務所が所掌する事務に関する事項

②　前号に掲げるもののほか、市町村が処理する地域自治区の区域に係る事務に関する事項

③　市町村の事務処理に当たつての地域自治区の区域内に住所を有する者との連携の強化に関する事項

2　市町村長は、条例で定める市町村の施策に関する重要事項であつて地域自治区の区域に係るものを決定し、又は変更しようとする場合においては、あらかじめ、地域協議会の意見を聴かなければならない。

3　市町村長その他の市町村の機関は、前二項の意見を勘案し、必要があると認めるときは、適切な措置を講じなければならない。

第202条の8（地域協議会の組織及び運営）

この法律に定めるもののほか、地域協議会の構成員の定数その他の地域協議会の組織及び運営に関し必要な事項は、条例で定める。

第202条の9（政令への委任）

この法律に規定するものを除くほか、地域自治区に関し必要な事項は、政令で定める。

第8章　給与その他の給付（略）

第9章　財務（抄）

第1節　会計年度及び会計の区分

第208条（会計年度及びその独立の原則）

1　普通地方公共団体の会計年度は、毎年4月1日に始まり、翌年3月31日に終わるものとする。

2　各会計年度における歳出は、その年度の歳入をもつて、これに充てなければならない。

第209条（会計の区分）

1　普通地方公共団体の会計は、一般会計及び特別会計とする。

2　特別会計は、普通地方公共団体が特定の事業を行なう場合その他特定の歳入をもつて特定の歳出に充て一般の歳入歳出と区分して経理する必要がある場合において、条例でこれを設置することができる。

第2節　予算

第210条（総計予算主義の原則）

一会計年度における一切の収入及び支出は、すべてこれを歳入歳出予算に編入しなければならない。

第211条（予算の調製及び議決）

1　普通地方公共団体の長は、毎会計年度予算を調製し、年度開始前に、議会の議決を経なければならない。この場合において、普通地方公共団体の長は、遅くとも年度開始前、都道府県及び第252条の19第1項に規定する指定都市にあつては30日、その他の市及び町村にあつては20日までに当該予算を議会に提出するようにしなければならない。

2　普通地方公共団体の長は、予算を議会に提出するときは、政令で定める予算に関する説明書をあわせて提出しなければならない。

第212条（継続費）

1　普通地方公共団体の経費をもつて支弁する事件でその履行に数年度を要するものについては、予算の定めるところにより、その経費の総額及び年割額を定め、数年度にわたつて支出することができる。

2　前項の規定により支出することができる経費は、これを継続費という。

第213条（繰越明許費）

1　歳出予算の経費のうちその性質上又は予算

成立後の事由に基づき年度内にその支出を終わらない見込みのあるものについては、予算の定めるところにより、翌年度に繰り越して使用することができる。

2　前項の規定により翌年度に繰り越して使用することができる経費は、これを繰越明許費という。

第214条（債務負担行為）

歳出予算の金額、継続費の総額又は繰越明許費の金額の範囲内におけるものを除くほか、普通地方公共団体が債務を負担する行為をするには、予算で債務負担行為として定めておかなければならない。

第215条（予算の内容）

予算は、次の各号に掲げる事項に関する定めから成るものとする。

① 歳入歳出予算
② 継続費
③ 繰越明許費
④ 債務負担行為
⑤ 地方債
⑥ 一時借入金
⑦ 歳出予算の各項の経費の金額の流用

第216条（歳入歳出予算の区分）

歳入歳出予算は、歳入にあつては、その性質に従つて款に大別し、かつ、各款中においてはこれを項に区分し、歳出にあつては、その目的に従つてこれを款項に区分しなければならない。

第217条（予備費）

1　予算外の支出又は予算超過の支出に充てるため、歳入歳出予算に予備費を計上しなければならない。ただし、特別会計にあつては、予備費を計上しないことができる。

2　予備費は、議会の否決した費途に充てることができない。

第218条（補正予算、暫定予算等）

1　普通地方公共団体の長は、予算の調製後に生じた事由に基づいて、既定の予算に追加その他の変更を加える必要が生じたときは、補正予算を調製し、これを議会に提出することができる。

2　普通地方公共団体の長は、必要に応じて、一会計年度のうちの一定期間に係る暫定予算を調製し、これを議会に提出することができる。

3　前項の暫定予算は、当該会計年度の予算が成立したときは、その効力を失うものとし、その暫定予算に基づく支出又は債務の負担が

あるときは、その支出又は債務の負担は、これを当該会計年度の予算に基づく支出又は債務の負担とみなす。

4　普通地方公共団体の長は、特別会計のうちその事業の経費を主として当該事業の経営に伴う収入をもつて充てるもので条例で定めるものについて、業務量の増加により業務のため直接必要な経費に不足を生じたときは、当該業務量の増加により増加する収入に相当する金額を当該経費（政令で定める経費を除く。）に使用することができる。この場合においては、普通地方公共団体の長は、次の会議においてその旨を議会に報告しなければならない。

第219条（予算の送付及び公表）

1　普通地方公共団体の議会の議長は、予算を定める議決があつたときは、その日から３日以内にこれを当該普通地方公共団体の長に送付しなければならない。

2　普通地方公共団体の長は、前項の規定により予算の送付を受けた場合において、再議その他の措置を講ずる必要がないと認めるときは、直ちに、その要領を住民に公表しなければならない。

第220条（予算の執行及び事故繰越し）

1　普通地方公共団体の長は、政令で定める基準に従つて予算の執行に関する手続を定め、これに従つて予算を執行しなければならない。

2　歳出予算の経費の金額は、各款の間又は各項の間において相互にこれを流用することができない。ただし、歳出予算の各項の経費の金額は、予算の執行上必要がある場合に限り、予算の定めるところにより、これを流用することができる。

3　繰越明許費の金額を除くほか、毎会計年度の歳出予算の経費の金額は、これを翌年度において使用することができない。ただし、歳出予算の経費の金額のうち、年度内に支出負担行為をし、避けがたい事故のため年度内に支出を終わらなかつたもの（当該支出負担行為に係る工事その他の事業の遂行上の必要に基づきこれに関連して支出を要する経費の金額を含む。）は、これを翌年度に繰り越して使用することができる。

第221条（予算の執行に関する長の調査権等）

1　普通地方公共団体の長は、予算の執行の適正を期するため、委員会若しくは委員又はこれらの管理に属する機関で権限を有するもの

に対して、収入及び支出の実績若しくは見込みについて報告を徴し、予算の執行状況を実地について調査し、又はその結果に基づいて必要な措置を講ずべきことを求めることができる。

2　普通地方公共団体の長は、予算の執行の適正を期するため、工事の請負契約者、物品の納入者、補助金、交付金、貸付金等の交付若しくは貸付けを受けた者（補助金、交付金、貸付金等の終局の受領者を含む。）又は調査、試験、研究等の委託を受けた者に対して、その状況を調査し、又は報告を徴することができる。

3　前二項の規定は、普通地方公共団体が出資している法人で政令で定めるもの、普通地方公共団体が借入金の元金若しくは利子の支払を保証し、又は損失補償を行う等その者のために債務を負担している法人で政令で定めるもの及び普通地方公共団体が受益権を有する信託で政令で定めるものの受託者にこれを準用する。

第222条（予算を伴う条例、規則等についての制限）

1　普通地方公共団体の長は、条例その他議会の議決を要すべき案件があらたに予算を伴うこととなるものであるときは、必要な予算上の措置が適確に講ぜられる見込みが得られるまでの間は、これを議会に提出してはならない。

2　普通地方公共団体の長、委員会若しくは委員又はこれらの管理に属する機関は、その権限に属する事務に関する規則その他の規程の制定又は改正があらたに予算を伴うこととなるものであるときは、必要な予算上の措置が適確に講ぜられることとなるまでの間は、これを制定し、又は改正してはならない。

第3節　収入

第223条（地方税）

普通地方公共団体は、法律の定めるところにより、地方税を賦課徴収することができる。

第224条（分担金）

普通地方公共団体は、政令で定める場合を除くほか、数人又は普通地方公共団体の一部に対し利益のある事件に関し、その必要な費用に充てるため、当該事件により特に利益を受ける者から、その受益の限度において、分担金を徴収することができる。

第225条（使用料）

普通地方公共団体は、第238条の4第7項の

規定による許可を受けてする行政財産の使用又は公の施設の利用につき使用料を徴収することができる。

第226条（旧慣使用の使用料及び加入金）

市町村は、第238条の6の規定による公有財産の使用につき使用料を徴収することができるほか、同条第2項の規定により使用の許可を受けた者から加入金を徴収することができる。

第227条（手数料）

普通地方公共団体は、当該普通地方公共団体の事務で特定の者のためにするものにつき、手数料を徴収することができる。

第228条（分担金等に関する規制及び罰則）

1　分担金、使用料、加入金及び手数料に関する事項については、条例でこれを定めなければならない。この場合において、手数料について全国的に統一して定めることが特に必要と認められるものとして政令で定める事務（以下本項において「標準事務」という。）について手数料を徴収する場合においては、当該標準事務に係る事務のうち政令で定めるものにつき、政令で定める金額の手数料を徴収することを標準として条例を定めなければならない。過28-24-2

2　分担金、使用料、加入金及び手数料の徴収に関しては、次項に定めるものを除くほか、条例で5万円以下の過料を科する規定を設けることができる。

3　詐欺その他不正の行為により、分担金、使用料、加入金又は手数料の徴収を免れた者については、条例でその徴収を免れた金額の5倍に相当する金額（当該5倍に相当する金額が5万円を超えないときは、5万円とする。）以下の過料を科する規定を設けることができる。

第229条（分担金等の徴収に関する処分についての審査請求）

1　普通地方公共団体の長以外の機関がした分担金、使用料、加入金又は手数料の徴収に関する処分についての審査請求は、普通地方公共団体の長が当該機関の最上級行政庁でない場合においても、当該普通地方公共団体の長に対してするものとする。

2　普通地方公共団体の長は、分担金、使用料、加入金又は手数料の徴収に関する処分についての審査請求がされた場合には、当該審査請求が不適法であり、却下するときを除き、議会に諮問した上、当該審査請求に対する裁決をしなければならない。

地方自治法

3 議会は、前項の規定による諮問を受けた日から20日以内に意見を述べなければならない。

4 普通地方公共団体の長は、第2項の規定による諮問をしないで同項の審査請求を却下したときは、その旨を議会に報告しなければならない。

5 第2項の審査請求に対する裁決を経た後でなければ、同項の処分については、裁判所に出訴することができない。

第230条（地方債）

1 普通地方公共団体は、別に法律で定める場合において、予算の定めるところにより、地方債を起こすことができる。過28-24-1

2 前項の場合において、地方債の起債の目的、限度額、起債の方法、利率及び償還の方法は、予算でこれを定めなければならない。

第231条（歳入の収入の方法）

普通地方公共団体の歳入を収入するときは、政令の定めるところにより、これを調定し、納入義務者に対して納入の通知をしなければならない。

第231条の2（証紙による収入の方法等）

1 普通地方公共団体は、使用料又は手数料の徴収については、条例の定めるところにより、証紙による収入の方法によることができる。

2 証紙による収入の方法による場合においては、証紙の売りさばき代金をもつて歳入とする。

3 証紙による収入の方法によるものを除くほか、普通地方公共団体の歳入は、第235条の規定により金融機関が指定されている場合においては、政令の定めるところにより、口座振替の方法により、又は証券をもつて納付することができる。

4 前項の規定により納付された証券を支払の提示期間内又は有効期間内に提示し、支払の請求をした場合において、支払の拒絶があつたときは、当該歳入は、はじめから納付がなかつたものとみなす。この場合における当該証券の処分に関し必要な事項は、政令で定める。

5 証紙による収入の方法によるものを除くほか、普通地方公共団体の歳入については、第235条の規定により金融機関を指定していない市町村においては、政令の定めるところにより、納入義務者から証券の提供を受け、その証券の取立て及びその取り立てた金銭によ

る納付の委託を受けることができる。

第231条の2の2（指定納付受託者に対する納付の委託）

普通地方公共団体の歳入（第235条の4第3項に規定する歳入歳出外現金を含む。以下「歳入等」という。）を納付しようとする者は、次の各号のいずれかに該当するときは、指定納付受託者（次条第1項に規定する指定納付受託者をいう。第2号において同じ。）に納付を委託することができる。

① 歳入等の納付の通知に係る書面で総務省令で定めるものに基づき納付しようとするとき。

② 電子情報処理組織を使用して行う指定納付受託者に対する通知で総務省令で定めるものに基づき納付しようとするとき。

第231条の2の3（指定納付受託者）

1 歳入等の納付に関する事務（以下「納付事務」という。）を適切かつ確実に遂行することができる者として政令で定める者のうち普通地方公共団体の長が総務省令で定めるところにより指定するもの（以下「指定納付受託者」という。）は、総務省令で定めるところにより、歳入等を納付しようとする者の委託を受けて、納付事務を行うことができる。

2 普通地方公共団体の長は、前項の規定による指定をしたときは、指定納付受託者の名称、住所又は事務所の所在地その他総務省令で定める事項を告示しなければならない。

3 指定納付受託者は、その名称、住所又は事務所の所在地を変更しようとするときは、総務省令で定めるところにより、あらかじめ、その旨を普通地方公共団体の長に届け出なければならない。

4 普通地方公共団体の長は、前項の規定による届出があつたときは、当該届出に係る事項を告示しなければならない。

第231条の2の4（納付事務の委託）

第231条の2の2の規定により歳入等を納付しようとする者の委託を受けた指定納付受託者は、当該委託を受けた納付事務の一部を、納付事務を適切かつ確実に遂行することができる者として政令で定める者に委託することができる。

第231条の2の5（指定納付受託者の納付）

1 指定納付受託者は、第231条の2の2の規定により歳入等を納付しようとする者の委託を受けたときは、普通地方公共団体が指定する日までに当該委託を受けた歳入等を納付し

なければならない。

2　指定納付受託者は、第231条の2の2の規定により歳入等を納付しようとする者の委託を受けたときは、遅滞なく、総務省令で定めるところにより、その旨及び当該委託を受けた年月日を普通地方公共団体の長に報告しなければならない。

3　第1項の場合において、当該指定納付受託者が同項の指定する日までに当該歳入等を納付したときは、当該委託を受けた日に当該歳入等の納付がされたものとみなす。

第231条の2の6（指定納付受託者の帳簿保存等の義務）

1　指定納付受託者は、総務省令で定めるところにより、帳簿を備え付け、これに納付事務に関する事項を記載し、及びこれを保存しなければならない。

2　普通地方公共団体の長は、前三条、この条及び第231条の4の規定を施行するため必要があると認めるときは、その必要な限度で、総務省令で定めるところにより、指定納付受託者に対し、報告をさせることができる。

3　普通地方公共団体の長は、前三条、この条及び第231条の4の規定を施行するため必要があると認めるときは、その必要な限度で、その職員に、指定納付受託者の事務所に立ち入り、指定納付受託者の帳簿書類（その作成又は保存に代えて電磁的記録の作成又は保存がされている場合における当該電磁的記録を含む。）その他必要な物件を検査させ、又は関係者に質問させることができる。

4　前項の規定により立入検査を行う職員は、その身分を示す証明書を携帯し、かつ、関係者の請求があるときは、これを提示しなければならない。

5　第3項に規定する権限は、犯罪捜査のために認められたものと解してはならない。

第231条の2の7（指定納付受託者の指定の取消し）

1　普通地方公共団体の長は、指定納付受託者が次の各号のいずれかに該当するときは、総務省令で定めるところにより、第231条の2の3第1項の規定による指定を取り消すことができる。

①　第231条の2の3第1項に規定する政令で定める者に該当しなくなつたとき。

②　第231条の2の5第2項又は前条第2項の規定による報告をせず、又は虚偽の報告をしたとき。

③　前条第1項の規定に違反して、帳簿を備え付けず、帳簿に記載せず、若しくは帳簿に虚偽の記載をし、又は帳簿を保存しなかつたとき。

④　前条第3項の規定による立入り若しくは検査を拒み、妨げ、若しくは忌避し、又は同項の規定による質問に対して陳述をせず、若しくは虚偽の陳述をしたとき。

2　普通地方公共団体の長は、前項の規定により指定を取り消したときは、その旨を告示しなければならない。

第231条の3（督促、滞納処分等）

1　分担金、使用料、加入金、手数料、過料その他の普通地方公共団体の歳入を納期限までに納付しない者があるときは、普通地方公共団体の長は、期限を指定してこれを督促しなければならない。

2　普通地方公共団体の長は、前項の歳入について同項の規定による督促をした場合には、条例で定めるところにより、手数料及び延滞金を徴収することができる。

3　普通地方公共団体の長は、分担金、加入金、過料又は法律で定める使用料その他の普通地方公共団体の歳入（以下この項及び次条第1項において「分担金等」という。）につき第1項の規定による督促を受けた者が同項の規定により指定された期限までにその納付すべき金額を納付しないときは、当該分担金等並びに当該分担金等に係る前項の手数料及び延滞金について、地方税の滞納処分の例により処分することができる。この場合におけるこれらの徴収金の先取特権の順位は、国税及び地方税に次ぐものとする。

4　第1項の歳入並びに第2項の手数料及び延滞金の還付並びにこれらの徴収金の徴収又は還付に関する書類の送達及び公示送達については、地方税の例による。

5　普通地方公共団体の長以外の機関がした前各項の規定による処分についての審査請求は、普通地方公共団体の長が当該機関の最上級行政庁でない場合においても、当該普通地方公共団体の長に対してするものとする。

6　第3項の規定により普通地方公共団体の長が地方税の滞納処分の例によりした処分についての審査請求については、地方税法第19条の4の規定を準用する。

7　普通地方公共団体の長は、第1項から第4項までの規定による処分についての審査請求がされた場合には、当該審査請求が不適法で

あり、却下するときを除き、議会に諮問した上、当該審査請求に対する裁決をしなければならない。

8 議会は、前項の規定による諮問を受けた日から20日以内に意見を述べなければならない。

9 普通地方公共団体の長は、第7項の規定による諮問をしないで同項の審査請求を却下したときは、その旨を議会に報告しなければならない。

10 第7項の審査請求に対する裁決を経た後でなければ、第1項から第4項までの規定による処分については、裁判所に出訴することができない。

11 第3項の規定による処分中差押物件の公売は、その処分が確定するまで執行を停止する。

12 第3項の規定による処分は、当該普通地方公共団体の区域外においても、することができる。

第231条の4 （指定納付受託者からの歳入等の徴収等）

1 指定納付受託者が第231条の2の5第1項の歳入等（分担金等であるものに限る。以下この項において同じ。）を同条第1項の指定する日までに納付しない場合における当該歳入等の徴収については、地方税法第13条の4の規定を準用する。この場合における当該歳入等に係る徴収金の先取特権の順位は、国税及び地方税に次ぐものとする。

2 普通地方公共団体の長以外の機関がした前項前段において準用する地方税法第13条の4第1項の規定による処分についての審査請求は、普通地方公共団体の長が当該機関の最上級行政庁でない場合においても、当該普通地方公共団体の長に対してするものとする。

3 第1項前段において準用する地方税法第13条の4第1項の規定により普通地方公共団体の長がした処分についての審査請求については、同法第19条の4の規定を準用する。

4 普通地方公共団体の長は、第1項前段において準用する地方税法第13条の4第1項の規定による処分についての審査請求がされた場合には、当該審査請求が不適法であり、却下するときを除き、議会に諮問した上、当該審査請求に対する裁決をしなければならない。

5 議会は、前項の規定による諮問を受けた日から20日以内に意見を述べなければならない。

6 普通地方公共団体の長は、第4項の規定による諮問をしないで同項の審査請求を却下したときは、その旨を議会に報告しなければならない。

7 第4項の審査請求に対する裁決を経た後でなければ、第1項前段において準用する地方税法第13条の4第1項の規定による処分については、裁判所に出訴することができない。

8 第1項前段において準用する地方税法第13条の4第1項の規定による処分中差押物件の公売は、その処分が確定するまで執行を停止する。

9 第1項前段において準用する地方税法第13条の4第1項の規定による処分は、当該普通地方公共団体の区域外においても、することができる。

第4節　支出

第232条 （経費の支弁等）

1 普通地方公共団体は、当該普通地方公共団体の事務を処理するために必要な経費その他法律又はこれに基づく政令により当該普通地方公共団体の負担に属する経費を支弁するものとする。

2 法律又はこれに基づく政令により普通地方公共団体に対し事務の処理を義務付ける場合においては、国は、そのために要する経費の財源につき必要な措置を講じなければならない。

第232条の2 （寄附又は補助）

普通地方公共団体は、その公益上必要がある場合においては、寄附又は補助をすることができる。週20-10-4

第232条の3 （支出負担行為）

普通地方公共団体の支出の原因となるべき契約その他の行為（これを支出負担行為という。）は、法令又は予算の定めるところに従い、これをしなければならない。

第232条の4 （支出の方法）

1 会計管理者は、普通地方公共団体の長の政令で定めるところによる命令がなければ、支出をすることができない。

2 会計管理者は、前項の命令を受けた場合においても、当該支出負担行為が法令又は予算に違反していないこと及び当該支出負担行為に係る債務が確定していることを確認したうえでなければ、支出をすることができない。

第232条の5

1 普通地方公共団体の支出は、債権者のためでなければ、これをすることができない。

2 　普通地方公共団体の支出は、政令の定める
ところにより、資金前渡、概算払、前金払、
繰替払、隔地払又は口座振替の方法によつて
これをすることができる。

第232条の6 （小切手の振出し及び公金振替書の交付）

1 　第235条の規定により金融機関を指定している普通地方公共団体における支出は、政令の定めるところにより、現金の交付に代え、当該金融機関を支払人とする小切手を振り出し、又は公金振替書を当該金融機関に交付してこれをするものとする。ただし、小切手を振り出すべき場合において、債権者から申出があるときは、会計管理者は、自ら現金で小口の支払をし、又は当該金融機関をして現金で支払をさせることができる。

2 　前項の金融機関は、会計管理者の振り出した小切手の提示を受けた場合において、その小切手が振出日付から10日以上を経過しているものであつても1年を経過しないものであるときは、その支払をしなければならない。

第5節　決算

第233条（決算）

1 　会計管理者は、毎会計年度、政令で定めるところにより、**決算**を調製し、出納の閉鎖後3箇月以内に、証書類その他政令で定める書類と併せて、**普通地方公共団体の長**に提出しなければならない。

2 　普通地方公共団体の長は、決算及び前項の書類を監査委員の審査に付さなければならない。

3 　普通地方公共団体の長は、前項の規定により監査委員の審査に付した決算を監査委員の意見を付けて次の通常予算を議する会議までに議会の認定に付さなければならない。

4 　前項の規定による意見の決定は、監査委員の合議によるものとする。

5 　普通地方公共団体の長は、第3項の規定により決算を議会の認定に付するに当たつては、当該決算に係る会計年度における主要な施策の成果を説明する書類その他政令で定める書類を併せて提出しなければならない。

6 　普通地方公共団体の長は、第3項の規定により議会の認定に付した決算の要領を住民に公表しなければならない。

7 　普通地方公共団体の長は、第3項の規定による決算の認定に関する議案が否決された場合において、当該議決を踏まえて必要と認める措置を講じたときは、速やかに、当該措置

の内容を議会に報告するとともに、これを公表しなければならない。

第233条の2 （歳計剰余金の処分）

各会計年度において決算上剰余金を生じたときは、翌年度の歳入に編入しなければならない。ただし、条例の定めるところにより、又は普通地方公共団体の議会の議決により、剰余金の全部又は一部を翌年度に繰り越さないで基金に編入することができる。

第6節　契約

第234条（契約の締結）

1 　売買、貸借、請負その他の契約は、**一般競争入札**、**指名競争入札**、**随意契約**又は**せり売り**の方法により締結するものとする。<u>過</u>19-24-1・2、2-10-1

2 　前項の指名競争入札、随意契約又はせり売りは、政令で定める場合に該当するときに限り、これによることができる。<u>過</u>2-10-2

3 　普通地方公共団体は、一般競争入札又は指名競争入札（以下この条において「競争入札」という。）に付する場合においては、政令の定めるところにより、契約の目的に応じ、予定価格の制限の範囲内で最高又は最低の価格をもつて申込みをした者を契約の相手方とするものとする。ただし、普通地方公共団体の支出の原因となる契約については、政令の定めるところにより、予定価格の制限の範囲内の価格をもつて申込みをした者のうち最低の価格をもつて申込みをした者以外の者を契約の相手方とすることができる。<u>過</u>2-10-3

4 　普通地方公共団体が競争入札につき入札保証金を納付させた場合において、落札者が契約を締結しないときは、その者の納付に係る入札保証金（政令の定めるところによりその納付に代えて提供された担保を含む。）は、当該普通地方公共団体に帰属するものとする。

5 　普通地方公共団体が契約につき契約書又は契約内容を記録した電磁的記録を作成する場合においては、当該普通地方公共団体の長又はその委任を受けた者が契約の相手方とともに、契約書に記名押印し、又は契約内容を記録した電磁的記録に当該普通地方公共団体の長若しくはその委任を受けた者及び契約の相手方の作成に係るものであることを示すために講ずる措置であつて、当該電磁的記録が改変されているかどうかを確認することができる等これらの者の作成に係るものであること

第234条の2〜第236条

を確実に示すことができるものとして総務省令で定めるものを講じなければ、当該契約は、確定しないものとする。

6　競争入札に加わろうとする者に必要な資格、競争入札における公告又は指名の方法、随意契約及びせり売りの手続その他契約の締結の方法に関し必要な事項は、政令でこれを定める。過2-10-4

第234条の2 （契約の履行の確保）

1　普通地方公共団体が工事若しくは製造その他についての請負契約又は物件の買入れその他の契約を締結した場合においては、当該普通地方公共団体の職員は、政令の定めるところにより、契約の適正な履行を確保するため又はその受ける給付の完了の確認（給付の完了前に代価の一部を支払う必要がある場合において行なう工事若しくは製造の既済部分又は物件の既納部分の確認を含む。）をするため必要な監督又は検査をしなければならない。

2　普通地方公共団体が契約の相手方をして契約保証金を納付させた場合において、契約の相手方が契約上の義務を履行しないときは、その契約保証金（政令の定めるところによりその納付に代えて提供された担保を含む。）は、当該普通地方公共団体に帰属するものとする。ただし、損害の賠償又は違約金について契約で別段の定めをしたときは、その定めたところによるものとする。

第234条の3 （長期継続契約）

普通地方公共団体は、第214条の規定にかかわらず、翌年度以降にわたり、電気、ガス若しくは水の供給若しくは電気通信役務の提供を受ける契約又は不動産を借りる契約その他政令で定める契約を締結することができる。この場合においては、各年度におけるこれらの経費の予算の範囲内においてその給付を受けなければならない。

第7節　現金及び有価証券

第235条 （金融機関の指定）

1　都道府県は、政令の定めるところにより、金融機関を指定して、都道府県の公金の収納又は支払の事務を取り扱わせなければならない。

2　市町村は、政令の定めるところにより、金融機関を指定して、市町村の公金の収納又は支払の事務を取り扱わせることができる。

第235条の2 （現金出納の検査及び公金の収納等の監査）

1　普通地方公共団体の現金の出納は、毎月例日を定めて監査委員がこれを検査しなければならない。

2　監査委員は、必要があると認めるとき、又は普通地方公共団体の長の要求があるときは、前条の規定により指定された金融機関が取り扱う当該普通地方公共団体の公金の収納又は支払の事務について監査することができる。

3　監査委員は、第1項の規定による検査の結果に関する報告又は前項の規定による監査の結果に関する報告を普通地方公共団体の議会及び長に提出しなければならない。

第235条の3 （一時借入金）

1　普通地方公共団体の長は、歳出予算内の支出をするため、一時借入金を借り入れることができる。

2　前項の規定による一時借入金の借入れの最高額は、予算でこれを定めなければならない。

3　第1項の規定による一時借入金は、その会計年度の歳入をもつて償還しなければならない。

第235条の4 （現金及び有価証券の保管）

1　普通地方公共団体の歳入歳出に属する現金（以下「歳計現金」という。）は、政令の定めるところにより、最も確実かつ有利な方法によりこれを保管しなければならない。

2　債権の担保として徴するもののほか、普通地方公共団体の所有に属しない現金又は有価証券は、法律又は政令の規定によるのでなければ、これを保管することができない。

3　法令又は契約に特別の定めがあるものを除くほか、普通地方公共団体が保管する前項の現金（以下「歳入歳出外現金」という。）には、利子を付さない。

第235条の5 （出納の閉鎖）

普通地方公共団体の出納は、翌年度の5月31日をもつて閉鎖する。

第8節　時効

第236条 （金銭債権の消滅時効）

1　金銭の給付を目的とする普通地方公共団体の権利は、時効に関し他の法律に定めがあるものを除くほか、これを行使することができる時から5年間行使しないときは、時効によつて消滅する。普通地方公共団体に対する権利で、金銭の給付を目的とするものについて

も、また同様とする。過20-23-5

2　金銭の給付を目的とする普通地方公共団体の権利の時効による消滅については、法律に特別の定めがある場合を除くほか、時効の援用を要せず、また、その利益を放棄することができないものとする。普通地方公共団体に対する権利で、金銭の給付を目的とするものについても、また同様とする。

3　金銭の給付を目的とする普通地方公共団体の権利について、消滅時効の完成猶予、更新その他の事項（前項に規定する事項を除く。）に関し、適用すべき法律の規定がないときは、民法の規定を準用する。普通地方公共団体に対する権利で、金銭の給付を目的とするものについても、また同様とする。

4　法令の規定により普通地方公共団体がする納入の通知及び督促は、時効の更新の効力を有する。

第9節　財産（抄）
第237条（財産の管理及び処分）

1　この法律において「財産」とは、公有財産、物品及び債権並びに基金をいう。

2　第238条の4第1項の規定の適用がある場合を除き、普通地方公共団体の財産は、条例又は議会の議決による場合でなければ、これを交換し、出資の目的とし、若しくは支払手段として使用し、又は適正な対価なくしてこれを譲渡し、若しくは貸し付けてはならない。過20-23-4

3　普通地方公共団体の財産は、第238条の5第2項の規定の適用がある場合で議会の議決によるとき又は同条第3項の規定の適用がある場合でなければ、これを信託してはならない。

第1款　公有財産（略）
第2款　物品（略）
第3款　債権（略）
第4款　基金（略）

第10節　住民による監査請求及び訴訟
第242条（住民監査請求）

1　普通地方公共団体の住民は、当該普通地方公共団体の長若しくは委員会若しくは委員又は当該普通地方公共団体の職員について、違法若しくは不当な公金の支出、財産の取得、管理若しくは処分、契約の締結若しくは履行若しくは債務その他の義務の負担がある（当該行為がなされることが相当の確実さをもつて予測される場合を含む。）と認めるとき、又は違法若しくは不当に公金の賦課若しくは

徴収若しくは財産の管理を怠る事実（以下「怠る事実」という。）があると認めるときは、これらを証する書面を添え、監査委員に対し、監査を求め、当該行為を防止し、若しくは是正し、若しくは当該怠る事実を改め、又は当該行為若しくは怠る事実によつて当該普通地方公共団体の被つた損害を補填するために必要な措置を講ずべきことを請求することができる。過19-25-ア・エ、21-24-1〜4、25-21-4、29-24-3、2-24-2・3

2　前項の規定による請求は、当該行為のあつた日又は終わつた日から1年を経過したときは、これをすることができない。ただし、正当な理由があるときは、この限りでない。過19-25-オ、25-21-2

3　第1項の規定による請求があつたときは、監査委員は、直ちに当該請求の要旨を当該普通地方公共団体の議会及び長に通知しなければならない。

4　第1項の規定による請求があつた場合において、当該行為が違法であると思料するに足りる相当な理由があり、当該行為により当該普通地方公共団体に生ずる回復の困難な損害を避けるため緊急の必要があり、かつ、当該行為を停止することによつて人の生命又は身体に対する重大な危害の発生の防止その他公共の福祉を著しく阻害するおそれがないと認めるときは、監査委員は、当該普通地方公共団体の長その他の執行機関又は職員に対し、理由を付して次項の手続が終了するまでの間当該行為を停止すべきことを勧告することができる。この場合において、監査委員は、当該勧告の内容を第1項の規定による請求人（以下この条において「請求人」という。）に通知するとともに、これを公表しなければならない。

5　第1項の規定による請求があつた場合には、監査委員は、監査を行い、当該請求に理由がないと認めるときは、理由を付してその旨を書面により請求人に通知するとともに、これを公表し、当該請求に理由があると認めるときは、当該普通地方公共団体の議会、長その他の執行機関又は職員に対し期間を示して必要な措置を講ずべきことを勧告するとともに、当該勧告の内容を請求人に通知し、かつ、これを公表しなければならない。

6　前項の規定による監査委員の監査及び勧告は、第1項の規定による請求があつた日から60日以内に行わなければならない。

7 監査委員は、第5項の規定による監査を行うに当たつては、請求人に証拠の提出及び陳述の機会を与えなければならない。

8 監査委員は、前項の規定による陳述の聴取を行う場合又は関係のある当該普通地方公共団体の長その他の執行機関若しくは職員の陳述の聴取を行う場合において、必要があると認めるときは、関係のある当該普通地方公共団体の長その他の執行機関若しくは職員又は請求人を立ち会わせることができる。

9 第5項の規定による監査委員の勧告があつたときは、当該勧告を受けた議会、長その他の執行機関又は職員は、当該勧告に示された期間内に必要な措置を講ずるとともに、その旨を監査委員に通知しなければならない。この場合において、監査委員は、当該通知に係る事項を請求人に通知するとともに、これを公表しなければならない。

10 普通地方公共団体の議会は、第1項の規定による請求があつた後に、当該請求に係る行為又は怠る事実に関する損害賠償又は不当利得返還の請求権その他の権利の放棄に関する議決をしようとするときは、あらかじめ監査委員の意見を聴かなければならない。

11 第4項の規定による勧告、第5項の規定による監査及び勧告並びに前項の規定による意見についての決定は、監査委員の合議によるものとする。

第242条の2（住民訴訟）

1 普通地方公共団体の住民は、前条第1項の規定による請求をした場合において、同条第5項の規定による監査委員の監査の結果若しくは勧告若しくは同条第9項の規定による普通地方公共団体の議会、長その他の執行機関若しくは職員の措置に不服があるとき、又は監査委員が同条第5項の規定による監査若しくは勧告を同条第6項の期間内に行わないとき、若しくは議会、長その他の執行機関若しくは職員が同条第9項の規定による措置を講じないときは、裁判所に対し、同条第1項の請求に係る違法な行為又は怠る事実につき、訴えをもつて次に掲げる請求をすることができる。 過18-24-5、19-25-イ、21-24-5、22-24-ア・イ、23-21、26-22-1・2、27-21-ア

① 当該執行機関又は職員に対する当該行為の全部又は一部の差止めの請求 過30-18-1、30-26-2

② 行政処分たる当該行為の取消し又は無効確認の請求

③ 当該執行機関又は職員に対する当該怠る事実の違法確認の請求

④ 当該職員又は当該行為若しくは怠る事実に係る相手方に損害賠償又は不当利得返還の請求をすることを当該普通地方公共団体の執行機関又は職員に対して求める請求。ただし、当該職員又は当該行為若しくは怠る事実に係る相手方が第243条の2の2第3項の規定による賠償の命令の対象となる者である場合には、当該賠償の命令をすることを求める請求 過18-24-3、22-24-オ、29-24-2

2 前項の規定による訴訟は、次の各号に掲げる場合の区分に応じ、当該各号に定める期間内に提起しなければならない。

① 監査委員の監査の結果又は勧告に不服がある場合 当該監査の結果又は当該勧告の内容の通知があつた日から30日以内

② 監査委員の勧告を受けた議会、長その他の執行機関又は職員の措置に不服がある場合 当該措置に係る監査委員の通知があつた日から30日以内

③ 監査委員が請求をした日から60日を経過しても監査又は勧告を行わない場合 当該60日を経過した日から30日以内

④ 監査委員の勧告を受けた議会、長その他の執行機関又は職員が措置を講じない場合 当該勧告に示された期間を経過した日から30日以内

3 前項の期間は、不変期間とする。

4 第1項の規定による訴訟が係属しているときは、当該普通地方公共団体の他の住民は、別訴をもつて同一の請求をすることができない。過22-24-ウ、27-21-ウ

5 第1項の規定による訴訟は、当該普通地方公共団体の事務所の所在地を管轄する地方裁判所の管轄に専属する。過22-24-エ、27-21-イ

6 第1項第1号の規定による請求に基づく差止めは、当該行為を差し止めることによつて人の生命又は身体に対する重大な危害の発生の防止その他公共の福祉を著しく阻害するおそれがあるときは、することができない。

7 第1項第4号の規定による訴訟が提起された場合には、当該職員又は当該行為若しくは怠る事実の相手方に対して、当該普通地方公共団体の執行機関又は職員は、遅滞なく、その訴訟の告知をしなければならない。

8　前項の訴訟告知があつたときは、第1項第4号の規定による訴訟が終了した日から6月を経過するまでの間は、当該訴訟に係る損害賠償又は不当利得返還の請求権の時効は、完成しない。

9　民法第153条第2項の規定は、前項の規定による時効の完成猶予について準用する。

10　第1項に規定する違法な行為又は怠る事実については、民事保全法に規定する仮処分をすることができない。

11　第2項から前項までに定めるもののほか、第1項の規定による訴訟については、行政事件訴訟法第43条の規定の適用があるものとする。

12　第1項の規定による訴訟を提起した者が勝訴（一部勝訴を含む。）した場合において、弁護士又は弁護士法人に報酬を支払うべきときは、当該普通地方公共団体に対し、その報酬額の範囲内で相当と認められる額の支払を請求することができる。過2-24-5

第242条の3（訴訟の提起）

1　前条第1項第4号本文の規定による訴訟について、損害賠償又は不当利得返還の請求を命ずる判決が確定した場合においては、普通地方公共団体の長は、当該判決が確定した日から60日以内の日を期限として、当該請求に係る損害賠償金又は不当利得の返還金の支払を請求しなければならない。

2　前項に規定する場合において、当該判決が確定した日から60日以内に当該請求に係る損害賠償金又は不当利得による返還金が支払われないときは、当該普通地方公共団体は、当該損害賠償又は不当利得返還の請求を目的とする訴訟を提起しなければならない。

3　前項の訴訟の提起については、第96条第1項第12号の規定にかかわらず、当該普通地方公共団体の議会の議決を要しない。

4　前条第1項第4号本文の規定による訴訟の裁判が同条第7項の訴訟告知を受けた者に対してもその効力を有するときは、当該訴訟の裁判は、当該普通地方公共団体と当該訴訟告知を受けた者との間においてもその効力を有する。

5　前条第1項第4号本文の規定による訴訟について、普通地方公共団体の執行機関又は職員に損害賠償又は不当利得返還の請求を命ずる判決が確定した場合において、当該普通地方公共団体がその長に対し当該損害賠償又は不当利得返還の請求を目的とする訴訟を提起

するときは、当該訴訟については、代表監査委員が当該普通地方公共団体を代表する。

第11節　雑則（略）

第10章　公の施設

第244条（公の施設）

1　普通地方公共団体は、住民の福祉を増進する目的をもつてその利用に供するための施設（これを公の施設という。）を設けるものとする。過26-44、元-23-1

2　普通地方公共団体（次条第3項に規定する指定管理者を含む。次項において同じ。）は、正当な理由がない限り、住民が公の施設を利用することを拒んではならない。過29-22-2

3　普通地方公共団体は、住民が公の施設を利用することについて、不当な差別的取扱いをしてはならない。

第244条の2（公の施設の設置、管理及び廃止）

1　普通地方公共団体は、法律又はこれに基づく政令に特別の定めがあるものを除くほか、公の施設の設置及びその管理に関する事項は、条例でこれを定めなければならない。過22-21-2、26-44、29-22-1、30-23-エ、元-23-2、3-22-ア

2　普通地方公共団体は、条例で定める重要な公の施設のうち条例で定める特に重要なものについて、これを廃止し、又は条例で定める長期かつ独占的な利用をさせようとするときは、議会において出席議員の3分の2以上の者の同意を得なければならない。過3-22-ウ

3　普通地方公共団体は、公の施設の設置の目的を効果的に達成するため必要があると認めるときは、条例の定めるところにより、法人その他の団体であつて当該普通地方公共団体が指定するもの（以下本条及び第244条の4において「指定管理者」という。）に、当該公の施設の管理を行わせることができる。過22-21-4、26-44、28-22-4、元-23-3

4　前項の条例には、指定管理者の指定の手続、指定管理者が行う管理の基準及び業務の範囲その他必要な事項を定めるものとする。過23-23-5、29-22-5

5　指定管理者の指定は、期間を定めて行うものとする。

6　普通地方公共団体は、指定管理者の指定をしようとするときは、あらかじめ、当該普通地方公共団体の議会の議決を経なければならない。過元-23-4

地方自治法

7 指定管理者は、毎年度終了後、その管理する公の施設の管理の業務に関し事業報告書を作成し、当該公の施設を設置する普通地方公共団体に提出しなければならない。

8 普通地方公共団体は、適当と認めるときは、指定管理者にその管理する公の施設の利用に係る料金（次項において「利用料金」という。）を当該指定管理者の収入として収受させることができる。過元-23-5

9 前項の場合における利用料金は、公益上必要があると認める場合を除くほか、条例の定めるところにより、指定管理者が定めるものとする。この場合において、指定管理者は、あらかじめ当該利用料金について当該普通地方公共団体の承認を受けなければならない。

10 普通地方公共団体の長又は委員会は、指定管理者の管理する公の施設の管理の適正を期するため、指定管理者に対して、当該管理の業務又は経理の状況に関し報告を求め、実地について調査し、又は必要な指示をすることができる。

11 普通地方公共団体は、指定管理者が前項の指示に従わないときその他当該指定管理者による管理を継続することが適当でないと認めるときは、その指定を取り消し、又は期間を定めて管理の業務の全部又は一部の停止を命ずることができる。

第244条の3 （公の施設の区域外設置及び他の団体の公の施設の利用）

1 普通地方公共団体は、その区域外においても、また、関係普通地方公共団体との協議により、公の施設を設けることができる。過22-21-1、29-22-4

2 普通地方公共団体は、他の普通地方公共団体との協議により、当該他の普通地方公共団体の公の施設を自己の住民の利用に供させることができる。

3 前二項の協議については、関係普通地方公共団体の議会の議決を経なければならない。

第244条の4 （公の施設を利用する権利に関する処分についての審査請求）

1 普通地方公共団体の長以外の機関（指定管理者を含む。）がした公の施設を利用する権利に関する処分についての審査請求は、普通地方公共団体の長が当該機関の最上級行政庁でない場合においても、当該普通地方公共団体の長に対してするものとする。過22-21-5、23-23-4、3-22-イ

2 普通地方公共団体の長は、公の施設を利用

する権利に関する処分についての審査請求がされた場合には、当該審査請求が不適法であり、却下するときを除き、議会に諮問した上、当該審査請求に対する裁決をしなければならない。

3 議会は、前項の規定による諮問を受けた日から20日以内に意見を述べなければならない。

4 普通地方公共団体の長は、第2項の規定による諮問をしないで同項の審査請求を却下したときは、その旨を議会に報告しなければならない。

第11章　国と普通地方公共団体との関係及び普通地方公共団体相互間の関係（抄）

第1節　普通地方公共団体に対する国又は都道府県の関与等

第1款　普通地方公共団体に対する国又は都道府県の関与等

第245条 （関与の意義）

本章において「普通地方公共団体に対する国又は都道府県の関与」とは、普通地方公共団体の事務の処理に関し、国の行政機関（内閣府設置法第4条第3項に規定する事務をつかさどる機関たる内閣府、宮内庁、同法第49条第1項若しくは第2項に規定する機関、デジタル庁設置法第4条第2項に規定する事務をつかさどる機関たるデジタル庁、国家行政組織法第3条第2項に規定する機関、法律の規定に基づき内閣の所轄の下に置かれる機関又はこれらに置かれる機関をいう。以下本章において同じ。）又は都道府県の機関が行う次に掲げる行為（普通地方公共団体がその固有の資格において当該行為の名あて人となるものに限り、国又は都道府県の普通地方公共団体に対する支出金の交付及び返還に係るものを除く。）をいう。

① 普通地方公共団体に対する次に掲げる行為
- イ 助言又は勧告
- ロ 資料の提出の要求
- ハ 是正の要求（普通地方公共団体の事務の処理が法令の規定に違反しているとき又は著しく適正を欠き、かつ、明らかに公益を害しているときに当該普通地方公共団体に対して行われる当該違反の是正又は改善のため必要な措置を講ずべきことの求めであつて、当該求めを受けた普通地方公共団体がその違反の是正又は改

善のため必要な措置を講じなければなら
ないものをいう。）
ニ　**同意**
ホ　**許可、認可又は承認**
ヘ　**指示**
ト　**代執行**（普通地方公共団体の事務の処
理が法令の規定に違反しているとき又は
当該普通地方公共団体がその事務の処理
を怠つているときに、その是正のための
措置を当該普通地方公共団体に代わつて
行うことをいう。）
②　普通地方公共団体との**協議**
③　前二号に掲げる行為のほか、一定の行政
目的を実現するため普通地方公共団体に対
して具体的かつ個別的に関わる行為（相反
する利害を有する者の間の利害の調整を目
的としてされる裁定その他の行為（その双
方を名あて人とするものに限る。）及び審
査請求その他の不服申立てに対する裁決、
決定その他の行為を除く。）

第245条の2（関与の法定主義）
　普通地方公共団体は、その事務の処理に関
し、**法律又はこれに基づく政令**によらなけれ
ば、普通地方公共団体に対する国又は都道府県
の関与を受け、又は要することとされることは
ない。圖18-21-4、29-23-5、2-23-3

第245条の3（関与の基本原則）
1　国は、普通地方公共団体が、その事務の処
理に関し、普通地方公共団体に対する国又は
都道府県の関与を受け、又は要することとす
る場合には、その目的を達成するために必要
な最小限度のものとするとともに、普通地方
公共団体の自主性及び自立性に配慮しなけれ
ばならない。
2　国は、できる限り、普通地方公共団体が、
自治事務の処理に関しては普通地方公共団体
に対する国又は都道府県の関与のうち第245
条第1号ト及び第3号に規定する行為を、法
定受託事務の処理に関しては普通地方公共団
体に対する国又は都道府県の関与のうち同号
に規定する行為を受け、又は要することとす
ることのないようにしなければならない。
3　国は、国又は都道府県の計画と普通地方公
共団体の計画との調和を保つ必要がある場合
等国又は都道府県の施策と普通地方公共団体
の施策との間の調整が必要な場合を除き、普
通地方公共団体の事務の処理に関し、普通地
方公共団体が、普通地方公共団体に対する国
又は都道府県の関与のうち第245条第2号に

規定する行為を要することとすることのない
ようにしなければならない。
4　国は、法令に基づき国がその内容について
財政上又は税制上の特例措置を講ずるものと
されている計画を普通地方公共団体が作成す
る場合等国又は都道府県の施策と普通地方公
共団体の施策との整合性を確保しなければこ
れらの施策の実施に著しく支障が生ずると認
められる場合を除き、自治事務の処理に関
し、普通地方公共団体が、普通地方公共団体
に対する国又は都道府県の関与のうち第245
条第1号ニに規定する行為を要することとす
ることのないようにしなければならない。
5　国は、普通地方公共団体が特別の法律によ
り法人を設立する場合等自治事務の処理につ
いて国の行政機関又は都道府県の機関の許
可、認可又は承認を要することとすること以
外の方法によつてその処理の適正を確保する
ことが困難であると認められる場合を除き、
自治事務の処理に関し、普通地方公共団体
が、普通地方公共団体に対する国又は都道府
県の関与のうち第245条第1号ホに規定する
行為を要することとすることのないようにし
なければならない。
6　国は、国民の生命、身体又は財産の保護の
ため緊急に自治事務の的確な処理を確保する
必要がある場合等特に必要と認められる場合
を除き、自治事務の処理に関し、普通地方公
共団体が、普通地方公共団体に対する国又は
都道府県の関与のうち第245条第1号ヘに規
定する行為に従わなければならないこととす
ることのないようにしなければならない。

**第245条の4（技術的な助言及び勧告並びに資
料の提出の要求）**
1　各大臣（内閣府設置法第4条第3項若しく
はデジタル庁設置法第4条第2項に規定する
事務を分担管理する大臣たる内閣総理大臣又
は国家行政組織法第5条第1項に規定する各
省大臣をいう。以下本章、次章及び第14章に
おいて同じ。）又は都道府県知事その他の都
道府県の執行機関は、その担任する事務に関
し、普通地方公共団体に対し、普通地方公共
団体の事務の運営その他の事項について適切
と認める技術的な助言若しくは勧告をし、又
は当該助言若しくは勧告をするため若しくは
普通地方公共団体の事務の適正な処理に関す
る情報を提供するため必要な資料の提出を求
めることができる。
2　各大臣は、その担任する事務に関し、都道

府県知事その他の都道府県の執行機関に対し、前項の規定による市町村に対する助言若しくは勧告又は資料の提出の求めに関し、必要な指示をすることができる。

3　普通地方公共団体の長その他の執行機関は、各大臣又は都道府県知事その他の都道府県の執行機関に対し、その担任する事務の管理及び執行について技術的な助言若しくは勧告又は必要な情報の提供を求めることができる。

第245条の5　（是正の要求）

1　各大臣は、その担任する事務に関し、都道府県の自治事務の処理が法令の規定に違反していると認めるとき、又は著しく適正を欠き、かつ、明らかに公益を害していると認めるときは、当該都道府県に対し、当該自治事務の処理について違反の是正又は改善のため必要な措置を講ずべきことを求めることができる。

2　各大臣は、その担任する事務に関し、市町村の次の各号に掲げる事務の処理が法令の規定に違反していると認めるとき、又は著しく適正を欠き、かつ、明らかに公益を害していると認めるときは、当該各号に定める都道府県の執行機関に対し、当該事務の処理について違反の是正又は改善のため必要な措置を講ずべきことを当該市町村に求めるよう指示をすることができる。

①　市町村長その他の市町村の執行機関（教育委員会及び選挙管理委員会を除く。）の担任する事務（第1号法定受託事務を除く。次号及び第3号において同じ。）　都道府県知事

②　市町村教育委員会の担任する事務　都道府県教育委員会

③　市町村選挙管理委員会の担任する事務　都道府県選挙管理委員会

3　前項の指示を受けた都道府県の執行機関は、当該市町村に対し、当該事務の処理について違反の是正又は改善のため必要な措置を講ずべきことを求めなければならない。

4　各大臣は、第2項の規定によるほか、その担任する事務に関し、市町村の事務（第1号法定受託事務を除く。）の処理が法令の規定に違反していると認める場合、又は著しく適正を欠き、かつ、明らかに公益を害していると認める場合において、緊急を要するときその他特に必要があると認めるときは、自ら当該市町村に対し、当該事務の処理について違

反の是正又は改善のため必要な措置を講ずべきことを求めることができる。

5　普通地方公共団体は、第1項、第3項又は前項の規定による求めを受けたときは、当該事務の処理について違反の是正又は改善のための必要な措置を講じなければならない。

第245条の6　（是正の勧告）

次の各号に掲げる都道府県の執行機関は、市町村の当該各号に定める自治事務の処理が法令の規定に違反していると認めるとき、又は著しく適正を欠き、かつ、明らかに公益を害していると認めるときは、当該市町村に対し、当該自治事務の処理について違反の是正又は改善のため必要な措置を講ずべきことを勧告することができる。

①　都道府県知事　市町村長その他の市町村の執行機関（教育委員会及び選挙管理委員会を除く。）の担任する自治事務　圖2-23-5

②　都道府県教育委員会　市町村教育委員会の担任する自治事務

③　都道府県選挙管理委員会　市町村選挙管理委員会の担任する自治事務

第245条の7　（是正の指示）

1　各大臣は、その所管する法律又はこれに基づく政令に係る都道府県の法定受託事務の処理が法令の規定に違反していると認めるとき、又は著しく適正を欠き、かつ、明らかに公益を害していると認めるときは、当該都道府県に対し、当該法定受託事務の処理について違反の是正又は改善のため講ずべき措置に関し、必要な指示をすることができる。

2　次の各号に掲げる都道府県の執行機関は、市町村の当該各号に定める法定受託事務の処理が法令の規定に違反していると認めるとき、又は著しく適正を欠き、かつ、明らかに公益を害していると認めるときは、当該市町村に対し、当該法定受託事務の処理について違反の是正又は改善のため講ずべき措置に関し、必要な指示をすることができる。

①　都道府県知事　市町村長その他の市町村の執行機関（教育委員会及び選挙管理委員会を除く。）の担任する法定受託事務

②　都道府県教育委員会　市町村教育委員会の担任する法定受託事務

③　都道府県選挙管理委員会　市町村選挙管理委員会の担任する法定受託事務

3　各大臣は、その所管する法律又はこれに基づく政令に係る市町村の第1号法定受託事務

の処理について、前項各号に掲げる都道府県の執行機関に対し、同項の規定による市町村に対する指示に関し、必要な指示をすることができる。

4　各大臣は、前項の規定によるほか、その所管する法律又はこれに基づく政令に係る市町村の第1号法定受託事務の処理が法令の規定に違反していると認める場合、又は著しく適正を欠き、かつ、明らかに公益を害していると認める場合において、緊急を要するときその他特に必要があると認めるときは、自ら当該市町村に対し、当該第1号法定受託事務の処理について違反の是正又は改善のため講ずべき措置に関し、必要な指示をすることができる。

第245条の8　（代執行等）

1　各大臣は、その所管する法律若しくはこれに基づく政令に係る都道府県知事の法定受託事務の管理若しくは執行が法令の規定若しくは当該各大臣の処分に違反するものがある場合又は当該法定受託事務の管理若しくは執行を怠るものがある場合において、本項から第8項までに規定する措置以外の方法によってその是正を図ることが困難であり、かつ、それを放置することにより著しく公益を害することが明らかであるときは、文書により、当該都道府県知事に対して、その旨を指摘し、期限を定めて、当該違反を是正し、又は当該怠る法定受託事務の管理若しくは執行を改めるべきことを勧告することができる。

2　各大臣は、都道府県知事が前項の期限までに同項の規定による勧告に係る事項を行わないときは、文書により、当該都道府県知事に対し、期限を定めて当該事項を行うべきことを指示することができる。

3　各大臣は、都道府県知事が前項の期限までに当該事項を行わないときは、高等裁判所に対し、訴えをもって、当該事項を行うべきことを命ずる旨の裁判を請求することができる。

4　各大臣は、高等裁判所に対し前項の規定により訴えを提起したときは、直ちに、文書により、その旨を当該都道府県知事に通告するとともに、当該高等裁判所に対し、その通告をした日時、場所及び方法を通知しなければならない。

5　当該高等裁判所は、第3項の規定により訴えが提起されたときは、速やかに口頭弁論の期日を定め、当事者を呼び出さなければなら

ない。その期日は、同項の訴えの提起があつた日から15日以内の日とする。

6　当該高等裁判所は、各大臣の請求に理由があると認めるときは、当該都道府県知事に対し、期限を定めて当該事項を行うべきことを命ずる旨の裁判をしなければならない。

7　第3項の訴えは、当該都道府県の区域を管轄する高等裁判所の専属管轄とする。

8　各大臣は、都道府県知事が第6項の裁判に従い同項の期限までに、なお、当該事項を行わないときは、当該都道府県知事に代わつて当該事項を行うことができる。この場合においては、各大臣は、あらかじめ当該都道府県知事に対し、当該事項を行う日時、場所及び方法を通知しなければならない。

9　第3項の訴えに係る高等裁判所の判決に対する上告の期間は、1週間とする。

10　前項の上告は、執行停止の効力を有しない。

11　各大臣の請求に理由がない旨の判決が確定した場合において、既に第8項の規定に基づき第2項の規定による指示に係る事項が行われているときは、都道府県知事は、当該判決の確定後3月以内にその処分を取り消し、又は原状の回復その他必要な措置を執ることができる。

12　前各項の規定は、市町村長の法定受託事務の管理若しくは執行が法令の規定若しくは各大臣若しくは都道府県知事の処分に違反するものがある場合又は当該法定受託事務の管理若しくは執行を怠るものがある場合において、本項に規定する措置以外の方法によってその是正を図ることが困難であり、かつ、それを放置することにより著しく公益を害することが明らかであるときについて準用する。この場合において、前各項の規定中「各大臣」とあるのは「都道府県知事」と、「都道府県知事」とあるのは「市町村長」と、「当該都道府県の区域」とあるのは「当該市町村の区域」と読み替えるものとする。

13　各大臣は、その所管する法律又はこれに基づく政令に係る市町村長の第1号法定受託事務の管理又は執行について、都道府県知事に対し、前項において準用する第1項から第8項までの規定による措置に関し、必要な指示をすることができる。

14　第3項（第12項において準用する場合を含む。次項において同じ。）の訴えについては、行政事件訴訟法第43条第3項の規定にかかわ

第245条の9〜第250条

らず、同法第41条第2項の規定は、準用しない。

15　前各項に定めるもののほか、第3項の訴えについては、主張及び証拠の申出の時期の制限その他審理の促進に関し必要な事項は、最高裁判所規則で定める。

第245条の9　（処理基準）

1　各大臣は、その所管する法律又はこれに基づく政令に係る都道府県の法定受託事務の処理について、都道府県が当該法定受託事務を処理するに当たりよるべき基準を定めることができる。

2　次の各号に掲げる都道府県の執行機関は、市町村の当該各号に定める法定受託事務の処理について、市町村が当該法定受託事務を処理するに当たりよるべき基準を定めることができる。この場合において、都道府県の執行機関の定める基準は、次項の規定により各大臣の定める基準に抵触するものであつてはならない。

①　都道府県知事　市町村長その他の市町村の執行機関（教育委員会及び選挙管理委員会を除く。）の担任する法定受託事務

②　都道府県教育委員会　市町村教育委員会の担任する法定受託事務

③　都道府県選挙管理委員会　市町村選挙管理委員会の担任する法定受託事務

3　各大臣は、特に必要があると認めるときは、その所管する法律又はこれに基づく政令に係る市町村の第1号法定受託事務の処理について、市町村が当該第1号法定受託事務を処理するに当たりよるべき基準を定めることができる。

4　各大臣は、その所管する法律又はこれに基づく政令に係る市町村の第1号法定受託事務の処理について、第2項各号に掲げる都道府県の執行機関に対し、同項の規定により定める基準に関し、必要な指示をすることができる。

5　第1項から第3項までの規定により定める基準は、その目的を達成するために必要な最小限度のものでなければならない。

第2款　普通地方公共団体に対する国又は都道府県の関与等の手続

第246条（普通地方公共団体に対する国又は都道府県の関与の手続の適用）

次条から第250条の5までの規定は、普通地方公共団体に対する国又は都道府県の関与について適用する。ただし、他の法律に特別の定め

がある場合は、この限りでない。

第247条（助言等の方式等）

1　国の行政機関又は都道府県の機関は、普通地方公共団体に対し、助言、勧告その他これらに類する行為（以下本条及び第252条の17の3第2項において「助言等」という。）を書面によらないで行つた場合において、当該普通地方公共団体から当該助言等の趣旨及び内容を記載した書面の交付を求められたときは、これを交付しなければならない。

2　前項の規定は、次に掲げる助言等については、適用しない。

①　普通地方公共団体に対しその場において完了する行為を求めるもの

②　既に書面により当該普通地方公共団体に通知されている事項と同一の内容であるもの

3　国又は都道府県の職員は、普通地方公共団体が国の行政機関又は都道府県の機関が行つた助言等に従わなかつたことを理由として、不利益な取扱いをしてはならない。

第248条（資料の提出の要求等の方式）

国の行政機関又は都道府県の機関は、普通地方公共団体に対し、資料の提出の要求その他これに類する行為（以下本条及び第252条の17の3第2項において「資料の提出の要求等」という。）を書面によらないで行つた場合において、当該普通地方公共団体から当該資料の提出の要求等の趣旨及び内容を記載した書面の交付を求められたときは、これを交付しなければならない。

第249条（是正の要求等の方式）

1　国の行政機関又は都道府県の機関は、普通地方公共団体に対し、是正の要求、指示その他これらに類する行為（以下本条及び第252条の17の3第2項において「是正の要求等」という。）をするときは、同時に、当該是正の要求等の内容及び理由を記載した書面を交付しなければならない。ただし、当該書面を交付しないで是正の要求等をすべき差し迫つた必要がある場合は、この限りでない。

2　前項ただし書の場合においては、国の行政機関又は都道府県の機関は、是正の要求等をした後相当の期間内に、同項の書面を交付しなければならない。

第250条（協議の方式）

1　普通地方公共団体から国の行政機関又は都道府県の機関に対して協議の申出があつたときは、国の行政機関又は都道府県の機関及び

88

普通地方公共団体は、誠実に協議を行うとともに、相当の期間内に当該協議が調うよう努めなければならない。

2 国の行政機関又は都道府県の機関は、普通地方公共団体の申出に基づく協議について意見を述べた場合において、当該普通地方公共団体から当該協議に関する意見の趣旨及び内容を記載した書面の交付を求められたときは、これを交付しなければならない。

第250条の2 （許認可等の基準）

1 国の行政機関又は都道府県の機関は、普通地方公共団体からの法令に基づく申請又は協議の申出（以下この款、第250条の13第2項、第251条の3第2項、第251条の5第1項、第251条の6第1項及び第252条の17の3第3項において「申請等」という。）があつた場合において、許可、認可、承認、同意その他これらに類する行為（以下この款及び第252条の17の3第3項において「許認可等」という。）をするかどうかを法令の定めに従つて判断するために必要とされる基準を定め、かつ、行政上特別の支障があるときを除き、これを公表しなければならない。

2 国の行政機関又は都道府県の機関は、普通地方公共団体に対し、許認可等の取消しその他これに類する行為（以下本条及び第250条の4において「許認可等の取消し等」という。）をするかどうかを法令の定めに従つて判断するために必要とされる基準を定め、かつ、これを公表するよう努めなければならない。

3 国の行政機関又は都道府県の機関は、第1項又は前項に規定する基準を定めるに当たつては、当該許認可等又は許認可等の取消し等の性質に照らしてできる限り具体的なものとしなければならない。

第250条の3 （許認可等の標準処理期間）

1 国の行政機関又は都道府県の機関は、申請等が当該国の行政機関又は都道府県の機関の事務所に到達してから当該申請等に係る許認可等をするまでに通常要すべき標準的な期間（法令により当該国の行政機関又は都道府県の機関と異なる機関が当該申請等の提出先とされている場合は、併せて、当該申請等が当該提出先とされている機関の事務所に到達してから当該国の行政機関又は都道府県の機関の事務所に到達するまでに通常要すべき標準的な期間）を定め、かつ、これを公表するよう努めなければならない。

2 国の行政機関又は都道府県の機関は、申請等が法令により当該申請等の提出先とされている機関の事務所に到達したときは、遅滞なく当該申請等に係る許認可等をするための事務を開始しなければならない。

第250条の4 （許認可等の取消し等の方式）

国の行政機関又は都道府県の機関は、普通地方公共団体に対し、申請等に係る許認可等を拒否する処分をするとき又は許認可等の取消し等をするときは、当該許認可等を拒否する処分又は許認可等の取消し等の内容及び理由を記載した書面を交付しなければならない。

第250条の5 （届出）

普通地方公共団体から国の行政機関又は都道府県の機関への届出が届出書の記載事項に不備がないこと、届出書に必要な書類が添付されていることその他の法令に定められた届出の形式上の要件に適合している場合は、当該届出が法令により当該届出の提出先とされている機関の事務所に到達したときに、当該届出をすべき手続上の義務が履行されたものとする。

第250条の6 （国の行政機関が自治事務と同一の事務を自らの権限に属する事務として処理する場合の方式）

1 国の行政機関は、自治事務として普通地方公共団体が処理している事務と同一の内容の事務を法令の定めるところにより自らの権限に属する事務として処理するときは、あらかじめ当該普通地方公共団体に対し、当該事務の処理の内容及び理由を記載した書面により通知しなければならない。ただし、当該通知をしないで当該事務を処理すべき差し迫つた必要がある場合は、この限りでない。

2 前項ただし書の場合においては、国の行政機関は、自ら当該事務を処理した後相当の期間内に、同項の通知をしなければならない。

第2節 国と普通地方公共団体との間並びに普通地方公共団体相互間及び普通地方公共団体の機関相互間の紛争処理

第1款 国地方係争処理委員会

第250条の7 （設置及び権限）

1 総務省に、国地方係争処理委員会（以下本節において「委員会」という。）を置く。
過25-23-2

2 委員会は、普通地方公共団体に対する国又は都道府県の関与のうち国の行政機関が行うもの（以下本節において「国の関与」という。）に関する審査の申出につき、この法律の規定によりその権限に属させられた事項を

処理する。

第250条の8 （組織）

1 委員会は、委員5人をもつて組織する。

2 委員は、非常勤とする。ただし、そのうち2人以内は、常勤とすることができる。

第250条の9 （委員）

1 委員は、優れた識見を有する者のうちから、両議院の同意を得て、総務大臣が任命する。

2 委員の任命については、そのうち3人以上が同一の政党その他の政治団体に属することとなつてはならない。

3 委員の任期が満了し、又は欠員を生じた場合において、国会の閉会又は衆議院の解散のために両議院の同意を得ることができないときは、総務大臣は、第1項の規定にかかわらず、同項に定める資格を有する者のうちから、委員を任命することができる。

4 前項の場合においては、任命後最初の国会において両議院の事後の承認を得なければならない。この場合において、両議院の事後の承認が得られないときは、総務大臣は、直ちにその委員を罷免しなければならない。

5 委員の任期は、3年とする。ただし、補欠の委員の任期は、前任者の残任期間とする。

6 委員は、再任されることができる。

7 委員の任期が満了したときは、当該委員は、後任者が任命されるまで引き続きその職務を行うものとする。

8 総務大臣は、委員が破産手続開始の決定を受け、又は禁錮以上の刑に処せられたときは、その委員を罷免しなければならない。

9 総務大臣は、両議院の同意を得て、次に掲げる委員を罷免するものとする。

① 委員のうち何人も属していなかつた同一の政党その他の政治団体に新たに3人以上の委員が属するに至つた場合においては、これらの者のうち2人を超える員数の委員

② 委員のうち1人が既に属している政党その他の政治団体に新たに2人以上の委員が属するに至つた場合においては、これらの者のうち1人を超える員数の委員

10 総務大臣は、委員のうち2人が既に属している政党その他の政治団体に新たに属するに至つた委員を直ちに罷免するものとする。

11 総務大臣は、委員が心身の故障のため職務の執行ができないと認めるとき、又は委員に職務上の義務違反その他委員たるに適しない非行があると認めるときは、両議院の同意を

得て、その委員を罷免することができる。

12 委員は、第4項後段及び第8項から前項までの規定による場合を除くほか、その意に反して罷免されることがない。

13 委員は、職務上知り得た秘密を漏らしてはならない。その職を退いた後も、同様とする。

14 委員は、在任中、政党その他の政治団体の役員となり、又は積極的に政治運動をしてはならない。

15 常勤の委員は、在任中、総務大臣の許可がある場合を除き、報酬を得て他の職務に従事し、又は営利事業を営み、その他金銭上の利益を目的とする業務を行つてはならない。

16 委員は、自己に直接利害関係のある事件については、その議事に参与することができない。

17 委員の給与は、別に法律で定める。

第250条の10 （委員長）

1 委員会に、委員長を置き、委員の互選によりこれを定める。

2 委員長は、会務を総理し、委員会を代表する。

3 委員長に事故があるときは、あらかじめその指名する委員が、その職務を代理する。

第250条の11 （会議）

1 委員会は、委員長が招集する。

2 委員会は、委員長及び2人以上の委員の出席がなければ、会議を開き、議決をすることができない。

3 委員会の議事は、出席者の過半数でこれを決し、可否同数のときは、委員長の決するところによる。

4 委員長に事故がある場合の第2項の規定の適用については、前条第3項に規定する委員は、委員長とみなす。

第250条の12 （政令への委任）

この法律に規定するもののほか、委員会に関し必要な事項は、政令で定める。

第2款 国地方係争処理委員会による審査の手続

第250条の13 （国の関与に関する審査の申出）

1 普通地方公共団体の長その他の執行機関は、その担任する事務に関する国の関与のうち是正の要求、許可の拒否その他の処分その他公権力の行使に当たるもの（次に掲げるものを除く。）に不服があるときは、委員会に対し、当該国の関与を行つた国の行政庁を相手方として、文書で、審査の申出をすること

ができる。

① 第245条の8第2項及び第13項の規定による指示

② 第245条の8第8項の規定に基づき都道府県知事に代わつて同条第2項の規定による指示に係る事項を行うこと。

③ 第252条の17の4第2項の規定により読み替えて適用する第245条の8第12項において準用する同条第2項の規定による指示

④ 第252条の17の4第2項の規定により読み替えて適用する第245条の8第12項において準用する同条第8項の規定に基づき市町村長に代わつて前号の指示に係る事項を行うこと。

2 普通地方公共団体の長その他の執行機関は、その担任する事務に関する国の不作為（国の行政庁が、申請等が行われた場合において、相当の期間内に何らかの国の関与のうち許可その他の処分その他公権力の行使に当たるものをすべきにかかわらず、これをしないことをいう。以下本節において同じ。）に不服があるときは、委員会に対し、当該国の不作為に係る国の行政庁を相手方として、文書で、審査の申出をすることができる。

3 普通地方公共団体の長その他の執行機関は、その担任する事務に関する当該普通地方公共団体の法令に基づく協議の申出が国の行政庁に対して行われた場合において、当該協議に係る当該普通地方公共団体の義務を果たしたと認めるにもかかわらず当該協議が調わないときは、委員会に対し、当該協議の相手方である国の行政庁を相手方として、文書で、審査の申出をすることができる。

4 第1項の規定による審査の申出は、当該国の関与があつた日から30日以内にしなければならない。ただし、天災その他同項の規定による審査の申出をしなかつたことについてやむを得ない理由があるときは、この限りでない。

5 前項ただし書の場合における第1項の規定による審査の申出は、その理由がやんだ日から1週間以内にしなければならない。

6 第1項の規定による審査の申出に係る文書を郵便又は民間事業者による信書の送達に関する法律第2条第6項に規定する一般信書便事業者若しくは同条第9項に規定する特定信書便事業者による同条第2項に規定する信書便（第260条の2第12項において「信書便」という。）で提出した場合における前二項の

期間の計算については、送付に要した日数は、算入しない。

7 普通地方公共団体の長その他の執行機関は、第1項から第3項までの規定による審査の申出（以下本款において「国の関与に関する審査の申出」という。）をしようとするときは、相手方となるべき国の行政庁に対し、その旨をあらかじめ通知しなければならない。

第250条の14（審査及び勧告）

1 委員会は、自治事務に関する国の関与について前条第1項の規定による審査の申出があつた場合においては、審査を行い、相手方である国の行政庁の行つた国の関与が違法でなく、かつ、普通地方公共団体の自主性及び自立性を尊重する観点から不当でないと認めるときは、理由を付してその旨を当該審査の申出をした普通地方公共団体の長その他の執行機関及び当該国の行政庁に通知するとともに、これを公表し、当該国の行政庁の行つた国の関与が違法又は普通地方公共団体の自主性及び自立性を尊重する観点から不当であると認めるときは、当該国の行政庁に対し、理由を付し、かつ、期間を示して、必要な措置を講ずべきことを勧告するとともに、当該勧告の内容を当該普通地方公共団体の長その他の執行機関に通知し、かつ、これを公表しなければならない。週24-21-2

2 委員会は、法定受託事務に関する国の関与について前条第1項の規定による審査の申出があつた場合においては、審査を行い、相手方である国の行政庁の行つた国の関与が違法でないと認めるときは、理由を付してその旨を当該審査の申出をした普通地方公共団体の長その他の執行機関及び当該国の行政庁に通知するとともに、これを公表し、当該国の行政庁の行つた国の関与が違法であると認めるときは、当該国の行政庁に対し、理由を付し、かつ、期間を示して、必要な措置を講ずべきことを勧告するとともに、当該勧告の内容を当該普通地方公共団体の長その他の執行機関に通知し、かつ、これを公表しなければならない。

3 委員会は、前条第2項の規定による審査の申出があつた場合においては、審査を行い、当該審査の申出に理由がないと認めるときは、理由を付してその旨を当該審査の申出をした普通地方公共団体の長その他の執行機関及び相手方である国の行政庁に通知するとと

もに、これを公表し、当該審査の申出に理由があると認めるときは、当該国の行政庁に対し、理由を付し、かつ、期間を示して、必要な措置を講ずべきことを勧告するとともに、当該勧告の内容を当該普通地方公共団体の長その他の執行機関に通知し、かつ、これを公表しなければならない。

4　委員会は、前条第3項の規定による審査の申出があつたときは、当該審査の申出に係る協議について当該協議に係る普通地方公共団体がその義務を果たしているかどうかを審査し、理由を付してその結果を当該審査の申出をした普通地方公共団体の長その他の執行機関及び相手方である国の行政庁に通知するとともに、これを公表しなければならない。

5　前各項の規定による審査及び勧告は、審査の申出があつた日から90日以内に行わなければならない。

第250条の15（関係行政機関の参加）

1　委員会は、関係行政機関を審査の手続に参加させる必要があると認めるときは、国の関与に関する審査の申出をした普通地方公共団体の長その他の執行機関、相手方である国の行政庁若しくは当該関係行政機関の申立てにより又は職権で、当該関係行政機関を審査の手続に参加させることができる。

2　委員会は、前項の規定により関係行政機関を審査の手続に参加させるときは、あらかじめ、当該国の関与に関する審査の申出をした普通地方公共団体の長その他の執行機関及び相手方である国の行政庁並びに当該関係行政機関の意見を聴かなければならない。

第250条の16（証拠調べ）

1　委員会は、審査を行うため必要があると認めるときは、国の関与に関する審査の申出をした普通地方公共団体の長その他の執行機関、相手方である国の行政庁若しくは前条第1項の規定により当該審査の手続に参加した関係行政機関（以下本条において「参加行政機関」という。）の申立てにより又は職権で、次に掲げる証拠調べをすることができる。

①　適当と認める者に、参考人としてその知つている事実を陳述させ、又は鑑定を求めること。

②　書類その他の物件の所持人に対し、その物件の提出を求め、又はその提出された物件を留め置くこと。

③　必要な場所につき検証をすること。

④　国の関与に関する審査の申出をした普通

地方公共団体の長その他の執行機関、相手方である国の行政庁若しくは参加行政機関又はこれらの職員を審尋すること。

2　委員会は、審査を行うに当たつては、国の関与に関する審査の申出をした普通地方公共団体の長その他の執行機関、相手方である国の行政庁及び参加行政機関に証拠の提出及び陳述の機会を与えなければならない。

第250条の17（国の関与に関する審査の申出の取下げ）

1　国の関与に関する審査の申出をした普通地方公共団体の長その他の執行機関は、第250条の14第1項から第4項までの規定による審査の結果の通知若しくは勧告があるまで又は第250条の19第2項の規定により調停が成立するまでは、いつでも当該国の関与に関する審査の申出を取り下げることができる。

2　国の関与に関する審査の申出の取下げは、文書でしなければならない。

第250条の18（国の行政庁の措置等）

1　第250条の14第1項から第3項までの規定による委員会の勧告があつたときは、当該勧告を受けた国の行政庁は、当該勧告に示された期間内に、当該勧告に即して必要な措置を講ずるとともに、その旨を委員会に通知しなければならない。この場合において、委員会は、当該通知に係る事項を当該勧告に係る審査の申出をした普通地方公共団体の長その他の執行機関に通知し、かつ、これを公表しなければならない。

2　委員会は、前項の勧告を受けた国の行政庁に対し、同項の規定により講じた措置についての説明を求めることができる。

第250条の19（調停）

1　委員会は、国の関与に関する審査の申出があつた場合において、相当であると認めるときは、職権により、調停案を作成して、これを当該国の関与に関する審査の申出をした普通地方公共団体の長その他の執行機関及び相手方である国の行政庁に示し、その受諾を勧告するとともに、理由を付してその要旨を公表することができる。

2　前項の調停案に係る調停は、調停案を示された普通地方公共団体の長その他の執行機関及び国の行政庁から、これを受諾した旨を記載した文書が委員会に提出されたときに成立するものとする。この場合において、委員会は、直ちにその旨及び調停の要旨を公表するとともに、当該普通地方公共団体の長その

他の執行機関及び国の行政庁にその旨を通知しなければならない。

第250条の20（政令への委任）

この法律に規定するもののほか、委員会の審査及び勧告並びに調停に関し必要な事項は、政令で定める。

第3款　自治紛争処理委員

第251条（自治紛争処理委員）

1 自治紛争処理委員は、この法律の定めるところにより、普通地方公共団体相互の間又は普通地方公共団体の機関相互の間の紛争の調停、普通地方公共団体に対する国又は都道府県の関与のうち都道府県の機関が行うもの（以下本節において「都道府県の関与」という。）に関する審査、第252条の２第１項に規定する連携協約に係る紛争を処理するための方策の提示及び第143条第３項（第180条の５第８項及び第184条第２項において準用する場合を含む。）の審査請求又はこの法律の規定による審査の申立て若しくは審決の申請に係る審理を処理する。圖25-23-2

2 自治紛争処理委員は、３人とし、事件ごとに、優れた識見を有する者のうちから、総務大臣又は都道府県知事がそれぞれ任命する。この場合において、総務大臣又は都道府県知事は、あらかじめ当該事件に関係のある事務を担任する各大臣又は都道府県の委員会若しくは委員に協議するものとする。圖2-23-4

3 自治紛争処理委員は、非常勤とする。圖2-23-4

4 自治紛争処理委員は、次の各号のいずれかに該当するときは、その職を失う。

① 当事者が次条第２項の規定により調停の申請を取り下げたとき。

② 自治紛争処理委員が次条第６項の規定により当事者に調停を打ち切つた旨を通知したとき。

③ 総務大臣又は都道府県知事が次条第７項又は第251条の３第13項の規定により調停が成立した旨を当事者に通知したとき。

④ 市町村長その他の市町村の執行機関が第251条の３第５項から第７項までにおいて準用する第250条の17の規定により自治紛争処理委員の審査に付することを求める旨の申出を取り下げたとき。

⑤ 自治紛争処理委員が第251条の３第５項において準用する第250条の14第１項若しくは第２項若しくは第251条の３第６項に

おいて準用する第250条の14第３項の規定による審査の結果の通知若しくは勧告及び勧告の内容の通知又は第251条の３第７項において準用する第250条の14第４項の規定による審査の結果の通知をし、かつ、これらを公表したとき。

⑥ 普通地方公共団体が第251条の３の２第２項の規定により同条第１項の処理方策の提示を求める旨の申請を取り下げたとき。

⑦ 自治紛争処理委員が第251条の３の２第３項の規定により当事者である普通地方公共団体に同条第１項に規定する処理方策を提示するとともに、総務大臣又は都道府県知事にその旨及び当該処理方策を通知し、かつ、公表したとき。

⑧ 第255条の５第１項の規定による審理に係る審査請求、審査の申立て又は審決の申請をした者が、当該審査請求、審査の申立て又は審決の申請を取り下げたとき。

⑨ 第255条の５第１項の規定による審理を経て、総務大臣又は都道府県知事が審査請求に対する裁決をし、審査の申立てに対する裁決若しくは裁定をし、又は審決をしたとき。

5 総務大臣又は都道府県知事は、自治紛争処理委員が当該事件に直接利害関係を有することとなつたときは、当該自治紛争処理委員を罷免しなければならない。

6 第250条の９第２項、第８項、第９項（第２号を除く。）及び第10項から第14項までの規定は、自治紛争処理委員に準用する。この場合において、同条第２項中「３人以上」とあるのは「２人以上」と、同条第８項中「総務大臣」とあるのは「総務大臣又は都道府県知事」と、同条第９項中「総務大臣は、両議院の同意を得て」とあるのは「総務大臣又は都道府県知事は」と、「３人以上」とあるのは「２人以上」と、「２人」とあるのは「１人」と、同条第10項中「総務大臣」とあるのは「総務大臣又は都道府県知事」と、「２人」とあるのは「１人」と、同条第11項中「総務大臣」とあるのは「総務大臣又は都道府県知事」と、「両議院の同意を得て、その委員を」とあるのは「その自治紛争処理委員を」と、同条第12項中「第４項後段及び第８項から前項まで」とあるのは「第８項、第９項（第２号を除く。）、第10項及び前項並びに第251条第５項」と読み替えるものとする。

第4款　自治紛争処理委員による調停、審査及び処理方策の提示の手続

第251条の2 （調停）

1　普通地方公共団体相互の間又は普通地方公共団体の機関相互の間に紛争があるときは、この法律に特別の定めがあるものを除くほか、都道府県又は都道府県の機関が当事者となるものにあつては総務大臣、その他のものにあつては都道府県知事は、当事者の文書による申請に基づき又は職権により、紛争の解決のため、前条第2項の規定により自治紛争処理委員を任命し、その調停に付することができる。

2　当事者の申請に基づき開始された調停においては、当事者は、総務大臣又は都道府県知事の同意を得て、当該申請を取り下げることができる。

3　自治紛争処理委員は、調停案を作成して、これを当事者に示し、その受諾を勧告するとともに、理由を付してその要旨を公表することができる。

4　自治紛争処理委員は、前項の規定により調停案を当事者に示し、その受諾を勧告したときは、直ちに調停案の写しを添えてその旨及び調停の経過を総務大臣又は都道府県知事に報告しなければならない。

5　自治紛争処理委員は、調停による解決の見込みがないと認めるときは、総務大臣又は都道府県知事の同意を得て、調停を打ち切り、事件の要点及び調停の経過を公表することができる。

6　自治紛争処理委員は、前項の規定により調停を打ち切つたときは、その旨を当事者に通知しなければならない。

7　第1項の調停は、当事者のすべてから、調停案を受諾した旨を記載した文書が総務大臣又は都道府県知事に提出されたときに成立するものとする。この場合においては、総務大臣又は都道府県知事は、直ちにその旨及び調停の要旨を公表するとともに、当事者に調停が成立した旨を通知しなければならない。

8　総務大臣又は都道府県知事は、前項の規定により当事者から文書の提出があつたときは、その旨を自治紛争処理委員に通知するものとする。

9　自治紛争処理委員は、第3項に規定する調停案を作成するため必要があると認めるときは、当事者及び関係人の出頭及び陳述を求め、又は当事者及び関係人並びに紛争に係る事件に関係のある者に対し、紛争の調停のため必要な記録の提出を求めることができる。

10　第3項の規定による調停案の作成及びその要旨の公表についての決定、第5項の規定による調停の打切りについての決定並びに事件の要点及び調停の経過の公表についての決定並びに前項の規定による出頭、陳述及び記録の提出の求めについての決定は、自治紛争処理委員の合議によるものとする。

第251条の3 （審査及び勧告）

1　総務大臣は、市町村長その他の市町村の執行機関が、その担任する事務に関する都道府県の関与のうち是正の要求、許可の拒否その他の処分その他公権力の行使に当たるもの（次に掲げるものを除く。）に不服があり、文書により、自治紛争処理委員の審査に付することを求める旨の申出をしたときは、速やかに、第251条第2項の規定により自治紛争処理委員を任命し、当該申出に係る事件をその審査に付さなければならない。

① 第245条の8第12項において準用する同条第2項の規定による指示

② 第245条の8第12項において準用する同条第8項の規定に基づき市町村長に代わつて前号の指示に係る事項を行うこと。

2　総務大臣は、市町村長その他の市町村の執行機関が、その担任する事務に関する都道府県の不作為（都道府県の行政庁が、申請等が行われた場合において、相当の期間内に何らかの都道府県の関与のうち許可その他の処分その他公権力の行使に当たるものをすべきにかかわらず、これをしないことをいう。以下本節において同じ。）に不服があり、文書により、自治紛争処理委員の審査に付することを求める旨の申出をしたときは、速やかに、第251条第2項の規定により自治紛争処理委員を任命し、当該申出に係る事件をその審査に付さなければならない。

3　総務大臣は、市町村長その他の市町村の執行機関が、その担任する事務に関する当該市町村の法令に基づく協議の申出が都道府県の行政庁に対して行われた場合において、当該協議に係る当該市町村の義務を果たしたと認めるにもかかわらず当該協議が調わないことについて、文書により、自治紛争処理委員の審査に付することを求める旨の申出をしたときは、速やかに、第251条第2項の規定により自治紛争処理委員を任命し、当該申出に係る事件をその審査に付さなければならない。

4 　前三項の規定による申出においては、次に掲げる者を相手方としなければならない。
① 　第１項の規定による申出の場合は、当該申出に係る都道府県の関与を行つた都道府県の行政庁
② 　第２項の規定による申出の場合は、当該申出に係る都道府県の不作為に係る都道府県の行政庁
③ 　前項の規定による申出の場合は、当該申出に係る協議の相手方である都道府県の行政庁
5 　第250条の13第４項から第７項まで、第250条の14第１項、第２項及び第５項並びに第250条の15から第250条の17までの規定は第１項の規定による申出について準用する。この場合において、これらの規定中「普通地方公共団体の長その他の執行機関」とあるのは「市町村長その他の市町村の執行機関」と、「国の行政庁」とあるのは「都道府県の行政庁」と、「委員会」とあるのは「自治紛争処理委員」と、第250条の13第４項並びに第250条の14第１項及び第２項中「国の関与」とあるのは「都道府県の関与」と、第250条の17第１項中「第250条の19第２項」とあるのは「第251条の３第13項」と読み替えるものとする。
6 　第250条の13第７項、第250条の14第３項及び第５項並びに第250条の15から第250条の17までの規定は、第２項の規定による申出について準用する。この場合において、これらの規定中「普通地方公共団体の長その他の執行機関」とあるのは「市町村長その他の市町村の執行機関」と、「国の行政庁」とあるのは「都道府県の行政庁」と、「委員会」とあるのは「自治紛争処理委員」と、第250条の17第１項中「第250条の19第２項」とあるのは「第251条の３第13項」と読み替えるものとする。
7 　第250条の13第７項、第250条の14第４項及び第５項並びに第250条の15から第250条の17までの規定は、第３項の規定による申出について準用する。この場合において、これらの規定中「普通地方公共団体の長その他の執行機関」とあるのは「市町村長その他の市町村の執行機関」と、「国の行政庁」とあるのは「都道府県の行政庁」と、「委員会」とあるのは「自治紛争処理委員」と、第250条の14第４項中「当該協議に係る普通地方公共団体」とあるのは「当該協議に係る市町村」と、第

250条の17第１項中「第250条の19第２項」とあるのは「第251条の３第13項」と読み替えるものとする。
8 　自治紛争処理委員は、第５項において準用する第250条の14第１項若しくは第２項若しくは第６項において準用する第250条の14第３項の規定による審査の結果の通知若しくは勧告及び勧告の内容の通知又は前項において準用する第250条の14第４項の規定による審査の結果の通知をしたときは、直ちにその旨及び審査の結果又は勧告の内容を総務大臣に報告しなければならない。
9 　第５項において準用する第250条の14第１項若しくは第２項又は第６項において準用する第250条の14第３項の規定による自治紛争処理委員の勧告があつたときは、当該勧告を受けた都道府県の行政庁は、当該勧告に示された期間内に、当該勧告に即して必要な措置を講ずるとともに、その旨を総務大臣に通知しなければならない。この場合においては、総務大臣は、当該通知に係る事項を当該勧告に係る第１項又は第２項の規定による申出をした市町村長その他の市町村の執行機関に通知し、かつ、これを公表しなければならない。
10 　総務大臣は、前項の勧告を受けた都道府県の行政庁に対し、同項の規定により講じた措置についての説明を求めることができる。
11 　自治紛争処理委員は、第５項において準用する第250条の14第１項若しくは第２項、第６項において準用する第250条の14第３項又は第７項において準用する第250条の14第４項の規定により審査をする場合において、相当であると認めるときは、職権により、調停案を作成して、これを第１項から第３項までの規定による申出をした市町村長その他の市町村の執行機関及び相手方である都道府県の行政庁に示し、その受諾を勧告するとともに、理由を付してその要旨を公表することができる。
12 　自治紛争処理委員は、前項の規定により調停案を第１項から第３項までの規定による申出をした市町村長その他の市町村の執行機関及び相手方である都道府県の行政庁に示し、その受諾を勧告したときは、直ちに調停案の写しを添えてその旨及び調停の経過を総務大臣に報告しなければならない。
13 　第11項の調停案に係る調停は、調停案を示された市町村長その他の市町村の執行機関及

び都道府県の行政庁から、これを受諾した旨を記載した文書が総務大臣に提出されたときに成立するものとする。この場合においては、総務大臣は、直ちにその旨及び調停の要旨を公表するとともに、当該市町村長その他の市町村の執行機関及び都道府県の行政庁にその旨を通知しなければならない。

14　総務大臣は、前項の規定により市町村長その他の市町村の執行機関及び都道府県の行政庁から文書の提出があつたときは、その旨を自治紛争処理委員に通知するものとする。

15　次に掲げる事項は、自治紛争処理委員の合議によるものとする。

①　第5項において準用する第250条の14第1項の規定による都道府県の関与が違法又は普通地方公共団体の自主性及び自立性を尊重する観点から不当であるかどうかについての決定及び同項の規定による勧告の決定

②　第5項において準用する第250条の14第2項の規定による都道府県の関与が違法であるかどうかについての決定及び同項の規定による勧告の決定

③　第6項において準用する第250条の14第3項の規定による第2項の申出に理由があるかどうかについての決定及び第6項において準用する第250条の14第3項の規定による勧告の決定

④　第7項において準用する第250条の14第4項の規定による第3項の申出に係る協議について当該協議に係る市町村がその義務を果たしているかどうかについての決定

⑤　第5項から第7項までにおいて準用する第250条の15第1項の規定による関係行政機関の参加についての決定

⑥　第5項から第7項までにおいて準用する第250条の16第1項の規定による証拠調べの実施についての決定

⑦　第11項の規定による調停案の作成及びその要旨の公表についての決定

第251条の3の2　（処理方策の提示）

1　総務大臣又は都道府県知事は、第252条の2第7項の規定により普通地方公共団体から自治紛争処理委員による同条第1項に規定する連携協約に係る紛争を処理するための方策（以下この条において「処理方策」という。）の提示を求める旨の申請があつたときは、第251条第2項の規定により自治紛争処理委員を任命し、処理方策を定めさせなければなら

ない。

2　前項の申請をした普通地方公共団体は、総務大臣又は都道府県知事の同意を得て、当該申請を取り下げることができる。

3　自治紛争処理委員は、処理方策を定めたときは、これを当事者である普通地方公共団体に提示するとともに、その旨及び当該処理方策を総務大臣又は都道府県知事に通知し、かつ、これらを公表しなければならない。

4　自治紛争処理委員は、処理方策を定めるため必要があると認めるときは、当事者及び関係人の出頭及び陳述を求め、又は当事者及び関係人並びに紛争に係る事件に関係のある者に対し、処理方策を定めるため必要な記録の提出を求めることができる。

5　第3項の規定による処理方策の決定並びに前項の規定による出頭、陳述及び記録の提出の求めについての決定は、自治紛争処理委員の合議によるものとする。

6　第3項の規定により処理方策の提示を受けたときは、当事者である普通地方公共団体は、これを尊重して必要な措置を執るようにしなければならない。

第251条の4　（政令への委任）

この法律に規定するもののほか、自治紛争処理委員の調停、審査及び勧告並びに処理方策の提示に関し必要な事項は、政令で定める。

第5款　普通地方公共団体に対する国又は都道府県の関与に関する訴え

第251条の5　（国の関与に関する訴えの提起）

1　第250条の13第1項又は第2項の規定による審査の申出をした普通地方公共団体の長その他の執行機関は、次の各号のいずれかに該当するときは、高等裁判所に対し、当該審査の申出の相手方となつた国の行政庁（国の関与があつた後又は申請等が行われた後に当該行政庁の権限が他の行政庁に承継されたときは、当該他の行政庁）を被告として、訴えをもつて当該審査の申出に係る違法な国の関与の取消し又は当該審査の申出に係る国の不作為の違法の確認を求めることができる。ただし、違法な国の関与の取消しを求める訴えを提起する場合において、被告とすべき行政庁がないときは、当該訴えは、国を被告として提起しなければならない。

①　第250条の14第1項から第3項までの規定による委員会の審査の結果又は勧告に不服があるとき。

②　第250条の18第1項の規定による国の行

政庁の措置に不服があるとき。

③　当該審査の申出をした日から90日を経過しても、委員会が第250条の14第1項から第3項までの規定による審査又は勧告を行わないとき。

④　国の行政庁が第250条の18第1項の規定による措置を講じないとき。

2　前項の訴えは、次に掲げる期間内に提起しなければならない。

①　前項第1号の場合は、第250条の14第1項から第3項までの規定による委員会の審査の結果又は勧告の内容の通知があつた日から30日以内

②　前項第2号の場合は、第250条の18第1項の規定による委員会の通知があつた日から30日以内

③　前項第3号の場合は、当該審査の申出をした日から90日を経過した日から30日以内

④　前項第4号の場合は、第250条の14第1項から第3項までの規定による委員会の勧告に示された期間を経過した日から30日以内

3　第1項の訴えは、当該普通地方公共団体の区域を管轄する高等裁判所の管轄に専属する。

4　原告は、第1項の訴えを提起したときは、直ちに、文書により、その旨を被告に通知するとともに、当該高等裁判所に対し、その通知をした日時、場所及び方法を通知しなければならない。

5　当該高等裁判所は、第1項の訴えが提起されたときは、速やかに口頭弁論の期日を指定し、当事者を呼び出さなければならない。その期日は、同項の訴えの提起があつた日から15日以内の日とする。

6　第1項の訴えに係る高等裁判所の判決に対する上告の期間は、1週間とする。

7　国の関与を取り消す判決は、関係行政機関に対しても効力を有する。

8　第1項の訴えのうち違法な国の関与の取消しを求めるものについては、行政事件訴訟法第43条第1項の規定にかかわらず、同法第8条第2項、第11条から第22条まで、第25条から第29条まで、第31条、第32条及び第34条の規定は、準用しない。

9　第1項の訴えのうち国の不作為の違法の確認を求めるものについては、行政事件訴訟法第43条第3項の規定にかかわらず、同法第40条第2項及び第41条第2項の規定は、準用し

ない。

10　前各項に定めるもののほか、第1項の訴えについては、主張及び証拠の申出の時期の制限その他審理の促進に関し必要な事項は、最高裁判所規則で定める。

第251条の6（都道府県の関与に関する訴えの提起）

1　第251条の3第1項又は第2項の規定による申出をした市町村長その他の市町村の執行機関は、次の各号のいずれかに該当するときは、高等裁判所に対し、当該申出の相手方となつた都道府県の行政庁（都道府県の関与があつた後又は申請等が行われた後に当該行政庁の権限が他の行政庁に承継されたときは、当該他の行政庁）を被告として、訴えをもつて当該申出に係る違法な都道府県の関与の取消し又は当該申出に係る都道府県の不作為の違法の確認を求めることができる。ただし、違法な都道府県の関与の取消しを求める訴えを提起する場合において、被告とすべき行政庁がないときは、当該訴えは、当該都道府県を被告として提起しなければならない。

①　第251条の3第5項において準用する第250条の14第1項若しくは第2項又は第251条の3第6項において準用する第250条の14第3項の規定による自治紛争処理委員の審査の結果又は勧告に不服があるとき。

②　第251条の3第9項の規定による都道府県の行政庁の措置に不服があるとき。

③　当該申出をした日から90日を経過しても、自治紛争処理委員が第251条の3第5項において準用する第250条の14第1項若しくは第2項又は第251条の3第6項において準用する第250条の14第3項の規定による審査又は勧告を行わないとき。

④　都道府県の行政庁が第251条の3第9項の規定による措置を講じないとき。

2　前項の訴えは、次に掲げる期間内に提起しなければならない。

①　前項第1号の場合は、第251条の3第5項において準用する第250条の14第1項若しくは第2項又は第251条の3第6項において準用する第250条の14第3項の規定による自治紛争処理委員の審査の結果又は勧告の内容の通知があつた日から30日以内

②　前項第2号の場合は、第251条の3第9項の規定による総務大臣の通知があつた日から30日以内

③　前項第3号の場合は、当該申出をした日

第251条の7

から90日を経過した日から30日以内

④　前項第4号の場合は、第251条の3第5項において準用する第250条の14第1項若しくは第2項又は第251条の3第6項において準用する第250条の14第3項の規定による自治紛争処理委員の勧告に示された期間を経過した日から30日以内

3　前条第3項から第7項までの規定は、第1項の訴えに準用する。この場合において、同条第3項中「当該普通地方公共団体の区域」とあるのは「当該市町村の区域」と、同条第7項中「国の関与」とあるのは「都道府県の関与」と読み替えるものとする。

4　第1項の訴えのうち違法な都道府県の関与の取消しを求めるものについては、行政事件訴訟法第43条第1項の規定にかかわらず、同法第8条第2項、第11条から第22条まで、第25条から第29条まで、第31条、第32条及び第34条の規定は、準用しない。

5　第1項の訴えのうち都道府県の不作為の違法の確認を求めるものについては、行政事件訴訟法第43条第3項の規定にかかわらず、同法第40条第2項及び第41条第2項の規定は、準用しない。

6　前各項に定めるもののほか、第1項の訴えについては、主張及び証拠の申出の時期の制限その他審理の促進に関し必要な事項は、最高裁判所規則で定める。

第251条の7（普通地方公共団体の不作為に関する国の訴えの提起）

1　第245条の5第1項若しくは第4項の規定による是正の要求又は第245条の7第1項若しくは第4項の規定による指示を行つた各大臣は、次の各号のいずれかに該当するときは、高等裁判所に対し、当該是正の要求又は指示を受けた普通地方公共団体の不作為（是正の要求又は指示を受けた普通地方公共団体の行政庁が、相当の期間内に是正の要求に応じた措置又は指示に係る措置を講じなければならないにもかかわらず、これを講じないことをいう。以下この項、次条及び第252条の17の4第3項において同じ。）に係る普通地方公共団体の行政庁（当該是正の要求又は指示があつた後に当該行政庁の権限が他の行政庁に承継されたときは、当該他の行政庁）を被告として、訴えをもつて当該普通地方公共団体の不作為の違法の確認を求めることができる。

①　普通地方公共団体の長その他の執行機関が当該是正の要求又は指示に関する第250条の13第1項の規定による審査の申出をせず（審査の申出後に第250条の17第1項の規定により当該審査の申出が取り下げられた場合を含む。）、かつ、当該是正の要求に応じた措置又は指示に係る措置を講じないとき。

②　普通地方公共団体の長その他の執行機関が当該是正の要求又は指示に関する第250条の13第1項の規定による審査の申出をした場合において、次に掲げるとき。

イ　委員会が第250条の14第1項又は第2項の規定による審査の結果又は勧告の内容の通知をした場合において、当該普通地方公共団体の長その他の執行機関が第251条の5第1項の規定による当該是正の要求又は指示の取消しを求める訴えの提起をせず（訴えの提起後に当該訴えが取り下げられた場合を含む。ロにおいて同じ。）、かつ、当該是正の要求に応じた措置又は指示に係る措置を講じないとき。

ロ　委員会が当該審査の申出をした日から90日を経過しても第250条の14第1項又は第2項の規定による審査又は勧告を行わない場合において、当該普通地方公共団体の長その他の執行機関が第251条の5第1項の規定による当該是正の要求又は指示の取消しを求める訴えの提起をせず、かつ、当該是正の要求に応じた措置又は指示に係る措置を講じないとき。

2　前項の訴えは、次に掲げる期間が経過するまでは、提起することができない。

①　前項第1号の場合は、第250条の13第4項本文の期間

②　前項第2号イの場合は、第251条の5第2項第1号、第2号又は第4号に掲げる期間

③　前項第2号ロの場合は、第251条の5第2項第3号に掲げる期間

3　第251条の5第3項から第6項までの規定は、第1項の訴えについて準用する。

4　第1項の訴えについては、行政事件訴訟法第43条第3項の規定にかかわらず、同法第40条第2項及び第41条第2項の規定は、準用しない。

5　前各項に定めるもののほか、第1項の訴えについては、主張及び証拠の申出の時期の制限その他審理の促進に関し必要な事項は、最

高裁判所規則で定める。

第252条（市町村の不作為に関する都道府県の訴えの提起）

1　第245条の5第2項の指示を行つた各大臣は、次の各号のいずれかに該当するときは、同条第3項の規定による是正の要求を行つた都道府県の執行機関に対し、高等裁判所に対し、当該是正の要求を受けた市町村の不作為に係る市町村の行政庁（当該是正の要求があつた後に当該行政庁の権限が他の行政庁に承継されたときは、当該他の行政庁。次項において同じ。）を被告として、訴えをもつて当該市町村の不作為の違法の確認を求めるよう指示をすることができる。

①　市町村長その他の市町村の執行機関が当該是正の要求に関する第251条の3第1項の規定による申出をせず（申出後に同条第5項において準用する第250条の17第1項の規定により当該申出が取り下げられた場合を含む。）、かつ、当該是正の要求に応じた措置を講じないとき。

②　市町村長その他の市町村の執行機関が当該是正の要求に関する第251条の3第1項の規定による申出をした場合において、次に掲げるとき。

イ　自治紛争処理委員が第251条の3第5項において準用する第250条の14第1項の規定による審査の結果又は勧告の内容の通知をした場合において、当該市町村長その他の市町村の執行機関が第251条の6第1項の規定による当該是正の要求の取消しを求める訴えの提起をせず（訴えの提起後に当該訴えが取り下げられた場合を含む。ロにおいて同じ。）、かつ、当該是正の要求に応じた措置を講じないとき。

ロ　自治紛争処理委員が当該申出をした日から90日を経過しても第251条の3第5項において準用する第250条の14第1項の規定による審査又は勧告を行わない場合において、当該市町村長その他の市町村の執行機関が第251条の6第1項の規定による当該是正の要求の取消しを求める訴えの提起をせず、かつ、当該是正の要求に応じた措置を講じないとき。

2　前項の指示を受けた都道府県の執行機関は、高等裁判所に対し、当該市町村の不作為に係る市町村の行政庁を被告として、訴えをもつて当該市町村の不作為の違法の確認を求

めなければならない。

3　第245条の7第2項の規定による指示を行つた都道府県の執行機関は、次の各号のいずれかに該当するときは、高等裁判所に対し、当該指示を受けた市町村の不作為に係る市町村の行政庁（当該指示があつた後に当該行政庁の権限が他の行政庁に承継されたときは、当該他の行政庁）を被告として、訴えをもつて当該市町村の不作為の違法の確認を求めることができる。

①　市町村長その他の市町村の執行機関が当該指示に関する第251条の3第1項の規定による申出をせず（申出後に同条第5項において準用する第250条の17第1項の規定により当該申出が取り下げられた場合を含む。）、かつ、当該指示に係る措置を講じないとき。

②　市町村長その他の市町村の執行機関が当該指示に関する第251条の3第1項の規定による申出をした場合において、次に掲げるとき。

イ　自治紛争処理委員が第251条の3第5項において準用する第250条の14第2項の規定による審査の結果又は勧告の内容の通知をした場合において、当該市町村長その他の市町村の執行機関が第251条の6第1項の規定による当該指示の取消しを求める訴えの提起をせず（訴えの提起後に当該訴えが取り下げられた場合を含む。ロにおいて同じ。）、かつ、当該指示に係る措置を講じないとき。

ロ　自治紛争処理委員が当該申出をした日から90日を経過しても第251条の3第5項において準用する第250条の14第2項の規定による審査又は勧告を行わない場合において、当該市町村長その他の市町村の執行機関が第251条の6第1項の規定による当該指示の取消しを求める訴えの提起をせず、かつ、当該指示に係る措置を講じないとき。

4　第245条の7第3項の指示を行つた各大臣は、前項の都道府県の執行機関に対し、同項の規定による訴えの提起に関し、必要な指示をすることができる。

5　第2項及び第3項の訴えは、次に掲げる期間が経過するまでは、提起することができない。

①　第1項第1号及び第3項第1号の場合は、第251条の3第5項において準用する

第250条の13第4項本文の期間

② 第1項第2号イ及び第3項第2号イの場合は、第251条の6第2項第1号、第2号又は第4号に掲げる期間

③ 第1項第2号ロ及び第3項第2号ロの場合は、第251条の6第2項第3号に掲げる期間

6 第251条の5第3項から第6項までの規定は、第2項及び第3項の訴えについて準用する。この場合において、同条第3項中「当該普通地方公共団体の区域」とあるのは、「当該市町村の区域」と読み替えるものとする。

7 第2項及び第3項の訴えについては、行政事件訴訟法第43条第3項の規定にかかわらず、同法第40条第2項及び第41条第2項の規定は、準用しない。

8 前各項に定めるもののほか、第2項及び第3項の訴えについては、主張及び証拠の申出の時期の制限その他審理の促進に関し必要な事項は、最高裁判所規則で定める。

第3節　普通地方公共団体相互間の協力（抄）

第1款　連携協約

第252条の2（連携協約）

1 普通地方公共団体は、当該普通地方公共団体及び他の普通地方公共団体の区域における当該普通地方公共団体及び当該他の普通地方公共団体の事務の処理に当たつての当該他の普通地方公共団体との連携を図るため、協議により、当該普通地方公共団体及び当該他の普通地方公共団体が連携して事務を処理するに当たつての基本的な方針及び役割分担を定める協約（以下「連携協約」という。）を当該他の普通地方公共団体と締結することができる。

2 普通地方公共団体は、連携協約を締結したときは、その旨及び当該連携協約を告示するとともに、都道府県が締結したものにあつては総務大臣、その他のものにあつては都道府県知事に届け出なければならない。

3 第1項の協議については、関係普通地方公共団体の議会の議決を経なければならない。

4 普通地方公共団体は、連携協約を変更し、又は連携協約を廃止しようとするときは、前三項の例によりこれを行わなければならない。

5 公益上必要がある場合においては、都道府県が締結するものについては総務大臣、その他のものについては都道府県知事は、関係の

ある普通地方公共団体に対し、連携協約を締結すべきことを勧告することができる。

6 連携協約を締結した普通地方公共団体は、当該連携協約に基づいて、当該連携協約を締結した他の普通地方公共団体と連携して事務を処理するに当たつて当該普通地方公共団体が分担すべき役割を果たすため必要な措置を執るようにしなければならない。

7 連携協約を締結した普通地方公共団体相互の間に連携協約に係る紛争があるときは、当事者である普通地方公共団体は、都道府県が当事者となる紛争にあつては総務大臣、その他の紛争にあつては都道府県知事に対し、文書により、自治紛争処理委員による当該紛争を処理するための方策の提示を求める旨の申請をすることができる。

第2款　協議会（略）
第3款　機関等の共同設置（略）
第4款　事務の委託（略）
第5款　事務の代替執行（略）
第4節　条例による事務処理の特例（略）
第5節　雑則（略）

第12章　大都市等に関する特例（抄）

第1節　大都市に関する特例（抄）

第252条の19（指定都市の権能）

1 政令で指定する人口50万以上の市（以下「指定都市」という。）は、次に掲げる事務のうち都道府県が法律又はこれに基づく政令の定めるところにより処理することとされているものの全部又は一部で政令で定めるものを、政令で定めるところにより、処理することができる。過20-25-1、22-22-5

① 児童福祉に関する事務
② 民生委員に関する事務
③ 身体障害者の福祉に関する事務
④ 生活保護に関する事務
⑤ 行旅病人及び行旅死亡人の取扱に関する事務
⑤の2 社会福祉事業に関する事務
⑤の3 知的障害者の福祉に関する事務
⑥ 母子家庭及び父子家庭並びに寡婦の福祉に関する事務
⑥の2 老人福祉に関する事務
⑦ 母子保健に関する事務
⑦の2 介護保険に関する事務
⑧ 障害者の自立支援に関する事務
⑧の2 生活困窮者の自立支援に関する事務
⑨ 食品衛生に関する事務

⑨の2　医療に関する事務
⑩　精神保健及び精神障害者の福祉に関する事務
⑪　結核の予防に関する事務
⑪の2　難病の患者に対する医療等に関する事務
⑫　土地区画整理事業に関する事務
⑬　屋外広告物の規制に関する事務
2　指定都市がその事務を処理するに当たつて、法律又はこれに基づく政令の定めるところにより都道府県知事若しくは都道府県の委員会の許可、認可、承認その他これらに類する処分を要し、又はその事務の処理について都道府県知事若しくは都道府県の委員会の改善、停止、制限、禁止その他これらに類する指示その他の命令を受けるものとされている事項で政令で定めるものについては、政令の定めるところにより、これらの許可、認可等の処分を要せず、若しくはこれらの指示その他の命令に関する法令の規定を適用せず、又は都道府県知事若しくは都道府県の委員会の許可、認可等の処分若しくは指示その他の命令に代えて、各大臣の許可、認可等の処分を要するものとし、若しくは各大臣の指示その他の命令を受けるものとする。

第252条の20（区の設置）

1　指定都市は、市長の権限に属する事務を分掌させるため、条例で、その区域を分けて区を設け、区の事務所又は必要があると認めるときはその出張所を置くものとする。過20-25-2、22-22-1
2　区の事務所又はその出張所の位置、名称及び所管区域並びに区の事務所が分掌する事務は、条例でこれを定めなければならない。
3　区にその事務所の長として区長を置く。
4　区長又は区の事務所の出張所の長は、当該普通地方公共団体の長の補助機関である職員をもつて充てる。
5　区に選挙管理委員会を置く。
6　第4条第2項の規定は第2項の区の事務所又はその出張所の位置及び所管区域に、第175条第2項の規定は区長又は第4項の区の事務所の出張所の長に、第2編第7章第3節中市の選挙管理委員会に関する規定は前項の選挙管理委員会について、これを準用する。
7　指定都市は、必要と認めるときは、条例で、区ごとに区地域協議会を置くことができる。この場合において、その区域内に地域自治区が設けられる区には、区地域協議会を設

けないことができる。過22-22-4
8　第202条の5第2項から第5項まで及び第202条の6から第202条の9までの規定は、区地域協議会に準用する。
9　指定都市は、地域自治区を設けるときは、その区域は、区の区域を分けて定めなければならない。
10　第7項の規定に基づき、区に区地域協議会を置く指定都市は、第202条の4第1項の規定にかかわらず、その一部の区の区域に地域自治区を設けることができる。
11　前各項に定めるもののほか、指定都市の区に関し必要な事項は、政令でこれを定める。

第252条の20の2（総合区の設置）

1　指定都市は、その行政の円滑な運営を確保するため必要があると認めるときは、前条第1項の規定にかかわらず、市長の権限に属する事務のうち特定の区の区域内に関するものを第8項の規定により総合区長に執行させるため、条例で、当該区に代えて総合区を設け、総合区の事務所又は必要があると認めるときはその出張所を置くことができる。
2　総合区の事務所又はその出張所の位置、名称及び所管区域並びに総合区の事務所が分掌する事務は、条例でこれを定めなければならない。
3　総合区にその事務所の長として総合区長を置く。
4　総合区長は、市長が議会の同意を得てこれを選任する。
5　総合区長の任期は、4年とする。ただし、市長は、任期中においてもこれを解職することができる。
6　総合区の事務所の職員のうち、総合区長があらかじめ指定する者は、総合区長に事故があるとき又は総合区長が欠けたときは、その職務を代理する。
7　第141条、第142条、第159条、第164条、第165条第2項、第166条第1項及び第3項並びに第175条第2項の規定は、総合区長について準用する。
8　総合区長は、総合区の区域に係る政策及び企画をつかさどるほか、法律若しくはこれに基づく政令又は条例により総合区長が執行することとされた事務及び市長の権限に属する事務のうち主として総合区の区域内に関するもので次に掲げるものを執行し、これらの事務の執行について当該指定都市を代表する。ただし、法律又はこれに基づく政令に特別の

定めがある場合は、この限りでない。

① 総合区の区域に住所を有する者の意見を反映させて総合区の区域のまちづくりを推進する事務（法律若しくはこれに基づく政令又は条例により市長が執行することとされたものを除く。）

② 総合区の区域に住所を有する者相互間の交流を促進するための事務（法律若しくはこれに基づく政令又は条例により市長が執行することとされたものを除く。）

③ 社会福祉及び保健衛生に関する事務のうち総合区の区域に住所を有する者に対して直接提供される役務に関する事務（法律若しくはこれに基づく政令又は条例により市長が執行することとされたものを除く。）

④ 前三号に掲げるもののほか、主として総合区の区域内に関する事務で条例で定めるもの

9 総合区長は、総合区の事務所又はその出張所の職員（政令で定めるものを除く。）を任免する。ただし、指定都市の規則で定める主要な職員を任免する場合においては、あらかじめ、市長の同意を得なければならない。

10 総合区長は、歳入歳出予算のうち総合区長が執行する事務に係る部分に関し必要があると認めるときは、市長に対し意見を述べることができる。

11 総合区に選挙管理委員会を置く。

12 第4条第2項の規定は第2項の総合区の事務所又はその出張所の位置及び所管区域について、第175条第2項の規定は総合区の事務所の出張所の長について、第2編第7章第3節中市の選挙管理委員会に関する規定は前項の選挙管理委員会について準用する。

13 前条第7項から第10項までの規定は、総合区について準用する。

14 前各項に定めるもののほか、指定都市の総合区に関し必要な事項は、政令でこれを定める。

第252条の21〜第252条の21の5　（略）

第2節　中核市に関する特例

第252条の22（中核市の権能）

1 政令で指定する人口20万以上の市（以下「中核市」という。）は、第252条の19第1項の規定により指定都市が処理することができる事務のうち、都道府県がその区域にわたり一体的に処理することが中核市が処理することに比して効率的な事務その他の中核市において処理することが適当でない事務以外の事務で政令で定めるものを、政令で定めるところにより、処理することができる。 過20-25-4、22-22-3

2 中核市がその事務を処理するに当たつて、法律又はこれに基づく政令の定めるところにより都道府県知事の改善、停止、制限、禁止その他これらに類する指示その他の命令を受けるものとされている事項で政令で定めるものについては、政令の定めるところにより、これらの指示その他の命令に関する法令の規定を適用せず、又は都道府県知事の指示その他の命令に代えて、各大臣の指示その他の命令を受けるものとする。

第252条の23　削除

第252条の24（中核市の指定に係る手続）

1 総務大臣は、第252条の22第1項の中核市の指定に係る政令の立案をしようとするときは、関係市からの申出に基づき、これを行うものとする。

2 前項の規定による申出をしようとするときは、関係市は、あらかじめ、当該市の議会の議決を経て、都道府県の同意を得なければならない。 過20-25-3

3 前項の同意については、当該都道府県の議会の議決を経なければならない。

第252条の25（政令への委任）

第252条の21の規定は、第252条の22第1項の規定による中核市の指定があつた場合について準用する。

第252条の26（指定都市の指定があつた場合の取扱い）

中核市に指定された市について第252条の19第1項の規定による指定都市の指定があつた場合は、当該市に係る第252条の22第1項の規定による中核市の指定は、その効力を失うものとする。

第252条の26の2（中核市の指定に係る手続の特例）

第7条第1項又は第3項の規定により中核市に指定された市の区域の全部を含む区域をもつて市を設置する処分について同項の規定により総務大臣に届出又は申請があつた場合は、第252条の24第1項の関係市からの申出があつたものとみなす。

第13章　外部監査契約に基づく監査
（抄）

第1節　通則（抄）

第252条の27（外部監査契約）

1　この法律において「外部監査契約」とは、包括外部監査契約及び個別外部監査契約をいう。

2　この法律において「包括外部監査契約」とは、第252条の36第1項各号に掲げる普通地方公共団体及び同条第2項の条例を定めた同条第1項第2号に掲げる市以外の市又は町村が、第2条第14項及び第15項の規定の趣旨を達成するため、この法律の定めるところにより、次条第1項又は第2項に規定する者の監査を受けるとともに監査の結果に関する報告の提出を受けることを内容とする契約であつて、この法律の定めるところにより、当該監査を行う者と締結するものをいう。

3　この法律において「個別外部監査契約」とは、次の各号に掲げる普通地方公共団体が、当該各号に掲げる請求又は要求があつた場合において、この法律の定めるところにより、当該請求又は要求に係る事項について次条第1項又は第2項に規定する者の監査を受けるとともに監査の結果に関する報告の提出を受けることを内容とする契約であつて、この法律の定めるところにより、当該監査を行う者と締結するものをいう。

①　第252条の39第1項に規定する普通地方公共団体　第75条第1項の請求

②　第252条の40第1項に規定する普通地方公共団体　第98条第2項の請求

③　第252条の41第1項に規定する普通地方公共団体　第199条第6項の要求

④　第252条の42第1項に規定する普通地方公共団体　第199条第7項の要求

⑤　第252条の43第1項に規定する普通地方公共団体　第242条第1項の請求

第252条の28（外部監査契約を締結できる者）

1　普通地方公共団体が外部監査契約を締結できる者は、普通地方公共団体の財務管理、事業の経営管理その他行政運営に関し優れた識見を有する者であつて、次の各号のいずれかに該当するものとする。

①　弁護士（弁護士となる資格を有する者を含む。）

②　公認会計士（公認会計士となる資格を有する者を含む。）

③　国の行政機関において会計検査に関する行政事務に従事した者又は地方公共団体において監査若しくは財務に関する行政事務に従事した者であつて、監査に関する実務に精通しているものとして政令で定めるもの

2　普通地方公共団体は、外部監査契約を円滑に締結し、又はその適正な履行を確保するため必要と認めるときは、前項の規定にかかわらず、同項の識見を有する者であつて税理士（税理士となる資格を有する者を含む。）であるものと外部監査契約を締結することができる。

3　前二項の規定にかかわらず、普通地方公共団体は、次の各号のいずれかに該当する者と外部監査契約を締結してはならない。

①　禁錮以上の刑に処せられ、その執行を終わり、又は執行を受けることがなくなつてから3年を経過しない者

②　破産手続開始の決定を受けて復権を得ない者

③　国家公務員法又は地方公務員法の規定により懲戒免職の処分を受け、当該処分の日から3年を経過しない者

④　弁護士法、公認会計士法又は税理士法の規定による懲戒処分により、弁護士会からの除名、公認会計士の登録の抹消又は税理士の業務の禁止の処分を受けた者で、これらの処分を受けた日から3年を経過しないもの（これらの法律の規定により再び業務を営むことができることとなつた者を除く。）

⑤　懲戒処分により、弁護士、公認会計士又は税理士の業務を停止された者で、現にその処分を受けているもの

⑥　当該普通地方公共団体の議会の議員

⑦　当該普通地方公共団体の職員

⑧　当該普通地方公共団体の職員で政令で定めるものであつた者

⑨　当該普通地方公共団体の長、副知事若しくは副市町村長、会計管理者又は監査委員と親子、夫婦又は兄弟姉妹の関係にある者

⑩　当該普通地方公共団体に対し請負（外部監査契約に基づくものを除く。）をする者及びその支配人又は主として同一の行為をする法人の無限責任社員、取締役、執行役若しくは監査役若しくはこれらに準ずべき者、支配人及び清算人

第252条の29〜第252条の35（略）

第2節　包括外部監査契約に基づく監査
（略）

第3節　個別外部監査契約に基づく監査
（略）

第4節　雑則（略）

第14章　補則（抄）

第253条（数都道府県にわたる市町村に関する事件の管理）

1　都道府県知事の権限に属する市町村に関する事件で数都道府県にわたるものがあるときは、関係都道府県知事の協議により、その事件を管理すべき都道府県知事を定めることができる。

2　前項の場合において関係都道府県知事の協議が調わないときは、総務大臣は、その事件を管理すべき都道府県知事を定め、又は都道府県知事に代つてその権限を行うことができる。

第254条（人口）

この法律における人口は、官報で公示された最近の国勢調査又はこれに準ずる全国的な人口調査の結果による人口による。

第255条（政令への委任）

この法律に規定するものを除くほか、第6条第1項及び第2項、第6項の2第1項並びに第7条第1項及び第3項の場合において必要な事項は、政令で定める。

第255条の2（行政不服審査法による審査請求）

1　法定受託事務に係る次の各号に掲げる処分及びその不作為についての審査請求は、他の法律に特別の定めがある場合を除くほか、当該各号に定める者に対してするものとする。この場合において、不作為についての審査請求は、他の法律に特別の定めがある場合を除くほか、当該各号に定める者に代えて、当該不作為に係る執行機関に対してすることもできる。

①　都道府県知事その他の都道府県の執行機関の処分　当該処分に係る事務を規定する法律又はこれに基づく政令を所管する各大臣

②　市町村長その他の市町村の執行機関（教育委員会及び選挙管理委員会を除く。）の処分　都道府県知事

③　市町村教育委員会の処分　都道府県教育委員会

④　市町村選挙管理委員会の処分　都道府県選挙管理委員会

2　普通地方公共団体の長その他の執行機関が法定受託事務に係る処分をする権限を当該執行機関の事務を補助する職員若しくは当該執行機関の管理に属する機関の職員又は当該執行機関の管理に属する行政機関の長に委任した場合において、委任を受けた職員又は行政機関の長がその委任に基づいてした処分に係る審査請求につき、当該委任をした執行機関が裁決をしたときは、他の法律に特別の定めがある場合を除くほか、当該裁決に不服がある者は、再審査請求をすることができる。この場合において、当該再審査請求は、当該委任をした執行機関が自ら当該処分をしたものとした場合におけるその処分に係る審査請求をすべき者に対してするものとする。

第255条の3（過料処分の手続）

普通地方公共団体の長が過料の処分をしようとする場合においては、過料の処分を受ける者に対し、あらかじめその旨を告知するとともに、弁明の機会を与えなければならない。

第255条の4～第263条の3（略）

第3編　特別地方公共団体（抄）

第1章　削除

第264条乃至第280条　削除

第2章　特別区（抄）

第281条（特別区）

1　都の区は、これを**特別区**という。過20-25-2、28-22-5

2　特別区は、法律又はこれに基づく政令により都が処理することとされているものを除き、地域における事務並びにその他の事務で法律又はこれに基づく政令により市が処理することとされるもの及び法律又はこれに基づく政令により特別区が処理することとされるものを処理する。

第281条の2～第283条（略）

第3章　地方公共団体の組合（抄）

第1節　総則

第284条（組合の種類及び設置）

1　地方公共団体の組合は、**一部事務組合**及び**広域連合**とする。過25-23-1

2　普通地方公共団体及び特別区は、その事務の一部を共同処理するため、その協議により規約を定め、都道府県の加入するものにあつては総務大臣、その他のものにあつては都道

府県知事の許可を得て、一部事務組合を設けることができる。この場合において、一部事務組合内の地方公共団体につきその執行機関の権限に属する事項がなくなつたときは、その執行機関は、一部事務組合の成立と同時に消滅する。週21-23-1・2

3　普通地方公共団体及び特別区は、その事務で広域にわたり処理することが適当であると認めるものに関し、広域にわたる総合的な計画（以下「広域計画」という。）を作成し、その事務の管理及び執行について広域計画の実施のために必要な連絡調整を図り、並びにこれらの事務の一部を広域にわたり総合的かつ計画的に処理するため、その協議により規約を定め、前項の例により、総務大臣又は都道府県知事の許可を得て、広域連合を設けることができる。この場合においては、同項後段の規定を準用する。

4　総務大臣は、前項の許可をしようとするときは、国の関係行政機関の長に協議しなければならない。

第285条（共同処理のための一部事務組合）
　市町村及び特別区の事務に関し相互に関連するものを共同処理するための市町村及び特別区の一部事務組合については、市町村又は特別区の共同処理しようとする事務が他の市町村又は特別区の共同処理しようとする事務と同一の種類のものでない場合においても、これを設けることを妨げるものではない。

第285条の2（設置の勧告等）
1　公益上必要がある場合においては、都道府県知事は、関係のある市町村及び特別区に対し、一部事務組合又は広域連合を設けるべきことを勧告することができる。

2　都道府県知事は、第284条第3項の許可をしたときは直ちにその旨を公表するとともに、総務大臣に報告しなければならない。

3　総務大臣は、第284条第3項の許可をしたときは直ちにその旨を告示するとともに、国の関係行政機関の長に通知し、前項の規定による報告を受けたときは直ちにその旨を国の関係行政機関の長に通知しなければならない。

第2節　一部事務組合（抄）
第286条（組織、事務及び規約の変更）
1　一部事務組合は、これを組織する地方公共団体（以下この節において「構成団体」という。）の数を増減し若しくは共同処理する事務を変更し、又は一部事務組合の規約を変更

しようとするときは、関係地方公共団体の協議によりこれを定め、都道府県の加入するものにあつては総務大臣、その他のものにあつては都道府県知事の許可を受けなければならない。ただし、第287条第1項第1号、第4号又は第7号に掲げる事項のみに係る一部事務組合の規約を変更しようとするときは、この限りでない。

2　一部事務組合は、第287条第1項第1号、第4号又は第7号に掲げる事項のみに係る一部事務組合の規約を変更しようとするときは、構成団体の協議によりこれを定め、前項本文の例により、直ちに総務大臣又は都道府県知事に届出をしなければならない。

第286条の2〜第291条（略）

第3節　広域連合（抄）
第291条の2（広域連合による事務の処理等）
1　国は、その行政機関の長の権限に属する事務のうち広域連合の事務に関連するものを、別に法律又はこれに基づく政令の定めるところにより、当該広域連合が処理することとすることができる。

2　都道府県は、その執行機関の権限に属する事務のうち都道府県の加入しない広域連合の事務に関連するものを、条例の定めるところにより、当該広域連合が処理することとすることができる。

3　第252条の17の2第2項、第252条の17の3及び第252条の17の4の規定は、前項の規定により広域連合が都道府県の事務を処理する場合について準用する。

4　都道府県の加入する広域連合の長（第291条の13において準用する第287条の3第2項の規定により長に代えて理事会を置く広域連合にあつては、理事会。第291条の4第4項、第291条の5第2項、第291条の6第1項及び第291条の8第2項を除き、以下同じ。）は、その議会の議決を経て、国の行政機関の長に対し、当該広域連合の事務に密接に関連する国の行政機関の長の権限に属する事務の一部を当該広域連合が処理することとするよう要請することができる。

5　都道府県の加入しない広域連合の長は、その議会の議決を経て、都道府県に対し、当該広域連合の事務に密接に関連する都道府県の事務の一部を当該広域連合が処理することとするよう要請することができる。

第291条の3〜第291条の13（略）

第4節　雑則（略）

第294条〜第297条

第4章　財産区 （抄）

第294条 （財産区の定義）

1　法律又はこれに基く政令に特別の定がある
ものを除く外、市町村及び特別区の一部で財
産を有し若しくは公の施設を設けているもの
又は市町村及び特別区の廃置分合若しくは境
界変更の場合におけるこの法律若しくはこれ
に基く政令の定める財産処分に関する協議に
基き市町村及び特別区の一部が財産を有し若
しくは公の施設を設けるものとなるもの（こ
れらを財産区という。）があるときは、その
財産又は公の施設の管理及び処分又は廃止に
ついては、この法律中地方公共団体の財産又
は公の施設の管理及び処分又は廃止に関する
規定による。

2　前項の財産又は公の施設に関し特に要する
経費は、財産区の負担とする。

3　前二項の場合においては、地方公共団体
は、財産区の収入及び支出については会計を
分別しなければならない。

第295条〜第297条 （略）

第4編　補則 （略）

別表 （略）

106

民 法

（明治29年 4 月27日法律第89号）

最終改正：令和 3 年 5 月19日法律第37号

第 1 編　総則

第 1 章　通則

第 1 条（基本原則）

1　私権は、公共の福祉に適合しなければならない。

2　権利の行使及び義務の履行は、信義に従い誠実に行わなければならない。

3　権利の濫用は、これを許さない。

第 2 条（解釈の基準）

この法律は、個人の尊厳と両性の本質的平等を旨として、解釈しなければならない。

第 2 章　人

第 1 節　権利能力

第 3 条

1　私権の享有は、出生に始まる。

2　外国人は、法令又は条約の規定により禁止される場合を除き、私権を享有する。

第 2 節　意思能力

第 3 条の 2

法律行為の当事者が意思表示をした時に意思能力を有しなかったときは、その法律行為は、無効とする。過24-27-5

第 3 節　行為能力

第 4 条（成年）

年齢18歳をもって、成年とする。

第 5 条（未成年者の法律行為）

1　未成年者が法律行為をするには、その法定代理人の同意を得なければならない。ただし、単に権利を得、又は義務を免れる法律行為については、この限りでない。

2　前項の規定に反する法律行為は、取り消すことができる。

3　第 1 項の規定にかかわらず、法定代理人が目的を定めて処分を許した財産は、その目的の範囲内において、未成年者が自由に処分することができる。目的を定めないで処分を許した財産を処分するときも、同様とする。

第 6 条（未成年者の営業の許可）

1　1 種又は数種の営業を許された未成年者は、その営業に関しては、成年者と同一の行為能力を有する。

2　前項の場合において、未成年者がその営業

に堪えることができない事由があるときは、その法定代理人は、第 4 編（親族）の規定に従い、その許可を取り消し、又はこれを制限することができる。

第 7 条（後見開始の審判）

精神上の障害により事理を弁識する能力を欠く常況にある者については、家庭裁判所は、本人、配偶者、4 親等内の親族、未成年後見人、未成年後見監督人、保佐人、保佐監督人、補助人、補助監督人又は検察官の請求により、後見開始の審判をすることができる。過22-27-1、24-27-5、30-35-3

第 8 条（成年被後見人及び成年後見人）

後見開始の審判を受けた者は、成年被後見人とし、これに成年後見人を付する。過27-27-ア

第 9 条（成年被後見人の法律行為）

成年被後見人の法律行為は、取り消すことができる。ただし、日用品の購入その他日常生活に関する行為については、この限りでない。過18-27-3

第10条（後見開始の審判の取消し）

第 7 条に規定する原因が消滅したときは、家庭裁判所は、本人、配偶者、4 親等内の親族、後見人（未成年後見人及び成年後見人をいう。以下同じ。）、後見監督人（未成年後見監督人及び成年後見監督人をいう。以下同じ。）又は検察官の請求により、後見開始の審判を取り消さなければならない。

第11条（保佐開始の審判）

精神上の障害により事理を弁識する能力が著しく不十分である者については、家庭裁判所は、本人、配偶者、4 親等内の親族、後見人、後見監督人、補助人、補助監督人又は検察官の請求により、保佐開始の審判をすることができる。ただし、第 7 条に規定する原因がある者については、この限りでない。

第12条（被保佐人及び保佐人）

保佐開始の審判を受けた者は、被保佐人とし、これに保佐人を付する。

第13条（保佐人の同意を要する行為等）

1　被保佐人が次に掲げる行為をするには、その保佐人の同意を得なければならない。ただし、第 9 条ただし書に規定する行為については、この限りでない。過22-27-2、2-27-

107

2
① 元本を領収し、又は利用すること。
② 借財又は保証をすること。
③ 不動産その他重要な財産に関する権利の得喪を目的とする行為をすること。
④ 訴訟行為をすること。
⑤ 贈与、和解又は仲裁合意（仲裁法第2条第1項に規定する仲裁合意をいう。）をすること。
⑥ 相続の承認若しくは放棄又は遺産の分割をすること。
⑦ 贈与の申込みを拒絶し、遺贈を放棄し、負担付贈与の申込みを承諾し、又は負担付遺贈を承認すること。
⑧ 新築、改築、増築又は大修繕をすること。
⑨ 第602条に定める期間を超える賃貸借をすること。
⑩ 前各号に掲げる行為を制限行為能力者（未成年者、成年被後見人、被保佐人及び第17条第1項の審判を受けた被補助人をいう。以下同じ。）の法定代理人としてすること。

2　家庭裁判所は、第11条本文に規定する者又は保佐人若しくは保佐監督人の請求により、被保佐人が前項各号に掲げる行為以外の行為をする場合であってもその保佐人の同意を得なければならない旨の審判をすることができる。ただし、第9条ただし書に規定する行為については、この限りでない。過27-27-イ

3　保佐人の同意を得なければならない行為について、保佐人が被保佐人の利益を害するおそれがないにもかかわらず同意をしないときは、家庭裁判所は、被保佐人の請求により、保佐人の同意に代わる許可を与えることができる。

4　保佐人の同意を得なければならない行為であって、その同意又はこれに代わる許可を得ないでしたものは、取り消すことができる。

第14条（保佐開始の審判等の取消し）

1　第11条本文に規定する原因が消滅したときは、家庭裁判所は、本人、配偶者、4親等内の親族、未成年後見人、未成年後見監督人、保佐人、保佐監督人又は検察官の請求により、保佐開始の審判を取り消さなければならない。

2　家庭裁判所は、前項に規定する者の請求により、前条第2項の審判の全部又は一部を取り消すことができる。

第15条（補助開始の審判）

1　精神上の障害により事理を弁識する能力が不十分である者については、家庭裁判所は、本人、配偶者、4親等内の親族、後見人、後見監督人、保佐人、保佐監督人又は検察官の請求により、補助開始の審判をすることができる。ただし、第7条又は第11条本文に規定する原因がある者については、この限りでない。

2　本人以外の者の請求により補助開始の審判をするには、本人の同意がなければならない。過27-27-エ

3　補助開始の審判は、第17条第1項の審判又は第876条の9第1項の審判とともにしなければならない。

第16条（被補助人及び補助人）

補助開始の審判を受けた者は、被補助人とし、これに補助人を付する。

第17条（補助人の同意を要する旨の審判等）

1　家庭裁判所は、第15条第1項本文に規定する者又は補助人若しくは補助監督人の請求により、被補助人が特定の法律行為をするにはその補助人の同意を得なければならない旨の審判をすることができる。ただし、その審判によりその同意を得なければならないものとすることができる行為は、第13条第1項に規定する行為の一部に限る。過2-27-3

2　本人以外の者の請求により前項の審判をするには、本人の同意がなければならない。

3　補助人の同意を得なければならない行為について、補助人が被補助人の利益を害するおそれがないにもかかわらず同意をしないときは、家庭裁判所は、被補助人の請求により、補助人の同意に代わる許可を与えることができる。

4　補助人の同意を得なければならない行為であって、その同意又はこれに代わる許可を得ないでしたものは、取り消すことができる。過18-27-5

第18条（補助開始の審判等の取消し）

1　第15条第1項本文に規定する原因が消滅したときは、家庭裁判所は、本人、配偶者、4親等内の親族、未成年後見人、未成年後見監督人、補助人、補助監督人又は検察官の請求により、補助開始の審判を取り消さなければならない。

2　家庭裁判所は、前項に規定する者の請求により、前条第1項の審判の全部又は一部を取り消すことができる。

3　前条第1項の審判及び第876条の9第1項の審判をすべて取り消す場合には、家庭裁判所は、補助開始の審判を取り消さなければならない。

第19条（審判相互の関係）
1　後見開始の審判をする場合において、本人が被保佐人又は被補助人であるときは、家庭裁判所は、その本人に係る保佐開始又は補助開始の審判を取り消さなければならない。過27-27-オ
2　前項の規定は、保佐開始の審判をする場合において本人が成年被後見人若しくは被補助人であるとき、又は補助開始の審判をする場合において本人が成年被後見人若しくは被保佐人であるときについて準用する。

第20条（制限行為能力者の相手方の催告権）
1　制限行為能力者の相手方は、その制限行為能力者が行為能力者（行為能力の制限を受けない者をいう。以下同じ。）となった後、その者に対し、1箇月以上の期間を定めて、その期間内にその取り消すことができる行為を追認するかどうかを確答すべき旨の催告をすることができる。この場合において、その者がその期間内に確答を発しないときは、その行為を**追認したもの**とみなす。過18-27-2、30-45
2　制限行為能力者の相手方が、制限行為能力者が行為能力者とならない間に、その法定代理人、保佐人又は補助人に対し、その権限内の行為について前項に規定する催告をした場合において、これらの者が同項の期間内に確答を発しないときも、**同項後段と同様**とする。
3　特別の方式を要する行為については、前二項の期間内にその方式を具備した旨の通知を発しないときは、その行為を取り消したものとみなす。
4　制限行為能力者の相手方は、被保佐人又は第17条第1項の審判を受けた被補助人に対しては、第1項の期間内にその保佐人又は補助人の追認を得るべき旨の催告をすることができる。この場合において、その被保佐人又は被補助人がその期間内にその追認を得た旨の通知を発しないときは、その行為を**取り消したもの**とみなす。過21-30-ア、2-27-4

第21条（制限行為能力者の詐術）
制限行為能力者が行為能力者であることを信じさせるため**詐術**を用いたときは、その行為を取り消すことができない。過18-27-4

第4節　住所
第22条（住所）
各人の生活の本拠をその者の住所とする。
第23条（居所）
1　住所が知れない場合には、居所を住所とみなす。
2　日本に住所を有しない者は、その者が日本人又は外国人のいずれであるかを問わず、日本における居所をその者の住所とみなす。ただし、準拠法を定める法律に従いその者の住所地法によるべき場合は、この限りでない。
第24条（仮住所）
ある行為について仮住所を選定したときは、その行為に関しては、その仮住所を住所とみなす。

第5節　不在者の財産の管理及び失踪の宣告
第25条（不在者の財産の管理）
1　従来の住所又は居所を去った者（以下「不在者」という。）がその財産の管理人（以下この節において単に「管理人」という。）を置かなかったときは、家庭裁判所は、利害関係人又は検察官の請求により、その財産の管理について必要な処分を命ずることができる。本人の不在中に管理人の権限が消滅したときも、同様とする。過3-28-2
2　前項の規定による命令後、本人が管理人を置いたときは、家庭裁判所は、その管理人、利害関係人又は検察官の請求により、その命令を取り消さなければならない。

第26条（管理人の改任）
不在者が管理人を置いた場合において、その不在者の生死が明らかでないときは、家庭裁判所は、利害関係人又は検察官の請求により、管理人を改任することができる。過3-28-3

第27条（管理人の職務）
1　前二条の規定により家庭裁判所が選任した管理人は、その管理すべき財産の目録を作成しなければならない。この場合において、その費用は、不在者の財産の中から支弁する。
2　不在者の生死が明らかでない場合において、利害関係人又は検察官の請求があるときは、家庭裁判所は、不在者が置いた管理人にも、前項の目録の作成を命ずることができる。
3　前二項に定めるもののほか、家庭裁判所は、管理人に対し、不在者の財産の保存に必要と認める処分を命ずることができる。

第28条（管理人の権限）
管理人は、第103条に規定する権限を超える

行為を必要とするときは、家庭裁判所の許可を得て、その行為をすることができる。不在者の生死が明らかでない場合において、その管理人が不在者が定めた権限を超える行為を必要とするときも、同様とする。**過** 3-28-1

第29条（管理人の担保提供及び報酬）

1　家庭裁判所は、管理人に財産の管理及び返還について相当の担保を立てさせることができる。

2　家庭裁判所は、管理人と不在者との関係その他の事情により、不在者の財産の中から、相当な報酬を管理人に与えることができる。

第30条（失踪の宣告）

1　不在者の生死が **7年間** 明らかでないときは、家庭裁判所は、利害関係人の請求により、失踪の宣告をすることができる。

2　戦地に臨んだ者、沈没した船舶の中に在った者その他死亡の原因となるべき危難に遭遇した者の生死が、それぞれ、戦争が止んだ後、船舶が沈没した後又はその他の危難が去った後 **1年間** 明らかでないときも、前項と同様とする。

第31条（失踪の宣告の効力）

前条第1項の規定により失踪の宣告を受けた者は同項の **期間が満了した時** に、同条第2項の規定により失踪の宣告を受けた者はその **危難が去った時** に、死亡したものとみなす。**過** 22-35 -ウ、3-28-4

第32条（失踪の宣告の取消し）

1　失踪者が生存すること又は前条に規定する時と異なる時に死亡したことの証明があったときは、家庭裁判所は、本人又は利害関係人の請求により、失踪の宣告を取り消さなければならない。この場合において、その取消しは、失踪の宣告後その取消し前に **善意でした** 行為の効力に影響を及ぼさない。

2　失踪の宣告によって財産を得た者は、その取消しによって権利を失う。ただし、**現に利益を受けている限度** においてのみ、その財産を返還する義務を負う。

第6節　同時死亡の推定

第32条の2

数人の者が死亡した場合において、そのうちの1人が他の者の死亡後になお生存していたことが明らかでないときは、これらの者は、**同時に死亡** したものと推定する。**過** 19-35-ア

第3章　法人

第33条（法人の成立等）

1　法人は、この法律その他の法律の規定によらなければ、成立しない。

2　学術、技芸、慈善、祭祀、宗教その他の公益を目的とする法人、営利事業を営むことを目的とする法人その他の法人の設立、組織、運営及び管理については、この法律その他の法律の定めるところによる。

第34条（法人の能力）

法人は、法令の規定に従い、定款その他の基本約款で定められた **目的の範囲内** において、権利を有し、義務を負う。

第35条（外国法人）

1　外国法人は、国、国の行政区画及び外国会社を除き、その成立を認許しない。ただし、法律又は条約の規定により認許された外国法人は、この限りでない。

2　前項の規定により認許された外国法人は、日本において成立する同種の法人と同一の私権を有する。ただし、外国人が享有することのできない権利及び法律又は条約中に特別の規定がある権利については、この限りでない。

第36条（登記）

法人及び外国法人は、この法律その他の法令の定めるところにより、登記をするものとする。

第37条（外国法人の登記）

1　外国法人（第35条第1項ただし書に規定する外国法人に限る。以下この条において同じ。）が日本に事務所を設けたときは、3週間以内に、その事務所の所在地において、次に掲げる事項を登記しなければならない。

①　外国法人の設立の準拠法

②　目的

③　名称

④　事務所の所在場所

⑤　存続期間を定めたときは、その定め

⑥　代表者の氏名及び住所

2　前項各号に掲げる事項に変更を生じたときは、3週間以内に、変更の登記をしなければならない。この場合において、登記前にあっては、その変更をもって第三者に対抗することができない。

3　代表者の職務の執行を停止し、若しくはその職務を代行する者を選任する仮処分命令又はその仮処分命令を変更し、若しくは取り消

第38条～第95条

す決定がされたときは、その登記をしなければならない。この場合においては、前項後段の規定を準用する。

4　前二項の規定により登記すべき事項が外国において生じたときは、登記の期間は、その通知が到達した日から起算する。

5　外国法人が初めて日本に事務所を設けたときは、その事務所の所在地において登記するまでは、第三者は、その法人の成立を否認することができる。

6　外国法人が事務所を移転したときは、旧所在地においては3週間以内に移転の登記をし、新所在地においては4週間以内に第1項各号に掲げる事項を登記しなければならない。

7　同一の登記所の管轄区域内において事務所を移転したときは、その移転を登記すれば足りる。

8　外国法人の代表者が、この条に規定する登記を怠ったときは、50万円以下の過料に処する。

第38条から第84条まで　削除

第4章　物

第85条（定義）
この法律において「物」とは、**有体物**をいう。

第86条（不動産及び動産）
1　土地及びその定着物は、**不動産**とする。
2　不動産以外の物は、すべて**動産**とする。

第87条（主物及び従物）
1　物の所有者が、その物の常用に供するため、自己の所有に属する他の物をこれに附属させたときは、その附属させた物を**従物**とする。
2　従物は、主物の処分に従う。

第88条（天然果実及び法定果実）
1　物の用法に従い収取する産出物を天然果実とする。
2　物の使用の対価として受けるべき金銭その他の物を法定果実とする。

第89条（果実の帰属）
1　天然果実は、その元物から分離する時に、これを収取する権利を有する者に帰属する。
2　法定果実は、これを収取する権利の存続期間に応じて、日割計算によりこれを取得する。

第5章　法律行為

第1節　総則

第90条（公序良俗）
公の秩序又は善良の風俗に反する法律行為は、**無効**とする。過25-34-1

第91条（任意規定と異なる意思表示）
法律行為の当事者が法令中の公の秩序に関しない規定と異なる意思を表示したときは、その意思に従う。

第92条（任意規定と異なる慣習）
法令中の公の秩序に関しない規定と異なる慣習がある場合において、法律行為の当事者がその慣習による意思を有しているものと認められるときは、その慣習に従う。

第2節　意思表示

第93条（心裡留保）
1　意思表示は、表意者がその真意ではないことを知ってしたときであっても、そのためにその効力を妨げられない。ただし、相手方がその意思表示が表意者の真意ではないことを知り、又は知ることができたときは、その意思表示は、**無効**とする。過22-27-4
2　前項ただし書の規定による意思表示の無効は、**善意の第三者**に対抗することができない。

第94条（虚偽表示）
1　相手方と通じてした虚偽の意思表示は、**無効**とする。過20-27-ウ
2　前項の規定による意思表示の無効は、**善意の第三者**に対抗することができない。過20-27-イ

第95条（錯誤）
1　意思表示は、次に掲げる錯誤に基づくものであって、その錯誤が**法律行為の目的**及び**取引上の社会通念**に照らして重要なものであるときは、取り消すことができる。過25-27-ア
　①　意思表示に対応する意思を欠く錯誤
　②　表意者が法律行為の基礎とした事情についてのその認識が真実に反する錯誤
2　前項第2号の規定による意思表示の取消しは、その事情が法律行為の基礎とされていることが**表示されていたとき**に限り、することができる。過25-27-ウ
3　錯誤が表意者の**重大な過失**によるものであった場合には、次に掲げる場合を除き、第1項の規定による意思表示の取消しをすることができない。

111

第96条〜第101条

① 相手方が表意者に錯誤があることを知り、又は重大な過失によって知らなかったとき。

② 相手方が表意者と同一の錯誤に陥っていたとき。

4 第1項の規定による意思表示の取消しは、善意でかつ過失がない第三者に対抗することができない。

第96条（詐欺又は強迫）

1 詐欺又は強迫による意思表示は、取り消すことができる。

2 相手方に対する意思表示について第三者が詐欺を行った場合においては、相手方がその事実を知り、又は知ることができたときに限り、その意思表示を取り消すことができる。過22-27-3、26-28-4、2-45

3 前二項の規定による詐欺による意思表示の取消しは、善意でかつ過失がない第三者に対抗することができない。過20-29-1、26-28-2

第97条（意思表示の効力発生時期等）

1 意思表示は、その通知が相手方に到達した時からその効力を生ずる。

2 相手方が正当な理由なく意思表示の通知が到達することを妨げたときは、その通知は、通常到達すべきであった時に到達したものとみなす。

3 意思表示は、表意者が通知を発した後に死亡し、意思能力を喪失し、又は行為能力の制限を受けたときであっても、そのためにその効力を妨げられない。

第98条（公示による意思表示）

1 意思表示は、表意者が相手方を知ることができず、又はその所在を知ることができないときは、公示の方法によってすることができる。過3-27-2

2 前項の公示は、公示送達に関する民事訴訟法の規定に従い、裁判所の掲示場に掲示し、かつ、その掲示があったことを官報に少なくとも1回掲載して行う。ただし、裁判所は、相当と認めるときは、官報への掲載に代えて、市役所、区役所、町村役場又はこれらに準ずる施設の掲示場に掲示すべきことを命ずることができる。

3 公示による意思表示は、最後に官報に掲載した日又はその掲載に代わる掲示を始めた日から2週間を経過した時に、相手方に到達したものとみなす。ただし、表意者が相手方を知らないこと又はその所在を知らないことに

ついて過失があったときは、到達の効力を生じない。過3-27-2

4 公示に関する手続は、相手方を知ることができない場合には表意者の住所地の、相手方の所在を知ることができない場合には相手方の最後の住所地の簡易裁判所の管轄に属する。

5 裁判所は、表意者に、公示に関する費用を予納させなければならない。

第98条の2（意思表示の受領能力）

意思表示の相手方がその意思表示を受けた時に意思能力を有しなかったとき又は未成年者若しくは成年被後見人であったときは、その意思表示をもってその相手方に対抗することができない。ただし、次に掲げる者がその意思表示を知った後は、この限りでない。過3-27-5

① 相手方の法定代理人

② 意思能力を回復し、又は行為能力者となった相手方

第3節　代理

第99条（代理行為の要件及び効果）

1 代理人がその権限内において本人のためにすることを示してした意思表示は、本人に対して直接にその効力を生ずる。

2 前項の規定は、第三者が代理人に対してした意思表示について準用する。

第100条（本人のためにすることを示さない意思表示）

代理人が本人のためにすることを示さないでした意思表示は、自己のためにしたものとみなす。ただし、相手方が、代理人が本人のためにすることを知り、又は知ることができたときは、前条第1項の規定を準用する。

第101条（代理行為の瑕疵）

1 代理人が相手方に対してした意思表示の効力が意思の不存在、錯誤、詐欺、強迫又はある事情を知っていたこと若しくは知らなかったことにつき過失があったことによって影響を受けるべき場合には、その事実の有無は、代理人について決するものとする。過24-28-3

2 相手方が代理人に対してした意思表示の効力が意思表示を受けた者がある事情を知っていたこと又は知らなかったことにつき過失があったことによって影響を受けるべき場合には、その事実の有無は、代理人について決するものとする。

3 特定の法律行為をすることを委託された代理人がその行為をしたときは、本人は、自ら

112

第102条〜第112条

知っていた事情について代理人が知らなかったことを主張することができない。本人が過失によって知らなかった事情についても、同様とする。

第102条（代理人の行為能力）

制限行為能力者が代理人としてした行為は、行為能力の制限によっては取り消すことができない。ただし、制限行為能力者が他の制限行為能力者の法定代理人としてした行為については、この限りでない。過21-27-4、24-28-2

第103条（権限の定めのない代理人の権限）

権限の定めのない代理人は、次に掲げる行為のみをする権限を有する。過21-27-1

① 保存行為
② 代理の目的である物又は権利の性質を変えない範囲内において、その利用又は改良を目的とする行為

第104条（任意代理人による復代理人の選任）

委任による代理人は、本人の許諾を得たとき、又はやむを得ない事由があるときでなければ、復代理人を選任することができない。

第105条（法定代理人による復代理人の選任）

法定代理人は、自己の責任で復代理人を選任することができる。この場合において、やむを得ない事由があるときは、本人に対してその選任及び監督についての責任のみを負う。

第106条（復代理人の権限等）

1 復代理人は、その権限内の行為について、本人を代表する。
2 復代理人は、本人及び第三者に対して、その権限の範囲内において、代理人と同一の権利を有し、義務を負う。

第107条（代理権の濫用）

代理人が自己又は第三者の利益を図る目的で代理権の範囲内の行為をした場合において、相手方がその目的を知り、又は知ることができたときは、その行為は、代理権を有しない者がした行為とみなす。

第108条（自己契約及び双方代理等）

1 同一の法律行為について、相手方の代理人として、又は当事者双方の代理人としてした行為は、代理権を有しない者がした行為とみなす。ただし、債務の履行及び本人があらかじめ許諾した行為については、この限りでない。過21-27-3
2 前項本文に規定するもののほか、代理人と本人との利益が相反する行為については、代理権を有しない者がした行為とみなす。ただし、本人があらかじめ許諾した行為について

は、この限りでない。

第109条（代理権授与の表示による表見代理等）

1 第三者に対して他人に代理権を与えた旨を表示した者は、その代理権の範囲内においてその他人が第三者との間でした行為について、その責任を負う。ただし、第三者が、その他人が代理権を与えられていないことを知り、又は過失によって知らなかったときは、この限りでない。
2 第三者に対して他人に代理権を与えた旨を表示した者は、その代理権の範囲内においてその他人が第三者との間で行為をしたとすれば前項の規定によりその責任を負うべき場合において、その他人が第三者との間でその代理権の範囲外の行為をしたときは、第三者がその行為についてその他人の代理権があると信ずべき正当な理由があるときに限り、その行為についての責任を負う。

第110条（権限外の行為の表見代理）

前条第1項本文の規定は、代理人がその権限外の行為をした場合において、第三者が代理人の権限があると信ずべき正当な理由があるときについて準用する。

第111条（代理権の消滅事由）

1 代理権は、次に掲げる事由によって消滅する。
① 本人の死亡
② 代理人の死亡又は代理人が破産手続開始の決定若しくは後見開始の審判を受けたこと。
2 委任による代理権は、前項各号に掲げる事由のほか、委任の終了によって消滅する。

第112条（代理権消滅後の表見代理等）

1 他人に代理権を与えた者は、代理権の消滅後にその代理権の範囲内においてその他人が第三者との間でした行為について、代理権の消滅の事実を知らなかった第三者に対してその責任を負う。ただし、第三者が過失によってその事実を知らなかったときは、この限りでない。
2 他人に代理権を与えた者は、代理権の消滅後に、その代理権の範囲内においてその他人が第三者との間で行為をしたとすれば前項の規定によりその責任を負うべき場合において、その他人が第三者との間でその代理権の範囲外の行為をしたときは、第三者がその行為についてその他人の代理権があると信ずべき正当な理由があるときに限り、その行為についての責任を負う。

民法

113

第113条（無権代理）

1 代理権を有しない者が他人の代理人としてした契約は、本人がその追認をしなければ、本人に対してその効力を生じない。

2 追認又はその拒絶は、相手方に対してしなければ、その相手方に対抗することができない。ただし、相手方がその事実を知ったときは、この限りでない。

第114条（無権代理の相手方の催告権）

前条の場合において、相手方は、本人に対し、相当の期間を定めて、その期間内に追認をするかどうかを確答すべき旨の催告をすることができる。この場合において、本人がその期間内に確答をしないときは、追認を拒絶したものとみなす。過20-28-5、元-28-2

第115条（無権代理の相手方の取消権）

代理権を有しない者がした契約は、本人が追認をしない間は、相手方が取り消すことができる。ただし、契約の時において代理権を有しないことを相手方が知っていたときは、この限りでない。過20-28-1、元-28-5

第116条（無権代理行為の追認）

追認は、別段の意思表示がないときは、契約の時にさかのぼってその効力を生ずる。ただし、第三者の権利を害することはできない。

第117条（無権代理人の責任）

1 他人の代理人として契約をした者は、自己の代理権を証明したとき、又は本人の追認を得たときを除き、相手方の選択に従い、相手方に対して履行又は損害賠償の責任を負う。過25-45

2 前項の規定は、次に掲げる場合には、適用しない。過19-27-4、20-28-2、25-45

① 他人の代理人として契約をした者が代理権を有しないことを相手方が知っていたとき。

② 他人の代理人として契約をした者が代理権を有しないことを相手方が過失によって知らなかったとき。ただし、他人の代理人として契約をした者が自己に代理権がないことを知っていたときは、この限りでない。

③ 他人の代理人として契約をした者が行為能力の制限を受けていたとき。

第118条（単独行為の無権代理）

単独行為については、その行為の時において、相手方が、代理人と称する者が代理権を有しないで行為をすることに同意し、又はその代理権を争わなかったときに限り、第113条から前条までの規定を準用する。代理権を有しない者に対しその同意を得て単独行為をしたときも、同様とする。

第4節 無効及び取消し

第119条（無効な行為の追認）

無効な行為は、追認によっても、その効力を生じない。ただし、当事者がその行為の無効であることを知って追認をしたときは、新たな行為をしたものとみなす。

第120条（取消権者）

1 行為能力の制限によって取り消すことができる行為は、制限行為能力者（他の制限行為能力者の法定代理人としてした行為にあっては、当該他の制限行為能力者を含む。）又はその代理人、承継人若しくは同意をすることができる者に限り、取り消すことができる。過24-27-4

2 錯誤、詐欺又は強迫によって取り消すことができる行為は、瑕疵ある意思表示をした者又はその代理人若しくは承継人に限り、取り消すことができる。過23-27-ア・ウ、25-27-エ

第121条（取消しの効果）

取り消された行為は、初めから無効であったものとみなす。

第121条の2（原状回復の義務）

1 無効な行為に基づく債務の履行として給付を受けた者は、相手方を原状に復させる義務を負う。

2 前項の規定にかかわらず、無効な無償行為に基づく債務の履行として給付を受けた者は、給付を受けた当時その行為が無効であること（給付を受けた後に前条の規定により初めから無効であったものとみなされた行為にあっては、給付を受けた当時その行為が取り消すことができるものであること）を知らなかったときは、その行為によって現に利益を受けている限度において、返還の義務を負う。

3 第1項の規定にかかわらず、行為の時に意思能力を有しなかった者は、その行為によって現に利益を受けている限度において、返還の義務を負う。行為の時に制限行為能力者であった者についても、同様とする。過18-27-1、23-27-オ

第122条（取り消すことができる行為の追認）

取り消すことができる行為は、第120条に規定する者が追認したときは、以後、取り消すことができない。

第123条～第135条

第123条（取消し及び追認の方法）
　取り消すことができる行為の相手方が確定している場合には、その取消し又は追認は、相手方に対する意思表示によってする。

第124条（追認の要件）
1　取り消すことができる行為の追認は、取消しの原因となっていた状況が消滅し、かつ、取消権を有することを知った後にしなければ、その効力を生じない。過24-27-4、26-28-1
2　次に掲げる場合には、前項の追認は、取消しの原因となっていた状況が消滅した後にすることを要しない。
　①　法定代理人又は制限行為能力者の保佐人若しくは補助人が追認をするとき。
　②　制限行為能力者（成年被後見人を除く。）が法定代理人、保佐人又は補助人の同意を得て追認をするとき。

第125条（法定追認）
　追認をすることができる時以後に、取り消すことができる行為について次に掲げる事実があったときは、追認をしたものとみなす。ただし、異議をとどめたときは、この限りでない。過23-27-イ
　①　全部又は一部の履行
　②　履行の請求
　③　更改
　④　担保の供与
　⑤　取り消すことができる行為によって取得した権利の全部又は一部の譲渡
　⑥　強制執行

第126条（取消権の期間の制限）
　取消権は、追認をすることができる時から5年間行使しないときは、時効によって消滅する。行為の時から20年を経過したときも、同様とする。過23-27-エ、26-28-1

第5節　条件及び期限

第127条（条件が成就した場合の効果）
1　停止条件付法律行為は、停止条件が成就した時からその効力を生ずる。過30-28-ア
2　解除条件付法律行為は、解除条件が成就した時からその効力を失う。
3　当事者が条件が成就した場合の効果をその成就した時以前にさかのぼらせる意思を表示したときは、その意思に従う。過30-28-ア

第128条（条件の成否未定の間における相手方の利益の侵害の禁止）
　条件付法律行為の各当事者は、条件の成否が未定である間は、条件が成就した場合にその法律行為から生ずべき相手方の利益を害することができない。

第129条（条件の成否未定の間における権利の処分等）
　条件の成否が未定である間における当事者の権利義務は、一般の規定に従い、処分し、相続し、若しくは保存し、又はそのために担保を供することができる。

第130条（条件の成就の妨害等）
1　条件が成就することによって不利益を受ける当事者が故意にその条件の成就を妨げたときは、相手方は、その条件が成就したものとみなすことができる。
2　条件が成就することによって利益を受ける当事者が不正にその条件を成就させたときは、相手方は、その条件が成就しなかったものとみなすことができる。過30-28-ウ

第131条（既成条件）
1　条件が法律行為の時に既に成就していた場合において、その条件が停止条件であるときはその法律行為は無条件とし、その条件が解除条件であるときはその法律行為は無効とする。
2　条件が成就しないことが法律行為の時に既に確定していた場合において、その条件が停止条件であるときはその法律行為は無効とし、その条件が解除条件であるときはその法律行為は無条件とする。
3　前二項に規定する場合において、当事者が条件が成就したこと又は成就しなかったことを知らない間は、第128条及び第129条の規定を準用する。

第132条（不法条件）
　不法な条件を付した法律行為は、無効とする。不法な行為をしないことを条件とするものも、同様とする。

第133条（不能条件）
1　不能の停止条件を付した法律行為は、無効とする。
2　不能の解除条件を付した法律行為は、無条件とする。

第134条（随意条件）
　停止条件付法律行為は、その条件が単に債務者の意思のみに係るときは、無効とする。

第135条（期限の到来の効果）
1　法律行為に始期を付したときは、その法律行為の履行は、期限が到来するまで、これを請求することができない。
2　法律行為に終期を付したときは、その法律

民法

115

行為の効力は、期限が到来した時に消滅する。

第136条（期限の利益及びその放棄）

1　期限は、債務者の利益のために定めたものと推定する。

2　期限の利益は、放棄することができる。ただし、これによって相手方の利益を害することはできない。過20-34-ア

第137条（期限の利益の喪失）

次に掲げる場合には、債務者は、期限の利益を主張することができない。

① 債務者が破産手続開始の決定を受けたとき。

② 債務者が担保を滅失させ、損傷させ、又は減少させたとき。

③ 債務者が担保を供する義務を負う場合において、これを供しないとき。

第6章　期間の計算

第138条（期間の計算の通則）

期間の計算方法は、法令若しくは裁判上の命令に特別の定めがある場合又は法律行為に別段の定めがある場合を除き、この章の規定に従う。

第139条（期間の起算）

時間によって期間を定めたときは、その期間は、即時から起算する。

第140条

日、週、月又は年によって期間を定めたときは、期間の初日は、算入しない。ただし、その期間が午前0時から始まるときは、この限りでない。

第141条（期間の満了）

前条の場合には、期間は、その末日の終了をもって満了する。

第142条

期間の末日が日曜日、国民の祝日に関する法律に規定する休日その他の休日に当たるときは、その日に取引をしない慣習がある場合に限り、期間は、その翌日に満了する。

第143条（暦による期間の計算）

1　週、月又は年によって期間を定めたときは、その期間は、暦に従って計算する。

2　週、月又は年の初めから期間を起算しないときは、その期間は、最後の週、月又は年においてその起算日に応当する日の前日に満了する。ただし、月又は年によって期間を定めた場合において、最後の月に応当する日がないときは、その月の末日に満了する。

第7章　時効

第1節　総則

第144条（時効の効力）

時効の効力は、その起算日にさかのぼる。

第145条（時効の援用）

時効は、当事者（消滅時効にあっては、保証人、物上保証人、第三取得者その他権利の消滅について正当な利益を有する者を含む。）が援用しなければ、裁判所がこれによって裁判をすることができない。過28-27-ア・イ・オ、元-27-エ

第146条（時効の利益の放棄）

時効の利益は、あらかじめ放棄することができない。

第147条（裁判上の請求等による時効の完成猶予及び更新）

1　次に掲げる事由がある場合には、その事由が終了する（確定判決又は確定判決と同一の効力を有するものによって権利が確定することなくその事由が終了した場合にあっては、その終了の時から6箇月を経過する）までの間は、時効は、完成しない。

① 裁判上の請求

② 支払督促

③ 民事訴訟法第275条第1項の和解又は民事調停法若しくは家事事件手続法による調停

④ 破産手続参加、再生手続参加又は更生手続参加

2　前項の場合において、確定判決又は確定判決と同一の効力を有するものによって権利が確定したときは、時効は、同項各号に掲げる事由が終了した時から新たにその進行を始める。

第148条（強制執行等による時効の完成猶予及び更新）

1　次に掲げる事由がある場合には、その事由が終了する（申立ての取下げ又は法律の規定に従わないことによる取消しによってその事由が終了した場合にあっては、その終了の時から6箇月を経過する）までの間は、時効は、完成しない。

① 強制執行

② 担保権の実行

③ 民事執行法第195条に規定する担保権の実行としての競売の例による競売

④ 民事執行法第196条に規定する財産開示手続又は同法第204条に規定する第三者か

第149条〜第159条

らの情報取得手続
2　前項の場合には、時効は、同項各号に掲げる事由が終了した時から新たにその進行を始める。ただし、申立ての取下げ又は法律の規定に従わないことによる取消しによってその事由が終了した場合は、この限りでない。

第149条（仮差押え等による時効の完成猶予）

次に掲げる事由がある場合には、その事由が終了した時から6箇月を経過するまでの間は、時効は、完成しない。
①　仮差押え
②　仮処分

第150条（催告による時効の完成猶予）

1　催告があったときは、その時から6箇月を経過するまでの間は、時効は、完成しない。
2　催告によって時効の完成が猶予されている間にされた再度の催告は、前項の規定による時効の完成猶予の効力を有しない。

第151条（協議を行う旨の合意による時効の完成猶予）

1　権利についての協議を行う旨の合意が書面でされたときは、次に掲げる時のいずれか早い時までの間は、時効は、完成しない。
①　その合意があった時から1年を経過した時
②　その合意において当事者が協議を行う期間（1年に満たないものに限る。）を定めたときは、その期間を経過した時
③　当事者の一方から相手方に対して協議の続行を拒絶する旨の通知が書面でされたときは、その通知の時から6箇月を経過した時
2　前項の規定により時効の完成が猶予されている間にされた再度の同項の合意は、同項の規定による時効の完成猶予の効力を有する。ただし、その効力は、時効の完成が猶予されなかったとすれば時効が完成すべき時から通じて5年を超えることができない。
3　催告によって時効の完成が猶予されている間にされた第1項の合意は、同項の規定による時効の完成猶予の効力を有しない。同項の規定により時効の完成が猶予されている間にされた催告についても、同様とする。
4　第1項の合意がその内容を記録した電磁的記録（電子的方式、磁気的方式その他人の知覚によっては認識することができない方式で作られる記録であって、電子計算機による情報処理の用に供されるものをいう。以下同じ。）によってされたときは、その合意は、

書面によってされたものとみなして、前三項の規定を適用する。
5　前項の規定は、第1項第3号の通知について準用する。

第152条（承認による時効の更新）

1　時効は、権利の承認があったときは、その時から新たにその進行を始める。
2　前項の承認をするには、相手方の権利についての処分につき行為能力の制限を受けていないこと又は権限があることを要しない。

第153条（時効の完成猶予又は更新の効力が及ぶ者の範囲）

1　第147条又は第148条の規定による時効の完成猶予又は更新は、完成猶予又は更新の事由が生じた当事者及びその承継人の間においてのみ、その効力を有する。過22-28-5
2　第149条から第151条までの規定による時効の完成猶予は、完成猶予の事由が生じた当事者及びその承継人の間においてのみ、その効力を有する。
3　前条の規定による時効の更新は、更新の事由が生じた当事者及びその承継人の間においてのみ、その効力を有する。

第154条

第148条第1項各号又は第149条各号に掲げる事由に係る手続は、時効の利益を受ける者に対してしないときは、その者に通知をした後でなければ、第148条又は第149条の規定による時効の完成猶予又は更新の効力を生じない。

第155条から第157条まで　削除

第158条（未成年者又は成年被後見人と時効の完成猶予）

1　時効の期間の満了前6箇月以内の間に未成年者又は成年被後見人に法定代理人がないときは、その未成年者若しくは成年被後見人が行為能力者となった時又は法定代理人が就職した時から6箇月を経過するまでの間は、その未成年者又は成年被後見人に対して、時効は、完成しない。過21-28-E
2　未成年者又は成年被後見人がその財産を管理する父、母又は後見人に対して権利を有するときは、その未成年者若しくは成年被後見人が行為能力者となった時又は後任の法定代理人が就職した時から6箇月を経過するまでの間は、その権利について、時効は、完成しない。

第159条（夫婦間の権利の時効の完成猶予）

夫婦の一方が他の一方に対して有する権利については、婚姻の解消の時から6箇月を経過す

117

るまでの間は、時効は、完成しない。

第160条（相続財産に関する時効の完成猶予）

相続財産に関しては、相続人が確定した時、管理人が選任された時又は破産手続開始の決定があった時から6箇月を経過するまでの間は、時効は、完成しない。

第161条（天災等による時効の完成猶予）

時効の期間の満了の時に当たり、天災その他避けることのできない事変のため第147条第1項各号又は第148条第1項各号に掲げる事由に係る手続を行うことができないときは、その障害が消滅した時から3箇月を経過するまでの間は、時効は、完成しない。

第2節　取得時効

第162条（所有権の取得時効）

1　20年間、所有の意思をもって、平穏に、かつ、公然と他人の物を占有した者は、その所有権を取得する。過18-29-1、19-27-2

2　10年間、所有の意思をもって、平穏に、かつ、公然と他人の物を占有した者は、その占有の開始の時に、善意であり、かつ、過失がなかったときは、その所有権を取得する。過29-30

第163条（所有権以外の財産権の取得時効）

所有権以外の財産権を、自己のためにする意思をもって、平穏に、かつ、公然と行使する者は、前条の区別に従い20年又は10年を経過した後、その権利を取得する。

第164条（占有の中止等による取得時効の中断）

第162条の規定による時効は、占有者が任意にその占有を中止し、又は他人によってその占有を奪われたときは、中断する。

第165条

前条の規定は、第163条の場合について準用する。

第3節　消滅時効

第166条（債権等の消滅時効）

1　債権は、次に掲げる場合には、時効によって消滅する。

①　債権者が権利を行使することができることを知った時から5年間行使しないとき。

②　権利を行使することができる時から10年間行使しないとき。

2　債権又は所有権以外の財産権は、権利を行使することができる時から20年間行使しないときは、時効によって消滅する。

3　前二項の規定は、始期付権利又は停止条件付権利の目的物を占有する第三者のために、その占有の開始の時から取得時効が進行する

ことを妨げない。ただし、権利者は、その時効を更新するため、いつでも占有者の承認を求めることができる。

第167条（人の生命又は身体の侵害による損害賠償請求権の消滅時効）

人の生命又は身体の侵害による損害賠償請求権の消滅時効についての前条第1項第2号の規定の適用については、同号中「10年間」とあるのは、「20年間」とする。

第168条（定期金債権の消滅時効）

1　定期金の債権は、次に掲げる場合には、時効によって消滅する。

①　債権者が定期金の債権から生ずる金銭その他の物の給付を目的とする各債権を行使することができることを知った時から10年間行使しないとき。

②　前号に規定する各債権を行使することができる時から20年間行使しないとき。

2　定期金の債権者は、時効の更新の証拠を得るため、いつでも、その債務者に対して承認書の交付を求めることができる。

第169条（判決で確定した権利の消滅時効）

1　確定判決又は確定判決と同一の効力を有するものによって確定した権利については、10年より短い時効期間の定めがあるものであっても、その時効期間は、10年とする。

2　前項の規定は、確定の時に弁済期の到来していない債権については、適用しない。

第170条から第174条まで　削除

第2編　物権

第1章　総則

第175条（物権の創設）

物権は、この法律その他の法律に定めるもののほか、創設することができない。

第176条（物権の設定及び移転）

物権の設定及び移転は、当事者の意思表示のみによって、その効力を生ずる。

第177条（不動産に関する物権の変動の対抗要件）

不動産に関する物権の得喪及び変更は、不動産登記法その他の登記に関する法律の定めるところに従いその登記をしなければ、第三者に対抗することができない。過20-31-4、元-31-2

第178条（動産に関する物権の譲渡の対抗要件）

動産に関する物権の譲渡は、その動産の引渡しがなければ、第三者に対抗することができな

い。過元-29-4、2-28-オ

第179条（混同）

1　同一物について所有権及び他の物権が同一人に帰属したときは、当該他の物権は、消滅する。ただし、その物又は当該他の物権が第三者の権利の目的であるときは、この限りでない。

2　所有権以外の物権及びこれを目的とする他の権利が同一人に帰属したときは、当該他の権利は、消滅する。この場合においては、前項ただし書の規定を準用する。

3　前二項の規定は、占有権については、適用しない。

第2章　占有権

第1節　占有権の取得

第180条（占有権の取得）

占有権は、自己のためにする意思をもって物を所持することによって取得する。

第181条（代理占有）

占有権は、代理人によって取得することができる。

第182条（現実の引渡し及び簡易の引渡し）

1　占有権の譲渡は、占有物の引渡しによってする。

2　譲受人又はその代理人が現に占有物を所持する場合には、占有権の譲渡は、当事者の意思表示のみによってすることができる。

第183条（占有改定）

代理人が自己の占有物を以後本人のために占有する意思を表示したときは、本人は、これによって占有権を取得する。

第184条（指図による占有移転）

代理人によって占有をする場合において、本人がその代理人に対して以後第三者のためにその物を占有することを命じ、その第三者がこれを承諾したときは、その第三者は、占有権を取得する。

第185条（占有の性質の変更）

権原の性質上占有者に所有の意思がないものとされる場合には、その占有者が、自己に占有をさせた者に対して所有の意思があることを表示し、又は新たな権原により更に所有の意思をもって占有を始めるのでなければ、占有の性質は、変わらない。過27-45

第186条（占有の態様等に関する推定）

1　占有者は、所有の意思をもって、善意で、平穏に、かつ、公然と占有をするものと推定する。

2　前後の両時点において占有をした証拠があるときは、占有は、その間継続したものと推定する。

第187条（占有の承継）

1　占有者の承継人は、その選択に従い、自己の占有のみを主張し、又は自己の占有に前の占有者の占有を併せて主張することができる。過29-30-2

2　前の占有者の占有を併せて主張する場合には、その瑕疵をも承継する。

第2節　占有権の効力

第188条（占有物について行使する権利の適法の推定）

占有者が占有物について行使する権利は、適法に有するものと推定する。

第189条（善意の占有者による果実の取得等）

1　善意の占有者は、占有物から生ずる果実を取得する。

2　善意の占有者が本権の訴えにおいて敗訴したときは、その訴えの提起の時から悪意の占有者とみなす。

第190条（悪意の占有者による果実の返還等）

1　悪意の占有者は、果実を返還し、かつ、既に消費し、過失によって損傷し、又は収取を怠った果実の代価を償還する義務を負う。

2　前項の規定は、暴行若しくは強迫又は隠匿によって占有をしている者について準用する。

第191条（占有者による損害賠償）

占有物が占有者の責めに帰すべき事由によって滅失し、又は損傷したときは、その回復者に対し、悪意の占有者はその損害の全部の賠償をする義務を負い、善意の占有者はその滅失又は損傷によって現に利益を受けている限度において賠償をする義務を負う。ただし、所有の意思のない占有者は、善意であるときであっても、全部の賠償をしなければならない。

第192条（即時取得）

取引行為によって、平穏に、かつ、公然と動産の占有を始めた者は、善意であり、かつ、過失がないときは、即時にその動産について行使する権利を取得する。

第193条（盗品又は遺失物の回復）

前条の場合において、占有物が盗品又は遺失物であるときは、被害者又は遺失者は、盗難又は遺失の時から2年間、占有者に対してその物の回復を請求することができる。過19-29、25-46

119

第194条〜第206条

第194条

占有者が、盗品又は遺失物を、競売若しくは公の市場において、又はその物と同種の物を販売する商人から、善意で買い受けたときは、被害者又は遺失者は、占有者が支払った代価を弁償しなければ、その物を回復することができない。過19-29、25-46

第195条（動物の占有による権利の取得）

家畜以外の動物で他人が飼育していたものを占有する者は、その占有の開始の時に善意であり、かつ、その動物が飼主の占有を離れた時から1箇月以内に飼主から回復の請求を受けなかったときは、その動物について行使する権利を取得する。

第196条（占有者による費用の償還請求）

1　占有者が占有物を返還する場合には、その物の保存のために支出した金額その他の必要費を回復者から償還させることができる。ただし、占有者が果実を取得したときは、通常の必要費は、占有者の負担に帰する。

2　占有者が占有物の改良のために支出した金額その他の有益費については、その価格の増加が現存する場合に限り、回復者の選択に従い、その支出した金額又は増価額を償還させることができる。ただし、悪意の占有者に対しては、裁判所は、回復者の請求により、その償還について相当の期限を許与することができる。

第197条（占有の訴え）

占有者は、次条から第202条までの規定に従い、占有の訴えを提起することができる。他人のために占有をする者も、同様とする。

第198条（占有保持の訴え）

占有者がその占有を妨害されたときは、占有保持の訴えにより、その妨害の停止及び損害の賠償を請求することができる。

第199条（占有保全の訴え）

占有者がその占有を妨害されるおそれがあるときは、占有保全の訴えにより、その妨害の予防又は損害賠償の担保を請求することができる。

第200条（占有回収の訴え）

1　占有者がその占有を奪われたときは、占有回収の訴えにより、その物の返還及び損害の賠償を請求することができる。過29-31-3

2　占有回収の訴えは、占有を侵奪した者の特定承継人に対して提起することができない。ただし、その承継人が侵奪の事実を知っていたときは、この限りでない。

第201条（占有の訴えの提起期間）

1　占有保持の訴えは、妨害の存する間又はその消滅した後1年以内に提起しなければならない。ただし、工事により占有物に損害を生じた場合において、その工事に着手した時から1年を経過し、又はその工事が完成したときは、これを提起することができない。

2　占有保全の訴えは、妨害の危険の存する間は、提起することができる。この場合において、工事により占有物に損害を生ずるおそれがあるときは、前項ただし書の規定を準用する。

3　占有回収の訴えは、占有を奪われた時から1年以内に提起しなければならない。

第202条（本権の訴えとの関係）

1　占有の訴えは本権の訴えを妨げず、また、本権の訴えは占有の訴えを妨げない。

2　占有の訴えについては、本権に関する理由に基づいて裁判をすることができない。

第3節　占有権の消滅

第203条（占有権の消滅事由）

占有権は、占有者が占有の意思を放棄し、又は占有物の所持を失うことによって消滅する。ただし、占有者が占有回収の訴えを提起したときは、この限りでない。

第204条（代理占有権の消滅事由）

1　代理人によって占有をする場合には、占有権は、次に掲げる事由によって消滅する。
① 本人が代理人に占有をさせる意思を放棄したこと。
② 代理人が本人に対して以後自己又は第三者のために占有物を所持する意思を表示したこと。
③ 代理人が占有物の所持を失ったこと。

2　占有権は、代理権の消滅のみによっては、消滅しない。

第4節　準占有

第205条

この章の規定は、自己のためにする意思をもって財産権の行使をする場合について準用する。

第3章　所有権

第1節　所有権の限界
第1款　所有権の内容及び範囲

第206条（所有権の内容）

所有者は、法令の制限内において、自由にその所有物の使用、収益及び処分をする権利を有する。

第207条〜第222条

民法

第207条（土地所有権の範囲）
土地の所有権は、法令の制限内において、その土地の上下に及ぶ。

第208条　削除

第2款　相隣関係

第209条（隣地の使用請求）
1　土地の所有者は、境界又はその付近において障壁又は建物を築造し又は修繕するため必要な範囲内で、隣地の使用を請求することができる。ただし、隣人の承諾がなければ、その住家に立ち入ることはできない。
2　前項の場合において、隣人が損害を受けたときは、その償金を請求することができる。

第210条（公道に至るための他の土地の通行権）
1　他の土地に囲まれて公道に通じない土地の所有者は、公道に至るため、その土地を囲んでいる他の土地を通行することができる。
2　池沼、河川、水路若しくは海を通らなければ公道に至ることができないとき、又は崖があって土地と公道とに著しい高低差があるときも、前項と同様とする。

第211条
1　前条の場合には、通行の場所及び方法は、同条の規定による通行権を有する者のために必要であり、かつ、他の土地のために損害が最も少ないものを選ばなければならない。
2　前条の規定による通行権を有する者は、必要があるときは、通路を開設することができる。

第212条
第210条の規定による通行権を有する者は、その通行する他の土地の損害に対して償金を支払わなければならない。ただし、通路の開設のために生じた損害に対するものを除き、1年ごとにその償金を支払うことができる。

第213条
1　分割によって公道に通じない土地が生じたときは、その土地の所有者は、公道に至るため、他の分割者の所有地のみを通行することができる。この場合においては、償金を支払うことを要しない。
2　前項の規定は、土地の所有者がその土地の一部を譲り渡した場合について準用する。

第214条（自然水流に対する妨害の禁止）
土地の所有者は、隣地から水が自然に流れて来るのを妨げてはならない。

第215条（水流の障害の除去）
水流が天災その他避けることのできない事変により低地において閉塞したときは、高地の所有者は、自己の費用で、水流の障害を除去するため必要な工事をすることができる。

第216条（水流に関する工作物の修繕等）
他の土地に貯水、排水又は引水のために設けられた工作物の破壊又は閉塞により、自己の土地に損害が及び、又は及ぶおそれがある場合には、その土地の所有者は、当該他の土地の所有者に、工作物の修繕若しくは障害の除去をさせ、又は必要があるときは予防工事をさせることができる。

第217条（費用の負担についての慣習）
前二条の場合において、費用の負担について別段の慣習があるときは、その慣習に従う。

第218条（雨水を隣地に注ぐ工作物の設置の禁止）
土地の所有者は、直接に雨水を隣地に注ぐ構造の屋根その他の工作物を設けてはならない。
過27-29-5

第219条（水流の変更）
1　溝、堀その他の水流地の所有者は、対岸の土地が他人の所有に属するときは、その水路又は幅員を変更してはならない。
2　両岸の土地が水流地の所有者に属するときは、その所有者は、水路及び幅員を変更することができる。ただし、水流が隣地と交わる地点において、自然の水路に戻さなければならない。
3　前二項の規定と異なる慣習があるときは、その慣習に従う。

第220条（排水のための低地の通水）
高地の所有者は、その高地が浸水した場合にこれを乾かすため、又は自家用若しくは農工業用の余水を排出するため、公の水流又は下水道に至るまで、低地に水を通過させることができる。この場合においては、低地のために損害が最も少ない場所及び方法を選ばなければならない。

第221条（通水用工作物の使用）
1　土地の所有者は、その所有地の水を通過させるため、高地又は低地の所有者が設けた工作物を使用することができる。
2　前項の場合には、他人の工作物を使用する者は、その利益を受ける割合に応じて、工作物の設置及び保存の費用を分担しなければならない。

第222条（堰の設置及び使用）
1　水流地の所有者は、堰を設ける必要がある場合には、対岸の土地が他人の所有に属するときであっても、その堰を対岸に付着させて

設けることができる。ただし、これによって
生じた損害に対して償金を支払わなければな
らない。
2　対岸の土地の所有者は、水流地の一部がそ
の所有に属するときは、前項の堰を使用する
ことができる。
3　前条第2項の規定は、前項の場合について
準用する。

第223条（境界標の設置）

土地の所有者は、隣地の所有者と共同の費用
で、境界標を設けることができる。

第224条（境界標の設置及び保存の費用）

境界標の設置及び保存の費用は、相隣者が等
しい割合で負担する。ただし、測量の費用は、
その土地の広狭に応じて分担する。

第225条（囲障の設置）

1　2棟の建物がその所有者を異にし、かつ、
その間に空地があるときは、各所有者は、他
の所有者と共同の費用で、その境界に囲障を
設けることができる。
2　当事者間に協議が調わないときは、前項の
囲障は、板塀又は竹垣その他これらに類する
材料のものであって、かつ、高さ2メートル
のものでなければならない。

第226条（囲障の設置及び保存の費用）

前条の囲障の設置及び保存の費用は、相隣者
が等しい割合で負担する。

第227条（相隣者の1人による囲障の設置）

相隣者の1人は、第225条第2項に規定する
材料より良好なものを用い、又は同項に規定す
る高さを増して囲障を設けることができる。た
だし、これによって生ずる費用の増加額を負担
しなければならない。

第228条（囲障の設置等に関する慣習）

前三条の規定と異なる慣習があるときは、そ
の慣習に従う。

第229条（境界標等の共有の推定）

境界線上に設けた境界標、囲障、障壁、溝及
び堀は、相隣者の共有に属するものと推定す
る。過27-29-4

第230条

1　1棟の建物の一部を構成する境界線上の障
壁については、前条の規定は、適用しない。
2　高さの異なる2棟の隣接する建物を隔てる
障壁の高さが、低い建物の高さを超えるとき
は、その障壁のうち低い建物を超える部分に
ついても、前項と同様とする。ただし、防火
障壁については、この限りでない。

第231条（共有の障壁の高さを増す工事）

1　相隣者の1人は、共有の障壁の高さを増す
ことができる。ただし、その障壁がその工事
に耐えないときは、自己の費用で、必要な工
作を加え、又はその障壁を改築しなければな
らない。
2　前項の規定により障壁の高さを増したとき
は、その高さを増した部分は、その工事をし
た者の単独の所有に属する。

第232条

前条の場合において、隣人が損害を受けたと
きは、その償金を請求することができる。

第233条（竹木の枝の切除及び根の切取り）

1　隣地の竹木の枝が境界線を越えるときは、
その竹木の所有者に、その枝を切除させるこ
とができる。
2　隣地の竹木の根が境界線を越えるときは、
その根を切り取ることができる。過27-29-
2・3

第234条（境界線付近の建築の制限）

1　建物を築造するには、境界線から50センチ
メートル以上の距離を保たなければならな
い。
2　前項の規定に違反して建築をしようとする
者があるときは、隣地の所有者は、その建築
を中止させ、又は変更させることができる。
ただし、建築に着手した時から1年を経過
し、又はその建物が完成した後は、損害賠償
の請求のみをすることができる。

第235条

1　境界線から1メートル未満の距離において
他人の宅地を見通すことのできる窓又は縁側
（ベランダを含む。次項において同じ。）を設
ける者は、目隠しを付けなければならない。
過27-29-1
2　前項の距離は、窓又は縁側の最も隣地に近
い点から垂直線によって境界線に至るまでを
測定して算出する。

第236条（境界線付近の建築に関する慣習）

前二条の規定と異なる慣習があるときは、そ
の慣習に従う。

第237条（境界線付近の掘削の制限）

1　井戸、用水だめ、下水だめ又は肥料だめを
掘るには境界線から2メートル以上、池、穴
蔵又はし尿だめを掘るには境界線から1メー
トル以上の距離を保たなければならない。
2　導水管を埋め、又は溝若しくは堀を掘るに
は、境界線からその深さの2分の1以上の距
離を保たなければならない。ただし、1メー

第238条～第253条

トルを超えることを要しない。

第238条（境界線付近の掘削に関する注意義務）

境界線の付近において前条の工事をするときは、土砂の崩壊又は水若しくは汚液の漏出を防ぐため必要な注意をしなければならない。

第2節　所有権の取得

第239条（無主物の帰属）

1　所有者のない動産は、所有の意思をもって占有することによって、その所有権を取得する。過18-29-5

2　所有者のない不動産は、国庫に帰属する。

第240条（遺失物の拾得）

遺失物は、遺失物法の定めるところに従い公告をした後3箇月以内にその所有者が判明しないときは、これを拾得した者がその所有権を取得する。

第241条（埋蔵物の発見）

埋蔵物は、遺失物法の定めるところに従い公告をした後6箇月以内にその所有者が判明しないときは、これを発見した者がその所有権を取得する。ただし、他人の所有する物の中から発見された埋蔵物については、これを発見した者及びその他人が等しい割合でその所有権を取得する。

第242条（不動産の付合）

不動産の所有者は、その不動産に従として付合した物の所有権を取得する。ただし、権原によってその物を附属させた他人の権利を妨げない。過18-29-4

第243条（動産の付合）

所有者を異にする数個の動産が、付合により、損傷しなければ分離することができなくなったときは、その合成物の所有権は、主たる動産の所有者に帰属する。分離するのに過分の費用を要するときも、同様とする。

第244条

付合した動産について主従の区別をすることができないときは、各動産の所有者は、その付合の時における価格の割合に応じてその合成物を共有する。過18-29-2

第245条（混和）

前二条の規定は、所有者を異にする物が混和して識別することができなくなった場合について準用する。

第246条（加工）

1　他人の動産に工作を加えた者（以下この条において「加工者」という。）があるときは、その加工物の所有権は、材料の所有者に帰属する。ただし、工作によって生じた価格が材料の価格を著しく超えるときは、加工者がその加工物の所有権を取得する。過18-29-3

2　前項に規定する場合において、加工者が材料の一部を供したときは、その価格に工作によって生じた価格を加えたものが他人の材料の価格を超えるときに限り、加工者がその加工物の所有権を取得する。

第247条（付合、混和又は加工の効果）

1　第242条から前条までの規定により物の所有権が消滅したときは、その物について存する他の権利も、消滅する。

2　前項に規定する場合において、物の所有者が、合成物、混和物又は加工物（以下この項において「合成物等」という。）の単独所有者となったときは、その物について存する他の権利は以後その合成物等について存し、物の所有者が合成物等の共有者となったときは、その物について存する他の権利は以後その持分について存する。

第248条（付合、混和又は加工に伴う償金の請求）

第242条から前条までの規定の適用によって損失を受けた者は、第703条及び第704条の規定に従い、その償金を請求することができる。

第3節　共有

第249条（共有物の使用）

各共有者は、共有物の全部について、その持分に応じた使用をすることができる。過20-33-ウ

第250条（共有持分の割合の推定）

各共有者の持分は、相等しいものと推定する。過27-29-4

第251条（共有物の変更）

各共有者は、他の共有者の同意を得なければ、共有物に変更を加えることができない。過元-45

第252条（共有物の管理）

共有物の管理に関する事項は、前条の場合を除き、各共有者の持分の価格に従い、その過半数で決する。ただし、保存行為は、各共有者がすることができる。過元-45

第253条（共有物に関する負担）

1　各共有者は、その持分に応じ、管理の費用を支払い、その他共有物に関する負担を負う。

2　共有者が1年以内に前項の義務を履行しないときは、他の共有者は、相当の償金を支払ってその者の持分を取得することができる。

123

第254条〜第268条

第254条（共有物についての債権）
共有者の1人が共有物について他の共有者に対して有する債権は、その特定承継人に対しても行使することができる。

第255条（持分の放棄及び共有者の死亡）
共有者の1人が、その持分を放棄したとき、又は死亡して相続人がないときは、その持分は、他の共有者に帰属する。過28-29-オ

第256条（共有物の分割請求）
1　各共有者は、いつでも共有物の分割を請求することができる。ただし、5年を超えない期間内は分割をしない旨の契約をすることを妨げない。過18-30-5、22-29-ア
2　前項ただし書の契約は、更新することができる。ただし、その期間は、更新の時から5年を超えることができない。

第257条
前条の規定は、第229条に規定する共有物については、適用しない。

第258条（裁判による共有物の分割）
1　共有物の分割について共有者間に協議が調わないときは、その分割を裁判所に請求することができる。
2　前項の場合において、共有物の現物を分割することができないとき、又は分割によってその価格を著しく減少させるおそれがあるときは、裁判所は、その競売を命ずることができる。

第259条（共有に関する債権の弁済）
1　共有者の1人が他の共有者に対して共有に関する債権を有するときは、分割に際し、債務者に帰属すべき共有物の部分をもって、その弁済に充てることができる。
2　債権者は、前項の弁済を受けるため債務者に帰属すべき共有物の部分を売却する必要があるときは、その売却を請求することができる。

第260条（共有物の分割への参加）
1　共有物について権利を有する者及び各共有者の債権者は、自己の費用で、分割に参加することができる。過28-29-ウ
2　前項の規定による参加の請求があったにもかかわらず、その請求をした者を参加させないで分割をしたときは、その分割は、その請求をした者に対抗することができない。

第261条（分割における共有者の担保責任）
各共有者は、他の共有者が分割によって取得した物について、売主と同じく、その持分に応じて担保の責任を負う。

第262条（共有物に関する証書）
1　分割が完了したときは、各分割者は、その取得した物に関する証書を保存しなければならない。
2　共有者の全員又はそのうちの数人に分割した物に関する証書は、その物の最大の部分を取得した者が保存しなければならない。
3　前項の場合において、最大の部分を取得した者がないときは、分割者間の協議で証書の保存者を定める。協議が調わないときは、裁判所が、これを指定する。
4　証書の保存者は、他の分割者の請求に応じて、その証書を使用させなければならない。

第263条（共有の性質を有する入会権）
共有の性質を有する入会権については、各地方の慣習に従うほか、この節の規定を適用する。

第264条（準共有）
この節の規定は、数人で所有権以外の財産権を有する場合について準用する。ただし、法令に特別の定めがあるときは、この限りでない。

第4章　地上権

第265条（地上権の内容）
地上権者は、他人の土地において工作物又は竹木を所有するため、その土地を使用する権利を有する。

第266条（地代）
1　第274条から第276条までの規定は、地上権者が土地の所有者に定期の地代を支払わなければならない場合について準用する。
2　地代については、前項に規定するもののほか、その性質に反しない限り、賃貸借に関する規定を準用する。

第267条（相隣関係の規定の準用）
前章第1節第2款（相隣関係）の規定は、地上権者間又は地上権者と土地の所有者との間について準用する。ただし、第229条の規定は、境界線上の工作物が地上権の設定後に設けられた場合に限り、地上権者について準用する。

第268条（地上権の存続期間）
1　設定行為で地上権の存続期間を定めなかった場合において、別段の慣習がないときは、地上権者は、いつでもその権利を放棄することができる。ただし、地代を支払うべきときは、1年前に予告をし、又は期限の到来していない1年分の地代を支払わなければならない。
2　地上権者が前項の規定によりその権利を放

棄しないときは、裁判所は、当事者の請求により、20年以上50年以下の範囲内において、工作物又は竹木の種類及び状況その他地上権の設定当時の事情を考慮して、その存続期間を定める。

第269条（工作物等の収去等）

1　地上権者は、その権利が消滅した時に、土地を原状に復してその工作物及び竹木を収去することができる。ただし、土地の所有者が時価相当額を提供してこれを買い取る旨を通知したときは、地上権者は、正当な理由がなければ、これを拒むことができない。

2　前項の規定と異なる慣習があるときは、その慣習に従う。

第269条の2（地下又は空間を目的とする地上権）

1　地下又は空間は、工作物を所有するため、上下の範囲を定めて地上権の目的とすることができる。この場合においては、設定行為で、地上権の行使のためにその土地の使用に制限を加えることができる。過29-29-ア

2　前項の地上権は、第三者がその土地の使用又は収益をする権利を有する場合においても、その権利又はこれを目的とする権利を有するすべての者の承諾があるときは、設定することができる。この場合において、土地の使用又は収益をする権利を有する者は、その地上権の行使を妨げることができない。

第5章　永小作権

第270条（永小作権の内容）

永小作人は、小作料を支払って他人の土地において耕作又は牧畜をする権利を有する。

第271条（永小作人による土地の変更の制限）

永小作人は、土地に対して、回復することのできない損害を生ずべき変更を加えることができない。

第272条（永小作権の譲渡又は土地の賃貸）

永小作人は、その権利を他人に譲り渡し、又はその権利の存続期間内において耕作若しくは牧畜のため土地を賃貸することができる。ただし、設定行為で禁じたときは、この限りでない。

第273条（賃貸借に関する規定の準用）

永小作人の義務については、この章の規定及び設定行為で定めるもののほか、その性質に反しない限り、賃貸借に関する規定を準用する。

第274条（小作料の減免）

永小作人は、不可抗力により収益について損失を受けたときであっても、小作料の免除又は減額を請求することができない。

第275条（永小作権の放棄）

永小作人は、不可抗力によって、引き続き3年以上全く収益を得ず、又は5年以上小作料より少ない収益を得たときは、その権利を放棄することができる。

第276条（永小作権の消滅請求）

永小作人が引き続き2年以上小作料の支払を怠ったときは、土地の所有者は、永小作権の消滅を請求することができる。

第277条（永小作権に関する慣習）

第271条から前条までの規定と異なる慣習があるときは、その慣習に従う。

第278条（永小作権の存続期間）

1　永小作権の存続期間は、20年以上50年以下とする。設定行為で50年より長い期間を定めたときであっても、その期間は、50年とする。

2　永小作権の設定は、更新することができる。ただし、その存続期間は、更新の時から50年を超えることができない。

3　設定行為で永小作権の存続期間を定めなかったときは、その期間は、別段の慣習がある場合を除き、30年とする。

第279条（工作物等の収去等）

第269条の規定は、永小作権について準用する。

第6章　地役権

第280条（地役権の内容）

地役権者は、設定行為で定めた目的に従い、他人の土地を自己の土地の便益に供する権利を有する。ただし、第3章第1節（所有権の限界）の規定（公の秩序に関するものに限る。）に違反しないものでなければならない。

第281条（地役権の付従性）

1　地役権は、要役地（地役権者の土地であって、他人の土地から便益を受けるものをいう。以下同じ。）の所有権に従たるものとして、その所有権とともに移転し、又は要役地について存する他の権利の目的となるものとする。ただし、設定行為に別段の定めがあるときは、この限りでない。

2　地役権は、要役地から分離して譲り渡し、又は他の権利の目的とすることができない。

第282条（地役権の不可分性）

1　土地の共有者の1人は、その持分につき、その土地のために又はその土地について存する地役権を消滅させることができない。

2 土地の分割又はその一部の譲渡の場合には、地役権は、その各部のために又はその各部について存する。ただし、地役権がその性質により土地の一部のみに関するときは、この限りでない。

第283条（地役権の時効取得）

地役権は、**継続的に行使**され、かつ、**外形上認識**することができるものに限り、時効によって取得することができる。過29-29-オ

第284条

1 土地の共有者の1人が時効によって地役権を取得したときは、他の共有者も、これを取得する。

2 共有者に対する時効の更新は、地役権を行使する各共有者に対してしなければ、その効力を生じない。過22-28-4

3 地役権を行使する共有者が数人ある場合には、その1人について時効の完成猶予の事由があっても、時効は、各共有者のために進行する。

第285条（用水地役権）

1 用水地役権の承役地（地役権者以外の者の土地であって、要役地の便益に供されるものをいう。以下同じ。）において、水が要役地及び承役地の需要に比して不足するときは、その各土地の需要に応じて、まずこれを生活用に供し、その残余を他の用途に供するものとする。ただし、設定行為に別段の定めがあるときは、この限りでない。

2 同一の承役地について数個の用水地役権を設定したときは、後の地役権者は、前の地役権者の水の使用を妨げてはならない。

第286条（承役地の所有者の工作物の設置義務等）

設定行為又は設定後の契約により、承役地の所有者が自己の費用で地役権の行使のために工作物を設け、又はその修繕をする義務を負担したときは、承役地の所有者の特定承継人も、その義務を負担する。

第287条

承役地の所有者は、いつでも、地役権に必要な土地の部分の所有権を放棄して地役権者に移転し、これにより前条の義務を免れることができる。

第288条（承役地の所有者の工作物の使用）

1 承役地の所有者は、地役権の行使を妨げない範囲内において、その行使のために承役地の上に設けられた工作物を使用することができる。

2 前項の場合には、承役地の所有者は、その利益を受ける割合に応じて、工作物の設置及び保存の費用を分担しなければならない。

第289条（承役地の時効取得による地役権の消滅）

承役地の占有者が取得時効に必要な要件を具備する占有をしたときは、地役権は、これによって消滅する。

第290条

前条の規定による地役権の消滅時効は、地役権者がその権利を行使することによって中断する。

第291条（地役権の消滅時効）

第166条第2項に規定する消滅時効の期間は、継続的でなく行使される地役権については最後の行使の時から起算し、継続的に行使される地役権についてはその行使を妨げる事実が生じた時から起算する。

第292条

要役地が数人の共有に属する場合において、その1人のために時効の完成猶予又は更新があるときは、その完成猶予又は更新は、他の共有者のためにも、その効力を生ずる。過22-28-3

第293条

地役権者がその権利の一部を行使しないときは、その部分のみが時効によって消滅する。

第294条（共有の性質を有しない入会権）

共有の性質を有しない入会権については、各地方の慣習に従うほか、この章の規定を準用する。

第7章　留置権

第295条（留置権の内容）

1 **他人の物**の占有者は、その物に関して生じた債権を有するときは、その債権の弁済を受けるまで、その物を留置することができる。ただし、その債権が**弁済期**にないときは、この限りでない。

2 前項の規定は、占有が**不法行為**によって始まった場合には、適用しない。

第296条（留置権の不可分性）

留置権者は、債権の全部の弁済を受けるまでは、留置物の全部についてその権利を行使することができる。

第297条（留置権者による果実の収取）

1 留置権者は、留置物から生ずる**果実**を収取し、他の債権者に先立って、これを自己の債権の弁済に充当することができる。

第298条～第311条

2　前項の果実は、まず債権の利息に充当し、なお残余があるときは元本に充当しなければならない。

第298条（留置権者による留置物の保管等）
1　留置権者は、善良な管理者の注意をもって、留置物を占有しなければならない。
過3-30-1

2　留置権者は、債務者の承諾を得なければ、留置物を使用し、賃貸し、又は担保に供することができない。ただし、その物の保存に必要な使用をすることは、この限りでない。
過3-30-2

3　留置権者が前二項の規定に違反したときは、債務者は、留置権の消滅を請求することができる。過3-30-2

第299条（留置権者による費用の償還請求）
1　留置権者は、留置物について必要費を支出したときは、所有者にその償還をさせることができる。

2　留置権者は、留置物について有益費を支出したときは、これによる価格の増加が現存する場合に限り、所有者の選択に従い、その支出した金額又は増価額を償還させることができる。ただし、裁判所は、所有者の請求により、その償還について相当の期限を許与することができる。

第300条（留置権の行使と債権の消滅時効）
留置権の行使は、債権の消滅時効の進行を妨げない。過29-33-2

第301条（担保の供与による留置権の消滅）
債務者は、相当の担保を供して、留置権の消滅を請求することができる。

第302条（占有の喪失による留置権の消滅）
留置権は、留置権者が留置物の占有を失うことによって、消滅する。ただし、第298条第2項の規定により留置物を賃貸し、又は質権の目的としたときは、この限りでない。

第8章　先取特権

第1節　総則
第303条（先取特権の内容）
先取特権者は、この法律その他の法律の規定に従い、その債務者の財産について、他の債権者に先立って自己の債権の弁済を受ける権利を有する。

第304条（物上代位）
1　先取特権は、その目的物の売却、賃貸、滅失又は損傷によって債務者が受けるべき金銭その他の物に対しても、行使することができ

る。ただし、先取特権者は、その払渡し又は引渡しの前に差押えをしなければならない。
過19-30-エ

2　債務者が先取特権の目的物につき設定した物権の対価についても、前項と同様とする。

第305条（先取特権の不可分性）
第296条の規定は、先取特権について準用する。

第2節　先取特権の種類
第1款　一般の先取特権
第306条（一般の先取特権）
次に掲げる原因によって生じた債権を有する者は、債務者の総財産について先取特権を有する。
①　共益の費用
②　雇用関係
③　葬式の費用
④　日用品の供給

第307条（共益費用の先取特権）
1　共益の費用の先取特権は、各債権者の共同の利益のためにされた債務者の財産の保存、清算又は配当に関する費用について存在する。

2　前項の費用のうちすべての債権者に有益でなかったものについては、先取特権は、その費用によって利益を受けた債権者に対してのみ存在する。

第308条（雇用関係の先取特権）
雇用関係の先取特権は、給料その他債務者と使用人との間の雇用関係に基づいて生じた債権について存在する。

第309条（葬式費用の先取特権）
1　葬式の費用の先取特権は、債務者のためにされた葬式の費用のうち相当な額について存在する。

2　前項の先取特権は、債務者がその扶養すべき親族のためにした葬式の費用のうち相当な額についても存在する。

第310条（日用品供給の先取特権）
日用品の供給の先取特権は、債務者又はその扶養すべき同居の親族及びその家事使用人の生活に必要な最後の6箇月間の飲食料品、燃料及び電気の供給について存在する。

第2款　動産の先取特権
第311条（動産の先取特権）
次に掲げる原因によって生じた債権を有する者は、債務者の特定の動産について先取特権を有する。
①　不動産の賃貸借

127

民法

② 旅館の宿泊
③ 旅客又は荷物の運輸
④ 動産の保存
⑤ 動産の売買
⑥ 種苗又は肥料（蚕種又は蚕の飼養に供した桑葉を含む。以下同じ。）の供給
⑦ 農業の労務
⑧ 工業の労務

第312条（不動産賃貸の先取特権）

不動産の賃貸の先取特権は、その不動産の賃料その他の賃貸借関係から生じた賃借人の債務に関し、賃借人の動産について存在する。

第313条（不動産賃貸の先取特権の目的物の範囲）

1　土地の賃貸人の先取特権は、その土地又はその利用のための建物に備え付けられた動産、その土地の利用に供された動産及び賃借人が占有するその土地の果実について存在する。

2　建物の賃貸人の先取特権は、賃借人がその建物に備え付けた動産について存在する。

第314条

賃借権の譲渡又は転貸の場合には、賃貸人の先取特権は、譲受人又は転借人の動産にも及ぶ。譲渡人又は転貸人が受けるべき金銭についても、同様とする。週19-30-オ

第315条（不動産賃貸の先取特権の被担保債権の範囲）

賃借人の財産のすべてを清算する場合には、賃貸人の先取特権は、前期、当期及び次期の賃料その他の債務並びに前期及び当期に生じた損害の賠償債務についてのみ存在する。

第316条

賃貸人は、第622条の2第1項に規定する敷金を受け取っている場合には、その敷金で弁済を受けない債権の部分についてのみ先取特権を有する。

第317条（旅館宿泊の先取特権）

旅館の宿泊の先取特権は、宿泊客が負担すべき宿泊料及び飲食料に関し、その旅館に在るその宿泊客の手荷物について存在する。

第318条（運輸の先取特権）

運輸の先取特権は、旅客又は荷物の運送賃及び付随の費用に関し、運送人の占有する荷物について存在する。

第319条（即時取得の規定の準用）

第192条から第195条までの規定は、第312条から前条までの規定による先取特権について準用する。週19-30-ア

第320条（動産保存の先取特権）

動産の保存の先取特権は、動産の保存のために要した費用又は動産に関する権利の保存、承認若しくは実行のために要した費用に関し、その動産について存在する。

第321条（動産売買の先取特権）

動産の売買の先取特権は、動産の代価及びその利息に関し、その動産について存在する。

第322条（種苗又は肥料の供給の先取特権）

種苗又は肥料の供給の先取特権は、種苗又は肥料の代価及びその利息に関し、その種苗又は肥料を用いた後1年以内にこれを用いた土地から生じた果実（蚕種又は蚕の飼養に供した桑葉の使用によって生じた物を含む。）について存在する。

第323条（農業労務の先取特権）

農業の労務の先取特権は、その労務に従事する者の最後の1年間の賃金に関し、その労務によって生じた果実について存在する。

第324条（工業労務の先取特権）

工業の労務の先取特権は、その労務に従事する者の最後の3箇月間の賃金に関し、その労務によって生じた製作物について存在する。

第3款　不動産の先取特権

第325条（不動産の先取特権）

次に掲げる原因によって生じた債権を有する者は、債務者の特定の不動産について先取特権を有する。

① 不動産の保存
② 不動産の工事
③ 不動産の売買

第326条（不動産保存の先取特権）

不動産の保存の先取特権は、不動産の保存のために要した費用又は不動産に関する権利の保存、承認若しくは実行のために要した費用に関し、その不動産について存在する。

第327条（不動産工事の先取特権）

1　不動産の工事の先取特権は、工事の設計、施工又は監理をする者が債務者の不動産に関してした工事の費用に関し、その不動産について存在する。

2　前項の先取特権は、工事によって生じた不動産の価格の増加が現存する場合に限り、その増価額についてのみ存在する。

第328条（不動産売買の先取特権）

不動産の売買の先取特権は、不動産の代価及びその利息に関し、その不動産について存在する。

第3節　先取特権の順位

第329条（一般の先取特権の順位）

1　一般の先取特権が互いに競合する場合には、その優先権の順位は、第306条各号に掲げる順序に従う。

2　一般の先取特権と特別の先取特権とが競合する場合には、特別の先取特権は、一般の先取特権に優先する。ただし、共益の費用の先取特権は、その利益を受けたすべての債権者に対して優先する効力を有する。

第330条（動産の先取特権の順位）

1　同一の動産について特別の先取特権が互いに競合する場合には、その優先権の順位は、次に掲げる順序に従う。この場合において、第2号に掲げる動産の保存の先取特権について数人の保存者があるときは、後の保存者が前の保存者に優先する。

① 不動産の賃貸、旅館の宿泊及び運輸の先取特権　過19-30-イ

② 動産の保存の先取特権

③ 動産の売買、種苗又は肥料の供給、農業の労務及び工業の労務の先取特権　過19-30-イ

2　前項の場合において、第1順位の先取特権者は、その債権取得の時において第2順位又は第3順位の先取特権者があることを知っていたときは、これらの者に対して優先権を行使することができない。第1順位の先取特権者のために物を保存した者に対しても、同様とする。

3　果実に関しては、第1の順位は農業の労務に従事する者に、第2の順位は種苗又は肥料の供給者に、第3の順位は土地の賃貸人に属する。

第331条（不動産の先取特権の順位）

1　同一の不動産について特別の先取特権が互いに競合する場合には、その優先権の順位は、第325条各号に掲げる順序に従う。

2　同一の不動産について売買が順次された場合には、売主相互間における不動産売買の先取特権の優先権の順位は、売買の前後による。

第332条（同一順位の先取特権）

同一の目的物について同一順位の先取特権者が数人あるときは、各先取特権者は、その債権額の割合に応じて弁済を受ける。

第4節　先取特権の効力

第333条（先取特権と第三取得者）

先取特権は、債務者がその目的である動産をその第三取得者に引き渡した後は、その動産について行使することができない。過19-30-ウ、25-29-1

第334条（先取特権と動産質権との競合）

先取特権と動産質権とが競合する場合には、動産質権者は、第330条の規定による第1順位の先取特権者と同一の権利を有する。

第335条（一般の先取特権の効力）

1　一般の先取特権者は、まず不動産以外の財産から弁済を受け、なお不足があるのでなければ、不動産から弁済を受けることができない。

2　一般の先取特権者は、不動産については、まず特別担保の目的とされていないものから弁済を受けなければならない。

3　一般の先取特権者は、前二項の規定に従って配当に加入することを怠ったときは、その配当加入をしたならば弁済を受けることができた額については、登記をした第三者に対してその先取特権を行使することができない。

4　前三項の規定は、不動産以外の財産の代価に先立って不動産の代価を配当し、又は他の不動産の代価に先立って特別担保の目的である不動産の代価を配当する場合には、適用しない。

第336条（一般の先取特権の対抗力）

一般の先取特権は、不動産について登記をしなくても、特別担保を有しない債権者に対抗することができる。ただし、登記をした第三者に対しては、この限りでない。

第337条（不動産保存の先取特権の登記）

不動産の保存の先取特権の効力を保存するためには、保存行為が完了した後直ちに登記をしなければならない。

第338条（不動産工事の先取特権の登記）

1　不動産の工事の先取特権の効力を保存するためには、工事を始める前にその費用の予算額を登記しなければならない。この場合において、工事の費用が予算額を超えるときは、先取特権は、その超過額については存在しない。

2　工事によって生じた不動産の増価額は、配当加入の時に、裁判所が選任した鑑定人に評価させなければならない。

第339条（登記をした不動産保存又は不動産工事の先取特権）

前二条の規定に従って登記をした先取特権は、抵当権に先立って行使することができる。

第340条～第359条

第340条（不動産売買の先取特権の登記）

不動産の売買の先取特権の効力を保存するためには、売買契約と同時に、不動産の代価又はその利息の弁済がされていない旨を登記しなければならない。

第341条（抵当権に関する規定の準用）

先取特権の効力については、この節に定めるもののほか、その性質に反しない限り、抵当権に関する規定を準用する。

第9章　質権

第1節　総則

第342条（質権の内容）

質権者は、その債権の担保として債務者又は第三者から受け取った物を占有し、かつ、その物について他の債権者に先立って自己の債権の弁済を受ける権利を有する。

第343条（質権の目的）

質権は、譲り渡すことができない物をその目的とすることができない。

第344条（質権の設定）

質権の設定は、債権者にその目的物を引き渡すことによって、その効力を生ずる。過元-31-2

第345条（質権設定者による代理占有の禁止）

質権者は、質権設定者に、自己に代わって質物の占有をさせることができない。過2-28-エ

第346条（質権の被担保債権の範囲）

質権は、元本、利息、違約金、質権の実行の費用、質物の保存の費用及び債務の不履行又は質物の隠れた瑕疵によって生じた損害の賠償を担保する。ただし、設定行為に別段の定めがあるときは、この限りでない。

第347条（質物の留置）

質権者は、前条に規定する債権の弁済を受けるまでは、質物を留置することができる。ただし、この権利は、自己に対して優先権を有する債権者に対抗することができない。

第348条（転質）

質権者は、その権利の存続期間内において、自己の責任で、質物について、転質をすることができる。この場合において、転質をしたことによって生じた損失については、不可抗力によるものであっても、その責任を負う。

第349条（契約による質物の処分の禁止）

質権設定者は、設定行為又は債務の弁済期前の契約において、質権者に弁済として質物の所有権を取得させ、その他法律に定める方法によ

らないで質物を処分させることを約することができない。

第350条（留置権及び先取特権の規定の準用）

第296条から第300条まで及び第304条の規定は、質権について準用する。

第351条（物上保証人の求償権）

他人の債務を担保するため質権を設定した者は、その債務を弁済し、又は質権の実行によって質物の所有権を失ったときは、保証債務に関する規定に従い、債務者に対して求償権を有する。

第2節　動産質

第352条（動産質の対抗要件）

動産質権者は、継続して質物を占有しなければ、その質権をもって第三者に対抗することができない。過元-31-1

第353条（質物の占有の回復）

動産質権者は、質物の占有を奪われたときは、占有回収の訴えによってのみ、その質物を回復することができる。過元-31-1

第354条（動産質権の実行）

動産質権者は、その債権の弁済を受けないときは、正当な理由がある場合に限り、鑑定人の評価に従い質物をもって直ちに弁済に充てることを裁判所に請求することができる。この場合において、動産質権者は、あらかじめ、その請求をする旨を債務者に通知しなければならない。

第355条（動産質権の順位）

同一の動産について数個の質権が設定されたときは、その質権の順位は、設定の前後による。

第3節　不動産質

第356条（不動産質権者による使用及び収益）

不動産質権者は、質権の目的である不動産の用法に従い、その使用及び収益をすることができる。過元-31-4

第357条（不動産質権者による管理の費用等の負担）

不動産質権者は、管理の費用を支払い、その他不動産に関する負担を負う。

第358条（不動産質権者による利息の請求の禁止）

不動産質権者は、その債権の利息を請求することができない。

第359条（設定行為に別段の定めがある場合等）

前三条の規定は、設定行為に別段の定めがあるとき、又は担保不動産収益執行（民事執行法第180条第2号に規定する担保不動産収益執行

130

第360条～第375条

をいう。以下同じ。）の開始があったときは、適用しない。

第360条（不動産質権の存続期間）

1　不動産質権の存続期間は、10年を超えることができない。設定行為でこれより長い期間を定めたときであっても、その期間は、10年とする。

2　不動産質権の設定は、更新することができる。ただし、その存続期間は、更新の時から10年を超えることができない。

第361条（抵当権の規定の準用）

不動産質権については、この節に定めるもののほか、その性質に反しない限り、次章（抵当権）の規定を準用する。

第4節　権利質

第362条（権利質の目的等）

1　質権は、財産権をその目的とすることができる。過元-31-5

2　前項の質権については、この節に定めるもののほか、その性質に反しない限り、前三節（総則、動産質及び不動産質）の規定を準用する。

第363条　削除

第364条（債権を目的とする質権の対抗要件）

債権を目的とする質権の設定（現に発生していない債権を目的とするものを含む。）は、第467条の規定に従い、第三債務者にその質権の設定を通知し、又は第三債務者がこれを承諾しなければ、これをもって第三債務者その他の第三者に対抗することができない。

第365条　削除

第366条（質権者による債権の取立て等）

1　質権者は、質権の目的である債権を直接に取り立てることができる。

2　債権の目的物が金銭であるときは、質権者は、自己の債権額に対応する部分に限り、これを取り立てることができる。

3　前項の債権の弁済期が質権者の債権の弁済期前に到来したときは、質権者は、第三債務者にその弁済をすべき金額を供託させることができる。この場合において、質権は、その供託金について存在する。

4　債権の目的物が金銭でないときは、質権者は、弁済として受けた物について質権を有する。

第367条及び第368条　削除

第10章　抵当権

第1節　総則

第369条（抵当権の内容）

1　抵当権者は、債務者又は第三者が占有を移転しないで債務の担保に供した不動産について、他の債権者に先立って自己の債権の弁済を受ける権利を有する。

2　地上権及び永小作権も、抵当権の目的とすることができる。この場合においては、この章の規定を準用する。過18-30-2

第370条（抵当権の効力の及ぶ範囲）

抵当権は、抵当地の上に存する建物を除き、その目的である不動産（以下「抵当不動産」という。）に付加して一体となっている物に及ぶ。ただし、設定行為に別段の定めがある場合及び債務者の行為について第424条第3項に規定する詐害行為取消請求をすることができる場合は、この限りでない。過20-31-1

第371条

抵当権は、その担保する債権について不履行があったときは、その後に生じた抵当不動産の果実に及ぶ。過20-31-3

第372条（留置権等の規定の準用）

第296条、第304条及び第351条の規定は、抵当権について準用する。過18-46

第2節　抵当権の効力

第373条（抵当権の順位）

同一の不動産について数個の抵当権が設定されたときは、その抵当権の順位は、登記の前後による。

第374条（抵当権の順位の変更）

1　抵当権の順位は、各抵当権者の合意によって変更することができる。ただし、利害関係を有する者があるときは、その承諾を得なければならない。

2　前項の規定による順位の変更は、その登記をしなければ、その効力を生じない。

第375条（抵当権の被担保債権の範囲）

1　抵当権者は、利息その他の定期金を請求する権利を有するときは、その満期となった最後の2年分についてのみ、その抵当権を行使することができる。ただし、それ以前の定期金についても、満期後に特別の登記をしたときは、その登記の時からその抵当権を行使することを妨げない。過30-30-5

2　前項の規定は、抵当権者が債務の不履行によって生じた損害の賠償を請求する権利を有する場合におけるその最後の2年分について

131

も適用する。ただし、利息その他の定期金と通算して2年分を超えることができない。

第376条（抵当権の処分）

1 抵当権者は、その抵当権を他の債権の担保とし、又は同一の債務者に対する他の債権者の利益のためにその抵当権若しくはその順位を譲渡し、若しくは放棄することができる。

2 前項の場合において、抵当権者が数人のためにその抵当権の処分をしたときは、その処分の利益を受ける者の権利の順位は、抵当権の登記にした付記の前後による。

第377条（抵当権の処分の対抗要件）

1 前条の場合には、第467条の規定に従い、主たる債務者に抵当権の処分を通知し、又は主たる債務者がこれを承諾しなければ、これをもって主たる債務者、保証人、抵当権設定者及びこれらの者の承継人に対抗することができない。

2 主たる債務者が前項の規定により通知を受け、又は承諾をしたときは、抵当権の処分の利益を受ける者の承諾を得ないでした弁済は、その受益者に対抗することができない。

第378条（代価弁済）

抵当不動産について所有権又は地上権を買い受けた第三者が、抵当権者の請求に応じてその抵当権者にその代価を弁済したときは、抵当権は、その第三者のために消滅する。過23-45

第379条（抵当権消滅請求）

抵当不動産の第三取得者は、第383条の定めるところにより、抵当権消滅請求をすることができる。過23-45

第380条

主たる債務者、保証人及びこれらの者の承継人は、抵当権消滅請求をすることができない。

第381条

抵当不動産の停止条件付第三取得者は、その停止条件の成否が未定である間は、抵当権消滅請求をすることができない。

第382条（抵当権消滅請求の時期）

抵当不動産の第三取得者は、抵当権の実行としての競売による差押えの効力が発生する前に、抵当権消滅請求をしなければならない。

第383条（抵当権消滅請求の手続）

抵当不動産の第三取得者は、抵当権消滅請求をするときは、登記をした各債権者に対し、次に掲げる書面を送付しなければならない。

① 取得の原因及び年月日、譲渡人及び取得者の氏名及び住所並びに抵当不動産の性質、所在及び代価その他取得者の負担を記

載した書面

② 抵当不動産に関する登記事項証明書（現に効力を有する登記事項のすべてを証明したものに限る。）

③ 債権者が2箇月以内に抵当権を実行して競売の申立てをしないときは、抵当不動産の第三取得者が第1号に規定する代価又は特に指定した金額を債権の順位に従って弁済又は供託すべき旨を記載した書面

第384条（債権者のみなし承諾）

次に掲げる場合には、前条各号に掲げる書面の送付を受けた債権者は、抵当不動産の第三取得者が同条第3号に掲げる書面に記載したところにより提供した同号の代価又は金額を承諾したものとみなす。

① その債権者が前条各号に掲げる書面の送付を受けた後2箇月以内に抵当権を実行して競売の申立てをしないとき。

② その債権者が前号の申立てを取り下げたとき。

③ 第1号の申立てを却下する旨の決定が確定したとき。

④ 第1号の申立てに基づく競売の手続を取り消す旨の決定（民事執行法第188条において準用する同法第63条第3項若しくは第68条の3第3項の規定又は同法第183条第1項第5号の謄本が提出された場合における同条第2項の規定による決定を除く。）が確定したとき。

第385条（競売の申立ての通知）

第383条各号に掲げる書面の送付を受けた債権者は、前条第1号の申立てをするときは、同号の期間内に、債務者及び抵当不動産の譲渡人にその旨を通知しなければならない。

第386条（抵当権消滅請求の効果）

登記をしたすべての債権者が抵当不動産の第三取得者の提供した代価又は金額を承諾し、かつ、抵当不動産の第三取得者がその承諾を得た代価又は金額を払い渡し又は供託したときは、抵当権は、消滅する。

第387条（抵当権者の同意の登記がある場合の賃貸借の対抗力）

1 登記をした賃貸借は、その登記前に登記をした抵当権を有するすべての者が同意をし、かつ、その同意の登記があるときは、その同意をした抵当権者に対抗することができる。

2 抵当権者が前項の同意をするには、その抵当権を目的とする権利を有する者その他抵当権者の同意によって不利益を受けるべき者の

承諾を得なければならない。

第388条（法定地上権）

土地及びその上に存する建物が同一の所有者に属する場合において、その土地又は建物につき抵当権が設定され、その実行により所有者を異にするに至ったときは、その建物について、地上権が設定されたものとみなす。この場合において、地代は、当事者の請求により、裁判所が定める。

第389条（抵当地の上の建物の競売）

1　抵当権の設定後に抵当地に建物が築造されたときは、抵当権者は、土地とともにその建物を競売することができる。ただし、その優先権は、土地の代価についてのみ行使することができる。 過23-31-1

2　前項の規定は、その建物の所有者が抵当地を占有するについて抵当権者に対抗することができる権利を有する場合には、適用しない。

第390条（抵当不動産の第三取得者による買受け）

抵当不動産の第三取得者は、その競売において買受人となることができる。

第391条（抵当不動産の第三取得者による費用の償還請求）

抵当不動産の第三取得者は、抵当不動産について必要費又は有益費を支出したときは、第196条の区別に従い、抵当不動産の代価から、他の債権者より先にその償還を受けることができる。

第392条（共同抵当における代価の配当）

1　債権者が同一の債権の担保として数個の不動産につき抵当権を有する場合において、同時にその代価を配当すべきときは、その各不動産の価額に応じて、その債権の負担を按分する。

2　債権者が同一の債権の担保として数個の不動産につき抵当権を有する場合において、ある不動産の代価のみを配当すべきときは、抵当権者は、その代価から債権の全部の弁済を受けることができる。この場合において、次順位の抵当権者は、その弁済を受ける抵当権者が前項の規定に従い他の不動産の代価から弁済を受けるべき金額を限度として、その抵当権者に代位して抵当権を行使することができる。

第393条（共同抵当における代位の付記登記）

前条第2項後段の規定により代位によって抵当権を行使する者は、その抵当権の登記にその

代位を付記することができる。

第394条（抵当不動産以外の財産からの弁済）

1　抵当権者は、抵当不動産の代価から弁済を受けない債権の部分についてのみ、他の財産から弁済を受けることができる。

2　前項の規定は、抵当不動産の代価に先立って他の財産の代価を配当すべき場合には、適用しない。この場合において、他の各債権者は、抵当権者に同項の規定による弁済を受けさせるため、抵当権者に配当すべき金額の供託を請求することができる。

第395条（抵当建物使用者の引渡しの猶予）

1　抵当権者に対抗することができない賃貸借により抵当権の目的である建物の使用又は収益をする者であって次に掲げるもの（次項において「抵当建物使用者」という。）は、その建物の競売における買受人の買受けの時から **6箇月** を経過するまでは、その建物を買受人に引き渡すことを要しない。 過20-31-5

①　競売手続の開始前から使用又は収益をする者

②　強制管理又は担保不動産収益執行の管理人が競売手続の開始後にした賃貸借により使用又は収益をする者

2　前項の規定は、買受人の買受けの時より後に同項の建物の使用をしたことの **対価** について、買受人が抵当建物使用者に対し相当の期間を定めてその1箇月分以上の支払の催告をし、その相当の期間内に履行がない場合には、適用しない。 過20-31-5、21-30-エ

第3節　抵当権の消滅

第396条（抵当権の消滅時効）

抵当権は、**債務者** 及び **抵当権設定者** に対しては、その担保する債権と同時でなければ、時効によって消滅しない。

第397条（抵当不動産の時効取得による抵当権の消滅）

債務者又は抵当権設定者でない者が抵当不動産について **取得時効** に必要な要件を具備する占有をしたときは、抵当権は、これによって消滅する。 過21-29-エ

第398条（抵当権の目的である地上権等の放棄）

地上権又は永小作権を抵当権の目的とした地上権者又は永小作人は、その権利を **放棄** しても、これをもって抵当権者に対抗することができない。

第4節　根抵当

第398条の2（根抵当権）

1　抵当権は、設定行為で定めるところによ

133

り、一定の範囲に属する不特定の債権を極度
額の限度において担保するためにも設定する
ことができる。
2 前項の規定による抵当権（以下「根抵当
権」という。）の担保すべき不特定の債権の
範囲は、債務者との特定の継続的取引契約に
よって生ずるものその他債務者との一定の種
類の取引によって生ずるものに限定して、定
めなければならない。
3 特定の原因に基づいて債務者との間に継続
して生ずる債権、手形上若しくは小切手上の
請求権又は電子記録債権（電子記録債権法第
2条第1項に規定する電子記録債権をいう。
次条第2項において同じ。）は、前項の規定
にかかわらず、根抵当権の担保すべき債権と
することができる。

第398条の3 （根抵当権の被担保債権の範囲）
1 根抵当権者は、確定した元本並びに利息そ
の他の定期金及び債務の不履行によって生じ
た損害の賠償の全部について、極度額を限度
として、その根抵当権を行使することができ
る。過2-29-1
2 債務者との取引によらないで取得する手形
上若しくは小切手上の請求権又は電子記録債
権を根抵当権の担保すべき債権とした場合に
おいて、次に掲げる事由があったときは、そ
の前に取得したものについてのみ、その根抵
当権を行使することができる。ただし、その
後に取得したものであっても、その事由を知
らないで取得したものについては、これを行
使することを妨げない。
① 債務者の支払の停止
② 債務者についての破産手続開始、再生手
続開始、更生手続開始又は特別清算開始の
申立て
③ 抵当不動産に対する競売の申立て又は滞
納処分による差押え

第398条の4 （根抵当権の被担保債権の範囲及び債務者の変更）
1 元本の確定前においては、根抵当権の担保
すべき債権の範囲の変更をすることができ
る。債務者の変更についても、同様とする。
過28-31-1、2-29-2
2 前項の変更をするには、後順位の抵当権者
その他の第三者の承諾を得ることを要しな
い。過28-31-1、2-29-2
3 第1項の変更について元本の確定前に登記
をしなかったときは、その変更をしなかった
ものとみなす。過2-29-2

第398条の5 （根抵当権の極度額の変更）
根抵当権の極度額の変更は、利害関係を有す
る者の承諾を得なければ、することができな
い。

第398条の6 （根抵当権の元本確定期日の定め）
1 根抵当権の担保すべき元本については、そ
の確定すべき期日を定め又は変更することが
できる。過2-29-3
2 第398条の4第2項の規定は、前項の場合
について準用する。過2-29-3
3 第1項の期日は、これを定め又は変更した
日から5年以内でなければならない。過2-
29-3
4 第1項の期日の変更についてその変更前の
期日より前に登記をしなかったときは、担保
すべき元本は、その変更前の期日に確定す
る。過2-29-3

第398条の7 （根抵当権の被担保債権の譲渡等）
1 元本の確定前に根抵当権者から債権を取得
した者は、その債権について根抵当権を行使
することができない。元本の確定前に債務者
のために又は債務者に代わって弁済をした者
も、同様とする。過2-29-4
2 元本の確定前に債務の引受けがあったとき
は、根抵当権者は、引受人の債務について、
その根抵当権を行使することができない。
3 元本の確定前に免責的債務引受があった場
合における債権者は、第472条の4第1項の
規定にかかわらず、根抵当権を引受人が負担
する債務に移すことができない。過2-29-
4
4 元本の確定前に債権者の交替による更改が
あった場合における更改前の債権者は、第
518条第1項の規定にかかわらず、根抵当権
を更改後の債務に移すことができない。元本
の確定前に債務者の交替による更改があった
場合における債権者も、同様とする。

第398条の8 （根抵当権者又は債務者の相続）
1 元本の確定前に根抵当権者について相続が
開始したときは、根抵当権は、相続開始の時
に存する債権のほか、相続人と根抵当権設定
者との合意により定めた相続人が相続の開始
後に取得する債権を担保する。
2 元本の確定前にその債務者について相続が
開始したときは、根抵当権は、相続開始の時
に存する債務のほか、根抵当権者と根抵当権
設定者との合意により定めた相続人が相続の
開始後に負担する債務を担保する。
3 第398条の4第2項の規定は、前二項の合

意をする場合について準用する。

4　第1項及び第2項の合意について相続の開始後6箇月以内に登記をしないときは、担保すべき元本は、相続開始の時に確定したものとみなす。

第398条の9（根抵当権者又は債務者の合併）

1　元本の確定前に根抵当権者について合併があったときは、根抵当権は、合併の時に存する債権のほか、合併後存続する法人又は合併によって設立された法人が合併後に取得する債権を担保する。

2　元本の確定前にその債務者について合併があったときは、根抵当権は、合併の時に存する債務のほか、合併後存続する法人又は合併によって設立された法人が合併後に負担する債務を担保する。

3　前二項の場合には、根抵当権設定者は、担保すべき元本の確定を請求することができる。ただし、前項の場合において、その債務者が根抵当権設定者であるときは、この限りでない。

4　前項の規定による請求があったときは、担保すべき元本は、合併の時に確定したものとみなす。

5　第3項の規定による請求は、根抵当権設定者が合併のあったことを知った日から2週間を経過したときは、することができない。合併の日から1箇月を経過したときも、同様とする。

第398条の10（根抵当権者又は債務者の会社分割）

1　元本の確定前に根抵当権者を分割をする会社とする分割があったときは、根抵当権は、分割の時に存する債権のほか、分割をした会社及び分割により設立された会社又は当該分割をした会社がその事業に関して有する権利義務の全部又は一部を当該会社から承継した会社が分割後に取得する債権を担保する。

2　元本の確定前にその債務者を分割をする会社とする分割があったときは、根抵当権は、分割の時に存する債務のほか、分割をした会社及び分割により設立された会社又は当該分割をした会社がその事業に関して有する権利義務の全部又は一部を当該会社から承継した会社が分割後に負担する債務を担保する。

3　前条第3項から第5項までの規定は、前二項の場合について準用する。

第398条の11（根抵当権の処分）

1　元本の確定前においては、根抵当権者は、

第376条第1項の規定による根抵当権の処分をすることができない。ただし、その根抵当権を他の債権の担保とすることを妨げない。

2　第377条第2項の規定は、前項ただし書の場合において元本の確定前にした弁済については、適用しない。

第398条の12（根抵当権の譲渡）

1　元本の確定前においては、根抵当権者は、根抵当権設定者の承諾を得て、その根抵当権を譲り渡すことができる。

2　根抵当権者は、その根抵当権を2個の根抵当権に分割して、その一方を前項の規定により譲り渡すことができる。この場合において、その根抵当権を目的とする権利は、譲り渡した根抵当権について消滅する。

3　前項の規定による譲渡をするには、その根抵当権を目的とする権利を有する者の承諾を得なければならない。

第398条の13（根抵当権の一部譲渡）

元本の確定前においては、根抵当権者は、根抵当権設定者の承諾を得て、その根抵当権の一部譲渡（譲受人が譲受人と根抵当権を共有するため、これを分割しないで譲り渡すことをいう。以下この節において同じ。）をすることができる。

第398条の14（根抵当権の共有）

1　根抵当権の共有者は、それぞれその債権額の割合に応じて弁済を受ける。ただし、元本の確定前に、これと異なる割合を定め、又はある者が他の者に先立って弁済を受けるべきことを定めたときは、その定めに従う。

2　根抵当権の共有者は、他の共有者の同意を得て、第398条の12第1項の規定によりその権利を譲り渡すことができる。

第398条の15（抵当権の順位の譲渡又は放棄と根抵当権の譲渡又は一部譲渡）

抵当権の順位の譲渡又は放棄を受けた根抵当権者が、その根抵当権の譲渡又は一部譲渡をしたときは、譲受人は、その順位の譲渡又は放棄の利益を受ける。

第398条の16（共同根抵当）

第392条及び第393条の規定は、根抵当権については、その設定と同時に同一の債権の担保として数個の不動産につき根抵当権が設定された旨の登記をした場合に限り、適用する。

第398条の17（共同根抵当の変更等）

1　前条の登記がされている根抵当権の担保すべき債権の範囲、債務者若しくは極度額の変更又はその譲渡若しくは一部譲渡は、その根

抵当権が設定されているすべての不動産について登記をしなければ、その効力を生じない。

2　前条の登記がされている根抵当権の担保すべき元本は、一個の不動産についてのみ確定すべき事由が生じた場合においても、確定する。

第398条の18（累積根抵当）

数個の不動産につき根抵当権を有する者は、第398条の16の場合を除き、各不動産の代価について、各極度額に至るまで優先権を行使することができる。

第398条の19（根抵当権の元本の確定請求）

1　根抵当権設定者は、根抵当権の設定の時から3年を経過したときは、担保すべき元本の確定を請求することができる。この場合において、担保すべき元本は、その請求の時から2週間を経過することによって確定する。

2　根抵当権者は、いつでも、担保すべき元本の確定を請求することができる。この場合において、担保すべき元本は、その請求の時に確定する。

3　前二項の規定は、担保すべき元本の確定すべき期日の定めがあるときは、適用しない。

第398条の20（根抵当権の元本の確定事由）

1　次に掲げる場合には、根抵当権の担保すべき元本は、確定する。

①　根抵当権者が抵当不動産について競売若しくは担保不動産収益執行又は第372条において準用する第304条の規定による差押えを申し立てたとき。ただし、競売手続若しくは担保不動産収益執行手続の開始又は差押えがあったときに限る。

②　根抵当権者が抵当不動産に対して滞納処分による差押えをしたとき。

③　根抵当権者が抵当不動産に対する競売手続の開始又は滞納処分による差押えがあったことを知った時から2週間を経過したとき。

④　債務者又は根抵当権設定者が破産手続開始の決定を受けたとき。

2　前項第3号の競売手続の開始若しくは差押え又は同項第4号の破産手続開始の決定の効力が消滅したときは、担保すべき元本は、確定しなかったものとみなす。ただし、元本が確定したものとしてその根抵当権又はこれを目的とする権利を取得した者があるときは、この限りでない。

第398条の21（根抵当権の極度額の減額請求）

1　元本の確定後においては、根抵当権設定者は、その根抵当権の極度額を、現に存する債務の額と以後2年間に生ずべき利息その他の定期金及び債務の不履行による損害賠償の額とを加えた額に減額することを請求することができる。過2-29-5

2　第398条の16の登記がされている根抵当権の極度額の減額については、前項の規定による請求は、そのうちの一個の不動産についてすれば足りる。

第398条の22（根抵当権の消滅請求）

1　元本の確定後において現に存する債務の額が根抵当権の極度額を超えるときは、他人の債務を担保するためその根抵当権を設定した者又は抵当不動産について所有権、地上権、永小作権若しくは第三者に対抗することができる賃借権を取得した第三者は、その極度額に相当する金額を払い渡し又は供託して、その根抵当権の消滅請求をすることができる。この場合において、その払渡し又は供託は、弁済の効力を有する。

2　第398条の16の登記がされている根抵当権は、一個の不動産について前項の消滅請求があったときは、消滅する。

3　第380条及び第381条の規定は、第1項の消滅請求について準用する。

第3編　債権

第1章　総則

第1節　債権の目的

第399条（債権の目的）

債権は、金銭に見積もることができないものであっても、その目的とすることができる。

第400条（特定物の引渡しの場合の注意義務）

債権の目的が特定物の引渡しであるときは、債務者は、その引渡しをするまで、契約その他の債権の発生原因及び取引上の社会通念に照らして定まる善良な管理者の注意をもって、その物を保存しなければならない。過19-31-2

第401条（種類債権）

1　債権の目的物を種類のみで指定した場合において、法律行為の性質又は当事者の意思によってその品質を定めることができないときは、債務者は、中等の品質を有する物を給付しなければならない。過19-31-4

2　前項の場合において、債務者が物の給付をするのに必要な行為を完了し、又は債権者の

同意を得てその給付すべき物を指定したときは、以後その物を債権の目的物とする。

第402条（金銭債権）

1 債権の目的物が金銭であるときは、債務者は、その選択に従い、各種の通貨で弁済をすることができる。ただし、特定の種類の通貨の給付を債権の目的としたときは、この限りでない。

2 債権の目的物である特定の種類の通貨が弁済期に強制通用の効力を失っているときは、債務者は、他の通貨で弁済をしなければならない。

3 前二項の規定は、外国の通貨の給付を債権の目的とした場合について準用する。

第403条

外国の通貨で債権額を指定したときは、債務者は、履行地における為替相場により、日本の通貨で弁済をすることができる。

第404条（法定利率）

1 利息を生ずべき債権について別段の意思表示がないときは、その利率は、その利息が生じた最初の時点における法定利率による。

2 法定利率は、年3パーセントとする。

3 前項の規定にかかわらず、法定利率は、法務省令で定めるところにより、3年を1期とし、1期ごとに、次項の規定により変動するものとする。

4 各期における法定利率は、この項の規定により法定利率に変動があった期のうち直近のもの（以下この項において「直近変動期」という。）における基準割合と当期における基準割合との差に相当する割合（その割合に1パーセント未満の端数があるときは、これを切り捨てる。）を直近変動期における法定利率に加算し、又は減算した割合とする。

5 前項に規定する「基準割合」とは、法務省令で定めるところにより、各期の初日の属する年の6年前の年の1月から前々年の12月までの各月における短期貸付けの平均利率（当該各月において銀行が新たに行った貸付け（貸付期間が1年未満のものに限る。）に係る利率の平均をいう。）の合計を60で除して計算した割合（その割合に0.1パーセント未満の端数があるときは、これを切り捨てる。）として法務大臣が告示するものをいう。

第405条（利息の元本への組入れ）

利息の支払が1年分以上延滞した場合において、債権者が催告をしても、債務者がその利息を支払わないときは、債権者は、これを元本に組み入れることができる。

第406条（選択債権における選択権の帰属）

債権の目的が数個の給付の中から選択によって定まるときは、その選択権は、債務者に属する。圖2-30-1

第407条（選択権の行使）

1 前条の選択権は、相手方に対する意思表示によって行使する。

2 前項の意思表示は、相手方の承諾を得なければ、撤回することができない。圖2-30-2

第408条（選択権の移転）

債権が弁済期にある場合において、相手方から相当の期間を定めて催告をしても、選択権を有する当事者がその期間内に選択をしないときは、その選択権は、相手方に移転する。

第409条（第三者の選択権）

1 第三者が選択をすべき場合には、その選択は、債権者又は債務者に対する意思表示によってする。圖2-30-4

2 前項に規定する場合において、第三者が選択をすることができず、又は選択をする意思を有しないときは、選択権は、債務者に移転する。圖2-30-5

第410条（不能による選択債権の特定）

債権の目的である給付の中に不能のものがある場合において、その不能が選択権を有する者の過失によるものであるときは、債権は、その残存するものについて存在する。圖2-30-3

第411条（選択の効力）

選択は、債権の発生の時にさかのぼってその効力を生ずる。ただし、第三者の権利を害することはできない。

第2節　債権の効力

第1款　債務不履行の責任等

第412条（履行期と履行遅滞）

1 債務の履行について確定期限があるときは、債務者は、その期限の到来した時から遅滞の責任を負う。

2 債務の履行について不確定期限があるときは、債務者は、その期限の到来した後に履行の請求を受けた時又はその期限の到来したことを知った時のいずれか早い時から遅滞の責任を負う。圖28-33-1、3-31-エ

3 債務の履行について期限を定めなかったときは、債務者は、履行の請求を受けた時から遅滞の責任を負う。圖3-31-オ

第412条の2（履行不能）

1 債務の履行が契約その他の債務の発生原因

及び**取引上の社会通念**に照らして不能である
ときは、債権者は、その債務の履行を請求す
ることができない。

2 契約に基づく債務の履行がその契約の成立
の時に不能であったことは、第415条の規定
によりその履行の不能によって生じた損害の
賠償を請求することを妨げない。

第413条（受領遅滞）

1 債権者が債務の履行を受けることを拒み、
又は受けることができない場合において、そ
の債務の目的が特定物の引渡しであるとき
は、債務者は、履行の提供をした時からその
引渡しをするまで、自己の財産に対するのと
同一の注意をもって、その物を保存すれば足
りる。

2 債権者が債務の履行を受けることを拒み、
又は受けることができないことによって、そ
の履行の費用が増加したときは、その増加額
は、債権者の負担とする。

第413条の2（履行遅滞中又は受領遅滞中の履行不能と帰責事由）

1 債務者がその債務について遅滞の責任を負
っている間に当事者双方の責めに帰すること
ができない事由によってその債務の履行が不
能となったときは、その履行の不能は、債務
者の責めに帰すべき事由によるものとみな
す。過20-32-1

2 債権者が債務の履行を受けることを拒み、
又は受けることができない場合において、履
行の提供があった時以後に当事者双方の責め
に帰することができない事由によってその債
務の履行が不能となったときは、その履行の
不能は、債権者の責めに帰すべき事由による
ものとみなす。

第414条（履行の強制）

1 債務者が任意に債務の履行をしないとき
は、債権者は、民事執行法その他強制執行の
手続に関する法令の規定に従い、直接強制、
代替執行、間接強制その他の方法による**履行
の強制**を裁判所に請求することができる。た
だし、債務の性質がこれを許さないときは、
この限りでない。

2 前項の規定は、損害賠償の請求を妨げな
い。

第415条（債務不履行による損害賠償）

1 債務者がその債務の本旨に従った履行をし
ないとき又は債務の履行が不能であるとき
は、債権者は、これによって生じた損害の賠
償を請求することができる。ただし、その債

務の不履行が契約その他の債務の発生原因及
び取引上の社会通念に照らして債務者の責め
に帰することができない事由によるものであ
るときは、この限りでない。

2 前項の規定により損害賠償の請求をするこ
とができる場合において、債権者は、次に掲
げるときは、債務の履行に代わる損害賠償の
請求をすることができる。

① 債務の履行が不能であるとき。

② 債務者がその債務の履行を拒絶する意思
を明確に表示したとき。

③ 債務が契約によって生じたものである場
合において、その契約が解除され、又は債
務の不履行による契約の解除権が発生した
とき。

第416条（損害賠償の範囲）

1 債務の不履行に対する損害賠償の請求は、
これによって**通常生ずべき損害の賠償**をさせ
ることをその目的とする。

2 特別の事情によって生じた損害であって
も、当事者がその事情を**予見すべきであった**
ときは、債権者は、その賠償を請求すること
ができる。

第417条（損害賠償の方法）

損害賠償は、別段の意思表示がないときは、
金銭をもってその額を定める。

第417条の2（中間利息の控除）

1 将来において取得すべき利益についての損
害賠償の額を定める場合において、その利益
を取得すべき時までの利息相当額を控除する
ときは、その損害賠償の請求権が生じた時点
における法定利率により、これをする。

2 将来において負担すべき費用についての損
害賠償の額を定める場合において、その費用
を負担すべき時までの利息相当額を控除する
ときも、前項と同様とする。

第418条（過失相殺）

債務の不履行又はこれによる損害の発生若し
くは拡大に関して債権者に過失があったとき
は、裁判所は、これを考慮して、損害賠償の責
任及びその額を定める。

第419条（金銭債務の特則）

1 金銭の給付を目的とする債務の不履行につ
いては、その損害賠償の額は、債務者が遅滞
の責任を負った最初の時点における法定利率
によって定める。ただし、約定利率が法定利
率を超えるときは、約定利率による。

2 前項の損害賠償については、債権者は、**損
害の証明**をすることを要しない。過19-46、

3-31-ア

3 第1項の損害賠償については、債務者は、不可抗力をもって抗弁とすることができない。過19-46、3-31-ウ

第420条（賠償額の予定）

1 当事者は、債務の不履行について損害賠償の額を予定することができる。

2 賠償額の予定は、履行の請求又は解除権の行使を妨げない。

3 違約金は、賠償額の予定と推定する。

第421条

前条の規定は、当事者が金銭でないものを損害の賠償に充てるべき旨を予定した場合について準用する。

第422条（損害賠償による代位）

債権者が、損害賠償として、その債権の目的である物又は権利の価額の全部の支払を受けたときは、債務者は、その物又は権利について当然に債権者に代位する。

第422条の2（代償請求権）

債務者が、その債務の履行が不能となったのと同一の原因により債務の目的物の代償である権利又は利益を取得したときは、債権者は、その受けた損害の額の限度において、債務者に対し、その権利の移転又はその利益の償還を請求することができる。

第2款 債権者代位権

第423条（債権者代位権の要件）

1 債権者は、自己の債権を保全するため必要があるときは、債務者に属する権利（以下「被代位権利」という。）を行使することができる。ただし、債務者の一身に専属する権利及び差押えを禁じられた権利は、この限りでない。

2 債権者は、その債権の期限が到来しない間は、被代位権利を行使することができない。ただし、保存行為は、この限りでない。過28-32-1、3-32-2

3 債権者は、その債権が強制執行により実現することのできないものであるときは、被代位権利を行使することができない。

第423条の2（代位行使の範囲）

債権者は、被代位権利を行使する場合において、被代位権利の目的が可分であるときは、自己の債権の額の限度においてのみ、被代位権利を行使することができる。

第423条の3（債権者への支払又は引渡し）

債権者は、被代位権利を行使する場合において、被代位権利が金銭の支払又は動産の引渡し

を目的とするものであるときは、相手方に対し、その支払又は引渡しを自己に対してすることを求めることができる。この場合において、相手方が債権者に対してその支払又は引渡しをしたときは、被代位権利は、これによって消滅する。過3-32-3

第423条の4（相手方の抗弁）

債権者が被代位権利を行使したときは、相手方は、債務者に対して主張することができる抗弁をもって、債権者に対抗することができる。

第423条の5（債務者の取立てその他の処分の権限等）

債権者が被代位権利を行使した場合であっても、債務者は、被代位権利について、自ら取立てその他の処分をすることを妨げられない。この場合においては、相手方も、被代位権利について、債務者に対して履行をすることを妨げられない。過3-32-4・5

第423条の6（被代位権利の行使に係る訴えを提起した場合の訴訟告知）

債権者は、被代位権利の行使に係る訴えを提起したときは、遅滞なく、債務者に対し、訴訟告知をしなければならない。過3-32-5

第423条の7（登記又は登録の請求権を保全するための債権者代位権）

登記又は登録をしなければ権利の得喪及び変更を第三者に対抗することができない財産を譲り受けた者は、その譲渡人が第三者に対して有する登記手続又は登録手続をすべきことを請求する権利を行使しないときは、その権利を行使することができる。この場合においては、前三条の規定を準用する。

第3款 詐害行為取消権

第1目 詐害行為取消権の要件

第424条（詐害行為取消請求）

1 債権者は、債務者が債権者を害することを知ってした行為の取消しを裁判所に請求することができる。ただし、その行為によって利益を受けた者（以下この款において「受益者」という。）がその行為の時において債権者を害することを知らなかったときは、この限りでない。過26-45

2 前項の規定は、財産権を目的としない行為については、適用しない。

3 債権者は、その債権が第1項に規定する行為の前の原因に基づいて生じたものである場合に限り、同項の規定による請求（以下「詐害行為取消請求」という。）をすることができる。

4　債権者は、その債権が強制執行により実現することのできないものであるときは、詐害行為取消請求をすることができない。

第424条の2（相当の対価を得てした財産の処分行為の特則）

債務者が、その有する財産を処分する行為をした場合において、受益者から相当の対価を取得しているときは、債権者は、次に掲げる要件のいずれにも該当する場合に限り、その行為について、詐害行為取消請求をすることができる。

①　その行為が、不動産の金銭への換価その他の当該処分による財産の種類の変更により、債務者において隠匿、無償の供与その他の債権者を害することとなる処分（以下この条において「隠匿等の処分」という。）をするおそれを現に生じさせるものであること。

②　債務者が、その行為の当時、対価として取得した金銭その他の財産について、隠匿等の処分をする意思を有していたこと。

③　受益者が、その行為の当時、債務者が隠匿等の処分をする意思を有していたことを知っていたこと。

第424条の3（特定の債権者に対する担保の供与等の特則）

1　債務者がした既存の債務についての担保の供与又は債務の消滅に関する行為について、債権者は、次に掲げる要件のいずれにも該当する場合に限り、詐害行為取消請求をすることができる。

①　その行為が、債務者が支払不能（債務者が、支払能力を欠くために、その債務のうち弁済期にあるものにつき、一般的かつ継続的に弁済することができない状態をいう。次項第1号において同じ。）の時に行われたものであること。

②　その行為が、債務者と受益者とが通謀して他の債権者を害する意図をもって行われたものであること。

2　前項に規定する行為が、債務者の義務に属せず、又はその時期が債務者の義務に属しないものである場合において、次に掲げる要件のいずれにも該当するときは、債権者は、同項の規定にかかわらず、その行為について、詐害行為取消請求をすることができる。

①　その行為が、債務者が支払不能になる前30日以内に行われたものであること。

②　その行為が、債務者と受益者とが通謀して他の債権者を害する意図をもって行われたものであること。

第424条の4（過大な代物弁済等の特則）

債務者がした債務の消滅に関する行為であって、受益者の受けた給付の価額がその行為によって消滅した債務の額より過大であるものについて、第424条に規定する要件に該当するときは、債権者は、前条第1項の規定にかかわらず、その消滅した債務の額に相当する部分以外の部分については、詐害行為取消請求をすることができる。

第424条の5（転得者に対する詐害行為取消請求）

債権者は、受益者に対して詐害行為取消請求をすることができる場合において、受益者に移転した財産を転得した者があるときは、次の各号に掲げる区分に応じ、それぞれ当該各号に定める場合に限り、その転得者に対しても、詐害行為取消請求をすることができる。過26-45

①　その転得者が受益者から転得した者である場合　その転得者が、転得の当時、債務者がした行為が債権者を害することを知っていたとき。

②　その転得者が他の転得者から転得した者である場合　その転得者及びその前に転得した全ての転得者が、それぞれの転得の当時、債務者がした行為が債権者を害することを知っていたとき。

第2目　詐害行為取消権の行使の方法等

第424条の6（財産の返還又は価額の償還の請求）

1　債権者は、受益者に対する詐害行為取消請求において、債務者がした行為の取消しとともに、その行為によって受益者に移転した財産の返還を請求することができる。受益者がその財産の返還をすることが困難であるときは、債権者は、その価額の償還を請求することができる。過26-45

2　債権者は、転得者に対する詐害行為取消請求において、債務者がした行為の取消しとともに、転得者が転得した財産の返還を請求することができる。転得者がその財産の返還をすることが困難であるときは、債権者は、その価額の償還を請求することができる。過26-45

第424条の7（被告及び訴訟告知）

1　詐害行為取消請求に係る訴えについては、次の各号に掲げる区分に応じ、それぞれ当該各号に定める者を被告とする。過26-45

① 受益者に対する詐害行為取消請求に係る訴え　**受益者**

② 転得者に対する詐害行為取消請求に係る訴え　その詐害行為取消請求の相手方である**転得者**

2　債権者は、詐害行為取消請求に係る訴えを提起したときは、遅滞なく、債務者に対し、訴訟告知をしなければならない。

第424条の8　（詐害行為の取消しの範囲）

1　債権者は、詐害行為取消請求をする場合において、債務者がした行為の目的が可分であるときは、自己の債権の額の限度においてのみ、その行為の取消しを請求することができる。

2　債権者が第424条の6第1項後段又は第2項後段の規定により価額の償還を請求する場合についても、前項と同様とする。

第424条の9　（債権者への支払又は引渡し）

1　債権者は、第424条の6第1項前段又は第2項前段の規定により受益者又は転得者に対して財産の返還を請求する場合において、その返還の請求が金銭の支払又は動産の引渡しを求めるものであるときは、受益者に対してその支払又は引渡しを、転得者に対してその引渡しを、自己に対してすることを求めることができる。この場合において、受益者又は転得者は、債権者に対してその支払又は引渡しをしたときは、債務者に対してその支払又は引渡しをすることを要しない。過25-30-5

2　債権者が第424条の6第1項後段又は第2項後段の規定により受益者又は転得者に対して価額の償還を請求する場合についても、前項と同様とする。

第3目　詐害行為取消権の行使の効果

第425条　（認容判決の効力が及ぶ者の範囲）

詐害行為取消請求を認容する確定判決は、**債務者**及びその**全ての債権者**に対してもその効力を有する。

第425条の2　（債務者の受けた反対給付に関する受益者の権利）

債務者がした財産の処分に関する行為（債務の消滅に関する行為を除く。）が取り消されたときは、受益者は、債務者に対し、その財産を取得するためにした反対給付の返還を請求することができる。債務者がその反対給付の返還をすることが困難であるときは、受益者は、その価額の償還を請求することができる。

第425条の3　（受益者の債権の回復）

債務者がした債務の消滅に関する行為が取り消された場合（第424条の4の規定により取り消された場合を除く。）において、受益者が債務者から受けた給付を返還し、又はその価額を償還したときは、受益者の債務者に対する債権は、これによって原状に復する。

第425条の4　（詐害行為取消請求を受けた転得者の権利）

債務者がした行為が転得者に対する詐害行為取消請求によって取り消されたときは、その転得者は、次の各号に掲げる区分に応じ、それぞれ当該各号に定める権利を行使することができる。ただし、その転得者がその前者から財産を取得するためにした反対給付又はその前者から財産を取得することによって消滅した債権の価額を限度とする。

① 第425条の2に規定する行為が取り消された場合　その行為が受益者に対する詐害行為取消請求によって取り消されたとすれば同条の規定により生ずべき受益者の債務者に対する反対給付の返還請求権又はその価額の償還請求権

② 前条に規定する行為が取り消された場合（第424条の4の規定により取り消された場合を除く。）　その行為が受益者に対する詐害行為取消請求によって取り消されたとすれば前条の規定により回復すべき受益者の債務者に対する債権

第4目　詐害行為取消権の期間の制限

第426条

詐害行為取消請求に係る訴えは、債務者が債権者を害することを知って行為をしたことを債権者が知った時から**2年**を経過したときは、提起することができない。行為の時から**10年**を経過したときも、同様とする。

第3節　多数当事者の債権及び債務
第1款　総則

第427条　（分割債権及び分割債務）

数人の債権者又は債務者がある場合において、別段の意思表示がないときは、各債権者又は各債務者は、それぞれ等しい割合で権利を有し、又は義務を負う。

第2款　不可分債権及び不可分債務

第428条　（不可分債権）

次款（連帯債権）の規定（第433条及び第435条の規定を除く。）は、債権の目的がその性質上不可分である場合において、数人の債権者があるときについて準用する。過20-33-イ

第429条～第442条

第429条（不可分債権者の１人との間の更改又は免除）

不可分債権者の１人と債務者との間に更改又は免除があった場合においても、他の不可分債権者は、債務の全部の履行を請求することができる。この場合においては、その１人の不可分債権者がその権利を失わなければ分与されるべき利益を債務者に償還しなければならない。

第430条（不可分債務）

第４款（連帯債務）の規定（第440条の規定を除く。）は、債務の目的がその性質上不可分である場合において、数人の債務者があるときについて準用する。圏20-33-ア

第431条（可分債権又は可分債務への変更）

不可分債権が可分債権となったときは、各債権者は自己が権利を有する部分についてのみ履行を請求することができ、不可分債務が可分債務となったときは、各債務者はその負担部分についてのみ履行の責任を負う。

第３款　連帯債権

第432条（連帯債権者による履行の請求等）

債権の目的がその性質上可分である場合において、法令の規定又は当事者の意思表示によって数人が連帯して債権を有するときは、各債権者は、全ての債権者のために全部又は一部の履行を請求することができ、債務者は、全ての債権者のために各債権者に対して履行をすることができる。圏20-33-イ

第433条（連帯債権者の１人との間の更改又は免除）

連帯債権者の１人と債務者との間に更改又は免除があったときは、その連帯債権者がその権利を失わなければ分与されるべき利益に係る部分については、他の連帯債権者は、履行を請求することができない。

第434条（連帯債権者の１人との間の相殺）

債務者が連帯債権者の１人に対して債権を有する場合において、その債務者が相殺を援用したときは、その相殺は、他の連帯債権者に対しても、その効力を生ずる。

第435条（連帯債権者の１人との間の混同）

連帯債権者の１人と債務者との間に混同があったときは、債務者は、弁済をしたものとみなす。

第435条の２（相対的効力の原則）

第432条から前条までに規定する場合を除き、連帯債権者の１人の行為又は１人について生じた事由は、他の連帯債権者に対してその効力を生じない。ただし、他の連帯債権者の１人及び債務者が別段の意思を表示したときは、当該他の連帯債権者に対する効力は、その意思に従う。

第４款　連帯債務

第436条（連帯債務者に対する履行の請求）

債務の目的がその性質上可分である場合において、法令の規定又は当事者の意思表示によって数人が連帯して債務を負担するときは、債権者は、その連帯債務者の１人に対し、又は同時に若しくは順次に全ての連帯債務者に対し、全部又は一部の履行を請求することができる。圏20-33-ア

第437条（連帯債務者の１人についての法律行為の無効等）

連帯債務者の１人について法律行為の無効又は取消しの原因があっても、他の連帯債務者の債務は、その効力を妨げられない。圏20-33-オ、29-32-１

第438条（連帯債務者の１人との間の更改）

連帯債務者の１人と債権者との間に更改があったときは、債権は、全ての連帯債務者の利益のために消滅する。圏29-32-２

第439条（連帯債務者の１人による相殺等）

1　連帯債務者の１人が債権者に対して債権を有する場合において、その連帯債務者が相殺を援用したときは、債権は、全ての連帯債務者の利益のために消滅する。

2　前項の債権を有する連帯債務者が相殺を援用しない間は、その連帯債務者の負担部分の限度において、他の連帯債務者は、債権者に対して債務の履行を拒むことができる。圏23-31-ア

第440条（連帯債務者の１人との間の混同）

連帯債務者の１人と債権者との間に混同があったときは、その連帯債務者は、弁済をしたものとみなす。圏23-31-エ

第441条（相対的効力の原則）

第438条、第439条第１項及び前条に規定する場合を除き、連帯債務者の１人について生じた事由は、他の連帯債務者に対してその効力を生じない。ただし、債権者及び他の連帯債務者の１人が別段の意思を表示したときは、当該他の連帯債務者に対する効力は、その意思に従う。圏23-31-イ・ウ

第442条（連帯債務者間の求償権）

1　連帯債務者の１人が弁済をし、その他自己の財産をもって共同の免責を得たときは、その連帯債務者は、その免責を得た額が自己の負担部分を超えるかどうかにかかわらず、他

142

第443条〜第450条

の連帯債務者に対し、その免責を得るために支出した財産の額（その財産の額が共同の免責を得た額を超える場合にあっては、その免責を得た額）のうち各自の負担部分に応じた額の求償権を有する。過23-31-オ

2　前項の規定による求償は、弁済その他免責があった日以後の法定利息及び避けることができなかった費用その他の損害の賠償を包含する。過26-31

第443条（通知を怠った連帯債務者の求償の制限）

1　他の連帯債務者があることを知りながら、連帯債務者の1人が共同の免責を得ることを他の連帯債務者に通知しないで弁済をし、その他自己の財産をもって共同の免責を得た場合において、他の連帯債務者は、債権者に対抗することができる事由を有していたときは、その負担部分について、その事由をもってその免責を得た連帯債務者に対抗することができる。この場合において、相殺をもってその免責を得た連帯債務者に対抗したときは、その連帯債務者は、債権者に対し、相殺によって消滅すべきであった債務の履行を請求することができる。過29-32-4

2　弁済をし、その他自己の財産をもって共同の免責を得た連帯債務者が、他の連帯債務者があることを知りながらその免責を得たことを他の連帯債務者に通知することを怠ったため、他の連帯債務者が善意で弁済その他自己の財産をもって免責を得るための行為をしたときは、当該他の連帯債務者は、その免責を得るための行為を有効であったものとみなすことができる。過29-32-5

第444条（償還をする資力のない者の負担部分の分担）

1　連帯債務者の中に償還をする資力のない者があるときは、その償還をすることができない部分は、求償者及び他の資力のある者の間で、各自の負担部分に応じて分割して負担する。過21-31-ア

2　前項に規定する場合において、求償者及び他の資力のある者がいずれも負担部分を有しない者であるときは、その償還をすることができない部分は、求償者及び他の資力のある者の間で、等しい割合で分割して負担する。

3　前二項の規定にかかわらず、償還を受けることができないことについて求償者に過失があるときは、他の連帯債務者に対して分担を請求することができない。

第445条（連帯債務者の1人との間の免除等と求償権）

連帯債務者の1人に対して債務の免除がされ、又は連帯債務者の1人のために時効が完成した場合においても、他の連帯債務者は、その1人の連帯債務者に対し、第442条第1項の求償権を行使することができる。

第5款　保証債務
第1目　総則
第446条（保証人の責任等）

1　保証人は、主たる債務者がその債務を履行しないときに、その履行をする責任を負う。

2　保証契約は、書面でしなければ、その効力を生じない。

3　保証契約がその内容を記録した電磁的記録によってされたときは、その保証契約は、書面によってされたものとみなして、前項の規定を適用する。

第447条（保証債務の範囲）

1　保証債務は、主たる債務に関する利息、違約金、損害賠償その他その債務に従たるすべてのものを包含する。過22-31-4

2　保証人は、その保証債務についてのみ、違約金又は損害賠償の額を約定することができる。

第448条（保証人の負担と主たる債務の目的又は態様）

1　保証人の負担が債務の目的又は態様において主たる債務より重いときは、これを主たる債務の限度に減縮する。

2　主たる債務の目的又は態様が保証契約の締結後に加重されたときであっても、保証人の負担は加重されない。

第449条（取り消すことができる債務の保証）

行為能力の制限によって取り消すことができる債務を保証した者は、保証契約の時においてその取消しの原因を知っていたときは、主たる債務の不履行の場合又はその債務の取消しの場合においてこれと同一の目的を有する独立の債務を負担したものと推定する。

第450条（保証人の要件）

1　債務者が保証人を立てる義務を負う場合には、その保証人は、次に掲げる要件を具備する者でなければならない。

①　行為能力者であること。

②　弁済をする資力を有すること。

2　保証人が前項第2号に掲げる要件を欠くに至ったときは、債権者は、同項各号に掲げる要件を具備する者をもってこれに代えること

143

第451条～第459条

を請求することができる。

3 前二項の規定は、債権者が保証人を指名した場合には、適用しない。

第451条（他の担保の供与）

債務者は、前条第1項各号に掲げる要件を具備する保証人を立てることができないときは、他の担保を供してこれに代えることができる。

第452条（催告の抗弁）

債権者が保証人に債務の履行を請求したときは、保証人は、まず主たる債務者に催告をすべき旨を請求することができる。ただし、主たる債務者が破産手続開始の決定を受けたとき、又はその行方が知れないときは、この限りでない。

第453条（検索の抗弁）

債権者が前条の規定に従い主たる債務者に催告をした後であっても、保証人が主たる債務者に弁済をする資力があり、かつ、執行が容易であることを証明したときは、債権者は、まず主たる債務者の財産について執行をしなければならない。 過24-45

第454条（連帯保証の場合の特則）

保証人は、主たる債務者と連帯して債務を負担したときは、前二条の権利を有しない。

第455条（催告の抗弁及び検索の抗弁の効果）

第452条又は第453条の規定により保証人の請求又は証明があったにもかかわらず、債権者が催告又は執行をすることを怠ったために主たる債務者から全部の弁済を得られなかったときは、保証人は、債権者が直ちに催告又は執行をすれば弁済を得ることができた限度において、その義務を免れる。

第456条（数人の保証人がある場合）

数人の保証人がある場合には、それらの保証人が各別の行為により債務を負担したときであっても、第427条の規定を適用する。

第457条（主たる債務者について生じた事由の効力）

1 主たる債務者に対する履行の請求その他の事由による時効の完成猶予及び更新は、保証人に対しても、その効力を生ずる。

2 保証人は、主たる債務者が主張することができる抗弁をもって債権者に対抗することができる。

3 主たる債務者が債権者に対して相殺権、取消権又は解除権を有するときは、これらの権利の行使によって主たる債務者がその債務を免れるべき限度において、保証人は、債権者に対して債務の履行を拒むことができる。

過23-31-ア

第458条（連帯保証人について生じた事由の効力）

第438条、第439条第1項、第440条及び第441条の規定は、主たる債務者と連帯して債務を負担する保証人について生じた事由について準用する。 過23-31-イ・ウ・エ

第458条の2（主たる債務の履行状況に関する情報の提供義務）

保証人が主たる債務者の委託を受けて保証をした場合において、保証人の請求があったときは、債権者は、保証人に対し、遅滞なく、主たる債務の元本及び主たる債務に関する利息、違約金、損害賠償その他その債務に従たる全てのものについての不履行の有無並びにこれらの残額及びそのうち弁済期が到来しているものの額に関する情報を提供しなければならない。

第458条の3（主たる債務者が期限の利益を喪失した場合における情報の提供義務）

1 主たる債務者が期限の利益を有する場合において、その利益を喪失したときは、債権者は、保証人に対し、その利益の喪失を知った時から2箇月以内に、その旨を通知しなければならない。

2 前項の期間内に同項の通知をしなかったときは、債権者は、保証人に対し、主たる債務者が期限の利益を喪失した時から同項の通知を現にするまでに生じた遅延損害金（期限の利益を喪失しなかったとしても生ずべきものを除く。）に係る保証債務の履行を請求することができない。

3 前二項の規定は、保証人が法人である場合には、適用しない。

第459条（委託を受けた保証人の求償権）

1 保証人が主たる債務者の委託を受けて保証をした場合において、主たる債務者に代わって弁済その他自己の財産をもって債務を消滅させる行為（以下「債務の消滅行為」という。）をしたときは、その保証人は、主たる債務者に対し、そのために支出した財産の額（その財産の額がその債務の消滅行為によって消滅した主たる債務の額を超える場合にあっては、その消滅した額）の求償権を有する。

2 第442条第2項の規定は、前項の場合について準用する。 過26-31

第459条の2（委託を受けた保証人が弁済期前に弁済等をした場合の求償権）

1　保証人が主たる債務者の委託を受けて保証をした場合において、主たる債務の弁済期前に債務の消滅行為をしたときは、その保証人は、主たる債務者に対し、主たる債務者がその当時利益を受けた限度において求償権を有する。この場合において、主たる債務者が債務の消滅行為の日以前に相殺の原因を有していたことを主張するときは、保証人は、債権者に対し、その相殺によって消滅すべきであった債務の履行を請求することができる。

2　前項の規定による求償は、主たる債務の弁済期以後の法定利息及びその弁済期以後に債務の消滅行為をしたとしても避けることができなかった費用その他の損害の賠償を包含する。

3　第1項の求償権は、主たる債務の弁済期以後でなければ、これを行使することができない。

第460条（委託を受けた保証人の事前の求償権）

保証人は、主たる債務者の委託を受けて保証をした場合において、次に掲げるときは、主たる債務者に対して、あらかじめ、求償権を行使することができる。

① 主たる債務者が破産手続開始の決定を受け、かつ、債権者がその破産財団の配当に加入しないとき。

② 債務が弁済期にあるとき。ただし、保証契約の後に債権者が主たる債務者に許与した期限は、保証人に対抗することができない。

③ 保証人が過失なく債権者に弁済をすべき旨の裁判の言渡しを受けたとき。

第461条（主たる債務者が保証人に対して償還をする場合）

1　前条の規定により主たる債務者が保証人に対して償還をする場合において、債権者が全部の弁済を受けない間は、主たる債務者は、保証人に担保を供させ、又は保証人に対して自己に免責を得させることを請求することができる。

2　前項に規定する場合において、主たる債務者は、供託をし、担保を供し、又は保証人に免責を得させて、その償還の義務を免れることができる。

第462条（委託を受けない保証人の求償権）

1　第459条の2第1項の規定は、主たる債務者の委託を受けないで保証をした者が債務の消滅行為をした場合について準用する。

2　主たる債務者の意思に反して保証をした者は、主たる債務者が現に利益を受けている限度においてのみ求償権を有する。この場合において、主たる債務者が求償の日以前に相殺の原因を有していたことを主張するときは、保証人は、債権者に対し、その相殺によって消滅すべきであった債務の履行を請求することができる。

3　第459条の2第3項の規定は、前二項に規定する保証人が主たる債務の弁済期前に債務の消滅行為をした場合における求償権の行使について準用する。

第463条（通知を怠った保証人の求償の制限等）

1　保証人が主たる債務者の委託を受けて保証をした場合において、主たる債務者にあらかじめ通知しないで債務の消滅行為をしたときは、主たる債務者は、債権者に対抗することができた事由をもってその保証人に対抗することができる。この場合において、相殺をもってその保証人に対抗したときは、その保証人は、債権者に対し、相殺によって消滅すべきであった債務の履行を請求することができる。

2　保証人が主たる債務者の委託を受けて保証をした場合において、主たる債務者が債務の消滅行為をしたことを保証人に通知することを怠ったため、その保証人が善意で債務の消滅行為をしたときは、その保証人は、その債務の消滅行為を有効であったものとみなすことができる。

3　保証人が債務の消滅行為をした後に主たる債務者が債務の消滅行為をした場合においては、保証人が主たる債務者の意思に反して保証をしたときのほか、保証人が債務の消滅行為をしたことを主たる債務者に通知することを怠ったため、主たる債務者が善意で債務の消滅行為をしたときも、主たる債務者は、その債務の消滅行為を有効であったものとみなすことができる。

第464条（連帯債務又は不可分債務の保証人の求償権）

連帯債務者又は不可分債務者の1人のために保証をした者は、他の債務者に対し、その負担部分のみについて求償権を有する。

第465条（共同保証人間の求償権）　過22-31-5、23-31-オ、26-31

1　第442条から第444条までの規定は、数人の保証人がある場合において、そのうちの1人

の保証人が、主たる債務が不可分であるため又は各保証人が全額を弁済すべき旨の特約があるため、その全額又は自己の負担部分を超える額を弁済したときについて準用する。

2　第462条の規定は、前項に規定する場合を除き、互いに連帯しない保証人の1人が全額又は自己の負担部分を超える額を弁済したときについて準用する。

第2目　個人根保証契約

第465条の2（個人根保証契約の保証人の責任等）

1　一定の範囲に属する不特定の債務を主たる債務とする保証契約（以下「根保証契約」という。）であって保証人が法人でないもの（以下「個人根保証契約」という。）の保証人は、主たる債務の元本、主たる債務に関する利息、違約金、損害賠償その他その債務に従たる全てのもの及びその保証債務について約定された違約金又は損害賠償の額について、その全部に係る極度額を限度として、その履行をする責任を負う。

2　個人根保証契約は、前項に規定する極度額を定めなければ、その効力を生じない。

圀22-31-3

3　第446条第2項及び第3項の規定は、個人根保証契約における第1項に規定する極度額の定めについて準用する。

第465条の3（個人貸金等根保証契約の元本確定期日）

1　個人根保証契約であってその主たる債務の範囲に金銭の貸渡し又は手形の割引を受けることによって負担する債務（以下「貸金等債務」という。）が含まれるもの（以下「個人貸金等根保証契約」という。）において主たる債務の元本の確定すべき期日（以下「元本確定期日」という。）の定めがある場合において、その元本確定期日がその個人貸金等根保証契約の締結の日から5年を経過する日より後の日と定められているときは、その元本確定期日の定めは、その効力を生じない。

2　個人貸金等根保証契約において元本確定期日の定めがない場合（前項の規定により元本確定期日の定めがその効力を生じない場合を含む。）には、その元本確定期日は、その個人貸金等根保証契約の締結の日から3年を経過する日とする。

3　個人貸金等根保証契約における元本確定期日の変更をする場合において、変更後の元本確定期日がその変更をした日から5年を経過

する日より後の日となるときは、その元本確定期日の変更は、その効力を生じない。ただし、元本確定期日の前2箇月以内に元本確定期日の変更をする場合において、変更後の元本確定期日が変更前の元本確定期日から5年以内の日となるときは、この限りでない。

4　第446条第2項及び第3項の規定は、個人貸金等根保証契約における元本確定期日の定め及びその変更（その個人貸金等根保証契約の締結の日から3年以内の日を元本確定期日とする旨の定め及び元本確定期日より前の日を変更後の元本確定期日とする変更を除く。）について準用する。

第465条の4（個人根保証契約の元本の確定事由）

1　次に掲げる場合には、個人根保証契約における主たる債務の元本は、確定する。ただし、第1号に掲げる場合にあっては、強制執行又は担保権の実行の手続の開始があったときに限る。

①　債権者が、保証人の財産について、金銭の支払を目的とする債権についての強制執行又は担保権の実行を申し立てたとき。

②　保証人が破産手続開始の決定を受けたとき。

③　主たる債務者又は保証人が死亡したとき。

2　前項に規定する場合のほか、個人貸金等根保証契約における主たる債務の元本は、次に掲げる場合にも確定する。ただし、第1号に掲げる場合にあっては、強制執行又は担保権の実行の手続の開始があったときに限る。

①　債権者が、主たる債務者の財産について、金銭の支払を目的とする債権についての強制執行又は担保権の実行を申し立てたとき。

②　主たる債務者が破産手続開始の決定を受けたとき。

第465条の5（保証人が法人である根保証契約の求償権）

1　保証人が法人である根保証契約において、第465条の2第1項に規定する極度額の定めがないときは、その根保証契約の保証人の主たる債務者に対する求償権に係る債務を主たる債務とする保証契約は、その効力を生じない。

2　保証人が法人である根保証契約であってその主たる債務の範囲に貸金等債務が含まれるものにおいて、元本確定期日の定めがないと

き、又は元本確定期日の定め若しくはその変更が第465条の3第1項若しくは第3項の規定を適用するとすればその効力を生じないものであるときは、その根保証契約の保証人の主たる債務者に対する求償権に係る債務を主たる債務とする保証契約は、その効力を生じない。主たる債務の範囲にその求償権に係る債務が含まれる根保証契約も、同様とする。

3　前二項の規定は、求償権に係る債務を主たる債務とする保証契約又は主たる債務の範囲に求償権に係る債務が含まれる根保証契約の保証人が法人である場合には、適用しない。

第3目　事業に係る債務についての保証契約の特則

第465条の6（公正証書の作成と保証の効力）

1　事業のために負担した貸金等債務を主たる債務とする保証契約又は主たる債務の範囲に事業のために負担する貸金等債務が含まれる根保証契約は、その契約の締結に先立ち、その締結の日前1箇月以内に作成された公正証書で保証人になろうとする者が保証債務を履行する意思を表示していなければ、その効力を生じない。

2　前項の公正証書を作成するには、次に掲げる方式に従わなければならない。

① 保証人になろうとする者が、次のイ又はロに掲げる契約の区分に応じ、それぞれ当該イ又はロに定める事項を公証人に口授すること。

イ　保証契約（ロに掲げるものを除く。）主たる債務の債権者及び債務者、主たる債務の元本、主たる債務に関する利息、違約金、損害賠償その他その債務に従たる全てのものの定めの有無及びその内容並びに主たる債務者がその債務を履行しないときには、その債務の全額について履行する意思（保証人になろうとする者が主たる債務者と連帯して債務を負担しようとするものである場合には、債権者が主たる債務者に対して催告をしたかどうか、主たる債務者がその債務を履行することができるかどうか、又は他に保証人があるかどうかにかかわらず、その全額について履行する意思）を有していること。

ロ　根保証契約　主たる債務の債権者及び債務者、主たる債務の範囲、根保証契約における極度額、元本確定期日の定めの有無及びその内容並びに主たる債務者が

その債務を履行しないときには、極度額の限度において元本確定期日又は第465条の4第1項各号若しくは第2項各号に掲げる事由その他の元本を確定すべき事由が生ずる時までに生ずべき主たる債務の元本及び主たる債務に関する利息、違約金、損害賠償その他その債務に従たる全てのものの全額について履行する意思（保証人になろうとする者が主たる債務者と連帯して債務を負担しようとするものである場合には、債権者が主たる債務者に対して催告をしたかどうか、主たる債務者がその債務を履行することができるかどうか、又は他に保証人があるかどうかにかかわらず、その全額について履行する意思）を有していること。

② 公証人が、保証人になろうとする者の口述を筆記し、これを保証人になろうとする者に読み聞かせ、又は閲覧させること。

③ 保証人になろうとする者が、筆記の正確なことを承認した後、署名し、印を押すこと。ただし、保証人になろうとする者が署名することができない場合は、公証人がその事由を付記して、署名に代えることができる。

④ 公証人が、その証書は前三号に掲げる方式に従って作ったものである旨を付記して、これに署名し、印を押すこと。

3　前二項の規定は、保証人になろうとする者が法人である場合には、適用しない。

第465条の7（保証に係る公正証書の方式の特則）

1　前条第1項の保証契約又は根保証契約の保証人になろうとする者が口がきけない者である場合には、公証人の前で、同条第2項第1号イ又はロに掲げる契約の区分に応じ、それぞれ当該イ又はロに定める事項を通訳人の通訳により申述し、又は自書して、同号の口授に代えなければならない。この場合における同項第2号の規定の適用については、同号中「口述」とあるのは、「通訳人の通訳による申述又は自書」とする。

2　前条第1項の保証契約又は根保証契約の保証人になろうとする者が耳が聞こえない者である場合には、公証人は、同条第2項第2号に規定する筆記した内容を通訳人の通訳により保証人になろうとする者に伝えて、同号の読み聞かせに代えることができる。

3　公証人は、前二項に定める方式に従って公

正証書を作ったときは、その旨をその証書に付記しなければならない。

第465条の8（公正証書の作成と求償権についての保証の効力）

1　第465条の6第1項及び第2項並びに前条の規定は、事業のために負担した貸金等債務を主たる債務とする保証契約又は主たる債務の範囲に事業のために負担する貸金等債務が含まれる根保証契約の保証人の主たる債務者に対する求償権に係る債務を主たる債務とする保証契約について準用する。主たる債務の範囲にその求償権に係る債務が含まれる根保証契約も、同様とする。

2　前項の規定は、保証人になろうとする者が法人である場合には、適用しない。

第465条の9（公正証書の作成と保証の効力に関する規定の適用除外）

前三条の規定は、保証人になろうとする者が次に掲げる者である保証契約については、適用しない。

①　主たる債務者が法人である場合のその理事、取締役、執行役又はこれらに準ずる者

②　主たる債務者が法人である場合の次に掲げる者

イ　主たる債務者の総株主の議決権（株主総会において決議をすることができる事項の全部につき議決権を行使することができない株式についての議決権を除く。以下この号において同じ。）の過半数を有する者

ロ　主たる債務者の総株主の議決権の過半数を他の株式会社が有する場合における当該他の株式会社の総株主の議決権の過半数を有する者

ハ　主たる債務者の総株主の議決権の過半数を他の株式会社及び当該他の株式会社の総株主の議決権の過半数を有する者が有する場合における当該他の株式会社の総株主の議決権の過半数を有する者

ニ　株式会社以外の法人が主たる債務者である場合におけるイ、ロ又はハに掲げる者に準ずる者

③　主たる債務者（法人であるものを除く。以下この号において同じ。）と共同して事業を行う者又は主たる債務者が行う事業に現に従事している主たる債務者の配偶者

第465条の10（契約締結時の情報の提供義務）

1　主たる債務者は、事業のために負担する債務を主たる債務とする保証又は主たる債務の範囲に事業のために負担する債務が含まれる根保証の委託をするときは、委託を受ける者に対し、次に掲げる事項に関する情報を提供しなければならない。

①　財産及び収支の状況

②　主たる債務以外に負担している債務の有無並びにその額及び履行状況

③　主たる債務の担保として他に提供し、又は提供しようとするものがあるときは、その旨及びその内容

2　主たる債務者が前項各号に掲げる事項に関して情報を提供せず、又は事実と異なる情報を提供したために委託を受けた者がその事項について誤認をし、それによって保証契約の申込み又はその承諾の意思表示をした場合において、主たる債務者がその事項に関して情報を提供せず又は事実と異なる情報を提供したことを債権者が知り又は知ることができたときは、保証人は、保証契約を取り消すことができる。

3　前二項の規定は、保証をする者が法人である場合には、適用しない。

第4節　債権の譲渡

第466条（債権の譲渡性）

1　債権は、譲り渡すことができる。ただし、その性質がこれを許さないときは、この限りでない。

2　当事者が債権の譲渡を禁止し、又は制限する旨の意思表示（以下「譲渡制限の意思表示」という。）をしたときであっても、債権の譲渡は、その効力を妨げられない。

3　前項に規定する場合には、譲渡制限の意思表示がされたことを知り、又は重大な過失によって知らなかった譲受人その他の第三者に対しては、債務者は、その債務の履行を拒むことができ、かつ、譲渡人に対する弁済その他の債務を消滅させる事由をもってその第三者に対抗することができる。過29-45、3-45

4　前項の規定は、債務者が債務を履行しない場合において、同項に規定する第三者が相当の期間を定めて譲渡人への履行の催告をし、その期間内に履行がないときは、その債務者については、適用しない。

第466条の2（譲渡制限の意思表示がされた債権に係る債務者の供託）

1　債務者は、譲渡制限の意思表示がされた金銭の給付を目的とする債権が譲渡されたときは、その債権の全額に相当する金銭を債務の履行地（債務の履行地が債権者の現在の住所

により定まる場合にあっては、譲渡人の現在の住所を含む。次条において同じ。）の供託所に供託することができる。

2　前項の規定により供託をした債務者は、遅滞なく、譲渡人及び譲受人に供託の通知をしなければならない。

3　第1項の規定により供託をした金銭は、譲受人に限り、還付を請求することができる。

第466条の3

前条第1項に規定する場合において、譲渡人について破産手続開始の決定があったときは、譲受人（同項の債権の全額を譲り受けた者であって、その債権の譲渡を債務者その他の第三者に対抗することができるものに限る。）は、譲渡制限の意思表示がされたことを知り、又は重大な過失によって知らなかったときであっても、債務者にその債権の全額に相当する金銭を債務の履行地の供託所に供託させることができる。この場合において、同条第2項及び第3項の規定を準用する。

第466条の4（譲渡制限の意思表示がされた債権の差押え）

1　第466条第3項の規定は、譲渡制限の意思表示がされた債権に対する強制執行をした差押債権者に対しては、適用しない。

2　前項の規定にかかわらず、譲受人その他の第三者が譲渡制限の意思表示がされたことを知り、又は重大な過失によって知らなかった場合において、その債権者が同項の債権に対する強制執行をしたときは、債務者は、その債務の履行を拒むことができ、かつ、譲渡人に対する弁済その他の債務を消滅させる事由をもって差押債権者に対抗することができる。

第466条の5（預金債権又は貯金債権に係る譲渡制限の意思表示の効力）

1　預金口座又は貯金口座に係る預金又は貯金に係る債権（以下「預貯金債権」という。）について当事者がした譲渡制限の意思表示は、第466条第2項の規定にかかわらず、その譲渡制限の意思表示がされたことを知り、又は重大な過失によって知らなかった譲受人その他の第三者に対抗することができる。

2　前項の規定は、譲渡制限の意思表示がされた預貯金債権に対する強制執行をした差押債権者に対しては、適用しない。

第466条の6（将来債権の譲渡性）

1　債権の譲渡は、その意思表示の時に債権が現に発生していることを要しない。

2　債権が譲渡された場合において、その意思表示の時に債権が現に発生していないときは、譲受人は、発生した債権を当然に取得する。

3　前項に規定する場合において、譲渡人が次条の規定による通知をし、又は債務者が同条の規定による承諾をした時（以下「対抗要件具備時」という。）までに譲渡制限の意思表示がされたときは、譲受人その他の第三者がそのことを知っていたものとみなして、第466条第3項（譲渡制限の意思表示がされた債権が預貯金債権の場合にあっては、前条第1項）の規定を適用する。

第467条（債権の譲渡の対抗要件）

1　債権の譲渡（現に発生していない債権の譲渡を含む。）は、譲渡人が債務者に通知をし、又は債務者が承諾をしなければ、債務者その他の第三者に対抗することができない。
過20-46

2　前項の通知又は承諾は、確定日付のある証書によってしなければ、債務者以外の第三者に対抗することができない。

第468条（債権の譲渡における債務者の抗弁）

1　債務者は、対抗要件具備時までに譲渡人に対して生じた事由をもって譲受人に対抗することができる。

2　第466条第4項の場合における前項の規定の適用については、同項中「対抗要件具備時」とあるのは、「第466条第4項の相当の期間を経過した時」とし、第466条の3の場合における同項の規定の適用については、同項中「対抗要件具備時」とあるのは、「第466条の3の規定により同条の譲受人から供託の請求を受けた時」とする。

第469条（債権の譲渡における相殺権）

1　債務者は、対抗要件具備時より前に取得した譲渡人に対する債権による相殺をもって譲受人に対抗することができる。

2　債務者が対抗要件具備時より後に取得した譲渡人に対する債権であっても、その債権が次に掲げるものであるときは、前項と同様とする。ただし、債務者が対抗要件具備時より後に他人の債権を取得したときは、この限りでない。

①　対抗要件具備時より前の原因に基づいて生じた債権

②　前号に掲げるもののほか、譲受人の取得した債権の発生原因である契約に基づいて生じた債権

第470条～第474条

3　第466条第4項の場合における前二項の規定の適用については、これらの規定中「対抗要件具備時」とあるのは、「第466条第4項の相当の期間を経過した時」とし、第466条の3の場合におけるこれらの規定の適用については、これらの規定中「対抗要件具備時」とあるのは、「第466条の3の規定により同条の譲受人から供託の請求を受けた時」とする。

第5節　債務の引受け
第1款　併存的債務引受
第470条（併存的債務引受の要件及び効果）
1　併存的債務引受の引受人は、債務者と連帯して、債務者が債権者に対して負担する債務と同一の内容の債務を負担する。過26-32-ウ
2　併存的債務引受は、債権者と引受人となる者との契約によってすることができる。過26-32-イ、2-31-1
3　併存的債務引受は、債務者と引受人となる者との契約によってもすることができる。この場合において、併存的債務引受は、債権者が引受人となる者に対して承諾をした時に、その効力を生ずる。過2-31-2
4　前項の規定によってする併存的債務引受は、第三者のためにする契約に関する規定に従う。

第471条（併存的債務引受における引受人の抗弁等）
1　引受人は、併存的債務引受により負担した自己の債務について、その効力が生じた時に債務者が主張することができた抗弁をもって債権者に対抗することができる。
2　債務者が債権者に対して取消権又は解除権を有するときは、引受人は、これらの権利の行使によって債務者がその債務を免れるべき限度において、債権者に対して債務の履行を拒むことができる。

第2款　免責的債務引受
第472条（免責的債務引受の要件及び効果）
1　免責的債務引受の引受人は債務者が債権者に対して負担する債務と同一の内容の債務を負担し、債務者は自己の債務を免れる。
2　免責的債務引受は、債権者と引受人となる者との契約によってすることができる。この場合において、免責的債務引受は、債権者が債務者に対してその契約をした旨を通知した時に、その効力を生ずる。過26-32-ア、2-31-3
3　免責的債務引受は、債務者と引受人となる

者が契約をし、債権者が引受人となる者に対して承諾をすることによってもすることができる。過2-31-4

第472条の2（免責的債務引受における引受人の抗弁等）
1　引受人は、免責的債務引受により負担した自己の債務について、その効力が生じた時に債務者が主張することができた抗弁をもって債権者に対抗することができる。
2　債務者が債権者に対して取消権又は解除権を有するときは、引受人は、免責的債務引受がなければこれらの権利の行使によって債務者がその債務を免れることができた限度において、債権者に対して債務の履行を拒むことができる。

第472条の3（免責的債務引受における引受人の求償権）
免責的債務引受の引受人は、債務者に対して求償権を取得しない。過2-31-5

第472条の4（免責的債務引受による担保の移転）
1　債権者は、第472条第1項の規定により債務者が免れる債務の担保として設定された担保権を引受人が負担する債務に移すことができる。ただし、引受人以外の者がこれを設定した場合には、その承諾を得なければならない。
2　前項の規定による担保権の移転は、あらかじめ又は同時に引受人に対してする意思表示によってしなければならない。
3　前二項の規定は、第472条第1項の規定により債務者が免れる債務の保証をした者があるときについて準用する。
4　前項の場合において、同項において準用する第1項の承諾は、書面でしなければ、その効力を生じない。
5　前項の承諾がその内容を記録した電磁的記録によってされたときは、その承諾は、書面によってされたものとみなして、同項の規定を適用する。

第6節　債権の消滅
第1款　弁済
第1目　総則
第473条（弁済）
債務者が債権者に対して債務の弁済をしたときは、その債権は、消滅する。
第474条（第三者の弁済）
1　債務の弁済は、第三者もすることができる。

第475条～第487条

民法

2　弁済をするについて正当な利益を有する者でない第三者は、債務者の意思に反して弁済をすることができない。ただし、債務者の意思に反することを債権者が知らなかったときは、この限りでない。

3　前項に規定する第三者は、債権者の意思に反して弁済をすることができない。ただし、その第三者が債務者の委託を受けて弁済をする場合において、そのことを債権者が知っていたときは、この限りでない。

4　前三項の規定は、その債務の性質が第三者の弁済を許さないとき、又は当事者が第三者の弁済を禁止し、若しくは制限する旨の意思表示をしたときは、適用しない。

第475条（弁済として引き渡した物の取戻し）

弁済をした者が弁済として他人の物を引き渡したときは、その弁済をした者は、更に有効な弁済をしなければ、その物を取り戻すことができない。

第476条（弁済として引き渡した物の消費又は譲渡がされた場合の弁済の効力等）

前条の場合において、債権者が弁済として受領した物を善意で消費し、又は譲り渡したときは、その弁済は、有効とする。この場合において、債権者が第三者から賠償の請求を受けたときは、弁済をした者に対して求償をすることを妨げない。

第477条（預金又は貯金の口座に対する払込みによる弁済）

債権者の預金又は貯金の口座に対する払込みによってする弁済は、債権者がその預金又は貯金に係る債権の債務者に対してその払込みに係る金額の払戻しを請求する権利を取得した時に、その効力を生ずる。

第478条（受領権者としての外観を有する者に対する弁済）

受領権者（債権者及び法令の規定又は当事者の意思表示によって弁済を受領する権限を付与された第三者をいう。以下同じ。）以外の者であって取引上の社会通念に照らして受領権者としての外観を有するものに対してした弁済は、その弁済をした者が善意であり、かつ、過失がなかったときに限り、その効力を有する。

第479条（受領権者以外の者に対する弁済）

前条の場合を除き、受領権者以外の者に対してした弁済は、債権者がこれによって利益を受けた限度においてのみ、その効力を有する。

第480条　削除

第481条（差押えを受けた債権の第三債務者の弁済）

1　差押えを受けた債権の第三債務者が自己の債権者に弁済をしたときは、差押債権者は、その受けた損害の限度において更に弁済をすべき旨を第三債務者に請求することができる。

2　前項の規定は、第三債務者からその債権者に対する求償権の行使を妨げない。

第482条（代物弁済）

弁済をすることができる者（以下「弁済者」という。）が、債権者との間で、債務者の負担した給付に代えて他の給付をすることにより債務を消滅させる旨の契約をした場合において、その弁済者が当該他の給付をしたときは、その給付は、弁済と同一の効力を有する。

第483条（特定物の現状による引渡し）

債権の目的が特定物の引渡しである場合において、契約その他の債権の発生原因及び取引上の社会通念に照らしてその引渡しをすべき時の品質を定めることができないときは、弁済をする者は、その引渡しをすべき時の現状でその物を引き渡さなければならない。

第484条（弁済の場所及び時間）

1　弁済をすべき場所について別段の意思表示がないときは、特定物の引渡しは債権発生の時にその物が存在した場所において、その他の弁済は債権者の現在の住所において、それぞれしなければならない。週19-31-1

2　法令又は慣習により取引時間の定めがあるときは、その取引時間内に限り、弁済をし、又は弁済の請求をすることができる。

第485条（弁済の費用）

弁済の費用について別段の意思表示がないときは、その費用は、債務者の負担とする。ただし、債権者が住所の移転その他の行為によって弁済の費用を増加させたときは、その増加額は、債権者の負担とする。

第486条（受取証書の交付請求）

弁済をする者は、弁済と引換えに、弁済を受領する者に対して受取証書の交付を請求することができる。

第487条（債権証書の返還請求等）

1　債権に関する証書がある場合において、弁済をした者が全部の弁済をしたときは、その証書の返還を請求することができる。

2　弁済をする者は、前項の受取証書の交付に代えて、その内容を記録した電磁的記録の提供を請求することができる。ただし、弁済を

151

受領する者に不相当な負担を課するものであるときは、この限りでない。

第488条（同種の給付を目的とする数個の債務がある場合の充当）

1　債務者が同一の債権者に対して同種の給付を目的とする数個の債務を負担する場合において、弁済として提供した給付が全ての債務を消滅させるのに足りないとき（次条第1項に規定する場合を除く。）は、弁済をする者は、給付の時に、その弁済を充当すべき債務を指定することができる。

2　弁済をする者が前項の規定による指定をしないときは、弁済を受領する者は、その受領の時に、その弁済を充当すべき債務を指定することができる。ただし、弁済をする者がその充当に対して直ちに異議を述べたときは、この限りでない。

3　前二項の場合における弁済の充当の指定は、相手方に対する意思表示によってする。

4　弁済をする者及び弁済を受領する者がいずれも第1項又は第2項の規定による指定をしないときは、次の各号の定めるところに従い、その弁済を充当する。

①　債務の中に弁済期にあるものと弁済期にないものとがあるときは、弁済期にあるものに先に充当する。

②　全ての債務が弁済期にあるとき、又は弁済期にないときは、債務者のために弁済の利益が多いものに先に充当する。

③　債務者のために弁済の利益が相等しいときは、弁済期が先に到来したもの又は先に到来すべきものに先に充当する。

④　前二号に掲げる事項が相等しい債務の弁済は、各債務の額に応じて充当する。

第489条（元本、利息及び費用を支払うべき場合の充当）

1　債務者が1個又は数個の債務について元本のほか利息及び費用を支払うべき場合（債務者が数個の債務を負担する場合にあっては、同一の債権者に対して同種の給付を目的とする数個の債務を負担するときに限る。）において、弁済をする者がその債務の全部を消滅させるのに足りない給付をしたときは、これを順次に費用、利息及び元本に充当しなければならない。過30-31-1

2　前条の規定は、前項の場合において、費用、利息又は元本のいずれかの全てを消滅させるのに足りない給付をしたときについて準用する。

第490条（合意による弁済の充当）

前二条の規定にかかわらず、弁済をする者と弁済を受領する者との間に弁済の充当の順序に関する合意があるときは、その順序に従い、その弁済を充当する。

第491条（数個の給付をすべき場合の充当）

1個の債務の弁済として数個の給付をすべき場合において、弁済をする者がその債務の全部を消滅させるのに足りない給付をしたときは、前三条の規定を準用する。

第492条（弁済の提供の効果）

債務者は、弁済の提供の時から、**債務を履行しないこと**によって生ずべき責任を免れる。

第493条（弁済の提供の方法）

弁済の提供は、債務の本旨に従って現実にしなければならない。ただし、債権者があらかじめその受領を拒み、又は債務の履行について債権者の行為を要するときは、弁済の準備をしたことを通知してその受領の催告をすれば足りる。過27-32-3

第2目　弁済の目的物の供託

第494条（供託）

1　弁済者は、次に掲げる場合には、債権者のために弁済の目的物を供託することができる。この場合においては、弁済者が供託をした時に、その債権は、消滅する。

①　弁済の提供をした場合において、債権者がその受領を拒んだとき。

②　債権者が弁済を受領することができないとき。

2　弁済者が債権者を確知することができないときも、前項と同様とする。ただし、弁済者に過失があるときは、この限りでない。

第495条（供託の方法）

1　前条の規定による供託は、債務の履行地の供託所にしなければならない。

2　供託所について法令に特別の定めがない場合には、裁判所は、弁済者の請求により、供託所の指定及び供託物の保管者の選任をしなければならない。

3　前条の規定により供託をした者は、遅滞なく、債権者に供託の通知をしなければならない。

第496条（供託物の取戻し）

1　債権者が供託を受諾せず、又は供託を有効と宣告した判決が確定しない間は、弁済者は、供託物を取り戻すことができる。この場合においては、供託をしなかったものとみなす。

2　前項の規定は、供託によって質権又は抵当
　権が消滅した場合には、適用しない。

第497条（供託に適しない物等）

　弁済者は、次に掲げる場合には、裁判所の許
可を得て、弁済の目的物を競売に付し、その代
金を供託することができる。

　① 　その物が供託に適しないとき。

　② 　その物について滅失、損傷その他の事由
　　　による価格の低落のおそれがあるとき。

　③ 　その物の保存について過分の費用を要す
　　　るとき。

　④ 　前三号に掲げる場合のほか、その物を供
　　　託することが困難な事情があるとき。

第498条（供託物の還付請求等）

1　弁済の目的物又は前条の代金が供託された
　場合には、債権者は、供託物の還付を請求す
　ることができる。

2　債務者が債権者の給付に対して弁済をすべ
　き場合には、債権者は、その給付をしなけれ
　ば、供託物を受け取ることができない。

第3目　弁済による代位

第499条（弁済による代位の要件）

　債務者のために弁済をした者は、債権者に代
位する。

第500条

　第467条の規定は、前条の場合（弁済をする
について正当な利益を有する者が債権者に代位
する場合を除く。）について準用する。

第501条（弁済による代位の効果）

1　前二条の規定により債権者に代位した者
　は、債権の効力及び担保としてその債権者が
　有していた一切の権利を行使することができ
　る。過22-45

2　前項の規定による権利の行使は、債権者に
　代位した者が自己の権利に基づいて債務者に
　対して求償をすることができる範囲内（保証
　人の１人が他の保証人に対して債権者に代位
　する場合には、自己の権利に基づいて当該他
　の保証人に対して求償をすることができる範
　囲内）に限り、することができる。

3　第１項の場合には、前項の規定によるほ
　か、次に掲げるところによる。

　① 　第三取得者（債務者から担保の目的とな
　　　っている財産を譲り受けた者をいう。以下
　　　この項において同じ。）は、保証人及び物
　　　上保証人に対して債権者に代位しない。

　② 　第三取得者の１人は、各財産の価格に応
　　　じて、他の第三取得者に対して債権者に代
　　　位する。

　③ 　前号の規定は、物上保証人の１人が他の
　　　物上保証人に対して債権者に代位する場合
　　　について準用する。

　④ 　保証人と物上保証人との間においては、
　　　その数に応じて、債権者に代位する。ただ
　　　し、物上保証人が数人あるときは、保証人
　　　の負担部分を除いた残額について、各財産
　　　の価格に応じて、債権者に代位する。

　⑤ 　第三取得者から担保の目的となっている
　　　財産を譲り受けた者は、第三取得者とみな
　　　して第１号及び第２号の規定を適用し、物
　　　上保証人から担保の目的となっている財産
　　　を譲り受けた者は、物上保証人とみなして
　　　第１号、第３号及び前号の規定を適用す
　　　る。

第502条（一部弁済による代位）

1　債権の一部について代位弁済があったとき
　は、代位者は、債権者の同意を得て、その弁
　済をした価額に応じて、債権者とともにその
　権利を行使することができる。

2　前項の場合であっても、債権者は、単独で
　その権利を行使することができる。

3　前二項の場合に債権者が行使する権利は、
　その債権の担保の目的となっている財産の売
　却代金その他の当該権利の行使によって得ら
　れる金銭について、代位者が行使する権利に
　優先する。

4　第１項の場合において、債務の不履行によ
　る契約の解除は、債権者のみがすることがで
　きる。この場合においては、代位者に対し、
　その弁済をした価額及びその利息を償還しな
　ければならない。

第503条（債権者による債権証書の交付等）

1　代位弁済によって全部の弁済を受けた債権
　者は、債権に関する証書及び自己の占有する
　担保物を代位者に交付しなければならない。

2　債権の一部について代位弁済があった場合
　には、債権者は、債権に関する証書にその代
　位を記入し、かつ、自己の占有する担保物の
　保存を代位者に監督させなければならない。

第504条（債権者による担保の喪失等）

1　弁済をするについて正当な利益を有する者
　（以下この項において「代位権者」という。）
　がある場合において、債権者が故意又は過失
　によってその担保を喪失し、又は減少させた
　ときは、その代位権者は、代位をするに当た
　って担保の喪失又は減少によって償還を受け
　ることができなくなる限度において、その責
　任を免れる。その代位権者が物上保証人であ

第505条〜第512条

る場合において、その代位権者から担保の目的となっている財産を譲り受けた第三者及びその特定承継人についても、同様とする。

2　前項の規定は、債権者が担保を喪失し、又は減少させたことについて取引上の社会通念に照らして合理的な理由があると認められるときは、適用しない。

第2款　相殺

第505条（相殺の要件等）

1　2人が互いに同種の目的を有する債務を負担する場合において、双方の債務が弁済期にあるときは、各債務者は、その対当額について相殺によってその債務を免れることができる。ただし、債務の性質がこれを許さないときは、この限りでない。

2　前項の規定にかかわらず、当事者が相殺を禁止し、又は制限する旨の意思表示をした場合には、その意思表示は、第三者がこれを知り、又は重大な過失によって知らなかったときに限り、その第三者に対抗することができる。

第506条（相殺の方法及び効力）

1　相殺は、当事者の一方から相手方に対する意思表示によってする。この場合において、その意思表示には、条件又は期限を付することができない。

2　前項の意思表示は、双方の債務が互いに相殺に適するようになった時にさかのぼってその効力を生ずる。

第507条（履行地の異なる債務の相殺）

相殺は、双方の債務の履行地が異なるときであっても、することができる。この場合において、相殺をする当事者は、相手方に対し、これによって生じた損害を賠償しなければならない。

第508条（時効により消滅した債権を自働債権とする相殺）

時効によって消滅した債権がその消滅以前に相殺に適するようになっていた場合には、その債権者は、相殺をすることができる。

第509条（不法行為等により生じた債権を受働債権とする相殺の禁止）

次に掲げる債務の債務者は、相殺をもって債権者に対抗することができない。ただし、その債権者がその債務に係る債権を他人から譲り受けたときは、この限りでない。

① 悪意による不法行為に基づく損害賠償の債務　過20-34-イ

② 人の生命又は身体の侵害による損害賠償

の債務（前号に掲げるものを除く。）

第510条（差押禁止債権を受働債権とする相殺の禁止）

債権が差押えを禁じたものであるときは、その債務者は、相殺をもって債権者に対抗することができない。

第511条（差押えを受けた債権を受働債権とする相殺の禁止）

1　差押えを受けた債権の第三債務者は、差押え後に取得した債権による相殺をもって差押債権者に対抗することはできないが、差押え前に取得した債権による相殺をもって対抗することができる。過20-34-ウ

2　前項の規定にかかわらず、差押え後に取得した債権が差押え前の原因に基づいて生じたものであるときは、その第三債務者は、その債権による相殺をもって差押債権者に対抗することができる。ただし、第三債務者が差押え後に他人の債権を取得したときは、この限りでない。

第512条（相殺の充当）

1　債権者が債務者に対して有する1個又は数個の債権と、債権者が債務者に対して負担する1個又は数個の債務について、債権者が相殺の意思表示をした場合において、当事者が別段の合意をしなかったときは、債権者の有する債権とその負担する債務は、相殺に適するようになった時期の順序に従って、その対当額について相殺によって消滅する。

2　前項の場合において、相殺をする債権者の有する債権がその負担する債務の全部を消滅させるのに足りないときであって、当事者が別段の合意をしなかったときは、次に掲げるところによる。

① 債権者が数個の債務を負担するとき（次号に規定する場合を除く。）は、第488条第4項第2号から第4号までの規定を準用する。

② 債権者が負担する1個又は数個の債務について元本のほか利息及び費用を支払うべきときは、第489条の規定を準用する。この場合において、同条第2項中「前条」とあるのは、「前条第4項第2号から第4号まで」と読み替えるものとする。

3　第1項の場合において、相殺をする債権者の負担する債務がその有する債権の全部を消滅させるのに足りないときは、前項の規定を準用する。

154

第512条の2～第520条の10

第512条の2
債権者が債務者に対して有する債権に、1個の債権の弁済として数個の給付をすべきものがある場合における相殺については、前条の規定を準用する。債権者が債務者に対して負担する債務に、1個の債務の弁済として数個の給付をすべきものがある場合における相殺についても、同様とする。

第3款　更改
第513条（更改）
当事者が従前の債務に代えて、新たな債務であって次に掲げるものを発生させる契約をしたときは、従前の債務は、更改によって消滅する。
① 従前の給付の内容について重要な変更をするもの
② 従前の債務者が第三者と交替するもの
③ 従前の債権者が第三者と交替するもの
第514条（債務者の交替による更改）
1 債務者の交替による更改は、債権者と更改後に債務者となる者との契約によってすることができる。この場合において、更改は、債権者が更改前の債務者に対してその契約をした旨を通知した時に、その効力を生ずる。
2 債務者の交替による更改後の債務者は、更改前の債務者に対して求償権を取得しない。
第515条（債権者の交替による更改）
1 債権者の交替による更改は、更改前の債権者、更改後に債権者となる者及び債務者の契約によってすることができる。
2 債権者の交替による更改は、確定日付のある証書によってしなければ、第三者に対抗することができない。
第516条及び第517条　削除
第518条（更改後の債務への担保の移転）
1 債権者（債権者の交替による更改にあっては、更改前の債権者）は、更改前の債務の目的の限度において、その債務の担保として設定された質権又は抵当権を更改後の債務に移すことができる。ただし、第三者がこれを設定した場合には、その承諾を得なければならない。
2 前項の質権又は抵当権の移転は、あらかじめ又は同時に更改の相手方（債権者の交替による更改にあっては、債務者）に対してする意思表示によってしなければならない。

第4款　免除
第519条
債権者が債務者に対して債務を免除する意思

を表示したときは、その債権は、消滅する。

第5款　混同
第520条
債権及び債務が同一人に帰属したときは、その債権は、消滅する。ただし、その債権が第三者の権利の目的であるときは、この限りでない。

第7節　有価証券
第1款　指図証券
第520条の2（指図証券の譲渡）
指図証券の譲渡は、その証券に譲渡の裏書をして譲受人に交付しなければ、その効力を生じない。
第520条の3（指図証券の裏書の方式）
指図証券の譲渡については、その指図証券の性質に応じ、手形法中裏書の方式に関する規定を準用する。
第520条の4（指図証券の所持人の権利の推定）
指図証券の所持人が裏書の連続によりその権利を証明するときは、その所持人は、証券上の権利を適法に有するものと推定する。
第520条の5（指図証券の善意取得）
何らかの事由により指図証券の占有を失った者がある場合において、その所持人が前条の規定によりその権利を証明するときは、その所持人は、その証券を返還する義務を負わない。ただし、その所持人が悪意又は重大な過失によりその証券を取得したときは、この限りでない。
第520条の6（指図証券の譲渡における債務者の抗弁の制限）
指図証券の債務者は、その証券に記載した事項及びその証券の性質から当然に生ずる結果を除き、その証券の譲渡前の債権者に対抗することができた事由をもって善意の譲受人に対抗することができない。
第520条の7（指図証券の質入れ）
第520条の2から前条までの規定は、指図証券を目的とする質権の設定について準用する。
第520条の8（指図証券の弁済の場所）
指図証券の弁済は、債務者の現在の住所においてしなければならない。
第520条の9（指図証券の提示と履行遅滞）
指図証券の債務者は、その債務の履行について期限の定めがあるときであっても、その期限が到来した後に所持人がその証券を提示してその履行の請求をした時から遅滞の責任を負う。
第520条の10（指図証券の債務者の調査の権利等）
指図証券の債務者は、その証券の所持人並び

155

にその署名及び押印の真偽を調査する権利を有するが、その義務を負わない。ただし、債務者に悪意又は重大な過失があるときは、その弁済は、無効とする。

第520条の11（指図証券の喪失）

指図証券は、非訟事件手続法第100条に規定する公示催告手続によって無効とすることができる。

第520条の12（指図証券喪失の場合の権利行使方法）

金銭その他の物又は有価証券の給付を目的とする指図証券の所持人がその指図証券を喪失した場合において、非訟事件手続法第114条に規定する公示催告の申立てをしたときは、その債務者に、その債務の目的物を供託させ、又は相当の担保を供してその指図証券の趣旨に従い履行をさせることができる。

第2款　記名式所持人払証券

第520条の13（記名式所持人払証券の譲渡）

記名式所持人払証券（債権者を指名する記載がされている証券であって、その所持人に弁済をすべき旨が付記されているものをいう。以下同じ。）の譲渡は、その証券を交付しなければ、その効力を生じない。

第520条の14（記名式所持人払証券の所持人の権利の推定）

記名式所持人払証券の所持人は、証券上の権利を適法に有するものと推定する。

第520条の15（記名式所持人払証券の善意取得）

何らかの事由により記名式所持人払証券の占有を失った者がある場合において、その所持人が前条の規定によりその権利を証明するときは、その所持人は、その証券を返還する義務を負わない。ただし、その所持人が悪意又は重大な過失によりその証券を取得したときは、この限りでない。

第520条の16（記名式所持人払証券の譲渡における債務者の抗弁の制限）

記名式所持人払証券の債務者は、その証券に記載した事項及びその証券の性質から当然に生ずる結果を除き、その証券の譲渡前の債権者に対抗することができた事由をもって善意の譲受人に対抗することができない。

第520条の17（記名式所持人払証券の質入れ）

第520条の13から前条までの規定は、記名式所持人払証券を目的とする質権の設定について準用する。

第520条の18（指図証券の規定の準用）

第520条の8から第520条の12までの規定は、記名式所持人払証券について準用する。

第3款　その他の記名証券

第520条の19

1　債権者を指名する記載がされている証券であって指図証券及び記名式所持人払証券以外のものは、債権の譲渡又はこれを目的とする質権の設定に関する方式に従い、かつ、その効力をもってのみ、譲渡し、又は質権の目的とすることができる。

2　第520条の11及び第520条の12の規定は、前項の証券について準用する。

第4款　無記名証券

第520条の20

第2款（記名式所持人払証券）の規定は、無記名証券について準用する。

第2章　契約

第1節　総則

第1款　契約の成立

第521条（契約の締結及び内容の自由）

1　何人も、法令に特別の定めがある場合を除き、契約をするかどうかを自由に決定することができる。

2　契約の当事者は、法令の制限内において、契約の内容を自由に決定することができる。

第522条（契約の成立と方式）

1　契約は、契約の内容を示してその締結を申し入れる意思表示（以下「申込み」という。）に対して相手方が承諾をしたときに成立する。

2　契約の成立には、法令に特別の定めがある場合を除き、書面の作成その他の方式を具備することを要しない。

第523条（承諾の期間の定めのある申込み）

1　承諾の期間を定めてした申込みは、撤回することができない。ただし、申込者が撤回をする権利を留保したときは、この限りでない。過19-33-ア

2　申込者が前項の申込みに対して同項の期間内に承諾の通知を受けなかったときは、その申込みは、その効力を失う。過19-33-ウ

第524条（遅延した承諾の効力）

申込者は、遅延した承諾を新たな申込みとみなすことができる。過19-33-イ

第525条（承諾の期間の定めのない申込み）

1　承諾の期間を定めないでした申込みは、申込者が承諾の通知を受けるのに相当な期間を経過するまでは、撤回することができない。ただし、申込者が撤回をする権利を留保した

ときは、この限りでない。

2　対話者に対してした前項の申込みは、同項の規定にかかわらず、その対話が継続している間は、いつでも撤回することができる。

3　対話者に対してした第１項の申込みに対して対話が継続している間に申込者が承諾の通知を受けなかったときは、その申込みは、その効力を失う。ただし、申込者が対話の終了後もその申込みが効力を失わない旨を表示したときは、この限りでない。

第526条（申込者の死亡等）

申込者が申込みの通知を発した後に死亡し、意思能力を有しない常況にある者となり、又は行為能力の制限を受けた場合において、申込者がその事実が生じたとすればその申込みは効力を有しない旨の意思を表示していたとき、又はその相手方が承諾の通知を発するまでにその事実が生じたことを知ったときは、その申込みは、その効力を有しない。過3-27-4

第527条（承諾の通知を必要としない場合における契約の成立時期）

申込者の意思表示又は取引上の慣習により承諾の通知を必要としない場合には、契約は、承諾の意思表示と認めるべき事実があった時に成立する。

第528条（申込みに変更を加えた承諾）

承諾者が、申込みに条件を付し、その他変更を加えてこれを承諾したときは、その申込みの拒絶とともに新たな申込みをしたものとみなす。過19-33-エ

第529条（懸賞広告）

ある行為をした者に一定の報酬を与える旨を広告した者（以下「懸賞広告者」という。）は、その行為をした者がその広告を知っていたかどうかにかかわらず、その者に対してその報酬を与える義務を負う。

第529条の2（指定した行為をする期間の定めのある懸賞広告）

1　懸賞広告者は、その指定した行為をする期間を定めてした広告を撤回することができない。ただし、その広告において撤回をする権利を留保したときは、この限りでない。

2　前項の広告は、その期間内に指定した行為を完了する者がないときは、その効力を失う。

第529条の3（指定した行為をする期間の定めのない懸賞広告）

懸賞広告者は、その指定した行為を完了する者がない間は、その指定した行為をする期間を

定めないでした広告を撤回することができる。ただし、その広告中に撤回をしない旨を表示したときは、この限りでない。

第530条（懸賞広告の撤回の方法）

1　前の広告と同一の方法による広告の撤回は、これを知らない者に対しても、その効力を有する。

2　広告の撤回は、前の広告と異なる方法によっても、することができる。ただし、その撤回は、これを知った者に対してのみ、その効力を有する。

第531条（懸賞広告の報酬を受ける権利）

1　広告に定めた行為をした者が数人あるときは、最初にその行為をした者のみが報酬を受ける権利を有する。

2　数人が同時に前項の行為をした場合には、各自が等しい割合で報酬を受ける権利を有する。ただし、報酬がその性質上分割に適しないとき、又は広告において１人のみがこれを受けるものとしたときは、抽選でこれを受ける者を定める。

3　前二項の規定は、広告中にこれと異なる意思を表示したときは、適用しない。

第532条（優等懸賞広告）

1　広告に定めた行為をした者が数人ある場合において、その優等者のみに報酬を与えるべきときは、その広告は、応募の期間を定めたときに限り、その効力を有する。

2　前項の場合において、応募者中いずれの者の行為が優等であるかは、広告中に定めた者が判定し、広告中に判定をする者を定めなかったときは懸賞広告者が判定する。

3　応募者は、前項の判定に対して異議を述べることができない。

4　前条第２項の規定は、数人の行為が同等と判定された場合について準用する。

第2款　契約の効力

第533条（同時履行の抗弁）

双務契約の当事者の一方は、相手方がその債務の履行（債務の履行に代わる損害賠償の債務の履行を含む。）を提供するまでは、自己の債務の履行を拒むことができる。ただし、相手方の債務が弁済期にないときは、この限りでない。過27-32-1

第534条及び第535条　削除

第536条（債務者の危険負担等）

1　当事者双方の責めに帰することができない事由によって債務を履行することができなくなったときは、債権者は、反対給付の履行を

拒むことができる。 過3-33-ア

2　債権者の責めに帰すべき事由によって債務を履行することができなくなったときは、債権者は、反対給付の履行を拒むことができない。この場合において、債務者は、自己の債務を免れたことによって利益を得たときは、これを債権者に償還しなければならない。

第537条（第三者のためにする契約）

1　契約により当事者の一方が第三者に対してある給付をすることを約したときは、その第三者は、債務者に対して直接にその給付を請求する権利を有する。

2　前項の契約は、その成立の時に第三者が現に存しない場合又は第三者が特定していない場合であっても、そのためにその効力を妨げられない。

3　第1項の場合において、第三者の権利は、その第三者が債務者に対して同項の契約の利益を享受する意思を表示した時に発生する。 過元-46

第538条（第三者の権利の確定）

1　前条の規定により第三者の権利が発生した後は、当事者は、これを変更し、又は消滅させることができない。

2　前条の規定により第三者の権利が発生した後に、債務者がその第三者に対する債務を履行しない場合には、同条第1項の契約の相手方は、その第三者の承諾を得なければ、契約を解除することができない。

第539条（債務者の抗弁）

債務者は、第537条第1項の契約に基づく抗弁をもって、その契約の利益を受ける第三者に対抗することができる。

　　第3款　契約上の地位の移転

第539条の2

契約の当事者の一方が第三者との間で契約上の地位を譲渡する旨の合意をした場合において、その契約の相手方がその譲渡を承諾したときは、契約上の地位は、その第三者に移転する。 過26-32-エ

　　第4款　契約の解除

第540条（解除権の行使）

1　契約又は法律の規定により当事者の一方が解除権を有するときは、その解除は、相手方に対する意思表示によってする。

2　前項の意思表示は、撤回することができない。 過18-45

第541条（催告による解除）

当事者の一方がその債務を履行しない場合において、相手方が相当の期間を定めてその履行の催告をし、その期間内に履行がないときは、相手方は、契約の解除をすることができる。ただし、その期間を経過した時における債務の不履行がその契約及び取引上の社会通念に照らして軽微であるときは、この限りでない。 過27-32-4

第542条（催告によらない解除）

1　次に掲げる場合には、債権者は、前条の催告をすることなく、直ちに契約の解除をすることができる。

①　債務の全部の履行が不能であるとき。

②　債務者がその債務の全部の履行を拒絶する意思を明確に表示したとき。

③　債務の一部の履行が不能である場合又は債務者がその債務の一部の履行を拒絶する意思を明確に表示した場合において、残存する部分のみでは契約をした目的を達することができないとき。

④　契約の性質又は当事者の意思表示により、特定の日時又は一定の期間内に履行をしなければ契約をした目的を達することができない場合において、債務者が履行をしないでその時期を経過したとき。

⑤　前各号に掲げる場合のほか、債務者がその債務の履行をせず、債権者が前条の催告をしても契約をした目的を達するのに足りる履行がされる見込みがないことが明らかであるとき。

2　次に掲げる場合には、債権者は、前条の催告をすることなく、直ちに契約の一部の解除をすることができる。

①　債務の一部の履行が不能であるとき。

②　債務者がその債務の一部の履行を拒絶する意思を明確に表示したとき。

第543条（債権者の責めに帰すべき事由による場合）

債務の不履行が債権者の責めに帰すべき事由によるものであるときは、債権者は、前二条の規定による契約の解除をすることができない。

第544条（解除権の不可分性）

1　当事者の一方が数人ある場合には、契約の解除は、その全員から又はその全員に対してのみ、することができる。

2　前項の場合において、解除権が当事者のうちの1人について消滅したときは、他の者についても消滅する。 過25-31-ウ

第545条（解除の効果）

1　当事者の一方がその解除権を行使したとき

158

第546条～第548条の4

は、各当事者は、その相手方を原状に復させる義務を負う。ただし、第三者の権利を害することはできない。

2 前項本文の場合において、金銭を返還するときは、その受領の時から利息を付さなければならない。

3 第1項本文の場合において、金銭以外の物を返還するときは、その受領の時以後に生じた果実をも返還しなければならない。

4 解除権の行使は、損害賠償の請求を妨げない。

第546条（契約の解除と同時履行）

第533条の規定は、前条の場合について準用する。

第547条（催告による解除権の消滅）

解除権の行使について期間の定めがないときは、相手方は、解除権を有する者に対し、相当の期間を定めて、その期間内に解除をするかどうかを確答すべき旨の催告をすることができる。この場合において、その期間内に解除の通知を受けないときは、解除権は、消滅する。

第548条（解除権者の故意による目的物の損傷等による解除権の消滅）

解除権を有する者が故意若しくは過失によって契約の目的物を著しく損傷し、若しくは返還することができなくなったとき、又は加工若しくは改造によってこれを他の種類の物に変えたときは、解除権は、消滅する。ただし、解除権を有する者がその解除権を有することを知らなかったときは、この限りでない。

第5款　定型約款

第548条の2（定型約款の合意）

1 定型取引（ある特定の者が不特定多数の者を相手方として行う取引であって、その内容の全部又は一部が画一的であることがその双方にとって合理的なものをいう。以下同じ。）を行うことの合意（次条において「定型取引合意」という。）をした者は、次に掲げる場合には、定型約款（定型取引において、契約の内容とすることを目的としてその特定の者により準備された条項の総体をいう。以下同じ。）の個別の条項についても合意をしたものとみなす。

① 定型約款を契約の内容とする旨の合意をしたとき。

② 定型約款を準備した者（以下「定型約款準備者」という。）があらかじめその定型約款を契約の内容とする旨を相手方に表示していたとき。

2 前項の規定にかかわらず、同項の条項のうち、相手方の権利を制限し、又は相手方の義務を加重する条項であって、その定型取引の態様及びその実情並びに取引上の社会通念に照らして第1条第2項に規定する基本原則に反して相手方の利益を一方的に害すると認められるものについては、合意をしなかったものとみなす。

第548条の3（定型約款の内容の表示）

1 定型取引を行い、又は行おうとする定型約款準備者は、定型取引合意の前又は定型取引合意の後相当の期間内に相手方から請求があった場合には、遅滞なく、相当な方法でその定型約款の内容を示さなければならない。ただし、定型約款準備者が既に相手方に対して定型約款を記載した書面を交付し、又はこれを記録した電磁的記録を提供していたときは、この限りでない。

2 定型約款準備者が定型取引合意の前において前項の請求を拒んだときは、前条の規定は、適用しない。ただし、一時的な通信障害が発生した場合その他正当な事由がある場合は、この限りでない。

第548条の4（定型約款の変更）

1 定型約款準備者は、次に掲げる場合には、定型約款の変更をすることにより、変更後の定型約款の条項について合意があったものとみなし、個別に相手方と合意をすることなく契約の内容を変更することができる。

① 定型約款の変更が、相手方の一般の利益に適合するとき。

② 定型約款の変更が、契約をした目的に反せず、かつ、変更の必要性、変更後の内容の相当性、この条の規定により定型約款の変更をすることがある旨の定めの有無及びその内容その他の変更に係る事情に照らして合理的なものであるとき。

2 定型約款準備者は、前項の規定による定型約款の変更をするときは、その効力発生時期を定め、かつ、定型約款を変更する旨及び変更後の定型約款の内容並びにその効力発生時期をインターネットの利用その他の適切な方法により周知しなければならない。

3 第1項第2号の規定による定型約款の変更は、前項の効力発生時期が到来するまでに同項の規定による周知をしなければ、その効力を生じない。

4 第548条の2第2項の規定は、第1項の規定による定型約款の変更については、適用し

ない。

第2節　贈与

第549条（贈与）

贈与は、当事者の一方がある財産を無償で相手方に与える意思を表示し、相手方が受諾をすることによって、その効力を生ずる。

第550条（書面によらない贈与の解除）

書面によらない贈与は、各当事者が解除をすることができる。ただし、履行の終わった部分については、この限りでない。過30-46

第551条（贈与者の引渡義務等）

1　贈与者は、贈与の目的である物又は権利を、贈与の目的として特定した時の状態で引き渡し、又は移転することを約したものと推定する。過24-32-2

2　負担付贈与については、贈与者は、その負担の限度において、売主と同じく担保の責任を負う。

第552条（定期贈与）

定期の給付を目的とする贈与は、贈与者又は受贈者の死亡によって、その効力を失う。過24-32-1

第553条（負担付贈与）

負担付贈与については、この節に定めるもののほか、その性質に反しない限り、双務契約に関する規定を準用する。過23-32-1、27-33-4

第554条（死因贈与）

贈与者の死亡によって効力を生ずる贈与については、その性質に反しない限り、遺贈に関する規定を準用する。

第3節　売買

第1款　総則

第555条（売買）

売買は、当事者の一方がある財産権を相手方に移転することを約し、相手方がこれに対してその代金を支払うことを約することによって、その効力を生ずる。

第556条（売買の一方の予約）

1　売買の一方の予約は、相手方が売買を完結する意思を表示した時から、売買の効力を生ずる。

2　前項の意思表示について期間を定めなかったときは、予約者は、相手方に対し、相当の期間を定めて、その期間内に売買を完結するかどうかを確答すべき旨の催告をすることができる。この場合において、相手方がその期間内に確答をしないときは、売買の一方の予約は、その効力を失う。

第557条（手付）

1　買主が売主に手付を交付したときは、買主はその手付を放棄し、売主はその倍額を現実に提供して、契約の解除をすることができる。ただし、その相手方が契約の履行に着手した後は、この限りでない。過18-45、23-32-2

2　第545条第4項の規定は、前項の場合には、適用しない。

第558条（売買契約に関する費用）

売買契約に関する費用は、当事者双方が等しい割合で負担する。

第559条（有償契約への準用）

この節の規定は、売買以外の有償契約について準用する。ただし、その有償契約の性質がこれを許さないときは、この限りでない。過27-31-4

第2款　売買の効力

第560条（権利移転の対抗要件に係る売主の義務）

売主は、買主に対し、登記、登録その他の売買の目的である権利の移転についての対抗要件を備えさせる義務を負う。

第561条（他人の権利の売買における売主の義務）

他人の権利（権利の一部が他人に属する場合におけるその権利の一部を含む。）を売買の目的としたときは、売主は、その権利を取得して買主に移転する義務を負う。

第562条（買主の追完請求権）

1　引き渡された目的物が種類、品質又は数量に関して契約の内容に適合しないものであるときは、買主は、売主に対し、目的物の修補、代替物の引渡し又は不足分の引渡しによる履行の追完を請求することができる。ただし、売主は、買主に不相当な負担を課するものでないときは、買主が請求した方法と異なる方法による履行の追完をすることができる。

2　前項の不適合が買主の責めに帰すべき事由によるものであるときは、買主は、同項の規定による履行の追完の請求をすることができない。

第563条（買主の代金減額請求権）

1　前条第1項本文に規定する場合において、買主が相当の期間を定めて履行の追完の催告をし、その期間内に履行の追完がないときは、買主は、その不適合の程度に応じて代金の減額を請求することができる。過3-33-ウ

2　前項の規定にかかわらず、次に掲げる場合には、買主は、同項の催告をすることなく、直ちに代金の減額を請求することができる。過3-33-ウ

① 履行の追完が不能であるとき。

② 売主が履行の追完を拒絶する意思を明確に表示したとき。

③ 契約の性質又は当事者の意思表示により、特定の日時又は一定の期間内に履行をしなければ契約をした目的を達することができない場合において、売主が履行の追完をしないでその時期を経過したとき。

④ 前三号に掲げる場合のほか、買主が前項の催告をしても履行の追完を受ける見込みがないことが明らかであるとき。

3　第1項の不適合が買主の責めに帰すべき事由によるものであるときは、買主は、前二項の規定による代金の減額の請求をすることができない。過3-33-エ

第564条（買主の損害賠償請求及び解除権の行使）

前二条の規定は、第415条の規定による損害賠償の請求並びに第541条及び第542条の規定による解除権の行使を妨げない。過3-33-イ

第565条（移転した権利が契約の内容に適合しない場合における売主の担保責任）

前三条の規定は、売主が買主に移転した権利が契約の内容に適合しないものである場合（権利の一部が他人に属する場合においてその権利の一部を移転しないときを含む。）について準用する。

第566条（目的物の種類又は品質に関する担保責任の期間の制限）

売主が種類又は品質に関して契約の内容に適合しない目的物を買主に引き渡した場合において、買主がその不適合を知った時から1年以内にその旨を売主に通知しないときは、買主は、その不適合を理由として、履行の追完の請求、代金の減額の請求、損害賠償の請求及び契約の解除をすることができない。ただし、売主が引渡しの時にその不適合を知り、又は重大な過失によって知らなかったときは、この限りでない。過3-33-オ

第567条（目的物の滅失等についての危険の移転）

1　売主が買主に目的物（売買の目的として特定したものに限る。以下この条において同じ。）を引き渡した場合において、その引渡しがあった時以後にその目的物が当事者双方

の責めに帰することができない事由によって滅失し、又は損傷したときは、買主は、その滅失又は損傷を理由として、履行の追完の請求、代金の減額の請求、損害賠償の請求及び契約の解除をすることができない。この場合において、買主は、代金の支払を拒むことができない。

2　売主が契約の内容に適合する目的物をもって、その引渡しの債務の履行を提供したにもかかわらず、買主がその履行を受けることを拒み、又は受けることができない場合において、その履行の提供があった時以後に当事者双方の責めに帰することができない事由によってその目的物が滅失し、又は損傷したときも、前項と同様とする。

第568条（競売における担保責任等）

1　民事執行法その他の法律の規定に基づく競売（以下この条において単に「競売」という。）における買受人は、第541条及び第542条の規定並びに第563条（第565条において準用する場合を含む。）の規定により、債務者に対し、契約の解除をし、又は代金の減額を請求することができる。

2　前項の場合において、債務者が無資力であるときは、買受人は、代金の配当を受けた債権者に対し、その代金の全部又は一部の返還を請求することができる。

3　前二項の場合において、債務者が物若しくは権利の不存在を知りながら申し出なかったとき、又は債権者がこれを知りながら競売を請求したときは、買受人は、これらの者に対し、損害賠償の請求をすることができる。

4　前三項の規定は、競売の目的物の種類又は品質に関する不適合については、適用しない。

第569条（債権の売主の担保責任）

1　債権の売主が債務者の資力を担保したときは、契約の時における資力を担保したものと推定する。

2　弁済期に至らない債権の売主が債務者の将来の資力を担保したときは、弁済期における資力を担保したものと推定する。

第570条（抵当権等がある場合の買主による費用の償還請求）

買い受けた不動産について契約の内容に適合しない先取特権、質権又は抵当権が存していた場合において、買主が費用を支出してその不動産の所有権を保存したときは、買主は、売主に対し、その費用の償還を請求することができ

る。

第571条 削除

第572条（担保責任を負わない旨の特約）

売主は、第562条第1項本文又は第565条に規定する場合における担保の責任を負わない旨の特約をしたときであっても、知りながら告げなかった事実及び自ら第三者のために設定し又は第三者に譲り渡した権利については、その責任を免れることができない。

第573条（代金の支払期限）

売買の目的物の引渡しについて期限があるときは、代金の支払についても同一の期限を付したものと推定する。週18-32-ウ

第574条（代金の支払場所）

売買の目的物の引渡しと同時に代金を支払うべきときは、その引渡しの場所において支払わなければならない。

第575条（果実の帰属及び代金の利息の支払）

1 まだ引き渡されていない売買の目的物が果実を生じたときは、その果実は、売主に帰属する。

2 買主は、引渡しの日から、代金の利息を支払う義務を負う。ただし、代金の支払について期限があるときは、その期限が到来するまでは、利息を支払うことを要しない。

第576条（権利を取得することができない等のおそれがある場合の買主による代金の支払の拒絶）

売買の目的について権利を主張する者があることその他の事由により、買主がその買い受けた権利の全部若しくは一部を取得することができず、又は失うおそれがあるときは、買主は、その危険の程度に応じて、代金の全部又は一部の支払を拒むことができる。ただし、売主が相当の担保を供したときは、この限りでない。

第577条（抵当権等の登記がある場合の買主による代金の支払の拒絶）

1 買い受けた不動産について契約の内容に適合しない抵当権の登記があるときは、買主は、抵当権消滅請求の手続が終わるまで、その代金の支払を拒むことができる。この場合において、売主は、買主に対し、遅滞なく抵当権消滅請求をすべき旨を請求することができる。

2 前項の規定は、買い受けた不動産について契約の内容に適合しない先取特権又は質権の登記がある場合について準用する。

第578条（売主による代金の供託の請求）

前二条の場合においては、売主は、買主に対して代金の供託を請求することができる。

第3款　買戻し

第579条（買戻しの特約）

不動産の売主は、売買契約と同時にした買戻しの特約により、買主が支払った代金（別段の合意をした場合にあっては、その合意により定めた金額。第583条第1項において同じ。）及び契約の費用を返還して、売買の解除をすることができる。この場合において、当事者が別段の意思を表示しなかったときは、不動産の果実と代金の利息とは相殺したものとみなす。

第580条（買戻しの期間）

1 買戻しの期間は、10年を超えることができない。特約でこれより長い期間を定めたときは、その期間は、10年とする。

2 買戻しについて期間を定めたときは、その後にこれを伸長することができない。

3 買戻しについて期間を定めなかったときは、5年以内に買戻しをしなければならない。

第581条（買戻しの特約の対抗力）

1 売買契約と同時に買戻しの特約を登記したときは、買戻しは、第三者に対抗することができる。

2 前項の登記がされた後に第605条の2第1項に規定する対抗要件を備えた賃借人の権利は、その残存期間中1年を超えない期間に限り、売主に対抗することができる。ただし、売主を害する目的で賃貸借をしたときは、この限りでない。

第582条（買戻権の代位行使）

売主の債権者が第423条の規定により売主に代わって買戻しをしようとするときは、買主は、裁判所において選任した鑑定人の評価に従い、不動産の現在の価額から売主が返還すべき金額を控除した残額に達するまで売主の債務を弁済し、なお残余があるときはこれを売主に返還して、買戻権を消滅させることができる。

第583条（買戻しの実行）

1 売主は、第580条に規定する期間内に代金及び契約の費用を提供しなければ、買戻しをすることができない。

2 買主又は転得者が不動産について費用を支出したときは、売主は、第196条の規定に従い、その償還をしなければならない。ただし、有益費については、裁判所は、売主の請求により、その償還について相当の期限を許与することができる。

第584条（共有持分の買戻特約付売買）

不動産の共有者の1人が買戻しの特約を付し

てその持分を売却した後に、その不動産の分割
又は競売があったときは、売主は、買主が受
け、若しくは受けるべき部分又は代金につい
て、買戻しをすることができる。ただし、売主
に通知をしないでした分割及び競売は、売主に
対抗することができない。

第585条
1 前条の場合において、買主が不動産の競売
における買受人となったときは、売主は、競
売の代金及び第583条に規定する費用を支払
って買戻しをすることができる。この場合に
おいて、売主は、その不動産の全部の所有権
を取得する。
2 他の共有者が分割を請求したことにより買
主が競売における買受人となったときは、売
主は、その持分のみについて買戻しをするこ
とはできない。

第4節　交換

第586条
1 交換は、当事者が互いに金銭の所有権以外
の財産権を移転することを約することによっ
て、その効力を生ずる。
2 当事者の一方が他の権利とともに金銭の所
有権を移転することを約した場合におけるそ
の金銭については、売買の代金に関する規定
を準用する。

第5節　消費貸借

第587条（消費貸借）
消費貸借は、当事者の一方が種類、品質及び
数量の同じ物をもって返還をすることを約して
相手方から金銭その他の物を受け取ることによ
って、その効力を生ずる。

第587条の2（書面でする消費貸借等）
1 前条の規定にかかわらず、書面でする消費
貸借は、当事者の一方が金銭その他の物を引
き渡すことを約し、相手方がその受け取った
物と種類、品質及び数量の同じ物をもって返
還をすることを約することによって、その効
力を生ずる。
2 書面でする消費貸借の借主は、貸主から金
銭その他の物を受け取るまで、契約の解除を
することができる。この場合において、貸主
は、その契約の解除によって損害を受けたと
きは、借主に対し、その賠償を請求すること
ができる。
3 書面でする消費貸借は、借主が貸主から金
銭その他の物を受け取る前に当事者の一方が
破産手続開始の決定を受けたときは、その効
力を失う。

4 消費貸借がその内容を記録した電磁的記録
によってされたときは、その消費貸借は、書
面によってされたものとみなして、前三項の
規定を適用する。

第588条（準消費貸借）
金銭その他の物を給付する義務を負う者があ
る場合において、当事者がその物を消費貸借の
目的とすることを約したときは、消費貸借は、
これによって成立したものとみなす。

第589条（利息）
1 貸主は、特約がなければ、借主に対して利
息を請求することができない。
2 前項の特約があるときは、貸主は、借主が
金銭その他の物を受け取った日以後の利息を
請求することができる。

第590条（貸主の引渡義務等）
1 第551条の規定は、前条第1項の特約のな
い消費貸借について準用する。
2 前条第1項の特約の有無にかかわらず、貸
主から引き渡された物が種類又は品質に関し
て契約の内容に適合しないものであるとき
は、借主は、その物の価額を返還することが
できる。

第591条（返還の時期）
1 当事者が返還の時期を定めなかったとき
は、貸主は、相当の期間を定めて返還の催告
をすることができる。週18-32-オ
2 借主は、返還の時期の定めの有無にかかわ
らず、いつでも返還をすることができる。
3 当事者が返還の時期を定めた場合におい
て、貸主は、借主がその時期の前に返還をし
たことによって損害を受けたときは、借主に
対し、その賠償を請求することができる。

第592条（価額の償還）
借主が貸主から受け取った物と種類、品質及
び数量の同じ物をもって返還をすることができ
なくなったときは、その時における物の価額を
償還しなければならない。ただし、第402条第
2項に規定する場合は、この限りでない。

第6節　使用貸借

第593条（使用貸借）
使用貸借は、当事者の一方がある物を引き渡
すことを約し、相手方がその受け取った物につ
いて無償で使用及び収益をして契約が終了した
ときに返還をすることを約することによって、
その効力を生ずる。

第593条の2（借用物受取り前の貸主による使用貸借の解除）
貸主は、借主が借用物を受け取るまで、契約

の解除をすることができる。ただし、書面による使用貸借については、この限りでない。

第594条（借主による使用及び収益）

1 借主は、契約又はその目的物の性質によって定まった用法に従い、その物の使用及び収益をしなければならない。

2 借主は、**貸主の承諾**を得なければ、第三者に借用物の使用又は収益をさせることができない。過30-32-ア

3 借主が前二項の規定に違反して使用又は収益をしたときは、貸主は、**契約の解除**をすることができる。

第595条（借用物の費用の負担）

1 借主は、借用物の**通常の必要費**を負担する。過24-32-3

2 第583条第2項の規定は、前項の通常の必要費以外の費用について準用する。

第596条（貸主の引渡義務等）

第551条の規定は、使用貸借について準用する。

第597条（期間満了等による使用貸借の終了）

1 当事者が使用貸借の期間を定めたときは、使用貸借は、その期間が満了することによって終了する。

2 当事者が使用貸借の期間を定めなかった場合において、使用及び収益の目的を定めたときは、使用貸借は、借主がその目的に従い使用及び収益を終えることによって終了する。

3 使用貸借は、**借主の死亡**によって終了する。

第598条（使用貸借の解除）

1 貸主は、前条第2項に規定する場合において、同項の目的に従い借主が使用及び収益をするのに足りる期間を経過したときは、契約の解除をすることができる。

2 当事者が使用貸借の期間並びに使用及び収益の目的を定めなかったときは、貸主は、いつでも契約の解除をすることができる。

3 借主は、いつでも契約の解除をすることができる。

第599条（借主による収去等）

1 借主は、借用物を受け取った後にこれに附属させた物がある場合において、使用貸借が終了したときは、その附属させた物を収去する義務を負う。ただし、借用物から分離することができない物又は分離するのに過分の費用を要する物については、この限りでない。

2 借主は、借用物を受け取った後にこれに附属させた物を収去することができる。

3 借主は、借用物を受け取った後にこれに生じた損傷がある場合において、使用貸借が終了したときは、その損傷を原状に復する義務を負う。ただし、その損傷が借主の責めに帰することができない事由によるものであるときは、この限りでない。

第600条（損害賠償及び費用の償還の請求権についての期間の制限）

1 契約の本旨に反する使用又は収益によって生じた損害の賠償及び借主が支出した費用の償還は、貸主が返還を受けた時から1年以内に請求しなければならない。

2 前項の損害賠償の請求権については、貸主が返還を受けた時から1年を経過するまでの間は、時効は、完成しない。

第7節　賃貸借
第1款　総則
第601条（賃貸借）

賃貸借は、当事者の一方がある物の使用及び収益を相手方にさせることを約し、相手方がこれに対してその**賃料**を支払うこと及び引渡しを受けた物を契約が終了したときに返還することを約することによって、その効力を生ずる。

第602条（短期賃貸借）

処分の権限を有しない者が賃貸借をする場合には、次の各号に掲げる賃貸借は、それぞれ当該各号に定める期間を超えることができない。契約でこれより長い期間を定めたときであっても、その期間は、当該各号に定める期間とする。

① 樹木の栽植又は伐採を目的とする山林の賃貸借　10年

② 前号に掲げる賃貸借以外の土地の賃貸借　5年

③ 建物の賃貸借　3年

④ 動産の賃貸借　6箇月

第603条（短期賃貸借の更新）

前条に定める期間は、更新することができる。ただし、その期間満了前、土地については1年以内、建物については3箇月以内、動産については1箇月以内に、その更新をしなければならない。

第604条（賃貸借の存続期間）

1 賃貸借の存続期間は、50年を超えることができない。契約でこれより長い期間を定めたときであっても、その期間は、50年とする。

2 賃貸借の存続期間は、更新することができる。ただし、その期間は、更新の時から50年を超えることができない。

第2款　賃貸借の効力

第605条（不動産賃貸借の対抗力）

不動産の賃貸借は、これを登記したときは、その不動産について物権を取得した者その他の第三者に対抗することができる。

第605条の2（不動産の賃貸人たる地位の移転）

1　前条、借地借家法第10条又は第31条その他の法令の規定による賃貸借の対抗要件を備えた場合において、その不動産が譲渡されたときは、その不動産の賃貸人たる地位は、その譲受人に移転する。過2-33-1

2　前項の規定にかかわらず、不動産の譲渡人及び譲受人が、賃貸人たる地位を譲渡人に留保する旨及びその不動産を譲受人が譲渡人に賃貸する旨の合意をしたときは、賃貸人たる地位は、譲受人に移転しない。この場合において、譲渡人と譲受人又はその承継人との間の賃貸借が終了したときは、譲渡人に留保されていた賃貸人たる地位は、譲受人又はその承継人に移転する。

3　第1項又は前項後段の規定による賃貸人たる地位の移転は、賃貸物である不動産について所有権の移転の登記をしなければ、賃借人に対抗することができない。過2-33-3

4　第1項又は第2項後段の規定により賃貸人たる地位が譲受人又はその承継人に移転したときは、第608条の規定による費用の償還に係る債務及び第622条の2第1項の規定による同項に規定する敷金の返還に係る債務は、譲受人又はその承継人が承継する。過21-32-ウ、24-33-5、2-33-4・5

第605条の3（合意による不動産の賃貸人たる地位の移転）

不動産の譲渡人が賃貸人であるときは、その賃貸人たる地位は、賃借人の承諾を要しないで、譲渡人と譲受人との合意により、譲受人に移転させることができる。この場合においては、前条第3項及び第4項の規定を準用する。過26-32-オ

第605条の4（不動産の賃借人による妨害の停止の請求等）

不動産の賃借人は、第605条の2第1項に規定する対抗要件を備えた場合において、次の各号に掲げるときは、それぞれ当該各号に定める請求をすることができる。

①　その不動産の占有を第三者が妨害しているとき　その第三者に対する妨害の停止の請求

②　その不動産を第三者が占有しているとき　その第三者に対する返還の請求　過20-30-ウ、29-31-4

第606条（賃貸人による修繕等）

1　賃貸人は、賃貸物の使用及び収益に必要な修繕をする義務を負う。ただし、賃借人の責めに帰すべき事由によってその修繕が必要となったときは、この限りでない。

2　賃貸人が賃貸物の保存に必要な行為をしようとするときは、賃借人は、これを拒むことができない。

第607条（賃借人の意思に反する保存行為）

賃貸人が賃借人の意思に反して保存行為をしようとする場合において、そのために賃借人が賃借をした目的を達することができなくなるときは、賃借人は、契約の解除をすることができる。

第607条の2（賃借人による修繕）

賃借物の修繕が必要である場合において、次に掲げるときは、賃借人は、その修繕をすることができる。

①　賃借人が賃貸人に修繕が必要である旨を通知し、又は賃貸人がその旨を知ったにもかかわらず、賃貸人が相当の期間内に必要な修繕をしないとき。

②　急迫の事情があるとき。

第608条（賃借人による費用の償還請求）

1　賃借人は、賃借物について賃貸人の負担に属する必要費を支出したときは、賃貸人に対し、直ちにその償還を請求することができる。過29-33-1

2　賃借人が賃借物について有益費を支出したときは、賃貸人は、賃貸借の終了の時に、第196条第2項の規定に従い、その償還をしなければならない。ただし、裁判所は、賃貸人の請求により、その償還について相当の期限を許与することができる。

第609条（減収による賃料の減額請求）

耕作又は牧畜を目的とする土地の賃借人は、不可抗力によって賃料より少ない収益を得たときは、その収益の額に至るまで、賃料の減額を請求することができる。

第610条（減収による解除）

前条の場合において、同条の賃借人は、不可抗力によって引き続き2年以上賃料より少ない収益を得たときは、契約の解除をすることができる。

第611条（賃借物の一部滅失等による賃料の減額等）

1　賃借物の一部が滅失その他の事由により使

用及び収益をすることができなくなった場合において、それが賃借人の責めに帰することができない事由によるものであるときは、賃料は、その使用及び収益をすることができなくなった部分の割合に応じて、減額される。

2　賃借物の一部が滅失その他の事由により使用及び収益をすることができなくなった場合において、残存する部分のみでは賃借人が賃借をした目的を達することができないときは、賃借人は、契約の解除をすることができる。

第612条（賃借権の譲渡及び転貸の制限）

1　賃借人は、賃貸人の承諾を得なければ、その賃借権を譲り渡し、又は賃借物を転貸することができない。

2　賃借人が前項の規定に違反して第三者に賃借物の使用又は収益をさせたときは、賃貸人は、契約の解除をすることができる。

第613条（転貸の効果）

1　賃借人が適法に賃借物を転貸したときは、転借人は、賃貸人と賃借人との間の賃貸借に基づく賃借人の債務の範囲を限度として、賃貸人に対して転貸借に基づく債務を直接履行する義務を負う。この場合においては、賃料の前払をもって賃貸人に対抗することができない。過元-32-ウ

2　前項の規定は、賃貸人が賃借人に対してその権利を行使することを妨げない。

3　賃借人が適法に賃借物を転貸した場合には、賃貸人は、賃借人との間の賃貸借を合意により解除したことをもって転借人に対抗することができない。ただし、その解除の当時、賃貸人が賃借人の債務不履行による解除権を有していたときは、この限りでない。過18-33-ア、24-33-3

第614条（賃料の支払時期）

賃料は、動産、建物及び宅地については毎月末に、その他の土地については毎年末に、支払わなければならない。ただし、収穫の季節があるものについては、その季節の後に遅滞なく支払わなければならない。過18-32-イ

第615条（賃借人の通知義務）

賃借物が修繕を要し、又は賃借物について権利を主張する者があるときは、賃借人は、遅滞なくその旨を賃貸人に通知しなければならない。ただし、賃貸人が既にこれを知っているときは、この限りでない。

第616条（賃借人による使用及び収益）

第594条第1項の規定は、賃貸借について準用する。

第3款　賃貸借の終了

第616条の2（賃借物の全部滅失等による賃貸借の終了）

賃借物の全部が滅失その他の事由により使用及び収益をすることができなくなった場合には、賃貸借は、これによって終了する。

第617条（期間の定めのない賃貸借の解約の申入れ）

1　当事者が賃貸借の期間を定めなかったときは、各当事者は、いつでも解約の申入れをすることができる。この場合においては、次の各号に掲げる賃貸借は、解約の申入れの日からそれぞれ当該各号に定める期間を経過することによって終了する。

①　土地の賃貸借　1年

②　建物の賃貸借　3箇月

③　動産及び貸席の賃貸借　1日

2　収穫の季節がある土地の賃貸借については、その季節の後次の耕作に着手する前に、解約の申入れをしなければならない。

第618条（期間の定めのある賃貸借の解約をする権利の留保）

当事者が賃貸借の期間を定めた場合であっても、その一方又は双方がその期間内に解約をする権利を留保したときは、前条の規定を準用する。

第619条（賃貸借の更新の推定等）

1　賃貸借の期間が満了した後賃借人が賃借物の使用又は収益を継続する場合において、賃貸人がこれを知りながら異議を述べないときは、従前の賃貸借と同一の条件で更に賃貸借をしたものと推定する。この場合において、各当事者は、第617条の規定により解約の申入れをすることができる。

2　従前の賃貸借について当事者が担保を供していたときは、その担保は、期間の満了によって消滅する。ただし、第622条の2第1項に規定する敷金については、この限りでない。

第620条（賃貸借の解除の効力）

賃貸借の解除をした場合には、その解除は、将来に向かってのみその効力を生ずる。この場合においては、損害賠償の請求を妨げない。

第621条（賃借人の原状回復義務）

賃借人は、賃借物を受け取った後にこれに生じた損傷（通常の使用及び収益によって生じた賃借物の損耗並びに賃借物の経年変化を除く。以下この条において同じ。）がある場合におい

て、賃貸借が終了したときは、その損傷を原状
に復する義務を負う。ただし、その損傷が賃借
人の責めに帰することができない事由によるも
のであるときは、この限りでない。

第622条（使用貸借の規定の準用）

第597条第1項、第599条第1項及び第2項並
びに第600条の規定は、賃貸借について準用す
る。

第4款　敷金

第622条の2

1　賃貸人は、敷金（いかなる名目によるかを
問わず、賃料債務その他の賃貸借に基づいて
生ずる賃借人の賃貸人に対する金銭の給付を
目的とする債務を担保する目的で、賃借人が
賃貸人に交付する金銭をいう。以下この条に
おいて同じ。）を受け取っている場合におい
て、次に掲げるときは、賃借人に対し、その
受け取った敷金の額から賃貸借に基づいて生
じた賃借人の賃貸人に対する金銭の給付を目
的とする債務の額を控除した残額を返還しな
ければならない。

①　賃貸借が終了し、かつ、賃貸物の返還を
受けたとき。過2-32-3

②　賃借人が適法に賃借権を譲り渡したと
き。

2　賃貸人は、賃借人が賃貸借に基づいて生じ
た金銭の給付を目的とする債務を履行しない
ときは、敷金をその債務の弁済に充てること
ができる。この場合において、賃借人は、賃
貸人に対し、敷金をその債務の弁済に充てる
ことを請求することができない。

第8節　雇用

第623条（雇用）

雇用は、当事者の一方が相手方に対して労働
に従事することを約し、相手方がこれに対して
その報酬を与えることを約することによって、
その効力を生ずる。

第624条（報酬の支払時期）

1　労働者は、その約した労働を終わった後で
なければ、報酬を請求することができない。

2　期間によって定めた報酬は、その期間を経
過した後に、請求することができる。

第624条の2（履行の割合に応じた報酬）

労働者は、次に掲げる場合には、既にした履
行の割合に応じて報酬を請求することができ
る。

①　使用者の責めに帰することができない事
由によって労働に従事することができなく
なったとき。

②　雇用が履行の中途で終了したとき。

第625条（使用者の権利の譲渡の制限等）

1　使用者は、労働者の承諾を得なければ、そ
の権利を第三者に譲り渡すことができない。

2　労働者は、使用者の承諾を得なければ、自
己に代わって第三者を労働に従事させること
ができない。

3　労働者が前項の規定に違反して第三者を労
働に従事させたときは、使用者は、契約の解
除をすることができる。

第626条（期間の定めのある雇用の解除）

1　雇用の期間が5年を超え、又はその終期が
不確定であるときは、当事者の一方は、5年
を経過した後、いつでも契約の解除をするこ
とができる。

2　前項の規定により契約の解除をしようとす
る者は、それが使用者であるときは3箇月
前、労働者であるときは2週間前に、その予
告をしなければならない。

**第627条（期間の定めのない雇用の解約の申入
れ）**

1　当事者が雇用の期間を定めなかったとき
は、各当事者は、いつでも解約の申入れをす
ることができる。この場合において、雇用
は、解約の申入れの日から2週間を経過する
ことによって終了する。

2　期間によって報酬を定めた場合には、使用
者からの解約の申入れは、次期以後について
することができる。ただし、その解約の申入
れは、当期の前半にしなければならない。

3　6箇月以上の期間によって報酬を定めた場
合には、前項の解約の申入れは、3箇月前に
しなければならない。

第628条（やむを得ない事由による雇用の解除）

当事者が雇用の期間を定めた場合であって
も、やむを得ない事由があるときは、各当事者
は、直ちに契約の解除をすることができる。こ
の場合において、その事由が当事者の一方の過
失によって生じたものであるときは、相手方に
対して損害賠償の責任を負う。

第629条（雇用の更新の推定等）

1　雇用の期間が満了した後労働者が引き続き
その労働に従事する場合において、使用者が
これを知りながら異議を述べないときは、従
前の雇用と同一の条件で更に雇用をしたもの
と推定する。この場合において、各当事者
は、第627条の規定により解約の申入れをす
ることができる。

2　従前の雇用について当事者が担保を供して

いたときは、その担保は、期間の満了によって消滅する。ただし、身元保証金については、この限りでない。

第630条（雇用の解除の効力）

第620条の規定は、雇用について準用する。

第631条（使用者についての破産手続の開始による解約の申入れ）

使用者が破産手続開始の決定を受けた場合には、雇用に期間の定めがあるときであっても、労働者又は破産管財人は、第627条の規定により解約の申入れをすることができる。この場合において、各当事者は、相手方に対し、解約によって生じた損害の賠償を請求することができない。

第9節　請負

第632条（請負）

請負は、当事者の一方がある仕事を完成することを約し、相手方がその仕事の結果に対してその報酬を支払うことを約することによって、その効力を生ずる。

第633条（報酬の支払時期）

報酬は、仕事の目的物の引渡しと同時に、支払わなければならない。ただし、物の引渡しを要しないときは、第624条第1項の規定を準用する。過18-32-ア、23-34-ア、2-32-4

第634条（注文者が受ける利益の割合に応じた報酬）

次に掲げる場合において、請負人が既にした仕事の結果のうち可分な部分の給付によって注文者が利益を受けるときは、その部分を仕事の完成とみなす。この場合において、請負人は、注文者が受ける利益の割合に応じて報酬を請求することができる。

① 注文者の責めに帰することができない事由によって仕事を完成することができなくなったとき。

② 請負が仕事の完成前に解除されたとき。過23-32-5

第635条 削除

第636条（請負人の担保責任の制限）

請負人が種類又は品質に関して契約の内容に適合しない仕事の目的物を注文者に引き渡したとき（その引渡しを要しない場合にあっては、仕事が終了した時に仕事の目的物が種類又は品質に関して契約の内容に適合しないとき）は、注文者は、注文者の供した材料の性質又は注文者の与えた指図によって生じた不適合を理由として、履行の追完の請求、報酬の減額の請求、損害賠償の請求及び契約の解除をすることがで

きない。ただし、請負人がその材料又は指図が不適当であることを知りながら告げなかったときは、この限りでない。

第637条（目的物の種類又は品質に関する担保責任の期間の制限）

1 前条本文に規定する場合において、注文者がその不適合を知った時から1年以内にその旨を請負人に通知しないときは、注文者は、その不適合を理由として、履行の追完の請求、報酬の減額の請求、損害賠償の請求及び契約の解除をすることができない。

2 前項の規定は、仕事の目的物を注文者に引き渡した時（その引渡しを要しない場合にあっては、仕事が終了した時）において、請負人が同項の不適合を知り、又は重大な過失によって知らなかったときは、適用しない。

第638条から第640条まで 削除

第641条（注文者による契約の解除）

請負人が仕事を完成しない間は、注文者は、いつでも損害を賠償して契約の解除をすることができる。

第642条（注文者についての破産手続の開始による解除）

1 注文者が破産手続開始の決定を受けたときは、請負人又は破産管財人は、契約の解除をすることができる。ただし、請負人による契約の解除については、仕事を完成した後は、この限りでない。

2 前項に規定する場合において、請負人は、既にした仕事の報酬及びその中に含まれていない費用について、破産財団の配当に加入することができる。

3 第1項の場合には、契約の解除によって生じた損害の賠償は、破産管財人が契約の解除をした場合における請負人に限り、請求することができる。この場合において、請負人は、その損害賠償について、破産財団の配当に加入する。

第10節　委任

第643条（委任）

委任は、当事者の一方が法律行為をすることを相手方に委託し、相手方がこれを承諾することによって、その効力を生ずる。

第644条（受任者の注意義務）

受任者は、委任の本旨に従い、善良な管理者の注意をもって、委任事務を処理する義務を負う。過24-32-4

第644条の2（復受任者の選任等）

1 受任者は、委任者の許諾を得たとき、又は

やむを得ない事由があるときでなければ、復受任者を選任することができない。

2　代理権を付与する委任において、受任者が代理権を有する復受任者を選任したときは、復受任者は、委任者に対して、その権限の範囲内において、受任者と同一の権利を有し、義務を負う。

第645条（受任者による報告）

受任者は、委任者の請求があるときは、いつでも委任事務の処理の状況を報告し、委任が終了した後は、遅滞なくその経過及び結果を報告しなければならない。

第646条（受任者による受取物の引渡し等）

1　受任者は、委任事務を処理するに当たって受け取った金銭その他の物を委任者に引き渡さなければならない。その収取した果実についても、同様とする。

2　受任者は、委任者のために自己の名で取得した権利を委任者に移転しなければならない。

第647条（受任者の金銭の消費についての責任）

受任者は、委任者に引き渡すべき金額又はその利益のために用いるべき金額を自己のために消費したときは、その消費した日以後の利息を支払わなければならない。この場合において、なお損害があるときは、その賠償の責任を負う。

第648条（受任者の報酬）

1　受任者は、特約がなければ、委任者に対して報酬を請求することができない。過元-33-1

2　受任者は、報酬を受けるべき場合には、委任事務を履行した後でなければ、これを請求することができない。ただし、期間によって報酬を定めたときは、第624条第2項の規定を準用する。過18-32-エ

3　受任者は、次に掲げる場合には、既にした履行の割合に応じて報酬を請求することができる。
　①　委任者の責めに帰することができない事由によって委任事務の履行をすることができなくなったとき。
　②　委任が履行の中途で終了したとき。

第648条の2（成果等に対する報酬）

1　委任事務の履行により得られる成果に対して報酬を支払うことを約した場合において、その成果が引渡しを要するときは、報酬は、その成果の引渡しと同時に、支払わなければならない。

2　第634条の規定は、委任事務の履行により得られる成果に対して報酬を支払うことを約した場合について準用する。

第649条（受任者による費用の前払請求）

委任事務を処理するについて費用を要するときは、委任者は、受任者の請求により、その前払をしなければならない。過元-33-5

第650条（受任者による費用等の償還請求等）

1　受任者は、委任事務を処理するのに必要と認められる費用を支出したときは、委任者に対し、その費用及び支出の日以後におけるその利息の償還を請求することができる。

2　受任者は、委任事務を処理するのに必要と認められる債務を負担したときは、委任者に対し、自己に代わってその弁済をすることを請求することができる。この場合において、その債務が弁済期にないときは、委任者に対し、相当の担保を供させることができる。

3　受任者は、委任事務を処理するため自己に過失なく損害を受けたときは、委任者に対し、その賠償を請求することができる。過23-33-2

第651条（委任の解除）

1　委任は、各当事者がいつでもその解除をすることができる。

2　前項の規定により委任の解除をした者は、次に掲げる場合には、相手方の損害を賠償しなければならない。ただし、やむを得ない事由があったときは、この限りでない。過23-32-4
　①　相手方に不利な時期に委任を解除したとき。
　②　委任者が受任者の利益（専ら報酬を得ることによるものを除く。）をも目的とする委任を解除したとき。

第652条（委任の解除の効力）

第620条の規定は、委任について準用する。

第653条（委任の終了事由）

委任は、次に掲げる事由によって終了する。
　①　委任者又は受任者の死亡
　②　委任者又は受任者が破産手続開始の決定を受けたこと。
　③　受任者が後見開始の審判を受けたこと。

第654条（委任の終了後の処分）

委任が終了した場合において、急迫の事情があるときは、受任者又はその相続人若しくは法定代理人は、委任者又はその相続人若しくは法定代理人が委任事務を処理することができるに至るまで、必要な処分をしなければならない。

第655条～第664条の2

第655条（委任の終了の対抗要件）
委任の終了事由は、これを相手方に通知したとき、又は相手方がこれを知っていたときでなければ、これをもってその相手方に対抗することができない。

第656条（準委任）
この節の規定は、法律行為でない事務の委託について準用する。

第11節　寄託

第657条（寄託）
寄託は、当事者の一方がある物を保管することを相手方に委託し、相手方がこれを承諾することによって、その効力を生ずる。

第657条の2（寄託物受取り前の寄託者による寄託の解除等）

1　寄託者は、受寄者が寄託物を受け取るまで、契約の解除をすることができる。この場合において、受寄者は、その契約の解除によって損害を受けたときは、寄託者に対し、その賠償を請求することができる。

2　無報酬の受寄者は、寄託物を受け取るまで、契約の解除をすることができる。ただし、書面による寄託については、この限りでない。

3　受寄者（無報酬で寄託を受けた場合にあっては、書面による寄託の受寄者に限る。）は、寄託物を受け取るべき時期を経過したにもかかわらず、寄託者が寄託物を引き渡さない場合において、相当の期間を定めてその引渡しの催告をし、その期間内に引渡しがないときは、契約の解除をすることができる。

第658条（寄託物の使用及び第三者による保管）

1　受寄者は、寄託者の承諾を得なければ、寄託物を使用することができない。

2　受寄者は、寄託者の承諾を得たとき、又はやむを得ない事由があるときでなければ、寄託物を第三者に保管させることができない。

3　再受寄者は、寄託者に対して、その権限の範囲内において、受寄者と同一の権利を有し、義務を負う。

第659条（無報酬の受寄者の注意義務）
無報酬の受寄者は、自己の財産に対するのと同一の注意をもって、寄託物を保管する義務を負う。過24-32-5

第660条（受寄者の通知義務等）

1　寄託物について権利を主張する第三者が受寄者に対して訴えを提起し、又は差押え、仮差押え若しくは仮処分をしたときは、受寄者は、遅滞なくその事実を寄託者に通知しなけ

ればならない。ただし、寄託者が既にこれを知っているときは、この限りでない。

2　第三者が寄託物について権利を主張する場合であっても、受寄者は、寄託者の指図がない限り、寄託者に対しその寄託物を返還しなければならない。ただし、受寄者が前項の通知をした場合又は同項ただし書の規定によりその通知を要しない場合において、その寄託物をその第三者に引き渡すべき旨を命ずる確定判決（確定判決と同一の効力を有するものを含む。）があったときであって、その第三者にその寄託物を引き渡したときは、この限りでない。

3　受寄者は、前項の規定により寄託者に対して寄託物を返還しなければならない場合には、寄託者にその寄託物を引き渡したことによって第三者に損害が生じたときであっても、その賠償の責任を負わない。

第661条（寄託者による損害賠償）
寄託者は、寄託物の性質又は瑕疵によって生じた損害を受寄者に賠償しなければならない。ただし、寄託者が過失なくその性質若しくは瑕疵を知らなかったとき、又は受寄者がこれを知っていたときは、この限りでない。

第662条（寄託者による返還請求等）

1　当事者が寄託物の返還の時期を定めたときであっても、寄託者は、いつでもその返還を請求することができる。

2　前項に規定する場合において、受寄者は、寄託者がその時期の前に返還を請求したことによって損害を受けたときは、寄託者に対し、その賠償を請求することができる。

第663条（寄託物の返還の時期）

1　当事者が寄託物の返還の時期を定めなかったときは、受寄者は、いつでもその返還をすることができる。

2　返還の時期の定めがあるときは、受寄者は、やむを得ない事由がなければ、その期限前に返還をすることができない。

第664条（寄託物の返還の場所）
寄託物の返還は、その保管をすべき場所でしなければならない。ただし、受寄者が正当な事由によってその物を保管する場所を変更したときは、その現在の場所で返還をすることができる。

第664条の2（損害賠償及び費用の償還の請求権についての期間の制限）

1　寄託物の一部滅失又は損傷によって生じた損害の賠償及び受寄者が支出した費用の償還

第665条～第671条

は、寄託者が返還を受けた時から1年以内に請求しなければならない。

2　前項の損害賠償の請求権については、寄託者が返還を受けた時から1年を経過するまでの間は、時効は、完成しない。

第665条（委任の規定の準用）

第646条から第648条まで、第649条並びに第650条第1項及び第2項の規定は、寄託について準用する。過21-32-オ

第665条の2（混合寄託）

1　複数の者が寄託した物の種類及び品質が同一である場合には、受寄者は、各寄託者の承諾を得たときに限り、これらを混合して保管することができる。

2　前項の規定に基づき受寄者が複数の寄託者からの寄託物を混合して保管したときは、寄託者は、その寄託した物と同じ数量の物の返還を請求することができる。

3　前項に規定する場合において、寄託物の一部が滅失したときは、寄託者は、混合して保管されている総寄託物に対するその寄託した物の割合に応じた数量の物の返還を請求することができる。この場合においては、損害賠償の請求を妨げない。

第666条（消費寄託）

1　受寄者が契約により寄託物を消費することができる場合には、受寄者は、寄託された物と種類、品質及び数量の同じ物をもって返還しなければならない。

2　第590条及び第592条の規定は、前項に規定する場合について準用する。

3　第591条第2項及び第3項の規定は、預金又は貯金に係る契約により金銭を寄託した場合について準用する。

第12節　組合

第667条（組合契約）

1　組合契約は、各当事者が出資をして共同の事業を営むことを約することによって、その効力を生ずる。

2　出資は、労務をその目的とすることができる。

第667条の2（他の組合員の債務不履行）

1　第533条及び第536条の規定は、組合契約については、適用しない。

2　組合員は、他の組合員が組合契約に基づく債務の履行をしないことを理由として、組合契約を解除することができない。

第667条の3（組合員の1人についての意思表示の無効等）

組合員の1人について意思表示の無効又は取消しの原因があっても、他の組合員の間においては、組合契約は、その効力を妨げられない。

第668条（組合財産の共有）

各組合員の出資その他の組合財産は、総組合員の共有に属する。

第669条（金銭出資の不履行の責任）

金銭を出資の目的とした場合において、組合員がその出資をすることを怠ったときは、その利息を支払うほか、損害の賠償をしなければならない。

第670条（業務の決定及び執行の方法）

1　組合の業務は、組合員の過半数をもって決定し、各組合員がこれを執行する。

2　組合の業務の決定及び執行は、組合契約の定めるところにより、1人又は数人の組合員又は第三者に委任することができる。

3　前項の委任を受けた者（以下「業務執行者」という。）は、組合の業務を決定し、これを執行する。この場合において、業務執行者が数人あるときは、組合の業務は、業務執行者の過半数をもって決定し、各業務執行者がこれを執行する。過25-33-2

4　前項の規定にかかわらず、組合の業務については、総組合員の同意によって決定し、又は総組合員が執行することを妨げない。

5　組合の常務は、前各項の規定にかかわらず、各組合員又は各業務執行者が単独で行うことができる。ただし、その完了前に他の組合員又は業務執行者が異議を述べたときは、この限りでない。過25-33-1

第670条の2（組合の代理）

1　各組合員は、組合の業務を執行する場合において、組合員の過半数の同意を得たときは、他の組合員を代理することができる。

2　前項の規定にかかわらず、業務執行者があるときは、業務執行者のみが組合員を代理することができる。この場合において、業務執行者が数人あるときは、各業務執行者は、業務執行者の過半数の同意を得たときに限り、組合員を代理することができる。

3　前二項の規定にかかわらず、各組合員又は各業務執行者は、組合の常務を行うときは、単独で組合員を代理することができる。

第671条（委任の規定の準用）

第644条から第650条までの規定は、組合の業務を決定し、又は執行する組合員について準用

171

第672条～第682条

第672条（業務執行組合員の辞任及び解任）

1　組合契約の定めるところにより１人又は数人の組合員に業務の決定及び執行を委任したときは、その組合員は、正当な事由がなければ、辞任することができない。

2　前項の組合員は、正当な事由がある場合に限り、他の組合員の一致によって解任することができる。

第673条（組合員の組合の業務及び財産状況に関する検査）

各組合員は、組合の業務の決定及び執行をする権利を有しないときであっても、その業務及び組合財産の状況を検査することができる。

第674条（組合員の損益分配の割合）

1　当事者が損益分配の割合を定めなかったときは、その割合は、各組合員の出資の価額に応じて定める。

2　利益又は損失についてのみ分配の割合を定めたときは、その割合は、利益及び損失に共通であるものと推定する。

第675条（組合の債権者の権利の行使）

1　組合の債権者は、組合財産についてその権利を行使することができる。

2　組合の債権者は、その選択に従い、各組合員に対して損失分担の割合又は等しい割合でその権利を行使することができる。ただし、組合の債権者がその債権の発生の時に各組合員の損失分担の割合を知っていたときは、その割合による。過26-27-2

第676条（組合員の持分の処分及び組合財産の分割）

1　組合員は、組合財産についてその持分を処分したときは、その処分をもって組合及び組合と取引をした第三者に対抗することができない。

2　組合員は、組合財産である債権について、その持分についての権利を単独で行使することができない。

3　組合員は、清算前に組合財産の分割を求めることができない。過26-27-4、29-27-ウ

第677条（組合財産に対する組合員の債権者の権利の行使の禁止）

組合員の債権者は、組合財産についてその権利を行使することができない。

第677条の2（組合員の加入）

1　組合員は、その全員の同意によって、又は組合契約の定めるところにより、新たに組合員を加入させることができる。

2　前項の規定により組合の成立後に加入した組合員は、その加入前に生じた組合の債務については、これを弁済する責任を負わない。

第678条（組合員の脱退）

1　組合契約で組合の存続期間を定めなかったとき、又はある組合員の終身の間組合が存続すべきことを定めたときは、各組合員は、いつでも脱退することができる。ただし、やむを得ない事由がある場合を除き、組合に不利な時期に脱退することができない。過25-33-3

2　組合の存続期間を定めた場合であっても、各組合員は、やむを得ない事由があるときは、脱退することができる。

第679条

前条の場合のほか、組合員は、次に掲げる事由によって脱退する。

①　死亡
②　破産手続開始の決定を受けたこと。
③　後見開始の審判を受けたこと。
④　除名

第680条（組合員の除名）

組合員の除名は、正当な事由がある場合に限り、他の組合員の一致によってすることができる。ただし、除名した組合員にその旨を通知しなければ、これをもってその組合員に対抗することができない。

第680条の2（脱退した組合員の責任等）

1　脱退した組合員は、その脱退前に生じた組合の債務について、従前の責任の範囲内でこれを弁済する責任を負う。この場合において、債権者が全部の弁済を受けない間は、脱退した組合員は、組合に担保を供させ、又は組合に対して自己に免責を得させることを請求することができる。

2　脱退した組合員は、前項に規定する組合の債務を弁済したときは、組合に対して求償権を有する。

第681条（脱退した組合員の持分の払戻し）

1　脱退した組合員と他の組合員との間の計算は、脱退の時における組合財産の状況に従ってしなければならない。

2　脱退した組合員の持分は、その出資の種類を問わず、金銭で払い戻すことができる。

3　脱退の時にまだ完了していない事項については、その完了後に計算をすることができる。

第682条（組合の解散事由）

組合は、次に掲げる事由によって解散する。

172

① 組合の目的である事業の成功又はその成功の不能
② 組合契約で定めた存続期間の満了
③ 組合契約で定めた解散の事由の発生
④ 総組合員の同意

第683条（組合の解散の請求）

やむを得ない事由があるときは、各組合員は、組合の解散を請求することができる。

第684条（組合契約の解除の効力）

第620条の規定は、組合契約について準用する。

第685条（組合の清算及び清算人の選任）

1 組合が解散したときは、清算は、総組合員が共同して、又はその選任した清算人がこれをする。

2 清算人の選任は、組合員の過半数で決する。

第686条（清算人の業務の決定及び執行の方法）

第670条第3項から第5項まで並びに第670条の2第2項及び第3項の規定は、清算人について準用する。

第687条（組合員である清算人の辞任及び解任）

第672条の規定は、組合契約の定めるところにより組合員の中から清算人を選任した場合について準用する。

第688条（清算人の職務及び権限並びに残余財産の分割方法）

1 清算人の職務は、次のとおりとする。
① 現務の結了
② 債権の取立て及び債務の弁済
③ 残余財産の引渡し

2 清算人は、前項各号に掲げる職務を行うために必要な一切の行為をすることができる。

3 残余財産は、各組合員の出資の価額に応じて分割する。

第13節　終身定期金

第689条（終身定期金契約）

終身定期金契約は、当事者の一方が、自己、相手方又は第三者の死亡に至るまで、定期に金銭その他の物を相手方又は第三者に給付することを約することによって、その効力を生ずる。

第690条（終身定期金の計算）

終身定期金は、日割りで計算する。

第691条（終身定期金契約の解除）

1 終身定期金債務者が終身定期金の元本を受領した場合において、その終身定期金の給付を怠り、又はその他の義務を履行しないときは、相手方は、元本の返還を請求することができる。この場合において、相手方は、既に

受け取った終身定期金の中からその元本の利息を控除した残額を終身定期金債務者に返還しなければならない。

2 前項の規定は、損害賠償の請求を妨げない。

第692条（終身定期金契約の解除と同時履行）

第533条の規定は、前条の場合について準用する。

第693条（終身定期金債権の存続の宣告）

1 終身定期金債務者の責めに帰すべき事由によって第689条に規定する死亡が生じたときは、裁判所は、終身定期金債権者又はその相続人の請求により、終身定期金債権が相当の期間存続することを宣告することができる。

2 前項の規定は、第691条の権利の行使を妨げない。

第694条（終身定期金の遺贈）

この節の規定は、終身定期金の遺贈について準用する。

第14節　和解

第695条（和解）

和解は、当事者が互いに譲歩をしてその間に存する争いをやめることを約することによって、その効力を生ずる。

第696条（和解の効力）

当事者の一方が和解によって争いの目的である権利を有するものと認められ、又は相手方がこれを有しないものと認められた場合において、その当事者の一方が従来その権利を有していなかった旨の確証又は相手方がこれを有していた旨の確証が得られたときは、その権利は、和解によってその当事者の一方に移転し、又は消滅したものとする。

第3章　事務管理

第697条（事務管理）

1 義務なく他人のために事務の管理を始めた者（以下この章において「管理者」という。）は、その事務の性質に従い、最も**本人の利益**に適合する方法によって、その事務の管理（以下「事務管理」という。）をしなければならない。

2 管理者は、本人の意思を知っているとき、又はこれを推知することができるときは、その意思に従って事務管理をしなければならない。

第698条（緊急事務管理）

管理者は、本人の身体、名誉又は財産に対する急迫の危害を免れさせるために事務管理をし

たときは、悪意又は重大な過失があるのでなければ、これによって生じた損害を賠償する責任を負わない。

第699条（管理者の通知義務）

管理者は、事務管理を始めたことを遅滞なく本人に通知しなければならない。ただし、本人が既にこれを知っているときは、この限りでない。

第700条（管理者による事務管理の継続）

管理者は、本人又はその相続人若しくは法定代理人が管理をすることができるに至るまで、事務管理を継続しなければならない。ただし、事務管理の継続が本人の意思に反し、又は本人に不利であることが明らかであるときは、この限りでない。

第701条（委任の規定の準用）

第645条から第647条までの規定は、事務管理について準用する。

第702条（管理者による費用の償還請求等）

1 管理者は、本人のために有益な費用を支出したときは、本人に対し、その償還を請求することができる。過元-33-2

2 第650条第2項の規定は、管理者が本人のために有益な債務を負担した場合について準用する。過23-33-3

3 管理者が本人の意思に反して事務管理をしたときは、本人が現に利益を受けている限度においてのみ、前二項の規定を適用する。過23-33-5

第4章　不当利得

第703条（不当利得の返還義務）

法律上の原因なく他人の財産又は労務によって利益を受け、そのために他人に損失を及ぼした者（以下この章において「受益者」という。）は、その利益の存する限度において、これを返還する義務を負う。

第704条（悪意の受益者の返還義務等）

悪意の受益者は、その受けた利益に利息を付して返還しなければならない。この場合において、なお損害があるときは、その賠償の責任を負う。

第705条（債務の不存在を知ってした弁済）

債務の弁済として給付をした者は、その時において債務の存在しないことを知っていたときは、その給付したものの返還を請求することができない。

第706条（期限前の弁済）

債務者は、弁済期にない債務の弁済として給付をしたときは、その給付したものの返還を請求することができない。ただし、債務者が錯誤によってその給付をしたときは、債権者は、これによって得た利益を返還しなければならない。

第707条（他人の債務の弁済）

1 債務者でない者が錯誤によって債務の弁済をした場合において、債権者が善意で証書を滅失させ若しくは損傷し、担保を放棄し、又は時効によってその債権を失ったときは、その弁済をした者は、返還の請求をすることができない。

2 前項の規定は、弁済をした者から債務者に対する求償権の行使を妨げない。

第708条（不法原因給付）

不法な原因のために給付をした者は、その給付したものの返還を請求することができない。ただし、不法な原因が受益者についてのみ存したときは、この限りでない。

第5章　不法行為

第709条（不法行為による損害賠償）

故意又は過失によって他人の権利又は法律上保護される利益を侵害した者は、これによって生じた損害を賠償する責任を負う。過18-31-オ、21-34-1

第710条（財産以外の損害の賠償）

他人の身体、自由若しくは名誉を侵害した場合又は他人の財産権を侵害した場合のいずれであるかを問わず、前条の規定により損害賠償の責任を負う者は、財産以外の損害に対しても、その賠償をしなければならない。

第711条（近親者に対する損害の賠償）

他人の生命を侵害した者は、被害者の父母、配偶者及び子に対しては、その財産権が侵害されなかった場合においても、損害の賠償をしなければならない。過26-34-2

第712条（責任能力）

未成年者は、他人に損害を加えた場合において、自己の行為の責任を弁識するに足りる知能を備えていなかったときは、その行為について賠償の責任を負わない。

第713条

精神上の障害により自己の行為の責任を弁識する能力を欠く状態にある間に他人に損害を加えた者は、その賠償の責任を負わない。ただし、故意又は過失によって一時的にその状態を招いたときは、この限りでない。

第714条（責任無能力者の監督義務者等の責任）

1　前二条の規定により責任無能力者がその責任を負わない場合において、その責任無能力者を監督する法定の義務を負う者は、その責任無能力者が第三者に加えた損害を賠償する責任を負う。ただし、監督義務者がその義務を怠らなかったとき、又はその義務を怠らなくても損害が生ずべきであったときは、この限りでない。

2　監督義務者に代わって責任無能力者を監督する者も、前項の責任を負う。

第715条（使用者等の責任）

1　ある事業のために他人を使用する者は、被用者がその事業の執行について第三者に加えた損害を賠償する責任を負う。ただし、使用者が被用者の選任及びその事業の監督について相当の注意をしたとき、又は相当の注意をしても損害が生ずべきであったときは、この限りでない。過23-46

2　使用者に代わって事業を監督する者も、前項の責任を負う。

3　前二項の規定は、使用者又は監督者から被用者に対する求償権の行使を妨げない。過30-33-1

第716条（注文者の責任）

注文者は、請負人がその仕事について第三者に加えた損害を賠償する責任を負わない。ただし、注文又は指図についてその注文者に過失があったときは、この限りでない。過21-34-4

第717条（土地の工作物等の占有者及び所有者の責任）

1　土地の工作物の設置又は保存に瑕疵があることによって他人に損害を生じたときは、その工作物の占有者は、被害者に対してその損害を賠償する責任を負う。ただし、占有者が損害の発生を防止するのに必要な注意をしたときは、所有者がその損害を賠償しなければならない。過21-34-5、3-46

2　前項の規定は、竹木の栽植又は支持に瑕疵がある場合について準用する。

3　前二項の場合において、損害の原因について他にその責任を負う者があるときは、占有者又は所有者は、その者に対して求償権を行使することができる。過28-34-ウ

第718条（動物の占有者等の責任）

1　動物の占有者は、その動物が他人に加えた損害を賠償する責任を負う。ただし、動物の種類及び性質に従い相当の注意をもってその管理をしたときは、この限りでない。

2　占有者に代わって動物を管理する者も、前項の責任を負う。

第719条（共同不法行為者の責任）

1　数人が共同の不法行為によって他人に損害を加えたときは、各自が連帯してその損害を賠償する責任を負う。共同行為者のうちいずれの者がその損害を加えたかを知ることができないときも、同様とする。

2　行為者を教唆した者及び幇助した者は、共同行為者とみなして、前項の規定を適用する。

第720条（正当防衛及び緊急避難）

1　他人の不法行為に対し、自己又は第三者の権利又は法律上保護される利益を防衛するため、やむを得ず加害行為をした者は、損害賠償の責任を負わない。ただし、被害者から不法行為をした者に対する損害賠償の請求を妨げない。過19-45

2　前項の規定は、他人の物から生じた急迫の危難を避けるためその物を損傷した場合について準用する。

第721条（損害賠償請求権に関する胎児の権利能力）

胎児は、損害賠償の請求権については、既に生まれたものとみなす。

第722条（損害賠償の方法、中間利息の控除及び過失相殺）

1　第417条及び第417条の2の規定は、不法行為による損害賠償について準用する。

2　被害者に過失があったときは、裁判所は、これを考慮して、損害賠償の額を定めることができる。

第723条（名誉毀損における原状回復）

他人の名誉を毀損した者に対しては、裁判所は、被害者の請求により、損害賠償に代えて、又は損害賠償とともに、名誉を回復するのに適当な処分を命ずることができる。

第724条（不法行為による損害賠償請求権の消滅時効）

不法行為による損害賠償の請求権は、次に掲げる場合には、時効によって消滅する。過29-46

① 被害者又はその法定代理人が損害及び加害者を知った時から3年間行使しないとき。

② 不法行為の時から20年間行使しないとき。

第724条の2（人の生命又は身体を害する不法
　　　　行為による損害賠償請求権の消滅
　　　　時効）
　人の生命又は身体を害する不法行為による損
害賠償請求権の消滅時効についての前条第1号
の規定の適用については、同号中「3年間」と
あるのは、「5年間」とする。

第4編　親族

第1章　総則

第725条（親族の範囲）
　次に掲げる者は、親族とする。
　①　6親等内の血族
　②　配偶者
　③　3親等内の姻族

第726条（親等の計算）
1　親等は、親族間の世代数を数えて、これを
　定める。
2　傍系親族の親等を定めるには、その1人又
　はその配偶者から同一の祖先にさかのぼり、
　その祖先から他の1人に下るまでの世代数に
　よる。

第727条（縁組による親族関係の発生）
　養子と養親及びその血族との間においては、
養子縁組の日から、血族間におけるのと同一の
親族関係を生ずる。

第728条（離婚等による姻族関係の終了）
1　姻族関係は、離婚によって終了する。過25
　-35-エ
2　夫婦の一方が死亡した場合において、生存
　配偶者が姻族関係を終了させる意思を表示し
　たときも、前項と同様とする。過25-35-エ

第729条（離縁による親族関係の終了）
　養子及びその配偶者並びに養子の直系卑属及
びその配偶者と養親及びその血族との親族関係
は、離縁によって終了する。

第730条（親族間の扶け合い）
　直系血族及び同居の親族は、互いに扶け合わ
なければならない。

第2章　婚姻

第1節　婚姻の成立
第1款　婚姻の要件

第731条（婚姻適齢）
　婚姻は、18歳にならなければ、することがで
きない。

第732条（重婚の禁止）
　配偶者のある者は、重ねて婚姻をすることが
できない。

第733条（再婚禁止期間）
1　女は、前婚の解消又は取消しの日から起算
　して100日を経過した後でなければ、再婚を
　することができない。
2　前項の規定は、次に掲げる場合には、適用
　しない。
　①　女が前婚の解消又は取消しの時に懐胎し
　　ていなかった場合
　②　女が前婚の解消又は取消しの後に出産し
　　た場合

第734条（近親者間の婚姻の禁止）
1　直系血族又は3親等内の傍系血族の間で
　は、婚姻をすることができない。ただし、養
　子と養方の傍系血族との間では、この限りで
　ない。
2　第817条の9の規定により親族関係が終了
　した後も、前項と同様とする。

第735条（直系姻族間の婚姻の禁止）
　直系姻族の間では、婚姻をすることができな
い。第728条又は第817条の9の規定により姻族
関係が終了した後も、同様とする。

第736条（養親子等の間の婚姻の禁止）
　養子若しくはその配偶者又は養子の直系卑属
若しくはその配偶者と養親又はその直系尊属と
の間では、第729条の規定により親族関係が終
了した後でも、婚姻をすることができない。
過25-35-ウ

第737条　削除

第738条（成年被後見人の婚姻）
　成年被後見人が婚姻をするには、その成年後
見人の同意を要しない。

第739条（婚姻の届出）
1　婚姻は、戸籍法の定めるところにより届け
　出ることによって、その効力を生ずる。
2　前項の届出は、当事者双方及び成年の証人
　2人以上が署名した書面で、又はこれらの者
　から口頭で、しなければならない。

第740条（婚姻の届出の受理）
　婚姻の届出は、その婚姻が第731条から第736
条まで及び前条第2項の規定その他の法令の規
定に違反しないことを認めた後でなければ、受
理することができない。

第741条（外国に在る日本人間の婚姻の方式）
　外国に在る日本人間で婚姻をしようとすると
きは、その国に駐在する日本の大使、公使又は
領事〔日本政府在外事務所を置く場合には日本
政府在外事務所長〕にその届出をすることが
できる。この場合においては、前二条の規定を

準用する。

第2款　婚姻の無効及び取消し

第742条（婚姻の無効）

婚姻は、次に掲げる場合に限り、無効とする。

① 人違いその他の事由によって当事者間に婚姻をする意思がないとき。

② 当事者が婚姻の届出をしないとき。ただし、その届出が第739条第2項に定める方式を欠くだけであるときは、婚姻は、そのためにその効力を妨げられない。

第743条（婚姻の取消し）

婚姻は、次条から第747条までの規定によらなければ、取り消すことができない。

第744条（不適法な婚姻の取消し）

1 第731条から第736条までの規定に違反した婚姻は、各当事者、その親族又は検察官から、その取消しを家庭裁判所に請求することができる。ただし、検察官は、当事者の一方が死亡した後は、これを請求することができない。

2 第732条又は第733条の規定に違反した婚姻については、当事者の配偶者又は前配偶者も、その取消しを請求することができる。

第745条（不適齢者の婚姻の取消し）

1 第731条の規定に違反した婚姻は、不適齢者が適齢に達したときは、その取消しを請求することができない。

2 不適齢者は、適齢に達した後、なお3箇月間は、その婚姻の取消しを請求することができる。ただし、適齢に達した後に追認をしたときは、この限りでない。

第746条（再婚禁止期間内にした婚姻の取消し）

第733条の規定に違反した婚姻は、前婚の解消若しくは取消しの日から起算して100日を経過し、又は女が再婚後に出産したときは、その取消しを請求することができない。

第747条（詐欺又は強迫による婚姻の取消し）

1 詐欺又は強迫によって婚姻をした者は、その婚姻の取消しを家庭裁判所に請求することができる。

2 前項の規定による取消権は、当事者が、詐欺を発見し、若しくは強迫を免れた後3箇月を経過し、又は追認をしたときは、消滅する。

第748条（婚姻の取消しの効力）

1 婚姻の取消しは、将来に向かってのみその効力を生ずる。

2 婚姻の時においてその取消しの原因がある

ことを知らなかった当事者が、婚姻によって財産を得たときは、現に利益を受けている限度において、その返還をしなければならない。

3 婚姻の時においてその取消しの原因があることを知っていた当事者は、婚姻によって得た利益の全部を返還しなければならない。この場合において、相手方が善意であったときは、これに対して損害を賠償する責任を負う。

第749条（離婚の規定の準用）

第728条第1項、第766条から第769条まで、第790条第1項ただし書並びに第819条第2項、第3項、第5項及び第6項の規定は、婚姻の取消しについて準用する。

第2節　婚姻の効力

第750条（夫婦の氏）

夫婦は、婚姻の際に定めるところに従い、夫又は妻の氏を称する。

第751条（生存配偶者の復氏等）

1 夫婦の一方が死亡したときは、生存配偶者は、婚姻前の氏に復することができる。

2 第769条の規定は、前項及び第728条第2項の場合について準用する。

第752条（同居、協力及び扶助の義務）

夫婦は同居し、互いに協力し扶助しなければならない。

第753条　削除　週25-35-イ

第754条（夫婦間の契約の取消権）

夫婦間でした契約は、婚姻中、いつでも、夫婦の一方からこれを取り消すことができる。ただし、第三者の権利を害することはできない。週18-35-2

第3節　夫婦財産制

第1款　総則

第755条（夫婦の財産関係）

夫婦が、婚姻の届出前に、その財産について別段の契約をしなかったときは、その財産関係は、次款に定めるところによる。

第756条（夫婦財産契約の対抗要件）

夫婦が法定財産制と異なる契約をしたときは、婚姻の届出までにその登記をしなければ、これを夫婦の承継人及び第三者に対抗することができない。

第757条　削除

第758条（夫婦の財産関係の変更の制限等）

1 夫婦の財産関係は、婚姻の届出後は、変更することができない。

2 夫婦の一方が、他の一方の財産を管理する

177

場合において、管理が失当であったことによってその財産を危うくしたときは、他の一方は、自らその管理をすることを家庭裁判所に請求することができる。

3　共有財産については、前項の請求とともに、その分割を請求することができる。

第759条（財産の管理者の変更及び共有財産の分割の対抗要件）

前条の規定又は第755条の契約の結果により、財産の管理者を変更し、又は共有財産の分割をしたときは、その登記をしなければ、これを夫婦の承継人及び第三者に対抗することができない。

第2款　法定財産制

第760条（婚姻費用の分担）

夫婦は、その資産、収入その他一切の事情を考慮して、婚姻から生ずる費用を分担する。
過18-35-3

第761条（日常の家事に関する債務の連帯責任）

夫婦の一方が日常の家事に関して第三者と法律行為をしたときは、他の一方は、これによって生じた債務について、**連帯**してその責任を負う。ただし、第三者に対し責任を負わない旨を予告した場合は、この限りでない。

第762条（夫婦間における財産の帰属）

1　夫婦の一方が婚姻前から有する財産及び婚姻中自己の名で得た財産は、その**特有財産**（夫婦の一方が単独で有する財産をいう。）とする。過18-35-1

2　夫婦のいずれに属するか明らかでない財産は、その**共有に属する**ものと推定する。過18-35-4

第4節　離婚

第1款　協議上の離婚

第763条（協議上の離婚）

夫婦は、その協議で、離婚をすることができる。

第764条（婚姻の規定の準用）

第738条、第739条及び第747条の規定は、協議上の離婚について準用する。

第765条（離婚の届出の受理）

1　離婚の届出は、その離婚が前条において準用する第739条第2項の規定及び第819条第1項の規定その他の法令の規定に違反しないことを認めた後でなければ、受理することができない。

2　離婚の届出が前項の規定に違反して受理されたときであっても、離婚は、そのためにその効力を妨げられない。

第766条（離婚後の子の監護に関する事項の定め等）

1　父母が協議上の離婚をするときは、**子の監護**をすべき者、父又は母と子との面会及びその他の交流、**子の監護**に要する費用の分担その他の子の監護について必要な事項は、その協議で定める。この場合においては、**子の利益**を最も優先して考慮しなければならない。

2　前項の協議が調わないとき、又は協議をすることができないときは、家庭裁判所が、同項の事項を定める。

3　家庭裁判所は、必要があると認めるときは、前二項の規定による定めを変更し、その他子の監護について相当な処分を命ずることができる。

4　前三項の規定によっては、監護の範囲外では、父母の権利義務に変更を生じない。

第767条（離婚による復氏等）

1　婚姻によって氏を改めた夫又は妻は、協議上の離婚によって**婚姻前の氏**に復する。

2　前項の規定により婚姻前の氏に復した夫又は妻は、離婚の日から**3箇月**以内に戸籍法の定めるところにより届け出ることによって、離婚の際に称していた氏を称することができる。過元-35-イ

第768条（財産分与）

1　協議上の離婚をした者の一方は、相手方に対して**財産の分与**を請求することができる。

2　前項の規定による財産の分与について、当事者間に協議が調わないとき、又は協議をすることができないときは、当事者は、家庭裁判所に対して協議に代わる処分を請求することができる。ただし、離婚の時から2年を経過したときは、この限りでない。

3　前項の場合には、家庭裁判所は、当事者双方がその協力によって得た財産の額その他一切の事情を考慮して、分与をさせるべきかどうか並びに分与の額及び方法を定める。

第769条（離婚による復氏の際の権利の承継）

1　婚姻によって氏を改めた夫又は妻が、第897条第1項の権利を承継した後、協議上の離婚をしたときは、当事者その他の関係人の協議で、その権利を承継すべき者を定めなければならない。

2　前項の協議が調わないとき、又は協議をすることができないときは、同項の権利を承継すべき者は、家庭裁判所がこれを定める。

第770条～第788条

第2款　裁判上の離婚
第770条（裁判上の離婚）
1　夫婦の一方は、次に掲げる場合に限り、離婚の訴えを提起することができる。
① 配偶者に不貞な行為があったとき。
② 配偶者から悪意で遺棄されたとき。
③ 配偶者の生死が3年以上明らかでないとき。
④ 配偶者が強度の精神病にかかり、回復の見込みがないとき。
⑤ その他婚姻を継続し難い重大な事由があるとき。
2　裁判所は、前項第1号から第4号までに掲げる事由がある場合であっても、一切の事情を考慮して婚姻の継続を相当と認めるときは、離婚の請求を棄却することができる。

第771条（協議上の離婚の規定の準用）
第766条から第769条までの規定は、裁判上の離婚について準用する。

第3章　親子

第1節　実子
第772条（嫡出の推定）
1　妻が婚姻中に懐胎した子は、夫の子と推定する。
2　婚姻の成立の日から200日を経過した後又は婚姻の解消若しくは取消しの日から300日以内に生まれた子は、婚姻中に懐胎したものと推定する。過27-46

第773条（父を定めることを目的とする訴え）
第733条第1項の規定に違反して再婚をした女が出産した場合において、前条の規定によりその子の父を定めることができないときは、裁判所が、これを定める。

第774条（嫡出の否認）
第772条の場合において、夫は、子が嫡出であることを否認することができる。過27-46

第775条（嫡出否認の訴え）
前条の規定による否認権は、子又は親権を行う母に対する嫡出否認の訴えによって行う。親権を行う母がないときは、家庭裁判所は、特別代理人を選任しなければならない。過22-34-5、27-46

第776条（嫡出の承認）
夫は、子の出生後において、その嫡出であることを承認したときは、その否認権を失う。

第777条（嫡出否認の訴えの出訴期間）
嫡出否認の訴えは、夫が子の出生を知った時から1年以内に提起しなければならない。

過22-34-3、27-46
第778条
夫が成年被後見人であるときは、前条の期間は、後見開始の審判の取消しがあった後夫が子の出生を知った時から起算する。過22-34-4

第779条（認知）
嫡出でない子は、その父又は母がこれを認知することができる。

第780条（認知能力）
認知をするには、父又は母が未成年者又は成年被後見人であるときであっても、その法定代理人の同意を要しない。過28-35-1

第781条（認知の方式）
1　認知は、戸籍法の定めるところにより届け出ることによってする。
2　認知は、遺言によっても、することができる。

第782条（成年の子の認知）
成年の子は、その承諾がなければ、これを認知することができない。

第783条（胎児又は死亡した子の認知）
1　父は、胎内に在る子でも、認知することができる。この場合においては、母の承諾を得なければならない。
2　父又は母は、死亡した子でも、その直系卑属があるときに限り、認知することができる。この場合において、その直系卑属が成年者であるときは、その承諾を得なければならない。

第784条（認知の効力）
認知は、出生の時にさかのぼってその効力を生ずる。ただし、第三者が既に取得した権利を害することはできない。

第785条（認知の取消しの禁止）
認知をした父又は母は、その認知を取り消すことができない。

第786条（認知に対する反対の事実の主張）
子その他の利害関係人は、認知に対して反対の事実を主張することができる。

第787条（認知の訴え）
子、その直系卑属又はこれらの者の法定代理人は、認知の訴えを提起することができる。ただし、父又は母の死亡の日から3年を経過したときは、この限りでない。

第788条（認知後の子の監護に関する事項の定め等）
第766条の規定は、父が認知する場合について準用する。

民法

179

第789条〜第802条

第789条（準正）
1 父が認知した子は、その父母の婚姻によって嫡出子の身分を取得する。
2 婚姻中父母が認知した子は、その認知の時から、嫡出子の身分を取得する。
3 前二項の規定は、子が既に死亡していた場合について準用する。

第790条（子の氏）
1 嫡出である子は、父母の氏を称する。ただし、子の出生前に父母が離婚したときは、離婚の際における父母の氏を称する。
2 嫡出でない子は、母の氏を称する。

第791条（子の氏の変更）
1 子が父又は母と氏を異にする場合には、子は、家庭裁判所の許可を得て、戸籍法の定めるところにより届け出ることによって、その父又は母の氏を称することができる。
2 父又は母が氏を改めたことにより子が父母と氏を異にする場合には、子は、父母の婚姻中に限り、前項の許可を得ないで、戸籍法の定めるところにより届け出ることによって、その父母の氏を称することができる。
3 子が15歳未満であるときは、その法定代理人が、これに代わって、前二項の行為をすることができる。
4 前三項の規定により氏を改めた未成年の子は、成年に達した時から1年以内に戸籍法の定めるところにより届け出ることによって、従前の氏に復することができる。

第2節　養子
第1款　縁組の要件
第792条（養親となる者の年齢）
20歳に達した者は、養子をすることができる。

第793条（尊属又は年長者を養子とすることの禁止）
尊属又は年長者は、これを養子とすることができない。過28-35-4

第794条（後見人が被後見人を養子とする縁組）
後見人が被後見人（未成年被後見人及び成年被後見人をいう。以下同じ。）を養子とするには、家庭裁判所の許可を得なければならない。後見人の任務が終了した後、まだその管理の計算が終わらない間も、同様とする。

第795条（配偶者のある者が未成年者を養子とする縁組）
配偶者のある者が未成年者を養子とするには、配偶者とともにしなければならない。ただし、配偶者の嫡出である子を養子とする場合又

は配偶者がその意思を表示することができない場合は、この限りでない。過20-35-イ・ウ

第796条（配偶者のある者の縁組）
配偶者のある者が縁組をするには、その配偶者の同意を得なければならない。ただし、配偶者とともに縁組をする場合又は配偶者がその意思を表示することができない場合は、この限りでない。過20-35-ア、28-35-3

第797条（15歳未満の者を養子とする縁組）
1 養子となる者が15歳未満であるときは、その法定代理人が、これに代わって、縁組の承諾をすることができる。過28-35-2
2 法定代理人が前項の承諾をするには、養子となる者の父母でその監護をすべき者であるものが他にあるときは、その同意を得なければならない。養子となる者の父母で親権を停止されているものがあるときも、同様とする。

第798条（未成年者を養子とする縁組）
未成年者を養子とするには、家庭裁判所の許可を得なければならない。ただし、自己又は配偶者の直系卑属を養子とする場合は、この限りでない。過28-35-2

第799条（婚姻の規定の準用）
第738条及び第739条の規定は、縁組について準用する。

第800条（縁組の届出の受理）
縁組の届出は、その縁組が第792条から前条までの規定その他の法令の規定に違反しないことを認めた後でなければ、受理することができない。

第801条（外国に在る日本人間の縁組の方式）
外国に在る日本人間で縁組をしようとするときは、その国に駐在する日本の大使、公使又は領事〔日本政府在外事務所を置く場合には日本政府在外事務所所長〕にその届出をすることができる。この場合においては、第799条において準用する第739条の規定及び前条の規定を準用する。

第2款　縁組の無効及び取消し
第802条（縁組の無効）
縁組は、次に掲げる場合に限り、無効とする。
① 人違いその他の事由によって当事者間に縁組をする意思がないとき。
② 当事者が縁組の届出をしないとき。ただし、その届出が第799条において準用する第739条第2項に定める方式を欠くだけであるときは、縁組は、そのためにその効力

第803条～第811条

を妨げられない。

第803条（縁組の取消し）

縁組は、次条から第808条までの規定によらなければ、取り消すことができない。

第804条（養親が20歳未満の者である場合の縁組の取消し）

第792条の規定に違反した縁組は、養親又はその法定代理人から、その取消しを家庭裁判所に請求することができる。ただし、養親が、20歳に達した後6箇月を経過し、又は追認をしたときは、この限りでない。

第805条（養子が尊属又は年長者である場合の縁組の取消し）

第793条の規定に違反した縁組は、各当事者又はその親族から、その取消しを家庭裁判所に請求することができる。

第806条（後見人と被後見人との間の無許可縁組の取消し）

1　第794条の規定に違反した縁組は、養子又はその実方の親族から、その取消しを家庭裁判所に請求することができる。ただし、管理の計算が終わった後、養子が追認をし、又は6箇月を経過したときは、この限りでない。

2　前項ただし書の追認は、養子が、成年に達し、又は行為能力を回復した後にしなければ、その効力を生じない。

3　養子が、成年に達せず、又は行為能力を回復しない間に、管理の計算が終わった場合には、第1項ただし書の期間は、養子が、成年に達し、又は行為能力を回復した時から起算する。

第806条の2（配偶者の同意のない縁組等の取消し）

1　第796条の規定に違反した縁組は、縁組の同意をしていない者から、その取消しを家庭裁判所に請求することができる。ただし、その者が、縁組を知った後6箇月を経過し、又は追認をしたときは、この限りでない。

2　詐欺又は強迫によって第796条の同意をした者は、その縁組の取消しを家庭裁判所に請求することができる。ただし、その者が、詐欺を発見し、若しくは強迫を免れた後6箇月を経過し、又は追認をしたときは、この限りでない。

第806条の3（子の監護をすべき者の同意のない縁組等の取消し）

1　第797条第2項の規定に違反した縁組は、縁組の同意をしていない者から、その取消しを家庭裁判所に請求することができる。ただ

し、その者が追認をしたとき、又は養子が15歳に達した後6箇月を経過し、若しくは追認をしたときは、この限りでない。

2　前条第2項の規定は、詐欺又は強迫によって第797条第2項の同意をした者について準用する。

第807条（養子が未成年者である場合の無許可縁組の取消し）

第798条の規定に違反した縁組は、養子、その実方の親族又は養子に代わって縁組の承諾をした者から、その取消しを家庭裁判所に請求することができる。ただし、養子が、成年に達した後6箇月を経過し、又は追認をしたときは、この限りでない。

第808条（婚姻の取消し等の規定の準用）

1　第747条及び第748条の規定は、縁組について準用する。この場合において、第747条第2項中「3箇月」とあるのは、「6箇月」と読み替えるものとする。

2　第769条及び第816条の規定は、縁組の取消しについて準用する。

第3款　縁組の効力

第809条（嫡出子の身分の取得）

養子は、縁組の日から、養親の嫡出子の身分を取得する。過19-35-ウ

第810条（養子の氏）

養子は、養親の氏を称する。ただし、婚姻によって氏を改めた者については、婚姻の際に定めた氏を称すべき間は、この限りでない。

第4款　離縁

第811条（協議上の離縁等）

1　縁組の当事者は、その協議で、離縁をすることができる。

2　養子が15歳未満であるときは、その離縁は、養親と養子の離縁後にその法定代理人となるべき者との協議でこれをする。

3　前項の場合において、養子の父母が離婚しているときは、その協議で、その一方を養子の離縁後にその親権者となるべき者と定めなければならない。

4　前項の協議が調わないとき、又は協議をすることができないときは、家庭裁判所は、同項の父若しくは母又は養親の請求によって、協議に代わる審判をすることができる。

5　第2項の法定代理人となるべき者がないときは、家庭裁判所は、養子の親族その他の利害関係人の請求によって、養子の離縁後にその未成年後見人となるべき者を選任する。

6　縁組の当事者の一方が死亡した後に生存当

181

事者が離縁をしようとするときは、家庭裁判所の許可を得て、これをすることができる。

第811条の2 （夫婦である養親と未成年者との離縁）

養親が夫婦である場合において未成年者と離縁をするには、夫婦が共にしなければならない。ただし、夫婦の一方がその意思を表示することができないときは、この限りでない。

第812条 （婚姻の規定の準用）

第738条、第739条及び第747条の規定は、協議上の離縁について準用する。この場合において、同条第2項中「3箇月」とあるのは、「6箇月」と読み替えるものとする。

第813条 （離縁の届出の受理）

1 離縁の届出は、その離縁が前条において準用する第739条第2項の規定並びに第811条及び第811条の2の規定その他の法令の規定に違反しないことを認めた後でなければ、受理することができない。

2 離縁の届出が前項の規定に違反して受理されたときであっても、離縁は、そのためにその効力を妨げられない。

第814条 （裁判上の離縁）

1 縁組の当事者の一方は、次に掲げる場合に限り、離縁の訴えを提起することができる。

① 他の一方から悪意で遺棄されたとき。

② 他の一方の生死が3年以上明らかでないとき。

③ その他縁組を継続し難い重大な事由があるとき。

2 第770条第2項の規定は、前項第1号及び第2号に掲げる場合について準用する。

第815条 （養子が15歳未満である場合の離縁の訴えの当事者）

養子が15歳に達しない間は、第811条の規定により養親と離縁の協議をすることができる者から、又はこれに対して、離縁の訴えを提起することができる。

第816条 （離縁による復氏等）

1 養子は、離縁によって縁組前の氏に復する。ただし、配偶者とともに養子をした養親の一方のみと離縁をした場合は、この限りでない。

2 縁組の日から7年を経過した後に前項の規定により縁組前の氏に復した者は、離縁の日から3箇月以内に戸籍法の定めるところにより届け出ることによって、離縁の際に称していた氏を称することができる。

第817条 （離縁による復氏の際の権利の承継）

第769条の規定は、離縁について準用する。

第5款 特別養子

第817条の2 （特別養子縁組の成立）

1 家庭裁判所は、次条から第817条の7までに定める要件があるときは、養親となる者の請求により、実方の血族との親族関係が終了する縁組（以下この款において「特別養子縁組」という。）を成立させることができる。 週2-35-ア

2 前項に規定する請求をするには、第794条又は第798条の許可を得ることを要しない。

第817条の3 （養親の夫婦共同縁組）

1 養親となる者は、配偶者のある者でなければならない。

2 夫婦の一方は、他の一方が養親とならないときは、養親となることができない。ただし、夫婦の一方が他の一方の嫡出である子（特別養子縁組以外の縁組による養子を除く。）の養親となる場合は、この限りでない。

第817条の4 （養親となる者の年齢）

25歳に達しない者は、養親となることができない。ただし、養親となる夫婦の一方が25歳に達していない場合においても、その者が20歳に達しているときは、この限りでない。 週2-35-イ

第817条の5 （養子となる者の年齢）

1 第817条の2に規定する請求の時に15歳に達している者は、養子となることができない。特別養子縁組が成立するまでに18歳に達した者についても、同様とする。

2 前項前段の規定は、養子となる者が15歳に達する前から引き続き養親となる者に監護されている場合において、15歳に達するまでに第817条の2に規定する請求がされなかったことについてやむを得ない事由があるときは、適用しない。

3 養子となる者が15歳に達している場合においては、特別養子縁組の成立には、その者の同意がなければならない。

第817条の6 （父母の同意）

特別養子縁組の成立には、養子となる者の父母の同意がなければならない。ただし、父母がその意思を表示することができない場合又は父母による虐待、悪意の遺棄その他養子となる者の利益を著しく害する事由がある場合は、この限りでない。 週2-35-ウ

第817条の7 （子の利益のための特別の必要性）

特別養子縁組は、父母による養子となる者の

監護が著しく困難又は不適当であることその他
特別の事情がある場合において、子の利益のた
め特に必要があると認めるときに、これを成立
させるものとする。

第817条の8（監護の状況）

1　特別養子縁組を成立させるには、養親とな
る者が養子となる者を6箇月以上の期間監護
した状況を考慮しなければならない。

2　前項の期間は、第817条の2に規定する請
求の時から起算する。ただし、その請求前の
監護の状況が明らかであるときは、この限り
でない。

第817条の9（実方との親族関係の終了）

養子と実方の父母及びその血族との親族関係
は、特別養子縁組によって終了する。ただし、
第817条の3第2項ただし書に規定する他の一
方及びその血族との親族関係については、この
限りでない。過2-35-エ

第817条の10（特別養子縁組の離縁）

1　次の各号のいずれにも該当する場合におい
て、養子の利益のため特に必要があると認め
るときは、家庭裁判所は、養子、実父母又は
検察官の請求により、特別養子縁組の当事者
を離縁させることができる。過2-35-オ

①　養親による虐待、悪意の遺棄その他養子
の利益を著しく害する事由があること。

②　実父母が相当の監護をすることができる
こと。

2　離縁は、前項の規定による場合のほか、こ
れをすることができない。

**第817条の11（離縁による実方との親族関係の
回復）**

養子と実父母及びその血族との間において
は、離縁の日から、特別養子縁組によって終了
した親族関係と同一の親族関係を生ずる。

第4章　親権

第1節　総則

第818条（親権者）

1　成年に達しない子は、父母の親権に服す
る。

2　子が養子であるときは、養親の親権に服す
る。

3　親権は、父母の婚姻中は、父母が共同して
行う。ただし、父母の一方が親権を行うこと
ができないときは、他の一方が行う。

第819条（離婚又は認知の場合の親権者）

1　父母が協議上の離婚をするときは、その協
議で、その一方を親権者と定めなければなら

ない。過25-35-オ

2　裁判上の離婚の場合には、裁判所は、父母
の一方を親権者と定める。

3　子の出生前に父母が離婚した場合には、親
権は、母が行う。ただし、子の出生後に、父
母の協議で、父を親権者と定めることができ
る。

4　父が認知した子に対する親権は、父母の協
議で父を親権者と定めたときに限り、父が行
う。

5　第1項、第3項又は前項の協議が調わない
とき、又は協議をすることができないとき
は、家庭裁判所は、父又は母の請求によっ
て、協議に代わる審判をすることができる。

6　子の利益のため必要があると認めるとき
は、家庭裁判所は、子の親族の請求によっ
て、親権者を他の一方に変更することができ
る。

第2節　親権の効力

第820条（監護及び教育の権利義務）

親権を行う者は、子の利益のために子の監護
及び教育をする権利を有し、義務を負う。

第821条（居所の指定）

子は、親権を行う者が指定した場所に、その
居所を定めなければならない。

第822条（懲戒）

親権を行う者は、第820条の規定による監護
及び教育に必要な範囲内でその子を懲戒するこ
とができる。

第823条（職業の許可）

1　子は、親権を行う者の許可を得なければ、
職業を営むことができない。

2　親権を行う者は、第6条第2項の場合に
は、前項の許可を取り消し、又はこれを制限
することができる。

第824条（財産の管理及び代表）

親権を行う者は、子の財産を管理し、かつ、
その財産に関する法律行為についてその子を代
表する。ただし、その子の行為を目的とする債
務を生ずべき場合には、本人の同意を得なけれ
ばならない。

**第825条（父母の一方が共同の名義でした行為
の効力）**

父母が共同して親権を行う場合において、父
母の一方が、共同の名義で、子に代わって法律
行為をし又は子がこれをすることに同意したと
きは、その行為は、他の一方の意思に反したと
きであっても、そのためにその効力を妨げられ
ない。ただし、相手方が悪意であったときは、

この限りでない。

第826条（利益相反行為）

1　親権を行う父又は母とその子との利益が相反する行為については、親権を行う者は、その子のために特別代理人を選任することを家庭裁判所に請求しなければならない。週21-27-2

2　親権を行う者が数人の子に対して親権を行う場合において、その１人と他の子との利益が相反する行為については、親権を行う者は、その一方のために特別代理人を選任することを家庭裁判所に請求しなければならない。

第827条（財産の管理における注意義務）

親権を行う者は、自己のためにするのと同一の注意をもって、その管理権を行わなければならない。

第828条（財産の管理の計算）

子が成年に達したときは、親権を行った者は、遅滞なくその管理の計算をしなければならない。ただし、その子の養育及び財産の管理の費用は、その子の財産の収益と相殺したものとみなす。

第829条

前条ただし書の規定は、無償で子に財産を与える第三者が反対の意思を表示したときは、その財産については、これを適用しない。

第830条（第三者が無償で子に与えた財産の管理）

1　無償で子に財産を与える第三者が、親権を行う父又は母にこれを管理させない意思を表示したときは、その財産は、父又は母の管理に属しないものとする。

2　前項の財産につき父母が共に管理権を有しない場合において、第三者が管理者を指定しなかったときは、家庭裁判所は、子、その親族又は検察官の請求によって、その管理者を選任する。

3　第三者が管理者を指定したときであっても、その管理者の権限が消滅し、又はこれを改任する必要がある場合において、第三者が更に管理者を指定しないときも、前項と同様とする。

4　第27条から第29条までの規定は、前二項の場合について準用する。

第831条（委任の規定の準用）

第654条及び第655条の規定は、親権を行う者が子の財産を管理する場合及び前条の場合について準用する。

第832条（財産の管理について生じた親子間の債権の消滅時効）

1　親権を行った者とその子との間に財産の管理について生じた債権は、その管理権が消滅した時から５年間これを行使しないときは、時効によって消滅する。

2　子がまだ成年に達しない間に管理権が消滅した場合において子に法定代理人がないときは、前項の期間は、その子が成年に達し、又は後任の法定代理人が就職した時から起算する。

第833条（子に代わる親権の行使）

親権を行う者は、その親権に服する子に代わって親権を行う。

第３節　親権の喪失

第834条（親権喪失の審判）

父又は母による虐待又は悪意の遺棄があるときその他父又は母による親権の行使が著しく困難又は不適当であることにより子の利益を著しく害するときは、家庭裁判所は、子、その親族、未成年後見人、未成年後見監督人又は検察官の請求により、その父又は母について、親権喪失の審判をすることができる。ただし、２年以内にその原因が消滅する見込みがあるときは、この限りでない。

第834条の２（親権停止の審判）

1　父又は母による親権の行使が困難又は不適当であることにより子の利益を害するときは、家庭裁判所は、子、その親族、未成年後見人、未成年後見監督人又は検察官の請求により、その父又は母について、親権停止の審判をすることができる。

2　家庭裁判所は、親権停止の審判をするときは、その原因が消滅するまでに要すると見込まれる期間、子の心身の状態及び生活の状況その他一切の事情を考慮して、２年を超えない範囲内で、親権を停止する期間を定める。

第835条（管理権喪失の審判）

父又は母による管理権の行使が困難又は不適当であることにより子の利益を害するときは、家庭裁判所は、子、その親族、未成年後見人、未成年後見監督人又は検察官の請求により、その父又は母について、管理権喪失の審判をすることができる。

第836条（親権喪失、親権停止又は管理権喪失の審判の取消し）

第834条本文、第834条の２第１項又は前条に規定する原因が消滅したときは、家庭裁判所は、本人又はその親族の請求によって、それぞ

れ親権喪失、親権停止又は管理権喪失の審判を取り消すことができる。

第837条（親権又は管理権の辞任及び回復）

1　親権を行う父又は母は、やむを得ない事由があるときは、家庭裁判所の許可を得て、親権又は管理権を辞することができる。

2　前項の事由が消滅したときは、父又は母は、家庭裁判所の許可を得て、親権又は管理権を回復することができる。

第5章　後見

第1節　後見の開始

第838条

後見は、次に掲げる場合に開始する。過23-35-3、30-35-1

①　未成年者に対して親権を行う者がないとき、又は親権を行う者が管理権を有しないとき。過2-27-1

②　後見開始の審判があったとき。

第2節　後見の機関

第1款　後見人

第839条（未成年後見人の指定）

1　未成年者に対して最後に親権を行う者は、遺言で、未成年後見人を指定することができる。ただし、管理権を有しない者は、この限りでない。

2　親権を行う父母の一方が管理権を有しないときは、他の一方は、前項の規定により未成年後見人の指定をすることができる。

第840条（未成年後見人の選任）

1　前条の規定により未成年後見人となるべき者がないときは、家庭裁判所は、未成年被後見人又はその親族その他の利害関係人の請求によって、未成年後見人を選任する。未成年後見人が欠けたときも、同様とする。

2　未成年後見人がある場合においても、家庭裁判所は、必要があると認めるときは、前項に規定する者若しくは未成年後見人の請求により又は職権で、更に未成年後見人を選任することができる。過23-35-1

3　未成年後見人を選任するには、未成年被後見人の年齢、心身の状態並びに生活及び財産の状況、未成年後見人となる者の職業及び経歴並びに未成年被後見人との利害関係の有無（未成年後見人となる者が法人であるときは、その事業の種類及び内容並びにその法人及びその代表者と未成年被後見人との利害関係の有無）、未成年被後見人の意思その他一切の事情を考慮しなければならない。

第841条（父母による未成年後見人の選任の請求）

父若しくは母が親権若しくは管理権を辞し、又は父若しくは母について親権喪失、親権停止若しくは管理権喪失の審判があったことによって未成年後見人を選任する必要が生じたときは、その父又は母は、遅滞なく未成年後見人の選任を家庭裁判所に請求しなければならない。

第842条　削除

第843条（成年後見人の選任）

1　家庭裁判所は、後見開始の審判をするときは、職権で、成年後見人を選任する。

2　成年後見人が欠けたときは、家庭裁判所は、成年被後見人若しくはその親族その他の利害関係人の請求により又は職権で、成年後見人を選任する。

3　成年後見人が選任されている場合においても、家庭裁判所は、必要があると認めるときは、前項に規定する者若しくは成年後見人の請求により又は職権で、更に成年後見人を選任することができる。

4　成年後見人を選任するには、成年被後見人の心身の状態並びに生活及び財産の状況、成年後見人となる者の職業及び経歴並びに成年被後見人との利害関係の有無（成年後見人となる者が法人であるときは、その事業の種類及び内容並びにその法人及びその代表者と成年被後見人との利害関係の有無）、成年被後見人の意思その他一切の事情を考慮しなければならない。過30-35-2

第844条（後見人の辞任）

後見人は、正当な事由があるときは、家庭裁判所の許可を得て、その任務を辞することができる。過24-27-3

第845条（辞任した後見人による新たな後見人の選任の請求）

後見人がその任務を辞したことによって新たに後見人を選任する必要が生じたときは、その後見人は、遅滞なく新たな後見人の選任を家庭裁判所に請求しなければならない。

第846条（後見人の解任）

後見人に不正な行為、著しい不行跡その他後見の任務に適しない事由があるときは、家庭裁判所は、後見監督人、被後見人若しくはその親族若しくは検察官の請求により又は職権で、これを解任することができる。

第847条（後見人の欠格事由）

次に掲げる者は、後見人となることができない。

① 未成年者
② 家庭裁判所で免ぜられた法定代理人、保佐人又は補助人
③ 破産者
④ 被後見人に対して訴訟をし、又はした者並びにその配偶者及び直系血族
⑤ 行方の知れない者

第2款　後見監督人

第848条（未成年後見監督人の指定）

未成年後見人を指定することができる者は、遺言で、未成年後見監督人を指定することができる。

第849条（後見監督人の選任）

家庭裁判所は、必要があると認めるときは、被後見人、その親族若しくは後見人の請求により又は職権で、後見監督人を選任することができる。週27-27-ア

第850条（後見監督人の欠格事由）

後見人の配偶者、直系血族及び兄弟姉妹は、後見監督人となることができない。

第851条（後見監督人の職務）

後見監督人の職務は、次のとおりとする。
① 後見人の事務を監督すること。
② 後見人が欠けた場合に、遅滞なくその選任を家庭裁判所に請求すること。
③ 急迫の事情がある場合に、必要な処分をすること。
④ 後見人又はその代表する者と被後見人との利益が相反する行為について被後見人を代表すること。

第852条（委任及び後見人の規定の準用）

第644条、第654条、第655条、第844条、第846条、第847条、第861条第2項及び第862条の規定は後見監督人について、第840条第3項及び第857条の2の規定は未成年後見監督人について、第843条第4項、第859条の2及び第859条の3の規定は成年後見監督人について準用する。

第3節　後見の事務

第853条（財産の調査及び目録の作成）

1 後見人は、遅滞なく被後見人の財産の調査に着手し、1箇月以内に、その調査を終わり、かつ、その目録を作成しなければならない。ただし、この期間は、家庭裁判所において伸長することができる。
2 財産の調査及びその目録の作成は、後見監督人があるときは、その立会いをもってしなければ、その効力を生じない。

第854条（財産の目録の作成前の権限）

後見人は、財産の目録の作成を終わるまでは、急迫の必要がある行為のみをする権限を有する。ただし、これをもって善意の第三者に対抗することができない。

第855条（後見人の被後見人に対する債権又は債務の申出義務）

1 後見人が、被後見人に対し、債権を有し、又は債務を負う場合において、後見監督人があるときは、財産の調査に着手する前に、これを後見監督人に申し出なければならない。
2 後見人が、被後見人に対し債権を有することを知ってこれを申し出ないときは、その債権を失う。

第856条（被後見人が包括財産を取得した場合についての準用）

前三条の規定は、後見人が就職した後被後見人が包括財産を取得した場合について準用する。

第857条（未成年被後見人の身上の監護に関する権利義務）

未成年被後見人は、第820条から第823条までに規定する事項について、親権を行う者と同一の権利義務を有する。ただし、親権を行う者が定めた教育の方法及び居所を変更し、営業を許可し、その許可を取り消し、又はこれを制限するには、未成年後見監督人があるときは、その同意を得なければならない。

第857条の2（未成年後見人が数人ある場合の権限の行使等）

1 未成年後見人が数人あるときは、共同してその権限を行使する。
2 未成年後見人が数人あるときは、家庭裁判所は、職権で、その一部の者について、財産に関する権限のみを行使すべきことを定めることができる。
3 未成年後見人が数人あるときは、家庭裁判所は、職権で、財産に関する権限について、各未成年後見人が単独で又は数人の未成年後見人が事務を分掌して、その権限を行使すべきことを定めることができる。
4 家庭裁判所は、職権で、前二項の規定による定めを取り消すことができる。
5 未成年後見人が数人あるときは、第三者の意思表示は、その1人に対してすれば足りる。

第858条（成年被後見人の意思の尊重及び身上の配慮）

成年後見人は、成年被後見人の生活、療養看

護及び財産の管理に関する事務を行うに当たっては、成年被後見人の意思を尊重し、かつ、その心身の状態及び生活の状況に配慮しなければならない。

第859条（財産の管理及び代表）

1　後見人は、被後見人の財産を管理し、かつ、その財産に関する法律行為について被後見人を代表する。

2　第824条ただし書の規定は、前項の場合について準用する。

第859条の2（成年後見人が数人ある場合の権限の行使等）

1　成年後見人が数人あるときは、家庭裁判所は、職権で、数人の成年後見人が、共同して又は事務を分掌して、その権限を行使すべきことを定めることができる。

2　家庭裁判所は、職権で、前項の規定による定めを取り消すことができる。

3　成年後見人が数人あるときは、第三者の意思表示は、その1人に対してすれば足りる。

第859条の3（成年被後見人の居住用不動産の処分についての許可）

成年後見人は、成年被後見人に代わって、その居住の用に供する建物又はその敷地について、売却、賃貸、賃貸借の解除又は抵当権の設定その他これらに準ずる処分をするには、家庭裁判所の許可を得なければならない。

第860条（利益相反行為）

第826条の規定は、後見人について準用する。ただし、後見監督人がある場合は、この限りでない。圓23-35-2

第860条の2（成年後見人による郵便物等の管理）

1　家庭裁判所は、成年後見人がその事務を行うに当たって必要があると認めるときは、成年後見人の請求により、信書の送達の事業を行う者に対し、期間を定めて、成年被後見人に宛てた郵便物又は民間事業者による信書の送達に関する法律第2条第3項に規定する信書便物（次条において「郵便物等」という。）を成年後見人に配達すべき旨を嘱託することができる。

2　前項に規定する嘱託の期間は、6箇月を超えることができない。

3　家庭裁判所は、第1項の規定による審判があった後事情に変更を生じたときは、成年被後見人、成年後見人若しくは成年後見監督人の請求により又は職権で、同項に規定する嘱託を取り消し、又は変更することができる。

ただし、その変更の審判においては、同項の規定による審判において定められた期間を伸長することができない。

4　成年後見人の任務が終了したときは、家庭裁判所は、第1項に規定する嘱託を取り消さなければならない。

第860条の3

1　成年後見人は、成年被後見人に宛てた郵便物等を受け取ったときは、これを開いて見ることができる。

2　成年後見人は、その受け取った前項の郵便物等で成年被後見人の事務に関しないものは、速やかに成年被後見人に交付しなければならない。

3　成年被後見人は、成年後見人に対し、成年後見人が受け取った第1項の郵便物等（前項の規定により成年被後見人に交付されたものを除く。）の閲覧を求めることができる。

第861条（支出金額の予定及び後見の事務の費用）

1　後見人は、その就職の初めにおいて、被後見人の生活、教育又は療養看護及び財産の管理のために毎年支出すべき金額を予定しなければならない。

2　後見人が後見の事務を行うために必要な費用は、被後見人の財産の中から支弁する。

第862条（後見人の報酬）

家庭裁判所は、後見人及び被後見人の資力その他の事情によって、被後見人の財産の中から、相当な報酬を後見人に与えることができる。

第863条（後見の事務の監督）

1　後見監督人又は家庭裁判所は、いつでも、後見人に対し後見の事務の報告若しくは財産の目録の提出を求め、又は後見の事務若しくは被後見人の財産の状況を調査することができる。

2　家庭裁判所は、後見監督人、被後見人若しくはその親族その他の利害関係人の請求により又は職権で、被後見人の財産の管理その他後見の事務について必要な処分を命ずることができる。

第864条（後見監督人の同意を要する行為）

後見人が、被後見人に代わって営業若しくは第13条第1項各号に掲げる行為をし、又は未成年被後見人がこれをすることに同意するには、後見監督人があるときは、その同意を得なければならない。ただし、同項第1号に掲げる元本の領収については、この限りでない。

第865条～第876条の2

第865条

1 後見人が、前条の規定に違反してし又は同意を与えた行為は、被後見人又は後見人が取り消すことができる。この場合においては、第20条の規定を準用する。

2 前項の規定は、第121条から第126条までの規定の適用を妨げない。

第866条（被後見人の財産等の譲受けの取消し）

1 後見人が被後見人の財産又は被後見人に対する第三者の権利を譲り受けたときは、被後見人は、これを取り消すことができる。この場合においては、第20条の規定を準用する。

2 前項の規定は、第121条から第126条までの規定の適用を妨げない。

第867条（未成年被後見人に代わる親権の行使）

1 未成年後見人は、未成年被後見人に代わって親権を行う。

2 第853条から第857条まで及び第861条から前条までの規定は、前項の場合について準用する。

第868条（財産に関する権限のみを有する未成年後見人）

親権を行う者が管理権を有しない場合には、未成年後見人は、財産に関する権限のみを有する。

第869条（委任及び親権の規定の準用）

第644条及び第830条の規定は、後見について準用する。

第4節 後見の終了

第870条（後見の計算）

後見人の任務が終了したときは、後見人又はその相続人は、2箇月以内にその管理の計算（以下「後見の計算」という。）をしなければならない。ただし、この期間は、家庭裁判所において伸長することができる。

第871条

後見の計算は、後見監督人があるときは、その立会いをもってしなければならない。

第872条（未成年被後見人と未成年後見人等との間の契約等の取消し）

1 未成年被後見人が成年に達した後見の計算の終了前に、その者と未成年後見人又はその相続人との間でした契約は、その者が取り消すことができる。その者が未成年後見人又はその相続人に対してした単独行為も、同様とする。

2 第20条及び第121条から第126条までの規定は、前項の場合について準用する。

第873条（返還金に対する利息の支払等）

1 後見人が被後見人に返還すべき金額及び被後見人が後見人に返還すべき金額には、後見の計算が終了した時から、利息を付さなければならない。

2 後見人は、自己のために被後見人の金銭を消費したときは、その消費の時から、これに利息を付さなければならない。この場合において、なお損害があるときは、その賠償の責任を負う。

第873条の2（成年被後見人の死亡後の成年後見人の権限）

成年後見人は、成年被後見人が死亡した場合において、必要があるときは、成年被後見人の相続人の意思に反することが明らかなときを除き、相続人が相続財産を管理することができるに至るまで、次に掲げる行為をすることができる。ただし、第3号に掲げる行為をするには、家庭裁判所の許可を得なければならない。

① 相続財産に属する特定の財産の保存に必要な行為

② 相続財産に属する債務（弁済期が到来しているものに限る。）の弁済

③ その死体の火葬又は埋葬に関する契約の締結その他相続財産の保存に必要な行為（前二号に掲げる行為を除く。）

第874条（委任の規定の準用）

第654条及び第655条の規定は、後見について準用する。

第875条（後見に関して生じた債権の消滅時効）

1 第832条の規定は、後見人又は後見監督人と被後見人との間において後見に関して生じた債権の消滅時効について準用する。

2 前項の消滅時効は、第872条の規定により法律行為を取り消した場合には、その取消しの時から起算する。

第6章 保佐及び補助

第1節 保佐

第876条（保佐の開始）

保佐は、保佐開始の審判によって開始する。

第876条の2（保佐人及び臨時保佐人の選任等）

1 家庭裁判所は、保佐開始の審判をするときは、職権で、保佐人を選任する。

2 第843条第2項から第4項まで及び第844条から第847条までの規定は、保佐人について準用する。

3 保佐人又はその代表する者と被保佐人との利益が相反する行為については、保佐人は、

臨時保佐人の選任を家庭裁判所に請求しなければならない。ただし、保佐監督人がある場合は、この限りでない。

第876条の3 （保佐監督人）

1　家庭裁判所は、必要があると認めるときは、被保佐人、その親族若しくは保佐人の請求により又は職権で、保佐監督人を選任することができる。

2　第644条、第654条、第655条、第843条第4項、第844条、第846条、第847条、第850条、第851条、第859条の2、第859条の3、第861条第2項及び第862条の規定は、保佐監督人について準用する。この場合において、第851条第4号中「被後見人を代表する」とあるのは、「被保佐人を代表し、又は被保佐人がこれをすることに同意する」と読み替えるものとする。

第876条の4 （保佐人に代理権を付与する旨の審判）

1　家庭裁判所は、第11条本文に規定する者又は保佐人若しくは保佐監督人の請求によって、被保佐人のために特定の法律行為について保佐人に代理権を付与する旨の審判をすることができる。過27-27-ウ、2-27-2

2　本人以外の者の請求により前項の審判をするには、本人の同意がなければならない。

3　家庭裁判所は、第1項に規定する者の請求によって、同項の審判の全部又は一部を取り消すことができる。

第876条の5 （保佐の事務及び保佐人の任務の終了等）

1　保佐人は、保佐の事務を行うに当たっては、被保佐人の意思を尊重し、かつ、その心身の状態及び生活の状況に配慮しなければならない。

2　第644条、第859条の2、第859条の3、第861条第2項、第862条及び第863条の規定は保佐の事務について、第824条ただし書の規定は保佐人が前条第1項の代理権を付与する旨の審判に基づき被保佐人を代表する場合について準用する。

3　第654条、第655条、第870条、第871条及び第873条の規定は保佐人の任務が終了した場合について、第832条の規定は保佐人又は保佐監督人と被保佐人との間において保佐に関して生じた債権について準用する。

第2節　補助

第876条の6 （補助の開始）

補助は、補助開始の審判によって開始する。

第876条の7 （補助人及び臨時補助人の選任等）

1　家庭裁判所は、補助開始の審判をするときは、職権で、補助人を選任する。

2　第843条第2項から第4項まで及び第844条から第847条までの規定は、補助人について準用する。

3　補助人又はその代表する者と被補助人との利益が相反する行為については、補助人は、臨時補助人の選任を家庭裁判所に請求しなければならない。ただし、補助監督人がある場合は、この限りでない。

第876条の8 （補助監督人）

1　家庭裁判所は、必要があると認めるときは、被補助人、その親族若しくは補助人の請求により又は職権で、補助監督人を選任することができる。

2　第644条、第654条、第655条、第843条第4項、第844条、第846条、第847条、第850条、第851条、第859条の2、第859条の3、第861条第2項及び第862条の規定は、補助監督人について準用する。この場合において、第851条第4号中「被後見人を代表する」とあるのは、「被補助人を代表し、又は被補助人がこれをすることに同意する」と読み替えるものとする。

第876条の9 （補助人に代理権を付与する旨の審判）

1　家庭裁判所は、第15条第1項本文に規定する者又は補助人若しくは補助監督人の請求によって、被補助人のために特定の法律行為について補助人に代理権を付与する旨の審判をすることができる。過2-27-3

2　第876条の4第2項及び第3項の規定は、前項の審判について準用する。

第876条の10 （補助の事務及び補助人の任務の終了等）

1　第644条、第859条の2、第859条の3、第861条第2項、第862条、第863条及び第876条の5第1項の規定は補助の事務について、第824条ただし書の規定は補助人が前条第1項の代理権を付与する旨の審判に基づき被補助人を代表する場合について準用する。

2　第654条、第655条、第870条、第871条及び第873条の規定は補助人の任務が終了した場合について、第832条の規定は補助人又は補助監督人と被補助人との間において補助に関して生じた債権について準用する。

第877条～第891条

第7章　扶養

第877条（扶養義務者）

1　直系血族及び兄弟姉妹は、互いに扶養をする義務がある。

2　家庭裁判所は、特別の事情があるときは、前項に規定する場合のほか、3親等内の親族間においても扶養の義務を負わせることができる。過23-35-4

3　前項の規定による審判があった後事情に変更を生じたときは、家庭裁判所は、その審判を取り消すことができる。

第878条（扶養の順位）

扶養をする義務のある者が数人ある場合において、扶養をすべき者の順序について、当事者間に協議が調わないとき、又は協議をすることができないときは、家庭裁判所が、これを定める。扶養を受ける権利のある者が数人ある場合において、扶養義務者の資力がその全員を扶養するのに足りないときの扶養を受けるべき者の順序についても、同様とする。過23-35-5

第879条（扶養の程度又は方法）

扶養の程度又は方法について、当事者間に協議が調わないとき、又は協議をすることができないときは、扶養権利者の需要、扶養義務者の資力その他一切の事情を考慮して、家庭裁判所が、これを定める。

第880条（扶養に関する協議又は審判の変更又は取消し）

扶養をすべき者若しくは扶養を受けるべき者の順序又は扶養の程度若しくは方法について協議又は審判があった後事情に変更を生じたときは、家庭裁判所は、その協議又は審判の変更又は取消しをすることができる。

第881条（扶養請求権の処分の禁止）

扶養を受ける権利は、処分することができない。

第5編　相続

第1章　総則

第882条（相続開始の原因）

相続は、死亡によって開始する。

第883条（相続開始の場所）

相続は、被相続人の住所において開始する。

第884条（相続回復請求権）

相続回復の請求権は、相続人又はその法定代理人が相続権を侵害された事実を知った時から5年間行使しないときは、時効によって消滅す

る。相続開始の時から20年を経過したときも、同様とする。

第885条（相続財産に関する費用）

相続財産に関する費用は、その財産の中から支弁する。ただし、相続人の過失によるものは、この限りでない。

第2章　相続人

第886条（相続に関する胎児の権利能力）

1　胎児は、相続については、既に生まれたものとみなす。過19-35-イ

2　前項の規定は、胎児が死体で生まれたときは、適用しない。

第887条（子及びその代襲者等の相続権）

1　被相続人の子は、相続人となる。

2　被相続人の子が、相続の開始以前に死亡したとき、又は第891条の規定に該当し、若しくは廃除によって、その相続権を失ったときは、その者の子がこれを代襲して相続人となる。ただし、被相続人の直系卑属でない者は、この限りでない。過19-35-エ

3　前項の規定は、代襲者が、相続の開始以前に死亡し、又は第891条の規定に該当し、若しくは廃除によって、その代襲相続権を失った場合について準用する。

第888条　削除

第889条（直系尊属及び兄弟姉妹の相続権）

1　次に掲げる者は、第887条の規定により相続人となるべき者がない場合には、次に掲げる順序の順位に従って相続人となる。

①　被相続人の直系尊属。ただし、親等の異なる者の間では、その近い者を先にする。

②　被相続人の兄弟姉妹

2　第887条第2項の規定は、前項第2号の場合について準用する。

第890条（配偶者の相続権）

被相続人の配偶者は、常に相続人となる。この場合において、第887条又は前条の規定により相続人となるべき者があるときは、その者と同順位とする。

第891条（相続人の欠格事由）

次に掲げる者は、相続人となることができない。

①　故意に被相続人又は相続について先順位若しくは同順位にある者を死亡するに至らせ、又は至らせようとしたために、刑に処せられた者

②　被相続人の殺害されたことを知って、これを告発せず、又は告訴しなかった者。た

190

だし、その者に是非の弁別がないとき、又は殺害者が自己の配偶者若しくは直系血族であったときは、この限りでない。

③　詐欺又は強迫によって、被相続人が相続に関する遺言をし、撤回し、取り消し、又は変更することを妨げた者

④　詐欺又は強迫によって、被相続人に相続に関する遺言をさせ、撤回させ、取り消させ、又は変更させた者

⑤　相続に関する被相続人の遺言書を偽造し、変造し、破棄し、又は隠匿した者

第892条（推定相続人の廃除）

遺留分を有する推定相続人（相続が開始した場合に相続人となるべき者をいう。以下同じ。）が、被相続人に対して虐待をし、若しくはこれに重大な侮辱を加えたとき、又は推定相続人にその他の著しい非行があったときは、被相続人は、その推定相続人の廃除を家庭裁判所に請求することができる。過24-35-エ

第893条（遺言による推定相続人の廃除）

被相続人が遺言で推定相続人を廃除する意思を表示したときは、遺言執行者は、その遺言が効力を生じた後、遅滞なく、その推定相続人の廃除を家庭裁判所に請求しなければならない。この場合において、その推定相続人の廃除は、被相続人の死亡の時にさかのぼってその効力を生ずる。

第894条（推定相続人の廃除の取消し）

1　被相続人は、いつでも、推定相続人の廃除の取消しを家庭裁判所に請求することができる。

2　前条の規定は、推定相続人の廃除の取消しについて準用する。

第895条（推定相続人の廃除に関する審判確定前の遺産の管理）

1　推定相続人の廃除又はその取消しの請求があった後その審判が確定する前に相続が開始したときは、家庭裁判所は、親族、利害関係人又は検察官の請求によって、遺産の管理について必要な処分を命ずることができる。推定相続人の廃除の遺言があったときも、同様とする。

2　第27条から第29条までの規定は、前項の規定により家庭裁判所が遺産の管理人を選任した場合について準用する。

第3章　相続の効力

第1節　総則

第896条（相続の一般的効力）

相続人は、相続開始の時から、被相続人の財産に属した一切の権利義務を承継する。ただし、被相続人の一身に専属したものは、この限りでない。

第897条（祭祀に関する権利の承継）

1　系譜、祭具及び墳墓の所有権は、前条の規定にかかわらず、慣習に従って祖先の祭祀を主宰すべき者が承継する。ただし、被相続人の指定に従って祖先の祭祀を主宰すべき者があるときは、その者が承継する。

2　前項本文の場合において慣習が明らかでないときは、同項の権利を承継すべき者は、家庭裁判所が定める。

第898条（共同相続の効力）

相続人が数人あるときは、相続財産は、その共有に属する。

第899条

各共同相続人は、その相続分に応じて被相続人の権利義務を承継する。

第899条の2（共同相続における権利の承継の対抗要件）

1　相続による権利の承継は、遺産の分割によるものかどうかにかかわらず、次条及び第901条の規定により算定した相続分を超える部分については、登記、登録その他の対抗要件を備えなければ、第三者に対抗することができない。過3-35-ア

2　前項の権利が債権である場合において、次条及び第901条の規定により算定した相続分を超えて当該債権を承継した共同相続人が当該債権に係る遺言の内容（遺産の分割により当該債権を承継した場合にあっては、当該債権に係る遺産の分割の内容）を明らかにして債務者にその承継の通知をしたときは、共同相続人の全員が債務者に通知をしたものとみなして、同項の規定を適用する。

第2節　相続分

第900条（法定相続分）

同順位の相続人が数人あるときは、その相続分は、次の各号の定めるところによる。

①　子及び配偶者が相続人であるときは、子の相続分及び配偶者の相続分は、各2分の1とする。

②　配偶者及び直系尊属が相続人であるときは、配偶者の相続分は、3分の2とし、直

系尊属の相続分は、3分の1とする。

③ 配偶者及び兄弟姉妹が相続人であるときは、配偶者の相続分は、4分の3とし、兄弟姉妹の相続分は、4分の1とする。

④ 子、直系尊属又は兄弟姉妹が数人あるときは、各自の相続分は、相等しいものとする。ただし、父母の一方のみを同じくする兄弟姉妹の相続分は、父母の双方を同じくする兄弟姉妹の相続分の2分の1とする。

第901条（代襲相続人の相続分）

1 第887条第2項又は第3項の規定により相続人となる直系卑属の相続分は、その直系尊属が受けるべきであったものと同じとする。ただし、直系卑属が数人あるときは、その各自の直系尊属が受けるべきであった部分について、前条の規定に従ってその相続分を定める。

2 前項の規定は、第889条第2項の規定により兄弟姉妹の子が相続人となる場合について準用する。

第902条（遺言による相続分の指定）

1 被相続人は、前二条の規定にかかわらず、遺言で、共同相続人の相続分を定め、又はこれを定めることを第三者に委託することができる。

2 被相続人が、共同相続人中の1人若しくは数人の相続分のみを定め、又はこれを第三者に定めさせたときは、他の共同相続人の相続分は、前二条の規定により定める。

第902条の2（相続分の指定がある場合の債権者の権利の行使）

被相続人が相続開始の時において有した債務の債権者は、前条の規定による相続分の指定がされた場合であっても、各共同相続人に対し、第900条及び第901条の規定により算定した相続分に応じてその権利を行使することができる。ただし、その債権者が共同相続人の1人に対してその指定された相続分に応じた債務の承継を承認したときは、この限りでない。

第903条（特別受益者の相続分）

1 共同相続人中に、被相続人から、遺贈を受け、又は婚姻若しくは養子縁組のため若しくは生計の資本として贈与を受けた者があるときは、被相続人が相続開始の時において有した財産の価額にその贈与の価額を加えたものを相続財産とみなし、第900条から第902条までの規定により算定した相続分の中からその遺贈又は贈与の価額を控除した残額をもってその者の相続分とする。

2 遺贈又は贈与の価額が、相続分の価額に等しく、又はこれを超えるときは、受遺者又は受贈者は、その相続分を受けることができない。

3 被相続人が前二項の規定と異なった意思を表示したときは、その意思に従う。

4 婚姻期間が20年以上の夫婦の一方である被相続人が、他の一方に対し、その居住の用に供する建物又はその敷地について遺贈又は贈与をしたときは、当該被相続人は、その遺贈又は贈与について第1項の規定を適用しない旨の意思を表示したものと推定する。

第904条

前条に規定する贈与の価額は、受贈者の行為によって、その目的である財産が滅失し、又はその価格の増減があったときであっても、相続開始の時においてなお原状のままであるものとみなしてこれを定める。

第904条の2（寄与分）

1 共同相続人中に、被相続人の事業に関する労務の提供又は財産上の給付、被相続人の療養看護その他の方法により被相続人の財産の維持又は増加について特別の寄与をした者があるときは、被相続人が相続開始の時において有した財産の価額から共同相続人の協議で定めたその者の寄与分を控除したものを相続財産とみなし、第900条から第902条までの規定により算定した相続分に寄与分を加えた額をもってその者の相続分とする。

2 前項の協議が調わないとき、又は協議をすることができないときは、家庭裁判所は、同項に規定する寄与をした者の請求により、寄与の時期、方法及び程度、相続財産の額その他一切の事情を考慮して、寄与分を定める。

3 寄与分は、被相続人が相続開始の時において有した財産の価額から遺贈の価額を控除した残額を超えることができない。

4 第2項の請求は、第907条第2項の規定による請求があった場合又は第910条に規定する場合にすることができる。

第905条（相続分の取戻権）

1 共同相続人の1人が遺産の分割前にその相続分を第三者に譲り渡したときは、他の共同相続人は、その価額及び費用を償還して、その相続分を譲り受けることができる。

2 前項の権利は、1箇月以内に行使しなければならない。

第3節　遺産の分割

第906条（遺産の分割の基準）

遺産の分割は、遺産に属する物又は権利の種類及び性質、各相続人の年齢、職業、心身の状態及び生活の状況その他一切の事情を考慮してこれをする。

第906条の2（遺産の分割前に遺産に属する財産が処分された場合の遺産の範囲）

1　遺産の分割前に遺産に属する財産が処分された場合であっても、共同相続人は、その全員の同意により、当該処分された財産が遺産の分割時に遺産として存在するものとみなすことができる。

2　前項の規定にかかわらず、共同相続人の1人又は数人により同項の財産が処分されたときは、当該共同相続人については、同項の同意を得ることを要しない。

第907条（遺産の分割の協議又は審判等）

1　共同相続人は、次条の規定により被相続人が遺言で禁じた場合を除き、いつでも、その**協議**で、遺産の全部又は一部の分割をすることができる。

2　遺産の分割について、共同相続人間に協議が調わないとき、又は協議をすることができないときは、各共同相続人は、その全部又は一部の分割を**家庭裁判所**に請求することができる。ただし、遺産の一部を分割することにより他の共同相続人の利益を害するおそれがある場合におけるその一部の分割については、この限りでない。

3　前項本文の場合において特別の事由があるときは、家庭裁判所は、期間を定めて、遺産の全部又は一部について、その分割を禁ずることができる。

第908条（遺産の分割の方法の指定及び遺産の分割の禁止）

被相続人は、**遺言**で、遺産の分割の方法を定め、若しくはこれを定めることを第三者に委託し、又は相続開始の時から5年を超えない期間を定めて、遺産の分割を禁ずることができる。

第909条（遺産の分割の効力）

遺産の分割は、**相続開始**の時にさかのぼってその効力を生ずる。ただし、第三者の権利を害することはできない。

第909条の2（遺産の分割前における預貯金債権の行使）

各共同相続人は、遺産に属する預貯金債権のうち相続開始の時の債権額の**3分の1**に第900条及び第901条の規定により算定した当該共同相続人の相続分を乗じた額（標準的な当面の必要生計費、平均的な葬式の費用の額その他の事情を勘案して預貯金債権の債務者ごとに法務省令で定める額を限度とする。）については、単独でその権利を行使することができる。この場合において、当該権利の行使をした預貯金債権については、当該共同相続人が遺産の一部の分割によりこれを取得したものとみなす。

第910条（相続の開始後に認知された者の価額の支払請求権）

相続の開始後認知によって相続人となった者が遺産の分割を請求しようとする場合において、他の共同相続人が既にその分割その他の処分をしたときは、**価額のみによる支払の請求権**を有する。

第911条（共同相続人間の担保責任）

各共同相続人は、他の共同相続人に対して、売主と同じく、その相続分に応じて**担保の責任**を負う。

第912条（遺産の分割によって受けた債権についての担保責任）

1　各共同相続人は、その相続分に応じ、他の共同相続人が遺産の分割によって受けた債権について、その分割の時における債務者の資力を担保する。

2　弁済期に至らない債権及び停止条件付きの債権については、各共同相続人は、弁済をすべき時における債務者の資力を担保する。

第913条（資力のない共同相続人がある場合の担保責任の分担）

担保の責任を負う共同相続人中に償還をする資力のない者があるときは、その償還することができない部分は、求償者及び他の資力のある者が、それぞれその相続分に応じて分担する。ただし、求償者に過失があるときは、他の共同相続人に対して分担を請求することができない。

第914条（遺言による担保責任の定め）

前三条の規定は、被相続人が遺言で別段の意思を表示したときは、適用しない。

第4章　相続の承認及び放棄

第1節　総則

第915条（相続の承認又は放棄をすべき期間）

1　相続人は、自己のために相続の開始があったことを知った時から**3箇月**以内に、相続について、単純若しくは限定の承認又は放棄をしなければならない。ただし、この期間は、利害関係人又は検察官の請求によって、家庭

裁判所において伸長することができる。

2　相続人は、相続の承認又は放棄をする前に、相続財産の調査をすることができる。

第916条

相続人が相続の承認又は放棄をしないで死亡したときは、前条第1項の期間は、その者の相続人が自己のために相続の開始があったことを知った時から起算する。

第917条

相続人が未成年者又は成年被後見人であるときは、第915条第1項の期間は、その法定代理人が未成年者又は成年被後見人のために相続の開始があったことを知った時から起算する。

第918条（相続財産の管理）

1　相続人は、その固有財産におけるのと同一の注意をもって、相続財産を管理しなければならない。ただし、相続の承認又は放棄をしたときは、この限りでない。

2　家庭裁判所は、利害関係人又は検察官の請求によって、いつでも、相続財産の保存に必要な処分を命ずることができる。

3　第27条から第29条までの規定は、前項の規定により家庭裁判所が相続財産の管理人を選任した場合について準用する。

第919条（相続の承認及び放棄の撤回及び取消し）

1　相続の承認及び放棄は、第915条第1項の期間内でも、撤回することができない。

2　前項の規定は、第1編（総則）及び前編（親族）の規定により相続の承認又は放棄の取消しをすることを妨げない。

3　前項の取消権は、追認をすることができる時から6箇月間行使しないときは、時効によって消滅する。相続の承認又は放棄の時から10年を経過したときも、同様とする。

4　第2項の規定により限定承認又は相続の放棄の取消しをしようとする者は、その旨を家庭裁判所に申述しなければならない。

第2節　相続の承認

第1款　単純承認

第920条（単純承認の効力）

相続人は、単純承認をしたときは、無限に被相続人の権利義務を承継する。

第921条（法定単純承認）

次に掲げる場合には、相続人は、単純承認をしたものとみなす。

①　相続人が相続財産の全部又は一部を処分したとき。ただし、保存行為及び第602条に定める期間を超えない賃貸をすること

は、この限りでない。

②　相続人が第915条第1項の期間内に限定承認又は相続の放棄をしなかったとき。

③　相続人が、限定承認又は相続の放棄をした後であっても、相続財産の全部若しくは一部を隠匿し、私にこれを消費し、又は悪意でこれを相続財産の目録中に記載しなかったとき。ただし、その相続人が相続の放棄をしたことによって相続人となった者が相続の承認をした後は、この限りでない。

第2款　限定承認

第922条（限定承認）

相続人は、相続によって得た財産の限度においてのみ被相続人の債務及び遺贈を弁済すべきことを留保して、相続の承認をすることができる。

第923条（共同相続人の限定承認）

相続人が数人あるときは、限定承認は、共同相続人の全員が共同してのみこれをすることができる。週22-35-イ、24-35-ア

第924条（限定承認の方式）

相続人は、限定承認をしようとするときは、第915条第1項の期間内に、相続財産の目録を作成して家庭裁判所に提出し、限定承認をする旨を申述しなければならない。

第925条（限定承認をしたときの権利義務）

相続人が限定承認をしたときは、その被相続人に対して有した権利義務は、消滅しなかったものとみなす。

第926条（限定承認者による管理）

1　限定承認者は、その固有財産におけるのと同一の注意をもって、相続財産の管理を継続しなければならない。

2　第645条、第646条、第650条第1項及び第2項並びに第918条第2項及び第3項の規定は、前項の場合について準用する。

第927条（相続債権者及び受遺者に対する公告及び催告）

1　限定承認者は、限定承認をした後5日以内に、すべての相続債権者（相続財産に属する債務の債権者をいう。以下同じ。）及び受遺者に対し、限定承認をしたこと及び一定の期間内にその請求の申出をすべき旨を公告しなければならない。この場合において、その期間は、2箇月を下ることができない。

2　前項の規定による公告には、相続債権者及び受遺者がその期間内に申出をしないときは弁済から除斥されるべき旨を付記しなければならない。ただし、限定承認者は、知れてい

る相続債権者及び受遺者を除斥することができない。

3　限定承認者は、知れている相続債権者及び受遺者には、各別にその申出の催告をしなければならない。

4　第1項の規定による公告は、官報に掲載してする。

第928条（公告期間満了前の弁済の拒絶）

限定承認者は、前条第1項の期間の満了前には、相続債権者及び受遺者に対して弁済を拒むことができる。

第929条（公告期間満了後の弁済）

第927条第1項の期間が満了した後は、限定承認者は、相続財産をもって、その期間内に同項の申出をした相続債権者その他知れている相続債権者に、それぞれその債権額の割合に応じて弁済をしなければならない。ただし、優先権を有する債権者の権利を害することはできない。

第930条（期限前の債務等の弁済）

1　限定承認者は、弁済期に至らない債権であっても、前条の規定に従って弁済をしなければならない。

2　条件付きの債権又は存続期間の不確定な債権は、家庭裁判所が選任した鑑定人の評価に従って弁済をしなければならない。

第931条（受遺者に対する弁済）

限定承認者は、前二条の規定に従って各相続債権者に弁済をした後でなければ、受遺者に弁済をすることができない。

第932条（弁済のための相続財産の換価）

前三条の規定に従って弁済をするにつき相続財産を売却する必要があるときは、限定承認者は、これを競売に付さなければならない。ただし、家庭裁判所が選任した鑑定人の評価に従い相続財産の全部又は一部の価額を弁済して、その競売を止めることができる。

第933条（相続債権者及び受遺者の換価手続への参加）

相続債権者及び受遺者は、自己の費用で、相続財産の競売又は鑑定に参加することができる。この場合においては、第260条第2項の規定を準用する。

第934条（不当な弁済をした限定承認者の責任等）

1　限定承認者は、第927条の公告若しくは催告をすることを怠り、又は同条第1項の期間内に相続債権者若しくは受遺者に弁済をしたことによって他の相続債権者若しくは受遺者

に弁済をすることができなくなったときは、これによって生じた損害を賠償する責任を負う。第929条から第931条までの規定に違反して弁済をしたときも、同様とする。

2　前項の規定は、情を知って不当に弁済を受けた相続債権者又は受遺者に対する他の相続債権者又は受遺者の求償を妨げない。

3　第724条の規定は、前二項の場合について準用する。

第935条（公告期間内に申出をしなかった相続債権者及び受遺者）

第927条第1項の期間内に同項の申出をしなかった相続債権者及び受遺者で限定承認者に知れなかったものは、残余財産についてのみその権利を行使することができる。ただし、相続財産について特別担保を有する者は、この限りでない。

第936条（相続人が数人ある場合の相続財産の管理人）

1　相続人が数人ある場合には、家庭裁判所は、相続人の中から、相続財産の管理人を選任しなければならない。

2　前項の相続財産の管理人は、相続人のために、これに代わって、相続財産の管理及び債務の弁済に必要な一切の行為をする。

3　第926条から前条までの規定は、第1項の相続財産の管理人について準用する。この場合において、第927条第1項中「限定承認をした後5日以内」とあるのは、「その相続財産の管理人の選任があった後10日以内」と読み替えるものとする。

第937条（法定単純承認の事由がある場合の相続債権者）

限定承認をした共同相続人の1人又は数人について第921条第1号又は第3号に掲げる事由があるときは、相続債権者は、相続財産をもって弁済を受けることができなかった債権額について、当該共同相続人に対し、その相続分に応じて権利を行使することができる。

第3節　相続の放棄

第938条（相続の放棄の方式）

相続の放棄をしようとする者は、その旨を家庭裁判所に申述しなければならない。

第939条（相続の放棄の効力）

相続の放棄をした者は、その相続に関しては、初めから相続人とならなかったものとみなす。

第940条（相続の放棄をした者による管理）

1　相続の放棄をした者は、その放棄によって

相続人となった者が相続財産の管理を始めることができるまで、自己の財産におけるのと同一の注意をもって、その財産の管理を継続しなければならない。

2　第645条、第646条、第650条第1項及び第2項並びに第918条第2項及び第3項の規定は、前項の場合について準用する。

第5章　財産分離

第941条（相続債権者又は受遺者の請求による財産分離）

1　相続債権者又は受遺者は、相続開始の時から3箇月以内に、相続人の財産の中から相続財産を分離することを家庭裁判所に請求することができる。相続財産が相続人の固有財産と混合しない間は、その期間の満了後も、同様とする。

2　家庭裁判所が前項の請求によって財産分離を命じたときは、その請求をした者は、5日以内に、他の相続債権者及び受遺者に対し、財産分離の命令があったこと及び一定の期間内に配当加入の申出をすべき旨を公告しなければならない。この場合において、その期間は、2箇月を下ることができない。

3　前項の規定による公告は、官報に掲載してする。

第942条（財産分離の効力）

財産分離の請求をした者及び前条第2項の規定により配当加入の申出をした者は、相続財産について、相続人の債権者に先立って弁済を受ける。

第943条（財産分離の請求後の相続財産の管理）

1　財産分離の請求があったときは、家庭裁判所は、相続財産の管理について必要な処分を命ずることができる。

2　第27条から第29条までの規定は、前項の規定により家庭裁判所が相続財産の管理人を選任した場合について準用する。

第944条（財産分離の請求後の相続人による管理）

1　相続人は、単純承認をした後でも、財産分離の請求があったときは、以後、その固有財産におけるのと同一の注意をもって、相続財産の管理をしなければならない。ただし、家庭裁判所が相続財産の管理人を選任したときは、この限りでない。

2　第645条から第647条まで並びに第650条第1項及び第2項の規定は、前項の場合について準用する。

第945条（不動産についての財産分離の対抗要件）

財産分離は、不動産については、その登記をしなければ、第三者に対抗することができない。

第946条（物上代位の規定の準用）

第304条の規定は、財産分離の場合について準用する。

第947条（相続債権者及び受遺者に対する弁済）

1　相続人は、第941条第1項及び第2項の期間の満了前には、相続債権者及び受遺者に対して弁済を拒むことができる。

2　財産分離の請求があったときは、相続人は、第941条第2項の期間の満了後に、相続財産をもって、財産分離の請求又は配当加入の申出をした相続債権者及び受遺者に、それぞれその債権額の割合に応じて弁済をしなければならない。ただし、優先権を有する債権者の権利を害することはできない。

3　第930条から第934条までの規定は、前項の場合について準用する。

第948条（相続人の固有財産からの弁済）

財産分離の請求をした者及び配当加入の申出をした者は、相続財産をもって全部の弁済を受けることができなかった場合に限り、相続人の固有財産についてその権利を行使することができる。この場合においては、相続人の債権者は、その者に先立って弁済を受けることができる。

第949条（財産分離の請求の防止等）

相続人は、その固有財産をもって相続債権者若しくは受遺者に弁済をし、又はこれに相当の担保を供して、財産分離の請求を防止し、又はその効力を消滅させることができる。ただし、相続人の債権者が、これによって損害を受けるべきことを証明して、異議を述べたときは、この限りでない。

第950条（相続人の債権者の請求による財産分離）

1　相続人が限定承認をすることができる間又は相続財産が相続人の固有財産と混合しない間は、相続人の債権者は、家庭裁判所に対して財産分離の請求をすることができる。

2　第304条、第925条、第927条から第934条まで、第943条から第945条まで及び第948条の規定は、前項の場合について準用する。ただし、第927条の公告及び催告は、財産分離の請求をした債権者がしなければならない。

第6章　相続人の不存在

第951条（相続財産法人の成立）
　相続人のあることが明らかでないときは、相続財産は、法人とする。

第952条（相続財産の管理人の選任）
1　前条の場合には、家庭裁判所は、利害関係人又は検察官の請求によって、相続財産の管理人を選任しなければならない。
2　前項の規定により相続財産の管理人を選任したときは、家庭裁判所は、遅滞なくこれを公告しなければならない。

第953条（不在者の財産の管理人に関する規定の準用）
　第27条から第29条までの規定は、前条第1項の相続財産の管理人（以下この章において単に「相続財産の管理人」という。）について準用する。

第954条（相続財産の管理人の報告）
　相続財産の管理人は、相続債権者又は受遺者の請求があるときは、その請求をした者に相続財産の状況を報告しなければならない。

第955条（相続財産法人の不成立）
　相続人のあることが明らかになったときは、第951条の法人は、成立しなかったものとみなす。ただし、相続財産の管理人がその権限内でした行為の効力を妨げない。

第956条（相続財産の管理人の代理権の消滅）
1　相続財産の管理人の代理権は、相続人が相続の承認をした時に消滅する。
2　前項の場合には、相続財産の管理人は、遅滞なく相続人に対して管理の計算をしなければならない。

第957条（相続債権者及び受遺者に対する弁済）
1　第952条第2項の公告があった後2箇月以内に相続人のあることが明らかにならなかったときは、相続財産の管理人は、遅滞なく、すべての相続債権者及び受遺者に対し、一定の期間内にその請求の申出をすべき旨を公告しなければならない。この場合において、その期間は、2箇月を下ることができない。
2　第927条第2項から第4項まで及び第928条から第935条まで（第932条ただし書を除く。）の規定は、前項の場合について準用する。

第958条（相続人の捜索の公告）
　前条第1項の期間の満了後、なお相続人のあることが明らかでないときは、家庭裁判所は、相続財産の管理人又は検察官の請求によって、相続人があるならば一定の期間内にその権利を主張すべき旨を公告しなければならない。この場合において、その期間は、6箇月を下ることができない。

第958条の2（権利を主張する者がない場合）
　前条の期間内に相続人としての権利を主張する者がないときは、相続人並びに相続財産の管理人に知れなかった相続債権者及び受遺者は、その権利を行使することができない。

第958条の3（特別縁故者に対する相続財産の分与）
1　前条の場合において、相当と認めるときは、家庭裁判所は、被相続人と生計を同じくしていた者、被相続人の療養看護に努めた者その他被相続人と特別の縁故があった者の請求によって、これらの者に、清算後残存すべき相続財産の全部又は一部を与えることができる。
2　前項の請求は、第958条の期間の満了後3箇月以内にしなければならない。

第959条（残余財産の国庫への帰属）
　前条の規定により処分されなかった相続財産は、国庫に帰属する。この場合においては、第956条第2項の規定を準用する。

第7章　遺言

第1節　総則

第960条（遺言の方式）
　遺言は、この法律に定める方式に従わなければ、することができない。

第961条（遺言能力）
　15歳に達した者は、遺言をすることができる。過29-35-ア

第962条
　第5条、第9条、第13条及び第17条の規定は、遺言については、適用しない。

第963条
　遺言者は、遺言をする時においてその能力を有しなければならない。

第964条（包括遺贈及び特定遺贈）
　遺言者は、包括又は特定の名義で、その財産の全部又は一部を処分することができる。

第965条（相続人に関する規定の準用）
　第886条及び第891条の規定は、受遺者について準用する。

第966条（被後見人の遺言の制限）
1　被後見人が、後見の計算の終了前に、後見人又はその配偶者若しくは直系卑属の利益となるべき遺言をしたときは、その遺言は、無効とする。

2 　前項の規定は、直系血族、配偶者又は兄弟姉妹が後見人である場合には、適用しない。

第2節　遺言の方式

第1款　普通の方式

第967条（普通の方式による遺言の種類）

遺言は、自筆証書、公正証書又は秘密証書によってしなければならない。ただし、特別の方式によることを許す場合は、この限りでない。

第968条（自筆証書遺言）

1 　自筆証書によって遺言をするには、遺言者が、その全文、日付及び氏名を自書し、これに印を押さなければならない。過29-35-イ

2 　前項の規定にかかわらず、自筆証書にこれと一体のものとして相続財産（第997条第1項に規定する場合における同項に規定する権利を含む。）の全部又は一部の目録を添付する場合には、その目録については、自書することを要しない。この場合において、遺言者は、その目録の毎葉（自書によらない記載がその両面にある場合にあっては、その両面）に署名し、印を押さなければならない。

3 　自筆証書（前項の目録を含む。）中の加除その他の変更は、遺言者が、その場所を指示し、これを変更した旨を付記して特にこれに署名し、かつ、その変更の場所に印を押さなければ、その効力を生じない。過29-35-イ

第969条（公正証書遺言）

公正証書によって遺言をするには、次に掲げる方式に従わなければならない。

① 　証人2人以上の立会いがあること。

② 　遺言者が遺言の趣旨を公証人に口授すること。過29-35-ウ

③ 　公証人が、遺言者の口述を筆記し、これを遺言者及び証人に読み聞かせ、又は閲覧させること。

④ 　遺言者及び証人が、筆記の正確なことを承認した後、各自これに署名し、印を押すこと。ただし、遺言者が署名することができない場合は、公証人がその事由を付記して、署名に代えることができる。

⑤ 　公証人が、その証書は前各号に掲げる方式に従って作ったものである旨を付記して、これに署名し、印を押すこと。

第969条の2（公正証書遺言の方式の特則）

1 　口がきけない者が公正証書によって遺言をする場合には、遺言者は、公証人及び証人の前で、遺言の趣旨を通訳人の通訳により申述し、又は自書して、前条第2号の口授に代えなければならない。この場合における同条第3号の規定の適用については、同号中「口述」とあるのは、「通訳人の通訳による申述又は自書」とする。過29-35-ウ

2 　前条の遺言者又は証人が耳が聞こえない者である場合には、公証人は、同条第3号に規定する筆記した内容を通訳人の通訳により遺言者又は証人に伝えて、同号の読み聞かせに代えることができる。

3 　公証人は、前二項に定める方式に従って公正証書を作ったときは、その旨をその証書に付記しなければならない。

第970条（秘密証書遺言）

1 　秘密証書によって遺言をするには、次に掲げる方式に従わなければならない。過29-35-エ

① 　遺言者が、その証書に署名し、印を押すこと。

② 　遺言者が、その証書を封じ、証書に用いた印章をもってこれに封印すること。

③ 　遺言者が、公証人1人及び証人2人以上の前に封書を提出して、自己の遺言書である旨並びにその筆者の氏名及び住所を申述すること。

④ 　公証人が、その証書を提出した日付及び遺言者の申述を封紙に記載した後、遺言者及び証人とともにこれに署名し、印を押すこと。

2 　第968条第2項の規定は、秘密証書による遺言について準用する。

第971条（方式に欠ける秘密証書遺言の効力）

秘密証書による遺言は、前条に定める方式に欠けるものがあっても、第968条に定める方式を具備しているときは、自筆証書による遺言としてその効力を有する。

第972条（秘密証書遺言の方式の特則）

1 　口がきけない者が秘密証書によって遺言をする場合には、遺言者は、公証人及び証人の前で、その証書は自己の遺言書である旨並びにその筆者の氏名及び住所を通訳人の通訳により申述し、又は封紙に自書して、第970条第1項第3号の申述に代えなければならない。

2 　前項の場合において、遺言者が通訳人の通訳により申述したときは、公証人は、その旨を封紙に記載しなければならない。

3 　第1項の場合において、遺言者が封紙に自書したときは、公証人は、その旨を封紙に記載して、第970条第1項第4号に規定する申述の記載に代えなければならない。

第973条（成年被後見人の遺言）

1　成年被後見人が事理を弁識する能力を一時回復した時において遺言をするには、医師2人以上の立会いがなければならない。過29-35-オ

2　遺言に立ち会った医師は、遺言者が遺言をする時において精神上の障害により事理を弁識する能力を欠く状態になかった旨を遺言書に付記して、これに署名し、印を押さなければならない。ただし、秘密証書による遺言にあっては、その封紙にその旨の記載をし、署名し、印を押さなければならない。

第974条（証人及び立会人の欠格事由）

次に掲げる者は、遺言の証人又は立会人となることができない。過29-35-ア

①　未成年者

②　推定相続人及び受遺者並びにこれらの配偶者及び直系血族

③　公証人の配偶者、4親等内の親族、書記及び使用人

第975条（共同遺言の禁止）

遺言は、2人以上の者が同一の証書ですることができない。

第2款　特別の方式

第976条（死亡の危急に迫った者の遺言）

1　疾病その他の事由によって死亡の危急に迫った者が遺言をしようとするときは、証人3人以上の立会いをもって、その1人に遺言の趣旨を口授して、これをすることができる。この場合においては、その口授を受けた者が、これを筆記して、遺言者及び他の証人に読み聞かせ、又は閲覧させ、各証人がその筆記の正確なことを承認した後、これに署名し、印を押さなければならない。

2　口がきけない者が前項の規定により遺言をする場合には、遺言者は、証人の前で、遺言の趣旨を通訳人の通訳により申述して、同項の口授に代えなければならない。

3　第1項後段の遺言者又は他の証人が耳が聞こえない者である場合には、遺言の趣旨の口授又は申述を受けた者は、同項後段に規定する筆記した内容を通訳人の通訳によりその遺言者又は他の証人に伝えて、同項後段の読み聞かせに代えることができる。

4　前三項の規定によりした遺言は、遺言の日から20日以内に、証人の1人又は利害関係人から家庭裁判所に請求してその確認を得なければ、その効力を生じない。

5　家庭裁判所は、前項の遺言が遺言者の真意に出たものであるとの心証を得なければ、これを確認することができない。

第977条（伝染病隔離者の遺言）

伝染病のため行政処分によって交通を断たれた場所に在る者は、警察官1人及び証人1人以上の立会いをもって遺言書を作ることができる。

第978条（在船者の遺言）

船舶中に在る者は、船長又は事務員1人及び証人2人以上の立会いをもって遺言書を作ることができる。

第979条（船舶遭難者の遺言）

1　船舶が遭難した場合において、当該船舶中に在って死亡の危急に迫った者は、証人2人以上の立会いをもって口頭で遺言をすることができる。

2　口がきけない者が前項の規定により遺言をする場合には、遺言者は、通訳人の通訳によりこれをしなければならない。

3　前二項の規定に従ってした遺言は、証人が、その趣旨を筆記して、これに署名し、印を押し、かつ、証人の1人又は利害関係人から遅滞なく家庭裁判所に請求してその確認を得なければ、その効力を生じない。

4　第976条第5項の規定は、前項の場合について準用する。

第980条（遺言関係者の署名及び押印）

第977条及び第978条の場合には、遺言者、筆者、立会人及び証人は、各自遺言書に署名し、印を押さなければならない。

第981条（署名又は押印が不能の場合）

第977条から第979条までの場合において、署名又は印を押すことのできない者があるときは、立会人又は証人は、その事由を付記しなければならない。

第982条（普通の方式による遺言の規定の準用）

第968条第3項及び第973条から第975条までの規定は、第976条から前条までの規定による遺言について準用する。

第983条（特別の方式による遺言の効力）

第976条から前条までの規定によりした遺言は、遺言者が普通の方式によって遺言をすることができるようになった時から6箇月間生存するときは、その効力を生じない。

第984条（外国に在る日本人の遺言の方式）

日本の領事の駐在する地に在る日本人が公正証書又は秘密証書によって遺言をしようとするときは、公証人の職務は、領事が行う。この場合においては、第969条第4号又は第970条第1

項第4号の規定にかかわらず、遺言者及び証人は、第969条第4号又は第970条第1項第4号の印を押すことを要しない。

第3節 遺言の効力

第985条（遺言の効力の発生時期）

1 遺言は、遺言者の死亡の時からその効力を生ずる。過22-35-ウ

2 遺言に停止条件を付した場合において、その条件が遺言者の死亡後に成就したときは、遺言は、条件が成就した時からその効力を生ずる。

第986条（遺贈の放棄）

1 受遺者は、遺言者の死亡後、いつでも、遺贈の放棄をすることができる。

2 遺贈の放棄は、遺言者の死亡の時にさかのぼってその効力を生ずる。

第987条（受遺者に対する遺贈の承認又は放棄の催告）

遺贈義務者（遺贈の履行をする義務を負う者をいう。以下この節において同じ。）その他の利害関係人は、受遺者に対し、相当の期間を定めて、その期間内に遺贈の承認又は放棄をすべき旨の催告をすることができる。この場合において、受遺者がその期間内に遺贈義務者に対してその意思を表示しないときは、遺贈を承認したものとみなす。過21-30-オ

第988条（受遺者の相続人による遺贈の承認又は放棄）

受遺者が遺贈の承認又は放棄をしないで死亡したときは、その相続人は、自己の相続権の範囲内で、遺贈の承認又は放棄をすることができる。ただし、遺言者がその遺言に別段の意思を表示したときは、その意思に従う。

第989条（遺贈の承認及び放棄の撤回及び取消し）

1 遺贈の承認及び放棄は、撤回することができない。

2 第919条第2項及び第3項の規定は、遺贈の承認及び放棄について準用する。

第990条（包括受遺者の権利義務）

包括受遺者は、相続人と同一の権利義務を有する。

第991条（受遺者による担保の請求）

受遺者は、遺贈が弁済期に至らない間は、遺贈義務者に対して相当の担保を請求することができる。停止条件付きの遺贈についてその条件の成否が未定である間も、同様とする。

第992条（受遺者による果実の取得）

受遺者は、遺贈の履行を請求することができる時から果実を取得する。ただし、遺言者がその遺言に別段の意思を表示したときは、その意思に従う。

第993条（遺贈義務者による費用の償還請求）

1 第299条の規定は、遺贈義務者が遺言者の死亡後に遺贈の目的物について費用を支出した場合について準用する。

2 果実を収取するために支出した通常の必要費は、果実の価格を超えない限度で、その償還を請求することができる。

第994条（受遺者の死亡による遺贈の失効）

1 遺贈は、遺言者の死亡以前に受遺者が死亡したときは、その効力を生じない。

2 停止条件付きの遺贈については、受遺者がその条件の成就前に死亡したときも、前項と同様とする。ただし、遺言者がその遺言に別段の意思を表示したときは、その意思に従う。

第995条（遺贈の無効又は失効の場合の財産の帰属）

遺贈が、その効力を生じないとき、又は放棄によってその効力を失ったときは、受遺者が受けるべきであったものは、相続人に帰属する。ただし、遺言者がその遺言に別段の意思を表示したときは、その意思に従う。

第996条（相続財産に属しない権利の遺贈）

遺贈は、その目的である権利が遺言者の死亡の時において相続財産に属しなかったときは、その効力を生じない。ただし、その権利が相続財産に属するかどうかにかかわらず、これを遺贈の目的としたものと認められるときは、この限りでない。

第997条

1 相続財産に属しない権利を目的とする遺贈が前条ただし書の規定により有効であるときは、遺贈義務者は、その権利を取得して受遺者に移転する義務を負う。

2 前項の場合において、同項に規定する権利を取得することができないとき、又はこれを取得するについて過分の費用を要するときは、遺贈義務者は、その価額を弁償しなければならない。ただし、遺言者がその遺言に別段の意思を表示したときは、その意思に従う。

第998条（遺贈義務者の引渡義務）

遺贈義務者は、遺贈の目的である物又は権利を、相続開始の時（その後に当該物又は権利について遺贈の目的として特定した場合にあっては、その特定した時）の状態で引き渡し、又は

移転する義務を負う。ただし、遺言者がその遺言に別段の意思を表示したときは、その意思に従う。

第999条（遺贈の物上代位）

1　遺言者が、遺贈の目的物の滅失若しくは変造又はその占有の喪失によって第三者に対して償金を請求する権利を有するときは、その権利を遺贈の目的としたものと推定する。

2　遺贈の目的物が、他の物と付合し、又は混和した場合において、遺言者が第243条から第245条までの規定により合成物又は混和物の単独所有者又は共有者となったときは、その全部の所有権又は持分を遺贈の目的としたものと推定する。

第1000条　削除

第1001条（債権の遺贈の物上代位）

1　債権を遺贈の目的とした場合において、遺言者が弁済を受け、かつ、その受け取った物がなお相続財産中に在るときは、その物を遺贈の目的としたものと推定する。

2　金銭を目的とする債権を遺贈の目的とした場合においては、相続財産中にその債権額に相当する金銭がないときであっても、その金額を遺贈の目的としたものと推定する。

第1002条（負担付遺贈）

1　負担付遺贈を受けた者は、遺贈の目的の価額を超えない限度においてのみ、負担した義務を履行する責任を負う。

2　受遺者が遺贈の放棄をしたときは、負担の利益を受けるべき者は、自ら受遺者となることができる。ただし、遺言者がその遺言に別段の意思を表示したときは、その意思に従う。

第1003条（負担付遺贈の受遺者の免責）

負担付遺贈の目的の価額が相続の限定承認又は遺留分回復の訴えによって減少したときは、受遺者は、その減少の割合に応じて、その負担した義務を免れる。ただし、遺言者がその遺言に別段の意思を表示したときは、その意思に従う。

第4節　遺言の執行

第1004条（遺言書の検認）

1　遺言書の保管者は、相続の開始を知った後、遅滞なく、これを家庭裁判所に提出して、その検認を請求しなければならない。遺言書の保管者がない場合において、相続人が遺言書を発見した後も、同様とする。

2　前項の規定は、公正証書による遺言については、適用しない。

3　封印のある遺言書は、家庭裁判所において相続人又はその代理人の立会いがなければ、開封することができない。

第1005条（過料）

前条の規定により遺言書を提出することを怠り、その検認を経ないで遺言を執行し、又は家庭裁判所外においてその開封をした者は、5万円以下の過料に処する。

第1006条（遺言執行者の指定）

1　遺言者は、遺言で、1人又は数人の遺言執行者を指定し、又はその指定を第三者に委託することができる。

2　遺言執行者の指定の委託を受けた者は、遅滞なく、その指定をして、これを相続人に通知しなければならない。

3　遺言執行者の指定の委託を受けた者がその委託を辞そうとするときは、遅滞なくその旨を相続人に通知しなければならない。

第1007条（遺言執行者の任務の開始）

1　遺言執行者が就職を承諾したときは、直ちにその任務を行わなければならない。

2　遺言執行者は、その任務を開始したときは、遅滞なく、遺言の内容を相続人に通知しなければならない。

第1008条（遺言執行者に対する就職の催告）

相続人その他の利害関係人は、遺言執行者に対し、相当の期間を定めて、その期間内に就職を承諾するかどうかを確答すべき旨の催告をすることができる。この場合において、遺言執行者が、その期間内に相続人に対して確答をしないときは、就職を承諾したものとみなす。

第1009条（遺言執行者の欠格事由）

未成年者及び破産者は、遺言執行者となることができない。

第1010条（遺言執行者の選任）

遺言執行者がないとき、又はなくなったときは、家庭裁判所は、利害関係人の請求によって、これを選任することができる。

第1011条（相続財産の目録の作成）

1　遺言執行者は、遅滞なく、相続財産の目録を作成して、相続人に交付しなければならない。

2　遺言執行者は、相続人の請求があるときは、その立会いをもって相続財産の目録を作成し、又は公証人にこれを作成させなければならない。

第1012条（遺言執行者の権利義務）

1　遺言執行者は、遺言の内容を実現するため、相続財産の管理その他遺言の執行に必要

な一切の行為をする権利義務を有する。

2 遺言執行者がある場合には、遺贈の履行は、遺言執行者のみが行うことができる。

3 第644条、第645条から第647条まで及び第650条の規定は、遺言執行者について準用する。

第1013条（遺言の執行の妨害行為の禁止）

1 遺言執行者がある場合には、相続人は、相続財産の処分その他遺言の執行を妨げるべき行為をすることができない。

2 前項の規定に違反してした行為は、無効とする。ただし、これをもって善意の第三者に対抗することができない。

3 前二項の規定は、相続人の債権者（相続債権者を含む。）が相続財産についてその権利を行使することを妨げない。

第1014条（特定財産に関する遺言の執行）

1 前三条の規定は、遺言が相続財産のうち特定の財産に関する場合には、その財産についてのみ適用する。

2 遺産の分割の方法の指定として遺産に属する特定の財産を共同相続人の1人又は数人に承継させる旨の遺言（以下「特定財産承継遺言」という。）があったときは、遺言執行者は、当該共同相続人が第899条の2第1項に規定する対抗要件を備えるために必要な行為をすることができる。

3 前項の財産が預貯金債権である場合には、遺言執行者は、同項に規定する行為のほか、その預金又は貯金の払戻しの請求及びその預金又は貯金に係る契約の解約の申入れをすることができる。ただし、解約の申入れについては、その預貯金債権の全部が特定財産承継遺言の目的である場合に限る。

4 前二項の規定にかかわらず、被相続人が遺言で別段の意思を表示したときは、その意思に従う。

第1015条（遺言執行者の行為の効果）

遺言執行者がその権限内において遺言執行者であることを示してした行為は、相続人に対して直接にその効力を生ずる。

第1016条（遺言執行者の復任権）

1 遺言執行者は、自己の責任で第三者にその任務を行わせることができる。ただし、遺言者がその遺言に別段の意思を表示したときは、その意思に従う。

2 前項本文の場合において、第三者に任務を行わせることについてやむを得ない事由があるときは、遺言執行者は、相続人に対してその選任及び監督についての責任のみを負う。

第1017条（遺言執行者が数人ある場合の任務の執行）

1 遺言執行者が数人ある場合には、その任務の執行は、過半数で決する。ただし、遺言者がその遺言に別段の意思を表示したときは、その意思に従う。

2 各遺言執行者は、前項の規定にかかわらず、保存行為をすることができる。

第1018条（遺言執行者の報酬）

1 家庭裁判所は、相続財産の状況その他の事情によって遺言執行者の報酬を定めることができる。ただし、遺言者がその遺言に報酬を定めたときは、この限りでない。

2 第648条第2項及び第3項並びに第648条の2の規定は、遺言執行者が報酬を受けるべき場合について準用する。

第1019条（遺言執行者の解任及び辞任）

1 遺言執行者がその任務を怠ったときその他正当な事由があるときは、利害関係人は、その解任を家庭裁判所に請求することができる。

2 遺言執行者は、正当な事由があるときは、家庭裁判所の許可を得て、その任務を辞することができる。

第1020条（委任の規定の準用）

第654条及び第655条の規定は、遺言執行者の任務が終了した場合について準用する。

第1021条（遺言の執行に関する費用の負担）

遺言の執行に関する費用は、相続財産の負担とする。ただし、これによって遺留分を減ずることができない。

第5節　遺言の撤回及び取消し

第1022条（遺言の撤回）

遺言者は、いつでも、遺言の方式に従って、その遺言の全部又は一部を撤回することができる。

第1023条（前の遺言と後の遺言との抵触等）

1 前の遺言が後の遺言と抵触するときは、その抵触する部分については、後の遺言で前の遺言を撤回したものとみなす。

2 前項の規定は、遺言が遺言後の生前処分その他の法律行為と抵触する場合について準用する。

第1024条（遺言書又は遺贈の目的物の破棄）

遺言者が故意に遺言書を破棄したときは、その破棄した部分については、遺言を撤回したものとみなす。遺言者が故意に遺贈の目的物を破棄したときも、同様とする。

第1025条（撤回された遺言の効力）

前三条の規定により撤回された遺言は、その撤回の行為が、撤回され、取り消され、又は効力を生じなくなるに至ったときであっても、その効力を回復しない。ただし、その行為が錯誤、詐欺又は強迫による場合は、この限りでない。

第1026条（遺言の撤回権の放棄の禁止）

遺言者は、その遺言を撤回する権利を放棄することができない。

第1027条（負担付遺贈に係る遺言の取消し）

負担付遺贈を受けた者がその負担した義務を履行しないときは、相続人は、相当の期間を定めてその履行の催告をすることができる。この場合において、その期間内に履行がないときは、その負担付遺贈に係る遺言の取消しを家庭裁判所に請求することができる。

第8章　配偶者の居住の権利

第1節　配偶者居住権

第1028条（配偶者居住権）

1　被相続人の配偶者（以下この章において単に「配偶者」という。）は、被相続人の財産に属した建物に相続開始の時に居住していた場合において、次の各号のいずれかに該当するときは、その居住していた建物（以下この節において「居住建物」という。）の全部について無償で使用及び収益をする権利（以下この章において「配偶者居住権」という。）を取得する。ただし、被相続人が相続開始の時に居住建物を配偶者以外の者と共有していた場合にあっては、この限りでない。 過 3-35-ウ
  ①　遺産の分割によって配偶者居住権を取得するものとされたとき。
  ②　配偶者居住権が遺贈の目的とされたとき。

2　居住建物が配偶者の財産に属することとなった場合であっても、他の者がその共有持分を有するときは、配偶者居住権は、消滅しない。

3　第903条第4項の規定は、配偶者居住権の遺贈について準用する。

第1029条（審判による配偶者居住権の取得）

遺産の分割の請求を受けた家庭裁判所は、次に掲げる場合に限り、配偶者が配偶者居住権を取得する旨を定めることができる。 過 3-35-エ
  ①　共同相続人間に配偶者が配偶者居住権を取得することについて合意が成立している

とき。
  ②　配偶者が家庭裁判所に対して配偶者居住権の取得を希望する旨を申し出た場合において、居住建物の所有者の受ける不利益の程度を考慮してもなお配偶者の生活を維持するために特に必要があると認めるとき（前号に掲げる場合を除く。）。

第1030条（配偶者居住権の存続期間）

配偶者居住権の存続期間は、配偶者の終身の間とする。ただし、遺産の分割の協議若しくは遺言に別段の定めがあるとき、又は家庭裁判所が遺産の分割の審判において別段の定めをしたときは、その定めるところによる。

第1031条（配偶者居住権の登記等）

1　居住建物の所有者は、配偶者（配偶者居住権を取得した配偶者に限る。以下この節において同じ。）に対し、配偶者居住権の設定の登記を備えさせる義務を負う。 過 3-35-オ

2　第605条の規定は配偶者居住権について、第605条の4の規定は配偶者居住権の設定の登記を備えた場合について準用する。

第1032条（配偶者による使用及び収益）

1　配偶者は、従前の用法に従い、善良な管理者の注意をもって、居住建物の使用及び収益をしなければならない。ただし、従前居住の用に供していなかった部分について、これを居住の用に供することを妨げない。

2　配偶者居住権は、譲渡することができない。

3　配偶者は、居住建物の所有者の承諾を得なければ、居住建物の改築若しくは増築をし、又は第三者に居住建物の使用若しくは収益をさせることができない。

4　配偶者が第1項又は前項の規定に違反した場合において、居住建物の所有者が相当の期間を定めてその是正の催告をし、その期間内に是正がされないときは、居住建物の所有者は、当該配偶者に対する意思表示によって配偶者居住権を消滅させることができる。

第1033条（居住建物の修繕等）

1　配偶者は、居住建物の使用及び収益に必要な修繕をすることができる。

2　居住建物の修繕が必要である場合において、配偶者が相当の期間内に必要な修繕をしないときは、居住建物の所有者は、その修繕をすることができる。

3　居住建物が修繕を要するとき（第1項の規定により配偶者が自らその修繕をするときを除く。）、又は居住建物について権利を主張す

第1034条～第1042条

る者があるときは、配偶者は、居住建物の所有者に対し、遅滞なくその旨を通知しなければならない。ただし、居住建物の所有者が既にこれを知っているときは、この限りでない。

第1034条（居住建物の費用の負担）

1 配偶者は、居住建物の通常の必要費を負担する。

2 第583条第2項の規定は、前項の通常の必要費以外の費用について準用する。

第1035条（居住建物の返還等）

1 配偶者は、配偶者居住権が消滅したときは、居住建物の返還をしなければならない。ただし、配偶者が居住建物について共有持分を有する場合は、居住建物の所有者は、配偶者居住権が消滅したことを理由としては、居住建物の返還を求めることができない。

2 第599条第1項及び第2項並びに第621条の規定は、前項本文の規定により配偶者が相続の開始後に附属させた物がある居住建物又は相続の開始後に生じた損傷がある居住建物の返還をする場合について準用する。

第1036条（使用貸借及び賃貸借の規定の準用）

第597条第1項及び第3項、第600条、第613条並びに第616条の2の規定は、配偶者居住権について準用する。

第2節 配偶者短期居住権

第1037条（配偶者短期居住権）

1 配偶者は、被相続人の財産に属した建物に相続開始の時に無償で居住していた場合には、次の各号に掲げる区分に応じてそれぞれ当該各号に定める日までの間、その居住していた建物（以下この節において「居住建物」という。）の所有権を相続又は遺贈により取得した者（以下この節において「居住建物取得者」という。）に対し、居住建物について無償で使用する権利（居住建物の一部のみを無償で使用していた場合にあっては、その部分について無償で使用する権利。以下この節において「配偶者短期居住権」という。）を有する。ただし、配偶者が、相続開始の時において居住建物に係る配偶者居住権を取得したとき、又は第891条の規定に該当し若しくは廃除によってその相続権を失ったときは、この限りでない。

① 居住建物について配偶者を含む共同相続人間で遺産の分割をすべき場合 遺産の分割により居住建物の帰属が確定した日又は相続開始の時から6箇月を経過する日のい

ずれか遅い日

② 前号に掲げる場合以外の場合 第3項の申入れの日から6箇月を経過する日

2 前項本文の場合においては、居住建物取得者は、第三者に対する居住建物の譲渡その他の方法により配偶者の居住建物の使用を妨げてはならない。

3 居住建物取得者は、第1項第1号に掲げる場合を除くほか、いつでも配偶者短期居住権の消滅の申入れをすることができる。

第1038条（配偶者による使用）

1 配偶者（配偶者短期居住権を有する配偶者に限る。以下この節において同じ。）は、従前の用法に従い、善良な管理者の注意をもって、居住建物の使用をしなければならない。

2 配偶者は、居住建物取得者の承諾を得なければ、第三者に居住建物の使用をさせることができない。

3 配偶者が前二項の規定に違反したときは、居住建物取得者は、当該配偶者に対する意思表示によって配偶者短期居住権を消滅させることができる。

第1039条（配偶者居住権の取得による配偶者短期居住権の消滅）

配偶者が居住建物に係る配偶者居住権を取得したときは、配偶者短期居住権は、消滅する。

第1040条（居住建物の返還等）

1 配偶者は、前条に規定する場合を除き、配偶者短期居住権が消滅したときは、居住建物の返還をしなければならない。ただし、配偶者が居住建物について共有持分を有する場合は、居住建物取得者は、配偶者短期居住権が消滅したことを理由としては、居住建物の返還を求めることができない。

2 第599条第1項及び第2項並びに第621条の規定は、前項本文の規定により配偶者が相続の開始後に附属させた物がある居住建物又は相続の開始後に生じた損傷がある居住建物の返還をする場合について準用する。

第1041条（使用貸借等の規定の準用）

第597条第3項、第600条、第616条の2、第1032条第2項、第1033条及び第1034条の規定は、配偶者短期居住権について準用する。

第9章 遺留分

第1042条（遺留分の帰属及びその割合）

1 兄弟姉妹以外の相続人は、遺留分として、次条第1項に規定する遺留分を算定するための財産の価額に、次の各号に掲げる区分に応

204

じてそれぞれ当該各号に定める割合を乗じた額を受ける。過24-46

① 直系尊属のみが相続人である場合　**3分の1**

② 前号に掲げる場合以外の場合　**2分の1**

2　相続人が数人ある場合には、前項各号に定める割合は、これらに第900条及び第901条の規定により算定したその各自の相続分を乗じた割合とする。

第1043条（遺留分を算定するための財産の価額）

1　遺留分を算定するための財産の価額は、被相続人が相続開始の時において有した財産の価額にその贈与した財産の価額を加えた額から債務の全額を控除した額とする。

2　条件付きの権利又は存続期間の不確定な権利は、家庭裁判所が選任した鑑定人の評価に従って、その価格を定める。

第1044条

1　贈与は、相続開始前の1年間にしたものに限り、前条の規定によりその価額を算入する。当事者双方が遺留分権利者に損害を加えることを知って贈与をしたときは、1年前の日より前にしたものについても、同様とする。

2　第904条の規定は、前項に規定する贈与の価額について準用する。

3　相続人に対する贈与についての第1項の規定の適用については、同項中「1年」とあるのは「10年」と、「価額」とあるのは「価額（婚姻若しくは養子縁組のため又は生計の資本として受けた贈与の価額に限る。）」とする。

第1045条

1　負担付贈与がされた場合における第1043条第1項に規定する贈与した財産の価額は、その目的の価額から負担の価額を控除した額とする。

2　不相当な対価をもってした有償行為は、当事者双方が遺留分権利者に損害を加えることを知ってしたものに限り、当該対価を負担の価額とする負担付贈与とみなす。

第1046条（遺留分侵害額の請求）

1　遺留分権利者及びその承継人は、受遺者（特定財産承継遺言により財産を承継し又は相続分の指定を受けた相続人を含む。以下この章において同じ。）又は受贈者に対し、遺留分侵害額に相当する**金銭の支払**を請求することができる。過24-46

2　遺留分侵害額は、第1042条の規定による遺留分から第1号及び第2号に掲げる額を控除し、これに第3号に掲げる額を加算して算定する。

① 遺留分権利者が受けた遺贈又は第903条第1項に規定する贈与の価額

② 第900条から第902条まで、第903条及び第904条の規定により算定した相続分に応じて遺留分権利者が取得すべき遺産の価額

③ 被相続人が相続開始の時において有した債務のうち、第899条の規定により遺留分権利者が承継する債務（次条第3項において「遺留分権利者承継債務」という。）の額

第1047条（受遺者又は受贈者の負担額）

1　受遺者又は受贈者は、次の各号の定めるところに従い、遺贈（特定財産承継遺言による財産の承継又は相続分の指定による遺産の取得を含む。以下この章において同じ。）又は贈与（遺留分を算定するための財産の価額に算入されるものに限る。以下この章において同じ。）の目的の価額（受遺者又は受贈者が相続人である場合にあっては、当該価額から第1042条の規定による遺留分として当該相続人が受けるべき額を控除した額）を限度として、遺留分侵害額を負担する。

① 受遺者と受贈者とがあるときは、受遺者が先に負担する。

② 受遺者が複数あるとき、又は受贈者が複数ある場合においてその贈与が同時にされたものであるときは、受遺者又は受贈者がその目的の価額の割合に応じて負担する。ただし、遺言者がその遺言に別段の意思を表示したときは、その意思に従う。

③ 受贈者が複数あるとき（前号に規定する場合を除く。）は、後の贈与に係る受贈者から順次前の贈与に係る受贈者が負担する。

2　第904条、第1043条第2項及び第1045条の規定は、前項に規定する遺贈又は贈与の目的の価額について準用する。

3　前条第1項の請求を受けた受遺者又は受贈者は、遺留分権利者承継債務について弁済その他の債務を消滅させる行為をしたときは、消滅した債務の額の限度において、遺留分権利者に対する意思表示によって第1項の規定により負担する債務を消滅させることができる。この場合において、当該行為によって遺留分権利者に対して取得した求償権は、消滅

第1048条〜第1050条

した当該債務の額の限度において消滅する。
4　受遺者又は受贈者の無資力によって生じた損失は、遺留分権利者の負担に帰する。
5　裁判所は、受遺者又は受贈者の請求により、第1項の規定により負担する債務の全部又は一部の支払につき相当の期限を許与することができる。

第1048条（遺留分侵害額請求権の期間の制限）
遺留分侵害額の請求権は、遺留分権利者が、相続の開始及び遺留分を侵害する贈与又は遺贈があったことを知った時から1年間行使しないときは、時効によって消滅する。相続開始の時から10年を経過したときも、同様とする。

第1049条（遺留分の放棄）
1　相続の開始前における遺留分の放棄は、家庭裁判所の許可を受けたときに限り、その効力を生ずる。
2　共同相続人の1人のした遺留分の放棄は、他の各共同相続人の遺留分に影響を及ぼさない。

第10章　特別の寄与

第1050条
1　被相続人に対して無償で療養看護その他の労務の提供をしたことにより被相続人の財産の維持又は増加について特別の寄与をした被相続人の親族（相続人、相続の放棄をした者及び第891条の規定に該当し又は廃除によってその相続権を失った者を除く。以下この条において「特別寄与者」という。）は、相続の開始後、相続人に対し、特別寄与者の寄与に応じた額の金銭（以下この条において「特別寄与料」という。）の支払を請求することができる。
2　前項の規定による特別寄与料の支払について、当事者間に協議が調わないとき、又は協議をすることができないときは、特別寄与者は、家庭裁判所に対して協議に代わる処分を請求することができる。ただし、特別寄与者が相続の開始及び相続人を知った時から6箇月を経過したとき、又は相続開始の時から1年を経過したときは、この限りでない。
3　前項本文の場合には、家庭裁判所は、寄与の時期、方法及び程度、相続財産の額その他一切の事情を考慮して、特別寄与料の額を定める。
4　特別寄与料の額は、被相続人が相続開始の時において有した財産の価額から遺贈の価額を控除した残額を超えることができない。
5　相続人が数人ある場合には、各相続人は、特別寄与料の額に第900条から第902条までの規定により算定した当該相続人の相続分を乗じた額を負担する。

個人情報の保護に関する法律

（平成15年5月30日法律第57号）

最終改正：令和3年5月19日法律第37号

第1章　総則

第1条（目的）

　この法律は、デジタル社会の進展に伴い個人情報の利用が著しく拡大していることに鑑み、個人情報の適正な取扱いに関し、基本理念及び政府による基本方針の作成その他の個人情報の保護に関する施策の基本となる事項を定め、国及び地方公共団体の責務等を明らかにし、個人情報を取り扱う事業者及び行政機関等についてこれらの特性に応じて遵守すべき義務等を定めるとともに、個人情報保護委員会を設置することにより、行政機関等の事務及び事業の適正かつ円滑な運営を図り、並びに個人情報の適正かつ効果的な活用が新たな産業の創出並びに活力ある経済社会及び豊かな国民生活の実現に資するものであることその他の個人情報の有用性に配慮しつつ、個人の権利利益を保護することを目的とする。過22-56-ア・イ・エ、23-54-オ

第2条（定義）

1　この法律において「個人情報」とは、生存する個人に関する情報であって、次の各号のいずれかに該当するものをいう。過19-54

　① 当該情報に含まれる氏名、生年月日その他の記述等（文書、図画若しくは電磁的記録（電磁的方式（電子的方式、磁気的方式その他人の知覚によっては認識することができない方式をいう。次項第2号において同じ。）で作られる記録をいう。以下同じ。）に記載され、若しくは記録され、又は音声、動作その他の方法を用いて表された一切の事項（個人識別符号を除く。）をいう。以下同じ。）により特定の個人を識別することができるもの（他の情報と容易に照合することができ、それにより特定の個人を識別することができることとなるものを含む。）過24-55-5

　② 個人識別符号が含まれるもの

2　この法律において「個人識別符号」とは、次の各号のいずれかに該当する文字、番号、記号その他の符号のうち、政令で定めるものをいう。

　① 特定の個人の身体の一部の特徴を電子計算機の用に供するために変換した文字、番号、記号その他の符号であって、当該特定

の個人を識別することができるもの

　② 個人に提供される役務の利用若しくは個人に販売される商品の購入に関し割り当てられ、又は個人に発行されるカードその他の書類に記載され、若しくは電磁的方式により記録された文字、番号、記号その他の符号であって、その利用者若しくは購入者又は発行を受ける者ごとに異なるものとなるように割り当てられ、又は記載され、若しくは記録されることにより、特定の利用者若しくは購入者又は発行を受ける者を識別することができるもの

3　この法律において「要配慮個人情報」とは、本人の人種、信条、社会的身分、病歴、犯罪の経歴、犯罪により害を被った事実その他本人に対する不当な差別、偏見その他の不利益が生じないようにその取扱いに特に配慮を要するものとして政令で定める記述等が含まれる個人情報をいう。

4　この法律において個人情報について「本人」とは、個人情報によって識別される特定の個人をいう。

5　この法律において「仮名加工情報」とは、次の各号に掲げる個人情報の区分に応じて当該各号に定める措置を講じて他の情報と照合しない限り特定の個人を識別することができないように個人情報を加工して得られる個人に関する情報をいう。

　① 第1項第1号に該当する個人情報　当該個人情報に含まれる記述等の一部を削除すること（当該一部の記述等を復元することのできる規則性を有しない方法により他の記述等に置き換えることを含む。）。

　② 第1項第2号に該当する個人情報　当該個人情報に含まれる個人識別符号の全部を削除すること（当該個人識別符号を復元することのできる規則性を有しない方法により他の記述等に置き換えることを含む。）。

6　この法律において「匿名加工情報」とは、次の各号に掲げる個人情報の区分に応じて当該各号に定める措置を講じて特定の個人を識別することができないように個人情報を加工して得られる個人に関する情報であって、当該個人情報を復元することができないようにしたものをいう。

① 第1項第1号に該当する個人情報　当該個人情報に含まれる記述等の一部を削除すること（当該一部の記述等を復元することのできる規則性を有しない方法により他の記述等に置き換えることを含む。）。

② 第1項第2号に該当する個人情報　当該個人情報に含まれる個人識別符号の全部を削除すること（当該個人識別符号を復元することのできる規則性を有しない方法により他の記述等に置き換えることを含む。）。

7　この法律において「個人関連情報」とは、生存する個人に関する情報であって、個人情報、仮名加工情報及び匿名加工情報のいずれにも該当しないものをいう。

8　この法律において「行政機関」とは、次に掲げる機関をいう。過20-53-イ、27-56-ア

① 法律の規定に基づき内閣に置かれる機関（内閣府を除く。）及び内閣の所轄の下に置かれる機関

② 内閣府、宮内庁並びに内閣府設置法第49条第1項及び第2項に規定する機関（これらの機関のうち第4号の政令で定める機関が置かれる機関にあっては、当該政令で定める機関を除く。）

③ 国家行政組織法第3条第2項に規定する機関（第5号の政令で定める機関が置かれる機関にあっては、当該政令で定める機関を除く。）

④ 内閣府設置法第39条及び第55条並びに宮内庁法第16条第2項の機関並びに内閣府設置法第40条及び第56条（宮内庁法第18条第1項において準用する場合を含む。）の特別の機関で、政令で定めるもの

⑤ 国家行政組織法第8条の2の施設等機関及び同法第8条の3の特別の機関で、政令で定めるもの

⑥ 会計検査院

9　この法律において「独立行政法人等」とは、独立行政法人通則法第2条第1項に規定する独立行政法人及び別表第一に掲げる法人をいう。

10　この法律において「地方独立行政法人」とは、地方独立行政法人法第2条第1項に規定する地方独立行政法人をいう。

11　この法律において「行政機関等」とは、次に掲げる機関をいう。

① 行政機関

② 独立行政法人等（別表第二に掲げる法人を除く。第16条第2項第3号、第63条、第

78条第7号イ及びロ、第89条第3項から第5項まで、第117条第3項から第5項まで並びに第123条第2項において同じ。）

第3条（基本理念）

個人情報は、個人の人格尊重の理念の下に慎重に取り扱われるべきものであることに鑑み、その適正な取扱いが図られなければならない。過22-56-オ

第2章　国及び地方公共団体の責務等

第4条（国の責務）

国は、この法律の趣旨にのっとり、国の機関、独立行政法人等及び事業者等による個人情報の適正な取扱いを確保するために必要な施策を総合的に策定し、及びこれを実施する責務を有する。

第5条（地方公共団体の責務）

地方公共団体は、この法律の趣旨にのっとり、その地方公共団体の区域の特性に応じて、個人情報の適正な取扱いを確保するために必要な施策を策定し、及びこれを実施する責務を有する。

第6条（法制上の措置等）

政府は、個人情報の性質及び利用方法に鑑み、個人の権利利益の一層の保護を図るため特にその適正な取扱いの厳格な実施を確保する必要がある個人情報について、保護のための格別の措置が講じられるよう必要な法制上の措置その他の措置を講ずるとともに、国際機関その他の国際的な枠組みへの協力を通じて、各国政府と共同して国際的に整合のとれた個人情報に係る制度を構築するために必要な措置を講ずるものとする。

第3章　個人情報の保護に関する施策等

第1節　個人情報の保護に関する基本方針

第7条

1　政府は、個人情報の保護に関する施策の総合的かつ一体的な推進を図るため、個人情報の保護に関する基本方針（以下「基本方針」という。）を定めなければならない。

2　基本方針は、次に掲げる事項について定めるものとする。

① 個人情報の保護に関する施策の推進に関する基本的な方向

② 国が講ずべき個人情報の保護のための措置に関する事項

③ 地方公共団体が講ずべき個人情報の保護

のための措置に関する基本的な事項

④　独立行政法人等が講ずべき個人情報の保護のための措置に関する基本的な事項

⑤　地方独立行政法人が講ずべき個人情報の保護のための措置に関する基本的な事項

⑥　第16条第2項に規定する個人情報取扱事業者、同条第5項に規定する仮名加工情報取扱事業者及び同条第6項に規定する匿名加工情報取扱事業者並びに第51条第1項に規定する認定個人情報保護団体が講ずべき個人情報の保護のための措置に関する基本的な事項

⑦　個人情報の取扱いに関する苦情の円滑な処理に関する事項

⑧　その他個人情報の保護に関する施策の推進に関する重要事項

3　内閣総理大臣は、個人情報保護委員会が作成した基本方針の案について閣議の決定を求めなければならない。

4　内閣総理大臣は、前項の規定による閣議の決定があったときは、遅滞なく、基本方針を公表しなければならない。

5　前二項の規定は、基本方針の変更について準用する。

第2節　国の施策

第8条（国の機関等が保有する個人情報の保護）

1　国は、その機関が保有する個人情報の適正な取扱いが確保されるよう必要な措置を講ずるものとする。

2　国は、独立行政法人等について、その保有する個人情報の適正な取扱いが確保されるよう必要な措置を講ずるものとする。

第9条（地方公共団体等への支援）

国は、地方公共団体が策定し、又は実施する個人情報の保護に関する施策及び国民又は事業者等が個人情報の適正な取扱いの確保に関して行う活動を支援するため、情報の提供、事業者等が講ずべき措置の適切かつ有効な実施を図るための指針の策定その他の必要な措置を講ずるものとする。

第10条（苦情処理のための措置）

国は、個人情報の取扱いに関し事業者と本人との間に生じた苦情の適切かつ迅速な処理を図るために必要な措置を講ずるものとする。

第11条（個人情報の適正な取扱いを確保するための措置）

国は、地方公共団体との適切な役割分担を通じ、次章に規定する個人情報取扱事業者による

個人情報の適正な取扱いを確保するために必要な措置を講ずるものとする。

第3節　地方公共団体の施策

第12条（地方公共団体等が保有する個人情報の保護）

1　地方公共団体は、その保有する個人情報の性質、当該個人情報を保有する目的等を勘案し、その保有する個人情報の適正な取扱いが確保されるよう必要な措置を講ずることに努めなければならない。

2　地方公共団体は、その設立に係る地方独立行政法人について、その性格及び業務内容に応じ、その保有する個人情報の適正な取扱いが確保されるよう必要な措置を講ずることに努めなければならない。

第13条（区域内の事業者等への支援）

地方公共団体は、個人情報の適正な取扱いを確保するため、その区域内の事業者及び住民に対する支援に必要な措置を講ずるよう努めなければならない。

第14条（苦情の処理のあっせん等）

地方公共団体は、個人情報の取扱いに関し事業者と本人との間に生じた苦情が適切かつ迅速に処理されるようにするため、苦情の処理のあっせんその他必要な措置を講ずるよう努めなければならない。

第4節　国及び地方公共団体の協力

第15条

国及び地方公共団体は、個人情報の保護に関する施策を講ずるにつき、相協力するものとする。

第4章　個人情報取扱事業者等の義務等

第1節　総則

第16条（定義）

1　この章及び第8章において「個人情報データベース等」とは、個人情報を含む情報の集合物であって、次に掲げるもの（利用方法からみて個人の権利利益を害するおそれが少ないものとして政令で定めるものを除く。）をいう。圖19-53-1、23-54-エ

①　特定の個人情報を電子計算機を用いて検索することができるように体系的に構成したもの

②　前号に掲げるもののほか、特定の個人情報を容易に検索することができるように体系的に構成したものとして政令で定めるもの

2　この章及び第6章から第8章までにおいて「個人情報取扱事業者」とは、個人情報データベース等を事業の用に供している者をいう。ただし、次に掲げる者を除く。
① 国の機関
② 地方公共団体
③ 独立行政法人等
④ 地方独立行政法人

3　この章において「個人データ」とは、個人情報データベース等を構成する個人情報をいう。

4　この章において「保有個人データ」とは、個人情報取扱事業者が、開示、内容の訂正、追加又は削除、利用の停止、消去及び第三者への提供の停止を行うことのできる権限を有する個人データであって、その存否が明らかになることにより公益その他の利益が害されるものとして政令で定めるもの以外のものをいう。囲30-56-4

5　この章、第6章及び第7章において「仮名加工情報取扱事業者」とは、仮名加工情報を含む情報の集合物であって、特定の仮名加工情報を電子計算機を用いて検索することができるように体系的に構成したものその他特定の仮名加工情報を容易に検索することができるように体系的に構成したものとして政令で定めるもの（第41条第1項において「仮名加工情報データベース等」という。）を事業の用に供している者をいう。ただし、第2項各号に掲げる者を除く。

6　この章、第6章及び第7章において「匿名加工情報取扱事業者」とは、匿名加工情報を含む情報の集合物であって、特定の匿名加工情報を電子計算機を用いて検索することができるように体系的に構成したものその他特定の匿名加工情報を容易に検索することができるように体系的に構成したものとして政令で定めるもの（第43条第1項において「匿名加工情報データベース等」という。）を事業の用に供している者をいう。ただし、第2項各号に掲げる者を除く。

7　この章、第6章及び第7章において「個人関連情報取扱事業者」とは、個人関連情報を含む情報の集合物であって、特定の個人関連情報を電子計算機を用いて検索することができるように体系的に構成したものその他特定の個人関連情報を容易に検索することができるように体系的に構成したものとして政令で定めるもの（第31条第1項において「個人関

連情報データベース等」という。）を事業の用に供している者をいう。ただし、第2項各号に掲げる者を除く。

8　この章において「学術研究機関等」とは、大学その他の学術研究を目的とする機関若しくは団体又はそれらに属する者をいう。

第2節　個人情報取扱事業者及び個人関連情報取扱事業者の義務

第17条（利用目的の特定）

1　個人情報取扱事業者は、個人情報を取り扱うに当たっては、その利用の目的（以下「利用目的」という。）をできる限り特定しなければならない。

2　個人情報取扱事業者は、利用目的を変更する場合には、変更前の利用目的と関連性を有すると合理的に認められる範囲を超えて行ってはならない。

第18条（利用目的による制限）

1　個人情報取扱事業者は、あらかじめ本人の同意を得ないで、前条の規定により特定された利用目的の達成に必要な範囲を超えて、個人情報を取り扱ってはならない。

2　個人情報取扱事業者は、合併その他の事由により他の個人情報取扱事業者から事業を承継することに伴って個人情報を取得した場合は、あらかじめ本人の同意を得ないで、承継前における当該個人情報の利用目的の達成に必要な範囲を超えて、当該個人情報を取り扱ってはならない。

3　前二項の規定は、次に掲げる場合については、適用しない。
① 法令に基づく場合
② 人の生命、身体又は財産の保護のために必要がある場合であって、本人の同意を得ることが困難であるとき。
③ 公衆衛生の向上又は児童の健全な育成の推進のために特に必要がある場合であって、本人の同意を得ることが困難であるとき。
④ 国の機関若しくは地方公共団体又はその委託を受けた者が法令の定める事務を遂行することに対して協力する必要がある場合であって、本人の同意を得ることにより当該事務の遂行に支障を及ぼすおそれがあるとき。
⑤ 当該個人情報取扱事業者が学術研究機関等である場合であって、当該個人情報を学術研究の用に供する目的（以下この章において「学術研究目的」という。）で取り扱

う必要があるとき（当該個人情報を取り扱う目的の一部が学術研究目的である場合を含み、個人の権利利益を不当に侵害するおそれがある場合を除く。）。

⑥　学術研究機関等に個人データを提供する場合であって、当該学術研究機関等が当該個人データを学術研究目的で取り扱う必要があるとき（当該個人データを取り扱う目的の一部が学術研究目的である場合を含み、個人の権利利益を不当に侵害するおそれがある場合を除く。）。

第19条（不適正な利用の禁止）

個人情報取扱事業者は、違法又は不当な行為を助長し、又は誘発するおそれがある方法により個人情報を利用してはならない。

第20条（適正な取得）

1　個人情報取扱事業者は、偽りその他**不正の手段**により個人情報を取得してはならない。

2　個人情報取扱事業者は、次に掲げる場合を除くほか、あらかじめ**本人の同意**を得ないで、要配慮個人情報を取得してはならない。

①　法令に基づく場合

②　人の生命、身体又は財産の保護のために必要がある場合であって、本人の同意を得ることが困難であるとき。

③　公衆衛生の向上又は児童の健全な育成の推進のために特に必要がある場合であって、本人の同意を得ることが困難であるとき。

④　国の機関若しくは地方公共団体又はその委託を受けた者が法令の定める事務を遂行することに対して協力する必要がある場合であって、本人の同意を得ることにより当該事務の遂行に支障を及ぼすおそれがあるとき。

⑤　当該個人情報取扱事業者が学術研究機関等である場合であって、当該要配慮個人情報を学術研究目的で取り扱う必要があるとき（当該要配慮個人情報を取り扱う目的の一部が学術研究目的である場合を含み、個人の権利利益を不当に侵害するおそれがある場合を除く。）。

⑥　学術研究機関等から当該要配慮個人情報を取得する場合であって、当該要配慮個人情報を学術研究目的で取得する必要があるとき（当該要配慮個人情報を取得する目的の一部が学術研究目的である場合を含み、個人の権利利益を不当に侵害するおそれがある場合を除く。）（当該個人情報取扱事業

者と当該学術研究機関等が共同して学術研究を行う場合に限る。）。

⑦　当該要配慮個人情報が、本人、国の機関、地方公共団体、学術研究機関等、第57条第1項各号に掲げる者その他個人情報保護委員会規則で定める者により公開されている場合

⑧　その他前各号に掲げる場合に準ずるものとして政令で定める場合

第21条（取得に際しての利用目的の通知等）

1　個人情報取扱事業者は、個人情報を取得した場合は、あらかじめその利用目的を公表している場合を除き、速やかに、その利用目的を、本人に**通知**し、又は**公表**しなければならない。

2　個人情報取扱事業者は、前項の規定にかかわらず、本人との間で契約を締結することに伴って契約書その他の書面（電磁的記録を含む。以下この項において同じ。）に記載された当該本人の個人情報を取得する場合その他本人から直接書面に記載された当該本人の個人情報を取得する場合は、あらかじめ、本人に対し、その利用目的を明示しなければならない。ただし、人の生命、身体又は財産の保護のために緊急に必要がある場合は、この限りでない。

3　個人情報取扱事業者は、利用目的を変更した場合は、変更された利用目的について、本人に通知し、又は公表しなければならない。
過 2-57-5

4　前三項の規定は、次に掲げる場合については、適用しない。

①　利用目的を本人に通知し、又は公表することにより本人又は第三者の生命、身体、財産その他の権利利益を害するおそれがある場合

②　利用目的を本人に通知し、又は公表することにより当該個人情報取扱事業者の権利又は正当な利益を害するおそれがある場合

③　国の機関又は地方公共団体が法令の定める事務を遂行することに対して協力する必要がある場合であって、利用目的を本人に通知し、又は公表することにより当該事務の遂行に支障を及ぼすおそれがあるとき。

④　取得の状況からみて利用目的が明らかであると認められる場合

第22条（データ内容の正確性の確保等）

個人情報取扱事業者は、利用目的の達成に必要な範囲内において、個人データを正確かつ最

第23条〜第27条

新の内容に保つとともに、利用する必要がなくなったときは、当該個人データを遅滞なく消去するよう努めなければならない。

第23条（安全管理措置）

個人情報取扱事業者は、その取り扱う個人データの漏えい、滅失又は毀損の防止その他の個人データの安全管理のために必要かつ適切な措置を講じなければならない。

第24条（従業者の監督）

個人情報取扱事業者は、その従業者に個人データを取り扱わせるに当たっては、当該個人データの安全管理が図られるよう、当該従業者に対する必要かつ適切な監督を行わなければならない。

第25条（委託先の監督）

個人情報取扱事業者は、個人データの取扱いの全部又は一部を委託する場合は、その取扱いを委託された個人データの安全管理が図られるよう、委託を受けた者に対する必要かつ適切な監督を行わなければならない。過2-57-1

第26条（漏えい等の報告等）

1　個人情報取扱事業者は、その取り扱う個人データの漏えい、滅失、毀損その他の個人データの安全の確保に係る事態であって個人の権利利益を害するおそれが大きいものとして個人情報保護委員会規則で定めるものが生じたときは、個人情報保護委員会規則で定めるところにより、当該事態が生じた旨を個人情報保護委員会に報告しなければならない。ただし、当該個人情報取扱事業者が、他の個人情報取扱事業者又は行政機関等から当該個人データの取扱いの全部又は一部の委託を受けた場合であって、個人情報保護委員会規則で定めるところにより、当該事態が生じた旨を当該他の個人情報取扱事業者又は行政機関等に通知したときは、この限りでない。

2　前項に規定する場合には、個人情報取扱事業者（同項ただし書の規定による通知をした者を除く。）は、本人に対し、個人情報保護委員会規則で定めるところにより、当該事態が生じた旨を通知しなければならない。ただし、本人への通知が困難な場合であって、本人の権利利益を保護するため必要なこれに代わるべき措置をとるときは、この限りでない。

第27条（第三者提供の制限）

1　個人情報取扱事業者は、次に掲げる場合を除くほか、あらかじめ本人の同意を得ないで、個人データを第三者に提供してはならな

い。

① 法令に基づく場合

② 人の生命、身体又は財産の保護のために必要がある場合であって、本人の同意を得ることが困難であるとき。

③ 公衆衛生の向上又は児童の健全な育成の推進のために特に必要がある場合であって、本人の同意を得ることが困難であるとき。過2-57-2

④ 国の機関若しくは地方公共団体又はその委託を受けた者が法令の定める事務を遂行することに対して協力する必要がある場合であって、本人の同意を得ることにより当該事務の遂行に支障を及ぼすおそれがあるとき。過2-57-4

⑤ 当該個人情報取扱事業者が学術研究機関等である場合であって、当該個人データの提供が学術研究の成果の公表又は教授のためやむを得ないとき（個人の権利利益を不当に侵害するおそれがある場合を除く。）。

⑥ 当該個人情報取扱事業者が学術研究機関等である場合であって、当該個人データを学術研究目的で提供する必要があるとき（当該個人データを提供する目的の一部が学術研究目的である場合を含み、個人の権利利益を不当に侵害するおそれがある場合を除く。）（当該個人情報取扱事業者と当該第三者が共同して学術研究を行う場合に限る。）。

⑦ 当該第三者が学術研究機関等である場合であって、当該第三者が当該個人データを学術研究目的で取り扱う必要があるとき（当該個人データを取り扱う目的の一部が学術研究目的である場合を含み、個人の権利利益を不当に侵害するおそれがある場合を除く。）。

2　個人情報取扱事業者は、第三者に提供される個人データについて、本人の求めに応じて当該本人が識別される個人データの第三者への提供を停止することとしている場合であって、次に掲げる事項について、個人情報保護委員会規則で定めるところにより、あらかじめ、本人に通知し、又は本人が容易に知り得る状態に置くとともに、個人情報保護委員会に届け出たときは、前項の規定にかかわらず、当該個人データを第三者に提供することができる。ただし、第三者に提供される個人データが要配慮個人情報又は第20条第1項の規定に違反して取得されたもの若しくは他の

212

個人情報取扱事業者からこの項本文の規定により提供されたもの（その全部又は一部を複製し、又は加工したものを含む。）である場合は、この限りでない。

① 第三者への提供を行う個人情報取扱事業者の氏名又は名称及び住所並びに法人にあっては、その代表者（法人でない団体で代表者又は管理人の定めのあるものにあっては、その代表者又は管理人。以下この条、第30条第1項第1号及び第32条第1項第1号において同じ。）の氏名

② 第三者への提供を利用目的とすること。

③ 第三者に提供される個人データの項目

④ 第三者に提供される個人データの取得の方法

⑤ 第三者への提供の方法

⑥ 本人の求めに応じて当該本人が識別される個人データの第三者への提供を停止すること。

⑦ 本人の求めを受け付ける方法

⑧ その他個人の権利利益を保護するために必要なものとして個人情報保護委員会規則で定める事項

3 個人情報取扱事業者は、前項第1号に掲げる事項に変更があったとき又は同項の規定による個人データの提供をやめたときは遅滞なく、同項第3号から第5号まで、第7号又は第8号に掲げる事項を変更しようとするときはあらかじめ、その旨について、個人情報保護委員会規則で定めるところにより、本人に通知し、又は本人が容易に知り得る状態に置くとともに、個人情報保護委員会に届け出なければならない。

4 個人情報保護委員会は、第2項の規定による届出があったときは、個人情報保護委員会規則で定めるところにより、当該届出に係る事項を公表しなければならない。前項の規定による届出があったときも、同様とする。

5 次に掲げる場合において、当該個人データの提供を受ける者は、前各項の規定の適用については、第三者に該当しないものとする。

① 個人情報取扱事業者が利用目的の達成に必要な範囲内において個人データの取扱いの全部又は一部を委託することに伴って当該個人データが提供される場合

② 合併その他の事由による事業の承継に伴って個人データが提供される場合 　過2-57-3

③ 特定の者との間で共同して利用される個人データが当該特定の者に提供される場合であって、その旨並びに共同して利用される個人データの項目、共同して利用する者の範囲、利用する者の利用目的並びに当該個人データの管理について責任を有する者の氏名又は名称及び住所並びに法人にあっては、その代表者の氏名について、あらかじめ、本人に通知し、又は本人が容易に知り得る状態に置いているとき。

6 個人情報取扱事業者は、前項第3号に規定する個人データの管理について責任を有する者の氏名、名称若しくは住所又は法人にあっては、その代表者の氏名に変更があったときは遅滞なく、同号に規定する利用する者の利用目的又は当該責任を有する者を変更しようとするときはあらかじめ、その旨について、本人に通知し、又は本人が容易に知り得る状態に置かなければならない。

第28条（外国にある第三者への提供の制限）

1 個人情報取扱事業者は、外国（本邦の域外にある国又は地域をいう。以下この条及び第31条第1項第2号において同じ。）（個人の権利利益を保護する上で我が国と同等の水準にあると認められる個人情報の保護に関する制度を有している外国として個人情報保護委員会規則で定めるものを除く。以下この条及び同号において同じ。）にある第三者（個人データの取扱いについてこの節の規定により個人情報取扱事業者が講ずべきこととされている措置に相当する措置（第3項において「相当措置」という。）を継続的に講ずるために必要なものとして個人情報保護委員会規則で定める基準に適合する体制を整備している者を除く。以下この項及び次項並びに同号において同じ。）に個人データを提供する場合には、前条第1項各号に掲げる場合を除くほか、あらかじめ外国にある第三者への提供を認める旨の本人の同意を得なければならない。この場合においては、同条の規定は、適用しない。

2 個人情報取扱事業者は、前項の規定により本人の同意を得ようとする場合には、個人情報保護委員会規則で定めるところにより、あらかじめ、当該外国における個人情報の保護に関する制度、当該第三者が講ずる個人情報の保護のための措置その他当該本人に参考となるべき情報を当該本人に提供しなければならない。

3 個人情報取扱事業者は、個人データを外国

第29条～第32条

にある第三者（第1項に規定する体制を整備している者に限る。）に提供した場合には、個人情報保護委員会規則で定めるところにより、当該第三者による相当措置の継続的な実施を確保するために必要な措置を講ずるとともに、本人の求めに応じて当該必要な措置に関する情報を当該本人に提供しなければならない。

第29条（第三者提供に係る記録の作成等）

1　個人情報取扱事業者は、個人データを第三者（第16条第2項各号に掲げる者を除く。以下この条及び次条（第31条第3項において読み替えて準用する場合を含む。）において同じ。）に提供したときは、個人情報保護委員会規則で定めるところにより、当該個人データを提供した年月日、当該第三者の氏名又は名称その他の個人情報保護委員会規則で定める事項に関する記録を作成しなければならない。ただし、当該個人データの提供が第27条第1項各号又は第5項各号のいずれか（前条第1項の規定による個人データの提供にあっては、第27条第1項各号のいずれか）に該当する場合は、この限りでない。

2　個人情報取扱事業者は、前項の記録を、当該記録を作成した日から個人情報保護委員会規則で定める期間保存しなければならない。

第30条（第三者提供を受ける際の確認等）

1　個人情報取扱事業者は、第三者から個人データの提供を受けるに際しては、個人情報保護委員会規則で定めるところにより、次に掲げる事項の確認を行わなければならない。ただし、当該個人データの提供が第27条第1項各号又は第5項各号のいずれかに該当する場合は、この限りでない。

①　当該第三者の氏名又は名称及び住所並びに法人にあっては、その代表者（法人でない団体で代表者又は管理人の定めのあるものにあっては、その代表者又は管理人）の氏名

②　当該第三者による当該個人データの取得の経緯

2　前項の第三者は、個人情報取扱事業者が同項の規定による確認を行う場合において、当該個人情報取扱事業者に対して、当該確認に係る事項を偽ってはならない。

3　個人情報取扱事業者は、第1項の規定による確認を行ったときは、個人情報保護委員会規則で定めるところにより、当該個人データの提供を受けた年月日、当該確認に係る事項

その他の個人情報保護委員会規則で定める事項に関する記録を作成しなければならない。

4　個人情報取扱事業者は、前項の記録を、当該記録を作成した日から個人情報保護委員会規則で定める期間保存しなければならない。

第31条（個人関連情報の第三者提供の制限等）

1　個人関連情報取扱事業者は、第三者が個人関連情報（個人関連情報データベース等を構成するものに限る。以下この章及び第6章において同じ。）を個人データとして取得することが想定されるときは、第27条第1項各号に掲げる場合を除くほか、次に掲げる事項について、あらかじめ個人情報保護委員会規則で定めるところにより確認することをしないで、当該個人関連情報を当該第三者に提供してはならない。

①　当該第三者が個人関連情報取扱事業者から個人関連情報の提供を受けて本人が識別される個人データとして取得することを認める旨の当該本人の同意が得られていること。

②　外国にある第三者への提供にあっては、前号の本人の同意を得ようとする場合において、個人情報保護委員会規則で定めるところにより、あらかじめ、当該外国における個人情報の保護に関する制度、当該第三者が講ずる個人情報の保護のための措置その他当該本人に参考となるべき情報が当該本人に提供されていること。

2　第28条第3項の規定は、前項の規定により個人関連情報取扱事業者が個人関連情報を提供する場合について準用する。この場合において、同条第3項中「講ずるとともに、本人の求めに応じて当該必要な措置に関する情報を当該本人に提供し」とあるのは、「講じ」と読み替えるものとする。

3　前条第2項から第4項までの規定は、第1項の規定により個人関連情報取扱事業者が確認する場合について準用する。この場合において、同条第3項中「の提供を受けた」とあるのは、「を提供した」と読み替えるものとする。

第32条（保有個人データに関する事項の公表等）

1　個人情報取扱事業者は、保有個人データに関し、次に掲げる事項について、**本人の知り得る状態**（本人の求めに応じて遅滞なく回答する場合を含む。）に置かなければならない。

①　当該個人情報取扱事業者の氏名又は名称

及び住所並びに法人にあっては、その代表者の氏名

② 全ての保有個人データの利用目的（第21条第4項第1号から第3号までに該当する場合を除く。）

③ 次項の規定による求め又は次条第1項（同条第5項において準用する場合を含む。）、第34条第1項若しくは第35条第1項、第3項若しくは第5項の規定による請求に応じる手続（第38条第2項の規定により手数料の額を定めたときは、その手数料の額を含む。）

④ 前三号に掲げるもののほか、保有個人データの適正な取扱いの確保に関し必要な事項として政令で定めるもの

2 個人情報取扱事業者は、本人から、当該本人が識別される保有個人データの利用目的の通知を求められたときは、本人に対し、遅滞なく、これを通知しなければならない。ただし、次の各号のいずれかに該当する場合は、この限りでない。

① 前項の規定により当該本人が識別される保有個人データの利用目的が明らかな場合

② 第21条第4項第1号から第3号までに該当する場合

3 個人情報取扱事業者は、前項の規定に基づき求められた保有個人データの利用目的を通知しない旨の決定をしたときは、本人に対し、遅滞なく、その旨を通知しなければならない。

第33条（開示）

1 本人は、個人情報取扱事業者に対し、当該本人が識別される保有個人データの電磁的記録の提供による方法その他の個人情報保護委員会規則で定める方法による開示を請求することができる。

2 個人情報取扱事業者は、前項の規定による請求を受けたときは、本人に対し、同項の規定により当該本人が請求した方法（当該方法による開示に多額の費用を要する場合その他の当該方法による開示が困難である場合にあっては、書面の交付による方法）により、遅滞なく、当該保有個人データを開示しなければならない。ただし、開示することにより次の各号のいずれかに該当する場合は、その全部又は一部を開示しないことができる。

① 本人又は第三者の生命、身体、財産その他の権利利益を害するおそれがある場合

② 当該個人情報取扱事業者の業務の適正な

実施に著しい支障を及ぼすおそれがある場合

③ 他の法令に違反することとなる場合

3 個人情報取扱事業者は、第1項の規定による請求に係る保有個人データの全部若しくは一部について開示しない旨の決定をしたとき、当該保有個人データが存在しないとき、又は同項の規定により本人が請求した方法による開示が困難であるときは、本人に対し、遅滞なく、その旨を通知しなければならない。

4 他の法令の規定により、本人に対し第2項本文に規定する方法に相当する方法により当該本人が識別される保有個人データの全部又は一部を開示することとされている場合には、当該全部又は一部の保有個人データについては、第1項及び第2項の規定は、適用しない。

5 第1項から第3項までの規定は、当該本人が識別される個人データに係る第29条第1項及び第30条第3項の記録（その存否が明らかになることにより公益その他の利益が害されるものとして政令で定めるものを除く。第37条第2項において「第三者提供記録」という。）について準用する。

第34条（訂正等）

1 本人は、個人情報取扱事業者に対し、当該本人が識別される保有個人データの内容が事実でないときは、当該保有個人データの内容の訂正、追加又は削除（以下この条において「訂正等」という。）を請求することができる。

2 個人情報取扱事業者は、前項の規定による請求を受けた場合には、その内容の訂正等に関して他の法令の規定により特別の手続が定められている場合を除き、利用目的の達成に必要な範囲内において、遅滞なく必要な調査を行い、その結果に基づき、当該保有個人データの内容の訂正等を行わなければならない。

3 個人情報取扱事業者は、第1項の規定による請求に係る保有個人データの内容の全部若しくは一部について訂正等を行ったとき、又は訂正等を行わない旨の決定をしたときは、本人に対し、遅滞なく、その旨（訂正等を行ったときは、その内容を含む。）を通知しなければならない。

第35条（利用停止等）

1 本人は、個人情報取扱事業者に対し、当該

本人が識別される保有個人データが第18条若しくは第19条の規定に違反して取り扱われているとき、又は第20条の規定に違反して取得されたものであるときは、当該保有個人データの利用の停止又は消去（以下この条において「利用停止等」という。）を請求することができる。

2　個人情報取扱事業者は、前項の規定による請求を受けた場合であって、その請求に理由があることが判明したときは、違反を是正するために必要な限度で、遅滞なく、当該保有個人データの利用停止等を行わなければならない。ただし、当該保有個人データの利用停止等に多額の費用を要する場合その他の利用停止等を行うことが困難な場合であって、本人の権利利益を保護するため必要なこれに代わるべき措置をとるときは、この限りでない。

3　本人は、個人情報取扱事業者に対し、当該本人が識別される保有個人データが第27条第1項又は第28条の規定に違反して第三者に提供されているときは、当該保有個人データの第三者への提供の停止を請求することができる。

4　個人情報取扱事業者は、前項の規定による請求を受けた場合であって、その請求に理由があることが判明したときは、遅滞なく、当該保有個人データの第三者への提供を停止しなければならない。ただし、当該保有個人データの第三者への提供の停止に多額の費用を要する場合その他の第三者への提供を停止することが困難な場合であって、本人の権利利益を保護するため必要なこれに代わるべき措置をとるときは、この限りでない。

5　本人は、個人情報取扱事業者に対し、当該本人が識別される保有個人データを当該個人情報取扱事業者が利用する必要がなくなった場合、当該本人が識別される保有個人データに係る第26条第1項本文に規定する事態が生じた場合その他当該本人が識別される保有個人データの取扱いにより当該本人の権利又は正当な利益が害されるおそれがある場合には、当該保有個人データの利用停止等又は第三者への提供の停止を請求することができる。

6　個人情報取扱事業者は、前項の規定による請求を受けた場合であって、その請求に理由があることが判明したときは、本人の権利利益の侵害を防止するために必要な限度で、遅滞なく、当該保有個人データの利用停止等又は第三者への提供の停止を行わなければならない。ただし、当該保有個人データの利用停止等又は第三者への提供の停止に多額の費用を要する場合その他の利用停止等又は第三者への提供の停止を行うことが困難な場合であって、本人の権利利益を保護するため必要なこれに代わるべき措置をとるときは、この限りでない。

7　個人情報取扱事業者は、第1項若しくは第5項の規定による請求に係る保有個人データの全部若しくは一部について利用停止等を行ったとき若しくは利用停止等を行わない旨の決定をしたとき、又は第3項若しくは第5項の規定による請求に係る保有個人データの全部若しくは一部について第三者への提供を停止したとき若しくは第三者への提供を停止しない旨の決定をしたときは、本人に対し、遅滞なく、その旨を通知しなければならない。

第36条（理由の説明）

個人情報取扱事業者は、第32条第3項、第33条第3項（同条第5項において準用する場合を含む。）、第34条第3項又は前条第7項の規定により、本人から求められ、又は請求された措置の全部又は一部について、その措置をとらない旨を通知する場合又はその措置と異なる措置をとる旨を通知する場合には、本人に対し、その理由を説明するよう努めなければならない。

第37条（開示等の請求等に応じる手続）

1　個人情報取扱事業者は、第32条第2項の規定による求め又は第33条第1項（同条第5項において準用する場合を含む。次条第1項及び第39条において同じ。）、第34条第1項若しくは第35条第1項、第3項若しくは第5項の規定による請求（以下この条及び第54条第1項において「開示等の請求等」という。）に関し、政令で定めるところにより、その求め又は請求を受け付ける方法を定めることができる。この場合において、本人は、当該方法に従って、開示等の請求等を行わなければならない。

2　個人情報取扱事業者は、本人に対し、開示等の請求等に関し、その対象となる保有個人データ又は第三者提供記録を特定するに足りる事項の提示を求めることができる。この場合において、個人情報取扱事業者は、本人が容易かつ的確に開示等の請求等をすることができるよう、当該保有個人データ又は当該第三者提供記録の特定に資する情報の提供その

他本人の利便を考慮した適切な措置をとらなければならない。

3　開示等の請求等は、政令で定めるところにより、代理人によってすることができる。

4　個人情報取扱事業者は、前三項の規定に基づき開示等の請求等に応じる手続を定めるに当たっては、本人に過重な負担を課するものとならないよう配慮しなければならない。

第38条（手数料）

1　個人情報取扱事業者は、第32条第2項の規定による利用目的の通知を求められたとき又は第33条第1項の規定による開示の請求を受けたときは、当該措置の実施に関し、手数料を徴収することができる。

2　個人情報取扱事業者は、前項の規定により手数料を徴収する場合は、実費を勘案して合理的であると認められる範囲内において、その手数料の額を定めなければならない。

第39条（事前の請求）

1　本人は、第33条第1項、第34条第1項又は第35条第1項、第3項若しくは第5項の規定による請求に係る訴えを提起しようとするときは、その訴えの被告となるべき者に対し、あらかじめ、当該請求を行い、かつ、その到達した日から2週間を経過した後でなければ、その訴えを提起することができない。ただし、当該訴えの被告となるべき者がその請求を拒んだときは、この限りでない。

2　前項の請求は、その請求が通常到達すべきであった時に、到達したものとみなす。

3　前二項の規定は、第33条第1項、第34条第1項又は第35条第1項、第3項若しくは第5項の規定による請求に係る仮処分命令の申立てについて準用する。

第40条（個人情報取扱事業者による苦情の処理）

1　個人情報取扱事業者は、個人情報の取扱いに関する苦情の適切かつ迅速な処理に努めなければならない。

2　個人情報取扱事業者は、前項の目的を達成するために必要な体制の整備に努めなければならない。

第3節　仮名加工情報取扱事業者等の義務

第41条（仮名加工情報の作成等）

1　個人情報取扱事業者は、仮名加工情報（仮名加工情報データベース等を構成するものに限る。以下この章及び第6章において同じ。）を作成するときは、他の情報と照合しない限り特定の個人を識別することができないよう

にするために必要なものとして個人情報保護委員会規則で定める基準に従い、個人情報を加工しなければならない。

2　個人情報取扱事業者は、仮名加工情報を作成したとき、又は仮名加工情報及び当該仮名加工情報に係る削除情報等（仮名加工情報の作成に用いられた個人情報から削除された記述等及び個人識別符号並びに前項の規定により行われた加工の方法に関する情報をいう。以下この条及び次条第3項において読み替えて準用する第7項において同じ。）を取得したときは、削除情報等の漏えいを防止するために必要なものとして個人情報保護委員会規則で定める基準に従い、削除情報等の安全管理のための措置を講じなければならない。

3　仮名加工情報取扱事業者（個人情報取扱事業者である者に限る。以下この条において同じ。）は、第18条の規定にかかわらず、法令に基づく場合を除くほか、第17条第1項の規定により特定された利用目的の達成に必要な範囲を超えて、仮名加工情報（個人情報であるものに限る。以下この条において同じ。）を取り扱ってはならない。

4　仮名加工情報についての第21条の規定の適用については、同条第1項及び第3項中「、本人に通知し、又は公表し」とあるのは「公表し」と、同条第4項第1号から第3号までの規定中「本人に通知し、又は公表する」とあるのは「公表する」とする。

5　仮名加工情報取扱事業者は、仮名加工情報である個人データ及び削除情報等を利用する必要がなくなったときは、当該個人データ及び削除情報等を遅滞なく消去するよう努めなければならない。この場合において、第22条の規定は、適用しない。

6　仮名加工情報取扱事業者は、第27条第1項及び第2項並びに第28条第1項の規定にかかわらず、法令に基づく場合を除くほか、仮名加工情報である個人データを第三者に提供してはならない。この場合において、第27条第5項中「前各項」とあるのは「第41条第6項」と、同項第3号中「、本人に通知し、又は本人が容易に知り得る状態に置いて」とあるのは「公表して」と、同条第6項中「、本人に通知し、又は本人が容易に知り得る状態に置かなければ」とあるのは「公表しなければ」と、第29条第1項ただし書中「第27条第1項各号又は第5項各号のいずれか（前条第1項の規定による個人データの提供にあって

第42条〜第43条

は、第27条第1項各号のいずれか）」とあり、及び第30条第1項ただし書中「第27条第1項各号又は第5項各号のいずれか」とあるのは「法令に基づく場合又は第27条第5項各号のいずれか」とする。

7 仮名加工情報取扱事業者は、仮名加工情報を取り扱うに当たっては、当該仮名加工情報の作成に用いられた個人情報に係る本人を識別するために、当該仮名加工情報を他の情報と照合してはならない。

8 仮名加工情報取扱事業者は、仮名加工情報を取り扱うに当たっては、電話をかけ、郵便若しくは民間事業者による信書の送達に関する法律第2条第6項に規定する一般信書便事業者若しくは同条第9項に規定する特定信書便事業者による同条第2項に規定する信書便により送付し、電報を送達し、ファクシミリ装置若しくは電磁的方法（電子情報処理組織を使用する方法その他の情報通信の技術を利用する方法であって個人情報保護委員会規則で定めるものをいう。）を用いて送信し、又は住居を訪問するために、当該仮名加工情報に含まれる連絡先その他の情報を利用してはならない。

9 仮名加工情報、仮名加工情報である個人データ及び仮名加工情報である保有個人データについては、第17条第2項、第26条及び第32条から第39条までの規定は、適用しない。

第42条（仮名加工情報の第三者提供の制限等）

1 仮名加工情報取扱事業者は、法令に基づく場合を除くほか、仮名加工情報（個人情報であるものを除く。次項及び第3項において同じ。）を第三者に提供してはならない。

2 第27条第5項及び第6項の規定は、仮名加工情報の提供を受ける者について準用する。この場合において、同条第5項中「前各項」とあるのは「第42条第1項」と、同項第1号中「個人情報取扱事業者」とあるのは「仮名加工情報取扱事業者」と、同項第3号中「、本人に通知し、又は本人が容易に知り得る状態に置いて」とあるのは「公表して」と、同条第6項中「個人情報取扱事業者」とあるのは「仮名加工情報取扱事業者」と、「、本人に通知し、又は本人が容易に知り得る状態に置かなければ」とあるのは「公表しなければ」と読み替えるものとする。

3 第23条から第25条まで、第40条並びに前条第7項及び第8項の規定は、仮名加工情報取扱事業者による仮名加工情報の取扱いについ

て準用する。この場合において、第23条中「漏えい、滅失又は毀損」とあるのは「漏えい」と、前条第7項中「ために、」とあるのは「ために、削除情報等を取得し、又は」と読み替えるものとする。

第4節 匿名加工情報取扱事業者等の義務
第43条（匿名加工情報の作成等）

1 個人情報取扱事業者は、匿名加工情報（匿名加工情報データベース等を構成するものに限る。以下この章及び第6章において同じ。）を作成するときは、特定の個人を識別すること及びその作成に用いる個人情報を復元することができないようにするために必要なものとして個人情報保護委員会規則で定める基準に従い、当該個人情報を加工しなければならない。

2 個人情報取扱事業者は、匿名加工情報を作成したときは、その作成に用いた個人情報から削除した記述等及び個人識別符号並びに前項の規定により行った加工の方法に関する情報の漏えいを防止するために必要なものとして個人情報保護委員会規則で定める基準に従い、これらの情報の安全管理のための措置を講じなければならない。

3 個人情報取扱事業者は、匿名加工情報を作成したときは、個人情報保護委員会規則で定めるところにより、当該匿名加工情報に含まれる個人に関する情報の項目を公表しなければならない。

4 個人情報取扱事業者は、匿名加工情報を作成して当該匿名加工情報を第三者に提供するときは、個人情報保護委員会規則で定めるところにより、あらかじめ、第三者に提供される匿名加工情報に含まれる個人に関する情報の項目及びその提供の方法について公表するとともに、当該第三者に対して、当該提供に係る情報が匿名加工情報である旨を明示しなければならない。

5 個人情報取扱事業者は、匿名加工情報を作成して自ら当該匿名加工情報を取り扱うに当たっては、当該匿名加工情報の作成に用いられた個人情報に係る本人を識別するために、当該匿名加工情報を他の情報と照合してはならない。

6 個人情報取扱事業者は、匿名加工情報を作成したときは、当該匿名加工情報の安全管理のために必要かつ適切な措置、当該匿名加工情報の作成その他の取扱いに関する苦情の処理その他の当該匿名加工情報の適正な取扱い

を確保するために必要な措置を自ら講じ、か
つ、当該措置の内容を公表するよう努めなけ
ればならない。

第44条（匿名加工情報の提供）

匿名加工情報取扱事業者は、匿名加工情報
（自ら個人情報を加工して作成したものを除く。
以下この節において同じ。）を第三者に提供す
るときは、個人情報保護委員会規則で定めると
ころにより、あらかじめ、第三者に提供される
匿名加工情報に含まれる個人に関する情報の項
目及びその提供の方法について公表するととも
に、当該第三者に対して、当該提供に係る情報
が匿名加工情報である旨を明示しなければなら
ない。

第45条（識別行為の禁止）

匿名加工情報取扱事業者は、匿名加工情報を
取り扱うに当たっては、当該匿名加工情報の作
成に用いられた個人情報に係る本人を識別する
ために、当該個人情報から削除された記述等若
しくは個人識別符号若しくは第43条第1項若し
くは第114条第1項（同条第2項において準用
する場合を含む。）の規定により行われた加工
の方法に関する情報を取得し、又は当該匿名加
工情報を他の情報と照合してはならない。

第46条（安全管理措置等）

匿名加工情報取扱事業者は、匿名加工情報の
安全管理のために必要かつ適切な措置、匿名加
工情報の取扱いに関する苦情の処理その他の匿
名加工情報の適正な取扱いを確保するために必
要な措置を自ら講じ、かつ、当該措置の内容を
公表するよう努めなければならない。

第5節　民間団体による個人情報の保護の推進

第47条（認定）

1　個人情報取扱事業者、仮名加工情報取扱事
業者又は匿名加工情報取扱事業者（以下この
章において「個人情報取扱事業者等」とい
う。）の個人情報、仮名加工情報又は匿名加
工情報（以下この章において「個人情報等」
という。）の適正な取扱いの確保を目的とし
て次に掲げる業務を行おうとする法人（法人
でない団体で代表者又は管理人の定めのある
ものを含む。次条第3号ロにおいて同じ。）
は、個人情報保護委員会の認定を受けること
ができる。
① 業務の対象となる個人情報取扱事業者等
（以下この節において「対象事業者」とい
う。）の個人情報等の取扱いに関する第53
条の規定による苦情の処理

② 個人情報等の適正な取扱いの確保に寄与
する事項についての対象事業者に対する情
報の提供
③ 前二号に掲げるもののほか、対象事業者
の個人情報等の適正な取扱いの確保に関し
必要な業務
2　前項の認定は、対象とする個人情報取扱事
業者等の事業の種類その他の業務の範囲を限
定して行うことができる。
3　第1項の認定を受けようとする者は、政令
で定めるところにより、個人情報保護委員会
に申請しなければならない。
4　個人情報保護委員会は、第1項の認定をし
たときは、その旨（第2項の規定により業務
の範囲を限定する認定にあっては、その認定
に係る業務の範囲を含む。）を公示しなけれ
ばならない。

第48条（欠格条項）

次の各号のいずれかに該当する者は、前条第
1項の認定を受けることができない。
① この法律の規定により刑に処せられ、そ
の執行を終わり、又は執行を受けることが
なくなった日から2年を経過しない者
② 第152条第1項の規定により認定を取り
消され、その取消しの日から2年を経過し
ない者
③ その業務を行う役員（法人でない団体で
代表者又は管理人の定めのあるものの代表
者又は管理人を含む。以下この条において
同じ。）のうちに、次のいずれかに該当す
る者があるもの
イ 禁錮以上の刑に処せられ、又はこの法
律の規定により刑に処せられ、その執行
を終わり、又は執行を受けることがなく
なった日から2年を経過しない者
ロ 第152条第1項の規定により認定を取
り消された法人において、その取消しの
日前30日以内にその役員であった者でそ
の取消しの日から2年を経過しない者

第49条（認定の基準）

個人情報保護委員会は、第47条第1項の認定
の申請が次の各号のいずれにも適合していると
認めるときでなければ、その認定をしてはなら
ない。
① 第47条第1項各号に掲げる業務を適正か
つ確実に行うに必要な業務の実施の方法が
定められているものであること。
② 第47条第1項各号に掲げる業務を適正か
つ確実に行うに足りる知識及び能力並びに

第50条〜第57条

経理的基礎を有するものであること。

③ 第47条第1項各号に掲げる業務以外の業務を行っている場合には、その業務を行うことによって同項各号に掲げる業務が不公正になるおそれがないものであること。

第50条（変更の認定等）

1 第47条第1項の認定（同条第2項の規定により業務の範囲を限定する認定を含む。次条第1項及び第152条第1項第5号において同じ。）を受けた者は、その認定に係る業務の範囲を変更しようとするときは、個人情報保護委員会の認定を受けなければならない。ただし、個人情報保護委員会規則で定める軽微な変更については、この限りでない。

2 第47条第3項及び第4項並びに前条の規定は、前項の変更の認定について準用する。

第51条（廃止の届出）

1 第47条第1項の認定（前条第1項の変更の認定を含む。）を受けた者（以下この節及び第6章において「認定個人情報保護団体」という。）は、その認定に係る業務（以下この節及び第6章において「認定業務」という。）を廃止しようとするときは、政令で定めるところにより、あらかじめ、その旨を個人情報保護委員会に届け出なければならない。

2 個人情報保護委員会は、前項の規定による届出があったときは、その旨を公示しなければならない。

第52条（対象事業者）

1 認定個人情報保護団体は、認定業務の対象となることについて同意を得た個人情報取扱事業者等を対象事業者としなければならない。この場合において、第54条第4項の規定による措置をとったにもかかわらず、対象事業者が同条第1項に規定する個人情報保護指針を遵守しないときは、当該対象事業者を認定業務の対象から除外することができる。

2 認定個人情報保護団体は、対象事業者の氏名又は名称を公表しなければならない。

第53条（苦情の処理）

1 認定個人情報保護団体は、本人その他の関係者から対象事業者の個人情報等の取扱いに関する苦情について解決の申出があったときは、その相談に応じ、申出人に必要な助言をし、その苦情に係る事情を調査するとともに、当該対象事業者に対し、その苦情の内容を通知してその迅速な解決を求めなければならない。

2 認定個人情報保護団体は、前項の申出に係

る苦情の解決について必要があると認めるときは、当該対象事業者に対し、文書若しくは口頭による説明を求め、又は資料の提出を求めることができる。

3 対象事業者は、認定個人情報保護団体から前項の規定による求めがあったときは、正当な理由がないのに、これを拒んではならない。

第54条（個人情報保護指針）

1 認定個人情報保護団体は、対象事業者の個人情報等の適正な取扱いの確保のために、個人情報に係る利用目的の特定、安全管理のための措置、開示等の請求等に応じる手続その他の事項又は仮名加工情報若しくは匿名加工情報に係る作成の方法、その情報の安全管理のための措置その他の事項に関し、消費者の意見を代表する者その他の関係者の意見を聴いて、この法律の規定の趣旨に沿った指針（以下この節及び第6章において「個人情報保護指針」という。）を作成するよう努めなければならない。

2 認定個人情報保護団体は、前項の規定により個人情報保護指針を作成したときは、個人情報保護委員会規則で定めるところにより、遅滞なく、当該個人情報保護指針を個人情報保護委員会に届け出なければならない。これを変更したときも、同様とする。

3 個人情報保護委員会は、前項の規定による個人情報保護指針の届出があったときは、個人情報保護委員会規則で定めるところにより、当該個人情報保護指針を公表しなければならない。

4 認定個人情報保護団体は、前項の規定により個人情報保護指針が公表されたときは、対象事業者に対し、当該個人情報保護指針を遵守させるため必要な指導、勧告その他の措置をとらなければならない。

第55条（目的外利用の禁止）

認定個人情報保護団体は、認定業務の実施に際して知り得た情報を認定業務の用に供する目的以外に利用してはならない。

第56条（名称の使用制限）

認定個人情報保護団体でない者は、認定個人情報保護団体という名称又はこれに紛らわしい名称を用いてはならない。

第6節　雑則

第57条（適用除外）

1 個人情報取扱事業者等及び個人関連情報取扱事業者のうち次の各号に掲げる者について

は、その個人情報等及び個人関連情報を取り扱う目的の全部又は一部がそれぞれ当該各号に規定する目的であるときは、この章の規定は、適用しない。圏18-56、26-57
① 放送機関、新聞社、通信社その他の報道機関（報道を業として行う個人を含む。）報道の用に供する目的
② 著述を業として行う者　著述の用に供する目的
③ 宗教団体　宗教活動（これに付随する活動を含む。）の用に供する目的
④ 政治団体　政治活動（これに付随する活動を含む。）の用に供する目的
2　前項第1号に規定する「報道」とは、不特定かつ多数の者に対して客観的事実を事実として知らせること（これに基づいて意見又は見解を述べることを含む。）をいう。
3　第1項各号に掲げる個人情報取扱事業者等は、個人データ、仮名加工情報又は匿名加工情報の安全管理のために必要かつ適切な措置、個人情報等の取扱いに関する苦情の処理その他の個人情報等の適正な取扱いを確保するために必要な措置を自ら講じ、かつ、当該措置の内容を公表するよう努めなければならない。

第58条（適用の特例）
1　個人情報取扱事業者又は匿名加工情報取扱事業者のうち別表第二に掲げる法人については、第32条から第39条まで及び第4節の規定は、適用しない。
2　独立行政法人労働者健康安全機構が行う病院（医療法第1条の5第1項に規定する病院をいう。第66条第2項第3号並びに第123条第1項及び第3項において同じ。）の運営の業務における個人情報、仮名加工情報又は個人関連情報の取扱いについては、個人情報取扱事業者、仮名加工情報取扱事業者又は個人関連情報取扱事業者による個人情報、仮名加工情報又は個人関連情報の取扱いとみなして、この章（第32条から第39条まで及び第4節を除く。）及び第6章から第8章までの規定を適用する。

第59条（学術研究機関等の責務）
個人情報取扱事業者である学術研究機関等は、学術研究目的で行う個人情報の取扱いについて、この法律の規定を遵守するとともに、その適正を確保するために必要な措置を自ら講じ、かつ、当該措置の内容を公表するよう努めなければならない。

第5章　行政機関等の義務等

第1節　総則
第60条（定義）
1　この章及び第8章において「保有個人情報」とは、行政機関等の職員（独立行政法人等にあっては、その役員を含む。以下この章及び第8章において同じ。）が職務上作成し、又は取得した個人情報であって、当該行政機関等の職員が組織的に利用するものとして、当該行政機関等が保有しているものをいう。ただし、行政文書（行政機関の保有する情報の公開に関する法律（以下この章において「行政機関情報公開法」という。）第2条第2項に規定する行政文書をいう。）又は法人文書（独立行政法人等の保有する情報の公開に関する法律（以下この章において「独立行政法人等情報公開法」という。）第2条第2項に規定する法人文書（同項第4号に掲げるものを含む。）をいう。）（以下この章において「行政文書等」という。）に記録されているものに限る。圏23-55-ア
2　この章及び第8章において「個人情報ファイル」とは、保有個人情報を含む情報の集合物であって、次に掲げるものをいう。
① 一定の事務の目的を達成するために特定の保有個人情報を電子計算機を用いて検索することができるように体系的に構成したもの
② 前号に掲げるもののほか、一定の事務の目的を達成するために氏名、生年月日、その他の記述等により特定の保有個人情報を容易に検索することができるように体系的に構成したもの
3　この章において「行政機関等匿名加工情報」とは、次の各号のいずれにも該当する個人情報ファイルを構成する保有個人情報の全部又は一部（これらの一部に行政機関情報公開法第5条に規定する不開示情報（同条第1号に掲げる情報を除き、同条第2号ただし書に規定する情報を含む。）又は独立行政法人等情報公開法第5条に規定する不開示情報（同条第1号に掲げる情報を除き、同条第2号ただし書に規定する情報を含む。）が含まれているときは、これらの不開示情報に該当する部分を除く。）を加工して得られる匿名加工情報をいう。
① 第75条第2項各号のいずれかに該当するもの又は同条第3項の規定により同条第1

第61条～第66条

項に規定する個人情報ファイル簿に掲載しないこととされるものでないこと。

② 行政機関情報公開法第3条に規定する行政機関の長又は独立行政法人等情報公開法第2条第1項に規定する独立行政法人等に対し、当該個人情報ファイルを構成する保有個人情報が記録されている行政文書等の開示の請求（行政機関情報公開法第3条又は独立行政法人等情報公開法第3条の規定による開示の請求をいう。）があったとしたならば、これらの者が次のいずれかを行うこととなるものであること。

イ 当該行政文書等に記録されている保有個人情報の全部又は一部を開示する旨の決定をすること。

ロ 行政機関情報公開法第13条第1項若しくは第2項又は独立行政法人等情報公開法第14条第1項若しくは第2項の規定により意見書の提出の機会を与えること。

③ 行政機関等の事務及び事業の適正かつ円滑な運営に支障のない範囲内で、第114条第1項の基準に従い、当該個人情報ファイルを構成する保有個人情報を加工して匿名加工情報を作成することができるものであること。

4 この章において「行政機関等匿名加工情報ファイル」とは、行政機関等匿名加工情報を含む情報の集合物であって、次に掲げるものをいう。

① 特定の行政機関等匿名加工情報を電子計算機を用いて検索することができるように体系的に構成したもの

② 前号に掲げるもののほか、特定の行政機関等匿名加工情報を容易に検索することができるように体系的に構成したものとして政令で定めるもの

第2節 行政機関等における個人情報等の取扱い

第61条（個人情報の保有の制限等）

1 行政機関等は、個人情報を保有するに当たっては、法令の定める所掌事務又は業務を遂行するため必要な場合に限り、かつ、その利用目的をできる限り特定しなければならない。過18-57-2

2 行政機関等は、前項の規定により特定された利用目的の達成に必要な範囲を超えて、個人情報を保有してはならない。

3 行政機関等は、利用目的を変更する場合には、変更前の利用目的と相当の関連性を有す

ると合理的に認められる範囲を超えて行ってはならない。過18-57-2

第62条（利用目的の明示）

行政機関等は、本人から直接書面（電磁的記録を含む。）に記録された当該本人の個人情報を取得するときは、次に掲げる場合を除き、あらかじめ、本人に対し、その利用目的を明示しなければならない。

① 人の生命、身体又は財産の保護のために緊急に必要があるとき。

② 利用目的を本人に明示することにより、本人又は第三者の生命、身体、財産その他の権利利益を害するおそれがあるとき。

③ 利用目的を本人に明示することにより、国の機関、独立行政法人等、地方公共団体又は地方独立行政法人が行う事務又は事業の適正な遂行に支障を及ぼすおそれがあるとき。

④ 取得の状況からみて利用目的が明らかであると認められるとき。過18-57-3

第63条（不適正な利用の禁止）

行政機関の長（第2条第8項第4号及び第5号の政令で定める機関にあっては、その機関ごとに政令で定める者をいう。以下この章及び第169条において同じ。）及び独立行政法人等（以下この章及び次章において「行政機関の長等」という。）は、違法又は不当な行為を助長し、又は誘発するおそれがある方法により個人情報を利用してはならない。

第64条（適正な取得）

行政機関の長等は、偽りその他不正の手段により個人情報を取得してはならない。

第65条（正確性の確保）

行政機関の長等は、利用目的の達成に必要な範囲内で、保有個人情報が過去又は現在の事実と合致するよう努めなければならない。

第66条（安全管理措置）

1 行政機関の長等は、保有個人情報の漏えい、滅失又は毀損の防止その他の保有個人情報の安全管理のために必要かつ適切な措置を講じなければならない。過27-56-イ

2 前項の規定は、次の各号に掲げる者が当該各号に定める業務を行う場合における個人情報の取扱いについて準用する。

① 行政機関等から個人情報の取扱いの委託を受けた者 当該委託を受けた業務

② 別表第二に掲げる法人 法令に基づき行う業務であって政令で定めるもの

③ 独立行政法人労働者健康安全機構 病院

222

の運営の業務のうち法令に基づき行う業務
であって政令で定めるもの

④　前三号に掲げる者から当該各号に定める
業務の委託（二以上の段階にわたる委託を
含む。）を受けた者　当該委託を受けた業
務

第67条（従事者の義務）

　個人情報の取扱いに従事する行政機関等の職
員若しくは職員であった者、前条第２項各号に
定める業務に従事している者若しくは従事して
いた者又は行政機関等において個人情報の取扱
いに従事している派遣労働者（労働者派遣事業
の適正な運営の確保及び派遣労働者の保護等に
関する法律第２条第２号に規定する派遣労働者
をいう。以下この章及び第171条において同
じ。）若しくは従事していた派遣労働者は、そ
の業務に関して知り得た個人情報の内容をみだ
りに他人に知らせ、又は不当な目的に利用して
はならない。

第68条（漏えい等の報告等）

1　行政機関の長等は、保有個人情報の漏え
い、滅失、毀損その他の保有個人情報の安全
の確保に係る事態であって個人の権利利益を
害するおそれが大きいものとして個人情報保
護委員会規則で定めるものが生じたときは、
個人情報保護委員会規則で定めるところによ
り、当該事態が生じた旨を個人情報保護委員
会に報告しなければならない。

2　前項に規定する場合には、行政機関の長等
は、本人に対し、個人情報保護委員会規則で
定めるところにより、当該事態が生じた旨を
通知しなければならない。ただし、次の各号
のいずれかに該当するときは、この限りでな
い。

①　本人への通知が困難な場合であって、本
人の権利利益を保護するため必要なこれに
代わるべき措置をとるとき。

②　当該保有個人情報に第78条各号に掲げる
情報のいずれかが含まれるとき。

第69条（利用及び提供の制限）

1　行政機関の長等は、法令に基づく場合を除
き、利用目的以外の目的のために保有個人情
報を自ら利用し、又は提供してはならない。

2　前項の規定にかかわらず、行政機関の長等
は、次の各号のいずれかに該当すると認める
ときは、利用目的以外の目的のために保有個
人情報を自ら利用し、又は提供することがで
きる。ただし、保有個人情報を利用目的以外
の目的のために自ら利用し、又は提供するこ

とによって、本人又は第三者の権利利益を不
当に侵害するおそれがあると認められるとき
は、この限りでない。

①　本人の同意があるとき、又は本人に提供
するとき。

②　行政機関等が法令の定める所掌事務又は
業務の遂行に必要な限度で保有個人情報を
内部で利用する場合であって、当該保有個
人情報を利用することについて相当の理由
があるとき。

③　他の行政機関、独立行政法人等、地方公
共団体又は地方独立行政法人に保有個人情
報を提供する場合において、保有個人情報
の提供を受ける者が、法令の定める事務又
は業務の遂行に必要な限度で提供に係る個
人情報を利用し、かつ、当該個人情報を利
用することについて相当の理由があると
き。

④　前三号に掲げる場合のほか、専ら統計の
作成又は学術研究の目的のために保有個人
情報を提供するとき、本人以外の者に提供
することが明らかに本人の利益になると
き、その他保有個人情報を提供することに
ついて特別の理由があるとき。

3　前項の規定は、保有個人情報の利用又は提
供を制限する他の法令の規定の適用を妨げる
ものではない。

4　行政機関の長等は、個人の権利利益を保護
するため特に必要があると認めるときは、保
有個人情報の利用目的以外の目的のための行
政機関等の内部における利用を特定の部局若
しくは機関又は職員に限るものとする。

第70条（保有個人情報の提供を受ける者に対す る措置要求）

　行政機関の長等は、利用目的のために又は前
条第２項第３号若しくは第４号の規定に基づ
き、保有個人情報を提供する場合において、必
要があると認めるときは、保有個人情報の提供
を受ける者に対し、提供に係る個人情報につい
て、その利用の目的若しくは方法の制限その他
必要な制限を付し、又はその漏えいの防止その
他の個人情報の適切な管理のために必要な措置
を講ずることを求めるものとする。

第71条（外国にある第三者への提供の制限）

1　行政機関の長等は、外国（本邦の域外にあ
る国又は地域をいう。以下この条において同
じ。）（個人の権利利益を保護する上で我が国
と同等の水準にあると認められる個人情報の
保護に関する制度を有している外国として個

223

第72条～第74条

人情報保護委員会規則で定めるものを除く。以下この条において同じ。）にある第三者（第16条第3項に規定する個人データの取扱いについて前章第2節の規定により同条第2項に規定する個人情報取扱事業者が講ずべきこととされている措置に相当する措置（第3項において「相当措置」という。）を継続的に講ずるために必要なものとして個人情報保護委員会規則で定める基準に適合する体制を整備している者を除く。以下この項及び次項において同じ。）に利用目的以外の目的のために保有個人情報を提供する場合には、法令に基づく場合及び第69条第2項第4号に掲げる場合を除くほか、あらかじめ外国にある第三者への提供を認める旨の本人の同意を得なければならない。

2　行政機関の長等は、前項の規定により本人の同意を得ようとする場合には、個人情報保護委員会規則で定めるところにより、あらかじめ、当該外国における個人情報の保護に関する制度、当該第三者が講ずる個人情報の保護のための措置その他当該本人に参考となるべき情報を当該本人に提供しなければならない。

3　行政機関の長等は、保有個人情報を外国にある第三者（第1項に規定する体制を整備している者に限る。）に利用目的以外の目的のために提供した場合には、法令に基づく場合及び第69条第2項第4号に掲げる場合を除くほか、個人情報保護委員会規則で定めるところにより、当該第三者による相当措置の継続的な実施を確保するために必要な措置を講ずるとともに、本人の求めに応じて当該必要な措置に関する情報を当該本人に提供しなければならない。

第72条（個人関連情報の提供を受ける者に対する措置要求）

行政機関の長等は、第三者に個人関連情報を提供する場合（当該第三者が当該個人関連情報を個人情報として取得することが想定される場合に限る。）において、必要があると認めるときは、当該第三者に対し、提供に係る個人関連情報について、その利用の目的若しくは方法の制限その他必要な制限を付し、又はその漏えいの防止その他の個人関連情報の適切な管理のために必要な措置を講ずることを求めるものとする。

第73条（仮名加工情報の取扱いに係る義務）

1　行政機関の長等は、法令に基づく場合を除

くほか、仮名加工情報（個人情報であるものを除く。以下この条及び第126条において同じ。）を第三者（当該仮名加工情報の取扱いの委託を受けた者を除く。）に提供してはならない。

2　行政機関の長等は、その取り扱う仮名加工情報の漏えいの防止その他仮名加工情報の安全管理のために必要かつ適切な措置を講じなければならない。

3　行政機関の長等は、仮名加工情報を取り扱うに当たっては、法令に基づく場合を除き、当該仮名加工情報の作成に用いられた個人情報に係る本人を識別するために、削除情報等（仮名加工情報の作成に用いられた個人情報から削除された記述等及び個人識別符号並びに第41条第1項の規定により行われた加工の方法に関する情報をいう。）を取得し、又は当該仮名加工情報を他の情報と照合してはならない。

4　行政機関の長等は、仮名加工情報を取り扱うに当たっては、法令に基づく場合を除き、電話をかけ、郵便若しくは民間事業者による信書の送達に関する法律第2条第6項に規定する一般信書便事業者若しくは同条第9項に規定する特定信書便事業者による同条第2項に規定する信書便により送付し、電報を送達し、ファクシミリ装置若しくは電磁的方法（電子情報処理組織を使用する方法その他の情報通信の技術を利用する方法であって個人情報保護委員会規則で定めるものをいう。）を用いて送信し、又は住居を訪問するために、当該仮名加工情報に含まれる連絡先その他の情報を利用してはならない。

5　前各項の規定は、行政機関の長等から仮名加工情報の取扱いの委託（二以上の段階にわたる委託を含む。）を受けた者が受託した業務を行う場合について準用する。

第3節　個人情報ファイル

第74条（個人情報ファイルの保有等に関する事前通知）

1　行政機関（会計検査院を除く。以下この条において同じ。）が個人情報ファイルを保有しようとするときは、当該行政機関の長は、あらかじめ、個人情報保護委員会に対し、次に掲げる事項を通知しなければならない。通知した事項を変更しようとするときも、同様とする。

①　個人情報ファイルの名称

②　当該機関の名称及び個人情報ファイルが

利用に供される事務をつかさどる組織の名称
③　個人情報ファイルの利用目的
④　個人情報ファイルに記録される項目（以下この節において「記録項目」という。）及び本人（他の個人の氏名、生年月日その他の記述等によらないで検索し得る者に限る。次項第9号において同じ。）として個人情報ファイルに記録される個人の範囲（以下この節において「記録範囲」という。）
⑤　個人情報ファイルに記録される個人情報（以下この節において「記録情報」という。）の収集方法
⑥　記録情報に要配慮個人情報が含まれるときは、その旨
⑦　記録情報を当該機関以外の者に経常的に提供する場合には、その提供先
⑧　次条第3項の規定に基づき、記録項目の一部若しくは第5号若しくは前号に掲げる事項を次条第1項に規定する個人情報ファイル簿に記載しないこととするとき、又は個人情報ファイルを同項に規定する個人情報ファイル簿に掲載しないこととするときは、その旨
⑨　第76条第1項、第90条第1項又は第98条第1項の規定による請求を受理する組織の名称及び所在地
⑩　第90条第1項ただし書又は第98条第1項ただし書に該当するときは、その旨
⑪　その他政令で定める事項
2　前項の規定は、次に掲げる個人情報ファイルについては、適用しない。
①　国の安全、外交上の秘密その他の国の重大な利益に関する事項を記録する個人情報ファイル
②　犯罪の捜査、租税に関する法律の規定に基づく犯則事件の調査又は公訴の提起若しくは維持のために作成し、又は取得する個人情報ファイル
③　当該機関の職員又は職員であった者に係る個人情報ファイルであって、専らその人事、給与若しくは福利厚生に関する事項又はこれらに準ずる事項を記録するもの（当該機関が行う職員の採用試験に関する個人情報ファイルを含む。）
④　専ら試験的な電子計算機処理の用に供するための個人情報ファイル
⑤　前項の規定による通知に係る個人情報ファイルに記録されている記録情報の全部又は一部を記録した個人情報ファイルであって、その利用目的、記録項目及び記録範囲が当該通知に係るこれらの事項の範囲内のもの
⑥　1年以内に消去することとなる記録情報のみを記録する個人情報ファイル
⑦　資料その他の物品若しくは金銭の送付又は業務上必要な連絡のために利用する記録情報を記録した個人情報ファイルであって、送付又は連絡の相手方の氏名、住所その他の送付又は連絡に必要な事項のみを記録するもの
⑧　職員が学術研究の用に供するためその発意に基づき作成し、又は取得する個人情報ファイルであって、記録情報を専ら当該学術研究の目的のために利用するもの
⑨　本人の数が政令で定める数に満たない個人情報ファイル
⑩　第3号から前号までに掲げる個人情報ファイルに準ずるものとして政令で定める個人情報ファイル
⑪　第60条第2項第2号に係る個人情報ファイル
3　行政機関の長は、第1項に規定する事項を通知した個人情報ファイルについて、当該行政機関がその保有をやめたとき、又はその個人情報ファイルが前項第9号に該当するに至ったときは、遅滞なく、個人情報保護委員会に対しその旨を通知しなければならない。

第75条（個人情報ファイル簿の作成及び公表）
1　行政機関の長等は、政令で定めるところにより、当該行政機関の長等の属する行政機関等が保有している個人情報ファイルについて、それぞれ前条第1項第1号から第7号まで、第9号及び第10号に掲げる事項その他政令で定める事項を記載した帳簿（以下この章において「個人情報ファイル簿」という。）を作成し、公表しなければならない。
2　前項の規定は、次に掲げる個人情報ファイルについては、適用しない。
①　前条第2項第1号から第10号までに掲げる個人情報ファイル
②　前項の規定による公表に係る個人情報ファイルに記録されている記録情報の全部又は一部を記録した個人情報ファイルであって、その利用目的、記録項目及び記録範囲が当該公表に係るこれらの事項の範囲内のもの

③　前号に掲げる個人情報ファイルに準ずるものとして政令で定める個人情報ファイル

3　第1項の規定にかかわらず、行政機関の長等は、記録項目の一部若しくは前条第1項第5号若しくは第7号に掲げる事項を個人情報ファイル簿に記載し、又は個人情報ファイルを個人情報ファイル簿に掲載することにより、利用目的に係る事務又は事業の性質上、当該事務又は事業の適正な遂行に著しい支障を及ぼすおそれがあると認めるときは、その記録項目の一部若しくは事項を記載せず、又はその個人情報ファイルを個人情報ファイル簿に掲載しないことができる。

第4節　開示、訂正及び利用停止
第1款　開示

第76条（開示請求権）

1　何人も、この法律の定めるところにより、行政機関の長等に対し、当該行政機関の長等の属する行政機関等の保有する自己を本人とする保有個人情報の開示を請求することができる。週25-55-5、27-56-ウ

2　未成年者若しくは成年被後見人の法定代理人又は本人の委任による代理人（以下この節において「代理人」と総称する。）は、本人に代わって前項の規定による開示の請求（以下この節及び第125条において「開示請求」という。）をすることができる。

第77条（開示請求の手続）

1　開示請求は、次に掲げる事項を記載した書面（第3項において「開示請求書」という。）を行政機関の長等に提出してしなければならない。週20-53-エ
①　開示請求をする者の氏名及び住所又は居所
②　開示請求に係る保有個人情報が記録されている行政文書等の名称その他の開示請求に係る保有個人情報を特定するに足りる事項

2　前項の場合において、開示請求をする者は、政令で定めるところにより、開示請求に係る保有個人情報の本人であること（前条第2項の規定による開示請求にあっては、開示請求に係る保有個人情報の本人の代理人であること）を示す書類を提示し、又は提出しなければならない。

3　行政機関の長等は、開示請求書に形式上の不備があると認めるときは、開示請求をした者（以下この節において「開示請求者」という。）に対し、相当の期間を定めて、その補正を求めることができる。この場合において、行政機関の長等は、開示請求者に対し、補正の参考となる情報を提供するよう努めなければならない。

第78条（保有個人情報の開示義務）

行政機関の長等は、開示請求があったときは、開示請求に係る保有個人情報に次の各号に掲げる情報（以下この節において「不開示情報」という。）のいずれかが含まれている場合を除き、開示請求者に対し、当該保有個人情報を開示しなければならない。週20-53-オ

①　開示請求者（第76条第2項の規定により代理人が本人に代わって開示請求をする場合にあっては、当該本人をいう。次号及び第3号、次条第2項並びに第86条第1項において同じ。）の生命、健康、生活又は財産を害するおそれがある情報

②　開示請求者以外の個人に関する情報（事業を営む個人の当該事業に関する情報を除く。）であって、当該情報に含まれる氏名、生年月日その他の記述等により開示請求者以外の特定の個人を識別することができるもの（他の情報と照合することにより、開示請求者以外の特定の個人を識別することができることとなるものを含む。）若しくは個人識別符号が含まれるもの又は開示請求者以外の特定の個人を識別することはできないが、開示することにより、なお開示請求者以外の個人の権利利益を害するおそれがあるもの。ただし、次に掲げる情報を除く。
イ　法令の規定により又は慣行として開示請求者が知ることができ、又は知ることが予定されている情報
ロ　人の生命、健康、生活又は財産を保護するため、開示することが必要であると認められる情報
ハ　当該個人が公務員等（国家公務員法第2条第1項に規定する国家公務員（独立行政法人通則法第2条第4項に規定する行政執行法人の職員を除く。）、独立行政法人等の職員、地方公務員法第2条に規定する地方公務員及び地方独立行政法人の職員をいう。）である場合において、当該情報がその職務の遂行に係る情報であるときは、当該情報のうち、当該公務員等の職及び当該職務遂行の内容に係る部分

③　法人その他の団体（国、独立行政法人

等、地方公共団体及び地方独立行政法人を除く。以下この号において「法人等」という。）に関する情報又は開示請求者以外の事業を営む個人の当該事業に関する情報であって、次に掲げるもの。ただし、人の生命、健康、生活又は財産を保護するため、開示することが必要であると認められる情報を除く。

イ　開示することにより、当該法人等又は当該個人の権利、競争上の地位その他正当な利益を害するおそれがあるもの

ロ　行政機関等の要請を受けて、開示しないとの条件で任意に提供されたものであって、法人等又は個人における通例として開示しないこととされているものその他の当該条件を付することが当該情報の性質、当時の状況等に照らして合理的であると認められるもの

④　行政機関の長が第82条各項の決定（以下この節において「開示決定等」という。）をする場合において、開示することにより、国の安全が害されるおそれ、他国若しくは国際機関との信頼関係が損なわれるおそれ又は他国若しくは国際機関との交渉上不利益を被るおそれがあると当該行政機関の長が認めることにつき相当の理由がある情報

⑤　行政機関の長が開示決定等をする場合において、開示することにより、犯罪の予防、鎮圧又は捜査、公訴の維持、刑の執行その他の公共の安全と秩序の維持に支障を及ぼすおそれがあると当該行政機関の長が認めることにつき相当の理由がある情報

⑥　国の機関、独立行政法人等、地方公共団体及び地方独立行政法人の内部又は相互間における審議、検討又は協議に関する情報であって、開示することにより、率直な意見の交換若しくは意思決定の中立性が不当に損なわれるおそれ、不当に国民の間に混乱を生じさせるおそれ又は特定の者に不当に利益を与え若しくは不利益を及ぼすおそれがあるもの

⑦　国の機関、独立行政法人等、地方公共団体又は地方独立行政法人が行う事務又は事業に関する情報であって、開示することにより、次に掲げるおそれその他当該事務又は事業の性質上、当該事務又は事業の適正な遂行に支障を及ぼすおそれがあるもの

イ　独立行政法人等が開示決定等をする場合において、国の安全が害されるおそれ、他国若しくは国際機関との信頼関係が損なわれるおそれ又は他国若しくは国際機関との交渉上不利益を被るおそれ

ロ　独立行政法人等が開示決定等をする場合において、犯罪の予防、鎮圧又は捜査その他の公共の安全と秩序の維持に支障を及ぼすおそれ

ハ　監査、検査、取締り、試験又は租税の賦課若しくは徴収に係る事務に関し、正確な事実の把握を困難にするおそれ又は違法若しくは不当な行為を容易にし、若しくはその発見を困難にするおそれ

ニ　契約、交渉又は争訟に係る事務に関し、国、独立行政法人等、地方公共団体又は地方独立行政法人の財産上の利益又は当事者としての地位を不当に害するおそれ

ホ　調査研究に係る事務に関し、その公正かつ能率的な遂行を不当に阻害するおそれ

ヘ　人事管理に係る事務に関し、公正かつ円滑な人事の確保に支障を及ぼすおそれ

ト　独立行政法人等、地方公共団体が経営する企業又は地方独立行政法人に係る事業に関し、その企業経営上の正当な利益を害するおそれ

第79条（部分開示）

1　行政機関の長等は、開示請求に係る保有個人情報に不開示情報が含まれている場合において、不開示情報に該当する部分を容易に区分して除くことができるときは、開示請求者に対し、当該部分を除いた部分につき開示しなければならない。過3-57-2

2　開示請求に係る保有個人情報に前条第2号の情報（開示請求者以外の特定の個人を識別することができるものに限る。）が含まれている場合において、当該情報のうち、氏名、生年月日その他の開示請求者以外の特定の個人を識別することができることとなる記述等及び個人識別符号の部分を除くことにより、開示しても、開示請求者以外の個人の権利利益が害されるおそれがないと認められるときは、当該部分を除いた部分は、同号の情報に含まれないものとみなして、前項の規定を適用する。

第80条（裁量的開示）

行政機関の長等は、開示請求に係る保有個人情報に不開示情報が含まれている場合であって

第81条〜第86条

も、個人の権利利益を保護するため特に必要があると認めるときは、開示請求者に対し、当該保有個人情報を開示することができる。週3-57-3

第81条（保有個人情報の存否に関する情報）

開示請求に対し、当該開示請求に係る保有個人情報が存在しているか否かを答えるだけで、不開示情報を開示することとなるときは、行政機関の長等は、当該保有個人情報の存否を明らかにしないで、当該開示請求を拒否することができる。週23-55-オ、2-56-3

第82条（開示請求に対する措置）

1 行政機関の長等は、開示請求に係る保有個人情報の全部又は一部を開示するときは、その旨の決定をし、開示請求者に対し、その旨、開示する保有個人情報の利用目的及び開示の実施に関し政令で定める事項を書面により通知しなければならない。ただし、第62条第2号又は第3号に該当する場合における当該利用目的については、この限りでない。

2 行政機関の長等は、開示請求に係る保有個人情報の全部を開示しないとき（前条の規定により開示請求を拒否するとき、及び開示請求に係る保有個人情報を保有していないときを含む。）は、開示をしない旨の決定をし、開示請求者に対し、その旨を書面により通知しなければならない。

第83条（開示決定等の期限）

1 開示決定等は、開示請求があった日から30日以内にしなければならない。ただし、第77条第3項の規定により補正を求めた場合にあっては、当該補正に要した日数は、当該期間に算入しない。

2 前項の規定にかかわらず、行政機関の長等は、事務処理上の困難その他正当な理由があるときは、同項に規定する期間を30日以内に限り延長することができる。この場合において、行政機関の長等は、開示請求者に対し、遅滞なく、延長後の期間及び延長の理由を書面により通知しなければならない。

第84条（開示決定等の期限の特例）

開示請求に係る保有個人情報が著しく大量であるため、開示請求があった日から60日以内にその全てについて開示決定等をすることにより事務の遂行に著しい支障が生ずるおそれがある場合には、前条の規定にかかわらず、行政機関の長等は、開示請求に係る保有個人情報のうちの相当の部分につき当該期間内に開示決定等をし、残りの保有個人情報については相当の期間

内に開示決定等をすれば足りる。この場合において、行政機関の長等は、同条第1項に規定する期間内に、開示請求者に対し、次に掲げる事項を書面により通知しなければならない。

① この条の規定を適用する旨及びその理由
② 残りの保有個人情報について開示決定等をする期限

第85条（事案の移送）

1 行政機関の長等は、開示請求に係る保有個人情報が当該行政機関の長等が属する行政機関等以外の行政機関等から提供されたものであるとき、その他他の行政機関の長等において開示決定等をすることにつき正当な理由があるときは、当該他の行政機関の長等と協議の上、当該他の行政機関の長等に対し、事案を移送することができる。この場合においては、移送をした行政機関の長等は、開示請求者に対し、事案を移送した旨を書面により通知しなければならない。

2 前項の規定により事案が移送されたときは、移送を受けた行政機関の長等において、当該開示請求についての開示決定等をしなければならない。この場合において、移送をした行政機関の長等が移送前にした行為は、移送を受けた行政機関の長等がしたものとみなす。

3 前項の場合において、移送を受けた行政機関の長等が第82条第1項の決定（以下この節において「開示決定」という。）をしたときは、当該行政機関の長等は、開示の実施をしなければならない。この場合において、移送をした行政機関の長等は、当該開示の実施に必要な協力をしなければならない。

第86条（第三者に対する意見書提出の機会の付与等）

1 開示請求に係る保有個人情報に国、独立行政法人等、地方公共団体、地方独立行政法人及び開示請求者以外の者（以下この条、第105条第2項第3号及び第106条第1項において「第三者」という。）に関する情報が含まれているときは、行政機関の長等は、開示決定等をするに当たって、当該情報に係る第三者に対し、政令で定めるところにより、当該第三者に関する情報の内容その他政令で定める事項を通知して、意見書を提出する機会を与えることができる。週3-57-4

2 行政機関の長等は、次の各号のいずれかに該当するときは、開示決定に先立ち、当該第三者に対し、政令で定めるところにより、開

示請求に係る当該第三者に関する情報の内容
その他政令で定める事項を書面により通知し
て、意見書を提出する機会を与えなければな
らない。ただし、当該第三者の所在が判明し
ない場合は、この限りでない。

① 第三者に関する情報が含まれている保有
個人情報を開示しようとする場合であっ
て、当該第三者に関する情報が第78条第2
号ロ又は同条第3号ただし書に規定する情
報に該当すると認められるとき。

② 第三者に関する情報が含まれている保有
個人情報を第80条の規定により開示しよう
とするとき。

3 行政機関の長等は、前二項の規定により意
見書の提出の機会を与えられた第三者が当該
第三者に関する情報の開示に反対の意思を表
示した意見書を提出した場合において、開示
決定をするときは、開示決定の日と開示を実
施する日との間に少なくとも2週間を置かな
ければならない。この場合において、行政機
関の長等は、開示決定後直ちに、当該意見書
（第105条において「反対意見書」という。）
を提出した第三者に対し、開示決定をした旨
及びその理由並びに開示を実施する日を書面
により通知しなければならない。

第87条（開示の実施）

1 保有個人情報の開示は、当該保有個人情報
が、文書又は図画に記録されているときは閲
覧又は写しの交付により、電磁的記録に記録
されているときはその種別、情報化の進展状
況等を勘案して行政機関等が定める方法によ
り行う。ただし、閲覧の方法による保有個人
情報の開示にあっては、行政機関の長等は、
当該保有個人情報が記録されている文書又は
図画の保存に支障を生ずるおそれがあると認
めるとき、その他正当な理由があるときは、
その写しにより、これを行うことができる。
過3-57-5

2 行政機関等は、前項の規定に基づく電磁的
記録についての開示の方法に関する定めを一
般の閲覧に供しなければならない。

3 開示決定に基づき保有個人情報の開示を受
ける者は、政令で定めるところにより、当該
開示決定をした行政機関の長等に対し、その
求める開示の実施の方法その他の政令で定め
る事項を申し出なければならない。

4 前項の規定による申出は、第82条第1項に
規定する通知があった日から30日以内にしな
ければならない。ただし、当該期間内に当該

申出をすることができないことにつき正当な
理由があるときは、この限りでない。

第88条（他の法令による開示の実施との調整）

1 行政機関の長等は、他の法令の規定によ
り、開示請求者に対し開示請求に係る保有個
人情報が前条第1項本文に規定する方法と同
一の方法で開示することとされている場合
（開示の期間が定められている場合にあって
は、当該期間内に限る。）には、同項本文の
規定にかかわらず、当該保有個人情報につい
ては、当該同一の方法による開示を行わな
い。ただし、当該他の法令の規定に一定の場
合には開示をしない旨の定めがあるときは、
この限りでない。

2 他の法令の規定に定める開示の方法が縦覧
であるときは、当該縦覧を前条第1項本文の
閲覧とみなして、前項の規定を適用する。

第89条（手数料）

1 行政機関の長に対し開示請求をする者は、
政令で定めるところにより、実費の範囲内に
おいて政令で定める額の手数料を納めなけれ
ばならない。過22-54-5、27-56-エ

2 前項の手数料の額を定めるに当たっては、
できる限り利用しやすい額とするよう配慮し
なければならない。

3 独立行政法人等に対し開示請求をする者
は、独立行政法人等の定めるところにより、
手数料を納めなければならない。

4 前項の手数料の額は、実費の範囲内におい
て、かつ、第1項の手数料の額を参酌して、
独立行政法人等が定める。

5 独立行政法人等は、前二項の規定による定
めを一般の閲覧に供しなければならない。

第2款 訂正

第90条（訂正請求権）

1 何人も、自己を本人とする保有個人情報
（次に掲げるものに限る。第98条第1項にお
いて同じ。）の内容が事実でないと思料する
ときは、この法律の定めるところにより、当
該保有個人情報を保有する行政機関の長等に
対し、当該保有個人情報の訂正（追加又は削
除を含む。以下この節において同じ。）を請
求することができる。ただし、当該保有個人
情報の訂正に関して他の法律又はこれに基づ
く命令の規定により特別の手続が定められて
いるときは、この限りでない。過20-54-4

① 開示決定に基づき開示を受けた保有個人
情報

② 開示決定に係る保有個人情報であって、

229

第88条第1項の他の法令の規定により開示を受けたもの

2　代理人は、本人に代わって前項の規定による訂正の請求（以下この節及び第125条において「訂正請求」という。）をすることができる。

3　訂正請求は、保有個人情報の開示を受けた日から90日以内にしなければならない。

第91条（訂正請求の手続）

1　訂正請求は、次に掲げる事項を記載した書面（第3項において「訂正請求書」という。）を行政機関の長等に提出してしなければならない。

① 訂正請求をする者の氏名及び住所又は居所

② 訂正請求に係る保有個人情報の開示を受けた日その他当該保有個人情報を特定するに足りる事項

③ 訂正請求の趣旨及び理由

2　前項の場合において、訂正請求をする者は、政令で定めるところにより、訂正請求に係る保有個人情報の本人であること（前条第2項の規定による訂正請求にあっては、訂正請求に係る保有個人情報の本人の代理人であること）を示す書類を提示し、又は提出しなければならない。

3　行政機関の長等は、訂正請求書に形式上の不備があると認めるときは、訂正請求をした者（以下この節において「訂正請求者」という。）に対し、相当の期間を定めて、その補正を求めることができる。

第92条（保有個人情報の訂正義務）

行政機関の長等は、訂正請求があった場合において、当該訂正請求に理由があると認めるときは、当該訂正請求に係る保有個人情報の利用目的の達成に必要な範囲内で、当該保有個人情報の訂正をしなければならない。

第93条（訂正請求に対する措置）

1　行政機関の長等は、訂正請求に係る保有個人情報の訂正をするときは、その旨の決定をし、訂正請求者に対し、その旨を書面により通知しなければならない。

2　行政機関の長等は、訂正請求に係る保有個人情報の訂正をしないときは、その旨の決定をし、訂正請求者に対し、その旨を書面により通知しなければならない。

第94条（訂正決定等の期限）

1　前条各項の決定（以下この節において「訂正決定等」という。）は、訂正請求があった日から30日以内にしなければならない。ただし、第91条第3項の規定により補正を求めた場合にあっては、当該補正に要した日数は、当該期間に算入しない。

2　前項の規定にかかわらず、行政機関の長等は、事務処理上の困難その他正当な理由があるときは、同項に規定する期間を30日以内に限り延長することができる。この場合において、行政機関の長等は、訂正請求者に対し、遅滞なく、延長後の期間及び延長の理由を書面により通知しなければならない。

第95条（訂正決定等の期限の特例）

行政機関の長等は、訂正決定等に特に長期間を要すると認めるときは、前条の規定にかかわらず、相当の期間内に訂正決定等をすれば足りる。この場合において、行政機関の長等は、同条第1項に規定する期間内に、訂正請求者に対し、次に掲げる事項を書面により通知しなければならない。

① この条の規定を適用する旨及びその理由

② 訂正決定等をする期限

第96条（事案の移送）

1　行政機関の長等は、訂正請求に係る保有個人情報が第85条第3項の規定に基づく開示に係るものであるとき、その他他の行政機関の長等において訂正決定等をすることにつき正当な理由があるときは、当該他の行政機関の長等と協議の上、当該他の行政機関の長等に対し、事案を移送することができる。この場合においては、移送をした行政機関の長等は、訂正請求者に対し、事案を移送した旨を書面により通知しなければならない。

2　前項の規定により事案が移送されたときは、移送を受けた行政機関の長等において、当該訂正請求についての訂正決定等をしなければならない。この場合において、移送をした行政機関の長等が移送前にした行為は、移送を受けた行政機関の長等がしたものとみなす。

3　前項の場合において、移送を受けた行政機関の長等が第93条第1項の決定（以下この項及び次条において「訂正決定」という。）をしたときは、移送をした行政機関の長等は、当該訂正決定に基づき訂正の実施をしなければならない。

第97条（保有個人情報の提供先への通知）

行政機関の長等は、訂正決定に基づく保有個人情報の訂正の実施をした場合において、必要があると認めるときは、当該保有個人情報の提

供先に対し、遅滞なく、その旨を書面により通知するものとする。

第3款　利用停止

第98条（利用停止請求権）

1　何人も、自己を本人とする保有個人情報が次の各号のいずれかに該当すると思料するときは、この法律の定めるところにより、当該保有個人情報を保有する行政機関の長等に対し、当該各号に定める措置を請求することができる。ただし、当該保有個人情報の利用の停止、消去又は提供の停止（以下この節において「利用停止」という。）に関して他の法律又はこれに基づく命令の規定により特別の手続が定められているときは、この限りでない。

① 第61条第2項の規定に違反して保有されているとき、第63条の規定に違反して取り扱われているとき、第64条の規定に違反して取得されたものであるとき、又は第69条第1項及び第2項の規定に違反して利用されているとき　当該保有個人情報の利用の停止又は消去

② 第69条第1項及び第2項又は第71条第1項の規定に違反して提供されているとき　当該保有個人情報の提供の停止

2　代理人は、本人に代わって前項の規定による利用停止の請求（以下この節及び第125条において「利用停止請求」という。）をすることができる。

3　利用停止請求は、保有個人情報の開示を受けた日から90日以内にしなければならない。

第99条（利用停止請求の手続）

1　利用停止請求は、次に掲げる事項を記載した書面（第3項において「利用停止請求書」という。）を行政機関の長等に提出してしなければならない。

① 利用停止請求をする者の氏名及び住所又は居所

② 利用停止請求に係る保有個人情報の開示を受けた日その他当該保有個人情報を特定するに足りる事項

③ 利用停止請求の趣旨及び理由

2　前項の場合において、利用停止請求をする者は、政令で定めるところにより、利用停止請求に係る保有個人情報の本人であること（前条第2項の規定による利用停止請求にあっては、利用停止請求に係る保有個人情報の本人の代理人であること）を示す書類を提示し、又は提出しなければならない。

3　行政機関の長等は、利用停止請求書に形式上の不備があると認めるときは、利用停止請求をした者（以下この節において「利用停止請求者」という。）に対し、相当の期間を定めて、その補正を求めることができる。

第100条（保有個人情報の利用停止義務）

行政機関の長等は、利用停止請求があった場合において、当該利用停止請求に理由があると認めるときは、当該行政機関の長等の属する行政機関等における個人情報の適正な取扱いを確保するために必要な限度で、当該利用停止請求に係る保有個人情報の利用停止をしなければならない。ただし、当該保有個人情報の利用停止をすることにより、当該保有個人情報の利用目的に係る事務又は事業の性質上、当該事務又は事業の適正な遂行に著しい支障を及ぼすおそれがあると認められるときは、この限りでない。

週 3-57-1

第101条（利用停止請求に対する措置）

1　行政機関の長等は、利用停止請求に係る保有個人情報の利用停止をするときは、その旨の決定をし、利用停止請求者に対し、その旨を書面により通知しなければならない。

2　行政機関の長等は、利用停止請求に係る保有個人情報の利用停止をしないときは、その旨の決定をし、利用停止請求者に対し、その旨を書面により通知しなければならない。

第102条（利用停止決定等の期限）

1　前条各項の決定（以下この節において「利用停止決定等」という。）は、利用停止請求があった日から30日以内にしなければならない。ただし、第99条第3項の規定により補正を求めた場合にあっては、当該補正に要した日数は、当該期間に算入しない。

2　前項の規定にかかわらず、行政機関の長等は、事務処理上の困難その他正当な理由があるときは、同項に規定する期間を30日以内に限り延長することができる。この場合において、行政機関の長等は、利用停止請求者に対し、遅滞なく、延長後の期間及び延長の理由を書面により通知しなければならない。

第103条（利用停止決定等の期限の特例）

行政機関の長等は、利用停止決定等に特に長期間を要すると認めるときは、前条の規定にかかわらず、相当の期間内に利用停止決定等をすれば足りる。この場合において、行政機関の長等は、同条第1項に規定する期間内に、利用停止請求者に対し、次に掲げる事項を書面により通知しなければならない。

231

① この条の規定を適用する旨及びその理由
② 利用停止決定等をする期限

第4款　審査請求

第104条（審理員による審理手続に関する規定の適用除外等）

1　行政機関の長等に対する開示決定等、訂正決定等、利用停止決定等又は開示請求、訂正請求若しくは利用停止請求に係る不作為に係る審査請求については、行政不服審査法第9条、第17条、第24条、第2章第3節及び第4節並びに第50条第2項の規定は、適用しない。

2　行政機関の長等に対する開示決定等、訂正決定等、利用停止決定等又は開示請求、訂正請求若しくは利用停止請求に係る不作為に係る審査請求についての行政不服審査法第2章の規定の適用については、同法第11条第2項中「第9条第1項の規定により指名された者（以下「審理員」という。）」とあるのは「第4条（個人情報の保護に関する法律第106条第2項の規定に基づく政令を含む。）の規定により審査請求がされた行政庁（第14条の規定により引継ぎを受けた行政庁を含む。以下「審査庁」という。）」と、同法第13条第1項及び第2項中「審理員」とあるのは「審査庁」と、同法第25条第7項中「あったとき、又は審理員から第40条に規定する執行停止をすべき旨の意見書が提出されたとき」とあるのは「あったとき」と、同法第44条中「行政不服審査会等」とあるのは「情報公開・個人情報保護審査会（審査庁が会計検査院長である場合にあっては、別に法律で定める審査会。第50条第1項第4号において同じ。）」と、「受けたとき（前条第1項の規定による諮問を要しない場合（同項第2号又は第3号に該当する場合を除く。）にあっては審理員意見書が提出されたとき、同項第2号又は第3号に該当する場合にあっては同項第2号又は第3号に規定する議を経たとき）」とあるのは「受けたとき」と、同法第50条第1項第4号中「審理員意見書又は行政不服審査会等若しくは審議会等」とあるのは「情報公開・個人情報保護審査会」とする。

第105条（審査会への諮問）

1　開示決定等、訂正決定等、利用停止決定等又は開示請求、訂正請求若しくは利用停止請求に係る不作為について審査請求があったときは、当該審査請求に対する裁決をすべき行政機関の長等は、次の各号のいずれかに該当

する場合を除き、情報公開・個人情報保護審査会（審査請求に対する裁決をすべき行政機関の長等が会計検査院長である場合にあっては、別に法律で定める審査会）に諮問しなければならない。圖20-54-5、22-54-4

① 審査請求が不適法であり、却下する場合
② 裁決で、審査請求の全部を認容し、当該審査請求に係る保有個人情報の全部を開示することとする場合（当該保有個人情報の開示について反対意見書が提出されている場合を除く。）
③ 裁決で、審査請求の全部を認容し、当該審査請求に係る保有個人情報の訂正をすることとする場合
④ 裁決で、審査請求の全部を認容し、当該審査請求に係る保有個人情報の利用停止をすることとする場合

2　前項の規定により諮問をした行政機関の長等は、次に掲げる者に対し、諮問をした旨を通知しなければならない。

① 審査請求人及び参加人（行政不服審査法第13条第4項に規定する参加人をいう。以下この項及び次条第1項第2号において同じ。）
② 開示請求者、訂正請求者又は利用停止請求者（これらの者が審査請求人又は参加人である場合を除く。）
③ 当該審査請求に係る保有個人情報の開示について反対意見書を提出した第三者（当該第三者が審査請求人又は参加人である場合を除く。）

第106条（第三者からの審査請求を棄却する場合等における手続等）

1　第86条第3項の規定は、次の各号のいずれかに該当する裁決をする場合について準用する。

① 開示決定に対する第三者からの審査請求を却下し、又は棄却する裁決
② 審査請求に係る開示決定等（開示請求に係る保有個人情報の全部を開示する旨の決定を除く。）を変更し、当該審査請求に係る保有個人情報を開示する旨の裁決（第三者である参加人が当該第三者に関する情報の開示に反対の意思を表示している場合に限る。）

2　開示決定等、訂正決定等、利用停止決定等又は開示請求、訂正請求若しくは利用停止請求に係る不作為についての審査請求については、政令で定めるところにより、行政不服審

査法第4条の規定の特例を設けることができる。

第5節　行政機関等匿名加工情報の提供等

第107条（行政機関等匿名加工情報の作成及び提供等）

1　行政機関の長等は、この節の規定に従い、行政機関等匿名加工情報（行政機関等匿名加工情報ファイルを構成するものに限る。以下この節において同じ。）を作成することができる。

2　行政機関の長等は、次の各号のいずれかに該当する場合を除き、行政機関等匿名加工情報を提供してはならない。

① 法令に基づく場合（この節の規定に従う場合を含む。）

② 保有個人情報を利用目的のために第三者に提供することができる場合において、当該保有個人情報を加工して作成した行政機関等匿名加工情報を当該第三者に提供するとき。

3　第69条の規定にかかわらず、行政機関の長等は、法令に基づく場合を除き、利用目的以外の目的のために削除情報（保有個人情報に該当するものに限る。）を自ら利用し、又は提供してはならない。

4　前項の「削除情報」とは、行政機関等匿名加工情報の作成に用いた保有個人情報から削除した記述等及び個人識別符号をいう。

第108条（提案の募集に関する事項の個人情報ファイル簿への記載）

行政機関の長等は、当該行政機関の長等の属する行政機関等が保有している個人情報ファイルが第60条第3項各号のいずれにも該当すると認めるときは、当該個人情報ファイルについては、個人情報ファイル簿に次に掲げる事項を記載しなければならない。この場合における当該個人情報ファイルについての第75条第1項の規定の適用については、同項中「第10号」とあるのは、「第10号並びに第108条各号」とする。

① 第110条第1項の提案の募集をする個人情報ファイルである旨

② 第110条第1項の提案を受ける組織の名称及び所在地

第109条（提案の募集）

行政機関の長等は、個人情報保護委員会規則で定めるところにより、定期的に、当該行政機関の長等の属する行政機関等が保有している個人情報ファイル（個人情報ファイル簿に前条第1号に掲げる事項の記載があるものに限る。以

下この節において同じ。）について、次条第1項の提案を募集するものとする。

第110条（行政機関等匿名加工情報をその用に供して行う事業に関する提案）

1　前条の規定による募集に応じて個人情報ファイルを構成する保有個人情報を加工して作成する行政機関等匿名加工情報をその事業の用に供しようとする者は、行政機関の長等に対し、当該事業に関する提案をすることができる。

2　前項の提案は、個人情報保護委員会規則で定めるところにより、次に掲げる事項を記載した書面を行政機関の長等に提出してしなければならない。

① 提案をする者の氏名又は名称及び住所又は居所並びに法人その他の団体にあっては、その代表者の氏名

② 提案に係る個人情報ファイルの名称

③ 提案に係る行政機関等匿名加工情報の本人の数

④ 前号に掲げるもののほか、提案に係る行政機関等匿名加工情報の作成に用いる第114条第1項の規定による加工の方法を特定するに足りる事項

⑤ 提案に係る行政機関等匿名加工情報の利用の目的及び方法その他当該行政機関等匿名加工情報がその用に供される事業の内容

⑥ 提案に係る行政機関等匿名加工情報を前号の事業の用に供しようとする期間

⑦ 提案に係る行政機関等匿名加工情報の漏えいの防止その他当該行政機関等匿名加工情報の適切な管理のために講ずる措置

⑧ 前各号に掲げるもののほか、個人情報保護委員会規則で定める事項

3　前項の書面には、次に掲げる書面その他個人情報保護委員会規則で定める書類を添付しなければならない。

① 第1項の提案をする者が次条各号のいずれにも該当しないことを誓約する書面

② 前項第5号の事業が新たな産業の創出又は活力ある経済社会若しくは豊かな国民生活の実現に資するものであることを明らかにする書面

第111条（欠格事由）

次の各号のいずれかに該当する者は、前条第1項の提案をすることができない。

① 未成年者

② 心身の故障により前条第1項の提案に係る行政機関等匿名加工情報をその用に供し

第112条〜第115条

て行う事業を適正に行うことができない者
として個人情報保護委員会規則で定めるも
の

③ 破産手続開始の決定を受けて復権を得な
い者

④ 禁錮以上の刑に処せられ、又はこの法律
の規定により刑に処せられ、その執行を終
わり、又は執行を受けることがなくなった
日から起算して2年を経過しない者

⑤ 第118条の規定により行政機関等匿名加
工情報の利用に関する契約を解除され、そ
の解除の日から起算して2年を経過しない
者

⑥ 法人その他の団体であって、その役員の
うちに前各号のいずれかに該当する者があ
るもの

第112条（提案の審査等）

1 行政機関の長等は、第110条第1項の提案
があったときは、当該提案が次に掲げる基準
に適合するかどうかを審査しなければならな
い。

① 第110条第1項の提案をした者が前条各
号のいずれにも該当しないこと。

② 第110条第2項第3号の提案に係る行政
機関等匿名加工情報の本人の数が、行政機
関等匿名加工情報の効果的な活用の観点か
らみて個人情報保護委員会規則で定める数
以上であり、かつ、提案に係る個人情報ファ
イルを構成する保有個人情報の本人の数
以下であること。

③ 第110条第2項第3号及び第4号に掲げ
る事項により特定される加工の方法が第
114条第1項の基準に適合するものである
こと。

④ 第110条第2項第5号の事業が新たな産
業の創出又は活力ある経済社会若しくは豊
かな国民生活の実現に資するものであるこ
と。

⑤ 第110条第2項第6号の期間が行政機関
等匿名加工情報の効果的な活用の観点から
みて個人情報保護委員会規則で定める期間
を超えないものであること。

⑥ 第110条第2項第5号の提案に係る行政
機関等匿名加工情報の利用の目的及び方法
並びに同項第7号の措置が当該行政機関等
匿名加工情報の本人の権利利益を保護する
ために適切なものであること。

⑦ 前各号に掲げるもののほか、個人情報保
護委員会規則で定める基準に適合するもの

であること。

2 行政機関の長等は、前項の規定により審査
した結果、第110条第1項の提案が前項各号
に掲げる基準のいずれにも適合すると認める
ときは、個人情報保護委員会規則で定めると
ころにより、当該提案をした者に対し、次に
掲げる事項を通知するものとする。

① 次条の規定により行政機関の長等との間
で行政機関等匿名加工情報の利用に関する
契約を締結することができる旨

② 前号に掲げるもののほか、個人情報保護
委員会規則で定める事項

3 行政機関の長等は、第1項の規定により審
査した結果、第110条第1項の提案が第1項
各号に掲げる基準のいずれかに適合しないと
認めるときは、個人情報保護委員会規則で定
めるところにより、当該提案をした者に対
し、理由を付して、その旨を通知するものと
する。

第113条（行政機関等匿名加工情報の利用に関する契約の締結）

前条第2項の規定による通知を受けた者は、
個人情報保護委員会規則で定めるところによ
り、行政機関の長等との間で、行政機関等匿名
加工情報の利用に関する契約を締結することが
できる。

第114条（行政機関等匿名加工情報の作成等）

1 行政機関の長等は、行政機関等匿名加工情
報を作成するときは、特定の個人を識別する
ことができないように及びその作成に用いる
保有個人情報を復元することができないよう
にするために必要なものとして個人情報保護
委員会規則で定める基準に従い、当該保有個
人情報を加工しなければならない。

2 前項の規定は、行政機関等から行政機関等
匿名加工情報の作成の委託（二以上の段階に
わたる委託を含む。）を受けた者が受託した
業務を行う場合について準用する。

第115条（行政機関等匿名加工情報に関する事項の個人情報ファイル簿への記載）

行政機関の長等は、行政機関等匿名加工情報
を作成したときは、当該行政機関等匿名加工情
報の作成に用いた保有個人情報を含む個人情報
ファイルについては、個人情報ファイル簿に次
に掲げる事項を記載しなければならない。この
場合における当該個人情報ファイルについての
第108条の規定により読み替えて適用する第75
条第1項の規定の適用については、同項中「並
びに第108条各号」とあるのは、「、第108条各

234

号並びに第115条各号」とする。

① 行政機関等匿名加工情報の概要として個人情報保護委員会規則で定める事項

② 次条第1項の提案を受ける組織の名称及び所在地

③ 次条第1項の提案をすることができる期間

第116条（作成された行政機関等匿名加工情報をその用に供して行う事業に関する提案等）

1 前条の規定により個人情報ファイル簿に同条第1号に掲げる事項が記載された行政機関等匿名加工情報をその事業の用に供しようとする者は、行政機関の長等に対し、当該事業に関する提案をすることができる。当該行政機関等匿名加工情報について第113条の規定により行政機関等匿名加工情報の利用に関する契約を締結した者が、当該行政機関等匿名加工情報をその用に供する事業を変更しようとするときも、同様とする。

2 第110条第2項及び第3項並びに第111条から第113条までの規定は、前項の提案について準用する。この場合において、第110条第2項中「次に」とあるのは「第1号及び第4号から第8号までに」と、同項第4号中「前号に掲げるもののほか、提案」とあるのは「提案」と、「の作成に用いる第114条第1項の規定による加工の方法を特定する」とあるのは「を特定する」と、同項第8号中「前各号」とあるのは「第1号及び第4号から前号まで」と、第112条第1項中「次に」とあるのは「第1号及び第4号から第7号までに」と、同項第7号中「前各号」とあるのは「第1号及び前三号」と、同条第2項中「前項各号」とあるのは「前項第1号及び第4号から第7号まで」と、同条第3項中「第1項各号」とあるのは「第1項第1号及び第4号から第7号まで」と読み替えるものとする。

第117条（手数料）

1 第113条の規定により行政機関等匿名加工情報の利用に関する契約を行政機関の長と締結する者は、政令で定めるところにより、実費を勘案して政令で定める額の手数料を納めなければならない。

2 前条第2項において準用する第113条の規定により行政機関等匿名加工情報の利用に関する契約を行政機関の長と締結する者は、政令で定めるところにより、前項の政令で定める額を参酌して政令で定める額の手数料を納

めなければならない。

3 第113条の規定（前条第2項において準用する場合を含む。次条において同じ。）により行政機関等匿名加工情報の利用に関する契約を独立行政法人等と締結する者は、独立行政法人等の定めるところにより、利用料を納めなければならない。

4 前項の利用料の額は、実費を勘案して合理的であると認められる範囲内において、独立行政法人等が定める。

5 独立行政法人等は、前二項の規定による定めを一般の閲覧に供しなければならない。

第118条（行政機関等匿名加工情報の利用に関する契約の解除）

行政機関の長等は、第113条の規定により行政機関等匿名加工情報の利用に関する契約を締結した者が次の各号のいずれかに該当するときは、当該契約を解除することができる。

① 偽りその他不正の手段により当該契約を締結したとき。

② 第111条各号（第116条第2項において準用する場合を含む。）のいずれかに該当することとなったとき。

③ 当該契約において定められた事項について重大な違反があったとき。

第119条（識別行為の禁止等）

1 行政機関の長等は、行政機関等匿名加工情報を取り扱うに当たっては、法令に基づく場合を除き、当該行政機関等匿名加工情報の作成に用いられた個人情報に係る本人を識別するために、当該行政機関等匿名加工情報を他の情報と照合してはならない。

2 行政機関の長等は、行政機関等匿名加工情報、第107条第4項に規定する削除情報及び第114条第1項の規定により行った加工の方法に関する情報（以下この条及び次条において「行政機関等匿名加工情報等」という。）の漏えいを防止するために必要なものとして個人情報保護委員会規則で定める基準に従い、行政機関等匿名加工情報等の適切な管理のために必要な措置を講じなければならない。

3 前二項の規定は、行政機関等から行政機関等匿名加工情報等の取扱いの委託（二以上の段階にわたる委託を含む。）を受けた者が受託した業務を行う場合について準用する。

第120条（従事者の義務）

行政機関等匿名加工情報等の取扱いに従事する行政機関等の職員若しくは職員であった者、

前条第3項の委託を受けた業務に従事している者若しくは従事していた者又は行政機関等において行政機関等匿名加工情報等の取扱いに従事している派遣労働者若しくは従事していた派遣労働者は、その業務に関して知り得た行政機関等匿名加工情報等の内容をみだりに他人に知らせ、又は不当な目的に利用してはならない。

第121条（匿名加工情報の取扱いに係る義務）

1　行政機関等は、匿名加工情報（行政機関等匿名加工情報を除く。以下この条において同じ。）を第三者に提供するときは、法令に基づく場合を除き、個人情報保護委員会規則で定めるところにより、あらかじめ、第三者に提供される匿名加工情報に含まれる個人に関する情報の項目及びその提供の方法について公表するとともに、当該第三者に対して、当該提供に係る情報が匿名加工情報である旨を明示しなければならない。

2　行政機関等は、匿名加工情報を取り扱うに当たっては、法令に基づく場合を除き、当該匿名加工情報の作成に用いられた個人情報に係る本人を識別するために、当該個人情報から削除された記述等若しくは個人識別符号若しくは第43条第1項の規定により行われた加工の方法に関する情報を取得し、又は当該匿名加工情報を他の情報と照合してはならない。

3　行政機関等は、匿名加工情報の漏えいを防止するために必要なものとして個人情報保護委員会規則で定める基準に従い、匿名加工情報の適切な管理のために必要な措置を講じなければならない。

4　前二項の規定は、行政機関等から匿名加工情報の取扱いの委託（二以上の段階にわたる委託を含む。）を受けた者が受託した業務を行う場合について準用する。

第6節　雑則

第122条（適用除外等）

1　第4節の規定は、刑事事件若しくは少年の保護事件に係る裁判、検察官、検察事務官若しくは司法警察職員が行う処分、刑若しくは保護処分の執行、更生緊急保護又は恩赦に係る保有個人情報（当該裁判、処分若しくは執行を受けた者、更生緊急保護の申出をした者又は恩赦の上申があった者に係るものに限る。）については、適用しない。

2　保有個人情報（行政機関情報公開法第5条又は独立行政法人等情報公開法第5条に規定する不開示情報を専ら記録する行政文書等に記録されているものに限る。）のうち、まだ分類その他の整理が行われていないもので、同一の利用目的に係るものが著しく大量にあるためその中から特定の保有個人情報を検索することが著しく困難であるものは、第4節（第4款を除く。）の規定の適用については、行政機関等に保有されていないものとみなす。

第123条（適用の特例）

1　独立行政法人労働者健康安全機構が行う病院の運営の業務における個人情報、仮名加工情報又は個人関連情報の取扱いについては、この章（第1節、第66条第2項（第3号及び第4号（同項第3号に係る部分に限る。）に係る部分に限る。）において準用する同条第1項、第75条、前二節、前条第2項及び第125条を除く。）の規定、第171条及び第175条の規定（これらの規定のうち第66条第2項第3号及び第4号（同項第3号に係る部分に限る。）に定める業務に係る部分を除く。）並びに第176条の規定は、適用しない。

2　別表第二に掲げる法人による個人情報又は匿名加工情報の取扱いについては、独立行政法人等による個人情報又は匿名加工情報の取扱いとみなして、第1節、第75条、前二節、前条第2項、第125条及び次章から第8章まで（第171条、第175条及び第176条を除く。）の規定を適用する。

3　別表第二に掲げる法人及び独立行政法人労働者健康安全機構（病院の運営の業務を行う場合に限る。）についての第98条の規定の適用については、同条第1項第1号中「第61条第2項の規定に違反して保有されているとき、第63条の規定に違反して取り扱われているとき、第64条の規定に違反して取得されたものであるとき、又は第69条第1項及び第2項の規定に違反して利用されているとき」とあるのは「第18条若しくは第19条の規定に違反して取り扱われているとき、又は第20条の規定に違反して取得されたものであるとき」と、同項第2号中「第69条第1項及び第2項又は第71条第1項」とあるのは「第27条第1項又は第28条」とする。

第124条（権限又は事務の委任）

行政機関の長は、政令（内閣の所轄の下に置かれる機関及び会計検査院にあっては、当該機関の命令）で定めるところにより、第2節から前節まで（第74条及び第4節第4款を除く。）に定める権限又は事務を当該行政機関の職員に

委任することができる。

第125条（開示請求等をしようとする者に対する情報の提供等）

行政機関の長等は、開示請求、訂正請求若しくは利用停止請求又は第110条第1項若しくは第116条第1項の提案（以下この条において「開示請求等」という。）をしようとする者がそれぞれ容易かつ的確に開示請求等をすることができるよう、当該行政機関の長等の属する行政機関等が保有する保有個人情報の特定又は当該提案に資する情報の提供その他開示請求等をしようとする者の利便を考慮した適切な措置を講ずるものとする。

第126条（行政機関等における個人情報等の取扱いに関する苦情処理）

行政機関の長等は、行政機関等における個人情報、仮名加工情報又は匿名加工情報の取扱いに関する苦情の適切かつ迅速な処理に努めなければならない。

第6章　個人情報保護委員会

第1節　設置等

第127条（設置）

1　内閣府設置法第49条第3項の規定に基づいて、個人情報保護委員会（以下「委員会」という。）を置く。

2　委員会は、内閣総理大臣の所轄に属する。

過元-57-1

第128条（任務）

委員会は、行政機関等の事務及び事業の適正かつ円滑な運営を図り、並びに個人情報の適正かつ効果的な活用が新たな産業の創出並びに活力ある経済社会及び豊かな国民生活の実現に資するものであることその他の個人情報の有用性に配慮しつつ、個人の権利利益を保護するため、個人情報の適正な取扱いの確保を図ること（個人番号利用事務等実施者（行政手続における特定の個人を識別するための番号の利用等に関する法律（以下「番号利用法」という。）第12条に規定する個人番号利用事務等実施者をいう。）に対する指導及び助言その他の措置を講ずることを含む。）を任務とする。

第129条（所掌事務）

委員会は、前条の任務を達成するため、次に掲げる事務をつかさどる。

①　基本方針の策定及び推進に関すること。

②　個人情報取扱事業者における個人情報の取扱い、個人情報取扱事業者及び仮名加工情報取扱事業者における仮名加工情報の取扱い、個人情報取扱事業者及び匿名加工情報取扱事業者における匿名加工情報の取扱い並びに個人関連情報取扱事業者における個人関連情報の取扱いに関する監督、行政機関等における個人情報、仮名加工情報、匿名加工情報及び個人関連情報の取扱いに関する監視並びに個人情報、仮名加工情報及び匿名加工情報の取扱いに関する苦情の申出についての必要なあっせん及びその処理を行う事業者への協力に関すること（第4号に掲げるものを除く。）。

③　認定個人情報保護団体に関すること。

④　特定個人情報（番号利用法第2条第8項に規定する特定個人情報をいう。）の取扱いに関する監視又は監督並びに苦情の申出についての必要なあっせん及びその処理を行う事業者への協力に関すること。

⑤　特定個人情報保護評価（番号利用法第27条第1項に規定する特定個人情報保護評価をいう。）に関すること。

⑥　個人情報の保護及び適正かつ効果的な活用についての広報及び啓発に関すること。

⑦　前各号に掲げる事務を行うために必要な調査及び研究に関すること。

⑧　所掌事務に係る国際協力に関すること。

⑨　前各号に掲げるもののほか、法律（法律に基づく命令を含む。）に基づき委員会に属させられた事務

第130条（職権行使の独立性）

委員会の委員長及び委員は、独立してその職権を行う。

第131条（組織等）

1　委員会は、委員長及び委員8人をもって組織する。

2　委員のうち4人は、非常勤とする。

3　委員長及び委員は、人格が高潔で識見の高い者のうちから、両議院の同意を得て、内閣総理大臣が任命する。

4　委員長及び委員には、個人情報の保護及び適正かつ効果的な活用に関する学識経験のある者、消費者の保護に関して十分な知識と経験を有する者、情報処理技術に関する学識経験のある者、行政分野に関する学識経験のある者、民間企業の実務に関して十分な知識と経験を有する者並びに連合組織（地方自治法第263条の3第1項の連合組織で同項の規定による届出をしたものをいう。）の推薦する者が含まれるものとする。

第132条〜第142条

第132条（任期等）

1　委員長及び委員の任期は、5年とする。ただし、補欠の委員長又は委員の任期は、前任者の残任期間とする。
2　委員長及び委員は、再任されることができる。
3　委員長及び委員の任期が満了したときは、当該委員長及び委員は、後任者が任命されるまで引き続きその職務を行うものとする。
4　委員長又は委員の任期が満了し、又は欠員を生じた場合において、国会の閉会又は衆議院の解散のために両議院の同意を得ることができないときは、内閣総理大臣は、前条第3項の規定にかかわらず、同項に定める資格を有する者のうちから、委員長又は委員を任命することができる。
5　前項の場合においては、任命後最初の国会において両議院の事後の承認を得なければならない。この場合において、両議院の事後の承認が得られないときは、内閣総理大臣は、直ちに、その委員長又は委員を罷免しなければならない。

第133条（身分保障）

委員長及び委員は、次の各号のいずれかに該当する場合を除いては、在任中、その意に反して罷免されることがない。
①　破産手続開始の決定を受けたとき。
②　この法律又は番号利用法の規定に違反して刑に処せられたとき。
③　禁錮以上の刑に処せられたとき。
④　委員会により、心身の故障のため職務を執行することができないと認められたとき、又は職務上の義務違反その他委員長若しくは委員たるに適しない非行があると認められたとき。

第134条（罷免）

内閣総理大臣は、委員長又は委員が前条各号のいずれかに該当するときは、その委員長又は委員を罷免しなければならない。

第135条（委員長）

1　委員長は、委員会の会務を総理し、委員会を代表する。
2　委員会は、あらかじめ常勤の委員のうちから、委員長に事故がある場合に委員長を代理する者を定めておかなければならない。

第136条（会議）

1　委員会の会議は、委員長が招集する。
2　委員会は、委員長及び4人以上の委員の出席がなければ、会議を開き、議決をすることができない。
3　委員会の議事は、出席者の過半数でこれを決し、可否同数のときは、委員長の決するところによる。
4　第133条第4号の規定による認定をするには、前項の規定にかかわらず、本人を除く全員の一致がなければならない。
5　委員長に事故がある場合の第2項の規定の適用については、前条第2項に規定する委員長を代理する者は、委員長とみなす。

第137条（専門委員）

1　委員会に、専門の事項を調査させるため、専門委員を置くことができる。
2　専門委員は、委員会の申出に基づいて内閣総理大臣が任命する。
3　専門委員は、当該専門の事項に関する調査が終了したときは、解任されるものとする。
4　専門委員は、非常勤とする。

第138条（事務局）

1　委員会の事務を処理させるため、委員会に事務局を置く。
2　事務局に、事務局長その他の職員を置く。
3　事務局長は、委員長の命を受けて、局務を掌理する。

第139条（政治運動等の禁止）

1　委員長及び委員は、在任中、政党その他の政治団体の役員となり、又は積極的に政治運動をしてはならない。過元-57-3
2　委員長及び常勤の委員は、在任中、内閣総理大臣の許可のある場合を除くほか、報酬を得て他の職務に従事し、又は営利事業を営み、その他金銭上の利益を目的とする業務を行ってはならない。

第140条（秘密保持義務）

委員長、委員、専門委員及び事務局の職員は、職務上知ることのできた秘密を漏らし、又は盗用してはならない。その職務を退いた後も、同様とする。過元-57-5

第141条（給与）

委員長及び委員の給与は、別に法律で定める。

第142条（規則の制定）

委員会は、その所掌事務について、法律若しくは政令を実施するため、又は法律若しくは政令の特別の委任に基づいて、個人情報保護委員会規則を制定することができる。

第2節　監督及び監視
第1款　個人情報取扱事業者等の監督
第143条（報告及び立入検査）

1　委員会は、第4章（第5節を除く。次条及び第148条において同じ。）の規定の施行に必要な限度において、個人情報取扱事業者、仮名加工情報取扱事業者、匿名加工情報取扱事業者又は個人関連情報取扱事業者（以下この款において「個人情報取扱事業者等」という。）その他の関係者に対し、個人情報、仮名加工情報、匿名加工情報又は個人関連情報（以下この款及び第3款において「個人情報等」という。）の取扱いに関し、必要な報告若しくは資料の提出を求め、又はその職員に、当該個人情報取扱事業者等その他の関係者の事務所その他必要な場所に立ち入らせ、個人情報等の取扱いに関し質問させ、若しくは帳簿書類その他の物件を検査させることができる。過元-57-2

2　前項の規定により立入検査をする職員は、その身分を示す証明書を携帯し、関係人の請求があったときは、これを提示しなければならない。

3　第1項の規定による立入検査の権限は、犯罪捜査のために認められたものと解釈してはならない。

第144条（指導及び助言）

委員会は、第4章の規定の施行に必要な限度において、個人情報取扱事業者等に対し、個人情報等の取扱いに関し必要な指導及び助言をすることができる。

第145条（勧告及び命令）

1　委員会は、個人情報取扱事業者が第18条から第20条まで、第21条（第1項、第3項及び第4項の規定を第41条第4項の規定により読み替えて適用する場合を含む。）、第23条から第26条まで、第27条（第4項を除き、第5項及び第6項の規定を第41条第6項の規定により読み替えて適用する場合を含む。）、第28条、第29条（第1項ただし書の規定を第41条第6項の規定により読み替えて適用する場合を含む。）、第30条（第2項を除き、第1項ただし書の規定を第41条第6項の規定により読み替えて適用する場合を含む。）、第32条、第33条（第1項（第5項において準用する場合を含む。）を除く。）、第34条第2項若しくは第3項、第35条（第1項、第3項及び第5項を除く。）、第38条第2項、第41条（第4項及び第5項を除く。）若しくは第43条（第6項

を除く。）の規定に違反した場合、個人関連情報取扱事業者が第31条第1項、同条第2項において読み替えて準用する第28条第3項若しくは第31条第3項において読み替えて準用する第30条第3項若しくは第4項の規定に違反した場合、仮名加工情報取扱事業者が第42条第1項、同条第2項において読み替えて準用する第27条第5項若しくは第6項若しくは第42条第3項において読み替えて準用する第23条から第25条まで若しくは第41条第7項若しくは第8項の規定に違反した場合又は匿名加工情報取扱事業者が第44条若しくは第45条の規定に違反した場合において個人の権利利益を保護するため必要があると認めるときは、当該個人情報取扱事業者等に対し、当該違反行為の中止その他違反を是正するために必要な措置をとるべき旨を勧告することができる。

2　委員会は、前項の規定による勧告を受けた個人情報取扱事業者等が正当な理由がなくてその勧告に係る措置をとらなかった場合において個人の重大な権利利益の侵害が切迫していると認めるときは、当該個人情報取扱事業者等に対し、その勧告に係る措置をとるべきことを命ずることができる。

3　委員会は、前二項の規定にかかわらず、個人情報取扱事業者が第18条から第20条まで、第23条から第26条まで、第27条第1項、第28条第1項若しくは第3項、第41条第1項から第3項まで若しくは第6項から第8項まで若しくは第43条第1項、第2項若しくは第5項の規定に違反した場合、個人関連情報取扱事業者が第31条第1項若しくは同条第2項において読み替えて準用する第28条第3項の規定に違反した場合、仮名加工情報取扱事業者が第42条第1項若しくは同条第3項において読み替えて準用する第23条から第25条まで若しくは第41条第7項若しくは第8項の規定に違反した場合又は匿名加工情報取扱事業者が第45条の規定に違反した場合において個人の重大な権利利益を害する事実があるため緊急に措置をとる必要があると認めるときは、当該個人情報取扱事業者等に対し、当該違反行為の中止その他違反を是正するために必要な措置をとるべきことを命ずることができる。

4　委員会は、前二項の規定による命令をした場合において、その命令を受けた個人情報取扱事業者等がその命令に違反したときは、その旨を公表することができる。

第146条（委員会の権限の行使の制限）

1　委員会は、前三条の規定により個人情報取扱事業者等に対し報告若しくは資料の提出の要求、立入検査、指導、助言、勧告又は命令を行うに当たっては、表現の自由、学問の自由、信教の自由及び政治活動の自由を妨げてはならない。

2　前項の規定の趣旨に照らし、委員会は、個人情報取扱事業者等が第57条第1項各号に掲げる者（それぞれ当該各号に定める目的で個人情報等を取り扱う場合に限る。）に対して個人情報等を提供する行為については、その権限を行使しないものとする。

第147条（権限の委任）

1　委員会は、緊急かつ重点的に個人情報等の適正な取扱いの確保を図る必要があることその他の政令で定める事情があるため、個人情報取扱事業者等に対し、第145条第1項の規定による勧告又は同条第2項若しくは第3項の規定による命令を効果的に行う上で必要があると認めるときは、政令で定めるところにより、第26条第1項、第143条第1項、第159条において読み替えて準用する民事訴訟法第99条、第101条、第103条、第105条、第106条、第108条及び第109条、第160条並びに第161条の規定による権限を事業所管大臣に委任することができる。

2　事業所管大臣は、前項の規定により委任された権限を行使したときは、政令で定めるところにより、その結果について委員会に報告するものとする。

3　事業所管大臣は、政令で定めるところにより、第1項の規定により委任された権限及び前項の規定による権限について、その全部又は一部を内閣府設置法第43条の地方支分部局その他の政令で定める部局又は機関の長に委任することができる。

4　内閣総理大臣は、第1項の規定により委任された権限及び第2項の規定による権限（金融庁の所掌に係るものに限り、政令で定めるものを除く。）を金融庁長官に委任する。

5　金融庁長官は、政令で定めるところにより、前項の規定により委任された権限について、その一部を証券取引等監視委員会に委任することができる。

6　金融庁長官は、政令で定めるところにより、第4項の規定により委任された権限（前項の規定により証券取引等監視委員会に委任されたものを除く。）の一部を財務局長又は財務支局長に委任することができる。

7　証券取引等監視委員会は、政令で定めるところにより、第5項の規定により委任された権限の一部を財務局長又は財務支局長に委任することができる。

8　前項の規定により財務局長又は財務支局長に委任された権限に係る事務に関しては、証券取引等監視委員会が財務局長又は財務支局長を指揮監督する。

9　第5項の場合において、証券取引等監視委員会が行う報告又は資料の提出の要求（第7項の規定により財務局長又は財務支局長が行う場合を含む。）についての審査請求は、証券取引等監視委員会に対してのみ行うことができる。

第148条（事業所管大臣の請求）

事業所管大臣は、個人情報取扱事業者等に第4章の規定に違反する行為があると認めるときその他個人情報取扱事業者等による個人情報等の適正な取扱いを確保するために必要があると認めるときは、委員会に対し、この法律の規定に従い適当な措置をとるべきことを求めることができる。

第149条（事業所管大臣）

この款の規定における事業所管大臣は、次のとおりとする。

①　個人情報取扱事業者等が行う個人情報等の取扱いのうち雇用管理に関するものについては、厚生労働大臣（船員の雇用管理に関するものについては、国土交通大臣）及び当該個人情報取扱事業者等が行う事業を所管する大臣、国家公安委員会又はカジノ管理委員会（次号において「大臣等」という。）

②　個人情報取扱事業者等が行う個人情報等の取扱いのうち前号に掲げるもの以外のものについては、当該個人情報取扱事業者等が行う事業を所管する大臣等

第2款　認定個人情報保護団体の監督

第150条（報告の徴収）

委員会は、第4章第5節の規定の施行に必要な限度において、認定個人情報保護団体に対し、認定業務に関し報告をさせることができる。

第151条（命令）

委員会は、第4章第5節の規定の施行に必要な限度において、認定個人情報保護団体に対し、認定業務の実施の方法の改善、個人情報保護指針の変更その他の必要な措置をとるべき旨

を命ずることができる。

第152条（認定の取消し）

1　委員会は、認定個人情報保護団体が次の各号のいずれかに該当するときは、その認定を取り消すことができる。過元-57-4
　①　第48条第1号又は第3号に該当するに至ったとき。
　②　第49条各号のいずれかに適合しなくなったとき。
　③　第55条の規定に違反したとき。
　④　前条の命令に従わないとき。
　⑤　不正の手段により第47条第1項の認定又は第50条第1項の変更の認定を受けたとき。

2　委員会は、前項の規定により認定を取り消したときは、その旨を公示しなければならない。

第3款　行政機関等の監視

第153条（資料の提出の要求及び実地調査）

委員会は、前章の規定の円滑な運用を確保するため必要があると認めるときは、行政機関の長等（会計検査院長を除く。以下この款において同じ。）に対し、行政機関等における個人情報等の取扱いに関する事務の実施状況について、資料の提出及び説明を求め、又はその職員に実地調査をさせることができる。

第154条（指導及び助言）

委員会は、前章の規定の円滑な運用を確保するため必要があると認めるときは、行政機関の長等に対し、行政機関等における個人情報等の取扱いについて、必要な指導及び助言をすることができる。

第155条（勧告）

委員会は、前章の規定の円滑な運用を確保するため必要があると認めるときは、行政機関の長等に対し、行政機関等における個人情報等の取扱いについて勧告をすることができる。

第156条（勧告に基づいてとった措置についての報告の要求）

委員会は、前条の規定により行政機関の長等に対し勧告をしたときは、当該行政機関の長等に対し、その勧告に基づいてとった措置について報告を求めることができる。

第157条（委員会の権限の行使の制限）

第146条第1項の規定の趣旨に照らし、委員会は、行政機関の長等が第57条第1項各号に掲げる者（それぞれ当該各号に定める目的で個人情報等を取り扱う場合に限る。）に対して個人情報等を提供する行為については、その権限を行使しないものとする。

第3節　送達

第158条（送達すべき書類）

1　第143条第1項の規定による報告若しくは資料の提出の要求、第145条第1項の規定による勧告若しくは同条第2項若しくは第3項の規定による命令、第150条の規定による報告の徴収、第151条の規定による命令又は第152条第1項の規定による取消しは、個人情報保護委員会規則で定める書類を送達して行う。

2　第145条第2項若しくは第3項若しくは第151条の規定による命令又は第152条第1項の規定による取消しに係る行政手続法第15条第1項又は第30条の通知は、同法第15条第1項及び第2項又は第30条の書類を送達して行う。この場合において、同法第15条第3項（同法第31条において読み替えて準用する場合を含む。）の規定は、適用しない。

第159条（送達に関する民事訴訟法の準用）

前条の規定による送達については、民事訴訟法第99条、第101条、第103条、第105条、第106条、第108条及び第109条の規定を準用する。この場合において、同法第99条第1項中「執行官」とあるのは「個人情報保護委員会の職員」と、同法第108条中「裁判長」とあり、及び同法第109条中「裁判所」とあるのは「個人情報保護委員会」と読み替えるものとする。

第160条（公示送達）

1　委員会は、次に掲げる場合には、公示送達をすることができる。
　①　送達を受けるべき者の住所、居所その他送達をすべき場所が知れない場合
　②　外国（本邦の域外にある国又は地域をいう。以下同じ。）においてすべき送達について、前条において読み替えて準用する民事訴訟法第108条の規定によることができず、又はこれによっても送達をすることができないと認めるべき場合
　③　前条において読み替えて準用する民事訴訟法第108条の規定により外国の管轄官庁に嘱託を発した後6月を経過してもその送達を証する書面の送付がない場合

2　公示送達は、送達をすべき書類を送達を受けるべき者にいつでも交付すべき旨を委員会の掲示場に掲示することにより行う。

3　公示送達は、前項の規定による掲示を始めた日から2週間を経過することによって、その効力を生ずる。

個人情報の保護に関する法律

241

4 外国においてすべき送達についてした公示送達にあっては、前項の期間は、6週間とする。

第161条（電子情報処理組織の使用）

委員会の職員が、情報通信技術を活用した行政の推進等に関する法律第3条第9号に規定する処分通知等であって第158条の規定により書類を送達して行うこととしているものに関する事務を、同法第7条第1項の規定により同法第6条第1項に規定する電子情報処理組織を使用して行ったときは、第159条において読み替えて準用する民事訴訟法第109条の規定による送達に関する事項を記載した書面の作成及び提出に代えて、当該事項を当該電子情報処理組織を使用して委員会の使用に係る電子計算機（入出力装置を含む。）に備えられたファイルに記録しなければならない。

第4節　雑則

第162条（施行の状況の公表）

1　委員会は、行政機関の長等に対し、この法律の施行の状況について報告を求めることができる。

2　委員会は、毎年度、前項の報告を取りまとめ、その概要を公表するものとする。

第163条（国会に対する報告）

委員会は、毎年、内閣総理大臣を経由して国会に対し所掌事務の処理状況を報告するとともに、その概要を公表しなければならない。

第164条（案内所の整備）

委員会は、この法律の円滑な運用を確保するため、総合的な案内所を整備するものとする。

第165条（地方公共団体が処理する事務）

この法律に規定する委員会の権限及び第147条第1項又は第4項の規定により事業所管大臣又は金融庁長官に委任された権限に属する事務は、政令で定めるところにより、地方公共団体の長その他の執行機関が行うこととすることができる。

第7章　雑則

第166条（適用範囲）

この法律は、個人情報取扱事業者、仮名加工情報取扱事業者、匿名加工情報取扱事業者又は個人関連情報取扱事業者が、国内にある者に対する物品又は役務の提供に関連して、国内にある者を本人とする個人情報、当該個人情報として取得されることとなる個人関連情報又は当該個人情報を用いて作成された仮名加工情報若しくは匿名加工情報を、外国において取り扱う場合についても、適用する。囲30-56-1

第167条（外国執行当局への情報提供）

1　委員会は、この法律に相当する外国の法令を執行する外国の当局（以下この条において「外国執行当局」という。）に対し、その職務（この法律に規定する委員会の職務に相当するものに限る。次項において同じ。）の遂行に資すると認める情報の提供を行うことができる。

2　前項の規定による情報の提供については、当該情報が当該外国執行当局の職務の遂行以外に使用されず、かつ、次項の規定による同意がなければ外国の刑事事件の捜査（その対象たる犯罪事実が特定された後のものに限る。）又は審判（同項において「捜査等」という。）に使用されないよう適切な措置がとられなければならない。

3　委員会は、外国執行当局からの要請があったときは、次の各号のいずれかに該当する場合を除き、第1項の規定により提供した情報を当該要請に係る外国の刑事事件の捜査等に使用することについて同意をすることができる。

① 当該要請に係る刑事事件の捜査等の対象とされている犯罪が政治犯罪であるとき、又は当該要請が政治犯罪について捜査等を行う目的で行われたものと認められるとき。

② 当該要請に係る刑事事件の捜査等の対象とされている犯罪に係る行為が日本国内において行われたとした場合において、その行為が日本国の法令によれば罪に当たるものでないとき。

③ 日本国が行う同種の要請に応ずる旨の要請国の保証がないとき。

4　委員会は、前項の同意をする場合においては、あらかじめ、同項第1号及び第2号に該当しないことについて法務大臣の確認を、同項第3号に該当しないことについて外務大臣の確認を、それぞれ受けなければならない。

第168条（国際約束の誠実な履行等）

この法律の施行に当たっては、我が国が締結した条約その他の国際約束の誠実な履行を妨げることがないよう留意するとともに、確立された国際法規を遵守しなければならない。

第169条（連絡及び協力）

内閣総理大臣及びこの法律の施行に関係する行政機関の長（会計検査院長を除く。）は、相互に緊密に連絡し、及び協力しなければならな

い。

第170条（政令への委任）

この法律に定めるもののほか、この法律の実施のため必要な事項は、政令で定める。

第8章　罰則

第171条

行政機関等の職員若しくは職員であった者、第66条第2項各号に定める業務若しくは第73条第5項若しくは第119条第3項の委託を受けた業務に従事している者若しくは従事していた者又は行政機関等において個人情報、仮名加工情報若しくは匿名加工情報の取扱いに従事している派遣労働者若しくは従事していた派遣労働者が、正当な理由がないのに、個人の秘密に属する事項が記録された第60条第2項第1号に係る個人情報ファイル（その全部又は一部を複製し、又は加工したものを含む。）を提供したときは、2年以下の懲役又は100万円以下の罰金に処する。

第172条

第140条の規定に違反して秘密を漏らし、又は盗用した者は、2年以下の懲役又は100万円以下の罰金に処する。

第173条

第145条第2項又は第3項の規定による命令に違反した場合には、当該違反行為をした者は、1年以下の懲役又は100万円以下の罰金に処する。

第174条

個人情報取扱事業者（その者が法人（法人でない団体で代表者又は管理人の定めのあるものを含む。第179条第1項において同じ。）である場合にあっては、その役員、代表者又は管理人）若しくはその従業者又はこれらであった者が、その業務に関して取り扱った個人情報データベース等（その全部又は一部を複製し、又は加工したものを含む。）を自己若しくは第三者の不正な利益を図る目的で提供し、又は盗用したときは、1年以下の懲役又は50万円以下の罰金に処する。

第175条

第171条に規定する者が、その業務に関して知り得た保有個人情報を自己若しくは第三者の不正な利益を図る目的で提供し、又は盗用したときは、1年以下の懲役又は50万円以下の罰金に処する。

第176条

行政機関等の職員がその職権を濫用して、専

らその職務の用以外の用に供する目的で個人の秘密に属する事項が記録された文書、図画又は電磁的記録を収集したときは、1年以下の懲役又は50万円以下の罰金に処する。

第177条

次の各号のいずれかに該当する場合には、当該違反行為をした者は、50万円以下の罰金に処する。

①　第143条第1項の規定による報告若しくは資料の提出をせず、若しくは虚偽の報告をし、若しくは虚偽の資料を提出し、又は当該職員の質問に対して答弁をせず、若しくは虚偽の答弁をし、若しくは検査を拒み、妨げ、若しくは忌避したとき。

②　第150条の規定による報告をせず、又は虚偽の報告をしたとき。

第178条

第171条、第172条及び第174条から第176条までの規定は、日本国外においてこれらの条の罪を犯した者にも適用する。

第179条

1　法人の代表者又は法人若しくは人の代理人、使用人その他の従業者が、その法人又は人の業務に関して、次の各号に掲げる違反行為をしたときは、行為者を罰するほか、その法人に対して当該各号に定める罰金刑を、その人に対して各本条の罰金刑を科する。

①　第173条及び第174条　1億円以下の罰金刑

②　第177条　同条の罰金刑

2　法人でない団体について前項の規定の適用がある場合には、その代表者又は管理人が、その訴訟行為につき法人でない団体を代表するほか、法人を被告人又は被疑者とする場合の刑事訴訟に関する法律の規定を準用する。

第180条

次の各号のいずれかに該当する者は、10万円以下の過料に処する。

①　第30条第2項（第31条第3項において準用する場合を含む。）又は第56条の規定に違反した者

②　第51条第1項の規定による届出をせず、又は虚偽の届出をした者

③　偽りその他不正の手段により、第85条第3項に規定する開示決定に基づく保有個人情報の開示を受けた者

別表　（略）

行政機関の保有する情報の公開に関する法律

（平成11年5月14日法律第42号）

最終改正：令和3年5月19日法律第37号

第1章　総則

第1条（目的）

　この法律は、国民主権の理念にのっとり、行政文書の開示を請求する権利につき定めること等により、行政機関の保有する情報の一層の公開を図り、もって政府の有するその諸活動を国民に説明する責務が全うされるようにするとともに、国民の的確な理解と批判の下にある公正で民主的な行政の推進に資することを目的とする。過21-12-1·4、25-54-3、27-54-1

第2条（定義）

1　この法律において「行政機関」とは、次に掲げる機関をいう。過23-55-イ、29-57-2

①　法律の規定に基づき内閣に置かれる機関（内閣府を除く。）及び内閣の所轄の下に置かれる機関

②　内閣府、宮内庁並びに内閣府設置法第49条第1項及び第2項に規定する機関（これらの機関のうち第4号の政令で定める機関が置かれる機関にあっては、当該政令で定める機関を除く。）

③　国家行政組織法第3条第2項に規定する機関（第5号の政令で定める機関が置かれる機関にあっては、当該政令で定める機関を除く。）

④　内閣府設置法第39条及び第55条並びに宮内庁法第16条第2項の機関並びに内閣府設置法第40条及び第56条（宮内庁法第18条第1項において準用する場合を含む。）の特別の機関で、政令で定めるもの

⑤　国家行政組織法第8条の2の施設等機関及び同法第8条の3の特別の機関で、政令で定めるもの

⑥　会計検査院

2　この法律において「行政文書」とは、行政機関の職員が職務上作成し、又は取得した文書、図画及び電磁的記録（電子的方式、磁気的方式その他人の知覚によっては認識することができない方式で作られた記録をいう。以下同じ。）であって、当該行政機関の職員が組織的に用いるものとして、当該行政機関が保有しているものをいう。ただし、次に掲げるものを除く。

①　官報、白書、新聞、雑誌、書籍その他不特定多数の者に販売することを目的として発行されるもの

②　公文書等の管理に関する法律第2条第7項に規定する特定歴史公文書等

③　政令で定める研究所その他の施設において、政令で定めるところにより、歴史的若しくは文化的な資料又は学術研究用の資料として特別の管理がされているもの（前号に掲げるものを除く。）

第2章　行政文書の開示

第3条（開示請求権）

　何人も、この法律の定めるところにより、行政機関の長（前条第1項第4号及び第5号の政令で定める機関にあっては、その機関ごとに政令で定める者をいう。以下同じ。）に対し、当該行政機関の保有する行政文書の開示を請求することができる。過25-54-4

第4条（開示請求の手続）

1　前条の規定による開示の請求（以下「開示請求」という。）は、次に掲げる事項を記載した書面（以下「開示請求書」という。）を行政機関の長に提出してしなければならない。

①　開示請求をする者の氏名又は名称及び住所又は居所並びに法人その他の団体にあっては代表者の氏名

②　行政文書の名称その他の開示請求に係る行政文書を特定するに足りる事項

2　行政機関の長は、開示請求書に形式上の不備があると認めるときは、開示請求をした者（以下「開示請求者」という。）に対し、相当の期間を定めて、その補正を求めることができる。この場合において、行政機関の長は、開示請求者に対し、補正の参考となる情報を提供するよう努めなければならない。

第5条（行政文書の開示義務）

　行政機関の長は、開示請求があったときは、開示請求に係る行政文書に次の各号に掲げる情報（以下「不開示情報」という。）のいずれかが記録されている場合を除き、開示請求者に対し、当該行政文書を開示しなければならない。

①　個人に関する情報（事業を営む個人の当該事業に関する情報を除く。）であって、当該情報に含まれる氏名、生年月日その他

244

の記述等（文書、図画若しくは電磁的記録に記載され、若しくは記録され、又は音声、動作その他の方法を用いて表された一切の事項をいう。次条第2項において同じ。）により特定の個人を識別することができるもの（他の情報と照合することにより、特定の個人を識別することができることとなるものを含む。）又は特定の個人を識別することはできないが、公にすることにより、なお個人の権利利益を害するおそれがあるもの。ただし、次に掲げる情報を除く。週25-55-1

イ　法令の規定により又は慣行として公にされ、又は公にすることが予定されている情報

ロ　人の生命、健康、生活又は財産を保護するため、公にすることが必要であると認められる情報

ハ　当該個人が公務員等（国家公務員法第2条第1項に規定する国家公務員（独立行政法人通則法第2条第4項に規定する行政執行法人の役員及び職員を除く。）、独立行政法人等（独立行政法人等の保有する情報の公開に関する法律（以下「独立行政法人等情報公開法」という。）第2条第1項に規定する独立行政法人等をいう。以下同じ。）の役員及び職員、地方公務員法第2条に規定する地方公務員並びに地方独立行政法人（地方独立行政法人法第2条第1項に規定する地方独立行政法人をいう。以下同じ。）の役員及び職員をいう。）である場合において、当該情報がその職務の遂行に係る情報であるときは、当該情報のうち、当該公務員等の職及び当該職務遂行の内容に係る部分

①の2　個人情報の保護に関する法律第60条第3項に規定する行政機関等匿名加工情報（同条第4項に規定する行政機関等匿名加工情報ファイルを構成するものに限る。以下この号において「行政機関等匿名加工情報」という。）又は行政機関等匿名加工情報の作成に用いた同条第1項に規定する保有個人情報から削除した同法第2条第1項第1号に規定する記述等若しくは同条第2項に規定する個人識別符号

②　法人その他の団体（国、独立行政法人等、地方公共団体及び地方独立行政法人を除く。以下「法人等」という。）に関する

情報又は事業を営む個人の当該事業に関する情報であって、次に掲げるもの。ただし、人の生命、健康、生活又は財産を保護するため、公にすることが必要であると認められる情報を除く。

イ　公にすることにより、当該法人等又は当該個人の権利、競争上の地位その他正当な利益を害するおそれがあるもの

ロ　行政機関の要請を受けて、公にしないとの条件で任意に提供されたものであって、法人等又は個人における通例として公にしないこととされているものその他の当該条件を付することが当該情報の性質、当時の状況等に照らして合理的であると認められるもの

③　公にすることにより、国の安全が害されるおそれ、他国若しくは国際機関との信頼関係が損なわれるおそれ又は他国若しくは国際機関との交渉上不利益を被るおそれがあると行政機関の長が認めることにつき相当の理由がある情報

④　公にすることにより、犯罪の予防、鎮圧又は捜査、公訴の維持、刑の執行その他の公共の安全と秩序の維持に支障を及ぼすおそれがあると行政機関の長が認めることにつき相当の理由がある情報

⑤　国の機関、独立行政法人等、地方公共団体及び地方独立行政法人の内部又は相互間における審議、検討又は協議に関する情報であって、公にすることにより、率直な意見の交換若しくは意思決定の中立性が不当に損なわれるおそれ、不当に国民の間に混乱を生じさせるおそれ又は特定の者に不当に利益を与え若しくは不利益を及ぼすおそれがあるもの

⑥　国の機関、独立行政法人等、地方公共団体又は地方独立行政法人が行う事務又は事業に関する情報であって、公にすることにより、次に掲げるおそれその他当該事務又は事業の性質上、当該事務又は事業の適正な遂行に支障を及ぼすおそれがあるもの

イ　監査、検査、取締り、試験又は租税の賦課若しくは徴収に係る事務に関し、正確な事実の把握を困難にするおそれ又は違法若しくは不当な行為を容易にし、若しくはその発見を困難にするおそれ

ロ　契約、交渉又は争訟に係る事務に関し、国、独立行政法人等、地方公共団体又は地方独立行政法人の財産上の利益又

行政機関の保有する情報の公開に関する法律

は当事者としての地位を不当に害するおそれ

ハ　調査研究に係る事務に関し、その公正かつ能率的な遂行を不当に阻害するおそれ

ニ　人事管理に係る事務に関し、公正かつ円滑な人事の確保に支障を及ぼすおそれ

ホ　独立行政法人等、地方公共団体が経営する企業又は地方独立行政法人に係る事業に関し、その企業経営上の正当な利益を害するおそれ

第6条（部分開示）

1　行政機関の長は、開示請求に係る行政文書の一部に不開示情報が記録されている場合において、不開示情報が記録されている部分を容易に区分して除くことができるときは、開示請求者に対し、当該部分を除いた部分につき開示しなければならない。ただし、当該部分を除いた部分に有意の情報が記録されていないと認められるときは、この限りでない。

2　開示請求に係る行政文書に前条第1号の情報（特定の個人を識別することができるものに限る。）が記録されている場合において、当該情報のうち、氏名、生年月日その他の特定の個人を識別することができることとなる記述等の部分を除くことにより、公にしても、個人の権利利益が害されるおそれがないと認められるときは、当該部分を除いた部分は、同号の情報に含まれないものとみなして、前項の規定を適用する。

第7条（公益上の理由による裁量的開示）

行政機関の長は、開示請求に係る行政文書に不開示情報（第5条第1号の2に掲げる情報を除く。）が記録されている場合であっても、公益上特に必要があると認めるときは、開示請求者に対し、当該行政文書を開示することができる。

第8条（行政文書の存否に関する情報）

開示請求に対し、当該開示請求に係る行政文書が存在しているか否かを答えるだけで、不開示情報を開示することとなるときは、行政機関の長は、当該行政文書の存否を明らかにしないで、当該開示請求を拒否することができる。
週23-55-ウ

第9条（開示請求に対する措置）

1　行政機関の長は、開示請求に係る行政文書の全部又は一部を開示するときは、その旨の決定をし、開示請求者に対し、その旨及び開示の実施に関し政令で定める事項を書面によ

り通知しなければならない。

2　行政機関の長は、開示請求に係る行政文書の全部を開示しないとき（前条の規定により開示請求を拒否するとき及び開示請求に係る行政文書を保有していないときを含む。）は、開示をしない旨の決定をし、開示請求者に対し、その旨を書面により通知しなければならない。

第10条（開示決定等の期限）

1　前条各項の決定（以下「開示決定等」という。）は、開示請求があった日から30日以内にしなければならない。ただし、第4条第2項の規定により補正を求めた場合にあっては、当該補正に要した日数は、当該期間に算入しない。

2　前項の規定にかかわらず、行政機関の長は、事務処理上の困難その他正当な理由があるときは、同項に規定する期間を30日以内に限り延長することができる。この場合において、行政機関の長は、開示請求者に対し、遅滞なく、延長後の期間及び延長の理由を書面により通知しなければならない。

第11条（開示決定等の期限の特例）

開示請求に係る行政文書が著しく大量であるため、開示請求があった日から60日以内にそのすべてについて開示決定等をすることにより事務の遂行に著しい支障が生ずるおそれがある場合には、前条の規定にかかわらず、行政機関の長は、開示請求に係る行政文書のうちの相当の部分につき当該期間内に開示決定等をし、残りの行政文書については相当の期間内に開示決定等をすれば足りる。この場合において、行政機関の長は、同条第1項に規定する期間内に、開示請求者に対し、次に掲げる事項を書面により通知しなければならない。

①　本条を適用する旨及びその理由

②　残りの行政文書について開示決定等をする期限

第12条（事案の移送）

1　行政機関の長は、開示請求に係る行政文書が他の行政機関により作成されたものであるときその他他の行政機関の長において開示決定等をすることにつき正当な理由があるときは、当該他の行政機関の長と協議の上、当該他の行政機関の長に対し、事案を移送することができる。この場合においては、移送をした行政機関の長は、開示請求者に対し、事案を移送した旨を書面により通知しなければならない。

2　前項の規定により事案が移送されたとき
は、移送を受けた行政機関の長において、当
該開示請求についての開示決定等をしなけれ
ばならない。この場合において、移送をした
行政機関の長が移送前にした行為は、移送を
受けた行政機関の長がしたものとみなす。

3　前項の場合において、移送を受けた行政機
関の長が第9条第1項の決定（以下「開示決
定」という。）をしたときは、当該行政機関
の長は、開示の実施をしなければならない。
この場合において、移送をした行政機関の長
は、当該開示の実施に必要な協力をしなけれ
ばならない。

第12条の2（独立行政法人等への事案の移送）

1　行政機関の長は、開示請求に係る行政文書
が独立行政法人等により作成されたものであ
るときその他独立行政法人等において独立行
政法人等情報公開法第10条第1項に規定する
開示決定等をすることにつき正当な理由があ
るときは、当該独立行政法人等と協議の上、
当該独立行政法人等に対し、事案を移送する
ことができる。この場合においては、移送を
した行政機関の長は、開示請求者に対し、事
案を移送した旨を書面により通知しなければ
ならない。

2　前項の規定により事案が移送されたとき
は、当該事案については、行政文書を移送を
受けた独立行政法人等が保有する独立行政法
人等情報公開法第2条第2項に規定する法人
文書と、開示請求を移送を受けた独立行政法
人等に対する独立行政法人等情報公開法第4
条第1項に規定する開示請求とみなして、独
立行政法人等情報公開法の規定を適用する。
この場合において、独立行政法人等情報公開
法第10条第1項中「第4条第2項」とある
のは「行政機関の保有する情報の公開に関する
法律第4条第2項」と、独立行政法人等情報
公開法第17条第1項中「開示請求をする者又
は法人文書」とあるのは「法人文書」と、
「により、それぞれ」とあるのは「により」
と、「開示請求に係る手数料又は開示」とあ
るのは「開示」とする。

3　第1項の規定により事案が移送された場合
において、移送を受けた独立行政法人等が開
示の実施をするときは、移送をした行政機関
の長は、当該開示の実施に必要な協力をしな
ければならない。

第13条（第三者に対する意見書提出の機会の付与等）

1　開示請求に係る行政文書に国、独立行政法
人等、地方公共団体、地方独立行政法人及び
開示請求者以外の者（以下この条、第19条第
2項及び第20条第1項において「第三者」と
いう。）に関する情報が記録されているとき
は、行政機関の長は、開示決定等をするに当
たって、当該情報に係る第三者に対し、開示
請求に係る行政文書の表示その他政令で定め
る事項を通知して、意見書を提出する機会を
与えることができる。

2　行政機関の長は、次の各号のいずれかに該
当するときは、開示決定に先立ち、当該第三
者に対し、開示請求に係る行政文書の表示そ
の他政令で定める事項を書面により通知し
て、意見書を提出する機会を与えなければな
らない。ただし、当該第三者の所在が判明し
ない場合は、この限りでない。

① 第三者に関する情報が記録されている行
政文書を開示しようとする場合であって、
当該情報が第5条第1号ロ又は同条第2号
ただし書に規定する情報に該当すると認め
られるとき。

② 第三者に関する情報が記録されている行
政文書を第7条の規定により開示しようと
するとき。

3　行政機関の長は、前二項の規定により意見
書の提出の機会を与えられた第三者が当該行
政文書の開示に反対の意思を表示した意見書
を提出した場合において、開示決定をすると
きは、開示決定の日と開示を実施する日との
間に少なくとも2週間を置かなければならな
い。この場合において、行政機関の長は、開
示決定後直ちに、当該意見書（第19条におい
て「反対意見書」という。）を提出した第三
者に対し、開示決定をした旨及びその理由並
びに開示を実施する日を書面により通知しな
ければならない。

第14条（開示の実施）

1　行政文書の開示は、文書又は図画について
は閲覧又は写しの交付により、電磁的記録に
ついてはその種別、情報化の進展状況等を勘
案して政令で定める方法により行う。ただ
し、閲覧の方法による行政文書の開示にあっ
ては、行政機関の長は、当該行政文書の保存
に支障を生ずるおそれがあると認めるときそ
の他正当な理由があるときは、その写しによ
り、これを行うことができる。

2 開示決定に基づき行政文書の開示を受ける者は、政令で定めるところにより、当該開示決定をした行政機関の長に対し、その求める開示の実施の方法その他の政令で定める事項を申し出なければならない。

3 前項の規定による申出は、第9条第1項に規定する通知があった日から30日以内にしなければならない。ただし、当該期間内に当該申出をすることができないことにつき正当な理由があるときは、この限りでない。

4 開示決定に基づき行政文書の開示を受けた者は、最初に開示を受けた日から30日以内に限り、行政機関の長に対し、更に開示を受ける旨を申し出ることができる。この場合においては、前項ただし書の規定を準用する。

第15条（他の法令による開示の実施との調整）

1 行政機関の長は、他の法令の規定により、何人にも開示請求に係る行政文書が前条第1項本文に規定する方法と同一の方法で開示することとされている場合（開示の期間が定められている場合にあっては、当該期間内に限る。）には、同項本文の規定にかかわらず、当該行政文書については、当該同一の方法による開示を行わない。ただし、当該他の法令の規定に一定の場合には開示をしない旨の定めがあるときは、この限りでない。

2 他の法令の規定に定める開示の方法が縦覧であるときは、当該縦覧を前条第1項本文の閲覧とみなして、前項の規定を適用する。

第16条（手数料）

1 開示請求をする者又は行政文書の開示を受ける者は、政令で定めるところにより、それぞれ、実費の範囲内において政令で定める額の開示請求に係る手数料又は開示の実施に係る手数料を納めなければならない。過22-54-5、25-54-5

2 前項の手数料の額を定めるに当たっては、できる限り利用しやすい額とするよう配慮しなければならない。

3 行政機関の長は、経済的困難その他特別の理由があると認めるときは、政令で定めるところにより、第1項の手数料を減額し、又は免除することができる。

第17条（権限又は事務の委任）

行政機関の長は、政令（内閣の所轄の下に置かれる機関及び会計検査院にあっては、当該機関の命令）で定めるところにより、この章に定める権限又は事務を当該行政機関の職員に委任することができる。

第3章 審査請求等

第18条（審理員による審理手続に関する規定の適用除外等）

1 開示決定等又は開示請求に係る不作為に係る審査請求については、行政不服審査法第9条、第17条、第24条、第2章第3節及び第4節並びに第50条第2項の規定は、適用しない。

2 開示決定等又は開示請求に係る不作為に係る審査請求についての行政不服審査法第2章の規定の適用については、同法第11条第2項中「第9条第1項の規定により指名された者（以下「審理員」という。）」とあるのは「第4条（行政機関の保有する情報の公開に関する法律第20条第2項の規定に基づく政令を含む。）の規定により審査請求がされた行政庁（第14条の規定により引継ぎを受けた行政庁を含む。以下「審査庁」という。）」と、同法第13条第1項及び第2項中「審理員」とあるのは「審査庁」と、同法第25条第7項中「あったとき、又は審理員から第40条に規定する執行停止をすべき旨の意見書が提出されたとき」とあるのは「あったとき」と、同法第44条中「行政不服審査会等」とあるのは「情報公開・個人情報保護審査会（審査庁が会計検査院の長である場合にあっては、別に法律で定める審査会。第50条第1項第4号において同じ。）」と、「受けたとき（前条第1項の規定による諮問を要しない場合（同項第2号又は第3号に該当する場合を除く。）にあっては審理員意見書が提出されたとき、同項第2号又は第3号に該当する場合にあっては同項第2号又は第3号に規定する議を経たとき）」とあるのは「受けたとき」と、同法第50条第1項第4号中「審理員意見書又は行政不服審査会等若しくは審議会等」とあるのは「情報公開・個人情報保護審査会」とする。

第19条（審査会への諮問）

1 開示決定等又は開示請求に係る不作為について審査請求があったときは、当該審査請求に対する裁決をすべき行政機関の長は、次の各号のいずれかに該当する場合を除き、情報公開・個人情報保護審査会（審査請求に対する裁決をすべき行政機関の長が会計検査院の長である場合にあっては、別に法律で定める審査会）に諮問しなければならない。過23-55-エ、24-25-1

① 審査請求が不適法であり、却下する場合

② 裁決で、審査請求の全部を認容し、当該審査請求に係る行政文書の全部を開示することとする場合（当該行政文書の開示について反対意見書が提出されている場合を除く。）

2　前項の規定により諮問をした行政機関の長は、次に掲げる者に対し、諮問をした旨を通知しなければならない。

① 審査請求人及び参加人（行政不服審査法第13条第4項に規定する参加人をいう。以下この項及び次条第1項第2号において同じ。）

② 開示請求者（開示請求者が審査請求人又は参加人である場合を除く。）

③ 当該審査請求に係る行政文書の開示について反対意見書を提出した第三者（当該第三者が審査請求人又は参加人である場合を除く。）

第20条（第三者からの審査請求を棄却する場合等における手続等）

1　第13条第3項の規定は、次の各号のいずれかに該当する裁決をする場合について準用する。

① 開示決定に対する第三者からの審査請求を却下し、又は棄却する裁決

② 審査請求に係る開示決定等（開示請求に係る行政文書の全部を開示する旨の決定を除く。）を変更し、当該審査請求に係る行政文書を開示する旨の裁決（第三者である参加人が当該行政文書の開示に反対の意思を表示している場合に限る。）

2　開示決定等又は開示請求に係る不作為についての審査請求については、政令で定めるところにより、行政不服審査法第4条の規定の特例を設けることができる。

第21条（訴訟の移送の特例）

1　行政事件訴訟法第12条第4項の規定により同項に規定する特定管轄裁判所に開示決定等の取消しを求める訴訟又は開示決定等若しくは開示請求に係る不作為に係る審査請求に対する裁決の取消しを求める訴訟（次項及び附則第2項において「情報公開訴訟」という。）が提起された場合においては、同法第12条第5項の規定にかかわらず、他の裁判所に同一又は同種若しくは類似の行政文書に係る開示決定等又は開示決定等若しくは開示請求に係る不作為に係る審査請求に対する裁決に係る抗告訴訟（同法第3条第1項に規定する抗告訴訟をいう。次項において同じ。）が係属し

ているときは、当該特定管轄裁判所は、当事者の住所又は所在地、尋問を受けるべき証人の住所、争点又は証拠の共通性その他の事情を考慮して、相当と認めるときは、申立てにより又は職権で、訴訟の全部又は一部について、当該他の裁判所又は同法第12条第1項から第3項までに定める裁判所に移送することができる。

2　前項の規定は、行政事件訴訟法第12条第4項の規定により同項に規定する特定管轄裁判所に開示決定等又は開示決定等若しくは開示請求に係る不作為に係る審査請求に対する裁決に係る抗告訴訟で情報公開訴訟以外のものが提起された場合について準用する。

第4章　補則

第22条（開示請求をしようとする者に対する情報の提供等）

1　行政機関の長は、開示請求をしようとする者が容易かつ的確に開示請求をすることができるよう、公文書等の管理に関する法律第7条第2項に規定するもののほか、当該行政機関が保有する行政文書の特定に資する情報の提供その他開示請求をしようとする者の利便を考慮した適切な措置を講ずるものとする。

2　総務大臣は、この法律の円滑な運用を確保するため、開示請求に関する総合的な案内所を整備するものとする。

第23条（施行の状況の公表）

1　総務大臣は、行政機関の長に対し、この法律の施行の状況について報告を求めることができる。

2　総務大臣は、毎年度、前項の報告を取りまとめ、その概要を公表するものとする。

第24条（行政機関の保有する情報の提供に関する施策の充実）

政府は、その保有する情報の公開の総合的な推進を図るため、行政機関の保有する情報が適時に、かつ、適切な方法で国民に明らかにされるよう、行政機関の保有する情報の提供に関する施策の充実に努めるものとする。

第25条（地方公共団体の情報公開）

地方公共団体は、この法律の趣旨にのっとり、その保有する情報の公開に関し必要な施策を策定し、及びこれを実施するよう努めなければならない。

第26条（政令への委任）

この法律に定めるもののほか、この法律の実施のため必要な事項は、政令で定める。

MEMO